그림 1 고대 이집트의 신상(神像). 오시리스(Osiris)(중앙), 호루스(Horus)(왼쪽), 이시스(Isis)(오른쪽)

22왕조. 기원전 약 874-850년경의 작품으로 추정됨. 파리 루브르 박물관 소장. 본문 103쪽 참고.

그림 2 〈미로의 비너스 여신(Venus de Milo)〉상

기원전 약 130-100년 사이의 작품으로 추정되며, 1820년에 그리스의 멜로스(Melos) 섬에서 발견되었다. 파리 루브르 박물관 소장. 본문 246, 280쪽 참고.

그림 3 아테네 여신상

기원전 5세기에 피디아스(Phidias)가 조각하여 아크로폴리스의 파르테논 신전에 세웠던 것을 기원전 1세기에 다시 모사(模寫)한 작품으로 추정된다. 본문 265, 279쪽 참고.

그림 4 〈콜로노스의 오이디푸스(Oedipus at Colonus)〉

플크랑-장 아리에(Fulchran-Jean Harriet, 1776-1805)의 작품(1798년). 미국 클리블랜드 미술관 (Cleveland Museum of Art) 소장. 본문 935쪽 참고.

헤겔의 미학강의
Vorlesungen über die Ästhetik

3

헤겔의 미학강의
Vorlesungen über die Ästhetik

3

개별 예술들의 체계

―

게오르그 빌헬름 프리드리히 헤겔 지음

두행숙 옮김

은행나무

역자의 말

　21세기에 들어와 우리나라에는 문화의 향상에 따라 여러 예술분야의 발전과 더불어 미학(美學)에 관한 관심도 한층 고조되었다. 그동안 우리는 주로 서양의 이론들을 중심으로 미학이론들을 수용하는 과정을 거쳤다면, 최근에 와서는 한류(韓流)의 흐름을 따라서 본격적으로 우리 자신의 미학이론을 구축하고 이를 우리나라는 물론 해외에도 알려서 실험 및 평가를 받아야 할 단계에까지 이르렀다. 그러한 흐름을 반영하듯이 미(美)에 대해서 관심을 갖는 사람들은 화가, 음악가, 문학가, 디자이너, 예술이론가, 철학자, 대학생 등 여러 계층에 걸쳐 그 수가 셀 수 없이 많아졌으며, 이제는 그 계층이 일반인들에게까지도 확대되고 있는 것은 어찌 보면 매우 바람직한 일이다. 하지만 그럴수록 우리는 단기적인 추세에 따라서 즉흥적으로 대처하거나 열광하다가 다시 식어버리는 데 그칠 것이 아니라, 우리 스스로가 추구하는 미의 이념에 대해서 신중하게 고찰하고 이를 체계적으로 잘 이론화할 필요가 있다. 그러기 위해서 우리는 먼저 타산지석(他山之石)이라는 말을 되새겨서 이미 서양의 미(美) 이론을 구축한 사상가들 가운데서 주목할 만한 인물들을 찾아서 그들의 저작(著作)을 읽고, 그들이 미에 대해서 어떤 생각을 갖고 있으며 그 생각을 어떤 식으로 전개하고 있는지를 잘 고찰하는 것이 중요할 것이다. 그런 점에서 꼽을 수 있는 중요한 사상가들 가운데 한 명이 헤겔이며, 그의 《미학강의》는 특히 서양의 미 이론을 매우 방대하면서도 "체계적"으로 구축하여 전개하고 있다.

또한 헤겔은 미의 이념이 개별 예술들인 건축, 조각, 음악, 회화, 시문학 등에서 어떻게 표현되고 발전되어 왔는지에 대해서 서양의 다른 어떤 예술이론가보다도 더 광범위하게 총괄적으로 다루고 있다. 따라서 이것은 특히 그러한 예술 분야에 관련된 분들이라면 실무적이든 이론적이든 누구나 한번은 꼭 읽어볼 필요가 있는 저서이다.

사실 미학 이론은, 서양에서는 거슬러 올라가 이미 플라톤에서부터 본격적으로 시작되었으며, 특히 근대 이후로는 예술에 관해서 매우 체계적인 이론으로 발전되었다. 우리나라에서도 1970년대 이후에 각종 예술분야가 활발해짐에 따라 체계화된 서양의 미학을 받아들여 연구하려는 움직임이 일어났고 미학이론서들이 속속 들어와 소개되었다. 그러나 그러한 이론서들은 체계적인 번역을 통한 정확한 연구분석과 비판이 결여된 채 단편적인 소개에 그쳤거나, 미학 역사의 정확한 흐름을 놓친 채 수많은 이론들을 혼란스럽게 나열하는 데 그친 감이 없지 않았다. 그것은 우리의 문화와 예술 자체가 과도기 속에 있었던 것도 한 원인이었겠지만 그보다는 서양의 미학사상을 비판 없이 무분별하게 수용하고 모방하려는 사고가 지배적이었기 때문이었다. 그러나 이제는 우리의 문화도 성숙기에 들어섰으므로, 서양 미학이론의 흐름을 서둘러 무차별적으로 받아들이기보다는, 기존에 받아들인 미학을 다시 정확히 알고 비판하여 거르는 작업이 필요하다고 나는 생각했다. 그러던 중에 헤겔의 저서 《미학강의》를 접하고 이를 연구하면서, 이 책 전체를 완역 출간하는 계획을 세우게 되었다. 헤겔의 미학이론은 이미 우리나라에 부분적으로 소개되기는 했으나 역자가 처음으로 완역판을 출간하게 되었다.

대학에서 미학을 강의하던 1820년 무렵의 헤겔

　독일의 철학자로서 오늘날까지도 그 광대하고 심오한 철학체계로 인해 독일철학뿐만이 아니라 서양철학의 정상을 지키고 있는 게오르그 빌헬름 프리드리히 헤겔(Georg Wilhelm Friedrich Hegel, 1770~1831)은 독일철학에서 관념주의 또는 이상주의(理想主義, Idealismus)라는 철학의 "체계(體系)"를 완성시켰고, 법철학, 종교철학, 정신현상학, 역사철학, 예술철학 등 다방면에서 다른 어떤 서양철학자보다도 방대하게 자신의 저술을 남긴 사람이다. 다시 말해서 헤겔 이전까지의 서양철학은 헤겔에 이르러 일단 완성의 경지에 이르렀고, 헤겔 이후의 서양철학은 그의 이론을 수많은 사상가들이 조금씩 달리 수용하거나 변화시켜간 과정이었다고 봐도 과언이 아니다. 훗날 그의 이론에 영향을 받은 철학자들은 니체, 마르크스, 루카치, 사르트르 등 셀 수 없이 많았다. 헤겔의 미학이론에 대한 저서는 그의 이상주의 철학의 완성 단계에서도 비교적 늦게 저술된 것으로서 그 분량 또한 그의 다른 어떤 철학이론보다도 방대하다. 헤겔은 독일의 여러 대학에서 철학을 강의하던 시기에 다른 한편으로 미학에 관심을 갖고 연구하면서 〈미학 또는 예술철학(Ästhetik oder Philosophie der Kunst)〉이라는 주제로 하이델베르크 대학에서 두 차례(각각 1817년과 1818년), 베를린 대학에서 네 차례(각각 1820~1821년, 1823년, 1826년, 1828~1829년) 강의했는데, 이 강의록은 헤겔의 사후 그의 제자인 하인리히 구스타프 호토(Heinrich Gustav Hotho)가 1835년에서 1838년 사이에 정리해서 《미학 강의(Vorlesungen über die Ästhetik)》라는 제목으로 출판한 것이다.

헤겔이 살았던 18세기 후반에서 19세기 초반은 유럽 역사에서 산업혁명, 프랑스혁명, 미국의 독립, 나폴레옹 전쟁, 나폴레옹의 집권과 독일제국의 몰락, 그리고 다시 나폴레옹의 몰락과 독일의 해방 등, 엄청난 역사적 사건들이 이어진 격동의 시대였다. 헤겔은 1770년 8월 27일, 독일 남부 뷔르템베르크 공국의 수도인 슈투트가르트(Stuttgart)에서 태어났다. 소년 시절에 특히 고대 그리스의 비극에 흥미를 가졌던 그는 그로 인해서 일생 동안 지속적으로 그리스정신에 대한 관심을 가졌고, 이는 훗날 그의 철학사상, 그 중에서도 특히 미학 사상의 형성에 큰 영향을 주었다. 고대 그리스 정신에 대한 예찬은 본《미학 강의》내에서 절정(絶頂)을 이룬다.

헤겔은 1788년에 튀빙겐 신학 대학에 입학하여 1793년까지 약 5년 동안 학업을 쌓았다. 여기서 그는 주로 기독교의 역사연구에 전념하였다. 그리고 당시 유럽에 널리 퍼져 있던 기독교를 비판하고 대신 고대 그리스의 종교가 이상적이라고 보았을 정도로 그리스 정신에 심취해 있었다. 학업을 마친 후에 그는 종교계로 진출하지 않고 가정교사 일을 하면서 당시에 큰 반향을 일으킨 칸트(Kant) 철학에 몰두하였다. 그리고 이곳에서 그는 같은 대학에서 공부하던 횔더린(Hölderlin, 1770~1843), 셸링(Schelling, 1775~1854)과 깊은 교제를 가졌다. 이 두 사람은 나중에 각각 독일 고전주의의 불멸의 시인과 독일 낭만주의 철학자가 되며, 헤겔은 이 두 사람으로부터 그의 사상을 발전시키는 데 큰 영향을 받았다. 헤겔이 대학 2학년이었던 1789년에 프랑스혁명이 일어났다.

대학을 졸업한 후 1801년에 그는 독일 동부에 있는 문화도시인 예나(Jena) 대학교에서 강의를 맡으면서, 철학자인 셸링과 다시 친밀한 관계를 맺게 되었고, 1802년에는 그와 공동으로 《철학 비평(Kritische Journal der Philosophie)》을 간행하기도 했다.

1806년 가을에 나폴레옹 군대가 독일을 침공, 예나를 점령하여 이 도시에 개선행진을 하며 지나갔을 때 이 광경을 본 헤겔의 마음속에는 나폴레옹이라는 침략자에 대한 적개심과 그의 영웅적 행적에 대한 경탄의 감정이 미묘하게 뒤섞였겠지만, 그는 나폴레옹에게서 "세계정신"이 구현된 것으로 볼 정도로 그의 사상은 이미 '정신(精神)'과 '이성(理性)'이라는 주제에 심취해 있었다. 그리고 그는 이를 사상적으로 심화시켜 이듬해인 1807년에 대작 《정신 현상학(Phänomenologie des Geistes)》을 출판했다.

이후에 그는 뉘른베르크 김나지움의 교장으로 재직하면서 두 번째 주요 저서인 《논리학(Wissenschaft der Logik)》을 발표하였다. 1816년에 하이델베르크 대학 철학과 정교수가 되자, 이때부터 그는 논리학과 형이상학, 법(法)에 관한 강의와 더불어서 미학(美學)에 대해서도 강의하기 시작하였다. 그리고 1817년에 그는 그의 세 번째 주저인 《철학집성(Enzyklopädie der Philosophischen Wissenschaft im Grundriss)》을 출판하였다. 논리학과 자연철학, 정신철학의 세 부분으로 나뉘어진 이 저서는 이미 그의 철학사상의 규모가 점차 방대해짐을 보여주는 것이었다. 그 후 1818년에 작고한 철학자 피히테(Fichte)의 후임으로 베를린 대학 교수로 옮겨간 헤겔은 여기에서 그의 강의 과목 범위를 더욱 넓혀갔다. 그는 주요 강의인 자연철학, 종교철학,

법철학 외에도 미학에 대한 강의도 본격적으로 하게 되었다.

특히 1823년에서 1826년 사이는 헤겔의 사상적 활동이 절정에 달했던 시기인 만큼 이《미학강의》의 내용도 그 깊이와 광범위함의 측면에서 후세의 독자인 우리들을 놀라게 하기에 충분하다. 헤겔의 다른 철학체계도 역시 그러하지만 미학에 대한 그의 사상이 정립되기까지는 당시 독일의 철학과 문학을 위시한 예술계의 동향이 지대한 영향을 끼쳤다. 그 당시 독일의 문학과 예술의 풍토를 보면, 한때 문호 괴테(Goethe)와 실러(Schiller)가 주도한 고대 그리스의 신화와 예술을 이상(理想)으로 삼은 고전주의가 지배적이었다가, 괴테의 사후 시인 노발리스(Novalis) 등을 위시로 하는 낭만주의의 세력이 팽배해져 있었다. 낭만주의는 사실 고대 그리스 문화를 인류문화의 최고로 보는 고전주의에 반박하고 나서면서, 유럽의 중세 이래 전해 내려온 기독교적 전통을 바탕으로 분리된 예술과 세계의 합일점을 다시 되찾자는 기치에서 나온 것으로서 특히 셸링의 철학이론의 뒷받침이 되어 있었다. 헤겔과 셸링의 관계는 개인적 교류를 넘어서서 참으로 미묘하게 뒤얽혀 있다. 셸링도 역시 튀빙겐 대학에서 신학과 철학을 공부하였고 프랑스혁명에 대하여 헤겔과 비슷하게 열광적으로 공감하였으며 처음에는 헤겔과 비슷한 사상을 가졌으나, 그의 사상은 후에 점차 유미주의적(唯美主義的)이고 낭만주의적인 색채를 띠었고, 나중에는 종교적이고 신비주의적인 방향으로 바뀌어 갔다.

셸링은 그의《예술철학(Philosophie der Kunst)》에서 한 시대의 문화는 천재적인 개인이 고안한 것에 의해서 모든 것에 공통되는 신화로 용해되며, 그때 그 천재가 만들어낸 것은 의도적으로 그 시대의 원형(原形)으로 추구된다고 보았다. 그는 "고대 그리스의 서사시인 호메로스의 문학은 시, 역사, 철학 등의 공통의 뿌리로서 존재한다. 시

(Poesie)에 있어 신화(神話)는 근원적인 소재이다"라고 말했다. 즉 그는 헤겔처럼 주관과 객관을 이원론적으로 분리시키기보다는, 이의 무차별적인 동일성을 절대적인 것으로 간주했고 그 절대성은 천재성에 의해서 드러난다고 보았다. 그래서 철학도 예술에 와서야 비로소 그 정점에 이른다는 것이었다.

그러나 이러한 이론의 배경으로 일어난 독일의 낭만주의적 문화풍토는 당시에 동시대인이던 철학자 헤겔로 하여금 우려를 낳게 하여 드디어 그로 하여금 자기 본연의 영역인 철학을 넘어서서 미학으로까지 손을 뻗치게 하는 동기가 되었다. 즉 헤겔은 셸링 등이 주축으로 하여 일으킨 낭만주의 이론이 독일 내에서 철학이론으로 기반을 굳혀가는 것에 대해 우려와 반감을 느끼고, 이에 대한 반박 이론을 정립하기 위하여 당대에 이르기까지의 많은 문학작품을 직접 읽고 예술작품들을 연구함으로써 자기 자신의 독자적인 미학체계를 세우고 이를 변호하기에 이르렀다. 그러나 아이러니컬하게도 두 사람의 관계는 더욱 미묘하게 얽혔으니, 셸링은 1798년 이래 예나 대학 등의 교수직을 역임하고 헤겔의 사후(1831년)에 그의 후임으로 베를린 대학 교수가 되었다. 그리고 그는 오히려 헤겔이 평생에 걸쳐 구축한 '이성(理性)'과 '체계'를 깨뜨리는 역할을 하였고, 당시 독일의 고전주의를 넘어서서 확산되었던 낭만주의 이론을 구축하는 사상가들 가운데 한 명이 되었다.

헤겔의 《미학강의》는 모두 3부로 구성되어 있다. 제1부의 제목은 "예술미의 이념 또는 이상(理想)", 제2부는 "여러 특수한 예술미의 형식으로 발전하는 이상", 제3부는 "개별 예술들의 체계"이다. 그는 특히 제1부의 서문에서 미학을 예술철학으로 보는 자신의 입장을 상세하게 전개하고 있는데, 자신의 미학 이론은 전반적으로 자연의 미(美)가 아닌 예술의 미(das Schöne in der Kunst)를 다루고 있음을 처음부터 규명하고 있다. 즉 예술미는 자연미보다 우월한데 그 이유는 예술미가 '정신의 소산(所産)'이기 때문이라는 것이다. 따라서 정신의 소산인 예술 역시 사유적인 철학의 고찰 대상이 된다는 것이다. 바로 이것이 그가 예술을 철학적으로 고찰하고자 내세운 이유이다. 그렇다면 현상(現象)된 예술은 무엇인가? 그것은 한낱 가상(假象)에 불과한 것일까? 헤겔은 그렇지 않다고 말한다. 일반적인 현실과는 다르게 예술적으로 현상된 것은 참된 현존성을 지녀야 한다는 것이다. 따라서 헤겔의 생각으로 예술의 목표는 고대 그리스의 플라톤을 위시로 한 철학자들이 말했던 것처럼 단순한 모방이 아니라, 인간의 심정을 더욱 완성으로 향하게 하는 것이다. 하지만 그는 그렇다고 해서 예술이 추상적인 도덕원칙의 장식물이 되어서는 안 된다고 본다. 예술은 그 개념상 진리를 조형적이고 구체적인 실제의 모습으로 드러내는 것이므로 그것은 '감각적인 것과 순수한 사유의 중간'에 서 있다는 것이다. 헤겔은 이와 같은 논제를 내세움으로써 당시 독일의 사상계와 문학계의 주류를 이루고 있던 칸트의 도덕률이라든가, 실러의 미적 교육이론이 지닌 도덕성, 괴테가 옹호한 고전주의적 문학의 한계, 그리고 그 뒤를 이어 나타난 셸링 등 낭만주의자들의 영향과 한계에서 벗어나 자신의 독자적인 예술철학(미학)을 그의 다른 법철학, 정신현상학, 역사철학, 사회철학 등과 마찬가지로 광대한 체계 속에서 정립하고자 심혈을 기울였다.

헤겔에 의하면 예술은 절대이념(die absolute Idee)으로부터 나오는 것이다. 그러므로 예술의 사명은 절대적인 것, 즉 '이상(理想)'을 감각적으로 표현하는 것이다. 그는 이 입장에서 출발하여 서양의 미학을 그 역사적인 발전과정을 통해서 고찰하고 있으며, 또한 거기에서 나타나는 여러 예술 형식과 양식 등도 같이 설명하고 있다. 그는 제1부에서 미학을 철학적으로 고찰하고 그 이론을 정립한 후, 제2부에서는 예술은 이념과 형상이 서로 일치할 때 이상적으로 드러난다고 보고, 또 예술도 역시 인간 역사와 마찬가지로 역사적인 변증법적 발전단계를 거치고 있다면서 그 단계를 다음과 같이 세 가지로 나누고 있다.

그 첫 번째는 상징적 예술(symbolische Kunst)의 단계이다. 상징적 예술이 생성되고 이행되었던 곳은 고대의 동방(東邦)이었다. 그러나 헤겔에 의하면 이 단계의 예술은 불안정하고 절제성이 결여되어 있어서 아직 참된 예술이 되지는 못했다고 한다. 이 상징적 예술은 숭고한 성격을 지니고 있기는 하나 그 내용은 주로 동방의 다신교에서 볼 수 있는 거인이나 거상(巨像), 수백 개의 팔과 눈을 지닌 형상들에서처럼 추상적이고 모호하며 그 자체로 진실한 특성을 지니고 있지는 않다는 것이다.

그 다음에 나타난 두 번째 단계가 고전적 예술(klassische Kunst)이다. 고전적 예술은 이념과 형상이 자유롭게 조화를 이루면서 거기에서 참된 내용이 참된 형태로 드러난다. 즉, 그 가장 완벽한 형상은 우리 인간의 외모에서 찾아볼 수 있으므로, 여기에서는 상징예술에서 보였던 동물이나 자연의 위력에 대한 숭배가 지양되고 인간의 모습을 띤 새로운 신들(제우스를 중심으로 하는 올림포스 신들)이 예술대상이 된다. 인간의 형상이 가장 진리에 맞게 드러난 것은 고대 그리스인들이 만들어낸 신들의 조각상에서였다. 이때 예술은 그 가장 고유하고 독창적이면서도 진실한 모습을 유지할 수 있었다. 고대 동양의 예술이 그저 감각적인 것이었다면 이는 서양에서, 특히 고대 그리스의 예술과 신화가 상징적 예술을 통합한 단계에서 완성을 보였다.

세 번째는 낭만적 예술(romantische Kunst)의 단계이다. 헤겔은 여기에서 낭만적 예술 속에 고대 그리스 예술형식에서 떠난 중세, 르네상스, 바로크, 고전주의, 낭만주의 시대를 모두 포함시키고 있다. 낭만적 예술의 형식에서는 이념이 형상을 압도하기 때문에 주관과 외면적 형상이 균형을 이루지 못하고 다시 분리되면서 정신은 자신의 내면 속으로 되돌아가 더 심오한 것을 찾으려고 하므로, 이 단계에서 정신과 예술의 외면적 형상은 서로 일치하지 못한다. 그리하여 낭만적 예술에서는 고전적 예술에서 보여주었던 이념과 형상의 일치, 그리고 예술의 독자성이 점차 사라지고, 다른 한편으로 기독교의 영향으로 내면화되면서 진리는 감각적 현상에서 다시 분리되고 예술은 다시 종교의 단계로 넘어간다. 따라서 헤겔은 이 낭만적 예술을 예술의 최후 단계로 보고 있다.

마지막으로 제3부에서 헤겔은 위의 각 단계의 예술형식에 해당하는 주요 장르와 그에 따르는 특성들을 다시금 자세히 규명하고 있다. 상징적 예술형식에 해당되는 예술로는 건축을 들 수 있고, 고전적 예술형식에 해당되는 예술로는 조각을, 그리고 낭만적 예술형식에 해당되는 것으로는 회화, 음악, 시문학 등을 들 수 있다는 것이다. 그 가운데서도 결국 예술이 도달할 수 있는 최고의 단계를 그는 시문학으로 본다. 왜냐하면 시문학이야말로 정신이 그 진리성(眞理性)을 가장 '심오하게' 드러낼 수 있기 때문이라는 것이다. 이 각각의 예술형식들의 개념과 그에 속하는 장르들, 특성들, 차이들, 발전단계들을 서술하는 데 있어 그의 철학과 문학, 예술 전반에 관한 지식은 해박하고 구체적이고 상세하여 가히 놀랄만하다.

헤겔 자신은 예술사를 그가 구축한 역사철학적 체계의 시각에서 고찰하고자 했다. 즉 예술사는 정신이 상징적, 고전적, 낭만적 예술의 단계를 거치는 가운데 미(美)가 실현되고 다시 해체되는 변증법적인 과정 그 자체라는 것이다. 그리고 이 변증법적 단계를 거치면서 예술의 여러 장르에도 우열이 가려지는데, 그 중 가장 낮은 단계의 예술이 건축이고, 그 다음이 조각, 그리고 음악, 회화, 시문학의 순서로서 시문학이 예술의 최고 장르라고 규명하고 있다. 그 이유는 시문학이야말로 스스로 자유로우며 감각적인 외적 질료에 매이지 않고 오직 정신과 표상과 감정의 내적인 공간성과 시간성 속에서 실현되는 정신적이고 보편적인 예술이어서 정신이 그 진리를 가장 '심오하게' 드러낼 수 있는 예술이기 때문이라는 것이다. 헤겔은 그 중에서도 예를 들어 고대 그리스 호메로스의 서사시 《일리아스》와 《오디세이아》를 최고의 정점에 달한 예술로 보고 있다. 이와 같은 헤겔의 미학 구상 자체는 사실 그 시대의 문학사적인 흐름의 반영이라고 볼 수 있다. 그는 하이델베르크에 체류하던 시절에 당시 독일 고전주의의 영향을 받아 한때 고대 그리스 로마의 신화와 예술에 관한 저서를 많이 읽었고 괴테의 작품들에도 심취했었다. 때문에 《미학강의》에는 그리스 신화에 나오는 수많은 신들이나 영웅들의 이름과 괴테나 실러를 비롯한 수많은 시인, 예술가들과 그들의 작품들이 언급되고 있다. 물론 헤겔도 고대 그리스 신화를 최고의 예술형태로 보았다. 그러나 그가 마찬가지로 고대 신화를 옹호한 셸링을 반박하고 나선 것은, 셸링이 한 시대의 문화는 천재적인 개인이 고안한 것으로서 모든 것에 공통되는 신화로 용해되며, 그때 그 천재가 만들어낸 것은 의도적으로 그 시대의 원형(原形)이 된다고 본 점을 받아들일 수 없었기 때문이었다. 헤겔은 오늘날의 신화는 고대나 중세 기독교시대에 했던 것과는 역할과 기능이 다르다고 주장한다. 헤겔이 볼 때 셸링의 이론은 비역사적인 것으로 비판되어야 하는 것이었다. 물론 헤겔도 역시 예술작품은 천재의 소산이기는 해도 모든 사람들에게 속하는 것이며, 한 민족과 국가의 정신은 작품으로 드러나야 한다고 보았다. 그러나 셸링이 현대에도 예술을 통해서 하나의 국가를 굳건히 할 수 있으며, 고대 그리스의 도시국가에서처럼 예술을 부흥시킴으로써 조국을 새로이 부흥시켜야 한다고 열렬히 요청한 반면에, 헤겔은 이를 비판적인 시각으로 보았다. 그는 국가와는 달리 예술은 그러한 가능성이 제한적으로밖에는 실현되지 않는다고 생각했다. 헤겔에게 물론 예술의 자율성은 중요한 것이기는 하지만, 그보다도 예술은 그 시대의 문화를 뚜렷하고 생생하게 우리의 눈앞에 드러내주는 것으로서 역사와 문화의 구성적인 계기로 파악된다는 것이었다. 헤겔은 고대 그리스에서는 역사와 세계가 일치하였으나 점차 현대로 오면서 그 차이가 벌어졌다고 보고 있다. 그리하여 현대에 와서는 예술조차도 만일 철학적 반성이 없다면 역사적 진실을 매개하는 권리를 제대로 지탱할 수 없다는 것이다. 따라서 현대세계는 철학 또는 예술철학의 시대일 뿐 그 안에서 예술은 부분적 의미밖에는 지니지 못한다고 한다. 그럼에도 불구하고 예술은 본질적인 방향을 제시한다. 결국 셸링이 요청하는 예술과 세계의 일치상태는 헤겔이 볼 때에 고대 그리스의 세계에서는 가능했지만 현대에는 그와 유사한 상태를 유지하는 것도 불가능하다. 그런 의미에서 볼 때 예술은 과거지사(過去之事)라는 것이다. 이는 당시 현실을 잊고 예술에 침잠하려던 비현실적인 독일 낭만주의 사조의 팽배해 가는 영향력을 타파하려던 헤겔의 기본구상이었다. 그러므로 헤겔은 이 과거의 예술을 마치 자기 나라의 미래를 예시하는 예술로서 제시하거나 현대의 예술매체, 즉 연극이나 시문학을 통해서 다시 활성화하는 것은 시대에 맞지 않는다고 보았다. 그리하여 과거와는 달리 "예술은 우리에게 그 참된 진리와 생동성을 보여주는 역할을 상실했다"는 그의 말은 후세에 와서 비평가들의 관심을 가장 많이 끌었고 또 가장 많이 논란의 대상이 된 부분이며, 예술의 종말이라는 논제의 기초가 되기도 했다. 이처럼 헤겔은 예술의 한계성을 언급하면서도 예술을 철학적으로 규명해 보려는 자신의 원대한 구상에는 전혀 방해를 받지 않았다. 헤겔의 공적은 일단 과거 서구의 예술에서부터 자신의 시대에까지 이르는 모든 미학이론을 자신의 변증법적 철학체계로 방대하게 고찰하고 이를 이념적으로 규명하려고 시도한 데 있었다.

그러나 헤겔의 이 미학사상은 몇 가지 문제점을 안고 있다.
첫째, 헤겔은 절대정신의 영역을 예술, 종교, 철학의 세 단계로 나누고 거기에서 예술을 최하위의 단계로 놓으면서, 사실은—적어도 현대에 와서의—예술의 독자성을 인정하지 않고 있는 점이다. 또한 예술형식과 장르들을 역사적 발전이라는 도식 속에서 너무 의도적으로 구분하면서 그들 사이에도 우열을 가리고 있다. 이것은 예술을 철학이나 종교와 똑같이 독자적으로 무한적인 것을 향해 나아가고자 하는 인간의 다양한 욕구를 규명하는 데 과연 충분할까? 즉 건축이나 조각, 회화, 음악, 서사시 등은 어느 시대를 막론하고 그것이 표현하는 형식과 내용, 그 방식이 각각 독자적이고 다른 것이지 꼭 시대성 속에서 그 우열을 가려야 하는가 라는 점이다. 그리고 예술 자체의 종말을 고한 헤겔로부터 이미 200년 가까이 된 지금 시문학의 측면에서 볼 때에도 서사시가 아닌 산문, 그것도 소설이 사실은 서사시를 능가하는 장르로 꼽히고 있는 점을 볼 때, 우리가 꼭 헤겔의 관점에서만 머물러 시문학의 장르를 고찰해야 할까라는 의문이 든다.
둘째, 헤겔은 그가 살았던 당시 독일 고전주의가 추구했던 서양의 고대 그리스 문화를 중심으로 한 이상주의의 정점에 서서 세계 예술 전체를 고찰하고 있다. 그가 이상적인 올림포스의 정상에 발을 딛고 서 고전적 예술의 시각에서 세계의 예술을 바라볼 때, 예술은 동양에서는 그저 상징적인 것, 추상적인 것에 머무르는 것 이상으로 발전하지 못한 것이었고, 반면에 서양의 예술은 이성과 진리가 가장 이상적인 미로서 현실로 드러난 것이었다. 즉 우리가 헤겔의 미학사상 전체를 통해 볼 수 있는 것은 그가 동양이나 인도, 페르시아의 종교 및 예술과 대조적으로 서양, 그것도 고대 그리스의 예술을 최고이자 절대정신의 직접적인 표현으로 인식하려고 매우 심혈을 기울이고 있다는 점이다. 예를 들어 그는 중국인, 인도인, 이집트인들의 신화적 표상 내지 예술작품들의 형식이 불완전한 것은 내용이 불완전하기 때문에 나왔다고 말한다. 즉 그것들이 드러내는 것이 절대적인 내용이 아니어서 그 형태는 조악한 형태나 신의 형상 또는 우상들에 머물렀고, 진정한 미를 소유하지 못했다는 것이다.

그러나 이 《미학강의》를 읽는 동안 독자, 특히 우리 한국의 독자는 헤겔의 미학적인 사유대상이 과연 정말 광범위하고 보편적인 것이었는지에 대해 객관적으로 냉철히 고찰해 보아야 할 것이다. 즉 자세히 살펴보면 우리는 헤겔의 미적 고찰 대상들은 역시 경험적인 현실, 다시 말해서 헤겔 자신이 속해 있던 당대의 문화적 전통 및 주위세계에 의해 영향을 받고 있었음을 간과해서는 안 된다. 헤겔이 알고 있었던 세계는 고대 이집트와 그리스, 로마를 중심으로 하는 세계였으며, 그러한 시각에서 볼 때 인도, 아랍, 중국 등은 주변의 세계로 밀려나 부차적으로 고찰되는 위치를 벗어나지 못하고 서구문화와 예술의 관점에서 철저히 경시되고 있음을 간과해서도 안 된다. 그러므로 우리는 헤겔의 동양문화와 동양종교, 철학에 대한 지식과 비판이 과연 전적으로 타당한 것인지에 대해서도 우리의 관점에서 좀 더 냉정히 분석하고 비판해야 할 것이다. 만약에 예술이 헤겔이 고찰한 방식대로의 역사적 변천을 겪어왔다면 과연 현재 동양의 예술이 보이는 모습은 당시 헤겔이 생각한 것과 같은 모습일까? 그의 예술 철학적 사유의 정초는 과연 타당한 것일까? 나는 이 미학 전편을 읽는 동안 한편으로 그의 논리성에 매혹 당하면서도 다른 한편으로 철학자가 아닌 문학가로서 솟아오르는 여러 가지 의혹들을 지울 수는 없었다. 그것은 어쩌면 내가 헤겔의 사상을 큰 거부감 없이 수용할 수 있는 서양인이 아닌 동양인이기 때문에 가질 수 있는 의혹일지도 모르며, 그것은 정당하기까지 한 것이다. 따라서 역자가 이 《미학강의》를 번역한 이유는 독자로 하여금 이를 단지 수동적으로 감탄하고 수용하도록 하려는 목적에서가 아니다. 역자는 이 책이 다음과 같은 두 가지 관점에서 독자 여러분에게 흥미를 줄 것으로 기대하고 있다. 첫째, 헤겔이 서양미학의 체계를 일단 최고의 위치로 완성시켜 놓는 과정에서 그가 다른 논리학이나 역사철학에서 세워놓은 변증법의 체계가 미학에서는 어떤 식으로 전개되는가 하는 점이며, 둘째, 이 미학을 읽음으로써 앞으로 서양미학을 극복하여 동양미학을 구축하려고 노력하는 사람들에게 도움이 되리라는 점이다. 말하자면 서양 이상주의(관념주의) 미학의 최고봉을 이룩한 헤겔의 사상을 정확하게 읽고, 그 체계 속에서 우리가 지금까지 모르고 있던 관점들을 다시 찾아내서 분석하고, 만약에 허점이 있다면 이를 비판할 수 있게 하기 위해서이며, 또 필요한 경우에는 그의 사상을 극복하여 앞으로 동양, 그것도 우리에게 맞는 미학이론의 체계를 헤겔의 미학체계만큼 심오하고 방대하게 펼칠 수 있는 힘을 얻게 하려는 것이 역자의 바람이다. 일단 이 저서를 읽고 나면 헤겔에게서 서양의 이상주의적 관념론이 어떤 의미와 어떤 형식에서 그 극치에 달했었고, 그 이후의 후계자들이 그를 어떻게 수용하고 또 그에게서 떨어져나가 반기를 들었었는지, 그리고 오늘날에 와서 언뜻 보기에 헤겔의 이념에서 완전히 멀어진 듯이 보이는 서양의 다른 사상가들이나 예술가들이 어떤 관점에서 그렇게 보이는지 우리는 좀 더 구체적으로 파악할 수 있을 것이다. 특히 헤겔의 사상에 지대한 영향을 받은 마르크스나 루카치—이들의 미학사상에 대해 특히 우리나라에서 근래에 관심이 큰 만큼—등의 미학사상 실체를 더 확실하게 재검토할 수 있을 것이다.

역자는 우리의 이러한 다각적 관심사와 사명을 의식하면서 이《미학강의》제1부, 제2부, 제3부를 완역 출간하게 되었다.

역자는 독자 여러분이 이 책을 읽어가면서 더 쉽게 이해할 수 있도록 돕고자 나름대로 가능하면 곳곳에 주석을 다는 데 많은 힘을 기울였으며, 원서에는 없는 그림이나 삽화들을 역자의 판단에 따라 수집 정리하여 함께 실었다. 지난 1996년에 역자는 이 책을《헤겔 미학》이라는 제목 하에 처음 출판한 이후로 10여년 만에 다시 개정판을 내게 되었으며, 초판에서보다 번역 문장들을 더욱 다듬고 개념들도 재정리한 한편, 역주(譯註)들도 더 꼼꼼히 살펴 보충 첨가했으며 참고 그림들도 더 실었다.

또한 책의 제목도 원서 제목인《미학강의(Vorlesungen über die Ästhetik)》로 바꾸었고, 본문 안에서 저자가 강조한 단어들은 원문대로 살려서 이탤릭체로 바꾸어 표기하였다.

역자는 철학자 헤겔이 자신의 미학체계를 세운 지도 어느덧 200년 가까이 된 오늘날 우리말로 번역된 이 책을 바탕으로 독자여러분께서 헤겔의 미학사상을 편견 없이 바르게 이해하고 우리의 시각에서 새로이 비판하며 이렇게 미에 대해 축적된 지식들을 바탕으로 우리 자신의 예술철학을 정립할 수 있는 날이 속히 오기를 진심으로 바란다.

2010년 봄
두행숙

차례

역자의 말 • 4

제3부 개별 예술들의 체계

서문(序文) • 31

분류 • 42

제1편 건축 • 55

제1장 독자적이고 상징적인 건축 • 64

1. 민족들의 결속체로서 세워진 건축작품들 • 70
2. 건축술과 조각 사이에서 유동적인 건축작품들 • 76
   a. 남근상(男根像)을 상징하는 원주 따위 • 77
   b. 오벨리스크 등등(等等) • 81
   c. 이집트의 신전건물들 • 85
3. 독자적이고 상징적인 건축으로부터
   고전적인 건축으로의 이행(移行) • 93
   a. 인도와 이집트의 지하건축물들 • 93
   b. 사자(死者)들의 집, 피라미드 따위 • 96
   c. 목적에 이용되는 건축술로의 이행 • 103

제2장 고전적인 건축 · 114

1. 고전적인 건축의 일반적인 특성 · 115
    a. 특정한 목적에 이용될 가능성 · 115
    b. 자신의 목적에 알맞은 건축물 · 118
    c. 기본유형으로서의 집 · 119
2. 건축 형태들의 특수한 기본규정들 · 120
    a. 목조건축과 석조건축에 대해서 · 120
    b. 신전 건축물의 특수한 형태들 · 123
    c. 전체적인 것으로서의 고전적인 건축 · 135
3. 고전적인 건축의 여러 가지 건축술 · 140
    a. 도리아식, 이오니아식, 코린트식의 원주배치 · 140
    b. 고대 로마의 둥근 천장 구조 · 146
    c. 로마 건축의 일반적인 특성 · 150

제3장 낭만적인 건축 · 152

1. 일반적인 특성 · 152
2. 특수한 건축 형태화의 방식 · 154
    a. 기본형태로서 완전히 닫힌 건물 · 154
    b. 내부와 외부의 형태 · 156
    c. 장식의 방식 · 170
3. 낭만적인 건축의 여러 건축양식 · 172
    a. 고딕식 이전(以前)의 건축술 · 172
    b. 원래의 고딕식 건축술 · 174
    c. 중세의 민간 건축술 · 175

제2편 조각 · 179

제1장 원래의 조각의 원리 · 193

1. 조각의 본질적인 내용 · 194
2. 미적인 조각의 형상 · 198
   a. 현상에서 배제되는 개별성 · 202
   b. 얼굴표정의 배제 · 203
   c. 실체적인 개성 · 204
3. 고전적인 이상이 깃든 예술로서의 조각 · 204

제2장 조각의 이상(理想) · 209

1. 이상적인 조각형상이 지닌 보편적인 특성 · 212
2. 이상적인 조각형상 자체의 특수한 측면들 · 218
   a. 고대 그리스적인 인물상의 윤곽 · 218
   b. 신체의 자세와 동작 · 236
   c. 의상 · 242
3. 이상적인 조각형상들이 지닌 개성 · 257
   a. 첨가물, 무기, 치장 따위 · 259
   b. 나이, 성, 신들, 영웅들, 인간들, 동물들의 차이 · 266
   c. 개별적인 신들의 표현 · 275

제3장 표현과 재료의 다양한 종류 및 조각의 역사적인 발전단계들 · 283

1. 표현 방식들 · 284
   a. 개별적인 조각상 · 284
   b. 군상 · 288
   c. 부조 · 294
2. 조각의 재료 · 295
   a. 목재 · 297
   b. 상아, 금, 청동, 대리석 · 298
   c. 보석과 유리 · 306
3. 역사적인 발전단계들 · 308
   a. 이집트의 조각 · 309
   b. 그리스인들과 로마인들의 조각 · 317
   c. 기독교의 조각 · 323

제3편 낭만적인 예술 · 329

제1장 회화 · 338

1. 회화의 일반적인 특성 · 340
   a. 내용의 중요한 규정 · 345
   b. 감각적인 회화의 재료 · 348
   c. 예술적으로 다루기 위한 원리 · 357

2. 회화의 특수한 피규정성 · 362
   a. 낭만적인 내용 · 362
   b. 감각적인 질료에 대한 더 상세한 규정들 · 399
   c. 예술적인 구상과 구성 그리고 특성 살리기 · 417
3. 회화의 역사적인 발전 · 448
   a. 비잔틴 회화 · 450
   b. 이탈리아 회화 · 453
   c. 네덜란드 회화와 독일 회화 · 468

제2장 음악 · 476

1. 음악의 일반적인 특성 · 482
   a. 조형예술들 및 시문학과의 비교 · 483
   b. 내용의 음악적인 해석 · 494
   c. 음악의 효과 · 498
2. 음악적인 표현수단이 지닌 특수한 피규정성 · 505
   a. 템포, 박자, 리듬 · 509
   b. 화음 · 519
   c. 선율 · 533
3. 음악적인 표현수단과 내용과의 관계 · 538
   a. 반주 음악 · 543
   b. 독자적인 음악 · 563
   c. 예술적인 연주 · 568

제3장 시문학 · 573

A. 산문과 구별되는 시예술작품 · 588
1. 시적인 이해와 산문적인 이해 · 589
  a. 시와 산문이 이해하는 내용 · 589
  b. 시적인 표상과 산문적인 표상의 차이 · 590
  c. 시적인 직관의 개별화 · 596
2. 시적인 예술작품과 산문적인 예술작품 · 598
  a. 시적인 예술작품 일반 · 599
  b. 역사서술 및 수사학과 구분되는 시문학 · 608
  c. 자유로운 시 예술작품 · 618
3. 시를 짓는 주관성 · 622

B. 시적인 표현 · 626
1. 시적인 표상 · 627
  a. 원래의 시적인 표상 · 627
  b. 산문적인 표상 · 632
  c. 산문에서 생겨나는 시적인 표상 · 633
2. 언어의 표현 · 634
  a. 시적인 언어 일반 · 635
  b. 시적인 언어의 수단 · 635
  c. 수단들을 이용하는 데 있어서의 차이 · 637
3. 시의 운문화 · 641
  a. 리듬을 띠는 운문화 · 645
  b. 압운 · 656
  c. 리듬을 띤 운문과 압운의 결합 · 668

C. 시문학 장르의 차이들 · 672

Ⅰ. 서사시 · 678

1. 서사적인 것의 일반적인 특성 · 679
   a. 경구, 금언, 교훈시 · 679
   b. 철학적인 교훈시, 우주진화론, 신통기 · 681
   c. 원래의 서사시 · 684
2. 원래의 서사시가 지닌 특수한 규정들 · 693
   a. 서사시의 일반적인 세계상태 · 694
   b. 개성적인 서사적 행위 · 709
   c. 통일성이 넘치는 총체성으로서의 서사시 · 732
3. 서사시의 발전사 · 755
   a. 동양의 서사시 · 757
   b. 고대 그리스인들과 로마인들의 고전적인 서사시 · 763
   c. 낭만적인 서사시 · 765

Ⅱ. 서정시 · 784

1. 서정시의 일반적인 특성 · 786
   a. 서정적인 예술작품의 내용 · 787
   b. 서정적인 예술작품의 형태 · 789
   c. 작품을 산출시키는 교양의 상태 · 799
2. 서정시의 특수한 측면들 · 807
   a. 서정시인 · 808
   b. 서정적인 예술작품 · 813
   c. 원래의 서정시의 종류 · 821

3. 서정시의 역사적인 발전 • 834
    a. 동양의 서정시 • 835
    b. 고대 그리스인들과 로마인들의 서정시 • 838
    c. 낭만적인 서정시 • 843

Ⅲ. **극시** • 851

1. 시예술작품으로서의 극시 • 852
    a. 극시의 원리 • 853
    b. 극예술작품 • 859
    c. 극예술작품과 관객과의 관계 • 873

2. 극예술작품의 외적인 연출 • 883
    a. 극작품의 읽기와 낭독 • 885
    b. 연기술 • 890
    c. 시문학으로부터 더 독립된 극예술 • 896

3. 극시의 종류와 그 역사적인 주요 계기들 • 900
    a. 비극, 희극 그리고 일반극의 원리 • 901
    b. 고대 극시와 근대 극시의 차이 • 916
    c. 극시와 그 종류들의 구체적인 발전 • 920

찾아보기 • 964

일러두기

1. 본문의 원어 표기는 독일어판을 그대로 따랐으나, 독일 외 국가의 인명과 지명을 독일식으로 쓴 경우에는 해당 국가의 원어를 표기하고 국립국어원의 외래어표기에 따랐다.

2. 그리스식과 로마식으로 읽을 수 있는 이름의 경우, 같은 인물이라도 헤겔이 문장에서 사용한 그대로 번역했고, 혼동되는 경우에는 역자주를 따로 달았다.

3. 《변형》(오비디우스의 책제목)은 《변신이야기》로 번역되어 출판되어 있으나 역자의 뜻에 따라 《변형》으로 표기했다.

4. 단행본과 잡지·정기간행물, 소설·희곡의 제목은 《 》를, 논문이나 시·미술·음악의 제목은 〈 〉를 사용했다.

제3부
개별 예술들의 체계

서문(序文)

 우리는 이 책《미학강의》의 *제1부*에서 자연미와 예술미의 일반적인 개념(槪念, Begriff)과 그 현실성에 대해서 다루었다. 그것은 말하자면 참된 미와 참된 예술, 이상(理想, das Ideal)이 그 특수한 내용과 여러 다른 현상방식들로 나타나는 것과는 무관하게 그 기본규정 안에서 아직 발전되지 않은 통일성 속에 머무는 모습에 대한 것이었다.

 둘째로, 이처럼 자기 안에서 견실하게 머무는 예술미의 통일성은 자기 안에서 여러 예술형식들의 총체성으로 전개(entfalten)되어 갔다. 그 예술형식들의 피규정성(Bestimmtheit)[1]은 곧 예술정신이 자신으로부터 나와서 자기 안에서 분류된 신성(神性)과 인간성에 대한 미적(美的)인 세계관의 체계를 드러내야 할 내용의 피규정성이었다. 그러나 이 두 영역에는 외적인 것의 요인 속에 있는 현실성이 아직도 결핍되어 있다. 왜냐하면 비록 우리는 이상(理想) 자체에 대해서는 물론 상징적, 고전적, 낭만적인 예술의 특수한 형식들에서도 내적인 것인

---

1) '피규정성(被規定性Bestimmtheit)'에 대해서는 본《미학강의》제1부의 역주(譯註)에서 상세하게 설명했으므로 여기서 간략하게 다시 언급하자면, 'Bestimmtheit'는 'Bestimmung'의 수동형이므로 '규정된 것', '피규정자' 또는 '피규정성(被規定性)'으로 번역될 수 있다. 그것의 반대말인 'Unbestimmtheit'는 '무규정성(無規定性)'으로 번역하였다.

의미(意味, die Bedeutung)와 이를 외적으로 형상화하거나 현상(現象)하는 것 사이의 관계, 또는 그것의 완전한 매개(媒介, Vermittlung)에 대해서 이야기하기는 했지만, 이를 실현하려면 예술이 전개되어가는 일반적인 세계관의 영역 내에서 오직 예술의 내적인 산출만이 유효했기 때문이다. 그러나 이제 예술작품을 외적으로 직접 직관되게 하고 감각과 감각적인 표상에 객관화하는 일은 미 자체의 개념 속에 들어 있으므로, 미적인 것(das Schöne)은 미 자체의 현존성을 통해서만 비로소 진정 스스로 미(美)와 이상(理想)이 된다. 그러므로 우리는 *셋째로*(이 《미학강의》 제3부에서—역자주) 감각적인 요소 안에서 실현되는 예술작품의 영역을 고찰해보아야 한다. 그 까닭은, 이 마지막의 형상화를 통해서 예술은 비로소 참으로 구체적이면서도 실제적이며 스스로 완결된 개체가 되기 때문이다.

이 미학강의의 제3부에서는 오직 *이상(理想)*만이 내용으로 다루어질 수 있다. 왜냐하면 미의 이념(die Idee des Schönen)은 그 전체의 세계관 속에서 자신을 객관화시키는 것이기 때문이다. 그러므로 예술작품이란 지금도 역시 자체 내의 총체성으로 분류되지만, 그러나 유기체로서 이해되어야 한다. 그것들의 차이는 앞서 제2부에서는 이미 본질적으로 여러 다른 세계관(世界觀, die Weltanschauung)들로 특수*화*되었다면 이제는 *개별적인* 분야로 서로 떨어져 나간다. 그것들은 각자 스스로 독자적인 전체가 되며 이 개별성 안에서 여러 다른 예술형식들의 총체성을 표현할 수 있다. 이처럼 새로 현실화된 예술 전체는 비록 개념상으로는 스스로 *하나의* 총체성에 속하지만, 그러나 이 총체성은 감각적인 현재의 영역에서 현실적으로 된다. 그러므로 이제 이상은 그 계기들 속에서 해체되며 비록 그것들은 상호 접근하고, 서로 본질적인 관계를 유지하며 상호 보완해주지만 그것들 스스로 독자적으로 존립하게 해 준다. 이와 같은 실제 예술세계의 모습이 바로 *개별적인 예술들의 체계*이다(Diese reale Kunstwelt ist *das System der einzelnen Künste*).

이제 특수한 예술형식들을 총체성(總體性, Totalität)으로 간주할 때, 그것들은 자체 안에 하나의 진행을, 즉 상징적인 것이 고전적인 것과 낭만적인 것으로 발전해가는 것을 갖고 있다. 이와 마찬가지로 우리는 한편으로 개별적인 예술들 내에서도 역시 비슷한 일이 진행되는 것을 본다. 그 이유는 예술형식들은 바로 개별적인 예술들을 통해서 그 존재를 획득하기 때문이다. 그러나 또 한편으로 개별적인 예술들도 역시 그것들을 객관화시키는 예술형식들과는 무관하게, 자체 안에 하나의 변화과정(Werden), 즉 좀 더 추상적(抽象的)인 관계 속에서 모두에게 공통적인 하나의 과정을 갖는다. 각각의 예술은 예술로서 완전하게 성숙되는 전성기를 갖는다(Jede Kunst hat ihre Blütezeit vollendeter Ausbildung als Kunst). 그리고 이런저런 측면에서 볼 때 이렇게 완성되는 전후의 단계가 있다. 왜냐하면 모든 예술들이 산출해내는 것들은 정신(精神) 작품들(Geisteswerke)이며, 따라서 이들은 자연 형상들처럼 그 특정한 분야에서 직접적으로 산출되는 것이 아니라 시작, 발전, 완성, 종결의 단계, 즉 성장, 개화, 쇠퇴기를 거치기 때문이다.

이같이 좀 더 추상적인 차이들은 모든 예술들 안에서 그 과정을 거치므로 우리는 여기 시작부분에서 이를 간략하게 시사하고자 한다. 이 차이들을 사람들은 보통 *엄격한 양식*(Stil), *이상적인 양식*, *쾌적한 양식*이라는 이름을 붙이면서 서로 다른 *예술양식*들로 설명하곤 하였다. 그 차이들은 주로 일반적인 직관방식 및 표현방식과 관련되고, 때로는 개별성 속에 들어 있는 외적인 형태, 부자유스러움, 자유스러움, 단순함, 지나친 치장 따위에 있어서 대체로 내용의 피규정성을 외적인 현상으로 돌출시키는 모든 측면들과 관계하며, 때로는 예술이 내용을 현존재로 만드는 감각적인 질료를 기술적으로 가공하는 측면과 관련된다.

　예술이 처음에는 단순한 것과 자연스러운 것에서 시작되었다는 생각은 아주 일반화된 편견이다. 이는 물론 어느 정도는 인정할 수 있다. 즉 조야하고 거친 것은 예술의 순수한 정신에 비해 더 단순하고 더 자연적이다. 그러나 순수예술(純粹藝術, schöne Kunst)로서의 예술 속에 들어 있는 자연스럽고 생동적이고 단순한 것은 이와는 다르다. 조야하다는 의미에서 저 단순하고 자연스러운 시작단계에 있는 것들은 아직은 전혀 예술과 미(美)에 속하지 않는다. 이는 예를 들면 아이들이 단순한 형상을 만들어 내고 아무렇게나 몇 번 손을 놀려서 사람의 형태나 말 따위를 그려내는 것과 같다. 그에 반해 정신적인 작업인 미(美)는 그 시초부터 이미 완성된 기술과 수차의 실험실습을 요한다. 그리고 단순미로서의 단순함, 즉 이상적(理想的)인 위대함은 오히려 다양한 측면의 매개를 통해 다양성, 현란함, 혼란, 과장, 난관을 극복하고 이전에 기울였던 모든 노력과 준비가 사라지고 지워진 다음에 승리를 거둠으로써 비로소 나타나는 결과이다. 그럴 때 비로소 자유로운 미(die freie Schönheit)는 전혀 아무런 방해를 받지 않고 마치 '단 한 번의 손놀림에 의해 산출된 것처럼' 보인다(so daß nun die freie Schönheit ganz ungehindert wie in einem Gusse hervorgegangen zu sein scheint). 이는 교양을 쌓은 사람이 보이는 태도와도 비슷하다. 교양 있는 사람은 말하고 행하는 모든 일에 있어서 아주 소박하고 자유롭고 자연스러운 듯이 움직이지만, 이러한 단순한 자유는 본래부터 지니고 있는 것이 아니라 오직 완벽하게 철저한 교육을 통해서 얻은 것이다.

　그러므로 예술은 그 본질이나 역사적인 측면에서 볼 때 대개는 오히려 시초부터 인위적이고 서툰 것이었으며, 종종 부차적인 것 속에서 섬세하게 나타나는가 하면 대체로 의복들과 주위의 장식적인 일에 너무 공을 들인 것으로 나타나기도 한다. 그리고 이런 외형이 복잡다단하게 짜여 있으면 있을수록 본래 의미심장한 것(das eigentlich Ausdrucksvolle)은 더욱 단순해져서, 그때 진정으로 자유롭고 생생한 정신의 표현은 그 형태와 움직임이 더욱 빈약하게 머물고 만다. 이런 점에서 볼 때 결과적으로 모든 개별적인 예술들의 아주 오래된 초기 작품들은 본래 매우 추상적인 내용을 보여준다. 즉 시문학에서는 단순한 이야기, 추상적인 사상(思想)이나 그러한 것들이 불완전하게 마구 뒤얽혀 발전된 신들의 발생신화 혹은 돌이나 나무 따위에 개별적으로 새긴 성자들의 모습 따위를 보여준다. 그때의 표현은 유연성이 없고, 단조롭거나 혼란스럽고, 어색하고, 무미건조하게 머문다. 특히 조형예술에서 묘사된 얼굴표정은 둔중하며, 자기 안에서 정신적이고 심오하게 명상하는 고요함이 아니라 동물적인 공허한 고요함 속에 머물러 있거나 아니면 거꾸로 날카롭고 과장된 특성들을 띠고 있다. 또 그 신체의 형태들과 그 움직임들도 죽어 있다. 예를 들면 팔들은 몸에 붙어 있고, 다리들은 벌려져 있지 않거나 서툴고 각이 져 있고 예리하게 움직이며, 그 밖에도 그 형상들은 제 형태를 갖추지 못한 채 짓눌려 있거나 지나치게 가늘고 길게 뻗어 있다. 그에 반해 옷, 머리, 무기, 장신구 같은 외부적인 것을 표현하는 데 대체로 지나치게 애착하며 공을 들이고 있다. 예를 들면 옷의 주름은 체형에 제대로 어울리지 않고 나무처럼 딱딱하게 제멋대로인데, —이런 것은 우리가 초기의 성모 마리아상들과 성자(聖者)들의 상에서 충분히 자주 볼 수 있다— 그런 주름들은 때로는 단조로운 규칙성을 지닌 채 서로 나란히 붙어 있는가 하면, 때로는 흘러내리는 듯한 모양이 아니라 딱딱하게 각진 모양으로 형상의 주위에 널찍하게 붙어 있을 뿐이다. 마찬가지로 초기의 시문학들은 진부하고 서로 연결이 잘 안 되며, 단조롭고 오로지 하나의 표상(表象)이나 감정에 의해서만 추상적으로 지배되고 있거나 조야하고 거칠며, 개별적인 것들은 애매모호하게 뒤섞여 있어서 전체적으로 아직 확고하게 내적인 조직체의 조화를 이루지 못하고 있다.

그러므로 우리가 여기에서 고찰해야 하는 양식(樣式, Stil)은 그런 사전 작업을 거친 후에 비로소 본래 순수예술로써 시작된다. 그 속에서 양식은 비록 처음에는 아직 조잡하게 드러나지만 곧 좀 더 미적(美的)으로 엄격해지는 쪽으로 나아간다. 이 엄격한 양식은 더욱 고차적인 미의 추상성이다. 이 추상성은 육중한 것에 집중해서 이를 커다란 덩어리로 표현하되 사랑스러움과 우미(優美)는 아직 경시한다. 즉 오직 사상(事象, die Sache)만 우세하게 드러나게 하고 부차적인 것에는 별다른 공력이나 완성을 기울이지 않는다. 그때 그 엄격한 양식은 아직은 기존의 것을 모방하는 일에 머문다. 다시 말해 그것은 한편으로 내용에 따라 표상하고 표현할 때 기존의 것, 예를 들면 기존의 성스러운 종교적인 전통을 고수하며, 다른 한편으로 외적인 형태를 만들 때 그 양식이 스스로 꾸며낸 것이 아니라 실제의 *사상(事象)*대로 형태를 부여하려고 한다. 왜냐하면 그 양식은 그러한 사상(事象)의 존재를 일반적으로 웅대한 효과를 내서 표현하는 데 만족하기 때문이며, 그래서 표현할 때에도 기존에 존재하는 것들에 따르기 때문이다. 그러나 모든 우연한 것들을 이런 양식에서 떼어 놓음으로써 주관성의 자의(恣意)와 자유가 파고들어오는 못하는 것처럼 보이게 했다. 모티브(Motiv, 동기)들은 단순하고 표현되는 목적들도 적으므로, 개개의 것에 있어서 그 형상, 근육, 움직임에 큰 다양성은 드러나지 않는다.

둘째로, 이상적인, 즉 순수한 미적(美的)인 양식은 사상(事象)만을 본질적으로 표현하는 일과 전적으로 마음대로 표현하는 것의 중간에서 움직인다. 우리는 이런 양식의 특징으로 미적이고 고요한 웅장함 속에 깃들어 있는 아주 생생한 모습을 들 수 있으니, 이런 모습은 피디아스(Phidias)의 작품들이나 호메로스의 작품을 보면 경탄을 자아낸다. 이는 모든 사소한 점들, 형태들, 몸의 돌림, 움직임, 사지(四肢)에서 흘러나오는 생동성(生動性, die Lebendigkeit)으로서, 거기서는 무의미하거나 무표정한 것은 전혀 들어 있지 않다. 거기에서는 모든 것이 활동적이고 효과를 나타내며 어디에서 그 예술작품을 고찰하더라도 움직임을, 즉 자유로운 삶 자체의 맥동을 보여준다. 그러나 이는 오로지 전체를, 오직 *하나의* 내용을, 즉 *하나의* 개성과 행위를 표현하는 생동성이다.

    그때 그런 생동성 속에서 더 나아가 동시에 작품 전체 위로 스며드는 우아함(Grazie)의 입김을 발견할 수 있다. 그 우아함은 청중과 관객에게 호소력을 띠지만, 엄격한 양식은 이런 호소력을 거부한다. 그러나 비록 우아함과 감사가 다른 사람에 대한 감사, 즉 호의(好意)일 뿐이라는 것이 입증되더라도, 이상적인 양식에서는 마음에 들고 싶어 하는 이런 모든 욕구로부터 벗어난다. 우리는 이를 좀 더 사변적으로 그렇게 설명할 수 있다. 사상(事象)이란 집중된 실체적인 것, 스스로(für sich) 완결된 것이다. 그러나 그것은 예술을 통해 현상함으로써 소위 다른 사람들을 위해 존재하고, 그 단순성(單純性, die Einfachheit)과 견실함(Gediegenheit)에서 벗어나 개별화되려고, 즉 개별적으로 갈라져 나아가려고 노력한다. 그래서 이처럼 타인들을 위해 존재하려고 옮겨가는 것은 바로 사상(事象) 쪽에서 호의를 표명하는 것이다. 왜냐하면 사상(事象) 자체는 이런 더 구체적인 현존성이 필요하지 않아 보이는 데도 우리를 위해서 그 안으로 스며들어가기 때문이다. 그러나 이 단계에서 보이는 그와 같은 우미(優美, Anmut)는 그 안에 실체적인 것이 유지되면서 외적으로 넘쳐흐르며 현상할 때 내보이는 우아함에 개의치 않고 그에 대조적으로 머물 때만 가치를 띤다. 이처럼 자기 존재에 대해 내적인 확신을 갖고 개의하지 않는 것, 즉 자기 안에서 이처럼 고요히 머무는 것이 바로 우미가 갖고 있는 미적(美的)인 무관심이다. 그것은 이렇게 자신이 현상하는 것에 대해서는 직접적으로 아무런 가치를 두지 않는다. 그러나 바로 거기에 미적인 양식(樣式)의 숭고함이 들어 있다. 미적이고 자유로운 예술은 그 외형 속에서 아무 근심도 없고 그 안에서 어떤 독특한 반성도, 목적도, 의도도 눈치 채지 못하게 하며, 어떤 표현, 어떤 변화 속에도 오로지 전체의 이념과 영혼만을 시사한다. 오직 그럴 때만 거칠지도 엄격하지도 않고 이미 미의 쾌활성에 의해 부드러워진 미적인 양식(樣式)의 이상(理想)이 유지된다. 그때는 어떤 외적인 것이나 어떤 부분에도 억지로 힘이 가해지지 않고 모든 부분은 스스로 현상하며, 스스로의 현존성을 즐기고 그러면서도 오직 전체를 이루는 한 요소로서만 존재하는 데 만족한다. 이것만이 개성과 성격의 깊이와 피규정성에 생동적인 우아함의 미(美)를 부여한다. 한편으로는 사상(事象)만이 우세하지만, 그러나 그 사상을 아주 명료하고 생생하고 현재적으로 현상하게 만드는 세밀하고 명확하고 다양한 특징들이 드러날 때 관객은 그것의 구체적인 생동성을 완벽하게 자기 눈앞에 보면서 사상 그 자체로부터 벗어난다.

그러나 이 마지막 지점을 통과함으로써 이상적인 양식(der ideale Stil)은 외적인 현상 쪽으로 더 방향을 틀게 되며, 이를 계속해서 좇으면 곧 *마음에 들고 기분 좋게*(angenehm) 해주는 양식으로 옮겨 간다. 여기에서 사상(事象) 자체가 지닌 생동성과는 다른 의도가 드러난다. 즉 마음에 드는 것, 밖으로 향하는 효과 자체가 목적(目的, Zweck)으로 드러나고 스스로를 위한 관심사가 된다. 그래서 예를 들면 유명한 벨베데레의 아폴로(Apoll von Belvedere) 신상은 그 자체는 마음에 드는 양식은 아니지만, 적어도 숭고한 이상(理想)의 위치에서 매력적인 것으로 이행(移行)해가는 단계에 있다. 그런 식으로 마음에 들게 될 때 외적인 현상 전체의 근간이 되는 것은 더 이상 사상(事象) 자체가 아니다. 이런 식으로 특수한 것들은 처음에는 사상(事象) 자체로부터 나오고 그것을 통해서만 필연적인 것이 되더라도 점차 독립적으로 되어간다. 사람들은 그런 특수한 것들이 장식이나 의도적인 삽화로 적당히 삽입되는 것을 느낀다. 그러나 그런 것들은 사상(事象)에 대해 우연적인 것으로 머물면서 다만 관객이나 독자들과의 관계 속에서만 그 본질적인 규정을 가지므로, 그것들을 만든 목적인 주관성의 마음에 들려고 애쓴다. 예를 들어 시인 베르길리우스(Vergilius, 또는 '버질'이라고도 함)와 호메로스(Homeros, 또는 '호머'라고도 함)도 이런 면에서 다양한 의도와 마음에 들려고 노력한 흔적이 보이는 발전된 양식으로 우리에게 즐거움을 선사한다.

  건축, 조각, 회화에서는 이처럼 호감을 주려는 의도 때문에 단순하고 장엄한 형태는 사라지고 도처에 소규모의 형상들이 나타난다. 장신구나 장식, 뺨의 보조개, 틀어 올려서 꾸민 머리, 미소, 옷의 다양한 주름, 구불구불한 색채(色彩, die Farbe)나 형태, 좀 힘들어 보이면서도 강요되지 않은 듯 눈에 띄는 동작이나 자세 따위가 그렇다. 예를 들면, 우리는 이른바 호감을 주는 양식으로 넘어가는 소위 고딕식 또는 독일식 건축예술에서(In der sogenannten gotischen oder deutschen Baukunst) 무수한 장식들을 발견한다. 그래서 건축물 전체는 기둥들이 서로 위로 겹쳐지고, 수많은 장식과 첨탑, 첨각 따위들이 결합되어 이루어진 것처럼 보인다. 그런 것들은 그 거대한 상태나 유례없는 중후한 인상을 손상하지 않고도 그 자체로서 호감을 준다.

그러나 예술의 이런 단계 전체가 외적으로 표현함으로써 외부에 영향을 미치는 쪽으로 나아갈 때, 우리는 예술이 지닌 또 다른 보편성(Allgemeinheit)으로 *효과(Effekt)*를 들 수 있다. 그때 효과는 마음에 들지 않는 것, 무리한 것, 예를 들어 미켈란젤로의 위대한 천재성도 가끔 너무 지나치게 보여줬던 거창함, 그리고 매우 눈에 띄는 것 따위도 수단으로 이용할 수 있다. 효과란 대개 관객을 향하는 것이므로, 이때 형상들은 더 이상 자족하는 쾌활한 모습으로 묘사되어 안거하는 대신에 거기에서 벗어나 곧 관객을 끌면서 그 표현되는 방식을 통해 관객과 관계를 맺으려고 시도한다. 물론 자기 안에 안거하는 것과 관객에게 향하는 것 양쪽 다 예술작품 속에 주어져 있어야 하지만 또 양쪽 다 가장 순수하게 균형을 이루어야 한다. 만약에 예술작품이 관객에게 호소하려 하는 대신에 엄격한 양식 속에서 자기 안에만 갇혀 있다면 그 작품은 차가운 것이 된다. 또 만약 그것이 지나치게 그 양식에 어긋나면, 그것은 마음에 들더라도 견실하지는 못하거나 내용의 견실함과 그것을 단순하게 파악해서 표현하지 못하게 된다. 그때 드러나는 것은 현상의 우연성에 빠지면서 형태 자체를 그런 우연적인 것으로 만든다.

그 우연성 속에서는 더 이상 사상(事象)과 그 자체에 근거하는 필연적인 형태는 보이지 않고, 자기의 주관적인 의도와 자기가 만들어낸 것 그리고 자신의 완성된 숙련성을 지닌 *시인*이나 *예술가*가 보이게 된다. 그로 인해 관객은 사상(事象)의 본질적인 내용에서 완전히 벗어나 그 작품을 통해 단지 예술가와 담소하게 될 뿐이다. 왜냐하면 이때는 예술가가 원한 것이 무엇이고 그가 이를 얼마나 능수능란하게 포착해서 완성시켰는가를 모두가 통찰하는 일만 중요해지기 때문이다. 이처럼 작품을 통찰하고 판단할 때 마치 예술가와 주관적으로 공통성을 지니고서 결속되는 느낌은 매우 기분 좋은 일이므로, 따라서 독자와 청취자는 시인이나 음악가를 경탄한다. 조형예술가의 작품이 이런 주관적인 예술평가를 하도록 더 유도하고 또 그의 손에 의도와 관점들을 더 많이 쥐어줄수록, 관객은 그 예술가를 더욱 더 경탄하고 자기 자신의 허영심이 더욱 만족을 느끼는 것처럼 느끼기 쉽다. 그에 반해 엄격한 양식에서는 관객에게 어떤 여지도 주어지지 않는다. 즉 내용의 실체(實體, Substanz)는 표현될 때 주관성을 엄격하고 단호하게 물리친다. 이렇게 퇴치하는 일은 물론 때로는 예술작품 속에 심오한 내용을 주입시키지만 사상(事象)을 자유롭고 가볍고 쾌활하게 표현하는 데로 나아가지 않고 관객에게 의도적으로 난해하게 보여주려고 하는 예술가의 우울성(Hypochondrie)일 수도 있다. 그때 그런 식으로 비밀스러운 것을 파는 일 자체는 다시금 과장된 치레일 뿐으로 작품이 마음에 드는 일과는 어긋난다.

　프랑스인들은 주로 아첨하는 것, 자극적인 것, 효과가 큰 것에 열심이며 그래서 이처럼 경박하게 관객의 마음에 들려고 향하는 일을 주요한 사안으로 키웠다. 왜냐하면 그들은 자기들의 작품의 본래 가치를 그것들에 관심을 가진 다른 사람들을 만족시키고 그들에게 영향을 미치려는 데서 찾기 때문이다. 특히 그들의 극문학(劇文學, die dramatische Poesie)에서 이런 방향이 두드러진다. 예를 들어 장 프랑수아 마르몽텔[2]은 그의 작품 《폭군 드니》(1784년)가 상연될 때 나오는 다음과 같은 일화에 대해서 이야기하고 있다. 그 극 중에서 결정적인 요소는 독재자에게 질문을 하나 던지는 장면이었다. 그때 이 질문

---

[2] 장 프랑수아 마르몽텔(Jean François Marmontel, 1723~1799). 프랑스의 작가. 프랑스 학술원에서 서기일을 보면서 비극작품들을 써서 유명해졌다. 특히 당시의 계몽주의적 색채가 짙은 작품들을 썼다. 위 작품의 프랑스어 원제는 《Denis le tyran》이다.

을 던지게 된 여주인공 클레롱은 그 중요한 순간이 다가오자, 다른 등장인물인 디오니시우스에게 말을 걸면서 동시에 그 순간을 강조하려고 관객 쪽으로 한 걸음 내딛으며 다가온다―그리고 이런 행위로 인해서 그 작품 전체에 찬사가 주어지도록 정해졌다.

그에 반해 우리 독일인들은 예술작품에서 너무 내용을 강조하고 요구한다(Wir Deutsche dagegen fordern zu sehr einen Gehalt von Kunstwerken). 그때 예술가는 그 심오한 내용에 빠지는 데 만족하여 관객에게는 무관심하므로, 관객으로서는 그 작품의 의도가 무엇이며 무슨 일이 벌어지는지 스스로 바라보면서 이해하려고 애쓰지 않을 수 없게 된다.

분류

이와 같이 모든 예술들이 공통으로 주어지는 양식(樣式)들의 차이에 대해서 일반적으로 시사를 했다면, 이제는 우리의 《미학강의》 제3부를 좀 더 자세히 분류하고자 한다. 그에 관해서 보면 특히 오성(悟性, der Verstand)은 일방적으로 개별적인 예술들과 예술 종류들을 분류하기 위한 여러 다양한 근거들을 찾으려고 모색해 왔다. 그러나 오직 장르들의 총체성 안에서 그 원래 개념 속에 들어있는 여러 측면들과 요소들의 총체성을 드러내 주는 예술작품의 성질에서만 진정한 분류가 가능하다. 이와 관련해 우선 예술형상은 감각적인 실제성 안으로 들어가도록 규정되므로 예술은 역시 감각을 위해 존재한다는 관점이 중요한 것으로 드러난다. 그러므로 이런 감각과 그에 합당한 질료성(Materialität)을 규정하는 일을 개별 예술들을 분류하는 근거로 삼아야 한다. 이때 감각은 질료적이면서 상호분리되는 다양한 것과 관계되는 감각이므로 각기 서로 다른 것들로서 느낌, 냄새, 취미, 청각, 시각 따위가 그런 것들이다. 이 총체성과 그 내적인 필연성을 입증하는 것은 여기서 우리가 할 일이 아니라 자연철학이 할 일이다. 우리의 물음은 이 모든 감각들이—혹시 모두 다가 아니라면 그 중 어떤 것이—그 개념에 따라 과연 예술작품들을 이해하기 위한 기관으로 능력을 가졌는지 조사하는 일에 한정된다. 이와 관련해서 우리는 이미 앞에서(제1부에서) 느낌과 기호, 냄새는 배제하였다. 즉 뵈티거(Böttiger)³⁾식으로 대리석으로 된 부드러운 여신들의 조각상을 손으로 만져보는 것은 예술을 관조하고 향유하는 일에 속하지 못한다. 왜냐하면 만져보는 감각(Tastsinn)을 통해서 주체는 감각을 지닌 개인으로서 단지 감각적인 개체와 그것이 지닌 무게, 단단함, 부드러움, 질료의 저항 같은 특성하고만 관계하기 때문이다. 그러나 예술작품은 단지 감각적인 것만이 아니라 감각적인 것 속에서 현상하는 정신이기도 하다(das Kunstwerk aber ist nichts bloß Sinnliches, sondern der Geist als im Sinnlichen erscheinend). 또 예술작품은 예술작품으로서 무슨 기호(嗜好)와 같은 것은 아니다. 왜냐하면 기호는 대상(對象)을 그 자체를 위해(für sich) 자유로이 놓아두지 않고, 그것에 실제로 관여하면서 그것을 해체하고 왜곡시키기 때문이다. 기호를 육성하고 세련화하는 일은 음식을 준비하거나 그 대상이 지닌 화학적인 성질하고 관련될 때만 가능하거나 필요하다. 그러나 예술의 대상은 비록 주체를 위해서 존재하기는 해도 실제적이 아니라 이론적이고 지적인 방식으로만 존재하며, 욕구나 의지와는 아무 관계없이 그것 스스로의 독자적인 객관성 속에서 직관되어야 한다.

---

3) 뵈티거(Karl August Böttiger, 1760~1835), 독일 고대문헌을 연구하던 학자.

냄새에 관해서 보아도 그것 역시 예술을 향유하는 기관은 되지 못한다. 왜냐하면 냄새의 대상들은 그 자체 안에서 과정을 거쳐 공기와 그것이 미치는 영향을 받아 해체(解體)될 때만 냄새로 주어질 수 있기 때문이다.

그에 반해 시각은 빛과 그 질료성을 매개로 하여 대상과 이론적인 관계를 맺는다. 이 질료 쪽에서는 대상으로 하여금 자유로이 존재하거나 가상(假象) 또는 현상하게끔 하되 공기나 불처럼 그 대상을 실제로 소모시킴으로써 눈에 띄거나 띄지 않게 만들지는 않는다. 즉 시각에서는 공간 속에 질료로 따로 떨어져 존재하는 모든 것들은 아무 욕구 없이 오직 바라보기 위해서만 있는 것이다. 그러나 그것들은 이론의 여지가 없이 완성되어 있을 때 그 형태와 색채에 따라서만 모습을 드러낸다.

또 다른 이론적인 감각으로는 청각이 있다. 여기서는 대립적인 것이 드러난다. 즉 청각은 형태나 색채 따위 대신에 물체의 놀림에서 나는 소리와 관계한다. 이는 후각에 필요한 것처럼 해체되는 과정이 아니라 대상의 떨림에서만 나오는 것으로, 그때 대상은 아무런 손상을 입지 않고 보존된다. 이와 같은 이념적인 운동(ideelle Bewegung) 속에서 나오는 울림을 통해서 단순한 주관성, 즉 신체의 영혼이 드러난다. 이것을 귀는―눈이 형상과 색채를 포착하듯이―이론적으로 포착하고 그럼으로써 대상들의 내면으로 하여금 내면 자체를 위한 것이 되게 한다.

이 두 가지 감각 외에도 세 번째 요소로 감각적인 *표상*(表象, *die Vorstellung*)이 있다. 이는 기억, 즉 개별적인 직관을 통해 의식(意識, das Bewußtsein)에 들어오는 영상들을 여기서 보편성 속에 포함시키고 상상력에 의해 그 보편성과 관련시키고 일치시켜 보존하는 것이다. 그리하여 이제 한편으로 외적인 실재성 자체가 내적이고 정신적으로 존재하는 반면에, 다른 한편으로 정신적인 것은 외적인 형태를 취하는 것으로 표상(表象)되고 상호 외적으로 병립하는 것으로서 의식(意識, das Bewußtsein)에 도달한다.

이와 같은 세 가지 서로 다른 이해방식의 내용은 예술에 잘 알려져 있는 것으로서 분류하자면 첫째는 외적이고 객관적인 형태와 색으로 눈에 보이게 만들어내는 조형예술(die bildenden Künste)이요, 둘째는 음으로 울려나오게 하는 소리의 예술인 음악(die Musik)이고, 셋째는 언어 예술(言語藝術, redende Kunst)이다. 언어예술은 음(Ton)을 다만 기호로 사용함으로써 정신적인 직관, 감정, 표상의 내면으로 향하는 시문학(die Poesie)으로 분류된다. 그러나 위와 같이 궁극적인 분류를 하는 데 단지 이와 같은 감각적인 측면에만 근거한다면 좀 더 상세한 원칙들을 고려할 때는 당황하게 된다. 왜냐하면 위와 같은 분류는 구체적인 사상(事象, die Sache)의 개념에서 출발한 것이 아니라 단지 매우 추상적인 면에 근거해 이루어진 것이기 때문이다. 그러므로 우리는 이미 《미학강의》 제3부의 서문에서 제시했듯이 진정 체계적으로 더 심오하게 분류할 수 있는 방식을 다시 모색해야 한다. 예술의 사명은 다름 아니라 정신 속에서처럼 참된 것을 그 총체성에 맞게 객관적이고 감각적인 것과 화해시켜 감각적으로 직관하게 하는 일이다. 이제 그것이 이 단계에서 예술형상이 외적인 실재(實在)하는 계기 속에서 일어날 때, 여기에서 절대자인 총체성은 그 진리성에 따라 서로 다른 계기들 속으로 분리되어 나간다. 이때 절대자를 표현함으로써 원래 견실한 중도(中道)의 중심이 유지된다. 이 절대자란 바로 신(神)으로서의 신 자신이다. 그 신은 독자성 안에 머물면서 아직 차이성(Differenz)을 보이는 운동으로 발전하지 않으며, 행동함으로써 특수화로 이행되지 않고 자신 속에 완결되어 신적인 위대한 고요함 속에 안거(安居)한다. 이때 묘사되는 것은 그 자신에 맞게 형상화된 이상, 자기의 존재 안에서 그에 적절한 동일성(同一性, die Identität)을 지니며 머무는 신이다. 이 무한한 독자성이 현상으로 드러나게 하려면 절대자는 정신이자 주체, 곧 자신에게 합당한 외적인 현상을 지닌 주체(主體)로서 파악되어야 한다.

그러나 이제 현실의 실재성으로 드러나는 그 주체는 신적(神的)인 것으로서 자기 자신의 *외적인 주위 세계*를 갖게 된다. 그 세계는 그 절대자와 적합하게 일치하고 그것이 스며든 현상으로 형태가 만들어져야 한다. 이제 그 둘러싼 세계는 한편으로는 *객관적인 것*, 외적인 자연의 토양, 그것을 에워싼 것으로 그 자체로는 정신적으로 절대적인 의미나 주관적인 내면을 갖지 않는다. 그래서 미(美)로 변한 정신적인 것을 에워싸는 것으로 현상해야 하는 그 세계는 그 정신성을 역시 암시적으로만 표현할 수 있다.

이 외적인 자연에 맞서 있는 것은 바로 주관적인 내면, 즉 절대자를 존재하고 현상하게 해주는 요소인 인간의 심정(心情)이다. 이 주관성과 더불어 곧 다양하고 서로 다른 개성, 개별성, 차이, 행동, 발전, 즉 대체로 정신이 풍요롭고 다채롭게 현실화된 세계가 들어서고, 그 안에서 절대자는 인식되고, 의도되고, 느껴지고, 활동하게 된다. 이처럼 암시됨으로써 예술의 총체적 내용이 분리되어 나오는 차이들은 우리가 제2부에서 상징적, 고전적, 낭만적 예술형식으로 나누어 고찰한 것과 이해 및 표현 면에서 본질적으로 일치함이 드러난다. 그 이유는 다음과 같다. 즉 상징적인 예술은 내용과 형식을 일치시키는 대신에 양쪽을 유사하게 이끌 뿐이고 내적인 의미를 그것과 그것이 표현해야 할 내용 외적으로 현상하는 것 속에 암시만 할 뿐이다. 그러므로 상징예술은 객체 자체, 즉 자연환경을 미적(美的)으로 에워싼 정신의 예술환경으로 작업해내고 그 외형에 정신의 내적인 의미의 암시적으로 상상하는 것을 과제로 삼는 예술의 기본유형이 된다. 그에 반해 고전적인 이상(理想)은 절대자 스스로 자기 안에서 독자적으로 안거하는 외적인 실재성으로 표현하는 것과 일치한다. 한편 낭만적 예술형식은 심정과 감정 속에 들어 있는 주관성을 그 무한성과 유한한 개별성 안에서 내용과 형태로 삼는다.

이러한 분류근거에 따라 이제 개별적인 예술들의 체계(體系, das System)는 다음과 같이 분류된다.

첫째로, 사상(事象) 자체에 근거를 둔 것으로서 맨 먼저 우리 눈앞에 등장하는 것은 건축(Architektur)이다. 건축은 예술의 시작이다. 왜냐하면 예술은 대개 처음에는 그것의 정신적인 내용을 표현하기 위한 적합한 질료도 일치하는 형식도 발견하지 못했고, 그래서 진정한 적합성을 단순히 모색하고 내용과 표현방식의 외면성 속에 머무는 것으로 만족해야 하기 때문이다. 이 최초의 예술의 질료가 되는 것은 그 자체로 비(非)정신적인 것, 무게의 법칙에 따라서만 형상화되는 질료이다. 그것의 형태는 외적인 자연의 형상들로 규칙적이고 균형을 이루어 정신을 단지 외적으로 반사하는 것과 예술작품의 총체성에 연결된다.

두 번째 예술은 조각(彫刻, die Skulptur)이다. 조각의 원리와 내용이 되는 것은 고전적인 이상인 정신의 개성이다. 그리하여 내적이고 정신적인 것은 정신 속에 내재하는 구체적인 현상 속에 표현된다. 그 현상을 예술은 여기에서 실제의 예술 존재로 표현해야 한다. 그러므로 조각은 공간적인 총체성을 띠고 있는 무거운 재료를 질료로 택한다. 그러나 이를 단지 그 무게와 자연조건을 고려해서 유기적인 것이나 비유기적인 것의 형태들에 따라 규칙적으로 형태를 만들어 내거나 또는 그 가시성(可視性, die Sichtbarkeit)을 고려해서 단지 외적으로 현상하는 가상(假象)으로 그 가치를 격하시키고 그 자체 안에서 본질적으로 개별화시키지는 않는다. 그러나 여기서 내용에 의해 규정된 형태는 정신의 살아있는 생동성, 즉 인간형상(人間形象, Menschengestalt)과 정신에 의해 충만된 그 형상의 객관적인 유기체이다. 이는 행위와 갈등, 인고(忍苦)가 지니는 분열성 한계성과는 무관하게, 숭고한 안거와 고요한 위대함 속에 깃들어 있는 신성(神性)함의 독자성을 적합하게 현상하도록 형상화해야 한다.

 셋째로, 우리는 주관적인 것이 지닌 내면성을 형상화하는 소명을 지닌 예술들을 궁극적인 총체성으로 통합시켜야 한다. 이 궁극적인 전체의 시작이 되는 것은 회화(繪畵, die Malerei)이다. 왜냐하면 그것은 외적인 형상 자체를 전적으로 내면을 표현하는 방향으로 전환시키기 때문이다. 이 내면은 주위의 둘러싼 세계 속에서 절대자가 자기 안에 이상적으로 내포되어 있는 것을 표현할 뿐만 아니라, 그 절대자가 스스로 주관적으로 자기의 정신적인 현존재, 의지, 감정, 행위 속에 있는 모습, 활동하면서 타자와 관계하고, 또 고뇌, 고통, 죽음을 겪는 것을 열정과 만족을 느끼는 전체적인 순환 속에서 직관하게 해준다. 그러므로 그 대상은 더 이상 인간 의식(意識)의 대상으로서의 신(神) 자신이 아니다. 그 신은 주관적으로 생생하게 행동하고 고통을 겪는 그의 현실 속에 머물거나, 아니면 공동체의 정신으로서 스스로 느끼는 정신적인 것, 그가 존재하는 세계의 한가운데서 자기를 포기하고 희생(犧牲, Opfer)하면서 편안해하는 자, 살아서 영향력을 끼치는 데서 지복함과 기쁨을 느끼는 신이라는 의식(意識) 그 자체이다. 이러한 내용을 표현하기 위한 수단인 회화는 형상화하는 데 있어서 자연 자체뿐만 아니라 인간의 신체 구조 같은—그것을 통해 정신적인 것이 명확히 드러날 수 있다면—외적인 현상 일반을 형태로 이용할 수 있다. 그 반면에 회화는 무거운 질료성을 띠고 공간 속에서 온전히 존재하는 것은 재료로 사용할 수 없고 이런 재료를 형상들과 관련된 모습으로 회화 속에 내면화해야 한다. 이와 관련해 감각적인 것이 정신에 대조되는 첫걸음은 한편으로 실제 감각적인 현상이 해체되어 단지 그 가시성(可視性, die Sichtbarkeit)이 예술의 가상(假象)으로 바뀌는 데 있으며, 다른 한편으로 그 변화를 색채의 차이, 변화, 융합을 통해 드러내는 *색채(色彩)*에 있다. 그러므로 회화는 내면의 심정을 표현하기 위해서 삼차원의 공간을 외적인 것을 가장 잘 내면화시키는 평면 속에 압축하고 공간적인 원근과 형상들을 색채가 드러나는 것으로 표현한다. 왜냐하면 회화에서 중요한 것은 보편적으로 보여주는 것이 아니라, 그 안에서 개별화하고 내면화된 가시성(可視性)을 표현하는 것이기 때문이다. 조각과 건축예술에서는 형상은 외부의 빛에 의해 보이는 반면에, 회화에서는 자체적으로 어두운 질료가 내면, 이념적인 것, 즉 빛을 띠고 있다. 그 질료는 빛을 자체의 내부로 받아들이고 바로 그 때문에 스스로 어두워진다. 그러나 빛과 어둠이 통일을 이루면서 어우러져 형성된 것이 바로 색채이다.[4]

이제 둘째로, 같은 영역 내에서 회화에 대립(對立, Gegensatz)되는 것이 있는데 그것은 음악이다. 음악의 본래 요소는 내적인 것, 즉 형태가 없는 감정으로, 이는 외적인 것과 그 실재성 안에서가 아니라 오직 그것이 표현되는 순간에 사라지면서 스스로를 지양(止揚)하는 외면성 속에서만 드러날 수 있다. 그러므로 음악의 *내용*이 되는 것은 자기 안에서 직접적이고 주관적인 동일성을 이루는 정신적인 주관성,

---

4) 여기에서 헤겔은 괴테의 《색채론(Farbenlehre)》을 시사하고 있다.

즉 인간의 심정과 감정 자체이다. 그것의 질료는 음(音, Ton)이고, 그 형상은 음들이 양적(量的)인 상호간의 차이와 예술적으로 조정된 박자(拍子, Takt)에 따라 전개되고, 화음(和音)을 이루고, 분리되고, 결합되고, 대립되고, 모순되고 또 해체되는 것이다.

 회화와 음악에 이어 마지막 세 번째로 분류되는 것은 언어 예술, 즉 정신과 이를 정신으로서 표현하는 절대적이고 참된 정신예술인 시문학(詩文學, die Poesie) 일반이다. 왜냐하면 의식(意識)은 오직 말(die Rede, 언어)에 의해서만 구상을 하고 자기 내면에서 정신적으로 형상화하는 모든 것을 수용하고, 표현하고, 표상할 수 있기 때문이다. 그러므로 내용상 시문학은 가장 풍요롭고 가장 제약을 덜 받는 예술이다. 그러나 시문학은 정신적인 측면에서 얻은 것을 감각적인 측면에서는 역시 다시 상실한다. 다시 말해 시문학은 조형예술처럼 감각적인 직관을 위해서 일하지도, 음악처럼 단순한 이념적인 감정을 위해서 일하지 않고, 내면에서 형성된 그것의 정신적 의미를 오직 정신적으로 표상하고 직관하는 것 자체를 위해서 만들려고 한다. 그러므로 시문학에 있어서 그것을 드러내는 질료는 정신을 정신에게 알리기 위해서 비록 예술적으로 다뤄졌더라도 여전히 수단으로서만 가치만 지니며, 정신적인 내용이 그에 맞는 실재성을 발견할 수 있는 감각적인 존재로서의 가치는 지니지 않는다. 이 수단은 지금까지 고찰된 것들 가운데 정신에게 아직은 상대적으로 가장 적합한 감각적인 질료인 음(音, der Ton)이 될 수 있다. 그러나 여기에서의 음은 음악에서처럼 스스로 가치를 유지하면서 형상화하는 가운데 예술에게 유일하게 본질적인 목적을 남김없이 달성할 수 있는 그러한 음이 아니다. 오히려 거꾸로 그것은 전적으로 정신적인 세계와 정해진 표상 및 직관의 내용으로 채워지며, 이 내용을 단지 외적으로 기호화한 것(Bezeichnung)

으로 현상한다. 이제 시문학의 형상화 방식(Gestaltungsweise)에 관해서 보면, 그것은 그 영역 내에서 다른 예술들의 표현방식을 되풀이함으로써 총체적인 예술(totale Kunst)이 된다. 이는 회화와 음악에는 상대적으로만 해당된다. 즉 한편으로 시문학은 서사시로서 그 내용에 객관성의 형태를 부여한다. 여기서 객관성은 비록 조형예술에서처럼 외적으로 실제로 존재하는 데 이르지는 못하지만, 객관의 형태로 표상되고 내면의 표상에 객관적으로 표현되는 세계이다. 바로 이것이 내용 자체와 이를 말에 의해서 표현하는 것으로 만족하는 원래의 말(die Rede)이다. 그러나 다른 한편으로 시문학은 반대로 또한 주관적인 말, 즉 내적인 것으로 드러나는 내면이며, 더 깊이 감정과 심정 속으로 침투해 들어가기 위해서 음악의 도움을 받으려고 그것을 불러들이는 *서정시(抒情詩, die Lyrik)*이기도 하다.

마지막 셋째로, 시문학 역시 스스로 완결된 *행위(Handlung)* 속에서 말(die Rede)로 이행(移行)해 간다. 그리고 이는 또한 객관적인 현실의 내면을 드러내는 가운데 음악, 동작, 흉내, 무용 따위가 곁들여질 때 객관적으로 표현된다. 이것이 바로 극예술(dramatische Kunst)로, 여기서는 인간이 만든 예술작품을 다른 인간이 전적으로 재산출(再産出)하면서 표현해낸다.

스스로 규정되고 분류된 실제 현실의 예술의 체계를 이루는 것이 이 다섯 가지의 예술들이다. 물론 이 외에도 원예술(園藝術, Gartenbaukunst), 무용 같은 불완전한 예술들도 있다. 그것들에 대해서도 우리는 이따금 언급할 수 있을 것이다. 왜냐하면 철학적으로 고찰하는 일은 개념들의 차이를 확정하고 그에 합당한 참된 형상들을 발전시키고 개념적으로 이해함으로써만 가능하기 때문이다. 물론 자연과 현실은 대체로 이런 정해진 한계에만 머물지 않고 거기에서 벗어나 폭넓은 자유를 누리므로, 사람들은 이런 점에서 독창적인 창작물들은 바로 그런 식의 구분을 넘어설 수 있어야 한다는 것에 종종 충분히 찬사를 보내는 것을 들을 수는 있다. 그러나 자연 속에서 뛰어나게 자연스럽지 못하고 자유스럽지도 못한 잡종이나 양서류, 변종(變種) 따위는 사상(事象) 자체 내에 본질적 차이를 고수하지 못하고, 이들을 외면적인 조건이나 영향에 따라 뒤틀리게 내버려두는 자연의 무력함만을 드러낸다. 마찬가지로 예술의 중간 장르들―물론 이것들은 비록 전적으로 완전한 것은 아니더라도 여전히 많은 즐거움을 주고 우아하고 쓸모가 많은 것들을 성취할 수는 있지만―도 역시 그러하다.

　이제 우리는 이 서문과 개론을 끝내고 개별적인 예술들 자체를 특별히 고찰하는 것으로 넘어가려 하는데, 이때 우리는 곧 다른 측면에서 당황하게 된다. 그 까닭은 우리는 지금까지 예술 자체와 이상(理想), 그리고 이상이 그 *개념*에 따라 발전해가는 일반적인 형식들에 대해 고찰하는 데 열중했다면, 이제는 예술의 구체적인 현존재로, 그리고 그와 더불어 경험적인 것으로 옮겨가야 하기 때문이다. 이때 자연에서와 거의 마찬가지 현상이 벌어진다. 즉 일반적인 자연 영역은 필연적인 것으로 이해된다. 그러나 그 실제적이고 감각적인 존재 안에서 형상들이나 종(種)들은 고찰되든 아니면 실제 형태로 존재하든 너무도 다양하고 풍부해서, 때로는 우리는 그것들에게 매우 다양하게 관계할 수 있지만 때로는 우리가 그 형태들의 차이를 가르기 위한 단순한 척도로 철학적 개념을 사용해도 충분하지 못하고, 이때 인식하는 사유(思惟, das begreifende Denken)는 이 넘치는 자연 대상들 속에서 숨을 돌리는 일조차 어려워진다. 그러나 만약 우리가 단순한 묘사나 외적인 반성에만 만족한다면 이는 또 학문적이고 체계적으로 발전시키려는 우리의 목표에 어긋난다. 이 모든 것 외에도 또 어려움이 하나 있는데 그것은 이 각자의 예술은 그 자체에 맞는 학문을 필요로 한다는 점이다. 왜냐하면 예술을 알고자 하고 애호하는 마음이 계속 늘어남에 따라 그에 대한 지식의 범위도 점점 더 풍부하고 넓어졌기 때문이다. 그러나 이런 아마추어 식의 예술 애호는 우리 시대에서 와서 한편으로는 철학 자체에 의해서[5] 유행하기까지했다. 이는 사람들이 예술 속에서 원래의 종교, 즉 참된 것과 절대자를 발견할 수 있으며 예술은 추상적인 것이 아니라 실재성 안에서 이념을 구체적으로 직관하고 느끼도록 하는 것이므로 오히려 철학보다 더 숭고하다고 주장하려고 한 이후부터 그렇게 되었다. 다른 한편으로 오늘날에는 그처럼 끊임없이 넘쳐나는 개별사항들에 열중하는 일이야말로 예술의 숭고한 본질에 속한다. 그 개별적인 것들에 대해서 누구나 뭔가 새로운 것을 언급하도록 요구되고 있다. 그와 같은 예술지식을 얻고자 몰두하는 것은 한가하게 하는 일종의 현학적인 일로서 그다지 고심할 만한 것은 아니다. 왜냐하면 예술을 관조(觀照)하고 그때 생기는 생각이나 반성을 포착하고 거기에서 다른 사람들이 지닌 관점에 익숙해지는 일, 그리고 스스로 판단하면서 지식인이 되는 것은 뭔가 매우 즐거운 일이기 때문이다. 이제 누구나 곧 뭔가 자기만의 독특하고 고유한 것을 발견해냈다고 주장함으로써 지식과 반성이 풍요로워질수록, 이제 모든 특수한 예술, 즉 그런 예술의 모든 개별적인 지류들은 그에 맞게 완벽하게 취급될 것을 더욱 요구한다. 그런 다음에 그 밖에 필연적으로 들어서는 역사적인 사항들은 예술작품들을 고찰하고 평가할 때 궁극적으로 그 일을 더욱 박식하고 폭넓은 것으로 만든다. 끝으로

---

[5] 이는 헤겔이 셸링의 《선험적 관념주의의 체계(System des transzendetalen Idealismus)》의 마지막 구절에 대해 풍자한 말이라고 볼 수 있다.

사람들은 예술의 개별적인 사항들에 대해서 함께 이야기를 나눌 수 있으려면 많은 것을, 아주 많은 것을 미리 보아두었어야 한다. 나 자신은 비록 많은 것을 보기는 했지만, 질료를 개별적으로 다루기에 꼭 필요한 모든 것을 다 보지는 못했다. 이런 갖가지 어려움들에 대해 우리는 다음과 같은 간단한 설명으로 맞서고자 한다. 즉 예술에 대한 지식을 가르치고 역사적인 학식을 제시하려는 것은 전혀 우리의 목표 속에 들어 있지 않다. 오직 중요한 것은 사상(事象)과 그것이 감각적인 예술로 현실화될 때 미(美)의 이념(die Idee des Schönen)과 어떤 관계를 맺는지에 대해서 본질적이고 보편적인 관점들을 철학적으로 인식하는 일이다.

그리고 이런 목적을 고수하는 데 있어서 앞서 시사한 다양한 예술 형상들이 결코 우리에게 방해가 되어서는 안 된다. 왜냐하면 이런 다양성보다는 여기서도 역시 사상(事象)의 개념에 적합한 본질 자체가 중요한 것이기 때문이다. 그리고 비록 그것이 현실화될 때 누차 우연성으로 흐르기도 하지만 그 개념을 명백히 드러내는 때도 있다. 그러므로 이런 본질적인 측면들을 파악하고 철학적으로 발전시키는 일이야말로 철학이 해야 할 과제인 것이다.

제1편

건축

예술은 그것이 담고 있는 내용을 현실에서 특정한 존재로 드러낼 때 특수한 예술(besondere Kunst)이 된다. 그러므로 우리는 이제 먼저 실제의 예술에 대해서 말하고 그와 함께 예술의 실제적인 시작에 대해 말할 수 있다. 그런데 특수성이 미와 예술의 이념에 깃들인 객관성을 드러낼 때 그와 더불어 개념상 특수한 것의 총체성 또한 존재한다. 그러므로 여기 특수한 예술들의 영역 가운데서 먼저 건축술(die Baukunst)에 대해 다루자면, 이는 건축이 개념 정의(定義)상 맨 먼저 고찰되는 예술로 설정된다는 의미를 지닐 뿐더러 *존재* 면에서도 역시 최초의 예술로 다뤄져야 한다. 그러나 우리는 순수예술의 개념이나 실제 면에서 건축술의 시작이 어떠했을까, 라는 물음에 대답하는 데 경험적, 역사적인 것은 물론 이와 관련해 쉽게 가질 수 있는 다양한 외적 반성이나 추측, 자연적 표상들을 전적으로 제외시킬 수 있다.

다시 말해서 사상(事象, die Sache)은 처음에는 아주 쉽게 드러나므로 사람들은 보통 어떤 사상(事象)을 그 시작에서부터 보려는 충동을 갖는다. 그때 사람들은 시작을 보는 쉬운 방법으로 사상(事象)의 개념과 기원에 대해 알려고 하며, 그 다음 그 시작이 발전되어 가다가 진짜 중요한 단계에까지 이르렀다는 모호한 관념을 가진다. 그 다음에는 그 과정이 계속되어 예술을 *점차* 지금의 단계로까지 이끌어왔다는 식으로 통속적으로 가볍게 이해한다. 그러나 단순한 시작 자체는 개념상 의미가 없는 것이어서 그런 식의 발생은 일상적인 평범한 의식에서 볼 때는 더 이해하기 쉬울지 몰라도 철학적 사유에서 볼 때는 전적으로 우연한 것으로 보일 뿐이다.

예를 들어 사람들은 회화의 기원을 설명하기 위해 잠자는 애인의 그림자 윤곽을 베껴 그렸다는 어느 소녀에 대해서 이야기한다.[1] 마찬가지로 건축술의 시작에 대해서 얘기할 때도 때로는 어느 동굴의 이야기가, 때로는 나무줄기 따위가 인용되기도 한다. 그런 시작은 너무도 자명해서 그 발생에 대한 해명은 마치 더 이상 필요하지 않은 것처럼 보인다. 특히 고대 그리스인들은 순수예술의 시작에 대해서뿐만 아니라 윤리적인 제도나 그 밖에 삶의 여러 상황들이 최초로 발생한 경위에 대해서 *상상력의 욕구를 충족시키는* 기품 있는 이야기를 많이 꾸며냈다. 그런 시작들은 비록 역사적인 것이 아니지만, 그렇다고 해서 그 발생 방식을 *개념적인* 것에서 찾아 이해시키려고 해서는 안 된다. 그에 대한 해명 방식은 역사적인 과정에서 찾아야 한다.

우리는 예술의 개념에서 그 시작의 규명을 예술의 우선 과제에서 찾아야 하는데, 그것은 정신을 외적으로 둘러싼 자연적인 기반을 형상화함으로써 내면이 갖지 않는 것에 의미와 형태를 주입시키는 일이었다. 그 형태와 의미는 객체 안에 내재하는 것이 아니라 객체 밖에 머무는 의미와 형태였다. 이미 우리가 고찰했듯이 이러한 과제를 지닌 예술은 건축으로서, 이는 조각이나 회화, 음악보다 더 일찍 초기에 완성을 보았다.

---

[1] 이 이야기는 로마의 역사가이자 작가였던 플리니우스(Plinius, 79년 사망)가 쓴 《자연사(Naturalis historiae)》에 나온다.

이제 건축예술의 가장 초기로 우리의 관심을 돌려보면, 사람들의 거주지였던 움막이나 신을 숭배하는 공동체를 둘러싼 신전들이 그에 가장 가까운 것으로 이는 건축의 시초였다고 가정할 수 있다. 그런 다음에 이 건축의 시원을 좀 더 상세히 규명하기 위해서 사람들은 그런 건축물을 짓는 데 쓰인 질료의 차이들을 분석했고, 건축이 목조건축에서 시작되었는가(비트루비우스[Vitruvius]는 이런 의견을 지니고 있으며 히르트[Hirt] 역시 같은 주장을 하고 있다) 아니면 석조건축에서 시작되었는가에 대해 의견이 분분했다. 이런 의견대립은 물론 중요하기는 하다. 왜냐하면 그것은 언뜻 보기에 드러나듯이 외적인 질료하고만 관련된 것이 아니라, 이 외적인 질료와 이를 꾸미는 방식 같은 건축상의 기본 형태들과도 본질적으로 관련이 있기 때문이다. 그러나 우리는 이런 차이 전체를 다만 경험적이고 우연적인 것과 관련되는 하위의 측면으로 놓아두고, 더 중요한 사항으로 관심을 돌릴 수 있다.

다시 말해서 집이나 신전 또는 그 밖의 건물들에서 중요한 것은 위와 같은 건축구조물의 요소가 외적인 목적을 띤 수단에 불과하다는 점이다. 움막이나 신이 거처하는 집은 그 안에 사람이나 신상(神像)이 머무는 것을 전제로 한다. 그런 것들을 위해서 집이 세워지는 것이다. 그러므로 우선은 예술 외적으로 존재하는 욕구(慾求, das Bedürfnis)가 있고, 그것을 합목적적으로 충족시키는 일은 순수예술과는 무관한 일이다. 그런 목적을 충족시키기 위해서 예술작품을 산출해 내지는 않는다. 인간은 뛰고 노래하는 데 흥미를 느끼며 또 언어로 전달하려는 욕구도 갖고 있다. 하지만 그렇다고 해도 말하고 뛰고 소리 지르는 것은 아직은 시, 무용, 음악이 되지는 않는다. 그러나 이제 때로는 일상생활에서, 때로는 종교 의식(儀式)이나 국가의 의식에서 생기는 특정한 욕구들을 충족시키기 위해 건축하는 합당한 목적을 갖고 예술적인 형태를 만들어내려는 미(美)적인 충동이 일어나면, 우리는 이런 종류의 건축술도 곧 *분류*할 수 있다. 즉 거기에서는 한편으로 인간이나 신의 형상이 주체이자 본질적인 목적이 되며, 다른 한편으로 그것들을 위해 세워지는 건축물은 단지 주위를 에워싸는 것, 즉 외피 따위의 *수단*으로서만 제공된다. 그러나 만약 우리가 그런 식으로 분류하면 본래 *직접*적이고 단순하며 그러한 상대성을 띠지 않은 건축의 본질적인 시초는 찾을 수가 없다. 우리는 찾아야 할 것은 오히려 아직 그러한 차이를 드러내지 않은 요소이다.

  이와 관련해서 나는 이미 앞서 건축술은 *상징적* 예술형식에 적합하며 그 원리를 특수예술로서 가장 독특하게 실현시킨다고 말했었다. 그 까닭은 건축은 그 속에 담겨 있는 의미들을 오직 외적인 주위환경의 안에서만 암시할 수 있기 때문이다. 만일 초기의 건축에서 인간이나 신전에 주어져 있는 에워싼다는 목적과 이 목적을 이행하는 것으로서 건물이 지닌 목적 사이에 아무런 차이가 드러나지 않는다면, 우리가 둘러보고 찾아야 할 건축작품은 마치 조각작품처럼 스스로를 *위해 독자적으로(für sich selbständig)* 서 있으면서 그의 의미를 *다른* 목적과 욕구에 두지 않고 *그 자체* 안에 지니고 있는 건축물들을 둘러보아야 할 것이다. 이는 아주 중요한 점이면서 사상(事象) 자체 속에 들어 있어 다양한 외적 형태를 드러내 주며 여러 건축형태들이 지닌 복잡성을 꿰뚫어 볼 실마리를 제공하는 것임에도 불구하고 나는 이것이 다른 어디서도 강조된 것을 아직까지 보지 못했다. 그러나 그와 같은 독자적인 건축술일지라도 다음과 같은 점에서는 역시 조각과 구분된다. 즉 건축술은 정신적이고 주관적이면서 그 내면의 의미에 전적으로 일치하는 현상으로 형태화해 내지 못하고, 단지 그 외형 속에서 의미를 상징적으로만 표출하는 작품을 산출한다는 점이다. 그럼으로써 이런 종류의 건축은 내용이나 표현 면에서 볼 때 본래 상징적이다.

이 단계에서는 그것을 *표현하는 방식* 또한 그 원리와 같다. 여기에서도 어떤 건축물이 집이나 궁전, 신전 따위의 경우처럼 특수한 종교적 목적이나 그 밖에 인간적인 다른 목적에 맞게 공간을 정하고 에워싸는 것으로 드러날 때, 그것이 목조건축물이냐 석조건축물이냐 하는 단순한 차이만으로는 충분하지 않다. 그런 공간은 단단하고 견실한 덩어리의 안을 비우거나 아니면 반대로 벽이나 천정으로 둘러싸고 고정시킴으로써 생겨날 수 있다. 그러나 양쪽 가운데 어느 쪽으로도 우리가 비(非)유기적인 조각이라고 부를 수 있는 독자적인 건축술은 시작될 수 없다. 왜냐하면 건축술은 비록 스스로 독자적인 형태들을 쌓아서 세우더라도 거기에서 정신의 자유로운 미와 현상을 그에 적합한 구체적인 형상 안에서 드러내는 목적은 추구하지 못하고, 대체로 그 자체에 표상하고 표현해야 할 상징적인 형태만을 세우기 때문이다.

그러나 건축은 이런 출발점에만 멈춰 서 있을 수는 없다. 왜냐하면 건축의 사명은 바로 독자적(für sich)으로 존재하는 정신에게, 인간에게, 또는 인간에 의해 객관적으로 형상화되어 세워진 신의 형상들에게 정신 자체에서 나와 예술에 의해 미적으로 형상화된 외부의 에워쌈을 외적인 자연으로 쌓아 세워주는 데 있기 때문이다. 그 에워싸는 것은 더 이상 그 자체 안에 의미를 담고 있지 않고, 이를 다른 것, 즉 인간과 인간이 꾸미는 가정의 삶, 국가적인 의식(儀式) 따위와 같은 욕구들과 목적들에서 찾으므로 따라서 건축물로서의 독자성은 포기한다. 이런 면에서 우리는 건축이 앞서 이미 시사한 목적과 수단의 차이를 별도로 드러내고 인간이나 객관적인 조각품으로 만들어진 신들이 개별적으로 지닌 인간적인 모습을 위해 그 의미에 상당하는 건축물, 궁전, 신전 따위를 세우는 데서 건축의 *진보(Fortgang)*가 이루어진 것으로 볼 수 있다.

셋째로, *마지막에 가서 양쪽의 계기들은 결합되고 분리될 때 그 안에서 동시에 스스로 독자적인 것으로 나타난다.* 이러한 관점에서 우리는 사상(事象)의 개념적 차이들뿐만 아니라 그 역사적인 발전 자체도 내포하고 있는 모든 건축술을 다음과 같이 분류할 수 있다.

첫째, 본래 상징적이거나 독자적인 건축.

둘째, 개별적인 정신이 스스로를 위해 형상화하는 *고전적인 건축*. 이에 반해서 건축술의 가치는 그 독자성을 빼앗기고 독자적이고 현실적인 형태를 지닌 정신적 의미들에게 예술적 형태를 부여하고 무기적으로 에워싸는 것으로 격하된다.

셋째, 이른바 무어인들(die Mauren, 에스파냐를 정복하여 그곳에 거주했던 이슬람교를 숭배한 민족—역자 주)의 건축이나 고딕건축 또는 독일식 건축이라 불리는 *낭만적인 건축(die romantische Architektur)*. 여기서 비록 집, 교회, 궁전들은 시민들의 욕구와 종교적인 욕구들을 채우고 정신적으로 몰두하기 위한 거주지와 집합장소들일 뿐이지만, 그러나 거꾸로 보면 그것들은 또 이런 목적과는 무관하게 스스로를 위해 독자적인 형태를 갖추고 격상(格上)된다.

그러나 건축은 그 기본특성상 전적으로 상징적인 성질을 띠고 있지만, 그럼에도 불구하고 본래 상징적, 고전적, 낭만적 예술형식(Kunstformen)들은 그 안에서 더 세밀하게 규정되고 다른 예술에서보다 훨씬 더 중요성을 띤다. 왜냐하면 조각에서는 고전적인 것이, 음악과 회화에서는 낭만적인 것이 전체적인 예술원칙이 되어 아주 깊이 파고들어 그 안에서는 다른 예술형식이 발전될 여지가 더 좁아지기 때문이다. 물론 끝에 가서 시문학에는 예술형식들의 모든 단계가 가장 완벽하게 예술작품으로 드러난다. 그러나 거기에서 우리는 상징적, 고전적, 낭만적인 시문학으로 구분하지 말고 시문학 특유의 방식에 따라 서사시와 서정시, 극예술로 분류해야 한다.

  그에 반해 건축은 외적인 것에서 표현되는 예술이다. 그러므로 여기서는 이 외적인 것이 자체에 의미를 내포하고 있는가, 아니면 그것에 다른 어떤 목적을 위해 수단으로 다뤄지는가, 아니면 이렇게 봉사하는 가운데서도 동시에 독자적인 것으로 드러나는가에 중요한 차이가 있다. 첫 번째의 경우는 상징적인 예술과 일치하고, 두 번째의 경우는 고전적인 예술과 일치한다. 왜냐하면 여기에서는 원래의 의미가 스스로 표현되기에 이르고, 그로써 고전적인 예술의 원리 안에 들어 있듯이 상징적인 것은 단지 에워싸는 것으로만 첨가되기 때문이다. 그러나 양쪽의 결합은 낭만적인 것과 병행되어간다. 왜냐하면 낭만적인 예술은 비록 외적인 것을 표현수단으로 이용하더라도 다시 그 실재성에서 나와 자신에게 환원하며, 그리하여 그 객관적인 현존재를 독자적인 형상으로 다시 자유롭게 풀어줄 수 있기 때문이다.

제1장 독자적이고 상징적인 건축

예술이 가진 최초의 근원적인 욕구는 정신으로부터 어떤 표상, 어떤 사상(思想)이 솟아나오고 인간에 의해 그의 작품으로 산출되고 그에 의해 세워지는 것이었다. 이는 언어에 있어 인간이 전달하고 다른 사람들에게 이해시키는 것이 표상 자체인 것과도 같다. 그러나 언어에서의 전달수단은 다름아닌 기호이고 따라서 전적으로 자의적인 외면성(eine ganz willkürliche Äußerlichkeit)일 뿐이다. 그에 반해 예술은 단순히 기호만을 이용해서는 안 되며, 오히려 정반대로 의미들에다 그에 맞는 감각적인 현재성을 부여해야 한다. 그러므로 감각적으로 주어진 예술작품은 한편으로 내적인 내용을 지니고 있어야 하고, 다른 한편으로 이 내용을, 내용 자체가 그것의 형상으로서 직접적인 현실의 실재성일뿐더러 표상과 정신적인 예술활동의 소산임을 인식할 수 있게 표현해야 한다.

예를 들어 내가 실제로 살아 있는 사자라는 동물을 바라보면, 그 사자의 특수한 형상은 나에게 모사(模寫, abgebildet)된 것과 똑같은 '사자'의 표상을 제공한다. 그러나 그 모사 속에는 더 많은 것이 들어 있다. 즉 그것은 그 형상이 표상 속에 들어 있었고 현재 보이는 모습은 원래 인간정신(人間精神, Menschengeist)과 그의 산출행위 속에서 찾을 수 있다는 것을 보여준다. 그래서 이제 우리는 단지 어떤 대상에 대한 표상이 아니라, 인간의 표상에 대한 표상(Vorstellung von einer menschlichen Vorstellung)을 얻게 된다. 그러나 이제 본래 예술의 욕구는 사자, 나무 또는 어떤 다른 개별적인 대상을 이렇게 재(再) 산출하는 데 있지 않다. 반면에 우리는 예술, 그것도 특히 조형예술이 그런 대상들을 가상화(假象化)하는 주관적인 능숙함을 보여주기 위해서 그것들을 표현하는 것을 보았다. 원래의 관심사는 객관적인 직관, 즉 보편적이고 본질적인 사상(思想)을 자신과 타인들의 눈앞에서 직관시키려는 데로 나아간다. 그러나 한 민족이 갖고 있는 그 같은 관념은 우선은 추상적이고 스스로 규정되어 있지 않다. 그러므로 이제 인간은 이것을 표상하기 위해서 역시 추상적인 것, 즉 어떤 특정한 형상은 될 수 있어도 스스로 구체적이고 참된 정신적인 형상은 될 능력은 없는 물질 자체, 즉 무거운 덩어리의 물질에 손을 뻗친다.

내용과 그것을 표상으로부터 나와 표상 속에 주입시킬 감각적인 실재성의 관계는 이를 통해서 단지 상징적인 성질만 띨 수 있다. 그러나 동시에 다른 사람들에게 보편적인 의미를 알려줘야 할 건축작품은 그 속에 더 숭고한 이런 것을 표현하는 것 외에 다른 목적은 갖지 않고 세워진다. 그러므로 그것은 전적으로 본질적이고 보편타당성을 지닌 사상(思想)의 독자적인 상징, 즉 비록 정신에게는 소리가 없는 언어이지만 스스로 존재하는 언어이다. 따라서 이런 건축의 산물들은 이미 스스로를 위해 형상화된 의미들을 단순히 주위에서 덮고 에워싸는 데 그치지 않고, 그것들 자체를 통해 생각하게 해주고 보편적인 표상들을 일깨워 줘야 한다. 하지만 그렇기 때문에 스스로의 모습에서 그런 내용을 드러나게 하는 형태는, 예를 들어 우리가 죽으면 사람들이 십자가를 세워 주거나 전투에 대한 기억으로 돌을 쌓아올리듯이 단지 기호로서만 가치를 지녀서는 안 된다. 왜냐하면 이런 종류의 기호들

고대 바빌로니아(지금의 이라크 지역)의 수도였던 바빌론 시의 상상도. 위쪽에 바벨탑이 보인다

은 표상을 자극하기에는 적합하지만, 십자가나 돌무덤들은 그 자체로는 무엇을 일깨울만한 표상을 지시하지 않거나 다른 더 많은 것들을 상기시킬 수도 있기 때문이다. 이 단계에서는 이러한 것이 보편적인 개념을 이룬다.

이런 점에서 모든 민족들은 자기들의 종교, 자기들의 깊은 욕구를 주로 무엇을 세우거나 건축물로 표현하는 방법밖에는 알지 못했다고 말할 수 있다. 그러나 우리가 앞서 상징적 예술형식을 고찰하는 기회에 밝혔듯이, 이는 본질적으로 동양에만 해당되는 경우가 될 것이다. 특히 모든 시대와 변혁을 거쳐 폐허가 되었으면서도 꼿꼿이 버티고 서 있으면서 우리에게 환상적인 면에서뿐만 아니라 그 거대하고 육중한 면에서도 경탄대상이 된 고대 바빌론(Babylon)이나 인도, 이집트의 예술은 전적으로 그런 특성을 지닌 채 구성되어 있거나 대부분 그런 특성에서 만들어진 것이었다. 그런 식으로 세워진 건축작품들이야말로 어떤 특정한 시대에 살았던 민족들의 활약상이나 삶을 구성해 주고 있다.

그러나 이제 이 장(章)에서 다루어지는 내용의 주요한 구성을 어떻게 좀 더 자세히 *분류*할지 묻는다면, 이런 식의 고대건축은 특정한 형태를 지닌 고전적인 건축이나 낭만적인 건축과는 달리 예를 들어 집이라는 건축물로 시작된 것이 아니다. 왜냐하면 거기에는 어떤 확고한 내용도 제시되지 않으며 따라서 발전해가는 과정에서 어떤 확고한 형상방식도 다른 분야의 여러 작품들과 관련되는 원칙으로 제시될 수 없기 때문이다. 다시 말해서 대체로 상징예술에서 그러듯 내용으로 취해진 의미들은 무형태적인 보편적 표상이자 원초적으로 누차 분리되고 뒤섞인 자연적 삶의 추상으로서 *하나의* 주체가 지닌 계기들로서 이념적으로 통합되지 못하고 정신적인 현실의 생각들과 뒤섞여 있을 뿐이다. 그 의미들은 이처럼 느슨해져 매우 다양하고 변화무쌍하게 되므로 그때 건축의 목적은 때로는 이런 측면, 때로는 저런 측면만을 직관적으로 드러내고 그것들을 상징화하여 인간의 작업을 통해 표상하게 하는 데 있다. 따라서 이처럼 내용이 다양해지면 이를 충분하고 상세하게 또는 체계적으로 언급할 수 없다는 의견이 나올 수 있다. 그러므로 나는 가능하면 가장 중요한 것만을 끌어들여 합리적인 맥락에 따라 분류하는 데 그치지 않을 수 없다.

나의 주요 관점들은 간단히 보면 다음과 같다.

우리는 개인과 민족들을 내적으로 지탱해 주는 것, 즉 그들의 의식(意識)에서 통일점을 갖는 보편적인 직관을 내용으로 삼고자 요구한다. 그러므로 그와 같은 독자적인 건축물을 짓는 *우선적인* 목적도 역시 한 민족이나 여러 민족들을 한데 통합시키는 건축물, 즉 그 주위로 그들이 모일 수 있는 장소를 세우는 것이다. 그러나 더 자세히 보면 그것은 또 형상화하는 방식 자체를 통해 사람들을 통합시키려는 목적을 일반적으로 드러내려는 것과 결합된다. 그것은 제(諸) 민족이 지니고 있는 종교적인 표상(religiöse Vorstellung)이며, 이를 통해서 동시에 그런 건축물들은 상징적으로 표현한 특정한 내용을 획득한다.

그러나 더 나아가 둘째로, 건축은 이 같은 초기의 총체적인 규정 속에만 머물 수는 없으며, 상징적인 형상들은 *개별화*되고 그 의미들이 지닌 상징적인 내용은 더 자세히 규정된다. 그럼으로써 그 형태들도 역시 서로 더 확고한 차이를 드러낸다. 그 예로 생식력을 상징하는 원주(圓柱)[1]나 오벨리스크(Obelisk)[2] 따위를 들 수 있다.

다른 한편으로 그처럼 스스로 개별적인 독자성을 띠고 있던 건축술은 조각으로 옮겨가서 동물형상(動物形象)이나 인간의 유기적인 형상을 취하게 된다. 하지만 그것들을 거대하고 육중하게 만들어서 일렬로 늘어서게 하고, 거기에 벽, 담, 문, 통로 같은 것들을 추가함으로써 그것들이 갖고 있는 조각적인 특성을 순수하게 건축적인 것으로 다루려고 한다. 그 예로 이집트의 스핑크스, 멤논상들(Memnon), 그리고 거대한 신전 건축물들을 들 수 있다.

셋째로, 상징적인 건축술은 고전적인 예술로 옮겨가는 모습을 보여주

---

1) 원문에서 헤겔은 '링가의 원주(Lingam-Säulen)'라고 언급하고 있는데 이는 특히 고대 인도에서 남성의 생식기를 생산력의 상징으로 신격화한 것이었다. 링가(Linga)란 산스크리트어로 남근이란 뜻이며, 특히 힌두교에서 시바(Shiva) 신의 상징이 되었다.
2) 오벨리스크(Obelisk)는 높고 가늘며 끝으로 갈수록 뾰족해지게 만든 기둥으로서 특히 기원전 3천 년경에 이집트에서 태양신을 상징하는 것으로 대개 신전 입구에 한 쌍씩 세워졌다. 오늘날 이집트의 카르낙 신전 앞에 서 있는 한 쌍의 오벨리스크도 그런 종류의 것이다. 그 중 하트셉수트 여왕을 위해 세워진 것은 높이가 29.5m로 가장 높다. 재료는 주로 화강암이고 그 위에 종종 철이나 금으로 씌웠다.

이집트 카르낙 신전 입구에 하트셉수트 여왕과 투트모시스 1세를 위해서 세워진 한 쌍의 돌기둥 오벨리스크(Obelisk)

기 시작한다. 그 이유는 상징적인 건축술은 조각을 배제하고 스스로 직접 건축적으로 표현되지 않는 다른 의미들을 담기 시작하기 때문이다.

이처럼 이행(移行)해가는 단계를 더 자세히 밝히기 위해서 나는 몇 가지 중요한 작품들을 떠올리고자 한다.

1. 민족들의 결속체로서 세워진 건축작품들

"성스러운 것이란 무엇인가?"라고 괴테(Goethe)는 언젠가 그의 2행시(行詩)에서 묻고는 스스로 "그것은 많은 사람들의 영혼을 결속시켜 주는 바로 그런 것이다"라고 대답한 적이 있다. 이런 의미에서 볼 때, 우리는 성스러운 것이란 이처럼 결속시키는 목적을 띠며 또 이런 결속이 독자적인 건축술의 초기 내용이 되었었다고 말할 수 있다. 이를 증명해 주는 가장 가까운 예로 우리에게 전해 내려오는 바벨탑(der babylonische Turmbau)에 대한 전설이 있다. 유프라테스 강의 광활한 평지 위에 인간은 거대한 건축작품을 세운다. 인간은 다른 인간들과 함께 공동으로 그것을 세우며, 그 구조물이 공동의 것이라는 사실은 곧 그 건축물의 목적이자 내용이 된다. 더구나 이와 같은 사회적인 결속은 단순히 가부장(家父長)적인 결속으로만 머물지는 않는다. 오히려 구름 속으로 높이 치솟도록 세워진 그 건축물은 초기의 가부장적인 결속이 해체된 것을 스스로 객관화한 것이며 새로이 확대된 통합이 그것에 실현된 것이다.

그 당시의 민족들은 모두가 함께 그 건축일에 매달렸고 이루 말할 수 없이 거대한 그 작품 하나를 완성해내려고 모두가 거기에 달려들었던 것처럼, 그들의 활약에 의해서 만들어진 그 건축물은 그들이 파헤친 흙과 땅을 통해서 그리고 그들이 합심해서 붙여놓은 돌덩이들과 건축적으로 조성된 그 땅을 통해서 그들을 결합시키는 하나의 끈이 되어주어야 했다 — 이는 국가의 윤리와 관습 그리고 법률이 우리들을 하나로 묶어주는 것과 같은 이치이다. 그때 그런 건축물은 또한 상징적인데, 그 이유는 그것은 우리를 하나로 묶어 주는 끈이면서도 성스러운 것, 즉 절대적으로(즉자대자적으로, an und für sich) 인간들을

고대 메소포타미아 지역에 남은 지구라트(ziggurat)의 폐허. 이는 유럽인들이 생각하던 바벨탑의 원형이지만, 유럽인의 시각이 아닌 당시 중동 지역의 시각에서 보았을 때의 탑 모습은 사뭇 다르다

기독교인들의 머릿속에 늘 인간 죄악의 상징으로 남아 있는 바벨탑의 모습. 매우 음산한 느낌을 주는 이 그림은 네덜란드 화가 브뤼헐(Pieter Brueghel)의 작품(1563)이다

결합시켜 주는 일을 외적인 방식으로 그 형태와 형상에서만 표현할 수 있어서 그러한 연결의 끈을 암시해줄 뿐이기 때문이다. 그러나 이 전통 속에는 동시에 그런 건축물로 결합시키는 중심점으로부터 제(諸) 민족들이 다시 해체(解體, die Auflösung)되고 갈라져 나간다는 해석도 들어 있다.[3)]

고대 그리스의 역사가 헤로도토스

바벨탑보다 역사적으로 더 확실한 기반을 가지고 있으며 더 중요한 또 다른 건축물로는 그리스의 역사가 헤로도토스(Herodotus)가 그의 저서《역사》에서 설명하고 있는 '벨로스(Belus)'[4]의 탑이 있다. 이 벨로스의 탑이 성서에 나오는 바벨탑과 어떤 관계가 있는지에 대해서는 여기서 우리가 논할 바가 아니다. 우리는 이 탑 전체를 우리가 생각하

---

3) 《구약성서》의 '창세기' 제2장 1~9절에 나오는 바벨탑의 이야기에서 우리는, 처음에는 민족들이 하나였으나 그들이 쌓아올린 바벨탑으로 인해 다시 떨어져 나간다는 성서적 묘사를 읽을 수 있다. 그러나 이것은 어디까지나 그 바빌론을 저주한 기독교인들의 시각에서 본 '바벨탑'이며, 따라서 객관적인 시각은 아니라는 점을 감안해야 한다.

4) 벨로스(Belus)의 탑에 대한 언급은 헤로도투스의《역사》제1권 중 〈바빌론 점령〉이라는 대목에서 나온다. 벨로스란 바빌론의 최고의 신이었던 벨(Bel)의 그리스화된 이름으로 보인다. 이 벨 신은 바알(Baal), 또는 마르둑(Marduk)이라고 불리기도 하였으며, 바빌론의 수호신이었다. 헤로도투스 자신은 이 벨 신을 그리스의 제우스와 동일시하여 '제우스 벨로스 신전'이라고 부르고 있다. 이에 대해서는 헤로도투스《역사》(박광순 역, 범우사, 1991, 106쪽) 참조.《역사》의 역자인 박광순은 그의 역주에서 이 벨로스 탑을 바벨탑이라고 부르고 있다.

는 식의 탑으로 불러서는 안 되고, 오히려 하나의 신전 영역(神殿領域)이라고 불러야 할 것이다. 즉 그것은 방형(方形)으로서 각 변의 길이는 2스타디온(이는 고대 그리스의 거리의 단위로 1스타디온은 약 184m ― 역자주)이며 입구는 청동문으로 되어 있다. 이 거대한 건축물을 직접 본 헤로도토스는 이 성역(聖域)의 중앙에는 두꺼운 담으로 둘러싼 탑이 서 있었다고 말했다(그 탑의 안은 공간이 비어 있지 않고 탑 전체가 하나의 견고한 덩어리의 건축물로 세워져 있다). 그 탑의 가로 세로 길이는 모두 1스타디온이며, 그 탑 위에는 또 제2의 탑, 그 위에 또 다른 탑이 계속 쌓아올려져 이런 식으로 총 8층탑을 이루고 있다. 탑에 오르는 길은 탑 바깥쪽으로 전체를 둘러싼 계단 통로가 이어져 있다. 그 탑의 계단을 반쯤 오르면 층계참이 있고, 탑에 오르다가 잠시 앉아 숨을 돌릴 수 있도록 휴식용 의자가 놓여 있다. 맨 꼭대기의 탑 위에는 커다란 신전이 세워져 있다. 그 안에는 화려하게 장식된 커다란 침상이 있고 그 앞에 황금 탁자가 놓여 있다. 그러나 신전 안에는 신상(神像) 같은 것은 일체 안치되어 있지 않고 밤에는 그곳의 토착여자들을 제외하고는 누구도 머물 수 없다. 그 신전의 사제직을 맡고 있는 칼데아인들(Chaldäer, 고대의 바빌로니아 주민들을 그렇게 불렀다 ― 역자주)의 말에 따르면 그 여자들은 신이 모든 사람들 가운데서 특별히 선택한 여자들이라고 한다. 또 그 칼데아인들의 말에 의하면 신(神)이 친히 이 신전으로 강림(降臨)하여 그 침상에서 휴식을 취한다고 한다. 또 헤로도토스는 설명하기를, 그 신역(神域) 아래에는 또 다른 신전이 하나 있는데 거기에는 벨(Bel, 우가리트어로는 Baal 신 ― 역자주) 신의 거대한 황금 좌상이 황금 받침대 위에 안치되어 있고, 그 옆에는 커다란 황금 테이블이 놓여 있으며, 신전 바깥에는 두 개의 커다란 제단이 있어 그곳에 제물이 바쳐진다고 하였다. 그와 같은 건축물은 거대한 외양을 갖추고 있어도 우리는 그 신전에게 고대 그리스 신전이나 오늘날의 신전과 같은 위상을 부여할 수는 없다. 왜냐하면 그 신전의 아래쪽에 있는 일곱 개의 사각형 탑은 아주 견고하게 되어 있고, 맨 위에 있는 여덟 번째 탑만 보이지 않는 신이 거처하는 곳으로 되어 있어서 신은 그곳에서 사제나 일반 사람들의 예배를 받을 수 없기 때문이다. 또 신상(神像)은 그 신전 건물의 바깥에 서 있으므로 사실 그 신전건물 전체는 단지 추상적으로 사람들을 모이게 하는 장소가 아니라, 성역이기는 해도 스스로 독자적인 것으로 서 있을 뿐 신에게 예배를 드리는 목적에 이용되지는 않는다. 여기서 그 신전은 우연히 그런 형태로 만들어졌거나 단단한 재료를 이용해 주사위 같은 형태로 정해져 있을 뿐이다. 그러나 그 건축물 전체를 놓고 보면 이를 좀 더 상세히 추상적으로 규정할 수 있는 의미를 찾을 필요가 생겨난다. 이 상징적인 규정은 헤로도토스에 의해 명확히 설명되지는 않았지만, 우리는 여러 층으로 이루어진 그 견고한 구조물에서 그 규정을 찾아야 한다. 그 신전은 칠층으로 되어 있고 그 위에 있는 여덟 번째 층은 신이 밤에 거처하는 곳으로 되어 있으므로, 일곱 층의 7이라는 숫자는 아마도 일곱 개의 천체(天體)라든가 천구(天球)를 상징할 것이다.

고대 메디아 지방[5])에도 그런 상징성을 띠도록 세워진 도시들이 있었다. 그 한 예로 일곱 개의 성벽으로 둘러싸인 에크바타나(Ekbatana)라는 도시가 있었다. 그에 대해 헤로도토스는 역시 《역사》에서 말하기를, 그 성벽들은 일부는 언덕진 곳의 발치에 세워졌지만 그러나 일부는 일부러 기교를 써서 다른 성벽보다 높았고, 보호벽들은 여러 색으로 칠해졌었다고 한다. 즉 첫 번째 성벽은 흰색, 두 번째는 검정색,

---

5) BC 5~6세기경에 이 메디아 지방은 일반적으로 페르시아와 동일시되었다.

팔미라(Palmyre)에 세워진 고대 벨(Bel) 신의 신전(BC 1세기경)

발(Baal) 신의 청동상. BC 14~12세기경에 우가리트(Ugarit) 왕국에서 만들어진 것으로 추산된다. 라스 샴라(Ras Shamra-현재의 시리아 지역)에서 발견되었으며, 파리의 루브르(Louvre) 박물관에 소장되어 있다.

세 번째는 자주색, 네 번째는 청색, 다섯 번째는 붉은색으로 칠해져 있으나 여섯 번째 성벽은 은으로, 일곱 번째는 금으로 둘러있다는 것이다. 이 마지막 성벽 안에는 왕궁이 있고, 보물도 저장되어 있었다. 크로이처(Creuzer)도 그의 저서 《상징론(Symbolik)》[6]에서 이 건축물에 대해 언급하기를, "에크바타나는 메디아인들의 도시로서, 그 중앙에 왕궁이 있고 일곱 개의 성벽으로 둘러싸여 있으며, 그 위에는 톱니 모양의 흉벽이 있는데 일곱 가지 색으로 칠해져 있으며, 태양의 궁성을 둘러싸고 있는 천궁(天宮)을 나타내고 있다"고 했다.

2. 건축술과 조각 사이에서 유동적인 건축작품들

이제 다음 사항으로 나아가 보면, 건축은 더 *구체적인* 의미들을 그 내용으로 삼으며 그것을 더 상징적으로 표현하기 위해서 또한 더 *구체적인 형태들*을 포착하게 된다. 하지만 그것은 이 형태들을 개별적으로 세우든 아니면 합쳐서 거대한 건축물로 세우든, 이를 조각의 방식으로가 아니라 그 고유하고 독자적인 분야에서 건축적인 방식을 이용해서 조성한다.

이 단계를 이해하기 위해서 우리는 좀 더 상세한 부분으로 파고들어 가야 한다. 물론 여기서는 완전성이나 발전에 대해서 선험적(先驗的, a priori)으로 이야기할 수는 없다. 왜냐하면 예술은 그 작품들 속에서 실제의 역사적인 세계관들과 종교적인 표상들로 폭넓게 이행(移行)해가는 한, 역시 우연적인 것 속으로 빠져 들어가 헤매기 때문이

---

6) 크로이처(F.Creuzer, 1771~1858)가 쓴 저서의 원래 명칭은 《상징표현과 신화(Symbolik und Mythologie)》(1810~1823). 이에 대해서는 《미학강의》 제1부에서 이미 언급되었다.

다. 다만 여기서의 기본규정은 비록 건축술이 결정적인 것으로 머물더라도 조각과 건축이 서로 뒤섞여 있다는 점이다.

a. 남근상(男根像)을 상징하는 원주 따위

이미 앞서 상징적 예술형식을 다루는 기회에 동양에서는 종종 자연 속에 있는 일반적인 생명력, 즉 정신이나 의식(意識)의 힘이 아닌 생식(生殖)이라는 생산적인 위력이 강조되고 숭배되었다는 점을 언급했었다. 특히 인도에서는 이런 숭배가 보편화되어 있었고, 프리기아(Phrygien)와 시리아(Syrien)로 퍼져 나가 위대한 생산의 여신의 형상으로 만들어졌다. 이는 고대 그리스인들도 수용했던 관념이었다. 이제 더 자세히 살펴보면 보편적이고 생산적인 자연력에 대한 직관은 동물 중 수컷의 생식기나 남근(Phallus und Linga)으로 표현되어 신성시되었다. 이런 의식(儀式)은 주로 인도에서 퍼졌으며, 헤로도토스도 설명하듯이 (《역사》 제2권) 그런 의식은 고대 이집트인들에게도 낯설지 않았다. 그리스의 주신(酒神)인 디오니소스(Dionysos) 신에 대한 예배의식에서도 적어도 그와 비슷한 의식이 행해졌다. 그러나 헤로도토스 말에 따르면 그들은 남근상 대신 "다른 것을 고안해 냈는데, 이는 길이 1페키스(18인치) 정도의 실로 조종되는 상으로서 이것을 여자들이 매고 부락을 돌 때면 동체와 거의 같은 길이의 남근이 움직이도록 장치가 되어 있다"고 한다. 그리스인들도 비슷한 의식을 행했는데, 이에 대해 헤로도토스는 이집트인들이 행하는 디오니소스 의식에 대해 아주 잘 알고 있었을 것으로 보이는 멜람푸스(Melampos)[7]가 그 신에 대한 숭배의식에 남근상

---

7) 멜람푸스는 고대 그리스 신화에 나오는 인물로, 유명한 예언자이자 의사였고

의 행렬의식을 도입시켰다고 분명히 말하고 있다. 특히 인도에서는 이런 식으로 생식력을 숭배하는 종교의식이 발전해 그런 생식력의 형상과 의미를 담은 건축물을 만들어 세우는 데까지 나아갔다. 그것은 돌을 다듬어 거대한 원주의 형상으로 탑처럼 견고히 세워졌고 아래쪽이 위보다 더 넓었다. 그런 원주형상은 본래 그 자체가 목적이자 숭배대상이었다가, 후에 가서야 그 입구와 안쪽에 빈 공간을 만들어 신들의 형상을 안에다 세웠다. 고대 그리스인들은 휴대용 작은 신전인 주상(柱像)을 그런 식으로 만들었다. 그러나 처음 인도에서는 안에 빈 공간이 없는 남근상으로 만들어졌다. 그러다가 나중에 가서 겉과 핵심 부분으로 나뉘어 파고다식의 탑으로 만들어진 것이다. 왜냐하면 순수한 인도식의 탑은 훗날 마호메트교나 그 밖의 다른 종교에서 모방(模倣, die Nachahmung)해서 만든 것과는 본질적으로 달라, 그 구조가 집 모양에서 시작되지 않고 최초의 원주식 건축물의 기본형태로 만들어졌기 때문이다. 또 메루(Meru)산[8]에 대한 사람들의 환상적이고 확대된 관념 속에서도 위와 같은 의미와 형태가 다시 나타난다. 사람들은 그 산이 우유가 흐르는 바다의 거품에서 나왔으며 거기에서 세상이 생겨났다고 상상했다. 위와 비슷한 원주(圓柱, Säule)들에 대해 헤로도토스도 언급하기를, 그 중 일부는 남성의 성기와 같은 형태이고 일부는 여성의 음부와 같은 형태를 띠고 있으며, 이 원주들은 세소스트리스(Sesostris)[9]

또 디오니소스 신을 숭배하는 종교의식을 도입시킨 인물로 알려져 있다. 그가 잠자는 도중에 뱀이 다가와 그의 귀를 핥고 지나간 후로 그는 동물들의 말을 알아들을 수 있었다고 한다.

[8] 고대 힌두교의 신화에 나오는 세상 한가운데에 있다는 황금으로 된 산으로, 그 주위로 천체가 돌고 일곱 개의 육지가 나뉘어져 있다고 한다.

[9] 영어로는 'Senusret'로 표기된다. 세소스트리스 1세는 이집트 12왕조의 제2대 파라오였다. 기원전 1971~1926년까지 통치했으며, 이 왕조의 가장 강력한 왕

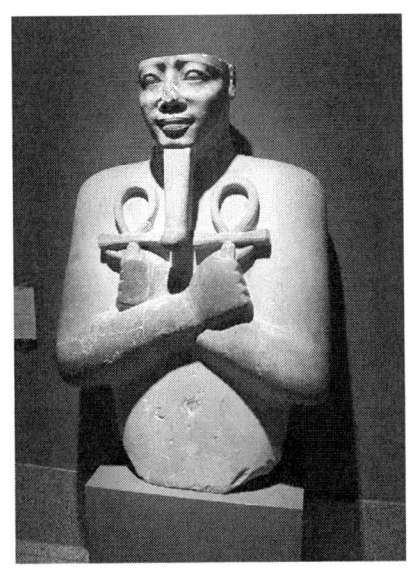

세소스트리스(Sesostris) 1세의 조상(彫像)

가 원정을 나가 다른 민족들을 점령할 때마다 세우게 한 것이라고 말하고 있다(《역사》 제2권). 그러나 헤로도토스 시대에는 이런 원주들은 대부분 더 이상 존재하지 않았다. 그 자신은 시리아에서만 그런 원주들을 직접 보았을 뿐이지만, 그때까지 전해 내려온 바에 따르면 그 모든 원주들은 세소스트리스에 의해 세워졌다고 말한다. 게다가 그는 그 원주들에 대해 아주 그리스적인 관점에서 해명하고 있다. 즉 그는 자연적 의미를 윤리적 의미로 바꾸어 설명하기를, "세소스트리스는 원정 중 전투에 용감한 다른 민족들과 싸워 이길 때마다 그 땅에다 자기 이름과 자기 조국의 이름, 그리고 자신의 무력으로 그 민족들을 정복하게 된 내력을 기록한 원주를 기념비로 세웠다. 또 그는 전투도 하지 않고 쉽

들 가운데 한 명이었다. 그러나 또 한편으로 세소스트리스는 고대 이집트의 19왕조 시대의 파라오였던 람세스 2세(AD 14세기 후반경)와 동일한 인물로 간주되기도 한다.

전형적인 인도식 사원인 티루바나말라이 사원의 탑. 그 형태가 얼핏 서구인들이 오랫동안 생각해온 '바벨탑'의 모습을 연상시킨다

인도 조각의 전형인 크리슈나 신상(神像)

가까이에서 본 이집트의 카르낙 신전 원주의 부조. 본래 세토스 1세에 의해 건축이 시작된 이 원주들은 BC 14세기 람세스 2세에 의해 완성되었다

게 정복한 나라에 대해서는 원주 위에다 앞서와 똑같은 글귀 외에도 여성의 성기를 새겨 넣었는데 그것은 그 민족이 전투에서 비겁했음을 알리기 위해서였다"고 말하고 있다.

b. 오벨리스크 등등(等等)

더 나아가 우리는 건축과 조각의 중간에 속하는 비슷한 작품들을 주로 이집트에서 발견하게 된다. 여기에 속하는 것으로는 예를 들면 오벨리스크(Obelisk, 방첨탑(方尖塔))가 있다. 이것은 비록 유기적이고 생동적인 자연, 즉 식물이나 동물, 인간형상에서 그 형태를 취하지 않고 매우 균형적인 형태를 보이고 있지만, 그러나 아직은 집이나 사원 같은 용도로 사용되지는 않고 자유로이 스스로를 위해 서 있으면

고대 이집트의 도시 헬리오폴리스에 세워진 오벨리스크(방첩탑). 세소스트리스(Sesostris) 1세 때 세워진 것으로 추정된다

서 태양빛을 상징하는 의미를 띤다. 크로이처는 그의 《상징론》 제1권에서 "메디아인이나 페르시아인들이 섬기는 미트라(또는 미트라스, Mithras) 신은 이집트의 태양 도시(즉 헬리오폴리스)에서도 다스리고 있으며, 그들은 꿈속에서 돌 속에 태양빛을 담는 소위 오벨리스크를 세우고 그 위에 사람들이 이집트 문자라고 부르는 글자들을 새기도록 지시를 받는다"고 말하고 있다. 이미 플리니우스(Plinius)도 그의 《자연사(Naturalis historia)》에서 오벨리스크가 이런 의미를 지니고 있음을 시사했다. 그 오벨리스크들은 신성한 태양에 봉헌된 것으로 그 태양빛을 받아들여 이를 표현하는 것을 뜻했다. 페르시아(Persia)의 조각품들에도 원주에서 솟아오르는 화염광선들이 등장한다(크로이처의 《상징론》 제1권 참조).

오벨리스크 다음으로 우리가 특히 언급할 것은 *멤논상들(Memnon*

이다. 테베 시에 세워진 거대한 멤논상들 가운데서 스트라보(Strabo)[10]가 본 것 하나는 온전하게 보존되어 있었으며 *하나의 돌덩어리로* 되어 있었고, 다른 상은 태양이 뜰 때 소리를 내었는데, 그 당시에 이미 훼손되어 있었으며 인간의 형상을 지니고 있었다. 그것들은 거대한 인간의 형상을 띤 두 개의 좌상(座像)으로서, 그 거창하고 육중한 모습은 조각이라기보다는 오히려 무기물인 건축물 같아 보였다. 멤논의 좌상들도 역시 원주처럼 일렬로 나열되어 서 있으며, 그것들은 단지 그렇게 똑같이 정돈되어 있고 똑같은 크기로 되어 있음으로써만 그 가치를 지니므로 조각의 목적은 띠지 못하고 전적으로 건축 목적만을 띠는 것으로 격하된다. 히르트는 파우사니아스(Pausanias)가 언급했던 음향이 울리는 거대한 조각상에 대해 해명하기를, 고대 이집트인들은 그것을 신으로 간주하지 않고 파메노프(Phamenoph)의 상으로 간주했다고 했다. 즉 그것은 오시만디아스(Osymandyas)나 다른 왕들의 기념비처럼 왕을 가리킨다는 것이다.[11]

그러나 이 같은 거대한 조각작품들은 뭔가 보편적인 것에 대해 더 특정하거나 불특정한 표상을 띠고 있다고 한다. 고대 이집트인들과 이디오피아인들은 아침여명의 아들인 멤논상을 숭배하여 태양빛이 처음 나타날 때 그에게 제물을 바쳤다. 그때 그 조상(彫像)은 소리내어 기도하는 사람들에게 응답을 보냈다. 그래서 소리가 울려나오는 이 조각상은 그 형상 면에서 중요하고 흥미로울 뿐 아니라, 비록 동시

---

10) 스트라보(Amaseia Strabo, BC63~AD28년경, 그리스어로는 *Στράβων*[Strabon]이라 한다). 고대 그리스의 지리학자이자 철학자. 그는 특히 17권으로 된《지리서(Geographica)》를 남긴 것으로 유명하다.

11) 알로이스 히르트(Aloys Hirt)作,《고대인들의 건축술의 역사(Geschichte der Baukunst bei den Alten)》전3권(베를린 1820~1827), 제1권 참조.

이집트 카이로의 피라미드군(群) 가운데 하나인 파라오 케호프의 피라미드. 발치에 그를 모신 신전이 보인다

케호프의 피라미드 앞에 앉아 있는 거대한 스핑크스 상(像). 원래 서쪽 지역을 지키는 수호신으로 세워진 것이었다

에 단지 상징적인 암시를 할 뿐이라도 그 존재 자체 역시 생동적이고, 의미심장하며, 계시적이다.

거대한 멤논의 좌상들과 비슷한 것으로 스핑크스들(Sphinxen)이 있다. 나는 이미 앞서 그것을 상징적인 의미와 관련해서 언급했었다. 이집트의 스핑크스는 그 수가 엄청나게 많았을 뿐 아니라 그 크기 역시 매우 경탄할 만했다. 가장 잘 알려진 스핑크스 중 하나는 카이로의 피라미드 군(群) 곁에 서 있는 것으로, 길이는 148미터, 높이는 발톱부터 머리까지 65미터, 가슴 앞으로 내민 발톱부터 발톱 끝까지는 57미터, 발톱의 높이만도 8미터에 달한다. 그러나 이 거대한 덩어리는 먼저 조각된 다음에 지금의 장소로 옮겨진 것이 아니다. 그 바닥 밑을 파보니 그 바닥이 석회함으로 되어 있음이 발견되었다. 그래서 그 거대한 작품은 그 자리에 튀어나와 있던 하나의 거대한 바위에서 조각해낸 것으로, 그것은 아직도 그 바위의 일부를 이루고 있음이 드러났다. 이 거대한 형상은 비록 거대한 규모의 원래의 조각상과 유사하지만, 그러나 스핑크스들도 역시 통로에 일렬로 나란히 배열해 서 있음으로 해서 완전히 건축물의 특성을 띠고 있다.

c. 이집트의 신전건물들

이제 그와 같은 독자적인 형상들은 대체로 개별적으로 서 있기도 하지만 또 거대한 신전 같은 종류의 건축물들, 미로, 지하의 굴들로 다양하게 만들어져서 다량으로 이용되고, 담으로 둘러싸이기도 한다.

이제 *먼저 이집트의 신역(神域)*들에 대해서 살펴보면 근래에 와서 우리가 주로 프랑스인들12)을 통해 더 자세히 알게 되었듯이, 이 대형 건축물의 주요 특성은 그것이 내벽들 사이에 지붕도, 문도, 통로도 없이 주로 거대한 규모와 다양한 모습을 띤 원주들로만 구성되어 있는 열린 구조물이라는 점이다. 그것들은 신(神)의 거처이거나 신을 에워싸지도 않고 예배를 드리는 공동체가 사용하는 목적을 띠고 있지도

---

12) 이는 나폴레옹의 이집트 점령으로 당시 많은 프랑스 군인들과 고고학자들이 그곳으로 건너가 고대 이집트 유물들을 탐사하고 약탈해 온 것을 시사한다. 이 당시 약탈해 온 수많은 이집트의 유물들은 오늘날 파리의 루브르 박물관에 진열되어 있거나 미처 다 진열되지 못한 채 그곳의 창고에 쌓여 있다.

않다. 대신 스스로 독자적인 효과를 띠면서 거대한 규모와 덩치에 의해 우리로 하여금 놀라운 표상(表象)에 빠지게 하며, 또 그 개개의 형태들과 형상들도 역시 전적으로 그 자체에 관심을 가져줄 것을 요구한다. 왜냐하면 그것들은 오로지 보편적인 의미들을 위한 상징들로 세워졌거나, 혹은 그런 의미들을 형상화 방식을 통해서 드러내지 않고 표면에 조각한 글자들이나 조각품들을 통해서 알린다는 측면에서 책(冊)을 대신하기도 하기 때문이다. 이 거대한 건축물들은 한편으로 조각상들을 모아놓은 것으로 불릴 수 있을 것이다. 그러나 그것들은 대개 많은 수가 모두 똑같은 형상들로 반복되어 일렬로 늘어선 모양을 띠고 있다. 그 일렬로 정돈된 상태 때문에 그것들은 건축물로서의 규정만 띠고 있지만, 그때 그것들은 또 들보나 지붕 역할만 하는 대신에 대자(對自)적인(für sich) 목적도 지니게 된다.

이런 종류의 건축물로 더 큰 규모의 것들이 있는데, ―스트라보가 이야기하고 있듯이―그것은 폭이 백 척(尺)이나 되고 길이는 그 세 배 내지 네 배가 되는 포석이 깔린 길에서 시작된다. 이 건축물의 통로(dromos)에는 양쪽에 50~100개나 되는 스핑크스들이 일렬로 서 있었는데, 그 조각상들의 높이는 20~30 피트나 된다.

그에 이어서 위가 아래보다 좁은 거대하고 화려한 문(propylon)이 나온다. 그것은 거대한 크기의 탑문과 원주 기둥으로 되어 있는데 사람 크기의 10~20배나 된다. 그것들은 자유롭고 독자적으로 서 있으며 높이가 50~60피트나 되고, 아래가 위보다 더 넓고 비스듬히 서 있는 담과 호화로운 성벽으로 되어 있다. 그것들은 횡벽(橫壁)과 연결되거나 위에 들보를 받쳐 집을 이루지 않고 자유롭게 서 있다. 반면에 그것들은 받치게 되어 있는 수직의 벽들과는 달리 독자적인 건축에 속한다는 것을 보여준다. 통로를 이루고 그 표면에 상징문자들이 씌

이집트 카르낙(Karnak) 신전 앞에 일렬로 세워진 스핑크스 상들

어 있고 거대한 석화(石畵)로 덮인 벽들에는 멤논상들이 계속 줄지어 기대 서 있다. 그래서 최근에 그것을 본 프랑스인들 눈에는 마치 인쇄된 면직물처럼 보였다. 글자가 새겨진 그 원주들은 마치 책장(冊張)처럼 보이며, 이처럼 공간적으로 에워싸인 것을 바라보는 우리의 정신이나 심정은 마치 종소리 같은 불특정한 것에 놀란 사람처럼 깨어나 느끼고 생각하게 된다. 이어진 문들이 여러 개 늘어선 스핑크스상들과 함께 바뀌면서 계속 나타난다. 또는 보통 벽으로 둘러싸인 공터가 나오는데 그 벽들 옆에는 주랑(柱廊)들이 서 있다. 그 다음에 위가 덮여 있는 장소가 나오는데 그것은 거주 공간으로 쓰이지 않고 기둥들이 많이 서 있으며, 그 기둥들은 모여서 위에 아치형을 받치지 않고 석판(石板)들을 받치고 있다. 이 스핑크스로 이루어진 통로들, 원주로 된 주랑(柱廊)들, 상징문자들로 뒤덮인 벽들을 지나고, 좌우로 열리게 된 문들이 있는 건물의 현관을 지나면, 그 앞에 오벨리스크들이 서 있는 것이 보이고 또 사자들이 진을 치고 있거나, 다시 앞뜰과 좁은 통

로로 둘러싸인 곳을 지나면 그 모든 것 뒤에 비로소 원래의 신전, 즉 성역(聖域, sêkos)이 나타난다. 그것은 스트라보의 말에 따르면 크기가 거대하며 신의 형상이나 동물의 형상을 하고 있다고 한다. 신성(神性)을 보여주기 위해 지어진 이와 같은 집은 헤로도토스가 부토의 신전에 대해 말하고 있듯이 종종 하나의 큰 돌덩어리로서 위와 옆으로 다듬어져 있으며, 머리끝의 덮개 쪽에는 다시 그 위에 4엘렌(1엘렌은 약 55~85cm) 넓이의 돌로 된 돌림장식이 놓여 있다고 한다. 그러나 일반적으로 그런 성역들은 공동체가 그곳에 다 모이기에는 너무 작다고 한다. 그러나 하나의 신전에는 그 신전을 모시는 하나의 공동체가 속해 있다. 그렇지 않으면 그 성역은 단지 성궤(聖櫃)나 보물창고, 성상(聖像)을 따위를 보관하는 장소가 된다.

 그런 건축물들은 이런 방식으로 동물형상들, 멤논상들, 거대한 문들, 담벽들, 놀랄 만큼 거대한 크기의 주랑(柱廊)들과 함께 때로는 널따랗게, 때로는 개별적인 오벨리스크들 따위와 함께 몇 시간의 거리가 되는 곳까지 계속 이어져 나가기도 한다. 사람들은 그 건축물들, 혹은 때로는 여러 가지 의식(儀式) 행위를 하는 가운데서 좀 더 특수한 목적을 띠도록 그들이 만들어낸 그 거대하고 놀랄 만한 작품들 사이를 돌아다니면서 이 치솟은 소위 신성하다는 돌덩어리들로 하여금 말을 하고 계시(啓示)하도록 하였다. 왜냐하면 좀 더 자세히 보면, 이런 건물들에는 또 도처에 상징적인 의미들을 짜 넣어서, 스핑크스와 멤논상들의 수, 원주들과 통로들이 서 있는 위치는 1년의 날들, 하늘의 12궁(宮), 7개의 천체들, 달의 커다란 운행주기 따위를 나타내는 것과 관련이 있기 때문이었다. 여기에서 한편으로 조각은 건축으로부터 독자적으로 떨어져 나오지 못했고(hat sich die Skulptur hier noch nicht von der Architektur losgemacht), 한편으로 다시 본래 건축적인 것, 즉 치수, 거리, 원주들의 수, 벽들, 계단들 따위는 이 상호관계들이 그 자체 안에서, 대칭(對稱, die Symmetrie)과 율동적인 조화(Eurhythmie)와 아름다움 속에 원래의 목적을 두지 않고 상징적인 특징을 지니도록 다루어졌다.

그럼으로써 이런 식으로 건축하고 조성하는 일 자체가 목적으로 드러나며 그로써 백성들과 왕을 하나로 결속시키는 종교의식(ein Kultus)이 된다. 운하들이나 모이리스의 호수와 같은 구조물들, 즉 일반적으로 수로 건축물 같은 것들이 많이 세워진 것은 물론 나일강변의 농경이나 강의 범람과 관계가 있었다. 그래서 헤로도토스의 기록에 의하면(《역사》제2권), 예를 들어 세소스트리스 같은 왕은 그때까지 전 국토에 걸쳐 식수(食水)를 대기 위해서 말이나 전차로 달리기에 적합했던 이집트의 전 지역에 종횡으로 운하를 파놓은 바람에 결국 말이나 전차를 이용할 수 없는 땅이 되고 말았다고 한다. 그러나 진짜 중요한 건축물들은 종교적인 건축물들로서, 이집트인들은 마치 꿀벌이 자기 벌집을 만들듯이 본능적으로 높이 치솟게 쌓아올려서 만들었다. 그들의 사유재산은 통제되었고 그 밖의 다른 상황들도 마찬가지였다. 땅은 무한히 풍요로워서 힘들여 경작할 필요 없이 대개 씨앗을 뿌리고 거두어들이는 일로 족했다. 그것 말고는 그 민족이 가졌던 관심사나 이룩한 행적은 별로 없다. 성직자들이 세소스트리스 왕이 바다에서 감행한 업적에 대해 전하는 것[13] 말고는 이집트인들의 항해와 관련해서 전해오는 이야기는 거의 없다.

대체로 이집트인들은 자기네 나라에 이런 건축물이나 구조물들을

---

13) 헤로도토스의《역사》제2권을 보면 이집트의 파라오 세소스트리스가 유사 이래 처음으로 이집트 함대를 이끌고 아라비아만을 떠나 홍해 연안의 주민들을 정복했다고 씌어 있다.

세우는 데 그쳤지만, 그들의 거창한 업적, 즉 건축작품들의 주요한 전형은 바로 상징적인 건축술이었다. 왜냐하면 그들은 거기에서 아직은 인간의 내면, 정신적인 것을 외형에서 포착하여 자신들의 자유로운 행위의 목적의 산물로 만들어 내지 못했기 때문이다. 그들의 자의식(自意識, das Selbstbewußtsein)은 아직 원숙하지 못했고 스스로 완성되지도 못했으며, 단지 충동적으로 모색하면서 예감에 따라 계속해서 산출해 냈고 그런 가운데서도 절대적인 만족이나 안정은 얻지 못했다. 왜냐하면 정신은 정신에 알맞은 형상을 통해서만 스스로 완성되어 만족하며 자신을 드러냄으로써 스스로를 한정(begrenzt sich in seinem Hervorbringen)하기 때문이다. 그에 반해 상징적인 예술작품은 다분히 한정되지 않은 채 머문다(Das symbolische Kunstwerk dagegen bleibt mehr oder weniger grenzenlos).

그와 같은 이집트 건축술에 속하는 것으로 또 이른바 *미궁(迷宮, Labyrinth)*을 들 수 있다. 그것은 주랑들이 세워져 있는 궁성으로 그 주위에는 내벽들로 둘러싸인 수수께끼처럼 뒤얽힌 길들이 둘러싸고 있지만, 그러나 이리저리 뒤얽힌 출구를 찾아가는 일은 어리석은 과제가 아니라 상징적인 수수께끼 같은 구조물 속에서 의미심장하게 배회하는 것이 된다. 왜냐하면 이런 길들은, 전에 이미 내가 암시했듯이 그 흐름이 천체의 운행을 모방하고 눈에 선하게 해주어야 하기 때문이다. 그와 같은 건축물은 일부는 땅 위에, 일부는 땅 밑에 만들어져 있는데 통로들 외에도 거대한 방과 홀들이 들어서 있고 벽들은 상형문자들로 덮여 있다. 역사가 헤로도토스 자신이 직접 보았다고 하는 가장 거대한 미궁은 모이리스(Möris, Moeris) 호수 근처에 있었다고 한다. 그의 말에 따르면(《역사》제2권) 그 미궁의 크기는 말로 이루 표현할 수 없을 정도였고 오히려 이집트의 피라미드를 능가할 정도였다는 것이다. 그 미궁을 만든 사람은 열두 명의 왕[14]이었다고 하면서 그 미궁에 대해서 다음과 같이 서술하고 있다. 즉 그 미궁 전체는 하나의 벽으로 둘러싸여 있으며 건축물은 2층으로 되어 있고 1층은 땅 밑에 2층은 땅 위에 있으며 안에는 전부해서 3천 개의 방이 있는데 각 층마다 1천5백 개씩의 방이 있다는 것이다. 헤로도토스 자신이 본 것은 위층뿐이었는데 그곳은 12개의 이어진 안뜰로 나뉘어 있고, 거기에는 성문들이 서로 마주보고 서 있는데 그 중 6개는 북쪽으로, 나머지 6개는 남쪽으로 향해 있었다고 한다. 그리고 각각의 안뜰은 하얀 석재로 만들어져 있고 돌담에는 온통 여러 가지 모양들이 조각되어 있으며 열주(列柱)로 둘러싸여 있었다. 헤로도토스는 안뜰에서 각 방으로 들어갈 수 있으며, 또 거기에서 회랑으로, 회랑에서 다시 각각의 방으로 그리고 거기에서 다시 각각의 안뜰로 나갈 수 있다고 말한다.

히르트의 말에 따르면(《건축술의 역사》 1권), 헤로도토스는 그 미궁 속의 방들이 뜰 쪽으로 향하고 있었다고 좀 더 상세히 규정하고 있으며, 미로와 같은 통로들에 대해서는 말하기를 지붕으로 덮인 방들로 되어 있으며 안뜰 사이에 있는 갖가지 굽은 곡선들은 헤로도토스로 하여금 무수히 경탄을 연발하게 했다고 한다. 플리니우스는 (그의 《자연사》에서) 말하기를, 그 미궁 속의 방들은 너무 어두웠고 외부인이 보기에 그 이리저리 굽은 길들은 걸어가기에 너무 피곤했으며, 그 방문들을 열 때마다 그 안에서는 마치 천둥이 울리는 듯한 소리가 들렸다고 한다. 헤로도토스처럼 중요한 증인역할을 하고 있는 스트라보도 역시 그 궁의 방들 주위로 이리저리 미로가 둘러싸고 있었다고 말

---

14) 참고로 박광순의 《역사》 번역본 역주를 보면 이 미궁의 진짜 건설자는 열두 왕이 아니라 모이리스 호수를 만든 이른바 모이리스(아메넴헤트 3세)였다고 되어 있다.

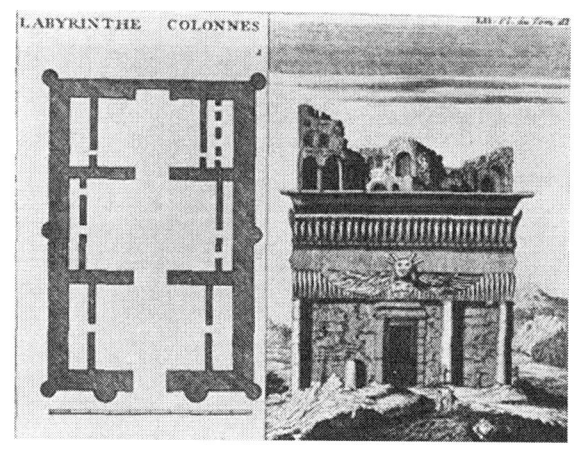

고대 이집트식 미궁
(Labyrinth)의 상상도
및 그 내부 평면도

한다. 이집트인들은 그런 미궁들을 세우는 데 뛰어났다. 그런 이집트식 미궁을 모방한 것으로, 비슷하지만 크기는 그보다 작은 미궁을 크레타섬과 모레아섬, 말타섬[15]에서도 찾아볼 수 있다.

그러나 이제 이 건축술은 한편으로 그 방이나 홀의 모양을 보면 이미 거주식의 가정적인 집 모양으로 만들고자 노력한 흔적이 보인다. 또 한편으로 헤로도토스 말에 따르면 그 미궁 가운데 땅 속에 있는 부분은 그 안에 사람이 들어가는 것을 허용하지 않았다고 한다. 그 안에는 그 미궁을 짓게 한 사람들이나 성스러운 악어를 묻은 무덤들이 안치되게 만들어져 있어서 거기에서 그 꼬불꼬불한 미로들은 원래의 독자적인 상징성을 띠고 있었다. 우리는 이런 작업 속에서 상징적인 건축의 형태로 이행하는 과정을 발견할 수 있으며, 상징적인 건축은 그

---

15) 크레타 섬의 미궁은 헤겔 시대에는 아직 발굴되지 않았기 때문에 그는 그리스 신화에서 언급되는 테세우스와 아드리아네의 미궁에 대한 이야기를 시사하고 있는 듯하다. 또 말타 섬에 있던 미궁도 1915년에 와서야 비로소 발굴되었다.

자체로부터 이미 고전적인 건축술로 접근해가기 시작하고 있다.

3. 독자적이고 상징적인 건축으로부터 고전적인 건축으로의 이행(移行)

　지금까지 고찰한 구조물들이 아무리 경탄할 만하더라도, 우리에게는 고대 동양(東洋, der Orient) 민족들에게 매우 공통적으로 지어진 인도나 이집트의 지하건축물이야말로 더욱 거대하며 놀라운 것으로 보이지 않을 수 없다. 이런 점에서 비록 우리는 지상 위에 세워진 거대하고 위대한 것들을 발견하더라도, 이는 인도의 봄베이 건너편 살세트(Salsette)섬에 세워진 것과 엘로라, 상(上) 이집트, 그리고 누비아의 지하에 세워진 건축물들에는 미치지 못한다. 지하에 파서 만든 이 경탄할 만한 공간들 속에는 우선 *에워싼*다고 하는 눈앞에 당면한 욕구가 드러나 보인다. 즉 당시 사람들은 동굴 속에서 살면서 보호를 받으려 했고, 한 민족 전체가 다른 거주지를 갖지 못했었던 것이다. 그러한 동굴들은 유대인(Jude)들이 살던 지역의 산중에서도 발견되는데, 거기에는 여러 층에 걸쳐서 수천 개의 거주지가 조성되어 있었다. 또 독일의 라마이스베르크(Rammeisberg)에 있는 고슬라(Goslar) 근처의 하르츠(Harz) 산 중에도 그런 식의 동굴 방들이 있는데 사람들은 그 안으로 기어들어가 그들의 예비식량을 그곳에 감추어 두었던 것이다.

a. 인도와 이집트의 지하건축물들

　이미 언급한 인도와 이집트의 지하건축물들은 전혀 종류가 다른 것들이다. 그것들은 한편으로 회합장소이자 지하의 성소로 쓰였으며, 종교적 경외감을 일으키고 정신을 집합시키는 장소로서의 목적을 지닌 구조물이어서 그곳에는 그에 맞는 시설들, 상징적인 특성을 암시하는 것들, 주랑(柱廊)과 스핑크스, 멤논상, 코끼리 그리고 거대한 크기의 우상들이 세워져 있었다. 그것들은 모두가 바위덩어리들을 깎아 만든 것으로, 형체가 없는 돌 전체를 다듬어서 만들어낸 것이었다. 동굴 안에는 이런 식으로 만든 원주들도 남아 있다. 이러한 바위 건축물 앞은 여기 저기 입구가 완전히 트여 있으며, 또 아주 어두운 다른 곳들도 있어서 횃불을 들어 비춰야만 보이기도 하고 또 위쪽만 열려 있는 곳도 있었다.

 그처럼 지하를 파서 만든 구조물들은 지상(地上) 위의 건축물들과 비교할 때 보다 근원적인 것으로 보이므로, 사람들은 지상에 세워진 거대한 시설들은 원래 지하에 만들어 놓은 것들을 그냥 모방해서 지상에 가득 세워 놓은 것으로 간주할 수 있다. 왜냐하면 그런 것들은 긍정적인 의미로 지어진 것이 아니라 그냥 부정적인 의미에서 재료를 떼어낸 것이기 때문이다. 즉 어디에 웅크리고 들어가서 앉거나 어디를 파고 들어가 거처를 만드는 일은 땅을 먼저 파낸 다음에 재료를 구해 이것을 쌓아 올려 형태를 만드는 일보다 더 자연스럽다. 이런 점에서 사람들은 동굴이 오두막보다 더 이전에 생겨났으리라고 상상할 수 있다. 동굴은 공간을 한정짓는 것이 아니라 확대하는 것이거나 아니면 한정지어 에워싸는 것으로서, 거기에는 에워싸는 특성이 이미 주어져 있다. 그러므로 지하의 건축물은 오히려 이미 주어진 것에서부터 시작해서, 그 기존의 중요한 돌덩어리가 있는 그대로 허용되는 한에서 만들어지기 때문에 지상 위에 형태를 만드는 것만큼 자유롭게 세워지지는 못한다. 그러나 이런 건축물들은 아무리 상징적인 특징을 지니더라도 우리가 보기에 그것들은 좀 더 발전된 단계에 속한다. 왜냐하면 그것들은 더 이상 독자적이고

미트라스의 동굴(Mithraeum). 미트라스 신을 숭배하기 위해 조성한 동굴로, 고대 이탈리아의 항구도시였던 오스티아 안티카(Ostia Antica)에서 발견되었다

상징적으로 서 있지 못하고 이미 에워싸는 것, 내벽, 천정으로서의 목적을 띠고 있기 때문이다. 그 안에서는 좀 더 상징성을 띤 조형물들이 그 자체를 위해 세워져 있다. 고대 그리스적이고 근대적인 의미의 신전이나 집 같은 모양이 여기서는 가장 자연스러운 형태로 드러나고 있다.

더 나아가 여기에 속하는 것으로는 미트라스의 동굴들(*die Mithrashöhlen*, 라틴어 'Mithraeum' ―역자주)을 들 수 있다. 물론 그것들은 전혀 다른 지역에서 발견되고 있기는 하다. 태양신 미트라스(Mithras)를 숭배하는 의식은 고대 페르시아에서 기원한 것이지만, 그와 비슷한 종교의식은 고대 로마제국에도 퍼져 있었다. 예를 들면, 파리의 박물관에는 고대 로마에 있던 제우스 신전 아래의 어느 깊은 동실(洞室)에서 발견된, 숫소의 목에 쇠창을 꽂는 한 젊은이를 얇게 양각으로 조각한 매우 유명한 조각상이 있다. 미트라스 신의 동굴에서도 역시 아치형이나 통로들이 발견되었는데, 그것들은 한편으로 별들의 운행을 나타내며 다른 한편으로(오늘날에도 많은 통로를 지닌 프리메이슨 비밀결사단의 회합장소에서 연극으로 볼 수 있듯이) 상징적인 암시를 띠도록 정해진 것 같다. 물론 그런 의미들은 건축이 주요소를 이루는 작품보다는 조각이나 다른 작품에서 더 잘 표현되고는 있지만 어쨌든 영혼을 정화(淨化, die Reinigung)시키는 효과를 주는 것은 틀림없었다.

그와 비슷한 것으로 우리는 또 고대 로마의 카타콤(Katakomben, 지하묘지)을 언급할 수 있다. 그 근저에는 본래 수로나 무덤 또는 하수구로 사용한다는 의미보다는 확실히 다른 개념이 있었을 것이다.

b. 사자(死者)들의 집, 피라미드 따위

둘째로, 우리는 독자적인 건축에서 실용적인 건축으로 좀 더 확실하게 이행해가는 것의 일부는 지하에 파서 짓고 일부는 지상에 세워진 건축물인 *사자(死者)들의 집*에서 찾을 수 있다.

특히 고대 이집트인들에게 있어 지하와 지상의 건축물은 사자들의 세계와 연결되었다. 이는 대체로 이집트에서 맨 먼저 보이지 않게 된 사람들(즉 죽은 자들—역자주)의 왕국이 그들의 거주지로 주어져 있는 것과 같다. 인도인들은 죽은 자들을 태우거나 또는 그들의 시체를 땅 위에 그대로 두어서 썩게 만든다. 인도인들이 바라보는 인간이란 사람들이 말하고 싶어 하는 대로 신(神)이거나 또는 신들처럼 되므로, 그들에게는 살아있는 사람들을 죽은 자들과 이렇게 확고하게 구분하는 일은 생기지 않는다. 인도의 건축물들은 마호메트교에 기원을 둔 것이 아닐 경우에는 죽은 자들을 위한 거처로 쓰이지 않으며, 대체로 땅속을 파서 만든 저 경탄할 만한 구조물들처럼 그 이전의 시기에 속하는 것으로 보인다. 그러나 이집트인들에게 있어서는 살아 있는 것과 위력을 지닌 죽은 것들 사이의 대립이 나타난다. 정신적인 것이 비정신적인 것으로부터 떨어져 나가기 시작하는 것이다. 그것은 변해가는 도중에 있는 구체적이고 개별적인 정신의 부활이다. 그러므로 죽은 자들은 개별자들로 고정되고 그로써 자연적인 것으로 흘러들어가 보통 어른거리며 스쳐 지나가고 해체된다는 관념과는 반대로, 확고한 존재로 고정되고 보존된다. 즉 개별성은 정신을 독자적으로 표상하는 원리이다(Die Einzelheit ist das Prinzip der selbständigen Vorstellung des Geistigen). 왜냐하면 정신은 오직 개체로서만, 즉 인격으로서만 존재할 수 있기 때문이다. 그러므로 우리가 보기에 죽은 자를 이처럼 숭배하거나 보존하는 것은 정신적인 개성이 존재하기 위한 우선적이고 중요한 요소로서 타당성을 띨 수밖에 없다. 왜냐하면 여기서 개별성은 포기되지 않고 보존되는 것처럼 보이는데, 그 이유는 적어도 육체는 이 자연적이고 직접적인 개성으로서 가치를 갖고 존중되기 때문이다. 이미 전에 언급했듯이 헤로도토스는 고대의 이집트인들은 인간의 영혼은 불멸한다고 말한 최초의 사람들이었다고 설명하고 있다. 그래서 여기서는 죽은 사람이 3천 년 동안을 땅을 기는 짐승이나 물짐승, 하늘을 나는 짐승의 모습으로 윤회한 끝에 비로소 인간의 육체 속으로 다시 들어온다는 것이다. 비록 정신적인 개성을 고수하는 일이 매우 불완전해 보이더라도, 이런 관념과 죽은 자의 몸에 향유를 바르는 일에는 육체의 개별성과 육체로부터 떨어져 나간 독자성(대자성, Fürsichsein)을 고정시키려는 것이 들어 있다.

그래서 여기서 말하자면 건축술에서도 스스로를 위해 표현되는 내적인 의미로서의 정신이 분리되는 일이 일어나고, 반면에 그것을 감싸고 있는 것은 단지 건축적으로 에워싸는 것으로 둘러 세워져 있다는 점이 역시 중요하다. 그럼으로써 이집트인들이 만든 사자(死者)들을 위한 집은 이런 의미에서 최초의 신전을 형성한다. 그 숭배의 본질, 핵심은 주체, 즉 그 자체가 의미심장한 것으로 드러나 스스로 표현되며 그것을 둘러싸고 있는 집이 단순히 봉사하는 외피가 되는 집과는 구분되는 개성적(個性的)인 대상이다. 그리고 사실 그런 집이나 궁전은 실제 살아 있는 인간을 위해 지어진 것이 아니다. 그처럼 감히 헤아릴 수 없을 만큼 장대한 구조물들이 둘러싸고 있는 것은 아무런 욕구도 없는 죽은 자들, 왕들, 성스러운 동물들이다.

사람들이 유목을 하며 떠돌아다니다가 농경을 하게 된 것이 고정된 거주지를 소유하는 일을 정착시켰듯이, 대체로 무덤, 묘석들 그리고 죽은 자에 대한 숭배는 사람들을 결속시키고 또 여느 때는 거주지나 한정된 소유물을 갖지 않은 사람들에게도 공동의 모임 장소, 성소(聖所)들을 제공해 주었다. 그리고 그들은 이런 장소들을 방어하고 빼앗기지 않으려고 했다. 그래서 헤로도토스가 이야기하고 있듯이 예를 들면 다리우스(Darius)왕이 나타나자 스키타이인들은 도처에서 피해 도망가는데, 그때 다리우스가 그들에게 사자(使者)를 보내서 말하기를 그들의 왕이 스스로 정말로 용감하다고 생각한다면 전투에 나오라, 만약에 그렇지 않으면 그는 다리우스를 주인으로 섬겨야 할 것이라고 했다. 그 말에 대해 스키타이인들의 추장인 이단티르수스(Idanthyrsus)는 반박하기를, 그들은 도시나 농토도 안 갖고 있으므로 다리우스가 그들에게 폐허로 만들 수 있는 것은 아무것도 없다, 그러니 방어할 것 또한 아무것도 없다, 그러나 만약에 다리우스가 굳이 전투를 하고 싶다면 그들의 조상들의 무덤들이 있는 곳에 와서 그것들을 파괴하라, 만약에 그러면 그는 그들 민족이 과연 그 무덤들을 지키기 위해서 싸울지 안 싸울지 보게 될 것이라고 말했다.

이제 가장 오래된 장엄한 무덤들을 우리는 이집트의 *피라미드*

(Pyramiden)들에서 발견한다. 이 놀랄 만한 구조물들을 바라볼 때 맨 먼저 경탄에 사로잡히게 하는 것은 바로 그 헤아릴 수 없을 만큼 거대한 크기인데, 그것은 곧 시간의 지속성과 그런 거대한 건축물들을 완성시킨 인간의 힘의 다양성, 그 엄청난 양 그리고 인내에 대해 회상하도록 이끌어간다.

그에 반해 그 피라미드는 형태면에서는 그밖에 우리의 마음을 사로잡을 만한 어떤 것도 표현하지 못하고 있다. 단 몇 분에 걸쳐서 그 전체적인 형태를 다 간파하고 확인할 수 있다. 이처럼 단순하고 규칙적인 형상을 보고 사람들은 그 목적이 뭘까에 대해서 오랫동안 논쟁을 벌였다. 예를 들어서 헤로도토스나 스트라보 같은 고대인들은 이미 그것들이 정말로 어떤 목적으로 쓰였는지에 대해 언급하고 있지만, 고대와 근대에 와서는 그곳을 여행한 사람들과 작가들도 그 건축물에 대해서 황당무계하고 근거 없는 이야기들을 많이 지어냈다. 아랍인들은 그 피라미드 안에서 보물을 발견할 수 있을 거라고 믿고 무력으로 그 입구를 찾으려고 했지만, 이런 식의 침입으로 그들은 목적을 달성하기는커녕 진짜 입구와 내실에 도달하지도 못한 채 많은 것을 파괴하고 말았다. 근세에 와서 유럽인들 중에서는 로마인이었던 벨조니,[16] 제노아 사람이었던 카비글리아[17]가 특히 두드러지는데, 그들은 마침내 피라미드의 내부를 정확히 알아내는 데 성공했다. 벨조니

---

16) 벨조니(Giovanni Battista Belzoni, 1778~1823). 이집트 고고학자. 그는 1820년 런던에서 《이집트와 누비아에서의 작업과 최근의 발견들에 관한 이야기 (Narrative of the operations and recent discoveries in Egypt and Nubia)》를 펴냈다.

17) 카비글리아(C.B.Caviglia, 1770~1845). 이탈리아 제노아 사람. 그는 1816년부터 이집트에 대해 연구하기 시작했다.

는 파라오 체호프의 피라미드가 그 파라오의 무덤이었음을 발견했다. 피라미드로 들어가는 입구들은 아주 견고하게 정방형(正方形)의 돌들로 닫혀 있었던 것으로 보아, 아마 이집트인들은 처음 그것을 지을 때부터 그 입구가 어디에 있는지 모르게 하고 혹시 알더라도 찾기도 열기도 매우 힘들도록 만들었던 것 같다. 이는 피라미드가 한 번 폐쇄된 후로 다시는 사용되지 않았음을 증명해 준다. 이제 그 안에서는 내실(內室)들이 발견되었고 죽은 뒤에도 영혼을 윤회하게 하고 형태를 바꿔준다는 길을 암시하는 통로들, 지하까지 내려갔다 올라갔다를 반복하는 거대한 홀이나 운하들이 발견되었다. 예를 들어 벨조니가 발견한 왕의 무덤에 이르는 통로는 이런 식으로 한 시간 이상 계속 바위 속을 통해서 나 있었다.

주실(主室)에는 화강암으로 된 관(棺)이 하나 있었는데 그것은 땅바닥에 가라앉아 있었다. 그곳에서 발견된 것은 아마도 성우(聖牛)인 듯한 동물 미라의 일부뿐이었다. 그러나 그 피라미드 전체는 죽은 자를 모시는 집이라는 목적에 사용되었을 것은 의심할 여지가 없다. 피라미드들은 그 연대와 크기, 형태가 다양하다. 가장 오래된 것들은 피라미드의 형태로 단지 돌을 계속 쌓아올린 것들이 있었다. 그 후에는 규칙성을 띠게 건립되었으며, 어떤 것들은 윗부분이 편평하고 어떤 것들은 끝이 아주 뾰족한 모양을 띠고 있다. 또 다른 피라미드들에서 발견되는 대지(臺地)를 보면 헤로도토스가 체호프의 피라미드에서 설명하고 있듯이 이집트인들이 그것들을 어떤 식으로 만들었는지를 설명해 준다. 그래서 히르트도 역시 이런 피라미드들은 완성되지 않았던 것으로 추측하고 있다(그의 《건축술의 역사》에서). 근래에 와서 프랑스인들의 보고에 따르면 더 오래된 피라미드들에서는 내실(內室)이나 통로들이 더욱 뒤얽혀 있으나, 나중에 지어진 것들은 더 단순하면서

피라미드 내부의 한 방. 벽은 종교적 주술이 담긴 그림이나 상형문자들로 장식되어 있고 아래에는 석관(石棺)이 놓여 있다

도 온통 상형문자들로 뒤덮여 있어서 그것들을 완전히 복사하는 데만도 몇 년이 걸릴 것이라고 한다.

이런 식으로 피라미드는 그 자체로 바라보면 놀랄만한 가치가 있지만, 그러나 하나의 핵심, 즉 하나의 분리된 정신을 내포하면서 그것의 지속적인 육체성과 형상을 보존하는 데 사용되는 단순한 크리스탈 제품 같은 그릇의 역할을 한다. 그러므로 모든 의미는 이처럼 스스로를 위해 표현되는 죽은 자들에게 주어진다. 그러나 지금까지 독자적으로 자체 속에 그 의미를 지녀왔던 건축은 이제 이렇게 분리되는 가운데 *봉사하는* 역할을 맡게 된다.

반면에 조각은 원래의 내면을 형상화할 사명을 띠게 된다. 물론 조각에서도 처음에는 개별적인 형상은 그 본래의 직접적인 자연형상을 지니고서 미라의 형태로 고정된다. 그러므로 우리는 일반적으로 이집트의 건축술을 고찰하면 한편으로 독자적이고 상징적인 건축물들을 발견한다. 그러나 다른 한편으로 특히 묘석들과 관련되는 모든 것들 안에서는 단순히 에워싸는 것으로서 봉사한다는 건축의 특수한 규정이 이미 분명하게 드러난다. 거기에는 본질적으로 이제 건축은 단순히 파내서 동굴들을 만드는 것이 아니라 스스로를 비유기적인 자연물로서 인간에 의해 그들 목적을 위해서 필요로 하는 곳에 세워진다는 점도 속한다.

다른 민족들도 역시 죽은 자들을 위해 그런 종류의 묘석들을 세웠다. 그것들은 죽은 시신이 거주하는 곳인 성스러운 건축물들로서, 그 위로 그 죽은 자들이 다시 부활한다는 것이었다. 예를 들어 카리아에 있는 마우솔루스의 묘석, 나중에 지어진 하드리아누스[18] 황제의 묘석, 그리고 어느 죽은 자를 위해 진중하게 지어진 구조물인 지금 로마에 있는 엥겔스부르크도 이미 고대에 유명한 작품들이었다. 또 우덴[19]이 설명한 바에 따르면(볼프와 부트만이 지은 《고대학 박물관》, 제1권), 거기에 세워진 묘석들 중에는 그 주위에 신들에게 봉헌된 신전들의 모형을 좀 더 작은 비례로 모방해서 만든 것들도 있었다.

그런 신전에는 정원, 정자, 분수, 포도원, 예배당이 딸려 있었고 그 안에는 신들의 형상을 띤 조각상들이 세워져 있었다. 특히 제정(帝政) 로마시대에는 죽은 사람들을 아폴로 신이나 비너스 여신, 아테네 여신 같은 신상들을 형상으로 조각해서 붙인 묘석들이 세워졌다. 그럼

---

18) 하드리아누스(Publius Aelius Hadrianus, 76~138)는 로마제국의 황제(재위 117~138)이며 오현제(五賢帝)의 한 사람. 브리타니아(지금의 영국)와 게르마니아(지금의 독일 지역)와의 국경을 강화하고 로마 제국의 영토와 제도를 정비하여 국력을 키웠다.
19) 우덴(Wilhelm Uhden, 1763~1835). 프러시아의 관리이자 예술전문가. 위의 그의 설명은 《고대학 박물관(Museum der Altertumswissenschaft)》(K.P. Buttmann과 F.A.Wolf에 의해 1807/10년 발행)의 제1권에 나옴.

으로써 그 건축물 전체뿐만 아니라 이런 형상들도 동시에 죽은 사람을 신격화(神格化, Apotheose)하고 죽은 자의 신전이 되는 의미를 띠었다. 이는 역시 죽은 자의 관에 향유를 바르고 그를 알레고리(Allegory, 풍유)화해서 죽은 자들의 신인 오시리스(Osiris)로 신격화한 고대 이집트인들에게서와 마찬가지였다.

그러나 또 장대하면서도 동시에 아주 단순한 구조물로 이루어진 것이 바로 이집트의 피라미드다. 여기에는 건축술에 특유한 본질적인 선―즉 직선(直線)―과 대체로 형태들의 규칙성 그리고 추상성이 등장한다. 왜냐하면 건축물은 그 안에 내재하는 정신에 의해 생생하게 영혼을 띤 자연물이 아니라 단순히 둘러싸는 비유기적(unorganisch)인 것으로서, 형상을 오로지 그 건물 자체에 외적인 것으로서만 지니기 때문이다. 그러나 그 외형은 유기적이지 않고 추상적이며 합리적이다. 그러나 아무리 피라미드가 이미 집으로서의 규정을 지니기 시작하더라도 거기에는 아직 원래의 집에서처럼 정방형의 형태가 지배적으로 드러나지 못하며, 단순히 목적에 합당하게 이용되지 않는다고 하는 대자(對自)적인 규정을 여전히 지니고 있다. 그래서 피라미드의 형태 자체는 직접 그 밑바닥에서부터 꼭대기까지 점차 하나로 죽 이어져 세워져 있다.

c. 목적에 이용되는 건축술로의 이행

여기서부터 우리는 독자적인 건축술에서 실용적인 건축술로 옮겨가는 과정을 고찰할 수 있다. 후자를 위한 출발점으로는 두 가지가 제시될 수 있는데, 그 중 하나는 *상징적인* 건축이고, 또 다른 하나는 욕구와 이 욕구에 맞게 봉사하는 *합목적성*(合目的性, *die Zweckmäßigkeit*)이다. 우리가 이미 앞서 고찰했듯이, 상징적인 형상들에서는 건축이 지닌 합목적성은 단순히 부차적인 사안이며 그저 외적인 질서일 뿐이었다. 이와 극단적으로 대조되는 것은 바로 당면한 욕구가 주어져 있는 집이다. 즉 이것은 나무기둥들이나 똑바로 서 있는 벽들로 되어 있고 그 위에 직각으로 된 들보를 걸치고 지붕을 이은 것이었다. 이 같이 원래의 합목적성을 띤 것에 대한 욕구는 스스로 생겨난 것임은 의문의 여지가 없다. 그러나 우리가 곧 고전적인 건축에서 고찰하게 되겠지만, 원래의 건축이 단지 욕구에서 출발했는지 아니면 처음에는 독자적인 것으로 세워졌다가 점차 실용적인 건축으로 옮아가는 상징적인 건축에서 출발한 것인지를 찾아내는 것이 바로 질문의 핵심이다.

 α) 건축에서 욕구는 전적으로 합목적성을 띠고 합리적인 형태들, 즉 직선적이고 정방형이며 평평한 면들을 만들어낸다. 그 이유는 목적에 이용되는 건축에서 원래의 목적이 되는 것은 스스로 조각이나 혹은 더 자세히는 인간 개인들, 공동체, 민족으로서 주어져 있기 때문이다. 이들은 더 이상 신체적인 욕구를 만족시키는 데로 나아가지 않고, 보편적이고 종교적이거나 정치적인 목적으로 모인 사람들이다. 그들이 특히 당면한 욕구는 신들의 그림이나 조각 또는 그 자체를 위해 표현되어 현재 존재하고 있는 성상(聖像)들 주위를 무엇인가로 에워싸는 일이다. 예를 들면 멤논상이나 스핑크스 따위는 공터에 세워져 있거나 아니면 자연적으로 조성된 숲으로 둘러싸여 있다. 그러나 그런 형상들, 그리고 특히 인간의 모습을 띤 신의 형상들은 직접 자연에서 취한 것이 아니라 다른 영역에서 취한 것이다. 그것들은 상상의 영역에 속하며, 인간의 예술 활동에 의해서 현존성을 띠게 되었다. 그러므로 그것들에게는 단순히 자연적으로 에워싸는 것만으로는 충분하지 못

하며, 그 외면성으로는 같은 근원을 지닌, 말하자면 마찬가지로 상상에서 나와 예술적인 창조에 의해 형태가 만들어진 바닥과 주위로 에워쌀 필요가 있다. 예술에 의해 만들어진 주위환경 속에서 신들은 비로소 그들에게 적합한 요소를 발견한다. 그러나 이때 여기에서 이 외적인 것은 자체 안에 목적이 있는 것이 아니라, 다른 것에게 그 본질적인 목적으로 봉사하게 되며 그럼으로써 합목적성을 띠게 된다.

그렇지만 우선은 단순히 목적에만 이용되는 이런 형태들이 미(美)로 고양되려면, 그것들은 처음에 지녔던 추상성에 머물러 있어서는 안 되고, 대칭과 율동적인 조화(Eurhythmie) 외에 유기적인 것, 구체적인 것, 자체 내에 완결된 것, 그리고 다양성들을 향해서 나아가야 한다. 그럼으로써 그때 곧 차이와 규정들 그리고 단순한 합목적성에는 피상적인 측면들을 분명하게 강조하고 형태화하려는 반성(反省)이 들어선다. 예를 들면, 들보는 한편으로는 직선으로 뻗어 올라가지만 곧 양쪽 끝에서 멈춘다. 마찬가지로 들보나 지붕을 받쳐야 하는 기둥은 땅 위에 서 있으며 그 기둥 위에 들보가 놓이는 곳에서 끝난다. 그런 차이들이 실용적인 건축물을 강조하고 예술적으로 형상화한다. 그에 반해서 식물이나 인간 같은 유기적(有機的, organisch)인 형상들은 위아래의 형태를 갖고는 있어도 원래부터 유기적으로 형상화된 것이어서 발이나 머리 모양―식물의 경우에는 뿌리와 꽃부리 모양―이 서로 다르다.

β) 스핑크스나 멤논상들에서 보듯이 상징적인 건축은 거꾸로 다소 그런 유기적인 형상들을 그 출발점으로 삼기도 하지만, 그러나 이 역시 벽이나 성문, 들보, 오벨리스크 따위에서는 직선이나 규칙성을 완전히 벗어나지는 못한다. 그리고 대체로 조각의 특성을 띤 그 거대한

구조물들을 어딘가 건축적으로 나열해서 세우려 할 때는 동일한 크기, 동일한 간격, 선들의 반듯함 같은 대개 원래의 건축술이 갖고 있는 질서나 규칙성의 도움을 받아야 한다. 그래서 그런 구조물들은 자체 안에 두 가지 원리를 지니고 있어서 이들을 결합할 때 그 합목적성 안에서 마찬가지로 미적인 건축을 완성한다. 다만 이 양 측면은 아직 하나로 결합되지 못하고 상징적인 것 안에서 서로 떨어져 있다.

γ) 그러므로 우리는 그 이행과정을 한편으로는 지금까지 독자적이었던 건축술이 유기적 것의 형태들을 규칙적인 것으로 합리적으로 변형시키고 합목적성으로 넘어가야 하며, 반면에 거꾸로 형태들의 단순한 합목적성은 유기적인 것의 원리를 향해서 나아가야 하는 것으로 이해할 수 있다. 이 극단적인 양자가 서로 만나서 서로 이용할 때 원래의 미적이고 고전적인 건축이 생겨난다.

이제 이 결합은 우리가 지금까지의 건축에서 이미 원주로 보았던 것이 형태가 바뀌어 나타나기 시작하는 데서 실제로 생겨나는 것을 분명히 인식할 수 있다. 다시 말해 에워싸는 데는 한편으로 비록 담이 필요하지만, 그러나 담은 이미 전에도 예를 들어서 보았듯이 에워싸는 일을 완전하게 하지 않고도 역시 독자적으로 서 있을 수 있다. 무엇을 완전히 에워싸려면 옆의 공간을 둘러쌀 뿐 아니라 본질적으로 위쪽도 덮어야 한다. 그러나 이제 그렇게 위에서 덮는 것은 무엇인가에 의해 떠받쳐져야 한다. 이를 가장 간단하게 할 수 있는 것이 원주(圓柱)들이다. 이 점에서 볼 때 원주의 본질적이고 동시에 엄격한 규정은 바로 무엇을 *떠받쳐 주는 것* 자체에 있다. 그러므로 단순히 떠받쳐주는 것만이 중요한 곳에서는 본래 담은 불필요하다. 왜냐하면 받쳐주는 것은 역학적인 관계이며 중력과 그 법칙의 영역에 속하기 때문이다. 여기서는 무거움, 즉 어떤 물체의 무게가 그 중심점에 집중되며 그것이 이 안에서 떨어져 나가지 않고 수평으로 머물러 있도록 떠받쳐져야 한다. 이 기능을 하는 것이 원주이므로 거기에는 받쳐주는 힘이 외적인 최소한의 수단으로 축소되어 나타난다. 담의 경우 많은 재료를 써서 지탱하게 하는 일을 원주 몇 개만으로도 똑같이 할 수 있다. 그리고 사실 대들보와 그 위에 놓이는 것의 무게를 떠받쳐주는 데 필요한 것 이상으로 원주를 많이 세우지 않는 것이 바로 고전적인 건축의 미이다. 단지 장식으로만 쓰이는 원주는 원래의 건축에서는 참된 미에 속하지 않는다(Säulen zum bloßen Schmuck gehören in der eigentlichen Architektur nicht zur wahren Schönheit). 그러므로 원주는 그 자체로만 서 있을 때는 그 사명을 이행하지 않는다. 물론 비록 사람들은 저 유명한 로마의 트라야누스 황제[20]와 나폴레옹의 원주들처럼 승리의 원주(圓柱)들을 세웠지만, 그러나 이것들도 역시 말하자면 조각상들을 위한 주각(柱脚)으로 세워졌을 뿐이며, 게다가 조각품들로 덮여 있어서 그것이 떠받치고 있는 영웅의 입상(立像)을 기념하고 찬양하는 역할을 한다.

이제 원주에서 특히 주목할 것은, 그것이 건축의 발전과정 속에서 더 추상적이고 합목적적이면서 또한 미적인 형상을 얻기 위해서 먼저 구체적인 자연형상에서 어떻게 벗어나는가 하는 것이다.

αα) 독자적인 건축은 유기적인 형상들로부터 시작되므로 그것은 인간형상들을 원주로 삼을 수 있다. 이는 예를 들어 고대 이집트에서 인간형상을 띤 멤논상들이 부분적으로 원주로 이용된 것과 같다. 그

---

20) 트라야누스(Marcus Ulpius Trajanus, 53~117). 로마 황제(재위 98~117). 로마의 내정을 정비하고 다키아, 나바타이왕국, 아시리아 등을 속주로 만들면서 로마제국 최대의 영토를 확립하였다.

트라야누스(Trajanus) 황제의 원주(AD 113년 作) 위에 새겨진 부조.
아랫부분에 부조된 큰 인물은 강의 신 다누비우스(Danuvius)로 조각된 로마 군대가 지나가는 것을 지켜보고 있는 모습이다

러나 이것은 그저 필요 이상으로 과다한 것인데, 이유인즉 그것들의 규정은 본래 떠받쳐주는 것이 아니기 때문이다. 고대 그리스인들에게는 다른 방식으로 머리 위에 무거운 것을 올려놓는 좀 더 엄격한 목적에 이용되도록 여상주(女像柱, Karyatiden)들이 등장하는데, 이때 그것들은 작은 형태로만 설치될 수 있다. 게다가 그런 형태의 원주들이 그처럼 무거운 무게를 그 아래에서 떠받치느라 움츠린 모습을 띤다면 이는 인간의 형상을 오용(誤用)한 것으로 간주할 수 있다. 그러므로 그런 여상주들도 역시 이렇게 억눌린 특성을 지니며, 그들의 의상(衣裳)도 그처럼 무거운 것을 떠받치는 부담을 진 노예상태를 암시한다.

ββ) 그러므로 뭔가를 떠받치는 기둥과 받침대로 쓰기에 자연적으

로마의 트라야누스 황제 조각상

파리 베르사유 궁전 내 거대한 홀에 세워진 여상주(女像柱)들.
거대한 촛대를 받치고 있는 모습으로 고대 그리스 신전의 여상주 조각상들과 대조적이다

그리스 신전에서 천장을 떠받치고 있는 여상주(女像柱)들

로 적합한 유기적인 형상은 대체로 나무, 식물, 나무둥치, 하늘로 수직으로 뻗어 올라가려고 애쓰는 휘어지기 쉬운 줄기다. 나무의 둥치는 그 자체로 그리고 그 자신을 위해 벌써 위쪽에 수관(樹冠)을 받쳐주고 있으며, 줄기는 이삭을, 꽃줄기는 위에 꽃을 받쳐주고 있다. 이같은 형태들은 아직 그 의도를 추상화하는 쪽에서 벗어나지 못한 고대 이집트 건축술에서도 직접적으로 자연에서 취하고 있다. 이런 점에서 고대 이집트의 궁성들이나 사원 양식의 웅장함, 엄청난 수의 거대한 열주들, 그리고 그 전체가 이루는 웅대한 관계들은 예로부터 바라보는 사람들을 놀라움과 경이로움에 빠지게 했다. 그 경탄할 만큼 다양한 모습을 보노라면 그 원주들의 형태가 식물들의 형태에서 유래된 것임을 알 수 있다. 즉 연꽃식물과 또 다른 나무들이 원주 형태로 위로 뻗어 올라가다가 갈라지는 모습이 보인다. 예를 들어 주랑(柱廊)에서는 모든 원주들이 같은 형태를 지니지 않고 한두 개, 혹은 세 개씩 서로 바뀐다. 드농[21]은 이집트 탐험에 관한 그의 저서에서 그런 형태들을 아주 많이 모아서 열거했다. 그것은 전체적으로는 아직 합리적인 규칙성을 띤 형태는 아니며, 그 아랫부분은 양파형태, 뿌리에서 이파리가 나오는 갈대 같은 모습이거나 아니면 여러 식물들의 모양에 따라 뿌리에서 잎들이 서로 밀치고 나오는 모습을 띠고 있다. 그때 뿌리쪽에서 휘어진 줄기가 위로 솟거나 뒤얽혀 나오다가 원주로 솟아오른다. 그리고 그 주두(柱頭)도 역시 이파리와 가지들이 서로 뻗쳐 나가는 꽃모양을 하고 있다. 그러나 그것은 자연의 모습 그대로 모방되어 있지 않고, 식물형태들은 건축학적으로 형태가 구부러져 원처럼 둥글게

---

[21] 도미니크 비방 드농(Denon, 1747~1825). 프랑스 화가이자 예술작가. 1802년에 《상, 하 이집트 여행》이라는 저서를 출간했다.

아라베스크 무늬. 알함브라(Alhambra) 궁전은 이슬람 건축의 대표 중 하나로 꼽히는 아름다운 건축물이다. 에스파냐를 정복했던 이슬람교도들이 세운 것으로 현재 그라나다(Granada)에 남아 있다. 벽과 천장이 모두 아라베스크 무늬로 덮여 있다

되어 있거나 규칙적이며 직선 형태에 가까우므로, 이 원주들 전체는 보통 아라베스크(Arabesque) 형태라고 불리는 것과 흡사해 보인다.

γγ) 이제 이 자리에서는 *아라베스크*라는 형태 일반에 대해서도 이야기해야 할 것 같다. 왜냐하면 그것은 개념상 바로 건축을 위해 사용되던 자연적이고 유기적인 형상으로부터 본래 건축적인 것의 엄격한

규칙성으로 이행해가는 과정에 해당되기 때문이다. 그러나 건축술이 규정상 독자적으로 되면 그것은 아라베스크 형태들을 장식물로 격하시킨다. 그때 그것은 주로 구부러진 식물 형상들과 식물들에서 자라나 그것들과 뒤엉킨 동물 형태들 및 사람형태들 또는 식물들로 변형되어 가는 도중에 있는 동물형상들이다. 만약에 그것들이 상징적인 의미를 유지한다면 그것들이 여러 다른 자연 영역들로 옮겨가는 것은 타당성을 지닐 수 있다. 만약 그런 의미가 없다면 그 형태들은 다만 여러 다른 자연형상들을 서로 결합시켰다가 다시 갈라놓는 상상의 유희에 불과하다. 그런 건축적인 장식을 고안해내기 위해서 상상력은 온갖 종류의 다양한 것들을 포착한다. 기구들이나 옷 장식에서도 나무, 돌 따위로도 옮아갈 수 있으므로, 식물, 이파리, 꽃, 동물들을 합리적인 것, 비유기적인 것에 가까운 모양으로 만드는 것이 주요한 규정이고 기본형태이다. 그러므로 사람들은 아라베스크 무늬가 종종 경직되고 유기적인 것에 충실하지 못하게 변할 것을 발견하며, 그래서 그들은 그것들을 종종 질책하고 예술에서 그런 형태들을 이용하는 것을 비난하곤 했다. 특히 회화에서 그랬다. 물론 라파엘(Raphael) 자신은 아라베스크 무늬를 아주 널리 유쾌하고 기지(機智) 넘치게, 다양하고 우아하게 그릴 줄 알고 있었지만. 사실 아라베스크 무늬는 유기적인 것의 형태 면에서나 역학 법칙과 관련해 볼 때도 자연에 어긋난다. 그렇지만 이런 식으로 자연에 어긋나는 것은 대체로 예술의 권리일 뿐더러 심지어 건축의 의무이기도 하다. 왜냐하면 오직 그것을 통해서만 건축술에 적합하지 못한 살아 있는 형태들을 진정으로 건축양식에 맞게, 또 그것과 조화를 이루어 만들 수 있기 때문이다. 특히 자연에서 식물들이 이러한 조화형태에 가장 적합하여 동양에서는 호사스러운 아라베스크 형태로 변형되고 있다. 그 까닭은 식물들은 아직 감정적으로 느끼는 개인들이 되지 못하고 비, 햇빛, 바람을 막아주는 지붕이자 그늘을 형성하며, 또 대체로 자연스러워서 합리적인 규칙성에서 벗어나 휘어진 선(線) 자체가 건축의 목적에 쓰이도록 제공되기 때문이다. 이제 이미 규칙성을 띠고 있는 식물의 이파리들이 건축적으로 사용되면 더욱 확실하게 둥그렇게 되거나 직선으로 다듬어진다. 그래서 부자연스럽고 경직한 것으로 간주할 수 있는 모든 뒤틀린 식물형태들은 본래 건축적인 것에 본질적으로 적합한 것으로 보일 수 있다.

그런 식으로 원주(圓柱, die Säule)는 원래 유기적인 것에서 시작한 건축술이 합리적 합목적성을 띤 방향으로 나아가며, 또 여기서 다시 유기적인 형태로 접근해 간다. 이처럼 여기서는 건축에서의 원래의 욕구와 합목적적 독자성이라는 이중적인 출발점에 대해 언급할 필요가 있다. 왜냐하면 양자의 원리를 결합할 때 참된 건축이 되기 때문이다. 원주는 자연형태에서 나와 다음에 그 형태가 직주(直柱, 기둥, der Pfosten)로, 규칙적이고 합리적인 형태로 변형된다.

제2장 고전적인 건축

　건축술은 그에 독특한 개념에 맞는 위상을 얻게 되자 그것이 만들어내는 건축물 속에서 건축술 자체 속에 들어 있지 않은 목적과 의미에 종사한다. 그것은 비유기적으로 에워싸는 것과 무게의 법칙에 따라 배열되어 세워진 전체이며, 그 형태들은 엄격하게 규칙적인 것, 직선적인 것, 직각적인 것, 원형(圓形)적인 것, 특정한 수와 수량들의 관계, 자체 내에 한정된 수치와 확고한 법칙성에 따르게 된다. 그것의 미는 바로 이 합목적성 안에 있다. 이는 유기적인 것, 정신적인 것, 상징적인 것과 직접 섞이는 데서 벗어나 비록 목적에 이용되기는 해도 그 자체 안에 완결된 총체성으로 짜 맞춰진다. 이 총체성은 그 한 가지 목적을 그 모든 형태들을 통해서 비쳐 나오게 하고, 그 형태들의 비례가 음악처럼 화음(和音)을 이루는 가운데 합목적적인 것을 미(美)로 형상화해낸다.
　그러나 이 단계에서 건축은 그 원래의 개념에 일치한다. 왜냐하면 건축은 그 자체로 그리고 스스로를 위해서도(an und für sich) 정신적인 것을 그에 적합한 존재로 만들어 낼 능력이 없으며, 따라서 외적이고 비(非)정신적인 것을 정신이 반영된 것으로 바꿔 형태화할 수 있을 뿐이기 때문이다. 이처럼 그 자체의 미를 띠면서 또한 이용되는 건축술을 고찰하는 데 우리가 거쳐야 하는 과정은 다음과 같다.

첫째, 우리는 건축술의 일반적인 개념과 특성을 더 자세히 확립해야 한다.

둘째, 고전적인 예술작품을 만드는 목적에서 생겨나는 건축형태들의 특수한 기본규정들을 언급해야 한다.

셋째, 우리는 고전적인 건축이 발전해 간 구체적인 현실에 눈을 돌려볼 수 있다.

그러나 나는 이런 관점들 가운데 어느 것도 상세히 파고들어 갈 생각은 없고, 다만 여기서는 상징적인 건축술에서보다 더 간단한 가장 일반인 것을 고찰하는 데 그치고자 한다.

1. 고전적인 건축의 일반적인 특성

a. 특정한 목적에 이용될 가능성

내가 이미 여러 차례 언급했듯이 원래의 건축술의 기본개념은 정신적인 의미가 전적으로 건축물 안에 주입되어 그 건축물이 내면의 독자적인 상징성을 띠는 데 있지 않고, 거꾸로 이 의미가 건축물 밖에서 그것의 자유로운 현존성(現存性, Dasein)을 획득한 데 있다. 이 현존성은 두 가지 종류가 될 수 있다. 즉 하나는 좀 더 나아가 다른 예술 — 고전적 예술에서는 특히 조각 — 이 되어 스스로 의미를 형태화하고 드러내거나, 또는 달리 인간이 이를 직접적인 현실 속에서 생생하게 자신 속에 담고 활동하는 것이다. 그 밖에도 이 양(兩) 측면은 동시에 함께 등장할 수도 있다. 그래서 한편으로 고대 바빌로니아인들, 인도

아크로폴리스의 파르테논 신전을 세운 고대 그리스의 통치자 페리클레스(Perikles)의 두상(頭像)

고대 그리스의 전성기인 페리클레스 시대인 기원전 432년에 완성된 아테네 시의 아크로폴리스(Acropolis) 언덕길. 그 위에 파르테논(Parthenon) 신전의 유적이 보인다

인들, 이집트인들이 지은 동양(東洋)식 건축물이 그 속에서 그 민족들에게 절대적이고 참된 가치를 띤 것을 상징적으로 가치 있는 형상들로 만들어내거나, 혹은 다른 한편으로 죽었음에도 불구하고 그 외적인 자연형상을 유지하고 있는 자를 에워쌌다. 그러나 이제 정신적인

고대 로마시의 법정이 있었던 유적지 〈포룸 로마눔(Forum Romanum)〉

고대 로마의 대형 원형경기장으로 현재 로마 시에 남아 있는 콜로세움(Colosseum)의 유적

것은 예술에 의해서든 직접 생생한 존재 안에서든 건축물에서 *분리되어* 스스로를 *위해* 있게 되고, 건축은 원래의 의미와 특정한 목적이 되는 이 정신적인 것에 *봉사*하게 된다.

그럼으로써 이제 이 목적이 중요한 것이 되어 건축물 전체를 지배하면서 건축물의 기본형태, 다시 말해 뼈대를 규정한다. 그리고 상징적인 건축에서처럼 질료와 상상력, 자의(恣意) 어느 쪽도 마음대로 스스로를 위해 독자적으로 몰두하도록 허용하지 않거나 또는 낭만적인 건축에서처럼 합목적성(die Zweckmäßigkeit)을 넘어서서 다시 지나치게 다양한 부분들과 형태들로 발전해가도록 허용하지 않는다.

b. 자신의 목적에 알맞은 건축물

이제 이런 종류의 건축물에 대해서 첫째로 그 목적과 규정, 그리고 그것이 세워지는 주위상황들에 대해서 물음을 제기할 수 있다. 이에 적합하게 그 건축물을 구성하고, 기후, 위치, 주위의 자연적인 풍경에 주목하고 이런 요소들을 모두 목적에 맞게 고려하여 동시에 자유로운 통일성으로 이어진 전체로 산출해내는 것, 바로 그것이 보편적인 과제이며 이를 완전하게 성취하는 가운데 건축 예술가의 의미와 정신을 보여줘야 한다.

고대 그리스인들에게 있어서는 예를 들면, 아테네 시내에 있는 유명한 아크로폴리스(Acropolis) 언덕길에 서 있는 공공건물, 신전, 주랑들, 그리고 큰 홀들은 낮에 그곳에 거주하고 거닐 수도 있는 곳으로서 특히 건축술의 대상이 되었다. 그에 반해 개인들이 거처하는 집들은 아주 단순했다. 거꾸로 고대 로마인들에게서는 개인주택들과 특히 별장들의 호사로움이 드러난다. 마찬가지로 황제의 궁성, 공중목욕탕, 극장, 서커스, 원형극장, 수로(水路), 우물 따위도 호화스러웠다. 그러나 그러한 건축물의 주목적은 효용성이므로 미적인 것은 다소 장식성을 띠고 있었다. 그래서 이 분야에서 가장 자유로운 목적을 띤 것은 종교적인 건축물이었다. 여기서 신전건물은 그 자체 미적인 예술에 속하는 것이었고 조각상으로 세워진 신이라는 주체를 에워싸는 일을 했다.

c. 기본유형으로서의 집

이제 원래의 건축은 이런 목적을 지니면서 그 이전에 있던 상징적 건축보다도 더 자유스러움을 띤다. 상징적 예술은 기존의 인간형상을 채택해야 하는 조각보다 더 자유롭게 자연으로부터 유기적인 형태들을 취해 그 형태들과 주어진 일반적인 상황들과 결합시켰다. 반면에 고전적 건축은 그 형태와 형상을 내용상 정신적인 목적에서 취했으며 인간의 오성에서 나온 것을 형상화할 때는 어떤 직접적인 모형이 없이 만들어 내었다.

이처럼 좀 더 큰 자유는 상대적으로 인정되어야 한다. 그러나 그 분야는 한정되므로 고전적 건축예술은 그 형태상 좀 추상적이고 무미건조하다. 프리드리히 폰 슐레겔(Friedrich von Schlegel)은 건축을 얼어붙은 음악이라고 불렀다. 그리고 사실 건축과 음악 양자의 예술은 모두 수(數)의 관계에 근거하고 있으며, 따라서 그 기본형태도 쉽게 파악되는 관계들의 조화에 따른다.

이미 말했듯이 이와 같은 기본특성이나 단순함, 진지함, 거창함, 쾌적함, 우아함의 관계들을 규정해 주는 주요한 것이 바로 집이다. 즉 벽, 기둥, 들보들은 모두 마치 수정(水晶)이 결합되듯이 전적으로 합리적인 형태로 결합된 것이다. 그 관계가 어떠한지는 정확한 숫자와 크기로 규정하거나 압축할 수는 없다. 그러나 예를 들어서 직사각형은 정사각형보다 더 마음에 든다. 왜냐하면 균형을 띤 장방형(長方形, Oblongum) 안에는 비균형적인 것도 있기 때문이다. 폭이 길이의 절반이 되는 면적은 쾌적한 비례를 제공한다. 그에 반해 길고 좁은 것은 호감을 못 준다. 그때 거기에서는 떠받쳐주고 동시에 떠받쳐진다고 하는 역학적인 관계가 그 실제 치수와 법칙 속에 유지되어야 한다. 예를 들면 무거운 각재(角材)는 가늘고 아담한 기둥 위에 설치되어서는 안 되며, 거꾸로 뭔가 무거운 것을 지탱하려고 만들어진 거대한 시설은 결국에 가서 뭔가 아주 가벼운 것만 받치는 데 사용되어서는 안 된다. 고대 그리스인들에게 있어서는 이런 모든 점들에서 건물의 폭과 길이와 높이의 관계, 원주들의 높이와 그 천장 사이의 관계, 원주들의 간격과 수, 다양하거나 단순한 장식, 수많은 평연(平椽)들, 테두리들 따위의 관계에서 비밀스럽고 율동적인 조화(Eurhythmie)가 주를 이루는데, 이는 특히 그리스인들의 올바른 감각이 찾아낸 것이었다. 그것들은 비록 개별적으로 이따금 그런 조화에서 벗어나기도 하지만 전반적으로는 미(美)에서 벗어나지 않으려면 그 기본적인 조화의 관계는 유지해야 한다.

2. 건축 형태들의 특수한 기본규정들

a. 목조건축과 석조건축에 대해서

이미 전에 언급했듯이 처음 시작이 목조건축이었는지 아니면 석조건축이었는지, 또 건축 형태 역시 이와 같은 질료의 차이에서 유래했는지에 대해서는 의견이 분분했다. 이제 건축예술에서 합목적성의 측면이 타당성을 띠고 집을 미적인 것으로 만들어주는 기본유형으로 원래의 건축술에서는 목조건축이 더 근원적인 것이었다고 가정할 수 있다. 히르트는 비트루비우스(Vitruvius)[1]의 건축이론을 좇아서 그렇게 말했기 때문에 그는 누차 비난공격을 받았다. 나는 간단히 몇 마디 말로 이 논쟁에 대해 나의 견해를 밝히고자 한다.

전제된 기존의 구체적인 것에 대해 추상적이고 간단한 법칙을 발견하는 것은 일상적인 고찰방식이다. 이런 의미에서 히르트 역시 고대 그리스 건축물에 있어서 기본유형을 찾고 있었으니, 즉 이는 해부학적인 골조이며 이를 형태 및 그와 관련되는 질료에 맞춰서 집과 목조건축에서 발견하였다. 물론 집이라는 것 자체는 주로 거주하고 폭풍, 비, 궂은 날씨, 동물, 다른 인간들로부터 보호하기 위해서 지어지며, 가족이나 공동체 전체가 다른 사람들로부터 자신들을 차단시켜 자기들끼리 모이고 폐쇄된 가운데서 자기들의 욕구나 행위에 전념할 수 있도록 전체적으로 에워쌀 것을 요구한다. 집은 인간에 의해 인간적인 목적을 위해 만들어지는 전적으로 합목적적인 구조물이다. 그래서 인간은 많은 목적을 가지고 그 집을 짓기 위해 많은 일을 한다. 그 구조물은 지탱하고 견고하게 하기 위해서 개별적으로 여러 가지 역학적으로 서로 짜 맞추고 밀고 움직이며, 무거움과 그 필요에 따라 세워진 것을 견고하게 지탱하거나 차단하고, 가로로 누워 있는 것을 받치게 하고, 또 그냥 일반적으로 받치기만 할 뿐 아니라 수평으로 누워 있는 것을 수평으로 똑바로 유지해 주고 각진 곳들과 모퉁이에서 서로 만

---

1) 마르쿠스 비트루비우스 폴리오(Marcus Vitruvius Pollio)는 로마의 장군 율리우스 카이사르와 아우구스투스 황제 시대인 기원전 1세기경에 살았던 로마의 건축가이자 건축이론가이다. 그는 《건축서(建築書, De architectura)》 10권을 써서 남겼다.

나는 것들을 이어주는 일도 한다. 이제 집은 물론 전체적으로 에워싸도록 요구되므로 이를 위해서는 벽들이 가장 실용적이고 안전하며, 또 이런 면에서 석조건물은 더 합목적적인 것으로 보인다. 그러나 벽은 또 기둥들을 나란히 배열해서 세울 수도 있으며, 그런 다음에 그 위에 들보들을 올려놓고, 이들을 동시에 그것들을 떠받쳐주고 지탱하는 수직의 기둥들과 연결해서 고정시킨다. 그 다음 끝으로 여기에 천장과 지붕이 더해진다. 그 외에 이제 신전 안에서는 에워싸는 것이 아니라 위로 떠받쳐주고 받쳐지는 것이 더 중요하다. 이런 역학적인 상태를 유지하는 데는 목조건축이 가장 우선적이고 가장 자연스럽게 적절하다. 왜냐하면 떠받치는 역할을 하는 기둥들은 서로 동시에 연결되어야 하고, 이를 위해서 그것들 위에 가로들보(대들보)를 놓이게 해서 이를 받치는 것이 여기서 기본규정이 되기 때문이다. 그러나 이런 측면들을 이렇게 그것들 안에서 서로 나누고 연결하고 또 합목적적으로 결합시키는 일은 본질적으로 직접 나무속에 그렇게 하는 데 필요한 질료가 주어진 목조건축에 속한다.

나무는 스스로 이미 정해진 형태를 가지고 있고 나무결이 선으로 갈라져 나가 있고 다소 반듯한 모양으로 되어 있으면, 세밀하게 어려운 가공을 할 필요 없이 기둥이나 들보가 될 수 있다. 이것들은 직접 직각이나 예각, 둔각으로 짜 맞추어질 수 있으며 그렇게 각이 진 기둥, 버팀목, 대들보 그리고 천장이 될 수 있다. 그에 반해 돌은 본래 확고하게 정해진 형태가 없고 나무와 비교하면 형태가 없는 덩어리이므로, 나란히 세우거나 위에 겹쳐 놓고 또 다시 함께 결합시키기 위해서는 먼저 그런 목적에 맞게 따로 잘라내서 가공해야 한다. 나무는 이미 자체적으로 형상을 지니고 있어서 그대로 이용하는 것이 가능하지만, 돌은 그런 식으로 이용되기 이전에 여러 번 작업이 필요하다. 그 밖에도 돌은 그 덩치가 거대할수록 더 많이 파 들어가는 작업이 필요한데, 본래 별로 형태를 지니지 않고 있으므로 그것으로 대개 어떤 형상이든 만들 수 있다. 그래서 돌은 상징적인 건축은 물론 낭만적인 건축과 좀 더 환상적(幻想的)인 형태들을 만드는 데 적합한 질료가 된다. 반면에 나무의 자연형태는 직선적인 줄기이므로, 고전적인 건축의 출발점이 되는 더 엄격한 합목적성과 합리성에 맞게 직접 더 잘 이용할 수 있는 것으로 드러난다. 이런 점에서 예를 들면 고대 이집트의 석조건물들에서 위에 관판(冠板)으로 덮인 원주의 주랑(柱廊)들을 보면, 원래 목조건축으로 했더라면 더 쉽게 만족시킬 수 있었을 것 같은 필요성이 나타나지만 석조건축은 주로 독자적인 건축술에서 더 우세하게 나타난다. 그러나 거꾸로 고전적인 건축은 목조건축물 같은 것만 고수하지 않고, 오히려 반대로 미적인 형태를 만들어내는 데 있어서는 석조(石造) 건축물을 짓는다. 그래서 한편으로 그런 건축 형태들에는 여전히 본래 목조건축의 원리가 들어 있다는 것을 인식할 수 있으나, 다른 한편으로 목조건축 자체에는 속하지 않는 규정들도 첨가된다.

b. 신전 건축물의 특수한 형태들

이제 역시 신전의 기본유형이 되기도 하는 집에 들어 있는 특수한 주안점들을 살펴보면, 여기서는 가장 본질적인 것으로 간략히 다음과 같은 점에 국한해서 언급할 수 있다. 우리는 집을 그 자체에 대한 역학적 관계 속에서 더 자세히 보면, 방금 말한 대로 한편으로는 *떠받치면서* 건축적으로 형상화하는 덩어리들을, 또 다른 한편으로는 *떠받쳐지면서* 그러나 양쪽이 견고하게 유지되도록 이어주는 덩어리들을 얻게 된다. 여기에다 셋째로 길이와 폭, 높이의 3차원으로 *에워싸고* 한

정지어 주는 규정이 첨가된다. 이제 이것은 서로 다른 규정들이 서로 짜 맞춰져서 구체적으로 전체가 된 구조물이라는 것을 그 자체에서 역시 보여줘야 한다. 그래서 여기에서 본질적 차이들이 생겨나며, 그것들은 합리적으로 짜 맞춰지고 그 특수성 안에서 특수하게 완성된 것으로 나타나야 한다.

α) 이때에 가장 중요한 것은 바로 떠받쳐주는 일이다. 지탱하는 재료덩어리에 대해 언급할 때 우리 머리에 곧 떠오르는 것은 보통 우리의 오늘날의 욕구에 맞게 가장 확고하고 안전하게 지탱할 수 있는 벽이다. 그러나 이미 보았듯이 벽의 원리는 지탱하는 것만이 아니라 에워싸는 데도 사용되므로 따라서 낭만적인 건축술에서는 중요한 특징이 된다. 고대 그리스 건축에서 독특한 것은 그것이 바로 떠받쳐주는 것 자체를 형상화하고 이를 위해 *원주(圓柱)*를 건축상의 합목적성과 미(美)의 기본요소로 사용한다는 데 있다.

αα) 원주는 다름 아니라 떠받친다는 규정을 갖고 있다. 비록 일련의 원주들은 직선으로 나란히 세워지면 하나의 경계를 짓게 되지만, 그러나 그것들은 단단한 담이나 벽처럼 에워싸지 않고 원래의 벽으로부터 분명하게 밀려나와 자유롭게 그 자체를 위해서 세워진다. 오직 떠받친다고 하는 이 유일한 목적에서 이제 무엇보다도 중요한 것은 원주는 그것이 위에 떠받치는 짐과의 관계에서 목적에 합당하다는 모습을 보장해주어야 하는 것이다. 따라서 너무 강하거나 약해서도 안 되고 너무 가까이 붙어 있는 것처럼 보여서도 안 되며, 그렇다고 너무 위로 높이 가볍게 치솟아 있어서 마치 그 위에 받치는 짐과 그저 유희하는 듯한 인상을 주어서도 안 된다.

ββ) 그러나 이제 원주는 한편으로 에워싸는 담이나 벽과 구분되듯

이 다른 한편으로 단순한 직주(直柱, 곧바른 기둥)와도 구분된다. 즉 직주는 직접 땅 속에 박히며 위쪽에 짐이 놓이는 부분에서 곧바로 끝난다. 그로써 직주의 정해진 길이와 그것이 시작하고 끝나는 지점은 말하자면 다른 것에 의해 부정적으로 한계지어지는 것으로서, 그 직주 자체에는 주어지지 않는 우연한 피규정성으로서 나타난다. 그러나 시작하고 끝나는 것은 떠받쳐주는 원주 자체의 개념 속에 들어 있으며 따라서 원주 자체에서 그것에 고유한 특징들로 드러나도록 규정된다. 이것이 바로 완성된 미적인 건축에서 원주에 주각(柱脚, Basis)과 주두(柱頭, Kapitell)를 첨가하는 이유이다. 이탈리아 토스카나(Toscana) 식의 원주 배열을 보면 거기에는 주각이 없어서 원주가 마치 직접 땅에서 솟아나온 것처럼 보이는데, 그때 그 원주의 길이는 보는 사람 눈에 마치 뭔가 우연히 생겨난 것처럼 비친다. 사람들은 혹시 그 원주가 그것이 떠받치는 덩어리의 무게에 눌려서 그렇게 땅바닥 속에 깊이 밀려 내려간 것은 아닌지 알 수 없게 된다. 원주의 시작 부분이 규정되지 않아 불확실하고 우연적인 것처럼 보이지 않게 하려면, 원주 밑에 일부러 주각(柱脚)을 만들어 그 위에 원주를 세움으로써 그곳이 분명하게 그 원주의 시작 부분임을 인식시켜야 한다. 그럼으로써 건축 예술은 한편으로는 '여기서부터 원주가 시작된다' 라고 말해주려고 하며, 다른 한편으로는 보는 사람의 눈에 견고성, 즉 원주가 안전하게 거기에 서 있다는 것을 보여주려 한다. 그리고 이와 관련해서 바라보는 사람의 눈을 말하자면 안정시켜주려고 한다. 같은 이유에서 그 건축술은 원주를 주두가 있는 곳에서 끝나게 하는데, 이 주두는 마찬가지로 떠받친다는 원래의 규정을 보여주며 또한 '여기서 원주가 끝난다' 라는 것을 말해주려는 것이다. 의도적으로 만들어진 원주의 시작과 끝에 대한 이 같은 반성이 바로 원주에 주각과 주두를 덧붙이는 원래의 더 깊은 이유이다. 그것은 마치 음악에서 확고한 끝마침을 필요로 하는 카덴차(Kadenz, 음악이 끝나기 전의 장식 악절)와 같으며, 마침표 없이 끝나거나 첫 번째 글자가 눈에 띄게 강조되지 않고 글이 시작되는 책과 같다. 그러나 책은 특히 중세에 와서는 그 맨 앞과 맨 끝에 시작과 끝이라는 관념을 객관화시키려고 커다랗게 장식된 글자를 넣었다. 그러므로 비록 원주의 주각과 주두가 단지 필요 이상으로 장식되어 있더라도, 그것을 필요 이상으로 지나친 장식이라고 보거나 또는 식물세계의 유형(類型, Typus)을 모방했던 고대 이집트의 원주장식에서 그 유래를 찾으려고 해서는 안 된다. 유기적인 형상들은 조각이 그것들을 동물이나 인간형상으로 표현하듯이 그것들 자체 내에 시작과 끝을 자유로운 윤곽으로 지니고 있다. 왜냐하면 합리적인 조직은 스스로 내면으로부터 형상을 한정짓기 때문이다. 그에 반해 건축에 있어서 원주와 그 형상은 떠받쳐준다는 것과, 바닥에서부터 떠받쳐지는 짐이 그 원주를 끝나게 하는 위의 끝 지점까지 공간적으로 떨어져 있다는 역학적인 규정 외에 다른 것은 갖고 있지 않다. 그러나 이런 규정 속에 들어 있는 특수한 측면들은 바로 원주의 속성이므로 건축술은 또 이것들을 드러내어 형상화해야 한다. 그러므로 원주의 정해진 길이와 위 아래로 향한 양쪽의 경계, 그리고 그것이 떠받치는 것은 단순히 우연적이고 다른 것에 의해 주입된 것으로 나타나서는 안 되고, 원주 자체에 내재하는 것으로 표현되어야 한다.

원주에서 주각과 주두 외에 또 다른 형태에 관해서 보면, *첫째* 원주는 둥글고 원형이다. 왜냐하면 그것은 스스로를 위해(für sich) 자유롭게 완성된 것으로 세워져 있어야 하기 때문이다. 자체 안에 가장 단순하고 확고하게 완성되어 있고 합리적으로 규정된 규칙적인 선은 바로 원(圓)이다(Die in sich einfachste, fest abgeschlossene, verständig bestimmte, regelmäßigste Linie aber ist der Kreis). 그로써 원주의 형

고대 건축물에서 사용된 원주의 여러 형태들. 윗줄은 왼쪽부터 도리아식, 이오니아식, 코린트식, 토스카나식, 코린트식과 이오니아식의 혼합양식, 나사형 양식. 아랫줄은 왼쪽부터 쌍기둥양식, 환상(環狀)양식, 로만양식, 비잔틴양식, 페르시아양식, 이집트양식

태는 서로 촘촘하게 맞대어져서 평면을 이루어 직각으로 잘린 직주처럼 나란히 배열되어 담과 벽을 이루도록 규정되지 않고, 다만 원주 자체에 한정되어 떠받치는 목적을 갖고 있음을 증명해 보인다. 더 나아가 원주는 보통 위쪽으로 올라갈수록 그 높이의 3분의 1 정도에서부터 약간 가늘어져 간다. 즉 원주의 부피와 굵기가 줄어든다. 왜냐하면 그 밑부분이 다시 윗부분을 받쳐야하고, 원주의 이 역학적인 관계를 원주 자체에서 분명히 드러내고 느낄 수 있게 해야 하기 때문이다. 끝으로 원주들에는 종종 수직의 홈이 파이는데 이는 한편으로는 원래 단순한 원주의 형태를 다양화하기 위해서이고, 다른 한편으로는 원주의 형태를 필요한 곳에서는 그런 식으로 갈라서 더 굵어 보이게 하기 위해서이다.

γγ) 이제 원주들 각각은 독자적으로 서 있지만 그럼에도 불구하고 그것들은 그 자체를 위해서가 아니라, 그것들이 떠받쳐야 하는 덩어리를 받치기 위해 거기 서 있음을 보여줘야 한다. 집은 사방의 모든 면들이 한계지어질 것을 요구하므로 한 개의 원주만으로는 충분하지

않고 그 곁에 다른 원주도 세운다. 그럼으로써 원주는 여러 개가 모여서 하나의 열(列)을 이루는 것이 본질적인 규정이 된다. 이제 여러 개의 원주들이 같은 것을 떠받치고 있으면, 이 공동으로 떠받쳐지는 것은 동시에 그 원주들의 높이를 모두 똑같도록 규정하여 그것을 서로 연결시키는 들보가 된다. 이때 바로 떠받친다는 규정과는 그와 반대되는 떠받쳐진다는 규정으로 이어진다.

β) 원주들이 떠받치는 것은 그 위에 놓인 횡재(橫材, 들보)이다(Was die Säulen tragen, ist das aufgelegte Gebälk). 이 관계가 형성될 때 그 다음에 바로 *직각(直角)*의 관계가 들어선다. 즉 떠받치는 것은 바닥에 대해서나 위에 걸쳐진 횡재에 대해서나 직각을 형성해야 한다. 왜냐하면 무게의 법칙에 따르면 수평으로 놓인 것만이 스스로 안전하고 적합하며 직각만이 유일하게 확실히 고정된 각이기 때문이다. 그에 반해 예각과 둔각은 무규정적(unbestimmt)이고 그 크기도 계속해서 바뀌므로 우연성을 띤다.

이제 더 자세히 보면 횡재의 구성 요소들은 다음과 같이 분류된다.

αα) 같은 높이의 반듯한 선으로 나란히 설치된 원주들 위에 직접 대들보인 평방(平枋, der Architrav)이 놓이게 된다. 이는 원주들을 서로 연결해주고 그 원주들 위에 공통의 짐이 되어 놓인다. 이는 단순한 들보로서 네 개의 평평하고 모든 면이 직각으로 된 평면과 그것들의 추상적인 규칙성을 필요로 한다. 그러나 이 평방은 한편으로 원주들에 의해서 떠받쳐지고 또 한편으로 그 위에 다른 들보가 놓임으로써 그 자체에 다시 떠받치는 임무가 주어지므로, 더 발전된 건축에서는 이 이중 규정을 대들보에서도 자랑스럽게 드러낸다. 이는 그것의 윗부분에서 앞으로 불쑥 튀어나온 테두리 따위를 통해 떠받치게 함으로

써 그렇게 한다.

ββ) 이렇게 해서 먼저 프리즈(der Fries, 건축에서 띠모양의 장식—역자주)가 형성된다. 이 테두리 혹은 띠 모양의 프리즈는 한편으로는 대들보 위에 놓이는 천장 들보들의 머리로 이루어지고, 다른 한편으로 그것들에 의해 형성된 중간 공간들로 이루어진다. 그럼으로써 프리즈 자체는 평방과 본질적으로 다른 차이들을 지니게 된다. 따라서 건축에서 비록 석재를 이용해서 건축물을 짓더라도 주로 목조건축의 기본유형을 더 엄격히 따를 때면 이런 차이들을 더 예리하게 강조해서 드러내야 한다. 이것이 바로 트리글리프(Triglyph)와 메토프(Metope)[2]의 차이를 이룬다. 다시 말해서 트리글리프는 세 줄로 깎인 들보 머리이고, 메토프는 그 각각의 트리글리프 사이에 낀 사각형의 공간들이다. 가장 초기에는 그것들은 아마 빈 채로 놓아두었다가 후에 와서 채워진 것 같고, 심지어 부조(浮彫, Relief) 장식 따위가 위에 덧붙여진 것 같다.

γγ) 이제 대들보 위에 놓인 프리즈는 다시 화관(花冠) 모양의 장식(Kranz)[3]이나 반곡선(Karnies)[4]을 떠받친다. 이는 높은 곳에서 건축물 전체를 완성하는 천장덮개를 지탱하는 규정을 띤다. 이때 여기에서 마지막 구획의 설정은 과연 어떤 형태를 띠어야 할까, 라는 물음이 생겨난다. 그 이유는 이런 식으로 마무리할 때 두 가지 방식의 구획 설정, 즉 직각이고 수평적인 구획 설정과 예각 또는 둔각의 경향을 보이는 구획 설정이 생겨날 수 있기 때문이다. 만약에 우리가 인간적인

---

2) 트리글리프(Triglyph)와 메토프(Metope)는 모두 고대 그리스의 도리아식 건축에서 원주를 세울 때 쓰인 방식이다. 즉 프리즈를 구성하는 세 줄의 수직 홈으로 된 트리글리프 두 개 사이에 끼운 네모진 벽면이 메토프였다.
3) 이는 추녀돌림띠라고도 불리며, 그림무늬 조각이나 꽃받침 장식을 가리킨다.
4) 고대 그리스 건축에서 처마 밑에 S자 모양으로 돌려지는 부분이다.

욕구만 고려한다면, 비나 폭풍에 별로 시달리지 않았던 남쪽나라 사람들은 단지 햇볕에 대해서만 보호하면 되었으므로 집의 지붕을 수평이나 직각으로 만드는 것만으로도 충분했을 것이다. 반면에 북쪽나라 사람들은 비가 오면 빗물이 흘러내리게 해야 하고, 눈이 내리면 그 눈이 너무 많이 쌓여 무겁게 집을 내리 누르지 않게 보호해야 하므로 그에 적합한 지붕들이 필요했다. 그러나 미적인 건축술에서는 꼭 필요한 욕구만이 결정적인 요인은 아니고 예술로서 미(美)와 호감 같은 더 심오한 요구도 만족시켜야 한다. 바닥으로부터 위로 솟는 건축물은 그 밑에다 그 집을 지탱하는 역할을 하는 주각(柱脚, 기둥받침)을 먼저 세워야 한다. 그 밖에도 원래의 건축에서 원주와 벽은 떠받치고 있는 모습을 질료적으로 우리에게 보여준다. 그에 반해 위에 있는 천장은 더 이상 떠받칠 필요가 없고 단지 떠받쳐지고 있으면 되며, 더 이상 떠받치지 않는다고 하는 이 규정을 그것 자체에서 보여줘야 한다. 다시 말해 천장은 더 이상 어떤 것을 떠받치지 못하도록 만들어져야 하므로 그 형태는 예각이든 둔각이든 각이 진 모양으로 끝나야 한다. 그러므로 고대의 신전들도 역시 수평지붕이 아니라 두 개의 둔각이 서로 만나는 평면지붕으로 되어 있으며, 그런 건물들이 그런 식으로 끝맺음하는 것은 미(美)에 적합한 형태가 된다. 왜냐하면 수평의 지붕면은 그 자체가 전체적으로 완성됐다는 모습을 보여주지 않는데 그 까닭은 높은 곳에 놓여 있는 수평면은 그 위에 여전히 무엇을 떠받칠 수 있기 때문이다. 그에 반해 경사진 지붕평면들이 서로 만나 합쳐지는 선에서는 그 위에 무엇을 떠받치는 것은 더 이상 불가능하다. 이런 점을 고려할 때 예를 들면 회화에서도 인물들이 피라미드형으로 그룹을 지은 형태로 묘사되면 이는 우리의 눈을 만족시켜 준다.

γ) 이제 끝으로 우리는 *에워쌈*, 즉 담 및 벽과 관련된 규정을 살펴보아야 한다. 물론 원주는 떠받치고 주위에 경계를 지어주기는 하지만 그러나 에워싸지는 않으며, 벽들에 의해 빙 둘러싸인 내부와는 바로 정반대가 된다. 그러므로 완벽하게 에워싸는 일을 충족시키려면 두껍고 견고한 벽들이 세워져야 한다. 이는 실제로 신전(神殿) 건축에 해당된다.

αα) 이런 벽들을 고찰할 때 언급해야 할 것은 다름 아니라 그것들은 직선으로 평평하게 그리고 수직으로 세워져야 한다는 점이다. 왜냐하면 비스듬히 예각이나 둔각형태로 서 있는 벽은 보는 사람 눈에 마치 무너져 내릴 듯한 위압감을 주며, 그때 그것들이 예각이나 둔각으로 높이 치솟아 있는 모습은 마치 우연히 그렇게 보이는 것 같아서 확고하게 정해진 방향을 지니지 못하기 때문이다. 합리적인 규칙성(規則性, Regelmäßigkeit)과 합목적성(合目的性, Zweckmäßigkeit)을 띠려면 여기서도 역시 직각의 형태가 요구된다.

ββ) 우리는 단순히 떠받치는 임무는 원주에 국한시키는 반면에 벽은 떠받칠 수 있을뿐더러 에워쌀 수도 있으므로, 떠받치고 에워싼다는 두 가지 다른 욕구를 다 충족시켜야 하는 곳에서는 먼저 원주를 세우고 그 원주들 사이에 두꺼운 담들을 세워서 서로 결합시킨다는 구상도 가능하다. 이때 생겨나는 것이 반(半)원주(Halbsäule, 반은 벽 안으로 들어가고 반은 밖으로 튀어 나온 원주—역자주)이다. 그래서 예를 들면 히르트는 비트루비우스 방식에 따라 네 개의 모서리 직주(直柱)로 그런 벽을 세우는 식으로 자신의 본래의 건축 구성을 시작하고 있다. 이제 에워싸야 하는 필연성을 충족시키고 그때 동시에 원주들에게도 그것을 요구한다면 물론 거기에 담을 쌓아서 막아야 한다. 그래서 아주 고대부터 그런 식으로 반원주들을 세웠다는 것도 밝혀지고 있다.

예를 들면 히르트는(그의 《고대인들의 원칙에 따른 건축술》, 1809년, 베를린 발행판에서) 반원주의 사용은 건축술 자체만큼이나 그 기원이 오래되었다고 말하면서, 그것이 생겨나게 된 것은 원주들과 기둥(Pfeiler, 영어로 'Pillar')들이 천장과 지붕을 지탱하고 떠받치되 또 햇볕과 폭풍에 맞서서 보호하도록 사이벽을 세울 필요가 있었기 때문이라고 유추하고 있다. 그러나 이제 원주는 이미 그 자체로 건물을 충분히 지탱하므로 벽을 견고한 재료로 밖으로 돌출된 원주처럼 굵게 만들어서 세울 필요는 없을 것이다. 그래서 이 원주들은 보통 바깥쪽으로 튀어나와 있는 것이다. 이런 식의 반원주에 대한 기원(起源)이 옳을지도 모른다. 그렇다 하더라도 반원주는 솔직하게 거슬린다. 왜냐하면 반원주로 인해 서로 상반되는 두 가지 목적이 아무 내적인 필연성(必然性, Notwendigkeit)도 없이 병행하면서 서로 섞이기 때문이다. 물론 사람들은 원주도 역시 엄격하게 목조건축에서 나왔다는 데서 출발해서, 그것 자체도 에워싼다는 것을 기초로 삼아 반원주를 세우는 것을 옹호할 수는 있다. 그러나 두꺼운 담에서는 원주는 더 이상 의미가 없고 그 가치는 직주(直柱)의 역할로 하락된다. 왜냐하면 본래의 원주는 본질적으로 둥글고 그 자체로 완결되어 있으며, 바로 이 완결된 것 때문에 그것이 평평한 면으로 옮겨가서 어떤 식으로든 담이 되는 역할과 뚜렷이 대조되는 것으로 드러나기 때문이다. 그러므로 담이 지탱하는 역할을 하려면 그것은 평평해야지 둥근 원주여서는 안 되며 평평하게 벽으로 연장될 수 있는 평면이어야 한다.

그래서 괴테도 역시 그의 청년시절인 1773년에 쓴 《독일의 건축술에 대해서》라는 소고(小考)에서 다음과 같이 열심히 주장하고 있다.

그대 신(新) 프랑스의 철학을 한다는 현학자여, 최초로 욕구에 따라 고안해내던 인간이 네 개의 나무둥치로 말뚝을 박고 그 위에 네 개의 장대를 묶고 또 그 위에 나뭇가지와 이끼를 덮었다는 것을 우리는 이를 어찌 볼 것인가?…거기에다 또 그대의 초막이 세상에서 가장 먼저 생겨났다는 것도 역시 틀린 말이다. 그대가 일상적으로 들판과 포도원의 초막에서 볼 수 있듯이 집꼭대기에서 서로 십자형으로 만나는 장대가 앞쪽에 두 개, 뒤쪽에 두 개, 대각선으로 된 용마루에 하나 설치되는 것은 훨씬 더 원시적인 고안이다. 그런 것으로부터는 그대는 그대의 돼지우리를 만들어 낼 원리조차도 이끌어낼 수 없을 것이다.

즉 여기서 괴테가 증명해 보이려고 하는 것은 단지 에워싸는 것이 주목적인 건물에서는 담으로 쌓아서 막은 원주들은 무의미하다는 것이다. 그가 원주의 아름다움을 인정하지 않으려 한 것은 아니다. 반대로 그는 원주를 매우 칭찬했다. 그래서 그는 이렇게 덧붙이고 있다.

다만 그것들을 부적합하게 사용하는 것을 금하라! 원주의 특성은 *자유로이 서 있는 것*이다. 원주의 날씬한 자태를 둔중한 담에다 덧붙인 사람들이야말로 참으로 불쌍할 지어다!

그는 여기서 출발해서 중세와 근대의 건축술로 넘어가면서 또 다음과 같이 말하고 있다.

원주란 결코 우리가 거주하는 주택을 구성하는 성분이 아니다. 그것은 오히려 우리가 거주하기 위한 모든 건물들의 본질과는 어긋난다. 우리의 집들은 네 귀퉁이에 *네 개의 원주를 세*

워서 만드는 것이 아니라 사방에 *네 개의* 담을 세워서 만든다. 담은 모든 *원주들 대신* 서 있으며 모든 원주들을 배제한다. 그리고 담에 원주가 덧붙어 있는 곳에서는 그것은 오히려 부담스럽고 필요 이상으로 지나치다. 바로 이것은 내가 여기서 언급할 필요 없는 몇 가지 경우를 제외하고는 우리 시대의 궁성이나 교회에도 역시 해당되는 것이다.

이처럼 여기에서 괴테의 자유롭고 사실에 맞는 직관에서 나온 표현 속에는 원주의 올바른 원리가 언급되고 있다. 원주는 그 발판을 벽의 앞쪽에 놓아야 하고 벽과는 상관없이 원주 자체를 위해서 돌출해 있어야 한다. 근대 건축에서 우리는 비록 종종 벽주(壁柱, 벽기둥, Pilaster)가 사용되는 것을 보지만, 그러나 이것을 사람들은 그 앞에 서 있는 원주가 다시 반복되는 뉘앙스를 띤다고 보고 그것을 둥글리지 않고 편편하게 만들었다.

γγ) 여기에서 분명히 드러나는 것은 벽도 비록 떠받칠 수 있지만 떠받치는 임무는 이미 원주가 이행하고 있으므로, 벽은 발전된 고전적인 건축에서는 본질적으로 단지 에워싸는 일만을 목적으로 가질 수 있다는 점이다. 만약에 벽이 원주와 마찬가지로 떠받치게 되면, 원래 양쪽이 갖고 있는 서로 다른 규정들은 그 요구대로 서로 다른 부분적인 임무들을 수행하지 못하며, 그래서 벽이 수행해야 하는 역할에 대한 관념도 어긋나고 혼란스러워진다. 그러므로 우리는 신전 건축물에서 신상(神像)이 서 있는 중앙의 홀은 그 신상을 에워싼다는 주목적을 띠고 있어서 그 위쪽이 종종 트여있는 것을 발견한다. 그러나 만약에 위에 지붕이 필요하게 될 때 이 지붕이 그 자체를 위해서 떠받쳐지는 것은 더 고차적인 미(美)에 속한다. 왜냐하면 보통 에워싸고 있는 벽들 위에

들보와 지붕을 직접 올려놓는 일은 부득이하고 필요해서 하는 것이지 자유로운 건축미를 위해서 하는 것은 아니기 때문이다. 그 이유는 고전적인 건축술에서 벽이나 담은 떠받치기 위해서 필요한 것이 아니기 때문이다. 그것들은 이미 우리가 위에서 보았듯이 만약에 떠받치려고 하면 필요한 것보다 더 많은 준비와 비용이 소요되므로 그 목적에 맞지 않을 것이다.

바로 이런 것들이 고전적인 건축에서 서로 특수하게 갈라져 나가야 할 주요 규정들일 것이다.

c. 전체적인 것으로서의 고전적인 건축

비록 우리는 한편으로 방금 간략하게 언급한 차이들은 그 *차이들* 속에서 역시 드러나야 한다는 기본원칙을 확립할 수 있지만, 다른 한편으로 그것들이 반드시 *전체적인 것*으로 통일되는 것도 필요하다. 이러한 통일성은 건축에서는 오직 여러 규격이 나란히 세워지고 서로 짜 맞춰지고 일반적으로 치수들이 율동적인 조화를 유지함으로써 이루어질 수 있는데, 이에 대해서 우리는 끝에 가서 고찰하고자 한다.

일반적으로 고대 그리스의 신전 건축물들은 바라보기에 만족스러운 모습을 보여준다(Im allgemeinen geben die griechischen Tempelbauten einen befriedigenden, sozusagen sättigenden Anblick).

α) 거기에서는 어떤 것도 높이 솟구치도록 세워진 것이 없으며, 건물 전체는 솟아오름이 없이 똑바로 넓게 옆으로 뻗어 나간다(Nichts strebt empor, sondern das Ganze streckt sich geradeaus breit hin und weitet sich aus, ohne sich zu erheben). 그러므로 정면을 바라보기 위

해서 일부러 눈을 위로 치켜 뜰 필요가 거의 없다. 반대로 건축물은 옆으로 넓게 퍼져 있어서 눈길을 끈다. 그에 반해서 중세 독일의 건축물들(특히 고딕 건축물들—역자주)은 무절제하게 위로 향해 치솟으려고 애쓰면서 올라간다. 고대 그리스인들에게는 옆으로 퍼지는 것이 땅 위에 견고하게 선다는 쾌적한 느낌을 주는 기반으로서 중요한 일이었다. 그래서 건축물의 높이는 오히려 사람의 키에 맞춰서 채택하며 건물을 폭과 넓이만을 확장함으로써 계속 건물의 수는 늘어간다.

β) 더 나아가 건물에 붙이는 장식들도 그 건물의 단순한 인상을 해치지 않는 범위에서 첨가되었다. 왜냐하면 장식을 곁들이는 방식도 매우 중요하기 때문이다. 고대인들, 그 중에서도 특히 그리스인들은 여기에서 가장 미적인 기준을 지켰다. 예를 들면 아주 단순하게 큰 평면과 선들은 이처럼 분리되지 않은 단순성을 유지하고 있으므로, 그것들의 중간 중간을 끊어서 눈에 좀 더 특정한 규격으로 드러나도록 다양성을 부여하는 것만큼 크게 보이지는 않는다. 그러나 만약 그것들의 중간 중간을 끊어서 거기에 장식을 덧붙이는 일이 아주 세심한 데까지 발전해가서 단지 그 다양함과 세세한 부분들만 눈앞에 드러나면, 비록 건축물 전체가 매우 큰 비례와 면적을 지니고 있더라도 마치 세세하게 조각나고 부서진 것처럼 보이게 된다.

그러나 고대 그리스인들은 어쨌거나 일반적으로 그들이 짓는 건축물의 규격을 그런 방식으로 실제보다 더 크게 보이도록 작업하지도 않았고, 그렇다고 건축물 전체를 중간에서 잘라 장식을 붙이고 갈라 그 모든 세세한 부분들이 작아지게 함으로써 강한 인상을 주는 단순성을 배제하여 전체를 작게 보이도록 만들지도 않았다. 마찬가지로 그들이 완성한 미적인 건축물들은 단지 거대해서 땅 위에 눌려 서 있는 느낌을 주거나 또는 그 폭에 비해 본래의 크기 이상으로 허공으로 치솟은 모습을 띠지 않고 오히려 미적인 중간 크기를 고수했으며, 동시에 그 단순성 속에서 적당한 크기로 다양성(多樣性, die Mannigfaltigkeit)의 여지를 주었다. 그러나 무엇보다도 전체와 그것의 단순한 특수성들이 지닌 기본특징은 모든 개개의 것들에 아주 분명하게 스며들어 — 고전적인 이상(理想)에서 보편적인 실체가 생동성을 얻는 우연적인 것과 개별적인 것을 지배하듯이 — 형상의 개성을 지배하는 것처럼 보이면서 또 스스로와 조화를 이루도록 머문다.

γ) 신전의 배치와 그 분류에 관해서 보면, 여기서는 한편으로 그것이 대단한 단계들을 거쳐서 완성되었으며, 다른 한편으로는 많은 요소들이 전통성을 지켰음을 알 수 있다. 여기에서 우리의 흥미는 담으로 에워싸인 신들의 조각상들이 있는 신전의 작은 방(Tempelzelle, 그리스어로 'naos'), 현관(Vorhaus, 그리스어로 'prhonaos'), 뒷건물(Hinterhaus, 그리스어로 'opisthodmos'), 그리고 건물 전체의 주위에 이어져 있는 주랑(柱廊)들의 주요 규정들에 국한된다. 앞쪽으로 튀어나온 열주들이 서 있는 신전의 현관과 뒷건물은 비트루비우스의 말에 따르면 '복식주랑(amphiprhostylos)'(이는 전주[前柱, Prostylen]가 더 발전된 것으로 신전의 앞뒤에 주랑이 달린 것을 가리킨다—역자주)라고 부른 형태를 지니고 있고, 그 다음에는 각 측면에도 열주가 들어서며(perhipterhos), 마지막으로 완성도가 가장 높아지면서 단식 열주들이 신전 전체의 주위에 이중으로 세워진다(dipterhos). 그리고 지붕이 없는 신전(ypaithrhos)에서는 신전의 작은 방의 내부에도 열주들이 이중으로 들어선다. 그것들은 벽에서 떨어져 서 있으면서 바깥에 있는 주랑들처럼 그 주위를 사람들이 걸어 돌아다닐 수 있게 세워져 있다. 이

는 비트루비우스가 아테네 시에 아테네 여신을 위해 세워진 8개의 원주로 된 신전 및, 올림포스의 제우스 신을 위해 지은 10개의 원주로 된 신전을 그 표본으로 제시한 것과 같다(이에 대해서는 히르트의 《건축술의 역사》 참조).

우리는 여기에서 원주의 수와 그것들 간의 떨어져 있는 거리, 그리고 벽들과 관련해 더 자세히 구분하는 일은 그냥 넘어가고, 열주들과 신전 앞쪽의 홀이 대체로 고대 그리스 신전건축물에서 갖는 독특한 의미만을 주목하고자 한다.

이 같은 전주(前柱, Prostylen)들과 복식주랑(Amphiprostylen)은 직접 밖으로 트여 있으므로, 사람들이 그 주랑 바깥쪽에서 자유로이 돌아다니다가 흩어지거나 우연히 함께 무리를 지어 돌아다니는 것을 우리는 보게 된다. 왜냐하면 원주란 대체로 무엇을 그 안에 가둬두는 것이 아니라 경계를 지으면서 그 사이로 통과할 수 있는 것이어서, 사람들은 때로는 그 안쪽에 있을 수도 있고 때로는 그 바깥쪽에 있을 수도 있으며, 적어도 그 원주들 어디서든 직접 바깥으로 나올 수 있기 때문이다. 마찬가지로 원주 뒤에 있는 긴 벽들도 주랑이 꽉 찼다 해서 그 중심으로 눈을 돌려 밀고 들어가게 된 그런 것이 아니다. 오히려 거기에서 반대로 사람들의 눈은 그러한 하나의 일치점에서 벗어나 모든 측면으로 향하며, 주랑의 목적이 사람들을 한 곳에 운집하게 하는 것이 아니라 밖으로 향해 트여 어떤 심각한 장소가 아니라 쾌활하고 한가하게 자유로이 잡담하면서 머물 수 있는 그런 장소라는 것을 연상한다. 물론 그 주랑으로 에워싸인 건물 안쪽은 좀 더 심오하고 진지한 분위기가 감돌고 있음을 추측할 수 있다. 그러나 우리는 그런 건축물에서는 물론, 그리고 특히 가장 완성된 건축물에서는 전적으로 주위가 밖으로 트여 있음을 보는데, 이는 그 신전이 지닌 진지함도 지나치

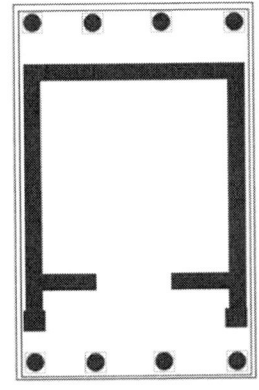

고대 그리스 건축에서 앞뒤에 열주(둥근 점 부분)이 늘어서 있는 복식주랑(amphiprhostylos) 형태의 단면도

재구성한 고대 그리스의 니케 여신의 신전. 복식주랑 (amphiprhostylos) 형태로 늘어선 열주(列柱)를 보여준다

게 엄격하지는 않음을 시사해 주는 것이다. 그러므로 이러한 신전은 단순하고 위대하면서도 동시에 쾌활하고 개방적이며 쾌적한 분위기를 지녔다는 인상을 준다. 그 이유는 건물 전체는 주위가 폐쇄되고 사람들이 외부와 차단되어 안에 운집하도록 설치되었다기보다는 오히려 사람들이 그 주위에 서 있기도 하고 이리저리 거닐거나 오갈 수 있도록 세워졌기 때문이다.

3. 고전적인 건축의 여러 가지 건축술

끝으로 우리는 일반적으로 고전적인 건축에서 지배적인 유형이 되는 여러 가지 건축형태들을 일별해 보면 다음과 같은 좀 더 중요한 차이점들을 지적할 수 있다.

a. 도리아식, 이오니아식, 코린트식의 원주배치

이와 관련해서 가장 먼저 주목할 것은 원주들에서 그 차이점들이 가장 뚜렷이 드러나는 건축양식들이다. 따라서 나는 여기에서 주로 원주 양식들의 특징들을 열거하는 데 국한하고자 한다.

가장 잘 알려진 원주 배치는 도리아식, 이오니아식, 코린트식이다 (Die bekanntesten *Säulenordnungen* sind die *dorische, ionische* und *korinthische*). 이 양식들에서 보여지는 건축적인 미와 합목적성을 능가하는 것은 그 이전은 물론 그 이후에도 더 이상 고안되지 않았다. 왜냐하면 히르트의 말에 따르면(히르트의 《건축술의 역사》 참조), 토스카나 양식은 물론 고대 그리스의 건축양식도 이처럼 아무런 장식이 없던 초라한 것으로서 원래의 단순한 목재건축에 속하지 미적인 건축에 속하지는 않기 때문이다. 또 이른바 로마식의 원주배치도 단지 코린트식에다 장식을 더 많이 덧붙인 것으로서 그 자체로는 중요하지 않다.

원주에서 중요한 특징은 원주의 높이와 그 굵기, 그리고 여러 가지 다른 종류의 주각(柱脚)과 주두(柱頭), 그리고 끝으로 원주들이 서로 떨어져 있는 크고 작은 간격 사이의 관계이다. 우선 첫 번째 사항을 보면, 원주의 높이는 그 직경의 네 배 이상이 되지 않으면 둔중하고 눌린 듯한 느낌을 준다. 반면에 원주의 높이가 그 직경의 열 배가 넘으면 그것은 보는 사람의 눈에 너무 가늘고 마치 떠받치는 목적에 맞지 않는 것처럼 너무 왜소해 보인다. 그러나 여기에는 또 원주들 사이의 떨어진 간격도 밀접한 관계가 있다. 왜냐하면 원주들이 두껍게 보이려면 그것들은 서로 가까이 세워져야 하고, 반면에 가늘고 가냘프게 보이려면 그 간격들은 멀어져야 하기 때문이다. 또 원주의 발밑을 받쳐주는 주각(柱脚)이 있는가 없는가, 또 주두(柱頭)가 높은가 낮은가, 장식이 있는가 없는가 하는 것도 마찬가지로 중요하다. 그런 것들에 의해서 원주의 전체적인 특징이 달라지기 때문이다. 그러나 주신(柱身)에 관해서 보면, 이것들은 일반적으로 같은 두께로 세워지지는 않더라도 대개 매끄럽고 아무 장식이 없고 위쪽으로 갈수록 아래쪽이나 중간보다 조금씩 가늘어짐으로써 미세한 느낌이나마 부푼감이 생기도록 세워지는 것이 규칙이다. 사람들은 중세 말기에 와서 고대의 원주 형태들을 기독교 건축(die christliche Architektur)에 다시 이용할 때 매끄러운 원주는 너무 초라하다고 여겨 그 주위에 꽃장식을 두르거나 원주를 위쪽으로 나선형으로 감아올리는 형태를 만들었다. 그러나 이것은 만족스럽지 못하며 진정한 취향에는 어긋난다. 왜냐하면 원주란 단지 떠받친다는 임무 외에 다른 것을 이행해서는 안 되며, 바로 이 임무를 지키면서 똑바로 견고하고 독자적으로 솟아 있어야 하기 때문이다. 고대 그리스인들이 원주에다 붙인 유일한 장식은 원주에 홈을 판 것이었다. 이미 비트루비우스가 말하고 있듯이, 그렇게 하면 원주는 단순히 매끄러울 때보다 더 굵어 보인다. 그런 홈들은 매우 큰 치수로 파여져 있는 것이 발견된다.

    나는 도리아식, 이오니아식, 코린트식 원주배치와 건축양식의 더 상세한 차이에 대해서 다음과 같은 중요한 점들만을 열거하고자 한다.

α) 최초에 원주를 고안할 때에는 건축물이 서있도록 하는 *안전성*이 기본 규정이었다. 그래서 아직은 원주를 가늘게 만들거나 더 대담하게 가볍게 만드는 일은 감히 시도되지 않았고, 원주를 부푼 형태로 만드는 것으로 만족한 것으로 보인다. 이는 *도리아식* 건축양식에 해당된다. 여기에서는 무거운 것을 떠받치는 질료가 가장 큰 효과가 있으며, 이는 특히 원주의 폭과 높이의 관계에서 드러난다. 어떤 건축물이 가볍고 자유롭게 솟아 있으면 거기에는 무거운 덩어리를 떠받치는 부담은 극복된 것으로 보인다. 반면에 그것이 더 폭넓고 낮게 퍼져 있으면 도리아식 건축양식에서처럼 무거운 것에 눌리며 버틸 수 있는 견고함과 튼튼함이 중요한 사항으로 인식된다.

이런 특성을 갖고 있는 도리아식 원주는 다른 원주들의 배치에 비해 가장 폭이 넓고 가장 높이가 낮다. 더 오래된 원주들은 높이가 그 밑부분의 직경의 여섯 배 이상을 넘지 않으며 직경의 네 배인 경우가 흔하다. 그래서 도리아식 원주는 그 무거움 때문에 진지하고 단순하고 장식이 없는 남성적인 인상을 준다. 그런 점들은 페스툼(Paestum)[5]이나 코린트섬의 신전들에서 찾아볼 수 있다.

그러나 후에 가서 도리아식 원주에서는 직경의 일곱 배까지의 높이가 허용되며, 비트루비우스의 말에 따르면 신전이 아닌 다른 건물들에는 반지름 정도의 높이가 더 첨가되었다. 그러나 그 때문에 대체로 도리아식 건축양식은 토스카나 양식보다는 더 장식성을 띠기는 해도 원래 목조건축물의 단순성에 가장 가까워 보인다. 그렇지만 그 원주들에는 일반적으로 주각이 없고 직접 기조 건축물 위에 세워져 있으며, 주

---

[5] 페스툼은 현재 이탈리아의 캄파냐 지방에 있는 고대의 유적지다. 고대 그리스인들이 이곳에 해신(海神) 포세이돈을 위해서 포세도니아라는 신전을 세웠는데 이 신전은 현재 잘 보존된 채 남아 있는 세 개의 도리아식 신전 가운데 하나이다.

이탈리아 캄파냐 지방 페스툼(Paestum)에 남아 있는 해신(海神) 포세이돈(Poseidon) 신전

두 역시 단지 소용돌이와 관판(冠板) 무늬만을 곁들여 아주 단순한 형태를 띠고 있다. 주신(柱身)은 어떤 때는 그냥 매끄러운 모양으로 놓아두었고 어떤 때는 스무 개의 홈을 파놓았으며, 종종 원주 아래쪽의 삼분의 일은 평평하고 그 위쪽은 홈이 파여 있었다(히르트의《고대 그리스인들의 원칙에 따른 건축술》참조). 원주들 사이의 간격을 보면 이는 더 오래된 기념비들에서는 간격이 원주 굵기의 두 배에 달하며, 원주의 직경의 두 배나 두배 반 사이의 간격으로 세워진 원주들은 몇 개 되지 않는다.

도리아식 건축양식이 목조건축물의 전형에 가까운 또 다른 독특한 부분은 트리글리프(Triglypen)와 메토페(Metopen)이다. 즉 프리스에서 트리글리프는 각진 기둥처럼 잘린 평방(平枋) 위에 놓인 지붕 들보의 들보머리를 가리키며, 메토페는 하나의 들보에서 다른 들보 사이의 공간을 채워주는 일을 하면서 도리아식 건축방식에서는 여전히 정사각형 형태를 유지하고 있다. 그것은 흔히 부조(浮彫) 장식으로 덮여 있다. 반면에 트리글리프 아래의 평방과 위쪽의 낙수받이 돌 아래 평면에는 여섯 개의 작은 원추형의 머리가 달린 물방울 모양의 장식이 달려 있다.

β) 그러나 도리아 양식(樣式)이 이미 쾌적하면서도 견고한 특징으로 이행(移行)해가게 되면, 아직은 비록 단순하지만 날씬하고 우아한

장식성을 띤 *이오니아* 양식으로 고조된다. 원주의 높이는 원주 아래쪽의 직경의 일곱 배 내지 열 배 사이가 되며, 비트루비우스의 추측에 따르면 주로 원주 간격들 사이의 폭에 의해서 정해진다. 왜냐하면 그 사이의 간격이 크면 원주들은 더 가늘고 늘씬해 보이며 좁으면 더 두껍고 낮아 보이므로, 건축가는 너무 가늘거나 너무 무거워 보이지 않도록 하기 위해서 첫째의 경우에는 높이를 줄이고 둘째 경우에는 높이를 늘일 필요가 있었기 때문이다. 그러므로 원주들의 간격이 직경의 세 배 이상을 넘으면 원주들의 높이는 그 여덟 배가 되어야 하고 반대로 그 간격이 직경의 $2\frac{1}{4}$배나 3배가 되면 높이는 $8\frac{1}{2}$배가 되어야 한다. 그러나 원주들이 직경의 두 배 간격으로 서 있으면 높이는 직경의 $9\frac{1}{2}$배, 그리고 직경의 1.5배라는 아주 좁은 간격으로 서 있으면 높이는 직경의 10배에까지 이른다. 그러나 이 마지막 규격에 따라 원주를 세우는 경우는 아주 드물었다. 이오니아식 건축양식 가운데 지금도 남아 있는 기념비들을 보면, 고대 그리스인들이 원주의 비례를 더 높이는 일은 드물었다고 판단할 수 있다.

더 나아가 이오니아식과 도리아식의 또 다른 차이들을 보면, 이오니아식 원주는 도리아식처럼 직접 바닥 위에 기둥이 세워지지 않고 여러 면으로 구성된 주각 위에 세워졌으며, 홈을 더 깊이 파고 또 더 넓게 24개로 파여 있고 가볍고 날씬한 높이로 주두까지 치솟아 있다는 데서 발견할 수 있다. 이런 점들은 페스툼에 있는 도리아식 신전과는 대조적으로 에베소스에 있는 이오니아식 신전에서 두드러진다. 같은 방식으로 이오니아식 주두는 다양성과 우아함을 띠고 있다. 거기에는 소용돌이 장식이 새겨진 작은 지주(女柱)와 관판(冠板)이 있을 뿐만 아니라, 좌우에 달팽이처럼 감아 올라가는 모양, 그리고 측면에는 쿠션 비슷한 장식이 부착되어 있어서 그것은 쿠션식 받침북(이는 이오니아식 기둥머리에 특유한 주두를 말함—역자주)이라 불린다. 그 주두 옆에 붙어 있는 달팽이 모양은 기둥이 더 높이 솟아오를 수도 있지만 이처럼 계속 나아가다가 스스로 굽어지면서 거기에서 기둥이 끝남을 시사해 준다.

 이처럼 이오니아식 건축양식에서는 원주가 가늘어서 호감을 주고 또 장식도 달고 있으므로, 그 위에는 좀 덜 무거운 들보가 얹히게 되고 이런 점에서 그 모습은 더욱 우아함을 띤다. 또한 그것은 도리아식처럼 더 이상 목조건축에서 유래하지 않았음을 보여준다. 따라서 프리스는 매끄럽고 트리글리프와 메토페는 없어지지만 반대로 주요 장식으로서 제물용 동물의 머리나 꽃장식으로 연결되어 있고, 도리아식 원주의 매달린 처마장식 대신에 덴틸(Dentil) 장식[6] 모양으로 새긴 형태가 도입되고 있다(히르트의 《건축술의 역사》 참조).

 γ) 끝으로 코린트식 건축양식에 관해서 보면, 이는 이오니아식의 기본유형을 그대로 유지하면서 그 양식과 같이 날씬한데다 취향도 더 풍부하고 호사롭게 꾸며져 있다. 그 장식과 치장은 원주가 궁극적으로 풍요로운 형태로 발전된 것을 펼쳐 보이고 있다. 그 양식은 목조건축물이 특정한 여러 다양한 부분들을 유지하듯이, 그에 만족하면서도 이런 부분들을 장식들을 통해 강조함으로써 원래 목조건축에서 유래했다는 인상을 주지 않는다. 그 양식은 들보나 추녀 돌림띠에 붙어 있는 다양한 평연들과 낙수받이 돌림띠와 다양하게 구성된 주각과 더 풍요롭게 조각된 주두를 갖춤으로써 그 다양하게 만들어진 부분들이

---

[6] 덴틸 장식은 서양 고대건축에서 직육면체들을 이빨 모양으로 옆으로 가지런히 배열한 문양이며, 주로 이오니아(Ionia)나 코린트(Corinth)식 건축에서 많이 쓰인다. 그리스어로는 'Geisipodes', 독일어로는 'die Zahnschnitte' 또는 'Zahnfries'라고 한다.

호감을 주는 차이들을 표현하고 있다.

　코린트식 원주는 이오니아식 원주처럼 홈을 팠으며, 또 원주의 길이는 아랫부분 직경의 8배에서 9.5배에 이르고 있어 이오니아식 원주의 높이를 능가하지는 않으나, 주두가 더 높아서 더 날씬하고 더 풍성해 보인다. 왜냐하면 코린트식에서는 주두가 아래쪽 직경의 8분의 1크기에 해당하고, 네 모퉁이에 모두 쿠션식 형태를 없앤 대신에 날씬한 달팽이 형태를 부착시켰으며, 아래 부분은 아칸더스(acanthus)잎[7] 모양으로 장식되어 있기 때문이다. 이 장식에 대해서는 그리스인들에게 멋진 유래가 있다. 즉 전하는 이야기에 의하면 매우 아름다웠던 한 소녀가 죽자 그녀의 유모가 바구니 안에 그녀의 장난감들을 모아 넣어 무덤 위에 놓았는데, 거기에서 아칸더스꽃이 자라났다는 것이다. 그 식물의 잎들은 곧 그 바구니 주위를 덮었는데 사람들이 그 모양을 따서 원주의 주두를 만들 생각을 하게 되었다는 것이다.

　코린트식은 도리아식이나 이오니아식과 또 다른 차이들을 갖고 있지만, 나는 그 중에서 다만 낙수받이 돌 밑에 장식으로 붙인 처마 받침과 추녀돌림띠에 붙은 낙수받이 돌림띠 그리고 덴틸장식 모양으로 새긴 형태만 언급하고자 한다.

b. 고대 로마의 둥근 천장 구조

　둘째로, 고대 그리스의 건축술과 기독교 건축술 사이의 중간 형태로 주로 아치(Bogen)형과 둥근 천장(Wölbung)의 사용이 시작되는 로

---

[7] 잎이 크고 피침형이며 엽면(葉面)이 광택이 나는 다년초이며 원래 지중해가 원산인 식물.

마식 건축을 들 수 있다.

아치형 구조가 맨 처음 어느 시기에 고안되었는지는 확실히 제시할 수 없다. 그러나 고대 이집트인들의 건축술이 아무리 발전했더라도 그들은 물론 고대 바빌로니아인들, 이스라엘인들 그리고 페니키아인들은 원형이나 둥근 천장을 알지 못했던 것이 확실하다. 고대 이집트인들의 기념비적인 건축물들을 보더라도 그들은 건물 내부에서 천장을 떠받치기 위해서 거대한 원주를 사용했고, 그 다음 그 위에 다시 석판을 들보로 수평으로 놓은 것 외의 다른 방법은 알지 못했다는 것을 보여준다. 그러나 넓은 입구나 다리를 아치형으로 만들어야 할 때면, 그들은 양쪽 면에서 돌 하나를 솟구쳐 나오게 하는 식으로 짓는 것 외에 다른 보조방식을 알지 못했다. 그때 그 솟구쳐 나온 돌은 다시 앞쪽으로 밀린 것을 떠받치므로 위쪽으로 갈수록 측면의 벽은 점차 좁아지고, 결국 좁혀가다 보면 맨 위의 닫히는 부분에는 돌 하나만 필요하게 된다. 그들이 이런 방법을 사용하지 않은 곳에서는 실내에 큰 돌들을 서까래 비슷하게 서로 맞대어서 천장을 만들었다.

고대 그리스인들에게서는 아치형 구조로 만들어진 기념비적인 건축물들은 드물게 발견된다. 고대인들의 건축술과 건축사(建築史)에 대해 아주 주요한 저서를 쓴 히르트는, 이 기념비적 건축물들 가운데 페리클레스(Perikles) 시대[8] 이전에 세워진 것으로 확실히 가정할 만

---

[8] 페리클레스(Perikles, BC 500~BC 429) 시대는 고대 아테네의 군인이자 정치가였던 페리클레스가 집권하여 아테네를 다스리면서 기원전 462년부터 약 15년간 민주정치의 실현하고 아테네의 확장시킨 시기를 가리킨다. 일반적으로 훗날 고대 그리스 시대를 찬양하던 서구의 학자들이나 사상가들에 의해 이른바 "그리스의 황금시대"라고 불리기도 하였다. 역사적으로 보면 기원전 479년 페르시아 군대가 플라타이아이 전투에서 패하여 그리스 본토에서 완전히 후퇴한 이후

한 것은 하나도 없다고 언급하고 있다. 다시 말해 고대 그리스 건축에서는 원주와 그 위에 수평으로 들보가 놓이는 것이 가장 특징을 띠면서 완성을 이룬다. 그래서 여기에서 원주는 들보를 떠받친다는 그 본래의 의미를 넘어서는 곳에서는 별로 사용되지 않고 있다. 그러나 두 개의 원주 위에 원형으로 굽어지거나 둥근 지붕 모양을 이루는 것은 원주가 이미 단지 떠받친다는 특성을 떠나 더 다른 것을 내포하고 있음을 보여준다. 왜냐하면 원형으로 굽은 것은 그것이 상승하다가 구부러져 아래로 가라앉는 형태에서 원주나 그 떠받치는 역할과는 무관한 중심점과 관계하기 때문이다. 원형의 여러 부분들은 서로 떠받치고 지탱하면서 계속 이어지므로, 이는 원주 위에 놓이는 들보 이상의 기능을 지니며 따라서 원주의 도움에서 벗어난다.

이미 말했듯이 고대 *로마*의 건축에서는 아치형 구조와 둥근 천장이

부터 기원전 431년 아테네와 스파르타 사이에 펠로폰네소스 전쟁이 일어나기 전까지의 약 50년 동안이 고대 그리스의 최성기이면서 아테네가 가장 발전한 시기이기도 하였다. 아테네의 통치자로 등장한 페리클레스가 기원전 449년에 페르시아와 화의(和議)를 맺고 기원전 477년에 성립된 델로스 동맹의 맹주(盟主)가 되면서 아테네는 그리스 전체의 주도권을 장악하게 되었다. 그리고 이 동맹에서 아테네는 다른 그리스 도시국가들로 하여금 동맹을 유지하기 위한 동맹 자금을 내도록 하고 이 자금을 처음에는 델로스 섬의 아폴로 신전(神殿)에 예치하고 여기서 동맹회의도 열었다. 그러나 페리클레스는 이 동맹의 자금을 횡령하여 델로스 섬으로부터 아테네로 옮겨 이를 아테네 시를 꾸미고 재건하는 데 주로 썼다. 그 결과 비록 아테네의 이른바 '페리클레스 시대'라는 번영의 시대를 열어 그리스의 예술과 건축술이 발달하는 계기를 이루었지만, 이는 다른 여러 동맹 폴리스(도시국가)들의 희생을 요구하였고 결국은 그들의 분노를 사서 아테네와 스파르타 사이에 전쟁이 벌어졌으며 결국에는 아테네의 몰락을 초래하였다. 따라서 우리는 여기에서 아테네의 예술이 꽃핀 시기가 사실은 아테네 시에게는 위기가 시작된 시기였다는 아이러니를 느끼지 않을 수 없다.

매우 일상적으로 쓰였다. 사실 후세에 나온 증거들을 완전히 믿자면, 이미 로마에서 왕들이 다스리던 시대에 만들어진 몇몇 유적들이 남아 있다. 이런 종류의 유적으로는 둥근 천장을 이루는 지하묘지인 카타콤(Katakomben)과 하수구들이 있다. 그러나 이들은 후에 다시 복구된 것으로 보인다.

둥근 지붕은 아마 데모크리토스(Demokritos)에 의해 고안된 것으로 보인다(세네카가 루칠리우스에게 보낸 편지 90 참조). 그는 다양하게 수학적인 대상들의 연구하는 데도 몰두했고 돌을 연마하는 기술을 고안한 사람으로도 알려져 있다.

둥근 형태가 주요 양식이 되는 고대 로마의 건축술 가운데 가장 뛰어난 건물로는 주피터 신(즉 제우스 신)에게 봉헌된 아그리파의 만신전(萬神殿, Pantheon)을 들 수 있다. 그 건물에는 주피터 조각상 외에도 여섯 개의 다른 벽감 안에 거대한 신들의 조상이 새겨져 서 있었다고 한다. 그것들은 전쟁신 마르스, 미의 여신 비너스, 신격화된 율리우스 카이사르(로마의 장군), 그리고 어떤 신인지 정확히 알 수 없는 다른 세 개의 신상이다. 이 벽감들의 각 측면에는 각각 두 개씩 코린트식 원주가 서 있고 전체적으로 웅장한 천장이 하늘의 천궁을 본 딴 반구(半球) 형태로 원형의 천장을 이루고 있었다. 기술적인 면에서 주목할 것은 이 천장은 돌로 이루어진 둥근 형태가 아니라는 점이다. 다시 말해서 로마인들은 대개 먼저 목재로 그들이 만들고자 하는 둥근 형태의 구조물을 만든 다음에, 그 위에 석회와 푸졸라나(Puzzolana)[9]

---

9) 푸졸라나(puzzolana)는 용암이 비결정질의 가루 같은 물질로 변화한 것으로, 이탈리아의 산지이름에서 유래하며 모르타르에 쓰인다. 고대 로마인들은 기원전 3세기부터 사람들이 석회와 깨진 돌, 모래를 섞어 일종의 콘크리트를 만들어서 신전 등 건물들을 짓기 시작했으나, 이런 재료들은 성능이 별로 좋지 않

나 모르타르를 섞은 재료를 부었다. 이 모르타르는 가벼운 응회암 종류의 가루와 부순 벽돌가루로 구성된 것으로 그 혼합된 물질이 마르면 전체가 덩어리를 이루므로, 그때 목조구조물을 다시 제거해도 그 둥근 형태가 그대로 살아나는데 그것은 재료가 가볍고 결합이 단단해서 벽에 주는 압력이 적었다.

c. 로마 건축의 일반적인 특성

이 새로운 아치형 구조를 제외하고도 로마인들의 건축술은 대체로 고대 그리스인들의 건축술과는 전혀 다르게 발전되었고 다른 특성을 지녔다. 그리스인들은 일반적으로 합목적이면서도 고상하고 단순하고 또 가벼운 장식을 덧붙였으며, 그 장식의 양식에서도 뛰어난 예술적인 완성을 이루었다. 그에 반해 로마인들은 역학적인 면에서 더 기교적이고 더 풍성하고 호사스러웠지만, 고귀함과 우아함은 그리스인에 미치지 못했다. 그 외에도 그들의 건축에서는 고대 그리스인들은 알지 못했던 다양한 목적들이 등장한다. 그 이유는 내가 이미 처음에 언급했듯이, 고대 그리스인들은 예술에서 화려함과 아름다움을 단지 공적(公的)인 것에서만 사용했을 뿐 그들의 개인주택은 별로 눈에 띄지 않게 세운 반면에, 로마인들은 극장도 대단히 화려했으며 동물 등이 싸우는 공간이나 다른 유희공간 같은 공공건물의 범위와 그 구조의 목적도 더 늘어났고 또 건축도 개인적 측면을 띠었기 때문이다. 특히 로마에서는 내란 이후에 별장이나 목욕탕, 길, 계단 따위를 많은

았다. 그러다가 비스비우스 화산 근처에서 푸졸라나(puzzolana)라 불리는 성능이 더 좋은 자연산 시멘트를 발견했다. 이것은 물 속에서도 잘 굳기 때문에 지상에서나 물 속에서나 건축물을 짓는 데 모두 사용할 수 있었다.

비용을 들여 아주 호사스럽게 지음으로써 새로운 건축술의 영역이 열리게 되었다. 거기에는 원예술(園藝術)도 포함되면서 재기발랄하고 풍미 있는 건축물이 완성된다. 그 훌륭한 예로 루쿨루스(Lucullus)의 별장을 들 수 있다.

　이와 같은 로마 건축양식은 후에 이탈리아인들과 프랑스인들에 의해 모방되고 많이 이용되었다. 우리 독일에서는 오랫동안 때로는 이탈리아인들을, 때로는 프랑스인들을 모방하다가 결국 다시 고대 그리스인들 쪽으로 방향을 돌려서 그들이 지녔던 순수한 형태를 모범으로 취하게 되었다.

제3장 낭만적인 건축

여기에서 원래 낭만적인 건축의 특성이 중심을 이루는 중세의 고딕 건축술은 오랫동안 특히 프랑스풍의 예술취향이 널리 퍼지고 주도를 이루게 되자 어딘지 좀 거칠고 야만적인 양식으로 간주되었다. 그러나 근세에 들어와 특히 괴테가 프랑스인들과 그들의 원칙에 반대하면서 자신의 자연관과 예술관에 전념하였고, 그의 젊고 신선한 감각으로 다시 고딕식 건축을 찬양하였다. 그래서 사람들은 점차 이 위대한 건축물에서 원래 기독교적 종교의식의 목적에 합당한 점과 또 그 건축 형태가 기독교적 내면의 정신과 조화를 이룬다는 가치를 인정하고 배우기 시작했다.

1. 일반적인 특성

종교적인 건축이 특히 강조되는 이 건축물의 일반적인 특성이 무엇인지에 대해서 말하자면, 우리가 이미 서문에서 보았듯이 여기서는 독자적인 건축술과 실용적인 건축술이 결합된다. 그러나 그 결합은 동양적인 건축양식과 고대 그리스적인 건축양식이 뒤섞인 것 같은 것이 아니라, 한편으로는 오히려 고대 그리스의 신전건물에서보다 더 많이 에워싼다는 기본유형을 제시하고, 다른 한편으로는 단순한 사용 가능성과 합목적성이 역시 지양되고 건물은 그와는 무관하게 독자적으로(für sich) 자유로이 솟아 있다는 데서 찾아야 한다. 그래서 이와 같이 신을 모신 집이나 건축물들은 대개 예배의식이나 그 밖의 목적을 위해 사용되며, 이미 말했듯이 어쨌든 합목적적인 것으로 증명된다. 하지만 그것의 본래 특징은 어떤 특정한 목적을 뛰어넘어 더 나아가 그 자체 속에 완성된 것으로 스스로 위해 존재하는 데 있다. 그 건축물은 스스로 견고하게 영구적으로 서 있다. 그러므로 단순히 합리적인 관계는 더 이상 건물 전체에 그 특성을 부여하지 못한다. 그 건물 내부에는 단지 사람들을 모으기 위해—마치 마구간처럼—빈약하게 교회 의자들 외에 다른 어떤 것도 갖추지 않아서 마치 상자 같은 모습만을 보이는 우리들의 신교(新教) 교회와 같은 특징은 없다. 그리고 그 건축물이 외부를 향해서는 자유로이 위로 치솟아 있으므로, 비록 어떤 합목적성이 있더라도 이는 곧 사라지고 건물 전체는 마치 독자적으로 존재하는 듯한 모습을 준다. 그런 건물은 다른 어떤 것에 의해서도 완전히 충족되지 않고, 모든 것이 그 건물 전체의 위대함 속에서 펼쳐진다. 그것은 특정한 목적을 띠고 있고 그것을 보여주지만, 또 그 건물이 보여주는 웅장함과 숭고한 고요함은 단순히 목적에 맞게 이용되는 것을 넘어서서 그 자체 속에 들어 있는 무한성으로 나아간다. 이처럼 유한한 것을 초월하는 것과 단순한 견고성이 *하나의* 특징적인 측면을 이룬다. 다른 한편으로는 바로 여기에서 비로소 고도로 *개별화되고* 흩어지고 다양화될 충분한 여지가 주어진다. 그렇다고 해도 단순한 특수성들과 우연적인 개별성들 때문에 전체성이 깨져 흩어지지는 않는다. 그 반대로 여기서 예술의 위대함은 나뉘고 조각난 것들을 일반적으로 다시 저 단순성으로 환원시켜 준다. 개별적인 다양성들의 세계가 무한히 분열되는 것 속으로 떨어져 나가면서도 이 통찰하기 어려운 다양성을 단순하게 가려내고, 규칙적으로 배열하고, 체계적으로 분리하여 만족스럽게 조화시키고 확고히 세우며, 어떤 방해도 받지 않고 이 폭넓고 현란한 개별성들을 가장 안전한 단일성과 명확한 독자성(대자성, Fürsichsein)으로 총괄하는 것이 바로 전체의 본질이다.

2. 특수한 건축 형태화의 방식

낭만적인 건축술이 그 특성을 완성하는 특수한 형태들로 넘어가게 되면, 우리는 이미 위에서 다루었듯이 여기서는 다만 고대 그리스의 신전과는 다른 본래의 고딕식 건축과 주로 기독교의 교회건축물에 대해서만 언급할 수 있다.

a. 기본형태로서 완전히 닫힌 건물

여기에서 근간을 이루는 주요 형태는 외부와 완전히 차단되는 *닫힌* 건물이다.

α) 다시 말해 기독교의 정신은 다시 내면성으로 모아지므로, 여기에서 건물은 기독교의 공동체가 내부에 모이도록 모든 측면에서 한계 지어진 장소가 된다. 그것은 심정(心情)이 공간적으로 폐쇄되어 자아 속에 응집하는 것이다. 그러나 기독교적인 심정이 예배를 드리는 것은 동시에 유한성(有限性, Endlichkeit)을 초월하는 것이기도 하므로, 이 같은 초월이 그 신전의 특성을 규정한다. 그럼으로써 기독교 건축

술은 단순한 합목적성에서 벗어난 의미를 띠고 무한한 것으로 초월하게 되고, 이를 공간적인 건축 형태로 표현하려는 충동을 가지게 된다. 그러므로 그 건축술이 강조해 드러내야 하는 것은 고대 그리스 신전이 지녔던 쾌활한 개방성과는 달리, 한편으로는 외부의 자연과 세속성을 초월해 자기 안에 폐쇄되는 고요한 심정이며, 다른 한편으로 오성적으로 한정된 것을 넘어서려고 노력하고 이를 벗어나는 장엄하고 숭고한 인상이다. 그러므로 고전적인 건축물이 보통 옆으로 길게 늘어섰다면, 반대로 기독교 교회들이 지닌 낭만적인 특성은 지면으로부터 위로 높이 솟구쳐 오르는 데 있다.

β) 이 같이 폐쇄됨으로써 외부의 자연과 산만한 활동들과 유한성에 대한 관심사들을 잊는 효과가 주어진다. 그리고 더 나아가 속세와 관련을 맺는 고전적인 신전의 입구나 열주 따위도 필연적으로 제거되며, 그 대신 전혀 다른 방식으로 건물의 내부가 그 위상을 차지한다. 마찬가지로 햇빛도 차단되거나 창문의 스테인드글라스(stained glass) 그림들을 통해 흐린 상태로 희미하게 비쳐 들어오는데, 이와 같은 장치는 외부로부터 완전히 차단되기 위해서는 필요불가결하다. 여기서 사람에게 필요한 것은 외부의 자연에 의해서 주어진 것이 아니라, 사람이 오직 자신을 통해 자신만을 위해 예배드리고 내면으로 몰두하기 위해 만들어진 세계이다.

γ) 그러나 신전이 일반적으로 그리고 그 특수한 부분들에 따라 통상적으로 취하는 유형으로서 우리는 자유롭게 솟구쳐 오르고 *뾰족하게 끝나는* 모양을 확인할 수 있다. 이런 것들은 아치형을 띠고 있든 직선형을 띠고 있든 상관없다. 원주나 직주가 그 위에 놓인 대들보와

함께 기본 형태를 이루었던 고전적인 건축에서는 직각형태와 떠받치는 것이 주요사항이었다. 왜냐하면 직각의 형태 위에 놓여 있는 것은 그것이 떠받쳐지고 있음을 확실히 보여주기 때문이다. 그리고 들보 자체가 다시 지붕을 떠받치고 있어도 그 지붕의 평면들은 서로 둔각을 이루는 경향을 보인다. 여기서는 원래 끝이 뾰족해지고 솟구쳐 오르는 것에 대해서가 아니라 안전하게 떠받치면서 머물고 있는 것에 대해서 이야기할 수 있다. 또 아치형도 규칙적으로 계속 구부러지면서 한쪽 원주에서 다른 쪽 원주로 이행하며, 바로 그 중심점에 있는 지점(支點)에서 안전하게 지탱된다. 그러나 낭만적인 건축에서는 떠받치는 것 자체와 직각형태는 더 이상 기본형태가 되지 못한다. 오히려 그것은 반대로 내부와 외부를 에워싸는 것이 갑자기 위로 솟구쳐 뻗어 나가면서 무게를 짊어지거나 떠받치는 것의 차이가 명백히 드러나지 않은 채, 함께 모아지면서 지양된다. 이처럼 자유로이 위로 뻗어 올라가면서 건물 꼭대기를 향해 함께 모아지려는 경향이 우세해지는 것이 여기서의 본질적인 규정이다. 이에 의해서 고딕식 건축양식은 일부는 기저(基底)가 좁거나 넓고 예각을 지닌 삼각형들을 이루며, 일부는 예리한 아치형을 이루는 것이 가장 눈에 띠는 특징이 된다.

b. 내부와 외부의 형태

내적인 기도와 숭고한 예배에 몰두하는 예배의식에는 더 이상 바깥의 신전 입구나 신전 앞에서 거행될 수 없고 신전 안에서만 일어날 수 있는 특수한 순간들과 다양한 계기들이 일어난다. 그러므로 고전적인 건축의 신전에서는 외형이 중요하고 바깥에 서 있는 열주들도 내부의 구조에 의존하지 않고 독자적으로 머무는 반면, 낭만적 건축에서는 전체를 에워싸야 하므로 건물내부가 더 중요하며, 내부 또한 외부형태를 통해 빛을 발하면서 건물의 특수한 형태와 구조를 규정한다.

이런 점에서 우리는 먼저 건물 내부로 발을 들여 놓아 거기에서 건물의 외형에 대해 더 자세히 고찰하고자 한다.

α) 교회 *내부*의 중요한 규정으로, 공동체가 안에 모여 예배를 드리고 험한 날씨에 대비하고 또 한편으로 외부세계의 방해를 막기 위해 그것이 폐쇄되어야 한다는 점을 이미 언급했다. 그러므로 내부 공간은 전체적으로 에워싸이게 된다. 반면에 고대 그리스 신전은 주위에 공공 회랑이나 홀을 제외하고는 종종 외부로 트인 방을 지니고 있었다.

그러나 기독교의 예배는 심정이 유한한 현존성을 초월하여 주체가 신과 화해하는 것이다. 그러므로 여기에서는 *서로 다른* 측면들을 자기 안에서 구체화된 하나의 동일한 통일성으로 매개(媒介)[1]하는 일이 본질적인 것이 된다. 동시에 낭만적인 건축은 건물의 형태와 배치 속에 그 건축물에 의해 에워싸여 있는 정신의 내용을 건축적으로 되도록 드러내 보이고 또 외부와 내면의 형태를 규정하려는 임무를 띤다. 이 임무로부터 나오는 것은 다음과 같다.

αα) 건물 내부의 공간은 아무 차이가 없거나 그 차이들을 건물 자체가 매개하는 기능을 띠지 않고 추상적으로 동일한 모양으로 비어

---

[1] 《미학강의》 제1부에서 이미 언급했듯이 '매개(媒介, Vermittlung)'는 헤겔의 철학 전반에서 매우 자주 등장하는 용어이며 여기 제3부에서도 자주 등장한다. 이는 특히 그의 변증법(辨證法)적 사유의 전개를 이해하는 데 매우 중요한 용어로, 중간의 개입을 통해서 양자를 이어주는 역할을 하는 뜻을 갖는다. 일상 독일어에서 'Vermittlung'은 '중재'라고 해석되지만 여기서는 헤겔철학에 있어서 용어의 통일성을 살리기 위해서 '매개(媒介)'로 번역했다.

있는 공간이어서는 안 된다. 그것은 구체적으로 그 공간의 길이, 폭, 높이와 형태를 고려해서 형상들을 갖출 필요가 있다. 에워싸는 벽들과 천장이 균등하게 원형, 정사각형, 정방형의 형태를 갖춘다면 이는 어울리지 않을 것이다. 지상으로부터 무한한 것으로, 피안(彼岸)과 더 숭고한 것으로 고양되고 있는 심정 속에 깃든 움직임, 차이, 그리고 그것을 매개시키는 일은 이런 사각형 형태가 지닌 공허한 균등성 속에서는 건축적으로 표현되지 못할 것이다.

ββ) 이런 점에서 곧 고딕양식에서는 옆면의 벽들, 지붕의 에워싼 모양, 그리고 원주나 들보들을 보더라도 그 전체와 부분적인 *형태*를 고려할 때 원래 집이 갖는 합목적성은 부수적인 것이 될 뿐이다. 그러므로 이미 위에서 상술했듯이 한편으로 무게를 짊어지고 지탱하는 것 사이의 엄격한 차이는 사라지며, 다른 한편으로 단순한 합목적성을 이미 상실한 직각형태도 지양되면서 다시금 자유로이 솟으면서 사람들을 운집시키고 에워싸는 장엄한 형태로 되돌아간다.

사람들은 중세식 대성당의 안으로 들어서면 떠받치는 기둥들과 그 위에 놓인 둥근 천장들의 견고함과 역학적인 합목적성을 상기하기보다는, 일련의 나무 버팀목들이 서로 이리저리 기울면서 합쳐지는 숲속의 아치형 같은 것이 상기된다. 대들보는 견고한 지탱점과 수평하게 놓일 필요가 있다. 그러나 고딕양식에서 벽들은 독자적으로 자유로이 솟아오르며, 그 위에서 여러 방향으로 서로 벌어져 나가는 기둥들도 마치 우연처럼 서로 만난다. 다시 말해 둥근 천장을 떠받치는 규정은 비록 그 천장이 실제로 그 기둥들 위에 놓여 있지만 이것이 분명하게 강조되어 그 자체로 세워지지는 않는다. 그것은 마치 나무에서 가지들이 줄기에 의해 떠받쳐지지 않고 가볍게 휘어진 형태가 오히려 마치 나무줄기가 연장되면서 다른 나무의 가지들과 위에서 합쳐져 이파리로 된 지붕을 이룬 것처럼 보인다. 그처럼 대성당에서는 벽들과 그 사이에 세워진 기둥들의 숲이 자유로이 꼭대기까지 뻗쳐 거기에서 만나 합쳐져 있으면, 바라보기만 해도 전율을 일으키는 내면성을 위해 규정된 둥근 천장이 표현되고 있다. 하지만 그렇다고 해서 고딕식 건축이 나무와 숲의 형태를 그 건축의 실제 원형으로 삼았다고는 말할 수 없다.

위로 뾰족하게 솟는 것이 고딕양식의 기본 형태라면, 이는 교회의 내부에서 *첨두아치(Spitzbogen)*[2]라는 특수한 형태를 취한다. 그럼으로써 *원주*는 전혀 다른 규정과 형상을 얻는다.

고딕식 교회들은 그 전체를 에워싸는 것으로서 건물의 넓은 폭에 하중이 많이 걸리는 것을 지탱하고 지지해줄 지붕이 필요하다. 그래서 여기서는 바로 원주들이 서 있어야할 자리처럼 보인다. 그러나 위로 치솟아 있는 모양은 떠받치는 것을 마치 자유로이 위로 솟은 것 같은 모습으로 바꿔 주므로, 여기서 원주는 고전적인 건축술의 의미대로 드러날 수는 없다. 그것은 오히려 기둥(직주)처럼 되면서 대들보 대신 아치들을 그것들이 마치 단순히 기둥들이 연속적으로 이어지는 듯이 보이다가 의도하지 않고 어느 뾰족한 곳에서 서로 만나는 것 같은 방식으로 떠받쳐 준다. 물론 서로 떨어져서 서 있는 두 개의 기둥이 마치 합각머리 지붕이 집 모서리의 직주들 위에 놓이는 것처럼, 필연적으로 그렇게 뾰족한 끝을 이루는 식으로 끝난다고 상상할 수는 있다. 그러나 측면들을 보면 이것들이 아주 둔각으로 기둥들 위에 놓여 서로 예각으로 기울더라도, 이런 경우에 한 편으로 무게를 짊어지고 따른 한 편으로 지탱한다는 관념이 생겨날 것이다. 그에 반해 겉보

---

[2] 첨두아치(尖頭 arch, Spitzbogen)는 주위는 활처럼 구부러졌지만 꼭대기가 뾰족한 형태로 특히 독일에서 발달한 고딕 건축의 중요한 특징 가운데 하나이며 '첨두홍예'라고도 한다.

기에 우선은 기둥으로부터 직접 위로 솟아오르다가 건너편에 서 있는 것 쪽으로 기울며 넘어가기 위해 눈에 띄지 않게 서서히 휘어지는 첨두아치는, 그것이 마치 다른 기둥과 함께 만나 굽어지면서 바로 그 기둥의 사실상 연속인 것 같은 관념을 완벽하게 부여한다. 물론 아치는 기둥의 주두 위에 놓여서 솟아오르지만, 여기에서 기둥이나 아치는 원주나 들보와는 반대로 같은 모습을 띠고 있다. 그러나 예를 들면 많은 네덜란드 교회들에서처럼 주두들도 역시 상당히 떨어져 있어서, 그로 인해 분리된 채 통일성을 이루고 있다는 것을 보여준다.

 더 나아가 위로 솟구쳐 있는 것이 중요특성으로 드러나야 하므로, 기둥들의 높이는 그 주각의 넓이보다 눈으로 보아 가늠할 수 없을 정도로 훨씬 높게 솟아오른다. 기둥들은 가늘고 호리해지며 위로 너무 높이 솟아 있어서, 시선은 그 전체의 형태를 모두 한 눈에 다 볼 수는 없고, 이리저리 두리번거리고 이리저리 높은 곳을 오가다 비로소 서로 만나는 아치들이 부드럽게 기우는 둥근 천장 부분에 가서 멈춘다. 이는 심정이 기도하는 가운데 불안하게 유한성의 바닥으로부터 떨어져 나가 자신을 위로 들어 올라가다가, 오직 신(神) 안에 도달해서 안정을 찾는 것과 같다.

 기둥(직주)과 원주의 마지막 차이점은 다음과 같다. 독특한 고딕식 기둥들은 그것이 특징을 띠고 완성되는 곳에서는 원주처럼 원형으로 둥글고 견고하게 실린더처럼 만들어지지 않고, 이미 그 주각에서 갈대처럼 여러 가닥이 한 묶음을 이루며, 이것은 위로 높이 올라갈수록 여러 개로 갈라져서 여러 방향으로 연속해서 퍼져 나간다. 또 고전적인 건축술에서는 무겁고 견고하고 단순한 것으로부터 시작해서 호리하고 장식성을 더 띤 것으로 옮겨간다면, 고딕식 건축에서는 그와 비슷한 현상이 기둥에서 또 나타나는데, 즉 기둥은 위로 더 가늘게 솟아오르면서 떠받치는 기능에서 점점 더 벗어나 자유로이 위로 뻗어 올

스테인드글라스(Stained glass)에 그려진 성서의 내용. 프랑스의 샤르트르(Chartres Cathedral) 성당에 그려진 것으로 13세기 작품이다

라가다가 그 윗부분에서 가서 닫힌다.

기둥들과 첨두아치들의 바로 이러한 형태들은 창문과 문들에서도 다시 반복된다. 특히 건물 밑부분 측면의 입구들뿐 아니라 위쪽의 본당(本堂)과 합창단석이 있는 곳의 창문들은 그 크기가 웅장하다. 그래서 시선은 그 아랫부분에 머물렀다가 곧장 윗부분으로 향해 다 포괄할 수 없을 정도이며, 둥근 천장들처럼 위쪽으로 따라 올라가게 된다. 이것은 바로 위로 솟구쳐 날아오르는 듯한 불안감을 조성하며, 이는 보는 사람에게도 함께 전달되어야 한다. 그 밖에도 창문유리는 스테인드글라스(stained glass)식 그림들로 되어 있어서 이미 말했듯이 절반만이 투명하게 비친다. 그 그림들은 일부는 성스러운 이야기들을 묘사하고 있지만, 일부는 빛의 어슴푸레함을 확산시켜 안에 켜진 촛불의 광채를 더 빛나게 하기 위해서 대체로 색채를 띠고 있다. 왜냐하면 여기에서는 외부에서 낮에 비치는 자연광선이 아닌 다른 빛을 비쳐야 하기 때문이다.

γγ) 끝으로 고딕식 교회의 내부를 총체적으로 분류하는 일에 관해

파리 노트르담 성당의 장미꽃 형태의 창문

중세의 대표적인 고딕식 건축물인 독일 쾰른 대성당의 모습. 탑의 높이는 160m이다. 압도적으로 도시 전체를 내려다보고 있는 모습이 전율을 자아낼 정도로 인상적이다

서 보면, 우리는 특수한 부분들이 높이와 폭, 그리고 길이에서 서로 달라야 한다는 것을 이미 고찰했다. 그 다음에 여기에서 살펴볼 것은 합창석과 십자형으로 된 교회당의 양쪽 끝 복도, 그리고 본당의 긴 회중석(會衆席)과 그 주위를 둘러싼 측랑(側廊)들의 차이다.

 이 후자의 것들은 건물의 외면을 향해서는 앞에 기둥들과 아치들이 솟아있고 그 건물을 에워싸는 담들에 의해서, 그리고 내부에서는 본당(本堂)의 회중석을 향해 열려 있는 기둥들과 첨두아치로 형성된다.

독일에서 가장 높은 고딕식 성당인 울름 대성당(Ulm Münster). 독일 남부에 있으며 높이는 161,53m. 19세기 말에 완성되었다. 하늘로 끝없이 치솟은 모습에서 그 웅장함고 내면성을 향한 욕구가 강렬하게 엿보인다

고딕식 성당의 내부. 위로 높이 치솟은 첨두아치가 두드러진다

프랑스 파리의 노틀담(Notre Dame) 성당으로, 중세 유럽의 대표적인 고딕식 건축물이다

왜냐하면 그것들 사이에는 아무런 담이 없기 때문이다. 그 때문에 그것들은 고대 그리스 신전에서 원주들이 갖는 것과는 정반대의 위상을 지닌다. 그리스 신전은 밖을 향해서는 트여 있고 안쪽으로는 닫혀 있는 반면에, 고딕식 교회의 측랑(側廊)들은 본당 뒤쪽에 기둥들을 사이

로 통해 있는 자유로운 통로들은 열려 있다. 때로는 그런 측랑들이 두 개씩 서로 나란히 서 있기도 한다. 그 예로 본당 양쪽으로 그런 측랑이 각각 세 개씩 서 있는 벨기에의 앙베르(Antwerp) 교회를 들 수 있다.

    가운데 통로는 각 측면이 담들에 의해 닫힌 채 한 번 더 아주 높이 솟아 있거나 아니면 좀 더 낮게 서로 교차되면서 교회의 옆 복도 위쪽으로 치솟고, 그 사이사이에는 길쭉하고 장엄한 창문들이 나 있다. 그래서 그로 인해 담들 자체는 곧 가느다란 기둥들이 되고, 이것들이 도처에서 첨두아치들로 벌어져나가면서 둥근 천장들을 형성한다. 그러나 측면 복도들과 가운데 통로의 높이가 같은 교회들도 있다. 예를 들어 후에 독일 뉘른베르크의 세발두스 교회에서 지어진 합창석이 그렇다. 이는 건물 전체에 웅대하고 자유로우면서도 홀쭉하게 장식적으로 개방된 특성을 부여한다. 이런 방식으로 전체는 하나의 숲을 이루면서 위로 열린 아치형 가지들 쪽으로 모아져 치솟아 올라가는 열주(列柱)들에 의해 나뉘고 분류된다. 이 기둥들의 수와 대체로 그 수의 관계 속에서 사람들은 많은 신비로운 의미를 찾으려고 했다. 물론 고딕식 건축술이 번성하던, 예를 들어 쾰른의 대성당이 건축되던 시기에는 합리적인 것에 대한 아직도 불투명한 예감이 이런 외면성으로 흘렀으므로, 그런 식의 숫자의 상징을 대단히 중요히 여겼다. 그러나 건축 예술작품들은 그런 것들 때문에 언제나 더 깊은 의미도 더 고상한 아름다움도 없는 저급한 싱징성이 갖는 다소 자의적(恣意的)인 유희가 된다. 왜냐하면 그런 건축물의 본래 의미와 정신은 숫자의 차이 같은 신비로운 의미와는 전혀 다른 형태와 형상들로 표현되기 때문이다. 그러므로 사람들은 그런 의미들을 찾으려고 너무 지나치게 나아가는 일은 금해야 한다. 왜냐하면 지나치게 철저해서 도처에서 다 깊은 의미를 해명하려고 하는 것도 역시 분명히 언표되고 표현된 심오함을 파악하지 못한 채 지나치는 맹목적인 현학성처럼 하찮고 철저하지 못하기 때문이다.

끝으로 교회의 합창석과 가운데 통로의 좀 더 자세한 차이에 대해서 나는 다만 다음과 같은 것만 언급하려고 한다.

예배의식의 본래 중심이 되는 중앙제단은 합창석 안에서 좀 더 솟아있고, 중앙 통로에 자리하는 예배 공동체와는 반대로 사제가 올라갈 수 있는 장소로 봉헌된다. 거기에는 또 설교를 위한 설교단도 서 있다. 합창석으로 올라가는 계단은 때로는 여러 개이고 때로는 몇 개 안 되므로, 합창석 전체와 그 안에서 일어나는 일은 도처에서 볼 수 있다. 마찬가지로 합창석 부분도 더 많은 장식으로 치장되고 기다란 회중석과는 차이가 난다. 같은 높이의 둥근 천장들도 더 진지하고, 더 장엄하며, 더 숭고한 모습이다. 그러나 무엇보다도 여기서는 건물 전체가 좀 더 밀착되어 세워진 기둥들로 이루어져 있다. 그 때문에 건물 전체의 폭은 점점 더 줄어들고 더 고요하고 더 숭고하게 고양되는 듯이 보이면서 마지막에 가서 완결된다. 반면에 십자형 교회당의 양쪽 끝 복도와 본당은 입구와 출구의 문들을 통해 아직도 밖의 외부세계와의 관계가 열려져 있다. 합창석 부분은 천구의 방향에서 볼 때 동쪽에 위치하고 있으며, 가운데 통로는 서쪽으로 향해 있고 십자형 교회당의 양쪽 끝 복도는 북쪽과 남쪽으로 향해 있다. 그러나 이중(二重) 합창석을 가진 교회도 있다. 거기서는 아침과 저녁에 사용되는 합창석이 있고, 주요한 문들은 십자형 교회당의 양쪽 끝 복도 쪽에 배치되어 있다. 또 공동체 안으로 사람이 들어오는 것을 이렇게 성스럽게 하기 위한 세례용 물을 담은 돌도 교회의 정면 입구의 현관에 세워져 있다. 마지막으로 더 특별한 기도를 하기 위해서 전체 건물 주위에, 특히 합창석과 가운데 통로 주위에 더 작은 예배당들이 세워져 있는데 그것들은 말하자면 각자가 새로운 교회를 이룬다.

건물 전체를 분류하는 것에 관해서는 이 정도로 그치겠다.

그런 대성당 안에는 한 민족 전체를 위한 공간이 있다. 왜냐하면 여기에는 한 도시와 그 주변 공동체가 건물 주변이 아니라 그 건물 안으로 모여야 하기 때문이다. 그래서 오직 뭔가 종교적인 것만 스쳐가는 삶의 모든 다양한 관심사들도 여기에서 서로 가까이 자리하게 된다.

일렬로 서 있는 신도용 벤치들이 견고하게 나뉘어져 있어도 그것은 그 넓은 공간을 잘게 나누거나 좁히지 못하며, 누구나 아무 방해 받지 않고 오가거나 잠시 동안 사용하기 위해 벤치를 빌려 무릎을 꿇고 기도를 드린 다음에 다시 그곳에서 떠나간다. 꼭 대(大) 미사를 드리는 시간이 아니더라도 아주 여러 가지 일들이 아무 방해도 받지 않고 동시에 일어난다. 이쪽에서는 설교가 이루어지고 저쪽에서는 어떤 환자가 호송되기도 하며, 그 사이로 장례행렬이 서서히 지나가기도 한다. 이쪽에서는 세례의식이 행해지고 저쪽에서는 사망한 신도가 교회를 지나 운반되고 있으며, 다시 다른 장소에서는 사제가 미사를 올리거나 남녀 한쌍의 결혼식을 주례하고 있다. 그리고 도처에서 신도들은 마치 유목민들처럼 제단 앞이나 성상들 앞에 무릎을 꿇고 있다. 이 모든 아주 다양한 일들을 하나의 동일한 건물이 다 포괄하고 있다. 그러나 이 같은 다양성과 개별적인 일들은 그것들이 끊임없이 바뀌는 가운데, 역시 그 건물의 폭과 크기에 대조되어 사라진다. 어떤 것도 그 전체를 채워주지는 못하며 모든 것은 빠르게 스쳐 지나가고, 개인들은 그들이 행하는 일과 더불어 이 거대한 건물 안에서 마치 작은 점들처럼 사라지고 먼지처럼 흩어진다. 순간적인 것은 그것이 순간적으로 스쳐 지나가는 가운데서만 보이게 되며, 그 위로는 거대하고 무한한 공간들이 견고하고도 언제나 똑같은 형태와 구조로 숭고하게 솟구쳐 오르고 있다.

　이것이 바로 고딕식 교회의 내부를 위한 주요한 규정들이다. 우리는 여기서 합목적성 자체를 찾으려고 해서는 안 되고, 심정이 가장 내면적인 개별성 안으로 침잠하여 온갖 개별적인 것과 유한한 것을 초월해서 고양되는 가운데 주관적으로 기도하도록 하는 합목적성을 추구해야 한다. 그래서 이런 건축물은 내부가 주위를 둘러싸고 있는 공간들에 의해 자연으로부터 분리되고 어둠침침하면서, 숭고하고 헤아릴 수 없이 높이 솟아오르려고 하는 것과 마찬가지로 아주 세세한 부분에 이르기까지 완성된다.

　β) 우리는 그 건축물의 *외부*를 관찰하는 쪽으로 향하면, 고대 그리스 신전과는 달리 고딕식 건축에서는 외형, 즉 벽들의 장식과 배치 따위는 내부로부터 정해진다는 것은 이미 위에서 말했다. 왜냐하면 외부적인 것은 단지 내부를 에워싸는 것으로서만 드러나야 하기 때문이다. 이와 관련해 특히 다음과 같은 점들을 강조할 수 있다.

　αα) 첫째로, 전체적으로 외부의 십자형 형상은 이미 그 평면도에서 내부에 합창석과 측면에 있는 본당이 서로 교차하는 구조를 지니고 있다는 것을 인식하게 해준다. 또 그 밖에 측랑(側廊)과 합창석 가운데 통로의 높이가 서로 다름을 분명하게 보여준다.

　그 다음에 더 자세히 보면, 교회의 정면(Hauptfassade)은 성당의 본당과 측랑들의 외부로서 *주현관*(Portal, 교회에서 우람하게 장식된 정면 입구—역자주) 안의 내부 구조와 일치한다. 본당(本堂)으로 이끄는 더 높은 정문은 건물의 옆 복도들로 통하는 더 작은 입구들 사이에 서 있다. 그것은 시각적으로 볼 때 좁아지는 것은 외부가 입구를 형성하기 위해 함께 모아지고 가늘어지다가 사라져야 한다는 것을 시사해 준다. 내부는 외부가 그곳을 향해서 침잠해 들어가는 것을 이미 보여주는 배경이다. 이는 마치 심정이 내면성인 자신 속으로 들어갈 때 자신을 침잠시켜야 하는 것과 같다. 그 다음에 측면의 문들 위로는 마찬가지로 내부와 아주 직접 연결된 거대한 창문들이 솟아 있다. 이는 주현관이 내부의 둥근 천장을 위한 특수한 형태로 사용될 수 있는 것처럼 비슷한 첨두아치 형으로 위로 들어 올려지는 것과 같다. 그 사이 정문 현관의 위쪽에는 거대한 둥근 것이 열려 있는데, 그것은 이 고딕식 건축양식에 아주 독특하면서도 오직 거기에만 적합한 장미꽃(Rose) 형태의 창문이다. 그런 장미 형태들이 없는 곳에는 첨두아치가 있는 더 거대한 창문들로 대체되어 있다. 십자형 교회당의 양쪽 끝 복도에 있는 입구들도 그와 비슷하게 분류되어 있다. 반면에 본당과 합창석, 측랑의 담들의 경우 그 창문들과 그것들의 형태 및 그것들 사이에 서 있는 견고한 담들은 전적으로 내부형태에 따르며, 바로 이를 강조해서 외부로 드러낸다.

 ββ) 둘째로, 그러나 외적인 것은 이처럼 내부의 형태들과 그것들을 구분하는 데서 그 독특한 과제를 이행해야 하므로, 마찬가지로 독자적(獨自的)으로 되기 시작한다. 이런 점에서 우리는 버팀기둥(Strebepfeiler)에 대해서 언급할 수 있다. 이것들은 내부에서 다양한 기둥들 대신에 세워지며 건물 전체를 높이 솟아오르고 견고하게 하는 근거이므로 꼭 필요하다. 동시에 그것들은 비록 내부에 서 있는 기둥들의 본래 형태를 모방하지는 않고 오히려 더 높이 솟아오를수록 띄엄띄엄 사이를 두고 있어서 그 강도(强度)가 줄어들지만, 다시금 바깥쪽을 향해서는 거리와 수(數) 따위에 있어서 내부의 열주(列柱)들을 명확히 구분하게 해준다.

 γγ) 그러나 셋째로 오직 건물의 내부만이 그 자체를 총체적으로 에

워싸는 것이어야 하므로, 이 특성은 외부형태에서는 사라져 가고 다만 전형적으로 위로 솟구쳐가는 것에만 완전히 자리를 내준다. 그럼으로써 외면은 역시 내부와는 무관한 형태를 띠며, 이 형태는 주로 모든 측면에 뾰족하고 첨단을 이루면서 위로 솟구치고, 첨탑 위에 또 첨탑을 이루는 것으로 드러난다.

이처럼 위를 향해 솟구치고자 노력하기 때문에 전체적으로 그 형태는 위쪽으로 솟은 삼각형을 이룬다. 이는 첨두아치형과는 관계없이 성당 정면 위로, 특히 정문 위에 있는 본당과 합창석의 거대한 창문 위로 솟아오른다. 또 가늘게 위로 뾰족해지는 지붕의 형태와 합각은 주로 십자형 교회당의 양쪽 끝 복도의 정면에서 드러난다. 그 다음에 버팀벽들은 도처에 뾰족탑의 형태로 흐른다. 그래서 건물 내부에서 나열된 기둥들이 가지를 치면서 아치의 숲을 이루듯이, 외부에서도 뾰족탑들의 숲이 하늘로 치솟는다.

그러나 탑(塔, die Türme)이야말로 가장 독자적으로 이처럼 아주 숭고한 정상을 향해서 치솟아 오른다. 말하자면 건물 전체의 덩치는 바로 그것들 안에서 집중되는 것이다. 그 탑들 가운데 주요한 부분들이 눈으로 헤아리기 어려울 정도로 무제한의 높이로 치솟아 오르면서도 고요함과 견고함의 특성을 잃지 않도록 하기 위해서이다. 그런 탑들은 교회 정면 양쪽 측랑의 사이 위로 치솟아오르고, 한편으로 십자형 교회당의 양쪽 끝 복도와 합창석, 본당의 아치가 서로 만나는 곳 위로 더 굵은 세 번째의 주탑(主塔, Hauptturm)이 솟아오른다. 아니면 오직 하나의 탑만이 교회의 정면(Hauptfassade)을 이루면서 본당 전체의 넓이 위로 솟아오른다. 이것이 적어도 가장 자주 등장하는 탑의 위치들이다. 그런 탑들은 예배의식과 관련된 종탑이 된다. 왜냐하면 종이 울리는 소리는 기독교의 신에 대한 예배의식 가운데 독특한 것이기 때문이다. 이 불분명하게 단순히 울려퍼지는 종소리는 내부 자체에서 나오는 장엄한 자극의 소리이지만, 그러나 먼저 외부에서 들어와서 준비되는 것이다. 그에 반해 감정과 표상의 특정한 내용을 표현하는 발음이 분명한 음들은 교회의 내부에서 비로소 울려 퍼지는 찬송이다. 그러나 발음이 불분명한 소리는 오직 건물의 밖에서만 그 자리를 차지하고 울려 퍼질 수 있다. 왜냐하면 그것은 마치 순수하게 높은 곳으로부터 울려나오듯이 탑들에서 내려와 땅으로 널리 울려 퍼져야 하기 때문이다.

c. 장식의 방식

셋째, 장식의 방식과 관련해 앞서 그 주요한 규정들에 대해 시사했다.

α) 첫째, 대체로 고딕식 건축을 위한 장식의 중요성에 관한 것을 강조해야 한다. 고전적인 건축술은 일반적으로 그것들이 짓는 건물의 장식을 지혜롭게 절제했다. 그러나 고딕식 건축에서는 주로 그 크기를 실제보다 더 크고 높게 보이게 하는 것이 중요하므로, 단순한 평면의 모습만으로는 만족하지 못하고 보통 이를 나누고 다시 솟아오르는 형태로 드러낸다. 예를 들어 기둥, 첨두아치 그리고 그 위로 솟는 뾰족한 삼각형 장식들도 다시 장식으로 등장한다. 이런 식으로 거대한 덩치의 건물이 지닌 단순한 통일성은 흩어지고 모든 유한성과 개별성에 이르기까지 세세히 작업이 이루어지지만, 그러나 건물 전체는 그 안에서 엄청난 대립을 보인다. 한편으로 눈은 비록 헤아릴 수 없는 크기는 해도 명확하게 분류되어 있는 건물의 기본윤곽을 보며, 다른 한편으로 다 조망할 수 없을 정도로 풍부하고 다양한 장식들도 보기 때문에 가장 보편적이고 가장 단순한 것과 가장 현란한 특수성이 대조를 이룬다. 이는 심

정이 기독교식의 예배와는 반대로 유한성 속에 침잠해서 스스로 작고 왜소한 것들 속으로 섞여들어 가는 것과 같다. 이렇게 세세하게 갈라져 나가는 것들은 그것들을 바라보도록 자극해야 하며, 이 솟구쳐 오르려고 하는 모습은 숭고함으로 이끌어 간다. 왜냐하면 이런 식의 장식에 있어서 중요한 것은, 건물의 기본윤곽을 장식의 수와 변화에 의해 파괴하거나 가리지 않고 그 다양성을 중요한 본질로 해서 이를 통해 완전하게 결정되도록 하려는 데 있기 때문이다. 이런 경우에만 특히 고딕식 건물에서는 그 장엄한 진지함이 보존된다. 종교적인 예배는 심정과 모든 개인들의 삶이 지니고 있는 모든 개별성들에 의해 관통되고 일반적이고 확고한 표상들을 가슴속에 파괴될 수 없도록 새겨 넣어야 한다. 그와 마찬가지로 간단한 건축적인 기본유형들도 서로 다른 종류의 부분장식들, 여기저기 중단시키는 부분들, 그리고 장식들을 매번 다시 주요한 윤곽으로 삼았다가 곧 반대로 사라지게 해야 한다.

β) 장식의 두 *번째* 측면도 역시 대체로 낭만적 예술형식과 관련된다. 낭만적인 것은 한편으로 내면성의 원리, 즉 이념적인 것이 자기에게 회귀하는 것을 지니고 있으며, 다른 한편으로 내면은 외면 속에 반사되었다가 거기에서 자신 속으로 되돌아가야 한다. 건축에서는 내면 자체가 가능한 한, 바로 감각적이고 질료적이며 공간성을 띤 덩어리에서 직관된다. 그런 질료로 표현할 때 할 일은 바로 그 질료적인 것, 즉 그 덩어리를 그 질료성에 따라 가치 있게 하지 않고 그것을 도처에서 구멍을 내고 잘게 나눔으로써 거기에서 그 질료가 직접적인 응집력과 독자성을 지닌 것처럼 보이지 않게 하는 것이다. 이런 점에서 이때 에워싸는 것 자체가 그 주요 기능이 아닌 건물 외면 도처에 구멍을 뚫거나 평면들 위에 얽어 짜는 특징을 띤 장식이 이루어진다. 그래서

그처럼 거대하고 무겁게 내리누르는 돌덩어리들이 견고하게 서로 결합되어 있으면서도 가벼운 장식들이 그처럼 완벽하게 보존된 건축은 고딕식 건축 외에는 없다.

γ) 셋째로, 장식들을 형태화하는 방식에 대해 볼 때 여기서는 첨두아치와 기둥, 원형의 형태 외에도 또 원래의 유기적인 측면을 상기할 수 있다. 즉 구멍을 뚫고 덩어리를 가공하는 것이 벌써 그것을 시사한다. 그러나 더 자세히 보면 나뭇잎, 꽃모양의 창문들이 등장하며, 또 아라베스크 무늬처럼 뒤얽혀서 일부는 실제의, 일부는 환상적으로 결합된 동물형상들과 인간형상들이 등장한다. 그럼으로써 건축에서 낭만적인 상상력이 서로 이질적인 요소들을 풍요롭게 고안해 내고 진기하게 결합시킨 것을 볼 수 있다. 물론 다른 한편으로 순수한 고딕 건축술의 시기에는 장식에서도 같은 유형의 단순한 형태들이 계속 반복되는 것을 볼 수 있는데, 예를 들어 창문의 첨두아치형이 그러한 것이다.

3. 낭만적인 건축의 여러 건축양식

끝으로 나는 낭만적 건축술이 여러 시대에 걸쳐 발전되어 온 주요한 형태에 관해 더 첨가하고자 한다. 물론 여기서는 이 건축예술이 갈라져 나간 모습을 역사적으로 고찰하려 하는 것은 결코 아니다.

a. 고딕식 이전(以前)의 건축술

이미 위에서 설명했듯이, 고딕식 건축과 이른바 로마의 건축술에서

예루살렘 시의 감람산 위에 남아 있는 바질리카. 콘스탄티누스 대제 때 지어진 것으로 추정된다

유래하는 고딕식 이전의 건축은 구분해야 한다. 기독교 교회의 가장 오래된 형태는 바질리카(basilica) 양식의 회당이다. 이 양식은 공식적으로 로마 제왕들이 세운 건물들에서부터 생겨난 것으로, 콘스탄티누스(Constantinus) 대제가 기독교인들에게 회당으로 쓰도록 허용한 것과 같은 큰 장방형의 홀들로서 지붕의 뼈대는 목재로 된 건물이었다. 그런 홀 안에는 연단이 하나 있어서 예배의식이 있을 때 사람들이 모이면, 그 위에서 사제들은 노래나 설교 또는 강독을 하기 위해 등장했고 그 다음에는 합창단이 나왔다. 기독교의 건축술은 그런 식으로 또 다른 형태를 취하기 시작했다. 예를 들어 로마식의 아치 창문을 지닌 홀과 원형으로 배치된 건물, 그리고 서로마 제국에서 고전적인 건축술에 따라 장식을 한 것이 그렇다. 한편 동(東) 로마제국에서는 유스티니아누스 황제 시대까지도 그런 식의 건축양식에 충실하게 따른 것으로 보인다. 동고트족들과 랑고바르드족들이 이탈리아에서 세운 건축물들조차도 서부에서는 로마식의 기본특성을 유지하고 있었다.

그러나 후에 가서 비잔틴제국 시대의 건축에서는 여러 차례의 변화가 일어난다. 그 중심을 이루는 것이 네 개의 큰 기둥 위에 세워진 원형 건물이다. 그 다음에는 거기에 또 여러 다른 종류의 구조물들이 로마식과 구분되는 그리스식의 특수한 예배의식을 위해 첨가되었다. 그러나 원래 비잔틴 시대의 이러한 건축술과 이탈리아, 프랑스, 영국, 독일 등지에서 12세기 말까지 통용되면서 일반적으로 비잔틴식이라고 불리던 양식을 서로 혼동해서는 안 된다.

b. 원래의 고딕식 건축술

그런 다음 13세기에 가서는 고딕식 건축술이 독특한 형태로 발전했는데, 그 주요한 특성에 대해서 나는 위에서 더 자세히 언급하였다. 오늘날에 와서 사람들은 그것을 고트족(Goten)이 만든 건축술이라고 하지 않고 독일식 또는 *게르만* 건축술(die *deutsche* oder *germanische* Baukunst)이라고 부른다. 그렇지만 우리는 더 익숙하고 더 오래된 이 용어를 고수할 수 있다. 다시 말해 에스파냐에서는 역사적인 상황과 관련되어 있음을 시사해 주는 이 양식의 아주 오래된 자취를 찾을 수 있다. 왜냐하면 고트족의 왕들이 아스투리아와 갈리시아의 산맥이 있는 곳까지 후퇴하다가 거기에서 독립적으로 머물렀기 때문이다. 그로 인해서 비록 고딕식 건축술과 *아랍식* 건축술 사이에 혹시 밀접하게 비슷한 관계가 있는 것처럼 보일지 몰라도, 사실 양자는 본질적으로 구분된다. 그 까닭은 중세의 아랍식 건축술의 특징은 첨두아치형이 아닌 이른바 *말굽 모양의 형태*이기 때문이며, 그 밖에도 전혀 다른 예배의식을 위해 만들어진 아랍식 건물은 동양적인 풍요로움과 사치, 식물 비슷한 장식들을 취하면서도 외면은 로마식과 중세식을 혼합한 형태를 취하기 때문이다.

c. 중세의 민간 건축술

 민간 건축술도 역시 이와 같은 종교적 건축의 발전과 나란히 하고 있는데, 그 건축술은 교회건축물의 특성을 반복 수정하고 있다. 그러나 민간 건축에서는 덜 예술적이다. 왜냐하면 여기서 다양한 욕구를 지닌 좀 더 제한된 목적들은 더 엄격하게 만족시켜줄 필요가 있으며, 따라서 미(美)를 위해서는 단순한 장식성의 여지만 남기 때문이다. 예술은 형태와 질량, 덩어리의 일반적 조화 외에 주로 건물의 전면이나 계단, 계단부, 창문, 문, 합각머리, 탑 등을 장식한 데서만 보여질 수 있고, 원래의 합목적성이 규정적이고 강력한 것으로 남게 되는 식이다. 중세에는 특히 *성채와 같은 양식으로* 단단하게 세워진 집들이 개별적으로 산허리나 꼭대기, 그리고 도시에 세워진 집들의 기본형태로 두드러지게 나타나고 있다. 거기서는—예를 들면 이탈리아에서처럼—모든 궁전, 모든 가정집들도 작은 요새나 성채와 같은 모양을 띠었다. 담이나 성문, 탑, 다리 따위는 여기서 필요한 욕구에 의해 지어지도록 결정되었으며 예술적으로 장식되고 미화되었다. 개별적인 형태들과 그것들의 관계가 보여주는 장엄한 화려함과 생동적인 개성들이 갖고 있는 견고함, 안전성이 본질적인 규정을 이룬다. 하지만 그것에 대해 우리가 여기서 더 상세히 다루면 너무 지나칠 것이다.

 이제 끝으로, 우리는 덧붙여서 *정원건축술*(Gartenbaukunst)에 대해서도 간략하게 언급할 수 있다. 정원건축술은 정신적인 측면에서 제2의 외적인 자연으로서, 원래 아주 새롭게 창조할 뿐만 아니라 자연의 풍경 자체를 끌어들여 이를 변형시키고 건물의 주위환경으로서 건축적으로 꾸민다. 그에 대해 잘 알려진 예로 나는 아주 웅장한 상수시(Sanssouci) 궁전(독일 프로이센 왕국의 궁전으로 베를린 근처 포츠담에 있다―역자 주)의 드넓은 정원을 들고자 한다.

　원래의 원예술(園藝術, Gartenkunst)과 관련해서 우리는 그것이 지닌 회화적인 면과 건축적인 면을 잘 구별해야 한다. 다시 말해 정원의 모습은 원래 건축적인 것이 아니다. 그것은 자유로이 놓여 있는 자연대상들을 가지고 건축물을 짓는 것이 아니라, 그 대상들을 자연스럽게 놓아둔 채 야외의 대자연을 모방하려고 노력하는 회화(繪畵)와 같은 것이다. 왜냐하면 풍경 속에서 기쁨을 주는 모든 것에 대해서 시사하는 것, 즉 크고 거친 바위덩어리, 계곡, 숲, 초원, 풀, 뱀처럼 길게 꼬리를 이어 흐르는 시냇물, 생동적인 강들과 연안들, 주위에 나무들로 덮인 고요한 호수들, 졸졸거리는 폭포와 같은 것들은 전체와 아주 밀착된 것으로 암시되는 듯이 보이기 때문이다. 중국인(中國人)들의 원예술에서는 이런 식으로 이미 호수, 섬, 강, 전망, 바위조각들이 전체적인 풍경 속에 포함되어 있다.

　특히 근대에 들어와서 그런 정원 속에서는 한편으로 모든 것이 자연스럽게 자유로움을 보존해야 하지만, 또 한편으로 그것들은 인공적으로 가공되고 주어진 지역에 의해 조건 지어지므로 그로 인해 양자 사이에는 완전히 해결될 수 없는 분열이 생겨난다. 이런 점에서 대체로 그처럼 도처에 마치 의도되지 않은 듯한 모습을 의도적으로 꾸미는 것, 즉 마치 강요되지 않은 것처럼 보이려고 강제로 꾸미는 일처럼 무취미한 것은 없다. 하지만 그 밖에 여기서는 원래의 원예술의 특성은 사라지고 만다. 왜냐하면 정원이라는 것은 한 장소에서 즐겨 배회하고 담소하는 데 이용되는 것으로서, 더 이상 자연 그 자체가 아니라 인간에 의해 인간의 욕구에 따라 자연을 변형시켜 만든 환경이라는 규정을 지니기 때문이다. 그에 반해 커다란 정원은, 특히 그것이 만약에 중국식 사원(寺院)(chinesische Tempelchen)이나 터키식 회교사원(türkische Moschee), 스위스 농가식의 별장, 다리, 은둔처, 그 밖에

독일 베를린 근처 포츠담의 상수시(Sanssouci) 궁(宮)과 테라스 정원. 1745~1747년 사이에 지어졌다

또 낯선 양식으로 설치되면 그것 자체를 관조하도록 요구한다. 그것은 스스로를 위해서 무엇인가 되어야 하고 또 의미를 띠어야 한다. 그러나 이런 매력은 일단 충족되고 나면 곧 사라져 버리며, 사람들은 그런 것들을 두 번 다시는 쳐다볼 수 없다. 왜냐하면 이런 첨가물들은 바라보더라도 어떤 무한한 것(Unendliches)이나 그 안에 영혼이 존재하는 것을 제시해 주지 않는데다가, 담소하면서 돌아다니는데 단지 지루하고 부담이 될 뿐이기 때문이다.

  정원 자체는 오직 쾌활한 주위환경이 되고 단순히 에워싸는 것이어야 한다. 그것 스스로 가치를 지녀서도 안 되고, 인간을 그의 내면으로부터 끌어내려고 해서도 안 된다. 여기에서 건축은 합리적인 윤곽, 질서, 균형, 대칭을 이루면서 자연 대상들 자체를 건축적으로 배치한다. 저 중국의 만리장성 너머에 있는 티베트와 몽골인들의 원예술이나 페르시아인들의 궁전들은 이런 유형을 따르고 있다. 그것들은 영국식 공원이 아니라, 꽃, 우물, 분수를 지닌 홀, 뜰, 궁성을 자연 속에 배치하여 인간적인 욕구와 인간적인 쾌적함을 위해 사치스럽고 장엄하게 낭비를 하여 설치해 놓은 것이다. 그러나 가장 많이 이용되는 것

인위적인 가공이 많이 들어간 프랑스식 정원. 파리 교외에 있는 베르사유(Versailles) 궁전의 후원(後園)이다

동양식 정원 특징의 일면을 보여주는 일본 교토의 뵤도인(平等院) 사원의 정원. 1052년에 지어졌다

은 프랑스식 원예술에서 보이는 건축적인 원리(das architektonische Prinzip in der französischen Gartenkunst)다. 이는 보통 거대한 궁전들과 연결되어 있어서 나무들은 큰 가로수 길에 엄격히 질서 있게 나열되며, 그것들을 잘라서 만든 울타리들로 직선의 벽을 형성하고 있어서 자연 자체가 야외 속에서 마치 널찍한 거주지모양으로 바뀐다.

제2편
조각

정신의 비유기적(非無機的, unorganisch)인 특성이 건축을 통해 예술적으로 적합한 형상을 얻어낸다면, 정신적인 것 자체는 그것에 대립되므로 예술작품은 그 정신성을 내용으로 삼아서 표현하게 된다. 우리는 이와 같은 이행(移行)이 일어나는 필연성을 이미 살펴보았다. 그 필연성은 정신이 자기의 주관적인 독자성(대자성, Fürsichsein)과 자기의 객관성을 구분하는 정신의 개념 속에 들어 있다. 물론 건축적으로 다룸으로써 그 내면이 이 외면성 안으로 들어가 비칠 수 있지만, 객관적인 것을 총체적으로 관통해서 이를 오직 정신만을 드러내는 정신에 적합한 외면성으로 표현하지는 못한다. 그러므로 건축술은 무게의 법칙에 매여 정신을 표현하려고 노력했던 비유기적인 것에서 벗어나(aus dem Unorganischen) 내면으로 되돌아가고, 이 내면은 비유기적인 것과 섞이지 않은 채 그것의 보다 숭고한 진리 안에서 대자적(對自的, für sich)으로 등장한다. 정신이 부피가 큰 물질적인 것으로부터 정신 자신으로 되돌아가는 이 과정에서 우리가 만나는 것이 바로 조각(彫刻, *die Skulptur*)이다.

그러나 이 새로운 영역의 첫 단계에서 정신이 자신의 *내적인* 주관성 속으로 회귀함으로써 내면을 표현하는 데 필요한 것은 단지 *이념적인 외화(外化)*방식만은 아니다. 정신은 우선은 아직 육체적인 것 안에서 자신을 표현하고 그 속에서 자기와 동질적으로 존재하는 정도로만 파악된다. 그러므로 정신성(精神性)의 이런 위상을 그 내용으로 삼는 예술은 정신적인 개성(die geistige Individualität)이 질료 속에서 현상하도록 원래의 질료 속에서 직접 형상화하는 사명을 띨 것이다. 왜냐하면 말, 즉 언어도 역시 비록 정신이 자신을 외화(外化)시켜 드러내 보이지만, 직접적이고 구체적인 질료로서 가치를 지니는 대신에 단지 추상적인 요소인 공기의 움직임과 진동을 통해 음(音)으로 그 정신을 객관성 속에서 전달하기 때문이다. 그에 반해서 공간적인 질료성은 직접 구체성을 띤다. 예를 들어 돌, 나무, 금속, 흙은 삼차원의 완전한 공간성을 지니고 있다. 그러나 우리가 이미 보았듯이 정신에 적합한 형태는 정신 고유의 구체성으로서, 바로 조각이 그 구체성을 통해 정신적인 것을 공간적인 총체성 안에서 현실적인 것으로 만든다.

이런 측면에서 조각은 감각적인 것 자체, 즉 질료를 *질료적이고 공간적인 형태*에 따라 형상화하는 한, 아직은 *건축술*과 같은 단계에 머물러 있다. 그러나 조각은 또 정신의 타자(他者)인 비유기적인 것을 합목적성을 띤 환경으로 만들 때, 그것이 자신 밖에서 목적을 갖는 형태로 만드는 것이 아니라 정신성 자체, 즉 그 합목적성과 독자성을 개성을 가진 정신 속에서 개념에 맞는 구체적인 형상으로 만들어 세우고, 육체와 정신 양쪽을 구분할 수 없는 하나의 전체로 직관하게 한다는 점에서 건축과는 구별된다. 그러므로 조각의 형상은 단순히 외적인 자연이자 환경으로서 정신에 봉사하는 건축의 규정에서 벗어나 조각 자체를 위해서 존재한다. 그러나 이처럼 벗어나더라도 조각형상은 그 주위환경과 본질적인 관계를 맺는다. 하나의 조상(彫像)이나 군상(群像), 더욱이 부조(浮彫)는 그것들이 예술작품으로서 서 있는 장소를 감안하지 않고는 만들어질 수 없다. 즉 조각작품은 먼저 완성된 다음에 어디에 갖다 세울지 고려되는 것이 아니라, 이미 구상할 때부터 특정한 외부세계 및 그곳의 공간적 형태 그리고 장소의 상황과 연관지어져야 한다. 이런 점에서 조각은 특히 건축의 공간과 지속적인 관계를 맺는다. 왜냐하면 조각상들의 가장 우선적인 목적은 신전의 형상이 되어 실내에 세워지는 일이기 때문이다. 이는 기독교의 교회에서 회화작품들도 제단화가 되고 또 고딕식 건축도 마찬가지로 조각작품들이 세워지는 장소와 관련이 있는 것과 같다. 그러나 신전이나 교회들만이 조각작품들이나 군상, 부조들을 세울 수 있는 유일한 공간은 아니고, 큰 홀이나 계단, 정원, 공공장소, 성문, 개개의 원주들, 개선아치 따위에도 마찬가지로 조각상들을 세워 사람들을 모여들게 할 수 있다. 또 그런 넓은 주위환경과는 무관하게 모든 조각상이 세워지는 장소에는 독자적으로 주각(柱脚)도 세워야 한다. 조각과 건축 사이의 연관성과 차이들에 대해서는 이 정도로 그치기로 한다.

더 나아가 조각을 그 밖의 예술들과 비교하자면 특히 *시문학과 회화*를 고려할 수 있다. 개별적인 조각상뿐만 아니라 군상들도 우리에게 완전한 육체성 속에 들어 있는 정신을, 즉 있는 그대로의 인간모습을 보여준다. 그러므로 조각은 정신을 표현하는 데 있어 자연에 가장 충실한 방법을 지닌 것으로 보이며, 반면에 회화와 시문학은 비자연적인 것으로 보인다. 왜냐하면 회화는 인간형상과 그 밖의 자연사물들을 실제로 그것들이 자리하는 감각적인 공간의 총체성 대신에 단지 평면만을 이용하고, 시언어에서는 구체성이 더 적게 표현되고 단지 말(언어)의 음향을 통해서 그 관념을 전달할 수 있을 뿐이기 때문이다.

그럼에도 불구하고 실상은 그와 반대이다. 조각상은 자연성을 띠는 것을 전제로 하고 있는 듯이 보이지만, 바로 그러한 무거운 질료에 의해 표현된 구체적인 외연성과 자연성은 정신 자체의 본질은 되지 못한다. 반대로 정신으로서의 정신이 갖는 독특한 현존성은 정신의 내면을 전개시키고 이를 보여주는 말과 행동, 행위 속에서 그 모습대로 표현된다.

이런 점에서 조각은 특히 *시문학*에 비해 뒤처지지 않을 수 없게 된다. 비록 조형예술에서는 우리 눈앞에 구체성을 드러내는 조형적인 명확성이 주요한 요소이지만, 시문학도 역시 조각처럼 정확하고 상세하게 표현할 수 없을지는 몰라도 인간의 외양, 그의 머리카락, 이마, 뺨, 몸매, 옷, 자세 등을 묘사할 수 있다. 그러나 시문학의 묘사에서 결여되는 것은 시적인 상상력에 의해서 채워질 수 있다. 이런 상상력 또한 단순히 표상하기 위해 그런 확고하고 완성된 피규정성을 필요로 하지는 않는다. 상상력은 인간을 특히 *행동하*는 자로서, 그가 지닌 동기와 운명, 상황의 분규에 빠지고 감정과 말을 지닌 인간으로서 그의 내면과 외적인 사건들을 폭로함으로써 함께 드러내 보여준다. 조각은 이와 같은 일을 전혀 할 수 없거나 하더라도 그 방식은 매우 불충분할 뿐이다. 왜냐하면 그것은 주관적인 내면을 그의 개별적인 진심(眞心, die Innigkeit)과 열정적인 모습으로 표현할 수도 없고, 또 시문학처럼 외적으로 일어난 일을 연속적으로 표현할 수도 없기 때문이다. 조각은 다만 개성이 지니고 있는 보편적인 것이 겉의 육체에 표현될 수 있는 한에서만 비연속적인 특정한 한 순간 속에 포착해서 표현할 수 있다. 그것도 생생하게 지속적으로 이어지는 행위가 아닌 부동자세로만 표현할 수 있다.

조각은 이런 점에서 볼 때 *회화*에도 미치지 못한다. 왜냐하면 회화에서는 대체로 질료를 정확하게 자연적인 의미로 사용하면서 정신을 얼굴색이나 그것에 드러난 명암에 의해 표현할 뿐만 아니라, 특히 관상학적이나 병리학적인 면에서도 더 우세하게 생동성(生動性, die

Lebendigkeit)을 정확하게 드러내기 때문이다. 그러므로 조각이 좀 더 완전한 것이 되려면 먼저 그 공간적인 총체성이 지니고 있는 장점에 다 그 밖에 회화가 지닌 장점을 결합시키기만 하면 된다고 말하거나, 아니면 조각은 일부러 회화가 띠고 있는 색채성을 거부하기로 결정한 거라고 말할 수 있을지도 모른다. 아니면 또 조각처럼 단지 사실적인 측면, 즉 질료의 *형태*에만 한정하고 다른 것을 배제하는 것은 마치 임시변통식으로 만들어진 실루엣 그림이나 동판화처럼 불충분하고 서투르게 작업을 시행하는 것에 불과하다고 말할 수도 있을지 모른다. 그러나 참된 예술에서는 그런 자의(恣意)에 대해서 이야기하면 안 된다. 조각의 대상이 되는 형상은 실제로는 구체적인 인간의 육체성의 한 *추상적인* 측면으로만 머물며, 그 형태들은 개별적으로 세분화된 색채들과 움직임들의 다양성을 띠지 못한다. 그러나 이것은 우연한 결핍이 아니라 예술의 개념 자체 속에 설정된 질료와 그 표현방식이 지니고 있는 한계이다. 그 까닭은 예술은 정신의 산물, 그것도 사유(思惟)하는 숭고한 정신의 산물이며, 그래서 그런 작품은 특정한 내용을 그 소재로 삼고 그리하여 그것을 예술적으로 실현할 때 다른 측면들은 배제하는 방식을 그 대상으로 삼기 때문이다. 다른 학문들이, 예를 들어 기하학이 공간만을, 법학이 법만을, 철학이 사물 속에 있는 영원한 이념, 그리고 그 현존성과 독자성(Dasein und Fürsichsein)만을 대상으로 삼아 이 대상들을 상호 차이에 따라 서로 달리 전개시키지만, 여기 예로 든 학문들 가운데 어느 하나도 일상적인 의식(意識)에서 볼 때 구체적이고 실제적인 존재라고 불리는 것을 다 완벽하게 소개하지는 못하듯이 여기에서 예술도 마찬가지이다.

예술은 정신으로부터 나와서 형상화하는 창조작업으로서, 단계적으로 나아가면서 현존재 안에서는 분리되지 않지만 개념 속에 들어 있는 것, 즉 사상(事象)의 본질 속에 들어 있는 것을 분리시킨다. 따라서 예술은 그 규정된 특성에 따라 작품을 완성하기 위해서 스스로 그런 단계를 고수한다. 그러므로 개념 속에서 구분하고 서로 분리시키는 일은 조형예술 안에, 즉 공간적 총체성인 구체성과 그 추상적 형태, 육체의 *형태*와 이를 다양한 *색채*로 더 생생히 세부화된 요소들을 포괄하는 공간적 질료성 안에 들어 있다. 인간의 형상을 드러내는 조각예술은 그 첫째 단계를 고수하며, 육체형상을 곧 공간적인 차원 속에서 그 육체가 지닌 형태에 따라서만 단순히 입체적으로 다룬다. 이제 감각적 요소에 몰두하는 예술작품은 물론 곧 세분화되기 시작하는 타자적인 존재성을 띤다. 그러나 정신의 표현인 인간의 육체형태와 관계된 이 최초의 예술은 그 타자를 위한 존재 안에서 다만 일반적으로 자연스럽게 현존하는 최초의 방식으로까지만 나아가 대체로 빛 아래에서 단순한 *가시성(可視性)*을 띤 존재로 보이게 할 뿐, 그 보이는 것을 질료적으로 세분화하여 색채화하고 그것에 명암을 같이 표현하는 데까지 나아가지는 않는다. 조각은 그 예술의 필연적인 과정에 맞게 이러한 위치에 서 있다. 왜냐하면 조형예술은 시문학처럼 현상하는 것의 총체성을 관념이라는 동일한 요소 안에 모두 포괄하지는 못하므로 그 총체성을 떨어져 나가게 할 수밖에 없기 때문이다.

그럼으로써 우리는 한편으로 정신의 고유한 형태가 아닌 *객관성*을 정신에 반해 비유기적인 자연으로 설정한다. 이 객관적인 것을 건축은 자체 안에 정신적인 의미를 갖지 않는 단순히 암시적인 상징으로 바꾼다. 객관성 자체와 극단적으로 대립되는 것은 *주관성*이다. 이것은 바로 모든 개별적인 자극, 기분, 열정, 내적인 움직임과 외적인 움직임 그리고 행위 속에서 갖는 심정이요 느낌이다. 그 양자(兩者) 사이에서 우리는 비록 규정되어 있지만 아직은 *주관적인 심정의 내면성*으로까지 침잠하지는 않은 정신적인 개성과 만난다. 그 속에서는 아직 주관적인 개별성보다는 정신과 그 목적 그리고 특징들이 지니고 있는 *실체적인* 보편성이 더 우세하다. 그것은 아직은 그 보편성 안에서 정신적인 일자(一者, geistiges Eins)로 자기 안으로 회귀한 것은 아니다. 왜냐하면 그것은 아직은 중간존재로서 객관적인 것, 즉 비유기적인 자연으로부터 온 것으로서 구체성을 띠고 있으며, 이를 정신에 속하면서도 그 정신을 알리는 육체 속에 고유한 존재로서 갖기 때문이다. 더 이상 내면과 단순히 대립되는 것으로 머물지 않는 이 외면성 속에서 정신적인 개성은 표현되어야 한다. 다시 말해 정신은 정신의 개별성이 지닌 통일점으로 끊임없이 회귀하는 생동적인 육체성으로서가 아니라 외적으로 표상되고 표현된 형태를 지녀야 한다. 그 형태 속에는 물론 정신이 유입되어 있되 그렇다고 해서 외적으로 분리된 것에서 나와 다시 자기에게 회귀하는 내면으로서 현상해서는 안 된다.

여기에서 이미 위에서 언급한 두 가지 요소가 확인된다. 즉 조각은 상징적이고 정신을 단순히 *암시하*는 현상방식을 이용해서 표현하지 않고, 대신 정신의 *실제* 존재인 인간형상을 포착한다. 그러나 또 그것은 느끼지 않는 주관성과 자기 안에 개별화되지 않는 심정을 표현한 것으로서 주관성이 떨어져 나간 *형상 그 자체*에 만족한다. 바로 이것이 한편으로 조각이 정신을 표현하되, 목적을 띠고 이를 실행하려고 행동하고 움직이거나 의도하고 활동함으로써 그 특성을 드러내는 정신의 모습으로 소개하지 않고 객관적인 것으로 머물게 하면서 주로 정지해 있는 형상으로 소개하며 표현하는 이유이기도 하다. 그런 정지상태의 형상 속에서 움직임을 표현하는 일은 단지 처음에 가볍게 나오는 행위만 나타낼 뿐, 모든 내적 외적인 갈등 속에 휘말려들어 외면성과 다양하게 얽혀 있는 주관성을 완전히 표현해내지는 못한다.

이처럼 조각형상은 육체 속으로 침잠한 정신을 그 전체적인 형상에서 드러내 보여야 하므로, 그 형상에는 주관성이 드러난 것, 즉 영혼이 집약되어 표현된 눈빛은 빠져 있다. 이에 대해서는 뒤에 가서 더 자세히 알게 될 것이다. 다른 한편으로 아직 다양하고 특수하게 개별화되지 않는 개성은 조각의 대상이므로, 아직은 회화적인 색채의 마술이 필요하지 않다. 회화적인 색채의 마술은 그것이 보여주는 섬세하고 다양한 뉘앙스 때문에, 정신이 지닌 풍부한 특성들과 그 내면성을 전체적으로 드러내는 것과 심정을 온전하게 집약해서 모은 것을 영혼을 표현하는 눈을 통해서 드러나게 할 수 있다. 조각은 그 규정된 입장에 따라 불필요한 질료는 취하지 않아도 된다. 그래서 조각은 다만 인간의 형상을 공간적으로 형태화하는 일만 하며 회화적인 색채를 이용하지는 않는다. 조각상은 일반적으로 다양하고 현란한 색으로 되어 있지 않고 단일색, 즉 흰 대리석으로 되어 있다. 또 금속도 조각의 질료가 되지만, 이 근원적인 질료 자체는 차별화되지 않고 동일성을 띠고 있으므로 여러 다른 색채들이 서로 대립이나 조화를 이루지 않고 그 질료 자체에서 빛이 나온다.

이와 같은 관점을 포착해서 확립한 것은 바로 고대 그리스인들의 지녔던 위대한 정신적인 감각이었다. 여기서 우리가 주로 언급할 고대 그리스의 조각에서도 역시 여러 가지 색채를 사용한 조각상들의 예를 볼 수는 있다. 하지만 여기에서도 조각예술의 시작과 끝은 그 예술이 순수한 정점(頂點)에 도달해서 이룩한 것과는 구별되어야 한다. 또 실제로는 예술에 속하지 않으면서 종교적인 전통을 통해 예술에 유입(流入)된 것도 제외되어야 한다. 이미 우리는 고전적 예술형식에서 예술의 기본규정이 이상(理想)을 발견해서 이를 곧바로 완성해내지 않고 거기에서 이상에 속하지 않는 많은 낯선 것을 탈락시키는 것을 보았듯이, 조각에서도 마찬가지이다. 조각은 완성되기 전에 많은 단계들을 거쳐야 하며, 이와 같은 시작점은 도달된 정상점과는 매우 다르다. 가장 오래된 조각작품으로는 고대 이집트의 우상들처럼 색을 칠한 목재조각이 있고, 고대 그리스인들에게도 그와 비슷한 조각들이 있었다. 그러나 만약에 조각의 기본개념을 확립하는 일이 중요하다면 위와 같은 것들은 원래의 조각에서 제외시켜야 한다. 그렇다고 해서 색을 칠한 조각상들이 많이 나타나는 것을 결코 부인해서는 안 된다. 그러나 조각예술의 취향이 순수해질수록 "조각은 그것에 적합하지 않은 색채의 화려함에서 더욱 더 벗어났으며, 반면에 부드러움, 고요함, 명료성, 쾌적함이 더 위대한 모습으로 관객 눈에 띄게 하기 위해서 현명하게도 명암을 사용했다"(마이어 作《고대 그리스인의 조형예술사》1권 참조). 물론 대리석은 단지 한 가지 색만 띠고 있는데 반해, 금속으로 만들어진 거대하고 뛰어난 많은 조각상들이 있다. 예를 들어 피디아스가 만든 제우스 신상은 여러 색으로 칠해져 있었다. 그러나 여기에서는 극단적으로 색상이 없는 조각상에만 대해서 이야기하려는 것은 아니다. 상아나 금도 역시 회화적(繪畵的)으로 색을 사용하지는 않는다. 그리고 대체로 특정예술이 만들어내는 다양한 작품들은 그처럼 변화 없이 늘 추상적으로 기본개념만 고수하지는 않는다. 왜냐하면 그것들은 다양한 목적과 생생하게 관계하고 산출되어 나타나고 또 다양한 장소에서 표현되어 외부환경과도 관계하는 가운데, 원래 그 예술이 지닌 기본유형을 수정하기도 하기 때문이다. 그래서 예를 들면 금이나 상아 같은 풍요로운 소재들로 만들진 조각상들도 종종 있었다. 그런 조각상들은 호화로운 의자 위에 놓여 있거나 풍부한 기교로 아주 호사스럽게 장식된 조각으로 세워져 있어서, 그 호사스런 작품들을 바라보는 대중들로 하여금 곧 그 조각상의 위력과 풍요

제우스의 동상이 안치된 올림피아 신전(Olympiae Iovis simulacrum) 의 상상도. 고대 그리스의 조각가 피디아스가 만들었다고 하는 거대한 제우스(Zeus) 신상이 보인다. 당시에는 그리스 조각상들에 일부 색칠을 가미했던 것으로 알려져 있다. 이 그림은 16세기에 마르틴 반 헴스케르크(Martin van Heemskerck)가 그린 것이다

로움을 만끽하게 해주었다. 특히 조각 자체는 좀 더 추상적인 예술이기는 하지만, 그 추상성만 늘 고수하지는 않고 때로는 많은 전통적인 것과 정체된 것, 지방색에 근원을 두는 것도 있고, 때로는 민중의 생생한 욕구를 반영해서 만들어지기도 했다. 그 까닭은 활동적인 인간은 흥겨운 다양성을 요구하고 다방면으로 자신의 직관과 상상에 몰두하려고 하기 때문이다. 이는 고대 그리스의 비극을 읽을 때도 마찬가지로, 여기서는 좀 더 추상적인 형태로 만들어진 예술작품이 우리에게 주어진다. 물론 좀 더 외적인 측면으로 나아가다 보면 살아있는 사람들, 의상, 무대장식, 춤, 음악 등이 더 첨가되어 연출되기도 한다. 조각상도 마찬가지로 외적인 모습에다 다양하게 많은 것들을 첨가하는 일을 배제하지만은 않는다. 그러나 우리는 여기에서 원래의 조각작품들만 다루고자 한다. 왜냐하면 그런 외적인 측면들은 우리가 사상(事象)의 내적인 개념 자체를 명확하게 추상적으로 의식하는 데 방

해가 되면 안 되기 때문이다.

　본문의 이 제2절을 좀 더 상세히 *분류*해 보면, 조각은 대체로 고전적 예술형식의 중심이 된다. 그러므로 이 제2절에서 우리는 앞서 건축을 고찰했을 때처럼 상징적인 것, 고전적인 것, 낭만적인 것을 조각을 분류하는 결정적인 차이나 근거로 삼아서는 안 된다. 조각은 원래 고전적인 이상(理想, Ideal) 자체를 나타내는 예술이기 때문이다. 물론 조각도 예를 들면 이집트에서처럼 *상징적* 예술형식을 시작으로 해서 만들어진 단계가 있기는 하지만, 이는 역사적으로 볼 때 오히려 조각 이전의 단계이지 조각의 원래 개념과 본질에 관계되는 차이는 아니다. 왜냐하면 고대 이집트의 조각형상들이 세워지고 사용된 방식을 보더라도, 그것은 조각의 원래 목적을 띠고 있기보다는 오히려 건축에 속하기 때문이다. 마찬가지로 만약에 조각 속에서 *낭만적* 예술형식도 표현된다면, 그때의 조각은 조각 자체를 넘어서서 나아가는 것이 되며, 결국 되돌아가 그리스 조각을 모방할 때 비로소 그 원래의 조형적인 전형(典型)을 되찾게 된다. 그러므로 우리는 조각을 다른 식으로 분류하도록 살펴보아야 한다.

　우리가 고찰하고자 하는 것의 중심은 이미 말했듯이 *고전적인 이상(理想)*이 조각에 의해 실제로 가장 적합한 형태로 만들어지는 방식이 될 것이다. 그러나 우리는 이상적인 조각의 형상의 이처럼 발전해가는 것에 접근하기 전에, 먼저 어떤 *내용*과 어떤 *형태*가 특수한 조각예술의 입지에 특별히 알맞은지를 보여줘야 한다. 그리고 또 그것이 정신이 스며들어 있는 인간형상과 그것의 추상적인 공간적인 형태로 만들어서 고전적인 이상을 어떻게 표현하는지 보여줘야 한다. 다른 측면에서 보면 고전적인 이상은 본질적이면서도 스스로 특수한 개성 속에 안주한다. 그러므로 조각은 보편적으로 이상적인 인간형상을 내용으로 삼기보다는 특정한 이상을 내용으로 삼음으로써 여러 다른 표현 방식으로 갈라져 나간다. 이런 차이들은 때로는 예술작품을 이해하고 표현하는 일 자체와 관련되지만, 때로는 이를 실제로 그 다른 성질에 따라 예술 속에 다시 새로이 특수한 요소들을 주입시키는 *질료*와도 관련된다. 그 다음에 이어서 마지막으로는 조각의 *역사*적인 발전단계들이 보인 차이들과 관련된다.

이와 관련해서 우리는 다음과 같은 과정에 따라 고찰해 보고자 한다.

첫째, 우리는 조각의 개념에서 나오는 *내용*과 *형태*의 본질적인 특성을 일반적으로 규정하는 데 그친다.

둘째, 그 반대로 조각을 통해 고전적인 이상이 예술에 적합한 현존성을 얻을 때의 그 고전적인 이상을 더 상세히 분석한다.

셋째, 끝으로 조각은 특수한 종류로 표현되고 특수한 질료를 취할 수 있으며, 그 세계는 확대되어 많은 작품을 만들어낸다. 그 작품들 가운데는 이런저런 측면에서 볼 때 상징적 예술형식이나 낭만적인 예술형식도 타당하지만 그래도 고전적인 예술이 순수한 조형성을 띤 중심이 된다.

제1장 원래 조각의 원리

일반적으로 조각은 정신이 전적으로 질료 안으로 들어가 이 외적인 것을 형상화하여 그 안에서 정신 스스로가 현재화되며, 또 자신의 내면성에 맞는 형상을 인식할 수 있도록 놀라운 일을 행한다. 이런 점과 관련해서 우리가 고찰해야 할 것은 다음과 같은 것들이다.

첫째, 정신성(精神性)은 어떤 방식으로 단순히 감각적 공간적 형태인 질료 안으로 들어가 자신을 표현할 수 있는가.

둘째, 정신적인 것을 미적인 육체의 형상 속에서 인식할 수 있게 하려면 공간성의 형태들은 어떠해야 하는가.

대체로 우리가 주목해야 할 것은 *외적인 사물들의 질서와 이상적인 사물들의 질서 사이의 통일*(die Einheit des ordo rerum extensarum und des ordo rerum idearum), 즉 영혼과 육체의 최초의 미적인 통일이다. 왜냐하면 조각에서 정신적인 내면은 오직 그것의 육체적인 현존재 안에서만 표현되기 때문이다.

셋째, 이러한 통일은 이미 우리가 이미 고전적 예술형식에서 이상(理想)으로 알고 있는 것과 일치하므로, 조각 작품은 원래 고전적인 이상(理想)을 표현한 예술임이 드러난다.

1. 조각의 본질적인 내용

조각이 형상을 실제로 만들어내는 요소는 우리가 보았듯이 공간적인 질료성을 띠고서 처음에는 아직 보편적인 것으로 머물러 있으며, 거기에서는 일반적으로 공간적인 차원과 공간적인 형태를 띠고 있다. 그러므로 그런 차원들은 미적(美的)으로 형상화될 여지가 있기는 하지만, 아직 예술로 이용되기 위해 더 개별화되지는 않은 상태이다. 감각적인 질료에 깃들어 있는 이 추상적인 측면에 가장 잘 일치하는 것은 내용으로서, 이는 자신 속에 안거(安居, Beruhen)하는 정신의 *객관성*이다. 왜냐하면 정신은 아직은 그 보편적인 실체에 맞서거나 육체성을 띤 자신의 현존성과 구별되지 않으며, 따라서 아직 정신의 주관성 안에 존재하는 독자성(Fürsichsein)으로 회귀하지 않고 있기 때문이다. 여기에는 다음과 같은 두 가지가 들어 있다.

a) 정신은 정신으로서 비록 늘 주관성이자 정신 자체의 내적인 본질인 자아(自我)로 머물지만 그러나 이 자아는 지식, 의지, 관념, 느낌, 행동, 실행을 통해 정신의 *보편적이고 영원한* 내용을 이루는 것에서 벗어나 자신의 특별한 독특성과 우연성을 고수할 수 있다. 그때 드러나는 것은 *주관성 자체*이다. 왜냐하면 그것은 정신의 객관적이고 참된 내용을 단념한 채, 그 자체 정신이 되어 내용이 없이 단순히 형식적으로만 자기 자신과 관계하기 때문이다. 예를 들면 그 자아는 자만심에 차 있으면서 한편으로 아주 객관적인 태도를 취하면서 도덕적인 행위를 하기 때문에 자아(自我)에 만족한다. 하지만 그럼에도 불구하고 자아는 자족한 상태에서 행동 속에 깃든 내용에서 이미 벗어나 자아를 개별자로서, 바로 이 자아로서 정신의 보편성에서 분리시켜 그

것과 비교한다. 이처럼 자아는 비교하면서 자신과 화합을 이룰 때 자족(自足)하게 되며, 그 속에서 이 특정한 자아는 바로 통일자인 자신에 대해 기뻐한다. 물론 그 자아는 인간이 알고 있는 모든 것을 하려고 의도하고 이행한다. 그러나 그가 알고 행동하는 데 자신의 고유하고 세분화된 자아가 더 중요한지 아니면 의식의 본질내용을 이루는 것이 더 중요한지를 알고 있는가, 아니면 인간이 자기 자아와 더불어 분리되지 않은 채 그 내용 속에 침잠하거나 혹은 자기의 주관적인 인격과 최초로 관계하는 가운데 살고 있는가의 사이에는 큰 차이가 있다.

α) 주관적인 것 자체는 이처럼 실체적인 것보다 우세할 때 추상적인 특수한 경향으로, 감정과 충동의 자의성과 우연성 속으로 빠져든다. 이렇게 주체가 특정한 활동과 행위로 이동할 때 특정한 상황들과 그 변화에 빠지기 쉬우며, 대체로 다른 것들과의 관계에서 벗어나지 못한다. 그로써 주체는 단순하고 *유한한* 주관성으로서 참된 정신성에 대립된다. 만약에 주체가 의도하고 인식하는 가운데 자신에 대한 의식과 대립하면서도 오직 자기만을 고수한다면, 이는 공허하게 착각과 자기반성에 빠지는 것 외에도 더 나아가 추한 열정과 성격, 불경(不敬)과 죄악, 술책, 악의, 잔인함, 반항, 질투, 오만, 허영 그리고 인간본성의 배후에 도사리고 있는 온갖 하찮은 유한성 속으로 빠지고 만다.

β) 이와 같은 주관적인 것의 전체 영역은 정신의 객관성에만 속하는 조각의 내용으로부터 배제되어야 한다. 다시 말해 여기서 객관성이란 실체적인 것, 참된 것, 무상(無常)하지 않은 것, 즉 주체가 오직 자신하고만 관계함으로써 무상한 우연성에 내맡기지 않는 정신의 본질적인 성질로 이해되어야 한다.

γ) 그럼에도 객관적인 정신성 역시 정신으로서 *대자성(對自性*, 독자*성, Fürsichsein)*이 없이는 실재성을 띨 수 없다. 왜냐하면 정신은 오직 주체로서만 있기 때문이다. 그러나 조각의 정신적인 내용 속에 들어 있는 주관적인 것의 위상은 그것이 스스로를 위해서 표현될 수는 없으며, 오히려 전적으로 실체에 의해 관통되며 거기에서 형식적으로 자기 안에 회귀하지 않는 것으로 증명되는 성질을 띠고 있다. 그러므로 객관성은 대자성(Fürsichsein)을 띠고 있더라도 이는 스스로 알고 의도하며 이를 달성하는 내용에서 떨어져 나가는 것이 아니라 그와 더불어 분리될 수 없는 통일성을 이룬다.

자기 안에서 실체적이고 참된 것(das Wahrhafte)이 이같이 완전하게 독자적으로 결정된 것 안에 들어 있는 정신성, 즉 이처럼 정신이 방해받지 않고 개별화되지 않고 존재하는 것이야말로 우리가 신성(神性)이라고 부르는 것이다. 이는 우연적인 차이를 지니고 변하면서 움직이는 유한성과는 반대된다. 이런 면에서 조각은 신성 자체를 비(非)시간적인 부동(不動) 상태에서 전혀 주관적인 인격이나 행위, 상황을 띠지 않고 분열되지 않은 채 무한하게 안거하는 숭고함으로 표현해야 한다. 그리고 조각은 또 비록 형상과 특성상 인간적인 것에 가까운 피규정성으로 나아가더라도, 이 안에서도 역시 변화하지 않고 지속적으로 머무는 것, 이 피규정성의 실체만을 파악해야 하며 또 우연적이고 일시적인 것이 아닌 바로 이것을 내용으로 선택해야 한다. 왜냐하면 객관적인 정신성은 아직은 개별성으로 파악되는 주관성을 통해서 들어오는 변화하고 일시적인 특수성으로는 옮겨가지 않기 때문이다. 예를 들면 한 개인이 부딪치는 다양하고 우연한 사건과 행위를 설명하는 삶의 묘사에서, 이처럼 다양한 분규와 자의적인 것이 일어나는 과정은 통상 그 폭넓고 상세한 것을 일반적으로 '착함,

의로움, 용감함, 분별력' 따위의 특성으로 요약하는 성격묘사와 결부된다. 그런 술어들은 개인에게는 지속적으로 머무는 것이지만, 그에 반해 다른 개별적인 것들은 우발적인 현상들에 속할 뿐이다. 바로 이같이 지속적인 것을 조각에서도 역시 유일한 개성적인 존재이자 현존성으로서 표현해야 한다. 그러나 조각은 그런 일반적인 특성들을 단순히 알레고리적으로 만들어 내지 않고, 개인들을 그들의 객관적인 정신 속에서 완성된 존재들로, 즉 독자적인 고요함을 지니고 있으며 타자(他者)와의 관계에서 벗어나 있는 객관적인 정신성으로 파악하고 형상화한다. 조각에서는 어떠한 개성을 다루더라도 항상 실체적인 것이 본질적인 근간이 된다. 그리고 주관적인 자아에 대한 지식이나 자기감정도, 그렇다고 피상적으로 변화하는 특수성도 어떤 식으로든 우세해서는 안 되며, 자의(恣意)와 우연한 이기주의에서 벗어난 신들과 인간들 속에 머무는 영원한 것이 혼탁하지 않고 명료하게 표현되어야 한다.

b) 우리가 언급해야 할 또 다른 요소가 있다. 그것은 질료는 삼차원으로 가득한 공간 안에서 외적으로 표현될 필요가 있으므로, 조각의 내용은 자신하고만 제휴하고 자기 안으로만 침잠한 내면성인 *정신적인 것 자체*가 아니라 먼저 자신의 타자(他者) 안에서, 즉 *육체적인 것* 안에서 스스로를 위해 있는 정신이어야 한다는 점이다. 외적인 것의 부정(否定)은 이미 내적인 주관성(innere Subjektivität)에 속하며, 그래서 신성한 것과 인간적인 것이 그 객관적 특성에 따라 내용으로 취해지는 여기에는 들어설 수 없다. 그리고 내적인 주관성 자체가 없이 오직 자신 속에 침잠한 이 객관성만이 외면성에 따라 모든 차원에 걸쳐 자유로이 형성되어 가도록 허용하면서 이 공간적인 것의 총체성과

결합된다. 그러므로 정신의 객관적인 내용을 담는 조각은 오직 외적인 것과 육체적인 것 안에 완전하게 표현될 수 있는 것을 대상으로 삼는다. 왜냐하면 만약 그렇지 않을 경우, 조각은 그 질료상 적합한 방식으로 현상하게 할 수 없는 것을 내용으로 선택하게 되기 때문이다.

2. 미적인 조각의 형상

둘째로, 그런 내용과 관련해서 그 내용을 표현할 소명을 지닌 구체적인 형상의 *형태*에 대한 물음이 제기된다.

고전적인 건축에서는 말하자면 집이 기존의 해부학적인 골격을 이루고 이를 예술이 더 상세하게 형태화한다면, 조각에서 형상을 만들기 위해 기본유형으로 찾는 것은 *인간의 형상*이다. 그러나 집은 비록 예술적으로 고안된 것은 아닐지라도 인간에 의해서 고안된 것인 반면에, 인간의 형상을 조각한 것은 인간 자신과는 무관한 자연의 산물로서 드러난다. 그러므로 그 기본유형은 조각에게 이미 주어진 것이지 인간 자신이 고안해낸 것은 아니다. 그렇지만 인간의 형상이 자연에 속한다는 것은 매우 불확실한 표현으로, 그에 대해서 우리는 더 자세히 이해해야 한다 (Daß die menschliche Gestalt der Natur angehöre, ist jedoch ein sehr unbestimmter Ausdruck, über den wir uns näher verständigen müssen).

우리가 이미 자연미(自然美, die Naturschönheit)에서 보았듯이, 자연 속에서 그것에 최초의 직접적인 현존성을 부여하고 동물적인 생동성과 완전한 유기조직 속에서 그에 알맞은 *자연 존재*를 획득하는 것은 바로 이념이다. 그래서 동물 신체의 유기조직은 그 구체적인 현존재에서 영혼으로 존재하기는 해도 단순히 동물적인 생동성만 띠고 있다. 이는 동물의 신체를 아주 다양하게 특수화시키는—물론 모든 특정한 유형도 역시 언제나 개념에 의해 규정되지만—총체적인 개념의 산물이다. 그러나 개념과 신체의 형상이, 더 자세히 말해 영혼과 육체의 상호 일치에 대해서 이해하는 것은 자연철학이 할 일이다. 그 안에서는 동물 신체의 여러 체계들과 그 내적인 구조, 그리고 형태들이 서로 어떤 관계를 지니며 또 신체 내의 특정한 기관들은 어떻게 개념요소들과 일치하는가를 보여줌으로써, 여기에서 영혼에 필수적인 특수한 측면들이 어느 범위에서 실제적으로 나타나는가 하는 것을 명확히 드러내야 한다. 그러나 이러한 일치에 대해 증명하는 것은 이 자리에서 우리가 할 일은 아니다.

인간의 형상은 동물형상처럼 단지 영혼이 육체성을 띠는 것이 아니라 바로 *정신(精神)*이 육체성을 띠는 것이다(Die menschliche Gestalt nun aber ist nicht wie die tierische die Leiblichkeit nur der Seele, sondern des *Geistes*). 다시 말해 정신과 영혼은 본질적으로 구별되어야 한다. 왜냐하면 영혼은 육체적인 것이 육체적인 것으로서 단순히 이념적으로 대자적(對自的, 자각적 존재, Fürsichsein)으로 머무는 것이라면, 정신은 의식적이고 *자의식(自意識)*적인 생명이 이 의식 존재로서 온갖 감정과 표상, 목적을 지니는 독자적인 존재이기 때문이다. 단순히 동물적인 생동성과 정신적인 의식(意識) 사이에는 이처럼 엄청난 차이가 있음에도 불구하고, *정신적인 육체성*인 인간의 육체가 동물의 육체와 매우 유사성을 띠는 것은 이상해 보일지 모른다. 그처럼 놀랍게도 비슷한 점을 우리는 정신을 그 고유한 개념에 맞게 생생하게 즉자적인(an sich) 영혼이자 *자연존재*가 되도록 결정하게 하는 규정을 상기함으로써 만날 수 있다. 살아있는 영혼인 정신성은 동물의 영혼 속에 들어 있는 개념에 따라 기본적으로 살아 있는 동물의 기관과 대체로 유사한 육체를 자신에게 부여한다. 그러므로 정신은 아무리 단순히 생동성을 초월해 있더라도, 동물의 신체와 동일한 개념에 맞게 구성되고 영혼이 깃든 육체를 자신에게 부여한다. 그러나 더 나아가 정신은 단지 현존하는 이념, 즉 자연성과 동물적인 생명의 이념이 아니라 스스로를 위해 그 내면의 고유한 자유로운 요소 안에 들어 있는 이념이므로, 그 정신성은 또 저 감각적인 생동성 너머에서 그것의 독특한 객관성을 얻는다. 이는 거기에서 다른 실재성이 아닌 오직 사유(思惟)적인 실재성만을 갖는 학문이다. 그러나 정신은 철학적으로 사유하고 체계적으로 활동하는 일 외에도 감정과 성향, 표상, 상상에 가득 찬 삶을 영위하며, 이러한 삶은 영혼과 육신을 띤 자기의 현존성과 더 폭넓게 관계하고 따라서 인간의 육체에서도 실재성을 갖는다. 정신은 이처럼 자기에게 속한 실재성 안에서 곧 생생해지고, 그 속에 비쳐들고 그것을 관통하며 그 실재성을 통해서 다른 사람들에게 계시(啓示)된다. 그러므로 그때 인간의 육체는 단순한 자연존재로 머물지 않고, 형태와 구조상 그 안에서 곧 정신도 감각적이고 자연적인 현존재로 나타난다. 그러나 비록 인간의 신체가 일반적으로 아무리 동물의 신체와 비슷한 면이 있더라도, 동물의 육체성보다는 더 고차적이며 내적인 것을 표현하고 있으므로 그것과는 구별되어야 한다. 그러나 정신은 영혼이자 생명 그리고 신체 자체가 되므로, 살아있는 육체에 내재하는 정신에 의해 구체화하는 것은 오직 그것들의 변형된 모습들이다. 그러므로 이와 같은 변형의 측면에서 볼 때, 동물의 영혼이 무의식적으로 행동하는 가운데 그 신체 모양이 변형되듯이 인간 신체의 기관도 역시 정신의 무의식적인 창조에 의해 그 형태가 변하기는 한다. 하지만 인간의 형상 안에는 역시 정신이 현상한다는 점에서 동물의 신체기관과 차이가 있으며 또 동물의 형상과는 다르다.

우리는 바로 이 점에서 출발해야 한다. 정신이 표현된 인간의 형상은 예술가에게 주어지며, 그때 예술가는 대체로 이를 이미 주어진 것으로 발견하기도 하지만 또 특히 개별적으로 정신적인 내면이 형상 속에, 표정 속에 그리고 신체의 자세와 거동 속에 반영되는 인간적인 전형(典型)으로 전제되어 있다는 것을 발견하기도 한다.

이제 정신의 특수한 감정과 열정 그리고 상태와 관련해서 정신과 육체의 밀접한 관계를 보면, 이를 확고한 사상(思想)적인 규정으로 환원해서 그 근거를 찾기는 어렵다. 비록 *병리학*과 *관상학*에서는 이러한 관계를 학문적으로 설명하려고 시도했지만, 지금까지 올바른 성과는 없었다. 우리에게는 오직 관상학만이 중요할 수 있다. 왜냐하면 병리학적인 측면은 특정한 감정이나 열정이 특정한 신체기관 속에서 구체적으로 드러나는 방식에만 몰두하기 때문이다. 그래서 예를 들면 몸의 담즙 속에는 화가 들어 있고, 핏속에는 용기가 들어 있다고 말한다. 이는 부차적으로 언급하자면 틀린 표현이다. 왜냐하면 특수한 열정들이 특수한 신체기관들의 활동과 일치하는 것이라면, 분노는 담즙 속에 들어 있는 것이 아니라 분노가 구체화될 때 그 분노의 효력이 주로 담에서 나타나기 때문이다. 그러므로 말했듯이, 여기서 우리에게 이런 병리적인 것은 중요하지 않다. 왜냐하면 조각은 오직 정신적인 내면이 형상으로 외화될 때 거기에서 정신을 육체로서 보이게 하는 것하고만 관련되기 때문이다. 내면의 기관이 감정적으로 느끼고 그때의 심정이 신체에 진동하여 나타나는 것은 조각의 대상이 아니다. 조각은 또 외형 속에 들어서는 많은 것들, 예를 들어 분노할 때 떨리는 손이나 몸의 진동, 입술의 실룩거림 따위도 수용하여 표현하지는 못한다.

관상학과 관련해서도 나는 여기서 다음과 같은 정도만 언급하고자 한다. 즉 인간형상을 근간으로 하는 조각작품이 정신이 지닌 신성(神

性)과 인간성을 대체로 구체적인 형태로 드러내고 그 신성함 안에서 또한 특정한 개성의 특수한 성격을 보여준다면, 신체의 어떤 부분, 어떤 표정과 형태가 특정한 내면성을 가장 적합하게 드러내줄까 하는 점에 대해서도 완전히 기술해야 할 것이다. 우리는 고대 그리스인들의 조각작품을 통해서 그런 단계에 이를 수 있다. 신성과 그 신성 속에 깃든 특수한 성격을 실제로 표현했으면서도, 거기에서 나타난 정신의 표정과 감각적인 형태의 일치가 절대적이 되지 못하고 단지 우연한 자의성에서 나온 것이라고 주장할 수 없을 만큼 탁월한 조각이 나온 것은 고대 그리스인들의 덕택이었다. 그러나 이와 관련해서도 모든 기관은 대체로 단순한 육체적인 측면과 정신적인 표현의 측면 양쪽에서 고찰되어야 한다. 물론 그때 갈(Gall)[1])이 했던 것과 같은 방식을 취하여 마치 정신을 단순히 납골당처럼 취급하는 일은 없어야 할 것이다.

a. 현상에서 배제되는 개별성

조각에서는 그것이 표현할 사명을 띤 내용에 따라, 실체적이고 보편적이면서도 동시에 개성화된 정신성을 띤 것이 어떻게 육체화되고, 그 안에서 현존성을 띠고 형상화되는지 연구하는 쪽으로 나아가야 한다. 말하자면 참된 조각에 맞는 내용을 통해 한편으로 정신적인 것과 육체적인 것 안에서 *외적인* 현상이 지닌 우연한 *개별성*은 배제되고, 조각은 인간의 육체를 형태화한 것 속에 오직 지속적이고 보편적인 것, 법칙에 맞는 것만을 표현해야 한다. 물론 이때는 이 보편적인 것이 개성화되어서 우리에게 단지 추상적인 법칙뿐만 아니라 그와 융합

---

1) 갈(Franz Joseph Gall, 1758~1828), 의사이자 해부학자이며 골상학(骨相學)의 창시자이다.

된 개성적인 형태도 우리 눈앞에 보여주도록 해야 한다.

b. 얼굴표정의 배제

우리가 이미 보았듯이 다른 측면에서 조각은 우연한 주관성과 이 주관성을 스스로 존재하는 내면으로 표현하는 데서 벗어나야 한다. 따라서 관상학적으로 얼굴(Gesicht)의 사소한 표정들을 표현하려고 하는 것은 예술가에게는 금물이다. 왜냐하면 표정이란 다름 아니라 주관적인 내면의 독특함과 그 느낌, 관념, 의도의 개별성을 보여주는 것이기 때문이다. 인간은 자기의 표정 속에 오직 자기 안에서 다름아닌 이 우연적인 주체로서 느끼는 것만을 표현한다. 그것이 자기 자신하고만 관계하든 아니면 다른 대상들과의 관계 속에서 자신을 반영하든, 또는 다른 주체들을 자기 안에서 반영하든 상관없다. 그래서 예를 들면 거리에서, 특히 작은 도시들 안에서는 많은 사람들의 동작이나 표정에서 그들이 오직 자기 자신, 자신들의 옷치장, 몸치장, 자신들이 주관적으로 지니고 있는 특수한 것에만 열중하거나, 아니면 다른 스쳐가는 사람들에게서 엿보이는 어떤 진기하고 눈에 띄는 것에만 열중하는 것을 볼 수 있다. 예를 들어 오만함, 질투, 자만심, 무시하는 표정들이 여기에 속한다. 그 다음에 더 나아가 실체적인 존재가 자신의 특수성에 대해서 느끼고 비교하는 것도 표정의 근거가 될 수 있다. 겸허함, 반항, 위협, 공포 따위가 이런 종류의 표정이다. 그와 같이 비교할 때 주체 자신과 보편적인 것은 서로 분리 되며, 실체에 대한 반성은 언제나 주체 속으로 환원되기 때문에 여기서는 실체가 아닌 주체가 우세한 내용으로 머문다. 그러나 조각의 원리에 엄격하게 충실한 형상은 그처럼 분리된 모습이나 주관성의 우세함이 표현해내서는 안 된다.

끝으로 원래 얼굴의 여러 표정들 외에도 관상학적인 표현은 얼굴에 단지 스쳐지나가는 것들이나 인간이 취하는 표정도 표현한다. 순간적인 미소, 화가 나서 갑자기 눈을 번득이며 굴리는 것, 재빨리 입가에 스쳐가는 비웃음 따위가 그것이다. 이런 점에서 특히 입과 눈은 가장 많이 움직이면서 심정에 깃든 갖가지 기분의 뉘앙스를 수용하고 드러낼 수 있다. 그러나 그런 변화무쌍함은 회화에는 적합할지 몰라도 조각으로 형상화되어서는 안 된다. 반대로 조각은 정신을 표현하는 지속적인 표정을 형상화하는 쪽으로 나아가야 하며, 이를 표정과 자세, 신체의 형태에 고정시켜서 재생해내야 한다.

c. 실체적인 개성

그래서 이처럼 조각의 형상이 갖는 과제는, 본질적으로 실체적인 정신으로 하여금 아직 특수화되지 않은 개성을 띠고 인간형상 속으로 들어가게 함으로써, 오직 정신적인 것과 일치하는 보편적이고 지속적인 것만을 신체형태에 나타나도록 강조하고 변화하는 우연적인 것은 배제시켜 현상하도록 조화를 이루는 데 있다. 물론 그렇다고 해서 개성을 형상화하는 일을 빠뜨려서는 안 된다.

이처럼 조각은 내면과 외면이 완전히 조화를 이루도록 형상화하는 일에 도달해야 한다. 이제 우리는 아직 또 고찰해야 할 *세 번째* 사항으로 넘어가기로 한다.

3. 고전적인 이상이 깃든 예술로서의 조각

지금까지 고찰한 결과에 이어서 그 다음으로 고찰할 것은, 조각은 다른 어떤 예술보다도 더 독특하게 이상(理想)을 향해 고정되어 있다는 점이다. 다시 말해 조각은 한편으로는 스스로 정신으로 포착되는 내용의 명료성의 측면에서 보든, 아니면 그것이 표현하는 것이 그 내용과 전적으로 합당하다는 측면에서 보든 상징적인 예술로부터 나온다. 그러나 다른 한편으로 조각은 외적인 형상과 아무 상관이 없는 내면의 주관성 속으로는 아직 들어가지 못한다. 그렇기 때문에 조각은 고전적 예술형식의 중심을 이룬다. 물론 건축과 회화에서 나타나는 상징적인 것과 낭만적인 것도 역시 고전적인 이상에 적합한 것으로 보이기는 한다. 그러나 자신의 본래의 영역 속에 머물고 있는 이상은 이러한 상징적 낭만적 예술형식들의 최고법칙은 아니다. 왜냐하면 그 예술들은 조각에서처럼 즉자대자적으로(절대적으로, an und für sich) 존재하는 개성이나 아주 객관적인 성격, 또는 미적이고 자유로운 필연성을 그 대상으로 삼지는 않기 때문이다. 그러나 조각의 형상은 전적으로 모든 우연한 정신의 주관성과 신체형태로부터 벗어나 사유하는 상상력을 지닌 순수한 정신으로부터 강조되어 나와야하며, 독특성에 대한 주관적인 선호나 감정, 쾌락, 다양한 착상들의 자극을 그 안에 띠고 있어서는 안 된다. 그 이유는 우리가 보았듯이 조각에서 최고의 조각으로 형태를 만들어 내려고 의도하는 예술가에게 주어진 것은 단지 인간형상의 구조와 일반적인 인체기관의 형태 속에 들어 있는 정신의 육체성이기 때문이다. 그리고 조각가가 고안해내는 것은 일부는 역시 내면과 외면이 보편적으로 일치되어 나타나는 모습에 국한되고, 일부는 오로지 조용히 실체적인 것에 밀착하고 그와 뒤얽혀 나타나는 개성을 드러내는 데 국한된다. 신들이 그들의 영역에서 영원한 이념에 따라 창조해내지만 그 외에 현실에서는 모든 것을 피조물의 자유와 독자성에 내맡기듯이, 조각도 그런 식으로 형상을 만들어내야

고대 그리스의 최고 비극 작가로 꼽히는 소포클레스. 그리스 시대의 인간정신을 가장 잘 표현한 작가로 알려져 있다

한다. 마찬가지로 신학자들도 신이 하는 일과 인간이 그의 광기와 자의(恣意)를 좇아 행하는 일을 서로 구별한다. 그러나 조형적인 이상(理想)은 그러한 물음들을 초월한다. 왜냐하면 그것은 지복(至福, 열락, die Seligkeit)하고 자유로운 필연성의 한가운데에 머물러 있으므로, 그것에게는 보편적인 것이 지닌 추상성이나 특수한 것이 지닌 자의성도 그 가치와 의미를 유지하지 못하기 때문이다.

신성과 인간성을 이처럼 완성된 조형으로 만드는 의미는 주로 고대 그리스에 널리 퍼져 있었다. 만약에 고대 그리스를 이해하는 열쇠로 조각의 이상을 함께 통찰하거나, 서사시와 극시의 주인공들뿐만 아니라 실제의 정치가(政治家)들과 철학자(哲學者)들도 이러한 조형성의 관점에서 고찰하지 않는다면, 그리스의 시인들이나 연설가들, 역사가들, 철학자들의 모습 속에서 당시 그리스의 중심을 이루었던 요소들을 파악할 수 없다. 왜냐하면 시를 짓거나 사유하던 인물처럼 행동하던 인물들도 역시 미적이던 고대 그리스 시대에는 이런 조형적이고 보편적이면서도 개별적이고 내적으로나 외적으로 통일된 성격을 지니고 있었기 때문이다. 그들은 그들의 실체적이고 특수한 기반 위에서 위대하고 자유로우면서도 독자적으로 자랐으며 과거에 자기들이

프리네(Phryne). 법정에 선 그녀의 아름다운 나체를 보고 감탄을 금치 못하는 배심원들의 모습이 보인다

그랬던 모습대로 그리고 또 자기들이 되고자 하는 모습대로 자신들을 산출하고 형성했다. 특히 페리클레스 시대는 그런 성격을 지닌 인물들이 풍부하게 나왔다. 페리클레스(Perikles) 자신이 그러했으며 피디아스(Phidias), 플라톤(Platon), 특히 소포클레스(Sophokles), 투키디데스(Thukydides), 크세노폰(Xenophon), 소크라테스(Sokrates) 등 그들 중 어느 누구도 다른 사람의 방식 때문에 조금이라도 왜소해지는 일이 없이 각자 자기 방식에 머물렀다.[2] 오히려 그들은 모두가 아주 고상한 예술가적인 본성을 지녔고 그들 스스로 이상적인 예술가, 즉 완전한 개인들이었다. 그들 자신이 마치 불멸하는 신상들처럼 어떤

---

[2] 이 부분의 설명에서 우리는 헤겔이 고대 그리스의 세계를 얼마나 이상화(理想化)하고 미화(美化)시키고 있는지를 알 수 있다.

시간성이나 죽음의 요소도 띠지 않은 예술작품들이었다.

　그와 비슷한 조형성을 띤 것으로는 올림픽 경기에서 승리한 자들의 육체를 예술작품으로 만든 것들이 있다. 또한 마치 물속에서 불쑥 솟아올라온 듯 아름다운 나체상으로 모든 그리스인들 앞에 서 있는 여인 프리네(Phryne)[3]의 조각상도 그런 것이다.

---

[3] 프리네(Phryne)의 본명은 'Muesarete'로 기원전 4세기경에 고대 그리스의 아테네에서 활동한 유명한 창녀이다. 자신의 미모로 많은 재산을 모으자 테베 시의 성벽을 재건할 때 공사비를 부담했을 정도다. 그녀는 당시 그녀의 정부이자 유명한 조각가인 프락시텔레스가 만든 〈크니디아의 아프로디테〉 조각상의 모델이기도 했다고 한다. 그녀는 당시 사형에 해당되는 신성모독죄(이 죄명으로 철학자 소크라테스가 사형을 당하기도 했다!)로 기소되어 법정에 서자 그녀의 변호를 맡은 웅변가 히페리데스가 자신의 변호가 재판관들 앞에서 별 효험이 없자 프리네의 옷을 찢어 그녀의 젖가슴을 보여줘 이에 놀라고(?) 감동한 배심원들이 그녀를 석방시켜주었다고 한다.

제2장 조각의 이상(理想)

    원래의 이상적인 조각양식으로 넘어가 고찰하는 데 있어서, 우리는 다시 한 번 완전한 예술 이전에 먼저 불완전한 것이 필연적으로 나타났다는 사실을, 그것도 단지 우리에게 중요하지 않은 기술적인 측면에서뿐만 아니라 보편적인 이념(die allgemeine Idee)과 구상 그리고 이들을 이상적으로 표현하는 방식에서도 그랬었다는 것을 상기해야 한다. 우리는 대체로 무엇인가를 추구하는 예술(suchende Kunst)을 상징적인 예술이라고 불렀다. 그래서 순수한 조각도 역시 상징적인 것을 그 전제로 할 뿐 상징적인 예술일반의 단계인 건축을 전제로 하지는 않는다. 그때의 조각은 바로 아직도 상징적인 특성을 내포하고 있는 조각이다. 이것이 고대 이집트의 조각에 해당되는 경우라는 것을 우리는 뒤의 제3장에 가서 보게 될 것이다.
    우리는 여기 이상(理想)의 입장에 서서, 전적으로 추상적이고 형식적이며 일반적으로 모든 특정한 예술의 *불완전함*을 이루는 것이 바로 예술의 상징성이라고 가정할 수 있다. 예를 들어 아이들이 사람의 형상을 그리거나 왁스나 흙으로 그런 모양을 빚으려고 시도하는 것이 그것이다. 그 아이들이 만들어내는 것은 표현되어야 할 생동성을 암시만 할 뿐, 대상과 그 의미 자체에는 완전히 충실하지 못하므로 단순한 상징으로 머문다. 그래서 이때 예술은 처음에는 상형문자 같은 것이지 우연적이고 자의적으로 표현된 것은 아니며, 대상을 대충 상상하게끔 그린 것이다. 여기에는 비록 형태가 조악하더라도 만약에 그것이 원래 의미했던 형상을 상기시킬 수만 있다면 그것으로 족하다. 마찬가지로 그리스도나 마리아(Maria) 또는 어떤 성자(聖者)의 초상화가 아무리 서투른 그림으로 그려지고 서투르게 모방되고 조각되거나, 또는 예를 들어 등불이나 받침대, 맷돌 같은 물건들을 덧붙여 개별적으로 장식한 것이라 해도 경건한 마음은 여전히 그런 상(像)들을 섬긴다. 왜냐하면 경건함은 오직 본래의 대상을 상기할 수 있기만을 원하기 때문이다. 그 밖의 것은 비록 충실하게 모사되지 못한 모상(模像)일지라도 그것을 통해서 그 대상에 대해 상상하는 심정에 의해서 충족될 수 있다. 거기에서 요구되는 것은 현재를 생생하게 표현하는 일도, 스스로 우리에게 점화(點火)되어야 할 현재적인 것도 아니다. 반대로 거기에서 예술작품은 비록 일치하지 않는 형상을 통해서도 그 표현하고자 하는 대상에 대해 보편적인 표상(表象)을 자극하는 것으로 만족한다. 그러나 표상은 늘 무엇을 추상한다. 예를 들어 집이나 나무, 인간처럼 이미 알려져 있는 것은 표상하기가 쉽다. 이때 표상은 비록 아주 특정한 것에 익숙해 있더라도 매우 보편적인 특징에 머무르며, 대체로 그것이 구체적으로 어떤 대상들을 직관하더라도 그 직접적인 단일성을 제거하고 이를 단순화할 때 비로소 원래의 *표상*이 된다. 예술형상을 일깨우게 규정된 표상이 신성한 것을 표상하면 이는 모든 사람들, 즉 한 민족 전체가 인식할 수 있는 것이어야 하므로, 이 목적은 특히 표현방식에 아무런 *변화*도 일어나지 않음으로써 달성된다. 그럼으로써 이때 예술은 한편으로 관습적인 것이 되고, 다른 한편으로 정체(停滯)적인 것이 된다. 이는 고대 이집트 예술에서뿐만 아니라 고대 그리스와 기독교 예술(christliche Kunst)의 경우에도 마찬가지여서, 예술가는 특정한 형태들을 고수하고 같은 유형을 반복해서 만들어 내야 했다.

그러므로 예술이 미적(美的)으로 각성하면서 거창하게 이행하는 과정을 우리는 예술가가 자유로이 자기이념에 따라 만들어내고 천재적인 섬광이 인습적인 것 안에 들어가 표현함으로써 신선함과 생동성을 부여한 데서 비로소 찾을 수 있다. 그때 비로소 정신의 음향은 예술작품 위에 퍼지고, 그 작품은 단지 의식(意識)에 일반적으로 표상되어 그 작품을 바라보는 자의 마음속에 이미 간직된 더 심오한 의미를 상기시키는 데만 그치지 않고, 더 나아가 이 의미를 아주 개성적인 형상으로, 생생한 현재의 모습으로 표현한다. 그러므로 그것은 단순히 피상적이고 보편적인 형태에만 머물지도, 그렇다고 해서 달리 더 개별적으로 규정해서 통속적인 기존현실의 특징으로 만들어 내지도 않는다.

이런 점에서 우리는 여기에서 다음과 같은 관점들과 관련된 것을 확립해야 한다.

첫째로, 여기에서 중요한 것은 방금 언급한 단계들과 대립되는 이상적인 형상들과 그 형태들이 지닌 보편적인 특성이다.

둘째로, 우리는 중요한 특별한 측면들인 얼굴의 형태, 의상, 신체의 자세 따위를 표현하는 방식을 언급해야 한다.

셋째로, 이상적인 형상은 대체로 미의 보편적인 형태만이 아니라, 참으로 생동적인 이상(理想)에 속하는 개성의 원리에 의해서 본질적으로 특수성과 그 안에 있는 피규정성의 측면도 포괄한다. 그로써 조각의 영역은 개별적인 신상(神像)들이나 영웅들 따위를 시리즈로 형상화하는 일로 확대된다.

1. 이상적인 조각형상이 지닌 보편적인 특성

고전적인 이상(理想)의 보편적인 원리가 무엇인지에 대해서 우리는 앞서 이미 좀 더 상세히 살펴보았다. 그러므로 여기서는 다만 이 원리가 조각에 의해 어떤 방식으로 인간형상의 형태로 현실화되는가라는 물음만 주어진다. 이런 점에서 정신을 표현하는 인간의 얼굴모습과 태도는 단순한 자연성과 이를 만족시키는 동물적인 기관의 합목적적 구조에 그치는 동물의 태도와는 차이가 나면서 좀 더 잘 비교가 된다. 그러나 이러한 기준도 아직은 확정되지 않은 것이다. 왜냐하면 인간형상 그 자체는 신체형태 면에서나 정신적인 표현 면에서나 원래 단순히 이상적인 성질만을 띠고 있지는 않기 때문이다. 반대로 우리는 고대 그리스의 미적인 대작(大作)들을 좀 더 자세히 보면 조각의 이상이 정신적 미적으로 형상화하여 표현함으로써 성취한 것이 무엇인지 깨달을 수 있다. 특히 이러한 인식과 그리스 예술(die griechische Kunst)에 대해 통찰하고 생생한 애착을 지니고 있던 *빙켈만(Winckelmann)*은, 고대 그리스 예술을 재생하는 열광적인 직관과 이성적인 분별력을 갖고 조각상 부분들의 특성들을 개별적으로 규정하고 찾음으로써 고대 그리스의 미적인 이상에 대해 난무하는 불특정한 잡다한 말들을 추방시킨 사람이었다. 오직 이런 시도만이 유일하게 많은 가르침을 주었다. 그 결과 사람들은 그가 얻어낸 것에 대해서 물론 여전히 개별적으로 예리한 언급이나 주지를 하거나 또는 다른 예외사항 같은 것들을 더 덧붙일 수는 있다. 그러나 그처럼 개별사항을 확대해서 빙켈만이 저지른 개별적인 오류를 알아내더라도, 그가 그리스 예술에 대해 확립한 주요한 업적을 간과해서는 안 될 것이다. 아무리 그리스에 대한 지식을 넓히더라도 그 점만은 늘 가장 중요한 것으로 선행되어

아테네 여신을 위해서 그리스의 도시 아테네에 세워진 파르테논(parthenon) 신전

야 한다. 그렇지만 빙켈만의 사후에 고대 조각작품에 대한 지식의 양도 대단한 증가를 보였거니와, 작품들의 양식과 미적인 가치를 인정하는 데 있어서도 더 확고한 입장을 지니게 되었다는 것 역시 부인할 수 없다. 물론 빙켈만은 광범하게 많은 고대 이집트와 그리스 조각상들을 직접 보았다. 그러나 근대에 와서 그 외에도 그리스의 에기나 섬에서 발견된 조각품들과 일부는 피디아스의 작품이라고 일컬어지고 일부는 그가 살던 시대에 그가 직접 지휘하여 만들어졌을 것으로 인정되는 대작들을 더 상세히 관조하게 되었다. 간단히 말해, 우리는 엄격한 고전적인 양식과 관련해서 고대 그리스 예술이 가장 번성하던 시기에 속하는 일련의 조각상들과 부조들과 더 친밀하게 될 것이다. 고대 그리스의 이 경탄할 만한 기념비적인 조각품들을 우리가 대하게 된 것은, 분명히 주터키 영국대사로서 아테네의 파르테논(Parthenon) 신전과 그 밖에 그리스 다른 도시들로부터 매우 아름다운 조각상들과 부조(浮彫)들을 영국으로 가져온 엘진 경(Lord Elgin) 덕분이었다. 사람들은 이런 취득행위를 신전약탈이라며 신랄하게 비난했지만, 사실 엘진 백작은 이 예술작품들을 구제하여 그것들이 유럽에서 완전히 사라지는 것을

강의 신 아켈루스(Achelous)를 부조로 새긴 주화(鑄貨)의 한 면

막아준 사람이다. 그의 공로는 매번 인정하지 않을 수 없는 것이다.

그 뿐만 아니라 이를 계기로 모든 지식인들은 견실하고 엄격한 그 조각품들을 봄으로써, 원래 위대하고 숭고한 이상을 이룩했던 고대 그리스 조각의 시대와 그 표현방식에 예술적인 관심을 기울이고 또 이를 향유(享有)하게 되었다. 이 시대의 작품들에 관해서 여론은 이미 피디아스 이후의 시대에 와서 외적으로 관객에게 즐거움을 주는 것을 목적으로 삼은 조각형태나 매력적이고 우아한 자세, 부드러운 표정 또는 부드럽고도 대담하게 다룬 솜씨의 가치를 인정하기보다는, 오히려 거꾸로 대체로 그 조각형상들 안에 정신이 독자적으로 안주하고 있는 모습을 표현해낸 것을 칭찬하였다. 뿐만 아니라 더 나아가 특히 가장 경탄할 만한 것은 자연성과 질료성을 완전히 관통하여 달성된 자유로운 생동성(生動性, die Lebendigkeit)이었다. 여기에서 예술가는 대리석을 부드럽게 다듬어 거기에 생기를 불어넣어 영활(靈活)시킨 것이었다. 특히 고대로부터 우리에게 남아 전해져 온 조각상들 가운데 가장 아름다운 것에 속하는 저 누워 있는 강(江)[1]의 신이야말로 늘

---

1) 그리스 신화에서 강(江)의 신은 아켈루스(Achelous)인데, 이는 실제로 그리스 내를 흐르는 긴 강인 아켈루스강을 의인화한 것이다. 길게 흘러가는 강의 이미지에서 따온 신을 '누워있는 모습'으로 표현한 것이다.

칭찬의 대상이 되고 있다.

  a) 이 작품들이 지닌 생동성은 그것들이 예술가의 정신에 의해 자유로이 창조되었을 때 드러난다. 이 단계에서 예술가는 대충 윤곽이나 암시적인 표현들을 통해 자기가 표현하고자 하는 것을 일반적으로 표상하게 하는 데 만족하지 않으며, 다른 한편으로 그가 외부로부터 우연히 받아들인 개별적이고 단독적인 것들을 그 모습대로 형상화하지도 않는다. 즉 예술가는 그것들이 띠고 있는 우연적인 특징을 충실하게 재생하는 것이 아니라, 자유롭고 독자적으로 창조하는 가운데 경험적으로 취득한 개별적인 사건들을 인간형상의 보편적인 형태와 개성으로 다시 조화시킨다. 이 조화는 예술가가 현상시킬 임무를 띤 정신적인 내용에 의해서 완벽하게 관통되었음을 보여주며, 또한 예술가 자신의 독자적인 생동성과 구상(構想) 그리고 활력도 보여준다. 그러나 내용 속에 있는 보편성은 예술가에 의해 창조된 것이 아니다. 신화나 설화에서 인간형상의 보편성과 개별적인 것들은 이미 기존의 것으로 예술가에게 주어진 것이다. 그러나 예술가가 그 모든 부분을 관통하여 자유로이 독자적으로 개성을 부여하는 것은 예술가 자신이 직관하여 작품화하면서 그 자신이 이룬 공적이었다.

  b) 이 생동성과 자유로움이 미치는 효과와 매력은 각각의 모든 부분들이 정확하고 충실하게 다듬어져 표현됨으로써만 드러날 것이다. 그러기 위해서는 그 부분들이 고요한 상태로 있든 움직이고 있든, 그것들의 성질과 상태에 대해서 특정한 지식과 직관을 지니는 것이 필요하다. 즉 여러 다른 신체 부분들이 정지하고 있거나 움직이는 상태, 누워 있는 상태, 그 부분들의 둥글거나 납작한 모양 등은 모두 아

주 자세히 표현되어야 한다. 우리는 모든 고대 그리스의 작품들에서 이처럼 철저한 작업을 통해 신체의 모든 개개의 부위들이 드러난 모습을 발견한다. 그러나 영혼을 띤 모습은 오직 부단히 신중하고 진실한 작업을 통해서만 드러낼 수 있다. 그런 작품들을 쳐다보노라면 처음에는 그 많은 차이들을 분명히 깨닫지 못할 수도 있어서, 이런 차이들은 확실한 조명빛이나 더 강한 명암을 통해서만 분명해지거나 아니면 만져보아야 비로소 느낄 수 있다. 물론 이런 섬세한 뉘앙스들은 처음에 쳐다볼 때는 깨닫지 못하더라도, 거기에서 솟구쳐 나오는 일반적인 인상은 사라지지 않는다. 그런 뉘앙스들은 때로는 관객이 다른 위치에 서서 바라볼 때 드러나며, 때로는 거기에서 본질적으로 모든 신체부위들과 그 형태의 유기적인 유연성을 느낄 수 있다. 이처럼 향기로운 생동성을 띠고 질료로 형상화된 영혼은 오직 모든 신체부위들이 완전하게 그 특수성 안에 머물러 있으면서도, 자기와 가까이 있는 다른 부위들하고만 관계하지 않고 신체 전체와 부단히 풍요롭게 관계하게 될 때만 드러난다. 그때 그 형상은 모든 점에서 완벽하게 활력을 띤 모습으로 나타나고, 이때 각각의 부위도 역시 목적에 적합하게 된다. 모든 부위들에는 그 차이가 있고 독특한 특성이 있으면서도, 그것들은 대개 유연성을 띠고 전체 안에서만 그 가치를 지니기 때문에 단편적인 것 안에서도 전체를 인식할 수 있다. 그런 부분들은 손상되지 않은 전체성을 직관하고 향유하도록 허용한다. 대부분의 고대 조각상들은 오늘날에 와서는 기후 때문에 표면이 상해 있기는 하지만 그 피부는 부드럽고 탄력이 있다. 비록 차가운 대리석이라도 마찬가지다. 예를 들어 뛰어난 말머리 조각상에서도 열렬한 생명력이 솟구쳐오르는 것을 볼 수 있다. 이처럼 유기적인 윤곽들이 조용히 상호침투하여 단지 규칙적인 표면이나 둥글거나 불룩한 것을 형성하지 않고 확실하게 가공되고 만들어질 때, 그와 결부되어 나타나는 것이 비로소 저 향기로운 생동성이다. 이는 모든 부위들에게 부드러움과 이상성(理想性, die Idealität), 그리고 조화를 부여하면서 활력을 띤 정신적인 호흡으로 전체적으로 확산된다.

  c) 그러나 아무리 형태들이 개별적이면서 보편적으로 표현되더라도, 이런 것은 자연적인 것 자체를 충실하게 복사한 것은 아니다. 왜냐하면 조각은 늘 형태의 추상성과 관련되며, 따라서 한편으로는 본래 단순히 자연적인 기능을 암시하는 육체성을 벗어나야 하고 다른 한편으로는 외적으로 지나치게 개별화되어서도 안 되기 때문이다. 예를 들어 조각에서 머리카락을 표현할 때는 단지 그 일반적인 형태만을 포착해서 표현해야 한다. 조각은 오직 이런 방식으로 인간형상을 단순한 자연형태들(die Naturformen)이 아닌 정신의 형상으로 표현해야 한다. 그때 이와 더 밀접하게 관련되는 것은, 정신적인 내용은 비록 조각에 의해서 육체적인 것 안에서 표현되더라도, 참된 이상(理想)에 있어서 외적인 것 자체는 그 고상하고 우아한 모습만으로도 관객의 호감을 끌 정도로 *그렇게 지나치게 외화*(外化)되지는 않는다는 점이다. 오히려 그 반대이다. 참되고 엄격한 이상(理想)은 정신성을 잘 구체화하여 형상을 만들고 현재적인 것으로 표현할 때에도 그 형상은 언제나 그 정신적인 내용에 의해서만 완전하게 관통되고 지탱되는 것으로 보여야 한다. 정신의 개별성이 그 고유한 특수성에 따라 관객의 주관성과 비슷하고 그에 근접한 주관성을 표현하는 데로 나아가서는 안 되는 것처럼, 생명감의 시초, 육체의 기관들이 보여주는 부드러움과 사랑스러움, 감각적인 충만함과 아름다움도 그 자체가 표현의 목적이 되어서는 안 된다.

2. 이상적인 조각형상 자체의 특수한 측면들

우리는 이상적인 조각형상의 중요한 점들에 대해 특별히 고찰하는 데 있어서, 본질적으로 대단한 감각을 지녔던 덕택에 다행히도 고대 조각의 독특한 형태들과 고대 그리스 예술가들이 이를 다뤄 이상적인 조각으로 가치 있게 형상화해 낸 방식에 대해 언급할 수 있었던 빙켈만의 견해를 따르고자 한다. 조각에서 형상 위로 흐르는 듯이 표현되는 생동성은 물론 오성의 규정들에서 벗어난다. 왜냐하면 여기서 오성은 특수한 것을 건축에서처럼 그렇게 확고하게 고정시키거나 관통하지 못하기 때문이다. 그러나 이미 우리가 보았듯이 여기에서는 일반적으로 자유로운 정신성과 육체적인 형태들 간의 관계가 제시될 수 있다.

이런 점에서 우리가 우선적으로 할 수 있는 것은, 인간의 형상이 *정신적인 것을 표현하는* 기준인 조각작품 일반의 규정과 관련해서 그 차이를 구별하는 일이다. 정신적인 표현은 물론 육체적인 현상 전체에 걸쳐서 주조(鑄造)되어 나타나야 하지만, 대개는 얼굴을 형성하는 데서 집약되고, 반면에 그 밖의 신체부위들은 그것들의 *자세*가 스스로 자유로운 정신으로부터 나올 때 그 안에서 정신적인 것을 반영할 수 있다.

우리는 *첫째*, 두상(頭像)에서 나타나는 이상적인 형태를 고찰하는 데서 시작해서, *둘째*는 신체의 자세를 고찰하고, 그 다음 *셋째*로 의상(衣裳)의 원리에 대해 언급하면서 끝을 맺고자 한다.

a. 고대 그리스적인 인물상의 윤곽

우리는 특히 고대 그리스 조각에서 이상적으로 형성된 인간의 두상

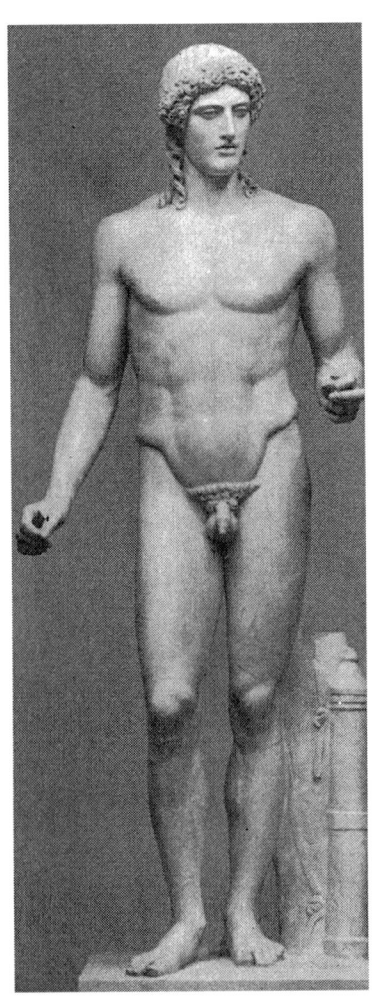

아폴론 신상. 그리스적인 조각이 보여주는 가장 이상적인 형태를 갖추고 있는 이 신상의 코의 선(線)은 본문에서 헤겔이 언급하고 있듯이 '코로 흐르는 선이 양자의 차이를 거의 드러내지 않고 거의 직선적'으로 내려오고 있다. 기원전 450년경에 그리스의 최대(最大) 조각가였던 피디아스가 만든 작품을 후에 로마시대에 와서 복제한 것이다

(頭像, menschlicher Haupt)을 보면 소위 *그리스적인 인물상의 윤곽*을 만나게 된다.

　α) 이 윤곽은 이마와 코가 특수하게 연결되는 데서 나타난다. 즉 이마에서 코로 흐르는 선이 양자의 차이를 거의 드러내지 않고 거의 직

제2편 조각 _ 219

선적이거나 부드럽게 구부러져 내리며, 이는 더 자세히 보면 그 다음에 계속해서 수직 방향으로 흘러내린다. 이 두 번째 선은 콧부리에서 귓구멍으로 이어지는 곳까지 그으면 저 첫 번째 이마와 코를 잇는 선과 직각을 이룬다. 보통 이상적이고 미적인 조각에서는 코와 이마가 그처럼 이어진 선(線)에서 서로 대응하고 있다. 따라서 이러한 선으로 표현되는 것이 단순히 그리스 민족에게 특유한 예술가적인 우연성에서 나온 것인지, 아니면 생리학적인 필연성에서 나온 것인지에 대해서는 의문이 생긴다.

네덜란드의 저명한 생리학자인 캄퍼[2]는 특히 이 선을 더 상세히 규명하면서 얼굴의 미를 규정하는 선이라고 그 특징을 말했다. 그는 그 선에서 인간의 얼굴형상과 동물의 얼굴윤곽 사이에 있는 주요 차이를 발견하였고, 또 이 선이 여러 다른 인종들에게서는 어떻게 변화하고 있는지를 추적했다. 물론 이 점에서 블루멘바흐는 캄퍼와 반대되는 의견으로 맞서고 있다.[3] 그러나 위에 언급된 선은 실제로 일반적으로 인간의 얼굴과 동물의 얼굴 모습을 아주 뚜렷하게 구별해 주는 선이다. 동물에서도 주둥이와 코뼈가 다소 직선을 이루고 있기는 하다. 그러나 동물의 주둥이가 특별히 앞으로 튀어나와 있는 것은 곧 앞에 있는 대상(먹이―역자주)을 향해 달려들고자 하는 것과 아주 실제적으로 관계되며, 이는 본질적으로 두개골의 상태에 의해 결정된다. 두개골에는 귀가 더 위쪽이나 더 아래쪽에 위치해 있어서, 콧부리나 윗턱으로―즉 이빨이 들어 있는 쪽으로―이어지는 선은 두개골

---

[2] 캄퍼(Petrus Camper, 1772~1789). 네덜란드의 해부학자.
[3] 요한 F. 블루멘바흐(Johann F.Blumenbach, 1752~1840). 독일의 자연탐구가이자 의학자. 헤겔은 그의 주요작품으로 《인종의 자연적인 변이에 대해서(De generis humani varietate nativa)》(1775년 괴팅겐)를 언급하고 있다.

과 예각을 이룬다. 그러나 인간의 경우에는 이 부분이 직각을 이룬다. 인간은 누구나 인간과 동물 사이에 있는 이 차이를 일반적으로 느끼고 있다. 그리고 물론 이와 같은 차이는 인간으로 하여금 뭔가 더 특정한 것에 대해 생각을 하도록 유도한다.

αα) 동물의 신체구조에서 가장 두드러진 것은 먹이를 씹어먹는 도구로서 위턱과 아래턱, 이빨 그리고 씹는 근육을 가진 주둥이이다. 이 주요 기관에 비해 다른 기관들은 단지 그것에 봉사하고 보조하는 역할을 한다. 특히 킁킁거리며 먹이를 찾는 코가 그렇다. 그보다 더 단계가 낮은 것은 먹이를 찾아 헤매는 눈이다. 이처럼 오직 자연적인 욕구와 이를 충족하는 데만 사용되도록 두드러지게 형상화된 것을 볼 때, 이는 동물의 머리가 정신적인 이상을 담고 있지 않고 대신 오직 자연적인 기능에 맞게 사용된다는 것을 말해 준다. 그러므로 동물의 전체 기관들 가운데 먹이를 씹는 기관의 위상에 대해 이해할 수 있다. 다시 말해 먹이의 특정한 형태는 주둥이가 특정한 구조와 특수한 종류의 이빨을 갖출 것을 요구하며, 이는 더 나아가 턱과 씹는 근육턱뼈, 척추, 정강이뼈, 발톱 등과도 아주 밀접한 관련이 있다. 동물의 몸은 단순한 자연적인 목적에만 봉사하며, 단지 먹이를 조달하는 감각적인 것에만 의존하므로 비정신성을 표현하는 데만 이용된다. 이런 기관들이 동물들에게서는 가장 중요한 것으로 드러난다. 반면에 인간의 용모는 그 구체적인 형상에서 정신적인 특징을 띠고 있으므로, 이처럼 음식을 섭취하는 데 쓰이는 기관들은 *이론적인*, 즉 이념적인 관계를 시사하는 기관들보다 뒤쳐지게 된다.

ββ) 그러므로 인간의 얼굴에는 다른 두 *번째의* 중심이 있으며, 그 안에서 사물들에 대해 풍부한 감정을 띤 정신적인 태도가 드러난다. 이것은 얼굴의 윗부분, 즉 생각하는 이마와 그 밑에 있으면서 영혼을

드러내는 눈과 그 주위의 부위에 해당된다. 다시 말해 이마는 생각(das Sinnen), 반성, 정신의 자기회귀와 관계되며, 그 정신의 내면은 곧 눈에 명료하게 집중되어 밖으로 비쳐 나온다. 입과 광대뼈는 뒤로 처지는 반면에 이마는 튀어나옴으로써 인간의 얼굴은 *정신적인 특성*을 띤다. 그럼으로써 이처럼 앞으로 나온 이마는 두개골 전체의 구조에 필연적으로 결정적인 것이 된다. 이때 그 두개골은 뒤로 처져서 그 끝이 앞으로 튀어나온 입과 예각을 이루는 것이 아니라, 이마로부터 시작해서 코를 거쳐 턱 끝까지 하나의 선을 그으며, 이 선은 뒷골을 지나 이마 끝까지 그어진 두 번째의 선과 직각 또는 직각에 가까운 각을 이룬다.

γγ) *셋째로*, 얼굴의 아랫부분에서 윗부분으로 넘어가는 것을 이어주면서 이론적이고 정신적인 이마와 음식을 섭취하는 실제 기관 사이를 연결해주는 것은 바로 *코*다. 이것도 역시 후각기관으로서, 그 자연적인 기능상 외부세계에 대한 이론적 또는 실제적인 관계의 중간 위치를 차지한다. 물론 이 중앙에 서 있는 코는 아직은 동물적인 욕구를 따르는 쪽에 속한다. 왜냐하면 냄새 맡는 것은 본질적으로 맛과 관계하며, 동물에서도 코는 입과 양분을 취하는 일에 봉사하고 있기 때문이다. 그러나 냄새 맡는 것 자체는 아직 씹어 먹어서 맛을 느끼거나 대상을 직접 실제로 흡수하는 것은 아니고, 다만 대상이 공기에 의해 보이지 않게 은밀히 용해될 때 이에 파고들어가 포착하는 과정만을 이행한다. 이마에서 코로 넘어가는 부분에서 이마가 앞으로 튀어나오다가 코보다 뒤로 처지고 반면에 코는 이마 쪽으로 눌려 들어갔다가 다시 돌출하는 식이 되면, 얼굴의 양쪽 부분, 즉 사색하는 일을 하는 이마 부분과 실제적인 일을 하는 코와 입부분은 뚜렷한 대조를 이룬다. 이때 그 양쪽에 다 속하는 코는 이마 부분에서 입 부분으로 이어

진다. 그때 이마는 고립된 위치에서 강하게 표현되며, 입과는 대조적으로 그 안에 고집스럽게 정신이 집중된 것을 표현한다. 이때의 입은 양분을 섭취하는 기관이며, 또 코는 먹는 욕구를 먼저 불러일으키는 도구로서 냄새를 맡게 하려는 물리적인 욕구에 맞게 만들어진 것으로 보인다. 그 다음에 더 나아가 코와 이마의 형태가 불확정적으로 우연하게 만들어지는 것도 이와 관계된다. 즉 이마의 굽어진 모양과 튀어나오거나 들어간 형태는 확고한 피규정성(Bestimmtheit)을 상실한다. 그래서 코는 납작하거나 뾰족하거나, 아래로 처졌거나 굽었거나 또는 안으로 눌려 있거나 들창코일 수도 있다.

그에 반해 부드럽게 균형이 잡히고 아름다운 조화를 이루는 코는 이마 쪽에 더 속하는 형태로 드러난다. 이는 고대 그리스의 얼굴윤곽에서 정신적인 이마와 얼굴의 상반부와 하반부 사이에 있는 코가 서로 부드럽고 중단되지 않은 선으로 연결됨을 나타낸다. 그때 코는 정신적인 것 쪽으로 기울어지고 그 자체가 정신적인 것을 표현하는 특징을 지닌 기관으로 드러난다. 냄새 맡는 것이 사실 코의 찌푸림 등에 의해서—이러한 움직임이 아무리 하찮더라도—정신적인 판단이나 느낌 방식을 아주 활발히 표현해 보여주듯이, 이때 코는 생각하면서 냄새를 맡는, 즉 정신활동을 하는 섬세한 코가 된다. 그래서 우리는 예를 들어 자만심이 강한 사람을 보면 그의 코가 높다고 말하거나, 위로 올라간 코를 가진 젊은 처녀를 보고 새침하다고 말한다.

입의 경우도 이와 비슷하다. 입은 비록 한편으로는 배고픔과 갈증을 충족시키는 도구로 규정되지만, 또 한편으로는 정신적인 상태나 생각, 열정을 표현하기도 한다. 이와 관련해 입은 동물에게서는 소리를 지르는 데 쓰이며, 인간에게서는 말하고 웃고 탄식하는 데 쓰인다. 그때 입모양 자체는 기쁨, 고통 같은 정신적인 상태를 대변해 준다.

물론 사람들은 그런 얼굴의 형태가 바로 *그리스인들*에게서는 오직 본래의 미적인 얼굴 형태로만 나타난다고 말하기도 한다. 그에 반해 중국인이나 유태인, 이집트인들은 그리스식과는 전혀 다른 형태의 얼굴을 보고 마찬가지로 아름답거나 오히려 더 아름답다고 간주했다는 것이다. 그래서 그들은 엄격히 말해서 고대 그리스인의 얼굴윤곽이 참된 미의 전형으로 증명되는 것은 아니라고 주장하였다. 그러나 이런 말은 피상적인 지껄임에 불과하다. 고대 그리스인들의 얼굴윤곽을 단지 외적으로 우연한 형태로 간주해서는 안 된다. 그 형태야말로 절대적으로 이상적(理想的)인 미에 속하는 것이었다. 왜냐하면 첫째, 바로 그런 얼굴형상에 표현된 정신성은 단순한 자연성을 뒤로 물리치는 형상이며 둘째, 단순한 법칙성(法則性, Gesetzmäßigkeit)을 보이되 어떤 개성도 추방하는 우연적인 형태와는 가장 거리가 먼 얼굴이기 때문이다.

β) 더 나아가 개별적인 각각의 형태와 관련해 나는 여기서 언급해야 할 광범위하고 상세한 것들로부터 단지 몇 가지 중요한 사항들만 끄집어내서 강조하려고 한다. 이와 관련해서 우리는 *첫째*로, 사색적이고 정신적인 것과 관련되는 얼굴 부분인 이마와 눈, 귀에 대해서, 그 다음에 이어 *둘째*로, 상대적으로 더 실제적인 측면에 속하는 코, 입, 턱에 대해서 말할 수 있다. *셋째*로, 우리는 밖으로 둘러싸고 있는 머리를 미적인 타원형으로 마무리해 주는 *머리카락*에 대해서 이야기해야 한다.

αα) 고전적인 조각형상의 이상형에서 *이마*는 앞으로 튀어나와 있지도 않으며 높이 솟아 있지도 않다. 왜냐하면 비록 얼굴을 형성할 때 정신적인 것이 드러나야 하겠지만, 조각이 표현해야 하는 것은 정신

그리스의 영웅 헤라클레스의 두상(頭像). BC 6세기의 작품

성 그 자체가 아니라 전적으로 육체적인 것 안에서 표현되어야 하는 개성(個性, Individualität)이기 때문이다. 그래서 예를 들면 영웅 헤라클레스의 두상에서는 이마가 특히 낮게 위치해 있다. 왜냐하면 헤라클레스는 내면으로 향한 정신적인 힘보다는 외부로 향한 근육질의 육체적인 힘을 더 많이 갖고 있기 때문이다. 그 밖에 이마의 형태는 인물들에서 많이 변형된다. 여자나 매력적인 젊은이의 인물상에서는 이마는 더 낮으며 위엄 있고, 생각하는 정신적인 인물상에서는 더 높게 위치한 형태로 드러난다. 즉 여기에서 이마의 선은 관자놀이와 예각을 이루지 않고 흐르며, 관자놀이 부분에서 가라앉지 않고 부드럽게 계란형으로 굽으면서 머리카락으로 뒤덮인다. 그 이유는 만약에 이마나 관자놀이 부분에서 예리한 각을 이루면서 낮아지고 그 곁에 머리카락이 없으면, 그 형태는 이상적인 신들과 영웅들이 지닌 영원한 젊음을 보여주지 못하고 단지 늙어가면서 생기는 유약성만을 보여주기 때문이다.

눈에 대해서 보면, 이상적인 조각형상에서는 원래 회화적인 색채뿐만 아니라 눈의 *시선*도 없는 것이 확실하다. 물론 사람들은 고대 그리스인들이 몇몇 신전에 세운 아테네 여신이나 다른 신들의 조각상에다 눈을 채색해 넣었다는 것을 역사적으로 증명해 보이려고 한다. 그 이유는 몇몇 조각상들에서는 아직도 채색을 했던 흔적이 발견되기 때문이다. 그렇다 하더라도 예술가들은 성상(聖像)들을 만들 때 취향보다는 가능하면 전통적인 방식을 고수했다. 또 다른 조각상들을 보면 보석으로 눈을 박아 넣었던 자국이 보이기도 한다. 그러나 이는 이미 위에서 언급했듯이, 신들의 조각상을 가능하면 화려하고 풍요롭게 치장하기를 즐긴 데서 나온 것이었다. 그리고 이처럼 눈을 채색하는 일은 대체로 초기의 조각에서만 행해졌거나, 종교적인 전통에 따라서 또는 어쩌다 예외적으로 행해졌었다. 게다가 눈에 채색을 한다고 해도 그로써 눈에 완전한 표현을 부여하는 집중된 시선 자체가 주어지는 것은 아니다. 따라서 이런 점에서 보더라도, 우리는 고대로부터 우리에게 전해 내려온 참으로 고전적인 자유로운 조각상이나 흉상(胸像)들에서 눈에 동공을 표시하여 정신적인 시선을 표현하지 않았음이 확실했다고 보아야 한다. 왜냐하면 물론 종종 눈동자 속에 동공을 표시하거나 원추형으로 깊이 파내어 눈동자를 새기고 그것으로 눈빛을 표현하는 일이 있기는 하지만, 그렇게 해도 이는 단지 외적인 눈의 형태로만 머물지 내면적인 영혼의 활력(活力, Belebung)인 시선 그 자체가 되지는 못하기 때문이다.

그래서 만약에 예술가가 단순히 활력을 띤 눈을 제대로 표현하지 않고 희생시킨다면 이는 많은 대가를 치르지 않을 수 없게 되리라고 마땅히 생각할 수 있다. 그래서 사람들은 어떤 사람을 쳐다보든, 먼저 그의 눈 속을 들여다보면서 그 안에서 그 사람의 전체 모습에 대해 뭔가 해명해 주는 근거를 발견하려고 한다. 그것은 그 사람의 시선 속에 들어 있는 통일점에서 가장 쉽게 포착할 수 있다. 시선은 영혼으로 가득 차 있으며, 내면성과 감정을 지닌 주관성이 집중하는 곳이다. 이는 사람과 악수를 할 때 눈빛을 통해 더 빨리 그 사람과 일치감을 느끼는 것과 같다. 그런데 이 영혼 가득한 부분이 조각에서는 빠져야 한다. 그에 반해 회화에서는 주체를 표현하는 데 그의 깊은 내면성에서 드러나거나 외부 사물들과의 많은 접촉을 통해서 드러나는 특별한 관심사, 느낌, 열정이 색채의 뉘앙스를 통해 강조되어 나타난다. 그러나 조각에서 예술가가 포착할 영역은 영혼의 내면성 자체도 아니고, 한 인간 전체를 그의 눈의 초점에 나타나는 단순한 자아로 축약해 나타내는 것도 아니며, 그렇다고 해서 분산되어 외부세계와의 분규에 말려들어가는 주관성도 아니다. 조각은 외부의 전체적인 형상을 목적으로 삼아 그 위로 영혼을 분산시키면서 이를 다양하게 표현해야 하므로, 조각에는 단순히 영혼이 하나의 점이나 순간적인 시선에 집중되어 표현되는 것이 허용되지 않는다. 조각작품은 스스로 그런 시선의 이념으로 드러나면서 다른 신체부위와 대조되며, 눈과 육체의 대립 속에서 등장하는 내면성은 갖고 있지 않다. 조각에서는 내면적이고 정신적인 개체는 전적으로 총체적인 형상 속에 주입되며, 또 이를 한 점으로 모아 포착하는 것은 오직 바라보는 정신, 즉 관객이다. *둘째로*, 눈은 또 외부세계를 향해서 바라본다. 즉 주로 뭔가를 바라봄으로써 다양한 외면성과 관계하고, 자기를 둘러싸거나 자기 앞에 놓인 것을 느끼는 인간의 모습을 보여준다. 그러나 참된 조각상은 외부사물들과의 이런 관계에서 벗어나 자기의 정신적인 내용 속에 있는 실체 안에 침잠하며, 분산되거나 분규에 휘말리지 않고 독자적으로 자기 안에 머문다. *셋째로*, 또 그 밖의 형상과 그 형상의 자세나 말의 표현

속에서 시선의 의미도 확대되어 드러나지만, 그때 시선은 물론 그 속에 다양한 형상과 그 형상을 둘러싼 주위가 집중되는 형식적인 주관성의 한 점으로서 그런 확대 자체와는 분리된다. 그러나 이와 같은 특수한 것은 조각의 조형성에는 낯선 것이다. 그래서 전체 형상 속에서 그와 일치하게 자신을 더 폭넓게 전개시키지 못하는 시선 속에 드러나는 특수한 표현은 다만 우연하고 특별한 것에 불과하며, 이는 조각상이 멀리해야 하는 것이다. 이런 이유에서 조각의 형상들에 시선이 없더라도 이는 아무 상관이 없으며, 조각은 그 전체적인 입지에 있어서 오히려 시선을 통해 영혼을 표현하는 일은 피해야 한다. 그래서 고대 그리스인들은 조각의 한계를 확실하게 인식하고 있었으며, 그들의 위대한 감각은 이와 같은 시선의 추상성을 엄격히 고수했다. 이것이 바로 그들이 충만한 이성과 직관의 총체성 속에 머물면서도 그들이 지녔던 숭고한 *오성(悟性)*이다. 물론 예를 들면 이미 여러 차례 언급된 것으로 어린 바커스(Bacchus, 그리스어로는 디오니소스[Dionysus] — 역자주)신을 바라보고 있는 목신(牧神, Faun)의 조각상처럼 고대 조각에서는 눈이 어느 특정한 지점을 향하고 있는 경우도 있다. 여기에서 바라보면서 미소짓고 있는 모습은 감정이 풍부하게 표현되어 있기는 하지만, 그러나 여기서도 사실 그 눈은 무엇을 바라보고 있지는 않다. 그리고 원래 단순한 상황(狀況, die Situation) 속에 있는 신들의 조각상에서는 눈이나 시선의 반향과 관련해서 그렇게 특수한 표정으로 표현되지 않는다.

이상적인 조각작품에서 눈의 *형태*에 관해서 더 자세히 보면, 눈은 크고 타원형으로 열려 있으며 눈동자의 위치는 이마와 코의 선에서 오른 쪽으로 치우쳐 깊이 내리깔고 있다. 눈의 크기에 대해서 이미 빙켈만[4]은 미적인 측면에서 보면 작은 불빛보다 큰 불빛이 더 아름다운 것과 같다, 라고 보았다. 그는 계속해서 말하기를 "그러나 크기는"이라고 하면서, "눈뼈나 눈 부위의 크기, 눈까풀의 모양새와 열려 있는 모양에 따라 다르게 나타난다. 그 부분에서 위쪽이 아래쪽보다 더 둥글게 되어 있는 눈이 아름답다."라고 하였다. 숭고한 형태로 만들어진 두상(頭像)에서는 눈의 동공 자체가 하나의 윤곽을 형성하며, 그것이 열려 있을 때 그 두상의 시선과 그것이 지닌 위대성이 드러난다. 빙켈만의 해명에 따르면, 그런 시선은 주조화폐 위에서는 눈 위쪽에 점을 하나 찍어서 나타내기도 한다. 그러나 큰 눈이라고 해서 다 아름다운 것은 아니다. 왜냐하면 그것들은 한편으로 눈까풀의 부푼 형태에 따라서, 다른 한편으로 그것이 눈 부위에 더 깊이 위치할수록 아름다워 보이기 때문이다. 다시 말해서 눈은 앞으로 튀어나와 있거나 부릅뜬 형태여서는 안 된다. 왜냐하면 외부세계에 대해 그런 모습을 띤 눈은 이상(理想)과는 거리가 멀며, 오히려 개인이 자신 속에 회귀하여 자기 안에 실체적으로 안주하는 것과 혼동될 수 있기 때문이다. 그러나 조각상에 눈이 표현되어 있으면 이는 곧 동공이 앞뒤로 움직이는 것을 말해 주며, 특히 뚫어지게 바라볼 때에는 그 주체가 자기 자신에게서 벗어나 생각 없이 응시하거나 뭔가 감각적인 대상을 정신없이 바라보면서 그것에 빠져 있음을 보여준다.

고대 그리스인들의 이상적인 조각에서는 눈은 심지어 자연적인 위치보다 더 낮게 내리뜨고 있다. 빙켈만은 그 이유를 밝히고 있다. 즉 관객의 시선에서 멀리 떨어져서 서 있는 더 큰 조각상들에서는 만약에 눈이 이처럼 낮게 위치해 있지 않다면 그 눈들은 아무런 의미도 띠

---

4) 이에 대해서는 그의 《고대의 예술사》를 참조.

페넬로페의 조각상. 눈을 살짝 아래로 내려뜬 모습으로, 헤겔이 말하는 고대 그리스의 이상적인 여인상에 부합된다. 그리고 눈의 시선은 어디를 향해 뚜렷이 고정되어 있지 않다

지 못한 채 마치 죽은 눈처럼 보일 것이다. 왜냐하면 눈의 동공은 대개 평평하게 되어 있기 때문이다. 그러나 눈뼈가 더 돌출해 있으면 그 때문에 빛의 명암의 유희가 더 많이 일어나므로 눈의 효과는 더 드러난다고 한다.

그러나 이처럼 깊이 내리깔고 있는 눈에는 또 다른 의미가 있다. 즉 그렇게 하면 이마가 원래 자연적인 모습보다 더 앞쪽으로 나오면서 얼굴에서 이 생각하는 부분이 더 우세하게 드러나므로, 정신적인 표현은 더 강하게 얼굴에 솟구쳐 나온다. 또 한편 눈자위 부분에 더 그늘이 많이 지면서 눈에도 깊이가 생기면서 흩어지지 않은 내면성을 느끼게 해준다. 이는 개성이 외부를 주시하지 않고 본질 속으로 물러나 있는 모습이며, 그 심오함은 형상 전체에 걸쳐서 흐른다. 가장 전성기에 주조된 화폐에서도 보면 인물형상은 눈뼈가 움푹 파이고 눈도 깊숙이 위치하고 있다. 그에 반해서 눈썹은 털이 넓은 궁형으로 퍼져 있지 않고, 단지 눈 뼈의 튀어나온 부분을 암시하는 데 그친다. 눈썹이 그 색채와 상대적으로 솟은 모양으로 인해 이마의 지속적으로 흐르는 형태를 중단시킨다면, 눈뼈는 이를 중단시키지 않고 눈 주위에

로마제국의 황제 마르쿠스 아우렐리우스(재위 AD 169~180)의 청동기마상

마치 타원형의 화관처럼 이어진다. 그보다 더 높이 위치하고 독자적으로 굽은 모양을 하고 있는 눈썹은 결코 미적으로 간주된 적이 없다.

셋째로, 빙켈만은 귀에 대해서 말하기를, 고대 그리스인들은 귀를 형상화하는 데 매우 심혈을 기울였으므로 예를 들어 조각상에서 조금이라도 소홀히 완성된 귀를 보면 곧 그 예술작품이 진품이 아님을 알 수 있다고 했다. 특히 초상(肖像) 조각품들은 종종 독특하고 개성적인 귀의 형태를 보여주고 있다고 한다. 그러므로 귀의 형태만 보더라도 종종 그 얼굴이 어떤 인물을 표현하고 있는가—만일 그가 유명한 인물일 경우—를 곧 알아낼 수 있다는 것이다. 예를 들어 귓속이 남달리 크게 표현된 인물조각상을 보면 그가 마르쿠스 아우렐리우스 황제(로마 제국의 황제—역자주)라고 결론지을 수 있다는 것이다. 사실, 고대 그리스인들은 기형적인 것까지도 표현했다고 한다. 예를 들어 그리스 신화의 영웅 헤라클레스의 두상 같은 몇몇 이상적인 인물 두상의 독특한 형태는 평평하고 귓불이 부어오른 귀라고 빙켈만은 설명하고 있다. 그런 귀는 씨름꾼이나 만능투사임을 시사해 준다. 사실 헤라

클레스는 엘리스에서 펠롭스(그리스 신화에 나오는 거인 탄탈로스의 아들
—역자주)를 기린 경기에서 만능투사(Pankratiast)로서 상을 받았다.

βββ) 둘째로, 우리는 자연적인 기능의 측면에서 오히려 감각의 실제적인 면과 더 관계가 깊은 얼굴부분, 즉 코, 입, 턱의 특정한 형태에 대해 더 언급해야 한다.

코의 여러 가지 형태들은 얼굴을 아주 다양한 형상으로 만들고 또 표정에 있어서도 매우 여러 측면의 차이들을 부여한다. 예를 들어서 우리는 얇은 콧날을 가진 예리한 코를 보면 예리한 오성을 지닌 것으로 간주하는 데 익숙해 있다. 반면에 넓고 아래로 처졌거나 동물처럼 위로 들린 들창코는 보통 감각적이고 어리석고 잔인한 성격과 관련된다. 그러나 조각은 사실 그런 극단적인 형태는 물론 그 중간단계에 있는 형태나 표정을 나타내는 일도 멀리해야 한다. 즉 이미 우리가 고대 그리스 인물윤곽에서 보았듯이, 코를 이마에서 지나치게 떨어지게 하는 것은 피하고 또 위아래로 굽거나 끝이 뾰족하거나 넓고 둥글거나 중간은 솟고 이마와 입 쪽으로 푹 꺼지게 하는 것, 날카롭거나 두툼하게 만드는 일은 피한다. 고대 그리스인들은 이처럼 다양한 변화를 지닌 형태 대신에, 개성에 따라 약간씩 서로 다른 생기를 띠고 있기는 해도 전체적으로 별 차이가 없는 코의 형태를 만들어 냈다.

얼굴에서 눈 다음으로 가장 미적인 부분에 속하는 것은, 자연적인 목적에 따라 먹고 마시는 도구로 쓰이지 않고 정신적인 중요성에 맞게 형상화되어 있을 때의 입이다. 이런 점에서 입은 눈 다음으로 그 표정이 다양하고 풍부하다. 물론 입은 조소나 경멸, 질투 같은 아주 섬세한 뉘앙스, 고통과 기쁨의 모든 단계를 점차적으로 아주 작은 움직임과 활발한 율동을 통해 생생하게 표현할 줄 안다. 그리고 또 그것은 조용한 모습을 띤 형상에서는 애정의 움직임, 진지함, 감각성, 뾰

독일의 고전주의 시인 프리드리히 실러 (Friedrich Schiller)의 대리석 조각상. 조각가 테오도르 바그너(Theodor Wagner, 1800-1880년)가 만든 것이다

로통함, 몰두해 있는 모습 등을 나타내기도 한다. 그러나 조각에서 정신성을 더 개별적인 뉘앙스로 표현할 때는 입은 덜 필요하다. 특히 입술의 형태와 그 새겨진 모양에서 자연적인 욕구를 암시하는 단순한 감각성(感覺性, die Sinnlichkeit)은 제거되어야 한다. 그러므로 조각은 대개 입의 형태를 너무 초라하게 만들지 않는다.

즉 너무 얇은 입술은 감정의 메마름을 시사하므로, 아랫입술을 윗입술보다 더 두툼하게 만드는 데 이런 특징은 독일의 시인(詩人) 실러(Schiller)의 조각상에서도 마찬가지로 나타난다. 그의 입술 모양에서는 그의 심정에 깊은 의미가 충만하게 들어 있음을 읽을 수 있다. 더 이상적(理想的)인 입술형태에서는 동물의 입과는 대조적으로 아무런 욕구가 없음이 엿보인다.

반면에 동물의 입에서 그 윗부분이 앞으로 튀어나오면, 이는 곧 먹이에게 덤벼들어 이를 낚아채는 것을 연상시킨다. 인간에게서 눈이 영혼의 느낌을 표현하듯이, 입은 정신과 관계하면서 주로 말을 하는, 즉 의식의 내면을 자유로이 전달하는 기관이다. 더 나아가 이상적인 조각상에서 보면 입은 굳게 다물고 있지 않다. 예술의 번성기에 만들어진 작품들을 보면, 입이 약간 열려 있으나 정신의 표현과는 아무 상관없는 이빨은 드러나지 않게 만들어져 있다. 이는 감정이 작용할 때, 특히 특정대상들을 엄격히 바라볼 때 입은 굳게 다물어지며, 아무것도 바라보지 않고 자유로이 침잠해 있을 때는 입이 약간 열리고 그 각도는 조금 아래쪽으로 향하는 것으로 설명될 수 있다.

마지막 *셋째로*, 턱은 그것이 이상적인 형태를 취하고 있을 때 입에 나타나는 정신적인 표정을 완전하게 보충해 준다. 그때 턱은 동물에서처럼 완전히 사라지고 없거나 또는 이집트의 조각작품들에서처럼 뒤로 처져 있거나 초라한 모습을 띠어서는 안 된다. 이상적인 조각에서 턱은 보통보다 더 아래로 깊이 처져 있고 그 굽은 둥근 형태에서 특히 아랫입술이 더 짧게, 턱은 더 크게 보인다. 즉 두툼한 턱은 어느 정도 만족하면서 안거(安居)하고 있다는 인상을 준다. 반대로 나이 들어서 불안정한 여자들은 얇고 초라한 근육을 지닌 턱을 덜덜 떤다. 예를 들어 괴테는 턱을 뭔가 잡으려고 하는 집게와 비유하고 있다. 두툼한 턱에서는 이런 모든 불안정함이 사라진다. 그러나 사람들이 아름다운 것으로 간주하는 보조개는 우연히 매력적인 것일 뿐, 본질적으로 미 자체에 속하는 것은 아니다. 그 대신에 크고 둥근 턱은 고대 두상(頭像)들에서 뚜렷한 특징으로 나타난다. 예를 들어 메디치(Medici, 르네상스 시대의 이탈리아 피렌체의 부호로서 유력했던 가문—역자주) 가(家)에서 소장한 비너스 여신의 조각상은 턱이 좀 작은 모습인데, 이는 사실은 손상되어 그렇게 되었다는 것을 사람들은 알게 되었다.

γγ) 끝으로 우리는 *머리카락*에 대해 언급할 일만 남아 있다. 머리

카락은 대체로 동물적이기보다는 식물적인 구성물의 특징을 더 지니고 있으며, 신체 조직의 강인함보다는 오히려 약함을 더 입증해준다. 미개인들은 머리카락을 뻣뻣하게 내려뜨리거나 그것을 둥그스름하게 자른 채 달고 다닐 뿐, 곱슬거리는 모양으로 바꾸지 않는다. 그에 반해 고대인들은 그들의 이상적인 조각작품에서 머리카락 모양을 아주 조심스럽게 다루었다. 그러나 근래의 작품들을 보면 정성이 덜 들어가 있고 그 표현솜씨도 덜 능숙하다. 물론 고대 그리스인들도 너무 단단한 돌로 조각할 때는 머리카락을 자유로이 늘어뜨린 곱슬머리로 물결치게 하기보다는 주로 짧게 자르거나 섬세하게 빗어 올린 모양으로 표현했다(빙켈만 참조). 하지만 전성기에 대리석으로 만든 조각상들을 보면 남자의 두상에서 머리카락은 곱슬거리고 머리도 크게 만들어졌으며, 머리카락을 위로 쓸어 넘겨 위에서 묶은 형태로 표현된 여자의 두상에서는 빙켈만이 말했듯이 머리가 명암 외에도 다양성을 보여주기 위해 마치 뱀모양처럼 의미심장하게 틀어올려 묶은 것을 볼 수 있다. 만약에 그 틀어올린 머리 형태의 골이 얕으면 그 효과가 생겨나지 않는다. 그 밖에도 각기 신들의 조각상에서는 머리카락이 흘러내리거나 정돈된 모습도 서로 다르다. 기독교 회화에서도 비슷한 방식으로 그리스도의 머리 정수리와 곱슬머리를 특정한 모양으로 표현한 것이 눈에 띄며, 그 모양만 보아도 오늘날에도 그것이 예수 그리스도를 나타내는 조각임을 알아볼 수 있게 한다.

γ) 이와 같은 특수한 부분들은 그 형태에 따라서 두상 전체에 이어진다. 여기서는 달걀형에 가장 가까운 형상이 미적(美的)이다. 그것은 모든 예리하고 뾰족하고 각진 것을 조화시키고 서로 이어줘 부드러운 형태로 용해시키며, 단순히 규칙적이거나 추상적인 대칭성을 띠지 않

고 다른 신체부위들의 다양한 움직임이나 굽은 선들로 뻗어나가는 대신에 하나의 선으로 이어진다. 특히 얼굴 정면의 턱에서 귀로 이어지는 부풀린 형태와, 이미 언급했듯이 눈뼈를 따라 이마로 연결된 선은 이처럼 다시 안쪽으로 오므라지는 타원형을 이룬다. 또 이마에서 코끝을 거쳐 턱으로 내리 이어지는 굽은 선과 뒷머리에서 어깨에까지 이어지는 미적인 곡선도 이에 속한다.

나는 머리의 이상적인 형태에 대한 설명은 이 정도로 그치고 더 상세한 설명은 하지 않겠다.

b. 신체의 자세와 동작

그 밖의 신체부위인 목, 가슴, 등, 몸통, 팔, 손, 허벅지, 발등에 대해 보면, 여기에는 다른 질서가 적용된다. 그것들은 형태상 물론 미적(美的)일 수는 있어도 단지 감각적인 생동성을 띤 미일 뿐, 그 형태 자체는 얼굴처럼 정신적인 것을 표현하지는 못한다. 고대 그리스인들은 이 신체 부위(部位)들을 형상화하고 작업하는 데 있어서도 매우 높은 미적인 감각을 증명해 보였다. 그러나 참된 조각에서 이 형태들은 단순히 생동적인 미의 가치를 띠게 만들어져서는 안 되고, 인간형상의 일부로서 인간의 육체성에서 가능하면 동시에 정신적인 것을 엿볼 수 있게 만들어져야 한다. 만약에 그렇지 않을 경우, 내면의 표정은 오직 얼굴에만 집중될 것이다. 그러나 조형물인 조각에서 정신적인 것은 바로 이 전체의 형상 속에 주입되어 드러나야지 육체성에 맞서 고립된 것이 되어서는 안 된다.

우리는 가슴과 몸통, 등, 사지가 정신을 표현하는 데 어떤 방식으로 함께 작용하여 스스로 미적인 생동성 외에도 정신적인 생명의 입김을 수용하는가에 대해 묻는다면, 그 방식들은 다음과 같다.

첫째로, 몸의 사지(四肢)는 정신의 내면으로부터 나오고 내면에 의해 자유로이 규정되는 것이므로, 그것들은 서로 가까이 접근해 있는 자세를 취한다.
둘째로, 그 형태가 충분히 미적이고 자유로운 가운데서 움직인다.
셋째로, 이런 식의 자세와 움직임은 그 규정된 자세를 표현하는 가운데, 결코 추상적인 이상으로만 있을 수 없는 이상(理想)이 포착되는 특별한 상황을 부여한다.

이러한 사항들에 대해서 나는 또 몇 가지 일반적인 해석만 덧붙이고자 한다.

α) *자세*와 관련해서 피상적으로 관찰해 보면, 맨 먼저 주어지는 것은 인간의 *직립*(直立) 자세이다. 동물의 몸은 땅과 평행으로 움직이며 주둥이와 눈은 땅 위에서 척추의 움직이는 방향을 따라 움직인다. 그러나 동물은 이 중력에 대한 관계에서 스스로 벗어나지는 못하지만 인간의 경우에는 정반대이다. 인간의 똑바로 바라보는 눈은 그 자연적인 방향 속에서 중력의 선이나 몸체의 선과 직각을 이룬다. 인간도 물론 동물처럼 사지(四肢)를 써서 기어갈 수 있고 사실 어린아이는 그렇게 한다. 그러나 인간은 의식이 깨이기 시작하자마자 동물적인 속박에서 벗어나 땅에서 멀어지면서 스스로 자유로이 똑바로 서게 된다. 이처럼 직립해 서는 것은 하나의 의지(意志, der Wille)이다. 왜냐하면 우리는 만약에 서고자 하는 것을 중단하면, 우리의 신체는 땅 위로 무너져서 떨어지고 말 것이기 때문이다. 그러므로 땅으로부터 자

신을 일으키는 것이 의지와 관계되고 정신적인 내면과 관계되는 한, 직립자세는 이미 하나의 정신적인 표현이다. 그래서 사람들은 습관적으로 말하기를, 다른 사람에게 의존하지 않고 자기 생각과 견해, 의도, 목적에 따라 스스로 자유롭고 독자적으로 행동하는 사람에 대해서 그가 '자기 자신의 발로 서 있다'고 말한다.

그러나 직립자세 자체만으로는 아직 미적(美的)이지 못하고, 그 형태의 자유로움을 통해서 비로소 미적으로 된다. 다시 말해 인간이 만약에 추상적으로 반듯이 서 있기만 한다면, 그 손들은 모두 똑같이 몸체 옆에 붙어 계속 그 상태로 매달려 있게 되며 다리들도 역시 서로 바짝 붙어 맞대어 있게 된다. 이 자세는 그 속에 비록 아무런 강요가 들어 있지 않더라도 경직된 듯이 반항적인 인상을 준다. 경직된 것은 한편으로 추상적이며 곧 건축적인 규칙성을 이루는데, 여기서 신체부위들도 그런 식으로 위치함으로써 서로에 대해 고집스럽게 버틴다. 다른 한편으로 그 안에는 내면에서 나오는 아무런 정신적인 규정도 보이지 않는다. 왜냐하면 그때 팔다리, 가슴, 몸통 등 모든 신체부위는 원래 인간의 몸에서 나온 그 모양대로 매달려 있을 뿐, 정신의 의지와 감정에 따라 바뀐 상태가 아니기 때문이다. 이는 앉아 있는 자세에서도 마찬가지이다. 거꾸로 땅 위에 웅크리고 앉아 있는 것도 자유를 상실한 모습이다. 왜냐하면 그 자세는 뭔가 독자적이지 못하고 복종하는 노예와 같은 것을 암시하기 때문이다. 그에 반해 자유로운 자세는 한편으로 추상적인 규칙성을 띠거나 각진 형태가 되는 것을 피하고 신체부위들의 자세를 유기적인 형태에 가까운 선으로 만들며, 다른 한편으로 그런 자세는 정신적인 규정들을 비쳐보이므로 내면의 상태와 열정의 자세를 인식할 수 있게 해준다. 이런 경우에 비로소 자세는 정신적인 자세로서의 가치를 띤다.

그러나 조각은 이런 자세들을 이용하면서 아주 조심스럽게 작업해야 하고, 또 그때 많은 어려움을 극복해야 한다. 다시 말해 그때 한편으로 정신의 내면에 의해 조종되면서 사지(四肢)들의 상호관계가 이루어지지만, 다른 한편으로 내면에서 나오는 이 규정은 신체의 개별적인 부위들에게 신체구조의 법칙에 어긋나게 억지로 압박을 가하거나 예술가가 조각작품을 구상하는 데 쓰는 재료가 지닌 무게의 속성에 어긋나게 만들어 세우지도 않는다. 셋째로, 자세는 어쨌든 강요되지 않은 형태로 드러나야 한다. 즉 신체는 스스로 자세를 취한 것 같은 인상을 우리에게 주어야 한다. 만약에 그렇지 않을 경우 사실 조각에서 신체와 정신은 직접적으로 서로 일치하고 조화를 이루는 전체로 만들어져야 하는데, 거꾸로 양쪽이 어딘가 서로 다르고 대립해 떨어져 나간 것처럼 보이며, 한쪽은 명령만 하고 다른 쪽은 추상적으로 복종만 하는 관계로 드러나기 때문이다. 이런 점을 볼 때 조각에서 강요되지 않은 모습을 만들도록 요구하는 것은 중요하다. 내적인 정신은 신체의 부위들에 완전히 스며들어 있어야 하며, 이 부위들도 역시 정신적인 규정을 그 부위들에 깃든 영혼의 본래 내용으로 수용해야 한다. 끝으로 이상적인 조각에서 자세를 표현하는 거동의 종류에 대해 더 자세히 보면, 이는 단순히 순간적으로 변화하는 거동이어서는 안 된다. 이는 우리가 이미 앞서 상세히 언급한 데서 나온다. 조각은 인간이 마치 휘온(Hüon)의 뿔피리[5] 소리에 끌려 경직된 채 움직이거나 얼어붙은 자세로 행동하는 모습으로 표현해서는 안 된다.

반대로 조각형상이 취하고 있는 거동은 물론 독특한 행동을 시사할

---

[5] 헤겔은 여기서 독일 극작가 크리스토프 M. 비일란트(Christoph Martin Wieland, 1733~1813)가 쓴 《오베른(Obern)》에 등장하는 휘온이 지닌 마법의 뿔피리를 언급하고 있다.

수는 있다. 그러나 조각에서 이는 단지 시작이나 준비하는 상태, 즉 행동하려는 의도만을 표현하거나 또는 행동을 멈추고 막 정지상태로 들어가는 그 순간에서 포착되고 표현되어야 한다. 정신의 휴식과 독자성은 하나의 전체적인 세계라는 가능성을 자기 안에 담고 있으므로 조각의 형상에 알맞다.

β) 둘째로, 움직임도 역시 자세와 비슷한 관계를 띤다. 조각에서는 그것이 그 자체에서 벗어나 다른 예술로 더 접근해가는 표현방식으로 나아가지 않는 한, 움직임에는 별다른 여지가 주어지지 않는다. 자아(自我) 속에 지복하고 완성된 상태로 고요히 머무는 신을 분쟁 없는 평화로운 모습으로 표현하는 것이 바로 조각의 과제인 것이다. 그때 동작의 다양성은 스스로 떨어져 나가고, 오히려 자기 속에 침잠하여 서 있거나 누워 있는 모습이 표현된다. 이처럼 그 안에 잉태되어 있는 것은 어떤 특정한 행동으로 옮겨가지 않으며, 따라서 자기의 온 힘을 어떤 요소에 응집시켜 이를 주요한 사안으로 삼지 않고 조용히 똑같은 상태로 지속된다. 신들의 형상을 볼 때, 사람들은 그 신들이 그 자세를 취한 채 영원히 그렇게 서 있을 거라고 상상할 수 있어야 한다. 자신에게서 벗어나 특정하고 갈등에 찬 행동의 한가운데로 끌려들어 가는 것, 그와 같이 지속적이지 못한 순간들에 집착하는 것 따위는 조각의 고요한 이상에 어긋난다. 그런 자세는 오히려 군상(群像)이나 부조(浮彫)에서 회화의 원리와 조화를 이루면서 특별한 행위들을 표현하려고 하는 곳에 등장한다. 그때 강한 열정과 순간적으로 스쳐가는 폭발적인 것은 물론 즉각적으로 효과를 줄 수 있을지는 모른다. 그러나 사람들은 그런 효과를 거두더라도 다시 그것으로 되돌아가기를 즐기지는 않는다. 왜냐하면 그때 조각에서는 순간적인 것이 강조되면서

연출되고, 사람들도 역시 이를 순간적으로 보고 느끼기 때문이다. 그러나 이때 사람들이 지속적으로 침잠할 수 있는 내면적인 충만함과 자유, 무한한 영원성은 뒤로 물러나고 만다.

γ) 그러나 조각이 그 엄격한 원칙을 고수한 채 정상에 서 있다고 해서, 그때 움직이는 자세를 표현하는 일을 전적으로 배제한다고는 말할 수 없다. 이런 경우에 조각은 단지 무규정성과 무관심(Unbestimmtheit und Indifferenz) 속에 있는 신성(神性)을 연출해 낼 뿐이다. 반대로 조각은 *개성*의 실체를 파악하여 이를 구체적인 형상으로 직관할 수 있도록 해야 하므로, 조각에서 내용과 형태를 표현하는 내적인 상태나 외적인 상태도 역시 *개성적*이어야 한다. 어느 특정한 상황에 주어진 이러한 개성은 바로 신체의 자세와 동작에 의해서 주로 표현된다. 그렇지만 조각에서는 실체적인 것이 중요한 사안이고 개성은 그것으로부터 아직 개별적인 독자성으로 드러나지 않듯이, 그 상황이 지닌 특수한 피규정성도 역시 일방적으로 대립적인 충돌 속으로 이끌어가거나 특수성을 우세하고 다양하게 드러나게 함으로써 실체적인 것이 지니고 있는 단순한 견실성을 흐리게 하거나 사라지게 하는 성질을 띠어서는 안 된다. 조각은 오히려 그 자체로 보면 별로 본질적이지 않은 특성이나 무해한 생동성을 쾌활하게 드러나게 함으로써 피상적으로만 개성을 띠어야 하며, 그럼으로써 그 실체성의 심오함, 독자성, 고요함이 희생하지 않게 해야 한다. 그러나 이는 내가 이미 전에(제1부에서) 이상이 그 피규정성 속에서 표현되는 상황을 설명하는 기회에 조각의 이상과 계속 연관시켜 언급한 것이므로, 여기에서는 그냥 지나치고자 한다.

c. 의상

마지막으로 또 고찰되어야 할 중요한 사항은 조각에 있어서 *의상* (*衣裳*)에 관한 물음이다. 얼핏 보기에 조각에서는 마치 나체상과 정신에 의해 관통된 육체가 취하는 자세나 동작에서 우러나오는 감각적인 미가 가장 이상적이므로 의상을 첨가시키는 것은 불리한 것처럼 보일지도 모른다. 이런 의미에서 특히 오늘날의 근대조각에서는 조각상에 옷을 입히는 일이 종종 필요하기는 해도, 의상은 원래 인간의 유기적인 형태가 지니고 있는 미에 미치지는 못한다는 탄식의 소리를 들을 수 있다. 또 고대인들이 언제나 염두에 두었던 나체를 연구할 기회가 우리 근대 예술가들에게는 부족하다는 탄식의 소리도 들을 수 있다. 일반적으로 이에 대해서는 물론 감각적인 미(美)의 측면에서 볼 때 나체상에게 우선권이 주어져야 하지만, 감각적인 미 자체가 조각의 궁극적인 목적이 되지는 않는다고 말할 수 있다. 그래서 고대 그리스인들도 대체로 남자 조각상들에게는 옷을 입히지 않더라도 많은 여자 조각상들에게는 옷을 입혀 표현함으로써 실수를 피했다.

α) 대체로 의상은 예술적인 목적을 제외한다면 한편으로는 날씨의 영향에서 몸을 보호하려는 욕구에 그 근거를 두고 있다. 왜냐하면 자연은 동물의 몸에는 털이나 깃털, 머리털, 비늘 따위를 덮어 이런 걱정을 덜어주었지만, 인간에게는 이런 걱정을 남겨 놓았기 때문이다. 다른 한편으로 인간이 옷을 입고자 하는 충동을 갖는 것은 수치심 때문이다. 수치심은 일반적으로 볼 때 뭔가 원래 상태로 있어서는 안 되는 것에 대한 분노의 시작이다. 인간은 정신이 되고자 하는 더 숭고한 규정을 의식하면서 단지 동물적으로만 머무는 것을 합당하게 여기지

않는다. 그는 특히 동물적인 기능만을 띠고 봉사하거나 단지 외면성만을 가리킬 뿐 정신적인 규정을 지니고 있거나 정신성을 직접 표현하지는 못하는 자기 신체의 일부인 몸통, 가슴, 등, 발 따위를 숭고한 내면에 적합하지 못한 것으로 간주하고 이를 숨기려고 한다. 그러므로 내면적인 반성이 일어나기 시작했던 모든 민족들에게서는 역시 다소 수치심의 감정이 일어서 몸을 덮으려하는 욕구가 있었음이 발견된다. 성서의 창세기에서도 이런 과정이 아주 의미심장하게 설명되고 있다. 아담과 이브는 인식의 나무열매를 따먹기 전에는 아무 거리낌 없이 벗은 몸으로 낙원 안을 돌아다녔다. 그러나 그들 속에 정신적인 의식(意識)이 깨어나자 곧 그들은 자신들이 맨몸이라는 것을 알고 자신들의 벌거벗은 상태를 부끄러워했다. 그와 같은 감정은 그 밖에 아시아 민족들에게서도 우세하게 나타난다. 예를 들어 헤로도토스는 (그의 《역사》에서 ─ 역자주) 기게스(Gyges)가 왕좌에 오르게 되는 것[6]에 대해 이야기하기를, 리디아인들과 모든 미개인들조차도 벌거벗은 남자를 보면 커다란 수치로 여겼다면서 바로 칸다울레스(Candaules) 왕의 아내에 관한 이야기가 이를 증명해 준다고 말하고 있다. 즉 칸다울레스 왕은 자기 아내가 가장 아름다운 여인임을 확인시키기 위해 그녀의 벌거벗은 몸을 자기가 애호하는 친위병 기게스에게 보여준다. 물론 그녀 자신에게는 이를 비밀로 하려 했으나, 그럼에도 불구하고 그녀는 침실에 숨어 있던 기게스가 문으로 기어나가는 것을 보고는 이 사실을 알게 된다. 화가 난 그녀는 그 다음 날 기게스를 오게 하여 그에게 말하기를, 왕이 그녀에게 그런 일을 저질렀고 또 기게스는 보

---

6) 기게스(Gyges)는 리디아(Lydia)의 세 번째 왕조인 메름나드(Mermnad) 왕조의 창시자이며 BC 716년~678년까지 통치했다.

리디아의 왕 칸다울레스(Candaules)가 아내의 알몸을 자신의 친위병인 기게스(Gyges)에게 보여주고 있다. 이 일화는 그리스 역사가 헤로도토스가 쓴 《역사》 가운데 기게스에 대한 이야기에서 나온다. 이 그림은 영국 화가 윌리엄 에티(William Etty)(1787~1849년)가 그린 것이다. 경솔함으로 인해 자신의 여인을 지키지 못하는 한 나라 왕의 어리석음을 단적으로 드러내는 장면이라 할 수 있을 것이다

지 말아야 할 것을 보았으니 그는 그 벌로 왕을 죽이고 그녀와 결혼하여 왕국을 차지하든가 아니면 죽는 것, 둘 중의 하나를 선택하라고 말한다. 기게스는 전자를 선택하고 왕을 암살한 후 왕의 자리에 오르며, 그 덕택에 왕의 미망인의 침대를 차지한다.

그에 반해서 고대 이집트인들은 그들의 조각상들을 자주 또는 대체로 나체로 표현했다. 그리하여 남자 조각상들도 단지 허리부분만 가리고 있고 이시스(Isis) 여신상을 보더라도 다리 주위에 섬세하고 거의 알아차리지 못할 정도로만 조금 옷을 걸친 모습을 하고 있다. 그러나 이것은 수치심이 없는 데서 나온 것도 아니고, 그렇다고 유기적인

형태미의 감각을 중시한 데서 나온 것도 아니다. 왜냐하면 이집트인들의 상징적인 관점에서 중요한 것은 정신에 적합하게 형상화하는 것이 아니라, 의미와 본질, 그리고 형상을 보고 의식하게 되는 관념을 표현하는 일이었기 때문이다. 그래서 그들은 인간형상이 정신에 더 적합해야 하는지 아니면 더 멀어져야 하는지에 대해 반성하는 일이 없이, 다만 그 자연적인 형태를 그대로 아주 충실하게 모사(模寫, Abbildung)하여 만들었다.

β) 끝으로 고대 그리스인들의 조각품들을 보면 양쪽 다, 즉 나체상들과 옷을 입은 인물상들이 모두 발견된다. 그러나 그리스인들은 싸울 때는 벌거벗고 싸우는 것을 영예로 삼았지만, 반대로 현실에서는 옷을 걸쳤다. 특히 스파르타인들은 싸울 때 벌거벗고 싸우는 것을 선호했다. 그러나 이는 그들에게 미적인 감각이 있어서가 아니라, 수치심 속에 들어 있는 부드러운 정신에 대해 전적으로 무관심했기 때문이다. 그러나 고대 그리스 민족의 성격에는 직접 현존하면서 그 현존성을 정신적으로 생동하여 드러나게 하는 개인의 개성에 대한 느낌이 자연미의 형태에 대한 감각만큼이나 고조되어 있었다. 그래서 그들에게는 인간에게 속하고 인간의 정신에 의해 관통된 육체성을, 직접 그 육체성으로 완성하고 또 가장 자유롭고 미적인 인간형상을 다른 어떤 것보다 더 존중하는 일이 중요했다. 이런 의미에서 물론 그들은 정신을 무시하지 않고 오히려 욕구라는 감각성을 무시하여 인간에게서 단순한 육체성의 미(美)를 보려 하지 않는 저 수치심을 던져버렸다. 그래서 그들이 만든 많은 조각상들은 일부러 의도적으로 나체로 표현되고 있다.

그러나 아무런 옷도 걸치지 않은 식으로 형상화된 조각상들이 모두 다 가치 있는 것은 아니다. 왜냐하면 내가 이미 앞서 두상(頭像)과 그 밖

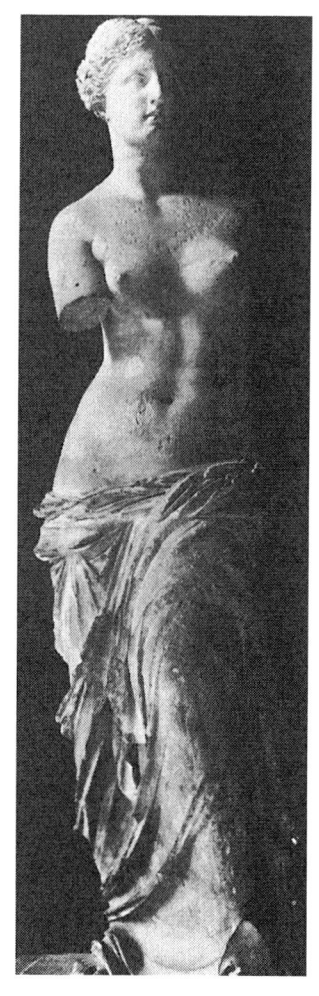
반나체로 표현된 미로의 비너스 여신상

의 다른 신체부위들의 차이를 설명하는 부분에서 주지했듯이, 사실 형상에서 정신적인 표현은 얼굴과 몸 전체의 움직임, 자세, 주로 팔과 손, 그리고 다리의 위치에 일치하도록 한정되는 것은 부인할 수 없기 때문이다. 왜냐하면 이런 신체기관들은 밖으로 활동할 때 곧 그 자세와 동작을 통해서 여전히 정신을 가장 많이 밖으로 드러내기 때문이다. 반면에 다른 부위들은 감각적인 미(美)만을 갖추고 있으며, 거기에서 보이는 차이들은 단지 신체의 강인함, 근육의 부드럽고 섬세한 움직임 또는 성별과 늙음, 젊음, 유년의 차이일 뿐이다. 그러므로 형상에서 신체부위들이 벌거벗고 있더라도 이는 정신을 드러내는 미적인 의미와는 아무 상관이 없다. 다시 말해 인간에게서 정신을 우세하게 표현하는 것을 목적으로 삼는다면 그런 신체부위들을 감추는 것이 더 정숙하다. 대체로 이상적인 예술에서 신체의 각 부분에 관여하는 일, 즉 그 신체 피부에서 세밀한 조직, 정맥, 주름살, 털을 생략해서 동물적인 생명이 지닌 빈약성을 제거하고, 오직 정신적인 것만을 포착하여 형상화하고 생동적인 윤곽으로 강조하는 일을 하는 것이 바로 의상(衣裳)이다.

의상은 신체가 스스로를 유지하고 음식물을 소화할 때는 반드시 필요하지만 그 밖에 정신을 표현할 때는 불필요한 신체기관들을 감춰준다. 그러므로 조각형상에서 나체상은 언제나 더 숭고한 미적인 감각을 부여하며, 더 윤리적인 자유와 건전함을 유지한다고 말할 수는 없다. 고대 그리스인들도 나체상을 만들 때는 역시 올바른 정신적인 감각의 인도를 받았다.

예를 들어 사랑의 신 아모르(Amor) 같은 어린아이 모습의 조각상을 보면 육체적인 형태는 아주 거리낌 없이 표현되어 있는데, 바로 이처럼 구별하지 않고 표현된 것 속에 정신적인 미가 들어 있다. 더 나아가 페르세우스, 테세우스, 제이슨 같은 청년들과 젊은 신들, 그리고 영웅신들과 영웅들의 조각상을 보면, 거기에서는 영웅심과 육체적인 강인함, 그리고 인내를 주입시켜서 만드는 일이 중요했다. 고대 그리스인들은 인물의 내용, 행위, 정신, 개성을 드러내는 일이 관심거리가 아니라, 활동하는 육체성, 힘, 유연함, 미, 근육과 사지의 자유로운 유희에만 관심을 갖는 민중들의 결투시합에 나오는 투사들도 나체로 표

프락시텔레 作 크니도스의 아프로디테 여신. 나체의 몸과 곁에 걸쳐 놓은 의상이 묘한 조화를 이루고 있다

현했다. 그리고 반신이나 목양신, 열광적인 춤에 빠져 있는 디오니소스 신의 여사제들, 감각적이고 여성적인 애욕과 매력을 드러내는 아프로디테(비너스) 여신도 나체로 표현했다. 그에 반해 대개 사상(思想)과 의미심장한 내면적인 정신이 진지하게 강조되고 자연성을 배제하는 형상에서는 의상이 등장한다. 그래서 예를 들면 빙켈만도 여자 조각상 열 개 가운데 나체상은 하나 정도밖에 안 된다고 말했을 정도이다. 여신들 가운데서 특히 아테네, 헤라, 베스타, 다이아나, 케레스, 음악의 여신들은 모두 옷으로 몸을 감싸고 있다. 남신들 중에서는 특히 제우스 신과 인도(India) 풍(風)으로 수염을 기른 디오니소스 신, 그리고 그 밖의 다른 신들이 옷을 걸치고 있다.

γ) 끝으로 의상의 원리에 관해서 보기로 하자. 의상은 호감을 받는 대상물로서 이미 수차 언급되었으므로, 이제는 얼마간 진부한 것이 되었다. 그러므로 나는 이에 대해서 간략하게 다음과 같은 것만 언급

하고자 한다.

우리는 대체로 우리가 갖고 있는 예의에 대한 감정 때문에 완전히 벌거벗은 상을 만들어내는 일을 꺼린다고 해서 애석하게 여길 필요는 없다. 왜냐하면 만약에 의상이 자세를 감추는 대신에 오히려 그것을 완전히 꿰뚫어볼 수 있게 한다면, 이때 상실되는 것은 아무것도 없고 오히려 의상은 거꾸로 자세를 다시 강조해 보여주므로 이런 점에서 하나의 장점으로 간주할 수 있기 때문이다. 왜냐하면 의상은 우리로 하여금 단순히 감각적이고 무의미한 것을 직접 바라보는 것에서 벗어나게 해주고, 대신에 자세와 동작에 의해 표현된 상황과 관련되어 나타난 것만을 보여주기 때문이다.

$\alpha\alpha$) 만약 우리가 이런 원리를 타당한 것으로 간주한다면, 예술적으로 다룰 때 우선 신체부위들의 형태와 자세를 가능하면 적게 덮는 의상이 가장 유리할 수 있다. 우리가 입은 근대 의상이 그러하다. 좁은 소매와 다리에 감기는 옷은 형태의 윤곽에 맞춰 그대로 만들어진 것이어서 사지(四肢)의 윤곽 전체를 보이게 하거나, 걸어가거나 거동하는 데 가장 덜 방해가 된다. 반면에 길고 넓게 동양식으로 나풀거리는 바지는 우리의 활달하고 분방한 움직임에는 견디기 어려울 것이며, 터키인들처럼 하루 종일 다리를 꼬고 앉거나 천천히 무겁게 큰 걸음걸이로 걷는 사람에게나 어울릴 것이다. 그러나 근대 조각상들이나 회화들을 잠깐 바라보더라도 오늘날 우리가 입고 있는 옷이 전적으로 비예술적이라는 것을 우리는 곧 안다. 다시 말해 우리가 그런 의상에서 보는 것은 이미 내가 앞서 다른 데서 상세히 설명했듯이, 육체의 섬세하고 자유롭고 생동적인 윤곽을 부드럽고 유연하게 드러내 주지 못하고 경직된 주름을 넣어 뻣뻣하게 만든 자루 같은 것이다. 왜냐하면 더 자세히 바라보면 그 형태 가운데 아주 일반적인 부분은 아직 남아 있어도, 미

적이고 유기적인 주름들은 사라진 채 뭔가 외적인 목적에 맞게 산출되어 있고, 여기는 바느질을 해서 붙이고 저기는 말아서 잇고 꽉 조이게 만들었고, 대개 부자유스러운 형태로 단춧구멍과 단추단 등을 달아서 만든 주름이나 평평한 면으로 재단된 옷으로만 보이기 때문이다. 사실 그런 옷은 고유한 형태를 상실한 채 단순히 몸을 덮고 감싸게 되며, 다른 한편으로 신체 부위의 유기적인 형태를 따름으로써 바로 신체의 감각적인 미, 즉 생동적으로 둥그스럽게 부풀어오르는 것을 감추고, 대신 기계적으로 천을 가공해서 만든 감각적인 모습만 보여준다. 이것이 바로 근대의 의상이 지닌 아주 비(非)예술적인 측면이다.

ββ) 의상이 예술성을 띠게 되는 원리는 그것이 말하자면 마치 건축작품처럼 다루어지는 데 있다. 건축작품은 단지 에워싸기만 하고 그 안에서 인간은 동시에 자유로이 움직일 수 있으며, 또 그 에워싸는 것 쪽에서는 그것이 에워싸고 있는 것에서 분리되어 형상화되는 방식에 대한 고유한 규정을 그 안에 지니고 있으며 또 이를 보여줘야 한다. 더 나아가 떠받치고 떠받쳐지는 건축적인 요소는 그 고유한 역학적인 성질에 따라서 형상화되어 있다. 우리가 고대 그리스인들의 이상적인 조각에서 살펴본 의상의 양식(樣式)은 그런 원리를 따르고 있다.

특히 고대 그리스인들이 걸친 외투는 마치 사람이 그 안에서 자유로이 움직일 수 있는 집과 같다. 그것은 물론 몸에 걸쳐져 있지만, 예를 들어 어깨의 한 점에만 고정되어 있다. 외투는 그 외에 그 고유한 무게의 규정에 따라 특수한 형태를 띠며, 스스로 자유로이 매달리거나 늘어뜨려지거나 주름을 만들어낸다. 이와 같은 자유로운 형태는 오직 신체의 자세에 따라 그 특수한 모양으로 바뀌곤 한다. 또 고대 의상의 다른 부분들에서도 주름은 역시 자유로우며, 본질적으로 위축되지 않고 예술에 적합한 형태를 이룬다. 그때 우리는 거기에서 형태가 단순히 외적인 압력이나 필요성에 의해 억지로 인위적으로 만들어진 것이 아니라, 스스로 형태를 이루면서도 그 출발점은 정신에 의해 관통된 인물의 자세에 있음을 본다. 그러므로 고대 그리스인들의 겉옷은 필요에 따라 단지 몸에서 떨어져 내리지 않을 만큼만 부착되어 있고, 신체의 자세에 의해 결정되는 것 외에는 자유로이 이리저리 움직인다. 물론 옷은 신체의 움직임에 따라 움직이지만 이 원칙은 늘 지켜진다. 이는 전적으로 필요불가결하다. 왜냐하면 하나는 신체이고, 다른 하나는 스스로 자유로운 모습으로 드러나야 하는 옷이기 때문이다. 그에 반해 근대의상은 전적으로 신체에 의해 지탱되며 이 일에만 봉사하므로, 자세가 너무 옷을 지배하며 따라서 신체부위들의 형태는 볼품이 없다. 또 주름진 곳에서 독자적인 형태를 얻을 수 있을 법한데도, 그 형태는 우연한 유행에 따라서 오직 재단사의 손에 의해 규정되어 만들어질 뿐이다. 천은 한편으로는 여러 다른 신체부위들의 형태와 움직임에 따라서, 다른 한편으로는 그 자리의 바느질에 의해서 이리저리 잡아당겨져 있다. 이런 점에서 볼 때 고대의상은 조각작품에 더 이상적이며 근대의상보다 훨씬 뛰어나다. 사실 고대의 의상을 만들었던 방식, 당시의 형태와 개별적인 사항들에 대해서는 고대에 대한 지식이 늘어감에 따라 많은 글들이 씌어졌다. 왜냐하면 이 오래된 옛 것에 대해서 중시하다 보니, 그 밖에 다른 때는 유행하는 옷이나 옷감, 옷 가장자리 장식, 재단 따위의 갖가지 세심한 것에 대해 잡담할 권리가 없는 남성들로 하여금 사소한 것들조차도 중요한 것으로 간주하게 했고, 그것도 여성들의 세계에서 허용된 것보다 더 자세하게 그런 것들에 대해 이야기할 수 있도록 그럴 듯한 이유를 제공했기 때문이다.

γγ) 그러나 만약 대체로 고대 의상과는 다른 근대의 모든 의상을 과연 어떤 경우에나 폐기해 버려야 할 것인지 묻는다면 이때는 전혀

관점이 달라진다. 이 질문은 특히 초상 조각상들에서 중요하다. 우리는 그 질문의 주요 관심사가 현재의 예술원리와 관계되므로 여기에서 좀 더 자세히 다루고자 한다.

　만약에 우리 시대에 맞는 개인의 초상(肖像)을 만들려 한다면, 거기에는 반드시 의상이나 외적인 장식물도 이 시대의 개별적인 현실에서 취한 것이어야 한다. 왜냐하면 여기서는 바로 실제로 그 시대에 살았던 인물이 예술작품의 대상이 되기 때문이다. 그리고 그 초상 조각의 외형에서는 바로 의상이 중요하며, 그 당시의 현실을 충실하게 나타내는 데 절대로 없어서는 안 되는 것이다. 만약에 어느 특수한 분야에서 위대한 영향력을 발휘한 특정한 인물의 형상을 만들려 할 때, 그 인물을 개성에 맞게 만들어서 우리 눈앞에 세우려 한다면 특히 이런 요구에 따라야 한다. 회화나 대리석 조각에서 개인의 형상은 그의 육체성에서 직접 관찰될 수 있도록, 다시 말해서 외적인 조건에 따라서 만들어진다. 그러므로 만약에 이런 조건을 뛰어넘어서 초상(肖像)의 형태를 강조하려 한다면, 이는 그 개인의 형상 속에 그 자체와 어딘지 전혀 모순(矛盾)되는 것을 간직하도록 하는 것이 되고 만다. 왜냐하면 실제로 존재하는 인간들의 공적, 특성, 그들이 지닌 탁월함은 바로 그들이 실제로 이룬 행적 속에, 그들이 영위한 삶과 종사한 특정한 직업 속에 들어 있기 때문이다. 이 개별적인 활동들이 우리 눈앞에 드러나려면, 그 인물을 둘러싼 주위환경이 이질적이거나 방해가 되어서는 안 된다. 예를 들어 어느 유명한 장군은 대포나 라이플총, 포연 같은 직접적인 주위환경과 더불어 있을 때 장군으로서 존재하며, 만약에 우리가 그의 활동을 상상하려 한다면, 곧 그가 그의 부하들에게 명령하고 전투지시를 하고 적을 공격하는 것 모습 등을 상상한다. 또 더 자세히 보면, 그런 장군은 보통 장군의 모습이 아니라 특별한 무장을 한 모습으로 특출하게 드러난다. 그는 보병대의 지휘관이거나 용감한 경기병 또는 그 이상이어야 한다. 그가 입은 옷은 모든 면에서 그의 독특한 환경에 적합해야 한다. 더 나아가 그는 비록 유명한 장군일지는 몰라도 법률가나 시인은 아니며, 또 전혀 종교적이지도 않고 실제로 다스려본 적이 없는 남자일 수도 있다. 간단히 말해서 그는 총체적인 인간은 아니라는 뜻이다. 그러나 오직 총체성과 신적인 특성을 띤 인간만이 이상적(理想的)인 인간이 된다. 왜냐하면 이상적인 조각형상에서는, 바로 인물의 성격이나 개성이 어떤 특수한 상황이나 지엽적인 행동을 보이지 않고 그런 분리성에서 벗어나 있어야만 신성함이 엿보이기 때문이다. 또는 만약에 그 개인들에게서 그런 특수한 상황이 엿보이더라도, 마치 그들이 모든 것을 행할 능력이 있을 거라고 믿을 수 있게 표현되어 있어야 한다.

따라서 우리 시대나 우리 시대와 가까운 시대에 살았던 영웅들의 영웅적인 행적은 제한되어 있다. 그러므로 만약에 그들의 의상을 이상적인 형태로 표현하도록 요구한다면, 이는 매우 피상적이 되고 말 것이다. 이러한 요구는 물론 예술미에 대한 열성을 보여주기는 한다. 그러나 이런 열성은 고대에 대한 분별없는 애착에서 나온 것이며, 고대인들의 위대함은 본질적으로 자기들이 하는 모든 일에 대해 깊이 이해한 데서 나왔다는 사실을 간과한 데서 생기는 것이다. 왜냐하면 고대 그리스인들은 물론 이상적인 것을 표현하기는 해도, 이상적이지 못한 것에까지 억지로 이상적인 형태를 주입시키려 하지는 않았기 때문이다. 만약에 개인들이 지니고 있는 내용 전체가 이상적이지 못하면 그들이 걸친 의상도 역시 이상적이어서는 안 된다. 그러므로 어느 특정한 장군이 강하고 결단력 있는 인물이라 해서 마치 전쟁신 마르스의 얼굴을 하고 있는 것처럼 조각되어서는 안 된다. 만약에 그렇게 하면, 고대 그리스 신들이 걸친 의상들은 마치 수염 난 남자가 여자

옷을 걸치고 있는 것처럼 어울리지 않는 겉치레가 되고 말 것이다.

그와는 상관없이 또 근대의 의상은 유행에 종속되면서 전적으로 변화하지 않을 수 없으므로 다시금 많은 어려움이 따른다. 그 이유는 유행에서의 합리성이란, 바로 시간을 지배하면서 언제나 새로이 변화시키는 일을 수행하는 것이기 때문이다. 즉 어떤 재단된 치마는 곧 그 유행이 지나간다. 하지만 그것이 바로 지금 유행하고 있다는 점에서 사람들의 마음에 든다. 그러나 유행이 지나고 나면 습관도 중지되며, 몇 년 전만 해도 사람들 마음에 들었던 것이 곧 우스꽝스런 것이 되고 만다. 그러므로 조각상을 만들 때는 한 시대의 특성을 더 지속적으로 뚜렷이 보여주는 종류의 의상들만을 표현해야 한다. 따라서 일반적으로 오늘날의 예술가들이 하듯이 중도(中道)를 지키라고 권하고 싶다. 그럼에도 불구하고 대체로 초상 조각(肖像 彫刻)들을 만들 때는, 그것들이 크기가 작거나 친숙함을 목적으로 표현된 것이 아닌 경우에 그것들에게 현재 유행하는 의상을 조각해 넣으면 실패작이 된다. 그러므로 가장 나은 것은 나체 흉상(胸像)이다. 거기에는 벌거벗은 목과 가슴만이 드러나므로 이상적인 형태를 유지하는 것이 더 쉽다. 왜냐하면 여기에서 중요한 것은 머리와 얼굴의 관상이며, 그 밖의 것들은 별 의미 없는 부수적인 것에 불과하기 때문이다. 그에 반해서 특히 고요히 서 있는 입상(立像)인 대형 조각상들의 경우에는, 바로 그것들이 고요히 서 있기 때문에 우리에게는 그들이 걸치고 있는 의상이 곧 눈에 띈다. 그러나 초상 조각인 경우에, 만약 남자 인물상들이 현재 유행하는 의상을 걸친 모습으로 표현된다면 특출하게 드러나기가 어렵다. 예를 들면 헤르더(Herder)나 비일란트(Wieland) 같은 실제 인물들도 화가 티슈바인(Tischbein, 1750~1812, 독일화가로 주로 가족 초상화를 잘 그렸다―역자주)에 의해 전체적인 모습이 초상화로 그려지거나

(왼쪽) 독일 사상가 요한 고트프리트 헤르더(Johann Gottfried Herder)의 초상화. 티슈바인(Tischbein)의 작품(1795년)이다
(오른쪽) 알렉산더 대왕의 나체 흉상

또는 훌륭한 조각가들에 의해 동판으로 조각되기도 했다. 그럼에도 불구하고 그들이 입고 있는 바지나 양말, 신, 그리고 그들이 평온하고 자족한 모습으로 안락의자에 앉아 손을 기분 좋게 배 위에 모으고 있는 모습을 보면 뭔가 맥이 빠지고 처량하고 하찮게 보인다.

그러나 인물들이 활약한 시대가 우리 시대에서 멀리 떨어져 있거나 또는 대개 그들 스스로 이상적인 위대함을 띠고 있을 경우에 그들의 초상 조각상은 상황이 다르다. 왜냐하면 뭔가 지나간 것은 곧 비시간성을 띠게 되고 더 불특정하고 보편적인 상상 속으로 후퇴하며, 그 특별하고 세밀한 실제성에서 벗어나므로 그 의상도 이상적으로 표현하는 일이 가능하기 때문이다. 또 개인들이 어느 특정한 시대에 특수한 사명을 띠고 활약하는 일에서 벗어나 스스로 독자성을 띠고, 내면적으로 충만해 있으며 자유로

황제의 옥좌 위에 앉아 있는 나폴레옹(Napoleon) 1세. 앵그르(Jean Auguste Dominique Ingres) 作 (1806)

운 총체성을 지니고 자신이 속해 있는 세계상황 속에서 활동하는 경우에는 더욱 더 그렇다. 이때 그 인물상들도 역시 어느 특정한 시대에 일상적으로 친숙했던 의상을 걸친 모습으로 드러나서는 안 된다. 이미 고대 그리스인들이 만든 아킬레우스와 알렉산더 대왕의 조각상에서도 개성적인 초상화의 특징이 아주 섬세하게 나타나 있어서 그 인물들이 인간이라기보다는 젊은 신들처럼 믿어질 정도이다. 천재적이고 위대한 심정을 지녔던 젊은 알렉산더 대왕의 모습에서는 이것이 완벽하게 드러난다. 또 예를 들어 나폴레옹도 역시 아주 위대하고 포괄적인 정신을 띤 인물로 남아 있으므로, 그의 조각상에 이상적인 의상을 입혀서 세워도 전혀 지장이 없다. 또 만약에 프러시아의 프리드리히 대왕의 위대함을 찬양하기 위해 그의 조각상에 그런 이상적인 의상을 입혀서 표현해도 부적합하지 않을 것이다. 물론 여기에서도 본질적으로 조각상들의 크기와 표준이 고려되어야 한다. 좀 친밀감을 주는 작은 인물상으로 만들 때는 나폴레옹이 쓰던 삼각형의 작은 모자나 그가 입은 유명한 유니폼, 팔짱을 낀 모습 따위를 새겨 넣어도 아무 방해가 안 된다. 우리는 또 위대하지만 '못생긴 프리츠'라고 불렸던 프리드리히 대왕이 담배깡통 위에 모자를 쓰고 지팡이를 든 모습으로 그려진 모습도 상상할 수 있다.

3. 이상적인 조각형상들이 지닌 개성

우리는 지금까지 이상적인 조각을 그 일반적인 특성에 따라서, 그리고 또 그 특수한 차이들이 지닌 형태에 따라서 고찰했다. 우리에게는 또 *셋째*로 다음과 같은 것을 강조해낼 일만 남아 있다. 즉 조각의 이상(理想)은 그 내용면에서는 자체 안에서 실체적인 개성들을 표현해야 하고, 그 형태면에서는 인간의 신체 형태를 표현해야 하므로 역시 현상이 지닌 차이들을 특수성으로 드러내는 것으로 옮겨가야 한다. 그리하여 이러한 개성들을 우리는 이미 고전적 예술형식에서 고대 그리스 신들의 영역에서 확립했듯이, 역시 특수한 개인들의 영역에서도 확립해야 한다. 물론 사람들은 *하나의* 조각상 안에 완벽하게 집중해서 주입할 수 있는 것은 오직 최고의 미(美)와 완전성 밖에 없다고 상상할 수도 있겠지만, 이상 자체에 대한 이러한 관념은 전적으로 무취미하고 어리석다. 왜냐하면 이상미(理想美, die Schönheit des Ideals)는 바로 그것이 단순히 보편적인 규범이 아니라 본질적으로 개성을 갖고 있으며 따라서 특수성과 성격도 갖고 있다는 데에 들어 있기 때문이다. 오직 그럼으로써 조각작품 속에는 비로소 생동성이 들어오게 되고, *하나의 추*

상적인 미를 자체 안에서 규정된 형상들의 총체성으로 확대시킨다. 그렇지만 일반적으로 이런 영역은 내용상 한정되어 있다. 왜냐하면 예를 들어서 우리가 인간적인 특성이나 신의 특성들을 표현하고자 할 때, 우리가 기독교적인 관념에 따라 습관적으로 사용하는 많은 범주(範疇)들은 본래의 이상적인 조각에는 없는 것들이기 때문이다. 그래서 예를 들면 도덕적인 관념이나 미덕들은 중세와 근세의 어느 시기에나 그 모습이 변화되어 의무적인 영역에 함께 포함되었으나, 이는 조각에서 이상적인 신들에게는 아무 의미가 없으며 또 이런 신들에게는 주어져 있지도 않다. 그렇기 때문에 우리는 여기서 감각적인 애정이나 변하지 않는 충성(忠誠, die Treue), 남녀의 명예와 성실함, 종교적인 겸허함, 신에게 복종하고 신 안에서 느끼는 지복함을 기대하지 않는 것처럼 희생, 극복된 이기심, 감각적인 것과의 투쟁, 수줍음의 승리 따위를 표현하는 것도 기대해서는 안 된다. 왜냐하면 이런 모든 미덕들과 특성들 그리고 상황들은 한편으로 정신적인 것과 육체적인 것이 서로 분열되는 데 근거를 두며, 다른 한편으로 그것들은 육체적인 것을 넘어서서 심정의 단순한 내면성으로 회귀하거나 아니면 개별적인 주관성이 그것의 절대적인 실체로부터 분리되어 있는 상태로 그리고 그 실체와 다시 중재되려고 애쓰는 상태에 있음을 보여주기 때문이다. 더 나아가 조각에서 이 같은 본래의 신들의 영역은 비록 하나의 총체성이기는 하지만, 우리가 이미 고전적 예술형식에서 보았듯이 개념의 차이에 따라 엄격하게 분류할 수는 없는 전체이다. 그럼에도 불구하고 모든 개별적인 형상들은 각기 그 자체 내에서 완결된 특정한 개인들로서 다른 형상들과는 구별된다. 물론 그때 그들은 추상적으로 각인된 특성을 띠고 서로 갈라져 가는 것은 아니며, 오히려 반대로 그들의 이상성(理想性, die Idealität)과 신성한 면에서 서로 많은 공통점을 유지하고 있다.

이에 관한 좀 더 상세한 차이들을 우리는 다음과 같은 관점들에 따라 검토해 볼 수 있다.

첫째로, 단순히 외적인 표식들, 부수적으로 만들어진 장식들, 옷 종류, 몸에 지닌 무기들 따위가 관찰된다. 빙켈만은 특히 이런 표식들에 대해서 더 장황하고 확실하게 언급했다.

그러나 *둘째로*, 중요한 차이들은 그렇게 외적인 특징들과 특색에만 있는 것이 아니라, 형상 전체의 개성적인 구조와 자세 속에도 들어 있다. 이런 점에서 가장 본질적인 것은 *나이*와 *성(性)*의 차이나 조각상들이 그 내용과 형태를 취하는 *서로 다른 영역들*의 차이이다. 왜냐하면 조각은 신들의 조각상으로부터 영웅들, 반신과 목양신 그리고 초상 조각을 만드는 쪽으로 옮겨가다가, 마침내 동물의 형상을 취해서 표현하는 데까지 나아가면서 방향을 잃기 때문이다.

셋째, 우리는 마지막으로 *각각의 조각형상들*로 눈을 돌려서, 조각이 좀 더 보편적인 차이들을 가공해서 그것들의 개성적인 형태로 만드는 것을 고찰하고자 한다. 여기서는 특히 세부사항들이 아주 광범위하게 자꾸 드러난다. 또 다분히 경험적인 것으로 흐르는 개별적인 것들을 고찰 할 수 있는데, 우리는 이에 대해서는 단지 예를 들어서만 설명하기로 한다.

a. 첨가물, 무기, 치장 따위

첫째, 장식품이나 그 밖에 외적인 부수물에 관해 보면 치장이나 무기, 도구, 단지 같은 것들은 주위환경과 관계하며, 이런 외적인 것들은 훌륭한 조각작품들에서는 아주 단순하고 적당히 제한된 형태만을

띠고 암시하거나 이해하게 주어질 뿐이다. 왜냐하면 정신적인 의미를 직관하게 해주는 것은 외적인 부수물들이 아니라 형상 자체와 그 표정이기 때문이다. 그러나 거꾸로 특정한 신(神)들을 다시 인식하게 하려면 이러한 외적인 표식들도 역시 필요하다. 다시 말해서 모든 개개의 신들에게 본질적으로 표현되어 드러나야 할 보편적인 신성은 대개 같은 기반 위에 서 있어 그 표정이나 형상도 유사하다. 그러므로 어떤 신이든 간에 곧 자기의 특수성에서 벗어나 자기에게 고유한 상황이 아닌 다른 상황 속에서도 표현될 수 있다. 그때의 그 신에게는 오직 특수한 성격만이 진지하고 두드러지게 드러나지는 않는다. 그럴 때 그 신을 다른 신들과 구분하여 인식할 수 있게 해주는 것은 오히려 종종 그의 외면성일 뿐이다. 이러한 외적인 표식들 가운데 나는 다음과 같은 것들만 시사하고자 한다.

 α) 나는 원래의 *장식물*들에 대해서는 이미 고전적 예술형식과 그 속에 등장하는 신들을 다루던 기회에 언급하였다. 이와 같은 표식들은 조각에서는 그 독자적인 상징적인 특징을 많이 상실하며, 특정한 신들의 형상에서 그 신들이 지닌 한 측면과 관계하는 외적인 표시가 되어 그 신의 형상 곁에 함께 나타나는 정도로서만 권리를 갖는다. 그런 장식물들은 많은 경우에 동물들에게서 취한 것이다. 예를 들어 제우스 신은 독수리와 함께 있는 모습으로 표현되고, 헤라 여신은 공작새와 함께, 주신(酒神) 디오니소스는 그가 탄 수레를 끄는 호랑이 표범과 함께 있는 것으로 표현되곤 한다. 빙켈만도 말했듯이 디오니소스 신의 경우에 그렇게 표현되는 이유는, 호랑이나 표범 같은 동물은 늘 갈증을 느끼면서 마실 것을 갈구하기 때문이다. 또 비너스 여신도 토끼나 비둘기와 함께 있는 모습으로 표현된다. 그 밖의 첨가물들

도 각 신들의 특정한 개성에 맞게 그들의 행위나 행동과 관련된 도구나 연장들이다. 그래서 예를 들면 디오니소스 신은 담쟁이 잎과 포도 덩굴로 휘감긴 지팡이를 지닌 모습이나 아니면 그를 인도원정의 승리자로 묘사하기 위해 월계수 잎으로 만든 화관을 쓴 모습으로 표현되기도 한다. 아니면 케레스(Ceres) 여신에게 불을 밝혀주기 위해서 햇불을 든 모습으로 표현되기도 한다.

  물론 여기서 나는 가장 잘 알려진 것들만 예로 들었지만, 그런 첨가물들은 특히 골동품 연구가들의 예민한 감각과 지식을 자극한다. 그리하여 그들은 사소한 물건들을 찾아 헤매며, 그러다가 물론 종종 너무 지나치게 나아가 아무 의미도 없는 사물 속에서 그런 특징을 찾아내려고 한다. 예를 들면, 바티칸 궁전과 메디치(Medici) 가문(이탈리아 피렌체의 르네상스 시대 유명한 세력 가문—역자주)의 별장 안에 졸고 있는 듯한 모습으로 누워 있는 유명한 두 여인의 조각상을 보고 사람들이 그것을 마치 클레오파트라의 상으로 보는 것이 그렇다. 왜냐하면 그 조각상들은 살무사 형태의 팔찌를 두르고 있는데, 고고학자들은 뱀만 보면 곧장 클레오파트라의 죽음을 연상하곤 하기 때문이었다. 이는 경건한 기독교의 교부(敎父)들이 뱀만 보면 마치 낙원에서 이브를 유혹한 최초의 뱀을 상기하는 것과 같다. 그러나 고대 그리스 여인들은 감긴 뱀의 형태로 만든 팔찌를 끼는 습관이 있었고, 팔찌 자체를 뱀이라고 불렀다. 그러므로 제대로 고찰한 빙켈만은 누워 있는 그 여인상들이 클레오파트라가 아니라고 말했으며, 비스콘티(Visconti)[7]도 결국 그 인물상들은 바로 영웅 테세우스(Theseus)와 이별하고 그 고

---

7) 비스콘티(Ennio Quirino Visconti, 1571~1818). 헤겔은 여기서 비스콘티가 쓴 《피오 클레멘티노 박물관(Musio Pio-Clementino)》(전7권, 1782~1807년 출간)에서 인용하고 있다.

잠들어 있는 아리아드네. 바티칸 박물관(Vatican Museums)에 소장되어 있다

통을 못 이겨 마침내 잠 속으로 빠져드는 아리아드네(Ariadne)[8]를 표현한 것이라고 말했다. 물론 사람들이 종종 그런 식으로 관계를 마음대로 설정해서 잘못 추측할 수도 있고, 또 별 의미 없는 외적인 장식들을 보고 추정하는 일이 있기는 하지만 사실 이런 식으로 연구하는 방식은 필요불가결하다. 왜냐하면 종종 어떤 형상을 더 상세히 규정하려면 오직 그런 길을 통해서만 알 수 있는 때도 있기 때문이다. 그러나 여기서도 그런 첨가물들은 꼭 어느 하나의 신에게만 귀속시킬 수 있는 것이 아니라, 다른 많은 신들도 공통적으로 지니고 있는 것이

---

8) 아리아드네는 그리스 신화에 나오는 유명한 영웅 테세우스에게 실패를 주어 미궁을 탈출하도록 도와준 크레타 섬의 미노스(Minos) 왕의 딸이다. 그녀의 도움으로 테세우스는 그 미궁 속에 갇혀 있던, 몸은 사람이고 머리는 소의 형상을 한 괴물 미노타우로스(Minotauros)를 죽이고 그곳을 무사히 탈출할 수 있었다고 한다.

될 수도 있다. 예를 들어 쟁반장식은 제우스 신과 아폴로 신, 헤르메스 신, 아에스쿨라피우스의 상에서만 볼 수 있는 것이 아니라, 케레스나 히게아의 상에서도 볼 수 있다. 또 곡식의 이삭은 많은 여성 인물상들이 동시에 들고 있다. 백합꽃은 헤라 여신, 비너스 여신 손에도 들려 있으며, 희망, 번개조차도 제우스 신의 속성만은 아니고, 아테네 여신도 같은 속성을 지니고 있다. 또 아테네 여신 혼자서만 방패를 지니고 있지는 않고 제우스 신, 헤라 여신, 아폴로 신도 마찬가지로 방패를 들고 있다. 원래 공통적이고 무규정적인 보편적인 의미에서 유래하는 개별 신들은 자기들의 몸에 이미 모든 신들에게 공통되는 특성인 옛 상징물들을 지니고 있는 것이다.

β) 무기나 항아리, 말(馬) 같은 다른 첨가물들도 신들의 조각상에 덧붙여진다. 즉 그런 것들은 신들이 단순한 고요상태에 머무는 형태에서 벗어나 부조(浮彫)에서처럼 군상(群像)으로 나타날 때 함께 표현되어 나타난다. 따라서 그것들은 외적으로 다양한 표식과 암시들을 더 폭넓게 사용하는 작품들 속에서 보인다. 또 봉헌물들은 거의 모든 종류의 예술작품들, 특히 조각상에서 나타나고 있으며, 올림픽 경기에서 승리한 자들의 조각상이나 화폐, 돌조각에도 나타나는데, 고대 그리스인들의 창의적인 기지(機智)(schöpferische Witz der griechischen Erfindsamkeit)는 상징적인 관련성과 예를 들면 어느 도시의 지방색 따위 같은 그 밖의 다른 관련성들도 조각상에 많이 첨가시켰다.

γ) 이제 외면성에서 신들의 내면성으로 좀 더 심오하게 들어갈 때 부착되는 표식들이 있다. 이는 특정한 신의 형상에만 속하면서 그 형상의 한 부분을 이루는 표식들이다. 여기에서는 특수한 종류의 의상,

곱슬머리의 제우스 신 조각상

무기, 머리장식, 치장 따위가 중요시된다. 이에 대해 좀 더 자세히 설명하기 위해서는 매우 예리한 시각으로 그러한 차이들을 이해했던 빙켈만의 저서에서 조금 인용하는 것으로 족할 것이다. 여러 신들 중에서도 특히 제우스 신은 그의 머리 모양새로 알아차릴 수 있다.

빙켈만의 주장에 따르면 제우스 신의 두상(頭像)에서는, 다른 것이 없더라도 그의 이마의 머리카락이나 그의 수염만 보고도 곧 그것이 제우스 신의 두상임을 확인할 수 있다고 한다. 즉 빙켈만은 "머리카락들은 이마 위로 솟구쳐 있으면서 여러 갈래로 갈라져 작게 곱슬거리는 형태로 다시 흘러내린다"고 말하고 있다. 그리고 이런 식으로 표현된 머리카락은 제우스 신의 형상에 아주 결정적인 것이 되어서, 그 신의 아들들이나 손자들 모습에서도 그 형태가 그대로 보존되고 있다는 것이다. 이런 점을 볼 때 예를 들어 제우스 신의 두상은 아에스쿨라피우스의 두상과 거의 구별하기 어렵지만, 후자는 제우스 신과는 다른 수염을 기르고 있으며 특히 윗입술 위의 수염은 굽은 형태이다. 반면에 제우스 신의 경우에는 "입 주위에 수염이 둘러 있는데 이는 턱수염과 뒤섞여" 있다는 것이다(빙켈만, 《저서(Werke)》, 제Ⅳ부, 5권, 제1장, §29). 빙켈만은 메디치가의 별장에 있는 해신(海神) 넵튠의 조각상과

투구를 쓴 아테네 여신. 투구는 전쟁과 지혜의 여신으로서 아테네 시를 수호하던 이 여신의 강력한 상징물이었다

후에 가서 피렌체에 있던 같은 신의 조각상에서 머리부분이 같은 식으로 되어 있는 것을 보았으며, 또 특히 그 신의 윗입술 위에 난 수염과 머리가 더 곱슬거리는 모양을 보고 이 조각상을 제우스 신의 두상과 구별했다. 또 아테네 여신도 다이아나 여신과는 아주 다른 모양으로 머리를 길게 묶어서 늘어뜨리고 있으며, 묶은 줄 밑으로는 곱슬머리를 여러 가닥으로 나눠 늘어뜨리고 있다. 반대로 다이아나 여신은 머리의 측면에서 머리카락을 위로 말아올려 정수리 위에서 합쳐 묶어 올리고 있다. 케레스 여신의 머리는 뒷부분까지 그녀의 옷으로 가려져 있는데, 거기에 그녀는 곡식의 이삭 외에도 헤라 여신처럼 왕관과 같은 장식머리띠를 두르고 있다. 이에 대해 빙켈만은 "그 머리띠 앞에서 머리카락들은 사랑스럽게 올려져 흩어져 있다. 그것으로 아마 그녀의 딸 프로세르피나가 약탈당한 데 대한 슬픔을 암시하는 것 같다"라고 해석하고 있다. 또 그 신들의 개성들은 다른 외형을 통해서도 나타난다. 예를 들어 아테네(Athene) 여신은 그녀가 쓴 투구와 형태, 그리고 그녀가 입고 있는 옷차림 따위에서 알아볼 수 있다.

b. 나이, 성, 신들, 영웅들, 인간들, 동물들의 차이

그러나 참되고 생동적인 개성은 조각에서 자유롭고 미적인 육체의 형상을 통해서 드러나야 하므로, 단순히 첨가물이나 머리모양, 무기나 그 밖의 연장, 곤봉, 삼지창, 세펄(곡물을 되는 그릇—역자주) 따위의 단순히 그런 부착물에 의해서만 드러나서는 안 되고, 형상 자체는 물론 그 표정 속에도 침투되어야 한다. 고대 그리스 신들의 형상들은 본질적으로 동일한 실체에 근거하므로 예술가들은 그들을 개성화하는 데 그들의 본질성에서 분리되지 않고도 그들이 개별적으로 지니는 특성을 조각해내야 했다. 또 그러한 근본특징들은 개별성 안에 들어가 아주 생동적으로 현재화되어야 했으므로 예술가들은 더욱 섬세하고 독창적으로 작업했다. 특히 가장 훌륭한 고대의 조각작품들에서 예술가들이 아주 작은 특징들을 형상화하고 표정을 살려 전체와 조화를 이루려고 생각했던 것은 경탄할 만하다. 오직 이런 주목할 만한 특징들에서 바로 조화가 나온다.

더 나아가 특정한 신체형태와 특수한 표정을 만드는 데 우선 근간이 되는 주요한 일반적인 차이점들에 대해 묻는다면 다음과 같다.

α) 첫째는, 아이나 청년들의 형상은 좀 더 나이든 인물들의 형상과 차이가 난다. 내가 이미 전에 말했듯이 참된 이상(理想)에서는 모든 개개의 특징, 부분들이 형상으로 표현되며, 또 직선이나 추상적으로 평평한 면, 원형, 엄격하게 기하학적인 곡선은 전적으로 피하고, 반대로 생동적인 다양한 선들과 형태들을 이어 결합하고 뉘앙스를 살려 미적으로 철저하게 형상화했다. 유년기나 청년기에는 형태들간의 경계는 오히려 눈에 안 띄게 서로 뒤섞여 아주 부드럽게 흐른다. 그런 형태는 빙

켈만도 말했듯이 마치 바람의 영향을 받지 않아 끊임없이 움직이면서도 고요함을 띤 바다표면과도 비교할 수 있다. 그에 반해 나이가 들수록 부분들간의 차이는 더 뚜렷하게 드러나며 좀 더 특성을 띤 것으로 표현되어야 한다. 그러므로 여기에서 뛰어난 남성조각상들은 첫눈에 봐도 곧 마음에 든다. 그 이유는 모든 표정이 더 풍부하게 드러나므로 우리는 곧 그것을 만든 예술가의 지식, 지혜, 능란함에 대해 그만큼 더 경탄하게 되기 때문이다. 젊은이들의 형상은 부드럽고 신체부분들간의 차이가 적으므로 다소 경박하게 보인다. 그러나 사실은 그 반대이다. 다시 말해서 "신체부위들은 성장하고 완성되어 가는 사이에 흡사 규정되지 않은 것처럼 놓여 있으므로"(빙켈만에 의하면), 관절이나 뼈, 힘줄, 근육 따위는 물론 실제로는 더 부드럽고 유연하지만 조각상에서는 이러한 특징들도 암시되어야 하기 때문이다. 아주 부드러운 형상에서도 늘 모든 신체부위와 그 특정한 구조, 들어가고 나온 세밀한 뉘앙스들이 예술가의 지식과 용기에 의해 표현되었을 때 이는 엄밀하고 주의 깊게 연구하는 관찰자의 눈에만 띄게 되며, 바로 이 점에서 고대 그리스의 예술은 승리를 구가하고 있다. 예를 들어 만약 젊은 아폴로 신처럼 부드러운 남성의 인물상에서 그 신체구조 전체를 실제적 근본적으로 연구하는 데서 불완전하게 통찰을 한다면 그 조각상의 신체부위들은 둥글고 풍만하게 보일지는 몰라도 곧 표정은 맥 빠지고 다양성도 보이지 않아 그 형상 전체는 기쁨을 주지 못할 것이다. 젊은이의 육체와 늙은 남자의 육체 사이에 가장 눈에 띄는 차이는 예를 들어 〈라오콘(Laokoon) 군상(群像)〉[9]에 나오는 아버지와 아들들에게서 볼 수 있다.

---

9) 고대 그리스 신화에 나오는 라오콘의 기원에 대해서는 논쟁이 많다. 문헌상의 기록에 따르면 아에네이드(Aeneid) 시대에 뱀들에 휘감긴 이 사제와 그의 아들들에 대해 처음 언급되고 있다 한다. 특히 독일의 희극작가 레싱(Lessing)은

라오콘 군상(Laokoon 群像). BC 1세기의 작품. 인간의 신체의 각 부분들의 움직임을 매우 역동적으로 표현하고 있으며, 또한 고통스러워하는 얼굴의 표정들이 매우 잘 나타나 있는 걸작으로 꼽힌다

그러나 대체로 고대 그리스인들은 조각작품에서 이상적인 신들을 표현할 때 젊은 나이를 선호했다. 그래서 제우스나 넵튠 같은 신들을 두상이나 전신상(全身像)으로 표현할 때도 그들은 노인의 모습으로 조각되지 않았다.

β) 좀 더 중요한 두 번째의 차이는 성(性)과 관련해서 형상을 표현하는 것으로, 남성과 여성의 형태에서 차이가 나타난다. 내가 앞서 간단히 언급했듯이, 일반적으로 여성의 형상에서는 노년기의 여성보다 젊은 나이의 여성상이 선호되고 있다. 여성의 형태는 좀 더 부드럽고 유연하며, 물론 힘줄이나 근육이 없어서는 안 되지만 그런 것들은 덜

《라오콘 또는 회화와 시문학의 경계에 대해서(Laokoon oder Über die Grenzen der Malerei und Poesie)》(1766년)라는 유명한 저서에서 이 라오콘 군상에 대한 정교하고 흥미로운 해석을 남겼는데, 헤겔도 이를 읽었음에 틀림없다. 아마도 아에네이드나 다른 그리스 작가들이 그리스 조각가들로 하여금 이 라오콘 군상을 제작하도록 영감을 불어넣었을지도 모른다.

암시되며 신체부위들도 흐르는 듯이 더 부드럽게 서로 연결된다.

그러나 고요하고 진지하거나 엄격한 위엄이나 숭고함을 띤 형태로부터 매우 부드러운 우아함과 사랑스러운 매력을 띤 형태에 이르기까지 서로 다른 표정들은 다양하고 뉘앙스가 풍부하다. 마찬가지로 남성의 형상에서도 풍부한 형태가 드러나지만, 그 외에도 면밀히 다듬어진 신체의 강인함과 용기도 덧붙여 표현된다. 그러나 쾌활하고 즐거운 표정은 어떤 형상에서든지 공통으로 나타난다. 모든 특수성을 초월하는 열락(悅樂, die Seligkeit)과 무관심은 곧 고요하고 슬픈 표정과 연결되고 웃음(das Lachen) 또한 눈물과 연결되지만, 그렇다고 실제 웃음이나 눈물을 흘리지는 않는 표정들이다.

그러나 여기서는 남성과 여성의 성격 사이에 아주 엄격하게 선을 그을 수는 없다. 왜냐하면 디오니소스 신이나 아폴로 신 같은 젊은 신들의 형상도 때로는 마치 여성처럼 부드럽고 유연한 형태로 표현되며, 실제로 여성의 신체기관에 나타나는 특징들을 보이기도 하기 때문이다. 또 영웅 헤라클레스의 형상도 마치 처녀처럼 부드럽게 표현되어 있어서 사람들은 그 형상을 그의 애인인 이올레와 혼동하기조차 하였다. 고대 그리스인들의 형상 제작은 이런 식으로까지 나아갔을 뿐 아니라, 남성형태와 여성형태를 헤르마프로디테(Hermaphrodite, 헤르메스 신과 아프로디테 여신을 같이 합쳐서 만든 형상으로 양형애[兩形兒]라고 불림―역자주)의 형상으로 표현하기도 했다.

γ) 마지막 *셋째*로, 이상적인 조각에 맞는 특정한 세계관의 영역에 속하는 주요한 차이들 가운데 어떤 것들이 조각형상으로 취해지는지 물을 수 있다.

대체로 조각의 조형성에 이용될 수 있는 유기적인 형태들 중 일부는 인간의 형태가 있고, 일부는 동물의 형태가 있다. 동물의 형태에 대해서는 말하자면, 더 숭고한 예술(die erhabene Kunst)의 단계에서는 그것들이 신들의 형상 곁에 첨가물로서만 등장한다는 것을 우리는 이미 보았다. 예를 들어 사냥하는 다이아나(Diana) 여신(그리스 신화에 나오는 달과 사냥의 여신—역자주)의 곁에는 암사슴이, 제우스 신의 곁에는 독수리가 발견된다. 여기에는 또 표범이나 독수리 머리, 사자의 몸을 한 괴수나 그와 비슷한 형상들도 속한다. 그러나 동물 형태는 원래 이처럼 수식해주는 역할을 하는 것 외에도, 때로는 인간 형태와 뒤섞여 나타나는가 하면 때로는 독자적인 가치를 띠고 나타난다. 그러나 그런 식으로 표현되는 범위는 제한되어 있다. 염소 형태 외에도 특히 말(馬)의 형태는 그 신체의 아름다움과 불타오르는 듯한 생동성으로 인해 인간의 형상과 함께 등장하기도 하고, 완전히 독자적인 형상으로 조형예술의 대상이 되기도 했다. 즉 말은 대체로 인간의 영웅심과 영웅적인 미(美)가 지니는 용기, 용맹성, 노련함과 밀접한 관계가 있다. 반면에 다른 동물들, 예를 들어 헤라클레스가 죽이는 사자나 멜레아거가 죽이는 산돼지는 이들의 영웅적인 행위의 표적이 되며, 따라서 이것들이 군상이나 부조에서 더 역동적인 상황과 행동을 나타내기 위해 만들어질 때면 함께 그 영역에서 표현될 권리를 가진다.

　*인간적인 측면*은 그것을 형태화해서 표현할 때 만약 순수한 이상으로 포착되면 신성함을 나타내는 데 적합한 형상을 제시하지만, 이는 아직은 감각적인 것에 매여 있으므로 *하나의* 신이 지니고 있는 단순한 통일성 안으로 함께 들어갈 능력은 없으며, 단지 신적인 형상의 한 영역으로만 해석될 수 있다. 그러나 거꾸로 인간적인 것은 그 인간적인 개성이 비록 때로는 신적인 것과 때로는 동물적인 것과 유사해지고 그와 일치되더라도, 그 내용을 표현할 때는 물론 인간적인 개성 자

체의 영역에 머문다.

　이렇게 함으로써 조각은 그 내용을 형상화하내기 위해서 다음과 같은 영역을 획득한다. 그 본질적인 중심은 내가 이미 누차 언급했듯이 특수한 *신*들의 영역이다. 신들이 인간과 다른 점은 특히 신들은 표정에서 근심이나 유한한 열정을 넘어서서 자신들 속에 지복한 고요함과 영원한 젊음을 집약한 모습으로 나타나고, 그들의 신체형태도 역시 인간적인 유한한 특수성에서 벗어나면서도 생동성을 잃지 않고, 그러면서도 감각적인 생명 속에 깃드는 궁핍성이나 욕구들로부터 벗어난다는 데 있다. 예를 들어 어머니가 아이를 달래는 것은 조각의 흥미로운 대상이 된다. 그러나 고대 그리스 여신들은 늘 자녀가 딸리지 않은 형태로 묘사되었다. 신화에 의하면 헤라 여신은 어린 헤라클레스를 자기 몸에서 흔들어 떼어 천상(天上) 아래로 떨어뜨려 버렸기 때문에 은하수가 생겨났다고 한다. 제우스 신의 아내이면서 강인하고 위엄 있는 헤라 여신에게 아들을 딸리게 하는 것은 고대 그리스인들 생각으로는 너무 졸렬해 보이는 일이었을 것이다. 아프로디테(즉 비너스—역자주) 여신조차도 조각에서는 어머니로 표현되지 않는다. 물론 사랑의 신 에로스(Eros)가 늘 그녀 주위에 있지만 그 신이 아프로디테 여신의 아이로 등장하는 일은 드물다. 그와 비슷하게 제우스 신의 유모도 양(羊)이었고, 로물루스와 레무스(즉 전설상 로마를 건설한 쌍둥이 형제로 알려져 있는 인물들—역자주)도 늑대의 젖을 먹고 자란 것으로 알려져 있다. 반면에 이집트와 인도의 조각형상에서는 많은 남신들이 여신들의 젖을 먹고 자란 것으로 묘사된다. 그러나 고대 그리스 여신들에게서는 여자라는 자연적인 피규정성은 덜 강조되어 그들을 처녀성을 띤 형상으로 드러내는 일이 우세했다. 이 점이 바로 고전적 예술형식이 모성애를 주요 대상으로 삼는 낭만적 예술형식과 대립되는 중요한 점이다. 또 고대 조각은 처음에는 신들의 형상을 조각하는 데서 시작했으나, 곧 영웅들이나 켄타우루스 같은 반신(半神), 목신처럼 인간과 동물형상이 뒤섞인 형태를 작품화하는 데로 넘어간다.

　영웅들은 아주 섬세한 차이에 의해서만 신들과 구별되며 신들과 마찬가지로 일상적인 현존재 안에 있는 단순히 인간적인 것을 초월해 있다. 예를 들어 빙켈만은 키레네(Cyrene)에서 만든 주화 위에 새겨진 바투스(Battus)[10]상에 대해 말하기를, 그 모습은 언뜻 보기에 부드러운 쾌감(快感, Lust)을 주는 면에서는 바커스 신(Bacchus, 고대 그리스의 디오니소스 신과 같은 신―역자주)과 같고, 위대한 신적인 특성을 지닌 면에서는 아폴로 신을 모사한 것 같다고 했다. 그러나 여기서는 의지와 체력의 힘을 표현하는 일이 중요하므로 특히 어떤 부분들은 크게 형상화된다. 예술가들은 근육에다 빠른 효과와 움직임을 새겼고, 격렬한 행위를 나타낼 때는 모든 자연적인 충동의 원동력을 작동시켰다. 그러나 같은 영웅이라도 때로는 서로 아주 다르게 묘사되거나 대립 상태에 있는 형태로 만들어진다. 또 여기에서 남성들은 종종 여성의 형태와 흡사하게 만들어지기도 한다. 예를 들어 영웅 아킬레우스는 그가 맨 처음 등장할 때에 리코메데스의 여인들과 함께 있다. 여기서 그는 트로이(Troja)에서 용맹을 떨치는 자로 등장하지 않고, 여자 옷을 입고 그가 과연 남성인지 의심하게 할 만큼 매력적인 형태로 등장한다. 헤라클레스 역시 늘 진지하게 힘든 일만 하는 힘센 자로서만 묘사되지는 않는다. 그는 옴팔레에게 봉사할 때는 신처럼 고요한 상태에 머물지만, 그와는 달리 아주 다양한 상황 속에 머물기도 한다. 영웅들은 어떤 때는 종종 신들과 아주 흡사한 모습으로 나타난다. 예를 들어 아킬레우스는 전쟁신 마르스와 비슷하다. 그러므로 첨가물이 별로 붙어 있지 않은 조각상에서는 그 형상들의 몸에 나타나는

---

10) 바투스는 기원전 5세기경 키레네의 왕이었다.

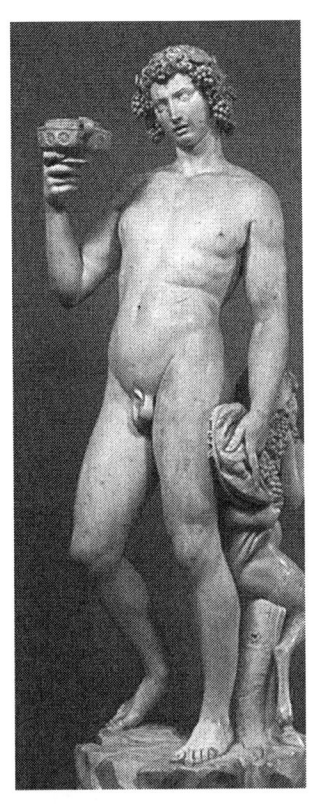

바커스(Bacchus) 신의 조각상.
미켈란젤로(Michelangelo) 作(1497년)

특징을 찾아서 곧 그 조각상이 어떤 특정한 의미를 지니고 있는지 철저히 연구해야 한다. 그러나 잘 숙달된 예술전문가들은 단편적인 조각작품들을 보고도 거기에서 곧 그 전체적인 형상의 특성과 형태를 결론지어 끌어내거나 또는 거기에 결핍되는 것도 보충할 수 있다. 그럼으로써 사람들은 고대 그리스 예술의 섬세한 감각과 수미일관성 있게 개별화하여 표현한 방식을 경탄하였으며 또는 이를 음미하는 법을 배웠다. 즉 예술전문가들 가운데서도 대가들은 조각상의 아무리 작은 미세한 부분을 보고도 이를 전체의 특성에 맞춰 완성하고 보존하는 법을 알고 있었다.

반인반수(半人半獸)의 신과 목양신(牧羊神)에 관해서 보면 그들의 영역에서는 신들의 숭고한 이상(理想)에서 제외된 것들, 즉 인간적인 욕구나 삶의 기쁨, 감각적인 향락, 욕망 같은 욕구들을 충족시키려는 표현이 더 많이 삽입된다. 고대 그리스인들이 표현한 젊은 반인반수의 신과 목양신은 특히 대개 빙켈만이 "그들의 형상은 모두 머리를 제외하고는 아폴로 신과도 혼동될 정도로 비슷하게 표현된다. 특히 아랫부분은 사우로크토노스(Sauroktonos)라고 불리면서 한쪽 발이 목양신과 같은 모양을 한 모습으로 표현되어 있다"라고 주장한 것과 같은 방식으로 만들어졌다. 반인반수의 신과 목양신은 머리에 뾰족한 귀와 꼿꼿이 선 머리카락 그리고 작은 뿔을 달고 있는 모습으로 알아볼 수 있다.

두 번째의 영역에서는 *인간적인 것* 자체가 한데 묶여진다. 여기에 속하는 것은 특히 전투경기에서 완벽한 힘과 노련함으로 드러나는 인간의 미적인 형상이다. 그러므로 투사, 원반 던지는 사람 따위는 주요한 조각대상이 된다. 그때 조각은 그런 형상들을 산출할 때 초상조각 쪽으로 더 접근해간다. 그러면서도 고대 그리스인들은 실제로 존재하는 개인들을 표현할 때 여전히 우리가 배운 것과 같은 조각의 원리를 고수할 줄 알고 있었다.

끝으로 조각이 표현대상으로 취하는 *마지막* 영역은 동물형상들 자체, 특히 사자나 개 따위이다. 이 영역에서도 역시 고대 그리스인들은 조각의 원리를 알고 있어 형상의 실체적인 면을 포착하고 이를 개별적으로 생동화하는 것으로 가치를 부여하여 완성시킬 수 있었다. 예를 들면 미론(Myron)이 제작한 암소[11]의 조각상(die Kuh des Myron)은 그가 만든 다른 작품들보다도 더 유명하게 되었다. 괴테는 이에 대

---

[11] 이 청동상은 아테네의 아크로폴리스에 서 있었다. 그것은 고대에는 매우 칭송을 받은 조각상이었으나 더 이상 현존하지 않는다. 미론은 기원전 5세기에 살았던 조각가의 이름이다.

조각가 미론이 만든 황소 모양의 미노타우르스(Minotaur) 상. 아테네의 한 분수대에서 발견된 것으로, 원래 그리스 신화의 영웅 테세우스(Theseus)와 미노타우르스를 함께 조각한 군상의 일부였다. 아테네 국립 고고학 박물관 소장

해 그의 저서인《예술과 고대(Kunst und Altertum)》(제2부 1권)에서 매우 유려하게 서술하는데, 그는 특히 이미 우리가 위에서 보았듯이 젖을 물리는 기능 따위는 고대 그리스 조각에서는 단지 동물 영역에서만 표현되고 있음을 주지시켰다. 그는 고대의 비명(碑銘)이나 경구들에서 시인들의 착상은 모두 멀리하고, 오직 친근한 이미지를 솟아나오게 한 순박한 구상만 의미심장하게 고찰하고 있다.

c. 개별적인 신들의 표현

개별적인 인물들을 표현하는 데 있어서 그들의 성격 및 생동성과 관련해서 방금 인용한 차이들이 강조되어 드러났다면, 이 장(章)의 끝에서 우리는 주로 신(神)들을 표현하는 방식에 대해 몇 가지 더 자세히 살펴보아야 한다.

고대 그리스의 해신(海神) 넵튠(또는 포세이돈이라 불림)의 조각상. BC 5세기 작품

조각가 피디아스(Pheidias)와 파르테논(Parthenon) 신전을 세울 당시에 관한 상상도(想像圖). 신전 안에서 작업을 하는 조각가의 모습과 건축물에서 프리즈(Frieze)가 잘 묘사되어 있다. 또한 벽에 부조(浮彫)로 조성된 조각상들에도 색칠이 되어 있는 것을 볼 수 있다. 로렌스 알마타네마(Lawrence Alma-Tadema)의 1869년 作이다

α) 물론 대체로 사람들은 조각에서 표현하는 정신적인 신(神)들에 관해서 보면, 원래 신의 정신성은 개성으로부터 벗어나는 것이므로, 따라서 이상(理想)들은 이상적이면 이상적일수록 그리고 훌륭하면 훌륭할수

아테네 여신상. BC 440년경 그리스의 조각가 피디아스의 작품을 로마시대에 복제한 것이다

록 그들을 서로 개인들로 구별하지 말아야 한다는 의견을 타당한 것으로 간주하려고 한다. 그러나 이 점과 관련해서 고대 그리스인들이 이행한 조각의 사명을 보면, 놀랍게도 그들은 신들이 지닌 보편성과 이상성에도 불구하고 그들에게 개성과 차이들을 부여하여 표현하였다. 물론 특정한 영역에서는 고정된 한계를 지양하고 특수한 형태들을 다른 형태로 넘어가려는 과정에 있는 모습으로 표현하고자 하는 노력도 드러나고 있다.

그러나 만약 어떤 특정한 신성에게는 어떤 일정한 특징들이 마치 초상화처럼 주어지는 게 당연하다고 가정하게 되면, 그때에는 생동적인 것이 아닌 고정된 유형만이 산출되므로 이는 예술에 해가 되는 것처럼 보일 수도 있을 것이다. 그러나 그런 경우도 역시 드물다. 반대로 오히려 그 형상들이 실체적인 유형에 근거하고 있으면 있을수록 그 유형을 생동적으로 개성화하려는 창의성은 더욱 섬세해져 갔다.

β) 더 나아가 개별적인 신들 자체에 대해서 보면, 이 모든 이상적인 존재들 위에는 결국 그들을 지배하는 *하나의 신*(神)이 군림하고 있다고 상상할 수 있다. 특히 조각가 피디아스(Phidias)는 *제우스 신*의 형상과 표정에다 이 군림하는 신의 위엄과 숭고함을 새겨 놓았다. 그러나 신들과 인간들의 아버지인 그 신은 옥좌 위에 앉아 있으면서도 쾌활하고 은혜를 베푸는 부드러운 시선을 띤 모습으로 조각되어 있으며, 뺨이 두둑한 청년의 모습이 아니라 성인남자의 모습으로 표현되어 있으면서도 거꾸로 경직되거나 나이 들어 쇠약한 모습은 조금도 드러내지 않는다.

형태나 표정에 있어서 제우스 신과 가장 비슷한 신들로는 그의 형제들인 해신(海神) 넵튠(*Neptun*)과 플루토(*Pluto*, 그리스어로 하데스(Άδης)라고도 하며 그리스 신화에 나오는 죽음과 지하세계를 관장하는 신—역자주)가 있다. 예를 들어 독일의 드레스덴에 소장된 그들의 조각상은 갖가지 흥미로운 특징을 지니고 있으면서도 서로 구별된다. 즉 제우스 신은 부드러운 숭고함을 띤 모습으로, 넵튠신은 더 거친 모습으로, 이집트인들의 저승의 왕인 세라피스와 함께 서 있는 플루토신은 더 음울하고 둔중한 모습으로 묘사된다.

디오니소스 신(로마의 '바커스 신'—역자주)과 *아폴로 신, 마르스, 헤르메스 신*은 제우스 신과 본질적으로 더 많은 차이를 보인다. 그들은 젊고 아름답고 부드러우며 남성적이면서도 수염이 없는 모습을 하고 있다. 헤르메스 신은 건장하고 날씬하며 특히 얼굴모습이 섬세하다. 전쟁신 마르스는 헤라클레스처럼 근육과 그 밖의 강인하고 젊고 아름다운 영웅으로서 이상적인 형상을 지닌다.

제우스 신의 형인 바다의 신 넵튠

여신들 가운데서는 헤라 여신, 아테네 여신, 다이아나 여신, 비너스 여신에 대해서만 언급하겠다.

남성신들 가운데서 제우스 신이 그러하듯이, 여신들 가운데서 형상이나 표정이 가장 숭고한 신은 *헤라 여신*(라틴어로는 '주노' 여신)이다. 그녀의 크게 뜬 둥근 눈은 오만하면서도 명령적이다. 또 그녀의 입은 특히 옆모습에서 알아볼 수 있다. 대체로 (빙켈만의 말대로) 그녀는 "지배적이면서도 숭배를 받으며 사랑을 일깨워주는 여왕"이라는 인상을 준다. 반면에 *팔라스 여신*(Pallas, 아테네 여신의 또 다른 호칭—역자주)은 엄격한 처녀성과 예절바른 인상을 주며, 부드러움, 사랑스러움 그리고 모든 종류의 여성적인 아름다움과는 거리가 멀다. 그녀의 눈은 헤라 여신의 눈보다 덜 크다. 그녀는 적당히 둥글면서도 고요히 생각에 잠긴 눈을 약간 내려뜨고 있으며, 머리는 비록 투구로 무장하고 있지만 제우스 신의 아내인 헤라 여신의 투구처럼 오만하게 위로 꼿꼿이 세워져 있지는 않다.

아테네 여신과 비슷하게 처녀성을 지닌 형상은 *다이아나*(Diana) 여신이다. 그러나 그녀는 훨씬 더 매력적으로 묘사되어 있으며, 몸매도 더 가볍고 가늘다. 물론 그녀에게서는 스스로 확신감에 찬 모습이나 자신의 우아함에 대해 기쁨을 느끼는 표정은 덜 엿보인다. 그녀는 고요히 관찰하면서 서 있는 모습이 아니라, 대개 눈을 똑바로 하고 멀리 바라보면서 걷고 있거나 앞으로 달려나가는 모습으로 표현된다.

끝으로 미의 여신인 *비너스(Venus)*는 우미(優美)의 여신들과 시간의 여신들을 제외하고는 유일하게 나체의 모습으로 표현되었다. 물론 고대 그리스의 모든 예술가들이 다 그런 식으로 표현한 것은 아니다. 그녀가 나체로 표현된 데는 아주 중요한 이유가 있다. 그것은 감각적인 미와 그것의 승리, 우아함, 사랑스러운 매력, 부드러움은 정신에 의해 적당히 고양된 것으로서 중요한 표정이 되기 때문이다. 그녀의 눈은 진지하고 숭고하게 드러날 때도 아테네 여신이나 헤라 여신의 눈과 비교하면 길이는 같으나 아래쪽에서 치켜올린 눈까풀은 더 작다. 그 때문에 그녀의 눈은 사랑스러우면서도 초췌함을 띤 모습으로 매우 아름답게 표현되고 있다. 그러나 비너스 여신상의 표정은 여러 가지다. 어떤 때는 더 진지하고 위엄을 띠고 있는가 하면, 어떤 때는 우아하고 부드러우며, 어떤 때는 원숙하고 어떤 때는 더 젊은 나이로 표현된다. 예를 들어 빙켈만은 메디치 가(家)에 안치된 비너스 여신상을 아름다운 아침의 여명 후에 해가 뜰 때 피는 장미와 비유했다. 그에 반해서 천상에 있는 비너스 여신은 헤라 여신의 왕관이나 *비너스 빅트릭스(Venus victrix)*[12]가 쓰고 있는 왕관과 비슷한 왕관을 쓴 모습으로 표현되었다.

---

12) 라틴어인 'Venus Victrix'는 '승리의 여신 비너스'라는 뜻으로 고대 그리스에서 미의 여신 아프로디테(Aphrodite)에게 붙였던 여러 다른 이름들 가운데 하나이다. 원래 아프로디테 여신은 고대 그리스인들 고유의 여신이 아니라 동방, 특히 바빌로니아 왕국(지금의 이라크 지역)에서 전쟁의 여신이자 미의 여신으로 섬기던 이시타르(Ishtar)라는 여신을 그들이 받아들여서 섬기면서 그 속성도 함께 받아들여 붙인 명칭이다. 원래 그 명칭은 고대 로마의 영웅 폼페이우스가 기원전 55년 캄푸스 마르티우스(Campus Martius, 전쟁신 마르스의 신역) 안에 '비너스 빅트릭스' 여신을 위한 사당을 헌정한 데서 유래하였다고 한다.

고대 로마의 여신인 비너스 빅트릭스(Vinus victrix, 승리의 비너스)를 본따서 근대에 만든 조각상. 프랑스의 나폴레옹 1세의 여동생 폴린 보르게제(Paolina Borghese)를 이상적인 모습으로 조각한 것이다. 안토니오 카노바(Antonio Canova) 作(1805-1808년)

γ) 이와 같이 고안된 조형적인 개성들은 단순한 형태의 추상성을 통해 완벽하게 표현되었는데, 이렇게 하는 일은 오직 고대 그리스인들에게만 가능했다. 그들은 감히 타의 추종을 불허하는 완전성을 지니고 있었는데 그 근원은 그들의 종교에 있었다. 정신성을 더 많이 띠고 있는 종교는 내면적인 고찰과 기도만으로도 족하므로, 거기에 조각작품들은 오히려 사치이자 불필요한 것이 될 수도 있다. 그러나 고대 그리스 종교(griechische Religion)처럼 감각적이고 직관적인 종교는 늘 계속해서 신들의 형상을 산출해내야 했다. 왜냐하면 그들에게는 이런 예술적인 창조와 고안이 하나의 종교적인 행위이자 충족행위였으며, 또 민중에게는 그런 작품들을 관조하는 일은 단순히 바라보는 것으로 끝나지 않고 그 자체가 종교이자 삶이었기 때문이다. 대체로 고대 그리스인들은 모든 것을 공공연하게 일반적인 것으로 삼아서 이를 행했으며, 누구나 그 속에서 향유하고 스스로 자족감과 영예를 찾았다. 그러한 공적(公的)인 활동 속에서 고대 그리스인들의 예술은

단순한 장식이 아니라 생동적이며 필연적으로 충족되어야 할 욕구였다. 이는 후에 (이탈리아의) 베네치아인들이 번영을 누리던 시대에 회화가 그들에게 주었던 의미와 비슷하다. 우리는 조각에 대해서 고찰할 때 오직 이런 측면에서 바라본다면, 어려움이 있음에도 불구하고 한 도시에 수천 개씩 흩어져 있고 그리스의 엘리스, 아테네, 코린트 및 아주 작은 도시들뿐만 아니라 섬들에도 수없이 흩어져 있는 온갖 종류의 조각원주들이나 조각상들에 대해서 해명을 할 수 있는 것이다.

제3장 표현과 재료의 다양한 종류 및 조각의 역사적인 발전단계들

우리는 지금까지 고찰을 해오면서 먼저 *보편적인 규정들*에 따라서 살펴보았으며, 거기에서 조각에 가장 알맞은 내용과 거기에 일치하는 형태를 발전시킬 수 있었다. 이 내용으로 우리는 고전적인 이상(理想)을 발견할 수 있었으며, 이어서 둘째로 우리는 조각이 특수한 예술들 가운데서 이상(理想)을 형상화하는 데 가장 적합한 예술이 되는 방식을 확립해야 했다. 이상은 본질적으로 오직 *개성*으로서만 파악될 수 있으므로 내적이고 예술적인 직관(直觀)만 이상적인 형상들의 영역으로 펼쳐져 가는 것은 아니라, 외적인 표현방식과 기존의 예술작품들로 완성하는 일도 역시 조각의 특수한 종류들로 갈라져 나간다. 이와 관련해서 우리는 이제 다음과 같은 관점들에 대해서도 언급할 일이 남아 있다.

*첫째*는, 표현방식에 관한 것으로, 실제로 작품을 완성해나갈 때 개별적인 조각상이나 군상(群像)을 만들어내고 마지막에 가서 부조(浮彫)를 만드는 단계에 이르면, 이미 표현방식은 회화의 원리 쪽으로 옮겨간다.

*둘째*는, 실제로 이런 차이들을 드러나게 하는 조각의 외적인 질료이다.

셋째로, 조각의 여러 종류와 재료에 의해 완성된 예술작품들 내에서 엿볼 수 있는 역사적인 발전단계들이다.

1. 표현 방식들

우리는 건축에서 독자적인 건축술과 실제로 이용되는 건축술 사이의 본질적인 차이를 다루었듯이, 여기 조각에서도 역시 독자적으로(für sich) 서 있게 되는 조각작품들과 그에 반해 건축적인 공간 장식을 위해 사용되는 조각작품들 사이에 비슷한 구별을 할 수 있다. 전자를 위해서는 주위환경은 예술적으로 꾸며진 장소에 불과하지만, 후자에 있어서는 조각작품을 장식으로 쓰는 건축물과 조각작품과의 관계는 중요한 것이 되며, 이는 형태뿐만 아니라 대부분 조각작품의 내용까지도 규정한다. 일반적으로 이런 점 때문에 우리는 개개의 조각상들은 독자적으로 세워지지만 반면에 군상이나 부조들은 독자성을 포기하고 건축을 위한 목적으로 이용된다고 말할 수 있다.

a. 개별적인 조각상

개별적인 조각상에 관해서 보면, 조각의 본래 사명은 대체로 신전의 조각상들을 제작하는 것이 참된 사명이다. 그러한 조각상은 주위의 전체 환경이 그 조각상과 관련되어 조성되는 신전의 홀 안에 세워진다.

α) 여기에서 조각은 이미 수차 설명했듯이, 신들의 형상을 상황 부재(不在) 속에서 미적이고 단순하며 행동하지 않는 고요한 상태로 표

현하는 것이다. 그것은 시련을 겪지 않고 특정한 행위나 분규 속에 말려들어가 억압을 받지 않는 자유로운 상황에 머무는 존재로 완성해내는 가운데 조각에 가장 적합한 순수함을 유지한다.

β) 조각형상이 이처럼 엄격한 숭고함이나 지복한 침잠의 상태에 머물다가 거기에서 벗어나 그 다음에 드러내는 것은 그 형상 전체의 자세 속에 어떤 행동의 시작이나 그 끝을 암시하는 것이다. 하지만 그럼에도 불구하고 신적인 고요함은 방해받지 않으며, 그 형상은 어떤 갈등을 느끼면서 투쟁하는 모습으로 표현되지 않는다. 이런 종류에 속하는 것으로는 유명한 메디치 가(家)의 비너스상과 벨베데레의 아폴로 신상을 들 수 있다. 레싱과 빙켈만이 살던 시대에 이 조각상들은 가장 이상적인 예술성을 띤 것으로서 무한한 경탄의 대상이 되었다. 그러나 사람들이 더 심오한 표정과 더 생동적이고 근원성의 형태를 띤 작품들에 대해서 알게 됨에 따라 위의 조각상들은 어느 정도 가치를 잃어버렸다. 즉 사람들은 매끄럽게 다듬어져서 제작된 이 조각상들을 보고 그 모양이 사람들의 마음과 눈에 들게 하려고 만들어졌을 뿐 더 이상 참되고 엄격한 이상적인 양식(樣式)을 고수하지는 않은 더 후기의 작품들로 간주하고 있는 것이다.

어느 영국 여행가는 (1825년 7월 26일자 〈Morning Chronicle〉지에서) 언급하기를, 아폴로 상은 바로 연극에 등장하는 멋쟁이 같으며, 비너스 여신상은 대단히 부드럽고 감미롭고 대칭적이며 수줍은 우아함을 띠기는 해도 거기에는 결점이 없는 비정신성, 부정적인 완결성 그리고 심지어 상당히 무미건조한 모습까지도 곁들여 있다고 말했다. 우리는 저 엄격한 고요함과 성스러움에서 나오는 것에 대해서 일반적으로 그렇게 이해할 수 있다. 물론 조각은 매우 진지한 예술이기는 하다. 그렇다 해도 신들은 추상성이 아니라 개별적인 형상들이므로 그들의 숭고

벨베데레의 아폴로 신상(Belvedere Apollo).
1490년 作

한 진지함도 역시 절대적인 쾌활성(快活性, die Heiterkeit)을 띠며, 따라서 현실성과 유한성도 함께 지닌다. 그러나 조각 속에서 신들의 쾌활성(die Heiterkeit der Götter)은 그와 같은 유한성 속으로 침잠하지 않고 정신적인 자유와 자기 안에서 화해적으로 머무는 모습으로 표현된다.

γ) 그래서 고대 그리스 예술은 그리스 정신이 지닌 쾌활성 속으로 파고들어가 쾌적함과 기쁨, 그리고 무한히 많은 즐거운 상황들에 열중하는 형상들을 찾아냈다. 왜냐하면 그들은 처음에는 경직된 추상성으로 표현을 하였으나, 그 뒤에 가서는 모든 것을 자체 안에 통일시키는 생동적인 개성의 가치를 높이 인정하게 되면서 생동적이고 쾌활한 것을 표현하는

사랑을 나누는 에로스(Eros)와 프시케(Psyche). 안토니오 카노바(Antonio Canova) 作(1793년)

미론이 남긴 조각상. 〈원반 던지는 사람〉의 2세기 로마시대 복제품. 독일 뮌헨 미술관(Glyptothek)에 소장되어 있다

데 애착을 가졌기 때문이다. 그래서 예술가들은 다양한 것을 표현하는 데 열중하면서도, 고통스럽고 소름끼치고 기괴한 것을 표현하는 데로 빠지지는 않고 무해(無害)한 인간성을 표현하는 것으로 제한했다. 이런 면에서 고대 그리스인들은 아주 탁월한 조각작품들을 많이 남겨 놓았다. 나는 여기에서 매우 우스꽝스러우면서도 순수하고 쾌활한 특성을 지닌 많은 신화의 대상들 가운데 사랑의 신 에로스가 보이는 유희성만을 예로 들고자 한다. 그가 보이는 유희적인 모습은 보통의 인간성에 가깝다.

또 생동적인 표현을 하는 데 주로 관심을 갖고 이에 맞는 소재들을 취해서 쾌활성과 무해성(無害)함을 표현하는 데 전념한 다른 조각상들도 마찬가지이다. 예를 들어 이 분야에서 폴리클리투스(Polykletus)가 조각한 주사위 놀이하는 사람이나 친위병의 조각상은 아르고스에 있는 그가 만든 헤라 여신상만큼이나 중시되었다. 또 미론의 원반 던지는 사람[1]이나 달리기 경주하는 사람의 조각상도 같은 명성을 누렸다. 또 앉아서 발꿈치에서 가시를 뽑는 소년의 조각상도 얼마나 사랑을 받았던가. 비슷한 내용을 담은 다른 조각상들 가운데 다수는 사람들의 입에 전해 내려오는 것으로 그칠 뿐이다. 이러한 것들은 순간적으로 스쳐가는 자연을 그대로 모방한 것으로 이런 요소들을 조각가들은 포착해서 표현하였다.

b. 군상

그처럼 조각가들의 관심이 외부로 향하기 시작하면서 조각은 움직

---

[1] 기원전 5세기 중반에 살았던 미론이 남긴 〈원반 던지는 사람〉 조각상은 매우 유명했지만 이 원본은 사라지고 없으며 서기 2세기 로마시대의 복제품이 지금 독일 뮌헨 미술관(Glyptothek)에 소장되어 있다.

이는 상황들, 갈등, 행동들을 표현하게 되며, 따라서 군상(群像)을 제작하는 쪽으로 옮겨간다. 그 이유는 행동이 더 규정되면 그와 더불어 생동감도 더 구체적으로 드러나며, 이는 여러 인물들이 대립과 반응을 보임으로써 또 상호 본질적인 관계 속으로 뒤얽혀 들어가는 방향으로 확대되기 때문이다.

α) 그러나 여기에서 우선은 단지 고요히 함께 무리지어 서 있는 형상들이 만들어졌다. 예를 들면 로마의 카발로(Cavallo) 산에 있는 두 마리의 거대한 말을 제어하는 사람들의 조각상과, 카스토르(Castor)와 폴룩스(Pollux)의 모습을 형상화한 군상들이 그렇다.[2] 사람들은 그 군상 중 하나는 피디아스(Phidias)의 작품이고 다른 하나는 프락시텔레스(Praxiteles)의 작품이라고 간주하고 있지만 확실한 증거는 없다. 물론 그 조각상들의 구상은 매우 탁월하며 그 제작수법 또한 매우 우아하고 철저하다. 그래서 그와 같이 진지한 제목을 달고 있는 것은 당연해 보이기까지 한다. 그러나 이것들은 아직은 자유로운 군상으로서 본래의 행위나 그 행위의 결과를 표현하고 있지는 않으며, 본래 그것들이 서 있던 파르테논 신전을 장식한 조각품으로서 대중들 앞에 세워지기 적합하도록 만들어진 것들이다.

β) 그러나 둘째로, 조각은 군상에서도 역시 갈등이나 분열을 드러내는 행동과 고통 따위를 내용으로 삼는 상황을 표현하는 쪽으로 나아간다. 여기에서 우리는 다시 고대 그리스인들이 가졌던 진정한 예술감각(藝術感覺, der Kunstsinn)을 칭찬할 수 있다. 그들의 예술감각은 그런 군

---

[2] 이 군상은 서기 330년경의 작품으로 추정된다.

니오베와 그녀의 아이의 조각상. 이는 기원전 450년경에 만들어진 원본 조각상을 다시 모조한 것이다(1860~1865년)

상들을 독자적으로 세우기 위한 목적으로 만들지는 않았다. 그때 조각은 이미 그 독특하고 독자적인 영역에서 벗어나기 시작하면서 건축과 밀접한 관계를 지니기 시작했으므로, 조각작품들은 건축적인 공간을 장식하는 데 이용되었다. 신전 안의 조상(彫像)들은 개별적인 조각상들로서 분규 없는 고요함과 성스러운 모습을 띠고 신전의 홀 안에 세워질 수 있었으나, 반면에 홀 외부의 합각머리 부분은 신의 특정한 행위들을 표현함으로써 움직이는 생동성을 드러낼 수 있는 군상으로 제작되어 치장되었다. 이런 종류의 것으로는 니오베(Niobe)가 그녀의 자녀들과 함께 있는 유명한 군상(群像)3)을 들 수 있다. 여기에서 군상들의 배치 형태는

---

3) 이는 원래 로마의 아폴로 소시누스(Apollo Socinus) 신전의 박공벽에 설치되었던 군상이다. 니오베는 많은 자녀를 두었는데, 이를 자랑하다가 레토 여신의 미움을 샀다. 레토 여신은 자신의 아들 아폴로와 딸 아르테미스를 시켜 니오베의 자식들을 죽이게 했다. 니오베는 슬픔에 못 이겨 울다가 결국 돌이 되었다고 한다. 니오베에 대해서는 뒤에 가서 마리아의 슬픔과 비교해서 다시 언급된다.

일반적으로 지정된 공간에 따라 주어졌다. 주요한 인물은 중앙에서 가장 크고 강조된 형상으로 만들어졌다. 박공 측면의 각진 모퉁이에 설치된 다른 인물상들은 누워 있는 자세 등 각기 다른 자세를 취했다.

그 밖의 알려진 작품들 가운데 〈라오콘 군상(die Gruppe des Laokoon)〉[4]에 대해서만 더 언급하고자 한다. 그 군상은 지금으로부터 40~50년 전에 많은 연구와 광범한 토론대상이 되었다. 특히 그 군상(群像)은 로마의 시인 베르길리우스(Vergilius)가 그 조각작품을 먼저 보고 나서 그 장면을 서술한 것인지, 아니면 그 군상을 제작한 예술가가 베르길리우스가 서술한 것을 참고해서 그대로 따라 제작한 것인지를 알고자 하는 중요한 상황까지도 벌어졌다. 더 나아가 그 군상에서 라오콘이 과연 고통의 소리를 지르고 있는지, 그리고 조각작품에서 고통스러운 소리 따위를 표현하려고 의도한 것 자체가 도대체 과연 조각에 어울리는 일인지도 논란이 되었다. 한때 사람들은 그런 작품 속에 깃든 심리적인 중요성을 토론하는 것을 소일거리를 삼기도 했다. 빙켈만이 자극을 불러일으킨 진정한 예술감각에 대한 관념은

---

[4] 이미 앞에서도 다룬 이 군상은 특히 유명한 것으로서 고대 그리스 조각의 고전으로 꼽힌다. 이는 추측건대 기원전 51년경에 그리스 로도스 섬의 조각가였던 하게산드로스(Hagesandros), 폴리도로스(Polydoros), 아타노도로스(Athanodoros)가 함께 조각한 군상으로 1506년에 로마에서 다시 발견되었고, 그 후 특히 르네상스 예술가들에게 지대한 영향을 끼쳤다. 그리고 그 후 계몽주의 시대에는 고대 그리스를 대표하는 고전적인 예술작품으로 꼽혔다. 특히 독일의 계몽주의 희극 작가 레싱(Lessing)은 〈라오콘 또는 회화와 시의 경계〉(1766년)라는 논문을 써서 화제가 되기도 했다. 라오콘 군상은 고대 그리스 신화에서 소재를 딴 것으로, 라오콘은 트로이에서 해신 포세이돈을 섬기던 제사장이었으나 트로이인들이 그리스인에게서 받은 목마(木馬) 속에 병사들과 무기가 감춰져 있다고 경고했다가 그리스인의 수호신인 아테네 여신의 저주를 받아 두 아들과 함께 뱀에 물려 죽었다고 한다.

아직 널리 퍼져 있지 않았으므로, 방안에서만 연구에 몰두하는 학자들은 그런 것을 언급하는 일에 더욱 자극을 받아서 흥분하곤 하였다. 그 이유는 그들은 실제의 예술작품들을 보는 기회가 적었고, 또 보더라도 이해하는 능력이 부족했기 때문이다. 이 라오콘 군상에서 고찰할 수 있는 가장 본질적인 것은, 매우 고통스러운 상황에서 육체의 모든 근육들이 고통스럽게 움츠러들고 있는 데도 숭고한 미가 보존되고 있으며 인물들은 조금도 얼굴을 찌푸리거나 뒤틀지 않고 있다는 점이다. 그러나 이 작품 전체는 소재 속에 깃들어 있는 정신, 배치하는 데 있어서의 기교, 인물들이 취한 자세를 이해하고 이를 정교하게 가공한 수법에서 볼 때 의심할 여지없이 후대의 작품에 속한다. 왜냐하면 후대에 와서는 이미 인간 육체의 구조와 근육에 대한 지식을 갖고 단순미와 생동성을 일부러 찾아서 표현함으로써, 이를 지나치게 강조하고 섬세한 우미(優美)의 수법으로 가공하려고 마음 썼기 때문이다. 여기서는 아무 제약이 없던 위대한 예술에서 벗어나 이미 매너리즘(die Manier) 쪽으로 다가가고 있었던 것이다.

γ) 조각작품들은 원주로 된 홀 입구나 광장 전면에, 계단의 난간이나 벽의 파인 곳 등 다양한 장소에 세워질 수 있다. 바로 이처럼 다양한 장소가 지닌 건축학적인 규정—이것 역시 인간적인 상태나 상황과 많은 관련이 있지만—때문에 예술작품들이 담는 내용과 대상은 끊임없이 변하며, 특히 군상들에서 더 인간적인 면에 근접할 수 있다. 그러나 그처럼 움직임이 더 많은 군상들이 비록 갈등을 소재로 담고 있지 않는 경우가 있더라도 그 조각상들을 건물 꼭대기의 노천에 아무 배경도 없이 세워두는 것은 여전히 언짢은 일이다. 즉 하늘은 흐렸다가 맑아지기도 하고, 햇살이 쨍쨍 비치며 밝아지기도 하므로 그 인물상들의 윤곽을

독일 베를린의 브란덴브루크 문 (Brandenburger Tor) 위에 세워진 승리의 여신상

확실히 볼 수가 없는 것이다. 그때 사실 중요한 것은 바로 그런 조각상들의 윤곽, 특히 실루엣이다. 왜냐하면 그것이야말로 사람들에게 그 조각상을 인식하고 그 밖의 것들도 이해하게 해주는 본래의 주요한 것이기 때문이다. 왜냐하면 군상에서는 인물형상의 신체에서 어떤 부분은 다른 것 앞에, 예를 들어 팔이 몸통 앞에 위치해 있거나 어느 한 인물상의 발이 다른 인물상 앞에 나와 서 있거나 하기 때문이다. 그 때문에 멀리 떨어져 있으면 그런 부분들의 윤곽은 불투명하거나 알아보기 힘들게 되고, 또 아주 자유로운 형태로 서 있는 부분들의 윤곽보다 덜 분명하게 드러난다. 가령 어느 군상을 종이 위에 그려진 것으로 상상해 보면 된다. 거기에서는 어느 인물의 신체부위들은 강하고 뚜렷하게 그려지지만, 반면에 다른 인물들은 흐릿하고 불확실하게 암시만 된다. 이런 효과는 조각상, 그것도 특히 하늘만을 배경으로 삼는 군상들에게서 나타난다. 그때 보이는 것은 단지 예리하게 조각된 실루엣일 뿐이므로 그 속에서는 그 조각상 안쪽을 미약하게 인식할 수 있을 뿐이다.

예를 들면 독일 베를린의 브란덴부르크 문(Brandenburger Tor zu Berlin) 위에 서 있는 승리의 여신상(die Viktoria)[5])이 있다. 그 조각상은 단순성과 고요함을 띠고 있어 미적인 효과를 거둘 뿐 아니라 개개의 형상들도 자세히 알아볼 수 있다. 거기에서 말들은 서로 멀찌감치 떨어져 서로 겹치지 않고 서 있으며, 승리의 여신 빅토리아도 그 말들 위에 충분히 높이 솟구쳐 서 있다. 그에 반해서 티크[6]가 제작한 아폴로상은 괴수들이 끄는 마차를 타고 있는 모습으로 극장 위에 세워져 있는데, 그 전체적인 구상과 솜씨는 예술성에 맞지만 그 형상의 탁월함은 덜 하다. 나는 어느 친구가 주선한 덕택에 그 인물상들을 만드는 작업장에서 그것들을 구경할 수 있었다. 그 조각상이 훌륭한 효과를 거두리라는 것은 예상된 것이었다. 그러나 그것들은 높은 장소에 세워져 있어서 하나의 형상의 윤곽이 다른 형상을 너무 많이 덮고 있어서, 그 다른 형상은 앞에 있는 형상의 배경이 되고 있을 뿐이다. 그래서 이 형상의 실루엣은 덜 자유스럽고 덜 뚜렷하며, 결과적으로 그 인물상들 전체에는 단순성이 결여되어 있다. 또 발이 짧은 그 괴수들은 말처럼 높이 자유로이 치솟은 모습으로 서 있지 못하며 그 외에도 날개를 달고 있다. 또 아폴로 신은 머리에 관모를 쓰고 있고 팔에는 현악기를 들고 있다. 이 모든 것들은 그 상들이 서 있는 장소의 크기에 비해 너무 수가 많아서 그 군상의 윤곽을 불분명하게 해줄 뿐이다.

c. 부조

끝으로 조각이 회화의 원리 쪽으로 한 단계 중요하게 다가가는 마지막 표현방식으로 *부조(浮彫, das Relief)*를 들 수 있다. 부조는 먼저

---

5) 이는 1793년에 프로이센의 조각가 요한 고트프리트 샤도(Johann Gottfried Schadow, 1764~1850)가 만든 청동상이다.
6) 티크(Christian F.Tieck, 1776~1851). 독일의 조각가.

고부조(高浮彫, Hautrelief)가 있고, 그 다음에는 얕은 부조(Basrelief)가 있다. 여기서 조건이 되는 것은 평면으로 인물상들은 동일하게 평평한 면에 조각되며, 조각이 이루어지는 형상의 공간적인 총체성은 점차 사라지기 시작한다. 그러나 초기의 부조는 회화에 그리 가깝지 않아서 앞배경이나 뒷배경이라는 원근법적인 차이까지 나아가지는 않았으며, 세공기술에 의해 서로 다른 여러 대상들이 공간적인 차이를 보이면서 앞으로 나오거나 뒤로 처지지 않고 평면 자체에 고정되었다. 그래서 거기에서 인물상들을 즐겨 프로필로 고정시켜 같은 평면 위에 나란히 조각하곤 하였다. 그러나 이와 같은 단순한 형태에서는 복잡하게 뒤얽힌 행위들을 내용으로 담을 수 없고, 오히려 현실에서 동일선(線) 상에서 일어나는 행위들을, 즉 올림픽에서 승리자들의 행렬이나 제물의 행렬 따위만을 내용으로 취할 수 있다.

그럼에도 불구하고 부조는 가장 다양성이 크다. 그것은 신전의 프리즈와 벽을 채워주고 치장할 뿐만 아니라, 또 도구나 제물단지, 봉헌으로 바쳐진 선물, 그릇, 술 단지, 항아리, 등불 따위의 주변을 치장하며, 안락의자나 삼각대(고대 그리스 델피 신전에 솥발 모양으로 만들어진 좌석으로 무당이 앉아서 예언이나 신탁을 말하던 장소—역자주)를 장식하면서 또 다른 수공업 기술과도 같이 어울려 치장에 사용되기 때문이다. 여기에서는 기지와 창의성이 매우 발달한 관계로 형상들은 다양해지고 또 서로 결합된다. 그리하여 더 이상 본래의 독자적인 조각을 고수할 수 없게 된다.

2. 조각의 재료

우리는 조각의 기본 원리가 되는 개성을 통해서 대체로 조형예술이 그

대상으로 취하는 신들과 인간, 그리고 자연의 영역을 특수화했을 뿐더러, 또 그 표현방식도 개별적인 조각상들을 만들던 시기에서 군상을 만들던 시기 그리고 그 다음에는 부조를 만드는 시기로까지 옮겨가면서 고찰했다. 그러므로 이제는 예술가들이 표현하는 데 사용하는 *재료*에서도 마찬가지로 특수한 다양성이 있음을 찾아보아야 한다. 왜냐하면 이런저런 내용들과 이를 포착하는 방식은 이런저런 감각적인 재료에 근접하면서 그것과 은밀하게 친밀해지고 조화를 이루면서 만들어가기 때문이다.

  나는 여기에서 다만 일반적으로 언급하려는 것이 있으니, 그것은 창의력이 누구보다도 뛰어났던 고대 그리스인들은 그들의 기술적인 완성도에서도 놀라울 정도로 능숙해서 우리를 경탄하게 만든다는 사실이다. 특히 조각에서는 이 양쪽을 다 똑같이 달성하기는 어렵다. 왜냐하면 조각의 표현수단은 다른 예술들에게 주어지는 내적인 다양성으로부터 벗어나기 때문이다. 물론 건축은 조각보다 더 빈약하지만, 그래도 그것은 비(非) 유기적인 질료를 사용해서 정신 자체의 생동성이나 자연적 생동성을 생생하게 표현해내야 하는 임무는 갖고 있지 않다. 그러나 일반적으로 재료를 완벽하게 다루는 데 있어서의 완전한 숙련성은 이미 이상(理想)의 개념 자체 안에 들어 있다. 왜냐하면 그 원리는 감각적인 것 안에 완벽하게 스며들어서 내면을 외적 현존성과 융해시키는 것이기 때문이다. 그러므로 이 원리는 이상이 완성되고 실현되기에 이를 때 역시 가치를 띤다. 이런 점에서 우리는 예술가들이 위대한 예술의 완성기에 그들의 대리석 작품들을 흙으로 빚은 원형이 없이 곧바로 만들어 냈거나, 또는 그런 원형이 있었더라도 빙켈만이 말했듯이 "우리 시대에 사람들이 이미 앞서 흙으로 빚은 원형 모델을 보고 엄격하게 모방해서 전수한 것"보다 훨씬 더 자유롭고 구속받지 않은 상태로 작업했다고 주장한다고 해서 놀랄 것은 없다. 그렇게 해서 고대의 예술가들은 생동적인 활력을 얻었다. 그러나 이와 같은 활력도 반복해서 만들고 복사해가는 동안에 다소 상실되었다. 물론 유명한 예술작품들에서도 예를 들면, 두 눈의 크기가 똑같지 않거나 한 쪽 귀가 다른 쪽보다 더 낮거나 높게 조각되어 있고 또 두 발의 길이도 똑같지 않은 것 등, 개별적인 흠들이 다시 반복되어 나타남은 부인할 수 없다. 고대 그리스인들은 일반적으로 철두철미하게 생각하면서도, 평범한 예술가들이 그랬듯이 늘 엄격한 정확성을 고수하지는 않았다. 그런 정확성은 오히려 아무리 작품이나 예술적 판단에서 높은 명성을 누리더라도 평범한 데 지나지 않는 예술가들이 지닌 유일한 장점이었다.

a. 목 재

조각가들이 신상(神像)을 제작하는 데 사용한 여러 다양한 재료들 가운데서 가장 오래된 것 중의 하나가 목재이다. 지팡이나 기둥 위에 머리형상을 새긴 조각이 그 시초였다. 가장 초기의 신전 조각상들 가운데는 나무로 만들어진 것이 가장 많으며, 조각가 피디아스가 살던 시기에도 아직 이 재료가 쓰였다. 그래서 예를 들어 피디아스가 제작한 플라타에아(Plataea)[7]의 거대한 아테네 여신상도 목재에다 도금을

---

[7] 플라타에아는 그리스 동남쪽에 위치한 고대 도시이다. 이곳에서 기원전 479년에 그리스 도시 동맹군들과 페르시아-테베 연합군 사이에 전쟁이 벌어서 그리스가 적들을 무찌른 곳이다. 그 후 이곳의 승리를 그리스 동맹군의 맹주인 아테네 시(市)의 수호신인 아테네 여신의 도움 덕택으로 여기고, 그녀를 숭배하는 신상들이 만들어졌다. 이때 여신의 모습은 주로 투구와 무기를 갖춘 강력한 위력을 지닌 모습이 주를 이루었다. 그러나 플라타에아는 그후 서기 427년에 펠로폰네소스 전쟁 때 테베와 스파르타 군에 의해 파괴되었다가 기원전 386년에 재건되었다.

한 것이며, 머리와 손, 발은 대리석으로 만들어졌다(마이어의 《고대 그리스인들의 조형예술사》 참조). 미론도 역시 얼굴과 몸통만 있는 헤카테 상을 나무로 조각했는데(파우사니아스[Pausanias]의 《그리스에 대한 서술(Beschreibung Griechenlands)》[8] 참조), 그것도 헤카테 여신을 가장 숭배하고 매년 그 여신에게 제사를 지내는 아에기나(Aegina) 지방에서 그러했다. 그 지방 사람들은 이 예배의식을 트라키아(지금의 터키 지방 —역자주) 사람인 오르페우스(Orpheus)가 창시한 것이라고 주장했다.

그러나 일반적으로 목재는 그 위에 금이나 또는 다른 것으로 씌우지 않으면 그 고유한 나뭇결의 흔적 때문에 거대한 조각상에는 맞지 않으며 소형 작품들에만 어울린다. 이는 중세에는 종종 사용되었고 오늘날에도 역시 사용되고 있다.

b. 상아, 금, 청동, 대리석

거기에서 더 나아가 가장 중요한 조각재료로 금과 연관되는 *상아*, 주조된 *청동* 그리고 *대리석*을 들 수 있다.

---

[8] 파우사니아스는 태어나고 죽은 연대는 확실하지 않지만 2세기(143~176)에 활동한 그리스의 지리학자이자 여행가이다. 리디아 출신인 그는 소아시아, 시리아, 팔레스타인·이집트, 마케도니아, 이탈리아, 그리스 등지를 여행하였고 그 여행기를 글로 남겼는데 그것이 《그리스 이야기(Ἑλλάδος περιήγησις)》이다. 이는 고대의 지중해와 소아시아 지역에 대한 귀중한 안내서가 되고 있다. 그의 여러 분야에 걸친 매우 상세한 설명은 후세에 수많은 사람들에게 이 지역에 대해서 이해하고 서술해나가는 데 귀중한 지침서 역할을 하였다. 유명한 인류학자이며 고전학자인 제임스 프레이저(James Frazer) 경은 파우사니아스에 대해 "그가 없었더라면 그리스 유적 가운데 대부분은 실마리 없는 미로, 해답 없는 수수께끼가 되었을 것이다"라고 말했다고 한다. 이 책의 독일어 번역본의 제목은 'Beschreibung Griechenlands'로 되어 있다.

α) 알려진 바에 의하면 상아와 금은 피디아스가 그의 걸작들, 예를 들어 올림포스의 제우스 신과 아크로폴리스(Acropolis, 아테네 시에 있는 언덕으로 이 위에 파르테논 신전이 서 있다—역자주)에 있는 그 유명한 거대한 아테네 여신상을 만드는 데 사용했다. 이 여신상은 손에 실제의 크기보다 더 큰 승리의 여신상을 들고 있다. 그 조각상의 몸에서 나체 부분은 상아로 되어 있고, 옷과 외투는 금박으로 칠해져 떨어져 나갔다. 이처럼 노란 상아와 금을 써서 가공하는 방식은 조각상들에게 색칠을 하던 시대에서 유래했다. 이런 방식으로 표현되던 것이 점차로 청동이나 대리석 같은 단일색으로 바뀌어갔다. 상아는 매우 순수한 재료로, 매끄럽고 대리석처럼 표면이 도톨거리지 않아서 값도 비싸다. 왜냐하면 아테네인들에게는 신들의 조각상은 값진 것이 중요한 것으로 간주됐기 때문이다. 플라타에아(Plataea)의 거대한 아테네 여신은 단지 금도금을 한 것이지만 아테네시에 세워진 그녀의 조각상은 단단한 금으로 된 것이었다. 조각상들은 거대하고 동시에 풍요로워야 했다. 카트르메르 드 킨시[9]는 이런 고대 그리스인들의 금속세공으로 만든 작품들에 관한 훌륭한 저서를 하나 썼다. 원래 금속세공(Toreutik, 그리스어는 toreutikós)은 예를 들면 돌을 조각할 때처럼 파고 새겨넣고 인물을 깊게 조각할 때 사용되어야 한다. 그러나 이 방법은 금속에서는 높은 양각이나 반(半)양각으로 가공할 때에도 파지 않고 형태를 만들거나 위에 쇠를 부어 주조하여 만들 때도 사용할 수 있다. 또 본래의 방식은 아니지만 점토로 만든 용기 위에 양각으로 형상을 만들거나 일반적으로 청동상을 만들 때도 이용된다. 카트르메르 드

---

9) 카트르메르 드 킨시(Antoine C.Quatremère de Quincy, 1755~1849)가 쓴 위에서 언급된 저서는 《올림포스의 제우스 신 또는 고대의 조각(Le Jupiter Olympein, ou l'art de la sculpture antique)》(파리, 1915년)이다.

아테네 여신상. 그리스의 아테네 시에 있는 아크로폴리스(Acropolis) 언덕의 파르테논 신전에 세워졌던 것으로 추정되고 있다. 또한 피디아스 작으로 추정한다. 여신의 오른 손에 승리의 여신상이 들려 있다

킨시는 특히 그 완성된 기술적 측면을 연구하였고, 코끼리의 이빨에서 얼마나 큰 부분을 잘라내어 그 크기에 따라 어떻게 거대한 조각상들을 만들어 낼 수 있을까를 계산해내기도 했다. 그러나 그는 또 다른 측면에서 고대 그리스 작가[10]들의 진술을 토대로 좌상으로 된 제우스 신상과, 그 신상이 앉았던 기교가 풍부하게 만들어진 얕은 양각의 큰 의자를 다시 스케치로 복구해 냄으로써 모든 점에서 화려하게 완성된 그 작품을 우리로 하여금 상상할 수 있게 해주려고 노력했다.[11]

---

10) 이들은 예를 들어 칼리마쿠스(Callimachus), 파우사니아스(Pausanias), 스트라보(Strabo) 등이다.
11) 여기에서 헤겔이 언급하는 제우스 신상은 높이가 거의 60피트가 되는 청동상으로서 금과 정교한 돌로 장식되어 있었으며 또한 채색되어 있었다. 테오도시우스(Theodosius) 1세가 이 동상을 동로마제국의 수도 콘스탄티노플로 옮겨 놓았으나 AD 475년에 파괴되었다.

중세에 상아는 주로 여러 다양한 종류의 소규모 작품들, 즉 십자가 위의 그리스도나 마리아 상을 제작하는 데 쓰였다. 물론 사냥이나 그 밖의 다른 장면들을 조각한 술잔으로도 쓰였는데, 상아는 매끄러우면서도 단단해서 목재보다 훨씬 장점이 있었다.

β) 그러나 고대 그리스인들이 가장 애호하고 가장 널리 사용한 재료는 청동으로, 그들은 이를 주조하여 최고의 걸작을 만들어내는 방식까지도 알고 있었다. 특히 미론과 폴리클리투스(Polyclitus)가 살던 시대(기원전 5세기―역자주)에 청동은 일반적으로 신들의 조각상과 다른 종류의 조각작품들을 만드는 데 사용되었다. 청동의 좀 어둡고 불특정한 색채, 광택, 매끄러움은 대체로 흰 대리석과 같은 추상성은 아직 지니고 있지 않지만 더 따스한 느낌을 준다. 고대인들이 사용한 청동은 일부 금이나 은, 동과 여러 면에서 함께 섞여 쓰였다. 그래서 예를 들어 이른바 코린트 산(產)의 청동이 사용되었는데, 코린트시의 화재 때 엄청난 양의 청동 조상들과 도구들이 이 도시에서 나왔다. 무미우스(Mummius)[12]가 많은 동상들을 배에 실어 나르게 했을 때, 그 뛰어난 인물은 그 보물들을 대단히 소중히 여겼으므로 이것들을 로마로 운반해가는 데 아주 고심했다. 그래서 사공들에게 만약에 그 동상들을 잃어버리면 벌로 그와 똑같은 것으로 만들어 내게 하겠다고 엄명을 내리기까지 했다.

고대 그리스인들은 청동상에서 믿기 어려울 정도의 대작들을 만들어 내었다. 그들은 그 재료로 단단한 것은 물론 아주 세밀한 것까지도

---

[12] BC 154년의 집정관. 그는 후에 아케아를 정복하고 기원전 146년에는 코린트 섬을 방화하는 책임을 맡았다.

주조해 낼 수 있었다. 물론 이런 작업은 본래의 예술성과는 무관한 단순히 기술적인 것으로 간주될 수도 있겠으나, 모든 예술가들이 감각적인 질료를 가지고 작업하며, 이런 소재를 완전히 대가(大家)적으로 다룰 수 있는 것은 바로 천재가 지니고 있는 특성이다. 따라서 기술과 수공적인 면에서 능란함과 완숙미를 보이는 것이 바로 천재성의 한 측면이 된다. 이처럼 노련하게 주조됨으로써 그런 조각작품은 더 값싸게 팔릴 수 있었고, 또 대리석 조각을 다듬어 만드는 것보다 더 빨리 생산해 낼 수 있었다. 고대인들이 탁월한 청동 주조기술을 통해서 도달할 수 있었던 두 번째 장점은 아주 깨끗한 주조솜씨였다. 이 기술은 아주 발전해서 그 청동 주물들은 다시 끝손질을 할 필요가 전혀 없었으므로, 끝손질을 할 경우 상하기 쉬운 섬세한 모습을 전혀 잃지 않았다. 우리는 이 경쾌하고 대가적인 기술에 의해 만들어진 수많은 예술작품들을 고찰할 때면 크게 놀라지 않을 수 없다. 또 그 조각품들에 깃든 예술적인 감각은 바로 그것들이 만들어지던 한 시대에 한 민족 속에서 그 정도로 확산되었던 고유한 충동(Trieb)이자 정신의 본능(Instinkt)이었음을 시인하지 않을 수 없다. 예를 들어 일반적으로 독일의 프로이센(Preussen, 프러시아) 제국에는 오늘날(1829년 당시―역자주)에도 청동상의 수가 많다. 그네젠(Gnesen)시의 교회에는 유일하게 청동으로 만든 문이 있고, 그 외에 베를린과 브레슬라우에는 블뤼허(Blücher)[13]의 청동상이, 비텐베르크에는 종교개혁가 루터(Luther)의 상[14]이 있으며

---

13) 게브하르트 불뤼허 장군(Gebhard Leberecht von Blücher, Fürst von Wahlstatt, 1742~1819)에 대해서는 이《미학강의》제1부의 역자 주석에서 자세히 설명하였다.
14) 이는 1821년 요한 고트프리트 샤도(Johann Gottfried Schadow,1764~1850)가 제작한 것이다.

블뤼허 장군의 기념청동상(1826년). 베를린 시립박물관 소장. 블뤼허 장군은 나폴레옹 전쟁 때 프로이센 군대를 이끌고 나폴레옹 군대를 무찌르는 데 결정적인 공헌을 한 독일의 영웅으로 추대받고 있다

종교개혁가 마르틴 루터의 청동상. 그가 가톨릭교의 핍박을 피해서 몸을 숨겼던 독일의 비텐베르크(Wittenberg) 시의 시장(市場) 광장에 서 있다

쾨니히스베르크와 뒤셀도르프도 몇 개의 청동상이 있다.

이 청동재료가 지닌 아주 다양한 색조, 그리고 무한한 조형성과 유연성은 곧 어떤 종류의 조각상도 표현해 만들어낼 수 있다. 그래서 그것은 여러 종류의 것들을 다양하게 조각해내고, 그 유연하고 감각적인 재료를 이용하여 수많은 착상을 통해 우아한 물건, 그릇, 장식품, 아주 작은 것들을 만드는 데 적합한 것으로 이용되었다. 그에 반해서 대리석은 표현하는 대상들과 그 크기에도 한계가 있다. 예를 들어 대리석으로는 얕은 양각으로 된 항아리나 꽃병들을 어느 정도 크기까지는 만들어 낼 수 있으나, 아주 작은 대상들을 만드는 데는 적합하지 않다. 그 반면에 청동은 형태를 주조할 수 있고 또 때리거나 새겨서도 만들 수 있으므로, 거의 어떤 종류나 크기의 형상도 표현해 낼 수 있다.

청동 재료가 더 세밀하게 쓰이는 적절한 예로 화폐제조술을 들 수 있다. 물론 고대인들의 제조술은 기술적인 면에서 오늘날 기계로 제작하는 것보다는 훨씬 뒤떨어졌지만, 미적으로는 완성된 대작들을 남겨 놓았다. 원래 화폐는 주조하지 않고 거의 원형의 금속조각들을 두드려서 만들었다. 이 기술이 최고 경지에 도달한 것은 알렉산더 대왕의 시대였다. 후에 로마시대의 제왕들을 새긴 화폐들은 그보다 더 조악했다. 근대에 와서는 특히 나폴레옹이 그의 모습을 새긴 화폐와 메달에서 고대 그리스인들이 도달했던 미를 새로 만들어 내고자 노력했는데 그 솜씨는 매우 탁월했다. 그러나 다른 나라들에서는 대개 금속의 가치와 정확성에 따라 화폐를 만들어내는 일이 더 중요한 관심사가 되었다.

γ) 조각을 하는 데 적합한 마지막 재료로는 돌이 있다. 돌 자체는 객관적으로 보면 지속적으로 존재할 수 있다. 이미 고대 이집트인들

은 그들의 거대한 조각상들을 만드는 데 아주 단단한 화강암, 섬장암,[15] 현무암 같은 돌을 매우 힘들여 가공하여 다듬어서 사용했다. 그러나 *대리석*이야말로 그 하얀 순수함과 무색, 부드러운 광택 때문에 조각에 가장 적합한 돌이다. 특히 그것은 표면이 보들보들하면서 약간만 광채를 내므로 명암이 밝고 섬세하며 너무 번쩍거리는 석고보다 훨씬 더 선호되고 있다. 고대인들이 대리석을 선호하여 사용한 것은 사실 후대에 가서, 다시 말해 조각가 프락시텔레스(Praxiteles)와 스코파스(Skopas)가 살던 시대[16]에 가서야 비로소 찾아볼 수 있다. 이때 와서야 대리석 조각상들은 가장 인정받는 대작들로 만들어졌다. 조각가 피디아스도 역시 대리석으로 작업을 하기는 했으나 대개는 두상이나 발, 손을 만드는 데만 사용했다. 미론과 폴리클레투스는 주로 청동을 사용했다. 그러나 프락시텔레스와 스코파스는 추상적인 조각에서 이질적 색채를 제거하는 데 힘썼다. 물론 순수한 미를 지닌 이상적인 조각상은 대리석뿐만 아니라 청동을 가지고도 완벽하게 만들어 낼 수 있음을 부인할 수는 없다. 그러나 프락시텔레스와 스코파스의 경우처럼 예술에서 형상이 부드럽고 우아하고 사랑스러운 형태로 이행하는 것을 보면, 그에 가장 적합한 재료로는 역시 대리석을 꼽을 수 있다. 왜냐하면 대리석의 "투명성은 윤곽의 부드러움과 유연하게 흐르는 선들이 서로 만나도록 촉진시켜 주기 때문이다. 그와 같이 부드럽고 하얀 돌에는 가장 뛰어난 청동상에서보다 부드럽고 예술적인 완성도가 더 뚜렷하게 나타난다. 그러나 청동은 더 미적인 녹색으로 변하면

---

15) 섬장암(閃長巖, Syneit)은 원래 이집트의 현재 아수완 지대인 시에네(Syene)에서 나오는 돌이라서 그 지명을 따서 부른 것이다.
16) 이는 BC 4세기를 가리키며, 유명한 조각가 피디아스는 그보다 앞선 기원전 5세기 사람이었다.

변할수록 고요함을 방해하는 빛과 반사광을 발한다"(마이어 작《고대 그리스인들의 조형예술사》 참조).

이 시기에는 조각에서 명암을 고려하는 일도 매우 신중했다. 그래서 대리석을 금속보다 선호하여 사용하게 된 이유도 대리석에서는 명암의 뉘앙스와 섬세한 차이가 청동에서보다 더 뚜렷이 드러나기 때문이었다.

c. 보석과 유리

앞서 언급한 가장 훌륭한 조각의 재료들에다 덧붙여서 우리는 끝으로 *보석과 유리*도 언급해야 한다.

고대 그리스인들이 사용하던 보석(Gemmen), 양각을 한 패각(또는 화산암, Kameen), 인조진주(Pasten)들은 그 크기가 아무리 작아도 단순한 신상으로부터 아주 다양한 종류의 군상을 거쳐 온갖 쾌활하고 예쁘장한 착상에 이르기까지, 모든 영역의 대상들을 만들어내는 데 최고의 완성도를 보여주므로 그 가치는 무한하다. 그러나 빙켈만은 슈토쉬(Stosch) 남작의 소장품들에 관해서 다음과 같이 주석을 달고 있다.

> 여기에서 나는 아주 무거운 기념비들에 대해 설명하는 데 나중에 큰 도움이 될 진실을 처음으로 발견했다. 그것은 다름아니라, 조각된 돌들에는 그것이 숭고한 작품들이라 해도 트로이 전쟁이나 오디세우스의 이타카로의 귀향 이후로 일어난 사건들은 거의 새겨져 있지 않다는 문장 속에 있었다. 그러나 예를 들어 헤라클레스나 그의 자손들의 이야기는 예외로 조각되어 있다. 왜냐하면 이들의 이야기는 우화에 가까운 것으로서

예술가들 자신이 지어낸 것일 수 있기 때문이다. 그 중에서 나한테 유일하게 알려져 있는 것은 헤라클레스의 이야기였다.[17]

먼저 *조각을 한 보석*(Gemmen, 라틴어로 *gemman*)을 보면, 거기에서 만들어진 아주 참되고 완벽한 조각상들은 마치 유기적인 자연작품처럼 최고의 미를 보여주며, 확대경을 대고 들여다보아도 그 순수한 특징을 잃지 않는다. 내가 이것을 인용하는 이유는 보석가공기술은 거의 '느낌의 예술'이기 때문이다. 그 이유는 여기에서 왁스 위에 붙인 돌을 작고 날카롭게 돌아가는 속도조절바퀴에다 대고 형태를 갈아서 만들어 내야 하는 조각가는, 자기 눈으로 자기 행위를 바라보고 이를 제어할 수 있는 것이 아니라 거의 느낌으로 그 작업을 해야 하기 때문이다. 이런 방식으로 구상하고 의도하여 완전히 능숙한 촉감에 따라 다듬어진 이 보석은 빛 아래에서 비춰 보면 마치 부조작품을 보는 것처럼 믿지 않을 수 없게 된다.

둘째로 보석과 반대되는 성질을 띤 것으로는 양각을 한 *패각*(貝殼, *Kameen*)이 있는데, 이는 돌에서 형상들을 불룩 솟아 나오게 조각해서 표현한다. 특히 여기에는 마노(瑪瑙:줄무늬가 있는 돌—역자주)가 재료로 사용되었다. 그것으로 고대 그리스인들은 여러 가지 채색된 상태를 만들어내는 법, 특히 하얀 색이나 황갈색 돌을 감각적인 취향으로 매우 풍부하고 재치 있게 강조시켜 조각하는 법을 알고 있었다. 에밀리우스 파울루스[18]는 그런 돌로 만들어진 작은 그릇들을 수도 없

---

17) 이에 대해서는 빙켈만의 저서 《고(故) 슈토쉬 남작의 석재조각 소장품에 대한 기술(Description des pierres gravés du feu Baron von Stosch)》(1766년) 참조.
18) 에밀리우스 파울루스(Aemilius Paullus Macedonicus)는 BC 160년경 마케도니아를 정복한 후 이 전리품들을 로마로 실어갔다.

이 전리품으로 빼앗아 로마로 옮겨갔다.

이처럼 다양한 종류의 재료로 조각하는 데 있어, 고대 그리스의 예술가들은 어떤 인위적인 상황들에 근거하기보다는 자기들의 소재를 매번—디오니소스 신의 축제와 거기에서 추는 춤을 제외하고는—신화나 설화에서 취해 왔다. 또 그들은 유골단지에다 어떤 사람의 장례식 장면을 조각할 때에도 그 시신(屍身) 개인과 관계되는 특징들을 머릿속에 떠올렸다. 그에 반해서 우화성이 뚜렷한 내용은 참된 이상에는 속하지 못하며 오히려 근대예술에 와서 나타나고 있다.

3. 역사적인 발전단계들

우리는 지금까지 조각이 고전적인 이상에 가장 적합한 표현양식이라는 것을 고찰하였다. 그러나 이상(理想)은 자기 안에서 지속적으로 발전하여 자기에게서 나와 개념에 따라 자기 고유의 본질적인 성질과 조화를 이루면서 지속적으로 나아가는 것만은 아니다. 이미 우리가 제2부의 개별적인 예술형식들에서도 보았듯이, 이상은 자신의 밖에서 상징적인 표현방식과 낭만적인 예술을 취하는데, 전자는 이상이 되기 위해 극복해야 하는 전제이며, 후자는 그것에 의해서 이상이 교체되는 것이다.

상징적 예술형식과 낭만적 예술형식은 양쪽 다 인간형상을 그 표현요소로 삼아 이를 공간적인 형태로 고정시킨 다음에 조각으로 산출해 낸다. 그러므로 우리는 조각의 역사적 발전에 대해서도 언급하는 것이 중요하며, 고대 그리스나 로마의 조각뿐만 아니라 동양이나 기독교의 조각도 언급해야 한다. 그러나 *상징적인 것을* 예술창조의 기본유형으로 삼았던 민족들 중에서 특히 자기들이 믿는 신들을 위해 단순한 자연 존재에서 인간형상을 만들어 내기 시작한 사람들은 이집트인들뿐이었다. 그들에게서 우리가 만나는 것은 주로 조각상들이다. 왜냐하면 그들은 대체로 질료 자체를 감안해 거기에서 바로 예술적으로 현재적인 것을 만들어 냈기 때문이다. 반면에 기독교 조각(die christliche Skulptur)은 더 확대되고 더 풍부하게 발전된다. 이는 원래 중세에 와서 낭만적인 특성을 지니면서 더 폭넓게 완성되어 갔으며, 그 속에서 다시금 고대의 이상적 원리에 근접하고자 했고 그로써 특히 조각에 합당한 작품을 산출해내고자 노력했다.

이러한 관점들에 따라 나는 이 장(章) 전체를 끝맺으면서, *첫째* 고대 그리스 예술과 차이 나면서 참된 이상의 전단계가 되는 고대 이집트의 조각에 대해서 몇 가지 언급하고자 한다.

그런 다음에 *둘째* 단계로 *그리스* 조각으로 독특한 발전을 이루게 되다가 뒤이어서 *로마* 조각이 등장한다. 그러나 여기서 우리는 주로 원래 이상적인 표현방식보다 앞서 있었던 단계를 살필 것이다. 왜냐하면 우리는 이상적인 조각 자체에 대해서는 이미 제2장에서 더 광범위하게 고찰했기 때문이다.

그리고 나면 *셋째*로, 우리에게는 기독교 조각의 원리에 대해 간단히 설명할 일만 남게 된다. 그러나 이 점과 관련해서 나는 대체로 단지 보편적인 것만을 설명할 수 있다.

a. 이집트의 조각

우리는 그리스에서 고전적인 조각예술을 역사적으로 탐구하려고 하면, 이 목표에 도달하기 전에 곧 이집트의 조각예술과도 만나게 된다.

이집트의 조각은 아주 고도의 기술을 가지고 가공해서 산출된 거대하고 매우 독특한 예술양식을 띤 작품일 뿐만 아니라, 또 고대 그리스 조형예술의 기원이 되기도 한다. 후자의 경우에 대해서는 역사적으로 그리스 예술가들이 이집트인들에게서 배웠고 그들에게서 형태를 도입해 온 것이 사실이다. 이는 신화의 영역에서 나오는 모든 신상들의 의미와 관련해서 예술사(藝術史)적으로 확립되어야 한다. 고대 그리스와 고대 이집트인들의 신관(神觀)은 역사가 헤로도토스에 의해 증명되었으며, 후에 크로이처는 금속으로 만든 주화(鑄貨)들에서 이런 점을 가장 뚜렷이 발견할 수 있다고 믿으면서 특히 고대 아티카의 주화에 큰 가치를 두었다. 그는 자기가 소지한 주화 하나를 나에게 보여주었는데(1821년), 거기에는 물론 얼굴의 옆 윤곽이 이집트 식의 얼굴상으로 새겨져 있었다. 그러나 이처럼 순수한 역사적인 측면은 그대로 놔두고, 그 대신 어떤 필연적인 내면적 관계를 찾을 수 있는지만을 살펴봐야 한다. 이 필연성에 대해서 나는 이미 위에서 언급했다. 이상(理想), 즉 완전한 예술에 선행하는 것은 불완전한 것일 수밖에 없으며, 그 불완전함에 아직 붙어 있는 결함을 제거함으로써 이상은 비로소 이상이 된다. 이런 점에서 고전적인 예술은 물론 하나의 *되어 가는 과정*(Werden)이지만, 그러나 이 과정은 그 예술의 밖에서 독자적으로 존재해야 한다. 왜냐하면 고전적인 예술은 고전적인 것으로서 모든 결핍성과 모든 되어 가는 과정을 거친 후에 자신 속에서 완성되기 때문이다. 이 되어 가는 과정 자체는 표현내용이 비로소 이상을 향해 나아가기 시작하되, 아직은 보편성을 띤 의미와 개별적인 형상들을 하나로 일치시켜 형상화하지 못하는 상징적인 직관에 속해 있으므로 이상적으로 파악할 능력이 없다는 것을 뜻한다. 이집트의 조각이 그런 기본특성을 가지고 있었다는 것이 내가 여기서 간단히 시사하고자 하는 유일한 사항이다.

고대 이집트 인물 조각상 가운데 가장 아름다운 것의 하나로 꼽히는 람세스 2세의 두상(頭像). 화강암으로 만들었으며, 후세의 그리스 인물 조각상들과 좋은 대조가 된다

a) 그 다음에 언급할 것은, 모든 기술적인 완성도에도 불구하고 이집트의 조각에는 내적이고 창조적인 *자유*가 결여되어 있는 점이다. 고대 그리스의 조각작품들은 생동성(生動性, die Lebendigkeit)과 자유로운 상상력에서 산출되었다. 기존의 종교적 관념들은 개별적 형상으로 변형되어 만들어졌고, 이처럼 개성 속에서 산출되는 가운데 그 고유한 이상적 직관과 고전적 완성도를 객관화시켰다. 그에 반해 이집트의 신상들의 전형은 모두 정적(靜的)이다. 이미 (그리스 철학자) 플라톤도 다음과 같이 말했다.

> 이집트 조각들을 표현하는 일은 예로부터 사제들에 의해 정해졌으므로, 화가나 다른 예술가들에게는 새로운 형상을 만드는 일이 허용되지 않았다. 또 이미 모두에게 친숙하고 조상대대로 전해 내려온 것을 만드는 일도 허용되지 않았다. 그러므로 그대는 만 년 전에 산출된 것이(나는 문자 그대로 만 년

제2편 조각 _ 311

전이라고 말하는 바이다) 오늘날 만들어진 것보다 더 아름답
거나 더 추하지도 않음을 알게 될 것이다.

(플라톤의 《법에 대해서(De legibus)》 제2권, 656항 참조).

이처럼 고대 이집트에서는 정체상태에서 옛 것이 고수되었다. 그래서 헤로도토스도 말했듯이(《역사》 제2권에서), 이집트 예술가들은 별로 존경받지 못했으며 그들의 자녀도 예술 아닌 다른 직업을 가진 시민들보다 불리한 처지에 있었다. 그뿐 아니라 여기서 예술은 자유로운 충동에서 나온 것이 아니라 계급제도에 따라서 아들이 아버지의 신분을 그대로 계승해야 했으므로, 그것이 예술 직종이라도 그대로 그 일을 이어받아야 했다. 또 그들은 이미 전에 다른 사람이 남긴 족적을 그대로 따라야 했으므로, 이미 빙켈만도 말했듯이 "아무도 자기 고유의 것이라고 말할 수 있는 발자취를 남겨놓을 수 없었다."

그리하여 이처럼 이집트 예술은 정신이 이미 꽉 묶인 상태에 머물렀다. 그 때문에 자유롭고 예술가적인 재능(才能, das Talent)의 유동성, 외적으로 영예나 칭찬을 받기보다는 더 숭고한 예술가가 되고자 하는 충동, 다시 말해서 단순히 손 기술자로서 기계적이고 추상적인 일반적 방식대로 기존 형태를 규칙적으로 만들어내는 것이 아니라 예술가가 되어 스스로의 작품을 고유하고 특수하게 창조해 내 자신의 개성을 보이고자 하는 충동은 배척을 받았다.

β) 둘째로, 예술작품들 자체에 관해서 보면, 여기에서도 빙켈만의 설명은 다시금 그가 아주 섬세하게 고찰하고 차이를 구별했음을 증명해 준다. 그는 이집트 조각의 주요 특징에 대해서 다음과 같이 설명한다.

즉 일반적으로 이집트 형상과 형태 전체에서는 선의 유기적인 움직

임에서 오는 우아함과 생동성이 결여된다. 그 윤곽들은 직선적이고 옆으로 이리저리 뻗은 선이 아니며, 자세도 억압되고 경직되어 있다. 발은 꼭 붙인 채 서 있으며 입상들은 모두가 같은 방향으로 서 있고 서로 등을 지고 바깥쪽으로 돌아서 있지 않다. 또 남성 조각상들에서 보면 팔도 똑바로 옆으로 붙어 몸통 아래로 늘어져 있다. 빙켈만은 또 말하기를, 그 조각상들의 손도 원래는 모양이 흉하지 않았으나 이제는 손상되어 아무렇게나 팽개쳐진 상태로 놓여 있으며, 발은 실제보다 평평하고 더 넓고 발가락 길이도 모두 똑같이 길고 작은 발가락은 안으로 굽어 있지도 않다는 것이다. 그 밖에 손이나 손톱, 발가락 모양들에는 관절이 드러나 있다. 그래도 그 모양은 흉하지는 않다. 그러나 다른 나체 부분들에는 모두 근육과 뼈가 조금밖에 드러나지 않고, 힘줄이나 핏줄은 전혀 표현되지 않고 있다. 그래서 개별적으로 볼 때 그 조각상들은 공들여 능숙하게 작업을 하여 만들어 냈음에도 불구하고, 형상에게 고유한 생동성을 주는 솜씨는 결여되어 있다는 것이다. 반면에 무릎과 발목관절과 팔꿈치는 자연적인 모습대로 돌출되어 표현되었다. 특히 남성상들은 엉덩이 위로 몸통이 보통보다 더 가늘게 되어 있는 것이 특징이다. 그리고 그 조각상들의 등은 그것이 기대어 서 있는 원주와 하나가 되어 통째로 조각되어 있으므로 보이지 않는다.

이처럼 조각상들에게서 움직임이 결여되는 것은 이집트 예술가들의 솜씨가 서툴러서가 아니라, 원래 그들은 신상(神像)은 신비스럽게 정지(靜止) 상태에 머물러 있어야 한다는 관념을 갖고 있었기 때문이었다. 그래서 조각에서 자세와 손동작, 거동, 얼굴 표정에서 모든 종류의 행위와 움직임이 결여되는 것은 그 상황부재성(Situationslosigkeit)과 관련이 있다. 물론 우리는 이집트에서 만들어진 오벨리스크나 벽들에서 많은 움직이는 인물상들을 발견하기는 하지만 그것들은 부조로서 대개 채색된 것들이다.

　몇 가지 더 자세히 설명하자면, 이집트 조각상들은 고대 그리스의 이상적인 조각상에서처럼 눈을 좀 아래로 내리뜨고 있는 것이 아니라 반대로 눈은 거의 이마와 같은 위치에 평평하게 비스듬히 놓여 있다. 눈썹, 눈까풀, 입술 가장자리도 대개 단순하게 안으로 파인 선으로 되어 있고 눈썹은 위에 선을 불룩하게 그어 표시했으며, 그것은 관자놀이에까지 이어지다가 각을 이루며 특히 여기서는 이마가 강조되어 튀어나오지 않는다. 그래서 귀는 부자연스럽게 높이 치솟아 있고 또 안쪽으로 굽어 있다. 보통 자연적인 모습에서는 광대뼈가 뒤로 들어가 있는 데 여기서는 반대로 강하게 튀어나와 강조되어 있고, 또 턱도 반대로 뒤로 처져 있어 작으며 꼭 다물고 있는 입은 앞쪽으로 각이 져 나와 있다. 입술은 위아래가 단지 선을 그은 것으로 구별된다. 그러므로 이 형상들에는 전체적으로 자유로움과 생동성만이 결여되어 있을 뿐만 아니라 머리에 정신의 표현도 결여되고 있다. 그리고 단지 동물적인 것만이 우세하게 드러날 뿐 정신은 아직 독자적으로 현상하지 못하고 있다.

　그에 반해 빙켈만에 따르면, 동물들에 대한 이집트 예술가들의 이해심은 풍부해서 장식적인 다양성으로 부드럽게 흐르는 윤곽선과 단절되지 않은 유연한 부분들로 완성되어 있다. 그리고 인물형상들에서 정신적인 생동성은 동물적인 유형에서 벗어나 감각적이고 자연스러우면서도 새롭고 자유롭게 용해된 이상성을 아직 띠지 못하고 있다. 그렇지만 인물형상뿐만 아니라 동물형상들은 그 표현된 형태가 아무리 수수께끼처럼 보이더라도 그 특수한 상징적인 의미는 그 속에서도 드러나고 있다.

　γ) 그러므로 이런 특성을 여전히 자체적으로 보유하고 있는 예술작품들은 의미와 형상의 단절을 아직 극복하지 못한 단계에 머물러

있다. 왜냐하면 그것들에게서는 의미가 여전히 가장 중요한 사안이며, 따라서 개별적인 형상을 영활(靈活)화해서 예술적으로 직관(直觀, Anschauung)하는 일보다 보편성 속에서 그것들을 표상하는 일이 더 중요하기 때문이다.

여기에서 조각은 여전히 한 민족의 정신으로부터 나오는데, 이에 대해서는 한편으로 그것은 먼저 *표상하고자* 하는 욕구가 깊이 스며들어 있다고 말할 수 있다. 왜냐하면 그들은 그들의 표상 속에, 여기서는 *종교적인* 표상 속에 이미 들어 있는 것을 예술작품 속에 암시된 것으로 발견하는 데 만족하기 때문이다. 그러므로 이집트인들이 아무리 기술적인 완성을 이루는 데 고심했다 하더라도, 우리는 그들이 조각에서는 자기들이 만든 형상에 자유로운 예술성의 생명을 넣지도 않았으며 진리 또는 생동적인 미를 요구하지 않은 점에서 아직은 발전되지 못했었다고 말해도 될 것이다. 그렇지만 이집트인들은 다른 한편으로 단순한 표상과 그 표상하려는 욕구에만 머물지 않고, 인간형상과 동물형상을 직관하고 이를 실물로 표현하는 데까지 나아갔다. 사실 그들은 자기들이 재생해내는 형태들을 왜곡시키지 않고 분명하게 적합한 비례를 써서 만들어 세울 줄 알고 있었다. 그러나 그들은 그들의 조각상들에 인간형상이 현실에서 이미 갖고 있는 생명은 불어넣지 않았으며, 또 정신이 그에 적합하게 만들어진 이 형태들 안에서 그 활약상을 표현할 수 있을 더 숭고한 생명도 불어넣지 않았다. 반대로 그들이 만든 작품들은 생명 없는 진지함, 개방되지 않은 비밀만을 드러낸다. 그래서 그 형상들은 그에 고유한 개별적인 내면이 아니라 그에 낯선 광범한 의미만을 예감하게 한다. 한 가지 예를 들자면 호루스를 무릎 위에 앉힌 이시스(Isis, 이집트의 고대 신화에 등장하는 최고의 여신—역자주)의 상은 종종 등장하는 인물상이다. 이는 외적으로 볼 때 기

아들 호루스(Horus) 신에게 젖을 먹이고 있는 이시스(Isis) 여신의 조각상. 파리의 루브르 박물관 소장

독교 예술에서 아기예수를 안고 있는 마리아상과 비슷한 대상이다. 그러나 이집트 조각상에서 보이는 대칭적인 직선적인 부동자세에 대해서는 근래에 와서 다음과 같이 평가되고 있다(이에 대해서는 라울 로셰트의《고고학 강연》1828년 파리 출간과《교양계층을 위한 조간(朝刊), Morgenblatt für gebildete Ständel》(1829년, Kunstblatt 8호)을 참조). "어머니도 아니고 아이도 아니며 친근감이나 미소, 귀여워하는 자태를 조금도 느끼지 못하게 한다. 간단히 말해 어떤 종류의 표정도 거의 나타나 있지 않다. 감히 범할 수 없을 만큼 어떤 것에도 동요되지 않은 채 고요한 상태에 머물러 있는 것이 바로 아이에게 젖을 먹이는 이 모자(母子)의 신상이다. 어쩌면 그것은 오히려 여신도 모신(母神)도 아니며 아들이나 남신(男神)도 아닐지 모른다. 그것은 어떤 애

착이나 열정의 능력도 없는 사유를 감각적으로 표현한 것일 뿐이다. 그래서 거기에는 어떤 실제 행위가 참으로 표현되어 있지도 않고 그렇다고 자연스러운 감정이 표현된 것은 더더욱 아니다."

바로 이것이 이집트인들에게 있어서 예술을 직관(直觀, Anschauung)할 때 나타나는 의미와 현존성의 단절이며 발전적이지 못한 점이다. 그들의 내면적이고 정신적인 감각은 너무도 둔감해서 참되고 생동적이며 피규정성으로까지 관철되도록 상세하게 표현하려는 욕구를 지니지 못하므로, 거기에서 직관하는 주체 자신은 아무것도 덧붙일 필요 없이 단지 이미 예술가에게 주어진 모든 것을 수용하고 재생(再生)하는 태도만 취하면 된다. 그러나 예술에서 무규정적이고 피상적인 것에만 만족하지 않고 예술작품 속에 깃든 오성(悟性, Verstand)과 이성(理性, die Vernunft), 움직임, 표정, 영혼, 미를 요구하려면, 고대 이집트인들이 지녔던 것보다 더 차원 높고 고유한 개성에 대해서 더 많은 자신감(自信感, Selbstgefühl)을 가져야 한다.

b. 그리스인들과 로마인들의 조각

우리는 이 자신감이 조각과 관련해서 맨 먼저 *고대 그리스인들*에게서 완벽하게 생생하게 나타나는 것을 보며, 그럼으로써 이전 단계에 이 이집트인들이 가졌던 모든 결함들이 사라지는 것을 발견한다. 그러나 그것이 계속 발전해나간 것을 우리는 마치 아직 상징적이던 조각이 지닌 불완전성이 고전적인 완전한 이상(理想)으로 세차게 비약해간 것처럼 해서는 안 된다. 오히려 이상은 내가 전에 누차 말했듯이 더 높은 단계로 고양되어 나가려고 할 때는, 그 영역 안에서 먼저 완전성을 방해하는 결함을 제거해야 한다.

α) 나는 고전적인 조각 자체 안에서 그런 초기에 속하는 것으로 여기서 이른바 *에기나*(Aegina, 그리스의 섬이자 도시이름 — 역자주)와 고대 *에트루리아*(Etruria)의 예술작품들에 대해 간단히 언급하겠다.

이 양자의 단계들 또는 양식(樣式)들은 이집트인들이 그랬던 것처럼 다른 예술가들에 의해서 전수된 내용을 비록 부자연스럽지는 않더라도 생명 없는 형태로 단순히 반복해 만들어 내고 그들이 지녔던 종교의 내용을 추상해내거나 상기시킬 수는 있지만, 그 작품들은 예술가 자신의 구상에 의해서 생동적으로 드러나게 하는 방식으로 만들지는 않고 만족하던 바로 그런 관점을 넘어서고 있다.

그렇기는 하지만 이 이상적(理想的)인 예술의 고유한 전 단계도 아직은 실제로 고전적인 것 안으로까지 파고 들어가지는 못하고 있다. 왜냐하면 그것은 한편으로 여전히 전형적인 것(im Typischen)에 머물고 있어서 생동적이지 못한 것에 매어 있음을 보여주기 때문이며, 다른 한편으로 물론 생동성과 움직임을 보이는 쪽으로 향해 나아가기는 해도, 정신의 영활성을 띤 미(美)(geistbeseelte Schönheit)에는 이르지 못하고 우선은 *자연적인 것* 자체의 생동성에만 도달할 수 있을 뿐이기 때문이다. 그러나 정신의 영활성은 정신의 생명을 그 자연형상의 생동성과 분리시키지 않고 표현하며, 정신과 완전히 일치된 개별적인 형태들을 단지 기존의 표상에서만 나오는 것이 아니라 자유로운 천재성의 창조에서 나오는 것으로 받아들여서 표현한다.

에기나(Aegina)의 예술작품들에 대해서는 그것들이 과연 그리스 예술에 속하는가 그렇지 않은가에 대한 논란이 있었는데, 그것들에 대해서 사람들은 근대에 와서야 더 자세히 알게 되었다.[19] 그 작품들

---

19) 에기나에 있는 제우스 신전의 박공벽에서 나온 조각상들은 1811년에 발견되

에 표현된 예술성을 관조할 때는 머리와 그 밖의 신체부위들을 본질적으로 구별해야 한다. 다시 말해 머리를 제외한 몸 전체는 자연 그대로 충실하게 모방하여 만들어졌기 때문이다. 놀랍게도 무작위적인 피부의 모습조차도 자연 그대로 모방해서 대리석에 탁월하게 완성해 놓았다. 근육은 힘차게 솟구쳐 오르게 했으며, 신체의 뼈 구조 형태도 인간의 신체구조에 대한 많은 지식을 이용해서 엄격하게 구상해서 만들었다. 그 인물상들은 마치 정말로 살아 있는 것 같은 착각을 줄 정도여서, 바그너(Wagner)[20]가 진술한 바에 따르면(《에기나의 조각작품들에 대한 보고 : 셸링의 예술사적인 주해와 함께[Bericht über die äginetischen Bildwerke: Mit kunstgeschichtlichen Anmerkungen von Schelling]》(1817년 작)), 그것들을 만지기조차 두렵고 꺼리게 될 정도이다.

그에 반해서 머리들의 모양새는 전혀 자연스럽게 충실히 표현되어 있지 않다. 인물들의 행동이나 성격, 상황은 아주 다양한 데도 머리모양은 모두 한결같은 모양으로 조각되어 있다. 코는 뾰족하고 이마는 자유로이 똑바로 솟지 않고 뒤로 처져 있으며, 귀는 높이 세워져 있고 길게 옆으로 뻗은 눈은 납작하고, 비스듬히 다문 입은 앞으로 튀어나와 각진 모양으로 끝나며 뺨도 평평하게 유지되고 있다. 그러나 턱은 강하게 각이 진 모양이다. 또 머리카락과 옷주름도 같은 식으로 반복되고 있는데 여기에서는 대칭적인 것이 우세하다. 이는 몸의 자세나 군상에서도 나타난다. 그 다음으로 우세하게 드러나는 것은 독특한

어 당시 독일 바이에른(Bayern) 왕국의 황태자에 의해 뮌헨으로 실려 갔다. 이 조각상들에 대해서는 아래에 나오는 바그너가 자세히 설명하고 있다.
20) 바그너(Johann M.von Wagner, 1777~1858)는 독일의 조각가이자 미술품 수집가였다. 헤겔은 위 본문에서 그가 쓴 저서를 언급하고 있다.

종류의 장식이다. 사람들은 이처럼 같은 형태가 반복되는 것을 한편으로는 그들의 민족적인 특성이 미적(美的)이지 못한 탓으로 돌렸고, 다른 한편으로는 예로부터 전해 온 불완전한 예술에 대한 경외심이 예술가들의 손을 묶어 놓은 탓으로 돌렸다. 그러나 자신의 작품을 생동적으로 창조해내는 예술가는 *그런 식*으로 손이 묶이지 않는다. 그러므로 예술가가 사실 다른 면에서는 대단히 능숙한 솜씨를 보여주면서도 그의 머릿속에서는 전형만 고집하는 것은, 아직도 자신의 자유롭고 독자적인 예술창조에 대해 모르는 그의 정신이 매어 있었기 때문이라고 해석되어야 한다.

끝으로 그 조각상들은 자세도 역시 같은 형태로 취하고 있지만, 그러나 그 모습이 경직되어 있기보다는 오히려 거칠고 차가워 보이며, 일부 전사(戰士)들의 조각상은 마치 수공업자들이 일하는 자세, 예를 들어 목수가 대패질을 하는 듯한 자세를 취하고 있다.

이와 같은 설명으로부터 일반적인 결론을 이끌어내자면, 우리는 예술사에 있어 매우 흥미로운 이런 조각작품들은 전통과 자연모방 사이에서 분열되는 가운데, 다름아닌 *정신적인* 영활성이 결여되어 있다고 말할 수 있다. 왜냐하면 내가 이미 제2장에서 상술했듯이, 정신적인 것은 오직 얼굴과 자세에서만 표현되기 때문이다. 그 밖의 다른 신체 부위들은 비록 정신과 성별, 나이 따위의 자연적인 차이를 드러내기는 해도, 본래의 정신적인 것을 재현할 수 있는 것은 오직 자세(die Stellung) 뿐이다. 그러나 에기나인들의 조각상에서는 얼굴표정들과 자세는 여전히 상대적으로 비(非) 정신적(Geistlose)인 모습을 보인다.

에트루리아의 예술작품들은 그 위에 쓰인 글씨들로 보아 틀림없이 그 시대의 것이라는 것이 확인되었는데, 바로 이것들도 자연을 모방하는 데 있어서는 역시 매우 높은 수준을 보여주고 있으며 자태나 얼굴표정들은 더 자유롭다. 그리고 그 중 몇몇은 전적으로 초상화적인 표정 쪽으로 나아가고 있다. 그래서 예를 들면 빙켈만은 한 남성 조각상에 대해 언급하면서, 그것은 전적으로 초상(肖像) 조각상이었을 것이며 후기의 예술시대에 만들어진 것으로 보인다고 했다. 그것은 한 변론인을 표현한 실물크기의 남성 조각상으로 아마도 그는 상류층의 권위있는 인물이었을 것이다. 그것은 위대하고 억압되지 않은 자연스러운 표정과 자태를 띠고 있다. 여기에서 특이하고 주목할 만한 것은 로마 지역에서는 이상적인 것이 아니라 실제적이고 범속한 자연성을 띤 것에 친숙했을 것이라는 점이다.

β) 둘째로 본래의 이상적인 조각은 고전적인 예술의 정상에 도달하기 위해서는, 무엇보다도 단순히 전형적인 것과 전래되어 온 것에 대한 외경심을 버리고 예술적으로 자유롭게 창조할 여지가 주어져야 한다. 오직 이 자유로움을 지녔을 때만 예술은 한편으로 의미의 보편성을 개별적인 형상 속에 온전히 주입시키고, 다른 한편으로 감각적인 형태를 정신적인 의미를 표현하는 높은 차원으로 고양될 수 있다. 그럼으로써 예술은 고대의 초기예술 속에 들어 있던 경직되고 얽매인 것, 그리고 내용을 표현하기 위해서 의미가 개성보다 우세하게 드러나던 것으로부터 벗어나 생동성을 부여할 수 있다. 그리하여 육체의 형태도 예로부터 전해내려 오던 추상적인 형태를 띠거나 자연과 착각할 정도로 똑같이 묘사하던 것으로부터 벗어나 고전적인 개성을 띤 형태로 옮겨간다. 이는 형태의 보편성을 특수한 것으로 만들어 활력을 넣어 주고, 또 그것의 감동적인 표정에 감각성과 실재성이 스며들게 한다. 이런 종류의 생동성은 형상에만 주어지는 것이 아니라 내가 위에서 상세하게 구별해서 언급한 자세, 동작, 의상, 무리지음, 그리

고 모든 측면들에도 주어진다.

　여기에서는 보편성과 개성이 통일된다. 이때 정신적인 내용뿐만 아니라 감각적인 형태가 먼저 조화를 이뤄 참으로 고전적인 것이 서로 해체되지 않게 결합되어야 한다. 그러나 이 동일성은 그 자체로 다시금 되어 가는 단계가 있다. 다시 말해 한편으로 이상은 여전히 숭고함과 엄숙함으로 나아가려는 경향이 있는데, 이는 물론 개성적인 것에 생생한 움직임과 동작을 부여하는 데 인색하지는 않지만 이를 더 확고하게 보편성의 지배하에 두고 있다. 반면에 보편적인 것은 점점 더 개성적인 것 속으로 파고 들어감으로써 그 심오함을 상실하고, 그러는 가운데 그 상실된 것을 개별적이고 감각적인 것을 완성해가는 데서만 채울 줄 안다. 그리하여 숭고함으로부터 *호감적인 것*, 부드러운 것, 쾌활한 것, 그리고 애교적인 우아함으로 옮겨 간다. 그러는 가운데 처음 단계에서 보였던 엄격함을 좀 더 개성적으로 표현해가는 두 번째 단계가 있기는 하지만, 그것은 단순한 우아함만 지니고 있어서 주요한 목적에 도달하지는 못한다.

　γ) *셋째로*, 고대 *로마*의 예술에서는 이미 고전적인 조각의 해체가 보인다. 즉 여기서는 원래 이상(理想)적인 것은 더 이상 전체적으로 형상을 구상하고 이를 완성하도록 유지되지 못한다. 그리하여 정신적인 영활성을 띤 시성(詩性)이나 스스로 완성되어 나타나는 내적인 숨결과 고귀함 같은 고대 그리스 조형예술 고유의 우수한 장점들은 사라지고, 대체로 초상화적인 기법에 자리를 내주고 만다. 이처럼 예술은 자연에 충실한 쪽으로 발전하면서 모든 측면으로 관통해 나아간다. 그럼에도 불구하고 이 영역에서 로마의 조각은 아직도 여전히 높은 단계를 고수하고 있다. 다만 그것은 예술작품 면에서 본래의 완전

한 것, 즉 참된 의미에서의 이상적인 시성(詩性)이 빠져 있으므로 그리스 예술에는 본질적으로 뒤질 뿐이다.

c. 기독교의 조각

그에 반해 *기독교의* 조각에 관해서 보면, 여기서는 원래 대상을 이해하고 표현하는 조각의 질료와 형태가 고대 그리스의 상상력과 고전적인 예술의 이상(理想)의 경우처럼 직접 서로 일치되지는 않는다. 왜냐하면 우리가 이미 제2부에서 보았듯이 낭만적인 것은 본질적으로 외면에서 자기 속으로 회귀한 내면, 즉 정신적이고 내면적인 주관성과 관계하기 때문이다. 이 주관성은 물론 외적으로 현상하기는 해도, 내면적 정신적인 것과 융합될 필요를 느끼지 않고 스스로 자기의 개별성에만 몰두한다.

고통, 육체적 정신적인 괴로움, 순교와 참회, 죽음과 부활, 정신적이고 주관적인 인격, 내면성, 사랑, 마음과 심정, 이처럼 원래 종교적이고 낭만적인 환상(幻想, die Phantasie)에서 나오는 내용들은 추상적인 외형을 위한 대상들이 아니다. 추상적인 외형은 공간적인 총체성과 질료성 속에서 자기의 이념과 맞지 않게 감각적으로 존재하는 그 대상들에게 완전히 적합한 형태나 이에 일치하는 질료를 제공해 주지 못한다. 그러므로 낭만적인 예술에서 조각은 고대 그리스에서 그러했던 것처럼 다른 예술들을 위한 기본 특징이나 전체적인 것으로 존재하지 못한다. 그것은 결국 내면적이고 자유로우며 내면에 의해 관통된 외적인 것의 개별성을 띠는 회화와 음악 같은 예술에 밀려난다.

물론 우리는 기독교 시대에도 목재, 대리석, 청동, 금은으로 세공된 조각들이 많이 만들어지고 종종 대단한 걸작이 만들어진 것을 발견한다. 그러나 이것들은 고대 그리스 조각처럼 신의 참되고 적합한 형상은 아니다. 그 반대로 종교적이고 낭만적인 조각은 그리스 조각보다 오히려 건축의 장식으로 머문다. 성자(聖者)들의 조각상도 대개 탑이나 버팀기둥 또는 입구의 문의 벽감 속에 세워져 있다. 반면에 그리스도의 생애에서 탄생, 세례, 고난과 부활의 역사, 그리고 다른 많은 사건들, 최후의 심판 같은 거창한 장면들은 내면적인 다양성을 통해 교회 문 위나 교회의 담, 세례반, 합창석 따위에 부조로 새겨지고 쉽게 아라베스크 무늬의 형태로 넘어가는 경향이 있다. 대체로 여기서는 정신적인 내면성(die geistige Innerlichkeit)을 표현하는 것이 중요하므로, 조각 전체는 이상적인 조형예술에 허용되는 정도보다 더 많이 회화적인 원리에 따른다. 다른 한편으로 조각은 더 일상적인 삶과 초상화적인 특징을 포착하며, 이를 회화에서처럼 종교적으로 표현하곤 한다.

예를 들어 독일 뉘른베르크시의 시장에 서 있는 거위를 파는 남자 조각상은 괴테와 실러도 높이 평가한 작품으로, 청동으로 아주 생생하게 표현된 농부의 조각상이다(왜냐하면 대리석으로는 그렇게 표현할 수 없기 때문이다). 그는 양팔에 각각 거위를 한 마리씩 들고 있다. 또 성 세발두스 교회와 다른 많은 교회들, 건물들, 특히 페터 비셔(Peter Vischer)[21] 이전의 시기에 만들어진 건물을 장식하는 조각품들, 예를 들면 기독교 수난사에 나오는 종교적인 대상들을 표현한 많은 조각품들은 이처럼 특수한 형상, 표현, 표정, 거동, 그리고 특히 고통을 단계

---

21) 페터 비셔(Peter Vischer, 1460~1529). 독일의 조각가이자 금속 가공가로 당대는 물론 후대에도 독일의 조각계에 큰 영향을 미친 인물이며 주요 작품으로는 《엘른스트 대주교의 묘비》(1495년)가 있다.

적으로 표현한 것이 뚜렷이 보인다. 그러므로 종종 아주 길을 잘못 들곤 했던 낭만적인 조각(die romantische Skulptur)은, 고대 그리스 조각에 더 가까이 접근하기 위해서 고대의 소재를 고대인들이 생각했던 의미 그대로 표현하거나 아니면 영웅이나 제왕, 일반 인물들의 초상을 고대의 방식에 가깝게 조각작품으로 만들려고 노력할 때만 원래 조형예술의 원리에 충실하게 머문다. 이는 특히 오늘날의 경우에 그러하다.

그러나 종교적인 대상들을 다룬 조각의 영역에서도 탁월한 것이 완성되곤 하였다. 이와 관련해서 나는 단지 미켈란젤로(Michelangelo)만을 상기시키고자 한다. 그의 작품인 사망한 그리스도상[22]은 프러시아 왕의 소장품 가운데 그 모조품이 현존하고 있는데, 정말 계속해서 경탄을 금할 수 없는 작품이다. 부뤼게(Brügge)시의 성모 마리아 교회에 있는 마리아상은 그것이 진품이 아니라고 말하는 사람들도 있으나 역시 탁월한 작품이다. 그러나 무엇보다 내 마음을 가장 끈 것은 브레다(Breda)에 있는 나사우(Nassau) 백작의 묘비였다. 그 백작은 검은 대리석 판 위에 자기 부인과 함께 하얀 설화석고로 실물크기로 만들어져 누워 있다. 그 묘비 모퉁이에는 레굴루스, 한니발, 카이사르 그리고 또 한 사람의 로마의 전사(戰士)가 몸을 굽힌 자세로 서서 어깨 위로 밑에 있는 것과 비슷한 검은 판을 받치고 있다. 여기서 보이는 가장 흥미로운 것은 미켈란젤로가 조각한 카이사르(Caesar, 시저)와 비슷한 특징을 지닌 인물이 표현되어 있는 점이다.

그러나 종교적인 대상을 다루는 데 있어 고대 그리스인들의 조형적

---

22) 이는 로마의 성 베드로 성당 안에 있는 '피에타(Pieta)' 상으로 그리스도의 어머니 마리아가 사망한 그녀의 아들을 무릎 위에 눕힌 채 슬퍼하는 모습이다.

죽은 그리스도와 슬퍼하는 마리아를 조각한 군상 〈피에타(Pieta)〉. 르네상스 시대 이탈리아의 대가 미켈란젤로의 작품이다(1499년). 바티칸의 성 베르로 성당 소장

원리를 낭만주의 속에 들어 있는 활력 및 생산적인 특성과 결합시키려면, 거기에 정신과 상상력의 위력, 힘과 철저성, 대담함, 능숙함이 결부되어야 한다. 그 이유는 이미 말했듯이 종교적인 직관과 표상이 중요한 위치를 차지하는 기독교적인 의미가 나아가는 방향은 전체적으로 조각의 최고규정을 이루는 고전적인 이상의 형태로 나아가지 않기 때문이다.

 여기서부터 우리는 조각을 벗어나 예술적으로 다르게 이해하고 표현하는 원리로 넘어갈 수 있다. 그것을 실현하는 데는 또 다른 감각적인 재료가 필요하다. 고전적인 조각에서 중심이 된 것은 객관적이고 실체적이며 인간적인 것으로서의 *실체적인 개성*이었으며, 인간의 형상은 그 자체로서 아주 숭고한 모습으로 조각되어 세워졌으므로, 조각은 이를 형상의 단순한 미(美)로 추상적으로 고정시키고 신성한 것으로 보존했다. 하지만 그렇기 때문에 여기서 내용과 형식에 따라 표현되는 인간은 완전하고 *구체적인* 인간은 아니다.

고대의 조각예술에서 신인동형(神人同形, Anthromorphismus)의 관념은 완성되지 못한 채로 남았다. 왜냐하면 거기에는 객관적이면서도 동시에 절대적인 인격의 원리와 동일시되는 *보편성*이 결여되어 있기 때문이다. 뿐만 아니라 사람들이 보통 인간적이라고 부르는 것, 즉 *주관적인 개별성*, 인간적인 나약함, 특수성, 우연성, 자의(恣意), 직접적인 자연성, 열정 등이 저 보편성 속에 수용됨으로써 *개성 전체*, 즉 주체가 그의 총체적인 주위 세계와 그의 무한한 현실의 영역 속에서 그 내용과 표현방식의 원리로서 드러날 수 있는 계기가 결여되어 있기 때문이다.

고전적인 조각에서는 이런 계기들 가운데 하나인 인간적인 것이 그 직접적이고 자연적인 측면에 따라 때로는 동물이나 반(半)동물, 목양신 따위의 형태로 만들어지지만, 그것들은 주관성 안으로 다시 소급되어 그 속에서 부정적(否定的)으로 설정되지는 않는다. 또 때때로 이 고전적인 조각은 스스로 특수성의 계기 속으로 들어가 외적으로 고대의 조각도 역시 취했던 호감을 주는 양식(樣式)들, 즉 수천 가지의 쾌활한 착상들을 형상화하는 방향으로만 넘어간다. 반면에 거기에는 주관적인 것이 지닌 심오함과 무한성의 원리, 정신이 절대자와 *내적*으로 화해하는 원리, 그리고 인간과 인간성이 신(神)과 이념적으로 하나가 되는 원리는 전적으로 배제되어 있다. 이런 원리에 적합하게 예술 속에 들어오는 내용을 비록 기독교의 조각은 직관하도록 표현하지만, 그러나 바로 이 같은 예술표현은 조각이 이런 내용을 실현시키는 데는 충분하지 못하다는 것을 보여준다. 그러므로 조각이 성취하지 못하는 것을 작품화하기 위해서는 부득이 다른 예술들이 등장해야 한다. 이 새로운 예술들은 낭만적 예술형식에 가장 적합하다. 그러므로 우리는 이들을 요약해서 *낭만적인 예술들*이라는 이름으로 부를 수 있을 것이다.

제3편

낭만적인 예술

우리가 이미 보았듯이 조각으로부터 다른 예술들로 옮겨가는 것은 내용과 예술적인 표현방식 속으로 침투해 들어가는 *주관성*의 원리를 드러내 보인다. 주관성은 이념적으로 자기 자신을 위해 스스로 존재하고 외면성으로부터 내적인 존재 안으로 회귀하는 정신의, 그래서 육체성과 더 이상 분리되지 않는 통일성으로 함께 나아가지 못하는 정신의 개념이다.

그러므로 이처럼 이행(移行)하는 데서 곧 실체적이고 객관적인 조각의 통일성 안에 고요히 안거하던 것, 즉 완성된 중심점에 포함되면서 서로 뒤섞여 포착되었던 것은 해체되고 서로 떨어져 나간다. 우리는 이 같은 분리를 다음과 같은 두 가지 측면에서 고찰할 수 있다. 즉 한편으로 조각은 그 *내용* 면에서 볼 때, 정신의 실체가 아직 자신 속에 개별적인 주체로 반영되지 않은 개성과 직접 뒤얽혀 있어서, 객관성은 스스로 영원하고 확고부동하고 참되며, 자의성이나 개체성에 빠지지 않는 실체를 의미한다는 점에서 *객관적인 통일성*을 이루고 있다. 다른 한편으로 조각은 이 정신적인 내용에 육체성을 부여하고 이를 매우 활력있고 의미 있게 주조함으로써 말 *그대로 객관적인 일치*를 이루고, 그 객관성 안에서—단지 내면적인 것이나 주관적인 것과는 반대로—외적이고 실제적인 현존성을 나타낸다.

조각에 의해서 처음으로 상호적합하게 만들어졌던 이런 측면들이 만약에 서로 분리되면, 자기 속으로 회귀(回歸)한 정신성은 대체로 *외적인 것*, 즉 자연과 내면의 고요한 구체성에도 대립될 뿐만 아니라, *정신적인 것* 자체의 영역 내에서 정신의 실체이자 객관성은 더 이상 단순한 실체적인 개성으로 유지되지 않는다. 그리하여 그것은 생동적이고 주관적인 개성 자체로부터 분리되며, 지금까지 하나로 융합되었던 이 모든 계기들은 서로 떨어져 나가 스스로 자유롭게 되고, 역시 이 자유로움 속에서 예술작업을 거쳐 현상(現象)하게 된다.

(1) 그럼으로써 우리는 내용 면에서 한편으로 정신적인 것의 실체성, 진리와 영원성의 세계, 즉 *신적(神的)인 것*을 획득한다. 그러나 여기서 그 신적인 것은 주관성의 원리에 적합하게 스스로 주체이자 인격, 자기의 무한한 정신성 안에서 알고 있는 절대자이다. 이는 정신과 진리 속에 존재하는 신으로서 예술에 의해 포착되고 실현된다. 그에 비해서 세속적이고 *인간적인 주관성*은 정신적인 실체와 더 이상 직접적으로 통일을 이루지 못하는 것으로 드러나며, 그것은 전적으로 인간적인 개성에 따라 전개될 수 있고 온갖 인간적인 심정과 충만한 인간적인 현상은 예술로 접근해갈 수 있게 된다.

그러나 위의 두 측면이 서로 다시 결합되는 점을 찾는 곳에 바로 그 양쪽 모두에 공통되는 *주관성*의 원리가 있다. 그러므로 인간적이고 유한한 주관성이 정신적이고 절대적인 실체이자 자기 안에서 진리로 머무는 신성한 정신을 생생하고 현실적인 것으로 만들 듯이, 마찬가지로 절대적인 것도 역시 생동적이고 현실적이며 그로써 인간적인 주체로서 현상한다. 그러나 그렇게 해서 얻어진 새로운 통일성은 더 이상 조각이 표현하는 것과 같은 저 최초의 직접성(die Unmittelbarkeit,

무매개성)의 특성을 지니지 않는다. 오히려 그것은 서로 다른 측면들을 본질적으로 매개(媒介, Vermittlung)하고 그 개념에 맞게 오직 *내적인 것*과 이념적인 것 안에서만 완전히 드러날 수 있는 통일성과 화해의 특성을 지닌다.

나는 이에 대해서 이미 제1부에서 우리의 미학이라는 학문 전체를 일반적으로 분류하던 기회에 다루었다. 거기에서 나는 조각의 이상이 자신 속에 견실한 신의 개성을 아주 적합한 육체성을 띠게 해서 감각적으로 현재화해서 내세울 때, 자기 안에서 정신적으로 반성하는 종교적 공동체가 이 대상 앞에 나서게 된다고 설명하였다. 그러나 자기 안으로 회귀한 정신은 정신적인 것 자체의 실체를 오직 정신으로서, 따라서 주체로서만 표상할 수 있으며 거기에서 동시에 개별적인 주관성은 신과 정신적으로 화해하는 원리를 획득한다. 그렇지만 개별적인 주체인 인간은 역시 그의 우연한 자연적인 현존성과 폭넓거나 제한된 유한한 관심사, 욕구, 목적, 열정의 영역을 갖고 있다. 그 속에서 인간은 스스로 독자적이 되고 인간으로서 신에 대한 저 표상 속으로, 그리고 또 신과의 화해 속으로 자신을 침잠시킬 수 있다.

(2) 둘째로 *외적인 것*의 측면을 표현하는 일에 관해서 보면, 이 역시 그 개별성 속에서 독자적으로 되며 이 독자성 속에서 등장할 권리를 얻는다. 왜냐하면 주관성의 원리는 모든 부분이 직접적으로 일치하는 관계를 보이거나 내면과 외면이 상호 관통하는 것을 금하기 때문이다. 그 이유는 주관성은 여기에서 바로 대자적(對自的, für sich)으로 존재하고 자기의 실존으로부터 이념적인 것, 감정, 마음, 심정, 성찰 속으로 회귀하는 내면이기 때문이다. 이 이념적인 것은 비록 그것의 외적인 형상으로 나타나지만, 그러나 이는 오직 내면에 *대자적*

(對自的, für sich) 존재하는 주체의 외면성의 양태로만 드러난다. 그러므로 고전적인 조각에서 확고히 드러난 육체적인 것과 정신적인 것의 관계는 완전히 해체되어, 서로 무관하게 되지는 않더라도 느슨해진다. 그리하여 양자는—물론 한쪽이 없이는 다른 한쪽도 있을 수 없지만—비록 각자의 개별적인 독자성을 따로 보존하거나 아니면 양자 사이에 더 깊은 통일성이 유지되더라도, 정신성이 객관적인 외면성과 융합을 넘어서서 빛을 발하는 중심이 된다. 그리하여 객관적이면서 실제적인 것이 이처럼 상대적으로 더 많이 독자성을 획득하는 것을 위해 여기서는 물론 외적인 자연과 스스로 개별화된 대상들이 가장 많이 표현되기는 한다. 그러나 이 경우에 그것들을 포착하는 방식이 아무리 충실하더라도, 그때 그것들은 예술적으로 실현되는 방식 속에서 극단적인 외면성 안에 정신을 참여시켜 이를 생생하게 이해하고 심정 자체를 깃들게 한다. 그럼으로써 내면과 이념적인 것을 보여주는 가운데 그것들에게서 정신적인 것이 반사(反射)되어 드러나게 해야 한다.

그러므로 일반적으로 주관성의 원리는 한편으로 구속받지 않는 정신이 외적인 것으로부터 내면성을 강조해내기 위해 그 구체성과 통일되어 있는 것을 포기하고 그것을 다소 부정적으로 설정할 필연성을 지니며, 다른 한편으로 정신적인 것과 감각적인 것이 지닌 다양성과 분열, 움직임의 개별적인 것에 자유로운 여지를 부여하는 필연성을 지닌다.

(3) *셋째로*, 이 새로운 원리 역시 예술이 새로이 표현하는 것들에 사용하는 감각적인 *재료*에서도 유효하게 나타나야 한다.

a) 지금까지 예술의 재료는 질료적인 것 자체로서, 공간적인 존재의 총체성 속에 있거나 아니면 단순한 형상으로서 형상의 단순한 추상성 속에 있는 무거운 덩어리였다. *주관적*이면서 동시에 스스로 개별화되고 성취된 내면이 이 재료 속으로 들어오게 되면 그것은 내면으로서 드러나기 위해서, 한편으로 이 재료의 공간적인 총체성을 제거하고 그것을 직접적인 현존재로부터 정반대의 방식으로 *정신*에 의해 산출된 가상(假象)으로 변화시키게 될 것이다. 그러나 다른 한편으로는 그것을 외부에 감각적으로 보이게 하는 형상과 관련해서 새로운 내용이 요구하는 현상의 모든 개별성을 도입해야 한다. 그러나 여기서 예술은 먼저 아직 감각적이고 시각적인 것 안에서 움직여야 한다. 그 이유는 지금까지의 과정에 따르면 물론 내적인 것은 자기 안에서의 반성(反省, Reflexion-in-sich)으로서 파악해야 하지만, 그러나 동시에 *외면성*과 *구체성*으로부터 자기 안으로 회귀하고 그로써 자기 자신에게로 오는 것(Zusichselberkommen)으로서 현상해야 하기 때문이다. 이는 처음의 입장에 보면 다시금 객관적인 자연존재와 정신의 구체적인 현존재에서만 드러날 수 있다.

그러므로 낭만적인 예술들 가운데 *첫 번째* 것은, 이미 제시한 방식으로 그 내용을 여전히 외적인 인간의 형상과 선체적인 자연형상들의 형태로 보이도록 표현하더라도 조각처럼 감각성과 추상성에 머물러 있지 않을 것이다. 이러한 과제를 다루는 것이 바로 *회화(繪畵)*의 사명이다.

b) 그러나 회화는 조각에서처럼 전적으로 완성된 정신성과 육체성이 하나로 통일된 것이 기본유형을 제시해주지 못하고, 거꾸로 자기 안에 집중된 내면이 드러나 보이게 한다. 그러므로 거기에서 대

체로 공간성을 띤 외적인 형상은 결과적으로 정신의 주관성에 진정으로 적합한 표현수단은 되지 못한다.

그러므로 예술은 지금까지의 형상화 방식처럼 공간적인 것을 형상화하여 표현하는 대신에, 그것을 떠나 시간적으로 울리다가 사라져가는 音(音)을 형상적으로 표현한다. 왜냐하면 음은 공간적인 질료를 부정함으로써만(nur durch das Negativgesetztsein der räumlichen Materie) 이념적이고 시간적인 현존성을 얻고 내면과 일치하기 때문이다. 이 내면은 스스로 그 주관적인 내면성에 따라 *감정(Empfindung)* 으로서 파악되며, 마음과 심정의 내적인 움직임 속에서 효력을 띠게 되는 내용을 음의 움직임 속에서 표현한다. 이런 표현의 원리를 따르는 두 번째 예술은 바로 음악(音樂)이다.

c) 하지만 그럼으로써 음악은 다시금 대립적인 측면에 서게 되며, 조형예술과는 반대로 내용은 물론 감각적인 재료와 표현방식에 있어서도 내면의 무형(無形, Gestaltlosigkeit)을 고수한다. 그러나 예술은 그 개념의 총체성에 알맞게 *단지* 내면만이 아니라 그것의 현상과 현실성도 *외적인 실재성* 속에서 눈앞에 드러내야 한다. 그러나 예술이 실제로 존재하고 그래서 눈에 보이는 객관성의 형태 속으로 들어가 형상화되는 것에서 벗어나 내면성의 요소로 넘어가 버리면, 그 예술이 새로 향하는 주관성은 더 이상 *실제*적이지 못하고 단지 *표상된*, 그리고 내적인 직관, 표상 그리고 감정을 위해서 형상화된 외면성이 될 뿐이다. 이를 표현하는 일은 자기 고유의 영역 안에서 창조하는 정신을 정신에게 알리는 것으로서, 자신을 알리는 *감각적인* 재료를 단순한 전달수단으로만 사용하고 그리하여 스스로 중요하지 못한 기호(Zeichen)로 가치를 떨어뜨릴 수밖에 없게 된다.

*시문학*은 바로 즉 이러한 위상을 차지하고 있으며, 정신이 자기 안에 내포하고 있는 것을 보통 언어를 통해 정신에게 이해시키듯이 그것이 예술로 산출한 것들을 스스로 예술적인 기관이 되는 언어에 융화시키는 언어의 예술이다. 이는 정신의 *총체성*을 그 예술적인 요소 안에서 전개할 수 있으므로 동시에 모든 예술형식들에 균일하게 속해 있는 *보편적인* 예술(die *allgemeine* Kunst)이다. 그 예술은 정신이 최고의 내용 속에 머물러 있으면서 아직은 분명하지 않은 채, 자신에게 외적인 타자(他者)의 형태와 형상 속에서만 스스로를 예감하고 의식할 수 있는 곳에서만 빠져 있다.

제1장 회화

조각에 가장 알맞은 대상은 자기 안에 고요한 실체로 침잠해 있는 성격이다. 정신적인 개성은 구체적인 현존성 속으로 완전히 침투되어 들어가며, 정신을 이처럼 구체적으로 표현하는 감각적인 재료는 오직 그것이 형상화된 측면에서만 정신에 합당한 것이 된다. 내적인 주관성과 심정의 생동성, 그리고 가장 고유한 감정을 지니고 있는 영혼은 시선이 없는 형상을 내면으로 집중으로 통합시키지도 못했으며, 그렇다고 해서 외적인 것으로부터 구별하고 내적인 것으로 것으로부터도 구별하는 정신적인 움직임으로 분산시키지도 못했다. 이것이 바로 고대인들의 조각 작품들이 일부 우리에게 차갑게 느껴지는 이유이다. 따라서 우리의 관심은 거기에 오래 머물지 않거나, 단지 더 형상과 그 개별적 형태들을 섬세하게 구별하는 학문적 단계에 머물 뿐이다. 사람들이 숭고하고 높은 관심을 불러일으킬 가치가 있는 조각작품들에 대해 별로 관심을 보이지 않는다고 해서 그들을 나무랄 수는 없다. 왜냐하면 우리는 먼저 그런 예술작품들의 가치를 인정하는 법을 배워야 하기 때문이다. 그럴 때 우리는 곧 그것에 대해 아무런 매력을 느끼지 못하게 되거나, 아니면 전체적인 것의 보편적인 특성이 곧 드러난다. 그리고 그때 우리는 좀 더 자세히 알기 위해서는 우리에게 더 관심을 주는 것을 먼저 둘러볼 수밖에 없게 된다. 그러나 연구와 성찰을 통해 배워서 알고 수차의 관찰을 통해서 비로소 향유(享有)하는 것은 예술의 직접적인 목적이 되지 못한다. 그리고 이처럼 우회적인 길을 거쳐서 고대의 조각작품을 향유하더라도, 고대 조각에서 바로 성격은 외적인 활동과 행위로 발전하여 나아가더라도 내면은 특수하게 심화되도록 요구된다는 점이 만족스럽지 못하다. 그러므로 우리에게 친숙한 것은 회화이다. 다시 말해 회화에서는 유한하면서도 자기 안에서 무한한 주관성의 원리, 즉 우리의 현존재 및 삶의 원리가 처음으로 우리에게 길을 열어 주고 그것이 만들어낸 형태들 속에서 우리들 자신에게 영향을 미치면서 작용하는 것을 보게 된다.

조각에서 신은 단순한 대상으로서 관조되지만, 반대로 회화에서 신적인 것(das Göttliche)은 정신적으로 생동하는 주체로서 공동체 안에 들어가 개개인 모두에게 신 자신과 더불어 정신적인 공통성을 지니도록 매개하는 가능성을 제공한다. 그리하여 여기에서 실체는 조각에서처럼 자기 안에 고집스럽게 경직되어 머무는 개성이 되지 않고 공동체 안으로 들어가서 특수화된다.

이 원리는 주체를 그 자신의 구체성 및 외적인 환경 일반과 구별시키고 또 이를 내면과 매개(媒介)시킨다. 이와 같은 주관적인 특수화의 영역에서는 인간이 신과 자연, 다른 내외적인 개체들에 대해서 독자적으로 되거나, 거꾸로 신이 공동체에 대해서 그리고 개별적인 인간이 신과 자연환경, 인간존재의 무한히 다양한 욕구들, 목적, 열정, 행위, 활동과 내면적으로 아주 확고한 관계를 갖는다. 그리고 이 영역 속으로 모든 움직임과 생동성이 주입된다. 이는 내용이나 표현방식 면에서 충분한 표현이 불가능했던 조각에 지금까지 빠져 있던 무수히 많은 소재와 폭넓고 다양한 표현방식을 새로이 예술에 도입한다. 그래서 주관성의 원리는 한편으로 특수화의 근간이 되고, 다른 한편으로 매개하면서 포괄하므로 회화는 지금까지 두 개의 서로 다른 예술에 속했던 것을 하나의 동일한 예술 속에 통합시킨다. 그것은 건축이 예술적으로 다루던 외부환경과 조각이 다루고 완성해내던 정신적인 형상이 합쳐진 것이다. 회화는 그 형상들을 같은 의미로 고안된 외적인 자연이나 건축 환경 속에 주입시켜 이 외적인 것을 이해하는 심정과 영혼을 통해서 역시 곧 주관적으로 반영시켜 만드는 법을 알고 있다. 그리고 또 그 안에서 움직이는 형상들의 정신과 관계하면서 조화를 이루는 법도 이해하고 있다. 이로써 회화는 지금까지의 다른 예술들이 표현하던 방식에다 새로운 원리를 덧붙이게 된다.

우리가 회화에 대해 좀 더 분명하게 고찰하기 위해서 나아가야할 과정에 대해서 묻는다면, 나는 여기서 다음과 같이 분류하고자 한다.

첫째, 우리는 회화가 그 개념에 따라 특수한 내용 및 이 내용과 조화를 이루는 재료, 그리고 이 조건에 따르는 예술 작업과 관련해서 가정되는 일반적인 특성을 살펴봐야 한다.

둘째, 그런 다음에 그 내용과 표현의 원리 속에 들어 있으면서 회화에 적합한 대상 및 그것들을 이해하고 구성하는 방식과 회화적인 색채효과를 더 확고하게 한정짓는 특수한 규정들을 고찰해야 한다.

셋째, 그와 같은 특수화를 통해서 회화는 여러 화파(畵派)들로 *개별화된다*. 이들은 다른 예술들에서와 마찬가지로 역시 그 역사적인 발전단계를 거친다.

1. 회화의 일반적인 특성

만약에 내가 회화의 본질적인 원리로서 천지를 포함하고 생생한 감정과 상상, 행위를 하는 주관성과 구체성을 띤 다양한 상황들과 외적 현상방식을 들면서 회화의 중심은 기독교의 낭만적인 예술에 있다고 말한다면, 누구나 곧 다음과 같은 판단이 설 것이다. 즉 조각은 물론 회화에서도 정상에 서 있던 고대 그리스인들에게서만 탁월한 화가들을 찾을 수 있는 게 아니라, 중국인들이나 인도인, 이집트인 같은 다른 민족들도 역시 회화에 있어서 명성을 누렸다는 사실이다. 물론 회화는 그것이 포착하는 대상들과 그것들을 다양하게 완성 방식 때문에 제한을 덜 받으면서 여러 민족에게 전파되었다. 그러나 이 점은 중요하지 않다. 만약에 우리가 단지 경험적인 측면에서만 본다면, 각기 다른 시대마다 이런저런 민족에게서 이런저런 양식을 띤 이런저런 회화가 만들어져 나왔다. 그러나 우리는 회화의 *원리*와 표현수단, *회화의 성질 자체*에 의해 바로 *회화적인* 형태 및 표현방식과 일치하는 형태는 전적으로 내용과 일치하게 된다는 점을 확립하는 문제에 대해서 더 깊이 질문을 던져야 한다. 고대인들의 회화 가운데 우리에게 남겨져 보존된 것은 별로 없다. 또 전해 내려온 그림들을 보더라도 그것들은 고대의 가장 탁월한 작품들에 속하는 것도 아니며, 그렇다고 그 시대의 가장 유명한 대가들이 그린 것도 아니라는 것을 알 수 있다. 사람들이 고대인들의 유적을 파서 발굴해낸 것들은 대개 이런 그림들이다. 그럼에도 불구하고 우리는 그 우아한 취향, 적합한 대상, 군상들의 명확성, 단순하게 완성된 모습과 선명한 색채에 놀라지 않을 수 없다. 이는 본래의 모조(模造) 그림들이 갖고 있던 높은 장점들이다. 예를 들어 폼페이의 이른바 〈비극작가의 집〉에 그려진 벽화들도 그런 식의 그림이었다. 고대의 유명한 화가들 가운데 우리에게 알려진 사람은 유감스럽게도 아무도 없다. 그러나 고대의 그림들이 아무리 탁월했을지라도, 고대 그리스인들은 조각에 있어서는 대단히 미적(美

的)인 경지를 이룩한 데 비해, 회화는 완성의 수준까지 미치지는 못했다고 주장하지 않을 수 없다. 회화가 수준 높게 완성된 것은 중세의 기독교 시대 그리고 특히 16세기, 17세기에 들어와서였다. 고대 그리스인들에게서 회화가 조각보다 뒤처졌던 이유에 대해서는 물론 당연히 추측이 가능하다. 왜냐하면 고대 그리스인들의 직관은 그 핵심이 다른 예술보다는 바로 조각이 수행할 수 있는 원리와 더 일치했기 때문이다. 그러나 예술에서 정신적인 내용은 표현방식과 분리시켜서 생각할 수 없다.

만약에 우리가 이 점을 고려하여 왜 회화는 낭만적 예술형식을 통해서 비로소 그 독특한 높은 경지에 도달했을까라고 묻는다면, 고도의 회화예술이 완성되도록 길을 터주고 이를 필연적인 것으로 만든 것은 바로 감정의 내면성, 즉 더욱 심오한 정신적 영활성을 요구하는 내용을 띤 심정이 느끼는 행복과 고통이었다고 대답할 수 있다.

이 점과 관련해서 나는 한 가지 예로, 라울 로셰트(Raoul Rochette, 1790~1854, 프랑스의 고고학자―역자주)가 호루스(Horus)를 무릎 위에 앉히고 있는 이시스(Isis) 여신의 조각상에 대해 언급한 것만 상기시키고자 한다. 일반적으로 여기에서도 기독교의 마돈나(Madonna) 상과 같은 대상, 즉 아이를 안고 있는 신성한 어머니의 자태가 주체가 된다. 그러나 같은 대상 속에 들어 있는 것이라도 그것을 이해하고 표현한 차이는 엄청나다. 얕은 양각(陽刻)으로 같은 상황 속에 있는 것으로 표현된 이집트의 이시스(Isis) 여신상에는 모성애적인 것, 부드러움, 어떤 영혼이나 감정의 모습이 전혀 드러나지 않는다. 이런 요소들은 심지어 더 경직되어 보이는 비잔틴 시대의 마돈나상에서도 완전히 빠져 있지는 않다. 라파엘이나 다른 이탈리아의 대가들치고 마돈나와 아기 그리스도상을 만들어보지 않은 사람이 있을까. 그 모자상에서는 얼마나 깊은 감정과 정신적인 생명력, 내면성과 충만함, 숭고함과 사랑스러움, 인간적이면서도 신적인 정신이 스며든 심정이 특징을 이루면서 우리에게 호소해 오는가. 이 똑같은 대상이 종종 같은 대가들이나 다른 예술가들에 의해 얼마나 무한하고 다양한 형태와 상황으로 표현되었던가. 어머니이자 순수한 처녀, 그녀의 육체적 정신적인 미(美), 숭고함, 사랑스러운 매력, 이 모든 것들은 더 나아가 다른 요소들과 바뀌어가면서 중요한 특징으로 강조되어 표현되었다. 그러나 도처에 대가(大家)의 면모를 보여주고 또 대가적으로 표현하도록 이끄는 것은 감각적인 형태미라기보다는 정신적인 영활성이다. 비록 고대 그리스의 예술도 이집트 예술을 훨씬 능가하여 인간의 내면을 표현하는 것을 대상으로 삼기는 했지만, 그러나 그것은 기독교적인 표현방식 속에 있는 감정의 내면성과 깊이에 도달할 능력은 아직 없었다. 또 그리스 조각의 전체 특성상 이러한 노력도 전혀 필요하지 않았다. 예를 들면 내가 종종 인용했듯이, 어린 디오니소스 신을 팔에 안고 있는 반은 사람이고 반은 양의 모습을 한 목양신(牧羊神)은 다정하고 사랑스러운 모습을 띠고 있다. 또 그 어린 신을 돌보는 요정들의 모습도 미적인 군상을 이루면서 보석 위에 음각으로 새겨져 있다. 여기서도 우리는 아무런 꾸밈이나 욕구, 욕망이 없이 아이에게 대하는 비슷한 모성애를 느낀다. 그러나 우리는 여기에서 모성애적인 것을 제외하고는 기독교 회화(die christliche Malerei)에서 만나는 내적(內的)인 영활성과 심정의 깊이를 전혀 발견하지 못한다. 고대 그리스인들도 물론 초상화를 탁월하게 그렸을지는 모른다. 그러나 그들이 자연사물을 포착하고 인간적인 상태와 신적인 상태를 직관해서 그린 것들은 모두 다 기독교 회화에서처럼 그렇게 진심어린 정신을 표현해내지는 못하였다.

그러나 회화가 이 같은 주관적인 영활성의 성질을 띠도록 요구해야 한다는 것은 이미 회화의 질료 속에 들어 있다. 다시 말해 회화는 감각적인 요소 안에서 움직이며, 이 요소는 평면 위에 확산되고 색채들을 *특수화*함으로써 형상화한다. 그럼으로써 직관되는 대상들의 형태는 정신에 의해 실제 형상을 대치하는 것으로 설정된 예술적인 가상(假象, Schein)으로 바뀐다. 이 질료의 원리 속에는 외적인 것이 더 이상 대자적(對自的, für sich)으로 그것의—비록 정신에 의해 영활되기는 해도—실제적인 현존성 안에서 궁극적인 가치를 유지해서는 안 된다는 것이 들어 있다. 또 그 원리 속에는 이 현존성 속에서 바로 자신을 정신적인 존재로 직관하려는 *내적인* 정신이 단순히 가상화(假象化)되는 것으로 가치가 떨어진다는 것도 들어 있다. 우리는 이 사안을 좀 더 깊이 이해하자면, 총체적인 조각형상으로부터 이처럼 회화로 이행하는 과정에는 다른 의미는 없다. 외면성의 반사(反射) 속에서 자신을 *내면*으로 표현하려고 시도하는 것은 바로 정신적인 내면이다.

  둘째로, 그때 회화적으로 대상을 현상시키는 평면도 역시 스스로 주위환경이자 관련성, 그리고 상황이 되며, 색채는 대상들의 가상을 *특수화하는 것*으로서 역시 내면이 특수화되는 것을 요구한다. 이는 표현과 상황 그리고 행위의 피규정성에 의해 비로소 명확해질 수 있으며, 그리하여 직접 다양성과 움직임 그리고 개별적으로 내적이고 외적인 삶이 필요해진다. 그러나 그 실제의 현상 속에서 외적인 현존성이 지니는 다양한 형상성과 연결되고, 이 개별적인 실존으로부터 나와 자기 안에 집약된 대자성(Fürsichsein)으로 인식하게 하는 내면성 자체의 원리를 우리는 낭만적 예술형식의 원리로 본다. 그러므로 회화의 요소는 그 내용과 표현방식에 있어 유일하게 *전적*으로 일치하는 대상을 가지고 있다. 또 거꾸로 낭만적인 예술은 만약 그것이 예술작품을 만드는 데로 나아가려 하면 그 내용과 일치하는 질료를 찾아야 하며, 따라서 이는 모든 외부 대상들에 대해 해석하는데 있어 다소 형식적으로 머무는 회화에서 먼저 발견한다고 말할 수 있다. 그러므로 기독교 회화 외에도 동양 회화(orientalische Malerei), 고대 그리스 회화 그리고 로마 회화가 있지만, 회화예술이 바로 낭만주의의 한계 속에서 성취한 발전이 그런 다른 회화들에게도 중심점이 될 것이다. 따라서 우리는 동양 회화나 고대 그리스 회화에 대해서 말할 때, 우리가 고전적인 이상에 뿌리를 두고 표현에 있어서 진정한 정상에 도달했던 조각을 이야기할 때 기독교 조각에 대해서도 언급했던 것처럼, 같은 범위 안에서 이야기할 수밖에 없다. 다시 말해서 우리는 회화가 낭만적 예술형식의 소재에 이르러 비로소 그 수단과 형식에 완전히 적합한 내용을 포착하였으며, 그러한 대상들을 다루는 수단들을 모든 측면에서 충분히 사용하는 법을 알고 있었다고 인정하지 않을 수 없다. 우선 일반적으로 이 점을 추적해 보면 회화의 *내용*, 질료 그리고 예술적으로 *다루는* 방식에서 다음과 같은 것을 살필 수 있다.

a. 내용의 주요한 규정

회화의 내용을 규정하는 중요한 것은 대자적(對自的)으로 존재하는 주관성이라는 것을 우리는 보았다.

α) 그럼으로써 이제 개성은 *내적인* 측면에서도 온전하게 실체 안으로 들어가지 못한다. 반대로 그것은 스스로 주체가 되어 모든 내용을 포함하고, 그 속에서 자신, 즉 자기 내면과 자기 표상, 고유한 감정의 생동성으로 표현해 보여줘야 한다. 또 *외적인* 형상은 조각에서처

럼 전적으로 내적인 개성에 의해 지배되어 현상하지 않는다. 왜냐하면 주관성은 외적인 것을 그 객관성 속에 침투시키지만 곧 이 객관성에서 다시 자기에게 회귀하는 동일성으로서, 이처럼 자기 안에 폐쇄됨으로써 외면에 대해 무관심해지며 외적인 것을 자유로이 놓아두기 때문이다. 그러므로 내용의 *정신적인* 측면에서 개별적인 주관성이 실체 및 보편성과 직접 통일되지 못하고 대자성의 정상에서 있는 것으로 자기 안에 반사되듯이, 형상의 외적인 측면에서도 그것의 특수성과 보편성은 조형적인 통일을 이루었던 것에서 떨어져 나와 개별적이고 아무래도 상관없는 우연성이 지배하고 또 이것이 그 밖에 경험적인 현실 속에서도 모든 현상들의 지배적 특성이 되는 *그런* 방식으로 옮겨 간다.

β) 둘째로, 회화는 그 원리에 따라 표현할 대상들과 관련해서 *연장 (延長, Ausdehnung)*되어 나간다. 자유로운 주관성은 한편으로 모든 자연사물과 인간현실의 모든 영역에 그것들이 독자적으로 존재할 것을 허용하며, 다른 한편으로 그 모든 특수한 것들 속에 침투해 이들을 내면의 내용으로 삼을 수 있다. 사실 주관성은 이처럼 구체적인 현실과 뒤얽혀서 비로소 스스로를 구체적인 생동성으로 입증한다. 그럼으로써 회화는 조각에서는 불가능했던 풍부한 대상들을 자기 영역으로 끌어들여서 표현할 수 있다. 모든 종교적인 영역, 즉 천국과 지옥에 대한 상상, 그리스도와 그의 제자들, 성자들의 이야기, 외부의 자연, 인간적인 것에서 시작해서 스쳐 지나가는 상황들이나 특성들에 이르기까지 모든 것이 여기에 들어갈 수 있다. 왜냐하면 특수한 것, 자의적이고 우연적인 관심사와 욕구들도 주관성에 속하며, 따라서 이러한 것들도 마찬가지로 다루어지도록 밀고 나오기 때문이다.

γ) 이것과 관련해서 *세 번째* 측면을 보면, 회화는 *심정(心情)*을 포착해서 그 표현내용으로 삼는다. 다시 말해서 심정 속에 살아 있는 것은 비록 그 내용이 객관적이고 절대적이라 해도 역시 주관적인 방식으로 주어져 있다. 왜냐하면 심정의 느낌은 물론 보편적인 것을 내용으로 삼을 수 있지만, 그 자체가 느낌으로 있으므로 보편성의 형태를 띠지 않고 자아(自我)가 특정한 주체로서 그것을 알고 느끼는 대로 현상하기 때문이다. 객관적인 내용을 객관적으로 드러내려면 자아(自我)는 자아 스스로를 잊어야 한다. 그래서 회화는 물론 내면적인 것을 외적인 대상의 형태로 보이게 드러내지만, 그것이 표현하는 원래의 내용은 느끼는 주관성(die empfindende Subjektivität)이다. 그 때문에 회화도 역시 형식적인 측면에서 예를 들어 조각만큼 뚜렷하게 신성(神性)을 표현하지는 못하며, 다만 느낌 속에 들어오는 좀 더 불특정한 표상들만을 전달할 수 있다. 이는 물론 우리가 인간의 외적인 환경, 즉 산맥, 골짜기, 초원, 시냇물, 나무, 덤불, 배, 바다, 구름, 하늘, 건물, 방 따위처럼 수차 유명한 화가들의 대상으로 선정되어 탁월하게 그림으로 완성된 것을 보아온 상황과는 어긋나는 것처럼 보일지 모른다. 그러나 그런 예술작품들 속에서 내용의 핵심이 되는 것은 그 대상들 자체가 아니라, 주관적으로 그것들을 다루고 완성해 낸 생동성과 영혼, 즉 예술가의 심정으로 이것이 작품 속에 반영된다. 그것은 외적인 대상들을 단순히 모사(模寫)할 뿐만 아니라 동시에 예술가 자신과 그의 내면도 전달한다. 바로 이런 측면에서 볼 때 회화에서 대상들 자체는 어떤 것이든 아무래도 좋다는 것이 증명된다. 왜냐하면 거기에서 중요한 것으로 드러나기 시작하는 것은 바로 주관성이기 때문이다. 이처럼 회화는 외적인 자연대상들에게 종종 일반적인 분위기만을 반사해내는 것처럼 보이던 심정으로 향함으로써 조각이나 건축과

는 아주 뚜렷이 구별된다. 왜냐하면 회화는 오히려 조형예술로부터 음을 내는 예술인 음악 쪽으로 더 가까이 이행(移行)해가기 때문이다.

b. 감각적인 회화의 재료

둘째로, 나는 이미 수차 회화의 감각적인 *재료*는 조각과는 다르다는 것과 그 일반적 특성을 언급했으므로, 여기서는 단지 이 재료가 표현되는 정신적인 내용과 특별히 맺는 관계에 대해 더 자세히 다루고자 한다.

α) 이 점과 관련해 먼저 고려할 것은, 회화는 *세 개의* 차원이 지닌 공간적 총체성을 평면으로 축소시킨다는 점이다. 이 축소가 완전히 이루어질 때 서로 나란히 서 있던 대상들은 모두가 지양(止揚)되며, 마치 시간의 한 점에 나란히 서 있는 것처럼 되면서 자체 내에서 불안정해진다. 그러나 이처럼 시종일관 부정(否定)되는 쪽으로 옮겨가는 일은 음악에서 비로소 이루어진다. 그에 반해서 회화는 공간적인 측면을 여전히 존재하게 놓아두고, 삼차원 가운데 단지 한 차원만을 제거하여 그 평면을 그것의 표현요소로 삼는다. 이처럼 삼차원이 평면으로 축소되는 것은 내면화의 원리(Prinzip des Innerlichwerdens) 속에 이미 들어 있는 것으로, 이는 공간적인 것 속에서 그 외면성의 총체성을 존속시키는 것이 아니라 그것을 제약함으로써만 내면성으로 드러날 수 있다.

보통 사람들은 이처럼 축소시키는 것은 회화가 자의적(恣意的)으로 하는 것이며, 그 때문에 회화는 결점을 지니고 있다고 생각하는 경향이 있다. 왜냐하면 회화는 자연대상들을 그 완전한 실재의 모습으로 보여주고 정신적인 표상과 느낌을 인간의 육체나 거동을 통해 보여주고자 하더라도, 평면으로는 이 목적을 달성하기에 충분하지 못하므로 따라서 그와는 전혀 다르게 완전한 모습으로 등장하는 자연보다 못하기 때문이라는 것이다.

αα) 물론 회화는 그 질료적인 공간과 관련해서 보면 조각보다 더 추상적이다. 그러나 이 추상성은 단순히 자의적으로 제한한 것이 아니며, 또 자연의 산물에 비해 인간의 솜씨가 숙련되지 않아서 생기는 것도 결코 아니다. 그것은 바로 조각으로부터 필연적으로 이행(移行)해가는 과정에서 나오는 것이다. 이미 조각에서도 자연적으로 존재하고 있는 구체적인 대상을 그냥 모방하는 것은 아니고, 정신이 이를 재산출하고 형상화하는 가운데 일상적 자연 속에 존재하면서 표현될 특정한 내용에 맞지 않는 모든 것은 제거함으로써 표현되었다. 조각에서는 색을 특수하게 조절함으로써 감각적인 형상의 추상성만 남게 하였다. 회화에서는 그와 정반대이다. 왜냐하면 회화의 내용은 정신적인 내면성으로서, 이는 외면성 안에서만 드러나되 그 외면성으로부터 다시 자기에게 회귀(回歸)하는 모습으로 표현되기 때문이다. 그래서 회화는 물론 대상을 직관할 수 있도록 표현은 하되, 그것이 표현하는 객관적인 대상이 실제로 총체적이고 공간적인 자연존재로 머물지 않고 정신의 반사(反射)가 되게 하는 방식으로 작업한다. 그 반사 속에서 정신은 실제로 존재하는 것을 지양하고 정신을 위해 정신 속에서 오직 가상으로 바뀜으로써 드러난다.

ββ) 그럼으로써 여기서 회화는 공간적인 총체성을 단절시키지 않을 수 없으며, 인간적인 본성이 지닌 어떤 한계성 때문에 이 완전성을 거부할 필요는 없다. 다시 말해서 회화의 대상은 그 공간적인 실존 면에서 오직 정신적인 내면의 가상이 되며, 이를 회화예술이 정신을 위

해 표현하는 가운데 실제로 공간적인 독자적 존재성은 사라진다. 그럼으로써 회화는 조각작품보다 훨씬 더 밀접하게 관객과 관계를 맺는다. 조각상은 자기가 서고 싶은 곳에 마음대로 서 있을 수 있는 관객과는 무관하게 대개는 독자적인 형상으로 서 있다. 관객이 서 있는 위치, 그의 움직임, 그가 이리저리 거니는 것은 조각예술작품과는 별로 상관없는 일이다. 만약에 이 독자성이 계속 보존되려면 조각상은 관객이 어떤 위치에서 보더라도 뭔가를 제시해 주되 조각작품의 독자성은 계속 보존되어야 한다. 왜냐하면 그 내용은 외적으로나 내적으로 자신에게 근거하는 완성된 객관적인 것(das äußerlich und innerlich auf sich Beruhende, Abgeschlossene und Objektive)이기 때문이다. 그에 반해 주관성이, 그것도 자기 안에서 동시에 개별화된 내면성이 내용이 되는 회화에서는 물론 이처럼 대상인 예술작품과 관객이 서로 분리되는 면이 드러나더라도, 이는 곧 다시 사라져야 한다. 왜냐하면 예술작품은 주관적인 것을 표현하는 것이므로, 그 전체적인 표현방식에 따라 본질적으로 자기 자신이 아닌 주체인 관객을 위해 존재한다는 규정을 드러내 보여야 하기 때문이다. 관객은 곧 처음부터 거기에 같이 있으며 예술작품은 오직 고정된 주체를 위해서만 있다는 점이 고려되어야 한다. 그러나 *관조*하고 이를 정신적으로 반사하는 것과 이처럼 관계를 맺기 위해서는 실제 존재를 가상화(假象化)한 것만으로도 충분하며, 실제 공간의 총체성은 오히려 방해가 된다. 왜냐하면 이때 관조되는 예술작품인 객체는 그 자체로 현존성을 띠고 있으며 정신이 오직 정신 자체만을 관조하기 위해서 표현한 것이 아니기 때문이다. 그러므로 사실 자연은 대상들이 동시에 실제로 독자적으로 존재(Fürsichsein)하게 하려면 그것들을 한 평면으로 축약시켜서 형상화해서는 안 된다. 그러나 회화에서는 실제로 존재하는 것에 만족하는 것이 아니라, 내면이 외적으로 반사된 것에 대해 단지 이론적인 관심을 가지며, 그로써 회화는 공간적이고 총체적인 실재성과 구조가 지니는 모든 궁핍성과 그렇게 하려는 것으로부터 벗어난다.

γγ) *셋째로*, 이와 같이 평면으로 축소됨으로 해서 회화는 조각보다 더 건축과 관계가 멀어지게 된다. 그 까닭은 조각작품은 비록 스스로 독자적으로 공공장소나 정원 안에 세워지더라도 언제나 건축적으로 만들어진 대좌(臺座) 위에 설치될 필요가 있기 때문이고, 한편 방안이나 문 입구, 홀 등에서는 건축물은 단지 조각상을 에워싼 것으로 이용되거나 또는 거꾸로 조각상들이 건물을 장식하는 것으로 사용되어 양자 사이에는 밀접한 관계가 생기지만, 그에 반해서 회화는 폐쇄된 방 안에 있든 열린 홀 안에 있든 야외에 있든 단지 빈 벽면을 채우기만 하는 규정을 지니기 때문이다. 처음에는 사원의 벽을, 나중에 가서는 개인집들을 그림으로 장식하던 고대인들에게서 회화의 사명은 대개 그것으로 충분했다. 고딕식 건축술의 주요 임무는 거대한 건축물로 에워싸는 것이었으므로 물론 그림도 더 큰 평면이, 그것도 사실 아주 거대한 평면이 필요했다. 그러나 초기 모자이크화 시대에 회화는 건물의 외면이나 내면의 빈 평면을 장식하는 것으로만 등장한다. 반대로 특히 14세기의 후기 건축에 와서는 그 거대한 벽들을 건축적인 방식으로 채웠다. 그 중 가장 큰 예로는 슈트라스부르크 대성당의 전면(全面)(Hauptfassade des Straßburger Münsters)을 들 수 있다. 여기서 성당의 벽들은 입구의 문과 장미꽃 형태의 창문들 그리고 벽 위로 계속되어 이어지는 창문 같은 장식들뿐만 아니라 아주 우아하고 다양한 인물상들로 장식되어 있어서 빈 평면에 회화 장식은 전혀 필요가 없다. 따라서 종교적인 건축물에서 회화는 주로 고대의 건축술과 유형이 다시 비슷해지기 시작한 건물들에서 다시 등장한다.

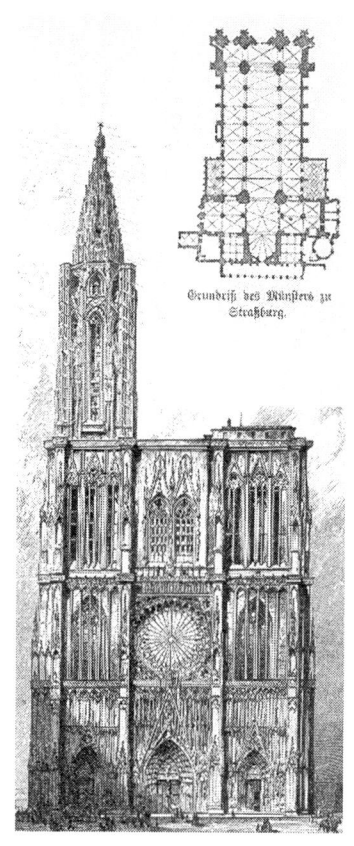

슈트라스부르크 대성당의 전면(全面). 다른 회화 그림으로 장식할 필요없이 무수한 조각 및 부조 장식들이 전면을 아래에서부터 꼭대기까지 채우고 있다

그러나 대체로 기독교적인 회화는 건축술과도 분리되면서 독자적으로 작품을 만들어 가는데, 그 예로 거대한 제단화들, 합창석, 대제단 위의 그림들을 들 수 있다. 물론 여기에서도 그림은 그것이 설치되도록 정해진 장소의 특성과 관련지어진다. 그러나 그 밖에도 벽면을 채우기 위해 정해질 뿐만 아니라 조각작품처럼 스스로 존재하기도 한다. 결국 회화는 공공건물이나 시청, 궁전, 개인집 따위의 큰 홀이나 방들을 장식하는 데 이용되었으며, 그럼으로써 다시 건축과 연관을 맺고 있다. 그러나 이 관계 속에서도 회화는 자유로운 예술로서의 독

자성을 상실해서는 안 된다.

β) 그러나 회화에서 삼차원적 공간이 평면으로 될 수밖에 없는 또 다른 필연성 때문에 회화는 곧 자체 안에서 특수화되면서, 그 다양한 특수성이 풍부한 내면성을 표현할 사명을 띠게 된다. 조각은 형상을 *공간적인* 형태로 단순히 한정시키는 데 만족할 수 있으나 이는 더 풍요로운 예술에서는 해체된다(Die bloße Beschränkung auf die *räumlichen* Formen der Gestalt, mit denen sich die Skulptur begnügen kann, löst sich deshalb in der reicheren Kunst auf). 왜냐하면 공간성을 띤 형태들이야말로 자연 속에서 가장 추상적인 것이기 때문이다. 그것들은 그 특수한 차이들에 따라 더 다양한 질료의 요구에 맞춰서 포착되어야 한다. 그러므로 *공간적인* 것 속에서 표현하는 원리에는 *물리적*으로 더 특수하게 정해진 질료가 첨가된다. 그리고 그 차이들은 만약에 그것들이 예술작품에서 본질적인 것으로 드러나려면, 그 이상 더 다른 궁극적인 표현수단이 되지 못하도록 총체적인 공간성 안에서 보여줘야 하며, 또 물리적 현상을 강조하려면(um das Erscheinen des Physikalischen herauszuheben) 완전한 삼차원적인 공간과는 단절되어야 한다. 왜냐하면 회화에서 차원(次元)이란 원래 실재하는 것이 아니라 이 물리성을 통해 가상적으로 보이게 되기 때문이다.

αα) 우리는 회화가 이용하는 것은 어떤 종류의 *물리적인* 요소일까라고 묻는다면, 이는 대체로 대상들을 일반적으로 보이게 해 주는 빛(*Licht*)이라고 할 수 있다. 지금까지 건축에서 쓰던 감각적이고 구체적인 질료는 저항력이 강하고 무거운 것으로서 특히 건축술에서 누르고, 짐 지우고, 떠받치고 떠받침을 받는 따위의 무게를 지닌 질료로서 특징을 제공하였다. 그런 규정은 조각에서도 사라지지 않았다. 무거

운 질료는 짓누른다. 그런 질료는 그 자체 안이 아닌 다른 것 안에 통일점을 지니고 있으며, 이 점을 찾아서 그쪽으로 향하려고 하지만 그것이 지탱하는 다른 물체들의 저항에 의해 그 자리에 머문다. 빛의 원리는 아직 스스로 통일성에 미치지 못하는 무거운 질료와는 반대된다. 또 빛에 대해서 달리 말하자면, 그것은 절대적으로 가볍고 별로 저항을 받지 않으며 자신과 순수하게 동일성을 이루고, 또 자신과 순수하게 관계하는 최초의 이상성(理想性)(die erste Idealität)이다. 즉 그것은 자연의 최초의 자아(das erste Selbst der Natur)임을 부인할 수 없다. 빛 속에서 자연은 먼저 주관적으로 되기 시작하면서 보편적이고 물리적인 자아가 된다. 그때 물론 그것은 특수성으로 이행해 갈 필요도, 자신 속에 단일한 하나의 점으로 집약되어 완결될 필요도 없다. 그리고 그것은 무거운 질료가 지니는 객관성이나 외면성을 포기하고 감각적인 공간의 총체성에서 벗어날 수 있다. 이처럼 빛이 지닌 *이념적인* 측면에 따라 그것은 *회화*의 물리적인 원리가 된다.

ββ) 그러나 빛 자체는 주관성의 원리 속에 들어 있는 *하나의* 측면으로서만, 다시 말해 그 이념적인 동일성으로서만 존재한다. 그러나 이런 점에서 빛은 여기 자연 속에서는 *대체*로 대상들을 보이게 하는 것으로서 자신을 명시(明示, das Manifestieren)할 뿐이다. 그러나 빛은 그것이 명시하는 대상의 특수한 내용을 자신의 밖에서 대상성(對象性, Gegenständlichkeit)으로 지니고 있다. 그리고 이 대상성은 빛 자체가 아니라 빛의 타자로서 그 자체는 어두운 것이다. 빛은 대상들을 그 형상이나 거리 등의 차이에 따라 비춰줌으로써, 그 대상들의 명암을 드러내고 개별적인 부분들을 보이게 한다. 그럼으로써 그것들을 바라보는 사람 가까이에 등장시키고 다른 대상들은 반대로 보는 사람으로부터 더 멀리 뒤로 어둡게 멀어져 가게 함으로써 인식되게 한다.

왜냐하면 명암 자체는 대상의 특정한 색채가 고려되지 않을 때는, 대개 빛을 받은 대상이 빛의 특수한 조명 속에서 우리에게 떨어진 거리와 관계하며 드러나기 때문이다. 이처럼 빛은 대상과 관계하면서 더 이상 빛 그 자체로 드러나지 않고, 그 안에서 특수하게 세분화된 명암, 즉 빛과 그림자로 드러난다. 그리고 그것이 다양하게 형상화하는 가운데 대상들의 형태와 거리를 서로 구별해 주고, 보는 사람으로 하여금 그 대상들을 인식하게 해준다. 회화는 바로 이런 원리를 이용하고 있다. 왜냐하면 특수화하는 일은 원래 회화의 개념 속에 들어 있기 때문이다. 이런 점에서 회화를 조각이나 건축과 비교하면, 조각과 건축은 실제의 공간형태의 차이들을 내세우며 자연적인 빛이 주는 조명을 통해 대상들의 명암을 드러내고, 또 보는 사람의 위치에 따라 효과를 내게 하므로 여기서 형태들의 마무리는 이미 주어져 있다. 그리고 그것들을 보이게 하는 명암은 이 보이는 것들 자체와는 무관하게 존재한다. 반대로 회화에서 명암은 그 모든 단계와 아주 섬세하게 이행하는 과정까지도 예술적인 질료의 원리 속에 들어 있으면서, 조각과 건축술이 실제로 형상화하는 것을 오직 *의도적인 가상(假象)*으로서만 산출해 낸다. 명암, 즉 빛의 조명 속에서 대상을 현상하게 하는 것은 자연적인 빛의 효과에 의해서가 아니라 예술에 의해서 꾸며진다. 그러므로 그것은 여기서 이미 회화에 의해 산출된 바로 그 명암과 그 조명만을 *눈에 보이게* 만든다. 이것이 원래의 질료 자체에서 나오는 긍정적인 바탕으로, 그 때문에 회화는 삼차원이 필요하지 않은 것이다. 즉 형상은 빛과 그림자에 의해 만들어지므로 실제 존재하는 형상은 불필요하다.

γγ) 그러나 *셋째*로, 밝음과 어두움, 그림자와 빛 그리고 그것들의 상호유희는 단지 추상성이며, 이런 추상성 자체는 자연 속에는 존재

하지 않으므로 역시 감각적인 질료로 사용될 수는 없다.

다시 말해서 우리가 이미 보았듯이 빛은 그 타자인 어둠과 관계한다. 그러나 이 관계 속에서 양쪽의 원리들은 독자적으로 머물지 않고 통일된 것, 즉 빛과 어둠이 뒤섞인 것으로 된다. 이런 식으로 자기 안에서 흐려진, 다시 말해 어두워진 빛은 물론 그 어둠을 뚫고 나가 비춰주며 회화 본래의 질료인 *색채*의 원리를 제공한다. 빛 자체는 색이 없으며 자신과 순수한 동일성을 이룬다. 그러나 빛에 반해서 이미 뭔가 어두운 것인 색채는 빛과는 다른 것, 즉 혼탁한 것, 즉 빛의 원리와 일치해서 설정되는 것이다. 따라서 빛을 여러 가지 색채들, 즉 정도에 따라 여러 가지 다른 어둠들이 합쳐진 것이라고 보는 것은 조악하고 그릇된 관념이다.

형상, 거리, 경계, 마무리, 간단히 말해서 모든 현상들이 공간적으로 나타나는 상태와 현상은 회화에서는 오직 색채에 의해서만 드러난다. 이 색채가 띠고 있는 원리는 더 이념적이어서 역시 더 이념적인 내용을 표현할 능력이 있다. 그래서 채택되는 풍부한 대상들과, 그것들이 특수하게 서로 관계하면서 나오는 좀 더 심오한 대립, 그것을 드러내는 수법의 무한하고 다양한 단계들, 그 색들이 이행(移行)해 가는 단계와 아주 작고 섬세한 뉘앙스들을 표현할 수 있는 여지는 아주 넓어진다. 여기에서 사실 단순한 색채가 완성해내는 것을 보면 믿기 어려울 정도이다. 예를 들어 뭔가 서로 다른 점을 지니고 있는 두 사람이 있다. 그들은 자의식 면에서나 신체구조 면에서나 각자 완결된 정신적이고 육체적인 총체성이다. 그러나 이런 모든 차이들은 그림에서는 단지 색채의 차이들로 압축된다. 여기에서 하나의 채색이 멈추고 그 자리에 다른 채색이 시작되며, 그럼으로써 모든 것, 즉 대상의 형태, 거리, 안색의 유희, 표정, 감각적인 것 그리고 정신적인 것이 거기에 들어서게 된다. 그러므로 우리는 이미 말했듯이 이처럼 압축된 것을 궁여지책에서 나오는 결함으로 보아서는 안 되며 오히려 거꾸로 간주해야 한다. 회화에서는 삼차원의 공간이 빠져 있는 것이 아니라, 회화 자체가 단순한 공간적인 실재성을 색채라는 좀 더 고차적이고 풍부한 원리로 대체하기 위해서 의도적으로 폐기한 것이다.

γ) 회화가 지닌 이와 같은 풍요로움은 또한 그 표현에서 드러나면서 현상의 총체성을 완성하도록 허용한다. 조각은 자체 안에 완결된 개별성에 다분히 한정된다. 그러나 회화에서 개인은 자기 안에서나 밖에서나 한정지어진 채 머물지 않고, 다양한 관계 속으로 옮겨 간다. 왜냐하면 내가 이미 다루었듯이 그 개인은 한편으로 관객과 더 가까이 관계하게 되고, 다른 한편으로 다른 개인들 및 외적인 자연환경과도 좀 더 다양한 관계를 맺기 때문이다. 회화에서 객관성을 단순히 가상화(假象化, Scheinenmachen)하는 일은 아무리 멀리 떨어져 있는 공간과 아주 다양한 온갖 종류의 대상들도 하나의 동일한 예술작품 속에 넣어 작업해 낼 수 있게 하는 가능성을 부여한다. 이때 그 예술작품은 예술작품으로서 역시 자체 안에 완결된 전체(ein in sich beschlossenes Ganzes)이다. 그러나 그것은 이처럼 완결된 상태에서도, 단지 우연하게 정지되고 한정지어진 것이 아니라 사실에 맞게 특수성들이 상호 귀속되는 총체성으로서 드러나야 한다.

c. 예술적으로 다루기 위한 원리

셋째로, 우리는 회화의 내용과 그 감각적인 질료에 대해 이 같이 일반적으로 고찰한 다음에, 이를 *예술적으로* 다루는 방식의 원리에 대

해서도 간단히 언급하고자 한다.

회화는 조각이나 건축술보다 극단적인 것을 두 가지 더 허용하는데, 그 하나는 회화에서는 대상의 깊이, 즉 형태를 이상적인 미로 이해하고 표현하는 데 종교적 윤리적인 진지함이 중요한 사안이 된다. 또 다른 하나는 현실 속에 있는 개별적인 것들로서 그 자체로는 중요하지 않은 대상들을 예술에서는 주관적으로 만드는 일이 중요하다. 그러므로 우리는 이와 관련된 두 가지의 극단적 평가도 족히 들을 수 있다. 즉 어떤 때 사람들은 표현된 대상이 얼마나 훌륭하며 그 구상 또한 얼마나 심오하고 매혹적인가, 또 거기에 나타난 표정은 얼마나 위대하며 그 소묘도 얼마나 대담한가라고 경탄조로 외치는가 하면, 때로는 그 전체적인 표현이 비할 바 없을 정도로 뛰어나다고 외친다. 이처럼 회화에 대해 서로 다른 평가가 나오는 것은 회화의 개념 자체 속에 들어 있는 것이다. 즉 양쪽의 요소는 모두 똑같은 정도로 발전하거나 통일될 수는 없고 각자 독자적으로 완성되어야 한다는 점이다. 즉 회화는 형상과 공간적인 제한성을 가진 형태들은 물론 색채도 역시 그 표현수단으로 삼으며, 그 특성상 이상적인 조형성을 띠는 것과 현실을 직접 특수화하는 양극단 사이에 서게 된다. 이 때문에 두 가지 종류의 회화가 나타난다. 그 하나는 보편성을 본질로 하는 이상(理想)적 회화이고, 다른 하나는 더 밀접하게 개별화된 가운데 존재하는 개체를 표현하는 회화이다.

α) 이런 점에서 회화는 *첫째*로 조각에서처럼 실체적인 것, 즉 종교적인 신앙의 대상들, 역사적으로 일어난 거대한 사건들, 탁월한 개인들을 대상으로 삼아야 한다. 물론 회화는 이 실체적인 것을 그 주관성의 형식으로 직관화시킨다. 여기에서 중요한 것은 표현된 행위의 위

라파엘(Raphael)의 소묘 초상화 〈시(詩)에 주어지는 신적인 영감〉의 의인화. 라파엘(Raphael)의 소묘를 본떠 19세기에 다시 그린 그림이다

대성과 진지함 그리고 그 속에 표현된 심정의 심오함이다. 그래서 여기서 회화는 그것이 지닌 능력인 온갖 풍부한 예술수단들과 이 수단들을 아주 노련하게 사용하는 능숙함만으로는 아직 그 완전한 권리를 얻지 못한다. 회화 예술 속에서 우세한 저 능란한 손재주가 아직은 비본질적인 것으로서 치부되는 이유는, 바로 표현하고자 하는 내용의 위력과 그 내용의 본질적인 실체성 안으로 침잠하려고 하기 때문이다. 그래서 예를 들어 라파엘(Raphael)이 그린 소묘들은 가히 측정할 수 없을 정도의 높은 가치를 지니며 그 구상 또한 아주 탁월하다. 이처럼 그는 소묘에서도 대가였으며 또 이상적이면서도 매우 생동적이고 개성적인 형상들을 구성하고 효과적으로 채색을 하여 자신의 그림들을 완성시켰다. 하지만 사실 색채효과나 풍경화 따위에서는 네덜란드의 대가들이 그보다 더 탁월하다고 할 수 있다. 이는 초기 이탈리아의 회화 예술을 이끌었던 주요 인물들의 경우에도 마찬가지여서 라파엘은 그들에 비해 표현의 깊이나 힘, 내면성에서는 뒤졌지만 그림 솜

씨, 군상들을 생생하게 배치한 미, 소묘 등에서는 그들을 능가했다.

β) 그러나 거꾸로 이미 우리가 보았듯이, 회화는 이와 같은 주관성의 풍부한 내용성에 침잠하거나 그 무한성에만 전적으로 머물러서는 안 된다. 그것은 그 밖에 단지 첨가물이나 환경 또는 배경을 이루는 특수한 대상들도 독자적으로 자유로이 표현되도록 해야 한다. 이와 같이 아주 깊은 진지함으로부터 외적인 특수성으로 옮겨가면서 회화는 현상의 가장 극단적인 것, 다시 말해 모든 내용이 어떻든 상관없이 예술적으로 가상화(假象化, Scheinenmachen)하는 일만을 주요 관심사로 삼는 데까지 관철해 들어가야 한다. 우리는 하늘이 스쳐 지나가는 모습, 낮 시간의 모습, 숲이 비치고 구름이 드러나 반사하는 것, 파도, 바다, 강, 술잔 속에서 술이 반짝이고 빛나는 것, 눈의 광채, 순간적인 시선이나 웃음 따위가 최고의 회화적인 기법으로 고정되는 것을 본다. 여기에서 회화는 이상(理想)적인 것으로부터 생생한 현실로 옮겨가며, 그 현상하는 것의 효과를, 특히 모든 개별적인 부분들을 자세하게 완성함으로써 성취한다. 그러나 이는 단지 부지런하게 회화작업을 한다고 이루어지는 것이 아니라, 모든 특수성들 자체를 완성시키고 그러면서도 전체를 조화시키고 유연하게 유지해야 한다. 거기에 또 정신적인 근면함에다 위대한 예술성이 따라야 한다. 그것을 통해 현실을 가상화하는 데 성공한 생동성은 마치 이상(理想)보다 더 고차적인 규정성을 띠는 것처럼 보이게 된다. 따라서 내가 이미 앞서 다른 데서 상세히 설명했듯이, 다른 어떤 예술에서도 여기 회화에서처럼 이상(理想)과 자연에 관해 이처럼 논란이 일어난 적이 없다. 물론 사람들은 그처럼 사소한 소재에 온갖 예술수단을 이용하는 것은 낭비라고 비난할지도 모른다. 그러나 회화는 이러한 소재성(素材性)에서 벗

어날 수 없으며, 그런 소재 역시 회화와 같은 예술에 의해서만 다뤄지기에 적합하고 그렇게 가상화하는 데서 무한한 미묘함과 섬세함을 보여주는 것을 보장할 수 있다.

γ) 그러나 회화는 대체로 주관성과 특수성의 원리에 근거하고 있으므로, 이를 예술적으로 다루다보면 이처럼 일반적인 대립상태에만 머물러 있지 않고 좀 더 상세하게 세분화하고 개별화하는 작업으로 넘어간다. 물론 건축술과 조각도 민족적인 차이를 보이며, 특히 조각에서는 화파(畵派)나 개별적인 대가들의 개성도 더 자세히 인식할 수 있다. 그러나 회화에서 이처럼 다양한 표현방식이나 주관성은 그것이 포착할 수 있는 대상들이 사전에 제한되지 않듯이, 마찬가지로 예측할 수 없는 데까지 멀리 확대되어 나아간다. 여기에서는 특히 민족이나 지방, 시대, 개인들의 특수한 정신이 가치를 띠면서 대상의 선택이나 구성하는 정신에만 관계하지 않고, 더 나아가 소묘, 대상들을 무리지어 표현하는 것, 색채효과, 붓놀림, 특정한 색채들을 다루는 일 등과도 관계하며 또 주관적인 매너리즘(die Manier)이나 관습에까지 영향을 미친다.

회화도 역시 내면적이고 특수한 것들에 제한 없이 몰입한다는 규정을 지닌다. 그러므로 그에 대해 어떤 것이 보편적이고 참된 것이라고 말할 수는 없다. 이는 그것에 대해 일반적으로 말할 수 있는 특정한 것이 별로 없는 것과 마찬가지이다. 그럼에도 불구하고 우리는 내가 지금까지 내용과 재료 그리고 예술적으로 다루는 원리에 대해 해명한 것으로만 만족해서는 안 되며, 만약에 광범해 보이는 다양성들로부터 경험적인 것을 제거하려면 몇 가지 결정적으로 드러나는 특수한 측면들을 더 자세히 고찰해야 한다.

2. 회화의 특수한 피규정성

우리는 회화에 대한 좀 더 확고한 특성을 찾고자 여러 관점을 돌아보았고 이를 지금까지 설명했다. 이는 다시금 내용과 질료, 그리고 이 양자를 예술적으로 다루는 일과 관계된다.

첫째, 그 *내용*과 관련해서 우리는 적합한 소재로서 낭만적 예술형식의 내용을 보았다. 그러나 이 풍부한 예술형식에서도 각별히 회화적인 표현과 결부되는 좀 더 특정한 영역에 대해서도 질문해 보아야 한다.

둘째, 우리는 감각적인 질료의 *원리*에 대해서 물론 잘 알고 있다. 그러나 정신의 내면을 드러내기 위해 인간형상과 그 밖의 자연사물들이 현상되어야 한다면, 이제는 평면 위에 색채로 표현할 수 있는 형태들에 대해서 더 자세히 규정해야 한다.

셋째, 마찬가지의 방식으로, 예술적으로 파악해서 표현하는 피규정성에 대해서도 물어볼 수 있다. 이러한 피규정성은 스스로 여러 다른 특성을 띠고 있는 다른 내용의 특성에 일치하고 그럼으로써 회화의 특수한 종류들을 유도해 온다.

a. 낭만적인 내용

나는 이미 앞에서 고대 그리스인들 가운데 탁월한 화가들이 있었다는 것을 상기시켰고, 또 화가의 직업은 먼저 낭만적 예술형식 속에서 활동하면서 얻는 직관과 느낌을 통해서 수행해야 하는 직업이라는 것도 주지시켰다. 그러나 내용면에서 고찰할 때 다름아닌 기독교 회화가 정점을 이룬 시대에, 즉 라파엘(Raffael), 코레조(Correggio), 루벤스

(Rubens) 등이 활약하던 바로 그 시대에 고대 그리스 신화의 대상들이 일부는 그대로, 일부는 영주들의 위대한 행위나 승리 또는 결혼 따위를 장식하고 우화적으로 꾸미는 데 이용하기 위해서 표현되었다. 이러한 상황은 오히려 위의 회화의 특성과는 어긋나는 것처럼 보인다. 그리고 근대에 와서도 그와 비슷한 것이 누차 다시 언급되곤 했다. 그래서 예를 들면 괴테는, 필로스트라투스가(Philostratus)가 폴리그노투스(Polygnotus)의 그림들에 대해 설명한 것을 다시 채택하여 이 주제들을 화가들을 위해서 매우 시적으로 아름답고 신선하고 새롭게 다시 각색했다. 그러나 만약에 고대 그리스 신화나 영웅설화 또는 고대 로마 세계의 장면들에 등장하는 대상들을—프랑스인들은 그들의 회화에서 그런 고대의 대상들에 강한 애착을 보인 시기가 있었지만—고대인들 자신이 지녔던 특별한 의미와 그들의 정신 속에서와 똑같이 이해하고 표현할 것을 제안하고 요구한다면, 일반적으로 그런 과거지사에 다시 생기를 불어넣고 고대의 특수한 대상들을 회화에 다시 적응하는 것이 회화의 원리에 완전히 적합하지는 않다는 반론이 제기될 수 있다. 그러므로 화가는 이런 소재들로부터 고대인들이 만들어낸 것과는 뭔가 아주 다른 것을 만들어 내고, 아주 다른 정신, 다른 느낌과 직관 방식을 주입시켜 그런 내용을 회화의 본래의 사명 내지 목적과 조화를 이루게 해야 한다. 그래서 고대의 소재나 상황들은 대체로 회화가 시종일관 발전시켜 완성해 낸 바로 그것이 아니라, 반대로 이질적인 요소로서 본질적으로 먼저 재작업되어야 하는 것이었다. 그 이유는 내가 이미 수차 시사했듯이, 회화는 특히 조각, 음악, 시문학과는 달리 외적인 형상을 수단으로 해서 표현될 수 있는 것을 포착해야 하기 때문이다. 이는 정신이 자기 안에 집중되는 것으로서 조각에서는 이를 표현하는 일이 불가능했고, 한편 음악은 다시금 내면이 외적인 현상

으로 이행할 수 없으며, 시문학은 구체적인 것을 오직 불완전하게만 직관할 수 있을 뿐이다. 그에 반해서 회화는 양 측면을 여전히 연결시킬 능력이 있고 외적인 것 자체 속에서 충만한 진심을 표현할 수 있으므로, 따라서 영혼이 지닌 풍부하고 심오한 느낌과 또 성격과 성격적인 것이 지닌 깊이 각인된 특수성을 그 본질적인 내용으로 취해야 한다. 즉 회화가 취하는 것은 대체로 진심어린 느낌과 *특수한 것* 속에 깃든 진심(眞心, die Innigkeit)으로서, 이를 표현하는 데는 특정한 사건, 상태, 상황들의 개성적인 특성을 단순히 명시하여 드러내서는 안 되고, 특별한 특수성이 영혼과 용모 자체 속에 깊이 각인되어 뿌리를 내리고 외적인 형상에 의해 온전히 수용된 것으로 보이게 해야 한다.

그러나 대체로 진심을 표현하기 위해서는 원래 이상(理想)적이던 고전적인 독자성과 위대성—그 속에서 개성은 정신적인 본질에 깃든 실체성과 감각적인 육체의 현상이 직접 조화를 이룬 것 속에 머물렀다—은 필요하지 않다. 마찬가지로 심정을 표현하기 위해서 자연적인 쾌활성이나 고대 그리스식으로 즐겁게 향유하고 지복함 속에 침잠하는 일도 필요 없다. 반대로 정신의 참된 깊이와 진심에 속하는 것은 영혼이 그 느낌과 힘, 그 모든 내면적인 삶을 뚫고 들어가 활동하고, 많은 것을 극복하고 고통을 느끼며 영혼의 불안과 고통을 이기고, 그러면서도 이 분리 속에서 자신을 지탱하고 그것으로부터 다시 자기에게로 회귀하는 일이 된다. 고대 그리스의 영웅 헤라클레스에 관한 신화에서도 보면, 물론 많은 고생을 겪은 후에 신들의 서열 속에 들어가 거기에서 지복한 고요를 향유하는 그 영웅에 대한 것이 서술되고 있기는 하다. 그러나 헤라클레스가 수행하는 일들은 단지 외적인 것이며, 그에게 그 보상으로 주어지는 지복함도 단지 고요하게 안거(安居)하는 일이다. 그래서 제우스 신의 왕국이 헤라클레스에 의해서 멸망하리라는 예로부터 전해내려 온 예언을 실현시킨 자는 고대 그리스의 최고의 영웅인 헤라클레스 자신이 아니다. 저 독자적이던 신들의 지배가 종말을 고한 것은 인간이 외적인 용(龍)이나 레르나의 뱀들 대신에 자기 가슴속에 들어 있는 용이나 뱀들을, 즉 주관성의 내면에 들어 있는 완고함과 유연하지 못한 거칠음을 극복하면서부터 시작된 것이었다.

오직 이것을 통해서만 자연적인 쾌활성은 분리라는 부정적(否定的)인 계기를 통과하는 일을 완수한 다음에, 비로소 이를 통해 무한한 만족을 얻는 저 더 차원 높은 정신의 쾌활성이 된다. 즉 쾌활함과 행복에 대한 느낌은 변용(變谷, Verklärung)되어 지복한 것으로 투명해져야 한다. 왜냐하면 행복과 행복에 겨운 상태는 아직도 주체가 외적인 상태와 우연적으로 조화를 이루고 있는 것을 내포하기 때문이다. 그러나 지복함 속에 있으면 직접적으로 존재하는 것과 관계되는 행복은 떨어져 나가고, 전체는 정신의 진심 속으로 옮겨진다. 거기에서 지복함을 얻을 수 있는데, 이는 오직 그 혼자만이 권리를 지니는 만족이다. 그것은 승리의 쾌활성이요, 감각적이고 유한한 것을 자기 안에서 제거해 버리고 난 후 늘 기웃거리는 근심을 떨쳐버린 영혼의 느낌이다. 즉 투쟁과 고통 속으로 휘말리기는 해도 항상 그 고통에 대해 승리를 거두는 영혼은 지복하다.

α) 우리는 이런 내용 속에서 원래 *이상(理想)적인 것*이란 무엇인가라고 묻는다면, 그것은 주관적인 심정이 인간의 모습으로 스스로 현상하여 이 고통의 길을 통과해 갔던 신(神)과 *화해*하는 일이다. 이 실체적인 진심은 오직 종교적인 진심, 즉 자신을 느끼되 자기 안에 집중되고 자기의 세속적인 마음을 끊고 현존성이 지닌 단순한 자연성과 유한성을 넘어서서, 이 초월 속에서 보편적인 진심, 즉 신 안에서 신과 함께 있는 진심과 일치되는 데서만 참으로 만족하는 주체의 평화

로움이다. 영혼은 *자신*을 원하지만 그러나 자신의 개별성 안에 있기 보다는 타자(他者) 속에 있고 싶어 한다. 그래서 영혼은 신 안에서 자신을 발견하고 향유하기 위해서 신에 대해 자신을 포기한다. 이것이 *사랑*의 특성이며 진리 속에 들어 있는 진심, 욕구가 없는 종교적인 사랑으로, 이는 정신에게 화해와 평화, 지복함을 부여한다. 그것은 현실의 살아 있는 사랑을 향유하는 기쁨이 아니라 열정이 없고 편향하지 않는, 오직 영혼적인 편향만이 있는 사랑이며, 그 사랑 속에서 자연적인 측면은 죽음, 사멸(死滅)이 되므로, 인간의 인간에 대한 속세의 끈이자 관계인 실제적인 관계는 스쳐가는 무상한 것으로서 눈앞에 어른거릴 뿐이다. 그 현존하는 모습은 본질적으로 안전한 것이 못되고, 시간성과 유한성의 결함을 자체 안에 지니고 있다. 그 때문에 영혼은 의식이 아무런 동경(憧憬, Sehnsucht)이나 욕구 없이 사랑을 향유하면서 머물 수 있는 피안의 세계로 고양되어 인도된다.

　이와 같은 특성이 영혼에 충만하고 내적이며 고대의 고요한 위대함과 독자성 대신에 등장하는 숭고한 이상(理想)을 이룬다. 물론 고전적인 이상(理想)을 지닌 신들에게서도 그 쾌활한 신들의 형상을 차갑게 보이게 하는 어떤 필연적인 슬픔의 기미나 부정적인 운명의 기미가 빠져있는 것은 아니다. 그러나 그들은 독자적인 신성과 자유, 단순한 위대함과 위력 속에 머물고 있는 것이 확실하다. 하지만 그와 같은 자유는 영혼에 찬 내밀한 사랑의 자유는 아니다. 왜냐하면 그것은 영혼 대(對) 영혼, 정신 대 정신의 관계 속에 놓여 있기 때문이다. 이 진심은 심정 속에 현재하는 지복함, 즉 고통과 극도의 상실 속에서 스스로 위안 받고 무관심하게 느끼며, 또한 고통을 받으면 받을수록 그 속에서 사랑의 느낌과 확실성을 더 깊이 발견하고 고통 속에서 스스로 자신을 극복하는 것을 보여주는 사랑의 빛에 불을 당겨 준다. 그에 반해서 고대인들이 느꼈던 고통(Leiden) 속에서 우리가 보는 것은 저 고요한 슬픔을 암시하는 기미와는 무관한 숭고한 자연 대상들이 보이는 고통스런 표정일 뿐이다. 예를 들어 니오베(Niobe)나 라오콘이 보이는 고통 같은 것이 그것이다. 그들은 탄식하고 절망하기보다는 그 속에서 오히려 자신들의 위대하고 관대한 심정을 보존한다. 그러나 이처럼 자기 자신을 보존한다는 것은 공허하며, 그들이 느끼는 고통도 마치 최후에 보이는 고통인 양 드러난다. 거기에는 화해와 만족 대신에 차가운 체념만이 드러나며, 그 속에서 개인은 스스로 무너지기보다는 자기가 확고히 고수했던 것을 포기하고 만다. 거기에서 그는 자기 속에 있는 것을 억누르지도 않으며, 어떤 분노나 경멸, 불쾌함도 내색하지 않는다. 그러나 여기서 보이는 개성의 숭고함(die Hoheit der Individualität)은 단지 경직되어 자신에 머무는 것, 운명을 이행하지 못하고 견디는 것에 불과하며, 그 속에서 영혼의 고귀함과 고통은 서로 균형을 이루지 못하는 것으로 드러난다. 지복함과 자유를 표현하는 일은 낭만적이고 종교적인 사랑에 와서야 비로소 가능해진다.

　이 같은 일치와 만족은 그 본질상 정신적이면서 구체적이다. 왜냐하면 그것은 타자(他者) 속에서 자신과 일치할 줄 아는 정신의 감정이기 때문이다. 그럼으로써 여기에는 만약 표현된 내용이 완전한 것이 되려면 두 *가지* 측면이 요구된다. 왜냐하면 사랑에는 정신적인 인격의 이중성이 반드시 필요하기 때문이다. 즉 그것은 독자적이면서도 그들의 감정은 서로 일치되는 두 사람에 근거해서 생긴다. 그러나 이 일치 속에는 늘 동시에 *부정(否定)*적인 요소가 연결되어 있다. 다시 말해서 사랑은 비록 주관성에 속하지만 그러나 주체는 바로 스스로 존재하는 이 마음으로서, 사랑하기 위해서는 자신으로부터 떨어져 나오고, 자기를 포기하고 자기의 독특성이 지닌 부서지기 쉬운 연약한 면을 희생시켜야 한다. 이 희생이 바로 오직 희생 속에서 살고 느끼는 사랑 속에서 *감동적인 것이* 된다. 그러므로 만약에 인간이 희생하는 가운데서도 다시 자기 자신을 보존하고 스스로 독자성(Fürsichsein)을 포기하는 데서 바로 긍정적인 독자성(zum affirmativen Fürsichsein)에 도달할 때, 이처럼 하나가 되어 그 최고의 행복을 느끼는 데서 부정적인 요소, 즉 감동이 남게 된다. 이는 희생의 감정이라기보다는 오히려 독자적이고 자기 자신과 하나가 됨을 느끼는 과분한 지복함이다. 개인적인 것을 버려야 했음에도 불구하고 독자적으로 머문다는 변증법적인 모순을 느끼는 것이 바로 감동인 것이다. 이는 사랑 속에 주어져 있으며 그 속에서 영원히 해결되는 모순이다.

이 같은 진심 속에 들어 있는 특수한 *인간적인 주관성*과 관련해서 보면, 그 안에서 지복하고 천국을 누리게 하는 사랑은 시간적인 것이나 인물의 특수한 개성을 초월하며, 그런 성격은 아무래도 상관없는 것이 된다.

이미 주지했듯이 조각에서 신들의 이상(理想)(das Ideal der Götter)은 상호 침투한다. 하지만 그런 이상들은 최초의 직접적인 개성의 내용과 영역으로부터 벗어나지 못하므로, 이 개성은 여전히 중요한 표현 형태가 된다. 그에 반해 저 지복하고 순수한 빛 속에서는 특수성이 포기된다. 신 앞에서 모든 인간들이 동등하거나 또는 경건함이 그 인간들을 진짜로 동등하게 만들므로, 이미 언급했듯이 집중된 사랑만이 표현할 가치가 있는 중요한 사랑이 되며 또 행복이나 이런 저런 개개의 대상이 필요하지 않은 사랑이 된다. 물론 종교적인 사랑도 그것이 존재하기 위해서는 이런 감정 외에도 다른 영역에서 존재하는 특정한 개인들을 필요로 한다. 그러나 여기서는 영혼으로 충만한 진심이 본래 이상(理想)적인 내용이 되므로, 이는 특수하고 다양한 성격과 그 재능에 관계하거나 그 운명 속에서 외적인 실재성을 찾지 않고 오히려 그것을 초월한다. 그러므로 우리 시대에 교육이나 인간 자신이 요구하는 것 안에서 성격이 지닌 주관성의 차이가 중요한 사안으로 고려된다면—물론 거기에서 각자 인간은 각기 달리 취급되고, 또 그들 스스로 다르게 다뤄야 한다는 원칙이 나오지만—이런 사고방식은 그런 다양성을 중요하게 생각하지 않는 종교적인 사랑과는 완전히 대립되는 것이다. 그러나 인물의 개성은 바로 그것이 천국의 정신적인 사랑과는 절대 융합될 수 없는 비본질적인 것이기에 여기에서 더 큰 확실성을 얻는다. 왜냐하면 개성은 낭만적 예술형식의 원리에 맞게 자유로워지면서 성격으로 더욱 각인되어, 직접적인 생동성과 유한한 특수성이 정신적이고 종교적인 내용에 의해 관통되는 것을 최고의 원칙으로 삼지 않는 고전적인 미보다 훨씬 더 두드러지게 나타나기 때문이다. 그럼에도 불구하고 이 특색 있는 것은 곧 스스로에 매이지 않고 자유로우면서 독자적이고 참된 정신적인 이상(理想)이 되는 사랑이 지닌 영혼의 진심을 흐리게 하지는 못한다.

이미 낭만적 예술형식을 고찰할 때 말했듯이, 종교적인 영역에서 이상(理想)적인 중심이자 중요한 내용이 되는 것은 자기 안에서 *화해* 하고 만족하는 사랑이며, 그 대상은 회화에서 단순히 정신적인 피안으로 머물지 않고 사실적이고 현재적인 것이 되어야 한다. 왜냐하면 회화는 비록 정신적인 내용일지라도 그것을 인간적이고 구체적인 현실 속에 있는 것으로 표현해야 하기 때문이다. 이에 따라 우리는 성가족, 특히 성모 마리아의 아기에 대한 사랑이야말로 이 영역에 아주 알맞은 이상(理想)적인 내용이라고 말할 수 있다. 회화는 이와 같은 중심적인 내용으로부터 점점 더 나아가, 비록 회화에 완전히 적합하지는 않더라도 그 소재의 영역은 더 확대된다. 이 내용 전체를 우리는 다음과 같이 나눠볼 수 있다.

    αα) 첫 번째 대상은 단순한 보편성을 띠면서 혼탁하지 않고 자신과 합일을 이루는 사랑이라는 *대상* 자체이다. 그것은 현상하지 않는 본질 속에 있는 신 자신, 즉 *성부*(聖父)이다. 그러나 여기에서 회화는 만약에 신, 즉 기독교의 종교적인 관념이 파악하는 성부를 표현하고자 하면 커다란 어려움을 극복해야 한다. 신들과 인간들의 아버지로서 특수한 개성을 띠고 있던 신은 예술에서 제우스 신의 모습으로 충분히 다루어졌다. 그에 반해 기독교의 성부(聖父)에서는 곧 인간적인 개성이 결핍된다. 그러나 회화는 개성 속에서만 정신적인 것을 재연할 수 있는데, 성부는 그 자체로 보면 물론 정신적인 인격체이고 최고의 위력이자 지혜이지만, 형상이 없으며 또 추상적인 사상(思想)으로 고정된다. 그렇지만 회화는 신인동형(神人同形)의 형상을 표현하는 것을 피할 수는 없으므로 신에게 인간적인 형상을 부여할 수밖에 없다. 회화가 이런 형상을 얼마나 숭고하고 내면적이며 위력있는 모습으로 고정시키든 상관없이, 거기에는 성부에 대한 상상과 완전히 일치하지는 못하고 단지 인간적이고 다소 진지함을 띤 개인의 모습으로 표현될 뿐이다. 예를 들어 예전의 네덜란드인들 가운데 반아이크(Van Eyck)[1]가 겐트(Ghent)의 제단화[2]에 그린 성부의 모습은 이 회화 영역에서 도

---

[1] 얀 반아이크(Jan van Eyck, 1390~1441) 후기 중세의 네덜란드의 플랑드르 화파의 화가로서, 고대 네덜란드 회화에서 가장 유명한 거장으로 꼽힌다. 그는 특히 뛰어는 회화기법을 지니고 있었고, 대상들을 자연주의(Naturalismus)적인 감각으로 매우 세밀하게 그렸기 때문에 심지어 화가들의 왕으로 불리기도 하였다. 그에 대해서 헤겔은 본 《미학강의》에서 자주 언급하고 있다. 그의 형인 후베르트 반아이크(Hubert van Eyck, 1370~1426)도 역시 화가로서 네덜란드의 플랑드르 화파의 기초를 닦고 유화의 기법을 동생과 함께 개량해내었다.
[2] 열두 부분으로 된 이 제단화(祭壇畵)는 벨기에 북서부에 있는 도시 겐트(Ghent)

반아이크가 그린 겐트(Ghent)의 제단화. 그 중심에 그려진 성부(聖父)이자 예수 그리스도의 모습이다

달할 수 있는 가장 탁월한 모습으로 그려진 것이었다. 그것은 올림포스 산에 있는 제우스 신의 모습에 견줄 만한 그런 모습이다. 그러나 그 그림이 아무리 영원한 고요함, 숭고함, 위력, 위엄 따위의 표정을 완전하게 묘사했더라도, —그리고 그 그림은 구성에서나 솜씨에서나 어떤 다른 그림보다도 심오하고 위대하지만—거기에는 우리 생각에 여전히 뭔가 만족스럽지 못한 것이 남아 있다. 그 이유는 성부로 표현된 것은 동시에 인간적인 개인, 즉 아들인 그리스도이기 때문이다. 그 속에서 우리는 비로소 개성과 인간존재라는 요소가 신적인 요소로 바뀐 것을 보는데, 그것도 고대 그리스의 신들(griechische Götter)처럼

의 성요한 성당에 있는데, 후베르트 반아이크의 구상에 의해 착수되고, 그의 사후인 1432년에 아우인 얀 반아이크의 손에 의하여 완성되었다. 이 제단화는 얀 반아이크의 대작으로 간주된다.

아무런 거리낌 없이 상상된 형상으로서가 아니라 본질적인 요소로, 즉 중요한 사안이자 중요한 의미로 드러난 것으로 보게 된다.

ββ) 그러므로 회화가 표현하는 더 본질적인 대상은 그리스도가 될 것이다. 다시 말해 회화예술은 이 대상과 더불어 곧 인간적인 것 속으로 옮겨가며, 이 인간적인 것은 여기에서 그리스도 외에 마리아, 요셉, 요한, 그의 제자 등을 묘사하는 또 다른 영역으로 확대된다. 그리하여 마침내는 구세주를 따르기도 하고, 그가 십자가형을 받을 것을 요구하거나 그가 고통 받는 것을 조롱하는 민중들까지도 함께 묘사하게 된다.

그러나 여기에서 만약에 그리스도의 모습을 흉상이든 초상화든 그 보편성을 띤 모습으로 포착해서 표현하려고 하면, 이미 언급한 것과 같은 어려움이 또다시 생긴다. 나는 예를 들어 내가 본 카라치(Carraci)[3]가 그린 그리스도의 두상(頭像)이나 특히 전에는 솔리(Solly)[4]의 소장이었다가 지금은 베를린 박물관에 있는 반아이크가 그린 그리스도 두상, 멤링(Memling)의 작품으로 전에는 보아세레(Boisseree) 형제[5]가 소장했다가 지금은 뮌헨에 있는 두상들은 적어도 나에게는 그런 만족을 주지 못했다고 고백하지 않을 수 없다. 반아이크의 작품은 물론 그 형태와 이마, 색채, 그 전체 구상이 아주 대단

---

3) 카라치(A.Carraci, 1560~1609). 이탈리아의 화가. 그의 가족도 모두가 화가들이었다.
4) 영국의 그림 거래업자로서 14세기와 15세기 이탈리아의 훌륭한 그림들을 주로 많이 소장했다. 그 그림들은 1821년 프러시아의 프리드리히 3세에게 팔려 1830년 베를린 미술관이 개장되었을 때 그리로 옮겨졌다.
5) 이들 형제의 이름은 각각 멜크와르(Melchoir,1786~1851)와 술피즈(Sulpiz, 1783~1854)로 그들은 하이델베르크에서 그림들의 콜렉션을 개장했는데, 이 그림들은 1827년에 남독일의 바이에른(Bayern) 왕국의 왕이 소장하게 되었다.

카라치(Carracci)가 그린 〈주여, 어디로 가시나이까(Domine, Quo Vadis)〉. 길 위에서 만난 예수 그리스도와 사도 베드로의 모습을 상상해 그린 것이다

하지만, 입과 눈은 초인간적인 것을 표현해내지 못하고 있다. 그것이 주는 인상은 오히려 경직된 진지함으로서, 이는 전형적인 형태, 머리의 가르마 따위에 의해 더 가중되고 있다. 그러나 반대로 그런 두상의 표정이나 형태가 개별적인 인간적인 모습과는 반대되게 더 온유하고 부드러운 모습으로 그려진다면 그것은 쉽게 그 깊은 효과와 위력을 잃고 말 것이다. 그러나 내가 이미 전에 언급했듯이 그 두상들은 고대 그리스적인 형태미에는 가장 적합하지 않다.

그러므로 더 적합한 방식으로 그리스도는 그가 실제로 살았던 상황들 속에 있는 모습으로 회화의 대상이 될 수 있다. 그러나 이와 관련해서 한 가지 본질적인 차이를 간과할 수 없다. 다시 말해 그리스도의 생애에 관한 이야기 속에서는 물론 한편으로 신이 지니고 있던 인간적인 주관성이 주요한 요소가 되기는 하다. 즉 그리스도는 신들 가운데 한 명이지만, 실제 인간이 되어 인간세계에 실제로 존재하는 인간들 중의 한 명이 되어 돌아온 것이다. 그러므로 그는 그런 현상 방식에 의해서 정신적인 내면이 표현되도록 묘사될 수 있다. 그러나 다른 한편으로 그는 개별적인 인간일 뿐만 아니라 전적으로 신이기도 하다. 인간적인 주관성을 지니고 있는 가운데서도 신성이 드러나야 하는 상황이므로 회화는 새로운 난관에 부딪힌다. 즉 심오한 내용이 우세해지기 시작하는 것이다. 왜냐하면 예를 들어, 그리스도가 가르침을 전하는 대부분의 경우에 예술은 그를 마치 피타고라스(Pythagoras, 고대 그리스의 수학자이자 철학자 — 역자주)나 그 밖에 라파엘이 그린 〈아테네 학당〉에 나오는 다른 현인(賢人)들 가운데 한 명처럼 고귀하고 위엄 있고 지혜로운 남자로 묘사하는 것 외에 달리 더 나아갈 수는 없을 것이기 때문이다. 그러므로 회화가 취할 수 있는 탁월한 보조방법은 그리스도의 신성을 주로 그의 주변과 비교해서, 특히 인간 속에 깃든 죄악, 후회, 참회, 비천하고 나쁜 것과 대조적으로 드러나도록 그리는 것이다. 아니면 거꾸로 그런 인간들의 기도를 통해 현상하고 존재하는 그리스도를 직접적인 현존성에서 벗어나게 함으로써 그가 정신적인 천국으로 들어 올려진 것을 우리에게 보이고, 동시에 그가 단지 신으로서만이 아니라 일상적이고 자연적이며 비이상적(非理想的)인 형상으로도 나타나며 또 정신으로서 본질적으로 인류 안에, 즉 믿음의 공동체 속에 존재하고 그 공동체 안에서 자신을 반사시켜 자기의 신성을 드러낸다는 것을 보여주는 것이다. 그러나 우리는 이 같은 정신적인 반사(diesen geistigen Reflex)를 마치 신이 단지 어떤 우연성이나 외적인 형상 내지는 표현방식 속에 존재하듯이 인류 안에 있는 것으로 받아들여서는 안 되고, 그 정신적인 현존성을 신의 본질적인 정신적인 존재로 간주해야 한다. 그와 같은 표현방식은 특히 그리스도가 남자이자 스승으로서, 그리고 부활한 자 또는 변용(變容)되어 천국으로 올라가면서 우리 눈앞에 나타나는 모습으로 등장해야 한다. 그런 상황 속에서는 회화가 이용하는 수단인 인간형상, 그 색채, 안색, 시선은 그리스도 안에 들어 있는 절대적인 것을 표현하지만 그 자체로 충분하지는 않다. 또 여기에서 가장 도달하기 어려운 것은 고대 그리스적인 형태미이다. 특히 그리스도의 부활, 변용, 승천은 그리스도의 생애에서 그가 십자가형을 받고 사망한 후 곧 이 개별적인 인간이 지닌 직접적인 현존성에서 벗어나 다시 성부에게로 돌아가는 과정에서 보이는 모든 장면들이 대체로 그러하듯이, 그리스도 자신 속에서 더 숭고하고 신성한 표정으로 나타나기를 요구한다. 그러나 회화는 이러한 표정을 완벽하게 표현해내기가 어렵다. 왜냐하면 여기에서 회화는 그것이 표현하는 본래의 방식, 즉 그리스도의 외형에서 인간적인 주관성을 지우고 이를 더 순수한 빛 속에서 더욱 투명하게 빛나는 모습으로 변용시켜야 하기 때문이다.

그러므로 이런 목적에 더 적합한 장점이 될 수 있는 것은, 그리스도 생애의 이야기 가운데서 그 자신이 정신적으로 아직 완성되지 않았거나 또는 그의 신성이 방해와 박해를 받고 그런 부정적인 계기 속에서 나타날 때이다. 바로 그리스도의 유년시절과 수난사가 그런 경우이다.

그리스도가 *어린아이*라고 하는 것은 한편으로 종교 안에 들어 있는 그 의미를 분명하게 표현한다. 즉 그는 신이면서 인간이 되고 따라서 인간이 자연적으로 성장하는 과정을 거친다. 다른 한편으로 그가 아이로서 소개되는 데는 또 그를 그 자신으로 머물게 하는 모든 것이 아직은 명확히 드러나기에는 사실 불가능하다는 점이 들어 있다. 여기에서 회화는 바로 그 아이의 순진무구한 모습 속에서 정신의 숭고하고 고양된 것을 드러내어 빛나게 할 수 있다는 헤아릴 수 없이 많은 장점을 지닌다. 그러한 숭고함은 한편으로는 바로 그처럼 대조시킴으로써 더욱 위력을 띠며, 다른 한편으로 그런 순진무구함은 바로 아이에게 속하는 속성이므로 그 심오함과 탁월함은 성인남자이자 교사, 세계의 심판관이 된 그리스도 안에 들어 있는 것보다는 훨씬 더 못 미치도록 묘사할 필요가 있다. 그래서 라파엘이 그린 아기예수상들, 그 중에서도 특히 드레스덴(Dresden, 독일 동부의 도시—역자 주)에 소장되어 있는 〈시스티나의 마돈나상〉에 나오는 아기예수에서는 아이다움이 아주 아름답게 표현된다. 그런데도 그 표정 속에는 단순한 아이의 순진무구함을 초월하는 것, 즉 그 아이라는 베일 속에 현재하고 있는 신성(神性)을 엿볼 수 있다. 거기에서는 이 신성이 또한 무한한 계시로서의 신성으로 확대되는 것을 예감할 수 있으면서도, 동시에 그 아이스러움 속에 그런 신의 계시가 아직은 완성되지 않은 것으로 들어있을 수밖에 없는 정당성도 내포되어 있음을 엿볼 수 있다. 반대로 반아이크가 그린 마돈나상들에서는 아이들의 상이 매번 아주 성공적이지 못한 형태로 그려져 있으며, 거기에서 아이의 모습은 경직되거나 결함 있는 형태로 재현된다. 사람들은 그 모습에서 뭔가 의도적이고 우화적인 것을 보려고 한다. 즉 사람들은 그 아이들 모습이 아름답지 않은 이유는, 경배 대상이 아기 예수의 아름다움이 아니라 그리스도로서 그리스도 자신이 경배대상이기 때문이라고 이유를 붙이려고 한다. 그러나 예술에서는 그런 식으로 작품을 감상하는 것은 금물이다. 게다가 라파엘이 그린 아기예수상들은 이런 점에서 예술작품으로서 반아이크의 작품보다 훨씬 숭고한 위치에 있음을 보여준다.

라파엘 作 〈시스티나의 마돈나〉. 후에 독일 작센왕국의 아우구스투스가 드레스덴으로 사들였다. 헤겔은 이 작품을 낭만주의 회화의 거작으로 꼽고 있다

    그리스도의 수난사를 묘사하는 일도 역시 회화의 목적에 적합하다. 즉 그가 경멸을 받고 가시관을 쓰고 십자가의 행렬에서 '*이 사람을 보라(Ecce Homo)*'라는 푯말을 붙인 채 손가락질을 받고, 십자가에 매달리고, 십자가에서 내려져 무덤 속에 안치되는 장면 등이 그것이다. 왜냐하면 여기에서 신성은 곧 그 승리의 반대편에 서 있는 것,

즉 그 신성의 무한한 위력과 지혜가 억압받는 것 자체가 바로 회화의 내용이 되기 때문이다. 예술은 대체로 이것을 표현해 내보일 능력이 있을 뿐만 아니라, 그 독창적인 구상 역시 내용을 표현하는 데 너무 환상적인 것으로만 빠지지 않고 표현할 수 있는 커다란 여지를 지닌다. 여기에서 *신은* 그가 인간이고 또 이처럼 인간이라는 특수한 제약 속에 있기 때문에 고통을 겪는다. 그래서 그의 고통은 단지 인간적인 운명에 대한 인간의 고통으로서만 나타날 뿐 아니라, 또 무한한 부정(否定)에서 나오는 엄청난 고통의 느낌이기도 하다. 그러나 그것은 인간의 형상 속에서 주관적으로 느끼는 고통이다. 그는 고통을 받는 신이기 때문에 그의 고통은 절망이나 왜곡된 흉한 모습이 되지 않고 완화되고 감소되는 모습으로 다시 나타난다. 이와 같은 *영혼의 고통(Seelenleiden)*을 표현하는 일을 특히 많은 이탈리아 화가들은 독창적으로 창조하여 그려냈다. 그리스도의 얼굴 아랫부분에 나타나는 고통은 라오콘상에서 나타나는 고통처럼 근육이 일그러지고 외침을 암시하는 모습이 아니라, 단지 진지한 모습으로 드러날 뿐이다. 그러나 그리스도의 눈과 이마에는 *영혼의 고통* 때문에 일어나는 파도와 폭풍이 나타나고 있으며, 이는 곧 다른 부분으로 퍼져 나간다. 내면에서 겪는 고통이 곧 땀방울이 되어 이마 위로 떨어지고 있으며, 거기에서 고정된 골격은 결정적인 요소를 이룬다. 그리고 내면의 생각, 정신적인 본질이 집중되고 이 측면이 돌출되는 코와 눈 이마가 서로 합쳐진 바로 그 점에서는 더 이상 크게 일그러질 힘도 없어서, 다만 이 고통을 참고 동시에 이를 무한히 집중시키는 피부와 근육만이 약간 드러날 뿐이다. 특히 나는 슐라이스하임의 미술관에 있는 그리스도의 두상(頭像)[6] 그림이 생각난다. 그 그림을 그린 대가는—나는 그 화가가 귀도 레니(Guido Reni)라고 믿는데—그와 비슷하게 표현한 다른 그림들에

귀도 레니(Guido Reni)가 그린 〈가시면류관을 쓴 그리스도〉(1622~1623년 作). 현재 온타리오(Ontario) 미술관에 소장되어 있다

서도 마치 인간의 피부색에 속하지 않는 듯한 아주 다른 독특한 색채 효과를 고안해 냈다.

그것들은 정신의 암흑을 벗겨내는 것이어야 하므로 따라서 여기에는 바로 신의 본성을 지닌 구릿빛 나는 진지한 이마 위에 그런 정신의 폭풍, 정신의 어두운 구름과 아주 탁월하게 일치하는 색채가 부여되었다.

그러나 나는 가장 완전한 대상으로 스스로 만족하는 사랑을 언급하였다. 그 대상은 단순히 정신적인 피안이 아니라 현재하는 것이므로, 우리는 바로 그 사랑을 우리 눈앞에 볼 수 있다. 이런 사랑으로서 가장 숭고하고 독특한 형태는 그리스도에 대한 어머니 마리아의 사랑, 즉 세상의 구세주를 낳고 그를 품에 안고 있는 한 어머니의 사랑이다.

---

6) 슐라이스하임의 미술관은 독일의 뮌헨 북쪽에 있는 아름다운 궁성이며, 귀도 레니(Guido Reni, 1575~1642)는 이탈리아의 화가로서 특히 로마의 바티칸 궁에서 교황 바오로 5세를 위해서 그림을 많이 그렸다.

이것이야말로 일반적으로 기독교 예술에서, 그것도 특히 종교적인 영역에서 회화를 탁월하게 만든 가장 아름다운 내용이었다.

신에 대한 사랑, 더 자세히 말하자면 신의 우편(右便)에 앉아 있는 그리스도에 대한 사랑은 순수하게 정신적인 성질을 띤 것이다. 그 대상은 단지 영혼의 눈에만 보이므로, 그것은 여기에서 사랑에 속하면서도 동시에 또 사랑하는 사람들을 처음부터 자연적으로 확고히 묶는 사슬과 같은 본래의 이중성은 나타나지 않는다. 거꾸로 다른 모든 사랑들은 한편으로 다른 사람을 끌어당긴다는 점에서 우연적이고, 다른 한편으로 사랑하는 사람들, 예를 들어 형제들의 사랑이나 아버지가 자녀에게 보이는 사랑은 그러한 사랑의 관계 밖에서도 그들에게 본질적으로 요구하는 다른 규정들을 지닌다. 즉 아버지나 형제는 세상과 국가, 직업, 전쟁, 간단히 말해 일반적인 목적들에도 관심을 돌려야 하며, 여자 형제는 아내 또는 어머니가 되어야 한다. 반면에 모성애에서 드러나는 아이에 대한 사랑은 어떤 우연적인 것이나 단순히 단독적인 요소가 아니다. 그것이야말로 이 지상에서 최고의 규정을 지닌 것이며, 그 속에서 그것이 지닌 자연적인 특성과 가장 성스러운 소명은 직접적으로 일치한다. 그러나 그 밖의 다른 모성애에서 이를테면 어머니가 아이 속에서 남편이자 동시에 그와 가장 내밀하게 일치하는 것을 직관하고 느낄 수 있다면, 마리아와 아기예수의 관계에서는 이러한 측면마저도 사라진다. 왜냐하면 그녀가 갖는 감정은 한 남자와 결혼해서 얻는 감정과는 아무 상관이 없기 때문이다. 반대로 남편 요셉에 대한 그녀의 관계는 오히려 자매 같은 성질을 지니고 있으며, 요셉 쪽에서는 신의 아이이자 마리아의 아이인 그 아기예수에 대해 비밀스런 경외심 같은 것을 지니고 있다. 그래서 정말 가장 완전하고 내밀한 인간적인 형태 안에 존재하는 이 종교적인 사랑은, 고통받거나 부활했거나 자기 친구들 사이에 머무는 그리스도 안에서가 아니라 바로 마리아 안에서 직관된다. 그녀의 온 심정과 존재는 대체로 그녀가 자기 아이라고 부르는 그 아이에 대한 인간적인 사랑이면서도, 동시에 신에 대한 경배, 기도, 사랑이기도 하며 그녀는 그것과 자신이 하나가 됨을 느낀다. 그녀는 신 앞에서 겸허하며, 모든 다른 처녀들 가운데서도 가장 축복 받은 바로 그 한 여성이 된다는 무한한 느낌을 갖는다. 그녀는 스스로 독자적으로 있는 것이 아니라 그녀의 아이, 즉 신 안에서 비로소 완전해진다. 또 그녀는 그 아이 안에서—마구간에서든 천국의 여왕이 되어서든—만족하고 지복하게 되며, 열정이나 동경, 그 밖의 욕구나 다른 목적 또는 목적에 따르는 어떤 것도 지니지 않는다.

 종교적인 내용면에서 볼 때 이런 사랑을 표현하는 일에는 폭넓은 일련의 사건들이 연결된다. 예를 들어 천사가 성모 마리아에게 강림하여 계시하는 일, 예수의 탄생, 이집트에서의 탈출 등이 여기에 속한다. 여기에다 또 나중에 그리스도의 생애에서 그리스도를 따르는 제자들과 여자들과의 관계가 이야기로 덧붙여진다. 그들 안에서 신에 대한 사랑은 다소 살아 있고 현재 실재하는 인간으로서 그들 사이를 걸어다니는 구세주에 대한 개인적인 사랑과 관련지어진다. 그리스도 탄생시의 장면이나 다른 많은 장면들에서 그리스도에게 아주 진지하게 경배하거나 무구한 기쁜 모습으로 날아 내려오는 천사들의 사랑도 마찬가지이다. 특히 회화는 이 모든 것 속에서 사랑의 평화로움과 충만한 만족을 표현해낸다.

 그러나 이러한 평화도 역시 가장 내면적인 고통으로 옮겨간다. 마리아는 그리스도가 십자가를 지고 십자가 위에서 고통을 받다 죽고 거기에서 내려져 무덤에 묻히는 것을 본다. 모든 고통들 가운데 어떤 것도 그녀의 고통만큼 크지는 못하다. 그러나 그런 고통 속에서도 고통 그 자체와 상실에서 오는 경직성, 필연성을 감당하고 운명의 부당함에 대해 한탄하는 것은 본래의 내용이 되지 못한다. 여기서는 특히 니오베의 고통7)과 비교되는 특징이 있다. 니오베 역시 그녀의 아이들 모두를 잃었으면서도 순수한 숭고함과 위축되지 않은 아름다운 모습을 띠고 서 있다. 여기에서 얻어지는 내용은 이 불행한 여자가 존재하고 있다는 점, 즉 자연 대상으로 변한 그녀가 지니고 있는 아름다움으로서, 이는 그녀의 존재의 실재성 전체를 이룬다. 즉 그녀의 실제 개성은 그녀 자신의 아름다운 미모 속에 머물러 있다. 그러나 그녀의 내면, 그녀의 마음은 그녀의 사랑과 영혼이 지니고 있던 모든 내용을 상실하고 말았다. 그녀의 개성과 아름다움은 단지 돌처럼 굳어진 것일 뿐이다. 그러나 마리아의 고통은 전혀 다른 성질의 것이다. 그녀는 자신의 영혼 한가운데로 파고들어 오는 예리한 단도를 느끼며, 그녀의 심장은 부서지지만 그래도 그녀는 돌처럼 굳어지지 않는다. 그녀는 사랑을 *지니고* 있었을 뿐만 아니라 그녀의 내면 전체가 사랑이며, 자유롭고 구체적인 깊은 영혼성이어서 그녀가 상실한 사랑의 절대적인 내용을 보존하고 있다. 그래서 그녀는 가장 사랑하는 사람을 잃고도 사랑의 평화 속에 머문다. 그녀의 마음은 부서져 버렸지만 그 마음이 갖고 있는 실체적인 것, 즉 그녀의 심정이 지니고 있는 내용은 그녀의 영혼의 고통을 통해 상실되지 않는 생생함으로 빛

---

7) 니오베(Niobe)에 대해 좀 더 설명하자면, 그녀는 고대 그리스 신화에 나오는 인물이다. 그녀는 리디아의 왕 탄탈로스의 딸로 테베의 암피온과 결혼하여 여섯 명의 아들과 여섯 명의 딸을 낳았다. 그러나 테베에서 여신 레토를 기리던 축제일에 니오베는 이 여신을 모독하게 된다. 화가 난 여신 레토는 자기 자녀인 아폴로 신과 아르테미스 여신에게 복수하라고 명령한다. 그들은 활을 쏘아 니오베의 자녀를 모두 죽이고 만다. 니오베는 너무 고통을 참지 못하고 비통해 하자 그녀에게 연민을 느낀 신들은 그녀를 대리석으로 변하게 했다.

나면서 뭔가 무한하고 더 숭고한 것이 되고 있다. 이는 바로 육신(肉身)에서 이상(理想)적인 현존성이 사라지고 나면, 비록 죽지는 않지만 돌처럼 되고 마는 추상적인 실체에 맞서는 영혼이 지니고 있는 생동적인 미(美)이다.

끝으로 마리아와 관련되는 회화의 대상으로 마지막으로 꼽을 수 있는 것은 그녀의 죽음과 승천이다. 마리아는 죽으면서도 그녀가 지녔던 젊음의 매력을 다시 얻는데, 특히 이를 화가 스코렐[8]은 아름답게 묘사했다. 이 대가는 여기에서 그 성처녀가 마치 몽유병자처럼 걷거나 죽음 자체로서 현존하면서도 견고하고 외적으로 장님이 된 모습을 부여하고 있는데 그럼에도 정신이 그녀의 모습을 통해 들어와 비치고 다른 식으로 가장 지복한 형태로 드러나도록 묘사했다.

γγ) 셋째로, 신이 이렇게 실제로 현존하고 그의 생애에서 고통을 거쳐 변용되는 영역에 등장하는 것은 바로 *인간성(人間性)*, 즉 신을 또는 더 특수하게 그 신의 이야기 속에 나오는 행위들을 그의 사랑의 대상으로 삼아 어떤 유한한 내용이 아닌 절대적인 것과 관계하는 *주관적인 의식(意識)*이다. 여기에도 역시 세 가지 측면이 강조되어 나타날 수 있는데 그것은 내적으로나 외적으로 인간에게서 나타나는 신의 고난의 역사를 되풀이하는 조용한 *기도*, 그리고 *참회와 개종*이며, 또 셋째로는 내적인 *변용과 정화*되는 데서 느끼는 지복함이다.

첫째로, 기도 자체에 관해서 보면 그것은 주로 *예배*를 위한 내용을 제공한다. 이 상황은 한편으로 겸허함, 자신을 몰두하는 것, 다른 것 안에서 평화를 찾는 것이며 다른 한편으로 *애원하는* 것이 아니라

---

8) 스코렐(Jan van Scorel, 1495~1562). 네덜란드의 화가. 주로 종교적인 그림을 많이 그렸다.

기도하는 것이다. 기도도 애원하는 것이 될 수 있으므로 애원과 기도는 물론 밀접하게 유사한 점이 있다. 그러나 원래 애원하는 것은 *자기 자신을 위해서 뭔가를 원하는 것이다.* 그것은 뭔가 내게 중요한 것을 소유하고 있는 자에게 내가 애원함으로써 그것을 달라고 사정하는 것으로, 나에 대한 그의 마음을 약하게 만들고 나에 대해 그의 사랑을 일으키고 또 그의 감정이 나와 일치하도록 일깨우는 것이다. 그러나 내가 그에게 애원함으로써 느끼는 것은 뭔가를 요구함으로써 다른 사람은 그것을 잃고 내가 그것을 얻고자 하는 것이다. 즉 다른 사람이 나를 사랑하게 함으로써 나는 자기애(自己愛)를 충족하고 나의 이해관계에 따라 나의 안락함을 촉진시켜야 한다. 반대로 나는 거기에 나한테 애원을 받은 사람이 나에게 같은 것을 요구할 경우, 그것을 주겠다고 승낙하는 외에 더 이상 다른 것은 줄 것이 없다. 그러나 기도하는 것은 그런 성질의 것이 아니다. 그것은 마음이 절대적으로 사랑하는 것이며, 자신을 위해서는 아무것도 갖지 않는 절대자에게 들어 올려지는 것이다. 여기에서 기도 자체는 보장이 되며 애원 자체는 지복함이 된다. 왜냐하면 기도 역시 뭔가 특별한 것을 위해서 애원하는 것을 내포할지 몰라도, 이 특별한 것은 원래 표현되어야 할 그런 것이 아니기 때문이다. 여기에서 본질적인 것은 일반적으로 고양된다는 것에 대한 확신이지 이 특별한 것과 관련된 고양 자체는 아니며, 그러나 신이 나에게 가장 좋은 것을 주리라는 절대적인 믿음이다. 이런 점에서 역시 기도 자체는 영원한 사랑에 대한 만족이자 향유(享有)이고 분명한 느낌이자 의식이며, 이는 단지 변용(變容)의 빛으로 형상과 상황을 통해서 비치지 않고 그 자체가 상황이 되어 존재하는 것으로 표현되어야 한다. 이와 같이 기도하는 모습은 예를 들어 라파엘이 식스토(Sixtus) 교황의 이름을 따서 그린

그림9)에서도 나타난다. 즉 식스토 교황이 서 있고 그의 곁에 성 바바라(St. Barbara)가 서 있으며, 또한 수많은 사도들과 성자들이 경건하게 기도를 드리고 있고, 성 프란치스코는 십자가 밑에 서 있는 모습으로 나타나 있다. 거기에는 그리스도가 겪는 고통이나 사도들이 두려워하고 의심하고 절망하는 대신에, 신에 대한 사랑과 경배, 그 신 안에 침잠하는 기도가 내용으로 선정되어 있다. 여기에서 기도 드리는 인물들은 특히 기독교 종교회화의 초기에는 대개 살아 있는 동안 고통을 겪었던 나이든 얼굴들로서, 초상화적인 모습으로 그려져 기도하는 영혼들의 모습으로 나타나 있다. 기도하는 이들은 그 순간에 그들이 열중해 있는 성직자들일 뿐 아니라, 그들 자신이 전(全) 생애에 걸쳐 생각하고 욕구하고 의지하는 것 자체가 곧 기도하는 일이다. 그들의 표정은 아무리 초상화적으로 묘사되어 있어도 사랑의 확신과 평화로움을 담고 있다. 그러나 예전의 독일이나 네덜란드 대가들이 그린 그림들을 보면, 기도하는 모습이 또 다르다. 예를 들어 쾰른 대성당에 있는 그림의 주제는 기도하는 왕들과 쾰른의 후원자들인데, 반아이크의 화파에서도 이런 대상들이 그림 주제로 대단히 선호되었다. 여기에서 기도하는 사람들은 종종 유명한 인물들이나 영주들로서, 예를 들어 반아이크의 작품으로 알려져 있고 보아세레 형제가 소장했던, 유명한 기도하는 그림에서는 필립 폰 부르군트 왕과 용감한 카를 대왕 두 사람이 그려져 있음을 알아 볼 수 있다. 이들의 모습을 보면 물론 그들이 기도하는 외에도 다른

---

9) 앞서의 본문에서도 한 번 언급된 바 있는 이 그림은 '시스티나의 마돈나'라고 불리는데 그 이유는 이 그림이 이탈리아의 피아첸차(Piacenza)에 있는 산 시스토 성당에서 나온 것이기 때문이다. 이 교회는 원래 성 식스토(St. Sixtus)를 위해 봉헌된 것인데 그는 후에 교황 식스토 3세가 되었다.

일에 열중하고 있으며, 그 그림을 볼 때 그들은 일요일이나 아침 일찍 미사에 나가기는 하지만, 주중의 다른 날에는 다른 사업에 열중하는 사람들이라는 것을 짐작케 한다. 특히 네덜란드나 독일회화에서는 그림을 위탁한 사람들은 경건한 기사(騎士)나 신을 경외하는 가정주부들로서 자기 아들딸들과 함께 있는 모습으로 그려져 있다. 그들은 이리저리 분주히 오가고 또 외적이고 세속적인 일에 열심인 성서 속의 마르타(Martha)와 비슷하지만, 최선의 것을 선택한 마리아의 모습과 비슷하지는 않다. 그들의 경건함에는 물론 영혼의 깊이나 심정이 결핍되어 있지는 않다. 그러나 그것은 그들의 본성 전체를 이루는 사랑의 노래, 즉 구원을 보장받은 데 대한 감사의 기도이자 고양됨, 그리고 밤꾀꼬리처럼 자기의 유일한 삶이 되는 그런 노래는 아니다.

그런 그림들에서 일반적으로 성자들이나 기도하는 자들 그리고 경건한 기독교 공동체의 회원들이 그들이 실제 존재하는 모습에서 다른 차이를 보인다면, 특히 이탈리아 그림들에서 나타나는 기도하는 사람들의 모습은 그 경건한 표정에서 외면과 내면이 완전히 일치하고 있다는 점을 지적할 수 있다. 영혼에 가득 찬 심정 역시 특히 얼굴에서 영혼으로 충만된 형태로 나타나는데, 얼굴은 심정의 느낌과 어긋나거나 그것과 다른 것은 표현하지 않기 때문이다. 그러나 이러한 일치가 실제 현실에서는 매번 주어지는 것이 아니다. 예를 들어 특히 아이가 울기 시작하면 종종—그 아기가 겪는 고통이 눈물을 흘릴 만한 정도는 아니라는 것을 우리는 알고 있으므로—그 아이의 찡그린 얼굴을 보고 도리어 웃게 된다. 마찬가지로 나이든 사람들은 웃으려고 하면 그들의 얼굴이 일그러지는데, 그 이유는 그들의 얼굴 모습이 자연적이고 무리하지 않는 웃음이나 다정한 미소에 맞추기에는 너무 굳고

차갑게 변해있기 때문이다. 회화는 그처럼 경건함을 드러내는 느낌과 감각적인 형태 사이에 서로 어울리지 않는 것은 피하고, 가능하면 내면과 외면의 조화를 표면에 드러내야 한다. 이를 이탈리아 화가들은 완벽하게 해냈으며 좀 더 초상화 방식으로 그린 독일과 네덜란드의 화가들은 이 점에서는 덜 완벽하였다.

  나는 이 영혼의 기도가 성서의 시편(詩扁, die Psalmen)이나 많은 루터교의 송가들이 담고 있듯이, 외적으로 궁핍한 불안한 외침이나 영혼의 고난이 되어서는 안 된다는 점을 덧붙여 언급하고 싶다—예를 들어 "주여, 사슴이 시냇물을 찾고자 갈구하듯이 내 영혼이 주를 찾아 갈구하나이다"(《구약성서》 '시편' 42장 2절)처럼 되어서는 안 되며, 수녀들이 느끼는 것처럼 그렇게 감미롭지는 못하더라도 영혼이 융합되어 몰두하고 여기에서 느끼는 향유, 만족감, 성취감이 나타나야 한다. 그 이유는 궁핍한 믿음이나 심정에 의해 불안하게 위축된 것, 싸우고 분열된 상태에 있는 의심과 절망과 같은 병적인 경건함은 그 자체가 아직 죄악에 머물러 있거나, 아니면 참으로 참회했는지 또는 은총을 얻었는지조차 모르기 때문이다. 그렇게 몰두하는 가운데서 주체는 아직 자신을 포기하지 못하고 이를 바로 자신의 불안으로 드러내므로 낭만적인 이상미(理想美)에는 속하지 못한다.

  오히려 기도하는 자의 눈은 갈구하는 듯이 하늘을 향해서 들어올려져야 한다. 물론 시선이 현재의 차안(此岸)에서 기도 대상인 마리아나 그리스도 또는 성자 쪽을 향하고 있다면, 이는 더 예술적이고 만족스러울 것이다. 즉 그림 속에서 중요한 인물의 시선이 하늘의 저쪽 피안을 향하고 있는 모습으로 그림으로써 더 관심사를 높이는 것은 사실 너무 쉬운 일이다. 물론 오늘날에는 이 쉬운 방식은 신, 즉 종교를 국가의 근간으로 삼거나 또는 모든 것을 현실의 이성(理性) 대신에 성서에 나오는 구절들을 통해서 증명하려는 데 사용되고 있다. 예를 들어 화가 귀도 레니는 자기의 그림들에다 이런 식으로 시선과 눈길을 들어 올려진 모습을 즐겨 그리는 매너리즘에 빠졌다. 예를 들어 뮌헨에 소장되어 있는 마리아 승천도(昇天圖)는 예술 전문가들이나 동호인들 사이에 가장 유명한 그림으로 알려졌다. 그리고 물론 변용과 영혼의 침잠, 숭고한 영광의 모습을 띠며 해체되어 천국으로 날아 올라가는 그 인물의 전체적인 자세의 색채는 매우 효과적으로 밝고 미적이다. 그러나 나는 마리아가 그녀의 현재적인 사랑과 지복함 속에서 시선을 아이에게 돌리는 모습으로 묘사된 것이 그녀에게 더 어울린다고 생각한다. 동경하고 갈구하며 하늘을 향해 시선을 던지는 것은 근대의 감상주의(感傷主義, Empfindsamkeit)에 더 가까워 보인다.

두 *번째* 사항은 사랑의 정신적인 기도 속으로 들어서는 부정성(否定性, die Negativität)에 관한 것이다. 사도들이나 성자들, 순교자(殉敎者)들은 한편으로는 외적으로, 다른 한편으로는 내면적으로 그리스도가 자기들의 수난사에 앞서 갔던 그 고통의 길을 따라갈 뿐이다.

이 고통은 부분적으로는 예술적으로 표현하기에 한계가 있으므로, 회화는 육체적인 고통의 끔찍하고 추한 모습이나 학대당하고 불태워지고 십자가에 매달려 고통받는 모습을 내용으로 담을 때면 이를 쉽게 넘어가려는 경향이 있다. 만약에 회화가 정신적인 이상(理想)으로부터 벗어나지 않으려면 그런 끔찍한 모습들은 회화에 허용되어서는 안 될 것이다. 즉 그런 순교의 모습을 우리 눈앞에 보여주는 것은 감각적으로 미적(美的)이지 못하다. 그 이유는 오늘날 우리의 신경이 단지 약해져서만은 아니고, 중요한 것은 이 감각적인 측면이 아니라 더 차원 높은 것이기 때문이기도 하다. 여기서 느껴지고 표현되어야 할 것은 바로 정신의 역사, 즉 어느 주체가 직접 육체적으로 겪는 고통,

다른 사람이 겪는 고통에 대한 고통 또는 자신의 무가치함을 느끼는 데서 나오는 고통이 아니라 사랑의 고통 속에 있는 영혼이다. 감각적으로 잔혹한 고통을 받는 가운데서 순교자가 지니는 굳건함은 단지 감각적인 고통을 겪는 굳건함이며, 그의 영혼은 정신적인 이상(理想) 속에 머물면서 자기 자신, 자신이 겪는 고통, 그 사랑의 상처, 내면적인 참회, 슬픔, 후회 그리고 뉘우침과 관계하게 된다.

그러나 이와 같은 내면적인 고통에서도 *긍정적인 측면*이 빠져서는 안 된다. 영혼은 객관적이어야 하며, 인간이 신과 함께 절대적으로 도달한 화해를 확신하고 있어야 한다. 그리고 영혼은 오직 이 영원한 구원이 영혼 자신에게도 주관적으로 느껴지도록 심려해야 한다. 그러므로 우리는 종종 참회자들이나 순교자들, 수도승들이 이러한 객관적인 화해에 대해 확신하고 있는 모습을 띤 채 아직도 포기해야 할 자신의 마음에 대해 슬퍼 하거나, 혹은 자신을 버리는 일을 완전히 성취한 인물이 이 화해가 성취되었음을 다시 알고 싶어하면서 매번 다시 스스로 참회하는 모습을 본다.

여기에서는 두 가지 서로 다른 출발점을 취할 수 있다. 즉 만약에 예술가들이 기본적으로 삶을 쉬운 것으로 만들어주고 쉽게 그것들과 절충할 수 있는 자연스런 쾌활함이나 평화, 고요함, 결심 따위만을 묘사하려 한다면, 이는 오히려 자연적인 고귀함, 우아함, 기쁨, 자유 그리고 형태의 미와 어울릴 수 있을 것이다. 그에 반해서 뻣뻣하고 반항적이고 거칠고 한정된 의미가 전제되면, 이를 극복하기 위해서는 정신을 감각적이고 세속적인 것에서 벗어나게 하고 구원의 종교를 얻기 위해 격심한 강제적인 힘을 가해야 한다. 그리하여 그처럼 반항적인 것으로부터 더 힘 있고 견고하고 단단한 형태가 나온다. 즉 이 혹독함을 가미하기 위해서 상처자국들을 보여야 하고, 이것들이 더 지속되어야 하므로 이때 형태의 미는 사라진다.

셋째로, 화해의 긍정적인 측면, 즉 고통에서 벗어나 *변용되는 것*, 참회에서 얻어지는 지복함 자체도 회화의 내용이 될 수 있다. 그러나 이는 물론 옆길로 벗어나기 쉬운 대상이다.

이것들이 바로 낭만적인 이상(理想)의 본질적인 내용을 이루는 절대적인 정신적인 이상 속에 들어 있는 중요한 차이들이다. 즉 그것은 가장 성공적이고 가장 칭송할 만한 작품들의 소재가 된다. 만약에 그 작품들에 그것이 담고 있는 사상의 깊이와 더불어 또 참된 표현이 첨가된다면, 예술가로서 이룩할 수 있는 가장 영혼이 충만하고 내밀한 불멸의 작품들이 될 수 있다.

이처럼 우리는 종교적인 영역에 대해 언급했는데, 또 다른 두 영역에 대해서도 언급해야 한다.

β) 종교적인 영역에 반대되는 것으로는 그 자체로 볼 때 진심이 없을뿐더러 또한 신성하지 못한 것, 즉 *자연이* 있다. 이는 더 자세히 회화적인 면에서 보면 풍경적인 자연이다. 우리는 종교적인 대상들의 특성에 대해 언급하기를, 그것들 안에는 영혼의 *실체적인 진심과 절대자 속에 사랑이* 머무는 것을 표현하는 것이라고 했다. 그러나 그 진심은 또 다른 내용을 지닐 수도 있다. 그것은 그것에 전혀 외적인 것 안에서도 역시 심정의 반향을 느낄 수 있으며, 이를 객관성에서도 정신성에 유사해진 특성으로서 발견할 수 있다. 물론 언덕이나 산, 숲, 골짜기, 강, 평야, 햇빛, 달, 별이 뜬 하늘 따위는 그 직접성에 따라 단순히 산, 강, 햇빛으로만 인지된다. 그러나 *첫째*, 이 대상들은 이미 그 자체로서 흥미로운 것들이다. 왜냐하면 그것들은 자연의 자유로운 생동성이어서 이 생동성은 그것들 속에서 드러나고 스스로 살아 있는

주체와 조화를 이루기 때문이다. 둘째로, 객관적인 것의 특수한 상황들은 자연의 분위기와 일치하는 분위기를 심정에 주입시킨다. 이와 같은 생동성, 이처럼 영혼과 심정이 화합하는 것에 인간은 친숙해져서 살 수 있으며 자연 속에서 애정을 느끼게 된다. 고대 아르카디아(Arcadia, 고대 그리스의 목가적인 이상향(理想鄕)―역자주)에서 살던 사람들이 목양신에 대해서 그가 어두운 숲 속에서 공포를 불러일으킨다고 말할 때, 그 다양한 자연풍경의 상황들은 부드러운 쾌활성, 향기로운 고요함, 봄의 신선함, 겨울의 얼어붙음, 아침의 깨어남, 밤의 정적 따위의 특정한 심정의 상태와 일치하는 것이었다. 고요하고 깊은 바다는 격동적으로 일어나는 무한한 가능성을 띤 위력은 영혼과 관계하며 거꾸로 폭풍, 쏼쏼거림, 충만한 것, 거품이 일고 넘치는 것, 폭풍으로 파도가 부서지는 것은 영혼으로 하여금 그런 것들에 동조하게 동요시킨다. 회화는 이러한 진심도 역시 그 대상으로 삼는다. 그렇다고 해서 자연 대상들 자체가 지닌 단순히 외적인 형태를 본래의 회화대상으로 삼아서 회화를 단순히 자연을 모방하는 것으로 만들어서는 안 된다. 모든 것을 통해 뻗어나가는 자연의 생동성과 이 생동성이 깃든 특수한 상태들이 갖고 있는 독특한 느낌을 특정한 영혼의 분위기와 함께 묘사된 풍경의 장소에 강조시켜서 더욱 생생하게 드러내야 한다. 이처럼 내밀하게 몰입하는 것은 바로 풍요로운 정신과 충만한 심정을 갖추는 계기가 되며, 이를 통해서 자연은 주위환경이 될뿐더러 또한 독자적으로 회화의 내용이 될 수도 있다.

γ) 끝으로 *세 번째* 종류로서 일부 생동적인 풍경으로부터 벗어난 아주 무의미한 객체들에 대해, 때로는 우리에게 아주 우연적으로 보일뿐더러 아주 보잘 것 없고 천박한 것으로 보이기까지 하는 인간적

인 삶의 장면들을 보고 생겨나는 진심이 있다.

나는 이미 앞서 다른 곳에서(제1부에서) 그런 대상들을 예술에 적합한 것으로 정당화시키려고 했다. 나는 회화와 관련해 지금까지 고찰한 것에다 다음과 같은 해명만 좀 더 곁들이고자 한다.

회화는 내적인 주관성과 관련될 뿐 아니라, 동시에 자기 안에서 개별화된 내면과도 관련된다. 이 내면은 바로 그것이 특수성의 원리를 띠고 있어서 절대적인 종교 대상에만 머무르지 않으며, 또 외부에서 단지 자연적인 생동성을 지닌 것이나 특정한 풍경적인 특색만을 내용으로 삼지 않고, 인간이 개별적인 주체로서 관심을 갖고 만족을 얻을 수만 있다면 어떤 대상으로라도 향해야 한다. 이미 종교적인 영역에서 표현할 때에도 예술은 고조되면 될수록 더욱 지상적이고 현재적인 내용 속으로 파고들어가, 그것에 세속적 존재의 완전성을 부여함으로써 감각적인 존재성을 예술의 중요한 사안으로 만들었다. 이럴 때 기도 자체에 대한 관심은 더 적어졌다. 왜냐하면 여기에서도 예술은 이상(理想)을 완전히 현실적인 것으로 만들어 내고, 감각에서 벗어난 것을 감각적으로 표현하고, 먼 과거의 장면들을 현재 속으로 옮겨와 인간적인 것으로 만들어야 하는 사명을 띠고 있기 때문이다.

이 단계에서는 직접 현재적인 것, 일상적인 환경, 일반적이고 하찮은 것 안에 들어 있는 진심이 내용이 된다.

αα) 그러나 우리는 그 밖에 그런 소재들이 지니고 있는 빈약함과 하찮은 것에서 무엇이 원래 *예술에 적합한* 내용을 제공하는가에 대해서 묻는다면, 그것은 안에 포함되어 있으면서 가치를 띠는 실체적인 것, 즉 그것들의 독자적인 목적과 무한하게 다양한 관심 속에서도 대체로 독자적으로 존재하는 *생동성과 기쁨*이다. 인간은 언제나 직접 현재적인 것 안에서 살고 있다. 그가 매순간 하는 일은 현재적인 것이

며, 그가 어떤 일을 하든 그것이 비록 하찮은 것일지라도 온 영혼을 기울여 그 일에 몰두할 권리가 있다. 그때 인간은 그런 개개의 것들과 하나가 되며, 그 안에 자기의 개성이 지니고 있는 에너지를 모두 쏟아 부음으로써 오직 그것들을 위해서 존재하는 것처럼 보인다. 이와 같은 유착은 주체로 하여금 그가 자기에게 가장 가까운 상태 속에서 자기가 행하는 특수한 것과 조화를 이루게 한다. 이것이 바로 진심으로서, 여기에서 스스로 총체적이고 완성된 현존성으로서 독자성의 매력을 띤다. 그래서 우리가 그런 식으로 표현한 데서 얻는 관심사는 대상에 대한 것이 아니라 생동적인 영혼에 대한 것이다. 이 생동성은 그것을 생생하게 드러내 주는 사물 자체와는 무관하게 스스로 손상되지 않은 감각, 즉 모든 자유로운 감각에 적합한 것으로서 심정에게는 참여의 기쁨을 주는 대상이 된다. 그러므로 우리는 이런 종류의 예술작품들을 이른바 *자연성*과 자연의 모방(Nachahmung der Natur)이라고 착각하는 관점에서 감탄하도록 요구함으로써 그 작품들을 향유하는 일을 왜곡해서는 안 된다. 마치 그런 작품들을 옹호하려는 듯한 이런 요구 자체는 원래 중요한 사안을 오인하는 착각에 불과하다. 왜냐하면 그런 경우에는 외적으로 어떤 예술작품과 자연적인 작품을 단순히 비교하는 데서 감탄이 나오게 되며, 그때 그 표현된 것은 이미 존재하는 어떤 사물과 일치하는가의 여부만 흥미를 끌기 때문이다. 반면에 여기서는 생동성을 띤 실재성으로 표현된 사안이 *그 자체*와 일치하도록 파악하고 완성하는 것이 본래의 예술적인 표현의 내용이 된다. 예를 들어 착각의 원리에 따라 그려진 데너(Denner)[10]의 초상화 작품들

---

10) 발타자르 데너(Balthasar Denner, 1685~1749). 독일의 화가. 주로 매우 세밀한 초상화를 많이 그렸다.

데너(Denner) 作 〈한 노부인의 초상화〉(1720~1745년)

은 칭찬대상이 될 수 있을지 모른다. 그러나 그것들은 자연을 모방하기는 했어도 대부분 중요한 생동성 자체는 전혀 나타내지 못하고 단지 머리카락이나 주름살 따위를 표현하는 데만 열중하고 있어서, 이는 추상적으로 죽은 것은 아닐지라도 인간의 용모에서 보이는 생동성은 별로 드러내지 못하고 있다.

더 나아가 만약에 우리의 오성(悟性)적인 반성이 그런 대상들을 비속하다고 보고 우리의 숭고한 고찰대상이 될 가치가 없는 것으로 간주함으로써 예술작품을 향유하는 것을 천박하게 만든다면, 여기서 우리도 역시 그 내용을 예술이 우리에게 실제 보여준 대로 받아들이지 못하고 있는 셈이 된다. 다시 말해 그때 우리는 우리의 욕구와 만족, 그 밖에 우리의 교양이나 다른 목적에 따라 그런 대상들하고만 관계하게 된다. 즉 우리는 그것들을 단지 그 *외적인 합목적성*에 따라서만 이해하므로, 그 때문에 우리의 필요가 생생한 자기목적이 되고 우리의 욕구가 중요한 사안이 되며 대상들 자체의 생동성은 소멸되고 만다. 왜냐하면 그때 우리는 그 대상들을 사용할 줄 몰라서 그것들이 단순히 수단으로 사용되거나 또는 우리와는 전혀 무관한 것으로 머무는 것처럼 보게 되기 때문이다. 예를 들어 우리가 방안으로 들어설 때 문틈으로 비치는 햇살이나 우리가 여행하는 지역, 바느질하는 여자, 열심히 일하고 있는 모습으로 우리에게 보이는 하녀 따위는 우리에게 전적으로 하찮은 대상들일 수도 있다. 왜냐하면 우리는 그것과는 멀리 떨어진 생각이나 관심사들을 떠올려 이처럼 다른 것과 대화를 하는 가운데, 우리 앞에서 서 있는 이 대상들이 우리의 생각이나 독백과는 맞서서 발언권을 갖지 못하게 하거나 아니면 그것들에게 일시적으로만 관심을 돌려서 '쾌적하고, 아름답고, 추하다'라는 우리의 추상적인 판단 이상은 넘어가지 못하게 하기 때문이다. 그러므로 우리는 농부들이 재미있게 춤추는 것을 단지 피상적으로 바라보면서 역시 기뻐하지만, 사실은 그것에서 떨어져서 그것을 경시한다. 그 이유는 우리는 이른바 '모든 거친 것의 적(敵)(ein Feind von allem Rohen)'[11]이기 때문이다. 우리는 우리가 일상에서 교제하거나 우연히 만나는 사람들의 관상과 관련해서도 마찬가지 태도를 취한다. 거기에서 상호작용을 하는 것은 늘 우리의 주관성이다. 즉 우리는 이런 저런 사람에게 이런저런 것을 말하거나 일을 처리하고 무엇을 고려하거나, 그에 대해 이것저것을 생각하거나, 그를 우리가 아는 이런 저런 상황 속에 놓고 본다. 또 우리의 대화를 그쪽으로 이끌어 가거나, 그의 마음을 상하게 하지 않으려고 이것에 대해서는 입을 다물거나, 그가 우리에

---

11) 헤겔이 본문에서 특히 인용부호를 써서 한 이 말은 괴테의 희곡 《파우스트》 제1부에 나온다.

게 섭섭하게 생각할지 모르므로 저것은 건드리지 않거나 하는 일들을 한다. 간단히 말해 우리는 언제나 다른 사람의 이야기, 지위, 신분, 그에 대한 우리의 태도나 일거리를 대상으로 삼으면서 매우 실용적인 관계로 머물거나 아니면 무관심한 상태에 머문다.

그러나 예술은 그와 같은 생생한 현실을 표현하려면, 물론 여느 때 같으면 우리를 대상들과 관련시키고 우리를 그 대상들에 대해 아주 이론적으로 접근하게 하는 모든 실용적인 옆가지들을 쳐내야 한다. 그 뿐만 아니라, 그 대상들에 대한 무관심을 지양하고 다른 일에 열중하던 우리의 관심사를 그 표현하는 상황으로 돌려 그에 대해 우리의 입장을 완전히 바꾼다. 우리는 그 상황을 향유(享有)하기 위해서 우리의 마음을 모으고 집중하지 않으면 안 된다. 특히 조각은 이상(理想)적인 산출방식으로 인해서, 그 작품이 곧 이 현실에는 속하지 않음을 보여줌으로써 원래 대상에 대한 실용적인 관계를 무너뜨린다. 반면에 회화는 한편으로 우리를 일상적인 세계 속으로 더 가까이 이끌어가지만, 다른 한편으로 그 안에서 우리를 그런 현재에 끌리게 하거나 또는 그것에 혐오를 느끼게 하는 모든 애착이나 끌림, 혐오 같은 욕구의 끈을 끊어버린다. 그리고는 대상들을 독특한 생동성을 띤 자기목적으로서 우리에게 더 접근시킨다. 여기에서는 예를 들어 A.W.슐레겔이 피그말리온(Pygmalion)의 이야기에서 아주 비속하게 한 말과는 정반대되는 것이 일어난다. 그는 그와 같은 것을 일컬어 완전한 예술작품이 비속한 삶, 즉 주관적인 편향과 현실적인 향락을 즐기는 상태로 되돌아온 것이라고 말했었다. 그러나 그가 말하는 되돌아옴이라는 것은 예술작품이 대상들을 우리가 욕구하는 것으로부터 거리를 두고 보게 함으로써 바로 그것들에게 고유한 독자적인 생명을 주어 우리 앞에 나타나게 설정하는 것과 반대되는 것이다.

ββ) 둘째로, 예술은 이 영역에서 우리가 여느 때 같으면 스스로 독특한 특성을 지니도록 허용하지 않았던 내용에 그 잃어버렸던 독자성을 다시 불어넣듯이, 현실에서 우리가 있는 그대로 고찰하는 데 익숙하지 않을 그런 대상들을 확고하게 포착할 줄 안다. 자연은 그 조직이나 유동적인 현상에서 높은 차원에 다다를수록 단지 한 순간만 활동하는 연극배우와 같이 된다. 이와 관련해 나는 이미 앞서, 예술이 스쳐 지나가는 것을 예술로 고정시킬 능력이 있는 것이야말로 바로 현실에 대한 승리라고 칭송했었다. 회화에서 순간적인 것을 포착해서 이처럼 지속적인 것으로 만드는 일은 한편으로 특정한 상황들 속에 다시금 집중되는 *순간적인* 생동성이 되며, 다른 한편으로 그 상황을 한순간에 채색을 통해 변화시킴으로써 가상적으로 드러나게 하는 마법이 된다. 예를 들어 기사(騎士)들도 그들이 무리지어 있는 모습에서 또는 각자 처해 있는 상황에 따라서 매순간 그 모습이 달라질 수 있다. 만약에 우리들 자신이 거기에 있다면 우리는 이와 같은 변화의 생동성을 주시하는 대신에 전혀 다른 일을 할 것이다. 우리는 아마 말 위에 올라타거나 내리고, 술부대를 열거나, 먹고 마시면서 쉬거나, 마구(馬具)를 벗기고 물이나 사료를 먹이거나 하는 따위의 일을 할 것이다. 또는 만약에 우리가 현실의 일상적인 삶에서처럼 관객의 위치에 있다면 아마 그에 대해 전혀 다른 관심을 가질 것이다. 우리는 그들이 무슨 일을 하고, 어떤 나라 사람들이며, 어떤 목적으로 이동하는가 따위를 알고 싶어 할 것이다. 그에 반해서 화가는 스쳐 지나는 동작, 순간적인 얼굴표정, 이 움직임 속에서 일순간 일어나는 현상을 은밀히 관찰하며, 만약에 그 자신이 포착하지 않으면 사라져 버릴 그런 동작들이 지닌 가상적인 생동성에 대해 단순한 관심을 갖고 이를 우리 눈 앞에 보여준다. 특히 색채의 유희를 통해서 드러나는 모습, 즉 색채

자체가 아니라 그 명암과 대상들의 등장과 사라짐은 표현을 자연스럽게 해주는 근거가 된다. 물론 우리는 예술이 예술작품 속에서 우리에게 의식되는 이런 측면을 실제로 거기에 표현된 것보다 덜 주지하곤 한다. 또한 예술가는 이런 식으로 자연과 관계함으로써 개별적인 대상들 속에 파고들어 스스로 구체적이고 특징적이며 개성적으로 되는 장점을 지닌다. 왜냐하면 그는 자기의 대상들에게 그것들이 순간적으로 빠르게 번쩍이며 스쳐 가더라도 생동적으로 현상하게 하는 개성을 부여하며, 직접적 엄격하게 모방해서 그린 그 개개의 대상들을 단순히 인지하도록 하는 데 그치지 않고, 동시에 보편성이 효력을 띠고 머물도록 규정되어 있는 것을 상상하게 해주기 때문이다.

γγ) 종교적인 소재들과 관련해 볼 때, 이 단계에서 회화의 내용으로 포착되는 대상들이 하찮으면 하찮을수록 바로 여기서 더욱 더 *예술적인 창조*가 이루어진다. 즉 예술가가 보고 이해하고 작업하는 방식, 자기가 맡은 사명의 개별적인 영역 속으로 파고들어 가는 것, 그의 솜씨에 깃들어 있는 활력과 생생한 애정 자체가 중요한 관심사가 되어 함께 내용 속에 포함된다. 그러나 그의 손 안에서 대상이 되는 것은 실제로 있거나 있을 수 있는 바로 그런 것이어야 한다. 우리는 현실에서는 그런 상황들이나 색채의 현상에 그리 세심하게 주의를 기울이지 않으므로, 마치 뭔가 전혀 다르고 새로운 것을 보는 것처럼 믿게 된다. 물론 거꾸로 이 일상적인 대상들에게 뭔가 새로운 것이 첨가되기도 한다. 다시 말해 예술가가 대상을 포착하는 애정, 감각, 정신, 영혼은 그가 만들어 내고 새로운 생명을 불어넣는 것들을 그의 고유한 창조의 힘으로 영활(靈活)시키는 것이다.

이러한 것들이 회화의 내용과 관련했을 때 본질적인 관점들로 고려된다.

b. 감각적인 질료에 대한 더 상세한 규정들

그 다음에 우리가 언급할 두 *번째* 측면은, 감각적인 *질료*가 주어진 내용을 그 안에 수용하려 할 때 스스로 접근이 가능한 것으로 증명해 보여야 할 더 상세한 규정들에 관한 것이다.

α) 이와 관련해 *첫째*로 중요한 것은 *선(線)*의 *원근법(遠近法, Linearperspektive)*이다. 그것의 등장은 필연적이다. 왜냐하면 회화는 단지 평면만을 이용할 수 있는 반면에, 고대 조각의 양각(陽刻) 부조에서처럼 형상들을 같은 구도 속에서 옆으로 나란히 세우는 식으로 하지 않고 그 대상들의 거리를 모든 차원에서 가상적으로 그럴 듯하게 보이게 하는 표현방식으로 나아가지 않을 수 없기 때문이다. 그 까닭은 회화는 그것이 전개해 그리고자 선택하는 내용을 그 다양한 움직임 속에서 우리 눈앞에 보이게 하고, 외적인 풍경화적 자연, 습관, 방과 같은 주위환경 속에 들어 있는 형상들에게도 조각의 부조에서 표현해내는 방식과는 아주 다르게 다양성을 불어넣어야 하기 때문이다. 이런 점을 고려할 때 회화는 조각처럼 실제로 대상들을 서로 떨어지게 세울 수는 없지만, 대상들을 마치 실제로 떨어져 있는 것처럼 가상적(假象的)으로 배열하여 묘사해야 한다. 이런 점에서 회화가 우선적으로 할 일은 앞에 주어진 *하나의* 평면을 마치 서로 차원이 다르고 서로 떨어져 있는 듯한 구도로 나눔으로써, 가까이 있는 전면과 떨어진 배경의 대조를 유지하고 이를 다시 중경(中景)에 의해서 결합시키는 일이다. 이처럼 회화는 그 대상들을 여러 다른 구도로 설치한다. 이때 대상들은 눈에서 멀리 떨어질수록 상대적으로 더 작아진다. 이처럼 작아지는 것은 자연 자체 속에서도 이미 수학적으로 증명되는

시각적인 법칙을 회화에서도 그대로 따르면서, 대상들을 평면 위에 옮길 때 이 법칙을 다시 특수하게 이용하기 때문이다. 이것이 회화에서 말하는 이른바 선의 원근법 또는 수학적인 원근법이다. 그러나 그 좀 더 자세한 규정들에 대해서 우리는 여기에서 언급할 필요가 없다.

β) 둘째로, 그런 대립은 대상들이 서로에게서 특정하게 떨어져 있을 때뿐만 아니라 서로 다른 형태를 띨 때에도 생긴다. 모든 대상들이 특수한 형상으로 보이도록 특별히 공간을 한정하는 것(Raumgrenzung)이 바로 소묘가 할 일이다. 소묘는 대상들을 서로 떨어지게 할 뿐만 아니라, 그 대상들 개개의 형태도 부여한다. 그 가장 탁월한 법칙은 형태와 거리를 올바르게 정하는 것으로서, 이는 물론 우선은 정신적인 표현이 아닌 외적인 현상과 관계하므로 그 자체로 외적인 근거가 된다. 그러나 특히 유기체의 형태와 그 다양한 움직임을 축소하여 그리는 것은 아주 어려운 일이다. 이 양자의 측면은 순전히 형상과 그것의 공간적인 총체성에만 관련되므로, 그것들은 회화 속에서 *조형적인 것*, 즉 조각처럼 보이게 하는 것을 만들어낸다. 외형을 통해서 역시 가장 내적(內的)인 것을 표현하는 회화예술은 그것을 배제할 수 없지만, 다른 한편으로는 거기에만 머물러 있어서도 안 된다. 왜냐하면 회화의 원래 과제는 채색을 하는 것이므로, 진정으로 회화적인 것 안에서는 원래 원근과 형상이 색들의 차이에 의해서 표현되고 그 안에서 드러나기 때문이다.

γ) 그러므로 화가를 진정한 화가로 만드는 것은 바로 색채, 즉 *색채효과(das Kolorit)*이다. 물론 우리는 소묘와 스케치하는 일을 즐거워할 뿐 특이하게 천재적인 것을 고수하려 하지는 않는다. 그러나 더욱 투

명하고 단순한 형태로 그려진 스케치그림에서 아무리 창의력과 풍부한 상상력을 지닌 내면적인 정신이 직접적으로 드러나더라도, 그 그림들이 감각적인 면에서 대상들이 지닌 생동적인 개성과 개별성을 띠고서 추상적으로 머물지 않으려면 회화가 그것들을 *그려야* 한다.

그렇다고 물론 여기서 예를 들어 라파엘이나 알브레히트 뒤러(Albrecht Dürer) 같은 위대한 대가들이 그린 소묘나 특히 손으로 그린 스케치 따위가 별로 가치를 지니지 않는다는 뜻은 아니다. 반대로 어떤 면에서 보면 바로 이처럼 손으로 그린 스케치들은 매우 관심을 끈다. 왜냐하면 거기에서는 정신이 직접 아주 간단하게, 순간적으로 창조해내는 것이 보이며, 예술가의 정신 속에 들어 있는 모든 것을 애써 내세우려 하지 않아도 그의 손에 의해 능숙하게 그려진 놀라운 솜씨가 보이기 때문이다. 예를 들어 뮌헨의 도서관에 소장된 기도서(祈禱書, Gebetbuch)의 가장자리에 뒤러가 그린 소묘는 형언할 수 없을 정도로 풍부한 정신력과 자유로움을 띠고 있다. 거기에서 착상과 완벽한 솜씨는 동일한 것으로 드러난다. 반면에 채색한 그림들에서는 먼저 그 위에 여러 번 그리고는 일을 끊임없이 반복하고 수정한 후에 완성되었으리라는 상상을 버릴 수 없다.

그럼에도 불구하고 회화는 색채를 사용함으로써 비로소 영혼으로 충만한 대상을 본래의 생생한 모습으로 드러낸다. 그러나 모든 화파들이 색채효과를 나타내는 기술에서 똑같이 높은 수준에 도달했던 것은 아니다. 사실 베네치아 화가들과 네덜란드의 화가들만이 유독 색채를 다루는 데 있어서 대가들이 된 것은 특이한 현상이다. 양쪽 지역 모두가 호수에 가깝고 땅이 낮으며, 습지대와 물, 운하들로 둘러싸여 있었다. 네덜란드인들이 훌륭한 색채효과를 낼 수 있었던 것은, 그들은 늘 안개 낀 수평선에서 희끄무레한 배경에 대한 상상을 하고 있었

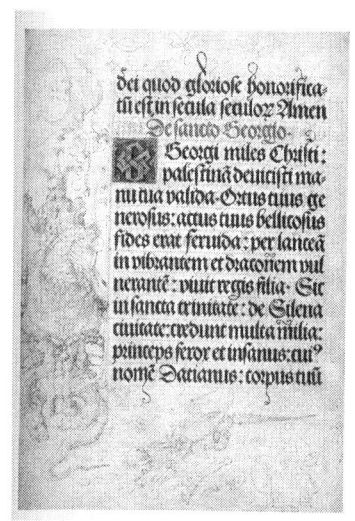

신성로마제국 황제 막시밀리안(Maximilian) 1세의 기도서(Gebetbuch, 1514~15년)의 가장자리에 펜으로 그린 뒤러(Dürer)의 삽화가 보인다. 독일 뮌헨에 있는 바이에른 국립도서관(Bayerische Staatsbibliothek, München) 소장

으므로 그 둔탁함을 벗어나기 위해 그들은 더욱 더 모든 색채효과나 빛, 반사, 빛살 따위의 다양성에 대해 연구하는 일을 중시하였고, 바로 거기에서 그들의 회화예술의 중요한 과제를 발견했다고 설명할 수 있다.

색채에 관해서 좀 더 자세히 보면 다음과 같은 점들이 중요하게 강조된다.

αα) *첫째*, 모든 색의 추상적인 근간은 *밝음과 어두움*(명암)이다. 만약에 이 양자의 대립과 직접적인 매개가 더 이상 색채의 차이가 없이 효과를 보이면 그때 드러나는 것은 단지 빛의 하얀색과 그림자의 검은 색의 대조이다. 그리고 그 사이에 변화와 뉘앙스들만이 드러나면서 전체적인 소묘를 이룬다. 왜냐하면 이 명암은 원래 형태의 조형성에 속하는 것으로서 대상들이 솟아오르거나 가라앉거나 둥그렇거나 떨어져 있는 것을 강조하기 때문이다. 이런 점에서 우리는 여기에서 단지 명(明), 암(暗) 그 자체하고만 관계하는 동판화 기술에 대해서 부

차적으로 언급할 수 있다. 이 동판화 기술은 그것을 표현하는 정신이 고차원적일 때 높이 평가할 만하다. 거기에는 아주 열심히 그리고 세심하게 작업을 하는 일 외에도, 마치 책 인쇄술처럼 아주 다량으로 찍어낼 수 있다는 효용성도 결부된다. 그러나 그것은 오늘날에는 소묘처럼 단지 명, 암에만 의존하는 데 그치지 않고 특히 회화와 경쟁할 수 있을 정도로 발전했으며, 명암의 배치효과를 내는 밝음과 어두움 외에도 부분적인 자연색에 따라서 드러나는 더 밝거나 더 어두운 바로 그런 차이들을 강조하여 표현하려 하고 있다. 예를 들어 동판화 기술에서 같은 색으로 명암을 표현하는 데도 금발머리와 검은 머리의 차이를 느끼게 하는 것이 그것이다.

  그러나 회화에서 명암은 이미 말했듯이 아주 중요한 것이기는 하지만 단지 기본색이 될 뿐이다. 왜냐하면 오직 그것만이 형상을 앞으로 튀어나오게 하거나 물러서게 하고 부풀리기도 하면서 대체로 형상을 감각적인 것으로 드러나도록 규정하기 때문이다. 이것이 이른바 모형을 그리는 일이다. 이와 관련해서 채색을 마음대로 다루는 대가(大家)라면 가장 밝은 빛과 가장 어두운 그림자를 극도로 대립시키는 데까지 나아감으로써 최고의 효과를 불러온다. 그러나 이와 같은 대립은 그 대가가 엄격하지 않게, 즉 모든 것을 서로 유연하게 관련시켜 색채들을 바꾸고 매개하는 데 아주 섬세한 뉘앙스까지도 잘 다루는 풍부한 유희를 저버리지 않을 때만 가능하다. 만약에 그와 같은 대조가 없으면 작품 전체는 아주 밋밋하게 된다. 왜냐하면 명암의 차이만이 특정한 부분들을 강조시키고 반대로 다른 것은 뒤로 물러서게 하기 때문이다. 특히 묘사하려는 대상들의 구성이 풍부하고 서로 널찍이 떨어져 있으려면, 가장 깊은 어두운 곳까지 뚫고 들어가 명암의 차이의 단계를 더 넓히는 일이 필수적인 것이 된다.

명암의 피규정성에 대해 좀 더 자세히 살펴보면 이는 특히 예술가가 상정한 *명암의 배치*(조명) 방식에 좌우된다. 낮의 빛, 아침이나 점심, 저녁에 비치는 빛, 햇빛이나 달빛, 맑거나 흐린 하늘, 폭풍우 때 보이는 빛, 촛불에서 비치는 빛, 갇힌 빛, 안으로 들어오거나 동일하게 확산되는 빛 등 아주 다양하게 조명되는 방식은 여기에서 아주 다양한 차이들을 불러일으킨다. 깨어 있는 의식(意識)이 공개적으로 풍부한 행위를 보일 때 스스로 명확한 상황에 처해 있으면 이때 외부의 빛은 오히려 부수적인 것이 된다. 그리고 예술가는 만약에 극적인 생동성을 나타낼 필요, 즉 특정한 인물들과 무리들을 강조하고 다른 대상들을 뒤로 물러나게 하는 일이 그런 차이들을 드러내는 데 더 유리하도록 보통 때와는 다르게 조명배치 하는 방식이 꼭 필요하지 않다면 일상적인 대낮의 빛을 이용하는 것이 가장 나을 것이다. 그러므로 예전의 대가들은 빛의 대비, 즉 대체로 조명을 아주 특별하게 배치하는 방식은 별로 사용하지 않았는데 이는 당연했다. 왜냐하면 그들은 감각적인 현상방식보다는 오히려 정신적인 것 안으로 파고들어가 내용의 내면성을 더 중시함으로써 다분히 외적인 측면을 강조하는 일을 피할 수 있었기 때문이다. 그러나 풍경화나 일상의 중요하지 않은 대상들을 그릴 때는 조명배치는 아주 다른 중요성을 띤다. 여기서는 때로 대단히 예술적이고 종종 기교적이면서도 마법적인 효과도 등장한다. 예를 들어 풍경화에서는 큰 빛 덩어리와 강한 그림자의 대담한 대비가 아주 큰 효과를 가져올 수 있으나, 이는 또 단순한 기교가 되어버릴 수도 있다. 거꾸로 이 영역에서는 특히 생생한 명암의 유희를 불러일으키면서 예술가에게나 관객에게나 철저하고 지속적으로 연구하도록 요구하는 것이 있는데, 그것은 특히 빛이 비치면서 반사하는 빛의 놀라운 반향이다. 거기에서 화가가 외적 또는 내적으로 자기의 구상 속에 배치한 조명은 단순히 빠르게 스쳐 가면서 변하는 가상(假象)이 될 수도 있다. 그러나 이처럼 아무리 갑작스레 비범한 방식으로 조명배치를 고정시하더라도, 예술가 자신은 움직이는 행동을 그릴 때 전체가 그 다양성 속에서 불안하거나 흔들리거나 혼란스럽지 않고 분명하게 서로 결합되도록 신경을 써야 한다.

ββ) 그러나 내가 이미 위에서 말한 대로, 회화는 명암을 단순히 추상적으로가 아니라 서로 다른 색채들을 가지고 표현해야 한다. 명암은 색채를 띠어야 한다. 그러므로 둘째로 우리는 색채 자체에 대해서 언급해야 한다.

여기에서 *첫째*로 다룰 사항은 다시 우선 색들 상호간의 *명암*에 관한 것이다. 왜냐하면 그것들은 색들의 상호관계 자체 속에서 밝고 어두운 것으로서 효과를 내며, 서로 강조하거나 억누르고 또 해치기도 하기 때문이다. 예를 들어 적색과 황색은 농도가 같을 때 청색보다 밝다. 이는 서로 다른 색채들의 본질과 관련되는데, 이를 최근에 와서야 비로소 제대로 본 사람은 괴테였다. 다시 말해 *청색*에서는 중요한 것은 *어둠*으로서, 이는 좀 더 밝더라도 아주 투명하지는 않은 매체가 작용되면 청색으로 나타난다. 예를 들면 하늘은 어둡다. 아주 높은 산 위에 올라가면 그것은 점점 더 검어진다. 그러나 더 낮은 지대 위에서는 공기라는 매체가 이를 혼탁하게 하므로 그것은 청색으로 나타나며 공기가 덜 투명할수록 더 밝아진다. 거꾸로 *황색*에서는 절대적으로 (an und für sich) 밝은 것이 혼탁함을 통해서 작용 하는데, 이 혼탁함은 밝은 것을 투명하게 비쳐준다. 예를 들면 연기는 그처럼 혼탁하게 만드는 매체이다. 그 연기의 영향을 받은 검은 것을 앞에서 보면 그것은 청색처럼 보이며, 뭔가 밝은 것은 앞에서 보면 노르스름하고 붉게 보인다. 본래의 *적색*은 효과적이고 제왕(帝王)적이며 구체적인 색으로, 그 속에서는 스스로 다시 대비가 되는 청색과 황색이 서로 혼합된다. 녹색도 역시 그런 결합으로 볼 수 있지만, 구체적으로 통일된 것은 아니고 단지 차이가 없어진 만족스럽고 조용한 중성(中性)의 색으로 나타난다. 이런 색들이 바로 가장 순수하고 단순하며 근원적인 *기본색*들이다. 그러므로 예전의 대가들이 그 색들을 이용하던 방식에서 역시 상징적인 관계를 볼 수 있다. 특히 청색과 적색을 사용할 때가 그렇다. 청색은 더 부드럽고 함축적이고 고요해서 들여다보면 깊은 느낌을 준다. 왜냐하면 그 색의 원리는 거부하지 않는 어둠이기 때문이다. 반면에 밝은 색은 저항적이고 생산적이며 생동적이고 밝다. 적색은 남성적이고 지배적이고 제왕적이며 녹색은 무관심하고 중립적이다. 이런 상징성에 따라 그려진 예를 들면 성모 마리아는 왕관을 쓴 천국의 여왕으로 묘사될 때 종종 붉은 외투를 걸치며, 반대로 어머니로 묘사될 때는 푸른 외투를 걸친 모습으로 나타난다.

 그 밖에 무한히 다양한 다른 색들은 단순한 기본색들이 변형된 것이라고 보아야 한다. 그 색들에서는 저 기본색들이 조금씩 농담(濃淡)을 이루면서 변하고 있는 것을 알 수 있다. 이런 의미에서 볼 때 예를 들어 자주색을 색이라고 부르는 화가는 아무도 없을 것이다. 이 모든 색들은 이와 같은 상호관계 속에서 서로 작용함으로써 더 밝거나 더 어두워진다. 화가는 그가 모형을 그리고 대상들에 거리를 두고 어디서 그리든 올바른 색조를 쓰려면 이런 상황을 본질적으로 감안해야 한다. 다시 말하면 바로 여기에서 아주 특별한 어려움이 생긴다. 예를 들어 얼굴에서 입술은 붉고 눈썹은 어둡거나 검은 갈색이며, 혹 노란색이더라도 여전히 입술보다는 어두운 색으로 나타난다. 마찬가지로 뺨도 붉은 색으로서 이는 코에 나타나는 노르스름한 색이나 갈색 또는 녹색보다도 더 밝다. 이런 부분들은 그 부분적인 자연색에 따라 모형들을 그릴 때 생기는 것보다 더 밝거나 더 진하게 채색되었을 수 있다. 조각에서는 물론 소묘에서조차도 그런 부분들은 전적으로 형태와 조명의 관계에 따라 밝고 어두운 색으로 정해진다. 반면에 회화에서는 이를 그 관계를 방해하는 부분적인 자연색으로 그려야 한다. 이는 서로 떨어진 대상들에서 더 많이 드러난다. 일반적인 감각의 눈으로 볼 때, 오성은 사물들의 거리나 형태 따위에 대해 그 색의 비치는 대로 판단하기도 하고 전혀 다른 상황에 따라서 판단하기도 한다. 그러나 회화에서는 단지 색채만이 주어지며, 이는 단순히 색으로서 명암 자체를 요구하는 바로 그것을 해칠 수도 있다. 여기에서 그런 모순을 없애고 모형들에서 색채들이 그 부분적인 자연색에 머물지 않고 또 그 밖의 다른 관계에서도 서로 해가 되지 않고 조화를 이루도록 칠하는 것이 바로 회화예술의 정수이다. 양쪽을 모두 고려했을 때 비로소 대상의 실제 형태나 색채가 완전하게 드러날 수 있다. 예를 들어 네덜란드 화가들은 공단 가운의 번쩍이는 모습을 아주 빛의 다양한 반사와 그 천의 주름 속에 깃든 그림자의 음영을 통해서, 그리고 은, 금, 청동, 유리그릇, 비로드 따위의 빛나는 모습을 참으로 예술적으로 그렸으며, 반아이크도 역시 보석이나 금발, 금은 장신구 따위의 빛나는 모습을 잘 그렸다. 예를 들어 금빛으로 드러내는 색 자체는 금속적인 것이 아니다. 그것은 가까이서 보면 단순히 노란색일 뿐이고, 그 자체로만 봐서는 별로 번쩍거리지 않는다. 그 전체적인 효과는 한편으로 형태를 강조하는 것에 좌우되며, 다른 한편으로 모든 개개의 색채의 뉘앙스가 가해진 근처의 다른 대상들에 의해 좌우된다.

두 *번째*로 고찰할 또 다른 측면은 색채들 간의 *조화*에 관한 것이다. 나는 이미 위에서 색채들은 사물 자체의 본질에 의해 구별되어서 총체성을 이룬다고 언급했다. 색채들은 또한 이같은 완전성 속에서 드러나야 하며, 그때 주요색이 완전히 빠져서는 안 된다. 왜냐하면 만약에 그렇지 않을 경우에 총체성의 의미는 어딘가 미흡해지기 때문이다. 특히 예전의 이탈리아나 네덜란드 화가들은 이와 같은 색채의 체계를 보는 데 있어서 대단한 만족감을 주었다. 우리는 그들의 그림에서 청색, 황색, 적색, 녹색을 발견한다. 그와 같은 완전함이 색채의 기본적인 조화를 이룬다. 그러나 더 나아가서 색들은 그것들이 회화적으로 대조될 뿐만 아니라 매개되어 해체되고 결합되어 칠해짐으로써 고요함과 화해를 눈앞에 보여줘야 한다. 때로는 색들을 결합시킨 방식이, 때로는 각 색들의 농도가 그렇게 대조되거나 매개되도록 고요한 힘을 발휘한다. 예전의 회화 중에서도 특히 네덜란드 화가들은 순수하고 단순하게 빛나는 기본색(基本色, die Kardinalfarben)들을 사용해서 강한 대립을 보여줬기 때문에 조화를 이루는 일이 어려웠지만, 그러나 일단 조화가 성공하면 보기에 좋았다. 그러나 이처럼 색이 결정적이고 강하면 그 대상의 특성이나 표현의 힘도 역시 더 결정적이고 단순해야 한다. 여기에서 곧 색채효과는 내용과 더 차원 높은 조화를 이룬다. 예를 들어 중요한 인물들은 가장 강조되는 색으로 그려져야 하고, 그 성격이나 자세를 표현하는 전체 방식에서도 단지 혼합색으로 그려지는 부차적인 인물들보다 더 위대하게 드러나야 한다. 풍경화에서는 순수한 기본색들이 그처럼 대조되는 일이 덜하다. 그러나 인물이 주요 대상이 되고, 특히 그들의 의상이 전체 화면의 대부분을 차지할 때면 저 단순한 색들이 쓰이게 된다. 여기에서 정신적인 세계를 표현하는 장면이 드러난다. 이런 장면에서는 비유기적인 것, 즉 자연환경은 더 추상적으로 나타나야 한다. 다시 말해서 그것은 자연 그대로의 완전하고 고립된 효과를 드러내는 것으로 나타나서는 안 되며, 자연풍경이 지닌 다양한 화려한 뉘앙스들은 덜 적용되어야 한다.

일반적으로 풍경은 인간적인 것을 드러내는 장면의 상황으로는 방이나 대체로 건축적인 것보다 덜 완벽하게 어울린다. 왜냐하면 야외에서 벌어지는 상황들은 대체로 보아 온전한 내면이 본질적으로 드러나는 행위가 아니기 때문이다. 그래서 인간이 자연 속에 세워졌을 때 자연은 단순한 주위환경으로서만 가치를 띠어야 한다. 그런 식으로 표현될 때 특히 결정적인 색들은 이미 말했듯이 그 올바른 위치를 차지한다. 그러나 그것을 사용하는 데는 대담성과 힘이 필요하다. 감미롭고 취한 듯하며 사랑스러운 얼굴은 거기에는 적합하지 않다. 인물의 얼굴을 표현할 때 그처럼 부드러운 표정을 묘사하거나 엷게 칠하는 것은 멩스(Mengs)[12] 이후로 마치 이상(理想)적인 수법인 듯이 간주되었으나, 이는 결정적인 색들에 의해 완전히 퇴치되고 말 운명이었다. 최근에 와서 우리 독일에서는 특히 아무런 치장도 하지 않은 우아하거나 단순한 자세, 또는 거창한 자세를 취하기는 해도 아무것도 드러내지 않는 부드러운 얼굴을 그리는 것이 유행이었다. 내적이고 정신적인 성격 면에서 볼 때 이처럼 하찮은 것을 그리게 되면 색채나 색조도 역시 하찮게 흐르고 만다. 그래서 모든 색들은 빛나거나 힘이 없이 약화되고 둔탁한 것이 되며, 따라서 아무것도 제대로 드러내지 못하게 된다. 물론 그것은 어떤 것도 억누르지 않지만 그렇다고 해서 강조해 드러내지도 못한다. 이런 색채의 조화는 종종 아주 감미롭고 마음에 쾌적하고 사랑스럽게 느껴지지만 아무런 중요성을 띠지 못한다.

이와 비슷한 점에서 이미 괴테도 디드로(Diderot)가 쓴 《회화에 대한 시론(Essai sur la peinture)》(1876년 파리에서 출간—역자주)을 번역

---

12) 멩스(Anton Raphael Mengs, 1728~1779), 독일의 화가로 주로 로마, 마드리드, 그리고 독일의 작센 지방에서 활동했으며 신(新)고전주의 회화의 선구자 중 한 명이 되었다.

멩스(Mengs)의 작품으로 그리스 신화에 등장하는 신들을 그린 〈파르나수스(Parnassus)〉(18세기 중엽의 작품)

한 곳에서 다음과 같이 주해를 달았다.

> 강한 색채효과를 조화롭게 하는 것보다 약한 색채효과를 조화시키는 것이 훨씬 더 쉽다는 것을 사람들은 결코 시인하지 않는다. 그러나 물론 색채효과가 강하고, 색들이 생생하게 드러나면 눈도 조화나 부조화를 훨씬 생생하게 느낀다. 그러나 색을 약하게 하면, 즉 어떤 것은 밝게 하고, 어떤 것은 섞인 색으로 만들고, 다른 것은 혼탁하게 하여 그림에 사용하면 그것이 조화로운 그림인지 조화롭지 못한 그림인지 알아차릴 수 있는 사람은 아무도 없다. 그러나 어쨌거나 그런 그림은 비효과적이고 하찮은 것이라고 말할 수 있다.

그러나 색들의 조화만으로 색채효과의 모든 것이 다 달성되는 것은 결코 아니고, 그림을 완성하려면 *셋째*로 또 다른 여러 측면들이 더 첨가되어야 한다. 나는 이와 관련해 여기에서 이른바 *대기(大氣)의 원근*

법(Luftperspektive)과 살색을 나타내는 담홍색(Karnation), 그리고 끝으로 색채가 드러나는 마법에 대해서만 언급하려고 한다.

선의 원근법은 먼저 크기의 차이하고만 관계된다. 이는 더 멀리 또는 가까이 있는 대상들의 선(線)을 눈에 보이게 만든다. 이 같이 형상을 변화시키고 축소하는 일은 유일하게 회화만이 쓰는 모방 수법은 아니다. 왜냐하면 현실에서 모든 것은 대상들 사이에 그리고 그것들의 여러 다른 부분들 사이에 들어 있는 대기 속의 공기에 의해서 색조가 여러 가지로 다르게 되는 것을 겪기 때문이다. 이처럼 색조는 떨어진 거리에 따라 둔탁해지면서 바로 대기의 원근법을 이룬다. 왜냐하면 그것을 통해 대상들은 때로는 그 윤곽에서, 때로는 그 명암과 그 밖의 색조에서 변하기 때문이다. 일반적으로 화면의 전경(前景)에서 눈앞에 가장 가까이 있는 것이 가장 밝고 뒤쪽 배경에 있는 것은 어둡다고 말한다. 그러나 실상은 그와는 다르다. 전경은 가장 어두우면서도 동시에 가장 밝다. 다시 말해서 명암의 대조는 가까운 데서 가장 강하게 나타나며 그 윤곽도 가장 뚜렷하다. 반면에 대상이 눈에서 멀어질수록 그 형태는 명암의 대조가 점점 사라지면서 색도 점차 없어지고 불확실해지며, 마침내 전체가 밝은 회색으로 되고 만다. 그러나 이와 관련해 여러 가지 다른 종류로 조명배치를 하면 여러 종류의 색이 이탈된다. 이는 특히 풍경화에서 그러하며, 또 넓은 공간을 묘사하는 다른 모든 그림들에서도 이 대기의 원근법이 가장 중요하다. 색채효과를 내는 데 대가였던 화가들은 여기에서도 마술적인 효과를 드러냈다.

그러나 둘째로, 색조에서 가장 이상(理想)적인 것, 즉 색채효과의 정점이라 할 수 있는 것은 바로 담홍색으로 이는 사람의 살색과 같은 담홍색을 표현하는 일이다. 이 색은 놀랍게도 그 안에서 다른 모든 색들을 그 중 어떤 것도 독자적으로 강조되지 않도록 하나로 결합시킨다. 젊고 건강한 뺨이 보이는 붉은색은 물론 순수한 진홍색으로서, 여기에는 청색이나 자색 또는 황색이 조금도 섞이지 않았지만, 이 붉은색 자체는 단지 안으로부터 솟아 나와 비치며 눈에 띄지 않게 다른 살색으로 사라져 가면서 엷은 흔적을 보이거나 오히려 어렴풋이 빛을 낼 뿐이다. 그러나 이것은 바로 모든 살색들이 이상적(理想的)으로 혼합된 것이다. 투명해 보이는 노란 살색을 통해서는 동맥의 붉은색, 정맥의 푸른색, 명암, 그리고 그 밖에 다양한 빛이나 반사, 그리고 거기에 회색이나 갈색 또는 녹색 같은 색조마저도 첨가되므로, 이는 우리가 언뜻 보기에는 아주 부자연스럽게 생각되지만 사실은 올바르고 참된 효과를 낼 수 있다. 다시 말해서 그것은 다른 것으로부터 그 위에 비치는 가상으로서가 아니라 내부에서 활력을 띠고 살아난 색을 보여주는 것이다. 특히 안으로부터 비쳐 나오는 것을 표현하는 일은 아주 어렵다. 그것은 호수에 비치는 석양과도 비교할 수 있다. 그 속에서는 그것에 반사되는 형상들과 동시에 그 물의 투명한 깊이와 독특함까지도 볼 수 있다. 반면에 금속의 광택은 물론 빛나고 반사하며 보석들도 투명하고 번쩍이지만, 이는 피부의 살처럼 색들이 서로 투명하게 혼합된 것이 아니다. 공단이나 번쩍거리는 비단천 따위도 마찬가지다. 동물의 피부나 머리카락, 털 따위도 그런 식으로 여러 종류의 색들이 혼합된 것이지만, 어떤 부분들은 더 직접적이고 독자적인 색이어서 그 다양성은 오히려 서로 다른 여러 색들과 구도, 점들과 선들이 인간의 피부색처럼 하나로 결합된 것이 아니라, 여러 색들이 단순히 나열된 결과 생긴 것처럼 보인다. 그 색에 가장 가까운 다음 색으로는 투명한 포도의 색채유희와 장미의 놀랍도록 부드럽고 투명한 색의 뉘앙스를 들 수 있다. 그러나 이런 것들도 내면으로부터 활력을 띠고 나오는 살색과 같은 정도로 표현되지는 못한다. 살색이 지닌 빛나지 않으면서도 영혼의 향기를 내는 색이야말로 회화가 표현하기에 가장 어려운 색에 속한다. 왜냐하면 생동하는 것의 내면적이고 주관적인 것은 평면 위에 칠할 수 있는 질료적인 색이나 붓놀림, 점 따위가 아니라 스스로 살아 있는 전체로서 드러나기 때문이다. 그것은 푸른 하늘처럼 투명하며, 눈에 전혀 거부감을 주어서는 안 되고 우리가 그 속에 침잠할 수 있는 색이어야 한다. 이런 관점에서 괴테(Goethe)가 번역한 디드로의 《회화에 대한 시론》('Versuch über die Malerei'로 독어번역본의 제목이다—역자주)에서 디드로 역시 이미 다음과 같이 말하고 있다.

> 살색의 느낌을 표현하는 데 성공한 사람은 이미 상당히 발전한 사람이므로, 그 밖에 다른 어떤 것도 그에게는 거부가 안 된다. 이미 수천 명의 화가들이 그 살색을 느끼지 못하고 죽었으며, 다른 수천 명의 화가들도 그것을 느끼지 못하고 죽을 것이다.

이처럼 살에서 번쩍거리지 않으면서도 생생함을 드러낼 수 있는 질료에 대해서 간단히 살펴보면, 먼저 유화의 색채가 이에 가장 적합한 것으로 증명되었다. 서로 뒤섞여 비치는 효과를 내는 데 가장 적합하지 않은 것은 모자이크 식으로 처리하는 것이다. 이는 장기적으로 볼 때는 권장할 만하지만, 그것은 여러 가지 다른 색으로 칠해진 유리막대나 나란히 놓인 작은 돌들을 가지고 색의 뉘앙스를 표현해야 하므로 결코 색들이 이상(理想)적으로 서로 유연하게 혼합되는 효과는 낼 수 없다. 그 다음에는 프레스코화(Fresko)나 템페라화(Tempera, 수성

페인트로 그린 그림—역자주)가 있다. 그러나 프레스코화에서는 축축한 석회 위에 칠해진 색들이 너무 빨리 흡입되므로 한편으로 붓을 아주 능숙하고 안전하게 놀리는 일이 필요하고, 다른 한편으로 색이 빨리 마르기 때문에 섬세한 작업은 못하고 오히려 크게 붓놀림을 해나가면서 칠해야 한다. 템페라화의 색들도 그와 비슷하다. 이는 물론 내면적으로 뚜렷하게 드러나고 아름답게 빛나기는 하지만, 빨리 마르기 때문에 역시 색들이 서로 융합되는 데는 부적합하고 오히려 붓으로 마치 소묘하듯이 다루는 것이 필요하다. 그에 반해서 유화의 색채는 색들이 아주 부드럽고 감미롭게 서로 뒤섞이므로, 색들의 이행이 별로 눈에 띄지 않아 어디에서 색이 시작되고 끝나는지 말할 수 없다. 그 뿐만 아니라, 그 색들이 제대로 섞여 칠해졌을 때는 마치 보석처럼 빛나고 그 표면색과 투명안료의 차이에 의해 템페라화보다 훨씬 더 고도로 여러 다른 색들이 투명하게 비치는 효과를 나타낼 수 있다.

끝으로 우리가 또 언급해야 할 *세 번째* 사항은 향기, 즉 색채효과가 가져오는 *마법*에 관한 것이다. 색이 이처럼 마술적인 효과를 내며 비치는 것은 특히 대상들의 실체성과 정신성이 발산하면서 정신성이 색채로 포착되어 다루어질 때 비로소 나타난다. 일반적으로 여기서는 모든 색들을 그 자체로는 대상성(對象性)이 없는 가상적인 유희로 드러나도록 다루는 데 바로 채색의 마법이 있다고 말할 수 있다. 이 가상의 유희는 색들이 화면의 가장 외면에서 유동적으로 서로 이동하면서 색채효과의 정점을 이루며, 색채들이 서로 뒤섞이고 그것들은 다른 가상 속에서 너무도 섬세하며 반사하며 내비치며 아주 순간적으로 영활성을 띠며 일어나므로 이는 음악의 영역으로 넘어가기 시작한다.

이처럼 모형을 그리는 데는 명암을 대가적으로 다루는 솜씨도 들어가야 한다. 여기에서의 대가로는 이탈리아 화가들 중에 레오나르도 다빈치와 특히 코레조(Corregio, 롬바르디아 화파의 화가, 1489~1564년 —역자주)가 있었다. 그들은 아무리 짙은 그림자를 그리더라도, 그 그림자 자체를 다시금 투명하게 만들면서 눈에 띄지 않게 가장 밝은 빛으로까지 옮겨가면서 그렸다. 그럼으로써 그림은 최고의 경지로 마무리되었다. 그 어느 곳에도 물체의 강한 윤곽선은 나타나지 않으며, 도처에 명암의 이행(移行)이 나타난다. 빛과 그림자는 단지 직접 빛과 그림자로서만의 효과를 드러내는 것이 아니라, 상호 관통하여 비침으로써 마치 안으로부터 밖으로 나오는 뚫고 나오는 힘과 같은 효과를 지닌다. 색채를 다루는 데 있어서도 이와 비슷한데, 이 분야에서의 최고의 대가들은 네덜란드 화가들이었다. 이런 이상성(理想性), 이처럼 색들과 그것들이 반사하여 빛나는 것이 서로 뒤섞여 이리저리 옮겨가고 이 옮겨가는 것들이 바뀌어 순간적으로 스쳐감으로써, 그림 전체에는 명확하면서도 빛나고 깊고 부드럽게 비치는 색들로 인해 생명성이 가상으로서 나타난다. 이는 마법적인 색채효과를 이루며 바로 마법사인 예술가의 정신이 만들어낸 것이다.

γγ) 이렇게 해서 우리는 마지막의 사항에 이르렀으니 그에 대해서 나는 또 간단히 설명하겠다.

우리는 먼저 선의 원근법에서 시작하여 그 다음에 소묘를 거쳐 마지막으로 색채를 고찰했다. 모형을 그리는 것과 관련해 *첫째*로 빛과 그림자를, 둘째로 *색채 자체*를 그것도 색들 상호간의 상대적인 명암의 관계와 더 나아가 그것들의 조화, 공기의 원근법, 담홍색, 그리고 색채의 마술에 대해 고찰했다. *세 번째* 측면은 색채효과를 가져오는 데 있어서 예술가가 지닌 창조적인 주관성에 관한 것이다.

일반적으로 사람들은 여기에서 회화는 아주 특정한 규칙들에 따라 나아갈 수 있을 거라고 말한다. 그렇지만 이것은 아주 기하학적인 학문인 선의 원근법에만 해당된다. 물론 여기서도 규칙이라는 것은, 만약에 그것이 본래의 회화적인 것을 파괴하지 않으려면 결코 추상적인 규칙으로 드러나서는 안 된다. 둘째로 원근법보다 보편적인 법칙에 덜 해당하는 것이 소묘이고, 가장 덜 해당하는 것이 색채효과이다. 색채감각은 예술적인 특성, 주어져 있는 색조들을 독특하게 보고 구상하는 방식, 그리고 재산출하는 창조적인 상상력과 창의성의 본질적인 측면에 해당된다. 이 같은 색조의 *주관성*은 그 안에서 예술가가 자신의 세계를 관조하고 동시에 창조적으로 머무는 것으로, 그 주관성 때문에 드러나는 아주 다양한 색채효과는 *사물들의 본질 속에*(in *rerum natura*) 존재하지 않는 것을 단지 색채의 자의(恣意)와 임의의 기교로 만들어낸 것이 아니라 사물의 본질 자체 속에 들어 있는 것이다. 그래서 예를 들면 괴테는 그의 (자서전적인) 작품《시와 진실》속에서 여기에 속하는 다음과 같은 사례에 대해서 설명하고 있다.

> 내가 (드레스덴 미술관을 방문한 후에) 점심을 먹으려고 내 구두공 집에 다시 들어섰을 때(당시 괴테는 변덕스럽게도 그런 곳에 거주하고 있었다) 나는 내 눈을 거의 믿을 수가 없었다. 왜냐하면 내 눈앞에는 마치 오스타더가 그린 그림에서나 볼 수 있을 듯한 대상들이 거의 믿기지 않을 정도로 펼쳐져 있었기 때문이다. 그 모든 것들은 마치 화랑에만 걸 수 있는 그림처럼 완벽했다. 대상들의 위치, 빛, 그림자, 모든 것이 갈색의 분위기를 띠고 있었다. 나는 그림 속에서 보고 경탄했던 그 모든 것을 바로 여기 현실에서 보고 있었던 것이다. 내가 그처럼 극도로 이 같은 재능을 인지하게 된 것은 처음 있는 일이었다. 말하자면 나는 그 이후에 더 의식을 갖고 자연을 내가 주목했던

이런 저런 예술가의 눈으로 보는 연습을 하기 시작하였다. 이 능력은 나에게 많은 즐거움을 주었다. 그러나 나로서는 원래 타고나지 못했던 화가의 재능을 써서 때로는 몰두하여 그림을 그려보고 싶은 욕구도 더 갖게 되었다.

특히 이 같은 다양한 색채효과는 한편으로 인간의 살색을 표현할 때 강조된다. 이는 모든 외부적인 요소들, 즉 빛남, 나이, 성별, 상황, 민족성, 열정 따위의 변화를 제외하더라도 그렇다. 다른 한편으로 모든 화가들은 야외나 집, 주막, 교회 따위의 안에서 일어나는 일상적인 삶과 자연의 풍경을 표현할 때 여기에 등장할 가상들의 다양한 유희를 포착하여 재현하고, 화가들 자신의 직관, 경험, 상상력에 따라 고안해내려고 노력함으로써 그 대상들의 색채를 더 풍부하게 나타내게 하려고 한다.

c. 예술적인 구상과 구성 그리고 특성 살리기

우리는 지금까지 회화에서 유효해질 수 있는 특수한 관점들에 따라 *첫째*로 내용에 대해서, *둘째*로 이 내용이 형태화될 수 있는 감각적인 질료에 대해서 이야기했다. 마지막 *셋째*로 우리는 예술가가 자기의 내용을 이 특정한 감각적인 요소에 알맞게 회화적으로 구상하고 완성해내는 방식에 대해서 언급할 일만이 더 남아 있다. 여기에서 다시 우리가 고찰하게 될 폭넓은 소재를 우리는 다음과 같이 분류할 수 있다.

*첫째*로 우리는 *구상방식*에 있어서 좀 더 일반적인 차이들을 구별하고, 그것들이 점차 더 풍요롭게 생동성으로 이행(移行)해가는 것을 좇으며 관찰해야 한다.

둘째로 우리는 이런 방식으로 이해하는 가운데 더 자세히는 본래의 회화적인 *구성*, 포착한 *상황*과 대상들을 *무리짓는* 데 있어 예술적인 동기와 관련된 좀 더 특정한 면들에 대해 몰두해야 한다.

셋째로 우리는 다양한 대상들뿐만 아니라 다양한 구상에서 나오는 *특성*을 *나타내는* 방식에 대해서도 주목하고자 한다.

α) 첫째로 회화적으로 이해하는 가장 일반적인 방식들에 관해서 보면, 우리는 이것들을 때로는 표현되어야 할 내용 자체 속에서 발견한다. 그리고 때로는 원래 어느 대상 속에 들어있는 풍요로움 전체를 곧바로 작업해서 드러낼 수 있는 것이 아니라 다양한 단계들과 이행과정들을 거쳐서 비로소 완전한 생동성에 도달하게 되는 예술의 전개과정 속에서 그 기원을 발견한다.

αα) 이와 관련해서 회화가 차지할 수 있는 첫 번째 위상은 그 유래가 조각과 건축에 있다는 것을 보여준다. 왜냐하면 회화는 그 *전체적인 구상방식*이 지니고 있는 일반적인 특성 속에서 아직도 두 가지 예술들과 이어지기 때문이다. 이는 예술가가 개개의 인물형상을 다양한 상황 속에서 생생하게 규정하여 그리지 않고, 단순하고 독자적으로 안거하는 모습으로 제한하여 그리고자 할 경우에 가장 그렇다. 이런 면에서는 내가 회화에 적합한 것으로 설명했던 다양한 영역의 내용들 가운데 특히 종교적 대상들인 그리스도, 사도들, 성자들이 적합하다. 왜냐하면 그런 인물들은 스스로 혼자 서 있어도 충분한 의미를 갖고 총체성을 띠며, 의식에 경외감과 사랑을 불러일으킬 중요한 대상이 될 능력이 분명히 있기 때문이다. 아주 오래 전의 미술에서는 이런 식으로 그리스도나 성자들이 다른 특정한 상황이나 자연배경에 둘러싸이지 않고 혼자 서 있는 모습으로 표현된 것을 볼 수 있다. 간혹 배경

이 들어서더라도 이는 주로 건축적인 장식으로서 특히 고딕식으로 묘사되었는데, 예를 들면 예전에 네델란드의 화가들이나 남부독일의 화가들이 종종 그런 식으로 그렸다. 이처럼 회화는 여전히 건축과 관련되어 있었고 건축물의 기둥들이나 아치들 사이에 종종 여러 인물들, 예를 들어 열두 사도 등을 나란히 배치함으로써 아직은 후기의 미술에서 보이는 생동성에까지는 이르지 못했다. 그리고 그 형상들 자체도 일부는 여전히 경직된 조각의 특성을 띠고 있었으며, 일부는 대개 정적인 형태로 서 있었다. 예를 들면 비잔틴 시대의 미술이 그런 특성을 띠고 있다. 이때 주위에 배경이 없거나 단지 건축적인 배경을 두고 그려진 그런 개개의 인물들은 역시 더욱 엄격하고 단순하게 보이며 현란한 색채를 띠고 있다. 그러므로 아주 예전의 화가들은 작품에 풍부한 자연환경을 배경으로 그리는 대신에 단순한 금색배경을 칠하는 것을 고수했다. 거기서는 인물들이 걸친 의상들의 색채가 정면(正面)을 이루면서 동시에 그 배경을 저지해야 하므로, 따라서 그때의 색들은 회화가 가장 미적으로 발전한 시기에 우리가 발견하는 것보다 더 결정적이고 더 현란하다. 이는 미개인들(Barbaren)이 대체로 단순하고 생동적인 색인 적색, 청색 따위를 더 좋아하는 것과 같다.

이렇게 회화가 이런 식으로 최초로 이해해서 표현하던 첫 번째 방식에 속하는 것은 대부분 기적 행위를 표현한 그림들이다. 마치 뭔가 거창한 듯한 그런 그림들을 대하게 되면 인간은 멍한 태도를 취하게 된다. 그런 태도에는 예술적인 측면 따위는 아무래도 상관없는 것으로 보이며, 인간의 생동성이나 미를 통해 친근하게 의식하려고 하는 시도도 들어 있지 않다. 그런 그림들은 종교적으로 가장 많이 경배되고 예술적인 것처럼 간주되지만, 사실은 가장 조악(粗惡)한 그림들이다.

그러나 만약에 완성된 총체성으로서의 그런 개별적인 인물들이 전체적인 인격 면에서 보는 사람의 경배나 관심의 대상이 되지 못한다면, 조각과 같은 원리에 따라 완성된 그런 그림들은 아무런 의미가 없게 된다. 그래서 예를 들면 초상화는 그 그림 속의 인물에 대해서 아는 사람에게는 그 인물과 그의 개성 때문에 그 그림이 흥미를 주지만, 만약에 잊혀졌거나 알려지지 않은 인물들이라면 그들은 우리가 아주 단순한 구상방식에서 얻을 수 있는 것과는 전혀 다른 식으로 특정한 성격을 보이는 어떤 행동이나 상황 속에 있는 인물로 표현됨으로써 우리의 흥미를 끌게 된다. 대형 초상화들은 만약에 그것들이 갖가지 예술수단을 동원해 아주 생생하게 그려져서 우리 앞에 드러나게 되면, 그것들은 이런 *충만한 현존성* 자체에서 이미 그 틀에서 벗어나고 밖으로 걸어나오는 것처럼 보인다. 예를 들어 반다이크(van Dyck)[13]가 그린 초상화들에서는 특히 앉아 있는 인물의 자세가 완전히 *정면*을 향하고 있지 않고 약간 옆으로 돌아선 포즈를 취하고 있는데, 그때 그 그림의 액자는 내 눈에는 마치 그 앉아 있는 사람이 들어갈 세계로 통하는 문처럼 보였다. 그러므로 성자들이나 천사들 따위처럼 인물들 속에 이미 어떤 완전하고 완성된 것이 들어 있지 않을 때에는 어떤 상황을 지정함으로써만, 즉 어떤 개별적인 상태나 특수한 행동을 통해서만 그 인물들이 흥미를 끌 수 있다. 그러므로 그들을 마치 독자적인 인물처럼 포착하여 표현하는 것은 적합하지 못하다. 그래서 예를 들면 드레스덴에는 퀴겔겐(Kügelgen)[14]이 마지막으로 그린 작품이 소

---

13) 안토니 반다이크(Anthony Van Dyck, 1599~1641)는 네덜란드 플랑드르파(派)의 대가로 고아하고 우미한 화풍의 걸작을 많이 그렸다. 특히 교회 관계자들이나 문인들, 왕족들의 초상화 및 성당, 수도회 등을 위해 성화(聖畫)들을 그렸다.
14) 게르하르트 폰 퀴겔겐(Gerhard von Kügelgen, 1772~1820)은 독일의 화가이자 역사적인 인물들의 초상화를 많이 그린 화가였다.

장되어 있는데 여기에는 네 개의 흉상이 그려져 있다. 즉 그리스도, 세례 요한, 사도 요한과 탕자(蕩子)인 아들의 상이다. 여기에서 그리스도와 사도 요한을 보았을 때 나는 그 인물들을 대상으로 포착한 것은 아주 목적에 합당하다고 보았으나, 세례 요한과 탕자인 아들은 내가 보기에 그 독자성에는 전혀 어울리지 않아서 나 같으면 그들을 이런 식의 흉상으로 그리지 않았을 것 같았다. 이런 경우에는 반대로 그 인물들을 행동하는 모습으로 그리거나 또는 적어도 어떤 상황 속에 놓아 묘사함으로써, 그들이 외부환경과 생생한 관계를 맺어 스스로 완성된 전체로서 독특한 개성을 띠게 해야 한다. 퀴겔겐이 그린 탕자의 초상은 물론 고통과 깊은 후회, 죄의 참회를 아주 미적으로 표현하고는 있으나, 이것이 바로 성서에 나오는 *탕자 아들*의 참회라는 것은 단지 배경에 아주 작게 그려진 한 무리의 돼지들에 의해서만 암시되고 있다. 이처럼 상징적으로 약간 암시만 하는 대신에 그를 가축 무리들 속에 두거나 또는 그의 생애를 묘사하는 다른 장면 속에 넣어 그리는 편이 더 나았을 것이다. 왜냐하면 그 탕자는 그에 대해 성서에서 이야기하는 일련의 알려진 상황을 곁들여 우화적으로 묘사되지 않으면 우리에게는 더 이상 완전한 보편적인 인격체로 존재하지 않기 때문이다. 그가 어떻게 자기 아버지 집을 떠나서 어떤 비참한 생활을 하는지, 그리고 어떻게 귀향하는지가 구체적이고 현실적으로 우리 앞에 묘사되어 드러나야 한다. 그러므로 배경에 작게 그려진 돼지무리들은 이름을 적어 놓은 쪽지 한 장보다 별로 더 나을 것이 없다.

ββ) 대체로 회화는 주관적인 진심의 완전한 특수성을 그 내용으로 취해야 하므로, 조각처럼 무상황적으로 자체 속에 안거해 있거나 다만 특성을 실체적으로 묘사하는 데만 머물러서는 안 된다. 회화는 조각이 표현하는 독자성을 포기하고 특정한 상황, 다양성, 성격과 형상

영국 왕 찰스(Charles) 1세의 초상화. 반 다이크(Van Dyck)의 작품으로 왕이 자세를 옆으로 틀고 있는 모습이 특징적이다(1635년경 作), 파리의 루브르(Louvre) 박물관 소장

의 여러 다른 모습과 서로 관련시켜 내용을 외적인 환경 안에 넣어 표현하려고 노력해야 한다. 이처럼 인물들을 단지 전통적이고 정적인 전형들로 표현하거나, 건축적으로 세워 에워싸거나 조각처럼 행동하지 않고 고요히 머물게 구상하는 방식을 벗어나 생생하게 인간적으로 표현하고 독특한 개성을 찾는 것, 모든 내용을 주관적인 특수성과 그 현란한 외면성 속에 주입시키는 것이 바로 회화를 발전을 이루는 것이다. 그럼으로써 회화는 비로소 그 독특한 위치에 도달할 수 있다. 그러므로 다른 조형예술보다 회화에게는 그것이 더 많이 허용될 뿐만 아니라, 회화는 *극적인 생동성*을 묘사하는 데까지 나아감으로써 형상들이 특정한 상황에서 무리지어 행동을 취하는 것도 보여줘야 한다.

γγ) 이처럼 현존재의 완전한 생동성과 상황 그리고 인물들이 보여

주는 극적인 동작 속으로 파고들어 가면, 그 다음 *셋째*로 거기에 연결되는 것은 구상하고 이를 완성해 갈 때 개성과 모든 대상들이 색으로 드러나면서 완전한 생명을 갖게 되는 데 주어지는 중요성이다. 왜냐하면 회화에서 생동성의 궁극점은 색채에 의해서만 표현될 수 있기 때문이다. 그러나 마지막으로 색채에 의해 드러나는 이 같은 가상(假象)의 마법도 역시 너무 우세해지고 효력을 지니게 되면 그와 대조해서 표현되는 내용은 하찮은 것이 되고 만다. 그럼으로써 회화는 단순히 색들이 서로 대조를 이루거나 서로 뒤섞여 유희하면서 조화를 이루면서 향기와 마력을 보이다가, 역시 전적으로 음악 쪽으로 방향을 바꾸기 시작한다. 이는 조각에서 부조(浮彫)가 발전해 감에 따라 결국 회화 쪽에 가까워지기 시작하던 것과 같다.

β) 우리가 넘어가야 할 다음 단계는 특정한 상황과 그것들의 더 자세한 동기들을 대상들의 무리, 여러 다른 형상들 또는 자연대상들을 완결된 하나의 전체로 모아서 표현하는 회화적인 *구성(構成)* 방식에 따라서 창조해내야 하는 특별한 규정들에 관한 것이다.

αα) 우리가 가장 우위에 놓을 수 있는 중요한 요구사항은 바로 회화에 적합한 *상황(狀況, Situation)*을 잘 선택하는 일이다.

여기서는 특히 화가의 창의력이 그 무한정한 영역을 갖고 있다. 즉 꽃다발이나 술잔, 접시, 빵, 개개의 과일 같은 중요하지 않은 대상이 지닌 단순한 상황으로부터 시작해서 대단한 공식적인 사건들, 중요한 국가적인 사건들, 대관식, 전투, 성부, 그리스도, 사도들, 천국의 무리들과 인류 전체, 하늘, 땅, 지옥이 함께 등장하는 최후의 심판 같은 내용들이 풍부하게 구성된다. 더 자세히 보면 이와 관련해서 원래 *회화적인 것*은 한편으로 *조각적인 것*과 구별되고, 다른 한편으로 오직 시문학만이 완전하게 표현할 수 있는 *시적인 것*과는 더욱 분명하게 구별된다.

　회화적인 상황과 *조각에 맞는* 상황이 본질적으로 다른 점은 우리가 이미 위에서 보았듯이 다음과 같은 데 있다. 즉 조각은 주로 스스로 안거하고 무해한 상태 속에 아무런 갈등 없이 존재하므로, 거기에서 피규정성은 그다지 결정적인 것이 되지 못하는 것을 표현할 과제를 지니며, 부조(浮彫)에 와서야 비로소 주로 군상(群像)들을 만들고 형상들을 무리지어서 서사적으로 확대하고 충돌에 근거를 둔 더 역동적인 행위들을 묘사하는 데로 발전해가기 시작했다. 그에 반해 회화는 인물들을 아무 관계없는 독자성과 상황의 피규정성이 결여되어 있는 것에서 빠져 나와, 외부환경과 부단히 관계하면서 인간적인 상황들, 열정, 갈등, 행위들이 보여주는 생생한 움직임 속으로 발을 들여 놓으며, 자연풍경을 포착할 때조차 특수한 상황과 그것의 아주 생동적인 개성이 지닌 바로 그 피규정성을 포착할 수 있을 때 비로소 회화의 본래 사명이 시작된다. 그러므로 우리는 회화에 대해서는, 처음부터 그것이 성격, 영혼, 내면을 그것들의 외형을 통해서 내면의 세계가 직접 인식할 수 있도록 표현하지 않고 *행위(行爲, Handlung)*들을 통해서 그 내면 세계가 어떤지를 전개하고 표현하도록 요구하였다.

　특히 마지막 점에서 회화는 *시문학*과 더 가까운 관계에 놓이게 된다. 이 관계 속에서 양자의 예술은 한편으로는 장점을 지니지만, 또 다른 한편으로는 단점을 지닌다. 회화는 시문학이나 음악처럼 어떤 상황이나 사건, 행위의 발전을 *지속적인* 변화들을 통해서 전개시킬 수 없고, 단지 한 순간(*einen* Moment)만을 포착하려고 한다. 그 결과 바로 이 한 순간을 통해 전체적인 상황이나 행위 그리고 그것이 전성(全盛)에 이르는 모습이 표현되어야 하며, 따라서 스쳐 지나가고 그에 뒤따르는 것이 *하나*의 점으로 압축되는 바로 그 순간을 찾아야 하는 전적으로 단순한 반성이 생겨난다. 예를 들면 전투를 나타내는 장면에서는 다음과 같은 것이 바로 승리의 순간이 될 것이다. 즉 아직도 싸우고 있는 모습은 보이지만 동시에 승부가 결판난 것이 이미 확실하다. 그러므로 화가는 물러나 사라지면서도 현재에 아직 조금 남아 있는 과거의 잔재를 수용하여 곧 어떤 특정한 상황의 직접적인 결과로 드러날 미래의 일을 암시할 수 있다. 하지만 그에 대한 더 자세한 것은 나는 여기에서 다루지 않겠다.

화가는 시인에 비하면 이런 불리한 점도 있지만, 그러나 그는 특정한 장면을 그 현실의 실재성을 가상화하여 감각적으로 직관하게 하는 가운데 가장 완벽한 개별적인 장면으로 그려낼 수 있다는 장점도 지닌다. 그래서 "시는 그림과 같다"[15]라는 말은 사람들이 즐겨서 쓰는 격언으로서, 특히 이론가들이 이를 누차 주장했고 서술 문학에서는 해[年], 계절, 시기, 꽃, 풍경 따위를 묘사할 때 이 말이 그대로 채택되어 이용되곤 하였다. 그러나 그와 같은 대상이나 상황들을 말로 서술하는 일은 한편으로 매우 무미건조하고 지루하며, 그러면서도 개별적인 것으로 파고들어 가려고 하면 결코 완전히 묘사할 수 없게 된다. 또 한편으로 그것은 혼란스러운 것으로 머문다. 왜냐하면 회화에서는 한꺼번에 눈앞에 드러낼 수 있는 것도 시문학에서는 차례로 묘사(描寫)하면서 소개해야 하기 때문이다. 그래서 앞서 일어난 일은 항상 그 다음에 일어나는 일과 같은 공간에 서서 동시적으로 연결되어야만 가치를 띠게 되고 본질적으로 연결되나, 시문학에서는 그 반대로 우리

---

15) 본문에서 헤겔은 이 말을 라틴어로 "Ut pictura poesis erit"라고 쓰고 있는데, 이 말은 호라티우스의 《시예술(Ars poetica)》 361행에서 인용한 것이다.

는 앞서간 것은 늘 잊고 표현된 것의 실마리를 놓치게 되기 때문이다. 그에 반해 화가는 동시적으로 일어나는 개개의 사건들 사이에 이미 지나간 것으로 그가 본 것에 뒤이어 일어나는 일을 동시에 그림으로써, 이 지속적으로 일어나면서 사라지는 사건들을 보충해 그려 넣을 수 있다. 그러나 회화는 다른 점에서 보면 다시금 시문학이나 음악에 비해 뒤처진다. 즉 시예술은 감정이나 표상들을 감정이나 표상 일반으로서만이 아니라 그것들을 변화시키고 이행시키면서 상승적으로 발전시켜 갈 수 있다. 집중된 내면적인 삶과 연관해 볼 때 영혼의 내면적인 움직임과 관계하는 음악의 경우에는 더욱 그러하다. 그러나 회화는 이를 위해 얼굴이나 자세를 표현하는 것 외에는 더는 무엇을 할 수 없으며, 만약에 본래의 서정적인 것 속으로 파고들어 가려고 하면 회화 자체가 지닌 표현수단을 곡해하고 만다. 왜냐하면 회화는 아무리 내적인 열정이나 감정을 표정의 유희나 신체의 동작으로 표현하더라도, 이런 표현은 감정 자체와 직접 관련되기보다는 *특정한 외화(外化)*, 사건, 행위 속에 나타나는 감정과 관련되어야 하기 때문이다.

  회화는 외적으로 표현하므로 인물의 관상과 형상을 통해 내면을 보이게 한다는 추상적인 의미를 띠는 것이 아니라, 외면성의 형태에서 내면이 표현되어야 한다. 이 외면성이 바로 어떤 행위가 지니는 개성 있는 상태이며 특정한 활동 속에서 드러나는 열정으로서, 이를 통해 감정은 비로소 표출되어 인식된다. 그러므로 만약에 회화가 감정을 더 자세한 동기나 행동으로 드러내지 않고 얼굴표정이나 자세만으로 직접 표현해야할 곳에 시적인 것을 주입시킨다면, 이는 회화를 바로 그것이 피해야 할 추상성 속으로 다시 끌어들이는 데 불과하고 또 회화로 하여금 시의 특성을 갖도록 요구하는 것에 불과하다. 만약에 회화가 이런 시도를 감행한다면 무미건조하고 진부한 것에 빠지고 말

것이다.

내가 이 자리에서 이 점을 강조하는 이유는, 지난해(1828년) 이곳에서 열렸던 미술전람회에서 이른바 뒤셀도르프 화파(Düsseldorfer Schule)가 출품한 많은 그림들이 유명하게 되었기 때문이다. 그 화파의 대가들은 아주 합리적이고 기술적인 숙련성을 지니고 있어서 단지 시문학으로만 표현할 수 있는 단순한 내면성을 표현하는 쪽으로 방향을 취하고 있었다. 그 내용은 대부분 괴테의 시나 셰익스피어, 아리오스토, 타소의 작품들에서 취한 것으로서 주로 내면적인 사랑의 감정을 표현한 것들이었다. 일반적으로 뛰어난 그림들, 예를 들어 로미오와 줄리엣(Romeo und Julia), 리날도와 아르미다(Rinaldo und Armida)[16] 등의 그림에서 보면 연인들을 표현하는 데 더 자세한 상황을 덧붙이지 않고 있어서, 그 연인들은 서로 사랑에 빠져 서로 기대고 진정 깊은 사랑에 빠져 오직 서로를 들여다보는 것으로 표현되어 있다. 물론 그들의 입이나 눈에는 중요한 표정이 집중되어 있으며, 특히 긴 다리로 자세를 취하고 있는 리날도는 마치 그가 그 다리를 이끌고 어디로 가야할지 모른 채 그런 자세를 취하고 있는 듯한 인상을 준다. 그러므로 그 다리들이 그렇게 뻗쳐 있는 것은 아무 의미가 없다. 우리가 보았듯이 조각은 눈이나 영혼의 빛을 표현하는 일을 피하지만, 반대로 회화는 이 풍부한 표정의 순간을 포착한다. 그러나 회화는 이와 같은 한 점에만 집중하여 아무런 동기도 없이 단순히 불같은 시선이나 흐느적거리는 무기력함, 동경하는 모습, 입의 감미로운 다정함을 표현의 주안점으로 삼으려 해서는 안 된다.

---

16) 타소(Torquato Tasso, 1544~1595)의 《해방된 예루살렘(Gerusalemme liberata)》에 나오는 주인공들의 이름이다.

타소(Torquato Tasso)의 초상화

타소의 《해방된 예루살렘(Gerusalemme liberata)》에 나오는 주인공 리날도와 아르미다(Rinaldo und Armida). 니콜라스 푸생(Nicolas Poussin) 作

    그와 비슷한 그림으로 휘브너(Hübner)[17]가 그린 〈어부〉를 들 수 있다. 그 그림의 소재는 괴테의 어떤 시에서 취한 것인데, 고요하고

---

17) 휘브너(Julius Hübner, 1806~1882). 독일의 화가 빌헬름 폰 샤도의 제자였던 그는 바로 본문에서 헤겔이 공격하고 있는 뒤셀도르프 화파의 대표적인 화가였다.

차갑고 순수한 물에 대한 불특정한 동경을 놀랄만하게 깊고 우아한 감정으로 묘사하고 있다. 옷을 벗은 채 물 속으로 끌어당겨지고 있는 어부소년은 다른 그림들에 나오는 남자 인물들처럼 매우 범속한(凡俗, prosaisch) 얼굴 표정을 하고 있다. 그래서 만약에 그 인물의 얼굴이 조용한 모습을 띠고 있다면 그가 깊고 아름다운 감정을 지닐 능력이 있을 거라고 보기는 어려울 것이다. 대체로 이런 모든 남자 인물이나 여자 인물들에 대해서 그들이 건강한 아름다움을 지니고 있다고 말할 수는 없다. 오히려 반대로 그들은 신경이 날카롭고 가냘프고 병적인 사랑과 감정만을 보여주고 있다. 이런 것들을 회화에서 다시 산출해낼 수는 없다. 그런 것들은 오히려 삶에서는 물론 예술에서도 피하고 싶은 것들이다. 뒤셀도르프 화파의 대가인 *빌헬름 폰 샤도(Wilhelm von Schadow)*가 괴테의 미뇽(Mignon)[18]을 그림으로 표현한 방식도 역시 이런 범주에 속한다. 미뇽의 성격 자체는 매우 시적이다. 그녀를 흥미롭게 만드는 것은 그녀의 과거와 가혹한 외적 내적인 운명이며, 그녀는 이탈리아적이면서 스스로 강렬하게 동요하는 열정적인 심정을 지니고 있으나 스스로 그 속에서 명확해지지 못한다. 그런 심정에는 어떤 목적이나 결단성도 깃들어 있지 않아서, 그 심정 자체가 의도적으로 비밀스러운 것이 되어 그 자체로 어찌해야 할지 알지 못하게 된다. 이처럼 자기 안에 갇힌 채 자신을 드러내기를 완전히 단절하고,

---

18) 빌헬름 폰 샤도(Wilhelm von Schadow, 1788~1862)는 뒤셀도르프의 유명한 조각가였던 요한 고트프리트 샤도(Johann Gottfried Schadow, 1764~1850)의 아들이자 뒤셀도르프 화파의 거장이었다. 그가 그린 그림 〈미뇽(Mignon)〉의 '미뇽'은 괴테의 유명한 작품 《빌헬름 마이스터의 수업시대(Wilhelm Meisters Lehrjahre)》에 등장하는 마치 동화 속 여주인공 같은 인물로서, 이탈리아에 있는 고향집을 그리워하면서 보답받지 못하는 사랑에 가슴 아파하다가 죽는다.

〈미뇽(Mignon)〉 빌 헬름 폰 샤도(Wilhelm von Schadow) 作(1828년)

개별적이고 아무런 관계없는 감정을 분출함으로써만 남의 관심을 끌고 있는 그녀의 인물에게서 우리가 취할 수 있는 것은 그처럼 그녀 안에서 일어나는 끔찍한 관심사일 뿐이다. 우리는 그처럼 매우 복잡한 것을 상상할 수는 있겠지만, 샤도가 하려고 했던 것처럼 아무런 상황이나 행동으로 규정하지 않고 단순히 미뇽의 모습과 얼굴의 관상만으로 표현하는 일은 회화에서는 할 수 없다. 그러므로 대체로 이런 그림들은 상황이나 모티프를 표현하는 것에 대한 아무런 상상도 하지 않고 그려졌다고 주장할 수 있다. 왜냐하면 전체 대상이 상상력에 의해 포착되고 형상으로 직관되어 외화되고 그 내면이 일련의 감정과 행동을 통해 드러나는 것은 감정에 아주 중요하기 때문이다.

예술작품에서는 상상에 의해 표현하려고 선택한 모든 내용을 완전히 이용하여 드러내야만 이것이 참된 회화의 표현방식에 속한다. 특히 예전의 이탈리아 화가들도 이 좀 더 근대적인 사랑의 장면들을 표현하고 부분적으로는 시(詩)에서 자기들의 소재를 취하기도 했다. 그러나 그들은 이 소재를 건강한 사상과 쾌활성으로 형상화할 줄 알고 있었다. 아모르와 프시케, 아모르와 비너스 여신, 프로세르피나를 약탈하는 플루토, 사비나 여인들의 약탈, 물레를 쥔 헤라클레스가 몸에 사자 가죽을 감싼 옴팔레와 함께 있는 장면, 이 모든 대상들을 예전의 대가들은 어떤 행동도 덧붙이지 않고 상상력 없이 감정으로만 표현한 것이 아니라, 생생하고 특정한 상황이나 모티프를 지닌 장면 속에 넣어서 표현하였다. 또 그들은 《구약성서》에 나오는 사랑의 장면들도 소재로 취했다. 예를 들어 드레스덴 시에는 조르조네(Giorgione)[19]가 그린 그림이 한 장 걸려 있는데, 여기에는 먼 곳에서 온 야콥이 라헬에게 인사하고 그녀의 손을 붙들고 입을 맞춘다. 좀 떨어진 곳의 우물가에 몇 명의 하인들이 서서 골짜기에서 풀을 뜯는 수많은 가축 무리에게 물을 주려고 하고 있다. 또 다른 그림에서는 이삭과 레베카가 묘사되고 있다. 레베카는 아브라함의 하인들에게 물을 마시도록 내줌으로써 그들에게 인정을 받는다.[20] 아리오스토의 작품에서 소재로 취한 장면들도 있다. 예를 들어 샘가에서 안젤리카의 이름을 쓰고 있는 메도로가 있는 장면이 그것이다.[21]

근래에 와서 회화에서 다루는 많은 시의 소재들에 대해 언급하자면, 이미 말했듯이 여기서는 어떤 대상을 상상으로 포착하고 행위를 통해 감정을 드러내야지 추상적인 감정을 고수하고 그대로만 표현하려고 해서는 안 된다. 감정을 내면성 속에서 표현하는 시문학 자체도 상상하고 직관하고 고찰하는 가운데서 확대되어 간다. 예를 들어 만약에 시문학에서 사랑을 표현할 때 단지 "그대를 사랑한다"는 말만 고수하고 이 말

---

[19] 조르조네(Giorgione,1478~1510). 르네상스 전성기의 이탈리아 화가. 위의 본문에 언급한 그림의 장면은 《구약성서》 창세기 29장의 장면이다.
[20] 이는 《구약성서》 창세기 24장의 장면이다.
[21] 이는 이탈리아의 시인 아리오스토(Ludovico Ariosto, 1474~1533)의 작품 《광포한 오를란도(Orlando furioso)》(1516년)에 나오는 한 장면이다.

을 매번 반복만 한다면, 이는 시문학을 대단하게 여기는 신사분들에게는 기분 좋게 들릴지 몰라도 사실은 추상적이고 진부한 산문에 불과하다. 왜냐하면 대체로 감정과 관계되는 예술은 상상으로 이해하고 향유해야 하며, 이 상상은 시문학에서의 열정을 명료하게 해주고 이를 외화시킴으로써 그것이 서정적이든 서사적인 사건이든 극적인 행위든 간에 우리를 만족시켜 주기 때문이다. 그러나 회화에서는 내면적인 것을 표현하는 데 입이나 눈, 자세를 묘사하는 것만으로는 충분하지 않고, 내면을 존재가치가 있는 총체적이고 구체적인 객관성으로 드러내야 한다.

그래서 회화에 있어서의 주안점은 바로 어떤 상황, 어떤 행위가 일어나는 장면을 표현하는 데 있다. 여기에서 첫 번째 지켜야 할 규칙은 *이해할 수 있게* 그려야 한다는 것이다. 이런 점에서 종교적인 대상들은 일반적으로 알려져 있다는 유리한 점이 있다. 즉 천사들의 경배, 목자들이나 동방박사들의 기도, 이집트로 탈출하던 도중에 쉬는 장면, 그리스도가 십자가형을 받고 나서 묻히는 장면, 부활 그리고 또 성자들의 전설들은 그런 그림을 그려 알리는 대상이었던 대중들에게는 낯선 것이 아니었다. 물론 지금의 우리들에게는 순교자들에 관한 이야기는 좀 먼 것이 되었었지만. 예를 들어 어떤 교회에서는 주로 그 교회의 후원자나 그 도시의 수호천사에 대한 이야기 따위만이 그림으로 표현되기도 했다. 그러므로 화가들은 언제나 자기들이 선택해서 그런 대상들을 그린 것은 아니고 필요에 따라 제단이나 예배당, 수도원 등을 위해 이런 대상들을 그렸으므로, 그 그림들이 전시되는 장소가 이미 그것들을 이해하는 데 도움이 되었다. 이런 것은 때로는 필요하다. 왜냐하면 회화에는 시문학이 다양하게 표현하는 데 도움이 되는 언어, 이름 같은 것이 빠지기 때문이다. 그래서 예를 들어 왕궁이나 시청의 홀, 의회당 같은 곳에는 그 국가나 도시, 그 건물의 역사에서 소재로 취한 대단한 사건이나 중요한 순간들이 소재로 취해지는데, 그림으로 그려지기로 결정된 것들은 그 지역에서는 잘 알려져 있는 사건들이기도 하다. 예를 들어 이곳 독일의 왕궁을 위해서 그리는 그림의 소재를 영국사나 중국사 또는 미트리라테스 왕의 전기에서 발췌해서 그리기는 쉽지 않을 것이다. 그러나 화랑에서는 다르다. 이곳에서는 좋은 예술작품으로 소유하거나 살 수 있는 모든 그림들을 함께 건다. 그때 물론 그 그림들은 어떤 특정한 장소에 개별적으로 속하거나 그 장소를 통해서 명확하게 이해될 수 있는 가능성을 상실한다. 이는 개인의 방에 걸려 있을 때도 마찬가지이다. 개인의 방에는 마치 화랑처럼 얻을 수 있는 그림이라면 무슨 그림이든 다 걸리며, 그 밖에 개인의 취향이나 변덕에도 좌우된다.

그림이 이해할 수 있어야 한다는 점과 관련해 볼 때 역사적인 주제에 훨씬 못 미치는 것이 있는데, 이는 한때는 상당히 유행했던 이른바 알레고리(Allegory, 풍유)적인 표현이다. 이런 표현에는 대개 형상의 내면적인 생동성이나 특수성이 결여될 수밖에 없으므로 그것들은 무규정적이고 얼어붙은 듯이 차갑다. 반면에 일상적인 인간 삶에서 취한 자연풍경의 장면이나 상황들은 그것들이 의미하고자 하는 것이 명확하며, 또 개성이나 극적인 다양성, 존재하는 것의 움직임이 충만하여 창의적으로 완성하는 데 아주 유리하다.

ββ) 그러나 특정한 상황은 그것을 이해할 수 있게 만들어야 하는 것이 화가의 일인 만큼 인식할 수 있어야 하는데, 여기에는 일반사람들이 단순히 그림을 설치할 외부의 장소와 그 대상에 대해 알고 있는 것만으로는 충분하지 않다. 왜냐하면 일반적으로 이는 예술작품 자체와는 별로 무관한 외적인 관계에 지나지 않기 때문이다. 반대로 예술가가 특정한 상황이 내포하고 있는 다양한 모티프들을 강조하고 풍부한 창의력으로 형상화하기 위해 충분한 감각과 정신을 지니는 것은

사실 중요하다. 내면을 객관성으로 드러내는 모든 행위는 직접적으로 외화되고 그 결과 감각적으로 되면서, 사실 내면의 효과이기 때문에 감정을 드러내고 반영하며 따라서 이해가능한 모티브를 개별화하는 데 잘 이용될 수 있도록 관계한다. 예를 들어 사람들이 라파엘이 그린 〈그리스도의 변용〉을 보고 그것이 두 개의 전혀 아무 상관없는 행위로 나눠진다는 비난을 많이 했다는 것은 알려진 일인데, 이는 사실 *외적* *으로* 고찰해 보면 맞는 말이다. 즉 위의 언덕 위에는 그리스도의 변용이 보이고 아래에는 불투명한 영혼에 사로잡힌 사람의 모습이 보인다. 그러나 정신적으로는 서로 가장 아주 깊은 관계에 있음이 드러난다. 왜냐하면 한편으로 그리스도의 감각적인 변용은 바로 그 변용이 땅 위에서 들어올려져 사도들로부터 *멀어지는 것*이므로, 이 사도들 역시 분리되어 멀어져 가는 것으로 보여야 하기 때문이다. 다른 한편으로 그리스도의 숭고함은 여기의 실제 개별적인 장면으로 나타난 경우에도 미친 자를 주위의 도움 없이 사도들이 혼자서는 치유할 수 없다는 점에서 변용이 가장 잘 나타나 있다. 그래서 여기에는 전적으로 이 이중적인 행위가 일어나는 동기가 있으며, 따라서 외적으로 그리고 내적으로도 관계를 맺는다. 한 사도가 멀어져 가는 그리스도를 확실히 손으로 가리키면서, 그가 신의 아들이라는 참된 규정을 암시하면서 동시에 지상에 서 있다. 그리하여 다음과 같은 말은 사실이 된다.

내 이름으로 두 사람이 함께 모여 있으면
나는 그들 사이에 있을 것이다.[22]

---

[22] 이는 《신약성서》의 마태복음 18장 20절과 누가복음 9장 28절에 나오는 그리스도가 한 말이다.

라파엘 作 〈그리스도의 변용〉(1520년). 바티칸 미술관 소장

또 다른 예를 들자면, 괴테는 언젠가 율리시스가 도착할 때 여자옷을 입고 있던 아킬레우스를 묘사하는 장면을 공모작품의 주제로 내세운 적이 있다. 한 소묘 속에서 아킬레우스는 무장한 영웅 율리시스(그리스 신화에 등장하는 오디세우스의 다른 이름—역자주)의 투구를 바라보는데, 그것을 바라보는 그의 심장은 불타오르고 이 내적인 동요로 인해 그가 목에 두르고 있던 진주목걸이가 떨어져 나간다. 한 소년이 그것을 땅에서 찾아 줍는다. 그와 같은 모티프들은 성공적인 것이다.

더 나아가 화가는 다소 큰 공간들을 채워야 하고, 풍경을 배경으로

제3편 낭만적인 예술 _ 435

삼고 조명을 투사하면서 건축적인 주위환경, 부수적인 인물들, 도구 따위를 배치할 필요가 있다. 이런 모든 감각적인 준비물들을 화가는 가능한 한 상황 속에 놓인 모티프들을 표현하는 데 사용해야 하며, 외적인 것을 이것들과 연관시켜 그것들이 더 이상 하찮은 것으로 머물지 않게 해야 한다. 예를 들어 두 명의 영주(領主)나 대주교들이 서로 악수를 한다. 만약에 이것이 평화조약의 신호이거나 어떤 동맹을 결약하는 것이라면, 전사들이나 무기 같은 것들, 맹세를 위한 제물의 준비 따위는 그에 적합한 주위환경을 이룰 것이다. 반대로 만약에 이 인물들이 순례여행을 하던 중 우연히 서로 만났거나, 아니면 약속을 하고 재회하면서 서로 인사하고 악수하는 것이라면 그 밖에 다른 모티프들은 모두 불필요하다. 그런 식으로 전체 표현에서 사건과 대상들의 개별화에 의미가 함께 드러나도록 고안하기 위해서 특히 화가는 정신적인 감각을 그런 것에 돌려야 한다. 여기서 많은 예술가들은 상황과 환경을 상징적으로 연관시키는 데까지 나아가기도 했다. 예를 들어 동방박사 세 사람이 경배하는 장면에서는, 그리스도가 어느 농가의 지붕 밑 구유 속에 누워 있고 주위에는 어느 옛 건물의 낡고 허물어진 벽이, 배경에는 솟아오른 성당의 모습이 종종 보인다. 이처럼 무너진 돌담과 솟아오른 성당의 모습은 기독교 교회에 의해 이교(異敎)는 몰락한다는 것을 보여준다. 또 특히 반아이크 화파의 그림들을 보면, 마리아 옆에 서서 경배하는 천사의 곁에 꽃밥이 없는 백합이 피어 있는 모습이 종종 보이는데 이는 성모 마리아의 처녀성을 보여준다.

γγ) 셋째로 회화는 내적이고 외적인 다양성의 원리에 의해 그 다양성 속에서 상황, 사건, 갈등 그리고 행위들의 피규정성을 상세히 표현해야 하므로, 그 대상들이 자연대상들이든 인간형상들이든 그것들이 지닌 다양한 차이와 대립들로 옮겨가야 하며, 동시에 이처럼 상호외

적인 다양한 것들을 분류하고 서로 조화시켜서 총체성으로 합쳐야 할 임무를 지닌다. 그리하여 회화에 가장 중요한 요구사항들 가운데 하나로, 형상들을 예술에 적합하게 배치하고 *무리짓는* 일이 필요해진다. 그러나 여기에서 응용해야 하는 많은 개별적인 규정들이나 규칙들에 대해 말할 수 있는 일반적인 것은 아주 형식적으로 머물 수밖에 없다. 그래서 나는 간단히 몇 가지 중요한 사항들만 언급하고자 한다.

먼저 배치하는 방식은 매우 건축적이다. 즉 인물들을 같은 종류끼리 나란히 배치하거나 또는 형상들, 그들의 자세나 움직임을 규칙적으로 대립시키거나 대칭적으로 배열하는 일이다. 그때 여기서는 특히 피라미드식으로 형상들을 무리지어 배치하는 일이 즐겨 일어난다. 예를 들어 십자가형을 묘사할 때는 마치 저절로 피라미드형이 만들어진다. 즉 그리스도는 위의 십자가 위에 매달려 있고, 그 옆에는 사도들, 마리아, 성자들이 서 있다. 마리아가 아기 예수와 함께 높은 옥좌에 앉아 있고, 사도들과 순교자들 등이 그 아래에 옆으로 경배하며 늘어서 있는 마돈나의 그림에서도 마찬가지이다. 시스티나 성당의 마돈나상의 그림에서도 역시 이런 식으로 인물들을 무리지어 고정시킨 것이 우세하게 드러나고 있다. 대체로 그런 모양은 눈에 안정감을 준다. 왜냐하면 피라미드는 그 정점에 의해 그 밖에 옆으로 흩어진 것들이 합쳐지며, 무리지어진 대상들에게 외적인 통일성을 부여하기 때문이다.

이처럼 일반적으로 아직은 추상적이고 대칭적으로 배치되는 가운데 특히 개별적인 자세나 표정, 움직임이 매우 생동적이고 개성적으로 드러난다. 화가는 자기의 예술 속에 가능한 수단들을 전부 이용하는 가운데 여러 가지 구상을 하며, 이를 통해 중요 인물들을 그 밖의 다른 것들 가까이에 강조해서 세울 수 있고, 그 외에 같은 목적을 달성하는 데 조명과 색채효과도 이용할 수 있다. 여기서는 당연히 이런 것과 관련해 그의 대상들이 무리지어 설치된다. 즉 중요 인물들을 곁에다 세우고 부수물들을 가장 관심을 끄는 자리에다 놓지는 않을 것이다. 또 중요 내용을 이루는 곳에는 가장 밝은 빛이 드러나게 하고 그 대상들을 어둡게 묘사하지 않을 것이며, 부수적인 인물들은 주요한 색채를 부여하거나 밝은 빛 속에 있도록 설치하지는 않을 것이다.

별로 대칭을 이루지 못하지만 다른 한편으로 좀 더 생동감을 띤 대상들을 무리지을 때, 화가는 특히 인물들을 서로 밀치거나 때로 그림들에서 보이듯이 혼란스럽게 표현해서 어떤 다리가 어느 인물에게 속하고 서로 다른 팔과 손, 옷끝, 무기 따위가 어느 인물에게 속하는지 구별하기 위해 그 신체부위들을 찾는 데 애쓰지 않도록 유의해야 한다. 반대로 구성이 더 큰 그림들에서는 전체를 분명히 조망할 수 있는 부분들로 나눠서 그리는 것이 가장 좋지만, 그때 이 부분들을 서로 완전히 고립시키거나 분산시켜서는 안 된다. 특히 예를 들어 사막에서 만나(manna)[23]를 모으는 일이나, 연말의 시장분위기 따위처럼 원래 분산된 혼란한 장면이나 상황들을 그런 식으로 표현해서는 안 된다.

이러한 형식적인 것에 대한 시사는 여기에서 이 정도로 그치기로 한다.

γ) 우리는 *첫째*로 회화적으로 이해하는 일반적인 방식들에 대해서 고찰했고, *둘째*로 상황의 선택이나 모티프의 고안, 대상들을 무리짓는 일과 관련된 구성(Komposition)에 대해서 다루었다. 그 다음 이어서 *셋째*로 나는 회화를 조각 및 조각의 이상(理想)적인 조형성과는 다

---

23) 이집트를 떠나 시나이 반도의 사막을 방랑하며 굶주리던 헤브라이인들에게 신 여호아가 내려주었다는 음식.

르게 만드는 특성을 *나타내는* 방식에 대해서 몇 가지 더 부연하고자 한다.

αα) 이미 앞서의 기회에 나는 회화에서 주관성의 내적인 특수성과 외적인 특수성은 자유롭게 남겨 두어야 한다고 말했었다. 그러므로 이는 이상(理想) 자체 속에 수용된 개성의 미가 될 필요는 없으며, 우리가 새로운 의미에서 *특성을 띠고 있다*(charakteristisch)고 부르는 것을 비로소 나타날 수 있는 개별성으로까지 이행(移行)되어 갈 수 있다. 이런 점에서 이런 성격적인 것(das Charakteristische)은 대체로 고대와는 달리 근대적인 것으로 구별되는 특징을 지닌다. 그러므로 여기에서 우리가 그런 의미로 이 말을 취하는 것도 역시 정당성을 띠고 있다. 근대적인 기준에서 볼 때 제우스 신이나 아폴로 신, 다이아나 여신 등은 영원하고 숭고하고 조형적이고 이상적인 개성들로서 우리의 경탄대상이기는 하지만, 원래 성격을 띠고 있지는 않다. 더 자세히 보면 이미 호메로스의 서사시에 나오는 아킬레우스나 아가멤논, 또 아이스킬로스가 쓴 비극에 나오는 클리템네스트라, 오디세우스, 안티고네, 이스메네 등의 인물들에서—비극작가 소포클레스는 그들이 말과 행동에서 그들의 내면을 드러내고 있는데—특수성(特殊性)이 드러난다. 그러한 특수성을 띤 이 인물들은 뭔가 자신들의 본질을 갖고 있는 존재가 되며, 그 본질 속에 자신들을 보존한다. 그러므로 만약에 이것을 성격이라고 부른다면, 우리는 물론 고대에서도 성격이 표현된 것을 본다. 그에 반해 특수성이 저 이상성(理想性) 속으로 물러나 머물지 않는 회화에서는 바로 우연한 개별성들이 아주 다양하게 전개되므로, 우리는 저 조형적인 이상을 띤 신들이나 인간들 대신에 특수한 인물들이 우연적인 특수함을 지닌 것에 따라 우리 앞에 나타나는 모습을 보게 된다. 따라서 형상이 육체적인 완전성을 띠거나 정신이 건강

하게 존재하는 것과 일반적으로 어울리는 것, 즉 한마디로 말해서 우리가 조각에서 이상적인 미라고 부르는 바로 그것을 회화에서 똑같이 요구할 수도 없으며 일반적으로 주요사항으로 삼아서도 안 된다. 사실 중심을 이루는 것은 영혼의 내면성과 그 생생한 주관성이다.

이처럼 저 자연적인 영역은 그보다 더 이념적인 영역 속으로는 깊이 파고들어 오지 못한다. 소크라테스처럼 추한 얼굴을 가진 사람도 도덕적인 신념을 갖고 활동했듯이, 단순히 외적인 형상만 보자면 추한 몸속에도 경건한 마음이나 종교적인 심정이 깃들 수 있다. 물론 정신적인 미를 표현하기 위해서 예술가는 절대적으로 추한 외형은 피하거나 이를 꿰뚫는 영혼의 힘으로 제어하고 변용시킬 줄 알 것이다. 그렇더라도 이때 추한 것이 완전히 제거되지는 않는다. 왜냐하면 위에서 더 상세히 설명했듯이, 회화는 인간의 형상이나 얼굴이 비정상적으로 추하게 생겼더라도 표현하기에 적당한 면을 찾아서 내용으로 삼기 때문이다. 이는 조악하고 사악한 영역, 즉 종교에서는 주로 그리스도의 생애의 이야기에 나오는 전쟁노예들이나 지옥에 떨어진 죄인들 또는 악마의 모습으로 드러난다. 특히 미켈란젤로는 상상력을 형상화해서 인간형상의 기준을 넘어서고 있는 동시에 인간성을 띤 악마를 만들어 낼 줄 알았다.

그러나 회화가 설정하는 개인들이 아무리 특수한 성격들의 총체성이라 할지라도, 그들 속에 조형예술에서 이상성(理想性)을 이루는 유례(類例)가 나타나지 않는다고 말할 수는 없다. 물론 종교에서는 순수한 사랑의 특성이 중요한 것이기는 하다. 특히 자신의 본성 전체가 사랑인 마리아의 경우가 그렇고, 또 그리스도를 따라다니는 여자들이 그러하며, 사도들 중에는 사랑의 사도인 요한(Johann)의 경우가 그렇다. 그러나 이런 종류와 그림들은 예를 들어 감각적인 형태의 미를 그린 라파엘의 그림들과도 비슷하다. 다만 이 감각적인 미는 단순한 형태미로서 가치를 띠

레오나르도 다빈치(da Vinci)의 걸작 〈최후의 만찬〉(1498년 作)

려고 해서는 안 되고, 아주 내면적인 영혼을 표현함으로써 정신적으로 변용되어 이 정신적인 진심을 본래의 목적이자 내용으로 증명해 보여야 한다. 그리스도의 유년시절의 형상이나 세례요한의 모습에서는 미적인 효과가 드러난다. 그 밖의 인물들, 사도들, 성자, 제자들, 고대의 현인들에서는 단지 어느 특정한 순간적인 상황을 표현할 때만 더 상승된 진심이 표현된다. 그 밖에 그들은 독자적으로 세상 속에 존재하면서 용기와 인내, 신앙과 행동을 갖춘 성격들로 드러나므로, 여기서는 아무리 성격들이 다양하더라도 진지하고 위엄 있는 남성적인 면이 기본 특성이 된다. 그 특성은 신적인 이상이 아니라 아주 개별적인 인간적인 이상, 그들 자신들이 인간일 뿐만 아니라 또 실제로 인간적인 이상이다. 거기에 나오는 인간들은 특수한 성격을 지니고 있지만 이와 같은 특성은 개체를 완성하는 보편성과도 관련된다. 이런 식으로 미켈란젤로나 라파엘, 그리고 레오나르도 다빈치는 저 유명한 〈최후의 만찬〉에서 다른 화가들에게서와는 전혀 다른 위엄과 위대함, 고귀함이 깃든 인물형상들을 그려서 남겼다. 이것이 바로 회화가 그 특성을 포기하지 않고도 고대 그리스인들과 같은 숭고한 기반에서 설 수 있는 이유이다.

ββ) 조형예술들 가운데서도 회화는 특수한 형상이나 특별한 성격이 스스로 두드러지게 드러나도록 가장 많은 권한을 부여하므로 특히 본래의 *초상화에 적합한* 쪽으로 가까이 옮겨간다. 그러므로 *초상회화*를 예술의 숭고한 목적에 적합하지 않은 것으로 비방하는 일은 전혀 옳지 않다. 위대한 대가들이 그린 수많은 탁월한 초상화들이 없어도 괜찮다고 생각할 사람이 과연 있을까? 그런 작품들이 지닌 예술적인 가치와는 관계없이, 유명한 개인들, 그들의 정신, 활동을 나타낸 것 말고도 그 그림들이 특정하게 표현된 것을 눈앞에 보고 싶은 호기심을 갖지 않는 사람이 누가 있겠는가? 그 이유는 아무리 위대하고 지위가 높은 사람이라도 실존했던 개인이며, 따라서 우리는 그가 지녔던 독특하고도 생동적인 개성과 정신을 직관하고 싶어하기 때문이다. 그러나 예술 외적인 그런 목적들을 제외하면, 어떤 의미에서 회화의 발전은 그것이 불완전하게 시작했던 때부터 이미 *초상화* 작업 쪽으로 향해 갔다고 주장할 수 있다. 먼저 내적인 생동성을 불러온 것은 경건한 기도의 심정이었으며, 고차적인 예술은 이 심정을 진실하게 특수한 현존재로 표현함으로써 영활시켰고, 외적인 현상 속에 더 깊이 침잠함으로써 이를 표현하는 내적인 생동성도 역시 심오해졌다.

그러나 초상화도 역시 참된 예술작품이 되기 위해서는, 이미 언급했듯이 그 그림 속에 정신적인 개성의 통일성이 뚜렷이 각인되고 정신적인 성격이 우세하게 드러나야 한다. 여기에는 얼굴의 모든 부분이 도움이 된다. 화가가 얼굴의 관상에 대해 지니고 있는 섬세한 감각을 이용해서 바로 이런 부분적인 특징들을 포착하여 부각시킬 때, 그 속에서 정신적인 특성은 분명히 매우 함축적으로 생동성을 띠고 표현되어 드러난다. 이런 점에서 초상화는 아무리 자연에 충실하고 심혈을 기울인 솜씨로 완성되었더라도 비(非)정신적일 수 있으며, 반대로 대가가 몇 가지 특징만을 살려서 그린 스케치가 훨씬 더 생동성을 띠고 결정적으로 진리를 담고 있을 수도 있다. 그러나 그런 스케치는 원래 의미 있고 독특한 특징을 지니고 단순하면서도 성격을 나타내는 기본그림으로 표현되어야 하고, 정신성을 덜 지닌 숙련성이나 자연에만 충실한 허식적인 것을 드러나지 못하게 해야 한다. 이와 관련해서 나는 스케치식으로 표현하는 일과 자연에 충실하게 모방해서 그리는 일의 중간을 지키라고 충고하고 싶다. 예를 들어 그런 종류의 그림으로 티치아노[24]가 그린 탁월한 초상화들을 들 수 있다. 우리 앞에 드러난 그 그림들은 너무나도 개성적이어서 현재의 얼굴 관상에 대한 이론이 우리에게 주지 못하는 정신적인 생동성의 개념을 부여해 준다. 이는 우리 스스로 보아서 얻는 것보다 훨씬 더 숭고하고 참된 이미지(Bild)를 고안해내는 참된 예술성을 띤 역사서술가가 위대한 행적이나 사건들에 대해 해설하면서 전달해 주는 것과도 비슷하다. 현실은 현상들 자체와 부수적인 일들, 우연성으로 넘쳐 있어서 우리는 종종 나무들 때문에 숲을 보지 못하거나 우리에게 일어나는 위대한 일들을 하찮은 일상적인 사건으로 여기고 지나치기도 한다. 사건들을 비로소 위대한 행적으로 만들어 주는 것은 그 안에 내재하는 의미와 정신이며, 이것을 우리는 단순히 외적으로 수용하지 않고 오직 내적인 정신을 생생하게 표현한 것에 관해 탁월한 진정한 역사서술을 통해서 알게 된다. 화가도 역시 이런 방식으로 형상의 정신적인 의미와 특성을 그의 예술로 만들어서 우리 눈앞에 보여주

---

[24] 티치아노(Tiziano Vecellio,1477~1576). 이탈리아의 화가.

어야 한다. 이런 점에서 완전히 성공한 초상화는 곧 실제의 인물보다도 더 개성적이고 더 비슷하다고 말할 수 있다. 독일의 화가 알브레히트 뒤러도 그러한 초상화들을 그렸다. 단지 몇 가지 수단을 쓰기만 해도 그 특징들은 단순하면서도 독특하고 위대하게 드러나므로, 우리는 눈 앞에 아주 정신적인 생명체를 보는 것처럼 생각하게 된다. 그런 그림은 오래 바라보고 있으면 있을수록, 그 안을 더 깊이 들여다보기도 하고 그것을 밖으로 끌어내서 보게 되기도 된다. 그것은 완성된 성격을 내포하며, 그 밖의 것은 색과 형태로 계속 이행(移行)시켜 직관적으로 마무리되어 예리한 정신적인 소묘로 남는다. 이는 자연처럼 개별적이고 구차한 생동성으로만 파고들지는 않는다. 그래서 예를 들어 풍경화에서도 자연은 나뭇잎 하나하나, 나뭇가지나 풀 하나하나를 완전하게 소묘하여 색칠해내는데, 풍경화는 사실 이런 식에 따라서 완성하려고 해서는 안 되고 전체를 표현하는 분위기에 알맞게 개별적인 것을 강조시켜야 한다. 또 개별적인 것들도 본래는 독특하고 개성을 띠어야 하지만 그렇다고 해서 힘줄 하나하나, 자세한 들쭉날쭉함 따위까지도 자연에 너무 충실하게 그려서는 안 된다. 인간의 얼굴에서 *자연으로 묘사되는* 부분은 단단한 부분으로 드러나는 골격이며 그 주위로 더 부드러운 부분들이 둘러싸면서 다양한 우연성들로 뻗어나간다. 그러나 *초상화*에서 성격을 나타내 주는 것으로는 물론 그와 같은 단단한 골격부분들이 중요하기는 해도, 또 다른 확고한 특징, 즉 *정신이 작용하고 있는* 얼굴 속에 그런 성격이 들어 있다. 이런 의미에서 초상화는 일부러 좀 멋진 모습으로 표현될 수 있을 뿐더러 또 그렇게 표현되어야 한다고 말할 수 있다. 왜냐하면 단지 우연한 자연적인 것은 떨어져 나가게 하고 오직 개인에게 고유한 내면적인 본질을 전달해 주도록 성격을 표현하는 데 도움이 되는 것만 받아들이기 때문이다. 오늘날에는 모든 얼굴들을 다

중세 독일의 유명한 화가였던
알브레히트 뒤러(Albrecht Dürer)의 자화상

정하게 미소 띤 모습으로 그리는 것이 유행이지만, 이는 매우 위험하며 그 한계도 유지하기가 어렵다. 그런 모습이 우아할지는 모르지만 사회적인 교제에서 단순히 예의 바르고 다정다감한 것은 성격을 드러내는 특징이 못된다. 그런 표정은 많은 화가들의 손 안에서 너무 쉽게 김빠진 감미로운 표정으로 바뀌고 말았다.

γγ) 회화는 모든 것을 아무리 초상화적으로 그려 표현하더라도, 늘 어떤 내용을 표현하기 위해서는 개별적인 성격의 특징, 형상, 자세, 무리지음, 채색의 종류를 인물들이나 자연대상들이 들어가 있는 특정한 상황에 맞춰서 그려야 한다. 왜냐하면 그 상황 속에 있는 그런 내용이 바로 표현하고자 하는 것이기 때문이다.

여기에서는 무한히 다양한 개별적인 것들을 고찰할 수 있겠으나, 그 중 간단히 중요한 점만을 다루겠다. 즉 상황은 그 본질상 스쳐 가거나 그 속에서 드러나는 감정이 순간적인 성질을 띠는 것이므로, 동일한 주제도 비슷하거나 서로 반대되는 감정들을 많이 표현할 수 있다. 또 상황과 감정은 어떤 성격의 영혼 전체를 통해 포착할 수도 있는데, 그 안에서 완전한 내적인 본성이 드러난다. 이 후자가 인물의 성격을 특징짓는 데 참되고 절대적인 요소가 된다. 다시 말해 내가 위에서 이미 언급했듯이, 마돈나가 처해 있는 상황 속에서는 마돈나 자신이 아무리 총체적인 개인으로서 개별적으로 파악되더라도 모든 것이 성모, 즉 그녀의 영혼과 성격의 전체 속에 포괄된다. 즉 그녀는 바로 이와 같은 특정한 상황 속에서 표현할 수 있는 바로 그것 외에 다른 것이 아님을 보여주어야 한다. 그래서 마치 신과 같은 대가들은 마돈나상을 그처럼 영원한 어머니, 즉 모성애적인 상황 속에 머무는 모습으로 그렸다. 다른 대가들은 그녀의 성격을 나타내는 데 그 밖의 다른 현실성이나 존재를 덧붙여서 표현했다. 이처럼 덧붙여진 표정은 매우 아름답고 생동적일 수는 있어도 결혼생활에서의 사랑 따위처럼 역시 다른 관심사로서도 표현될 수 있으며, 그때 우리는 그 인물을 마돈나라는 관점이 아닌 다른 관점에서 바라볼 수도 있을 것이다. 반면에 최고의 작품에서는 오직 그 상황을 일깨우는 생각 외에 다른 생각은 주어지지 않는다. 이런 이유에서 드레스덴에 소장된 코레조[25] 작품인 마리아 막달레나의 그림은 감탄을 금할 수 없을 만큼 가치가 있고 영원한 경탄의 대상이 될 수 있다. 막달레나는 참회하는 죄인이지만, 그녀에게서는 죄에 대해 그다지 심각하지 않고 원래는 고귀하며 나쁜 열정에 빠지거나 나쁜 행동을 저지를 수 없는 여인의 품성이 엿보인다. 그래서 그녀가 자기에게 되돌아가 깊이 침잠하는 일은 순간적으로 일어나는 상황이 아니라 바로 그녀의 본성이 된다. 그래서 그 인물을 전체적으로 표현하는 데 형상과 얼굴의 특징, 옷, 자세, 주위 환경 등에서 그녀의 죄나 책임을 상기시키고 암시하는 상황을 알려주

---

[25] 코레조(Antonio Allegri da Correggio, 1489~1534). 르네상스 시대의 이탈리아 화가.

코레조(Correggio) 作 〈나를 만지지 마라(Noli me tangere)〉(1518년 경). 왼쪽에 마리아 막달레나와 오른쪽에 무덤에서 부활한 예수의 모습이 대조를 이루고 있다

는 어떤 흔적도 남아 있지 않다. 그녀는 이 속세의 시간에 대해서는 의식하지 못한 채 지금의 상태에 침잠해 있으며, 이 믿음, 상념, 침잠이 그녀의 고유한 성격 전체로 드러나고 있다.

 이처럼 내면과 외면, 특정한 성격과 상황을 서로 알맞게 표현하는 일을 최고의 수준으로 해낸 사람들은 특히 이탈리아의 화가들이었다. 반대로, 이미 앞서 인용한 독일 화가 쾨겔겐이 그린 탕자 아들의 흉상 그림을 보면, 물론 그 화가는 그 인물의 참회와 참회의 고통을 생생하게 표현하기는 했어도, 그 인물이 이 상황 외에 가진 전체적인 성격과 현재 우리 눈앞에 드러난 상태 사이에 어떤 통일성을 지니게 하는 데는 성공하지 못했다. 만약에 그 인물의 특징들을 단지 고요한 모습으로 표현해 드러낸다면, 이는 드레스덴의 다리 위나 다른 데서도 만날 수 있는 한 보통 인물의 관상을 보여주는 데 지나지 않는다. 그런 모습은 만약에 인물의 성격과 그가 처해 있는 어떤 구체적인 상황에서의 표정이 참된 조화를 이룬다면 결코 우리 머릿속에 떠오르지 않을 것이다. 이는 독창적인 장르회화(die Genremalerei)에서 아무리 빨리 스쳐 가는 순간조차도 너무 생동적이어서 인물들이 이런 저런 다른 자세나 특징, 변화된 표정을 띨 것이라고 상상을 할 여지가 거의 없는 것과 마찬가지다.

이상이 회화, 즉 채색화의 영역에서 감각적인 요소 안에 들어 있는 내용과, 이를 예술로 다루는 일에 있어서 중요한 사항들이다.

3. 회화의 역사적인 발전

그러나 *셋째로*, 우리는 지금까지 해 온 것처럼 회화에 적합한 내용을 단순히 일반적으로 언급하고 고찰하는 일, 그리고 그 원리에서 나오는 형상화방식을 언급하는 데만 머물러 있을 수 없다. 왜냐하면 이 예술은 전적으로 특수한 성격들과 그 상황, 형상, 자세, 채색효과 따위에 근거를 두고 있어서, 우리는 그 특수한 작품들이 지니고 있는 *현실적인 실재성*을 우리 눈앞에 보면서 이에 대해서 이야기해야 하기 때문이다. 회화를 연구하기 위해서는 언급된 관점들에 따라 그려진 그림들 자체를 알고 이를 향유하고 평가할 줄 알아야만 완전하다. 이는 물론 모든 예술이 마찬가지이지만, 지금까지 고찰해 온 예술들 가운데서 특히 회화에 해당된다. 건축과 조각에서는 내용의 범위가 더 제한되고 표현방식이나 형태들의 풍요로움이나 다양성이 덜하며, 특정한 규정들도 더 단순하고 모사(模寫)나 묘사, 주조가 결정적인 것으로 작용하면서 도움이 된다. 그러나 회화는 개별적인 예술작품 자체를 관조해야 한다. 특히 회화에서는 사람들에게 종종 만족을 줄 만한 단순한 묘사만으로는 충분하지 않다. 회화는 다양하게 뻗어나가고 그 여러 측면들이 개별적인 예술작품들이 되므로, 이러한 다양성은 우선은 현란하게 많이 드러나면서 개별적인 그림들의 특성은 별로 눈에 띄지 않게 된다. 그래서 예를 들면 대부분의 화랑에 가서 그림을 보는 사람들이 만약에 각각의 그림을 그 나라, 시대, 화파 또는 그림을 그린 대가에 대한 지식을 가지고 가서 보지 않으면, 그림들은 무의미하고 혼란스러운 것이 되고 말며 거기에서 다시 헤어나지 못한다. 그러므로 회화를 연구하고 의미 깊게 감상하려는 목적에 가장 합당한 것은 이를 역사적인 맥락에 따라 나열하는 일일 것이다. 그러한 그림 소장품들을 역사적으로 정리하면 그 가치는 참으로 헤아릴 수 없을 만큼 커진다. 우리도 이곳 독일에 설립된 왕립박물관의 화랑에서 그림들을 보고 경탄할 만한 기회를 가질 수 있을 것이다. 즉 거기에서는 회화가 기술적으로 발전한 외적인 역사뿐만 아니라, 그것이 화파, 대상, 대상을 이해하는 여러 다른 방식들에서도 분명히 알아볼 수 있도록 내면적인 역사발전을 보였음을 알 수 있다. 오직 그처럼 생생하게 관조함으로써만 예술이 전통적이거나 정적인 전형들을 그리기 시작하여 점차 생생하고 개별적인 것들을 성격화하여 표현하고자 모색하면서, 무행위 속에 조용히 서 있는 형상들을 표현하던 방식에서 탈피한 과정을 엿볼 수 있고, 또 점차 극적인 행위들을 표현하고 대상들을 모아 여기에 마술적인 색채효과를 동원해 표현해 낸 과정을 엿볼 수 있다. 또 여러 화파들이 때로는 같은 대상들이라도 각자 독특하게 다루고 때로는 그들이 포착한 내용의 차이에 따라 서로 다르게 분리된 것에 대해서도 보게 될 것이다.

회화의 역사적인 발전은 그림연구를 위해서뿐만 아니라 학문적으로 고찰하고 서술하기 위해서도 매우 중요하다. 내가 언급한 내용, 질료의 전개, 여러 가지 다른 중요한 계기들의 포착 등, 모든 것이 여기서 비로소 그 사실에 맞게 순서대로 차이 나면서 그 구체적인 존재성을 획득한다. 그러므로 나는 이와 같은 전개에 대해서 더 고찰하고 가장 중요한 것을 강조하고자 한다.

일반적인 발전과정에서 초기에는 종교적인 대상들이 여전히 *전형적*으로 이해되어 건축학적으로 단순하게 배열되었으며, 아직은 미숙한 채색화로 그림을 그렸다. 그러나 그 후에 현재성, 개성, 형태의 생동적인 미, 내면적인 깊이, 매력적인 채색의 마법이 점점 더 종교적인 상황을 표현하는 데 도입되어, 마침내 회화는 세속적인 데까지 눈을 돌리게 되었다. 자연이나 보통 삶의 일상성이나 과거, 현재의 역사적이고 중요한 국가적인 사건들, 초상화, 아주 사소하고 중요하지 않은 것까지도 종교적인 이상을 담은 내용에 대해 바친 것과 똑같은 애정으로 포착하였다. 그리고 이 회화의 영역에서는 특히 단순히 외적으로 그려서 완성하는 데서부터 아주 생생하게 포착해서 개성적인 솜씨로 완성해내는 방법에 이르기까지 함께 사용되었다. 이와 같은 발전과정은 일반적으로 비잔틴, 이탈리아, 네덜란드, 독일의 회화에서 가장 현저하게 추적할 수 있다. 이 특성들을 간단히 살펴본 후에 우리는 음악으로 옮겨가기로 하겠다.

a. 비잔틴 회화

첫째로 더 자세히 비잔틴 회화에 관해서 보면 고대 그리스인들은 그 예술을 행하는 어떤 방법을 보존하고 있었으며, 이렇게 더 나은 기술을 발전시키는 데는 그 밖에 자세, 의상 따위를 묘사하는 데 있어 고대의 그림 모형들이 도움이 되었다. 그러나 반대로 이 비잔틴 회화에서는 자연성과 생동성은 완전히 사라지고 얼굴 형태는 전통적인 모습에 머물며, 인물들이나 그들의 표정도 전형적으로 굳어지고 인물은 다소 건축적으로 배치되었다. 주위에는 자연환경이나 풍경 같은 배경도 없으며, 빛과 그림자, 명암 또는 그것들을 혼합시켜 모형을 만들거나 원근법, 대상들을 생생하게 무리지어 배치하는 기술도 전혀 발전하지 않았거나 발전했더라도 아주 미미했다. 이미 전에 완성된 유형들을 고정시키다보니 독자적이고 예술적인 창조의 여지는 적어졌고, 회화예술이나 모자이크 작업은 종종 수공업 수준으로 떨어져서 비생동적이고 비정신적인 것으로 되고 말았다. 물론 고대에 화병을 만들었던 장인들처럼, 이 비잔틴의 수공업자들도 모범이 되는 탁월한 작품들이 눈앞에 있으면 그 모양의 자세나 주름모양 따위를 모방해서 그릴 줄은 알았다. 회화에서 그런 식으로 전형화된 회화는 서글픈 예술로 이제 파괴된 서구를 휩쓸어 이탈리아에까지 확산되었다. 그러나 이곳에서는 처음에 시작은 약했으나 이미 예전에 완결된 형상이나 표정 방식만 고수하지는 않았다. 처음에는 거칠었지만 더 높은 수준으로 발전하기 시작했다. 반면에 비잔틴 회화에서는 루모르(Rumohr)가 (그의 《이탈리아 연구》 제1권에서) 그리스의 마돈나상과 그리스도상들에 대해 말하듯이 "가장 좋은 예가 되는 그림들을 보더라도 마치 미라와 같은 모양으로 만들어졌으며, 이미 처음부터 미래의 발전을 거부한 것이었다."

이탈리아인들은 회화에서 독자적으로 예술을 발전시키기 전부터 이미 비잔틴 사람들과는 달리 기독교적인 대상들을 더 정신적으로 포착하려고 노력했다. 그래서 예를 들면 방금 언급한 루모르는 그의 저서

비잔틴 시대 최고의 모자이크 회화 중 하나로 꼽히는 〈유스티니아누스 황제와 그의 신하들〉.
AD 550년경의 작품이다

제1권에서, 이 차이를 드러내는 독특한 증거로 근대 그리스인들과 이탈리아인들이 십자가에 매달린 그리스도의 육신을 표현하는 방식의 차이를 들고 있다. 그는 언급하기를 "더 잔인한 육체적인 형벌에 익숙했던 그리스인들이 표현한 십자가에 못박힌 구세주는 육신이 아주 무겁게 매달려 있고, 몸 아랫부분은 부어 있고 마비된 무릎은 왼쪽으로 구부러져 있으며, 고개를 떨어뜨린 머리는 잔인한 죽음의 고통을 겪은 것을 나타낸다. … 반면에 예전에 이탈리아인들이 만든 기념비들에서는 아기예수를 안은 성처녀뿐만 아니라 십자가형을 받는 그리스도도 아주 드물게 표현되어 있는데, 어쩌다 그 형상을 보면 이탈리아인들은 십자가에 매달린 구세주가 마치 육신의 패배가 아닌 정신적인 승리의 이상(理想)처럼 보이도록 표현되어 세워져 있음을 간과할 수 없다. 이런 식으로 포착한 것이 고상한 방식이라는 것은 부정할 수 없으며 … 서구에서도 더 발전한 지역에서는 이런 방식이 일찍부터 나타났다."

나는 여기에서 이 정도의 암시로 그치고자 한다.

b. 이탈리아 회화

그러나 둘째로, 우리는 자유로이 발전해 나간 *이탈리아 회화*(die *italienische* Malerei) 속에서 예술의 또 다른 특성을 찾아야 한다. 이탈리아 회화는《구약성서》나《신약성서》, 순교자들과 성자들의 삶에 대한 이야기 속에 들어 있는 종교적인 내용을 대상으로 삼은 것 외에도, 대부분 고대 그리스 신화에서 표현대상을 찾았지만 반면에 민족사나 초상화, 현재의 현실적인 삶에서 내용으로 취한 것은 드물다. 또 자연의 풍경 속에서 대상을 취한 일도 드물었는데, 이는 후에 가서야 가끔 이루어졌다. 그러나 이탈리아 회화는 종교적인 영역을 이해하고 이를 예술적으로 다루는 데 있어서 특히 정신적이고 육체적인 삶이 지닌 *생생한 현실*을 드러낼 수 있었다. 그래서 표현된 모든 형상들의 모습은 감각화되고 영활성을 띠게 되었다. 정신적인 면에서는 저 자연스러운 쾌활함이, 육체적인 면에서는 감각적인 형태가 지닌 적합한 미(美)가 기본원리가 될 때 이처럼 생동적으로 된다. 그때의 형태는 물론 미적인 형태로서 순수함, 기쁨, 처녀성, 자연스럽고 우아한 심정, 고귀함, 환상, 그리고 사랑스러운 영혼을 드러낸다. 그처럼 자연스럽게 고양된 금빛 같은 내면은 종교적인 진심을 띠며, 이 구원의 영역 속에 첨부되어 심오한 영혼 속에 깃든 안전함과 완성된 존재의 활력을 넣어주는 깊은 신앙심을 지닌 정신적인 모습으로 함께 드러난다. 그때 표현된 형상들이 근원적으로 조화를 이루고 있는 모습이 우리 눈앞에 나타난다. 이것이 완성될 때 이 낭만주의적이고 기독교적인 영역 속에서 예술의 순수한 이상(理想)을 상기할 수 있다.

물론 그런 새로운 조화 속에서도 마음의 진심이 우세하게 드러나야 한다. 그러나 이 내면은 영혼의 지복하면서도 순수한 천국으로서 그곳을 향해 감각적이고 유한한 것으로부터 나와 신에게로 돌아가는 길—물론 그 길은 참회와 죽음이라는 가장 깊은 고통 속에 침잠할 때 갈 수 있지만—을 통과해가지만, 그래도 그 길은 힘들지 않고 별로 폭력이 없는 길이다. 왜냐하면 그 고통은 영혼과 상상, 신앙의 영역으로 집중되며, 난폭한 욕망, 다루기 힘든 야만성, 가혹한 이기심, 죄의 영역으로 떨어져 지복함을 막는 적들과 힘들게 싸워 이기지 않아도 되기 때문이다. 이것이 이상적으로 머무는 이행과정이며, 스스로 괴로움을 겪으면서도 상처를 주기보다는 오히려 꿈꾸는 듯 머무는 고통, 즉 내면에서 생기는 것으로서 더 추상적이고 풍요로운 영혼이 지니는 고통이다. 그것은 육체적인 고통이나 완고함, 잔인함, 거칠음, 딱딱함, 성격이나 신체 형태에서 볼 수 있는 진부하고 저속한 모습도 드러내지 않는다. 그래서 만약에 그런 것들이 경건하고 종교적인 것으로 표현되려면 아주 격렬하고 완강한 싸움이 필요하게 될 것이다. 그러나 이런 싸움이 덜한 영혼의 진심과 내면에 더 근원적으로 적합한 형태가 만들어질 때, 그것은 역시 매력적으로 명확해지며 순수한 예술을 향유(享有)하는 일이 가능하게 된다. 이것을 우리에게 보장해 주는 것은 바로 이탈리아 회화에서의 참으로 미적(美的)인 작품들이다.

악기로 연주되는 음악을 보더라도 그 속에는 음(音), 즉 노래가, 그것도 영혼의 순수한 노래가 들어 있으며, 전체적인 형상과 그 온갖 형태 위로 선율이 관통해 흐른다고 말할 수 있다. 이탈리아인들의 음악과 그들이 부르는 노래의 음 속에서는 순수한 소리 곁에서 다른 날카로운 소리가 곁들여 나오지만 않는다면, 그 특수한 음향과 선율의 움직임 속에서 울려 퍼지는 소리 자체를 향유할 수 있다. 이처럼 회화에서도 역시 사랑하는 영혼이 스스로를 향유하는 일이 기본음조가 된다. 우리는 위대한 이탈리아 시인들에게서 다시금 이와 같은 진심, 명확성, 자유를 찾아볼 수 있다. 3운구법(韻句法), 소가곡(小歌曲), 소나타, 스탠자(Stanza)에서 기교적으로 반향되는 음향은 단순히 반복되는 가운데 단조로움의 욕구를 채워줄 뿐만 아니라, 서너 번 반복되는 같은 선율은 스스로 향유하면서 자유로이 유지된다. 정신적인 내용 속에도 이와 같은 자유로움이 엿보인다. 페트라르카(Petrarca)의 소나타, 세스티나(sestina), 소가곡 속에서 마음의 간절한 동경은 대상을 실제로 소유하려는 데 있는 것이 아니다. 마음은 실제의 내용 및 사물과 관계하여 그 안에서 욕구를 드러내려는 관찰이나 감정이 아니라, 말로 표현하는 것 자체를 통해서 만족을 얻는다. 그것은 슬픔, 한탄, 묘사, 기억, 착상 속에서 행복을 찾는 사랑의 자기향유이다. 즉 스스로 동경하는 것으로 만족하며, 그것이 사랑하는 것의 정신인 형상과 더불어 그것이 하나가 되고자 동경하는 영혼을 이미 완전하게 소유한다. 위대한 시인 베르길리우스의 인도를 받아 지옥과 연옥을 거쳐 지나가는 시인 단테(Dante)도 끔찍하고 참혹한 것을 보자 두려움을 느끼고 종종 눈물을 흘리지만, 앞으로 나아갈수록 위안을 받으면서 공포나 두려움이 덜해지고 불쾌감이나 비참한 느낌을 갖지 않게 된다. 또 그래서도 안 될 것이다. 사실 저주를 받아 지옥에 떨어진 사람들도 아직은 영원성(永遠性, die Ewigkeit)이라는 지복함을 누린다. 지옥의 문 앞에는 "lo eterno duro"[26]라고 씌어 있다. 그들은 후회나 갈구함도 없이 그들의 모습 그대로 있으며, 자기들의 고통에 대해서도 말하지 않는다. 이는 우리들이나 그들에게는 아무 상관이 없다. 왜냐하면 그런 상황은 영원히 지속되기 때문이다. 그들은 오직 자기들의 생각이나 행동만 기억하고 있으며,

---

[26] 이는 단테의 《신곡》 '지옥편(Inferno)'의 제3송(頌)에 나오는 말로 "나는 영원히 지속되리라"는 뜻이다.

시인 단테(Dante)가 연옥(煉獄 Purgatory)의 문을 바라보고 있는 알레고리적인 그림. 아그놀로 브론치노(Agnolo Bronzino) 作(1530년)

한탄도 동경도 없이 똑같은 관심사 속에 고정되어 있다.

이와 같이 영혼이 지복한 독자성을 띠고 있는 자유로운 모습을 사랑으로 포착한 점에서 이탈리아의 위대한 화가들의 성격을 이해할 수 있다. 그들은 이런 자유로움 속에서 특수한 표정이나 상황을 그린 대가들로서, 내밀한 자유의 날개 위에서 형상과 미, 색채를 마음대로 다룰 수 있었다. 그 화가들은 전적으로 세속적으로 머물면서 종종 단지 초상화만을 그리는 것처럼 보이기도 했으나, 현실과 성격을 특정하게 표현하는 데서 그들이 창조하는 것들은 또 다른 태양, 또 다른 봄의 형태를 띠었다. 그것들은 곧 천국에서 피어나는 장미와 같았다. 그러므로 그 화가들에게는 미에 있어서도 단지 형상미, 즉 감각적인 육체의 형태 속에서 영혼이 육신과 감각적으로 일치하는 것만 중요한 것이 아니라, 인물의 어떤 형상과 형태, 개성이든 간에 그 속에서 사랑과 화해의 특징을 띠는 것이 중요하다. 그것은 천국에서 태양의 광채를 받으면서 시든 꽃 위에도 날아다니는 나비, 즉 영혼의 여신 프시케(Psyche)와 같다.[27] 오직 이 풍요롭고 자유롭고 충만한 미를 통해서 그들은 고대의 이상을 근대의 회화 속에 불러올 수 있었다.

그러나 이탈리아 회화는 원래부터 그런 입장을 취했던 것은 아니고, 거기에 도달하기 이전에 먼저 긴 여정을 거쳐야 했다. 그러나 비록 예전의 이탈리아 화가들은 그들의 기술이 불완전하게 발전했지만, 그들에게서는 종종 순진무구한 경건함, 전체 구상이 지닌 거창한 의미, 꾸밈없는 형태미, 영혼의 진심이 아주 뚜렷하게 드러났다. 그러나 이 옛 화가들은 지난 세기에는 그 진가가 제대로 평가되지 못해서 마치 서투르고 무미건조하며 빈약한 듯이 비판을 받았다. 근래에 와서야 그들은 학자들이나 예술가들에 의해 다시금 망각상태에서 벗어났지만, 이제는 또 지나치게 경탄대상이 되어 애호되고 모방되기도 했다. 그러나 이런 식의 애호는 회화의 이해와 묘사방식의 발전을 저해하고 거꾸로 예전의 방식으로 되돌아가게 하는 것이 되고 말았다.

이탈리아 회화의 역사적인 중요계기들에서부터 그것이 완성된 단계에 이르기까지의 더 자세한 것과 관련해서는, 나는 다만 회화의 본질적인 측면과 그 표현방식의 특징에 중요한 다음과 같은 점들만 간략하게 강조하고자 한다.

α) 이탈리아인들의 회화는 초기에는 거칠고 야만적이었으나, 비잔틴 사람들이 수공업적으로 다듬어 놓은 고정된 전형을 그대로 수용하는 단계를 거친 다음에 새로이 비약해 나갔다. 그러나 그들이 표현한

---

27) 그리스 신화에서 프시케(Psyche)는 나비의 날개를 달고 날아다니는 모습으로 묘사된다. 헤겔은 본문에서 이를 비유적으로 사용하고 있다.

대상들의 영역은 그다지 넓지 않았고, 엄격한 위엄이나 찬란함, 종교적인 숭고함을 표현하는 일이 중요했다. 그러나 초기의 회화에 대해 잘 아는 루모르가 (그의 《이탈리아 연구》에서) 증언하듯이, 이미 시네나의 두초(Duccio)와 피렌체의 치마부에(Cimabue)[28]는 빈약하나마 고대로부터 전해진 원근법과 해부학에 근거하여 기독교적인 고대의 예술작품들을 기계적으로 모사(模寫)했으며, 특히 신(新) 그리스(비잔틴)의 회화에 보존된 소묘방식을 받아들여 이를 자기들의 정신으로 가능하면 새롭게 하려고 노력했다. 루모르의 말에 의하면, 그들은 "이 소묘들의 가치를 느꼈다…그러나 그들은 그 소묘방식에서 골격이 두드러지게 표현된 것을 보고 이 불완전하게 완성된 특징들을 실제 살아 있는 인물들의 모습과 비교하여 완화시키려고 했다. 이는 우리가 그들이 이룩한 성과를 보고 추측하고 가정할 수 있다."

이것이 그동안 미술이 전형적이고 경직된 것으로부터 벗어나 개성을 띤 것을 풍부하게 표현하는 데로 나아가고자 한 첫 번째 시도들이었다.

β) 그러나 더 나아가 두 *번째*의 단계는 비잔틴 양식의 모형들에서 벗어나서 전체 구상이나 완성해내는 솜씨에서나 인간적이고 개별적인 것으로 파고들어가 표현하고자 한 것과, 또 인간의 성격과 형태를 그들이 표현하고자 하는 종교적인 내용에 더 맞춰 심오하게 발전시킨 데 있다.

αα) 여기서는 먼저 화가 *조토(Giotto)*[29]와 그의 제자들이 산출해 낸 작품들이 미친 위대한 영향에 대해서 언급할 수 있다. 조토는 지금

---

28) 두초(Duccio, 1255~1315)와 치마부에(Cimabue, 1240~1302)는 모두 이탈리아 화가들이다.

29) 조토(Giotto di Bondone, 1266~1337). 이탈리아의 화가이자 건축가. 특히 기독교적인 종교화를 많이 그렸다.

까지의 채색방식은 물론 대상을 포착하는 방식과 표현방향도 바꾸었다. 비잔틴 화가들의 그림을 화학적으로 연구한 결과를 보면, 그들은 아마도 왁스를 색들을 접착시키거나 덧칠하는 데 사용했던 것 같다. 그 결과 램프빛의 영향 때문이었다고 해명할 수만은 없는 '노르스름하고 녹색을 띤 어두운 색조'가 화면에 생겨났다. 조토는 그 비잔틴 화가들이 사용하던 질긴 접착제를 완전히 거부하고, 반면에 색채들을 어린 싹이나 익지 않은 무화과의 투명한 액즙 또는 기름기가 적은 아교와 섞어서 사용했다. 이는 아마도 중세 초기의 이탈리아 화가들이 보다 엄격한 비잔틴 화가들의 그림을 모방하기 이전에 이미 사용했던 것 같다(루모르의《이탈리아 연구》참고). 이런 접착제들은 색채 위에 어두운 영향을 미치지 않고 그것들을 밝고 투명하게 해주었다. 그러나 이탈리아 회화에 들어와 조토에 의해 대상들을 선정하고 표현한 방식이 변화한 것은 더 중요한 일이었다. 기베르티(Ghiberti)[30]도 조토가 비잔틴 화가들이 지녔던 거친 표현기교를 버리고 절제를 지키면서 자연성과 우아함을 도입했다고 칭찬했다. 또 보카치오(Boccaccio)도 그에 대해서 (그의 작품《데카메론》여섯 번째 날 다섯 번째 이야기에서) 말하기를, 조토가 모방한 것은 거의 착각할 정도로 사실적이며 자연도 그 이상의 것은 산출하지 못할 것이라고 했다. 그러나 비잔틴 회화에서는 자연을 관조한 듯한 자취가 조금도 엿보이지 않는다. 조토야말로 현재적이고 현실적인 것에 눈을 돌려 형상들이나 효과들을 그의 주위에 움직이던 생생함과 비교하여 표현한 사람이었다. 이런 방향전환과 함께 조토가 살던 시대에는 도덕적으로도 더 자유로워졌고 사는 것도 더 재미있어졌으며, 또 그 화가가 살던 시대와 가까운

---

30) 기베르티(L.Ghiberti, 1378~1455). 조각가이자 미술사학자.

《데카메론》의 저자 보카치오

조토(Giotto) 作 〈유다의 입맞춤(El beso de Judas)〉(1304~1306년)

시대에 살았던 많은 새로운 성자들에 대한 숭배사상[31]도 들어섰다. 조토는 현재적인 현실로 그의 관심 방향을 바꾸면서 이 성자들을 자

---

31) 이 중에는 우리에게 잘 알려진 성자인 아시시의 프란체스코(Francesco, 1182~1226)도 포함된다.

기 회화의 대상으로 선정했다. 그래서 내용면에서 다시 구체적이고 자연적인 현상, 특정한 성격, 행위, 열정, 상황, 자세, 움직임을 표현하면서 작업할 필요가 생겼다.

그러나 이런 시도에서 앞서의 예술단계에서 근간이 되었던 저 위대하고 성스러운 진지함은 상대적으로 상실되었으며, 세속적인 것이 자리를 차지하면서 확산되었다. 조토 역시 자기 시대의 감각에 따라 열정적인 것 외에 우스꽝스러운 것도 넣어서 표현했다. 그래서 루모르가 다음과 같이 한 말도 옳다.

> 나는 조토가 이룩한 방향이나 업적을 마치 근대 예술에서 가장 고귀한 것인 양 칭찬하려고 온갖 심혈을 기울이는 몇몇 사람들이 도대체 무엇을 원하는지 모르겠다.

조토의 진가를 인정하는 데 올바른 관점을 다시 언급한 것은 이 철저한 연구가의 훌륭한 업적이다. 그는 또 조토 자신이 인간성과 자연성 쪽으로 회화의 방향을 바꾸었지만, 회화의 발전사 측면에서 볼 때는 여전히 매우 낮은 수준에 머물렀다는 점도 주지시키고 있다.

$\beta\beta$) 이렇게 조토에 의해 자극을 받아 감각적으로 표현하는 방식으로 회화는 발전해 나갔다. 복음주의자들이 진술하는 그리스도, 사도들, 중요한 사건들을 전형적으로 표현하는 일은 점점 더 뒷전으로 밀려났다. 그 대신에 대상들의 영역은 다른 방면으로 확대되었다. 그 이유는 다음과 같다.

> 모든 화가들의 손이 근대의 성자들의 생애에 관해 그리는 데 바빴기 때문이다. 즉 그 인물들이 이전에 지녔던 세속성, 갑작

스럽게 성자로서 의식이 깨어나는 것, 경건하고 고립된 삶으로 들어와서 살고, 특히 죽음 뒤에 따르는 기적, 이것들을 표현하는 있어서 예술의 외적인 조건들에 따라 살아 있는 그들을 감정을 지니고 살아있는 자로 표현하는 일이 기적을 행하는 그들의 보이지 않는 힘을 암시적으로 표현하는 것보다 더 우세해졌다.

그러나 그와 더불어 그리스도의 생애와 수난사에서 일어난 사건들을 표현하는 일이 경시된 것은 아니었다. 특히 그리스도의 탄생과 양육, 아기예수와 함께 있는 마돈나는 화가들이 즐겨 그리는 대상으로서, 이는 더욱 더 생생한 가족 간의 신뢰, 부드러운 진심, 풍부한 인간적인 감정을 띤 것으로 묘사되었다. 그 외에 "그리스도의 수난사를 그리는 데서도, 더 이상 숭고하고 승리적인 것보다는 오히려 감동적인 것이 강조되었다. 이는 구세주가 지상에서 받은 고통에 대해 성 프란치스코가 열정적으로 꿈꾸는 듯한 연민을 느끼고 실례(實例)와 교훈을 통해 새롭고 그때까지 들어본 적이 없는 에너지를 부여한 데서 나온 직접적인 결과였다."

15세기 중엽부터 회화는 더 발전했는데, 이때의 화가로 특히 두 사람의 이름을 언급할 수 있다. 그들은 *마사초와 프라 안젤리코*이다.[32] 다시 말해서 회화가 종교적인 내용으로부터 인간형상의 생생한 형태와 인간적인 특징들을 생생하게 표현하는 쪽으로 발전해 나가는 데 있어서 중요한 것은, 루모르가 언급했듯이 "한편으로 모든 형태들이

---

32) 마사초(Masaccio, 1401~1428)와 프라 안젤리코(Fra Angelico, 본명 Giovanni da Fiesole, 1387~1455)는 이탈리아의 화가들이었다.

더 둥그스레하게 변한 점이고, 다른 한편으로 더 심오하게 배치 조화시켜서 인간의 얼굴형태가 지닌 매력과 의미를 아주 다양하게 단계화시킨 점이다."

이와 같은 예술의 과제가 지닌 어려움은 당시에는 예술가의 능력을 넘어서는 것이었다. 이를 먼저 해결하는 일은 마사초와 앙겔리코 다 피에솔레가 분담했다. 즉 "마사초는 밝고 어두움, 함께 배열된 형상들을 원진(圓陣)으로 배치하거나 분산시키는 일을 연구했고, 반면에 프라 안젤리코는 내적인 관계, 인간의 얼굴 특징 속에 들어 있는 의미를 탐구하면서 회화를 위한 많은 자원을 발굴했다."

마사초는 우아하게 그리려고 노력한 것이 아니라 대담하게 이해하고 남성적인 것, 더 일반적인 통일성을 찾으려고 탐색했고, 프라 안젤리코는 종교적이고 세속적인 것과 거리가 먼 사랑, 수도원에서 가지는 순수한 신념, 고양된 영혼과 성스러움에 대해 열정적으로 연구했다. 바사리도 그에 대해 말하고 있듯이, 그는 사전에 깊이 기도를 하지 않고는 그림을 그린 적이 없고 구세주의 고난을 표현할 때는 언제나 눈물을 쏟았다고 한다(루모르의 《이탈리아 연구》 참고). 그러므로 이와 같이 회화가 발전한 것은 한편으로 고양된 생동성과 자연성 때문이기도 하지만, 다른 한편으로 깊고 경건한 심정, 신앙 속에 있는 영혼의 솔직한 진심 때문이기도 했다. 또 이것들은 자유로움과 능란함, 자연 그대로의 모습, 구성미, 자세, 의상, 채색보다도 여전히 더 우세한 것으로 남았다. 그 후 회화가 발전해가면서 비록 정신적인 진심이 훨씬 더 고양되고 완전하게 표현되기는 했지만, 종교적인 신념의 순수성(純粹性, die Reinheit)과 무구함, 구상의 진지한 깊이를 보이는 데 있어서는 중세시대가 오히려 더 뛰어났다. 이 시대에 그려진 많은 그림들은 물론 그 색채효과나 대상들을 무리지어 배치한 방식이나 소묘 등이 우리에게는 좀 혐오스럽게 보일지 모른다. 왜냐하면 내면의 종교성을 표현하기 위해 사용되는 생동적인 형태는 이런 종교화를 표현하는 데는 아직 그리 일반적이지 않은 듯이 보이기 때문이다. 그러나 예술작품이 산출되는 정신적인 측면에서 보면 순수함, 종교적인 내용의 내밀한 깊이에 대한 참된 신뢰, 핍박과 고통 속에서도 드러나는 신앙 가득한 사랑, 그리고 또 종종 무구하고 지복한 우아함을 표현하는 데서는 그 다음 시대보다 오히려 더 뛰어났다. 그 후의 시대에는 물론 다른 면에서 예술적으로 더 완성을 보이면서 발전했으나, 이와 같은 본래의 장점들이 일단 상실된 후에는 다시는 그런 발전에 도달하지 못했다.

γγ) 방금 언급한 것으로 계속 발전해간 데 이어서 *세 번째* 사항을 덧붙이자면, 그것은 새로운 의미를 가지고 받아들여져 표현되는 대상들의 범위가 더 크게 확대된 것과 관련된다. 이는 이탈리아 회화에서는 원래 화가들이 살았던 시대와 가까운 시대에 살았던 사람들이 성자로 공표되었으므로 성스러운 것을 표현하는 일이 현실에 좀 더 가까워졌다면, 회화의 영역에는 그와는 다른 현실과 현재가 중요한 대상으로 주입되었다. 즉 회화는 이와 같은 종교적인 생동성을 표현하는 것만을 목적으로 삼았던 순수한 내면성과 경건함의 단계에서 벗어나, 점차 세속적인 삶을 종교적인 대상들과 합류해서 표현하기 시작했다. 시민들이 자기 할 일을 하고 장사나 직업, 자유, 남성적인 용기, 조국애를 간직한 채 즐겁고 힘차게 자기 자신에게 안주하는 것, 유쾌한 현재의 삶에 머무는 것, 인간이 다시 깨어나 자기가 지닌 미덕과 재기발랄한 즐거움에 젖는 것, 내면의 정신과 외형이 이처럼 현실과 화해하는 것이 예술적으로 포착되고 표현되었으며 그 안에서 가치를 띠게 되었다.

이런 의미에서 회화가 즐겨 풍경화를 배경으로 하고 도시의 전망,

교회 주위의 환경, 궁성들을 생생하게 표현하는 것을 본다. 또 유명한 학자들, 우인(友人)들, 정치가들, 예술가들 또는 그 밖에 자기들이 살던 시대에 총애를 얻었던 기지(機智) 넘치고 쾌활한 인물들의 초상화가 종교적인 상황 속에서도 자리를 차지하면서 표현되는 것을 볼 수 있다. 또 가정생활이나 시민생활에서의 특징들도 다소 자유롭고 능숙하게 표현에 이용된다. 물론 종교적인 내용을 띤 정신적인 것이 근간으로 머물기는 해도, 경건한 표정은 더 이상 혼자 고립되어 표현되지 않고 더 충만한 현실과 세속적인 삶의 영역에 결부되었다(루모르의 《이탈리아 연구》 참고). 물론 회화가 이런 방향으로 나아감에 따라 종교적인 것과 그 내밀한 경건성에 집중되는 일은 약화되었다. 그러나 회화예술이 그 최정점에 도달하기 위해서는 이 같은 세속적인 요소가 필요했다.

γ) 생동성으로 충만한 현실이 심정이 지닌 내면적인 종교성과 용해되면서 여기에서 새롭고 풍요로운 정신을 표현하는 과제가 생겨났으니, 이를 해결하는 일은 16세기의 대가(大家)들에 와서 비로소 완전하게 성취되었다. 왜냐하면 영혼으로 충만한 내면성, 진지하고 숭고한 종교성은 성격이나 형태들이 구체적이고 정신적인 현재성으로 생동적으로 드러나도록 감각과 조화를 이루었다. 그럼으로써 육체적인 형상은 그 자세와 움직임, 색채에 있어 단지 외적으로 짜여진 것으로만 머물지 않고, 그 안에 영혼이 충만한 생동성을 띠게 되었으며 모든 외적이고 내적인 부분들의 표현도 일반적으로 똑같이 미적인 것으로 나타나게 되었기 때문이었다.

이러한 목적을 향해서 나아간 훌륭한 대가들 가운데 특히 *레오나르도 다빈치*(*Leonardo da Vinci*, 1452~1519)를 들 수 있다. 그는 거의 전 전궁궁하며 철저하게 파고들면서 섬세한 오성과 감정으로 작업했던 자기보다 앞 시대의 다른 화가들보다 더 깊이 인간 육체의 형태와 그 표정의 정신 속으로 파고들어 갔을 뿐만 아니라, 회화적인 기술에 더 심혈을 기울였고 회화수단의 사용을 연구함으로써 큰 안전을 확보했다. 게다가 그는 또한 자기의 종교적인 임무를 완수하기 위해 경외감과 진지함을 지니고 있었다. 그래서 그의 형상들은 아주 완전하고 완성된 현실의 존재를 가상으로 나타내려고 더 노력한 점과, 표정과 부드러운 동작 속에 달콤하고 미소짓는 듯한 기쁨을 보여주고 있으면서도 종교적인 위엄과 진실에 대한 경외감과 숭고함을 잃지 않고 있다(루모르의 《이탈리아 연구》 참고).

그러나 이 분야에서 가장 순수하게 완성을 이룬 화가는 *라파엘*이었다. 루모르는 특히 15세기 중엽 이래로 이탈리아의 움브리아 화파는 어떤 심정도 외부로 열리게 하는 신비로운 매력을 지니고 있었다고 말하고 있다. 그러면서 그는 이 매력은 바로 깊고 부드러운 심정과 그 화가들이 아주 오래된 기독교 예술의 노력에 대해 반쯤 지니고 있던 기억을 더듬어 현재의 새롭고 더 부드러운 상상력과 놀랄 만하게 결합시켜 포착한 데서 나온 것이라고 해명하고 있다. 이런 점에서 그들은 토스카나나 롬바르디아, 베네치아의 동료화가[33]들을 능가했다(루모르의 《이탈리아 연구》 참고). 또한 이 '흠 없는 영혼의 순수함과 감미로우면서도 고통스럽고 열정적이며 부드러운 감정에 온통 몰두하는 것'을 표현하는 일에 능숙했던 사람은 라파엘의 스승이었던 피에트로 페루지노[34]였다. 그래서 그는 외부의 대상들이 지닌 객관성과 생동성, 현실

---

33) 참고로 라파엘(Raphael, 1483~1520)은 움브리아 화파에 속했고, 토스카나 화파에는 미켈란젤로(Michaelangelo, 1475~1564), 롬바르디아 화파에는 코레조(Corregio, 1489~1564), 베네치아 화파에는 조르조네(Giorgione, 1478~1510)와 티치아노(Tiziano, 1477~1576) 등이 속해 있었다.

적이고 개별적인 것으로 파고들어가 이를 융합시킬 줄 알고 있었다. 이는 특히 피렌체 화가들에 의해 완성되었다. 페루지노에서 시작되어 라파엘에 이르러—라파엘은 그의 청년기 작품에서는 아직도 페루지노의 취향과 스타일에 매어있는 것처럼 보이나—앞서 암시한 요구를 더 완전히 이행할 수 있게 된다. 다시 말해 그에게서는 종교적으로 예술을 완성하는 과제를 위해 필요한 최고의 종교적인 감정은 물론, 자연현상들을 고대와 같은 미적인 감각을 지니고 그 생생한 색채와 형태를 완전히 이해하고 애정어린 관찰을 하는 일이 결합된 것이다. 그는 고대 그리스인들의 이상(理想)적인 미에 대해 대단히 경탄했으나 고대 그리스 조각이 완성해 낸 형태들을 모방하거나 수용하지는 않고 단지 일반적으로 그들이 지녔던 자유로운 미의 원리만을 수용했다. 그에게서는 개체적인 생동성과 심오한 영혼이 철저히 회화적으로 표현되었으며, 그때까지 아직 이탈리아인들에게 알려지지 않았던 솔직하고 쾌활한 명확성이 철저하게 표현되었다. 그는 이런 요소들을 발전시키고 또한 융합시켜 총괄적으로 표현하는 데 있어 완성의 절정에 도달했다. 반대로 명암을 마술적으로 다루고 능란한 솜씨를 보이면서 영혼 가득한 심정, 부드럽고 우아한 형태, 움직임, 대상들을 무리지어 표현하는 데 있어 대가를 이룬 사람은 *코레조*였고, 자연적이고 풍부한 생동성, 찬란한 융합, 타오르는 듯한 색채, 따사로움, 힘을 표현하는 데 더 탁월했던 대가는 *티치아노(Tiziano)*였다. 또 자연적이 아닌 종교적, 정신적인 기품을 나타낸 것으로는 코레조 작품보다 순수하고 더 구체적인 것이 없으며, 그가 표현한 미소 짓는 듯하면서도 무의식적인 순진무구함

---

34) 피에트로 페루지노(Pietro Perugino,1450~1523). 이탈리아의 화가로 주로 피렌체와 로마에서 활약했으며, 로셀리, 보디첼리 등과 합작으로 시스티나 성당의 프레스코 벽화인 〈사도 베드로에게 열쇠를 건네줌〉을 완성하였다.

의 미보다 더 달콤한 것이 없다.

   이 위대한 대가들이 이룬 회화적인 완성은 한 민족이 역사적인 발전 과정 속에서 오직 단 한 번만 도달할 수 있었던 예술의 최고 경지이다.

c. 네덜란드 회화와 독일 회화

   *셋째*로 독일 회화(die deutsche Malerei)에 관해서 보면, 우리는 원래 독일 회화와 네덜란드 회화를 함께 묶어서 볼 수 있다.

   네덜란드 회화 및 독일 회화와 이탈리아 회화 사이에 드러나는 일반적인 차이를 보면, 독일인들과 네덜란드인들은 모두 그들에게 맞게 정신적으로 변용되어 나타나는 미(美)로 향하는 이상(理想)적인 형태와 표현방식에 도달하고자 의도하지도 않았고 또 그렇게 할 수도 없었다. 그 대신 그들은 한편으로 깊은 감정과 심정의 주관적인 결의를 표현하는 방식을 발전시켰고, 다른 한편으로 이 신앙의 진심에 개인의 성격이 지닌 개별성을 더 확대해 첨가시켰다. 이 성격은 신앙이나 영혼의 치유에 대해 관심을 갖고 오직 내면적으로 몰두하는 것만 드러내기보다는, 표현된 개인들이 어떻게 세속적인 것을 위해서 노력하고, 어떻게 삶의 근심 속으로 말려들어 가고, 힘든 작업 속에서 어떻게 세속적인 미덕과 신뢰, 지속성, 꿋꿋함, 기사적인 굳건함과 시민적인 실리를 얻는지 보여준다. 이처럼 더 제한된 것으로 침잠하는 가운데 원래 더 순수한 형태와 성격을 지녔던 이탈리아인들과는 대조적으로, 특히 독일인들에게서는 고집 센 본성에 깃든 형식적인 완고함이 더 많이 표현되는 것이 발견된다. 이런 본성은 힘든 일을 통해 그들의 한계성을 띤 거칠음에서 벗어나, 분투하면서 종교적인 화해를 얻기 위해 고집스러운 반항심으로 신에게 대항하거나 자신에게 폭력을 가하지 않을 수 없게 된다. 그리하여 그들이 자신들의 내면에서 스스로 내리쳐서 얻는 깊은 상처들은 그들의 경건한 모습으로 표현되어 나타난다.

더 자세한 것과 관련해서 나는 몇 가지 중요한 점을 주목시키고자 한다. 이는 남부독일과 후기 17세기 네덜란드 대가들의 방식과는 구별되는 전기 네덜란드 화파와 관련된 중요한 사항이다.

a) 전기 네덜란드 화가들 중 특히 뛰어난 인물로는 *반아이크(van Eyck)* 형제와 15세기 초의 후버르트, 요한이 있는데 그들의 대가성은 근래에 와서야 비로소 사람들에 의해 다시 가치를 인정받았다. 그들은 유화(油畵)의 창시자이거나 적어도 처음으로 완성한 인물들로 알려져 있다. 그들이 크게 앞으로 도약해 나갔던 것을 보면서, 사람들은 그들이 아주 초기부터 완성되어가던 단계가 있었음을 증명할 수 있다고 믿을지 모른다. 그러나 그와 같은 점진적인 발전에 대해 역사적으로 보존된 어떤 기념비적인 예술작품은 없다. 지금까지 이어져 온 시작과 완성의 단계는 우리에게 한꺼번에 명확하게 드러나 있다. 그 이유는 반아이크 형제가 완성한 그림들보다 더 탁월한 그림들은 거의 그려질 수가 없기 때문이다. 게다가 남아있는 작품들은 전형적인 것을 극복하여 완성된 소묘와 자세, 대상들의 무리지음, 내적 외적인 성격의 묘사, 온화함, 명확함, 조화, 섬세한 채색, 위대하고 완성된 구성면에서 위대한 대가성을 보여준다. 그뿐 아니라 자연환경, 건축적인 첨가구조, 배경, 수평선, 소재, 의상, 무기의 종류, 장식 등도 화려하고 다양하며 대단히 풍부하고 충직하게 감정적으로 능숙하게 다뤄지고 있다. 그래서 후세에도 철저함과 진실성의 면에서 그보다 더 완전하게 묘사된 그림은 없었다. 그래도 우리는 이탈리아 회화의 대작들을 네덜란드 회화와 비교할 때면 이탈리아 회화 쪽에 더 끌린다. 왜냐

하면 이탈리아인들은 완전한 진심과 종교성을 띠고 있으면서 환상적이고 정신적인 자유와 미를 이미 전제하고 있었기 때문이다. 물론 네덜란드 회화에 나오는 인물들도 순진무구함, 경건함, 심정의 깊이에서 부분적으로는 아주 우수한 이탈리아 화가를 능가하기도 한다. 그러나 네덜란드 회화의 대가들은 이탈리아 회화와 같은 고양된 형태미나 영혼의 자유에 도달하지는 못했다. 특히 그들이 표현한 아기 예수의 형상을 보더라도 그 형태는 추하며, 그 밖의 인물들의 성격을 보더라도 아무리 그들의 종교적인 표정이 깊은 신앙의 구원을 받아 세속적인 관심사에서 유능함을 보여주는 모습을 띠고 있어도 그들은 그 경건함을 넘어서서 자기 속에서 자유로이 환상에 젖고 정신적으로도 풍요로워질 능력은 없는 듯한 모습으로 나타난다.

β) 고려할 만한 가치가 있는 두 *번째* 측면은 고요하고 경외심에 찬 종교성에서 벗어나 대체로 현실의 순교자들이나 추한 것을 묘사하는 쪽으로 넘어가고 있는 점이다. 여기서는 특히 *남부독일*의 대가들이 뛰어나다. 그들은 수난사를 묘사한 장면들에서 거친 전쟁포로들, 그리스도가 수난과 죽음을 당하는 동안 그에게 보이는 사악한 조소와 야만적인 증오를 아주 추한 특징으로 힘주어 묘사한 것이 드러난다. 이와 같은 추한 외형은 내적으로 마음이 사악한 것과 일치한다. 위에서 언급한 상황을 묘사하는 데는 고요하고 깊은 영혼에 깃든 경건함의 미는 뒤로 밀려나고, 추하게 일그러진 모습과 태도, 거친 열정이 고삐가 풀린 듯이 극단적으로 표현되는 데까지 나아간다. 혼란스럽게 뒤얽힌 형상들과 성격들이 우세하게 나타나면 그런 그림들에는 그 거칢이 지나쳐서 구성이나 색채의 내적인 조화는 없다. 그래서 특히 전기 독일 회화에 대한 취향이 되살아났을 때, 그 기술은 그런 작품들

이 생성되었던 시기에 비해 조잡해서 규칙에 어긋나는 것이 많았다. 그래서 사람들은 그 그림들이 대부분 반아이크 형제가 살았던 시기에 그려진 완전한 그림들보다 더 후기에 그려진 것들인 데도 불구하고, 마치 더 오래된 작품들인 양 간주하기도 했다. 그러나 남부독일의 화가들은 전적으로 이런 식으로만 표현하는 데 머물지는 않고 역시 다양한 종교적인 대상들도 다루었다. 예를 들어 알브레히트 뒤러는 그리스도 수난사에 나오는 상황들을 그리는 데 있어서 필요한 내적인 고귀함과 외적인 완결성, 자유를 보존함으로써 극단적이고 단순한 거칠음에서 성공적으로 벗어날 수 있었다.

γ) 끝으로 네덜란드 미술과 독일 미술은 *세속적(ins Weltliche)*이고 일상적인 것 속으로 전적으로 파고들어가 동화되기에 이르며, 그와 더불어 회화는 여러 종류의 다른 표현양식들로 *갈라져 나간다*. 이는 내용은 물론 그리는 방식에서도 서로 구별되며, 서로 일방적으로 발전해 간다. 이미 이탈리아 회화에서도 단순한 기도를 탁월하게 묘사하는 것에서 벗어나, 점차 세속적인 것을 묘사하는 쪽으로 옮겨가는 것이 눈에 띈다. 그러나 여기서도 예를 들어 라파엘의 경우를 보면 때로는 종교성을 띠지만, 때로는 고대의 미의 원리에 국한하고 이에 집중하는 상태로 머문다. 반면에 후기에 가서는 채색이 주도하면서 모든 종류의 형상들을 묘사하는 쪽으로 나가기보다는, 형태를 그리는 방식에서 마구 피상적으로 갈라져 나가거나 자극적으로 모방하는 경향을 보인다. 그에 반해 네덜란드 미술과 독일 미술은 모든 영역의 내용을 취하고 이를 그리는 모든 방식을 거쳐 갔음이 뚜렷이 눈에 띈다. 즉 그들은 아주 전통적인 종교회화, 각각의 인물화나 흉상화로부터 시작해서 감각적이고 경건하고 묵상적인 표현을 거쳐서, 이를 더 큰 장면으로 구성

하여 활력을 넣고 확대시키는 데까지 나아갔다. 그러나 그처럼 확대된 장면들 속에서도 인물들의 성격을 자유로이 결정하고, 행렬 속에 섞여 있는 하인들이나 우연히 공동체 안에 있는 사람들, 의상이나 그릇장식들을 통해 나타나는 고아(高雅)한 삶, 인물들의 초상과 건축물 및 풍부한 자연환경, 교회의 전망, 거리, 도시, 강, 숲, 산들의 형태도 역시 종교적인 것에 근거해서 집중적으로 묘사되고 있다. 이제 이러한 중심점은 떨어져 나간다. 그래서 지금까지 하나로 모였던 대상들의 영역은 서로 떨어져 나가고, 특수한 것들은 그 특수한 단일성과 우연한 교체, 변화 속에서 수많은 종류로 포착되어 회화적으로 다루어진다.

　이미 전에도 그랬듯이 여기서도 이 마지막 시기의 회화가 지닌 가치를 완전히 평가하자면, 그와 같은 회화의 근원이 되는 민족의 상황을 염두에 두어야 한다. 이와 관련해서 우리는 교회의 경건함을 관조하고 형상화하는 일에서 벗어나 세속적인 것, 자연대상들과 특수한 현상들에 대한 기쁨, 정직하고 착한 마음으로 조용히 누리는 가정적인 삶, 민족의 축전, 축제, 행렬, 농부들의 춤, 교회 헌당식에서 느끼는 재미, 분방함에 대한 기쁨 등을 묘사하는 데로 옮겨가는 것이 올바르다고 보아야 한다. 네덜란드에서는 *종교개혁*을 철저하게 겪었다. 네덜란드인들은 신교도가 되었고, 에스파냐의 (가톨릭) 교회의 독재와 왕의 독재를 이겨냈다. 물론 여기서도 정치적인 측면에서 보면 어느 탁월한 귀족이 그의 영주나 독재자를 쫓아내거나 법이 지배하는 것은 발견할 수는 없다. 또 농사짓는 민족이자 억압받는 농부였던 그들은 스위스인들처럼 봉기하여 구속을 타파하고 나오지도 않았다. 반대로 그들 가운데 좀 더 용기 있는 사람들은 시골로 가고 그보다 더 용맹한 사람들은 바다로 나가지만, 대부분은 자기 직업에 열심히 종사하면서 잘 살고 있는 도시주민들로 구성되어 있다. 그들은 자기들의 일을 즐거워하지 이를 박차고 나가려 하지는 않는다. 그러나 그들은 권리와 자유를 위해 싸우거나 그들의 영토, 도시, 동맹이 중요한 문제가 되면 신과 자신들의 용기, 오성을 굳건히 믿고 들고 일어났다. 그들은 세계의 절반을 지배하던 에스파냐의 엄청난 지배에 반항하여 모든 위험을 무릅썼고 두려워하지 않으면서 용감하게 피를 흘렸으며, 이 정당한 용기와 인내력으로 인해 승리를 쟁취하여 자신들의 종교와 시민적인 독립성을 얻을 수 있었다.

만약에 우리가 어떤 특별한 심정의 흐름을 '독일적'이라고 부른다면, 이는 신뢰를 갖고 잘 살면서 풍부한 심정을 지닌 시민성을 말한다. 이는 자만심이 아닌 자신감 속에 들어 있는 것이며, 영감(靈感, die Begeisterung)만을 얻어서 열심히 기도에 몰두하는 경건함이 아니라 세속에서 구체적으로 부유하면서도 경건하고 소박하게 만족하는 것이다. 주거지와 환경은 단순하고 깨끗하고 순수하며, 모든 상태에서 독자적이고 진보적인 자유를 지니면서도 철저히 조심하고 자족(自足, das Sichselbstgenügen)하는 것, 옛 관습에 충실하고 옛 조상들의 강인함을 흩뜨리지 않고 보존할 줄 아는 것이다.

이와 같은 감각적이고 예술적인 재능을 부여받은 민족은 회화에서도 이 강인하고 올바르며 만족스럽고 쾌적한 현존성을 향유하려고 한다. 그들은 그들의 그림 속에서 또 한 번 모든 가능한 상황을 표현하며, 그들의 도시, 집, 깨끗한 가구(家具), 가정의 평화, 부(富), 자기 아내나 아이들의 훌륭한 의상, 그들의 정치적인 도시축제의 화려함, 선원들의 용감함, 무역, 자기들이 소유한 배들의 명성을 누리고 싶어한다. 네덜란드 화가들은 바로 이런 법에 대한 감각이나 쾌활한 현존성을 자연대상으로 삼아, 그들이 그린 모든 그림에서 자유롭고 충실하게 포착하여 언뜻 하찮고 순간적인 것으로 보이는 것들에 대해 애정을 보였다. 그리하여 참신하게 눈을 크게 뜨고 영혼을 집중시켜 아주 폐쇄되고 제한된 것 속으로까지 파고들어 갔으며, 또 이들을 아주 자유스럽게 예술적으로 구상하였다. 그들은 부차적인 것에도 섬세한 감정을 기울여 매우 신중을 기하면서 그려나갔다. 네덜란드 회화는 한편으로 전쟁이나 병사들의 생활장면을 그리거나 술집을 그릴 때나 결혼식이나 농부들의 연회, 가정적인 일을 묘사할 때, 또는 초상화, 자연대상들, 풍경, 동물, 꽃 따위를 그릴 때에도 대체로 빛과 색, 조명, 색채효과의 마력을 살렸고, 다른 한편으로 매우 생동적인 성격들을 더할 나위 없이 탁월하게 참된 예술로 완성해냈다.

또 그들은 하찮고 우연한 것에서 농민적이거나 거칠고 비속한 자연을 묘사하는 데로 이행(移行)하면서도, 이런 장면들을 진솔한 기쁨과 즐거움으로 가득 찬 모습으로 그렸다. 그래서 비속하고 사악하거나 비천한 것은 물론 이런 기쁨과 진솔함 자체가 회화의 대상이자 내용이 되었다. 그러므로 우리 눈앞에 보이는 것은 비속한 감정이나 열정이 아니라 하층계급의 즐거움, 익살맞고 우스꽝스러운 농민의 삶, 자연에 가까운 것이다. 바로 이처럼 근심 없는 분방함 자체 속에 이상(理想)적인 요소가 들어 있다. 그것은 즉 모든 것을 똑같게 만들고 모든 나쁜 것을 제거하는 인생의 휴일과 같은 것이다. 진심으로 마음이 선한 사람들은 전적으로 나쁘거나 비열할 수가 없다. 이에 비춰볼 때 사악한 것이 단지 순간적인 것으로 나타나는 것과, 어떤 성격 속에 본래의 특성으로서 나타나는 것은 서로 다른 것이다. 네덜란드인들이 그린 회화를 보면, 상황 속에서 희극적(喜劇的)인 것은 사악한 것을 해소시킨다. 그래서 우리에게는 성격들도 역시 그 순간 우리 눈앞에 보이는 것과는 다른 것일 수 있다는 것이 분명하게 드러난다. 그런 그림들에 들어 있는 쾌활성과 희극성은 아주 귀중한 가치를 띠고 있다. 그에 반해 오늘날의 그림들은 신랄한 면을 띠고자 하면서도, 보통 뭔가 내적으로 비속하고 나쁘고 사악한 것을 희극적으로 해소시키지 않고 그냥 표현한다. 예를 들어 고약한 여자가 술집에서 술에 취한 자기 남편과 아주 심하게 싸우는 장면을 그린 것이 그렇다. 거기에서 보이는 것은 내가 이미 전에 한 번 언급했듯이, 그 남자는 그저 칠칠치 못한 사내이고 그 여자는 침을 튀기며 싸우는 나이 든 여자일 뿐이라는 점이다.

이러한 눈으로 네덜란드 대가들을 보면 우리는 그들의 회화가 위와 같은 대상들은 피하고 오직 옛 신들이나 신화, 우화, 마돈나상, 십자가형, 순교자들, 교황, 성자 성녀들만을 표현하려 했다고는 더 이상 말할 수 없을 것이다. 모든 예술작품에 속하는 것은 회화에도 속한다. 그것은 대체로 인간과 인간정신, 성격, 인간이란 무엇이며, 그것도 바로 이 인간은 누구인가 하는 것을 직관하는 일이다. 인간의 내적인 본성과 그것이 외적으로 생생하게 드러내는 형태와 현상방식을 이렇게 포착하고 이처럼 싱싱하고 쾌활한 상상력으로 그려나가는 대담한 솜씨는 바로 대부분 네덜란드의 대가들이 지니고 있던 시적(詩的)인 기본 특성이었다. 그들의 예술작품에서는 인간적인 본성과 인간 자신을 연구하고 있다는 것을 감지할 수 있다. 그러나 오늘날의 사람들은 너무 자주 초상화나 역사화들을 눈앞에 보게 되는데, 그 그림들을 보면 인간형상, 그것도 개개의 인물들이 실제의 모습과 아무리 유사하게 그려졌더라도, 첫눈에 곧 그 그림을 그린 화가가 인간이란 무엇이고 인간의 색채란 무엇인지에 대해서 알지도 못하고 또 인간을 인간이라는 것을 표현하는 형태가 과연 무엇인지에 대해서도 모르고 있다는 것을 보게 된다.

제2장 음악

　우리가 지금까지 개별적인 예술들의 발전과정을 추적한 과정을 되돌이켜 보면 우리는 *건축*에서부터 시작했었다. 건축은 가장 불완전한 예술(die unvollständigste Kunst)이었다. 왜냐하면 우리는 그것이 감각적인 계기만을 포착하고 무게의 법칙에 따라 무거운 질료를 다루는 가운데 정신적인 것을 합당한 현재성으로 표현할 능력이 없다는 것을 알았기 때문이다. 그래서 건축은 정신으로부터 나오는 실제의 현존재에 정신을 위해 예술에 적합한 외적인 환경을 부여하는 것으로 한정되어야만 했다.

　그에 반해 둘째로 조각은 비록 정신적인 것 자체를 그 대상으로 삼기는 해도, 이를 특수한 성격이나 심정의 주관적인 내면성으로서가 아니라 자유로운 개성으로서 대상으로 삼았다. 그 개성은 실체적인 내용이나 정신의 구체적인 현상에서 분리되지 않고, 개체로서 다만 본질적인 내용이 스스로 개체로 활성화되는 데 필요한 정도로만 표현되었다. 또 그것은 육체와 정신으로 갈라졌던 것을 통일시키는 데 알맞은 자연형상에 허용되는 한에서만 육체의 형태 속에 관통되는 정신적인 내면으로 삼아졌다. 이처럼 대자적(對自的)으로 존재하는 정신이 조각으로 표현되기 위해서는 그에 고유한 *내면성*의 계기 안에 머무는 대신에 오직 그 *육체적인* 구조 속에서 동일화될 필요가 있다는 것은 회화 예술에게 여전히 무거운 재료를 질료로 고수하게 하되, 그러나 조각의 형상은 건축에서처럼 단지 비유기적인 주위환경을 지탱하고 떠받치는 법칙에 따라 형태화하지 않고 정신을 이상(理想)적인 조형성에 알맞게 고전적인 미로 변화시키도록 과제를 부여한다.

　이런 점에서 건축은 그것이 어떤 것을 내용으로 삼든, 그 표현방식에서는 *상징적인 것을 암시한다*는 기본유형을 벗어나지 못하는 반면에, 조각은 고전적 예술형식을 예술작품 속에 생생히 드러내는 내용과 표현방식에 특히 적합한 것으로 보인다. 그 다음 *세 번째*로 우리는 회화와 더불어 *낭만적인* 예술의 영역으로 들어선다. 왜냐하면 회화에서는 비록 *외적인* 형상이 여전히 내면을 드러내는 수단이 되지만, 그러나 이 내면은 이념적이고 *특별한 주관성*, 자기의 구체적인 현존성으로부터 자기에게로 회귀한 심정, 성격과 마음의 주관적인 열정이자 감정이다. 그것은 더 이상 자신을 외형 속에 총체적으로 주조하게 하지 않고, 그 안에서 바로 내적인 자각존재(대자존재, das innerliche Fürsichsein)와 정신이 자기의 고유한 상태, 목적, 행위의 영역에 관여하는 것을 반영한다. 회화는 그 내용에 깃든 이 같은 내면성 때문에 한편으로는 단지 무겁게 형상화하고 다른 한편으로는 오직 그 형상에 따라서만 이해할 수 있는 개별화되지 않은 질료를 사용하는 데 만족하지 않고, 오직 질료의 가상(假象, Schein)과 *색채적인 가상(Farbenschein)*만을 감각적인 표현수단으로 선택하도록 허용된다. 그럼에도 색채는 그리는 기술이 마법처럼 색채효과를 드러내는 쪽으로 진행해 가면서, 그 안에서 객체가 곧 여려지기 시작하고 더 이상 어떤 질료적인 것에 의한 효과가 일어나지 않을 때에도, 오직 *공간적인* 형태들과 형상들을 살아 있는 현실 속에 주어져 있는 것처럼 가상(假象化)적으로 만들기 위해서 있다.

그러므로 비록 회화는 가상(假象)이 더 이상 공간성을 띤 형상에 매달리지 않고 스스로 고유한 요소가 되어 가상과 반사의 유희를 하면서 명암의 마술 속에 스스로 몰입해 이념적으로 더 자유로워지는 쪽으로 발전해가더라도, 이 같은 색채의 마술은 언제나 여전히 공간적인 성질을 띠며 서로 분산되어 나가고 그리하여 *존재하는* 가상이 된다.

(1) 그러나 내면은 이미 회화의 원리에 들어 있듯이 실제로 스스로를 *주관적인* 내면성으로서 드러내야 한다면, 이에 참으로 적합한 질료는 여전히 스스로를 위해 존속하는 성질을 지녀서는 안 된다. 그럼으로써 우리는 객관성이 공간적인 형상으로서 감각적인 요소 안으로 들어가 그 안에서 지속되려고 고집하지 않는 외화(外化) 방식을 얻게 되므로, 자기의 타자를 위해 존재(Sein-für-Anderes)하면서 불안정하게 생성되어 존재했다가 곧 다시 사라지는 질료가 필요하다. 이처럼 *하나의* 공간적인 차원이 사라질 뿐만 아니라 대체로 총체적인 공간성이 사라지는 것, 즉 내면은 물론 외화의 측면에서도 이같이 주관성 안으로 완전히 회귀하는 것을 성취하는 것이 바로 두 번째의 낭만적인 예술, 즉 음악이다. 이런 점에서 음악은 원래 주관적인 것 자체를 내용과 형식으로 삼는 표현의 중심이 된다. 왜냐하면 음악은 예술로서 물론 내면을 전달하지만, 그 객관성 자체 속에서도 여전히 *주관적으로* 머물기 때문이다. 다시 말해서 음악은 조형예술처럼 결정된 외형 자체를 자유로이 놓아 두어 그것이 그 자체로 고요히 존속하도록 허용하지 않고 이를 객관성으로 지양한다. 그리하여 외적인 것이 우리 눈앞에 외적으로 확고하게 존재하는 것으로 드러나도록 허용하지 않는다.

그렇지만 표현수단으로서 공간적인 객관성을 폐기하는 것은 처음에 조형예술의 감각적인 공간성에서 나오는 것을 저버리는 일이 된다. 그러므로 이 부정(否定, die Negation)은 조각이 지녔던 공간성이 회화에서 평면으로 축소되는 것처럼, 지금까지 스스로 고요히 존속하고 있던 *질료성(質料性)*에서도 일어나야 한다. 따라서 여기에서 공간성이 지양된다는 것은 단지 어느 특정한 감각적인 질료가 분리되어 고요히 머무는 상태를 포기하고 움직임으로써 스스로 진동하므로, 응집된 신체나 물체의 모든 부분들이 머무는 자리가 변경될 뿐만 아니라 예전상태로 되돌아가려고 애쓰는 것을 말한다. 이처럼 진동과 파동의 결과로 나오는 것이 *음(音, Ton)*으로서 바로 음악의 질료가 된다.

  음을 사용함으로써 음악은 외적인 현상과 그것의 직관적인 *가시성(可視性)*을 떠난다. 그러므로 음악이 산출해내는 것을 포착하기 위해서는 역시 또 다른 주관적인 기관, 즉 *청각*이 필요하다. 이는 시각과 마찬가지로 실제적인 감각이 아니라, *이론적인* 감각에 속하며 시각보다 더 이념성을 띤다. 그 이유는 아무런 욕구없이 고요히 바라보도록 만들어진 예술작품은 그 대상을 파괴하려는 어떤 의도도 없이 그 자체로 조용히 존재하게 내버려두어도 이념적이 아닌 감각적인 존재로 보존되지만, 반면에 귀는 대상을 실제로 존재하도록 만드는 대신에 물체가 내면적으로 진동해 나오는 결과를 인지하기 때문이다. 그럼으로써 처음으로 더 이상 질료성을 띤 고요한 형상이 아닌 더 이념적인 심오한 영혼성이 드러난다. 더 나아가 진동하는 질료는 부정성(否定性) 안으로 들어서게 되는데, 이는 한편으로 공간적인 상태를 지양하고 또다시 물체의 반응에 의해 지양되는 것이므로, 이는 이중적인 부정이 외화(外化)되는 것으로서 음은 생성되고 존재하다가 다시 소멸되어 사라진다.

  이처럼 음의 원리 속에 들어 있는 외면성의 이중적인 부정으로 인해서 음은 바로 내적인 주관성에 일치한다. 왜냐하면 음의 울림은 즉 자대자적(an und für sich)인 것이어서, 이는 대자적으로(für sich) 실제 존재하는 육체성보다 더 이념적인 것인데, 이 이념적인 존재도 포기함으로써 내면에 적합한 현상방식이 되기 때문이다.

(2) 우리는 거꾸로 그 내면이 다시 울리고 반향하는 데 적합하기 위해서는 어떤 성질을 띠어야 되는가라고 묻는다면, 이미 보았듯이 음 자체는 실제적인 객관성으로 간주되며 조형예술의 질료와는 다르게 매우 추상적이다. 돌이나 색채는 수많은 다양한 형태를 지닌 광범위한 대상들의 세계로 들어가 이 대상들을 받아들여서 그것들이 실제로 존재하는 모습에 알맞게 표현한다. 그러나 음은 그렇게 할 수 없다. 그러므로 음악적으로 표현하기 위해서는 전적으로 무대상(無對象)적인 내면, 즉 추상적인 주관성만이 적합하다. 이것은 바로 우리의 전적으로 비어 있는 자아(自我), 즉 더 이상 내용이 들어 있지 않은 자아이다. 그러므로 음악의 주요 과제는 대상성 자체가 아니라, 반대로 가장 내면적인 자아가 주관성과 이념성을 띤 영혼에 따라 움직이는 것을 반향(反響)하도록 하는 데 있다.

(3) 이는 음악의 效果에서도 마찬가지이다. 그 효과에서 얻어지는 것은 궁극적으로 주관적인 내면성 자체이다. 이는 심정의 예술로서 직접 심정으로 향한다. 예를 들어 우리가 앞서 살펴 본 회화도 물론 내적인 삶과 충동, 기분, 마음의 열정, 상황, 영혼의 갈등과 운명을 인물의 얼굴형태나 형상으로 표현할 수는 있다. 그러나 그림 속에서 우리 눈앞에 보이는 것은 객관적인 현상들로서, 그 현상들은 내면적인 자아로서 관조하는 자아와는 구별된다. 사람들은 대상이나 상황,

성격, 어떤 동상이나 그림의 형태 속으로 아주 침잠하여 그 예술작품에 대해 깊이 경탄할 수 있고, 그에 대해서 자신을 빼앗기고 자신을 그 작품으로 가득 채울 수 있다. 그렇다 해도 이는 소용없다. 이 예술작품들은 스스로 존재하는 객체로 머물며, 우리는 그것들을 관조하는 상태 이상을 넘어서지 못한다. 그러나 음악에서는 이런 구별이 없어진다. 음악의 내용 자체는 주관적이며, 그것이 외화된다고 해서 곧바로 공간적으로 *지속되는* 객관성이 되지는 않고 부단히 자유로이 진동함으로써 그 자체가 하나의 전달이 된다. 이 전달은 스스로 지속성을 갖지 않고 오직 내적이고 주관적인 것에 의해 지탱되며, 주관적이고 내적으로 존재하기 위해서만 있는 것이다. 따라서 음은 외적으로 외화되더라도, 바로 그것이 외화되기 때문에 곧 다시 사라진다. 즉 귀가 음을 포착하자마자 그 음은 다시 침묵하고 만다. 이때 생기는 인상은 곧 내면화된다. 음은 그 이념적인 주관성 속에서 포착되고 움직이는 가장 심오한 영혼 속에만 여운을 남긴다.

물론 음악의 내용과 그 표현방식에 대해서도 볼 때, 이처럼 무대상(無對象)적인 내면성이 음악의 형식적인 *것이* 된다. 음악도 물론 내용을 갖고 있으나, 이는 조형예술과 같은 의미에서의 내용도, 그렇다고 시문학적인 의미에서의 내용도 아니다. 왜냐하면 음악에는 바로 객관적으로 형상화되는 것—그것이 실제 외적으로 현상되는 형태이든 직관적으로 관조되거나 표상되는 객관성이든—이 없기 때문이다.

이에 대해서 우리가 계속 고찰하고자 하는 과정을 살펴보면, 우리는

첫째로, 그 밖의 다른 예술들과 달리 음악과 그 효과가 지닌 일반적인 특성을 질료 면에서는 물론 정신적인 내용이 취하는 형태면에서도 더 분명하게 드러내야 한다.

둘째로, 우리는 음악에서 음들이 한편으로 그 시간적인 지속성과

관계하고, 다른 한편으로 그 실제 울림에서 나오는 질료적인 차이와 관계하면서 전개되고 전달되는 특수한 *차이*들을 설명해야 한다.

마지막 *셋째*로, 음악은 그것이 표현하는 내용과 관계한다. 왜냐하면 음악은 이미 언어로 감정이나 표상, 관찰을 표현하는데, 거기에서 반주음악(伴奏音樂, die begleitende Musik)으로 연결되기도 하고 자유로이 아무런 구속없이 독자적으로 연주되기도 하기 때문이다.

그러나 음악의 원리와 그 분류에 대해 이처럼 일반적으로 언급하는 것으로부터 그 특수한 측면들을 규명하는 데로 넘어가게 되면, 본질적으로 음악 특유의 어려움이 따른다. 다시 말해 음과 내용이 내면적인 음악의 요소로 진행해가는 것은 매우 추상적이고 형식적이어서, 우리는 먼저 곧 기술적인 규정들, 음의 양적(量的)인 관계, 악기나 음의 종류들의 차이와 화음을 구별하지 않고서는 그 특수성을 고찰할 수 없다. 그러나 나는 이 분야에서는 별로 연구를 하지 않았으므로, 단지 일반적인 관점과 몇 가지 주해를 가하는 것으로 그치고자 하며 이에 미리 양해를 구하는 바이다.

1. 음악의 일반적인 특성

음악과 관련되는 중요한 관점들을 우리는 일반적으로 다음과 같은 순서로 고찰할 수 있다.

첫째, 우리는 음악을 한편으로 조형예술들과, 그리고 다른 한편으로 시문학과 연관시켜야 한다.

둘째, 그럼으로써 음악에서 내용을 포착하고 표현하는 방식이 더 자세히 드러날 것이다.

셋째, 우리는 이런 식으로 음악을 다루는 데 있어서 그것이 다른 예술들과는 다르게 심정에 작용하는 독특한 효과를 더 분명하게 설명할 수 있다.

a. 조형예술들 및 시문학과의 비교

첫 번째 사항과 관련해서 우리는 음악이 지닌 특수성을 분명하게 드러내려면, 이를 다음과 같은 *세 가지* 측면에서 다른 예술들과 비교해야 한다.

α) 첫째로 음악은 *건축*과 대립되지만, 그럼에도 불구하고 또 그것과 유사한 관계를 지니고 있다.

αα) 다시 말해 건축술에서 건축형태로 만들어지는 내용은 조각이나 회화작품에서처럼 전적으로 형상화되지 않고 형상과 구별되는 외적인 환경으로 머물렀다면, 내면과 그 외적인 존재가 고전적으로 동일성을 띠었던 것은 거꾸로 낭만적인 예술인 음악에 와서 ― 건축은 상징적인 표현방식이라서 그런 동일성에 도달할 능력은 없었던 것과 비슷한 방식으로 ― 다시 해체된다. 왜냐하면 정신적인 내면은 단지 심정의 집중으로부터 직관과 표상으로 그리고 이것이 상상에 의해 형태로 완성되어 가는 반면에, 음악은 오히려 감정적인 요소만 표현할 수 있는 상태로 머물며 정신을 표현하는 표상을 감정의 선율적인 음향으로 둘러싸기 때문이다. 이는 건축에서 신의 조각상 주위에 경직된 방식으로 원주나 담, 들보 같은 형태들을 둘러 세우는 것과 같다.

ββ) 그럼으로써 음악에서 음과 음의 전개는 회화와 조각에서 인간의 신체와 그 자세 및 얼굴의 용모에 적용되던 것과는 전혀 다른 방식

으로 예술과 단순히 예술적인 표현에 의해 비로소 *만들어지는* 요소가 된다. 이런 점에서 역시 음악은 기존의 것이 아닌 정신적인 창안(創案)에서 형태를 만들어 내어서 이를 한편으로 무게의 법칙에 따라, 또 한편으로 대칭과 조화의 규칙에 따라 형상화하는 건축과 더 가깝게 비교될 수 있다. 음악 분야에서도 그와 마찬가지이다. 왜냐하면 음악은 한편으로 감정의 표현과는 무관하게 양적(量的)인 관계에 있는 음의 화음법칙을 따르고, 다른 한편으로 박자와 리듬의 반복과 음의 전개에서도 규칙적으로 대칭 형식에 계속 의존하기 때문이다. 또 음악에서는 매우 심오한 영혼의 진심과 엄격한 오성이 지배하면서, 이 양극단이 그 안에서 통일을 이루고 있지만 쉽게 떨어져 나가 독자적으로 되곤 한다. 이처럼 독자적인 음악은 심정을 표현하는 일에서 벗어나 풍부한 창의성에 따라 규칙적인 음의 구조를 이루면서 스스로 음악적으로 나아가는 가운데서 건축적인 특성을 띤다.

γγ) 그렇지만 이 같은 비슷한 점이 있기는 해도, 음의 예술은 역시 건축과는 전혀 상반되는 영역 속에서 움직인다. 양쪽의 예술에서는 물론 양적인 관계가, 더 자세히는 크기의 관계가 근간을 이루지만, 그러나 이런 관계들에 적합하게 형태화되는 질료는 서로 직접적으로 대조된다. 즉 건축은 무겁고 감각적인 덩어리를 사용하여 공간 속에서 고요히 나란히 서는 외적인 형상으로 만들지만, 반대로 음악은 공간적인 질료성에서 벗어난 음의 영혼을 음향과 지속적으로 이어지는 시간적인 움직임이 질적으로 차이를 이루는 가운데서 포착한다. 그러므로 양쪽 예술이 만들어내는 작품들은 전혀 다른 두 정신의 영역에 속한다. 왜냐하면 건축술은 외적으로 관조할 수 있는 거대한 형상들을 상징적인 형태로 만들어 지속시키지만, 빠르게 스쳐 지나가는 음의 세계는 직접 귀를 통해 내면의 심정으로 주입되어 그와 공감된 감정

으로 영혼을 조율시키기 때문이다.

β) 둘째로, 음악과 다른 두 조형예술과의 관계를 더 자세히 보면, 그것들 간의 유사성과 차이는 부분적으로는 내가 방금 시사한 것에 근거한다.

αα) 음악은 질료나 그 형상화 방식에서 볼 때 조각과 가장 거리가 멀다. 즉 조각에서는 내면과 외면이 완전히 일치하는 점에 비춰볼 때 그러하다. 반면에 음악은 회화와 더 가깝다. 이는 한편으로는 표현에 있어 내면성이 더 우세하다는 점에서 그렇고, 다른 한편으로 이미 우리가 보았듯이, 질료를 다루는 데 있어서 회화는 이미 음악의 영역에 가까이 다가가고자 시도하기 때문이다. 그럼에도 불구하고 회화는 조각처럼 여전히 객관적, 공간적으로 존재하는 것을 표현하는 것이 목적이다. 실제로 회화는 예술 밖에서 이미 존재하는 대상의 형태에 매여 있다. 물론 화가나 조각가는 사람의 얼굴, 몸의 자세, 산맥의 능선, 나뭇잎들이 뻗친 모습을 그들이 여기저기 자연에서 본 외형 그대로 꼭 취하지는 않고, 기존의 것을 정리하여 내용에 꼭 필요한 표현에 알맞게 만드는 사명을 띠고 있기는 하다. 말하자면 여기서는 한편으로 스스로 완성되어 있으면서 예술에 의해 개성적으로 표현되어야 할 내용이 있는가 하면, 다른 한편으로 자연의 기존 형태들은 이미 스스로 존재하고 있어서 예술가가 이 양쪽 요소들을 자기의 사명에 따라 서로 뒤섞어 형상화하고자 할 때, 그는 구상하고 작업을 하는 두 개의 중요한 기점에 서게 된다. 예술가는 그런 확고한 규정들에서 출발해서 한편으로 표상 속에 있는 보편적인 것을 더 구체화하고, 다른 한편으로 개별적으로 모형을 그리는 데 있어서 인간형상이나 그 밖의 자연형태들을 사용하여 이를 일반화하고 정신화해야 한다.

반면에 물론 음악가도 모든 내용에서 다 소재를 추출하는 것은 아니고, 그가 음악으로 만든 텍스트 안에서 내용을 발견하거나 또는 더 독자적으로 어떤 기분을 음악적인 형태로 치장하면서 이를 형상화시키기는 한다. 그러나 그가 본래 작곡하는 영역은 형식적인 내면성이자 순수한 음향으로 머문다. 그가 내용으로 심화시키는 것은 외면으로 향하는 영상이 아니라 오히려 고유한 내면의 자유 속으로 회귀하는 것이다. 이는 자기 안에서 향유(享有)하는 것으로서, 음악의 여러 분야에서는 심지어 예술가가 내용으로부터 자유로워졌다는 일종의 확신이 되기도 한다. 일반적으로 예술은 가장 위력적이고 비극적인 운명들조차도 이론적으로 형상화하여 온화하게 해서 이를 향유하게 하므로, 미의 영역 속에서 활동하는 것이야말로 영혼이 자유로워지고 궁핍성의 한계로부터 벗어나는 것으로 간주된다면 음악은 바로 이 자유로움을 궁극적인 정점으로 이끌어간다. 다시 말해서 조형예술들이 인간의 총체성, 인간의 본질, 그리고 그 안에서 조화를 잃지 않고도 개체가 지닌 개별성 안에서 보편적인 이상을 드러내는 일을 객관적인 조형미를 통해 도달한다면, 음악은 이를 전혀 다른 방식으로 수행해야 한다. 조형예술가는 표상 속에 감싸여 있는 것, 이미 원래 *그 안에* 들어 있는 것을 단지 *드러내* 보이기만 하면, 즉 *밖으로 꺼내* 보이기만 하면 된다. 그래서 모든 개별적인 것은 그 본질적인 피규정성 속에서 이미 표현될 내용을 통해 정신에 어른거리는 총체성을 더 자세하게 해석하는 것일 뿐이다. 예를 들어 어떤 조형예술작품 속에서 하나의 인물은 이런저런 상황 속에서 이런저런 표정과 몸, 손, 발, 몸통, 머리가 이러저런 자세를 취하면서 다른 인물들이나 그 밖의 것들과 관계한다. 이런 각각의 측면들은 각각 다른 것들을 필요로 하며, *그것들과* 함께 자체 속에 근거하는 전체와 합쳐진다. 여기에서 그 주제를 완성시키는 것은 그것이 이미 스스로 내포하고 있는 것을 더 자세히 분석하기만 하면 된다. 그렇게 함으로써 우리 눈앞에 서게 되는 형상이 완성되어 있으면 있을수록, 그 통일성은 더욱 집중되며 부분들 간의 관계도 더욱 분명하게 강화된다. 예술작품이 참된 것이 되려면, 개별적인 것이 완성되어 표현될 때 동시에 최고의 통일성이 산출되어야 한다. 그렇지만 음악작품에서도 부분들이 내적으로 다른 부분을 필요로 하면서 전체를 향해 완성되어 가는 일이 빠져서는 안 된다. 그러나 음악에서의 완성은 한편으로 그 성질이 다르며, 다른 한편으로 그 통일성 역시 좀 더 제한된 의미를 띠고 있다.

ββ) 음악의 주제 속에는 그것이 표현해야 할 의미가 이미 완전히 드러나 있다. 그것이 반복되거나 계속 대립을 보이거나 매개되면서 나아가고 반복과 이탈, 다른 음으로 변형될 때, 이런 것들은 주제를 이해하는 데 약간 불필요한 것이 되며 단지 순수하게 음악적으로 완성하고 다양한 음들의 차이를 화음으로 이루는 데만 속하게 된다. 이런 것들은 내용 자체가 요구하는 것도 아니고, 내용에 의해 지탱되는 것도 아니다. 반면에 조형예술들에서 개별적인 것들은 내용 자체를 더욱 더 상세하게 강조해 주고 생생하게 분석함으로써 그것을 완성시킨다. 그러나 물론 악곡(樂曲)에서도 어떤 주제가 계속 전개되면서 거기에 다른 것이 첨가되고, 그 양쪽이 서로 교체하고 뒤섞이면서 나아가다가 변하고, 어디서는 사라졌다가 어디서는 다시 등장하고, 어디서는 패배했는가 하면 다시 승리에 찬 모습으로 등장하기도 한다. 즉 악곡의 내용은 다른 것들이 첨가되는 방식에 따라 더 규정된 관계로 나아가거나, 아니면 대립이나 갈등을 보이고 뒤얽히고 해체되는 식으로 나아가는 가운데서 명시되는 것만은 부인할 수 없다.

그러나 이 경우 그런 식의 작업을 통해서도 조각이나 회화에서처럼 통일성은 더 심오하거나 더 집중되지 않고, 오히려 확산되고 분리되어 나아가며 멀어졌다가 다시 되돌아오곤 한다. 음악에서 표현될 내용은 더 보편적인 중심이 되지만, 전체적으로는 조형예술들이 형상 속에서 그것도 특히 인간의 형상구조에 국한했을 때처럼 그렇게 확고한 결속을 보이지는 않는다.

γγ) 이런 측면에서 볼 때 음악은 다른 예술들과는 달리 내면의 형식적인 자유에 너무 가까우므로 다소 기존의 것, 즉 내용을 넘어서서 나아가곤 한다. 예술가가 자기가 취한 주제에 대해 기억하는 일은 곧 예술가 자신의 기억, 즉 그는 바로 예술가이며 자의적으로 자신에게 몰두하고 이리저리 움직일 수 있다는 것이 내면화(Innewerden)되는 것이다. 그러나 여기에서 자유로이 상상하는 일은 그와는 본질적으로 다른 것, 즉 자체 속에 폐쇄되어 전체를 이루는 악곡과는 분명히 구별되는 것이다. 음악에서는 얽매이지 않고 자유로이 상상하는 것 자체가 목적이 되므로, 예술가는 무엇보다도 알려진 선율이나 구절을 순간적으로 창조하는 가운데 짜넣어 맞추고, 거기에서 새로운 면을 얻어 이를 여러 뉘앙스로 바꾸고 또 다른 것으로 넘어갔다가 거기에서 또 다시 아주 이질적인 것으로 넘어가는 자유로움을 보일 수 있다.

그러나 대체로 음악은 마음대로 이를 엄격하게 제한하면서 이른바 더 조형적인 통일성을 준수하거나 주관적인 생동성을 띠고 나아가는 가운데 자의적으로 모든 것에서 벗어나는가 하면, 또 같은 방식으로 이리저리 구부러져 가다가 변덕스럽게 정지하기도 하고 이것저것을 갑자기 삽입하기도 하며, 또 다시 흐르는 듯한 음조(音調) 속에 자신을 내맡기기도 한다. 그러므로 화가나 조각가에게는 자연형태를 연구하도록 권장할 수 있다면, 음악은 이미 주어진 형태들의 밖에서 움직이므로 음악을 붙드는 그런 자연의 영역을 소유하고 있지 않다. 법칙과 형태의 필연성은 주로 음들 자체의 영역에 해당된다. 이 음들은 그 안에 주입되는 내용의 피규정성과는 그다지 밀접한 관계를 맺지 않는다. 또 그 음들을 사용하는 데 있어서도 음악을 완성하는 주관적인 자유에 더 폭넓은 여지가 주어진다.

바로 이것이 좀 더 객관적으로 형상화하는 예술들과 음악을 대조시킬 수 있는 중요한 관점들이다.

γ) *셋째로*, 다른 측면에서 보면 음악은 *시문학(詩文學)*과 가장 유사하다(die Musik die meiste Verwandtschaft mit der *Poesie*). 왜냐하면 양쪽 다 감각적인 질료인 음(音, Ton)을 사용하기 때문이다. 그러나 이 예술들에서는 음을 다루는 방식과 그 표현방식에 있어서 매우 큰 차이가 나타난다.

αα) 우리가 이미 여러 예술을 일반적으로 분류할 때 보았듯이, 시문학에서 음은 예술이 고안한 악기들의 힘을 입어 다양하고 정교하게 형상화되지 않고, 인간의 언어기관에서 음절로 되어 나오는 소리가 단순히 말의 기호로 격하된다. 그리하여 음 자체는 단지 표상들을 스스로는 의미 없이 표시한 것으로서만 가치를 지닌다. 그럼으로써 음은 대체로 감정, 표상, 생각들을 단순하게 표시하는 기호로서, 자기 자신에게 *내재하는 외면성*과 객관성을 그것이 단지 이 *기호* 안에 지니는 독자적이고 감각적인 존재로 머문다. 왜냐하면 내면이 내면으로서 지니는 본래의 객관성은 소리나 단어들 속에 있는 것이 아니라, 내가 어떤 생각이나 어떤 감정 따위를 *의식하고* 그것을 나의 대상으로 삼아 그렇게 표상 속에서 내 앞에 두거나, 또는 어떤 생각이나 표상 속에 들어 있는 것을 내게 전개시키고 내가 생각한 내용의 내외적인 관계를 분석하고 특정한 규정들을 서로 관련시키는 것 따위에 있기

때문이다. 우리는 비록 끊임없이 말(언어) 속에서 생각하지만, 그때 실제로 말을 할 필요는 없다. 이처럼 감각적인 언어의 소리는 표상 따위의 내용을 전달하는 데 사용되기는 해도, 그 표상의 정신적인 내용과는 아무 상관이 없으므로 여기에서 음은 다시 독자성을 얻는다. 물론 회화에서는 색과 그것을 단순히 색으로 간주하여 결합시키는 일은 곧 그 자체로는 아무런 의미가 없으며, 정신에 맞서서 독자적이고 감각적인 요소가 된다. 그러나 색 자체로는 아직 회화가 되지 못하며 거기에 형상들을 표현하는 일이 첨가되어야 한다. 그때 색이 이처럼 정신적으로 영활된 형태들과 갖는 관계는 언어의 소리와 그것이 단어들로 결합된 것이 표상에 대해 갖는 관계보다 훨씬 더 밀접하다.

음이 시적(詩的)으로 사용되는 것과 음악적으로 *사용되는 것*의 차이를 보면, 음악은 음을 언어의 소리로 격하시키는 것이 아니라 음 자체를 음악의 요소로 삼으므로, 음은 그것이 음인 한에서 음악의 목적으로 다루어진다. 그럼으로써 음의 영역은 단순한 기호의 역할만 해서는 안 되고, 이처럼 자유로워지는 가운데 정교한 음의 구조적인 형태 자체를 음악의 본질적인 목적이 되도록 형상화하는 방식에 이른다. 특히 근래에 와서 음악은 스스로 분명한 내용으로부터 벗어나, 이런 방식으로 그 자체의 고유한 요소로 되돌아갔다. 그 때문에 음악은 내면적인 삶 전체에 대해 발휘하던 위력을 상실하고 말았다. 왜냐하면 지금에 와서 음악이 주는 즐거움은 단지 예술의 한 측면으로만 기운 것으로, 작곡이나 그 기교에서도 단순히 음악적인 요소에만 관심을 두는데, 이런 관심은 음악을 아는 사람에게나 해당되지 인간의 예술에 대한 일반적인 관심과는 별로 무관하기 때문이다.

ββ) 그러나 시문학은 예술에 주어지게 허용되는 감각적인 요소를 제거할 줄 앎으로써, 외적인 객관성에서 잃게 되는 것을 시언어가 정

신적으로 의식하는 직관과 표상의 내적인 객관성에서 획득한다. 왜냐하면 이 같은 직관, 감정, 사유를 상상력은 사건들, 행위들, 심정의 기분과 복받치는 열정들이 들어 있는 그 자체로 완성된 세계로 형상화해야 하며, 이런 방식으로 전체적인 현실이 외적인 현상은 물론 내적인 내용에 따라 우리의 정신적인 감정, 직관, 표상을 위한 작품으로 만들어내기 때문이다. 그러나 음악은 고유한 자기 영역에서 독자적으로 머물기 위해서는 이런 종류의 객관성을 거부해야 한다. 즉 내가 이미 언급했듯이, 음의 영역은 심정에 관계하면서 그 정신적인 움직임과 조화를 이룬다. 하지만 좀 더 무규정적으로 공감(共感)을 느끼게 하는 데에는 이르지 않는다. 물론 이런 측면에서 볼 때도 만약에 악곡이 심정 자체에서 솟아 나와 풍부한 영혼성과 감정을 띠고 있으면, 역시 풍요롭게 다시 영향을 미칠 수는 있을 것이다. 더 나아가 우리의 감정은 또 그 외에 어떤 내용과 그것에 주관적으로 뒤섞여 있는 불특정한 진심으로부터 벗어나 이 내용을 더 구체적으로 직관하고 더 일반적으로 표상하는 쪽으로 나아간다. 이런 일은 음악 작품에서도 일어날 수 있다. 이는 그 작품이 우리 안에서 그 본질과 예술적인 활력에 맞게 일으키는 감정이 더 상세한 직관과 표상으로 발전되어, 더 확고한 직관과 보편적인 표상 속에서 일어나는 특정한 심정의 인상을 의식하게 될 때 곧 그렇게 된다. 그때 이것은 그 악곡에 의해 자극을 받아 일어나는 *우리의* 표상과 직관이지만, 이는 음들을 음악적으로 다루는 가운데 곧바로 산출된 것은 아니다. 반면에 시문학에서는 감정, 직관, 표상 자체가 언표되면서 우리에게 외적인 대상들에 대한 이미지도 만들어 줄 수 있다. 물론 그것은 조각이나 회화와 같은 뚜렷한 조형성이나 음악과 같은 영혼의 진심에는 도달할 수 없으며, 따라서 그 밖에 우리의 감각적인 직관과 무언의 심정에 의해 포착된 것을 불러와서 보충해야 하는 점은 있다.

γγ) 그러나 *셋째로* 음악은 시예술과 의식(意識)에 깃드는 정신적인 내용에 맞서서 이 독자성 속에 머물지 않으며, 오히려 시문학에 의해 이미 완성되고 감정, 관찰, 사건, 행위의 과정으로서 분명하게 언표된 내용과 밀접하게 연결된다. 그렇지만 그런 예술작품에서 음악적인 측면이 그 작품의 본질적이고 두드러진 것으로 머물려면, 시나 극 따위로서의 시문학은 스스로 본래의 타당성을 주장하고 나설 수 없다. 대체로 이처럼 음악과 시문학은 서로 결합되어 잇는 가운데, 한쪽 예술이 우세해지면 다른 쪽 예술에게는 불리해진다. 그러므로 시예술작품인 텍스트가 전적으로 독자적인 가치를 지니게 되면, 이것이 음악으로부터 받는 지원은 아주 사소한 것밖에 되지 않을 거라고 기대해도 된다. 예를 들어, 고대 그리스인들의 비극의 합창에 나오는 음악은 단지 종속적인 첨가물에 불과했다. 그러나 거꾸로 음악 자체가 더 독립적인 독자성의 위치를 획득하면, 시의 텍스트는 그 시적인 완성도의 측면에서 그저 피상적일 수도 있고, 일반적인 감정이나 일반적으로 간주되는 표상들에만 머물러 있을 수 있다. 깊은 생각을 시적으로 완성해 낸 것이라 해도 이 역시 외적인 대상들을 서술하거나 일반적으로 묘사한 시처럼 좋은 음악의 가사가 되지는 못한다. 그러므로 가곡이나 오페라 아리아, 오라토리움(Oratorium)[1]의 가사 등은 시적인 완성도와 *더 상세히* 관련해서 보면 빈약하고 어느 정도 평범한 것일 수 있다. 그러므로 음악가가 *자유로운* 여지를 유지하려면, 시인은 자신을 시인으로서 경탄의 대상이 되게 하려고 해서는 안 된다. 이런 측면

---

[1] 오라토리움(Oratorium, 혹은 Oratorio)은 주로 성서에 나오는 내용을 가극풍으로 엮은 노래를 말한다.

에서 보면 특히 이탈리아인들, 예를 들어 메타스타시오(Metastasio)[2]
와 그 밖의 가극 각본가들은 아주 솜씨가 능란한 인물들이었다. 반면
에 실러의 시들은 물론 그 자체는 결코 음악을 위해서 만들어진 것은
아니었지만, 어쨌든 음악으로 작곡하기에는 매우 어렵고 사용할 수
없는 것으로 드러났다.[3] 음악이 예술에 적합하게 완성되면, 사람들은
그 음악의 가사(歌詞)에 대해서는 별로 또는 전혀 이해하지 못하게 된
다. 특히 우리가 쓰는 독일어(deutsche Sprache)와 그것의 발음을 고
려할 때 그렇다. 그러므로 음악에서 가사 쪽에 관심을 돌린다면, 이는
비음악적인 방향으로 나가는 것이 된다. 예를 들어 어떤 오페라에서
중요하지 않은 장면들이 연출될 때면 관객은 잡담하거나 무엇을 먹거
나 카드놀이 등을 하다가도, 뛰어난 아리아나 그 밖에 다른 중요한 음
악이 연주될 때는 모두가 많은 관심을 기울인다. 반면에 우리 독일인
들은 오페라에서 등장하는 왕자나 공주들의 운명, 그들의 대사, 시종
들, 호위병이나 신임자, 하녀들 따위에 관심을 둔다. 아마 지금도 오
페라에서 노래가 시작되자마자, 그들의 관심을 끄는 부분은 끊어졌다
고 애석해 하면서 잡담하기 시작하는 관객이 있을 것이다. 교회음악

---

2) 메타스타시오(P.A.D.B.Metastasio, 1698~1782)는 가극각본들(libretti)을 작곡한
인물로, 그의 곡들은 헨델, 하이든, 모차르트, 글루크 등 18세기 작곡가들에 의
해 되풀이해 사용되었다.
3) 녹스(T.M.Knox) 교수가 그의 헤겔 《미학강의》 영역본(Oxford, 1975년)에서 이
구절에 대해 언급한 부분을 참고하면 헤겔이 베토벤을 매우 싫어했던 것으로
추측할 수 있다. 즉 헤겔이 여기 본문에서 실러의 시를 전적으로 음악화할 수
없다고 단적으로 언급한 것은 바로 베토벤이 그의 제9교향곡에다 다름 아닌 실
러의 시 '기쁨에 바치며(An die Freude)'를 몇 구절 그대로 따서 직접 합창곡으
로 삽입시킨 데 대한 의도적인 공격으로 보인다. 사실 베토벤의 이 교향곡이
처음 연주된 것은 1824년 빈에서였으나 베를린에서 연주된 것은 헤겔의 사후
였으니 헤겔 자신은 이 곡을 직접 들어보지는 못한 것이다.

에서도 역시 가사는 대부분 이미 알려진 크레도(Credo:신앙을 나타내는 가사—역자주)이거나 그 밖의 성서의 시편(詩篇) 여기저기에서 따온 것이므로, 거기에서 말은 음악적인 주석을 가하는 동기로서만 간주될 수 있다. 그것은 독자적으로 완성되면서 단지 노래의 가사를 강조하는 것이 아니라, 마치 회화가 그 소재를 성령의 역사에서 취해오는 것과 비슷한 방식으로 오히려 그 가사로부터 내용에 깃들어 있는 보편적인 것만을 가져온다.

b. 내용의 음악적인 해석

둘째로 우리는 반주음악이든 아니면 특정한 가사와는 무관하게 독자적으로 특수한 내용을 포착해서 표현하는 방식이든 상관없이, 음악과 다른 예술들 간에 서로 다르게 *해석하는 방식*에 관해서 묻는다면, 나는 이미 앞에서 음악은 모든 예술들 가운데 어떤 실제의 물을 수 있다. 이때 음악은 가사나 어떤 특정한 내용을 표현하는 일에서 벗어나, 오직 순수하게 음악적으로 음을 조합하고 변화, 대립, 매개되는 가운데서 완성하므로 스스로 만족할 수 있는 가능성을 가장 많이 지니고 있다고 말할 수 있다. 그러나 그때 음악은 의미를 띠지 못한 공허한 것으로 머물며, 그 안에서 모든 예술에게 중요한 정신적인 내용과 표현이 결여되어 있으므로 여전히 본래의 예술로 간주될 수는 없다.

정신이 음의 감각적인 요소 안에서 그 다양한 음을 전개하면서 적합한 방식으로 표현될 때, 음악도 비로소 참된 예술로 고양(高揚)된다. 그때 그 내용 자체는 말을 통해서 더 자세한 기호로 분명히 드러나든 아니면 더 무규정적으로 음과 그 화음관계, 선율적인 영활 속에서 느껴지든 아무 상관이 없다.

α) 이런 점에서 음악의 독특한 임무는 어떤 내용이든 간에 이 내용이 의식 속에 *보편적인* 표상으로 들어 있거나, 아니면 특정한 외적인 형상으로서 직관되도록 평소에 이미 주어져 있거나, 또는 예술에 의해 그에 더 적합하게 현상되는 것처럼 *그렇게* 정신을 위해서 만드는 것이 아니라, 그 내용이 *주관적인 내면성*의 영역 안에서 생동적이 되도록 만드는 데 있다. 이 같이 자체 안에 감싸여 있는 생명감과 움직임을 대자적(對自的)으로 음으로 반향시키거나, 또는 이를 표현된 말이나 표상에 첨가하고 그 요소 안으로 표상을 침잠시켜 공감을 느끼도록 새로 산출해내는 것이 바로 음악에게 주어진 중요한 과제이다.

αα) 그러므로 내면성 자체는 형태로서, 그 안에서 내면성은 그것의 내용을 포착할 수 있고, 그럼으로써 일반적으로 내면으로 들어가 특히 감정의 형태로 치장될 수 있는 모든 것을 자기 안에 수용할 능력이 있다. 하지만 그때 음악은 이 안에서 직관되기 위해 노력하려고 해서는 안 되고, 내면성을 내면에 포착될 수 있도록 하는 데 국한해야 한다는 규정이 들어 있다. 그때 음악이 어떤 내용의 본질적이고 내면적인 심오함을 깊은 심정 속에 주입시키려고 하든, 아니면 어떤 내용의 생동적인 움직임을 개별적이고 *주관적인* 내면에서 표현하여 이 주관적인 내면성 자체를 음악의 원래 대상으로 삼는 일을 선호하든 상관없다.

ββ) 추상적인 내면성은 그것이 음악과 관련을 갖고 다음 단계로 특수화하는 데 있어서 *감정*을 갖는다. 이 감정은 확대되어가는 주관성으로서 비록 내용을 향해 나아가기는 하지만, 그러나 그 내용을 여전히 자기 안에 이렇게 직접적으로 함축되고 외면성이 없이 자아와 관계하도록 한다. 그럼으로써 감정은 언제나 내용을 외부에서 감싸는 것으로서만 머물며, 바로 이것이 음악이 요구해야 하는 영역이다.

γγ) 그때 여기에서 온갖 특수한 감정들은 서로 떨어져 나가 표현된다. 영혼의 기쁨, 쾌활함, 농담, 변덕, 환호, 환성 같은 모든 뉘앙스와 단계적으로 나타나는 불안, 근심, 슬픔, 한탄, 비탄, 걱정, 고통, 동경 따위, 그리고 끝으로 외경심, 기도, 사랑 따위의 농담(濃淡)은 음악적으로 표현되는 독특한 영역이 된다.

β) 음은 이미 예술 외적으로도 감탄이나 고통의 외침, 한숨, 웃음으로 영혼의 상태와 감정을 직접 생생하게 드러내는 것, 즉 심정의 비탄이자 기쁨이 되기도 한다. 그 안에는 영혼이 자신을 산출해내는 객관성이 들어 있다. 이는 무의식적으로 침잠하는 것과 자기 안에서 내면적으로 특정한 생각으로 회귀하는 것 사이에서 나오는 표현이며, 실제적인 산출이 아니라 새가 지저귀는 가운데 이를 즐기면서 자기 자신을 이렇게 산출해내는 것과 같은 이론적인 산출이다.

그러니 감탄과 같은 단순히 자연적인 표현은 아직은 음악이 아니다. 왜냐하면 이런 외침들은 물론 언어의 소리처럼 표상이 음절화되어 나온 자의적인 기호가 아니며, 그래서 그 보편성 속에서 표상으로서 표상된 내용을 언표하지는 않고 그 외친 음 자체로 직접 주입되었다가 그것이 밖으로 토해 나오면서 가슴을 후련하게 하는 기분과 감정을 알리기는 하지만 그럼에도 불구하고 이 같은 후련함은 아직은 예술에 의해 해방된 것은 아니기 때문이다. 오히려 반대로 음악은 감정을 특정하게 음률화하고, 그 거칠음과 조야한 상태로부터 그 자연적인 표현을 이끌어내서 이를 완화시켜야 한다.

γ) 그래서 감탄사는 음악의 출발점이 되기는 하지만, 그것은 스스로 화음(和音)에 맞는 감탄사일 때 비로소 예술이 된다. 그리고 이런

점에서 그것의 감각적인 질료를 예술에 적합한 방식으로 정신의 내용을 표현할 수 있기 이전에, 회화와 시문학이 예술적으로 가공하는 것보다 더 높은 정도로 가공해내야 한다. 음의 영역이 그처럼 적절하게 가공되는 더 자세한 방식에 대해서 우리는 나중에 가서 고찰해기로 한다. 현재로서는 나는 다만 음은 그 자체 안에서 다양하게 직접 화음이나 대립, 모순, 매개되도록 결합되는 차이들의 총체성이라는 것만 되풀이해 언급하고자 한다. 이런 대립들과 통일 그리고 그것들의 움직임과 이행(移行), 그것들이 들어오고 계속해서 나아가다 다투고, 해체되고 사라지는 일에 좀 더 가깝거나 먼 관계에서 일치하는 것은 이런 저런 내용과 감정의 내적인 본질이다. 그것이 드러나는 형태 속에서 마음과 심정은 어떤 내용을 마음대로 다룰 때, 그런 음률은 이처럼 적절하게 이해되고 형상화되는 가운데 정신 속에 특정한 내용으로 주어져 있는 것을 생생하게 표현한다.

그러나 음의 요소는 지금까지의 감각적인 질료보다도 더욱 *내적이고 단순한 내용*의 본질에 유사한 것으로 드러난다. 그 까닭은 음은 공간적인 형상들로 고정되고 나란히 또는 서로 떨어져 있는 다양성으로서 지속성을 얻는 대신에 오히려 *시간*의 이념적인 영역에 종속되며, 그래서 단순한 내면과 구체적이고 육체적인 형상과 현상의 차이로 계속해서 나아가지 않기 때문이다. 이는 어떤 내용의 느낌—그것을 표현하는 일이 음악의 주요 임무인데—을 형태화하는 데서도 마찬가지이다. 다시 말해 직관과 표상 속에는 자의식적인 사유(思惟)에서처럼, 직관하고 표상하고 사유하는 나(我)와 직관되고 표상되거나 사유되는 대상 간의 차이가 이미 필연적으로 들어선다. 그러나 느낌(감정) 속에서는 이런 차이가 사라지거나 아예 아직 전혀 드러나지 않으며, 내용은 내면과 분리되지 않은 채 내면 자체와 뒤얽혀 있다. 그러므로 만약에 음악이 반주 예술로서 시문학과 결합되거나 거꾸로 시문학이 음악을 더 분명하게 만드는 통역역할을 하면서 음악과 결합된다면, 음악은 외적으로 직관할 수 없거나 아니면 표상들과 사상(思想)들을 그것들이 표상과 사상으로서 자의식에 포착되는 것처럼 그렇게 재현하려고 할 수 없을 것이다. 오히려 음악은 말을 할 때처럼 어떤 내용의 단순한 본질을 그 음률 속에서 이 내용의 내적인 관계와 유사하게 느낌을 전한다. 혹은 더 자세히는 직관과 표상들의 내용이 함께 *느낄 뿐만 아니라* 표상하기도 하는 정신 속에 자극할 수 있는 바로 그런 느낌 자체를 시문학에 수반되면서 친숙해지는 음들을 통해서 표현하려고 시도하게 된다.

c. 음악의 효과

셋째로, 이제 음악은 위와 같은 방향으로 나아감으로써 특히 심정에 작용하는 위력을 유추해 낼 수 있다. 그때의 심정은 무엇을 이해하고자 고찰하는 데로 나아가거나 자의식으로 하여금 일일이 직관하도록 흐트러뜨리지 않은 채 내밀하고 닫힌 심오한 감정 속에 머무는 데 익숙해져 있다. 왜냐하면 이 영역, 즉 내면적인 감각, 추상적인 자아의 인지(認知)가 바로 음악에 의해 포착되기 때문이다. 그럼으로써 음악은 내적인 변화가 자리하는 곳, 즉 인간 속에 들어 있는 이 단순하고 집중된 중심인 마음과 심정을 움직인다.

α) 특히 조각은 그것이 만들어낸 예술작품에게 전적으로 스스로를 위해(für sich, 대자적으로) 존재하는 현존성을 부여한다. 이는 내용 면에서는 물론 외적인 예술현상의 측면에서도 자체 안에 함축되어 있는 객관성이다. 그 내용은 물론 개별적으로 생동하면서도 독자적으로 자

기 안에 안거하는 정신의 실체성이며, 그 형태는 공간적인 총체성을 띤 형상이다. 그러므로 조각작품은 직관의 대상으로서 가장 많은 독자성을 유지한다. 우리가 이미 회화를 고찰할 때 익히 보았듯이(제2부 참조), 회화는 한편으로 그 안에 든 주관적인 내용 때문에, 다른 한편으로 실재하는 것을 단순한 *가상(假象)*으로 만듦으로써 그것을 바라보는 관객과 좀 더 밀접하게 관계하게 된다. 거기에서 주어지는 가상 자체는 독자적이지 못하고 반대로 본질상 타자를 위해서, 즉 그 그림을 바라보고 느끼는 주체를 위해 존재한다. 사실 어떤 그림 앞에 서더라도 우리에게는 좀 더 독자적인 자유는 남아 있다. 왜냐하면 우리는 그 그림에 대해 언제나 외적으로 존재하면서 그것을 단지 직관될 때만 우리에게 다가와 감정과 표상에 작용하는 객체로 간주하고 그것과 관계하기 때문이다. 그러므로 관객은 어떤 예술작품 곁을 이리저리 배회하면서 그 그림에서 이것저것을 살피고, 그 안에 들어 있는 것을 분석하고, 그에 대해 여러 가지 반성을 함으로써 아주 자유롭게 스스로 독자적인 고찰을 할 수 있다.

αα) 그 반면에 음악작품은 물론 일반적으로 예술작품으로서 실제로 울려나오는 음 속에서 내면과 구분되어 감각적으로 존재하므로 처음에는 역시 향유하는 주체와 객체인 작품으로 차이가 나타난다. 그러나 이 대립은 한편으로 조형예술에서처럼 지속적으로 공간 속에 외적으로 존재하거나 대자적인 객관성이 되어 직관 가능한 것이 되지 않는다. 거꾸로 음은 실제적인 존재성을 직접적이고 시간적으로 사라지는 일시적인 것으로 만들며, 또 한편으로 음악은 시문학에서처럼 외적인 질료와 정신적인 내용이 서로 분리되지 않는다. 반면에 시문학에서 표상은 언어의 음에서 좀 더 독립적으로 그리고 모든 예술 가운데서도 외면성과는 가장 거리가 멀다. 그것은 정신적인 상상으로

형상화되는 독특한 과정 속에서 스스로 완성된다. 물론 여기에서 음악은 내가 앞서 상술했듯이 거꾸로 다시 음을 그 내용으로부터 해체시켜 음을 독립시킴을 주지할 수 있다. 그러나 이러한 *해방*은 원래 예술에 적합하지 않다. 반대로 음이 화음을 이루면서 선율적으로 움직이고, 일단 선택된 내용과 감정을 일깨워 완전하게 표현될 때 적합한 예술이 나온다. 이제 음악적인 표현은 내면 자체, 즉 사물의 내적인 의미와 느낌을 내용으로 삼으며, 예술 속에서도 음을 공간성을 띠게 전개하지 않고 감각적인 존재 안에서 일시적으로 사라지게 하는 가운데 그 음의 움직임과 더불어 직접 영혼의 모든 내적 움직임이 있는 곳으로 들어선다. 따라서 그것은 더 이상 어떤 대상과도 대립되지 않고 지속적으로 흐르는 음의 흐름으로부터 벗어나지 못한 채 같이 이끌려가는 의식을 사로잡는다. 그러나 여기에도 서로 다른 여러 방향들이 있어서, 음악은 그 여러 방향으로 갈라져 나가거나 여러 종류의 효과를 미치는 일이 가능하다. 다시 말해서 만약 음악에 심오한 내용이나 대체로 충만한 영혼의 표현이 결여되면 한편으로 우리가 더 이상 내적으로 동요되지 않고 단지 감각적인 음향이나 좋은 소리를 즐기는 데 그치거나 아니면 다른 한편으로 음의 화음과 선율의 흐름을 오성적으로 고찰할 뿐 그것에 내적인 심정이 더 이상 감동되거나 마음이 끌리지 않는 수도 있다. 사실 음악에는 특히 그처럼 단순하게 오성적으로 분석하는 일이 가능하므로 그런 경우에 음악 예술작품에서는 단지 그 능란한 대작 속에 능숙한 솜씨가 깃들어 있다는 것 외에는 아무것도 발견되지 않을 수 있다. 그러나 만약 우리가 이러한 것에서 벗어나 우리의 마음을 음악에 사로잡히게 하면 음악작품은 예술로서 일반적으로 우리에게 영향을 미치는 것 말고도 전적으로 그 안으로 우리를 끌어당기고 이끌어 간다. 음악이 지닌 독특한 위력은 바로 *원초적*

인(elementarische) 것으로서, 그 힘은 여기에서 예술을 움직이는 음의 요소 안에 들어 있다.

ββ) 이 요소에 의해 주체는 이런 저런 특수성에 따라 포착되거나 아니면 특정한 내용에 의해 포착될 뿐만 아니라 그 단순한 자아, 정신적인 존재의 중심에 맞춰 작품 속에 고양되어 스스로 활동한다. 그러므로 예를 들어 우리는 가벼우면서도 강조되어 계속 흘러나오는 리듬에 곧 흥미를 느끼고 같이 박자를 맞추며 그 가락에 따라 같이 노래하고 무용음악이 나올 때는 다리를 움직이기도 한다. 대체로 주체는 바로 *이러한* 사람으로서 함께 반응을 보이도록 요구된다. 거꾸로 오직 규칙적이기만 한 활동에서는 그것이 시간성을 띨 때 이는 동일한 형식에 따라 고른 박자가 될 뿐, 그 이상의 내용은 지니지 않는다. 우리는 이런 규칙성을 드러내서 이 움직임이 주관적인 방식으로 주체를 위해서 일어나거나, 아니면 이러한 동작이 더 상세하게 진행되기를 바란다. 군인들의 행진에도 그런 식으로 음악이 덧붙여지는데, 이 음악은 규칙적으로 행진해가도록 내면을 자극하며, 이때 주체는 그 속에 침잠하여 행진하는 일을 조화스럽게 수행한다. 마찬가지로 많은 사람들이 모여서 *정식(定食)*을 먹을 때 질서없이 시끄럽게 떠들거나 불만스럽게 자극하는 소리가 나면 아주 부담스럽다. 이리저리 왔다 갔다 하면서 손뼉을 치고 재잘거리는 것은 규제되어야 하며, 그곳에서 사람들은 먹고 마시는 것 외에 많은 시간도 보내야 하므로 이 공허함도 채워져야 한다. 다른 많은 경우처럼 이 경우에도 음악이 등장하면 도움이 되며 다른 생각이나 산만함, 갑작스런 착상 따위가 일어나지 않도록 막아준다.

γγ) 여기에서 곧 주관적인 내면과 음악의 보편적인 요소인 *시간* 사이의 관계가 드러난다. 즉 주관적인 통일성인 내면성은 공간적으로

아무렇게나 나열된 것에 대한 활동적인 부정(否定), 바로 *부정적인 통일성*(*negative* Einheit)이다. 그러나 자신과의 동일성인 이것은 우선은 매우 *추상적*이고 공허하다. 이 동일성은 비록 자신을 대상으로 만들지만, 스스로 오직 관념적인 성질만을 띠고 있으므로, 주체와 똑같은 이 객관성을 지양하고 그럼으로써 스스로를 주관적인 통일성으로 산출한다. 그 *외면성*의 영역 안에서 똑같은 이념적이고 부정적으로 활동하는 것이 바로 시간이다. 왜냐하면 시간은 *첫째* 공간적인 것이 아무렇게나 *나열*되는 것을 없애고 바로 그것의 연속성을 '지금'이라는 시점(時點)으로 수렴시키기 때문이다. 그러나 둘째로, 그 시점은 곧 그 자신을 *부정*하는 것으로 드러난다. 왜냐하면 이 '지금'이라는 것은 그것이 있자마자 곧 다른 '지금'으로 지양되며, 그럼으로써 그 부정적인 활동을 드러내기 때문이다. *셋째로*, 비록 시간은 그것이 외면성의 요소 안에서 움직이는 관계로, 그 외면성 때문에 첫 번째 시점인 지금이 지양되어 다른 시점이 되는 것과 진정으로 *주관적인* 통일을 이루지는 못하더라도, 이 '지금'은 변해가는 가운데서도 언제나 동일한 *것*으로 머문다. 왜냐하면 매 시점은 하나의 '지금'이며, 단순히 시점으로서 볼 때는 다른 시점과 분리되지 않기 때문이다. 이는 추상적인 자아(Ich)가 객체로 지양되고, 그때 이 객체는 단지 빈 자아 자신이므로 바로 그 속에서 함께 나아가며 그 객체와 분리되지 않는 것과 같다.

더 자세히 보면 현실적인 자아(自我) 자체는 시간에 속한다. 자아는 우리가 의식이나 자의식의 구체적인 내용으로부터 떨어져 나올 때 그 시간과 일치한다. 왜냐하면 이 자아는 자신을 타자(他者)로 설정하고 이 변화를 지양하는, 다시 말해서 자아 자체만을 그 속에 보존하려고 하는 공허한 움직임에 지나지 않기 때문이다. '자아'는 시간 속에 있고, 시간은 주체 자신의 현존성이다. 공간성이 아닌 시간 자체가 본질적인 요소가 되어 그 안에서 음은 그 음악적인 가치와 관련해서 존재하게 되고, 음의 시간은 동시에 주체의 시간이 된다. 그러므로 음은 곧 이 기반에 따라 자아 속으로 스며들어와 그것을 그 단순한 현존성에 따라 파악하고, 자아를 시간의 흐름과 그 리듬에 의해 움직이게 한다. 한편 음들의 또 다른 전개는 감정의 표현으로서, 그밖에도 주체를 위해 더 분명하게 이행되어 가고 그것에 의해 주체는 감동되면서 이끌려 간다. 이것이 바로 음악이 지닌 기본적인 위력의 본질적인 근거가 된다고 할 수 있는 것이다.

β) 그러나 음악이 그 완전한 효력을 발휘하는 데는 음이 시간적으로 움직이면서 단순히 추상적으로 울리는 것 이상의 그 무엇이 있다. 여기에 덧붙여져야 할 두 *번째* 측면은 바로 *내용*, 즉 심정을 위해 풍요로운 정신성을 띤 느낌과 표현, 그리고 음 속에 들어 있는 그 내용의 영혼성이다.

그러므로 우리는 음악 자체의 대단한 위력에 대해 예전의 세속적이거나 경건한 작가들이 많은 황당무계한 이야기를 해주었던 것처럼 진부한 견해를 가져서는 안 된다. 오르페우스가 문명의 기적을 일으켰다는 신화에서도, 이미 음과 음의 움직임은 주위를 둘러싸고 있던 거친 맹수들에게는 충분한 효과를 발휘했으나, 더 고차적인 교훈내용을 요구했던 인간들에게는 충분한 것이 못되었다. 어쨌든 그 본래의 형태는 아닐지언정 오르페우스가 지은 것으로 우리에게 알려져 있는 찬가(讚歌, Hymnen)들도 역시 신화적이거나 그 밖의 관념을 담고 있다. 비슷한 것으로 티르타이오스(Tyrtaios)가 지은 군가(軍歌)도 유명하다. 전하는 바에 의하면, 오랜 전쟁을 치르고도 성과를 올리지 못했던 스파르타인들은 그 노래를 듣고 억제할 수 없는 열정에 불붙어 마침내 메세니아인들에게 승리할 수 있었다고 한다. 여기서도 역시 그 비가(悲歌,

die Elegien)가 자극한 표상내용이 중요하다. 물론 특히 야만적인 민족들에게서, 또는 열정이 아주 깊이 끓어오르던 시기에는 음악적인 면도 가치와 효력이 있었음은 부인할 수 없다. 스코틀랜드인들이 부는 백파이프 소리는 용기를 북돋는 데 중요한 기여를 했고, 라 마르세예즈(프랑스의 국가國歌)와 프랑스혁명(Französische Revolution) 당시의 'ça Ira'('그것은 될 것이다'라고 해석되는 프랑스어로 〈Ah! ça Ira〉라는 혁명가[歌]에 나오는 말이다. '거기에 희망이 있다'고 번역될 수 있다—역자주) 따위가 보여준 위력은 무시할 수 없는 것이었다. 그러나 특정한 이념과 정신의 참된 관심사에 근거할 때 본래의 영감이 생겨난다. 한 민족이 그런 정신으로 충만해지면 그 민족은 음악에 의해 순간적으로 더 생생한 감정으로 고양될 수 있다. 그때 음조와 리듬, 선율에 몰두하는 사람은 그것에 휩쓸려간다. 오늘날 우리들은 음악 자체를 힘으로 간주하거나 용기나 죽음을 경시할 만한 기분을 일으킬 능력이 있다고 보지 않는다. 예를 들어 오늘날 거의 모든 군대는 자신들을 전념하게 하고 철수와 행군과 공격을 고무할 수 있는 좋은 연대음악을 갖고 있지만, 바로 적을 때려눕힐 수 있는 것은 아니다. 단지 앞에서 군대나팔을 불거나 북을 치는 것만으로 용기가 생기지는 않는다. 사람들은 여리고의 성벽이 무너질 때처럼[4] 미리 수많은 나팔을 함께 불어야 할 것이다. 용기를 불러일으키는 것은 사상에 감동된 것, 대포소리, 전장에서 장수들이 보이는 천재성이지 음악이 아니다. 음악은 다만 그 밖에 이미 심정을 채우고 사로잡는 힘들을 보조하는 가치만 지닌다.

　γ) 음이 주관적으로 일으키는 효과와 관련해 끝으로 고찰할 측면은,

---

4) 《구약성서》의 〈여호수아〉 제6장에 나오는 장면이다.

음악작품이 다른 예술작품들과는 다른 방식으로 우리에게 다가온다는 점이다. 다시 말해서 음은 건축물이나 조각, 그림처럼 스스로 객관화되어 지속적으로 존재하지 않고 순간적으로 울려 퍼지면서 동시에 다시 사라지므로, 한편으로는 바로 그처럼 단지 순간적으로만 존재하기 때문에 계속 반복 *재생*되면서 산출될 필요가 있다. 그러나 그처럼 음이 새롭게 생동적으로 산출되어야 하는 필요성은 또 다른 좀 더 깊은 의미를 지닌다. 왜냐하면 음악은 스스로 외적인 형상으로 객관적으로 존재하는 작품이 아니라, 주관적인 내면성으로서 현상하려는 목적에서 내용으로 삼는 것이 주관적인 내면 자체일 때 그 역시 주체가 자기의 내면성 전체를 주입시켜 직접 *생동적인 주체*를 전달하는 것으로서 외화(外化)되어야 하기 때문이다. 이는 인간의 목소리에서 나오는 노래의 경우에 가장 적절하게 해당되며, 상대적으로 악기음악에도 해당된다. 악기음악은 그것을 연주하는 예술가가 생동적인 정신성을 띠고 기술적으로 능숙할 때만 그 연주가 성공적으로 이루어질 수 있다.

음악예술작품의 실현과 관계되는 이 주관성을 통해서 음악 속에서 주관적인 것의 의미는 완성된다. 그러나 주체는 이 방향으로 나아가면서 스스로 극히 일방적으로 고립시킬 수 있으므로, 재생해내는 주관적인 능숙함 자체가 음악을 향유하는 데 유일한 중심점이자 내용이 된다.

나는 음악의 일반적인 특성에 관해서는 이 정도의 언급으로 그치고자 한다.

2. 음악적인 표현수단이 지닌 특수한 피규정성

우리는 지금까지 주관적인 내면성이 음을 울리게 형상화하여 거기에 생명을 불어넣어야 한다는 *바로 그런* 측면에서 음악을 고찰했다. 그 뒤에 이어 이제 음은 무엇을 통해 단순히 감정이 자연적으로 내지르는 소리가 아닌 예술적으로 표현되고 완성된 것이 될 수 있으며, 또 거기에 무엇이 꼭 필요한가라는 또 다른 물음이 생긴다. 왜냐하면 느낌 자체는 내용이 있지만, 음은 단순히 음으로서 내용이 없기 때문이다. 그러므로 음은 예술적으로 다루어질 때만 비로소 그 자체 안에 내적인 삶을 표현할 수 있게 된다. 이 점에 대해서는 가장 일반적으로 다음과 같은 것을 확정할 수 있다.

모든 음은 독자적이고 그 자체로 완성된 존재이다. 그러나 이 존재는 동물이나 인간형상처럼 생동적인 통일성으로 구성되어 주관적으로 집중되는 것은 아니다. 그렇다고 해서 다른 한편으로 구체적인 형태를 띤 어떤 조직의 특수한 부분이 되거나 정신적 또는 동물적으로 살아 있는 신체의 어떤 개별적인 특징이 되어 나타나, 그 밖의 다른 지체나 특징들과 결합되어 생동성을 지니고 존재하면서 감지되고 의미를 띠면서 표현되는 그런 것도 아니다. 그림은 외적인 질료에 따라 개개의 붓놀림과 스스로 이미 존재해 있을 수 있는 색들로 이루어지만, 그러한 붓놀림, 색채, 본래의 질료, 선, 평면 따위는 구체적으로 전체를 이루면서 예술작품으로 될 때 비로소 하나의 의미를 지닌다. 그에 반해 *개별적인 음 자체는 더* 독자적이며, 또 어느 정도까지는 느낌에 의해 활력을 불어 넣어 특정하게 표현될 수 있다.

그러나 거꾸로 음은 단순히 무규정적으로 스치거나 울리지 않고 그 *피규정성(Bestimmtheit)*과 순수함을 통해서 비로소 음악적인 가치를 지닌다. 그러므로 그것은 직접 이 피규정성에 의해 실제로 울릴 때 그것이 시간적으로 지속되는 바에 따라 *다른* 음들과도 관계하게 된다. 사실 이런 *관계*에서 비로소 음에는 실제 특성이 부여되고 그와 더불어 다른 음들과 대립되는 차이나 통일성도 부여된다.

그러나 음들이 더 상대적인 독자성을 띨 때는 이와 같은 음들 사이의 관계는 다소 *외적인 것*으로 머문다. 그래서 음들 상호 간의 관계는 동물이나 인간의 신체구조에서 지체들이나 자연풍경에서 형태들 간에 속하는 것과 같은 *개념*으로 개개의 음에 속하지는 않는다. 그러므로 여러 다른 음들이 합쳐져 특정한 관계를 이룬다는 것은 비록 음의 본질에 어긋나지는 않아도, 뭔가 비로소 *만들어지는 것*(Gemachtes)이지 이미 자연 속에 주어진 것(Vorhandenes)은 아니다. 따라서 그러한 음의 관계는 *제3자*로부터 출발하며 오직 제3자를 위해서, 다시 말하면 이 관계를 포착하는 바로 그 사람을 위해서 존재한다.

이 같은 외적인 관계 때문에 음들의 피규정성과 그것들의 조합은 *수량(數量, Quantum)*의 관계에 근거한다. 이 성질은 물론 음의 본질 자체 속에 이미 들어 있지만 먼저 음악예술을 통해 발견되어 매우 다양한 뉘앙스를 띠면서 사용된다.

이런 면에서 볼 때 이런 면에서 유기적인 통일성을 띤 생동성이 절대적으로 음악의 근간이 되는 것은 아니다. 오히려 균형, 비균형 따위, 즉 수량 속에서 우세한 오성적인 형식이 근간을 이룬다. 그러므로 특정하게 음악성을 띤 음에 대해서 분명히 이야기하려면, 그때는 오직 수량의 관계 및 우리 독일에서 사람들이 음을 표시하는 데 익숙해진 자의적인 기호들로 표기함으로써만 진술할 수 있을 것이다.

이처럼 음악은 단순히 수량적이고 오성적이며 외적인 피규정성을 띠고 있기 때문에 특히 건축과 가장 유사하다. 왜냐하면 건축처럼 음악도 그것이 고안해 낸 것을 비례관계라는 구조 위에 확고하게 세우기 때문이다. 그래서 음악은 즉자대자적으로(an und für sich) 한 가지 규정을 지닌 지체와 그 곁에 다른 규정을 지닌 유기적이고 자유로운 지체들로 확대되어 활발하게 통일되지 못하고, 위의 수량관계 속에서 계속 생성되어 나오는 가운데 비로소 자유로운 예술이 되기 시작한다. 그러나 건축은 음악처럼 해방되어 형태들의 조화와 이 은밀한 조화를 다시 영활시켜 특수화하는 것 이상으로는 나아가지 못하지만, 반대로 음악은 영혼의 가장 내밀하고 주관적이며 자유로운 생명성과 운동이 그 내용이므로 이 자유로운 내면성과 저 양적인 기본관계 사이에 아주 깊은 대립이 생긴다. 그러나 음악은 이와 같은 대립에 멈춰 서서는 안 된다. 음악은 그것이 표현하는 심정의 자유로운 움직임에 저 필연적인 양적인 비례관계를 통해 안전한 기반을 제공하고, 그 위에서 내면적인 삶이 비로소 함축적으로 자유로이 움직이고 전개되는 가운데 그 대립을 수용해서 극복하게 해야 하는 어려운 과제를 안게 된다.

이와 관련해 우선 음에서는 예술에 적합하게 사용되는 두 *가지* 측면을 구별해야 한다. 그 하나는 추상적인 근간, 즉 보편적이고 아직 *물리적*으로 특수화되지 않은 요소로서 음이 그 영역에 속하는 *시간*이며, 또 하나는 음의 울림 자체, 즉 음들 간의 실제적인 차이이다. 이러난 차이는 음들이 울리는 감각적인 질료라는 측면에서 또 각기 음들이 총체적으로 서로에 대해 갖는 관계에서 나타난다. 그 다음에 이어 세 번째로 덧붙여지는 것은 영혼이다. 그것은 음들에게 생명을 불어넣고 그것들을 자유로운 전체로 마무리하며, 또 그것들이 시간 속에서 실제로 움직이고 울리게 함으로써 정신적으로 표현한다. 이러한 면을 통해서 우리는 다음과 같은 단계를 거쳐 음을 좀 더 특정하게 분류할 수 있다.

첫째로, 우리는 단순한 시간적인 지속성과 움직임을 열중하여 고찰해야 한다. 이는 예술을 단순한 것으로 놓아두지 않고 확고한 기준에

따라 규정하고 그 차이들에 따라 다양화시키고 그 속에서 다시 통일성을 산출해 내야 한다. 이에 필연적으로 생기는 것이 음의 *템포(Tempo, 속도)*, 박자 그리고 *리듬*이다.

둘째로, 음악은 단지 추상적인 시간의 길고 짧은 지속성, 휴지(休止), 강조 따위하고만 관계하지 않고, 구체적으로 울리는 시간에 따라 생기는 특정한 음들과 관계한다. 따라서 음들은 그 지속성에 따라 서로 구분되는 것만은 아니다. 한편으로 진동할 때 음이 생기는 감각적인 질료의 특수성에 따라, 다른 한편으로 서로 다른 진동수에 따라서도 차이가 생긴다. 진동하면서 울리는 물체는 같은 시간으로 지속되면서 떨리고 울린다. 또 이 차이 나는 음들이 서로 화음을 이루거나 대립되거나 중재되는 것이 본질적인 것으로 나타난다. 이를 우리는 일반적으로 *화음(和音, Harmonie)*이라고 부를 수 있다.

끝으로 *셋째*, 이처럼 리듬적으로 생동성을 띤 박자와 음들의 차이가 화음을 이루면서 움직이고 그 위에서 *선율(Melodie)*이 생겨날 때, 음의 영역은 정신적으로 자유로이 표현되어 통일을 이룬다. 그러므로 우리는 여기에서 음악에 관해 더 나아가 끝으로 다음과 같은 중요한 장을 다룰 수 있다. 여기에 우리는 음악이 박자, 화음, 선율에 깃들이는 정신적인 내용 속에서 구체적으로 통일되어 표현되는 것을 고찰할 수 있다.

a. 템포, 박자, 리듬

먼저 음악적인 음들이 지닌 순수한 *시간적인* 측면과 관련해서 보면, 우리는 *첫째*로 음악에서는 대체로 시간이 가장 지배적이 되는 필연성에 대해 언급해야 한다. 둘째로 단순히 이성적으로 규정된 템포인 박자에 대해서, 그 다음 *셋째*로 박자의 어느 특정 부분은 강조시키고 다른 부분은 뒤처지게 함으로써 추상적인 규칙성에 생명을 부여하는 리듬에 대해서 언급해야 한다.

α) 조각과 회화의 형상들은 공간 속에서 나란히 있으면서 이렇게 실제로 확장되어 있는 것을 사실적 혹은 가상적인 총체성으로 표현한다. 그러나 음악은 공간 속에 있는 물체를 떨리게 하고 진동하게 함으로써만 음을 산출할 수 있다. 이 진동들은 서로 연속적으로 일어날 때 *바로 그런 측면에서* 예술이 된다. 그래서 음악에서는 감각적 질료는 공간적인 형태를 띠지 않고 단지 *시간적인* 지속성만을 갖고 움직인다. 물론 회화와 조각에서는 어떤 물체의 움직임이 늘 공간성을 띠므로 비록 형상들이 현실 속에서는 고요한 상태에서도 움직임을 가상적으로 표현할 권리를 지닌다. 그러나 음악은 움직임을 공간적으로 수용하지 않으므로 거기에서는 단지 물체가 진동하는 시간만이 남아서 형상화된다.

αα) 그러나 우리가 이미 위에서 본 바에 따르면, 시간은 공간처럼 긍정적으로 공존하지 않고 반대로 *부정적인* 외면성을 띤다. 즉 그것은 지양되어 떨어져 나가는 시점(時點)이며 부정적인 활동으로서 이 시점이 지양되어 다른 시점이 되고, 이 다른 시점은 또 다른 시점으로 지양된다. 이런 시점들이 계속 이어지는 가운데 모든 개별적인 음은 때로는 스스로 하나의 음으로 고정되는가 하면 때로는 다른 음들과 수량적으로 관계하게 되며, 그때 그 연속은 시간으로 *셀 수 있게* 된다. 그러나 거꾸로 이를 단순히 시점으로만 간주한다면 이때 특수화되지 않은 추상성 속에서 서로 아무 차이도 갖지 않는 시점들이 부단히 생겨나고 사라지게 되며, 시간 또한 규칙적으로 흘러가면서 자체

안에서 아무 차이를 보이지 않는 지속성으로만 드러난다.

ββ) 그러나 음악은 시간을 이처럼 무규정성(無規定性, Unbestimmtheit) 속에 놓아둘 수는 없다. 오히려 반대로 시간을 더 상세히 규정하고, 그것에 어떤 기준을 두고, 그 규칙에 따라서 계속 이어지도록 지시해야 한다. 이처럼 음이 규칙적으로 다뤄질 때 생기는 것이 음의 템포이다. 그때 왜 음악은 대체로 그런 기준이 필요할까라는 물음이 생긴다. 특정한 길이의 시간이 필요한 이유는, 시간은 음 속에서 자기 내면을 인지하고 인지해야 하는 단순한 자아와 아주 밀접하게 관계하기 때문이다. 외면성인 시간 자체 속에는 바로 모든 내적이고 정신적인 것의 추상적인 근본이 되는 자아 속에서 활동하는 원리가 들어 있다. 음악 속에서 내면으로 객관화되어야 하는 것이 그 단순한 자아라면, 이 객관성이 지니고 있는 보편적인 요소도 역시 그 내면성의 원리에 따라 다루어져야 한다. 그러나 이때의 자아는 단지 무규정적으로 지속되거나 중단 없이 지속되는 것이 아니라, 자기 속으로 집약되고 회귀함으로써 비로소 자아가 된다.

그것은 자신을 지양함으로써 자신에 대한 객체가 되고 대자존재(Fürsichsein)로 바뀌며, 이런 식으로 자기와 관계함으로써 비로소 자신감이나 자의식 따위가 된다. 그러나 이런 식으로 집중되는 가운데서 본질적으로 우리가 눈앞에 보았던 단순히 무규정적인 변화인 시간의 변화는 *단절*된다. 왜냐하면 시점들이 생성하고 몰락하고 사라졌다가 다시 생성되는 것은 다름 아니라 모든 '*지금*'이 그와 비슷한 또 다른 지금을 형식적으로 초월해 나아가는 것이며, 그리하여 부단히 지속되는 움직임일 뿐이기 때문이다. 그러나 자아는 이처럼 공허하게 *계속* 나아가는 것에 맞서서 바로 *자기자신*에 머물고, 그 속에 집중함으로써 자기 속에서 시점들이 무규정적으로 계속 지속되는 것을 중단시키고 추상적인 지속성도 정지시킨다. 그리고 이처럼 자아는 신중한 가운데 스스로 자신을 기억하고 그 안에서 자신을 되찾으며 단순한 자아상태에 머무는 가운데 계속적인 변화에서 벗어난다.

γγ) 이 원리에 따라 한 음이 지속될 때, 이는 무규정적으로 계속 진행하지 않고 시작하고 끝을 맺음으로써 특정한 음이 되어 구분되지 않는 시간적 순간들의 연속을 지양한다. 그러나 많은 음들이 서로 뒤따르고 각 음이 다른 음과는 다르게 지속성을 나타낼 때 저 최초의 공허한 무규정성 대신에 다시 특수한 음들이 지닌 양들은 자의적이 된다. 그리하여 이때에도 역시 불특정한 *다양성*만이 들어서게 된다. 이처럼 음들이 불규칙하게 이리저리 움직이는 것은 그것들이 추상적으로 스스로 계속해서 나아가는 것과 마찬가지로 자아의 통일성에 어긋난다. 그리고 그것(=자아)은 저 다양한 시간의 피규정성 안에서 개별적인 양(量)들이 *하나의* 통일성을 이룰 때만 다시 발견되고 충족될 수 있다. 그 통일성은 그 안에 특수성들을 포괄하므로 스스로 하나의 *규정된 통일성*이어야 한다. 하지만 그것은 우선은 외적인 성질을 띠고서 외적인 것에 단순히 일치하면서 머물 수 있다.

β) 우리는 더 나아가 *박자*에 의해 생겨나는 음의 또 다른 규정을 살펴볼 수 있다.

αα) 여기서 각기 다른 시간의 부분들이 결합되어 통일을 이루고 그 속에서 자아는 대자적(對自的, für sich) 자기 자신과 통일성을 이루는 것에 대해서 맨 먼저 고찰해야 한다. 여기에서 자아는 우선 단지 추상적인 자아로서 근간을 이루므로, 시간과 음들의 지속성을 고려할 때 자아와 동일해지는 것도 역시 추상적으로 동일해짐으로써만, 즉 같은 시간의 단위가 동일한 형태로 반복됨으로써만 효력을 보인다. 이 원

리에 따라 박자는 그 단순한 규정대로 이전에 무차별적인 시간의 연속을 강하게 중단시키기 위한 기준이자 규칙으로서 이제 특정하게 모아져 통일되는 각각 음들의 지속성을 자의적으로 정하고 이 템포를 추상적으로 균일하게 계속 새로 생겨나게 한다. 이런 점에서 박자는 예를 들어 건축에서 같은 높이와 두께를 지닌 원주들이 같은 간격으로 나란히 세워지거나 특정한 크기를 지닌 일련의 창문들이 동일성의 원리에 따라 세워지듯이 건축에서의 규칙성과 같은 일을 한다. 여기에도 역시 확고한 피규정성이 주어지며 그러한 규정은 같은 식으로 반복된다. 이와 같은 균일성 속에서 자의식은 스스로 통일성이 된다. 왜냐하면 그것은 한편으로 자기에게 고유한 동일성을 자의적인 다양성의 질서로 인식하고 다른 한편으로 그러한 동일성이 다시 나타날 때 그것이 이미 있었다는 것, 그리고 바로 그것이 다시 나타남으로써 규칙성이 드러남을 기억하기 때문이다. 그러나 이처럼 박자 속에서 자아가 스스로를 다시 발견하고 만족할 때 그 통일성과 균일성은 시간이나 음 자체로 나타나지 않는다. 반대로 그것은 오직 자아에 의해 스스로 만족한 것으로서 시간 속에 주입된 무엇인가가 될 때 더욱 더 완전해진다. 왜냐하면 자연적인 것 안에서는 이와 같은 추상적인 동일성은 발견되지 않기 때문이다. 심지어 천체(天體)들조차도 그것들이 움직일 때는 동일한 박자를 유지하지 않고 그 움직임은 빨라지거나 늦어지므로, 그것들은 같은 시간에 같은 공간을 이동하지는 못한다. 위에서 아래로 낙하하는 물체와 던져진 물건 따위의 운동도 이와 비슷하다. 그리고 동물이 달리거나 뛰고 무엇을 잡아챌 때 특정한 템포를 정확하게 반복하는 일은 더욱 드물다. 이런 점에서 볼 때, 박자는 건축이 규칙적인 크기의 피규정성들을 자연 속에서 유추해내는 것보다 훨씬 더 많이 정신으로부터 나온다.

ββ) 그러나 자아는 늘 그 자체이고 그에게서 유래하는 같은 동일성을 늘 인지하므로 이제 다양한 음들과 그 템포 속에서 박자를 통해 자기에게 회귀하여 특정한 통일성이 규칙으로 감지될 수 있게 하려면 여기에는 역시 *비규칙적인 것과 균일하지 못한 것*도 같이 속한다. 왜냐하면 박자의 기준이 되는 규정은 동일하지 않은 것을 자의적으로 이기고 정돈할 때 비로소 우연한 다양성을 통일시키는 규칙으로 증명되기 때문이다. 그러므로 규정성은 그 안에 이 다양성을 수용하여 균일하지 못한 것에 균일성이 드러나게 해야 한다. 이것이 바로 박자에 고유한 규정으로서 또한 다른 템포들에게도 작용하여 그것들이 박자를 띠고 반복될 수 있게 만든다.

왜냐하면 절도(節度)의 피규정성은 자의적으로 동일하지 않은 것을 극복하고 정돈함으로써 비로소 우연한 다양성을 통일시키는 규칙으로 드러나기 때문이다. 그러므로 그 피규정성은 이 다양성을 자기 안에 수용해서 *균일하지 못한 것* 속에서 균일성이 드러나게 해야 한다. 바로 이것이 박자에 고유한 피규정성으로서 또 다른 템포들에게도 작용하여 그것들이 박자를 띠고 반복될 수 있게 만든다.

γγ) 이에 따라 박자와 결합되어 있는 다양성은 그것을 분류하고 정돈하는 특정한 *규범*을 지닌다. 그럼으로써 다음에 *세 번째*로 생겨나는 것은 여러 종류의 박자들이다. 이에 관해서 다음으로 박자가 동일한 부분들이 짝수나 홀수로 반복되는 데 따라 그 안에서 분류되는 것에 대해 언급할 수 있다. 첫 번째 종류의 것으로 예를 들면 4분의 2박자와 4분의 4박자가 있다. 여기서는 짝수가 결정적인 것이 된다. 또 다른 종류의 박자로는 4분의 3박자가 있다. 여기에서는 서로 같은 부분들이 홀수에서 통일성을 이룬다. 양쪽 규정들은 예를 들어 8분의 6박자에서 결합되어 나타난다. 이는 수치상로는 마치 4분의 3박자와 같은 것으

로 보이겠지만 사실은 세 부분이 아니라 두 부분으로 나뉘며, 그 양쪽 모두 좀 더 자세히 구분하면 홀수인 3을 그 원리로 삼는다.

이처럼 박자는 특수하게 규정되면서 모든 특수한 종류의 박자에 지속적으로 반복되는 규칙이 된다. 그러나 어떤 특정한 박자가 아무리 템포의 *다양성* 그 장단의 부분들을 지배하더라도 그 지배는 이 다양성을 아주 추상적으로만 예속시켜 예를 들어 4분의 4박자에서는 단지 4개의 똑같은 4분음표만 나타나고, 4분의 3박자에서는 세 개의 똑같은 음표가 나타나고, 8분의 6박자에서도 세 개의 똑같은 음표가 나타나게 하는 식으로 계속 연장시키지는 못한다. 반대로 박자의 규칙성은 예를 들어 4분의 4박자에서는 각각의 음표들을 같은 4분의 1박자가 합해서 네 개가 되게 하는 데 국한되고 그 밖에는 8분의 1박자나 16분의 1박자로까지도 나뉠 수 있을 뿐만 아니라 거꾸로 이들이 다시 합쳐지거나 더 다양하게 될 수도 있게 나아간다.

γ) 그러나 이와 같은 풍부한 변화가 계속될수록 그 변화 속에서 박자의 본질적인 부분들이 가치를 띠게 만들고, 또 특히 실제로 두드러진 규칙으로 강조시키는 일은 더욱 필요불가결해진다. 이는 *리듬*에 의해 생겨난다. 리듬은 장단과 박자에 비로소 본래의 생명을 부여한다. 이 생동성과 관련해서 또한 다음과 같은 여러 측면을 구별할 수 있다.

αα) 그 첫째는 악센트로서, 박자 가운데 어느 특정한 부분에는 악센트가 가해지고 다른 부분들은 악센트 없이 울리는 것을 들을 수 있다. 이처럼 각각의 박자는 서로 다르게 강약이 주어짐으로써 특수한 리듬을 얻는데 리듬은 그 박자들이 특정한 방식으로 구분됨에 따라 그 것들과 밀접한 관계에 놓인다. 예를 들어 4분의 4박자에서는 짝수가 중요한 요인이 되면서 이중의 상박(上拍, Arsis, 음악의 악곡에서 약한 부

분에서부터 박자가 시작되는 것—역자주)이 생긴다. 즉 첫 번째의 4분의 1박자 위에 상박이 오고 그 다음 박자는 약하며 세 번째 박자에 다시 상박이 온다. 강한 악센트가 주어지는 부분은 *센*박이라고 부르고, 반대로 다른 부분들은 *여린*박이라고 부른다. 4분의 3박자에서는 악센트가 첫 번째 4분음표 위에만 놓이고, 반면에 8분의 6박자에서는 첫 번째와 네 번째의 8분음표 위에 놓이므로 여기에서는 반씩 짝수로 나뉘어 이중으로 강조된다.

ββ) 음악이 반주음악으로 머물 때 리듬은 시와 본질적인 관계를 맺는다. 이에 대해서 나는 일반적으로 박자의 악센트는 시운율의 박자와 직접 대립될 필요는 없다는 점만을 언급하고자 한다. 즉 예를 들어 만약 시구절의 리듬에서 악센트가 안 붙는 음절이 센박에, 상박이나 휴지가 여린박에 오게 되면 시와 음악의 리듬이 서로 어긋나는 일이 생길 수 있는데, 이는 피하는 것이 좋다. 이는 긴 음절과 짧은 음절의 경우에도 일어난다. 그때에도 일반적으로 음의 장단과 일치하여 긴 음절은 긴 음표에, 짧은 음절은 짧은 음표에 오는 것이 좋다. 물론 음악에서는 종종 길이가 지속될 수도 있지만 또한 풍요롭게 분리되는 일도 허용되므로 위와 같은 일치가 꼭 자세히 이행되어야 하는 것은 아니다.

γγ) 셋째로, 미리 언급하자면 박자리듬의 추상적이고 규칙적인 엄격한 반복과 좀 더 생동적인 *선율의 리듬*은 구별되어야 한다. 여기에서 음악은 시와 비슷하면서도 사실 시보다 더 많은 자유를 지닌다. 알다시피 시에서는 낱말들의 시작과 끝이 운각(韻脚)의 시작이나 끝과 꼭 일치할 필요는 없다. 오히려 양쪽이 일치하면 경직되고 휴지(休止)가 없는 운율이 되고 만다. 마찬가지로 문장이나 복합문의 시작과 끝이 꼭 어떤 운율의 시작이나 끝이 될 필요도 없다. 오히려 복합문은

운율의 시작이나 중간 또는 마지막 운각(韻脚, Versfüße)의 가까이에서 끝나는 것이 더 낫다. 그 다음에는 처음의 시구(詩句)를 다음의 시구로 넘어가게 하는 새로운 복합문이 시작된다. 음악에서의 박자와 리듬도 이와 비슷하다. 선율과 그것의 여러 악단(樂段)은 반드시 엄격하게 어떤 박자의 상박과 함께 시작될 필요도 없고, 또 어떤 박자의 끝과 더불어 끝날 필요가 없다. 일반적으로 자유로운 선율(die freie Melodie)에서는 리듬상 대체로 강조되지 않는 어떤 박자의 그 부분에 중요한 상박이 올 수도 있다. 반면에 선율이 자연스럽게 진행되는 지점에서 특별히 강조될 필요가 없는 음인데도 상박을 요구하는 센 박자에 놓일 수도 있다. 그때 그런 음은 박자의 리듬과 관련해 선율 속에서 그 음 자체가 요구하는 가치와는 다른 영향을 미칠 수 있다. 그러나 박자와 선율의 리듬 속에서 이른바 절분음(切分音)[5])에 이르면 대립이 날카로워질 수 있다.

다른 한편으로 선율의 리듬이나 부분들이 박자의 리듬을 정확히 고수하면, 그 소리는 단조롭고 공허하고 창의성이 없게 들린다. 이런 점에서 단적으로 말해 고루한 운율과 단일한 리듬의 야만성으로부터 자유로워질 필요가 있다. 왜냐하면 자유로이 움직이지 못하는 게으르고 산만한 선율은 우울하고 무거운 분위기를 불러일으키기 쉽기 때문이다. 그래서 우리의 민요 가운데는 애처롭고 길게 늘어뜨리는 육중한 가락이 많다. 거기에서 영혼은 단조롭게 진행되는 가락만을 표현 요소로 염두에 두고, 이를 이용하여 그 속에 무기력한 마음과 한탄스러운 감정을 새기도록 이끌려들어 간다. 반면에 남쪽나라 언어들, 특히

---

5) 절분음(切分音), 독일어로는 Synkope, 영어는 syncopation. 이는 악곡의 박절(拍節)상에서 강약의 위치가 원래 자리에서 밀려나가는 것을 뜻한다.

이탈리아어에서는 다양하게 움직이는 리듬과 선율을 주입하기 위해서 다양한 영역이 열려 있다. 거기에 이미 독일 음악과 이탈리아 음악의 본질적인 차이가 있다. 수많은 독일 가곡(歌曲)(deutsche Lieder)에서 매번 반복해서 등장하는 단조롭고 공허한 약강격(弱强格, jambisch, 이는 독일운문에 특유하게 나타나는 율격임—역자주)의 낭송적인 투가 선율이 자유로이 즐겁게 스스로 향유하는 것을 죽이고 계속 상승하거나 급변하는 것을 막아버린다.

근래와 와서 내가 보기에 라이히하르트(Reichhardt)[6]와 다른 음악가들은 노래를 작곡할 때 바로 이런 약강격의 노래가락을 포기함으로써—물론 그들의 노래 중에는 아직도 그런 투가 지배적인 노래가 아직도 몇 곡 있지만—새로운 리듬의 생명을 불러왔다. 그러나 이 약강격의 리듬은 가곡뿐만 아니라 우리나라의 많은 위대한 음악곡들에도 영향을 미쳤다. 심지어 헨델(Georg Friedrich Händel)[7]의 〈메시아(Messiah)〉에서도 여러 아리아와 합창(合唱, Chor)들 속에는 말의 의미를 그대로 낭송조로 따르고 있을 뿐만 아니라 약강격의 리듬도 계속 고수하고 있는데, 이는 때로는 장단의 차이에서만 나타나기도 하고 때로는 약강격에서 긴 음절이 운율 속에서의 단음절보다 더 고음을 얻는 데서 나타나기도 한다. 이런 특징은 헨델의 음악에 나타나는 대가적인 비약, 앞으로 폭풍처럼 나아가는 움직임, 종교적이고 목가

---

[6] 라이히하르트(J.F.Reichhardt, 1752~1814). 프러시아의 프리드리히 대왕 밑에서 활동한 음악의 대가이지만 오늘날에는 거의 잊혀졌다.

[7] 게오르크 프리드리히 헨델(Georg Friedrich Händel, 영문명은 George Friedric Handel, 조지 프리드릭 핸델. 1685~1759년)은 독일에서 태어나서 주로 영국에서 활동한 바로크 시대의 유명한 작곡가이다. 주로 교회 음악을 많이 작곡했으며, 그의 대표 작품으로는 〈메시아(Messiah)〉가 있다.

독일 음악가 헨델의 초상화

적으로 충만하고 단순한 감정 같은 다른 탁월한 특징들과 더불어 나타나는 것으로서 우리 독일인들에게 아주 익숙한 것이다. 선율 속에 깃들어 있는 이와 같은 리듬의 성분은 이탈리아인들보다는 우리 독일인의 귀에 훨씬 더 친숙하다. 아마 이탈리아인들의 귀에는 그러한 요소들은 뭔가 부자유스럽고 낯설며 이질적인 것으로 느껴질지 모른다.

b. 화 음

박자와 리듬의 추상적인 기반이 비로소 이루어지면, 다른 측면에서 음(音)으로서의 음의 영역은 본래의 구체적인 음악이 될 가능성을 얻는다. 이 본질적인 음악의 영역에는 화음의 법칙이 포함된다. 이 본질적인 음악의 영역은 화음(和音)의 법칙을 다룬다. 여기서는 물체가 진동함으로써 예술적으로 *공간성*을 띤 형태로 나타면서 *시간적인* 형상으로 완성되기 위해 움직여간다. 뿐만 아니라 그것의 특수한 물리적인 성질과 그것이 특정한 시간 동안 진동할 때 생기는 여러 장단 및 진동수에 따라 서로 다른 음들로 울린다. 그러므로 이런 점들을 고려하여 예술적으로 포착되고 예술에 적합하게 형상화되어야 한다.

이 두 번째 요소를 고찰할 때 더 확실히 강조되어야 할 것은 다음과 같은 세 가지 점들이다.

첫째로, 우리는 특수한 악기들의 차이를 고찰해야 한다. 그것들을 고안하고 구성하는 일은 음악에는 필수적이었는데, 그 이유는 높낮이가 서로 교체할 때 나오는 모든 차이와는 별도로 감각적으로 울리는 면에서 서로 다른 음의 영역을 이루는 총체성을 산출해 내기 위해서였다.

그러나 *둘째로*, 다양한 악기들이나 다양한 인간들의 목소리를 제외할 때 음악적인 울림 자체 속에는 다른 음들, 음계, 음조들이 나뉘어 총체성을 이루고 있는데, 이들은 우선 양적인 관계 속에서 그 피규정성에 따라서 음이 된다. 각각의 악기나 인간의 목소리는 그 특수한 울림에 따라 이 음들을 정도에 따라 더 또는 덜 완벽하게 산출해 낼 과제를 지닌다.

셋째로, 개별적인 음정(音程, 두 음 간의 거리를 가리킨다―역자주)이나 단순히 추상적인 음계, 음조들이 서로 분리되어 떨어져 나갈 때 음악이 생기는 것이 아니라, 음들이 구체적으로 함께 울리고 대립되고 매개될 때 음악이 생긴다. 그리하여 음들은 필수적으로 상호 앞으로 움직여 나가고 상호 이행한다. 이처럼 음들이 합쳐지고 변화하는 것은 단순한 우연성이나 자의에 의해서가 아니라 진정한 음악의 필수적인 근거인 특정한 규칙에 따라 그렇게 된다. 그러나 이러한 관점들을 좀 더 특정하게 고찰하고자 할 때 내가 이미 전에도 언급했듯이 아주 일반적인 것을 언급하는 데 국한하고자 한다.

α) 조각이나 회화에서는 그 감각적 질료인 나무, 돌, 금속, 색채 따위가 어느 정도는 이미 주어져 있으므로 이를 예술적으로 능숙하게 사용하기 위해서는 단지 조금만 가공하면 된다.

αα) 그러나 대체로 음악은 예술적으로 만들어진 요소 안에서 움직이므로 음들이 산출되기 전에 우선 아주 힘든 준비단계를 거쳐야 한다. 조각과 회화는 금속을 섞어 주조하거나 색들을 식물액즙이나 오일과 비벼 섞어 이를 새로이 여러 뉘앙스의 색으로 만드는 일 이상으로 더 무엇을 고안해 낼 필요는 없다. 그러나 음악은 직접 자연적으로 주어진 인간의 목소리를 제외하고는 음이 산출되어 울리기 이전에 먼저 그러한 음을 실제로 산출해 내는 그 밖의 다른 수단들은 먼저 만들어 내야 한다.

ββ) 이러한 수단들에 관해서 볼 때, 우리는 이미 위에서 음의 울림을 공간적으로 진동하여 최초로 내적으로 영활성을 띠는 그런 방식으로 존재한다고 이해했다. 이는 단순히 감각적으로 분리되어 전개되는 것과는 다른 가치를 지니며, 실재의 공간성을 부정함으로써 어떤 물체의 특수한 무게나 분자들 사이의 응집력에 따라 모든 물리적인 성질들이 이념적으로 통일된 것으로 나타난다. 더 나아가 여기에서 울리는 그 질료의 질적인 특성에 관해서 보면 이는 그것이 띠고 있는 물리적 성질과 그 인위적인 구성에 따라 아주 다양해진다. 즉 그것은 고정된 나무나 금속 튜브 안에 포함된 공기가 똑바로 또는 굽어 새어나오는 공기주(空氣柱)가 되기도 하고, 팽팽히 당긴 장막현(腸膜絃, 양의 창자로 만든 현악기의 줄—역자주)이나 금속현이 되기도 하며, 양피지를 팽팽히 잡아당겨 만든 평면 또는 유리종(鐘)이나 금속종이 되기도 한다. 이와 관련해서 다음과 같은 중요한 차이들이 있다고 가정할 수 있다.

첫째, 음이 주로 선형(線型)의 방향으로 울려나오는 것에 맞게 음악적으로 사용될 수 있는 악기들이 만들어진다. 이는 취주악기에서처럼 응집력이 덜한 공기주이든 아니면 재료를 팽팽하게 조여 기둥을 이룬 것이든 상관없으나, 현악기에서처럼 진동할 수 있게 하기 위해서는 충분한 탄력성을 유지해야 한다.

둘째, 그와 반대로 평면에서 음이 울려나오는 악기가 있다. 여기에는 팀파니, 종, 하모니카 같은 좀 더 차원이 낮은 악기들이 속한다. 왜냐하면 자신을 인지하는 내면성과 음의 선성한 울림 사이에는 비밀스러운 공감이 형성될 때 이에 따라 단순한 주관성은 음이 넓고 둥근 평면에서가 아니라 단순한 선형(線型)으로 울리고 진동할 것을 요구하기 때문이다. 다시 말해서 주체인 내면은 울리는 가운데서 자신을 그 정신의 외화(外化, Entäußerung)로 감지하는 정신적인 한 점이다. 그러나 점이 자신을 지양하고 외화할 때 나타나는 것은 평면이 아니라 선이다. 이를 고려할 때 넓거나 둥근 평면은 음을 인지하려는 욕구나 힘에는 적합하지 않다.

*팀파니*에서는 어떤 그릇 위에 팽팽하게 당겨 조인 가죽 위의 한 점을 때리면 평면 전체가 둔중한 소리를 내면서 진동한다. 그것은 다른 악기와 음을 맞출 수는 있지만, 그 자체 하나의 전체적인 악기로서 음들을 더 예민하거나 다양하게 규정할 수는 없다. *하모니카*를 입술로 비벼 마찰하면서 소리를 내는 경우에는 그 반대이다. 여기서는 확산되어 나아가지 않고 집중되는 음의 강도(强度)가 너무 자극적인 성질을 띠므로, 그 소리를 들으면 많은 사람들은 곧 머리가 아파 오는 것을 느낀다. 게다가 이 악기는 그 특수한 효과에도 불구하고 지속적인 쾌감을 주지는 못하며 또 다른 악기들과 함께 사용하기도 어렵다. 종(鐘)의 경우에도 음들이 그다지 서로 다르게 울리지 않으며 팀파니처럼 한 지점을 때려서 소리를 나지만, 그러나 종소리는 팀파니 소리처

럼 그렇게 둔중하지는 않고 자유롭게 울려 퍼진다. 물론 어느 한 점을 때려서 생기는 반향은 곧 위협적이고 지속적인 울림이 되기는 한다.

셋째로, 가장 자유롭고 울림 면에서도 가장 완벽한 악기로 우리는 인간의 목소리를 꼽을 수 있다. 이 목소리 안에는 취주악기와 현악기의 특성이 결합되어 들어 있다. 왜냐하면 그것은 어떤 때는 공기주가 되어 진동하여 떨리는가 하면 어떤 때는 근육을 통해 팽팽하게 당겨진 현악기의 원리처럼 소리가 나기 때문이다. 우리는 이미 인간의 피부가 여러 다른 색들이 이념적으로 통일된 것이며 따라서 그 자체 가장 완벽한 색임을 보았듯이, 인간의 목소리 역시 특수한 차이에 따라 나뉘는 여러 악기들의 울림의 이념적인 총체성이다. 그러므로 인간의 목소리는 완전한 음의 울림이며 다른 악기들과도 가장 적절하고 아름답게 섞일 수 있다. 또 인간의 목소리는 영혼의 울림 자체로 인지되기도 한다. 즉 그것은 내면이 그 본성에 따라 자신을 표현하기 위해 가지며 그 표현을 직접 지휘하는 음향이다. 다른 악기들은 성질상 영혼의 감정과는 무관하고 멀리 떨어진 물체로서 진동하지만 노래는 몸에서 직접 영혼이 울려서 나오는 것이다. 그래서 이제 주관적인 심정과 감정처럼 인간의 목소리는 다양한 특수성으로 전개되어 가며, 그 근간이 되는 것은 민족적인 상태나 그 밖의 자연상태의 일반적인 차이들이다. 그래서 예를 들어 이탈리아인들은 노래하는 민족으로, 그들 가운데서 종종 뛰어나게 아름다운 목소리가 나온다. 여기에서는 특히 목소리의 울림 자체에 깃들인 질료적인 측면이 아름답다. 즉 이는 순수한 금속처럼 단순하고 예리한 소리이거나 유리처럼 가늘고 날카로운 소리가 되어서도 안 되며, 둔중하거나 공허한 소리가 되어서도 안 된다. 그러면서도 동시에 음의 진동으로 이행해 가지 않고 곧 빈틈없이 응집된 울림 속에서 여전히 내적인 생명과 음향의 진동이 보존된

모차르트(Wolfgang Amadeus Mozart)의 초상화

다. 그때의 목소리는 무엇보다도 순수해야 한다. 다시 말해 그 자체 완결된 음 외에 다른 어떤 소음이 들어서서는 안 된다.

γγ) 음악은 악기들이 지닌 이러한 총체성을 개별적으로 또는 완전하게 조화를 이루면서 이용할 수 있다. 특히 후자의 측면에서 보면 음악 예술은 근래에 와서야 비로소 완성되었다. 예술에 적합하게 조화시키는 일은 그처럼 어렵다. 왜냐하면 각각의 악기는 그 고유한 특성을 지니고 있어서 다른 악기의 특성에 직접 어울리지는 않으므로 여러 종류의 많은 악기들이 같이 울리게 하려면 물론 어떤 특수한 악기 종류, 예를 들어 취주악기나 현악기를 효과적으로 강조하거나 또는 갑자기 트럼펫 소리가 강하게 울려나오게 하거나, 전체 합창으로 울려 퍼지는 음향을 변화시켜 서로 연속적으로 울리게 하기 위해서는 대단한 지식과 사려, 경험, 창의적 재능이 필요하기 때문이다. 그럼으로써 음들의 차이, 변화, 대립, 이행, 중재 속에서 내적인 의미, 영혼, 감정이 빠지지 않고 드러날 수 있는 것이다. 그래서 예를 들면 음을 악기로 의미 있고 생생하고 명확하고 다양하게 변화시키면서 다루는데 대가였던 모차르트(Mozart)의 교향곡에서는 특수한 악기들이 종

종 마치 극적인 협주처럼 어울려 변화를 드러낸다. 그래서 마치 그것은 일종의 대화를 이루는 듯하며 어떤 악기들의 특성이 때로는 다른 악기들의 특성을 암시하고 그것이 나올 준비가 되어 있는 지점까지 나아가는가 하면 때로는 다른 악기의 특성에 저항하며, 앞서 울린 음에 맞춰 표현하지 않으려고 하기도 한다. 그럼으로써 여기에서는 다양하게 음들이 울리고 반향하면서 시작, 이행, 보완하는 가운데 음들 사이의 대화가 생겨난다.

β) 둘째로 역시 언급되어야 할 다른 요소가 있는데, 이는 더 이상 물리적인 성질을 띤 음향이 아니라 음이 자체 안에 지니는 피규정성과 그리고 또 다른 음들과의 관계이다. 이런 객관적인 관계를 통해서 음들은 비로소 스스로 개별적으로 확고하게 규정되며, 뿐만 아니라 음들 상호간의 본질적인 관계를 지닌 영역으로 확대되어 간다. 바로 그러한 객관적인 관계가 원래 음악의 *화음*을 이루는데, 이는 우선 다시금 물리적인 측면에서 볼 때 *양적인 차이*들과 수의 비례에 근거한다. 이 화음의 체계를 좀 더 자세히 보면 현 단계에서 다음과 같은 점들이 중요하다.

첫째, 개별적인 음들의 특정한 양적 관계와 음들 간의 상호관계이다. 즉 개별적인 음정(*音程*)들에 관한 이론이다.

둘째, 음들이 서로 아주 단순하게 나열되는 가운데 일련의 음들이 합쳐질 때 그 안에서 하나의 음이 직접 다른 음을 지시하는데, 그것이 바로 *음계*(*音階*)이다.

셋째, 이러한 음계들의 다양성이다. 이는 각 음이 다른 음을 기음(基音)으로 삼아 시작되어 특수화될 때, 다른 음들과 차이 나는 특수

한 음조가 되고 또 이런 음조들의 총체성이 된다.

　αα) 개별적인 음들은 자체의 음향을 지닐 뿐만 아니라 진동하는 물체에 의해서 좀 더 상세하게 완결되는 피규정성을 얻는다. 이 피규정성에 이르려면 진동의 종류 자체가 우연적이거나 자의적이어서는 안 되고, 스스로 확고하게 규정되어 있어야 한다. 다시 말해 공기주나 팽팽하게 조인 현, 평면에서 울리는 음은 대체로 연장되는 길이를 갖고 있다. 예를 들어 어떤 현의 두 지점을 고정시키고 그 사이에 팽팽히 조인 부분을 진동시키는 경우, 그때 우선적으로 중요한 것은 그 두께와 팽팽함이다. 만약에 진동하는 두 개의 현이 같은 것이라면 피타고라스(Pythagoras)가 맨 처음에 관찰한 방식에 따라 먼저 길이가 중요시된다. 왜냐하면 서로 길이가 다른 현들은 같은 시간 동안 서로 다른 수의 진동을 하기 때문이다. 이런 진동수와 다른 진동수와의 차이 그리고 진동수의 높낮이는 특수한 음들 사이의 차이를 이루면서 서로 관계하는 근간이 된다.

　그러나 우리가 이러한 음들을 듣고 그것들을 인지하는 것은 무미건조한 숫자들의 관계를 인지하는 것과는 아주 다르다. 우리는 거기에서 숫자나 산술적인 비례에 관해서는 전혀 알 필요가 없다. 사실 우리는 현이 진동하는 것을 들을 때에도 한편으로 우리가 그 수를 확실히 알지 못하는 사이에 그 진동은 사라지며, 다른 한편으로 우리는 어떤 울림에 대한 인상을 얻기 위해 그 울리는 물체를 바라볼 필요가 전혀 없다. 그러므로 음과 진동수와의 관계는 우선은 믿을 수 없을 정도로 이상하게 보일 수도 있고, 또 듣는 것과 화음을 내면적으로 이해하는 것이 단순히 양적인 것으로 그 가치가 떨어지는 것처럼 보일 수도 있다. 그럼에도 불구하고 같은 시간 내에 일어나는 진동수의 관계는 음을 규정하는 데 근간이 된다. 왜냐하면 우리의 청각 자체는 단순하여 어떤 확실한 이론을 제기할 근간은 못되기 때문이다. 단순한 인상을 주는 것도 역시 그 개념상 또는 그 존재 면에서 자체 안에 뭔가 다양성을 지니고 있으며, 다른 것과 본질적인 관계를 띤 것일 수도 있다. 예를 들어 청색이나 황색, 녹색, 적색 따위가 특별히 순수한 색상을 띠고 있는 것을 볼 때 이들은 마치 아주 단순한 피규정성을 띤 것처럼 보인다. 그에 반해 자주색은 청색과 적색이 약간 뒤섞인 것으로 보인다. 그럼에도 불구하고 순수한 청색 역시 단순한 것은 아니며 밝고 어두움이 서로 특정한 관계를 띤 것이다. 이런 저런 경우의 종교적인 감정이나 권리에 대한 느낌 따위도 역시 단순하게 보이지만, 모든 종교적이고 법적인 것도 특수하고 다양한 규정들을 내포하고 있어서 그것들의 통일성이 이 단순한 느낌을 주는 것이다. 마찬가지로 음은 비록 그것이 아무리 단순한 음으로 들릴지라도 다양성에 근거하고 있다. 그 다양성은 음이 물체의 진동으로 생겨남으로써 그 떨림과 함께 *시간* 속으로 들어가므로, 이 시간적인 진동의 피규정성으로부터, 즉 일정한 시간 안에 *일정한 수로* 진동하는 데서 생겨난다. 그런 소리의 유래에 대해 좀 더 자세한 것으로는 다음과 같은 점을 주지할 수 있다.

상호 대립적으로 차이 나지 않는 음들이 직접 화음을 이루며 울릴 때면 바로 그 음들에서 진동수의 관계는 아주 *단순한* 성질을 띤다. 그에 반해 원래 화음을 이루지 못하는 음들은 자체적으로 *더 복잡하게 뒤얽힌* 비례관계를 갖고 있다. 전자의 종류로 예를 들면 옥타브가 있다. 즉 어떤 현을 조율하면 그것이 특정하게 진동할 때 기음(基音, 물체가 진동하여 소리를 낼 때 가장 진동수가 적은 기본진동에 해당하는 소리—역자주)을 내며, 이것을 나누면 그 중 처음 절반은 다음의 절반과 비교해서 같은 시간에 똑같은 수의 진동을 한다. 또 5도 음정(*Quinte*)에서는 두 개의 기음 위에서 *세 번의* 진동이 일어나고, 3도 음정(*Terz*)

에서는 *네 개의* 기음 위에서 *다섯 번* 진동이 일어난다. 그에 반해 2도 음정과 7도음정에서는 다르다. 거기서는 기음이 여덟 번 진동하면 각각 아홉 번과 열다섯 번 진동한다.

ββ) 이미 보았듯이 이런 관계들은 우연히 선택되는 것이 아니라, 그 특수한 측면과 내적인 필연성을 지니면서 전체성을 이루고 있음이 틀림없다. 그래서 그런 수의 관계에 따라서 규정되는 개개의 음정들은 서로 무관하게 아무렇게나 나열되지 않고 결합되어 하나의 총체성이 된다. 여기에서 생기는 최초의 음 전체는 아직은 서로 다른 음들이 *구체적으로* 함께 어울려 울리는 것이 아니라, 음들 상호간의 순수한 관계에 따라 그리고 그 총체성 내에서의 위치에 따라 서로 이어서 아주 추상적으로 울려나오는 것이다. 이것으로 단순한 일련의 음들, 즉 *음계*가 생긴다. 이 음계의 기본규정은 옥타브 안에서 반복되고 그 양쪽의 경계 내에서 다른 여섯 개의 음들과 직접 화음을 이루는 주음(主音)이다. 이는 기음(基音)이 그 옥타브 안에서 직접 자신과 일치하면서 자신에게로 되돌아간다. 음계 위의 다른 음들은 3도 음정과 5도 음정처럼 때로는 직접 기음과 조화를 이루거나, 아니면 2도음정과 7도음정처럼 기음에 맞서 더 본질적으로 음의 차이를 이루면서 특수하게 연속적으로 흘러나오는 음으로 조정된다. 그러나 그 피규정성에 대해서 나는 여기서 더 이상 자세히 설명하지 않겠다.

γγ) *셋째로*, 이 음계로부터 여러 음조(장단의 조[調], 키[key])가 나온다. 즉 음계의 각각 음 자체는 또다시 다른 특수한 음계의 기음이 될 수 있다. 이 음계는 첫 번째 음계와 같은 규칙에 따라 배열된다. 음계가 더 풍부한 음으로 발전하면 음조들도 그 수가 더 많아진다. 예를 들면, 근대 음악은 고대 그리스의 음악보다 더 다양한 음조들 안에서 움직이는 것을 들 수 있다. 더 나아가 음계 위의 서로 다른 음들은 우

리가 보았듯이 직접 화음을 이루거나 더 본질적으로 상호 벗어나면서 차이가 난다. 그래서 이 음들로부터 기음으로 생겨나는 일련의 음들은 좀 더 비슷한 관계를 지니면서 한 음계에서 다른 음계로 직접 옮겨가도록 허용하거나, 아니면 서로 낯설어지면서 그와 같이 직접 이행(移行)되어 가는 것을 거부하기도 한다. 그러나 그 외에도 음들은 강한 음, 약한 음, 장음계, 단음계의 차이로 구별되면서 그것들을 생겨나게 한 기음에 의해서 특정한 성질을 띠게 된다. 이 특성은 다시금 특수한 방식의 감정, 한탄, 기쁨, 슬픔, 용기를 북돋는 외침 따위에 일치한다. 이런 의미에서 고대인들은 이미 장단의 음조들 사이에 나타나는 차이를 다루어 이를 다양하게 발전시켜서 사용했다.

γ) 셋째로 주요한 점은 음이 화합하여 울리는 것, 즉 화음(Akkorde)의 체계로서, 우리는 이에 대한 간략한 고찰하는 것으로 화음의 이론에 대한 시사를 끝내고자 한다.

αα) 물론 우리는 지금까지 음정들이 모여 하나의 전체를 이룬다는 것을 보았다. 그러나 이 총체성은 먼저 음계와 장단의 음조들 안에서는 단순히 서로 이어지는 것으로 떨어져 나가며, 그렇게 잇달아 나올 때 각 음들은 개별적으로 나타난다. 그럼으로써 음은 아직은 추상적으로 울려나오는데, 그 이유는 여전히 하나의 특정한 피규정성만 나타나기 때문이다. 그러나 음들은 상호 관계를 함으로써만 실제의 음이 되므로, 음의 울림은 이 구체적인 음의 울림으로서 존재해야 한다. 즉 서로 다른 음들이 하나의 같은 울림으로 결합되어야 하는 것이다. 이처럼 음들이 함께 울릴 때는 상호 결합되는 음들의 수는 중요하지 않으므로, 두 개의 음으로도 그러한 통일성을 이룰 수 있고 그때의 울림은 *화음*의 개념이 된다. 이미 개별적인 음들은 그 피규정성 속에서

우연과 자의에 내맡겨져서는 안 되고, 내적인 법칙성에 의해 규제되고 그것들이 연이어 울려 나오는 가운데 조절되어야 한다. 그러므로 화음에 대해서도 어떤 음들의 결합이 음악적으로 사용하는 데 적합하고 반대로 어떤 것이 거기에서 제외되어야 하는지 정하기 위해서 같은 법칙을 적용시킬 수 있다. 이런 법칙들이 비로소 원래 의미의 화음의 이론이며, 그에 따라 화음은 다시 그 자체 내에서 필수적인 체계로 전개된다.

ββ) 이런 체계 속에서 화음들은 서로 특수한 차이를 보이고 서로 구분되어 나간다. 왜냐하면 특정한 음들은 늘 서로 조화를 이루면서 울리기 때문이다. 그러므로 우리는 곧 특수한 화음들의 총체성과 관계하게 된다. 가장 일반적으로 분류되는 화음에 관해서 보면 내가 이미 음정과 음계들, 음조에 대한 부분에서 잠깐 다루었던 규정들을 다시 좀 더 자세히 다룰 가치가 있다.

즉 첫 번째 종류의 화음으로는 직접 서로 화합하는 음들이 함께 들어서는 화음의 상태를 들 수 있다. 따라서 이렇게 음이 울리는 가운데 어떤 대립모순이 드러나거나 어떤 방해도 받지 않고 완전한 화음을 이룬다. 이것이 이른바 協화음이며, 그 근간이 되는 것은 삼화음(三和音)이다. 알고 있듯이 이 삼화음은 기음과 3도음 또는 중음(中音), 그리고 5도음 또는 속음(屬音, 음계의 제5음—역자주)으로 구성된다. 여기에서 화음의 개념은 가장 단순한 형태로, 사실은 대체로 개념의 본질을 표현한다. 왜냐하면 우리 눈앞에 보이는 것은 서로 다른 음들의 차이를 흩어지지 않는 통일성으로 보여주는 총체성이기 때문이다. 그것은 직접 통일성을 이루면서도 특수성과 음들 상호 간의 매개를 빠뜨리지 않으며, 한편 음들이 매개될 때에도 서로 다른 음들이 독자적으로 머물면서 단지 이리저리 옮겨 다니는 상대적인 관계에 머물지 않고, 실제로 음들을 결합시킴으로써 자기 안의 직접성 속으로 되돌아간다.

그러나 둘째로, 내가 여기에서 더 이상 자세히 언급할 수는 없는 여러 종류의 삼화음들에서 아직 빠져 있는 것은 음들이 좀 더 심오한 대립을 보이는 것이다. 그러나 우리는 이미 앞서 음계는 대립 없이 서로 화합하는 음들 외에도 화합을 해체하는 다른 음들도 포함하고 있음을 보았다. 그런 음은 크고 작은 7도음들이다. 이들도 역시 음들의 총체성에 속하므로 역시 삼화음 속에 들어가야 할 것이다. 그러나 이런 일이 일어나면 저 직접적인 통일성과 협화음은 파괴된다. 왜냐하면 본질적으로 울림이 다른 음이 첨가되면 진정으로 특수한 *차이*가 나타나면서 대립이 등장하기 때문이다. 이것은 본래의 심오한 음향을 이루면서 본질적으로 대립되어 나아가면서도 그 대립이 예리해지거나 마찰하는 것도 피하지 않는다. 왜냐하면 참된 개념은 물론 자신 속에 통일성으로 머물기는 해도 단지 직접적인 통일성이 아니라 본질적으로 자신 속에서 갈라지고, 대립, 분열되는 통일성이기 때문이다. 그래서 예를 들면 나는 내 논리학에서 개념을 주관성으로 전개시키더라도 이 이념적으로 명확한 통일성인 주관성은 그에 대립되는 것, 즉 객관성으로 지양된다. 사실, 주관성이 단순히 이념적인 것 자체로만 머물 때는 일면적인 특수성을 띤 것으로서 타자, 대립되는 것, 객관성에 맞서 자신을 유지하지만 그것이 대립 속에 들어가 이를 극복하고 해체시킬 때만 참된 주관성이 된다. 그래서 실제 세계에서도 대립의 고통을 자신 속에서 견디고 이겨낼 힘을 지니는 것들은 더 숭고한 본질들이다. 이제 내적인 의미뿐만 아니라 예를 들어 심오한 고통이 주요 측면을 이루는 기독교적인 매우 심오한 내용이 지닌 주관적인 감정을 음악예술에 적합하게 표현하려면 이는 음의 영역 속에서 대립되는 음들의 투쟁을 묘사할 능력이 있는 수단을 지녀야 한다. 음악에서 이 수단은 이른바 불협화음이라 불리는 7의 화음과 9의 화음 속에 들어 있는데 그에 대한 자세한 언급은 하지 않기로 하겠다.

셋째로, 그에 반해서 이러한 화음들의 일반적인 특성에서 그것들이 이 대립의 형태 속에서나 동일한 통일성 안에서조차도 대립을 유지하고 있다는 점이 또 중요하다. 그러나 대립되는 것이 대립되는 것으로 통일성을 이룬다는 것은 전적으로 모순이며 확고하지 못하다. 일반적으로 대립하는 것들은 그 내적인 개념상 자체 안에서도 대립 속에서도 어떤 확고함을 지니지 못한다. 반대로 그것은 대립 그 자체 때문에 몰락하게 된다. 그러므로 화음은 귀에 단지 모순된 느낌을 줌으로써 그것이 해체될 때 귀와 심정에 만족감을 불러오기 위해서 그 해결책을 요구하는 화음으로 머물러서는 안 된다. 그 때문에 음들이 대립할 때에는 직접 불협화음들을 *해체*하고 삼화음으로 되돌아가야 할 필연성이 곧바로 생겨난다. 자기 자신과의 동일성으로 돌아가는 이 움직임이야말로 진실한 것이다. 그러나 음악에서 이와 같은 완전한 동일성은 오직 순간들이 시간적으로 전개될 때만 가능하다. 그러므로 이 순간들은 순차적으로 나타나게 되며, 그것들 안에는 음들의 이행(移行)이 상호 이동이자 본질적인 변화과정으로서 필연적으로 함께 들어 있다.

γγ) 이로써 우리는 또 다음과 같은 *세 번째* 사항에 주목해야 한다. 즉 음계가 우선 추상적이기는 해도 그 자체 안에 음들이 확고하게 열지어 있는 것이라면, 화음들도 역시 개별적이고 독자적으로 머물지 않고 서로 내적인 관계를 맺으면서 변화하고 계속 진행되어 나아가려는 욕구를 갖는다. 그처럼 진행되어 가게 되면 음계 속에서보다 더 중요한 변화의 폭을 얻는데, 그 속에서도 단순한 자의가 섞여서는 안 되고 화음에서 화음으로의 움직임은 한편으로 화음의 본질에 근거해야

하고, 다른 한편으로 그 화음들이 이행하는 음조들의 본질에 근거해야 한다. 이런 점을 고려해서 음악이론에서는 여러 가지 다양한 규칙들이 세워졌다. 그러나 만약에 그것들을 분석하고 근거를 규명하려고 하면 너무 힘들고 상세한 설명을 하는 일에 말려들게 될 것이다. 그러므로 나는 몇 마디 일반적인 진술을 하는 것으로 그치고자 한다.

c. 선율

먼저 특수한 음악적 표현수단과 관련해 우리가 연구했던 것을 되돌아보면, 우리는 *첫째*로 템포, 박자, 리듬과 관련해 음들의 *시간적*으로 *지속되어* 형상화되는 방식을 고찰했다. 이것을 시작으로 해서 우리는 *실제*의 음들, 그것도 *첫째*는 악기들의 울림과 인간의 목소리를 고찰하는 데로 넘어갔다. 둘째로, 우리는 음정들을 확고하게 측정하고 그것들이 음계와 여러 음조로 추상적으로 연속해서 울리는 것을 고찰했으며, *셋째로*, 특수한 화음들과 그것들의 상호 이행(移行) 규칙에 대한 고찰로 넘어갔다. 앞서 고찰한 것들이 이제 하나로 동일성을 이루며 형성될 때 음들은 비로소 참되게 자유로이 전개되고, 그 결과 *마지막으로* 나타나는 것이 선율(旋律, 멜로디, Melodie)이다.

다시 말해서 화음은 비록 음의 영역에서 필연적인 법칙이기는 하지만, 박자나 리듬이 그렇듯이 그 자체로는 원래의 음악이 되지 못하고, 다만 자유로운 영혼이 몰두하는 실체적인 기반, 즉 법칙에 맞는 근간이 되는 본질적인 관계를 이룬다. 음악에서 시적인 요소인 영혼의 언어, 이것은 내적인 심정의 즐거움과 고통을 음 속에 주입하여 내면이 현재 포착된 것을 인지하여 이를 자신 속에 자유로이 머물게 만든다. 그리하여 기쁨과 슬픔으로 억눌린 마음에서 자유로워지도록 하고 감정이 지닌 자연적인 위력을 완화시키면서 이를 고양시킨다. 이처럼 음악의 영역 속에서 영혼이 자유로이 울리는 것이 비로소 선율이다. 이 마지막 영역은 바로 음악 속에 있는 더 고차적이고 시적인 측면으로서, 지금까지 고찰한 요소들을 사용하여 음악에 고유하게 예술적으로 창조를 하므로 이제 이 영역에 대해서 언급해야 할 것이다. 그러나 곧 여기에는 우리가 이미 위에서 언급한 어려움들이 들어선다. 즉 한편으로 대상을 상세하게 규명하고 다루기 위해서는 악곡의 규칙에 대한 지식이나 완성된 음악 예술작품에 대해 내가 알고 있고 스스로 얻을 수 있는 지식과는 전혀 다른 지식이 필요하다. 왜냐하면 원래 음악에 대해 아는 사람과 음악을 실제로 연주하는 사람들에게서—더군다나 후자의 사람들은 대부분 정신적이지 못하므로—그에 대해 뭔가 특정하고 자세한 것을 별로 들을 수 없기 때문이다. 다른 한편으로 다른 예술에서보다 음악에서는 특정하고 특수한 것을 보편적인 방식으로 고정시켜 강조할 수 있는 가능성이 덜한 것도 그 본질 속에 들어 있다. 왜냐하면 음악은 아무리 정신적인 내용을 자체 안에 수용하고 그 대상의 내면이나 감정의 내면적인 움직임을 표현대상으로 삼더라도, 그 내용은—왜냐하면 그것은 그 내면성에 따라 포착되거나 주관적인 감정으로 반향(反響)하므로—더 무규정적인 모호한 것으로 머물며, 음악적인 변화 역시 늘 어떤 감정이나 표상, 사상 또는 개별적인 형상의 변화가 아니라 단지 음악이 스스로 유희하고 그쪽으로 선율을 움직이는 진행이기 때문이다. 그러므로 나는 내게 눈에 띄게 흥미를 주는 것에 대해서 다음과 같은 일반적인 진술만 하고자 한다.

α) 선율은 음들이 자유로이 전개되는 가운데 한편으로 독립적으로 템포, 리듬, 화음 위에서 움직이지만, 다른 한편으로 선율이 실현되기

위해서는 다름 아니라 음들이 본질적이고도 필연적인 관계 속에서 리듬과 박자에 맞게 움직이는 것을 수단으로 삼는다. 그러므로 선율의 움직임은 그것을 존재하게 하는 그 수단 속에 포함되어 있으므로, 사실 그것의 필연적인 법칙에 어긋나게 존재하려고 해서는 안 된다. 그러나 선율은 화음과 밀접하게 연결될 때 그 자유를 상실하지 않고, 단지 우연적인 자의(恣意) 속에서 변덕스럽게 진행하거나 이상한 변화를 보이는 주관성으로부터 해방됨으로써 비로소 그 참된 독자성을 획득한다. 왜냐하면 참된 자유는 낯설고 억압적인 필연성의 힘에 대립되는 것이 아니라, 그 자체 안에 이 실체성을 내포하면서 그와 동일한 본질을 지니고 있기 때문이다. 그러므로 자유는 이 본질의 요구에 따라 단지 그에 고유한 법칙을 따르며 그 본질 속에서 자족(自足)하므로, 만약에 이 규정들로부터 벗어난다면 자신에게서 벗어나고 자신에게 충실하지 못하게 될 것이다. 그러나 거꾸로 박자, 리듬, 화음 자체들은 추상적인 것들이므로 고립되면 아무런 음악적인 가치를 지니지 못한다. 그것들은 오직 선율에 의해 선율 안에서만 선율을 이루는 요소들로서 참된 음악적인 측면을 얻게 된다. 그런 식으로 화음과 선율의 차이가 서로 화합을 이루는 것이 바로 위대한 악곡(樂曲)들이 지니고 있는 중요한 비밀이다.

β) 이런 점에서 볼 때 둘째로, 선율의 특수한 성격과 관련해서 다음과 같은 차이들이 나에게는 중요해 보인다.

αα) 첫째로, 선율은 아주 단순한 화음과 음조들의 영역에 국한되어 화음적으로 진행될 수 있다. 왜냐하면 선율은 단지 대립 없이 서로 화음을 이루는 음들의 관계 속에서만 확장되고, 그 다음에는 음을 더 자세히 전개시키고 움직이기 위한 더 일반적인 근간으로서 이 음들의

관계를 다루기 때문이다. 그래서 예를 들면, 단지 피상적이지 않고 깊은 영혼을 표현할 수 있는 가곡의 선율은 보통 아주 단순한 화음의 관계 속에서 이리저리 움직인다. 그것은 화음과 음조들 사이의 복잡하게 뒤얽힌 관계를 문제화하지 않고 그 움직임과 변조(變調)에 만족한다. 이 변조는 음의 화음효과를 내기 위해 만족스러운 통일성이 산출되기 전까지는 예리하게 대립되어 전개되거나 다양하게 매개될 필요가 없다. 물론 음을 이처럼 다루는 방식은 근대의 많은 이탈리아나 프랑스의 선율에서 보이듯이 아주 피상적이고 얄팍한 화음이 연속적으로 생겨나게 할 수도 있다. 이런 면에서 볼 때 한편으로 작곡가는 그에게 결핍되는 것을 다만 자극적인 리듬을 가하거나 그 밖에 양념을 쳐서 보충하려고 한다. 그러나 일반적으로 화음의 기반이 단순하다고 해서 반드시 공허한 선율이 흘러나오는 것은 아니다.

ββ) 둘째로 또 다른 차이를 보면, 선율은 첫 번째의 경우처럼 단순히 개별적인 음들이 상대적으로 단순한 근간이 되어 움직여 진행해가는 연속적인 화음 속에서 전개되지는 않는다. 선율 상의 모든 개별적인 음들은 구체적으로 전체를 이루면서 화음으로 채워짐으로써, 한편으로 풍부한 음들을 획득하고, 다른 한편으로 화음의 이행과 아주 밀접하게 얽힌다. 그럼으로써 스스로 전개되는 선율과 단지 반주의 기반으로서 확고해지는 화음 사이를 그처럼 더 확실히 구분할 수 없게 된다. 그때 화음과 선율은 하나의 동일하고 긴밀한 전체가 되며, 한쪽이 변하면 곧 다른 쪽도 필연적으로 변하게 된다. 이는 예를 들면 특히 4중창의 합창곡에서 드러난다. 마찬가지로 동일한 선율이 여러 목소리로 뒤얽혀 그것이 화음을 이루거나 또는 서로 다른 여러 선율이 비슷한 방식으로 서로 뒤얽혀 화음을 이룰 수 있으므로 항상 선율의 특정한 음들이 서로 합해졌을 때 화음이 형성된다. 이는 예를 들어

세바스찬 바흐의 악곡들에서 종종 나타난다. 그때 그 화음들은 다양하게 서로 비껴나면서 진행되고 독자적으로 서로 나란히 또는 상호 관통하며 움직이는 듯 보이면서도, 본질적으로 상호 화음관계를 유지함으로써 다시 필연적으로 상호 귀속된다.

γγ) 그런 방식으로 다루어질 때 심오한 음악은 직접적인 협화음의 한계로까지 움직여 나아가도록 허용되고, 다시 그것으로 돌아가기 위해서 이 화음을 손상시킬 수도 있을 뿐만 아니라 거꾸로 처음의 단순한 화음을 불협화음으로 전개시켜 나가야 한다. 왜냐하면 그런 대립 속에 조화의 더 심오한 관계와 비밀들—그 필연성이 그 대립 속에 들어 있으므로—이 근거하게 되며, 그럼으로써 깊이 파고드는 선율의 움직임도 역시 오직 이 더 심오한 화음의 관계에 근거할 수 있기 때문이다. 그러므로 능숙하게 작곡된 음악에서는 단순히 화음을 이루며 전개하지 않고, 대립하면서 온갖 심한 모순과 불협화음을 불러일으키고 모든 화음의 위력을 뒤흔드는 가운데 그 투쟁을 진정시키고, 그럼으로써 선율을 진정시켜 확실히 만족스러운 승리를 구가할 수 있는 고유한 위력을 입증해 보인다. 그것은 자유와 필연성의 투쟁이다. 즉 그것은 상상력의 자유로움이 진동으로 울리면서 외화(外化)되기 위해서 필요하고 또 고유한 의미가 들어 있는 화음 사이의 필연적인 관계 속에서 일어나는 투쟁이다. 그러나 이 투쟁에서 화음과 그것의 모든 수단을 대담하게 사용하는 일이 중요해지면 악곡(樂曲)은 둔중하고 현학적이 되기 쉽다. 왜냐하면 거기에는 진정으로 자유로운 움직임이 결핍되어 있거나, 아니면 적어도 그 자유로움의 완전한 승리가 드러나지 못하기 때문이다.

γ) *셋째로*, 다시 말해서 어떤 종류의 음악에서든 원래 선율적인

것, 노래 가능한 것이 풍부하게 표현됨으로써 스스로 잊혀지거나 상실되지 않는 독자적인 것으로 우세하게 드러나야 한다. 이런 면에서 볼 때 물론 선율은 음들이 진행될 때 무한하게 규정될 가능성으로 머물지만, 이는 그 안에서 언제나 총체적으로 완결된 전체를 우리가 느낄 수 있도록 조정되고 유지되어야 한다. 이 전체는 물론 다양성을 내포하면서 내면적으로 진행되지만, 자체 안에 확고한 전체로 마무리될 때 정해진 시작과 끝이 필요하므로 그 중간은 단지 그 시작과 끝을 매개하는 것이 된다. 이 움직임이 무규정적으로 흘러가지 않고 자체 안에서 분절되면서 자신에게 되돌아갈 때 비로소 선율은 자유로운 자기의 주관성과 일치한다. 그럼으로써만 음악은 그 고유한 내면적인 요소를 직접적으로 외화시킬 수 있고, 또 그 외화를 직접적으로 내면화함으로써 이상(理想)과 자유를 실현시킨다. 바로 이것이 화음의 필연성에 속하는 것으로서 영혼으로 하여금 더 숭고한 영역을 인지(認知)하게 해준다.

3. 음악적인 표현수단과 내용과의 관계

우리는 음악의 일반적인 특성을 진술한 후에 음들과 그것들의 시간적으로 지속되면서 형성되는 특수한 측면들을 고찰했다. 이제 우리는 선율에 이르러 자유로운 예술적 창의와 실제 음악적인 창조의 영역으로 들어섰다. 여기서는 곧 리듬, 화음, 선율 속에서 예술에 맞게 표현될 내용이 중요한 사안으로 떠오른다. 일반적으로 이러한 표현의 종류들에 대해서 확인했으니, 이제는 마지막으로 음악의 여러 영역들에 눈길을 돌려야 한다. 이와 관련해서 먼저 다음과 같은 차이를 강조할 수 있다.

우리가 이미 보았듯이 한편으로 음악은 *반주음악*이 될 수 있다. 다시 말해서 정신적인 내용이 그 의미의 추상적인 내면성이나 주관적인 감정으로서 포착될뿐더러, 표상되고 형성되고 언어로 포착되어 음악적으로 움직일 때 반주음악이 된다.

그에 반해 다른 한편으로 음악은 그처럼 스스로 완성된 내용으로부터 벗어나 그 고유 영역에서 *독자적*으로 되므로, 그것이 아직도 어떤 특정한 내용과 관계하게 될 때는 그 내용을 직접 선율과 화음의 움직임 속에 침잠시키거나, 아니면 음이 완전히 독자적으로 울리면서 반향도록 전개시켜서 이것이 만족스럽게 화음과 선율이 되어 나아가도록 한다. 그때 이것은 물론 전혀 다른 영역이기는 해도 이미 우리가 건축에서 독자적인 응용건축술을 고찰할 때 보았던 것과 비슷한 차이가 다시 생겨난다. 그러나 반주음악은 본질적으로 건축의 경우보다 더 자유스러우며, 그 내용과도 훨씬 더 밀접하게 결합된다.

이 차이는 실제 음악예술에서 *성악(聲樂)*과 *기악(器樂)*의 차이로 드러난다. 그러나 우리는 이 차이를 마치 성악에서는 단지 인간의 목소리의 울림만이 사용되고, 반대로 기악에서는 서로 다른 악기들에서 다양하게 울려나오는 소리만 사용되는 것처럼 단순히 외적인 방식으로만 다뤄서는 안 된다. 그 반대로 목소리는 노래하면서 동시에 어떤 특정한 내용을 표상하게 하는 말을 하므로, 음악은 *노래되어진 말*이다, 그러므로 만약 음과 말 양쪽이 서로 무관하게 아무렇게나 떨어져 나가지 않으려면 다음과 같은 과제만을 띠게 된다. 즉 그것은 음악이 가능한 한 상세한 규정에 따라서 표상하고 더 이상 무규정적인 감정에만 속하지 않도록 *내용*에 알맞게 음악적으로 표현하는 일이다. 그러나 이런 결합과는 상관없이 표상된 내용은 스스로 텍스트로 인지

(認知)되고 읽힐 수 있으므로, 따라서 음악적인 표현과는 구분해서 그 자체로 표상될 수 있다. 그러므로 어떤 가사에 덧붙여지는 음악은 반주음악이 된다. 반면에 조각과 회화에서는 표현된 내용은 그것이 예술적으로 형상되는 것의 바깥에서 표상되지는 않는다. 그러나 우리는 다른 한편으로 그런 *반주*의 개념을 단순히 합목적성에 따라 이용하는 측면에서만 이해하면 안 된다. 왜냐하면 사실은 그와 정반대이기 때문이다. 즉 음악의 가사는 음악을 위해서 쓰이며, 예술가가 자기작품의 특정한 대상으로 선정한 것에 대해 더 상세하게 의식적으로 표상하는 것 이상의 가치를 지니지는 않는다. 그때의 자유로움은 주로 음악으로 하여금 가사 속에서 내용을 표상하게 하는 방식이 아니라, 직관과 표상에 속하지 않는 요소를 지배하는 방식으로 내용을 포착하게 한다. 이와 관련해서 나는 이미 음악의 일반적인 특성을 다루는 부분에서 음악은 내면을 표현해야 한다고 시사했다. 그러나 내면성은 *이중적인* 성질을 띨 수 있다. 다시 말해 내면성 속에 있는 대상을 취한다는 것은 한편으로 이를 외적으로 현상되는 실재성이 아니라 그 *이념적인 의미*에 따라 포착한다는 뜻할 수 있고, 다른 한편으로 어떤 내용을 그것이 주관적인 *감정* 속에서 그대로 생생하게 표현한다는 뜻일 수도 있다. 음악에서는 양쪽의 이해방식이 모두 가능하다. 나는 이를 좀 더 상세히 소개하도록 노력하겠다.

 오래된 교회음악, 예를 들면 십자가에 못 박힌 그리스도를 표현한 음악에서는 신으로서 고통을 겪고 죽어 매장되는 그리스도의 수난의 개념 속에 들어 있는 깊은 규정들을 표현할 때, 누차 그 사건에 대한 감동, 동정 또는 인간의 개별적인 고통과 같은 *주관적인* 감정을 표현하는 것이 아니라 사실 자체를, 다시 말해서 그 심오한 의미가 화음과 선율로 진행되어 나가는 것으로 포착했다. 물론 이런 경우에도 청중에게는 감정이 작용한다. 즉 청중은 십자가형의 고통과 사망한 그리스도의 매장을 *직관*하거나 이를 단지 일반적인 *표상*으로 형상화하는 것이 아니라, 청중 자신의 내면에서 신의 죽음과 그의 깊은 고통을 함께 체험하고 자기의 심정을 그 속에 침잠시키므로 그 사실은 뭔가 청중 안에서 인지된 것이 된다. 이는 다른 모든 것을 소멸시키고 오직 그 사실 하나 속에서만 주체를 충족시켜야 한다. 그 음악작품이 그런 인상을 불러일으킬 수 있도록 하려면 작곡가의 심정도 그 사실을 단지 주관적으로만 느낄 것이 아니라, 전적으로 그 속에 몰입하여 이를 내면적으로 느낄 수 있도록 생생한 울림으로 만들어내려고 노력해야 한다.

거꾸로 예를 들어 나는 어떤 사건을 설명하고 어떤 행위를 이끌어내어 연출하고, 감정을 말로 표현하는 책이나 가사를 읽음으로써, 나자신의 감정 속에서 아주 자극되어 눈물을 쏟아내는 따위의 일을 할 수 있다. 음악은 이처럼 모든 인간적 행동이나 행위, 내적인 삶을 표현하는 모든 것에 반주음악이 되어 모든 사건을 인지하고 모든 행동을 같이 직관하며 일깨워질 수 있는 감정의 *주관적인* 요소를 조직화하고 완화시키고 진정시키고 이상적으로 만들 수 있으며, 또 같은 분위기에 젖은 청중에게 그 인상을 통해 공감을 불어넣을 수 있다. 양자의 경우에 내용은 내적인 자아 자신을 위해 울린다. 그런데 음악은 바로 그 단순하게 집중하는 주체를 지배하므로, 심정을 어떤 특수한 내용에 고정시키고 그 속에 몰두시키며 그 속에서 감정을 움직이고 충만하게 하는 가운데, 자아가 이리저리 배회하여 사유하고 표상하고 직관하면서 특정한 내용을 넘어서지 못하도록 자유를 제한한다.

우리가 여기서 반주음악에 대해 말하고자 하는 의미는 바로 이것, 즉 음악은 기존으로 가사를 통해서 이미 표상된 내용에 대해 내면적인 측면을 완성한다는 점이다. 그러나 음악은 특히 성악에서 이러한 과제를 이행하고, 그때 인간의 목소리는 다른 악기들과 결합되기도 하므로 기악은 습관적으로 주로 반주음악으로 불린다. 그때 목소리를 반주하는 기악은 절대로 독자적으로 중요하게 드러나려고 해서는 안 된다. 그러나 이처럼 결합될 때 성악은 앞서 시사한 반주음악의 영역에 더 직접적으로 속한다. 왜냐하면 음절이 되어 나오는 말은 표상되기 위한 것이며, 노래는 단지 이 말의 내용을 더 새로 변형시켜 내적인 심정으로 느끼기 위해서 완성시키기 때문이다. 반면에 기악에서는 표상되기 위한 표현은 떨어져 나가고, 음악은 그 순수한 음악적인 표현방식을 위한 고유한 수단에 국한되어야 한다.

 셋째, 끝으로 이와 같은 차이를 간과해서는 안 될 측면이 있다. 나는 이미 앞서 음악작품의 생생한 현실성은 늘 다시 새로이 산출되어야 한다고 시사했다. 이런 점에서 조형예술의 조각과 회화는 장점을 지니고 있다. 조각가나 화가는 자기 작품을 구상하고 이를 완성한다. 모든 예술활동은 하나의 동일한 개인에게 집중됨으로써 어떤 것을 창안하고 이를 실제로 완성하는 일은 내적으로 일치한다. 그에 반해 건축가는 좀 불리하다. 그는 다양하게 분류되어 나가는 많은 수작업이 필요하며, 이 일을 다른 사람들의 손에 맡겨야 한다. 물론 작곡가도 자기의 작품을 낯선 사람들의 손과 목소리에 맡겨야 하지만 여기에서 연주는 그 기술적인 측면이나 내적으로 영활된 정신의 측면에서 볼 때 수작업이 아닌 예술적인 활동을 요구한다는 차이가 있다. 특히 이런 점에서 이미 옛 이탈리아의 오페라에서처럼 현재에 와서 음악에는 —다른 예술에서는 새로운 발견이 없었던 반면에— 두 가지 기적이 일어났다. 그 기적 가운데 하나는 구성의 측면에서 일어났고, 다른 하나는 능란한 연주의 측면에서 일어났다. 이렇게 됨으로써 음악을 아주 잘 아는 사람들에게 음악이란 무엇이며 무엇이 그것을 이행할 수 있는가라는 개념도 더욱 확대되었다.

그러므로 우리는 끝으로 다음과 같은 주요한 사항들에 근거해 *분류* 하면서 고찰할 수 있다.

첫째, 우리는 *반주음악*은 일반적으로 내용을 어떤 방식으로 표현할 능력이 있는지 묻고자 한다.

둘째, 우리는 독자적인 음악이 지닌 더 자세한 특성에 대해서도 같은 질문을 던지고자 한다.

셋째, 예술적인 연주에 대하여 몇 가지를 언급한 다음에 음악에 대한 이 장을 마치고자 한다.

a. 반주 음악

나는 위에서 가사와 음악의 상호간의 입장을 언급하였는데 이와 같은 음악의 첫 영역에서 나오는 요구는 음악적인 표현은 독자적으로 음악의 고유한 움직임과 영감에 내맡겨지기보다는 어떤 특정한 내용에 좀 더 엄격하게 결부되어 나와야 한다는 점이다. 왜냐하면 가사는 원래 특정한 표상을 제공하므로 의식은 아무 표상 없이 꿈꾸는 듯한 감정적인 요소에 빠지는 일로부터 벗어나게 되기 때문이다. 물론 그러한 감정적인 요소 안에 있을 때는 우리는 아무 방해받지 않고 이리 저리 이끌려가면서 음악에서 이것저것을 끄집어내어 느끼고, 그것에 의해 이리 저리 감동되는 자유를 포기할 필요는 없다. 그러나 음악은 말과 뒤섞이게 될 때 가사 속에 있는 말을 그 특성대로 온전히 재현하기 위해 음악의 자유로운 움직임의 흐름을 상실함으로써 그 자체에 근거하는 예술작품을 만들어내지 못하고 음악 밖에서 음악 없이 이미 완성된 내용을 가능한 한 충실히 묘사하기 위해 오성적인 기교만을 사용하는 음악적 표현수단으로 가치하락 되어서는 안 된다. 이런 점에서 볼 때 자유로운 산출을 너무 눈에 띄게 강요하거나 이를 방해하는 어떤 방식도 음악에 대한 인상을 단절시키고 만다. 그러나 다른 한편으로 음악을 최근의 대부분 이탈리아 작곡가들에게 유행이듯이 거의 가사의 내용—그것이 규정되면 이는 마치 속박된 것처럼 보이므로—에서 해방시켜 전적으로 독자적인 특성을 갖도록 접근시킬 필요는 없다. 반대로 언표된 말, 상황, 행위 따위의 의미로 채워 이 내적인 영활성으로부터 영혼으로 가득 찬 표현을 발견해 내어 음악적으로 완성하는 데 음악예술이 있다. 모든 위대한 작곡가들은 그렇게 했다. 그들은 말에 어떤 낯선 것도 첨가하지 않았으며 또한 단순히 말을 위해서 있기보다는 스스로를 위해 있으면서 악곡의 방해를 받지 않고 진행되는 음을 자유로이 형성시키는 일도 빠뜨리지 않았다.

이와 같은 진정한 자유 속에서는 다음과 같은 *세 가지* 더 자세한 표현방식이 구분된다.

α) 나는 음악적인 표현 가운데 원래 *선율*적이라고 부르는 것에서부터 시작하고자 한다. 여기에서 스스로 존재하고 외화되면서 자신을 향유하는 것은 감정, 즉 영혼의 울림이다.

αα) 대체로 작곡가가 움직여야 할 영역은 인간의 가슴, 기분을 띤 심정이며 순수하게 울리는 내면의 선율은 음악에게 고유한 영혼이다. 왜냐하면 음은 어떤 감정이 그 속으로 들어가 다시 울려 나올 때 비로소 참되고 영혼에 찬 표현으로 가능해지기 때문이다. 이런 점에서 예를 들면, 이미 감정의 자연스런 외침이나 공포의 외침, 고통스러운 흐느낌, 오만에 찬 기쁨이나 즐거움에서 나오는 환성과 지저귐은 그 표

현이 아주 풍부하다. 그래서 나는 위에서도 이미 이 표현방식을 음악의 출발점으로 언급했을 때도, 곧 음악은 그런 자연성 자체에 머물러서는 안 된다고 덧붙였다. 특히 여기에서 다시 음악과 회화는 구분된다. 회화는 전적으로 실제적인 형상, 즉 어떤 특수한 상황과 환경 속에 있는 기존의 인간형상과 살색과 영혼을 표현한다. 그리고 회화는 그것이 완전히 관통하고 수용한 것을 전적으로 생동적으로 재현할 때, 종종 가장 미적이고 예술에 적합한 효과를 낼 수 있다. 회화가 예술의 진실과 일치할 때 자연에 충실한 것은 온전히 제자리에 서게 된다. 그에 반해 음악은 감정의 표현을 자연적이고 열정적으로 분출해서 재현해서는 안 되고, 특정한 음의 관계로 발전된 음향에 풍부한 감정으로 생명을 불어넣고 오직 예술을 위해 예술적으로 만들어진 요소 안에서 표현하여야 한다. 그 안에서 단순한 외침은 화음에 의해서 바뀌고 진행되면서 선율적으로 마무리되는 일련의 음들로 움직이면서 전개되어야 한다.

ββ) 이 선율적인 것은 인간의 정신 전체와 관련되면서 더 자세한 의미와 규정을 얻는다. 조각이나 회화 같은 순수한 예술은 정신적인 내면을 외적인 객관성으로 드러낸다. 그러면서 한편으로 정신은 그 속에서 자신의 내면이 정신적으로 창조해내는 것을 재발견하고, 다른 한편으로 내용은 그 특정한 개성 속에서 드러나는 가운데 주관적인 특수성과 자의적인 표상, 그리고 사상과 반성에 아무것도 남기지 않음으로써 정신을 다시금 그 직관되는 외면성으로부터 해방시킨다. 그에 반해 음악은 이미 우리가 여러 차례 보았듯이, 그런 객관성에 대해서 단지 주관적인 요소만 지니고 있다. 그럼으로써 내면은 오직 *자신만* 동행하면서 스스로 표현되고 그 속에서 감정을 드러내는 가운데 자신에게 회귀한다. 그러나 음악은 직접 스스로를 위해 울리고 스스

로 인지하는 가운데 자족(自足)하는 정신이자 영혼이다. 그러나 순수 예술인 음악은 정신적인 면에서 열정을 마치 디오니소스 신처럼 토해 내면서 혼란스러운 난무 속으로 빨려들어 가거나 절망적인 분규에 빠지지 않게 하고, 즐거운 환호와 극단적인 고통 속에도 자유로이 주입되어 열락을 느끼기 위해 열정적으로 표현하는 것을 규제도록 요구한다. 이처럼 참되고 이상적(理想的)인 음악을 작곡한 사람들로는 팔레스트리나(Palestrina), 두란테(Durante), 로티(Lotti), 페르골레시(Pergolesi), 글루크(Gluck), 하이든(Haydn), 모차르트(Mozart) 등을 들 수 있다.8) 이 대가들의 악곡에서는 영혼이 상실되지 않고 안거(安居)하고 있음이 드러난다. 물론 고통의 표현도 있지만 이는 늘 해결되며, 음들은 명확한 균형을 이루면서 극단으로 나아가는 일이 없이 규제된 형태로 확고하게 결합된다. 그러므로 환성(歡聲)처럼 변질되어 난무하는 일도 없고, 비록 한탄의 외침이 울려나올 때조차도 지복한 안정감을 띤다.

  이미 이탈리아의 회화를 언급할 때에도 말했지만, 아주 깊은 고통과 극단적인 심정의 찢김, 눈물과 고통 속에서도 고요함과 행복한 확신을 주는 화해적인 요소가 빠져서는 안 된다. 마치 익살광대 속에 아직도 고상하고 우아한 것이 지배하고 있듯이, 고통은 깊은 영혼 속에서 아름답게 머문다. 같은 식으로 자연은 이탈리아인들에게 주로 선율적으로 표현하도록 재능을 부여했다. 그래서 우리는 그들의 오래된 교회음악에서 최고의 종교적인 기도와 동시에 순수한 화해의 감정, 그리고 아무리 깊은 고통에 휩싸인 영혼이라도 고통 그 자체를 다양

---

8) 이 음악가들이 각각 생존했던 연대는 1523~1594년, 1684~1755년, 1667~1740년, 1714~1787년, 1732~1809년, 1756~1791년이다.

하게 향유하는 가운데 드러나는 아름다움과 지복함, 그리고 단순한 위대함과 환상이 형상화되는 것을 발견한다. 그것은 마치 감각적으로 보이는 아름다움이어서 사람들도 이 만족스러운 선율을 종종 단순한 감각적인 향유와 연관시킨다. 그러나 예술은 바로 이런 감각적인 요소 안에서 움직이고 자연 속에서처럼 자기 안에서 스스로 자족하는 것이 기본울림이 되는 영역으로 정신을 이끌어가야 한다.

γγ) 그러므로 선율적인 것에 특수한 감정이 빠져서는 안 된다. 그래도 음악은 열정과 환상을 음 속에 주입시켜 흐르게 함으로써 이 감정 속으로 침잠하는 영혼을 곧 그것에서 고양시켜 그 내용 위에서 움직이게 함으로써 거기에 침잠하는 일에서 벗어나 아무 방해없이 자신을 순수하게 느낄 수 있는 영역을 형성해 주어야 한다. 그럴 때 진정 바른 노래, 즉 음악적인 노래가 만들어진다. 그때 중요한 것은 단순히 어떤 특정한 느낌 자체나 사랑, 동경, 기쁨 따위의 진행이 아니라 그 위에 머물면서 기쁨이나 고통 속에서 확대되고 자신을 향유하는 내면이다. 새가 나뭇가지 속에서, 종달새가 공중에서 어떤 다른 목적이나 특정한 내용이 없이 자연적으로 그냥 쾌활하게 감동적으로 노래하듯이 인간의 노래나 선율적인 표현도 그러하다. 그러므로 특히 이 원리가 우세한 이탈리아 음악에서도 시문학처럼 종종 선율적인 울림 속으로 넘어감으로써 감정을 특정하게 표현하는 일에서 쉽사리 벗어나는 것처럼 보이거나 실제로 벗어나기도 한다. 왜냐하면 음악은 바로 예술로서 예술을 향유하는 것, 영혼이 자족하면서 협화음으로 나아가는 것이기 때문이다. 그러나 이는 원래 일반적으로 선율의 특성이기도 하다. 단순히 규정된 표현은 비록 이미 주어져 있더라도 곧 지양된다. 왜냐하면 심정은 다른 특정한 것 속에 침잠하기보다는 자신을 인지하는 데 침잠하며, 그렇게 혼자서—순수한 빛이 자신을 직관하듯이—

지복한 내밀성과 화해를 가장 고도로 표상하기 때문이다.

β) 조각에서 이상적인 미는 주로 자신 속에 안거해야 하고 회화는 좀 더 특성을 띠고 특정한 표현의 에너지 속에서 주요한 과제를 이행한다면, 음악은 위에서 설명한 방식의 선율적인 것으로만 만족할 수는 없다. 영혼이 단순히 자신을 느끼고 음향적으로 유희하면서 자기를 인지하는 것은 결국 단순한 기분이자 너무 보편적 추상적이며, 가사 안에 표명된 내용에서 더 멀어질 뿐만 아니라 대체로 공허하고 통속적으로 될 위험도 있다. 고통, 기쁨, 동경 따위가 선율 속에서 다시 울린다면 진지한 현실 속에 구체적으로 존재하는 영혼은 오직 실제의 내용, 특정한 환경, 특수한 상황, 사건, 행위 속에서만 그 분위기를 느낀다. 예를 들어 노래가 상실에 대한 슬픔, 한탄의 느낌을 우리에게 불러일으킬 때면 곧 다음과 같은 질문이 나온다. 무엇이 상실되었는가? 풍부한 관심사를 지닌 삶의 상실인가 아니면 청춘, 행운, 아내, 애인의 상실인가? 아니면 아이들, 부모, 친구들인가? 그럼으로써 음악은 더 나아가 심정의 주입, 자기의 내적 삶을 음으로 울리게 하는 특정한 내용이나 *특수한* 관계, 상황과 관련해 자신을 표현하는 데 같은 특수성을 부여할 임무를 띤다. 왜냐하면 음악은 내면 자체가 아니라 충족된 내면과 관계하기 때문이다. 그 내면의 특정한 내용은 감정의 피규정성과 아주 밀접하게 관련되므로, 다양한 기준의 내용에 따라 본질적으로 표현에서 차이를 드러내야 한다. 마찬가지로 심정도 어떤 특수한 것에 온 힘을 기울이면 기울일수록 열정은 더욱 상승하고, 자신 속에서 영혼이 지복함을 누리는 것과는 대조적으로 열정적인 투쟁과 분열, 상호갈등과 깊은 특수성으로까지 나아간다. 지금까지 고찰한 표현들은 더 이상 그것에 적합하지 못하다. 이제 거기에서

는 바로 *가사*가 제공하는 것이 더 상세한 내용이 된다. 선율은 특정한 내용과는 별로 깊이 관여하지 않으므로 선율에서 특수한 가사는 다만 부수적인 것이 된다.

　예를 들어 시이면서 동시에 곡의 가사가 되는 어떤 노래 안에는 다양한 뉘앙스를 띤 분위기, 직관, 표상 전체가 내포되어 있으면서도 동일하고 모든 것을 관통해 나아가는 하나의 감정이라는 기본 울림을 갖고 있으며, 그 때문에 *하나의* 심적인 음조를 띤다. 이것을 포착하여 음으로 재현할 때 가곡에 주요한 선율이 나온다. 이것을 포착해서 음으로 재현할 때 그런 가곡에 중요한 선율이 나온다. 그러므로 그 선율은 비록 내용 속에서 시구(詩句)들이 수차 변경되어도 시 전체적으로는 모든 시구에 동일한 것으로 머무는데, 바로 이 반복 때문에 어떤 해로운 인상을 주는 대신에 오히려 강렬함을 더 높일 수 있다. 이는 비록 아주 다양한 대상들이 우리 눈앞에 펼쳐져 있어도 동일한 기본적인 분위기이자 상황인 자연이 대상들 전체에 활기를 주는 자연풍경과 같은 것이다. 그러한 음은 단지 몇 구절에만 적합하고 다른 구절에서는 적합하지 않더라도 노래 전체 속에서 우세하게 드러나야 한다. 왜냐하면 여기에서 우선적인 것은 말의 특정한 의미가 아니라, 단순하면서도 자체 속에서 다양하게 움직이는 선율이어야 하기 때문이다. 반면에 새로운 시구마다 새로운 선율로 시작되는 많은 악곡들에서는 종종 박자, 리듬, 음조까지도 앞서의 것들과는 달라서, 만약에 그런 변화가 정말 필요한 것이라면 왜 그 시 자체를 매 구절마다 다른 운율과 리듬, 압운(押韻)으로 짜서 넣지 않았을까 이해가 되지 않을 정도다.

　αα) 그러나 영혼의 순수한 선율적인 움직임이 가곡에 적합하게 드러난다 해서 모든 종류의 음악표현에 충분한 것은 아니다. 그러므로 우리는 선율과는 대조되면서도 선율과 마찬가지로 중요하며 성악을

비로소 본래의 반주음악으로 만드는 두 *번째* 측면도 강조해야 한다. 이는 *레치타티보(recitativo)*[9]에 주로 나타나는 표현방식에서 볼 수 있다. 다시 말해 여기서 드러나는 것은 곧 어떤 내용의 기음을 포착해서 이를 형성해나갈 때 영혼이 자신과 동일한 주관성으로 인지하는 완결된 선율은 아니다. 오히려 여기에서 하는 말의 내용은 그 전체적 특성에 따라 음들 속에 각인되면서 음의 고저, 강약, 흐름은 물론 그것들의 음가(音價)도 규정한다. 그럼으로써 음악은 선율적 표현과는 다르게 음이 낭송(朗誦, Deklamation)[10]처럼 울리게 된다. 이는 말의 의미나 문장으로 결합 배치되면서 말의 진행에 연결되며, 그것이 고양된 감정의 측면을 새로운 요소로 참가시킬 때 선율과 시적인 수사학 사이에 놓이게 된다. 그러므로 이에 알맞게 각기 단어의 특정한 의미를 엄격히 고수하는 좀 더 자유로운 강조법이 등장한다. 가사 자체에는 확고하게 규정된 운율이 필요 없고, 이때의 음악연주는 선율처럼 같은 순서나 박자, 리듬에 밀접하게 얽매일 필요가 없다. 이처럼 음이 빠르게 이행하다가 머뭇거리고 특정한 음에 머물다가 또 다른 음으로 빨리 넘어가는 일은 전적으로 말의 내용에 의해 포착된 감정의 재량에 맡겨질 수 있다. 음의 변조도 역시 선율처럼 이미 완결되어 있지는 않다. 즉 시작과 진행, 정지, 휴지, 새로운 시작과 끝, 이 모든

---

9) 레치타티보(recitativo)는 오페라, 오라토리오, 칸타타 등에 사용되는 창법으로, 선율을 아름답게 부르는 아리아와는 달리 노래보다는 대사에 더 중점을 두는 표현기법이다.

10) Declamation은 음악용어로 '데클라마찌온'이라고 풀이하기도 하는데 우리말로는 '낭송(朗誦)' 또는 '낭음(朗吟)'이라고 번역된다. 이는 가창에서 말이 음악에 우선하는 일로서, 즉 시의 의미나 자연스러운 표현, 말을 운율을 중시하여 이에 충실한 것을 말한다. 그리하여 서정적인 것보다는 극적이거나 서사적인 것을 드러내고자 할 때 더 많이 쓰인다. 본문에서는 '낭송'으로 번역했다.

것은 표현될 가사의 요구에 따라 무한히 자유로워질 수 있다. 예측하지 못했던 악센트, 매개되지 않고 이행하는 음, 갑작스러운 전환과 마무리가 허용되며, 또 만약 내용에 필요하다면 흘러가는 선율과는 달리 단편적으로 단절되면서 열정적으로 갈라져 나가는 표현방식도 방해가 되지 않는다.

ββ) 이런 점에서 레치타티보(recitativo)적인 낭송의 음조를 띤 표현은 고요한 관조, 사건에 대한 조용한 보고, 그리고 어떤 상황 속에 휘말려 들어간 내면을 보여주고 그 속에서 마음을 움직이는 모든 것에 생생한 영혼의 음으로 동감하게 해주는 풍부한 감정을 띤 심정을 묘사하는 데 적합하다. 그러므로 레치타티보는 한편으로 오라토리움(Oratorium)에서도 때로는 설명조의 레치타티보로 사용되고, 때로는 순간적인 사건을 더 생생하게 하기 위해 사용되며, 다른 한편으로 극(劇)가곡에서 사용된다. 극가곡에서는 표현이 아주 급격하게 바뀌어 순식간에 번쩍이다가 반대로 갑자기 대사처럼 삽입되거나 긴밀하게 연관되어 흐르더라도, 그런 순간적인 모든 뉘앙스는 물론 모든 종류의 열정도 마음대로 표현하여 전달할 수 있다. 그 외에도 서사적인 가곡과 극적인 가곡 양쪽에서는 단순히 화음의 기점이 되거나 가곡을 중간악절에서 중단시키는 기악도 첨가되어, 비슷한 특성을 갖고 다른 측면이나 상황의 지속적인 움직임을 음악으로 장식한다.

γγ) 그러나 이와 같이 레치타티보식으로 낭송되는 곡에는 바로 선율이 지닌 장점, 즉 특정하게 분류 마무리되는 것, 그리고 영혼의 깊은 내밀함과 통일성의 표현은 빠져 있다. 이 통일성은 어느 특정한 내용 속에 주입되더라도 개개의 측면들에 의해 분산되거나 이리저리 분열되지 않고, 여전히 주관적으로 집중되는 가운데 그 안에서 바로 자신과의 통일된다. 그러므로 음악은 가사에 의해 특정하게 규정된 기

존의 내용과 관련해서 레치타티보식으로 낭송되는 것에는 만족할 수도 없으며, 또 말의 특수성과 개별성을 초월해서 흐르는 선율과 또 이것과 아주 밀접하게 결합되려고 애쓰는 낭송적인 것 사이의 단순한 *차이*로 머물러 있을 수 없다. 반대로 음악은 이러한 요소들을 서로 중*재*하려고 노력해야 한다. 우리는 이러한 일치를 이미 앞서 화음과 선율의 차이와 관련해 새로이 들어섰던 것과 비교할 수 있다. 선율은 자체 안에 화음을 보편적이면서도 규정되고 특수화된 근간으로 받아들인다. 그럼으로써 선율은 그 자유로운 움직임을 잃지 않으며, 인간의 신체기관이 부적합한 자세나 움직임을 막아주고 인간을 안전하게 지탱해 주는 확고한 골격구조에 의해 얻는 것과 같은 힘과 피규정성을 얻는다.

이로써 우리는 반주음악을 고찰하는 마지막 관점으로 나아갈 수 있다.

γ) 그 다음 *세 번째* 표현방식에서는 어떤 가사에 반주음악이 되는 선율적인 노래도 역시 특수화되므로, 레치타티보에서 우세한 원리를 그냥 적용할 뿐 아니라 이를 자체의 것으로 만든다. 이는 선율적인에는 빠져 있는 피규정성을 부여하고 특성화된 낭송곡을 유기적인 분류하고 통일성 있게 완성하기 위해서이다. 왜냐하면 우리가 위에서 고찰했듯이 선율은 전적으로 공허하고 무규정적으로 머물 수는 없기 때문이다. 더욱이 나는 선율에 대해서는 오직 한 점만을 특히 강조했는데, 그것은 즉 심정의 기분 속에서 표현되는 모든 내용은 그 자체와 그 심오한 감정에 몰두하며, 그 속에서 스스로 지복하게 머문다는 점, 그리고 기분은 선율 자체와 일치하는데 그 이유는 선율은 음악적으로 볼 때 그 자체와 동일한 통일성으로 마무리되어 자기에게 회귀한다는 사실이다. 이 점을 특히 강조한 이유는 그것이 레치타티보식으로 낭

송되는 곡과는 다르게 순수하게 선율의 특성과 관련되어 일어나기 때문이다. 그러나 이제 선율의 또 다른 임무는 먼저 자신의 밖에서 움직이는 것처럼 보이는 선율도 선율 자체에 속하도록 이행(移行)함으로써―그것은 이제 낭송조의 선율을 띠므로―비로소 참되게 구체적으로 표현되게 하는 데 있다고 할 수 있다. 그때는 낭송도 역시 더 이상 개별적으로 존재하지 않고 선율로 표현된 것 속에 주입되어 그 특유의 일면성을 보충해준다. 바로 이것이 구체적인 통일성에 필수적인 것이다.

이제 여기에서 우리는 좀 더 자세한 것에 접근하려면 다음과 같은 측면들을 구별해야 한다.

첫째, 우리는 악곡에 적합한 *가사*의 특성에 눈을 돌려야 한다. 왜냐하면 말의 특정한 내용은 음악적인 표현에 본질적으로 중요한 것으로 드러나기 때문이다.

둘째, 악곡에서 새로운 요소, 즉 특성을 띤 낭송이 덧붙여질 때, 우리는 이것과 앞서 이미 선율 속에서 발견한 원리와의 관계를 고찰해야 한다.

셋째, 우리는 이런 종류의 음악적인 표현방식 속에서 가장 탁월한 위상을 차지하는 *장르*들에 대해서 살펴보고자 한다.

αα) 우리가 지금 다루고 있는 음악은 일반적으로 내용에 반주되는 음악으로 쓰일 뿐만 아니라 우리가 보았듯이 내용의 좀 더 상세한 특성 속으로도 파고들어 간다. 그러므로 가사는 악곡과는 아무 상관이 없다고 생각한다면 이는 위험한 선입견이다. 그 반대로, 위대한 음악작품들의 근간에는 작곡가들이 아주 진지하게 선택했거나 스스로 만든 훌륭한 가사가 있다. 왜냐하면 자기가 다루는 소재가 아무래도 상

관없는 예술가는 아무도 없듯이, 음악가에게는 처음부터 시(詩)가 서사적이거나 서정적 또는 극적인 형태의 내용으로 번안되어 확고하게 놓여 있는 경우에는 더욱 중요하기 때문이다.

좋은 가사에게 요구되는 중요한 것은 내용은 참되고 견실해야 한다는 점이다. 내용이 지루하고 통속적이거나 공허하고 부조리하면 숙련되고 심오한 음악을 만들어 낼 수 없다. 작곡가는 거기에 양념을 치고 기름칠을 할 수는 있을지 모른다. 그러나 고양이를 굽는다 해서 그것이 토끼파이가 되지는 않는다. 물론 단순히 선율만을 띤 악곡에서는 가사는 보통 덜 중요하다. 그래도 가사 역시 그 말의 내용이 진실한 것이어야 한다. 그러나 또 한편 내용도 예를 들어 대단히 폭넓은 열정을 갖고 있어 서정적인 감정을 음악적으로 표현한 초월적인 실러의 서정시처럼 너무 생각이 복잡하거나 철학적인 깊이를 지녀서도 안 된다. 아이스킬로스와 소포클레스의 비극에 나오는 합창의 경우도 비슷하다. 그 곡들은 너무 상상력이 풍부하고 심오하며, 의미도 풍부하고 철저히 개성적으로 만들어졌고 또 이미 시적으로도 완성되어 있어서 음악적으로 덧붙일 것이 아무것도 남아 있지 않다. 왜냐하면 더 이상 내면을 위해 내용과 더불어 유희하고 이를 새로 움직여서 향유할 어떤 여지도 없기 때문이다. 그러나 이른바 낭만적인 시의 새로운 소재와 그 다루는 방식은 그 반대이다. 그것들은 대부분 소박하고 민속적이지만, 이는 너무 자주 억지로 꾸며지거나 미리 만들어져 과장된 소박성 때문에 순수한 감정 대신 억지로 반성(反省)을 거쳐 만들어진 느낌을 주며, 조악한 동경과 한숨을 토해내면서 평범하고 어리석고 비열한 것을 매우 자랑거리로 삼는다. 그뿐만 아니라 또 한편으로 전혀 내용도 없는 열정이나 질투, 경솔함, 사악함 따위에 빠지며, 낭만주의 특유의 탁월함과 내면적인 모순, 비열함에 대해 자족적인 기쁨을 느끼기까지 한다. 여기에는 원초

고대 그리스의 비극작가 아이스킬로스

적이고 단순하고 깊은 감정은 전혀 없으므로, 만약에 음악 분야에서도 이와 같은 일을 행한다면 그보다 더 음악에 해가 되는 것은 없다. 심오한 사상이나 자족감, 아무 가치 없는 감정 그 어떤 것도 참된 내용은 되지 못한다. 그에 반해 음악에 가장 적합한 것은 그 중간에 위치한 시(詩)이다. 그런 시를 우리 독일인들은 거의 시로 인정하지 않지만, 이탈리아인들과 프랑스인들은 이에 대해 능숙한 감각을 많이 지니고 있었다. 즉 그것은 서정적으로 참되고 아주 단순하며 몇 마디 말로 상황과 감정을 암시하는 시이다. 또 그것은 극시에서는 너무 지엽적으로 뒤얽히지 않고 명확하고 생생하며, 개별적인 것으로 완성되지 않고, 대체로 시적으로 완전한 특징을 지닌 작품이 되기보다는 윤곽만을 제시하려고 노력하는 시이다. 여기에서 작곡가에게 전달되는 것은 단지 필요한 보편적인 것으로서, 그것에 근거하여 자신의 고유한 창의를 통해 모든 요소들을 충분히 이용하여 자신의 음악작품을 만들어 여러 측면에서 이를 생생히 가동시킬 수 있다. 왜냐하면 여기에서 음악은 가사에 연결되어야 하는데, 그 가사의 말은 내용을 너무 개성적인 것으로 윤색해서는 안 되기 때문이다. 만약 그렇지 않을 경우 낭송조의 음악은 너무 여러 측면으로 분산되어 통일성이 상실되고 전체의 효과는 약해지게 된다. 이와 관련해 음악 가사의 탁월성이나 부족함을 평가하는 데 있어 사람들은 종종 착각을 하곤 한다. 예를 들어 우리는 〈마술피리(Zauberflöte)〉(모차르트의 오페라—역자주)의 가사가 너무 한탄조라고 말하는 소리를 자주 듣는다. 그러나 이 오페라 작품의 가사는 칭찬할 만하다. 전에 엉뚱하고 환상적이고 평범한 작품들을 많이 써냈던 쉬카네더(Schikaneder)[11]는 그야말로 그 작품에서 히트를 쳤다. 여기에서 밤의 왕국, 여왕, 태양의 왕국, 신비로움, 봉헌, 지혜, 사랑, 시험, 보편적이고 중도를 지키는 탁월한 중도적인 도덕 등, 이 모든 것들이 깊고 마력적이고 사랑스러운 음악의 영혼 속에서 확대되면서 상상을 충족시키고 마음을 녹여준다.

또 다른 예들을 들자면, 종교음악에서의 위대한 미사곡에 쓰이던 옛 라틴어 가사들은 다른 어느 것도 능가할 수 없을 만큼 탁월하다. 왜냐하면 그것들은 한편으로는 보편적인 신앙의 내용을, 다른 한편으로는 신앙의 공동체의 감정과 의식에 적절한 본질적 단계들을 아주 단순하게 내세워 음악가로 하여금 아주 폭넓게 완성하도록 혜택을 주기 때문이다. 위대한 진혼곡, 성서의 시편에서 따온 곡들도 마찬가지로 사용할 수 있다. 헨델도 비슷한 방식으로 그의 음악 가사를 일부는 종교적인 교리에서, 특히 상징적인 관계가 있는 성서의 구절이나 사건들

---

[11] 쉬카네더(Johann Emmanuel Schikaneder, 1748~1812)는 모차르트(Wolfgang Amaeus Mozart, 1756~1791)가 활동하던 당시 오스트리아의 수도 빈(Wien)의 극장 감독이었다. 그는 본문에서 헤겔도 시사하고 있듯이 많은 대중 오페라를 위한 가사를 썼다. 모차르트가 작곡한 〈마술피리〉는 최초의 독일 근대 오페라이자 고전주의 오페라의 대표적인 작품인데, 이것은 사실 당시 빈의 극장 감독이었던 쉬카네더가 쓴 대본을 모차르트가 곡으로 쓴 것이다. 이 〈마술피리〉에는 18세기 오페라의 특징이라 할 수 있는 이탈리아식의 선율과 독일적인 레치타티보, 중창, 합창, 그리고 가곡 등이 다 섞여 있다. 이 작품은 1791년에 초연되었다.

에서 직접 따와 이를 전체로 완결했다. 그리고 서정시로는 감정이 풍부한 작은 시들, 특히 단순하고 별로 말이 들어가 있지 않고 마음속의 기분에 침투하여 영혼 가득히 표현하는 깊은 감정과 가볍고 즐거운 악곡에 적합한 것을 골랐다. 그러한 시들은 거의 모든 민족들에게도 있다. 나는 극(劇)의 영역에서는 단지 메타스타시오와 마르몽텔만 언급하겠다. 마르몽텔(Marmontel, 1723~1799년)은 감정이 풍부하고 섬세한 교양을 지닌 다감한 프랑스인으로서 피치니[12]에게 프랑스어를 가르쳤으며, 극음악에서는 흥미로운 행위를 우아하고 쾌활하게 결합시켜서 능숙하게 전개시킬 줄 알았다. 그러나 무엇보다도 특출한 것은 유명한 글루크(Gluck)[13]의 오페라 가사들이다. 이 가사들은 단순한 모티프 속에서 움직이면서 견실한 내용을 고수하는 감정을 보여주며 모친, 아내, 형제, 자매에 대한 사랑, 우정, 명예 따위를 묘사하고 이 단순한 모티프들과 본질적인 충돌들을 조용히 전개시킨다. 그리하여 열정은 아주 순수하고 위대하고, 고귀하며 조형적인 단순성을 띤다.

ββ) 그러한 내용은 역시 그 특징에 맞게 선율적으로 표현되어야 한

---

12) 피치니(N.Piccini, 1728~1800). 그는 마르몽텔이 쓴 프랑스어 가사 대본을 사용했다.
13) 글루크 크리스토프 빌리바르트(Christoph Willibald Gluck, 1714~1787)는 독일의 작곡가로, 이탈리아에 유학하여 사마르티니 밑에서 오페라 공부를 했다. 그 후 빈으로 가서 당시 가장 유명한 대본작가였던 메타스타시오의 대본으로 몇 편의 오페라를 써서 성공을 거두었다. 그러다가 1750년대 중반부터 프랑스풍의 오페라를 받아들이고 이탈리아식 오페라에서 벗어나 종래의 바로크 오페라가 지닌 지나치게 장식적인 것을 배제하고 근대극으로 발전시키는 데 크게 기여했다. 그의 주요 작품으로는 《돈 주앙(Don Juan)》(1761년), 《아울리데의 이피게니(IIphigénie en Aulide)》(1774년), 《아르미드(Armide)》(1777년) 등이 유명하다. 위에서 헤겔이 언급하는 오페라 가사들은 메타스타시오가 쓴 것들이었다.

다. 이것이 가능하려면 가사는 진지한 심정, 희극적인 것, 비극적이고 위대한 열정, 종교적인 표상과 감정, 인간의 가슴 속에 들어 있는 위력과 운명을 내포하고 있어야 함은 물론 작곡가도 역시 거기에 심혈을 기울여 전심으로 그 내용을 철저히 느끼고 체험해야 한다.

더 나아가 여기에는 한편으로는 특성이, 다른 한편으로 선율의 등장이 중요하다. 이런 점에서 개성적으로 떨어져 나간 특정한 특성이 승리를 거두지 않고 바로 총괄적이고 통일성을 띤 선율이 늘 승리를 거두도록 요구하는 것이 나에게는 중요하게 여겨진다. 예를 들면 오늘날의 극음악은 종종 강렬하고 위협적인 대비효과를 찾으려고 하는데, 그 이유는 대립되는 열정들이 예술적으로 더 풍부한 방식으로 싸우는 것을 동일한 음악의 흐름 속에 집약해서 주입하기 때문이다. 그래서 예를 들면 기쁨, 결혼, 축제의 화려함이 표현되는 가운데 증오, 복수, 적대감이 주입되고, 기쁨과 즐거움, 춤음악과 더불어 강한 불화와 적대적인 분열이 난무하게 된다.

그처럼 통일성 없이 이쪽저쪽으로 밀쳐 나타나는 내적인 모순들이 대조를 이루면서 이 직접 대립되는 것들의 특성이 예리하게 결합되면 될수록 미적인 화음에는 더욱 어긋난다. 거기서는 내면이 선율 속에서 스스로 향유하면서 자신에게 회귀하는 일은 더 이상 불가능하다. 대체로 선율적인 것과 성격적인 것의 일치가 좀 더 특정하게 묘사되면 이는 부드러운 음악적 미의 한계를 쉽게 벗어날 위험을 지닌다. 이는 특히 폭력, 동경, 사악함, 격렬함 그리고 그 밖에 극단적이고 일방적인 열정들을 표현할 때 그렇다. 여기서는 음악이 성격적인 규정이 지닌 추상성과 관계하자마자 피할 수 없게 거의 옆길로, 즉 예리하고 가혹하며 전적으로 비선율적이고 비음악적인 곳으로 빠지게 되고 협화음(das Disharmonische)을 잘못 이용하게 된다. 이는 특징을 나타내는 특수한 부분들에서도 비슷하게 일어난다. 즉 만약에 이런 것들이 확고하게 고수되고 강하게 발음되면, 그것들은 서로에게서 쉽게 떨어져 나가 곧 조용히 독자적인 것으로 머문다. 한편, 음악은 본질적으로 흘러나오고 그 속에서 부분들이 서로 확고한 관계를 맺으면서 전개되어야 하므로, 만약에 그 부분들이 고립되면 곧 흐름과 통일성에 지장이 온다.

이런 측면에서 볼 때 음악의 참된 미는 물론 단순히 선율에서 성격적인 것으로 이행하는 데 있지만 이처럼 특수화되는 가운데서 선율은 음악을 근본인 것으로 통일시키는 영혼으로 보존되어 머문다. 이는 예를 들어 라파엘 회화의 특징 속에서 미적(美的)인 음조가 언제나 유지되는 것과 같다. 그때의 선율은 의미가 풍부하면서도 모든 피규정성을 관통하고 응집시키는 활력이며, 성격을 지닌 특수한 것은 단지 내면으로부터 나와 언제나 이 통일성과 영활성으로 회귀되는 특정한 측면들의 현상으로만 나타난다. 그러나 다른 예술들보다 특히 음악에서는 올바른 기준을 만나기가 매우 어렵다. 왜냐하면 음악은 그 표현수단들이 대립되어 떨어져 나가기가 더 쉽기 때문이다. 그래서 음악적인 가치에 대한 판단들은 어느 시대에나 거의 분분했다. 어떤 사람들은 주로 선율에, 어떤 사람들은 특성적인 것에 우월성을 두었다. 예를 들면 자기의 오페라에서 서정적인 개별 요소들이 엄격하게 표현되기를 요구했던 헨델도 그가 살았던 시대의 이탈리아 가수들과 싸워 이겨야 하는 경우가 종종 있었다. 그러나 청중의 관심이 이탈리아 가수들 쪽으로 기울어지자 그도 역시 결국은 오라토리움을 작곡하는 쪽으로 완전히 방향전환을 해서 거기에서 아주 풍부하게 자신의 창조영역을 발견하기도 했다. 글루크가 살았던 시대에 그와 피치니 사이에 장시간에 걸쳐 벌어졌던 생생한 논쟁도 역시 유명했다. 또 루소는 옛 프랑스인들의 비(非)선율적인 취향에 반해서 이탈리아인들의 선율적인 음악을 더 좋아했다. 결국 사람들은 그런 식으로 비슷하게 로시니(Rossini)[14]와 근대 이탈리아파에 찬성하거나 반대하며 다투고 있다. 반대파들은 로시니의 음악을 귀만 간지럽게 하는 공허한 음악이라고 비난의 소리를 질렀다. 그러나 더 가까이 다가가 그 선율을 들어보면 그것은 엄격한 독일의 지성적인 음악에서 애호하는 식의 특성과는 무관하며, 반대로 아주 풍부한 감정, 충만한 정신을 지니고서 심정 속으로 파고든다.

로시니는 물론 지나치게 가사에 충실하게 매이기보다는 모든 것을 넘어서 자유로운 선율로 나아가고 있다. 그렇기 때문에 대상에 머물러 그것과 조화를 이루지 않는 음악에 대해 사람들은 불만을 품거나, 아니면 내용을 포기한 채 아무 거리낌 없이 자유로운 착상을 내포하는 작곡가의 영혼을 풍족하게 향유하는 것 둘 중의 하나를 택할 수밖에 없다.

γγ) 끝으로 반주음악 가운데 가장 뛰어난 종류들에 관해 나는 여기에서 간략히 설명하고자 한다.

첫 번째 중요한 반주음악으로는 *교회*음악을 들 수 있다. 이는 주관적이고 개별적인 감정이 아니라 모든 것을 느끼는 실체적인 내용이나 공동체의 일반적인 감정 전체와 관계하므로, 그것은 비록 사건 자체를 서술하지는 않아도 대개는 *서사시*와 같은 견실성을 띤다. 그러나 사건들을 서술하지 않고도 어떻게 서사적인 음악예술로 포착할 수 있는지에

---

14) 로시니(G.A.Rossini, 1792~1868). 이탈리아의 작곡가. 헤겔은 1824년 얼마 동안 이탈리아에 머물면서 자기 아내에게 써 보낸 편지에 이탈리아 오페라에 대해 언급했다. 처음에 그는 로시니의 음악을 지루하다고 생각했으나 그의 오페라 〈세비야의 이발사〉를 계속 들은 후에는 로시니의 피가로가 모차르트의 같은 오페라곡보다 더 흥미 있다고 언급했다. 그는 덧붙이기를 로시니의 음악이 독일 베를린에서 그다지 애호 받지 못하는 것은 그 음악이 이탈리아인들의 목소리를 위해 만들어졌기 때문이라고 했다.

바흐(Bach)의 초상화. 하우스만(Haussman) 作(1748년)

대해서 우리는 뒤의 서사시 부문에 가서 더 자세히 고찰 분석하기로 하겠다. 이 근본적이고 종교적인 음악은 음악으로서는 가장 심오하고 풍부한 효과를 띤 것을 산출할 수 있다. 그것은 원래는 공동체를 위해서 사제가 미사를 올리는 가톨릭의 종교의식 내에서 대체로 여러 종류의 교회 행위나 축제에서 고양시키기 위한 음악으로 나타난다. 프로테스탄트(Protestant) 교회에서도 역시 아주 심오하고 종교적인 의미를 담고 견실하며 창의력과 기법이 풍부한 음악들을 남겼다. 가장 뛰어난 예로 대가인 요한 세바스찬 바흐(J. Sebastian Bach)[15]를 꼽을 수 있는데, 그의 진정 프로테스탄트적이면서도 뛰어난 천재성은 습득하여 얻은 것으로서 근래에 와서야 비로소 사람들이 온전히 그 가치를 인정하게 되었다. 그러나 프로테스탄트 교회의 음악에서는 가톨릭교회의 음악과는 다르게 주로 수난의 의식 속에서 비로소 완성된 오라토리움 형식이 발

---

15) 요한 세바스찬 바흐(Johann Sebastian Bach, 1685~1750). 독일 바로크 음악의 작곡가이자 오르간 연주자. 그는 합창곡, 오케스트라, 독주를 위한 종교 음악 및 세속적인 음악을 많이 작곡하였으며, 이 시대 독일 최고의 작곡가로 꼽힌다.

전된다. 물론 오늘날 프로테스탄트 교회의 실제 예배의식에서는 음악이 더 이상 긴밀하게 예배와 연결되어 사용되지는 않으며, 오히려 종종 생동적으로 산출된 악곡으로 배워 연습하는 음악이 되어버렸다.

둘째로, 서정적인 음악이 있는데 이는 개별적인 영혼의 기분을 선율로 표현해내며, 대부분 단순한 특성을 띠고 있어서 낭송조의 음악과는 거리가 멀다. 물론 그 음악에서도 가사의 말은 종교적인 내용을 담고 있거나 아니면 다른 특별한 내용을 받아들여 표현하는 데로 나아갈 수도 있지만, 안정되거나 완결되지 않은 폭풍우 같은 열정, 해결되지 않은 분열된 심정, 내면의 단순한 모순은 독자적인 서정음악에는 별로 어울리지 않고 통합하는 특수한 극음악에 더 잘 어울린다.

셋째로, 음악은 발전해서 *극적인 것으로*(Zum *Dramatischen*) 나아간다. 이미 고대의 비극도 역시 음악적이었지만 음악에 큰 비중을 두지는 않았다. 왜냐하면 원래의 시작품들에서는 언어의 표현과 이를 시적으로 완성하고 느끼는 일을 우선적인 것으로 보았다면, 그들에게서 음악은 화음이나 선율 면에서 후세 기독교 시대의 수준에 아직 미치지 못하고, 시적인 말을 주로 리듬적인 면에서 음악적으로 생생하게 고조시켜 울리고 깊은 감정 속으로 침투하는 데만 쓰였기 때문이다. 그 반면에 극음악은 교회음악에서 이미 완성되었으며 서정적으로도 대단한 완성을 보이며 표현되었고, 또 후에 근대의 오페라와 오페레타에 와서는 독자적 위치를 고수하고 있다. 그러나 오페레타는 성악의 측면에서 보면 좀 질이 낮은 표현방식이다. 거기에서는 말과 노래, 음악적이거나 비음악적인 것, 산문적인 대화와 선율적인 노래가 서로 외적으로만 뒤섞여 있다. 물론 사람들은 극중에서 노래하는 것은 대체로 부자연스럽다고 말하지만, 이런 비난만으로는 충분하지 못하다. 그렇다면 오히려 처음부터 끝까지 감정, 열정, 결심이 노래에 의해 이어지고 노래에 의해 표현되어 상연되는 오페라에 대해 더 등을 돌려야 할 것이다. 따라서 오페레타도 만약에 그 안에 감정과 열정이 더 생생하게 드러나거나 대체로 음악적으로 표현 가능한 것이 제대로 음악으로 표현된다면 더 정당성을 띨 수 있다. 그러나 그저 산문적으로 시시덕거리는 대화와 예술적으로 다루어진 성악곡을 병행하여 공연한다면 언제나 폐해가 될 것이다. 즉 그때에는 예술적으로 완전히 자유로워질 수 없게 된다. 반면에 모든 행위가 오직 음악적으로만 연주되는 원래의 *오페라*에서는 언제나 산문으로부터 더 숭고한 예술의 세계로 옮기지게 된다. 만약에 음악이 감정의 내적인 측면, 여러 다른 상황, 갈등, 열정적인 투쟁 속에 있는 개별적인 기분들과 일반적인 기분들을 그 주요 내용으로 삼아 여기에서 열정을 완벽하게 표현하여 강조하고자 하면, 그 작품 전체는 숭고한 예술적인 특성을 유지하게 된다. 거꾸로 보드빌(*Vaudeville*)16)에서는 개개의 자극적인 운율들이나 그 밖에 이미 알려져 애호되는 선율이 노래되는데, 거기에서 노래하는 것은 노래 자체에 대한 아이러니(die Ironie)가 된다. 즉 거기에서 노래된다는 것은 쾌활하고 패러디적인 느낌을 띠고 있어야 하며, 그때 중요한 것은 그 노래의 가사와 그 속에 깃든 농담을 이해하는 일이다. 그리고 노래가 멈추고 나면 노래했다는 그 자체에 대해 사람들은 웃음을 터뜨린다.

b. 독자적인 음악

우리는 선율을, 이미 스스로 완전하게 완성되고 자체에 근거하는

---

16) 보드빌(vaudeville)은 노래와 춤을 곁들인 소희극으로 프랑스에서 자주 상연되던 연극인데 그 속에는 통속적인 가요가 곁들여 노래되곤 하였다.

조형적인 조각과 비유했다. 반면에 우리는 특수성으로 좀 더 상세히 발전되어 가는 회화의 유형을 낭송조의 음악에서 다시 재인식하였다. 이제 그처럼 주제를 좀 더 규정적으로 특성화하게 되면 단순히 인간의 목소리로 이행하는 것만으로는 풍부하게 전개될 수 없는 풍부한 특징들이 펼쳐진다. 그러므로 음악이 다양하게 생동적으로 나아가면 나아갈수록 더욱 더 기악의 반주가 첨가된다.

  둘째로, 가사에 반주로 따르는 선율과 말이 특성화되어 표현되는 것 외에 또 다른 측면이 첨가되어야 하는데 그것은 음악성을 띤 음 밖에서 특정한 표상의 형태로 전달된 내용으로부터 벗어나는 일이다. 주관적인 내면성은 음악의 원리가 된다. 그러나 구체적인 자아의 내면은 주관성 자체로서 어떤 확고한 내용에 의해서도 규정되지 않으므로 여기저기로 움직여 갈 필요가 없으며, 아무 구속을 받지 않고 자유로이 자기 속에 안주할 수 있다. 이 주관성이 역시 음악 속에서 그 완전한 권리를 가지게 되면 그것은 기존의 가사에서 벗어나 순수하게 자신으로부터 내용, 이행, 표현, 작품의 통일성을 유지하면서 전개하는 것, 어떤 주요한 사상이나 에피소드를 삽입하고 이를 뻗어나가게 하는 것을 만들어내야 하며, 그때 음악의 전체 의미는 말에 의해 표현되지 않으므로 순수하게 음악적인 수단에 의해서 제한되어야 한다. 이것은 내가 이미 앞서 독자적인 음악이라고 언급한 바로 그 영역에 해당된다. 반주음악은 그것이 표현할 것을 그 자체의 외부에 지니고 있으므로 표현할 때 음악 자체가 아닌 다른 예술, 즉 시적인 것과 관계한다. 그러나 음악이 순수한 것이 되려면 음악은 그것에 고유하지 않은 요소를 스스로 제거하고 말의 피규정성에서 자유로이 벗어나야 한다. 이제 우리는 이 점에 대해 좀 더 자세히 언급하고자 한다.

  우리는 이미 반주음악에서 그처럼 말에서 벗어나려는 움직임이 시작되는 것을 보았다. 왜냐하면 한편으로 시적인 말은 물론 음악을 뒤처져 이용되게 하지만, 다른 한편으로 음악은 말의 특수한 피규정성을 초월하여 지복한 고요함 속에서 움직이거나 표출된 표상의 의미에서 전적으로 벗어나 마음대로 쾌활하게 또는 한탄조로 몰입하여 흐르기 때문이다. 우리는 청중, 그것도 특히 극음악의 청중에게서도 비슷한 현상을 발견하게 된다. 즉 오페라는 풍경이나 그 밖의 장소, 행동이나 사건, 행렬, 의상, 열정과 그 표현 따위의 여러 요소들이 혼합되어 있다. 그래서 여기서 내용은 외적인 행위와 내적인 감정이라는 이중성을 띤다. 행위 자체와 관련해서 보면, 그것은 비록 모든 부분들을 결합시키지만 행위의 진행은 덜 음악성을 띠고 대부분 레치타티보식으로 이루어진다. 청중은 이 내용으로부터 쉽게 떨어져 나가 자유로워지고, 특히 레치타티보식으로 이것저것 말하는 데는 주의를 기울이지 않으며, 다만 원래 음악적이고 선율적인 것에만 귀를 기울인다. 이는 내가 전에 말했듯이 주로 이탈리아인들의 경우에 해당된다. 원래 대부분 근래의 이탈리아 오페라들은 음악적으로 수다를 떨거나 다른 통속적인 것들에 귀를 기울이기보다는 오히려 스스로 말을 하거나 순수하게 음악적으로 향유하는 풍으로 되어 있다. 여기에서도 작곡가와 관객은 말의 내용에서 완전히 벗어나 음악 그 자체를 독자적으로 다루면서 즐긴다.

  α) 그러나 이와 같은 독자성을 띤 음악은 원래 가사에 반주로 결합되는 민속음악이 될 수는 없고 *기악곡*이어야 한다. 왜냐하면 내가 이미 설명했듯이 인간의 목소리는 총체적인 주관성의 고유한 울림으로서 역시 표상에 의해 말이 되며, 그 표상된 내적 세계를 집약된 내적 감정으로 뚫고 들어가 표현하고 느끼려 할 때 인간의 목소리에 의해 울려나오는 노래 속에서 그 적당한 표현기관을 발견하기 때문이다.

그러나 기악에서는 이처럼 가사를 반주하는 일은 떨어져 나가고 고유한 영역에 국한되는 음악이 우세해지기 시작한다.

　β) 개별적인 악기를 사용하거나 또는 전체 오케스트라로 연주되는 음악은 가사나 인간의 목소리가 수반되지 않는 4중주, 5중주, 7중주, 교향악 등으로 발전되어 나아가며, 명확한 표상의 흐름에 따라 연주되지 않고 대체로 그 음악 속에서 보편적인 방식으로 표현되어 나타나는 추상적인 감정에 의존한다. 그러나 중요한 것은 화음과 선율의 움직임은 순수하게 음악성을 띠고 이리저리, 높낮이로 움직여야 한다는 점이다. 즉 그것은 방해를 받기도 하고 둔중하고 심오하게 침투하기도 하며, 통렬하게 울리는가 하면 가볍게 흐르는 듯이 이행하여 음악적으로 완성되고 악기들의 조화로운 울림, 연속, 교체에 의해 예술적으로 적합한 화음을 통해 자신을 찾고 발견해야 한다. 따라서 이 영역에서는 주로 *음악애호가*들과 *음악전문가*들이 본질적으로 구별되기 시작했다. *문외한*은 음악에서 주로 감정과 표상을 이해할 수 있게 표현한 것, 즉 *소재가 있는 것*, 내용을 좋아하며 그래서 특히 반주음악 쪽으로 기운다. 반면에 *음악전문가*는 음과 악기들 간의 내적이고 음악적인 관계를 이해하므로, 화음과 선율이 뒤섞이면서 변화하고 예술에 맞게 음을 형성해 나가는 기악을 좋아한다. 그는 음악 자체에 의해 충만되고 연주된 음악을 완전하게 평가하고 향유하기 위해 자기가 알고 있는 규칙이나 법칙과 좀 더 상세히 비교하며 관심을 가진다. 물론 여기에는 새로운 창조를 하는 예술가의 재능이 음악을 이리 저리 전개시켜 나갈 때 이에 익숙하지 못한 음악전문가를 당황하게 만들 수는 있다. 그처럼 완전한 충족을 주는 음악은 단순한 애호가에게는 별 도움이 안 된다. 그는 이처럼 겉보기에 비본질적인 음의 심취에 뭔가를 채워 넣고, 대체로 그의

영혼 속에 침투해 울리는 것을 위해 좀 더 특정한 표상과 자세한 내용을 찾는 데 정신적인 기점을 두려는 욕구를 지닌다. 이런 점에서 애호가에게는 음악이란 상징적이지만 그 의미를 이해하고자 할 때면 그것은 빨리 스쳐 지나가며, 언제나 풀 수 있는 것은 아니다. 그래서 그는 대체로 여러 다른 해석이 가능한 수수께끼 같은 과제들 앞에 서게 된다.

작곡가에 대해서 보면, 그는 비록 스스로 자기 작품 안에 표상이나 감정에 따른 내용을 분류하여 완결해서 진행시킬 수도 있지만, 거꾸로 그 내용과는 상관없이 순수한 음악적인 구조와 그 구조 내의 정신적인 면이 더 중요할 수도 있다. 그러나 그때 산출되는 음악은 다른 어떤 깊은 교양이나 의식하는 심정 또는 어떤 생각이나 감정도 필요 없게 되기 쉽다. 이처럼 소재가 비기 때문에 작곡의 재능이 종종 아주 어린 나이에 발전하기도 하지만, 아주 재능 있는 작곡가들도 종종 그들의 전 생애 동안 아무런 의식도 없는 빈약한 소재의 음악만을 작곡하는 것을 우리는 본다. 그러므로 작곡가는 양쪽, 즉 자유롭고 무규정적인 내용을 표현하는 일과 음악적인 구조를 표현하는 일에 똑같이 주목해야만 깊이를 지닐 수 있다. 그렇게 할 때 그는 때로는 선율을 강조하거나 때로는 심오하고 어려운 화음을, 때로는 성격적인 것을 강조하거나 이 요소들을 상호 중재하는 일을 자유자재로 할 수 있다.

γ) 그러나 우리는 처음부터 이러한 단계의 일반적인 원리에 전혀 구애되지 않고 음악적인 창조를 하는 주관성을 내세웠다. 따라서 이처럼 이미 확고하게 만들어진 내용에서 벗어나게 되면 다소 자의적인 것으로 빠져 그의 엄격한 제한에서 벗어나는 것을 허용하지 않을 수 없게 된다. 왜냐하면 비록 이와 같은 작곡방식도 특정한 규칙과 형식을 갖추고 있어서 단순한 기분 따위도 그 지배를 받아야 하지만 그래도 그러한

법칙은 다만 좀 더 보편적인 측면에만 관계하며, 좀 더 상세한 것에는 무한한 영역이 열려 있으므로, 만약 그 속에서 주관성이 음의 관계의 본질 속에 있는 한계만 지키면 그 밖의 것에는 마음대로 끼어들어 좌우할 수 있기 때문이다. 사실, 이런 종류의 기악이 계속해서 발전해 가면 반주음악의 확고하게 진행되는 선율적인 표현과 가사내용에 대립하여 궁극적으로 착상, 변덕, 중단, 기지에 찬 우롱, 속임수가 깃들인 긴장, 놀라운 전환, 비약, 번득임, 경이로움, 전대미문의 효과를 가진 주관적인 자의성은 아무런 구속을 받지 않고 마음대로 움직이게 된다.

c. 예술적인 연주

우리는 조각과 회화에서 예술활동의 *결과* 객관적으로 우리 앞에 서게 되는 예술작품을 보았으나, 이 예술활동 자체가 실제로 생생한 산출 자체는 아니었다. 그에 반해 우리가 보았듯이 극시(劇詩)에서는 한 인간이 등장하여 아주 생생하게 표현하면서 자기 자신을 영활성이 깃들인 예술작품으로 만든다. 그와 마찬가지로 실제로 음악을 연주하는 예술가도 그 행위로서 음악 예술작품을 현재적인 것으로 만든다.

우리는 음악이 어떤 특정한 내용에 적합해지려고 시도하거나 아니면 스스로 자유로운 독자성을 띠고 그 고유한 길을 가는 두 *가지* 서로 다른 주요한 측면을 보았다. 이와 마찬가지로 우리는 실제 연주하는 음악예술에서도 두 가지 중요한 종류를 구분할 수 있다. 그 하나는 기존의 예술작품 속에 완전히 침잠하여 그 작품 속에 내포된 것 이상을 더 재현하지 않으려 하는 것과, 다른 하나는 반대로 주어진 악곡으로부터 영활적인 것을 충분히 끌어내어 재산출할 뿐만 아니라 특히 자신의 고유한 수단을 동원하여 표현하고 연주하는 일이다.

α) 시인이 사건들과 행위로 가득 찬 객관적인 세계를 우리 눈앞에 전개시키는 서사적으로 낭송되는 시에서 음유시인(Rhapsode)은 자기의 개성적인 주관성으로 서술하는 행위나 사건들 뒤로 물러서서 머물러 있을 뿐이다. 즉 그는 앞으로 나서지 않으면 않을수록 더 좋다. 사실, 거기에서 시인 자신은 단조롭고 활력이 없어도 아무런 해가 되지 않는다. 거기에서 효과를 발휘해야 하는 것은 시적인 연출과 서술이지 실제로 음이 울리거나 말하거나 설명하는 것이 아니다. 여기에서 또 우리는 *첫 번째* 종류인 음악적 낭송에 대해서 하나의 규칙을 이끌어낼 수 있다. 다시 말해 만약에 악곡이 객관적인 견실성을 띠고 있어서 작곡가가 단지 그 사안이나 그것에 의해 완전히 충만된 감정을 음으로 바꾸게 되면, 거기에서 재산출된 것도 역시 그러한 사실적인 성질을 띠어야 한다. 연주하는 예술가는 자신의 것을 아무것도 덧붙일 필요가 없을뿐더러, 연주효과를 중단시키지 않으려면 전혀 그렇게 해서도 안 된다. 그는 완전히 작품의 특성에 예속되어 오직 그것에 순종하는 기관으로 머물러야 한다. 그러나 그는 이처럼 순종하더라도 종종 발생하듯이 단순한 수공업자의 위치로 전락하는 것은 아니다. 그것은 다만 손풍금을 연주하는 사람에게나 허용될 일이다. 그 반대로 여기에서 아직도 예술적인 것이 언급되려면 예술가는 단순히 규정된 기존의 것을 마치 자동기계처럼 재현하여 표현하는 대신에 마치 작곡가의 감정과 정신 속에 있는 것처럼 작품에 영활성을 부여하며 연주해야 한다. 하지만 그렇게 활력을 불어 넣는 *명인다운 기예*는 악곡이 지닌 어려운 과제들을 기술적인 측면에서 제대로 해결하되 거기에서 극복하기 힘든 난관과 싸우는 듯한 모습을 보여주는 것은 피하고 그 요소 안에서 완전히 자유롭게 움직이는 것으로 국한해야 한다. 또한 정신적인 면에서도 연주자의 *천재성*은 그가 오직 작곡가의 숭고한 정

신을 연주 속에서 재산출하고 거기에 영활성을 부여하는 데 있다.

β) 그러나 이미 작곡가 쪽에서 주관적인 자유와 자의성이 우세하고 대체로 선율, 화음, 특징의 표현이나 그 밖의 것에서 일반적인 견실성이 없이 덜 추구되면서 다루어진 예술작품들에서는 상황이 다르다. 여기서는 한편으로 대가다운 호기가 자리를 차지하게 될 것이며, 다른 한편으로 천재성은 단순히 기존의 악곡을 연주하는 데 그치지 않고 *예술가* 자신이 연주하면서 작곡하고, 빠진 것을 메우고, 밋밋한 것을 좀 더 심화시키고, 영혼이 없는 것에 영혼을 불어넣는 식으로 독자적으로 산출하는 쪽으로 확대해 나간다. 그래서 예를 들면 이탈리아 오페라에서는 언제나 가수의 재량에 맡겨지는 경우가 많다. 특히 가수는 치장하는 데 있어 자유로운 여지가 더 많다. 그리고 여기에서 낭송이 특별한 내용을 담은 말을 엄격히 고수해야 하는 데서 많이 벗어날 경우, 연주자는 영혼에서 우러나오는 자유로운 선율로 독자적으로 연주할 수 있으며, 자기 자신을 위해 그것이 울려 퍼지게 하고 그 고유한 울림에 의해 고양되어 기쁨을 느낀다. 그래서 예를 들면 작곡가 로시니[17]가 가수들에게 그런 편의를 제공해 주었다고 말하는 것도 일부는 맞지만, 그는 그들에게 일을 어렵게 만들어 주기도 했다. 왜냐하면 그들은 자기들의 음악적 재능을 독자적으로 활용해야 했기 때문이다. 그러나 만약에 이것이 정말로 독창적인 성질을 띠고 있다면 거기에서 생겨나는 예술작품은 아주 독특한 매력을 지닌다. 다시 말해

---

17) 조아키노 안토니오 로시니(Gioacchino Antonio Rossini, 1792~1868년). 이탈리아의 벨칸토 낭만주의의 천재적인 오페라 작곡가. 그의 유명한 오페라 작품들 가운데는 우리에게도 잘 알려진 〈세비야의 이발사(Il Barbiere di Siviglia)〉(1816년 작)가 있다.

사람들은 단순히 하나의 *예술작품*만 갖게 되는 것이 아니라, 실제로 예술인 *산출* 자체를 현재 눈앞에서 보게 되는 것이다. 이처럼 완벽하고 생생하게 현재화되어 나타날 때 모든 외적인 조건, 장소, 기회, 예배행위에서의 특정한 위치 같은 것은 잊혀지고 더 이상 가사도 필요 없으므로 거기에는 대체로 보편적인 감정의 음밖에는 남지 않는다. 이제 그러한 요소들 안에서 스스로에 의존하는 예술가의 영혼은 그 음을 만드는 데 열중하고, 그의 독창적인 창의성, 내밀한 심정, 대가적인 연주를 증명해 보이며, 또 심지어 그의 정신, 능숙함, 다정함이 마음만 먹는다면 선율을 농담이나 변덕스러운 기교로 중단시키고 순간적인 기분이나 부추김에 자신을 내맡기기조차 한다.

　γ) *셋째로*, 만약에 음악을 연주하는 기관이 인간의 목소리가 아니라 다른 악기들 중 하나라면 그 생동성은 더욱 경이로워진다. 다시 말해 이것들의 울림은 영혼을 표현하는 것과는 더 거리가 멀고 대체로 외적인 것, 죽은 것으로 머문다. 반면에 음악은 내면적인 움직임이자 활동이다. 이제 악기의 외면성이 완전히 사라지면, 내면적인 음악은 외적인 실재성을 통해서 스며들어오므로, 이 같은 숙달된 움직임 속에서 낯선 악기는 예술가의 영혼에 완전히 숙달된 기관으로 나타난다. 예를 들면 나는 젊은 시절에 아주 능숙하게 기타를 치던 어떤 사람을 기억하는데, 그는 무취미하게도 이 작은 악기용으로 거창한 전투음악을 작곡했다. 내가 알기로 그는 직업이 아마포를 짜는 직공이었고, 사람들이 그와 이야기를 나눌 때면 조용하고 별 의식이 없는 사람이었다. 하지만 그가 연주에 몰입하여 자신을 잊고 놀라운 효과를 불러일으킬 때면 사람들은 그 악곡의 무취미함을 잊었다. 왜냐하면 그는 자기의 악기를 울리게 함으로써 그 안에 자기의 온 영혼을 몰입

시켰는데 이는 그보다 더 고차적인 다른 어떤 연주로도 불가능한 일이었기 때문이다.

그런 대가적인 능숙함은 그것이 절정에 다다르면 단지 외적인 것을 놀랍게 지배하는 데 그치지 않고, 내적으로 얽매이지 않은 자유도 드러내 보인다. 그것은 언뜻 실행하기 매우 어려울 것 같은 상황 속에서 유희하면서 자신의 가치를 올리며, 정상궤도에서 벗어난 기교나 음의 중단, 착상 등을 아주 기지 넘치게 보여주면서 놀라게 하기도 하며 또 독창적인 창안 속에서 기이한 것을 향유하게 해준다. 왜냐하면 빈약한 머리는 아무런 독창적인 예술작품을 산출해 낼 수 없으나 독창적인 예술가들은 그가 다루는 악기에서 믿을 수 없을 만큼 대가적으로 그러한 독창성을 보여주기 때문이다. 그 악기는 기능이 제한되어 있음에도 불구하고 예술가의 능숙한 솜씨는 이를 극복할 줄 알며, 때로는 전혀 다른 악기를 울리게 하여 대단한 실험을 통해 승리를 보여주기도 한다. 이런 식으로 연주될 때 우리는 아주 고조된 음악의 생동성을 향유하게 된다. 이는 외적인 도구가 놀랍게도 완전히 영활성을 띤 기관이 되는 비밀이며, 동시에 내적인 구상과 독창적인 상상력은 순간적으로 침투하고 재빨리 스쳐 가는 생명감 속에서 실행되어 번개처럼 우리 앞에 나타난다.

이것이 내가 음악에서 듣고 느낀 것 가운데 가장 본질적인 측면들이며, 또 우리가 현재 고찰하도록 내가 이끌어 낸 일반적인 관점들이다.

제3장 시문학

  (1) 고전적인 *건축*에서 신전은 그 안에 머물 신(神)이 필요하다. 조각은 그 신을 조형적인 미를 지닌 형상으로 만들어 세우며, 거기에 사용되는 질료에는 정신의 외부에 머물지 않고, 특정한 내용 속에 내재하는 형상을 형태로 부여한다. 그러나 조각형상에 깃드는 육체성과 감각성, 이상적인 보편성에 한편으로 대립되는 것은 주관적인 내면이며, 다른 한편으로 특수한 것의 개별성이 대립된다. 물론 그 요소 안에서 종교적인 삶은 물론 세속적인 삶의 내용도 새로운 예술에 의해서 실현되어야 한다. 이처럼 주관적이고 개별적이면서도 특색을 나타내는 표현방식에 의해서 조형예술의 원리 안에는 *회화*가 첨가된다. 왜냐하면 회화는 형상의 실재성을 띤 외면성의 가치를 낮추고 색채를 통해 더 이념적으로 현상시키며, 내적인 영혼의 표현을 그 중심으로 삼기 때문이다. 그렇지만 이 예술들, 즉 하나는 상징적인 전형 속에서, 하나는 조형적이고 이상적인 전형 속에서, 또 세 번째는 낭만적인 전형 속에서 움직이는 보편적인 영역은 바로 정신과 자연사물들이 지니는 감각적인 *외형*이다.

 그러나 본질적으로 의식의 내면에 속하는 정신적인 내용은 단순한 외적인 현상과 외형이 제시되어 직관될 때는 곧 내면에 낯선 존재로 머문다. 그러므로 예술은 그것으로부터 다시금 무엇을 구상해내어,

이를 질료와 표현양식에 따라 스스로 내면적이고 이상적인 특성을 띤 영역 속으로 옮겨놓아야 한다. 우리는 음악이 내적인 것과 주관적인 감각을 형상화하여 직관시키지 않고 스스로 울림이 되어 음으로 전개되어 나갈 때 내면을 위해 그렇게 나아가는 것을 보았다. 하지만 그럼으로써 음악은 또 표현 불가능한 주관성 속으로 집중되어 가는 극단을 보여서, 그 내용은 음 속에서 다만 다시 상징적으로 표현될 뿐이었다. 왜냐하면 음 자체는 아무런 내용이 없으며, 수(數)의 관계 속에 규정되기 때문이다. 그래서 정신적인 내용 속에 깃든 질적인 것은 이처럼 본질적인 차이와 대립, 매개로 나아가는 음의 양적 관계에 일반적으로 일치하기는 해도, 그 양적인 규정은 완전히 음에 의해 뚜렷이 특징지어지지는 않는다. 따라서 질적인 측면이 빠지지 않으려면 일면성을 띤 음악은 말로 정확히 표기되도록 도움을 받아야 하며, 내용의 특수성을 특징적으로 더 확고하게 표현하기 위해서는 음이 만들어내는 주관적인 것을 더 상세히 충족시켜 줄 가사(歌詞)가 필요하다. 물론 음악의 추상적인 내면성은 이처럼 표상과 감정을 표출함으로써 더 명확하고 확고하게 표현된다. 그러나 그에 의해 완성되는 것은 때로는 표상과 그에 적합한 예술적인 형태가 아니라, 단지 반주하면서 따르는 내면성일 뿐, 때로 음악은 그 고유한 음의 영역에 아무 방해없이 마음대로 움직이기 위해서 말과 결합되는 것에서 벗어난다. 그럼으로써 추상적인 내면성에 멈춰 서지 않고 그 세계를 구체적인 현실로 형상화하는 표상의 영역도 역시 음악으로부터 떨어져 나가 시예술(詩藝術, die Dichtkunst) 속에서 그에 적합한 예술적인 존재성을 부여한다.

그다음 언어의 예술인 *시문학(詩文學, Poesie)*은 세 번째의 예술로서, 조형예술들과 음악이 지닌 극단성을 더 고차적인 단계, 즉 정신적인 내면성의 영역에서 그 자체 안에 하나로 결합시키는 총체성이다.

왜냐하면 시예술은 한편으로 음악처럼 내면으로서의 내면 자체를 인지하는데, 이는 건축술이나 조각, 회화에는 없는 원리이기 때문이며, 다른 한편으로 내적인 표상과 직관적인 느낌의 영역에서 또한 조각과 회화가 지닌 피규정성을 모두 상실하지는 않고, 동요하는 심정, 열정, 표상이 일어나면서 연속적으로 변화되는 총체성, 행위의 완결된 진행을 다른 어떤 예술보다 더 완벽하게 전개시킬 수 있는 객관적인 세계로 확대되기 때문이다.

(2) 그러나 더 자세히 보면 시문학은 낭만적인 예술로서 *회화*와 *음악*에 이어 세 번째 측면을 이룬다.

a) 다시 말해 대체로 시문학의 원리는 한편으로 *정신성*이다. 이는 건축처럼 무거운 질료에 다가가서 이를 내면에 유사한 외적인 환경으로 상징적인 형태를 만들어 세우거나, 또는 조각처럼 정신에 속하는 자연형상을 공간성을 띤 외면성으로 실제 질료 속에 만들어 넣는 일은 더 이상하지 않는다. 그것은 오히려 모든 상상력과 기술을 집중시켜서 구상을 하되 이것들을 외적으로 직관되게 하거나 구체적으로 강조하지 않고 정신을 직접 정신 자체를 위해서 표현한다. 다른 한편으로 시문학은 주관적인 내면은 물론 특수하고 개별적인 외적 존재를 음악이나 회화보다 더 풍요롭게 내면성의 형태로 함축할 수 있으며, 또한 이를 폭넓은 개별적인 특징들과 우연한 특성들로 전개시킬 수도 있다.

b) 그러나 다른 측면에서 보면 총체성을 띤 시문학은 특정한 예술들의 특성도 자체 안에 결합시키고는 있으나, 또 그것들과는 본질

적으로 구별해야 한다.

   a) 이런 점에서 *회화*에 대해 살펴보면, 그것은 어떤 내용을 외적인 현상에 따라 직관시키는 일이 중요할 때는 늘 유리하다. 왜냐하면 상상 속에 대체로 직관을 위한 산출의 원리가 들어 있듯이 시문학도 물론 역시 다양한 수단을 통해 직관시킬 수는 있으나 특히 시문학이 움직이는 영역인 표상은 정신적인 성질을 띠고 있어서, 거기에는 사유의 보편성이 도움이 되는 한에서 감각적으로 규정된 직관에 도달할 능력이 없기 때문이다. 다른 한편으로 시문학에서는 우리에게 어떤 내용을 구체적으로 형상화하여 직관시키기 위해 드러나는 여러 특성들이 회화에서처럼 모든 개성들이 동시에 함께 우리 앞에 일어나 펼쳐지는 동일한 총체성이 되지 못하고 서로 떨어져 나간다. 왜냐하면 표상은 그 속에 내포된 다양한 것을 순차적으로만 드러낼 수 있기 때문이다. 그러나 이는 감각적인 측면에서만 보자면 정신이 보충할 수 있는 결점이다. 다시 말해서 말은 구체적으로 직관되고자 노력하는 곳에서도 주어진 외면성을 감각적으로 수용하는 쪽으로 향하지 않고, 늘 내면의 정신적인 직관으로 향한다. 그러므로 개별적인 특성들은 비록 순차적으로 뒤따라 나오더라도 그것들을 통일시키는 정신적인 요소 안으로 옮겨진다. 이때의 정신은 개성들이 현란하게 일렬로 병행되어 나오는 것을 없애고, 이들을 하나의 이미지로 압축해서 표상의 이미지 속에 정착시켜서 향유한다.
   게다가 회화에서와는 달리 시문학에서는 이처럼 감각적인 실재성과 외적인 피규정성이 없기 때문에 곧 예측할 수 없을 만큼 풍부한 것으로 바뀌어 간다. 왜냐하면 시예술은 회화처럼 어떤 특정한 공간에 제한되거나 어떤 상황이나 특정한 계기의 행위에 국한되지 않고, 대상의

내적인 깊이를 온전하게 그 시간 속에서 전개하며 표현할 가능성을 부여받기 때문이다. 진실한 것은 그 속에 본질적인 규정들의 통일성이 포착된다는 의미에서 곧 구체적이다. 그러나 이것들은 공간 속에서 병행해서 나타나며, 또 시간상으로는 순차적인 이야기로 전개된다. 이 같은 진행을 회화는 부적절한 방식으로만 표현할 수 있다. 이런 의미에서 보면 모든 줄기, 모든 나무도 그 변화와 서로 다른 상태들이 총체성으로 완결되어 나온 결과인 그것들 자신의 이야기를 갖고 있다.

이는 정신의 영역에서는 더욱 더 그러하니, 정신은 그런 식으로 진행해가면서 우리에게 표상될 때만 현실적이고 현상(現象)하는 정신으로서 남김없이 표현될 수 있다.

β) 우리가 보았듯이 시문학은 외적인 질료에 의해 소리가 울리는 점에서는 음악과 공통성을 띤다. 전적으로 단순한 외적인 말의 의미에서 볼 때 객관적인 질료는 특수한 예술들이 순차적으로 발전하는 단계에서 결국 주관적으로 울리는 요소가 되어서 사라지며, 이 울림은 가시성(可視性)을 벗어나 오직 내면에게만 내면을 인지시킨다. 그러나 음악에서는 이 울림을 울림으로 형상화하는 것이 본질적인 목적이 된다. 왜냐하면 물론 영혼은 선율이 진행하고 움직이면서 그 기본적인 화음이 이루어질 때 대상의 내면이나 영혼 자신의 내면을 느끼게 하지만, 이는 내면 그 자체가 아니라 울림과 아주 내밀하게 뒤얽힌 영혼으로서 음악적인 표현에 의해 형상화된 것이기 때문이다. 바로 그것이 음악 본래의 특성이다. 이는 음악 안에서 내면이 정신의 영역보다 음의 영역 속에 주입되는 것이 더 우세하게 나타날수록 더욱 독자적인 예술인 음악이 되는 점에서 그렇다. 하지만 그 때문에 음악은 정신적인 다양한 표상과 직관, 그리고 음악 자체 안에서 이행된 광범

한 의식을 상대적인 방식으로만 수용할 수 있다. 그리고 이를 표현할 때는 내용으로 포착된 것의 추상적인 보편성과 무규정적인 심정의 진심에만 머문다. 정신은 추상적인 보편성을 표상, 목적, 행위, 사건들의 구체적인 총체성으로 완성해 나가고 형상화하는 데 개별적으로 직관하므로, 정신은 단순히 느끼는 내면성을 떠나 이를 곧 내면의 상상 속에서 전개되는 객관적인 현실의 세계로 변화시킬 뿐 아니라, 바로 이 형상화된 것에 의해 새로 얻어진 정신의 영역을 전적으로 음을 통해서만 표현하는 일을 포기해야 한다. 조각의 질료는 회화처럼 영활시킬 임무를 띤 현상들을 충만하고 완전하게 그 안에서 표현하기에는 부족하다. 이제 음을 가지고 선율적으로 표현하는 것도 역시 시적(詩的)으로 상상되는 이미지를 완전히 현실화하기에는 역부족이다. 왜냐하면 이것들은 한편으로 더 의식되고 규정된 표상이며, 다른 한편으로 내면적으로 직관되기 위해 분명하게 외적으로 현상된 형상이기 때문이다. 그러므로 정신은 내용을 음 자체로부터 끄집어내어 말을 통해 드러내므로, 이때 물론 음의 요소를 완전히 떠나지는 않지만 그것들을 단순한 외적인 전달수단인 기호로 가치를 떨어뜨린다. 음은 이처럼 정신적인 표상으로 충족됨으로써 말소리가 되고, 말은 다시금 그 자체의 목적에서 나와 정신적으로 외화되기 위한 비독자적인 수단이 된다. 이것이 바로 우리가 앞서 확립했듯이 음악과 시문학 사이의 본질적인 차이이다. 언어예술의 내용은 상상으로 가득 차서 전개되는 표상들 전체의 세계이자 자기 안에 존재하는 정신으로서 그 정신적인 요소 안에 머물며, 외면성으로 나아가고자 할 때는 그것을 내용 자체와는 다른 기호로서만 사용한다. 음악에 와서 예술은 정신적인 것이 감각적으로 눈에 보이는 현재의 형상 속으로 침잠하기를 멈춘다. 시예술도 역시 더 이상 이 울림이 내용에 적합한 유일한 외적인 형상으로 바뀌어 표현될 수 없게 되면, 음의 울림과 이를 지각하는 대립되는 요소를 떠난다. 그러므로 물론 비록 음악에서 내면은 음보다 이념적인 감각성 속에서 외화되기는 해도 그 실제의 현존성은 발견되지 않는다. 그것은 상상 속에서 상상으로 존재하는 정신적인 내용을 표현하기 위해서 오직 그 자체 안에 존재성을 갖는다.

c) 마지막 셋째로 우리는 시문학이 이처럼 음악이나 회화는 물론 다른 예술들과는 다르게 지니고 있는 독특한 특성을 살펴보면, 방금 시사했듯이 시문학에서 모든 시적인 내용을 감각적으로 현상하는 방식과 그 외형의 가치는 하락한다. 다시 말해서 음악에서의 음이나 회화에서 색채처럼 전체 내용을 자기 안에 수용하여 표현하는 일을 음이 더 이상 할 수 없게 될 때, 여기에는 필연적으로 박자와 화음, 선율을 음악적으로 다루는 일은 떨어져 나가고, 다만 일반적으로 음절로 나눠진 단어들의 전개와 리듬, 듣기 좋은 협화음 따위만 남게 된다. 그것은 원래 내용을 위한 요소가 될 수 없고 단지 우연한 외면성으로서 하나의 예술형식을 취하게 되는데, 그 까닭은 예술은 어떤 외적인 측면도 순전히 제멋대로 자유로이 유희하도록 내버려둘 수는 없기 때문이다.

α) 이처럼 정신적인 내용이 감각적인 질료로부터 벗어나게 될 때, 시문학 안에서 본래의 외면성과 객관성을 이루는 것이 음이 아니라면 대체 무엇일까라는 물음이 생긴다. 이에 대해서는 간단하게 대답할 수 있다. 즉 그것은 *내면적으로 표상하고 직관하는 것* 자체이다. 감각적인 형태를 대신하여 전에 대리석, 청동, 색채, 음악적인 음들이 그랬듯이 형상화되는 질료를 이루는 것은 *정신적인 형태들*이다. 왜냐하

면 여기에서 우리는 표상과 직관을 시문학의 *내용*이라고 말할 수 있다고 해서, 그로 인해 잘못 오해해서는 안 되기 때문이다. 이것은 나중에 더 상세히 보여지겠지만 맞는 말이다. 그러나 또 표상, 직관, 느낌 따위는 본질적으로 그 속에 모든 내용이 시에 의해 포착되어 표현된다고도 주장할 수 있는 특수한 형식들이다. 그래서 감각적인 측면은 단지 부수적으로만 전달하는 데 머물기 때문에 이 형식들은 바로 시인이 예술적으로 다루어야 할 본래의 질료가 된다. 사실, 시문학에서 내용은 정신을 위한 대상성에 도달해야 한다. 그러나 객관성은 지금까지의 외적인 실재성을 내적인 실재성과 바꿈으로써 의식 속에서 뭔가 오직 정신적으로만 표상되고 직관되는 현존성을 획득한다. 이렇게 자기 고유의 영역에서 스스로에 대해 대상이 되며, 언어요소를 때로는 단지 전달수단으로, 때로는 직접적인 외면성―내용은 단순한 기호인 그 외면성으로부터 다시 자기에게로 회귀하는데―의 수단으로 갖는다. 그러므로 어떤 시문학 작품이 읽히는가 아니면 청취되는가 하는 것은 원래 시문학과는 아무 상관이 없으며, 시는 다른 언어로 번역되거나 시에서 산문으로 번안되어 전혀 다른 음조를 띠더라도 그 가치를 본질적으로 왜곡하지는 않는다.

β) 둘째로, 더 나아가 시문학에서 질료이자 형태로서의 내면적인 표상은 도대체 무엇을 위해 사용될 수 있을까라는 물음이 생긴다. 그것은 대체로 정신적인 관심사, 즉 절대적(an und für sich)으로 참된 것을 위해서 사용된다. 바꿔 말하면 보편적으로 상징적인 암시를 띠거나 고전적으로 특수화된 실체적인 정신적인 관심사를 위해서일 뿐만 아니라, 이 실체적인 것 안에 있는 모든 특수한 개별적인 것을 위해서, 즉 어떤 식으로든 정신으로 하여금 관심을 갖게 하고 열중하게

하는 거의 모든 것을 위해서 사용된다. 그 때문에 언어예술은 내용을 고찰하는 면은 물론 이를 드러내는 방식에서도 다른 예술들보다도 더 예측할 수 없는 광대한 영역이다. 모든 정신적 자연적인 사물, 사건, 이야기, 활동, 행위, 내적 외적인 상태에 있는 어떤 내용이든 시문학 속에 주입되어 형상화될 수 있다.

γ) 그러나 대체로 이처럼 다양한 종류의 소재가 표상된다고 해서 바로 시적(詩的)으로 되지는 않는다. 왜냐하면 평상의 의식(意識) 역시 그 내용을 전혀 시적인 것으로 만들어 내지 않고도 완전히 개별적으로 표상하고 직관할 수 있기 때문이다. 이런 점에서 우리는 우선 표상을 그저 질료이자 요소라고 부른다. 왜냐하면 그것은 예술에 의해 새로운 형상을 띨 때만 비로소 예술에 적절한 형태가 되기 때문이다. 이는 색채와 음이 그 자체만으로는 직접 회화적이거나 음악적으로 되지 못하는 것과 같다. 우리는 이런 차이에 대해서 일반적으로 내용을 시적으로 만드는 것은 *표상 자체*가 아니라 예술적인 *상상력(Phantasie)*이라고 말할 수 있다. 이는 상상력이 내용을 포착하여 그 내용으로 하여금 건축이나 조각에 맞게 조형성이나 회화적인 형상 또는 음악적인 음으로 만들지 않고, 말 속에서 미적인 언어로 결합되어 전달되게 할 때 가능하다.

이렇게 함으로써 그 다음에 필연적으로 요구되는 것은, 내용이 단지 오성적이거나 사변적인 *사유(思惟)*의 관계 속에서 포착되거나 말 없는 *감정* 또는 단순히 외적이고 감각적으로 *명료*하고 자세하게 포착되지 않는 것에 국한되고, 또 한편으로 대체로 *유한한* 현실이 지닌 우연성, 분열 그리고 상대성 속에서 표상되어서는 안 된다는 것이다. 이런 점에서 시적인 상상력은 한편으로 추상적인 사유가 지니는 보편성과, 우리가 조형예술의 표현에서 알게 된 감각적인 구체성의 중간에 머물러야 하며, 다른 한편으로 그것은 대체로 우리가 제1부에서 모든 예술형상에 대해 내세운 요구들을 만족시켜야 한다. 즉 그것은 그 내용 속에서 스스로를 위한 목적이 되어야 하며, 그것이 포착하는 모든 것을 순수한 이론적인 관심 속에서 스스로 독자적인 세계로 완성해야 한다. 왜냐하면 오직 이런 경우에만 내용은 예술에 의해 예술의 요구에 따라 부분 속에서도 밀접하게 관계하고 응집되는 유기적인 전체의 모습을 보여주며, 상대적으로 의존하는 세계에 대해 스스로 자유로이 서게 되기 때문이다.

(3) 우리가 끝으로 시문학과 다른 예술들과의 차이와 관련해서 또 마지막으로 언급할 수 있는 사항은, 역시 시적인 상상력이 그것의 형상과 표현하는 외적인 질료에 사이에 부여하는 변화에 관한 것이다.

지금까지 고찰한 예술들은 감각적인 요소 안에서 움직이면서 그 요소들에 대해 아주 진지했다. 왜냐하면 그 예술들이 내용에 부여할 수 있는 형상은 올려 쌓은 무거운 덩어리, 황동, 대리석, 나무, 색채, 음 따위에 의해 형성된 것들뿐이었기 때문이다. 물론 시문학도 어떤 의미에서는 그와 비슷한 과제를 수행해야 한다. 왜냐하면 시문학은 시를 지으면서 줄곧 그 형상들이 오직 언어의 전달에 의해서만 정신에 드러나도록 유의해야 하기 때문이다. 그럼에도 불구하고 여기에서는 전체적인 상황이 바뀐다.

a) 다시 말하면 조형예술들과 음악에서는 감각적인 측면이 중요하므로, 이 질료가 지닌 특수한 *피규정성* 때문에 표현영역이 *제한*되어 돌이나 색채, 또는 음으로 만들어진 특수한 실제 존재와 일치하

므로, 그로 인해 지금까지 고찰한 예술들의 내용과 그 예술적인 이해 방식은 얼마간 제한된다. 이런 이유에서 우리는 바로 모든 특수한 예술들을 적절히 표현하는 데 가장 능력이 있어 보이는 특수한 예술형식들과 밀접하게 연관시켰다. 즉 건축은 상징적인 형식에, 조각은 고전적인 형식에, 회화와 음악은 낭만적인 형식에 알맞았다. 물론 특수한 예술들은 그 원래 영역의 주변에 있는 다른 예술형식으로 넘어가기도 한다. 그래서 우리는 고전적, 낭만적인 건축술이나 상징적, 기독교적인 조각에 대해서도 이야기할 수 있었고, 또 고전적인 회화나 음악에 대해서도 언급했다. 그러나 이처럼 본래 영역에서 벗어나는 것은 때로는 본래의 정상에 도달하지 못하고 그 대신 더 저급한 수준으로 떨어지는 발단이 되기도 했으며, 때로는 다른 예술로 옮겨가기 시작하는 것을 보여주기도 했다. 그런 이행(移行)과정에 있는 예술이 포착하는 내용과 질료를 다루어서 어떤 전형(典型)을 만들고자 할 때, 그 전형은 다음 단계의 예술에서는 완성될 수 있었다. 대체로 내용을 표현하는 데 가장 빈약한 예술은 건축이다. 그보다 좀 더 풍요로운 예술은 조각이며, 반면에 회화와 음악의 영역은 가장 넓게 확대된다. 왜냐하면 외적인 질료의 이상성(理想性)이 고양되고 다양한 측면으로 개별화되면, 내용은 물론 그 내용이 취하는 형태들도 더 다양해지기 때문이다. 시문학은 어떤 특수한 내용을 포착하고 표현하는 감각적인 외화방식에서 어느 제한된 영역에 더 이상 머물 이유가 없으므로, 일반적으로 질료의 중요성에서 벗어난다. 그러므로 그것은 어떤 특정한 예술형식에만 매이지 않고, 대체로 상상될 수 있는 어떤 내용도 어떤 형태로든 형상화하고 표현할 수 있는 *보편적인* 예술이 된다. 왜냐하면 시문학에 고유한 질료는 모든 특수한 예술형식들과 개별예술들의 보편적인 근간이 되는 상상력 자체이기 때문이다.

그와 비슷한 것을 우리는 이미 특수한 예술형식들을 고찰하던 다른 분야에서 살펴보았다. 우리가 본 마지막 관점은 예술이 그 형태들 가운데 *하나*로 특수하게 표현하는 방식에서 벗어나 특수한 것들의 총체성의 영역을 넘어가고 있다는 것이었다. 특정한 예술들 가운데서도 시문학의 본질 속에만 그처럼 모든 면에서 완성될 가능성이 담겨 있다. 이는 시적인 창작과정 속에서 모든 특수한 형태들을 실제로 형상화할 때와, 또 한편으로 내용을 특정하게 상징적, 고전적, 낭만적으로 포착하여 폐쇄된 전형으로 만드는 일에서 벗어날 때 드러난다.

b) 이런 점에서 우리가 학문적인 발전 속에서 시예술에 부여했던 위상이 정당화된다. 왜냐하면 시문학은 다른 어떤 산출방식보다도 예술의 보편성 자체와 더 관련되기 때문이다. 그래서 마치 먼저 시문학 속에서 학문적인 해명이 시작되고, 그 다음에 특수화되어 감각적인 질료에 의해 각기 다른 예술들로 갈라져가는 것처럼 보인다. 그러나 우리가 이미 특수한 예술형식들에서 보았듯이 철학적인 전개과정은 한편으로 정신적인 내용을 심화시키는 가운데 나타나고, 다른 한편으로 예술이 먼저 그에 적합한 내용을 찾아나서서 이를 발견하며 결국은 그것을 넘어서는 데서 나타난다. 이러한 미와 *예술*의 개념은 여러 예술들에도 타당한 것으로 간주되어야 한다. 그래서 예술은 정신을 감각적인 요소 안에서 온전하게 표현하기 위해서만 노력한 건축에서 시작해서 조각에 와서 비로소 그 참된 조형성에 도달하며, 회화와 음악에서는 내면적인 내용과 주관성 때문에 구상되고 또 감각적으로 실행되어 일단 통일성이 이루어지면 다시 해체되기 시작한다. 그 마지막 특성을 가장 예리하게 드러내는 것이 바로 시문학이다. 시문학은 예술적으로 구현될 때 본질적으로 실재성을 띤 감각성에서 벗어

남으로써 감각성의 가치를 하락시키지만, 그렇다고 해서 구체화되어 외면으로 나아갈 염두를 못내는 예술로 간주되지는 않는다. 시문학이 이 같은 자유로움을 지니고 있다는 것을 학문적으로 분명히 하기 위해서는, 우선 그 시예술이 무엇으로부터 벗어나고자 하는지 해명되어야 한다. 마찬가지의 방식으로 시문학은 내용과 예술형식들의 총체성을 자신 속에 수용한다. 이 역시 하나의 총체성을 획득하는 것으로 간주되어야 하는데, 이는 학문적으로는 특수성 속에 제한되는 것을 지양하는 것으로서 해명될 수 있다. 그러기 위해서는 또 다시 앞서의 일면성들—그것들의 단일한 가치들은 총체성에 의해 부정되는데—을 고찰할 필요가 있다.

오직 이와 같은 고찰과정을 통해서만, 시문학도 역시 예술이 해체되기 시작하여 철학적인 인식을 위해 종교적인 표상으로 향하면서 학문적으로 사유하는 산문으로 이행(移行)해 가는 바로 그런 특수한 예술로 드러난다. 우리가 전에 보았듯이 미적인 세계의 한계영역은 한편으로 유한성과 일상적인 의식의 산문성으로서, 예술은 그것에서 나와 진리를 향해 나아가고자 분투하며, 다른 한편으로 그 세계는 절대자를 더 비(非) 감각적인 상태에서 파악하고자 넘어가는 종교와 학문의 더 고차적인 영역이 된다.

c) 그러므로 아무리 시문학이 미(美)의 모든 총체성을 또 다시 정신적인 방식으로 완전하게 산출하더라도, 정신성은 바로 이 마지막 예술의 영역에서 결핍된다. 이런 점에서 우리는 예술의 체계 안에서 시예술을 건축과 직접 대조시킬 수 있다. 다시 말해 건축술은 아직은 정신에 적합한 형상으로 형상화할 수 있도록 객관적인 질료를 정신적인 내용에 예속시키지 못한다. 거꾸로 시문학은 건축술이 공간성을 띤 질

료를 다루어 암시적인 상징으로 형상화하는 것과는 대립되는 음(音)을 다루면서, 그 감각적인 요소를 부정함으로써 이를 오히려 의미 없는 기호로 가치 저하시키는 데까지 나아간다. 그러나 그 때문에 시문학은 정신적인 내면성과 외적인 존재가 융합되었던 것이 예술의 본래의 개념에 더 이상 일치하지 않기 시작함으로써 이를 해체시킨다. 그리하여 시문학은 대체로 감각의 영역으로부터 정신의 영역으로 이끌려 들어가 길을 잃는 위험에 빠질 수도 있다. 이처럼 건축술과 시문학이 서로 극단을 보이는 가운데, 그 사이에서 조각, 회화, 음악은 미적으로 중도를 지킨다. 왜냐하면 이 개별적인 예술들은 정신적인 내용을 아직도 매우 자연스러운 요소 안에 주입시켜 작업함으로써, 이를 감각적으로나 정신적으로 똑같이 이해되게 하기 때문이다. 그 까닭은, 회화와 음악은 낭만적인 예술로서 좀 더 이념적인 질료를 포착하기는 해도, 더 고양된 이상성 안에서 사라지기 시작하는 존재의 직접성을 다시금 조각의 질료성보다 더 풍요로운 방식이 가능함을 증명해주는 색채와 음의 풍부한 특수성과 다양한 형상으로 대체하기 때문이다.

    시문학은 폭넓은 다양성을 통해 객관적인 세계를 눈앞에 드러냄으로써 대체물을 찾는다. 이는 동일한 작품 속에서 회화조차도 달성하지 못한 것이었다. 그러나 이는 늘 *내적인* 의식 속에 있는 실재성으로만 머물 뿐이며, 시예술을 구체화하려는 욕구에서 더 강한 감각적인 인상에 몰두하더라도 한편으로 다만 음악과 회화에서 잠시 빌렸을 뿐 시 자체에는 낯선 수단일 뿐이며, 다른 한편으로 시문학은 스스로 참된 시문학으로 보존되기 위해 다른 예술들을 늘 이용하기만 할 뿐, 정신적인 표상, 즉 내적인 상상력에 일치하는 상상력을 본래의 중요한 사안으로 강조하지 않을 수 없다.

    시문학과 다른 예술들 간의 개념상의 관계에 대해서는 일반적으로

이 정도로 그치고자 한다. 이제 시예술을 더 자세히 고찰하자면 이는 다음과 같은 관점에 따라 정리되어야 한다.

우리는 시문학에서 내면적인 표상 자체가 내용은 물론 질료가 되는 것을 보았다. 그러나 표상하는 일은 이미 예술 밖에서도 일반적인 의식의 방식이므로, 우리는 먼저 *시적인 표상*(die *poetische* Vorstellung)을 *산문적인(prosaisch)* 표상과 구별하는 과제를 다루어야 한다. 그러나 시문학은 이처럼 내면적이고 시적으로 표상하는 데만 머물러서는 안 되고, 이를 언어적인 표현에 기준해서 형상화해야 하므로 시문학은 다시금 이중의 의무를 이행해야 한다. 즉 우선 시문학은 그것의 내면적인 형상을 언어로 전달하여 아주 적절하게 내세워야 하고, 그 다음에 이 언어적인 요소를 일상적인 의식(意識)에 의해 사용되게 하지 않고 시적으로 다루어 말을 선택해서 배치하고, 그 울림에서도 산문적인 표현방식과 구별되게 해야 한다.

그러나 시문학은 언어로 외화됨에도 불구하고 다른 예술들에게 부과하는 질료상의 특수성에 따른 조건이나 제한에서는 가장 자유로이 벗어나 있으므로, 그것은 특수한 예술의 일면성에서 독립되어 서로 다른 모든 장르들을 완벽하게 완성하는 데 가장 폭넓은 가능성을 지닌다. 따라서 시문학에서는 여러 *장르*들은 가장 완벽하게 분류된다.

이에 따라 우리는 다음과 같은 과정을 거치고자 한다.

첫째, 시적인 것 일반에 대해서, 그리고 *시예술작품*에 대해서 이야기하고,

둘째, 시적인 *표현*에 대해서 고찰하며,

셋째로, 시예술을 *서사시, 서정시* 그리고 *극시*로 나누어 살펴볼 것이다.

A. 산문과 구별되는 시예술작품

　시(詩) 자체를 정의하거나 시적인 것이란 무엇이냐 하는 것에 대해 설명하는 일은 시문학에 대해서 쓴 거의 모든 사람들을 두렵게 만든다. 그리고 사실 시예술로서의 시문학에 대해 이야기하기 시작하고 또 예술의 내용과 표상방식은 대체 무엇인가라는 점을 이미 전에 다루어 보지 않은 경우에는, 본래의 시적인 본질을 어디에서 찾아야 할지 확정하기가 매우 어렵다. 그러나 만약에 개별 산물들의 개별적인 성질에서부터 출발하여 이에 대한 지식을 기반으로 해서 서로 다른 장르들이나 양식에 대해 가치 있는 뭔가 보편적인 것을 표현하려고 할 때면, 그 과제는 더욱 다루기 힘들어진다. 그래서 예를 들어 시문학에서는 매우 이질적인 작품들이 나올 수도 있다. 미리 그런 가정을 세우고 나서 그와 같은 산출작품들이 어떤 권리로 시로 인정받을 수 있는지에 대해 묻는다면 방금 시사한 어려움이 등장한다. 다행히도 우리는 이 자리에서 그것을 피할 수 있다. 다시 말해 우리는 한편으로 대개 개별적인 현상들로부터 출발해 사상(事象, die Sache)의 일반적인 개념에 도달한 것이 아니라, 거꾸로 개념으로부터 그 실재성을 전개하고자 했다. 그때 우리가 다루는 이 시의 영역에서는, 예를 들면 일반적으로 시(詩)라고 불리는 모든 것을 시라는 개념 속에 포함시키도록 요구할 수는 없다. 왜냐하면 어떤 것이 정말로 시적인 산물인지 아닌지 결정하는 일은 먼저 그 개념 자체에서 이끌어내야 하기 때문이다. 다른 한편으로 여기에서 우리는 시적인 것의 개념을 제시하라는 요구에 충분히 응할 수 없다. 왜냐하면 이 과제를 이행하려면 우리는 이미 제1부에서 미와 이상 일반에 대해 전개했던 것들을 모두 다시 되풀이해야 하기 때문이다. 그 까닭은 시적인 상상력은 조형예술들이나 음악에서처럼 그것이 표현하고자 생각한 질료의 종류에 따라 여러 측면에서 적절하게 일방적인 방향으로 전개되어 나가지 않고 대체로 이상적인 예술에 적합하게 표현하라는 요구에 부응하므로, 시적인 것의 본질은 대체로 예술미와 예술작품 일반의 개념과 일치하기 때문이다. 그러므로 나는 여기에 적용될 수 있는 여러 가지 관점들 가운데서 가장 중요한 것들만을 강조하고자 한다. *첫째로*, 시적인 이해방식과 산문적인 *이해방식*의 차이에 대해서, *둘째로*, 시적인 예술작품과 산문적인 *예술작품*에 대해서, 그리고 이어서 *셋째로*, 창조하는 주체인 *시인*에 대해서 몇 가지 언급하고자 한다.

1. 시적인 이해와 산문적인 이해

a. 시와 산문이 이해하는 내용

먼저 시적인 구상에 맞는 *내용*에 관해 보면, 우리는 적어도 상대적으로 외적인 것 자체, 즉 자연 사물들은 배제할 수 있다. 시문학은 태양이나 산, 숲, 풍경, 인간의 외적인 형상, 피, 신경, 근육 따위가 아닌 정신적인 관심사를 그 대상으로 삼는다. 왜냐하면 시문학은 그 안에 아무리 직관과 구체적으로 설명하는 요소를 띠고 있더라도 역시 정신적인 활동으로 머물며, 정신에 가까이 있으면서 구체적인 감각성을 띠고 현상하는 외부사물들보다 정신에 더 적합한 내적인 직관을 위해서만 일하기 때문이다. 그러므로 이 전체 영역이 시문학 안에 들어서는 것은 정신이 그 안에서 스스로 활동할 수 있도록 자극되거나 질료를 발견할 때만 가능하다. 그것은 인간의 주위환경이자 인간의 외부세계로서 의식의 내면과 관계할 때만 본질적인 가치를 지니며, 그 자체로 시문학의 독점적인 대상이 될 가치를 요구하지는 못한다. 반면에 정신의 무한한 영역은 바로 시에 적합한 객체(客體)이다. 조형(造形)되기 가장 쉬운 질료인 언어는 직접 정신에 속하는 것이자 또 정신의 관심사와 움직임을 내면적으로 생생한 것으로 가장 잘 파악할 수 있는 것이므로, 다른 예술들의 질료인 돌이나 색채, 음에서와 마찬가지로 주로 그것에 가장 적합한 것으로 드러나도록 *그렇게* 표현되어야 한다. 이런 측면에서 시문학의 주요 과제는 정신적인 삶의 위력들, 그리고 일반적으로 인간의 열정과 감정 속에서 부침하고 물결치거나 고요히 관찰되며 지나가는 것, 인간의 모든 표상, 활동, 행위, 포괄적인 운명의 영역, 이 세상에서 추진되는 일들, 그리고 신이 다스리는 세계를 의식하게 하는 일이다. 시문학이야말로 인간에게 가장 보편적이고 가장 폭넓은 가르침을 주는 교사였고 지금도 그러하다. 왜냐하면 가르치고 배운다는 것은 실제로 있는 것을 알고 체험하는 일이기 때문이다. 하늘의 별이나 동물, 식물들은 그 법칙을 알지도 체험하지도 못한다. 그러나 인간은 그 자신이 누구인지 그리고 그 주위에 무엇이 있는지를 알 때 비로소 자기 존재의 법칙에 맞게 존재하게 된다. 인간은 자기를 추동(推動)시키면서 이끌어가는 위력들을 알아야 하며, 시문학은 바로 그런 것들에 대한 지식을 가지고 그 독창적이고 실체적인 형태를 부여한다.

b. 시적인 표상과 산문적인 표상의 차이

하지만 그런 내용을 포착하는 일은 자연의 보편적인 법칙을 가르치고 우리의 현란한 세계 속에 있는 개별적인 현상들을 분류, 정리하고 해명할 줄 아는 *산문적인* 의식(意識)도 역시 할 수 있다. 그러므로 이미 말했듯이 그처럼 동일한 내용을 산문적으로 표상하는 방식과 시적으로 표상하는 방식의 일반적인 차이에 대해서 묻게 된다.

α) *시문학*(詩文學, *Poesie*)은 기교적으로 발전된 산문언어보다 더 오래되었다. 그것은 진실한 것에 대한 가장 원초적인 표상이며, 보편적인 것을 아직 그 생생한 존재로부터 개별화하여 분리하지 않고 법칙과 현상, 목적과 수단을 서로 분리 대립시켰다가 다시 추론하여 상호관계하도록 하는 것이 아니라, 한 쪽을 다른 쪽 안에서 그 다른 쪽에 의해 이해하는 지식이다.

그러므로 시문학은 스스로 보편성 속에서 이미 인식된 내용을 영상적으로 표현하지 않는다. 반면에 시문학은 아직 그처럼 분리되거나 단순한 관계를 이루지 않은 직접적인 개념에 알맞게 실체적인 통일성 속에 머문다.

αα) 이러한 직관방식 속에서 시문학은 그것이 포착하는 모든 것을 그 안에 요약시키고 독자적인 총체성으로 만들어 내세운다. 이 총체성은 물론 상황, 개인들, 행위들, 사건들, 감정, 표상의 종류들이 풍부하게 널리 확대된 것일 수는 있다. 하지만 이 폭넓고 복합적인 것은 그 자체 안에 완결된 것으로서 특수하게 외화되어 이런저런 개별적인 것이 되는 하나의 원리에 의해 산출되고 움직이는 것으로 드러나야 된다. 그래서 시문학 안에서 보편적인 것, 이성적인 것은 추상적인 보편성으로서 철학적으로 증명하거나 그런 측면에 따라 이해 가능한 것이 되지 않고, 활력을 띠고 생생하게 현상하고 모든 것을 규정하면서도 곧 모든 것을 포괄하는 통일성, 영활된 영혼으로 하여금 오직 비밀스럽게 안으로부터만 효력을 발휘하게 하는 방식으로 표명된다.

ββ) 이와 같은 방식으로 이해하여 형상화하고 표현하는 일은 시문학에서는 순수하게 *이론적*으로 머문다. 시문학의 목적은 어떤 사상(事象, die Sache)이나 그 실제 존재를 보여주는 것이 아니라, 말의 이미지화다. 그것은 인간이 자신을 표현하려고 시도하면서부터 시작되었다. 말해진 것(Das Gesprochene)은 표현(ausgesprochen)되기 위해서만 있는 것이다. 인간 자신이 현실의 궁핍성 속에서 활동하다가 일단 사변적으로 나아가 집중하여 자신을 전달할 때, 곧 교양있게 시적인 여운을 띠고 다듬어져 표현된 말이 등장한다. 한 가지만 예로 들자면, 그리스 역사가 헤로도토스(Herodotus)가 전하는 2행시(2行詩, Distichon) 한 수가 있다. 그 내용은 간단하게 테르모필레(Thermopylae)에서 전사한 그리스인에 대해 서술하고 있는 것으로, 즉 여기에서 사천 명의 펠로폰네소스인들이 삼백만 명의 적군(이는 페르시아 군대를 가리키며 삼백만이라는 숫자는 많은 적군의 수를 비유적으로 묘사한 것으로 보인다—역자주)에 대항하여 싸웠다는 단순한 사실이 기술되고 있다. 여기에서 관심을 끄는 것은, 오직 이 사실을 그 당시와 후세에 순수하게 알리기 위해 글로 썼으며 그 표현이 시적이라는 점이다. 즉 그는 시의 내용은 단순한 것을 다루되 표현된 것은 의도적으로 '만들어진 것(ποιειν)'[1]으로 드러내려 하고 있다. 여기에서 표상한 것을 포착하는 말은 아주 고귀하게 2행시로 다듬어져 그 밖에 달리 말하는 방식과는 구별되고 있다.

γγ) 그리하여 언어의 측면에서 볼 때 시문학은 독자적인 영역으로 규정되며, 일상적인 말과는 구별되어 단순히 표현하는 일보다 더 높은 가치를 띠고 표현된다. 그러나 우리는 일반적인 직관방식에서도 그렇

---

[1] 헤겔은 본문에서 이 단어를 그리스어로 써놓고 있는데, 이는 알파벳으로 고치면 'poiein', 즉 '만든다'는 뜻이며, 오늘날 영어의 'poetry', 독일어의 'Poesie'의 어원이 되기도 한다.

듯이 여기서도 본질적으로 일반적인 산문이 기교적인 산문으로 발전되기 이전에 원초적인 시의 단계에 있을 때와, 이미 완전히 범속한 삶의 상태에서 인위적인 시어로 이해되고 표현되는 말은 구별해야 한다. 전자는 아무런 의도가 없이 표상하고 말하므로 시적이며, 반대로 후자는 스스로 자유로운 예술의 영역에 들어가기 위해 자기가 떠나야 할 영역을 알고 있으므로 의식적으로 산문적인 것과는 구별되어 발전된다.

β) 둘째로, 시문학과 구별되는 *산문적인 의식*은 전혀 다른 종류의 표상과 말을 필요로 한다.

αα) 다시 말해 산문적인 의식은 한편으로 한정된 사유가 생각하는 원인과 결과, 목적과 수단, 그 밖에 *오성적인* 범주들의 관계에 따라 대체로 외면성과 유한성의 상태에 있는 현실의 폭넓은 소재를 고찰한다. 그럼으로써 모든 특수한 것은 어느 때는 그릇된 방식으로 마치 독자적인 것처럼 등장하고, 어느 때는 다른 것에 단순히 *관계*하면서 단지 그 상대성에 의존하여 포착될 뿐, 그것이 온갖 것으로 갈라지고 분리되어 나가더라도 자체 안에서 총체적이고 자유로운 전체로 머무는 저 자유로운 통일성을 이루지는 못한다. 왜냐하면 특수한 측면들이란 그것들을 결합시키는 중심점인 영혼이 되어 그것들을 관통하는 활력으로 실제 활약하는 *하나의* 내용이 그에 맞게 해석되어 현상하는 것이기 때문이다. 그러므로 이런 식으로 표상하고 이해하는 것은 단지 현상들의 특수한 법칙으로 나아갈 뿐이며, 특수한 존재와 보편적인 법칙을 분리시키고 이를 서로 관계시키는 일만을 고수할 뿐이다. 그리고 또 그런 식의 표상에서 법칙들 자체는 확고한 특수성들로 떨어져 나가며, 그들 사이의 관계도 역시 외면성과 유한성 아래서만 표상된다.

ββ) 다른 한편으로 일상적인 의식은 사물들의 본질, 근간, 원인, 목

적들 사이의 내적인 관계 속으로 전혀 파고들지 않고, 다만 현재 주어져 있고 일어나는 것을 단순히 의미 없는 우연성에 따라 개별적으로 수용하는 데 만족한다. 이런 경우에 물론 아무리 오성적으로 분리하더라도 시적인 직관에 의해 결합되는 사상(事象)의 내면적인 이성과 그 외화된 존재성의 생생한 통일성은 포기되지 않는다. 그러나 거기에서 결여되는 것은, 바로 의식에는 중요한 것이 못되고 따라서 이성에게도 별로 관심을 주지 못하는 사물들의 합리성과 의미를 들여다보는 일이다. 그때 오성적으로 관계하는 세계와 그 관계들을 이해하는 일은 아무래도 상관없는 것들을 서로 병행시키거나 뒤섞는 일로 대체되는데, 이는 비록 외적으로는 폭넓은 생동성을 지닐지 몰라도 더 심오한 욕구는 전혀 만족시키지 못한 채 그냥 방치해 둔다. 왜냐하면 참된 직관과 견실한 심정은 현상 안에서 본질적이고 참된 것이 일치하여 나타나는 실재성을 스스로 목격하고 느낄 때만 만족하기 때문이다. 만약에 스스로 함축성을 띤 내적인 의미가 본래의 영혼 속으로 스며들어 나타나지 않으면, 아무리 외적으로 생생한 것이라 해도 심오한 감각에는 죽은 것으로 머물 뿐이다.

γγ) 셋째로, *사변적인 사유*는 이런 오성적인 표상과 일상적인 직관이 가진 결점들을 제거하며, 그럼으로써 한편으로 시적인 상상력과 가까워지게 된다. 즉 이성적인 인식은 우연한 개별적인 것들과 관계하거나 현상 속에서 그것의 본질을 간과하는 일도 없으며, 또 오성적인 표상이나 반성이 분리되어 단순히 관계하는 것과도 아무 상관이 없게 된다. 반대로 그 인식은 유한하게 고찰할 때 때로는 독자적인 것으로 떨어져 나가고, 때로는 통일성이 없이 관계하는 것을 자유로운 총체성에 연결시킨다. 그러나 사유의 결과로 나오는 것은 오로지 사상(思想)이다. 그것은 실재성의 형태를 순수한 개념의 형태로 발산시

키며, 비록 실재하는 사물들을 그 본질적인 특수성과 실제 존재 속에서 파악하고 인식하더라도 이 특수한 것을 보편적인 이념의 요소로 고양시킨다. 그 안에는 오직 사유만이 머물 수 있다. 그럼으로써 현상하는 세계에 대조되는 새로운 영역이 생겨나는데, 이는 현실적인 것의 진리이기는 하지만 다시 *현실적인 것* 자체 내에서 형상화하는 위력이나 그에 고유한 영혼으로 드러나지는 않는 진리이다. 사유(思惟)는 오직 *사유* 안에서 일어나는 참된 것과 실재성의 화해이지만, 그러나 시적으로 창조하고 형성하는 것은 비록 오직 정신적이더라도 *실제의 현상* 스스로 정신적으로 표상된 형태 안에서 화해하는 것이다.

 γ) 그럼으로써 우리는 의식에서 두 개의 서로 다른 영역인 시문학과 산문을 얻는다. 어떤 특정한 세계관이 그 종교적인 믿음이나 그 밖의 지식에 따라 오성적으로 정돈된 표상이나 인식으로 계속 발전되어 가지 않고 인간의 현실적인 상태가 그런 지식에 맞게 규정되지도 않았던 옛 시대에는 시문학이 할 일도 좀 더 쉬운 것이 될 수 있었다. 그때 산문은 그것이 먼저 극복해야 하는 내적 외적인 현존재의 독자적인 영역으로서 시문학에 대립하지 않으며, 시문학의 임무는 오히려 그 밖에 의식되는 형상들을 더 의미 깊게 해명하는 데 국한된다. 그에 반해 산문은 정신이 지닌 전체적인 내용을 그것의 이해 방식 속으로 끌어들여 그것들 하나하나에다 산문적인 각인을 찍었다면, 시문학은 일반적으로 이를 용해시켜 다시 주조해내는 일을 맡아야 하며 산문적인 것이 지닌 비유연성 때문에 모든 측면에서 수차 어려움에 말려드는 것을 보게 된다. 왜냐하면 시문학은 무관심하고 우연적인 사물들을 일상적으로 관조하는 것에서 벗어나, 사물과 합리성의 오성적인 관계를 고찰하는 일을 고양시키거나 사변적인 사유를 곧 정신 속에서

다시 상상에 의해 구체화해야 할 뿐만 아니라, 이를 누차 고려하여 산문적인 의식에 익숙해진 *표현방식*을 시적인 표현방식으로 바꿔야 하기 때문이다. 그리고 필연적으로 그런 대립을 불러오도록 모든 것을 의도하면서도, 마치 의도적이지 않은 것처럼 보이게 하며 예술에 필요한 근원적인 자유를 온전히 유지하고 있어야 한다.

c. 시적인 직관의 개별화

우리는 이제까지 일반적으로 시적인 것의 내용을 제시하고 시적인 형식을 산문적인 것과 구분했다. 끝으로 우리가 또 언급해야 할 *세 번째* 사항은 시문학이 보다 덜 풍부하게 발전한 다른 예술들보다 더 개별화되어 나아가는 점에 관한 것이다. 물론 우리는 건축물 역시 여러 민족들에게서 수세기를 거치는 동안에 세워졌고, 고대 세계에서 이미 그리스인들과 로마인들에 의해 조각이 그 최고의 정점에 도달했으며, 근대에 와서는 회화와 음악이 기독교 민족에 의해 그 정점에 도달한 것을 보았다. 그러나 시예술은 대체로 모든 시대에 걸쳐서 창의력을 지닌 국가에서 그 찬란한 개화(開花)시대를 구가하였다. 왜냐하면 시문학은 인간정신 전체를 포괄하며, 인류는 다양하게 개별화(個別化, partikularisiert)되어 있기 때문이다.

α) 시문학은 학문적인 추상성 속에 있는 보편성을 대상으로 삼을 뿐더러, 개성화된 이성적인 것(das individualisierte Vernünftige)도 표현하므로 그것은 전적으로 민족적인 특성으로 규정될 필요가 있다. 그것으로부터 시문학은 산출되어 그 내용과 직관방식은 시문학의 내용과 표현양식이 되면서 풍요롭게 특수화되어 독특성을 지니게 된다. 그리하여 동양의 시문학, 이탈리아 시문학, 에스파냐, 영국, 로마, 그

리스, 독일의 시문학, 이 모든 것들은 그 정신이나 감정, 세계관, 표현면에서 모두 서로 다르다. 역시 시가 지어진 시대를 고려해 보더라도 다양한 차이들이 있는 것은 당연하다. 예를 들어 현재 독일의 시문학에서 보이는 양상은 중세시대나 30년 전쟁 시대에는 있을 수 없는 것이었다. 현재 가장 관심을 일으키는 규정들은 전적으로 현재의 시대적인 발전에 속한다. 따라서 모든 시대마다 일반적으로 그때에 맞게 광범위하거나 한정되거나, 더 고차적이거나 자유롭거나, 분위기가 더 저하된 감정방식 등 그때마다의 특수한 세계관을 지닌다. 바로 말은 모든 인간정신을 표현할 능력이 있으므로 시문학을 통해서 가장 명료하고 완전하게 예술에 맞게 의식되는 것이다.

β) 이와 같은 민족적인 특성이나 시대적인 신념, 세계관에 따라 다시금 어떤 민족은 다른 민족보다 더 시적(詩的)인 성향을 띤다. 그래서 예를 들어 동양적인 의식(意識)의 형태는 보통 그리스를 제외하고는 서양의 의식보다 더 시적이다. 동양에서는 항상 분열되지 않고 확고한 것, 통일적이고 실체적인 것이 주요한 것이 되었으며, 그런 직관은 비록 자유로운 이상(理想)으로까지 파고들지 못하더라도 원래 아주 견실한 것이었다. 반면에 특히 근대의 서양에서는 무한성이 무한히 분열되고 특수화된 데서 출발했다. 그 때문에 모든 사물들이 세분화되면서 유한한 것도 독자성을 획득하고 표상되며, 이는 또다시 상대성으로 변형되지 않을 수 없게 된다. 반면에 동양인들(Orientalen)에게는 어떤 것도 원래 독자적으로 머물지 않고 모든 것이 단지 우연적인 것으로 현상한다. 그것은 유일한 절대자 속에 회귀함으로써 항구적으로 집중되고 궁극적으로 종료된다.

γ) 이처럼 수세기가 지나는 동안 다양하게 민족들이 구별되고 발전과정을 거침에 따라, 한편으로 보편적이고 인간적인 것이, 다른 한편으로 예술적인 것이 공통적인 것이자 다른 민족들이나 시대나 신념에도 이해되고 향유될 만한 것으로 침투해 들어간다. 이 이중적인 관계 속에서 무엇보다도 그리스 시문학은 언제나 여러 민족들에 의해 새로운 경탄의 대상이 되고 모방되었다. 왜냐하면 그 속에는 내용면에서나 예술의 형식면에서나 순수하게 인간적인 것이 가장 미적(美的)으로 발전되었기 때문이다. 그러나 예를 들어 인도(India)의 것들도 역시 그 세계관이나 표현방식이 아주 거리가 있음에도 불구하고 우리에게 전적으로 낯설지는 않으며, 우리는 그것을 지금 시대의 중요한 특징으로 보고 그 속에서 대체로 예술과 인간정신이 더욱 풍요롭게 열리기 시작했다고 칭찬할 수 있다.

시문학은 이미 서술된 측면에 따라 대체로 개성화하려는 욕구를 따르고 있는데, 만약에 우리가 시예술에 관해서 *보편적*으로 다뤄야 한다면 이 보편적인 것 자체는 매우 추상적이고 김빠진 것이 될 수 있다. 그러므로 우리는 본래의 시문학에 관해서 언급하려면, 표상하는 정신이 만들어내는 형상들을 언제나 민족적이고 시대적인 특성으로 파악해야 하며, 시를 짓는 주관적인 개인도 간과해서는 안 된다. 이것이 바로 시를 이해할 때 대체로 전제해야 할 관점들이다.

2. 시적인 예술작품과 산문적인 예술작품

그러나 시문학은 내적으로 표상하는 일 자체에만 머물러 있을 수는 없고, 오히려 시적인 예술작품으로 분류되어 완성되어야 한다.

이 새로운 대상을 다방면으로 고찰할 필요가 있는데, 우리는 이를 다음과 같이 요약 정리할 수 있다.

첫째, *시적인 예술작품 일반*과 관련해서 가장 중요한 것을 부각시킨다.

둘째, 그 다음에 산문이 아직도 예술적으로 다룰 수 있는 한에서, *산문적*으로 표현되는 중요한 장르들과 구별하는 일이다.

셋째, 여기에서 비로소 우리에게는 *자유로운* 예술작품의 개념이 완벽하게 밝혀진다.

a. 시적인 예술작품 일반

일반적으로 *시적인 예술작품*과 관련해 되풀이해서 요구되는 것은 다만 자유로운 상상력에서 나오는 다른 창작물들처럼 그 시작품도 역시 유기적인 총체성으로 형상화되고 완성되는 일이다. 이 요구는 다음과 같은 방식에 의해서만 충족될 수 있다.

α) 첫째, 특정한 목적을 띤 행위와 사건이든 아니면 특정한 감정과 열정이든 간에, 무엇보다도 자체 안에 통일성을 가지고 있는 것이 결정적인 내용을 이룬다.

$\alpha\alpha$) 그 밖의 모든 것은 오직 이 한가지하고만 관련되어 그것과 구체적이고 자유로운 관계를 지녀야 한다. 이는 선정된 내용이 추상적이고 보편적인 것으로 파악되지 않고 특정한 개인의 정신, 심정, 목적에 들어 있는 것으로서 개인적인 본성의 고유한 기반에서 솟아 나오는 인간적인 행위이자 감정, 목적, 열정으로 포착될 때만 가능하다.

$\beta\beta$) 그러므로 표현되어야 할 보편적인 것과 개인들—그들의 성격

과 사건, 행위 속에서 보편적인 것은 시적인 현상으로 드러나는데— 은 서로 떨어져 나가거나 개인들이 추상적인 보편성에 단지 봉사하는 관계가 되어서는 안 되고, 양쪽이 서로 생생하게 얽혀야 한다. 예를 들어 호메로스의 《일리아스》에서 그리스인들과 트로이인들 사이에 일어난 전투와 그리스인들의 승리는 아킬레우스의 분노와 관계가 있으며, 그 때문에 그는 전체를 결합시키는 중심점이 된다. 물론 기본내용의 일부가 중요한 보편성 속에서 완성되는 시작품들도 있다. 단테의 위대한 서사시가 그 예(例)다. 그것은 신의 세계 전체를 통과해 나아가면서 지옥에서 벌을 받거나 연옥에 있거나 천국에서 축복 받고 있는 서로 다른 개인들을 표현한다. 그러나 여기서도 이런 여러 측면들은 그냥 추상적으로 서로 떨어져 나가거나 단순히 개별적인 주체들을 묘사하는 데만 그치지 않는다. 왜냐하면 기독교 세계에서의 주체는 단순히 우연한 신성(神性)으로 파악되지 않고 스스로 안에 있는 무한한 목적으로 파악되므로, 여기에서 보편적인 목적, 즉 저주나 축복을 내리는 신의 정의(正義)는 곧 내재적인 사안, 즉 개별적인 존재의 영원한 관심사로 현상하기 때문이다. 솔직히 이 신의 세계 안에서 중요한 것은 개인이다. 국가 안에서 개인은 보편적인 존재인 국가를 위해서 희생될 수 있다. 그러나 신(神)과 관련된 신의 왕국에서는 개인이야말로 절대적인 목적 그 자체가 된다.

γγ) 그러나 *셋째로*, 인간의 감정과 행위를 위한 내용을 제공해주는 보편적인 것도 역시 독자적으로 자체 안에서 만들어져 완성되어야 하며 스스로 하나의 완결된 세계를 이루어야 한다. 예를 들어 우리가 우리 시대에 어떤 장교나 장군, 관리, 교수 등에 대해서 듣고 그런 인물들과 그들의 성격이 그들이 처한 상태나 환경 속에서 무엇을 원하고 무엇을 이행할 능력이 있는지 상상한다면, 우리 눈앞에 놓인 것은 단

지 하나의 관심사나 행위가 깃든 내용일 뿐이다. 이것들은 예를 들면 그 일부는 스스로 완성된 독자적인 것이 아니라 무한히 다양하게 외적으로 관계하는 상태들이거나 서로 의존하고 있는 것들이며, 일부는 다시 추상적인 전체로 간주되어 총체적인 성격을 지닌 다른 개성에서 벗어난 보편적인 것, 예를 들어 의무 따위의 특성을 지닐 수 있다. 거꾸로 스스로 완결되어 전체를 이루지만 더 발전하거나 동요하지 않고 *하나*의 문장 속에서 완전하게 완성된 견실한 내용일 수도 있다. 그런 내용은 원래 시문학에 속하는지 산문에 속하는지 말할 수 없다. 예를 들면 《구약성서》에 나오는 위대한 "하나님께서 말씀하시기를 빛이 있으라 하니 빛이 생겼다"[2]라는 말은 그 내용이 견실하고 적절하여 어법상 산문이면서도 최고의 시이다. "나는 주이자 신이니 너는 나 외에 어떤 다른 신도 섬겨서는 안 된다"라는 계명이라든가, "너는 부모를 공경하라"[3]는 말도 마찬가지이다. 또 피타고라스(Pythagoras)[4]의 금언이나 솔로몬왕의 잠언 및 지혜 따위도 여기에 속한다. 이것들은 함축적인 내용으로 된 문장들로서, 산문과 시의 구별이 있기 이전에 쓰인 것들이다. 그러나 그런 것들은 아무리 위대해도 시적인 예술작품이라고 부르기는 어렵다. 왜냐하면 우리가 시문학에서 발견하는 완전하고 능숙한 특성은 시로 분류되어 *발전*되어간 것으로서 하나의 통일성으로 보아야 하기 때문이다. 이 통일성은 본질적으로 자신 속에서 여러 측면들과 부분들로 나뉘어져 실제로 특수화되어 나아간다. 이와

---

2) 《구약성서》 창세기 1장 3절 참조.
3) 《구약성서》 출애굽기 20장 2~3절, 12절 참조.
4) 여기에서 헤겔이 피타고라스가 말했다고 하는 금언이란 아마도 "모든 것은 수(數)이다"라고 한 말인 듯하다. 헤겔은 이것을 피타고라스가 말했다고 하지만 그것은 추측일 뿐 확실하지는 않다.

같은 요구는 조형예술에서는 적어도 형상에서 분명히 나타나는 바, 시예술작품에서도 역시 아주 중요하다.

β) 둘째로, 이로써 시문학은 유기적으로 분류되어, 다시 말하면 예술작품은 자체 안에서 개개의 부분들로 특수화되어 나아간다. 이는 유기적인 통일성으로 들어서기 위해 스스로 완성되어 현상해야 한다.

αα) 여기서 드러나는 첫 번째 규정은 예술은 대체로 특수한 것에 머물기를 좋아한다는 점에 근거하고 있다. 오성은 다양한 것들을 서둘러 보편적인 관점에서 이론적으로 요약하고 반성이나 범주로 신속히 발산시키거나 실제적인 특정한 목적에 예속시키므로, 특수한 개별적인 것들은 그 완전한 권리에 이르지 못한다. 그러므로 이러한 입장에 맞게 상대적인 가치를 지니며 머무는 것은 오성에게는 쓸데없는 진부한 것으로 드러난다. 그러나 시적으로 이해하고 형상화하려면 모든 부분, 모든 요소들 자체가 흥미진진하고 생동적인 것이 되어야 하므로, 즐거이 개별적인 것에 머물러 이를 애정을 가지고 그려내며 그 자체를 하나의 총체성으로 다룬다. 시문학에서 어떤 예술작품의 중심이 되는 관심사나 내용은 아무리 대단한 것일지라도 역시 작은 것 안에서 유기적으로 된다. 이는 인간의 신체기관에서 모든 부분, 손가락 하나하나가 아주 우아하게 하나의 전체로 완성되어 있고 대체로 현실 속에서 각각의 특수한 존재가 스스로 하나의 완결된 세계가 되는 것과 같다. 그러므로 시문학은 오성적으로 판단하고 결론짓는 일보다 더 완만하게 진행되어 간다. 오성은 이론적인 고찰을 할 때나 실제적인 목적을 띠고 의도할 때나 주로 마지막 결과가 중요하지, 그것이 추적해가는 과정 자체는 별로 중요하지 않다. 그러나 시문학이 사물을 좇아가면서 집착하고 머물며 묘사하고 완성해가는 길목에서, 우리는 시문학의 사명은

외적인 것 자체를 감각적인 현상의 형태로 폭넓게 묘사하는 것이 아님을 보았다. 그러므로 만약에 시문학이 그런 폭넓은 묘사를 중요 과제로 삼되 그 안에 정신적인 관계나 관심사를 반영시키지 않는다면, 이는 서툴고 지루한 것이 될 것이다. 특히 시문학은 실제로 존재하는 것을 세심하고 자세하게 완성해내려고 몰두하는 일은 피해야 한다. 이런 점에 있어서는 회화도 역시 조심하고 스스로 한계를 지켜야 한다. 시문학에서 고려해야 할 두 가지 중요한 관점이 또 있는데, 이는 한편으로 오직 내적인 직관에만 효력을 발휘할 수 있다는 점이다. 그리고 다른 한편으로 현실 속에서 일별해서 개괄되고 포착할 수 있는 것이 시문학에서는 개별적인 모습으로 하나씩 연속적으로 표상될 뿐이므로, 개별적인 것들을 완성하려면 이를 넘어서서 전체적인 직관을 필연적으로 흐리게 하거나 혼란시켜 상실되게 하는 데까지 확대되어서는 안 된다. 특히 그때 시문학은 현실에서는 동시에 이행되면서 본질적으로 동시성 속에서 밀접하게 관계하지만, 다양한 종류의 행위나 사건들을 우리 눈앞에 드러내기 위해 이들을 순차적으로만 묘사해 낼 수 있다는 특수한 어려움을 극복해야 한다. 이런 점은 물론 시문학에서도 특수한 장르들의 차이에서 대상에 머물고 거기에서 나아가는 정도에 따라 서로 다르게 요구된다. 예를 들면 빠른 속도로 앞으로 진행해가는 극시나 내면하고만 관계하는 서정시와는 전혀 다르게, 서사시에서는 개별적이고 외적인 것들에 머물면서 이를 묘사해야 한다.

ββ) 둘째로, 그런 완성을 통해서 예술작품의 특수한 부분들은 독자적으로 된다. 이는 물론 우리가 첫 번째 조건으로 내세운 통일성에는 어긋나 보일지 몰라도, 이런 모순은 사실은 그릇된 가상일뿐이다. 왜냐하면 독자성은 각각의 특수한 부분이 다른 부분으로부터 절대적으로 분리되는 그런 방식으로 고정되어서는 안 되고, 오히려 그럼으로

써 서로 다른 측면들과 부분들이 드러나고 그것들 자체 때문에 독특한 생동성을 띠고서 표현되고, 고유한 자유로운 기반 위에 서 있음을 보여주는 한에서만 타당성을 지녀야 하기 때문이다. 반면에 일반적으로 예술은 오직 실재하는 특수성의 형태 속에서만 보편성을 드러나게 하므로, 만약에 개별적인 부분들에 개별적인 생동성이 빠진다면 그 예술작품은 황폐하고 죽은 것이 되고 만다.

γγ) 그러나 이런 독자성에도 불구하고, 개별적인 부분들은 그것들 속에 명시되고 표현되는 하나의 결정적인 기본규정이 특수한 것들의 총체성을 포괄하고 자기 안에 회귀하는 통일성으로 드러나도록 서로 관련되어야 한다. 특히 시문학은 만약에 숭고함을 띠지 못할 경우에 이 요구를 쉽게 그르칠 수 있으며, 그때 예술작품은 자유로운 상상력의 영역에서 산문의 영역으로 되돌아가고 만다. 다시 말해서 부분들 사이의 관계는 단순한 합목적성을 띠어서는 안 된다. 왜냐하면 목적론적인 관계 속에서 목적 자체는 의도적으로 표상되는 보편성이어서, 이 보편성은 비록 특수한 측면들을 통해서 또 그것들 안에서 존재를 획득하므로 스스로 그것들에 적합하게 만드는 것을 이해하지만, 그러나 이것들을 단지 수단으로만 사용함으로써 그것들에게서 모든 자유로운 현존성과 생동성을 빼앗기 때문이다. 그때 그 부분들은 오직 *하나의* 목적에만 의도적으로 관계하게 되고, 그 목적은 홀로 가치 있는 것으로 강조되어야 하며, 그 밖의 것은 추상적으로 그에 봉사하고 그것에 예속된다. 예술의 자유로운 미는 이런 부자유스럽고 오성적인 관계와는 대립된다.

γ) 그러므로 예술작품의 특수한 부분들에서 다시 산출되는 통일성은 다른 성질을 띠어야 한다. 그 속에 들어 있는 두 가지 규정은 다음

과 같이 파악된다.

　αα) 첫째, 모든 부분들에는 위에서 요구되는 독특한 생동성이 보존되어야 한다. 그러나 대체로 예술작품 속에 특수한 것이 도입되는 권리에 대해 살펴보면, 예술작품은 하나의 기본이념에서 출발하여 이를 표현하고자 하므로 그것에서 모든 규정된 개별적인 것들의 기원을 찾아야 한다. 다시 말해서 어떤 시작품의 내용은 추상적이 아닌 구체적인 특성을 띠어야 하며, 스스로에 의해 서로 다른 측면들을 더 풍요롭게 전개시켜 나가야 한다. 이런 차이는 비록 실현되면서 얼핏 직접 대립하는 양상으로 떨어져나가더라도 사상(事象) 속에 내재한 통일성을 띤 내용에 근거한다면, 그 내용은 곧 개념과 본질에 맞게 자체 안에서 특수한 것으로 완결되어 그에 일치하는 총체성을 내포하게 된다. 이 특수한 것들이 바로 그 내용이 되며, 그것들이 분리 전개되어 나갈 때 비로소 그 내용이 본래의 의미대로 참되게 명시된다. 그러므로 원래 내용에 속하는 *이런* 특수한 부분들만이 예술작품 안에서 현실적이면서 스스로 타당하고 생동적인 현존재의 형태로 확대될 수 있다. 이런 점에서 그것들이 특수한 실재성을 띨 때 아무리 서로 대립되는 것처럼 보여도 그 고유한 본질 속에는 비밀스러운 조화가 들어 있다.

　ββ) 둘째로, 예술작품은 실제로 현상하는 형태로 표현하므로, 현실대로 생생하게 반영되는 것을 위험에 빠뜨리지 않으려면 통일성은 부분들을 마치 의도하지 않은 듯 결합시키는 *내적인* 끈이 되어 그것들을 유기적인 총체성으로 완성시켜야 한다. 이와 같은 함축적이고 유기적인 통일성만이 유일하게 산문이 지닌 합목적성과는 다른 시적인 것을 산출해 낼 수 있다. 다시 말해서 특수한 것이 어떤 특정한 목적을 위한 수단으로만 나타날 때 이는 어떤 독특한 가치나 활력을 띤 것으로 드러나서는 안 되고, 거꾸로 다른 어떤 특정한 목적 때문에 있다

는 것을 그 존재 전체 속에 드러내야 한다. 합목적성은 분명히 목적이 실현되는 객관성을 지배한다. 그러나 예술작품은 개별적인 것들에게 독자적인 자유의 가상을 부여할 수 있으며 또 그렇게 해야 한다. 그것들이 전개될 때 중점적으로 언급된 기본내용이 펼쳐진다. 왜냐하면 이 특수한 것은 다름 아니라 실제적이고 내용에 합당한 실재성의 형태를 띤 내용 자체이기 때문이다. 그것을 통해 우리는 사변적으로 사유하는 일을 상기할 수 있다. 이는 한편으로 우선 무규정적인 보편성으로부터 특수한 것을 독자적으로 전개해야 하며, 다른 한편으로 원래 보편자(普遍者, das Allgemeine) 안에 들어 있는 것만이 명시되는 특수한 것의 총체성 내에서 통일성이 어떻게 다시 산출되고, 실제로 그 차이들이 구체적으로 어떻게 매개되어 통일성으로 증명되는지 보여주어야 한다. 이런 식의 고찰을 통해 사변적인 철학은 곧 작품을 산출해내는데, 그것들은 시와 비슷하게 내용에 의해 자체 안에 완결된 통일성을 띠며 이것이 나뉘어 전개된다. 그러나 우리는 양쪽의 활동을 비교하는 데 순수한 사상의 발전과 예술표현 사이의 차이 외에도 다른 본질적인 차이를 부각시켜야 한다. 다시 말해 철학적인 영역은 특수한 것의 필연성과 실재성을 드러내지만, 이를 변증법적으로 지양함으로써 다시 저 특수한 것이 단지 구체적인 통일성 안에서만 진리성과 존재성을 발견한다는 것을 분명히 증명한다. 반대로 시문학은 그처럼 의도적으로 보여주는 쪽으로 옮겨가지 않는다. 물론 모든 시작품 안에는 조화로운 통일성이 완벽하게 주어져 있어서 전체에 활력을 주고 또 모든 개별적인 것 안에서 활동해야 하지만, 이 현재성은 예술에 의해 명백히 강조되지 않고 내적이고 즉자적인 것(an sich)으로 머물러야 한다. 이는 영혼이 직접 모든 지체들 속에 들어 있으면서도 그것들의 독자적인 존재의 가상을 빼앗지 않는 것과 같다. 음과 색채에서도 마찬가지다. 황색, 청색, 녹색들은 서로 다른 색들로서 서로 완전히 대립할 수 있다. 그러나 그것들은 색채의 총체적인 본질 자체 속에 들어 있으므로, 그 통일성이 분명하게 그것들에게서 빠져 나오지 않고도 서로 조화를 이룰 수 있다. 또한 음에서 기음(基音)과 3도음, 5도 음은 특수한 음들이면서도 삼화음의 조화를 이루는데, 사실은 그 각각의 음들이 자유롭고 독특하게 울릴 때만 이 조화가 생긴다.

γγ) 그러나 예술작품의 유기적인 통일성과 분류를 고려할 때, 예술작품의 기원이 되는 *특수한 예술형식* 뿐만 아니라 그 특수한 특성 속에서 형상화되어 나오는 특정한 *시문학의 장르*도 역시 본질적인 차이들을 보여준다. 예를 들면, 상징적인 예술인 시문학은 그 기본내용이 더 추상적이고 불특정한 의미를 띠고 있으면 고전적인 예술형식에서 가능했던 것만큼 참되고 순수하게 유기적으로 완성되지는 못한다.

우리가 제1부에서 보았듯이 대체로 상징적인 것 속에서는 보편적인 의미와 예술에 의해 내용이 구체화되어 나타나는 실제 현상 사이의 관계는 느슨하다. 그러므로 여기서 특수성들은 때로는 더 큰 독자성을 유지하고, 때로는 숭고함에서 그러하듯이 다시 자신을 오직 지양한다. 이 이유는 그것이 이러한 부정(否定) 속에서 *하나의* 유일한 위력과 실체를 포착할 있도록 하기 위해서이거나, 아니면 자연적이고 정신적인 존재가 지닌 특수하고 이질적이면서도 유사한 특징들과 측면들을 그냥 모호하게 결합시키기 위해서이다. 거꾸로 낭만적인 예술형식은 그 안에서 오직 내면이 *자기 안*으로 회귀하는 것으로서 심정에 드러나는데, 그 형식은 특수한 외적인 실재성에 독자적으로 폭넓게 전개되도록 역시 더 폭넓은 여지를 부여한다. 그러므로 여기서도 물론 모든 부분들이 관계하여 틀림없이 통일성이 주어지기는 하지만, 고전적 예술형식의 산물들처럼 분명하고 확고하게 완성되지는 못한다.

비슷한 방식으로 서사시도 외적인 것을 폭넓게 묘사하여 완성하고, 또 에피소드적인 사건들이나 행위들에 머물면서 이를 묘사한다. 그 때문에 부분들은 더욱 독자성을 띠며, 전체의 통일성은 덜 중요한 것으로 드러난다. 반면에 극(劇)은 좀 더 엄격한 관계를 요구한다. 물론 낭만적 예술형식은 극에서도 내적인 것과 외적인 것을 개별화할 때 에피소드가 풍부한 다양성과 개별성, 특수성을 넣어서 완성하도록 허용하기는 한다. 서정시는 서로 다른 여러 양식에 맞게 다방면적인 묘사방식을 받아들이면서, 때로는 서술적인 어조만 띠기도 하고 때로는 오직 감정과 관찰만을 표현하기도 한다. 그리고 때로는 긴밀하게 연결된 통일성만을 고찰하면서 고요히 진행되며, 때로는 아무 제약 없는 열정 속에서 얼핏 보기에 아무런 통일성도 없이 이리저리 표상하고 느끼면서 갈라져 나가기도 한다. 일반적인 시예술작품에 대해서는 이 정도로 그치기로 하겠다.

b. 역사서술 및 수사학과 구별되는 시문학

둘째로, 이런 방식으로 조성된 시를 *산문적인* 표현과 더 확실하게 구별하기 위해서, 우리는 산문의 한계 내에 있기는 하지만 가장 많이 예술에 참여할 능력을 지닌 장르를 고찰하려 한다. 이에 해당하는 것으로는 특히 역사서술과 웅변이 있다.

α) 여기에서 역사서술(*Geschichtsschreibung*)에 관해서 보면, 이는 물론 예술적인 활동을 위한 한 측면에 충분한 여지를 준다.

αα) 이 영역에서 종교와 국가 안에서의 인간의 현존재의 발전, 생생하게 활동하는 탁월한 개인들이나 민족들의 사건과 운명, 작품 속

에 심어진 위대한 목적이나 그들의 시도가 몰락하는 것을 보는 일 등, 이러한 대상이나 내용은 그 자체로 중요하고 견실하고 흥미로운 것이 되어 역사적으로 서술될 수 있다. 그리고 역사가는 아무리 '실제로 일어난 일을 재현하려고'[5] 노력하더라도(wie sehr der Historiker auch bemüht sein muß, das wirklich Geschehene wiederzugeben), 이 현란한 사건들과 인물 성격들의 내용을 표상하고 정신으로부터 이를 다시 표상해내어 표현해야 한다. 역사가는 그와 같이 다시 재산출하는 데서 더 나아가 개별적인 것들을 단순정확하게 묘사하는 데만 그쳐서는 안 된다. 그는 자기가 이해한 것을 정리하고 형상화하며 개별적인 모습들과 사건들, 행위들을 무리지어 요약함으로써, 그것들로부터 한편으로 그 민족이나 시대, 외적인 상황들, 행동하는 개인들의 내면에 깃든 위대함이나 취약함에 대한 뚜렷한 이미지를 충분히 생동적으로 드러나게 해야 하며, 다른 한편으로 모든 부분들을 서로 관계시켜 거기에서 어느 한 민족이나 어떤 사건 따위의 내면적인 역사적인 의미를 이해하는 데 도움이 되게 해야 한다. 이런 의미에서 우리는 누구보다도 헤로도토스, 투키디데스, 크세노폰, 타키투스(Tacitus) 같은 역사가들에 대해서 여전히 이야기하게 되며, 그들이 서술해 놓은 것을 지금도 늘 언어예술(言語藝術, redende Kunst)의 고전으로 보고 경탄의 대상으로 삼는다.

ββ) 그럼에도 불구하고 이처럼 미적(美的)으로 산출된 역사서술서

---

[5] 이 인용문은 1824년에 출간된 독일의 저명한 역사가 레오폴트 폰 랑케(Franz Leopold von Ranke)의 저서 《1494년에서 1514년 사이 로만 민족과 게르만 민족의 역사(Geschichte der romanischen und germanischen Völker von 1494 bis 1514)》의 서문을 상기시킨다. 헤겔이 베를린 대학에서 재직할 때 랑케도 그곳에서 동료교수로 재직 중이었으므로 헤겔이 그의 저서를 읽었을 것으로 추측된다.

들은 자유로운 예술에 속하지 못한다. 사실 우리가 거기에 표현술이나 운율 같은 외적인 시의 창작방식을 첨가해도, 거기에서 시적(詩的)인 것은 솟아 나오지 않을 것이다. 왜냐하면 역사는 그것이 쓰이는 방식뿐만 아니라 그 *내용*이 지니고 있는 특성도 역시 산문적이기 때문이다. 이에 대해서 우리는 좀 더 상세히 고찰하기로 하자.

원래 역사는 그 대상이나 사실적인 측면에서 영웅시대(die Zeit des Heroentum)에는 시문학과 예술에 속해 있었으나, 그 시대가 중단되자 역사로 서술되기 시작하였다. 즉 삶의 피규정성과 비속함이 실제 상황으로 주어지고 또 이를 이해하고 표현하는 데서도 그런 것들이 주어짐에 따라서 시작된 것이다. 그래서 예를 들면, 헤로도토스는 그리스인들의 트로이 원정을 서술하지 않고 페르시아 전쟁을 묘사하면서 누차 열심히 연구하고 심오하게 관찰 숙고함으로써 자기가 말하고자 하는 것을 정확히 알기 위해서 애썼다. 반면에 인도인들이나 대체로 동양인들은 중국인들을 제외하고는, 실제 역사를 서술해서 전하기에는 산문적인 감각이 별로 풍부하지 못했다. 왜냐하면 그들은 기존의 것을 순수한 종교적인 환상으로 해석하거나 변형시키는 쪽으로 빗나갔기 때문이다. 한 민족의 역사시대에서 산문적으로 서술될 수 있는 것은 간단히 다음과 같은 것들이다.

역사에 속하는 것은 *첫째*로 공동체이다. 이는 종교적인 측면에서든 아니면 세속적인 국가의 측면에서든 법률이나 조직 따위로 확립되어 있으며, 이미 일반적인 법으로서 효력을 지녔거나 효력을 지니게 만들어져야 한다.

*둘째*로, 그런 공동체로부터 이를 보존하고 변화시킬 특정한 행위들이 나온다. 그것들은 보편적인 특성을 띠고 중요한 것이 될 수 있으며, 또 그에 대해 결정하고 이를 이행할 적당한 개인들이 반드시 필요

할 수도 있다. 만약에 그들의 개성이 주어진 상황의 내적인 개념 속에 든 공동체의 목적에 맞는 것으로 증명되면 위대하고 탁월한 개인들이 될 것이다. 하지만 그런 일들을 수행하는 데 충분한 성숙하지 못한 개성으로 드러난다면 하찮은 인물들이 되고 말 것이다. 또 만약에 그들이 그 시대의 중요한 사안을 위해 투쟁하지 않고 그것에서 떨어져 나가 자신들의 우연적인 개성만 우세하게 드러낸다면 조악한 인물들이 되고 말 것이다. 이런 경우나 또 그 밖의 다른 경우에 이런저런 인물이 등장하면, 우리가 이미 제1부에서 참된 산문적인 내용과 세계상태에서 요구한 것은 결코 나타나지 않는다. 다시 말해서 위대한 개인들에게도 그들이 헌신하는 본질적인 목적은 이미 다소 규정되어 주어져 있거나 강제로 주어져 있으므로, 그런 경우에 보편적인 것과 개성 전체가 스스로 완전히 동일하게 목적이 되고 전체로 완결되어야 할 개별적인 통일성은 세워지지 않는다. 왜냐하면 그 개인들은 스스로 자기들의 목적을 세우더라도, 그것이 그들의 정신이나 심정의 자유(自由)나 부자유(不自由)가 되거나 그것으로 그들의 개인적인 삶이 형성되는 것이 아니라, 그들이 실행하는 목적이 그 개인들 자신과는 상관없이 현실 세계에 미치는 효과가 역사의 대상이 되기 때문이다. 다른 한편으로 역사적인 상황 속에는 우연성의 유희가 드러나며, 실체적인 것과 상대성을 띤 개별적인 사건들이나 특수한 주관성을 띤 인물성격들이 지닌 열정, 의도, 운명들 사이에서 분열이 나타난다. 이런 것들은 시에서는 놀랍게도 아직도 여전히 보편타당성을 유지하는 반면에, 산문 속에서는 좀 더 특이한 것으로 벗어난다.

마지막 *셋째로*, 역사적인 행위들이 *이행*되는 것에 관해서 보면, 여기에는 본래의 시문학적인 것과는 달리 때로는 주관적인 독특성과 보편인 사안에 필요한 법칙, 원칙, 원리 등에 관한 의식(意識) 사이의 범속한 분열이 일어나고, 때로는 전제된 목적들을 실현하는 데 많은 준비가 필요하게 된다. 그것들을 이행하는 외적인 수단은 광범위하게 상호의존의 관계를 지닌다. 이를 의도한 대로 실행하려면 오성, 현명함, 범속한 통찰을 가지고 합목적으로 이용해야 한다. 이는 직접 작품에 손을 대는 것이 아니라 대부분 광범위하게 준비한 후에 착수하는 것으로, 어떤 목적에 따라 개별적으로 이행된 것은 그 내용상 때로는 아주 우연적이고 아무 내면적인 통일성도 없이 머물 수 있고, 목적과 관련된 합리성에 따라 실제로 유용한 형태로 머물 수도 있다. 그러나 그런 것은 독자적으로 자유로이 생동성을 띠고 우러나온 것은 아니다.

γγ) 역사서술가는 자기가 쓰려는 내용이 갖는 *산문적인* 특성을 소멸시키거나 달리 *시적인 것*으로 바꿀 권리가 없다. 그는 *무엇이* 주어져 있고 *어떻게* 주어져 있는지를 달리 해석하거나 시적으로 묘사하지 않고 서술해야 한다. 그러므로 그는 자기가 묘사하는 시대나 민족, 특정한 사건의 내적인 의미를 자기 서술의 내적인 중심으로 삼고 개별적인 것들을 결합시키는 끈으로 삼으려고 아무리 노력하고, 우연적이고 무의미한 것들을 제거하더라도, 주어진 상황들, 성격, 사건들을 그 목적에 예속시킬 자유는 없다. 그는 그것들의 외적인 우연성, 의존성, 자의성에 어쩔 수 없이 내맡겨지게 된다. 물론 전기(傳記)에서는 어떤 개인의 생동성과 독자적인 통일성이 가능할지도 모른다. 왜냐하면 여기에서 표현의 중심이 되는 것은 개인뿐만 아니라, 그 개인으로부터 나와 그의 형상에 소급해 효력을 미치는 것이기 때문이다. 그러나 역사적인 특성도 두 가지 서로 다른 극단적인 것 중의 하나에 불과하다. 왜냐하면 그것은 주관적인 통일성을 부여하기는 해도, 또 한편으로 때로는 서로 아무 내면적인 관계가 없고, 때로는 개인이 아무런 기여한 바가 없는데도 개인에게 감동을 주고 그를 이 외면성으로 끌어들

이는 다양한 사건들이 일어나기 때문이다. 예를 들면 비록 알렉산더 대왕도 그가 살았던 시대에 첨단에 섰던 한 개인으로서 그의 개성은 외부의 상황들과 조화를 이루면서 페르시아 제국에 대한 원정(遠征)을 떠나기로 결정하지만, 그가 정복한 아시아는 그 개별적인 민족들이 지니고 있던 다양한 자의성(恣意性) 때문에 우연적으로 결합된 전체에 불과하며, 거기에서 일어나는 사건들은 직접 외적으로 나타난다. 끝으로 역사가도 역시 일어난 일의 절대적인 원인과 우연성들은 사라지고 더 고차적인 필연성이 드러나는 신성한 본질 속으로 파고들어가 주관적으로 인식하더라도, 그는 실제 사건들을 형상화하는 데 있어서 실체적인 것을 주요 사안으로 삼는 시예술에게 우선권을 허용해서는 안 된다. 왜냐하면 주어진 소재에 대해 그 내적인 진리에 외적으로 합당하도록 아무 방해도 받지 않고 변화시키는 자유는 오직 시문학에게만 주어지기 때문이다.

β) 둘째로 자유로운 예술에 더 가까워 보이는 것으로는 웅변이 있다.
αα) 그 이유는, 웅변가도 역시 주어진 현실이나 특정한 실제의 상황에서 의도적으로 자기의 작품을 만들기 위한 기회와 내용을 취하기는 하지만, 그럼에도 불구하고 그가 표현하는 것은 *첫째로* 그의 자유로운 판단, 고유한 신념, 그의 주관적인 내적 목적이 되므로 그는 거기서 자신에 전심하여 생동적으로 머물 수 있기 때문이다. *둘째로* 그에게는 역시 이 내용을 전개시키고 다루는 방식이 아주 자유롭게 주어져 있으므로, 웅변에서는 마치 전적으로 정신의 독자적인 산물이 우리 눈앞에 있는 것처럼 여겨진다. 마지막 *셋째로*, 웅변가는 학문적이고 그 밖에 오성적인 사상도 보여주어야 할뿐더러 어떤 확신을 가지고 우리를 감동시켜야 하며, 또 이 목적을 달성하기 위해 전체 인

간, 감정, 직관에도 효력을 미쳐야 한다. 즉 그가 다루는 내용은 사상(事象)이 지닌 단순한 개념의 추상적인 측면으로서, 그는 우리에게 그것에 대한 흥미를 갖게 하고 어떤 목적을 갖고 우리에게 이를 수행하도록 요구하는 일도 생각해야 한다. 웅변가가 표현하고자 하는 것은 대부분 실재하는 특정한 것이거나 현실성을 띤 것이므로, 물론 그 자체로 실체적인 것이라 해도 그 보편적인 것을 드러내 우리로 하여금 구체적으로 의식할 수 있게 해야 한다. 따라서 그는 엄격하게 추론하고 결론을 내려 오성을 만족시켜야 하며, 또 우리의 심정에 호소하여 열정을 자극하고 잡아채고 직관시킴으로써, 온갖 형태의 정신적인 면에서 청중을 뒤흔들고 이를 확신시켜야 한다.

ββ) 그러나 제대로 살펴보면, 웅변술이 지닌 이 가상적인 자유로움은 대개는 현실적인 *합목적성의 법칙*에 예속되어 있다.

다시 말해 *첫째로*, 웅변에 감동시키는 힘을 부여하는 것은 말하고자 하는 것의 특수한 목적이 아닌 보편적인 것, 법칙, 규정, 원칙 속에 들어 있다. 개별적인 경우들도 이러한 것들로 소급되며, 그것들 자체가 보편성의 형태를 띠고 때로는 실제 국가의 법으로, 때로는 도덕적이고 정당하며 종교적인 격언이나 느낌, 교리 따위로 드러난다. 따라서 여기에서 출발점이 되는 특정한 상황이나 목적, 보편성은 원래 분리되어 있으며 이 분리는 지속적으로 유지된다. 물론 웅변가는 양쪽을 하나로 결합시키려는 *의도*를 갖고 있다. 이는 대체로 문학에서는 이미 근원적으로 달성된 것으로 나타난다. 그러나 그것은 웅변술에서는 단지 웅변가의 주관적인 목표로 머물거나, 아니면 그 일을 달성하는 것은 웅변 자체와는 무관하다. 그 때문에 여기에서는 유일하게 *포괄적인* 방식만 남는데, 여기서는 특정한 실제 현상, 즉 구체적인 경우나 목적은 스스로 자유로이 보편적인 것과 직접 통일되어 전개되지 않고 단지 원칙을 내세우거나 스스로 타당한 법칙, 윤리, 관습에 관계함으로써만 가치를 띠게 된다. 여기에서 기본유형이 되는 것은 구체적으로 현상하는 사상(事象)의 자유로운 삶이 아니라, 개념과 실재성이 세속적으로 분리되어 양쪽이 단순히 관계하고 그것들이 통일되고자 하는 요구이다. 예를 들어 교회목사는 종종 그런 식으로 직무에 임해야 한다. 왜냐하면 목사는 다양한 상황들의 근원을 보편적인 종교적인 가르침과 거기에서 결과로 나오는 도덕적, 정치적 또는 그 밖의 원칙이나 행동규정들로 소급해 올라가서 찾아야 하기 때문이다. 왜냐하면 이런 교훈들은 종교에서는 본질적인 것, 모든 개별적인 것의 실체로 체험되고 믿고 인식되기 때문이다. 그때 목사는 물론 우리의 마음에 호소하고 자신의 깊은 심정 속에서 신의 법칙을 전개시켜 청중을 그곳으로 이끌어갈 수도 있다. 그러나 그것들은 결코 개별적인 형상 속에서 표현되고 부각되는 것이 아니다. 계율이자 규정이요 믿음의 규칙으로 의식되어야 하는 것은 바로 보편성이다. 이는 법정에서 변론할 때 더욱 해당된다. 그때 그 안에는 한편으로 어떤 특정한 경우가 특히 중요하지만, 반대로 이를 일반적인 관점과 법칙에 예속시켜야 한다는 이중성이 들어선다. *첫 번째* 사항에 관해서 보면, 실제로 일어난 일을 필연적으로 알아내는 것과 모든 개별적인 상황들 및 우연성들을 함께 취해서 능숙하게 결합시키는 것 속에는 이미 범속한 것(즉 산문적인 것—역자주)이 들어 있다. 바로 거기에서 자유로이 창조하는 시문학과는 반대로, 곧 실제로 일어난 사건에 대한 지식의 궁핍함과 이 지식을 쌓아서 전달하려고 노력하는 일이 생겨난다. 더 나아가 그 다음에는 구체적인 사실을 분석해야 하며, 이는 그 개별적인 측면들에 따라서만 전개되어서는 안 되고, 각각의 측면들은 전체와 마찬가지로 이미 앞서 스스로 확고히 주어져 있는 법칙들로 소급될 필요가 있다. 그러나 이런 일을 할 때에도 마음을 감동시키고 감정을 동요시킬 여지는 남아 있다. 왜냐하면 서술되는 사건에 대해 단순하게 이해하거나 그 장점에 대해 일반적으로 확신하는 것으로 끝나지 않도록 그 사건이 정당한지 비정당한지에 대해서 아주 생생하게 서술해야 하기 때문이다. 반대로 전체적인 것은 표현 방식에 의해 청중들 각자에게 아주 독특하고 주관적인 것이 되어서 누구도 그 사건들에 대한 관심을 멈추지 않고 그 안에서 그들 자신의 관심을 발견하고 자신들의 일이라고 보게 만들어야 한다.

둘째로, 일반적으로 웅변술에서 웅변가의 궁극적인 관심사는 예술적으로 표현하고 마무리하려는 것이 아니다. 오히려 그는 그 기술을 넘어서 자기가 모든 형태로 펼치는 웅변을 그 웅변술 밖에 있는 관심사를 달성하기 위해 가장 효과적인 수단으로 이용할 목적을 갖는다. 이런 면에서 청중을 감동시키는 것 자체가 목적이 아니라, 그들을 동요시키고 확신시켜 웅변가가 자신이 달성하고자 전제한 의도를 성취할 수단으로서만 웅변을 사용한다. 또 청중에게도 웅변적인 표현은 그 자체가 목적이 아니며, 그들로 하여금 어떤 특정한 결심이나 행위를 하도록 확신시키기 위한 수단으로만 드러난다.

그럼으로써 웅변술은 이런 측면에서도 역시 그 자유로운 형식을 잃고 의도적인 것, 즉 당위적인 것이 된다. 이는 또 *셋째로*, 웅변술은 그 자체를 예술적으로 다룬 *성과* 면에서도 결과를 보지 못한다. 미적으로 산출하고 이를 향유하는 것을 목적으로 삼는 것은 오직 시예술작품뿐이다. 여기에는 작품 속에 그 목적과 그 목적을 달성한 것이 직접 들어 있다. 예술행위는 그 행위 밖에서 나오는 결과를 위한 수단이 아니라, 그 행위를 하는 가운데 직접 스스로와 결합되는 목적이다. 그러나 웅변술에서 예술은 보조적으로만 도입된다. 그에 반해서 원래의 목적은 예술과는 아무 관계없이 실제성을 띠는 것으로, 교훈이나 선도(善導), 법적이고 국가적인 상황들에 대한 결정, 그리고 어떤 일을 일어나게 하거나 결정하고자 하는 의도이다. 그러나 그런 효과를 거두는 것으로 웅변술이 끝나는 것은 아니며, 먼저 온갖 종류의 다른 행위들이 뒤따라야 한다. 왜냐하면 연설이란 종종 불협화음을 일으킬 수 있으므로, 이는 청중이 심판관이 되어 해결한 다음에 이 해결에 따라서 행동해야 하기 때문이다. 예를 들어 목사의 웅변술은 종종 화해되지 않는 심정 속에서 일어나 마침내 청중으로 하여금 그들 자신에 대해 심판관이 되고 그들 스스로 내면적인 삶을 사는 존재가 되게 하는 것과 같다. 여기에서 연설자의 목적은 종교적인 개심(改心)이다. 그러나 그가 웅변술을 이용하여 경고하는 것이 아무리 교화적이고 탁월하여 그 결과 언제나 개심이 이루어져 목적이 달성되더라도, 이는 더 이상 웅변의 영역에는 해당되지는 않으며 다른 상황에 내맡겨져야 한다.

γγ) 웅변술은 이런 모든 방향을 향해 그 개념을 자유롭고 시적인 예술작품의 구조 속에서 찾는 대신에, 오히려 단순한 합목적성 속에서 찾아야 한다. 다시 말해 웅변가는 자기가 산출해내고자 하는 주관적인 의도에 전체적인 것은 물론 개별적인 부분도 예속시키기 위해 유의해야 한다. 그럼으로써 독자적으로 표현하는 자유는 지양되고, 대신 그것은 어떤 특정한 목적이나 더 이상 예술적이지 않은 목적에 이용된다. 그러나 그것은 특히 생생하게 실제 효과를 내는 것을 목적으로 삼으므로, 그가 연설하는 장소에서 청중의 교양, 이해력, 성격을 전적으로 고려하여 그 시간, 그 장소, 그때 모인 사람들에게 맞는 어조로 연설을 함으로써 원하는 실제의 성과를 그르치는 일이 없도록 해야 한다. 이처럼 외적인 상황과 조건들에 매임으로써 전체는 물론 각 부분들도 더 이상 예술적으로 자유로운 심정에서 솟아 나와서는 안 되고, 모든 것 안에서 원인과 결과, 인과(因果) 및 다른 오성의 범주에 머무는 합목적적인 관계만 드러나야 한다.

c. 자유로운 시예술작품

셋째로, 우리는 이처럼 본래의 시적인 것과 역사서술 및 웅변술이 서로 다르게 산출하는 것에서 벗어나 시예술작품 자체에 대해서 다음과 같은 관점들을 확립할 수 있다.

α) 역사서술에서는 그 내용이 비록 내적인 실체성을 띠고 견실한 효력을 지니고 있어도, 이를 실제로 형상화하는 일에는 누차 상대적인 상황들이 수반되고 우연성들이 쌓여 자의적이고 순수하지 못한 것으로 현상한다. 그때 역사서술가는 이 직접적인 현실에서 실재하는 것의 형태를 변화시킬 수 없으므로 그것은 범속한 것이 된다.

αα) 만약에 시예술이 소재 면에서 역사서술의 기반 위에 들어서면, 시예술의 주요 임무는 바로 이것을 변화시키는 일이 된다. 이런 경우에 시예술은 어떤 사건, 행위, 민족적인 특성, 탁월한 역사적인 개성의 내면에 있는 핵심과 의미를 발견해야 하고, 이리저리 유희하면서 우연적으로 일어나는 사건에서 아무 상관없는 부차적인 것들이나 상대적인 상황, 특성들을 벗겨내고, 그 대신 사실의 내면적인 실체를 드러내야 한다. 그럼으로써 그 변화된 외형 속에서 적절한 존재를 발견하여 비로소 이 절대적으로 이성적인 것이 그것에 즉자대자적으로(an und für sich) 일치하는 현실 속에 전개되고 명시되도록 해야 한다. 오직 그럼으로써만 시문학은 특정한 작품을 위해 내용 면에서 어떤 확고한 중심점으로 한정될 수 있으며, 이 중심점 역시 하나의 완성된 총체성으로 전개될 수 있다. 왜냐하면 그것은 한편으로 특수한 측면들을 더 엄격하게 결합시키고, 다른 한편으로 전체의 통일성을 위태롭게 하지 않고도 모든 개별적인 것이 적절하게 독자적으로 표현되도록

권리를 부여할 수 있기 때문이다.

ββ) 이런 점에서 시문학은 실제 역사적으로 일어난 내용과 의미가 아니라, 뭔가 그와 더 밀접하거나 소원한 관계를 지닌 비슷한 기본사상들, 즉 일반적으로 인간적인 충돌을 주요 내용으로 삼고 역사적인 사실들이나 성격, 지역성 따위를 개별적인 표현수단만으로 이용하는 쪽으로 더 나아갈 수 있다. 그러나 이런 경우에 역사적으로 알려진 자료가 사용되어 표현되면 그 기본사상에 전적으로 맞지 않을 수도 있다. 거꾸로 만약에 시인이 이 알려진 것을 일부는 고수하고 일부는 자기 목적에 맞게 중요한 사항들을 변경시킴으로써, 이미 우리가 확고하게 표상하고 있는 것과 시로 새로 산출된 것 사이에 모순이 일어날 경우 이중의 어려움이 생길 수 있다. 이런 분열과 모순을 해결하여 올바르고 해롭지 않게 조화를 이루는 일은 어렵지만 꼭 필요하다. 왜냐하면 현실도 역시 그 본질적인 현상들 안에서 권리를 지니고 있다는 것은 이론의 여지가 없기 때문이다.

γγ) 이와 비슷한 요구는 시문학에서 좀 더 영역을 확대하면서 타당성을 지닐 수 있다. 다시 말해 시예술이 외적인 장소, 성격들, 열정, 상황, 갈등, 사건들, 행위, 운명들에 대해 표현하는 모든 것들은 이미 그 밖에 현실의 삶 속에서 사람들이 보통 믿는 것보다 더 많이 주어져 있다. 그러므로 여기에도 역시 시문학은 곧 역사적인 기반 속으로 들어서게 된다. 그 영역 속에서 시문학이 벗어나거나 변화시키는 것 역시 사실적인 분별력과 내면을 적합하고 생생하게 현상화하려는 욕구에서 찾아야지 현실에 대한 근본적으로 부족한 지식이나 체험 또는 일시적인 기분, 자의, 심술궂은 독창성에 깃들인 기괴한 특성을 찾으려는 데서 나와서는 안 된다.

β) 둘째로 수사법(修辭法, Redekunst)은 그 의도 속에 들어 있는 실

제적인 궁극 목적 때문에 산문에 속하며, 그것을 실제적으로 실행하기 위해서 그 합목적성에 일반적으로 따라야 할 의무를 지닌다.

αα) 이를 고려할 때 시문학은 산문적인 것 속에 빠지지 않으려면, 예술과 순수한 예술적인 향유 너머에 목적에 맞서서 스스로를 보존해야 한다. 왜냐하면 만약에 시문학 전체를 이해하고 표현하는 양식에 있어서 위와 같은 의도가 본질적으로 중요하게 드러나면, 시작품은 오직 스스로를 위해 존재하는 자유롭고 숭고한 영역으로부터 상대적인 것의 영역으로 끌려 내려오고, 예술의 요구와는 다른 의도적인 요구들 사이에서 분열되거나 아니면 예술 자체의 개념에 어긋나게 단순히 목적을 위한 수단으로 이용되어 가치가 떨어지기 때문이다. 이런 종류의 예로 교화적(敎化的)인 의도를 갖고 있는 많은 교회 성가(聖歌)들을 들 수 있다. 그 안에서 특정한 표상들은 오직 종교적인 효과를 내기 위해서 자리하고 시적인 미와는 대립되는 것으로 직관된다. 대체로 시문학으로서의 시문학은 종교적이어서는 안 되고, 또 *오직 종교적으로만* 교화시켜서 우리를 시예술과는 유사하지만 결국 그와는 다른 영역으로 이끌어가려고 해서는 안 된다. 이는 교훈, 도덕적인 개화, 정치적인 자극, 단순히 피상적으로 소일하거나 즐기는 일의 경우에도 해당된다. 이러한 모든 목적들을 달성하는 데는 물론 모든 예술들 가운데 시문학이 가장 도움이 되지만, 만약에 시문학이 자기 고유의 영역에서만 움직이려고 하면 이런 도움은 무용지물이 된다. 왜냐하면 시문학에서는 시적인 것 자체가 규정적이고 성취해야 할 목적으로 우세하게 드러나야지 시문학 밖에 있는 것이 우세해서는 안 되기 때문이며, 다른 목적들은 사실상 다른 수단을 통해서 더 완전하게 성취할 수 있기 때문이다.

ββ) 그럼에도 불구하고 시예술은 거꾸로 구체적인 현실 속에서 절대적으로 고립된 위치만을 고집하려고 해서는 안 되며, 스스로 생생

하게 삶의 한가운데로 파고 들어가야 한다(muß, selber lebendig, mitten ins Leben hineintreten). 우리는 이미 제1부에서 예술이 그 밖의 존재와도 많은 관계를 맺고 있으며, 그처럼 다른 내용과 현상방식도 예술 자체의 내용과 형태로 만드는 것도 보았다. 시문학에서는 기존의 현존재와 개별적인 사건들, 개인적이고 공적인 사안들과의 생생한 관계를 가장 풍요롭게 보여주는 것이 이른바 즉흥시이다. 더 넓은 의미에서 보면 대부분의 시작품들은 이 이름으로 불릴 수 있지만, 본래의 좁은 의미에서의 즉흥시는 현재의 어떤 사건에 기준해서 작품을 써내는 데 국한되며, 시는 그런 사건을 고양시키고 꾸며서 기념 축제 등에 헌정되기 위해서 쓰인다. 그러나 그처럼 생생하게 묘사되어야 한다는 점에서 시는 또다시 현실에 의존하게 되는 것처럼 보인다. 그래서 종종 사람들은 시(詩)의 영역 전체에 대해서 하찮은 가치를 부여하려고 하기도 했다. 물론 특히 서정시 분야에서 가장 유명한 작품들도 이런 즉흥시에 속하는 것들이 있기는 하지만.

γγ) 그러므로 이런 갈등 속에서도 시문학은 무엇을 통해서 그 독자성을 유지할 수 있을까라는 물음이 생긴다. 이는 간단하다. 시는 외적으로 주어진 사건들을 본질적인 목적으로 삼으며, 시 자체를 단순한 수단으로 간주하여 내세우지 않고 거꾸로 현실적인 소재(素材)를 시 자체 속에 끌어들여 상상력과 자유로움으로 이를 형상화하고 발전시킨다. 말하자면 그때 시는 경우에 따라 부차적인 것으로 드러나는 것이 아니라, 시인은 외적인 소재에 부딪히는 경우에 자신을 그 속에 깊이 침잠시켜서 순수하게 형상화도록 한다. 그럼으로써 시인 자신이 아니고는 직접적인 현실 속에서 그처럼 자유로운 방식으로 의식할 수 없는 바로 그것을 의식하여 비로소 *자신*으로부터 창조해 낸다.

γ) 그러므로 모든 참된 시예술작품은 그 자체 안에 무한한 구조를 지닌다. 즉 그것은 풍부한 내용을 그에 맞게 현상하여 전개시킨다. 시작품은 통일성을 이루면서도 특수한 것을 추상성에 예속시키는 형태나 합목적성이 아닌 생생한 독자성을 지닌 개별적인 것 안에 있다. 그 안에서 전체적인 것은 완성하려는 의도 없이도 스스로 결합된다. 그것은 현실적인 소재로 충만하면서도 그렇다고 그 내용이나 존재 혹은 어떤 삶의 영역과 의존의 관계를 맺고 있는 것이 아니라 스스로 자유로이 창조하면서 사물들의 개념을 참되게 현상하도록 형상화하고, 외적인 존재를 그 내적인 본질과 화해하도록 조화시키기 위해 자신으로부터 자유로이 창조해 낸다.

3. 시를 짓는 주관성

재능과 천재성, 영감과 독창성 따위에 대해 나는 이미 제1부에서 폭넓게 언급했으므로, 여기에서는 시문학과 관련해 단지 조형예술들과 음악의 영역에 있는 주관적인 활동과 대조되는 몇 가지 중요한 것만을 암시하고자 한다.

a) 건축가, 조각가, 화가, 음악가는 아주 구체적이고 감각적인 재료에 의존하여 자기의 내용을 완전하게 주입시켜 작업한다. 이 재료의 한계성은 전체를 구상하는 방식과 예술적으로 다룰 형태를 규정하는 조건이 된다. 그러므로 예술가가 집중해야 할 피규정성이 특수하면 특수할수록, 다른 표현양식이 아닌 바로 그 표현양식에 필요한 재능과 이에 병행되는 기술적인 능숙함도 더욱 특수성을 띤다. 그러

나 시예술은 어떤 특수한 재료 속에서 형상을 구체화하여 완성시키는 데서 벗어나므로, 재능 역시 그런 조건에 더 의존한다. 시는 대체로 풍부한 상상력으로 형상화하는 재능만 필요하며, 오직 말로 표현되므로 조형예술가처럼 내용을 외적이고 감각적인 형상으로 완성하려고 하지 않는다. 또 한편으로 그것은 음악처럼 영혼의 음을 만들어내는 무언(無言)의 진심만을 지키려고 하지도 않는다. 이런 점에서 시인의 임무는 다른 예술가들과 비교할 때 *더 쉬우면서도 더 어려운 것으로* 간주된다. 그 임무가 더 쉬운 이유는, 시인은 물론 언어를 아주 능숙하게 다룰 필요는 있어도 상대적으로 여러 기술적인 어려움을 극복해야 하는 것에서는 벗어날 수 있기 때문이다. 더 어려운 이유는 시는 외적으로 구체화시킬 수 있는 것이 적을수록 원래 내면의 핵심 속에 결핍된 감각성을 심오한 상상력으로 예술적으로 포착해서 그 부족한 것을 대체할 만한 것을 찾아내야 하기 때문이다.

b) 둘째로, 그러므로 시인은 모든 심오한 정신적인 내용 속에 파고들어가 그 속에 감춰진 것을 의식의 빛 앞에 드러낼 능력이 있다. 왜냐하면 다른 예술들에서는 아무리 내면적인 것이 구체적인 형태로 드러나야 하고 또 실제로 드러나지만, 가장 분명하게 이해될 수 있고 정신에 적합한 전달수단으로서 의식(意識) 속으로 파고들어 부침하면서 움직이고 내면에 존재하는 모든 것을 포착하여 알릴 수 있는 것은 바로 언어이기 때문이다. 그러나 바로 그 때문에 시인은 어려움에 빠지게 되고 다른 예술들에게는 별로 필요 없는 사명을 수행해야 한다. 다시 말해 시문학은 순수하게 내적인 표상의 영역에 머물면서 이 형상을 내면성과 무관한 외적인 존재로 만들어 내려고 생각해서는 안 되므로, 종교적, 학문적, 그리고 그 밖에 산문적인 의식의 활동 속으

로 파고 들어가 머물더라도 그런 영역들의 이해방식에 접근하거나 그 것들과 뒤섞이지 않게 조심해야 한다. 이처럼 그런 것들이 비슷하게 공존하는 일은 물론 모든 예술에서도 일어난다. 왜냐하면 예술적인 산출은 어떤 것이든 모든 자의식(自意識)적인 삶의 영역을 포괄하는 *하나의* 정신으로부터 나오기 때문이다. 그러나 다른 예술들은 내면에서 창조해낼 때 그 전체적인 구상방식은 어떤 특정한 감각적인 질료를 이용해 형상을 만들어 내게 되므로, 원래 종교적인 표상 형식이나 학문적인 사유 또는 산문적인 오성의 형식과는 구별된다. 이에 반해 시문학은 외적으로 표현해낼 때, 다른 예술영역과는 달리 (표현될 형상과) 같은 수단인 언어를 사용한다. 이 때문에 시문학에서는 조형예술들이나 음악처럼 표상과 표현의 기반이 서로 다르지 않다.

c) *셋째*, 끝으로 시문학은 정신의 내용을 아주 충만하게 완전히 드러낼 능력이 있으므로, 시인에게도 역시 *그가* 표현하는 소재를 아주 깊고 풍요롭게 내적으로 체험하도록 요구할 수 있다. 조형예술가는 정신적인 것을 건축, 조형, 회화적인 형태를 지닌 *외형*으로 표현할 수 있게 체험해야 하고, 음악가는 집중된 감정과 *내적인* 영혼의 열정을 선율 속에 주입하는 쪽으로 나아가야 한다. 물론 양쪽 다 똑같이 아주 내적인 의미와 실체적인 내용으로 채워져야 하지만, 시인이 자기 안에서 체험해야 할 영역은 더 넓다. 왜냐하면 그는 심정과 내면적인 세계를 자신의 의식이 표상한 것만 전개하는 것이 아니라, 그 내면에 적합한 외적인 현상을 찾아서 이를 통해 이념적인 총체성을 다른 예술형상에서보다 더 남김없이 완전하게 통찰해야 하기 때문이다. 그는 인간존재에 대해 내적으로나 외적으로 알아야 하며, 넓은 세상과 그 속에 현상하는 것들을 내면에 수용하여 그 속에서 느끼고, 관통하

고, 심화시키고, 변용시켜야 한다. 그는 또 자기 주관성에서 나와 아주 좁고 특수한 영역에 국한되더라도, 외부에서 결정되지 않은 자유롭고 온전한 것을 창조하기 위해서 그런 소재에 *실제적*으로나 달리 어떤 식으로 얽매이는 데서 벗어나 자유롭게 내적인 존재와 외적인 존재를 통찰해야 한다. 이런 점에서 우리는 *기질* 면에서 볼 때 특히 동양의 시인들, 마호메트교의 시인들을 칭찬할 수 있다. 그들은 원래 열정 속에 있으면서도 열정에 매이지 않으며, 다양한 관심사 속에서도 늘 본래의 중심인 *하나의* 실체만을 고수한다. 그에 비해 그 밖의 것은 사소하고 무상한 것으로 드러나게 하고 열정과 욕구조차 궁극적인 것이 되지 못하게 하는 자유로움을 지닌다. 이는 이론적인 세계관이자 이 세계의 사물들에 대해 정신이 취하는 태도로서, 청년기보다는 노년기에 그런 세계관에 더 가까워진다. 왜냐하면 나이가 들면 인생에 대한 관심사들이 물론 아직 남아 있기는 해도 청년기 때의 열정적이고 돌진하는 듯한 위력은 띠지 않으며, 오히려 그늘의 형태를 띠면서 예술에 요구되는 이론적인 관계들에 더 쉽게 적합하도록 완성되기 때문이다. 따라서 청년기는 뜨겁고 열정적이기 때문에 시적인 창조에 가장 알맞은 미적(美的)인 나이라고 보는 일반적인 견해에 반대하는 주장을 펼 수 있다. 만약에 노년기에 아직도 직관하고 느낄 수 있는 에너지가 보존되어 있다면, 이 시기야말로 시를 지을 수 있는 가장 원숙한 시기라고 볼 수 있다. 호메로스의 경우를 보더라도 그의 이름으로 전해 내려오는 시들 가운데 가장 경탄할 만한 것들은 그의 노년에 비로소 쓰인 것들이며, 문호 괴테에 대해서도 같은 말을 할 수 있다. 그는 제한성을 띤 세세한 것들로부터 자유로워진 노년기에 이르러서야 비로소 성공적인 최고의 작품들을 만들어 낼 수 있었다.

B. 시적인 표현

첫째 시적인 것 일반, 즉 내용을 포착하여 시예술작품으로 구성하는 것과 관련된 영역은 그 범위가 무한하므로 몇 안 되는 보편적인 규정들을 다루는 데 그쳐야 한다. 이에 반해 시적인 *표현*, 즉 표상의 기호인 언어의 내적 객관성을 띤 표상과 언어의 음악은 시의 두 *번째* 측면이 된다.

시적 표현이 일반적으로 다른 예술들의 표현양식과 어떤 관계에 있는지에 대해서는 우리가 이미 앞서 시적인 것 일반을 상술한 곳에서 이끌어낼 수 있다. 말과 말의 울림은 정신적인 표상의 상징도 아니고, 조각이나 회화에서 만들어지는 신체의 형태처럼 내면이 외적으로 적합한 공간성을 띠고 현상하는 것도 아니며, 영혼 전체가 음악적으로 울리는 것도 아닌 단순한 *기호*일 뿐이다. 그러나 *시적인* 표상을 전달하는 이 시의 측면도 산문적인 표현방식과는 달리 이론적인 것을 목적으로 삼아 형상화해서 드러내야 한다.

이와 관련해 특히 세 가지 사항을 더 확실하게 구분할 수 있다. 다시 말하면 *첫째*, 시적인 표현은 물론 전적으로 말 속에만 들어 있으므로 순수하게 언어적인 것하고만 관련이 있는 것처럼 보인다. 그러나 말은 단지 *표상*들을 위한 기호들이므로, 시언어의 본래의 기원은 각각의 단어들을 선정하는 데 있는 것도 아니고, 이들을 결합해 문장이나 완성된 복합문으로 만들거나 음의 울림이나 리듬, 운율 따위에 있는 것도 아니며, *표상*하는 방식 속에 있다. 따라서 완성된 표현을 하기 위한 출발점을 우리는 *표상된* 것 안에서 찾아야 하고, 표상된 것이 시적인 표현에 이르기 위해서 어떤 형태를 취해야 할지 먼저 질문해보아야 한다.

그러나 둘째로, 자신 속에서 스스로 시적으로 창조하는 표상은 오직 말 속에서만 객관적으로 되므로, 따라서 우리는 언어적인 표현도 역시 그 순수한 언어적인 측면에서 고찰해야 한다. 그런 면에서 물론 우리는 우선은 일상적인 삶과 산문적인 사고의 어법에서 청취 가능한 것을 추출하지만, 이는 시적인 말과는 구분된다.

셋째, 끝으로 시문학은 실제로 말로 울리는 것으로서, 시간적인 지속성은 물론 실제 울림에 따라 형상화되므로 박자, 리듬, 음의 울림, 운율 따위가 필요하다.

1. 시적인 표상

조형예술에서는 돌과 색채에 의해 감각적으로 눈에 보이게 형상화되고, 음악에서는 영활적인 화음과 선율이 내용을 예술에 적합하게 현상하게 하는 외적인 방식이다. 매번 되풀이해서 언급해야겠지만, 시적인 표현에서는 오직 표상 자체만이 거기에 해당된다. 그러므로 시문학에서 시적인 형상화의 힘은 어떤 내용을 실제 외적인 형상이나 선율로 만들지 않고 내적으로 형상화하며, 따라서 다른 예술들이 만들어내는 외적인 객관성을 시에서는 내적인 객관성으로 만들고, 정신은 이를 그 안에 머무는 대로 표상하여 외화시킨다.

시문학에서 원래의 시문학과 후에 산문으로부터 나와 시로 재구성된 것과의 차이가 확립되었다면 여기에서도 역시 같은 차이를 만나게 된다.

a. 원래의 시적인 표상

원래, 표상(表象)하는 시문학은 아직은 일상적인 의식이라는 극단

으로까지 갈라지지는 않는다. 이 일상적인 의식은 한편으로 모든 것을 직접적이고 우연한 개성의 형태로 눈앞에 두되, 그 내적이고 본질적인 모습이나 현상하는 모습을 포착하지는 않는다. 다른 한편으로 때로는 구체적인 존재를 차이에 따라 구별해서 추상적이고 보편적인 형태로 고양시키는가 하면, 때로는 이 추상적인 것들을 오성적인 관계 속에서 종합시키는 데로 나아간다. 그에 반해 시적인 표상은 이 극단적인 것들을 아직 분열시키지 않고 매개함으로써 일상적인 직관과 사유 사이에서 견실하게 그 중간에 머물 수 있다.

일반적으로 우리는 시적인 표상(das dichterische Vorstellen)을 *이미지적(bildlich)*이라고 부를 수 있다. 왜냐하면 그것은 추상적인 본질 대신에 구체적인 현실성을, 우연한 존재 대신에 우리가 직접 외적인 것과 그 개성에서 분리되지 않은 실체를 우리 눈앞에 현상하게 해서 그 사상(思想)의 개념과 현존성을 내면에서 동일한 총체성으로 표상할 수 있게 하기 때문이다. 이런 점에서 우리에게 이미지적으로 표상되는 것과 그 외에 다른 표현방식에 의해 우리에게 명확해지는 것 사이에는 큰 차이가 있다. 이는 책을 읽을 때도 비슷하다. 우리는 말소리를 기호화한 문자를 읽을 때, 그 문자의 음을 들을 필요없이 그것을 봄으로써 곧 읽은 내용을 이해한다. 다만 익숙하지 못한 독자들은 낱말들을 이해하기 위해서 처음 몇 개를 개별적으로 소리 내어 발음해야 한다. 여기에서 비관습적인 것이 시문학에서는 미적(美的)으로 탁월한 것이 된다. 왜냐하면 시는 추상적으로 이해하는 데 만족하거나 대상들을 사유와 비(非)이미지적인 보편성의 형태로 우리의 기억 속에 있게 하는 것이 아니라, 대상의 개념을 존재화하고 그 종류를 특정한 개별성의 형태로 우리에게 드러내기 때문이다. 나는 일상적이고 오성적인 의식에 따라 낱말을 듣고 읽으며, 그 이미지를 표상하지 않고도 직접 그 낱말의 의미를 이해하게 된다. 예를 들어 우리가 '태양' 또는 '아침에'라고 말할 때 우리에게는 그 뜻이 분명하지만, 그렇다고 해서 '일찍이'나 '태양' 자체가 우리에게 구체적으로 드러나지는 않는다. 반면에 시인이 "여명의 에로스가 장미의 손가락과 더불어 솟아오를 때"라고 말하면, 여기에는 실상 위와 내용적으로 같은 것이 표현되지만 이 시적인 표현은 우리에게 *더 많은 것*을 제공해 준다. 왜냐하면 그 표현은 이해뿐만 아니라 그 외에 이해된 대상을 덧붙여 직관하게 해주며, 또 더 나아가 단순히 추상적으로 이해하는 것을 제거하고 그 대신 실재성으로 규정하기 때문이다. 마찬가지로, "알렉산더가 페르시아 제국을 정복했다"라고 말할 때, 이 내용은 물론 하나의 구체적인 표상이다. 그러나 그 다양한 피규정성은 '승리'라는 말로 표현되어 있고 이미지 없이 단순한 추상으로 압축되어 있으므로, 우리로 하여금 알렉산더 대왕이 이룩한 것에 대한 아무런 현상이나 실재성도 직관하지 못하게 한다. 비슷한 방식으로 표현된 다른 모든 것도 그런 식이다. 물론 우리는 그것들을 이해하더라도, 이는 개별적인 존재의 측면에서 보면 무규정적이고 추상적으로 희끄무레하게 머문다. 그러므로 시적인 표상은 현실에 가득한 현상을 자기 안에 수용해서 이를 그 사상(事象)의 내적인 본질과 직접 근원적으로 하나의 전체가 되게 만들어 낼 줄 안다.

여기에서 그 다음에 나오는 것은, 시적 표상이 사상(事象)을 그 실재성 안에서 표현하고자 외적인 것에 *머물러* 이에 주목하면서 고찰하고 이에 비중을 두는 관심이다. 그러므로 시문학은 일반적으로 *바꿔서 표현(umschreibend)*한다. 그러나 바꿔서 표현한다는 말은 맞는 말이 아니다. 왜냐하면 우리는 어떤 내용을 우리의 오성에 익숙하게 만드는 추상적인 규정들과 비교할 때, 시인이 실제로 의도하지 않은 많은 것들을 바꿔서 표현한다고 보는 데 익숙해 있기 때문이다. 그래서 산문의 입장에서 볼 때, 시적인 표상은 우회이자 불필요한 것으로 간주될 수도 있다. 그러나 시인은 표상을 하고 이를 바꿔서 묘사하는 데 몰두하고, 이를 실제의 현상으로 만들 때 그에 계속해서 애착을 갖는 것이 중요하다. 이런 의미에서 예를 들면 호메로스는 그의 시에서 각 주인공들에게 "발 빠른 아킬레우스, 잘 무장한 그리스인들, 빛나는 투구를 쓴 헥토르(Hektor), 제(諸) 민족의 왕인 아가멤논" 따위의 별칭을 붙이고 있다. 물론 이름은 개인을 알려주기는 하지만, 단순히 이름만 가지고는 더 이상의 내용을 표상할 수 없으므로 이를 규정하고 생생하게 구체화하는 진술이 더 많이 필요한 것이다. 바다, 배, 칼 따위처럼 즉자대자적으로(an und für sich) 직관되는 다른 대상들에서도 특정한 대상의 본질적인 성질을 포착하고 표현하는 별칭은 특정한 이미지를 부여하고, 우리로 하여금 사상(事象)을 구체적인 현상으로 내세울 필요가 있게 만든다.

이어서 둘째로, 더 나아가 그런 *본래의* 이미지와 구별되는 것은 이미 차이를 불러오는 *비(非)본래적인* 이미지이다. 왜냐하면 본래의 이미지는 사상(事象)을 그에 속하는 실재성으로만 표현하지만, 그와는 반대로 비본래적인 이미지는 대상에 직접 머물지 않고 다른 두 번째 이미지를 묘사하는 데로 나아감으로써 우리에게 첫 번째 이미지의 의미를 명확하게 해주기 때문이다. 은유, 이미지, 비유 따위가 이런 시적인 표상에 속한다. 여기서는 중요한 내용에 그것과는 다른 껍질이 씌워지는데, 이 껍질은 때로는 장식적으로만 사용되고 때로는 더 상세하게 설명하고자 하는 데 쓰이지만 완벽하지는 못하다. 왜냐하면 그것은 특정한 측면에서 볼 때만 그 첫 번째의 내용에 속하기 때문이다. 예를 들어 호메로스가 도망가려고 하지 않는 영웅 아이아스를 고집 센 당나귀에 비유하는 것(《일리아스》에서—역자주)이 그렇다. 그러나 특히 동양의 시문학에서는 이미지와 비유가 화려하고도 풍부하게 쓰이고 있다. 왜냐하면 그들의 상징적인 태도는 한편으로 필연적으로 유사한 것을 이리저리 찾지 않을 수 없게 만들고 의미가 보편적이어서 구체적인 비슷한 현상들을 폭넓게 제시하기 때문이다. 또 한편으로 고양(高揚)된 직관은 현란하게 번쩍이는 다양성을 의식의 유일한 칭송대상인 일자(一者)를 장식하는 데 사용하기 때문이다. 이런 형상으로 표상되는 것은 우리가 알고 있는 것처럼 단지 주관적인 행위의 비유나 그 자체로 실재하지 않는 그 무엇이 아니다. 반대로, 모든 존재하는 것을 상상력으로 포착하고 이념을 형상으로 바꾸는 것 외에는 어떤 것도 스스로 존재하거나 독자적인 실재성을 가질 권리가 없는 그런 것으로 간주된다. *우리가 범속한 눈으로 오성적으로 고찰하는 세계에 대한 믿음이 여기서는 상상력에 대한 믿음이 되며, 상상 속에서는 오직 시적(詩的)인 의식이 창조한 바로 그 세계만이 존재한다.* 거꾸로 낭만적인 상상은 즐겨 은유적으로 표현되는데, 그 이유는 그 속에서는 자신에게로 회귀(回歸)한 주관성에게 외적인 것은 단지 부차적이고 부적절한 현실로 간주되기 때문이다. 그 때문에 비(非)본래적인 이러한 외적인 것을 심오한 감정, 특수하게 충만된 직관이나 해학(諧謔, der Humor)으로 조합하여 형상화하고자 하는 충동이 생긴다. 이는 낭만적인 시로 하여금 늘 새로운 것을 창조하도록 자극한다. 즉 낭만적인 시에서는 사상(事象)을 규정하고 직관적으로 표상하는 일은 중요하지 않고, 반대로 서로 동떨어진 현상들을 은유적으로 사용하는 것 자체가 목적이 된다. 거기에서는 느낌이 중심이 되어서 그것을 풍부하게 둘러싸는 것들을 조명하고, 이를 자신에게 끌어당겨 풍요롭고 기지에 넘치게 자신을 장식하며, 활력을 불어넣어 이리저리 바꿔서 표현하는 작업에 열중하는 가운데 스스로 향유한다.

b. 산문적인 표상

둘째로, 시적인 표상방식과 대조되는 것은 *산문적인* 표상이다. 여기서 중요한 것은 이미지가 아니라 산문의 내용이 되는 의미 자체이다. 그리하여 표상은 단순히 내용을 의식하는 수단이 된다. 그러므로 이는 대상의 더 상세한 실재성을 우리 눈앞에 두려는 욕구도, 그렇다고―비본래적인 표현의 경우에 그렇듯이―표현되어야 할 것을 넘어서서 다른 표상을 우리에게 불러오지도 못한다. 물론 대상들의 외면성을 확고하고 예리하게 묘사하는 일은 산문에서도 필요할 수 있지만, 그때는 비유적인 목적 때문이 아니라 다른 특수한 실제 목적인 때문에 그렇다. 따라서 일반적으로 우리는 산문적인 표상을 하기 위한 법칙으로 *정당성(Richtigkeit)*, 분명한 *피규정성(Bestimmtheit)* 그리고 확실한 *이해가능성(Verständlichkeit)*을 내세울 수 있다. 반면에 은유적인 것과 비유적인 것은 대개 비교적 뚜렷하거나 정당하지도 못하다. 왜냐하면 본래적인 표현에서는 시(詩)가 비유를 사용하여 표현하면 단순한 사상(事象)이 직접 이해될 수 있도록 현상하고 인식되지만, 비본래적인 표현에서는 시는 심지어 의미로부터 떨어져 나가 단지 유사한 현상을 구체적으로 드러내는 데만 사용되기 때문이다. 그래서 시인에 대해서 산문적으로 논평하는 사람들은 할 일이 많다. 즉 그들은 자신들의 오성적인 분석 방식으로 이미지와 의미를 분리하고, 생생한 형상에서 추상적인 내용을 끌어내서 시적인 표상방식을 산문적으로 의식할 수 있는 길을 열어야 한다. 그에 반해 시의 본질적인 법칙은 단순히 정당하거나 단순히 내용과 일치하는 적합성은 아니다.

산문이 내용 및 그 내용의 추상적인 정당성 따위를 표상하는 일에 머문다면, 시는 다른 요소, 즉 내용의 현상 자체나 다른 유사한 현상들 속으로 이끌려들어 가야 한다. 왜냐하면 바로 이 같은 실재성이 스스로 등장하면서 한편으로 내용을 표현하고, 다른 한편으로 단순한 내용으로부터 자유로워지기 때문이다. 그 이유는, 그때 바로 현상하는 존재 쪽으로 관심이 기울어지고 생생한 형상을 이론적인 관심의 본질적인 목적으로 삼기 때문이다.

c. 산문에서 생겨나는 시적인 표상

산문적인 표상이 옳다는 것이 이미 습관적으로 규범화된 시대에 시적인 요구가 등장하게 되면, 시문학은 비유(比喩)적으로 표현하는 데 있어서도 역시 입장이 어려워진다. 다시 말해서 그런 시대에는 대체로 의식(意識)할 때 감정과 직관을 오성적인 사유와 분리시키는 일이 일반적인 방식이 된다. 그때 사유는 느끼고 직관된 내적인 소재와 외적인 소재를 앎과 의지(意志), 또는 고찰이나 행위를 위한 단순한 원동력으로 삼는다. 여기서 시문학은 습관처럼 추상적으로 표상하는 데서 벗어나 구체적인 생동성 안으로 들어가 가공되기 위해서는 의도적인 힘이 필요하다. 그러나 시문학은 이 목표에 도달하면 보편성으로 향하는 사유와 개별성을 포착하는 직관 및 감정의 분리를 해소할뿐더러, 후자의 형태와 그 소재(素材) 및 내용을 단순히 이용하는 데서 벗어나 이를 보편적인 것과 화해시키려고 나아가면서 결국 이를 성취한다. 그러나 이때 시적인 표상방식과 산문적인 표상방식은 하나의 동일한 의식 속에 결합되므로, 이것들은 서로 방해하고나 침해하기도 하고 심지어 상호대립도 가능하다. 이러한 대립은 예를 들어 오늘날 우리의 시문학이 증명해 보이듯이 오직 최고의 독창성만이 해결할 수 있다. 그 외에도 다른 어려움들이 등장하는데, 그 중 비유적인 것과 관련해서 몇 가지만 더 강조하고자 한다. 즉 본래의 시적인 표상 대신에 산문적인 오성이 들어서게 되면, 원래의 표현은 물론 은유적인 것에서도 다시 시적인 것을 일깨우는 일은 뭔가 의도적인 것을 내포하기 쉽다. 이는 심지어 실제로 의도적인 것처럼 드러나지 않는 곳에서도 저 직접적인 진리에 다시 도달하기는 거의 힘들다. 왜냐하면 예전에는 아직 신선했던 많은 것들이라 해도 반복적으로 사용되면, 그 때문에 습관적으로 점차 일상적인 것이 되면서 비속해지기 때문이다. 시문학은 새로운 것을 창안해내려고 할 때 종종 의지에 반해 부차적으로 첨가되는 말, 즉 바꿔서 서술하는 것 따위로 빠져버리며, 비록 지나치게 과장하지는 않더라도 기교적이고 장식적이며 일부러 자극적이고 억지로 꾸미게 된다. 이런 것들은 단순하고 건전한 직관과 감정에서 나오지 않으며, 대상들에게 자연스러운 색채로 조명하지 않고 억지로 효과를 생각해내서 꾸미고 그러한 조명 속에서 그것들을 바라본다. 그런 측면에서 보면 이는 오히려 본래의 표상방식과 은유가 뒤바뀌는 일이 되고 만다. 그때 산문성을 넘어서서 비범한 것이 되기 위해서는 아직 다 소모되지 않은 효과를 거두기 위해 노련함을 낚아채려고 너무 서두르지 않을 수 없게 된다.

2. 언어의 표현

그러나 시적인 상상력은 그것의 형상을 말로 수식하고 언어를 통해 전달해야 하는 점에서 다른 모든 예술가들이 창조하는 방식과는 다르므로, 이는 처음부터 모든 표상을 언어가 제공하는 수단들을 통해서 완전히 표현하여 드러낼 의무가 있다. 대체로 시문학은 좁은 의미에서 말로 실제로 구체화되어 완성될 때 비로소 시적으로 된다.

시예술의 이런 언어적인 측면은 소재를 무한히 뒤얽히게 서술함으로써 우리에게 제공할 수 있다. 그러나 나는 우리 앞에 놓인 더 중요한 대상들을 고찰할 여지를 남기기 위해 이에 대한 고찰은 피하고 다만 중요한 관점들만 간단히 언급하고자 한다.

a. 시적인 언어 일반

예술은 모든 점에서 우리가 일상적인 삶이나 종교적인 표상, 행동, 학문적인 사색 속에서 취하는 것과는 다른 기반 위에 서야 한다. 이는 언어로 표현할 때만 가능하다. 왜냐하면 우리는 여기에서 이미 습관된 언어와는 다른 언어를 사용하기 때문이다. 그러므로 시예술은 그 표현방식에서 한편으로 우리를 단순히 일상적 통속적인 범속함으로 끌어내리는 것을 피해야 함은 물론, 다른 한편으로 종교적인 교화나 학문적인 사색의 어조로 빠져들어서도 안 된다. 무엇보다도 시예술은 오성에 의해 예리하게 구분되고 상대화되는 것, 모든 직관에서 벗어난 사유의 범주들, 철학적인 판단이나 귀결의 형태를 멀리해야 한다. 왜냐하면 그 형태들은 우리를 상상의 영역에서 벗어나 다른 영역으로 들어가게 하기 때문이다. 그러나 이 모든 것들을 고려해도 시가 멈추고 산문이 시작되는 경계선을 긋기는 어렵고, 또 대체로 정확하게 언급할 수가 없다.

b. 시적인 언어의 수단

그러므로 시언어가 그 임무를 이행하기 위해 사용할 수 있는 특수한 수단들을 고찰하자면, 다음과 같은 것들을 강조할 수 있다.

α) 첫째, 시문학에서는 고양시키는 측면과 희극적으로 낮추어 과장하는 측면이 있으며, 각기 독특한 말과 표현들이 쓰인다. 이는 서로 다른 말들을 결합하고 특정하게 유연한 형태로 만들 때 일어난다. 여기에서 시문학은 일상적인 삶에는 사용되지 않는 고전적인 것을 고수할 수도 있고, 한편으로는 언어 형성에 선구자적인 역할을 하면서 언어의 천재성에 맞서 행하는 것만 아니라면 아주 대담한 언어를 창안해 낼 수 있다.

β) 둘째, 또 다른 표현법으로 *배어법(配語法, Wortstellung)*에 관해서 살펴볼 수 있다. 이 영역에 속하는 것은 이른바 언어의 수사학적인 표현들이다. 다시 말하면, 이것들은 언어적인 장식 자체와 관련된다. 그렇지만 그런 것들을 사용하는 일은 나쁜 의미에서 보면 수사학적이고 낭송적인 것에 빠지기 쉽고 생생한 개성을 파괴한다. 이는 만약에 이런 형태들이 느낌과 열정을 독특하게 만들어내는 대신에 일반적인 규칙에 따라 만들어진 표현방식으로 대체함으로써 저 내밀하고 말이 별로 없는 단편적인 표현과는 반대되는 것을 이루게 될 때 그러하다. 이처럼 내밀한 표현을 하는 깊은 심정은 많은 말을 만들어낼 줄 모르며, 그 때문에 특히 낭만적인 시문학에서 자기 안에 파고드는 영혼의 상태를 묘사하는 데 큰 효과가 있다. 그러나 일반적으로 배어법은 시문학에서 아주 풍요로운 외적인 수단 가운데 하나로 머문다.

γ) *셋째*, 끝으로 *복합문의 구조*에 대해서도 언급하자면, 이는 그 밖의 다른 측면들을 받아들여 이것들이 단순 복잡하게 뒤얽혀 진행되

거나, 불안하고 지리멸렬하게 머물거나, 조각조각 갈라지거나, 고요하게 또는 넘쳐흐르며 세차게 솟구쳐 나가는 방식에 따라 그때마다의 상황, 감정, 열정을 표현하는 데 많은 기여를 할 수 있다. 왜냐하면 이런 모든 측면에 따라 내면은 외적인 언어의 표현 속에 비쳐져서 나타나고, 그 특성을 규정하기 때문이다.

c. 수단들을 이용하는 데 있어서의 차이

셋째로, 방금 언급한 수단들을 *사용*하는 데 있어 우리가 이미 시적인 표상과 관련해서 주목했던 비슷한 단계들을 구별할 수 있다.

α) 다시 말해서 시적인 어법은 한편 민중 속에서 언어가 아직 발전되지 않고 시문학에 의해 먼저 발전을 이루던 시기에는 생생한 것이 될 수 있었다. 그때 시인의 말은 언어를 통해 지금까지 벗겨지지 않았던 것을 드러내는 가운데 내적인 것 일반을 언표하는 것으로서, 뭔가 새로운 것, 스스로 감탄을 불러일으키는 것이 되었다. 이 새로운 창조는 아직 습관적으로 나타나지 않은, 사람들이 놀랍게도 가슴 속 깊이 감춰진 것을 처음으로 자유로이 펼쳐 보이는 재능과 힘의 결과 나오는 기적이었다. 이런 경우에 주요한 사안은 말이 만들어낸 표현의 위력이지 그것의 다양한 형성이나 전개가 아니며, 그 어법 또한 아주 단순한 것이다. 왜냐하면 그러한 옛 시대에는 표상이 익숙하지도 않았고, 또 이리저리 다양하게 표현하는 것도 가능하지 않았으며, 따라서 표현되는 것은 기교없이 직접 표출되어 알려졌을 뿐 뉘앙스를 띠고 진행되거나 중재되지도 않았으며, 후세에 예술의 기교에서 보인 것과 같은 장점들이 밀치고 나오지도 않았기 때문이다. 왜냐하면 여기에서 시인은 사실 자기의 민족에게

문을 열어주어 표상을 말로 드러내고 말을 표상하게 도운 최초의 인물이기 때문이다. 그때 말한다는 것은 아직은 범속한 삶이 아니었으며, 시문학은 신선한 효과를 위해 모든 것을 사용해도 되었다. 물론 이는 후세에는 범속한 삶의 언어가 되어 점점 예술로부터 분리되었지만. 이런 점에서 예를 들어 호메로스의 언어표현 방식은 우리 시대에는 아주 일상적인 것으로 나타날 수도 있다. 그에게서는 어떤 표상이든 그에 맞는 본래의 말이 있으며, 비본래적인 표현은 별로 없었다. 그리고 표현은 아주 상세하지만 언어 자체는 아주 단순하게 머물렀다. 비슷한 방식으로 단테 역시 자기 민족에게 생생한 시언어를 창조해 주었으며, 이런 점에서 자신의 창조적인 재능이 지닌 대담한 에너지를 보여주었다.

β) 둘째, 그러나 표상의 영역이 반성의 영역으로 더 확대되고, 연결시키는 방식들도 다양해지며, 그런 식으로 표상이 진행되어 나아가는 노련함이 증가하고, 언어적인 표현도 아주 익숙하게 발전되면 시문학은 어법적인 면에서 전혀 달라진 입장을 취한다. 다시 말해 그때 한 민족은 이미 일상적인 삶의 특징을 지닌 산문적인 범속한 언어를 갖게 되므로 이제 시적인 표현은 관심을 끌기 위해서는 저 일상적인 언어를 피하고 새로 고양된 함축적인 것이 되어야 한다. 일상적인 현실에서는 순간적으로 우연성이 말의 근간이 된다. 그러나 어떤 예술작품이 솟아 나오려면 순간적인 감정 대신에 사려 깊은 것이 들어서야 하고, 열정의 흥분마저도 멋대로 드러나서는 안 되고, 예술적인 고요함에서 발전되고 뚜렷이 통찰하는 감각적인 분위기 속에서 정신의 창조물은 형상화되어야 한다. 초기 시문학의 시대에는 이러한 집중된 고요함이 시를 짓고 말하는 데서도 드러났으나, 후대에 와서는 시적인 표현으로 형상화되는 것은 산문적인 표현과는 대조되는 차이 속에

서 만들어져 드러난다. 이런 점에서 이미 산문적으로 발전된 시대의 시들은 본래 시적인 시대나 민족들과는 본질적으로 구분된다.

그러나 여기에서 더 나아가 시적인 산출에는 내면적인 진리에 주목하는 일보다는 이처럼 표현하는 것이 중요한 사안이 되고, 언어적인 측면에서 완성하여 매끄럽고 우아하고 드러나는 효과를 중시하게 된다. 이때에는 내가 전에 언급한 바 있는 수사적이고 웅변적인 것, 낭송조를 띤 것이 시문학의 내면적인 생동성을 파괴하는 방식으로 발전하게 된다. 왜냐하면 여기에서는 형상화하고자 하는 깊은 사려가 *의도적인 것*으로 드러남으로써, 자의식적으로 규제된 예술은 아무 의도 없이 꾸밈 없이 드러나야 하는 참된 효과를 위축시키기 때문이다. 모든 민족들은 시문학에서 거의 그런 수사학적인 작품들만을 산출해 낼 줄 알았다. 그래서 예를 들어 키케로(Cicero)[6]의 작품에서 라틴어(die lateinische Sprache)는 아직도 순수하고 얽매이지 않은 언어로 들리지만, 로마의 시인들, 예를 들면 베르길리우스나 호라티우스에게서는 예술은 뭔가

---

[6] 키케로(Marcus Tullius Cicero, BC106~BC43)는 로마의 정치가이자 웅변가, 철학자. 고대 그리스의 철학, 역사, 문학, 수사학, 로마역사 등 다방면의 교육을 거쳐 당대 최초의 웅변가가 되었다. 로마와 그리스에서 훌륭한 교육을 받은 그는 기원전 81년에 처음으로 법정에 등장해 훌륭한 변호를 한 덕택에 법조계에서 유명해졌고, 이를 시작으로 자신의 정치적인 기반을 닦아 마침내 집정관(Konsulat)이 되었다. 원로원 중심 체제를 옹호하던 그는 카이사르에 반대하여 반란을 일으켰다가 실패했으나, 은둔하여 많은 책을 저술하여 문학적인 면에서 그의 재능을 드러냈다. 원래 정치에 관심이 많아서 그의 저서들도 국가와 법에 대한 것이 많았으며, 그의 이상은 국가를 경영하는데 있어서 철학과 능변을 결합하는 것이었다. 기원전 44년에 카이사르가 암살당하고 안토니우스가 정권을 잡자, 그는 안토니우스를 탄핵한 후 원한을 사서 안토니우스가 보낸 자객에 의해 암살되었다. 저서로는 《웅변가에 대해서(De Oratore)》, 《국가에 대해서(De re publica)》, 《법에 대해서(De legibus)》등 다수가 있다.

키케로의 흉상. 덴마크의 조각가 토르발센이 로마의 원본을 따라 만든 것이다. (1799-1800년 作) 코펜하겐의 토르발센 박물관 소장

단지 인위적인 것, 의도적으로 만들어진 것처럼 느껴진다. 그들에게서 우리는 단지 외적인 장식으로만 되어 있는 산문적인 내용을 인식하게 된다. 그리고 그 시인들에게서는 그들에게 근원적인 재능이 부족하기 때문에 언어적인 능란함이나 수사적인 효과를 동원해 원래 창의적으로 만들어내는 힘과 효력에 결핍되는 것을 대치시키려 하는 모습을 보게 된다. 프랑스인들도 이와 비슷해서 이른바 그들의 고전주의시대의 시문학에서는 교훈시(教訓詩, das Lehrgedicht)나 풍자가 특히 적절하게 드러난다. 여기에서는 많은 수사적인 어법들이 탁월한 위상을 차지하고 있다. 그럼에도 그들의 말은 대체로 산문적이고, 언어는 풍부하게 이미지로 치장된 것일 뿐이다. 이는 헤르더나 실러의 어법과도 좀 비슷하다. 이들이 사용한 표현방식은 주로 산문적인 표현을 목적으로 한 것이었지만, 그들의 글 속에는 다행히 사상의 무게와 표현력이 있어 참을 만하다. 에스파냐 작가들도 의도적이고 기술적인 화려한 어법에서 완전히 벗어나지는 못했다. 대체로 남쪽 지방, 예를 들어 에스파냐나 이

탈리아인들, 또 그들 이전에도 마호메트교도, 아랍인들, 페르시아인들도 아주 광범하고 의미에서 한참 벗어나는 이미지들과 비유들을 사용했다. 고대인들 중에서도 특히 호메로스의 표현은 늘 매끄럽고 고요하게 진행된다. 반면에 용솟음치는 직관을 지니고 있는 위의 민족들은 그 충만함 때문에 심정이 고요할 때조차 자신들을 확대시키려고 분투한다. 그들은 이처럼 사변적으로 창작하는 가운데 아주 엄격하게 분리하지만 그 분류가 때로는 억지로 이루어지기도 하고, 때로는 기지에 찬 풍부한 정신으로 유희적으로 결합하는 오성에 예속되기도 한다.

γ) 참으로 시적인 표현은 저 단순히 웅변적인 수사법이나 이 화려하고 기지에 찬 어법의 유희에 있어—물론 그 안에 시를 짓는 즐거움이 멋진 방식으로 드러날 수는 있지만—, 그로 인해 내적인 본성의 진리가 위협 받거나, 내용 속에 깃든 권한이 잊혀져 언어로 표현되고 전개되지 못할 우려가 있을 때 그것들에게서 거리를 둔다. 왜냐하면 어법 자체는 독자적으로 시문학의 일부가 됨으로써 전적으로 중요한 것이 되려고 해서는 안 되기 때문이다. 대체로 언어적인 면에서 숙고를 거쳐 형상화된 것은 자유분방함을 상실해서는 결코 안 되며, 늘 마치 스스로 내면적인 언어의 맹아로부터 솟아 나온 것처럼 보여야 한다.

3. 시의 운문화

끝으로 시적인 표현방식에서 *세 번째* 측면을 보면, 시적인 표상은 말의 모습을 띨 뿐만 아니라 실제로 *말해지고* 또 감각적인 요소로 넘어가 말소리나 낱말들이 울려나올 필요가 있다. 이는 시를 운문(韻文,

Versifikation)이 되게 이끌어간다. 비록 시적인 표현이라도 그 밖에 산문으로 다뤄질 때는 단지 시적인 산문이 되듯이 운문화된 산문은 물론 시가 되지 않고 단지 운문이 된다. 그럼에도 불구하고 시운율은 시에서 최초로 유일하게 감각적인 향기를 띤 것으로서 전적으로 필요하며, 사실 이미지가 풍부한 이른바 미적인 어법보다도 더 필요하다.

이러한 감각적인 요소를 기술적으로 풍부하게 전개하는 일은 곧 시 문학이 요구하는 다른 영역을 우리에게 알려준다. 이는 우리가 비속한 삶의 의식을 지닌 현실적 이론적인 산문에서 떠났을 때 비로소 들어서는 기반으로서, 시인으로 하여금 일상적인 말의 한계 밖에서 움직이게 하고, 그가 표현하고자 하는 것을 오직 예술의 법칙과 요구에 따라서 형성하게 한다. 그러므로 시구(詩句)의 운문화가 자연성에 어긋난다는 이유로 이를 배척하려고 하는 것은 아주 피상적인 이론일 뿐이다. 물론 레싱은 프랑스의 알렉산더격(格)(Alexandriner) 시행(詩行)[7]이 지닌 그릇된 파토스(das Pathos, 열정, 격정)[8]에 맞서서, 특히 비극에 산문적인 어법이 적절하다고 보고 이를 도입시키려고 애썼다. 그리고 실러와 괴테도 그들 초기에 쓴 떠들썩했던 작품들 속에서 소재에 맞게 자연스럽게 창작하려는 충동에서 오히려 이런 원칙에 따르기는 했다.

그러나 레싱은 그의 《현자 나탄》에서 결국 다시 약강격(Jambus)의 운율을 사용했으며, 실러도 그의 희곡 《돈 카를로스》에서 지금껏 밟아온 길을 갔다. 괴테는 그의 작품 《이피게니아(Iphigenie)》와 《타소(Tasso)》에서 초기에 산문적으로 다루던 방식이 불충분하자, 시를 표

---

[7] 이는 6각 단장격으로 된 12음절의 시로, 특히 중세 프랑스에서 고대 알렉산더 대왕에 대한 서사시를 이 율격으로 지은 후에 유행하였다.
[8] 파토스(그리스어, πάθος)는 그리스어로는 감정적인 흥분과 격정을 뜻하는 것으로 보통 로고스(Logos, 그리스어는 'λόγος')의 반대말로 쓰였다.

현할 때는 물론 산문을 쓸 때에도 전적으로 더 순수한 형태로 바꿔서 썼다. 그리하여 그의 작품들은 언제나 새로운 경탄을 불러일으켰다.

물론, 기교적으로 시의 운율을 짜 맞추는 일은 내적인 표상을 감각화하고 회화에서 색채를 결합하는 일보다 더 엄격한 결합처럼 보일 수 있다. 왜냐하면 외부사물들과 인간의 형상은 그 본질상 색채를 띠고 있으며, 색채가 없는 것은 강요된 추상성이지만, 반면에 표상은 단순한 전달을 위한 기호로 자의적으로 사용되는 언어의 소리와는 내적인 관계가 멀거나 혹은 전혀 관계가 없으므로 엄격하게 운율의 법칙을 요구하는 것은 상상을 속박하는 일처럼 보이기 쉽기 때문이다. 그래서 시인은 전적으로 자기의 내면에서 표상이 떠오르는 대로 전달하지 못할 수도 있다. 그러므로 시의 운율이 리듬을 띠고 선율적으로 흐르면서 울릴 때면 아주 매혹적인 것이 된다는 점에서는 논쟁의 여지가 없을지 몰라도, 이 감각적인 매력을 위해 종종 최고의 시적인 감정과 표상을 희생해야 한다면 너무 지나친 요구가 될 수도 있다. 그러나 이런 반박도 오래 가지는 못한다. 다시 말해서 운문이 자유로운 시작에 방해가 될 뿐이라는 반박은 참된 것이 아닌 것으로 증명된다. 참된 예술적인 재능은 대체로 그 감각적인 질료 안에서도 마치 자기에게 주어진 아주 고유한 비밀스러운 요소 안에서 움직이듯이 움직인다. 이 요소는 방해하거나 억누르지 않고 거꾸로 고양시키고 지탱해 준다. 그래서 우리는 사실 모든 위대한 시인들은 자신들이 창조한 템포, 리듬, 운율 속에 자의식을 갖고 자유로이 드나드는 것을 보며, 다만 그 시를 번역할 때만 같은 운율이나 반해음(半諧音, Assonanz, 동일하거나 유사한 모음을 반복하는 것—역자주) 따위의 규칙을 따르는 것이 종종 강압적이고 고통스러운 일이 될 뿐이다. 그러나 자유로운 시문학에서는 그 밖에도 표상한 것을 이리저리 표현하면서 압축하거나 확대할 필요가 있으며, 또한 시인에게도 마찬가지로 *새로운* 생각, 착상, 창의가 필요한데, 이런 것들은 그런 자극이 없이는 나오지 않을 것이다. 그러나 이 같은 상대적인 장점을 제외한다면 시 안에서 감각적인 존재, 즉 말의 울림은 원래 예술에 속하므로 직접 말할 때의 우연성에서처럼 그렇게 무형태적, 무규정적으로 머물러서는 안 되고 생생하게 형상화되어 나타나야 하며, 비록 시 안에서 단순히 외적인 수단이 되어 함께 울리더라도 시를 위한 목적으로 다뤄짐으로써 스스로 조화롭고 한정된 형상이 되어야 한다. 모든 예술에서 그러하듯이 감각적인 것에 이처럼 주의를 기울일 때 진지한 내용에도 역시 또 다른 측면이 첨가된다. 이 측면을 통해 이 진지함은 또한 곧 제거되며, 시인과 청중은 그것에서 해방됨으로써 바로 쾌활성을 띤 기품 속에서 그것을 초월하는 영역으로 들어 올려진다. 회화와 조각에서 예술가에게는 공간적으로 제한된 감각적인 성질을 띤 형태들이 주어짐으로써 인간의 신체부위, 바위, 나무, 구름, 꽃을 소묘하고 채색할 수 있다. 또 건축에서도 역시 건설하고자 하는 욕구와 목적이 담이나 벽, 지붕 따위에게 특정한 규범을 어느 정도 미리 규정한다. 이와 비슷하게 음악도 절대적으로 필요한 화음의 기본법칙 안에서 확고한 규정들을 지닌다. 그러나 시예술은 말이 서로 결합하여 감각적으로 울리는 일에는 일단 매여 있지 않다. 시인은 이 규제되지 않은 것을 감각적으로 한정지어 정리함으로써 곧 자기가 구상하는 것의 구조와 감각적인 미를 위해 말에 더 고정된 윤곽을 부여하여 이것이 울리도록 틀을 부여하여 묘사할 임무를 띠게 된다.

음악적인 낭송에서 리듬과 선율이 내용의 특성을 그 안에 수용하여 이에 적합하게 변해야 하듯이, 이와는 좀 떨어진 방식이기는 해도 운문화된 시도 역시 그 안에서 저 어두우면서도 규정된 표상의 진행방향과 특성을 다시 울리게 하는 하나의 음악이다. 이런 측면에서 운율은 시 전체의 일반적인 음이 되어 정신적인 숨결을 제시해야 한다. 예를 들어 그 외형에 약강격(독일어 'Jambus', 영어 'iambics'), 강약격(독일어 'Trochäus', 영어 'trochees', 약강격의 반대), 스탠자(Stnaza, 각운이 있는 8행의 시구)를 쓸 것인지 아니면 알카이오스(Alkaios, 고대 그리스의 서정시인, 기원전 600년경 사람 — 역자주) 풍(風)의 시구나 다른 시구를 택할 것인지는 중요한 일이다.

더 자세히 분류해 보면 특히 두 *가지* 체계가 있는데, 우리는 그것들 상호 간의 차이를 고찰해야 한다.

*첫째*는 리듬을 띠게 운문화하는 일로, 말에서 음절의 특정한 장단은 물론 다양한 형상적 비유적인 결합과 시간의 움직임에 근거해 이루어진다.

그에 반해 *둘째*로, 개별적인 문자들, 즉 자음이나 모음은 물론 모든 음절, 낱말들에서 그 음들 자체를 강조시키는 일이다. 그러한 말들의 대위법은 때로는 동일하거나 비슷한 음을 규칙적으로 반복하는 법칙에 따라서 때로는 대칭적으로 바뀌는 규칙에 따라서 배열된다. 여기에 속하는 것으로는 두운법(頭韻法, Alliteration), 반해음(Assonanz, 같은 모음의 반복), 압운(押韻, Reim)이 있다.

위의 두 체계는 언어의 운율과 밀접한 관계가 있다. 이는 언어가 원래 음절의 자연스러운 장단에 근거해 있든, 음절의 의미에 의해 산출되는 논리적인 악센트에 근거하든 마찬가지이다.

*셋째*로, 리듬적으로 진행되는 것과 스스로 형상화되는 울림이 서로 결합되는 일이다. 그러나 운율에 집중해 강조된 음은 강하게 울리므로 단순히 시간적으로 지속돼 움직이는 요소보다 우세하게 나타난다. 그처럼 결합될 때 리듬은 후퇴하면서 주목을 덜 끌게 된다.

a. 리듬을 띠는 운문화

운율이 없는 *리듬*의 체계와 관련해서 보면 다음과 같은 점들이 가장 중요하다.

첫째, 음절의 고정된 템포가 *길거나 짧음*으로 단순하게 차이나는 것과, 그것들이 특정한 관계를 띠고 운격으로 다양하게 결합되는 경우이다.

둘째, 악센트, 중간 휴지(休止), 그리고 운율과 낱말의 악센트를 서로 대립시킴으로써 리듬적인 *생동감*을 주는 일이다.

셋째, 낱말들의 울림이 이렇게 움직이는 가운데 운각(韻却)으로 압축되지 않고도 그 생겨날 수 있는 협화음(*Wohlklangs*)의 측면이다.

α) 독자적으로 고립되어 울려 나오기보다는 *시간적인 지속성과 움직임*에 주로 의존하는 *리듬적인 것*에서는 이제

αα) 음절들의 *자연스러운* 장단이 그 출발점이 된다. 그것들을 단순하게 차이 나게 하는 요소는 언어의 소리 자체, 발음되는 문자, 자음과 모음들이다.

특히 아이(ai), 오이(oi), 아에(ae) 따위의 이중모음은 자연적인 긴 음들이다. 왜냐하면 그런 음들은 근래의 학교 교사들도 말하겠지만, 마치 색들 가운데서 녹색처럼 두 가지가 합쳐진 구체적인, 이중의 음이기 때문이다. 그 외에 세 번째 원리로서 이미 산스크리트어(Sanskrit) 및 그리스어와 라틴어에 독특한 음의 위치가 있다. 즉 두 개의 모음 사이에 두 개 이상의 자음들이 오게 되면, 이것들은 얼핏 말하기에 더 어려운 이행부(移行部)를 형성한다. 즉 발음기관은 그 자음들을 넘어서서 분절(分節)을 하는 데 더 긴 시간이 필요하므로 잠시 멈춘다. 이는 모음이 짧아서 음절이 길게 연장되지 않더라도 리듬적으로 길어지게 한다. 그래서 예를 들면 내가 라틴어로 "mentem nec secus"(호라티우스의 송가 Ⅱ, iii 2의 말—역자주)라고 말할 때, *mentem*

과 *nec*라는 낱말에서는 한 모음에서 다른 모음으로 이행하는 일이 *sec*이라는 낱말에서처럼 그리 간단하거나 쉽지 않다. 근대의 언어들에서는 이 후자의 차이가 확고하게 고수되지 않으며, 다른 기준에 따라 음의 장단을 감안한다. 그러나 이 때문에 그 위치에 관계없이 짧게 발음된 음절들은 더 빨리 움직이는 것을 방해하기 때문에 종종 경음(硬音)으로 들린다.

반면에 이중모음, 장모음 그리고 위치들과는 다르게 단모음들에 의해 형성되고 첫 번째 자음이나 그 뒤에 따르는 두 개 이상의 자음들 사이에 오지 않는 음절들은 본래 단음으로 드러난다.

ββ) 낱말들은 때로는 다음절(多音節)을 띠고 그 안에 다양한 장단을 지니고 있으며 때로는 단음절(短音節)이라 해도 다른 낱말들과 결합되므로, 서로 다른 음절과 낱말들은 어떤 운율에 의해 규정되지 않고 우연하게 변화한 것으로서 나타나기도 한다. 이런 우연성을 규제하는 일은 전적으로 시문학의 과제이기도 하다. 이는 개별적인 음들의 정돈되지 않은 지속성을 템포의 통일성을 통해 정확히 규정하는 일이 음악의 임무였던 것과 같다. 그러므로 시문학은 장단(長短)을 특별하게 결합시키는 것을 스스로 법칙으로 세우며, 그에 따라 시간의 지속과 관련해서 음절들이 연속적으로 울려 나오게 해야 한다. 그럼으로써 우리가 맨 먼저 얻는 것은 여러 다른 *시간관계*들이다. 여기에서 가장 간단한 것은 같은 것끼리의 상호관계이다. 그 예가 장단단격(長短短格, 독일어 'Daktylus', 영어 'dactyl')과 단단장격(短短長格, 독일어 'Anapäst', 영어 'anapaest')으로서, 그 속에서는 단음이 특정한 법칙에 따라 곧 다시 장음으로 될 수도 있다(揚揚格, 독일어 'Spondeus', 영어 'spondee'). 다음에, 약강격(Jambus)이나 강약격(Trochaeus)에서처럼 짧은 음절 옆에 긴 음절이 들어설 수 있어서 단순한 형태이기는 해

도 시간상 더 깊은 차이가 드러난다. 두 개의 긴 음절 사이에 하나의 짧은 음절이 들어서거나 두 개의 긴 음절이 하나의 짧은 음절에 앞서 나오면 그 결합은 더 복잡해진다. 이는 장단장격(독일어 'Kretikus', 영어 'creitc')이나 단장장격(독일어 'Bacchius', 영어 'bacchius')에서 볼 수 있다.

γγ) 이와 같은 *개별적인* 시간관계들은 만약에 그것들이 현란한 다양성 안에서 자의적으로 서로 뒤따라 나오게 되면, 또다시 규제되지 않는 우연한 것들이 들어오도록 문을 열어 주는 격이 될지도 모른다. 왜냐하면 그때 이 관계들 속에서 한편으로 장음절과 단음절들이 규칙적으로 연속되어 나오는 법칙을 띤 목적은 파괴될 것이고, 다른 한편으로 그럼으로써 시작과 중간, 끝에 대한 피규정성이 없어져서 이로 인해 새로이 드러나는 자의성은 우리가 이미 위에서 음악적인 템포와 박자에 대해 고찰할 때 인지(認知)하는 자아와 음악의 시간 길이와의 관계에 대해 확인한 것과 전혀 어긋날 것이기 때문이다. 자아는 시간 속에서 끊임없이 흘러가는 일에서 회귀하여 자아 자신에게 집중할 것을 요구하며, 또한 이를 오직 특정한 시간단위와 그것이 규칙적으로 연속되고 종결되는 가운데 현저하게 강조될 때에만 인지한다. *셋째*로, 그에 근거하여 시문학 역시 개개의 시간적인 관계를 운각이나 그 시작, 이행, 종결되는 종류와 수와 관련해 규칙성을 띤 *운문*으로 나열한다. 예를 들면 약강격의 3각율시(三脚律詩, Trimeter)는 6개의 약강격 운각으로 되어 있고, 그 중 각각 두 개씩은 다시금 약강격의 2중운각(二重韻脚, Dipodie)을 이룬다. 6개의 장단단격으로 된 6운각(Hexameter)은 특정한 대목에서는 다시금 양양격(揚揚格, Spondeus)으로 압축될 수 있다. 그러나 그런 운문들은 같거나 비슷한 방식으로 다시 반복될 수 있다. 그래서 이처럼 연속적으로 나타나면서 때로는

무규정적으로 끝에서 완결되며, 때로는 단조롭게 끝나므로 내면적인 다양한 구조의 결핍을 느낄 수 있다. 이런 조악한 상태를 벗어나려면 결국 시문학은 시연(詩聯)을 창조하고 이를 다양하게 조직하여 시적으로 표현해 나가야 한다. 이에 속하는 것으로 예를 들어 고대 그리스인들의 비가(悲歌)의 운율, 알카이오스(Alkaios)풍이나 사포(Sappho)풍의 시연, 그리고 핀다르(Pindar)와 유명한 극시인들이 서정적으로 지었거나 그 밖에 합창단을 위해 풍부하게 예술적으로 발전시킨 시구들이 있다.

그러나 템포와 관련해서 음악과 시문학이 아무리 서로 비슷한 욕구를 충족시키더라도, 양쪽의 차이를 언급하지 않고 넘어가서는 안 된다. 여기에서 가장 이탈하기 쉬운 것은 *박자*이다. 그러므로 사람들은 동일한 시간적 차이를 지닌 박자의 반복이 고대인들의 시에서 운율로 쓰였다고 가정해야 할지 아닐지에 대해 수차 의견이 분분했다. 일반적으로 주장할 수 있는 것은, 말을 단순한 전달수단으로 삼는 시문학은 이 시간적인 것과 관련해 음악에서처럼 추상적으로 계속 진행해가기 위한 절대적으로 확고한 격(格)인 박자에 예속되지는 않는다는 점이다. 음악에서 음은 지속적으로 울려 퍼지는 것으로서 확고한 박자의 움직임이 전적으로 필요하지만 말은 그렇지 않다. 왜냐하면 말은 한편으로 표상에 근거하며, 다른 한편으로 대체로 외적인 울림과 소리로만 나타나기보다는 내면적인 표상을 시예술의 본질적인 요소로 간직하기 때문이다. 그러므로 사실 시문학은 직접 말로 명확하게 표현되는 표상과 느낌 속에서 정지하고 진행하고 멈추거나 머뭇거리는 데 기준이 되는 더 본질적인 규정을 발견한다. 이는 음악의 레치타티보에서 단조롭고 동일한 박자에서 벗어나기 시작하려는 것과도 같다. 그러므로 시운율이 오직 박자의 법칙에만 따른다면, 적어도 이 영역에서는 음악과 시문학의 차이는 전혀 없어지고, 시간의 요소는 시문학의 본질상 허용되는 것보다 더 우세해질 수 있을 것이다. 이것이 바로 시문학에서 *박자*가 우세해서는 안 되고 *템포*가 우세해야 하며, 말의 의미에서도 이러한 측면이 상대적으로 우세하게 나타나야 하는 이유가 된다. 이런 점에서 우리가 보기에 고대인들이 사용한 특수한 운율을 더 자세히 고찰하면 물론 엄격하게 박자에 맞춰 움직이는 데는 6운각이 가장 적합하다. 예를 들어 보스(Voss)⁹⁾가 그러한 운격을 사용했다. 다른 한편으로 6운각에서 그러한 가정은 끝의 압운이 불완전하기 때문에 지장을 받는다. 만약에 보스가 알카이오스풍과 사포풍의 시연(詩聯)을 그처럼 추상적으로 같은 시간의 간격을 두고 읽을 수 있는 것으로 이해하려고 한다면, 이는 운문에 변덕스럽고 자의적인 폭력을 가하는 것이 되고 만다. 그러한 요구는 대체로 우리의 독일식 약강격 운문이 줄곧 같은 음절의 억양과 템포 속에서 다루어지는 습관에서 유래한다고 할 수 있다. 그러나 고대의 약강격 3각율시의 특히 그것이 시간적으로 동일한 6개의 약강격 압운으로 되어 있지 않고, 거꾸로 2중 운각의 각 첫 번째 자리에 양양격이나 이것이 해체되어 장단단격이나 단단장격이 되는 방식으로 똑같은 템포가 규칙적으로 반복됨으로써 박자의 성질은 지양되기 때문에 미적(美的)이다. 또 서정시의 시연들은 훨씬 변화가 심하므로 박자가 절대적으로 필요하다는 것이 선험적으로 보여야 한다. 왜냐하면 이는 후천적인 것으로는 볼 수 없기 때문이다.

β) 그러나 리듬을 띤 템포에 원래 활력을 주는 것은 *악센트와 중간*

---

9) 여기에 언급된 보스(J.H.Voss,1751~1826)는 독일 작가로 작품 《루이제(Luise)》를 지었으며, 운율학의 대가로도 알려져 있다. 그는 호메로스의 서사시를 독일의 6운각으로 번역했다.

휴지(休止)로서, 이는 우리가 음악에서 박자리듬으로 알고 있는 것과 병행해서 나아간다.

αα) 다시 말해 시문학에서도 모든 특정한 시간 관계는 그에 독특한 악센트를 지닌다. 즉 특정한 위치들은 규칙적으로 강조되고, 그때 다른 것들을 끌어당기면서 비로소 전체로 마무리된다. 그럼으로 써 *다양한 가치를 지닌 음절들*에 커다란 여지가 주어지게 된다. 왜냐하면 긴 음절들은 대체로 짧은 음절에 비해 두드러지게 나타나므로, 만약에 그 위에 강음(强音, Iktus)이 놓이게 되면 짧은 음절에 비해 두 배나 중요하게 드러나고 악센트가 없는 길이에 비해 강조되기 때문이다. 그러나 다른 한편으로 짧은 음절에 악센트가 오면, 거꾸로 비슷한 상황이 될 수도 있다.

그러나 이미 앞서 언급했듯이, 무엇보다도 개별적인 운각들의 시작과 끝은 개별적인 낱말들의 시작이나 끝과 추상적으로 일치할 필요는 없다. 왜냐하면 첫째, 그 자체로는 완결된 낱말이 운각의 끝부분으로 넘어가게 되면 다른 때는 서로 떨어져 있는 리듬들이 연결되기 때문이다. 그리고 둘째, 그처럼 뛰어 넘어가는 말의 끝음에 운율의 악센트가 놓이게 되면 그 때문에 눈에 띄게 시간적인 중단이 생긴다. 왜냐하면 말의 끝은 대개 어디선가 정지할 필요가 생기므로 그것이 악센트와 결합되면 원래 중단하지 않고 계속 진행되는 시간을 의도적으로 중단시키는 것처럼 느껴지기 때문이다. 그런 중간휴지는 모든 운문에서는 꼭 필요하다. 왜냐하면 물론 특정한 악센트는 개별적인 운각을 더 자세히 구별하고 그것들에게 다양성을 부여하지만, 그럼에도 불구하고 이런 식의 영활은—특히 예를 들어 이런 운각이 규칙적으로 반복되는 우리 독일식의 약강격처럼—일부는 매우 추상적이고 단조로우며, 일부는 개별적인 운각들이 결합되지 않고 서로 떨어져 나가게 하기 때문이다. 중간휴지는 이런 황량한 단조로움을 제지하고, 차이 없이 규칙적으로 반복되고 둔탁하게 지속되는 음에 좀 더 큰 생명감을 불어넣는다. 따라서 그것은 서로 다른 위치에 중간휴지가 들어서서 다양해지면서도 피규정성을 띠고 있어서 불규칙적이고 자의적인 것으로 다시 빠져들지는 못한다.

운문의 악센트와 중간 휴지에 이어 끝으로 *세 번째*의 악센트가 첨가될 수 있다. 이 악센트는 운율적(metrisch)으로 사용될 때 외에도 낱말들 자체가 절대적으로 지니고 있는 것이므로, 개개 음절의 고저와 정도에 따라 그 다양성도 커진다. 왜냐하면 이와 같은 낱말의 악센트는 한편으로 시구와 중간휴지의 악센트와 결합되어 나타나면서 그 결합 속에서 양쪽을 강화시키지만, 다른 한편으로 그것들과는 무관하게 다른 어떤 것에 의해 강조되지 않으면서도 그 말의 음절의 특성 때문에 전체적으로 새롭고 독특한 생동감을 주는 운문의 리듬에 저촉되는 음절 위에 올 수도 있기 때문이다.

오늘날 우리들의 귀는 위에 언급된 모든 측면에 알맞게 리듬적인 미를 드러낸 것을 듣기가 매우 어렵다. 그 까닭은 우리들의 언어 속에는 이런 종류의 시운율의 장점과 일치하는 요소들이 부분적으로는 고대 그리스인들에게서처럼 예리하고 확고하게 주어져 있지 않으며, 다른 예술적인 욕구를 만족시키기 위해서 다른 수단으로 대체하기 때문이다.

ββ) 둘째로, 그밖에 음절과 낱말들이 *시적*으로 *표상*되는 측면에서 의미하는 가치는 그것들이 시운율의 위치 속에서 갖고 모든 효력을 능가한다. 따라서 그것들에 내재하는 이 의미 때문에 그것들은 상대적으로 강조되거나 아니면 의미 없는 것으로 뒤처지게 되고, 그럼으로써 운문에는 궁극적으로 생동성을 띤 첨예한 정신성이 주입된다. 그러나 시문학은 이와 관련해서 운율이 띠고 있는 리듬의 규칙에 직접 대립되는 정도로까지 지나치게 나아가서는 물론 안 된다.

γγ) 특히 리듬이 움직이는 측면에 따라 특정한 방식의 *내용*도 운율

의 전체적인 특성과 일치하는데, 무엇보다도 우리들의 감정이 움직이는 특수한 방식이 그렇다. 그래서 예를 들면 6운각(Hexameter)은 그 조용히 물결치는 듯한 흐름이 규칙적인 서사적 서술에 적합하다. 반면에 그것이 5운각(Pentameter)과 균형적으로 확고한 중간 휴지(休止)와 결합되어서 더 시적인 특성을 띠면, 그 단순한 규칙성은 비가(悲歌)에 적합한 것으로 드러난다. 또 약강격은 재빨리 앞으로 진행해가는 데서 특히 극적인 대사에 적합하며, 단단장격은 박자의 특색을 띠면서 승리에 찬 듯 대담하게 앞으로 질주하는데, 이와 비슷한 특성들은 그 밖의 다른 시 운각들에도 쉽게 주어진다.

γ) 그러나 *셋째로*, 이러한 리듬에 따른 운문화의 첫 번째 영역도 단순히 음의 전개와 시간적인 지속을 활발히 하는 데만 머물러 있지 않고, 다시금 음절과 낱말들이 실제로 울리는 데로 나아간다. 하지만 이런 울림과 관련해서 언급된 방식으로 리듬이 중요한 측면으로 고수되는 고대의 언어들은 특히 압운의 경향을 보이는 근대의 새로운 언어들과는 본질적인 차이를 보인다.

αα) 예를 들어 고대 그리스어와 라틴어에서는 명사와 형용사, 동사의 변화라는 유연한 형태에 의해 어간의 음절이 풍부하고 다양하게 울린다. 물론 이것들 자체는 의미를 띠고 있으나 다만 어간의 음절이 변함으로써만 의미를 띠므로, 이는 다양하게 확대되는 소리들의 실체적인 기본*의미*의 가치는 지녀도 그것들의 울림에서는 탁월하거나 유일하게 우세한 것으로 나타나지는 않는다. 왜냐하면 예를 들어 우리가 'amaverunt'[10]라는 낱말을 들으면 어간에 세 개의 음절이 첨가되며,

---

10) 이 단어에서는 어간, 즉 'am'에는 악센트가 올 수 없다.

악센트는 이 음절들이 자연적으로 길지 않더라도 그 음절의 수가 연장되는 것에 의해 곧 어간의 음절과는 질료적으로 구별되고, 그럼으로써 주요*의미*와 강조하는 악센트는 서로 *분리*되기 때문이다. 그래서 여기에서 주요음절이 강조되지 않고 단지 *부차적인* 규정만을 드러내는 다른 것이 강조되는 한, 청각은 이미 이런 이유에서 여러 다른 음절들의 울림에 귀를 기울이고 그 움직임에 열중하게 된다. 왜냐하면 그것은 *자연적인* 운율에 충분히 자유롭게 귀를 기울이면서 이 자연스러운 장단을 리듬적으로 형성할 필요가 있다는 것을 발견하기 때문이다.

ββ) 그 반면에 예를 들어 오늘날의 독일어는 전혀 상황이 다르다. 방금 시사했듯이 고대 그리스어와 라틴어에서는 접두어나 접미어나 또는 그 밖에 다른 식으로 변형되어 표현되던 것이 특히 근대언어의 낱말에서는 어간의 음절(Stammsilbe)에서 떨어져 나가므로, 지금까지 여러 부수적인 의미를 지녔던 하나의 동일한 낱말에서 발전된 활용음절들은 독자적인 낱말들로 갈라져서 개별화된다. 여기에 속하는 것으로 예를 들면 많은 보조동사들의 사용과 독자적인 낱말들을 사용하여 희망요법을 나타내는 것, 대명사의 분리 따위가 있다. 그럼으로써 한편으로 앞서 언급한 경우에 있어서 다음절(多音節)의 다양한 음으로 확장되는 낱말은 그 속에서 주요한 의미를 지닌 어간의 악센트는 사라지고 단순한 전체로서 자체 속에 집중된다. 그때 그것은 단순한 음의 변조로 그 *의미* 자체에 열중하게 함으로써 그 자유로운 울림과 그것의 시간적인 움직임에 귀를 기울이지 못하게 하는 일련의 음들로 나타나지는 않는다. 또 한편으로 이렇게 압축됨으로써 더 나아가 주요의미는 악센트가 전적으로 그쪽에만 오게 될 정도로 중요해진다. 그리고 강세는 주요의미에 주어지므로, 이렇게 양쪽이 동시에 압축됨으로써 그 밖의 다른 음절들이 지닌 자연적인 장단은 더 이상 들리지

않게 된다. 대부분 낱말들의 어간은 일반적으로 아주 짧고 간결하며 단음절이거나 2음절로 되어 있다. 예를 들면 오늘날 우리의 모국어인 독일어의 경우에 대개 그렇듯이, 이 어간들에 악센트가 붙을 경우 이는 전적으로 *의미*를 띤 악센트이지 질료, 즉 음이 자유로워지면서 낱말의 표상내용과는 무관하게 장단과 음절을 강조하는 규정은 되지 못한다. 그러므로 여기서는 어간의 음절과 그 의미에서 벗어나 시간의 움직임과 악센트를 규정하면서 리듬 있게 형상화하는 일은 더 이상 일어날 수 없다. 그리고 위의 고대 언어에서처럼 풍부한 음의 울림과 그 장단이 화려하게 결합되어 나오는 울림에 귀를 기울이는 대신에, 일반적으로 의미심장하게 강조되는 주요 음절에만 매이는 청취만 가능하게 된다. 왜냐하면 우리가 보았듯이 그 밖에도 어간의 변형된 음절들은 갈라져 나가 특수한 낱말들로 개별화되어 그것들 스스로가 중요성을 띠기 때문이다. 그것들이 고유한 의미를 획득하므로 의미와 악센트가 동시에 같이 들리게 될 때, 우리가 방금 기본낱말에서 고찰했듯이 의미와 악센트가 서로 일치하는 것으로 들린다. 이는 우리로 하여금 곧 각 낱말의 의미에 붙잡혀 있게 하며, 또 자연스러운 음의 장단과 그 시간적인 움직임, 감각적인 악센트에 열중하기보다는 단순히 기본의미를 강조하는 악센트에만 귀를 기울이게 만든다.

γγ) 그러한 언어들에서는 리듬에는 별로 여지가 주어지지 않고 영혼이 향유할 자유는 거의 더 이상 없어진다. 왜냐하면 거기에서는 시간과 그 움직임에 따라 규칙적으로 주입되는 음절의 울림보다도 이념적인 것, 즉 낱말의 의미가 더 우세하게 되고 독자적으로 리듬적인 외형을 띤 위력은 위축되기 때문이다.

이런 점에서 우리는 리듬에 따른 운문화의 원리를 조형예술과 비교할 수 있다. 왜냐하면 여기서는 아직 정신적인 의미 자체가 강조되면서 음의 길이와 악센트를 규정하지는 않고, 반대로 낱말들의 의미는 자연적인 시간의 길이와 울림을 지닌 감각적인 요소 안에 완전히 용해되어 쾌활한 즐거움을 띠고, 이 외형에 전적으로 권리를 부여하며 또 그 이상적인 형태와 움직임에만 신경을 쓰기 때문이다.

그러나 이제 예술의 필연적인 요구에 따라 이런 원리를 거부하면서도 단순히 정신화(精神化)되는 것에 반대하여 여전히 감각적인 것에 역점을 두게 되면, 저 자연적인 장단과 리듬적인 것에서 아직 분리되지 않아 스스로 강조되지 않은 음의 최초의 조형적인 요소가 파괴될 때 귀에는 다른 어떤 질료도 포착되지 않고 다만 분명히 고립되어 확립되고 전개된 말소리 자체의 음만이 포착되어 주의를 끌게 된다.

이로써 우리는 시의 운문화에서 두 번째 주요 양식(樣式)인 시의 압운(押韻)으로 넘어가게 된다.

b. 압운

사람들은 외적으로는 언어를 새로이 다루고자 하는 욕구를 감각적인 측면에서 고대의 고전언어들이 낯선 민족들에 의해 쓰임으로써 손상된 것으로부터 해명하려고 할 수 있다. 그러나 이렇게 진행될 수 밖에 없는 것도 그 사안의 본질 자체에 들어 있다. 시를 그 외적인 측면에서 내면에 적합하게 만드는 우선적인 것은 음절의 의미와는 무관한 장단이다. 이들의 결합과 중간휴지 등을 통해 시예술은 그에 맞는 법칙을 만들었는데, 이는 물론 일반적으로 매번 표현하고자 하는 내용의 특성과 일치해야 하겠지만, 특수한 개별적인 경우에는 장단과 악센트를 정신적인 의미에 의해서만 규정하거나 이 측면을 정신적인 의미에 추상적으로 예속시키지는 않는다. 그러나 표상은 더 내적이고 정신적으로 되면 될수록 더 이상 조형적인 방식으로 이상화(理想化)시킬 수 없는 자연적인 측면에서 더욱 벗어나 자기 안에 집중함으로써 곧 언어의 구체성을 벗어 던진다. 또 한편 그 중 남은 것에서는 오직 정신적인 *의미*가 전달되기 위해 주입되는 것만을 강조하고, 그 밖의 중요하지 않은 것은 그저 부차적으로 따르게 내버려둔다. 그러나 이해하고 표현하는 데 있어 정신이 비슷하게 자기 안에 집중해 들어가는 낭만적인 예술에서도 이 주관적인 것이 그에 적합한 질료를 찾아 울리듯이, *낭만적인 시도 역시*—왜냐하면 그것은 대체로 감성의 영적(靈的)인 음을 더 강하게 드러내므로—문자, 음절, 낱말들의 독자적인 소리와 울림의 유희에 침잠하여 자족하는 가운데, 때로는 내밀하고 때로는 음악의 건축적이고 오성적인 예리한 감각으로 구별하여 이들을 상호연관시키고 뒤얽히게 하는 음의 울림으로 이행(移行)해 간다.

이러한 측면에서 시의 압운(押韻, 독일어 'Reim', 영어 'rhyme')은 단지 우연히 낭만적인 시문학에서 발전된 것이 아니라 그 시문학에 필수적인 것이 되었다. 즉 자신을 인지하려는 영혼의 욕구는 충분히 강조되어 동일하게 울리는 압운 속에서 만족하게 된다. 이 압운은 확고하게 정해진 시간과는 관계없이 다만 비슷한 음들의 반복을 통해 우리를 우리 자신에게 되돌아가게 한다. 그리하여 운문화된 시는 음악적인 내면의 울림에 더 가까우며, 곧 언어의 소재와 자연적인 장단의 규격에서 벗어난다.

이 영역에서 중요한 특정요소들과 관련해서 나는 다만 다음의 것들에 대해서만 간단히 주해를 덧붙이고자 한다.

첫째, 압운(押韻)의 기원에 대해서.

둘째, 이 분야와 리듬에 따른 운문화의 더 상세한 차이에 대해서.

셋째, 이 분야에서 갈라져 나간 시의 종류들에 대해서.

α) 우리가 보았듯이 압운이 스스로 형성된 울림이 더 강하게 발음될 것을 요구하는 낭만적인 시예술의 형태에 속한다. 왜냐하면 여기에서 내적인 주관성은 음이라는 질료 안에서 스스로를 인지하려 하기 때문이다. 그래서 이 낭만적인 예술의 욕구가 드러나는 곳에서는 내가 이미 위에서 압운의 필요성에 대해 암시한 것과 같은 언어가 주어진다. 때로 그것은 예를 들면 라틴어와 같은 기존의 옛 언어를 사용하는데, 이 언어는 구조가 다르고 또 리듬에 따라 운문화할 것을 요구하지만, 새로운 언어의 새로운 원리에 따라 특성을 바꿔 본래의 리듬을 상실하고 운이 중요한 것으로 되었는데 예를 들어 이탈리아어나 프랑스어가 그렇다.

αα) 이와 관련해 우리는 아주 초기에, 물론 다른 원리들에 근거해서이기는 하지만 기독교에 의해 강압적으로 라틴어의 음운에 압운이 도입된 것을 볼 수 있다. 그러나 이 원리들 자체는 그리스어의 모델에 따라 형성된 것이어서, 라틴어의 운문화는 그 자체에서 나왔다기보다는 반대로 그것이 겪은 변형의 양상을 볼 때 낭만적인 특성에 근접하는 경향을 보여주었다. 즉 라틴어의 운문화는 한편으로 초기에 자연스러운 장단에 근거하지 않고 음절의 가치를 악센트에 따라 측정했으므로, 고대 그리스 시문학을 더 정확히 알고 모방함으로써 비로소 그리스어의 압운의 원리를 수용하고 따랐다. 다른 한편으로 로마인들은 그리스어의 유동적이고 쾌활한 감각성을 띤 운율을 더 강화시켰는데, 특히 6운각에서는 물론 알카이오스풍이나 사포풍의 운율에도 더 강한 중간휴지를 넣고, 더 날카롭게 발음되도록 구조하거나 엄격한 규칙을 지킴으로써 그렇게 했다. 뿐만 아니라 로마 문학의 전성기에 아주 교양을 갖춘 시인들에게서도 압운이 많이 등장한다. 예를 들어 호라티우스가 지은 《시학(Ars poetica)》의 99행과 100행은 다음과 같이 운을 띠고 있다.

Non satis est, pulchra esse poemata:dulcia sunto,
Et quocunque volent, animum auditoris *agunto*.
시는 아름다운 것만으로는 충분하지 않다. 그것은 감미롭고
또 원하는 곳으로 청중의 영혼을 이끌어가야 한다.

 물론 이러한 운문화는 시인 쪽에서는 전혀 의도하지 않은 채 드러났더라도, 바로 호라티우스가 'dulcia poemata'라고 요구한 바로 그 대목에서 정확히 압운이 들어선 것은 이상한 우연이라고 볼 수 있다. 더 나아가 시인 오비디우스(Ovidius)의 경우에는 그와 비슷한 압운들이 더욱 많이 등장한다. 이러한 것은 말했듯이, 비록 우연한 것이라 할지라도 교양 있는 로마인들의 귀에 압운은 그나지 불유쾌하게 들리지는 않았던 모양으로 개별적이거나 예외적으로 삽입될 수 있었다. 그러나 이런 식으로 압운이 울리면서 보이는 유희 속에는 울림 자체가 아닌 그 안에 있는 내면적인 의미를 강조하는 낭만적인 압운의 의미심장함은 빠져있다. 바로 이것이 아주 오래된 인도의 운과 근대의 압운 사이의 드러나는 독특한 차이이다.
 그 후에 야만 민족들의 침입으로 인해 고대 언어들의 악센트는 불순하게 변했으며, 또 기독교에서 감정의 주관적인 요소를 중시한 이후로 초기의 운문에서 보였던 리듬적인 체계는 압운의 체계로 넘어갔다. 그래서 성 암브로시우스의 송가에서 시형은 발음의 악센트에 따라 조정되어 운을 강조했다. 도나티스트(Donatist)[11]들에 대항해서 성 아우구스티누스가 쓴 최초의 작품도 역시 압운을 띤 송가이며, 이른

---

11) 도나티스트(Donatist). 도나투스(Donatus)는 서기 4세기에서 7세기 사이에 북아프리카에서 일어나 종교적인 사회적인 민족적인 운동으로, 그에 맞게 설립된 특수한 교회의 추종자를 일컫는다.

바 레오닌의 압운(die sogenannten Leoninischen Verse)[12])도 뚜렷하게 6운각과 5운각을 띠면서 앞서 언급한 저 개별적인 운들과는 아주 다르다. 이런 현상 또는 그와 비슷한 현상들은 리듬적인 체계가 압운으로 넘어가 강조되고 있음을 보여준다.

ββ) 다른 한편으로 사람들은 비록 운문화에 있어서 새로운 원리의 근원을 *아랍인*들에게서 찾으려 했지만, 그러나 위대한 아랍 시인들의 작품에서 압운은 일부 서구에서 보이는 기독교적인 운보다 후에 완성되었다. 반면에 마호메트교 이전의 시예술 분야는 서구와 접촉하여 영향을 끼칠 정도가 되지는 않았다. 또 일부 아랍의 시문학에는 원래 이미 낭만주의적인 원리의 여운을 띠고 있는 것도 있어서 서구의 기사들이 십자군 원정 시기에 그 분위기를 발견해냈다. 따라서 이슬람 신앙을 가진 동양과 기독교 신앙을 가진 서양의 시문학이 생겨난 정신적인 기반은 외적으로 서로 무관해 보이기 때문에, 새로운 양식의 운문화가 양쪽에서 서로 무관하게 생겨났다고 추측할 수 있다.

γγ) 또 *셋째*로, 고대 언어들이나 아랍적인 것의 영향을 받지 않고 압운이 생겨난 것으로 볼 수 있는 요소는 *게르만* 언어들에서도 나타나는데, 그 언어들의 초기 발전모습은 스칸디나비아인들에게서 발견하게 된다. 예를 들어 고대의 《에다(Edda)》(북구신화집)에 등장하는 노래들이 이에 속한다. 이것들은 후세에 비로소 수집되고 합쳐졌지만 그 최초의 근원은 부인할 수는 없다. 여기서는 우리가 또 보겠지만 아주 완전하게 발전된 운은 들어 있지 않으나 그래도 개별적인 말소리들을 강조하고 이를 특정하게 규칙적으로 반복한 것이 보인다.

---

12) 중세의 라틴어 운은 6운각이나 6운각·5운각이 결합되어 있어서 마지막 낱말에 압운을 이루고 바로 앞에 휴지(休止)가 들어섰다.

β) 둘째로, 운의 기원보다 더 중요한 것은 새로운 체계가 고대의 체계와 독특하게 차이를 보이는 점이다. 여기에서 중요한 점은 내가 이미 위에서 다루었으므로 이제 그것을 더 상술하는 일만 남아 있다.

리듬에 따른 운문화가 가장 아름답고 풍부하게 발전한 것은 고대 그리스의 시문학에서였으므로, 우리는 거기에서 이 분야 전체에 대한 아주 탁월한 특징들을 추출할 수 있다. 이는 간단히 다음과 같다.

첫째로, 그것은 문자나 음절 또는 낱말들의 울림 자체가 아니라 *시간*으로 *지속되는* 음절의 울림을 질료로 삼으므로, 개별적인 음절이나 문자 또는 단순히 울림이 질적으로 비슷하거나 동일한 것에만 유의해서는 안 된다. 반대로 울림은 특정하게 지속되는 확고한 장단과 아직도 분리되지 않고 통일되어 있으며, 양쪽이 이행(移行)해 갈 때 귀는 각 음절의 가치는 물론 모든 것들이 리듬적으로 진행되는 법칙에 한결 같이 몰두해야 한다. 둘째로, 장단의 기준 및 리듬의 강약과 다양한 생동성의 기준은 좀 더 강한 휴지(休止)와 지점(支點)에 따른 언어의 *자연요소*에 근거하지 낱말의 *정신적인* 의미가 어떤 음절이나 낱말을 강조하는 식의 악센트에 이끌리지는 않는다. 이와 같이 운각, 운율의 악센트, 중간 휴지 따위가 결합되는 가운데 시의 운문화는 언어 자체와 마찬가지로 독립적으로 되는데, 이는 시문학 밖에서도 그 자연스러운 장단으로 이어지는 곳에 악센트를 두지 어간의 음절이 가진 함축성에서 악센트를 끌어내지는 않는다. 그래서 *셋째로*, 특정한 음절들을 생생하게 강조하는 것은 한편으로 운율의 악센트와 리듬이며, 다른 한편으로 그 밖에 주어지는 악센트이다. 이들 양쪽은 서로 방해하거나 억누르지 않고도 뒤얽혀 전체적으로 두 배의 다양성을 제공하며, 또 같은 방식으로 시적인 표상에게도 배어법과 움직임을 통해 정신적인 의미상 다른 것들보다 더 가치가 높은 낱말들을 적합하게 강조할 권리를 허용한다.

αα) 이 체계 속에서 시가 압운을 띠면서 운문화될 때 거기에 변화를 주는 것은 그 *자연적인 음량*(音量)이 이론의 여지없이 가치를 지닌다는 점이다. 그러므로 아직도 템포가 남아 있어야 한다면, 그것은 양적(量的)으로 머물거나 빠르게 나아가기 위한 근거를 더 이상 자연적인 장단 속에서는 발견될 것 같지 않은 다른 영역에서 찾아야 한다. 그러나 이 영역은 우리가 보았듯이 다만 정신적인 요소, 말하자면 음절과 낱말들의 의미가 될 수 있을 뿐이다. 궁극적으로 음절의 양적인 기준을 정하는 것은 바로 낱말의 *함축성*—만약 이것이 아직도 중요한 것으로 간주될 수 있다면—이므로, 결국 외적으로 존재하는 언어와 그 자연적인 성질에서 내적인 것으로 그 기준이 옮겨가게 된다.

ββ) 그러나 더 나아가 이것과 계속해서 연결되는 더 중요한 것이 드러난다. 왜냐하면 내가 이미 위에서 시사했듯이 이처럼 의미를 띤 어간의 음절에 집중하여 강조하는 것은, 장단의 기준이나 악센트를 정신적인 의미에서 취하지 않는 리듬의 체계가 아직 어간에 굴복하도록 요구하지 않는 낱말들이 다양하고 독자적으로 활용되고 확장되는 것을 방해하기 때문이다. 그러나 만약 낱말의 확장과 그 자연적인 배열이 음절의 확고한 양에 따른 운각(韻脚)으로 이행(移行)해 가면 여기서도 템포와 그 규칙에 근거하는 체계 전체는 필연적으로 사라지고 만다. 이런 종류로는 예를 들어 프랑스와 이탈리아의 시구(詩句)들이 있다. 그것들에는 고대 그리스어의 운율과 리듬은 결핍되고 다만 특정한 수의 음절만이 중요성을 띤다.

γγ) 이러한 상실에 대체될 수 있는 유일한 가능성을 제공하는 것은 *압운*(Reim)이다. 다시 말해서 한편으로 가치를 띠고 음절의 울림을 규칙적이고 자연적으로 이루어지게 하는 것은 더 이상 시간적인 지속

이 아니다. 다른 한편으로 정신적인 의미가 어간의 음절을 지배하면서 더 이상 유기적으로 확장되지 않고도 그와 더불어 긴밀한 통일을 이루면, 마지막에 가서는 어간의 음절들의 박자에서 벗어나고 또 악센트에서 벗어날 수 있는 감각적인 질료로서 오직 음절들의 울림만이 남는다.

그러나 이 울림은 그 자체로서 관심을 끌려면 첫째, 우리가 앞서 고대의 운율(韻律, Versmaß, Metrum)에서 보았듯이 여러 다른 음들의 교차보다 더 강해야 하며, 그 외의 다른 언어들에서 울리는 음절들보다 더 강력하게 울리면서 등장해야 한다. 왜냐하면 그것은 이제 분류된 박자를 대체하기만 해서는 안 되고, 저 악센트를 주고 모든 것을 능가하는 우세한 의미와는 달리 감각적인 요소를 강조해야 하기 때문이다. 그 이유는 일단 내면성과 자기에게 침잠하는 정신 속으로 표상이 다다르게 되면 이 때문에 말에서 감각적인 측면은 아무래도 상관없는 것으로 되어 버리므로, 음의 울림이 두드러지려면 그것은 질료적으로 그 내면성으로부터 더 거칠게 솟구쳐 나와야 하기 때문이다. 따라서 조화롭게 울리는 리듬과는 대조적으로 압운은 아주 화려하게 울리므로, 고대 그리스의 운문에서 필요했던 것처럼 섬세하게 발달된 귀는 필요하지 않다.

둘째로, 여기에서 물론 일반적으로 압운은 어간의 음절이나 표상에 들어 있는 정신적인 함축성으로부터 떨어져 나가지는 않지만, 상대적으로 감각적인 울림이 독자적인 효과를 지니도록 돕는다. 이 목표에 도달하는 일은 특정한 낱말들의 음이 다른 음들의 울림과는 구별되는 가운데, 독자적인 존재성을 띠고 질료적으로 강력하게 울림으로써 감각성이 다시 그 권리를 가질 때만 가능하다. 그럴 때 압운은 일반적인 리듬의 화성(和聲)과는 다르게 전적으로 개별적으로 강조된 울림이 될 수 있다.

셋째로, 우리가 보았듯이 이념적으로 자아에 집중하는 가운데 그 울림에 열중하고 자족하는 것은 주관적인 내면성이다. 그러나 지금까지 고찰했던 운문화의 다양한 방식들이 떨어져 나가면, 감각적인 면에서 스스로 인지되기 위해서는 같거나 비슷한 울림들이 반복되는 더 형식적인 원리만 남게 된다. 이는 정신적인 측면에서 유사한 의미들을 강조하고, 그것들을 드러내는 낱말들이 지닌 압운의 울림과 연결될 수 있다. 리듬에 따라 운문화된 운율은 장단이 서로 다른 것들이 다양하게 구성되는 관계를 가진다. 반대로 압운은 더 질료적이지만 또 한편 그 질료성 안에서조차 더 추상성을 띠고 있는 것으로 나타난다. 즉 이는 정신과 청각이 동일하거나 유사한 소리나 의미들의 반복을 단순 기억하는 것으로, 그 안에서 주체는 자신을 의식하고 스스로 거기에 머물며 인지(認知)하는 활동을 함으로써 자족한다.

γ) 끝으로 특히 낭만적인 시문학에서의 새로운 체계가 특수한 종류들로 갈라져 나가는 것과 관련해서 나는 간단히 두운법(頭韻法, Alliteration), 반해음(Assonanz) 그리고 본래의 압운(Reim)에 대해서 중요한 것만 다루고자 한다.

αα) 첫째, 두운법은 고대의 스칸디나비아 시문학(skandinavische Poesie)에서 가장 일반적으로 발전하였는데, 거기에서 두운법은 중요한 근거가 되는 반면에, 반해음과 각운(Endreim)은 물론 역시 중요한 역할을 하지 않는 것은 아니지만 특정한 종류의 운문에만 등장한다. 두운이나 문자를 맞추는 운의 원리는 가장 불완전한 운(韻)인데, 왜냐하면 이는 전체 음절이 반복되기를 요구하기보다는 단지 하나의 동일한 문자, 그것도 첫 문자의 반복을 고집하기 때문이다. 이처럼 동일한 울림의 빈약함 때문에 한편으로 절대적으로 그 첫음절에 강조되는 악센트를 지닌 낱말들만이 이 목적을 위해 사용될 필요가 있으며, 다른

한편으로 이 낱말들은 동일하게 시작되는 것이 눈에 띠려면 서로 멀리 떨어져 등장해서는 안 된다. 그 외에 두운법칙을 지닌 문자는 이중음이거나 단순한 자음 또는 모음일 수 있지만, 두운이 우세한 낱말에서는 그 특성상 자음이 중요해진다. 이런 조건들을 고려하여 라스크(라스무스 크리스티안 라스크[Rasmus Christian Rask])는 《아이슬란드의 운율론(Die Verslehre der Isländer)》을 썼으며 그것은 (1830년 모니케[Mohnike]에 의해 독일어로 번역되었다)[13] 아이슬란드의 시문학에 대해 요구하기를, 모든 운은 악센트를 띤 음절을 요구하는데 그 음절들의 첫째 문자는 같은 시행(詩行) 안에서 첫 음절에 악센트를 지닌 다른 명사들 안에 등장해서는 안 되며, 반면에 첫 번째 문자가 운을 이루는 세 개의 낱말 중 두 개는 첫 행에 와야 하고, 운을 조정하는 주요 문자를 이루는 세 번째 낱말은 두 번째 행의 앞에 와야 한다고 말했다. 그 외에도 첫 문자들 사이에 음이 동일한 것은 단순히 추상적인 것인 반면에, 두운의 목적을 띠고 쓰이는 낱말들은 더 중요한 의미를 지닌 것이므로 여기서도 음과 낱말의 의미 사이에 전혀 아무 관계가 없는 것은 아니다. 나는 더 상세한 것은 생략하고 넘어가기로 한다.

ββ) 둘째로, 반해음은 낱말의 첫문자와는 상관없이 오히려 압운 쪽으로 나아간다. 왜냐하면 그것은 서로 다른 낱말들의 중간이나 끝에서 일어나는 같은 문자들의 동일한 울림의 반복이기 때문이다. 물론 이 반해음을 띤 낱말들은 전적으로 한 시구의 종결을 이룰 필요 없이 다른 위치에서도 나타날 수 있지만, 주로 행의 마지막 음절에서 개개의 동일한 문자들에서 나타나―이는 시구의 처음에 주요 운을 갖는

---

13) 헤겔이 그의 미학강의를 마지막으로 한 것이 1829년임을 감안할 때 이 부분은 만약에 헤겔 자신이 1830년 이후에 스스로 삽입한 것이 아니라면, 나중에 그의 제자 호토(Hotho)가 삽입한 것으로 보인다.

두운과는 다르다—서로 화음을 이룬다. 이와 같은 반해음은 풍성한 발전을 보이면서 로만(Roman) 민족들, 그 중에서도 특히 에스파냐 사람들에게서 나타나는데, 울림이 낭랑한 그들의 언어는 특히 같은 모음들의 반복에 적합하다. 물론 일반적으로 반해음은 모음에 국한되기는 하지만 때로는 같은 모음들이나 같은 자음들 위에, 때로는 하나의 모음과 결합된 자음들에서도 반복되어 울릴 수 있다.

γγ) 두운과 반해음은 이런 식으로 불완전하게 드러나지만 반면에 압운은 가장 원숙한 모습으로 드러난다. 왜냐하면 알다시피 압운에서는 첫 문자들을 제외하고는 모든 어간들이 완전히 같이 울리므로, 이 동일성 때문에 그 울림들은 분명한 관계를 지니기 때문이다. 여기에서 음절의 수는 중요하지 않아서 단음절(斷音節)은 물론 2음절이나 다음절(多音節)의 낱말들도 압운을 이룰 수 있다. 그리하여 단음절의 낱말에 국한되는 남성적인 압운과 이음절로 나아가는 여성적인 압운이 생기며, 또 이른바 세 개나 그 이상의 음절로 뻗어나가는 삼중(三重)압운(독일어 'der gleitende Reim', 영어 'gliding rhyme' 또는 'triple rhyme'—역자주)도 생긴다. 첫 번째 경향을 보이는 것은 주로 북유럽의 언어들이고, 두 번째 경향을 보이는 것은 이탈리아어나 에스파냐어 같은 남유럽의 언어들이다. 독일어나 프랑스어는 아마 그 중간에 해당될 것이다. 3음절 이상의 압운을 보이는 경우는 단지 몇 안 되는 언어에서만 찾아볼 수 있다.

압운은 그 위치가 시행(詩行)의 끝에 온다. 압운을 띤 낱말에서는 물론 매번 정신적인 중요성을 띤 의미가 그 압운에 집중될 필요는 없다. 그래도 음이 울릴 때면 그 낱말에 주목하게 되며, 개별적인 시구들은 같은 압운들이 추상적으로 반복되어 나타나는 법칙을 연속적으로 따르거나, 또는 그것들이 규칙적으로 교차되고 서로 다른 압운들이 다양하게 대칭적으로 뒤얽히는 기교적인 형태를 통해 다양하면서도 때로는 더 가깝고 때로는 더 먼 관계로 결합되거나 분리된다. 그런 관계 속에서는 개별적인 압운은 직접 발견될 수 있거나 서로에게서 달아나면서도 서로를 찾는 것처럼 보이므로, 이런 방식으로 그런 압운의 울림에 귀를 기울이다가 때로는 곧 만족을 느끼다가, 때로는 오랫동안의 지체로 우롱과 속임을 당하면서 긴장하다가 규칙적으로 반복 정돈되는 것에 의해 다시 만족하게 된다.

시예술의 특수한 종류들 가운데 그 내면성과 주관적인 표현방식 때문에 가장 압운을 잘 이용하며, 말하는 것 자체가 감정과 선율적인 대칭을 지닌 음악으로서 장단과 리듬을 띤 움직임이 아닌 음의 울림으로 음악을 이루는 것은 바로 *서정적인 시*이다. 거기에서 내면은 스스로 느끼고 울리면서 반향(反響)한다. 그러므로 압운을 사용하는 양식은 좀 더 단순하거나 발전하여 다양한 *시연*(詩聯)을 이루게 되며, 그 각 연들은 그 자체로 완결된 전체가 된다. 예를 들면 소나타와 칸초네(소가곡―역자주), 마드리갈14)과 트리올렛15)이 음의 울림이나 반향과 감정이 풍부하면서도 민감하게 유희를 한다. 그에 반해 *서사적인 시*는 서정시적인 요소와 별로 섞이지 않았을 때는 그 특성상 압운들이 뒤얽히면서 연(聯)으로 종결되지 않고도 규칙적으로 되풀이되는 일을 고수한다. 그 예로 단테가 그의 서정시적인 소가곡(칸초네)이나 소나타와는 달리 그의 《신곡(神曲)》에서 사용한 3운구법(韻句法, Terzinen)16)을 들 수 있을

---

14) 마드리갈(Madrigal)은 16세기경부터 이탈리아, 프랑스, 영국 등지에서 유행했던 서정적인 단가(短歌)를 일컬음.
15) 트리올렛(Triolett)은 2운각으로 된 8행시를 말함.
16) 이는 다음과 같이 설명될 수 있다. 즉 소나타는 그 자체로 완전할 수 있으나, 《신곡》에 쓰이는 3운구법은 종종 마침표로 끝나더라도 계속되는 해설조의 일부로서 그 자체로 완전할 수 없다.

것이다. 그러나 나는 상세한 것은 더 이상 다루지 않겠다.

c. 리듬을 띤 운문과 압운의 결합

셋째로, 우리는 앞서 리듬에 따라 운문화하는 것과 압운을 서로 구별하여 대조시켰다면, 양쪽의 결합을 생각할 수 있고 또 그런 결합이 실제로 일어나지 않았을까라고 물어볼 수 있다. 이와 관련해서는 특히 몇 개의 근대 언어가 중요하게 대두된다. 다시 말해 그 언어들에서는 리듬의 체계를 다시 수용하고 이를 어느 면에서 시의 압운과 결합시키는 일도 전적으로 부정하지는 않는다. 예를 들어 우리의 모국어인 독일어에서 보면, 첫째로 클롭슈토크(Klopstock)[17]를 상기할 수 있다. 그는 별로 압운을 사용하려 하지 않았으나 반면에 서사시는 물론 서정시에서도 아주 진지하게 고전시인들을 부단히 모방했다. 보스(Voss)와 또 다른 사람들도 그의 뒤를 좇아 이처럼 우리 독일어를 리듬적으로 다루는 데 있어서 늘 확고한 법칙을 모색하였다.[18]

---

17) 이미 《미학강의》 제1부에서 소개된 프리드리히 고트리프 클롭슈토크(Friedrich Gottlieb Klopstock, 1724~1803)는 헤겔이 여기 제3부에서 계속해서 집중적으로 조명하고 있는 독일의 시인이다. 그의 문학적인 경향은 후기 바로크와 고전주의 중간 단계에 있었다. 그는 도덕적이고 합리적이며, 경건하고 신학적인 바로크풍의 시에 맞서서 시인의 비합리적인 언어와 감정세계, 그리고 개성을 중시했다. 그리하여 그는 일상적인 언어와는 달리, 감상주의와 독일 질풍노도 사조(思潮)의 요소를 받아들인 시언어를 사용하였고 종래의 그리스 로마의 고전적인 신화 대신에 게르만 민족 특유의 상상 세계에 관심을 두었다. 그의 가장 유명한 작품으로는 경건한 감상주의에서 나온 종교 서사시인 《메시아(Messias)》(1743~1773)가 있다. 이 작품에 대해서는 헤겔이 뒤에 가서도 계속 언급하면서 해석과 평가를 하고 있다.

18) Voss에 대해서는 앞서 언급한 주해를 참조.

반면에 괴테는 고전적인 음절의 규칙을 그다지 확고하게 따르지 않았으며, 또 다음과 같이 정당한 물음을 던지고 있다.

이 (고전적인 시율격의) 넓은 주름이
고대인들의 얼굴에처럼 우리에게도 어울릴까?
Stehn uns diese weiten Falten
Zu Gesichte wie den Alten?[19]

α) 이 점과 관련해서 나는 다만 앞서 고대 언어와 근대 언어들의 차이에 관해 말한 부분과 다시 연결시키고자 한다. 리듬에 따른 운문화는 음절들의 *자연스러운 장단(長短)*에 근거하며, 여기에는 원래 정신이 강조되거나 그 때문에 바꾸거나 흔들리지 않는 확고한 기준이 있다. 반면에 근대의 언어들에는 그러한 자연적인 기준은 없다. 왜냐하면 그것들 속에는 의미를 띤 *낱말의 악센트*에 의해 한 음절이 그런 의미를 띠지 않은 다른 음절들과 대립되어 길게 만들어질 수 있기 때문이다. 그러나 이와 같은 강조법의 원리는 자연적인 장단을 대체할 수 있는 적절한 것이 되지는 못한다. 왜냐하면 그것은 장단 자체를 다시금 불안정하게 만드는데, 그 이유는 한 낱말의 진지한 의미는 또한 그 자체 악센트를 지닌 다른 낱말조차도 짧게 그 가치를 낮추므로, 주어진 기준은 대체로 상대적인 것이 되고 말기 때문이다. 예를 들어 '너는 사랑한다'라는 말은 그 의미에 따라 두 개의 낱말이나 각기 하나씩의 다른 낱말로 분리되어야 하며, 어디에 역점을 두느냐에 따라 양양격, 약강격 또는 강약격이 될 수 있다. 물론 우리의 모국어에서도

---

19) 이는 괴테의 시 〈고전형식에 접근하여(Antiker Form sich nährend)〉의 일부이다.

음절이 지닌 *자연적인 음량*(音量)을 되살려 이 규칙들을 확립하려는 시도는 있었지만, 그런 규정들은 정신적인 의미의 강조가 우세해지자 실행될 수 없었다. 그리고 이렇게 되는 것 역시 그 사안의 본질 자체 속에 들어 있다. 왜냐하면 만약에 자연적인 기준이 근간을 이루더라도 언어는 꼭 오늘날의 필수적인 방식으로만 정신화될 필요는 없기 때문이다. 그러나 만약에 그것이 발전하면서 이미 정신적인 의미가 감각적인 질료보다 우세하게 나타나게 되었다면, 음절의 가치를 결정하는 근거는 감각적인 음량 자체가 아니라 낱말들에게 독특한 수단이 되는 것으로부터 취해야 한다. 언어의 시간적인 요소를 객관적인 실재성 속에서 스스로 독자적으로 결정하고 형상화하게 하는 일은 정신의 감정적인 자유와 대립된다.

β) 그렇다고 해서 우리의 언어에서 음절에 운을 붙이지 않고 리듬적으로 다루는 일은 완전히 배제해야 한다는 말은 아니다. 그러나 고대인들이 견실한 운을 사용하는 방식으로 조형적인 시의 운율에 도달했던 것과 같은 일은 오늘날의 발전된 언어에서는 본질상 불가능함을 시사하는 것도 중요하다. 그러므로 이를 보충하려면 절대적으로 확고한 음절의 자연적인 음량보다는 정신적인 특성을 띤 다른 요소가 들어서서 완성되어야 한다. 이 요소는 시구와 중간 휴지에 가해지는 악센트로서, 이는 독자적으로 낱말의 음에서 떨어져 나와 움직여 가지 않고 그것과 일치함으로써 더 추상적이기는 해도 더 의미 있게 강조된다. 왜냐하면 우리가 고대의 리듬에서 발견하듯이 삼중으로 악센트가 붙는 다양성은 이처럼 서로 만남으로써 필연적으로 사라지기 때문이다. 그러나 같은 이유에서 귀에 더 강하게 들리는 고대인들의 리듬만이 모방하기에 더 유리하다. 왜냐하면 음의 확고한 양적인 근거는

사라지고 그 대신 규정적으로 등장하는 화려한 악센트는 그 안에 보충수단이 들어 있지 않아서 좀 더 섬세하게 구별되고 다양하게 결합되는 것은 불가능해지기 때문이다.

γ) 끝으로 리듬적인 것과 압운의 실제 결합에 관해서 보면, 이는 물론 고대의 율격이 새로이 운문화될 때보다는 더 한정된 범위 안에서 허용될 수 있다.

αα) 그 까닭은 낱말의 악센트에 의한 장단의 구별은 충분한 *질료적*인 원리가 되지 못하므로, 시의 정신적인 측면이 우세할 때면 이를 보충하기 위해서 감각적인 측면에서 음절과 낱말들의 울림과 반향을 불러올 필요가 있을 정도로 언제나 귀의 관심을 끌지는 않기 때문이다.

ββ) 그러나 그때 시운율과 압운의 울림 및 그 강세에 있어서도 같은 정도로 *균형*이 유지되어야 한다. 그러나 서로 떨어지면서 우세해지는 것은 음절들이 지닌 음량상의 자연적인 차이와 그 *다양성*이 아니므로, 시간과 관련해서는 같은 템포가 *동일하게* 반복되기에 이르고, 그럼으로써 *박자*는 리듬의 체계에서 허용되는 것보다 훨씬 강하게 효력을 띠기 시작한다. 이런 성질을 띤 것으로 예를 들면 우리 독일어에서 압운을 지닌 약강식과 강약격이 있다. 우리는 이것을 레치타티보에서 고대인들이 사용하던 압운이 없는 약강식에서보다 더 박자를 붙여서 낭송하곤 한다. 물론 중간휴지에서 멈추고 특히 의미 때문에 특히 강조해야 될 개별적인 낱말들을 강조하고 거기에 머무는 일은 다시금 추상적인 동일성에 반동을 주어 생동적인 다양성을 불러올 수 있다. 물론 시문학에서는 대체로 음악에서 필요한 것처럼 그렇게 엄격하게 박자를 고집할 수는 결코 없다.

γγ) 그러나 일반적으로 장단의 단순한 교차와 같은 시의 운각의 계

속적인 반복으로 인해 운이 리듬적으로 다루어지는 근대의 언어들에서 감각적 요소를 충분히 강하게 형상화하지 못하는 그러한 운율하고만 결합되어야 한다면, 예를 들어 알카이오스풍이나 사포풍의 시연(詩聯) 같은 고대 시들을 모방한 더 풍부한 음절의 격에서 압운을 사용하는 일은 불필요할뿐더러 심지어 해결되지 않는 모순으로 드러날 것이다. 왜냐하면 양쪽의 체계는 이처럼 서로 대립되는 원리들에 근거하고 있어서 예를 든 방식으로 이들을 결합시키려는 시도는 이런 *대립*을 해소하지 않은 채 결합시키는 것으로 만족스럽지 못한 모순만 불러올 것이기 때문이다. 이런 점에서 압운을 사용하는 일은 고대에 사용한 운문의 원칙이 여전히 널리 반향을 일으키고 본질적으로 압운의 체계에서 나오는 변화에 타당성을 띠는 곳에서만 허용되어야 한다.

이것이 산문과는 달리 시적인 표현과 관련해서 일반적으로 확립할 수 있는 본질적인 사항들이다.

C. 시문학 장르의 차이들

(1) 우리가 지금까지 시예술을 고찰한 두 가지 중요한 요소는 한편으로 직관방식, 시예술작품의 구조와 시를 짓는 주관적인 활동과 관련된 *시 일반*에 대한 것이었고, 또 한편으로 표상을 언어로 포착하는 일과 관련된 시적인 표현 및 언어의 표현과 이를 *운문화*하는 일에 대한 것이었다.

이를 고려할 때 무엇보다도 타당성을 띠는 것은 시문학은 그 내용상 정신적인 것을 포착해야 하면서도 이의 예술적인 작업에서는 다른 예술들처럼 감각적으로 형상화하여 직관하는 일에 머물러서도 안 되고, 또 심정만을 위해 울리는 단순한 내면성이나 반성적인 사유의 사상을 그 형식으로 삼을 수도 없으며, 직접 감각적 구체적으로 보이거나 주관적인 느낌 또는 사상의 중간에 머물 수도 없다는 점이다. 그러므로 이처럼 중간 위치에 있는 표상적인 요소는 하나의 동일한 기반에 속한다. 즉 그것은 사상으로부터는 직접 감각적으로 개별화하는 일을 좀 더 단순하게 규정하여 압축하는 정신적인 *보편성*을 받아들이고, 조형예술로부터는 공간적이고 서로 무관하게 병행하여 머무는 것을 받아들여 표상한다. 왜냐하면 표상과 사상의 차이점은, 표상은 그 출발점이 되는 감각적 직관방식에 따라 특정한 표상들을 서로 무관하게 나란히 배열시키지만, 반면에 사상에서는 규정들이 상호 의존하며 관계하고 수미일관하게 판단하고 귀결을 내릴 것을 요구하고 주입하는 데 있기 때문이다. 이처럼 표상은 느슨함을 벗어날 수 없기 때문에 비록 *시적인* 표상은 시예술작품을 산출하는 데 모든 특수한 것들의 내적 통일을 필요로 하더라도 감춰진 채 머물 뿐이다. 바로 그 때문에 겉보기에 시문학은 어떤 내용의 개개의 측면들과 부분들을 독자적으로 유기적으로 생생하게 완성하여 시로 표현할 능력을 지니게 된다. 그때 시는 선정한 내용을 때로는 사상적인 측면에 따라서, 때로는 외적 현상의 측면에 따라서 이끌어가므로, 만약 이를 추론이나 학문적인 연역법으로 해명하려 하거나 또는 무의미한 존재성을 띠고 우리 눈앞에 스쳐 가게 하지만 않는다면 숭고한 철학적 사색적인 사상이나 외적인 자연의 존재성 모두를 시에서 배제할 필요가 없다. 왜냐하면 시도 역시 인간의 행위, 사건, 느낌을 주입함으로써 그 실체적인 본질이 외적 현실에서 가장 풍요하게 전개된 하나의 완전한 세계로서 예술적으로 우리에게 보여야 하기 때문이다.

(2) 그러나 이와 같은 표현은 우리가 보았듯이 돌이나 나무, 색채에서 그 감각적인 존재를 얻지 않고 오직 언어를 운문화하여 강조한 것에서만 곧 말의 모습으로 드러난다. 이를 통해 정신적인 내용은 외적인 현존성을 지닌다. 만약에 우리가 이처럼 외화되는 방식이 *질료적으로 존재*하는 것을 어디에서 찾아야 되는지 묻는다면, 언어는 조형예술작품처럼 예술적인 주체에서 독립되어 스스로 존재하지 않고 *살아 있는 인간 자신*, 즉 오직 말하는 개인에 의해서 시적인 산물이 되어 감각적으로 실재하게 되며 그에 의해서만 간직된다고 할 수 있다. 시작품은 음악작품처럼 살아 있는 주체 자신에 의해 말하고 노래 부르고 낭송되어 표현되어야 한다. 우리는 물론 서사시나 서정시는 읽지만, 극시(劇詩)는 낭독되는 것을 듣고 이것이 곧 행동으로 이어지는 것을 보는 데 익숙해져 있다. 그러나 시는 그 개념상 본질적으로 음의 울림이며, 이 울림은 시가 예술로서 *완벽하게* 등장하려면 더욱이 빠져서는 안 된다. 이는 시문학이 외적인 존재와 실제로 관계하는 유일한 측면이다. 왜냐하면 물론 인쇄되거나 손으로 쓰인 글자들은 외적으로 존재하더라도 소리나 낱말과는 상관없는 기호일 따름이기 때문이다. 물론 우리는 전에 낱말들도 역시 단순히 표상을 표기하는 수단이라고 간주했지만, 시는 적어도 이 기호들의 시간적인 요소와 그 울림을 형상화함으로써 이를 정신적인 생동성(die geistige Lebendigkeit)에 의해 관통된 질료인 기호로 고양시킨다. 반면에 인쇄된 글은 이 정신의 영활성을 정신적인 내용과 더 이상 무관한 가시적(可視的)인 것으로 바꾸며, 낱말과 그 시간적인 존재성을 실제로 우리에게 부여하는 대신에 우리의 습관에 맡기고 시간적으로 지속되어 울리게 한다. 그러므로 만약에 우리가 단순히 읽는 데만 만족한다면 이는 한편으로 우리가 읽은 것에 대해 마치 말해진 것처럼 상상하는 데

익숙해진 때문이고, 다른 한편으로 모든 예술들 가운데 오직 시문학만이 중요한 사안을 감각적으로 직관하거나 들어서 의식하지 않고, 정신적인 요소 안에서 그 본질에 맞게 완성되기 때문이다. 그러나 바로 이 정신성 때문에 시예술은 예를 들어 위대한 채색화가의 그림들조차도 단순한 소묘로 대체할 수 있을 정도로 불완전한 예술이 되지 않기 위해서는 실제로 외화되는 측면을 배제해서는 *안 된다*.

(3) 예술의 총체성으로서의 시예술은 더 이상 어떤 일방적인 질료를 사용함으로써 전적으로 어떤 특수한 양식에 의존하여 완성되지 않고 대체로 여러 다른 방식들을 특정한 형식으로 삼아 예술적으로 산출한다. 따라서 *시의 종류를 분류하는 근거*는 예술적인 표현의 *일반적인 개념*으로부터만 취할 수 있다.

A. 이와 관련해서 *첫째*로, 시문학은 외적인 실재성의 형태 속에서 발전된 정신적인 세계의 총체성을 내적으로 표상해 스쳐 가게 함으로써, 그 자체 안에 대상이 되는 사상(事象)을 직관하게 하는 조형예술의 원리를 반복한다. 또 한편, 이처럼 표상되는 조각적인 형상들을 시문학은 인간과 신들의 행동에 의해 규정된 것으로 전개시키므로, 모든 일어나는 일들은 한편으로 윤리적이고 독자적이며 신적 또는 인간적인 위력에서 나오며, 다른 한편으로 사상(事象)은 외적인 장애에 의해 반작용을 체험하면서 외적으로 스스로 자유로이 현상되어 나아가며, 시인은 그 *사건* 뒤로 물러서게 된다. 그런 사건들을 마무리해서 완성하는 것이 *서사시*의 임무다. 왜냐하면 서사시는 그 안에서 총체적인 행위와 이를 실체적인 위엄을 띠거나 외적인 우연들과 모험적으로 뒤얽혀 행하는 성격들(등장인물들)을 광범위한 사건 형태로 서술하고 이로써 *객관적인 것*을 그 객관성 안에서 분명히 드러내기 때문이

다. 이처럼 정신적인 직관과 감성의 대상이 되는 세계를 지탱하는 것은, 자기의 고유한 표상과 생생한 열정을 알리는 *그런 방식을* 가진 단순한 *가수*가 아니라 바로 *서사시*를 읊는 음유시인이다. 그는 그 시를 기계적으로 외워 음절의 운격에 맞춰 따라 낭송하는데, 이는 규칙적이고 기계적인 것에 가깝고 조용히 계속 굴러가는 듯이 흘러나온다. 왜냐하면 그 시인이 서술하는 것은 내용이나 표현 면에서 주체인 시인 자신으로부터 떨어져 그 자체 완결된 현실로 현상하므로, 시인은 사상(事象) 자체는 물론 시인 자신이 낭송하는 것과도 완전히 주관적으로 일치하는 데까지 가서는 안 되기 때문이다.

B. 둘째로, 서사시와 다른 측면을 이루는 것은 *서정시*다. 그 내용은 주관적이며 내면세계, 즉 관찰하고 느끼는 심정은 행동으로 나아가지 않고 오히려 내면적인 자아 속에 머무르면서 주체가 스스로 *표현하는 것*을 유일한 형태이자 궁극적인 목표로 삼을 수 있다. 그래서 여기에서 외적인 사건으로 펼쳐지는 것은 실체적인 총체성이 아니다. 오히려 자아 속에서 주관성이 개별적으로 직관한 것, 감정, 관찰이 가장 실체적이고 사실적인 것을 자기의 소유로서, 즉 *자기의 열정과 기분* 또는 반성으로, 그리고 주제 자체가 현재 산출하는 것으로 전달한다. 이러한 내적인 움직임에 의해 성취된 것은 *외적*으로 낭독될 때 서사시의 레치타티보에 요구되는 것처럼 기계적으로 낭송되어서는 안 된다. 그 반대로 가인(歌人)은 자신이 표상하고 관찰한 것들을 자신이 주관적으로 뭔가 고유하게 느낀 것으로서 서정적인 예술작품 속에 알려야 한다. 또 낭독되는 것에 활력을 불어넣어야 하는 것은 *내면성*이므로, 이를 표현하는 일은 주로 음악성을 띠어야 하는데 목소리, 낭송, 악기 따위의 반주와 같은 다양한 변조가 때로는 일부 허용되고 때로는 꼭 필요하게 된다.

C. 끝으로 앞서 두 가지의 방식들을 다른 새로운 총체성을 연결시키는 *세 번째* 표현방식이 있다. 이러한 총체성 속에서는 그것이 객관적으로 전개됨은 물론 개인들의 내면에서 솟아나는 것도 우리 눈앞에 보이게 되므로 *객관적인 것*은 *주체*에 속하는 것으로 표현되지만, 거꾸로 주관적인 것은 한편으로 외적으로 외화되는 과정 속에서, 다른 한편으로 열정에 의해 행위의 필연적인 결과로 초래되는 운명 속에 있는 것으로 직관된다. 그래서 *서사시*에서처럼 여기에서 어떤 행위는 그것이 투쟁하고 종결되어 가는 모습으로 우리 눈앞에 전개되고, 정신적인 위력들이 표현되고 서로 부딪히며, 우연들은 뒤얽혀서 등장한다. 그리하여 인간이 미치는 영향은 모든 것을 규정하는 운명이나 세계를 이끌고 지배하는 섭리의 영향과 관계하게 된다. 그러나 여기서 행위는 단지 실제로 일어나는 외적인 형태 속에 스쳐 가거나 생생한 사건의 서술을 통해 우리의 내면의 눈에 스쳐 가지 않고, 현재적으로 특수한 의도와 개인들의 성격이 지닌 도덕성이나 비도덕성에서 나옴으로써 *서정적인* 원리 안에서 중심을 이루는 것이 우리에게 보인다. 그러나 동시에 개인들은 그들의 *내면성*과 그들의 목적을 향한 열정을 좇음으로써 실체적인 것을 견실하게 강조하는 서사시의 양식에 따라 그들의 열정과 목적의 가치를 객관적인 관계, 즉 구체적인 현실의 이성(理性) 법칙에 따라 설정한다. 그리고 이 가치와 개인이 자신을 관철하고자 결심하고 머무는 상황에 따라서 그들의 운명을 받아들인다. 주체에게서 나오는 이 객관성과 더불어 실재성을 띤 객관적인 타당성 속에서 표현되는 주관적인 것은 총체성 안에 머무는 정신이자 *행위*로서 극시(劇詩)의 형태와 내용이 된다. 이 구체적인 전체는 스스로 주관적이면서도 외적인 실재성으로 현상하므로, 여기에서 실제로 표현되는 것으로는 회화에서처럼 실제로 보이는 장소 따위 외에도 원래

시적인 것을 위해서 낭송하는 *온전한* 인물이 요구된다. 그러므로 살아 있는 인간 자신이 그 시가 외화되기 위한 질료가 된다. 왜냐하면 극시에서는 한편으로 사람의 내면속에 간직된 성격은 사람 자신이 소유한 것으로 서정시에서처럼 언표되지만, 다른 한편으로 그 사람은 다른 사람과는 대조되는 온전한 주체로서 자기의 실제 존재하는 모습에서 자신을 알리고 외적으로 행동하며, 이를 통해 말하고 또 내면의 언어인 몸짓을 직접 보여주고 예술적으로 다룰 필요가 있기 때문이다. 인간 자신이 서정시는 서로 다른 감정들을 서로 다른 음유시인들이 나누어 여러 장면들로 전개시키는 데 적합하다. 극시에서는 주관적인 감정은 곧 행위로 외화되며 따라서 낱말의 보편성을 인격을 띤 것으로 표출하고 함축적으로 자세, 표정, 손짓 발짓 따위를 통해 좀 더 특정하게 개별화하여 완성하면서 유희하는 감각적 직관이 필요하다. 이러한 몸짓이 예술적으로 표현되어 그것이 언어 없이도 가능하게 되는 정도까지 나아가면 무언극(無言劇, Pantomime)이 생겨난다. 그때의 *시(詩)*의 리듬적인 움직임은 *신체 부분*들의 리듬적이고 회화적인 움직임이 되며, 이처럼 신체의 움직임의 조형적인 음악 속에서 조용하고 차갑게 머무는 조각작품은 의미를 띤 춤으로 영활되므로 이런 식으로 음악과 조형예술이 결합된다.

Ⅰ. 서사시

서사시(das Epos), 말, 설화(說話, Sage)는 대체로 말로 변할 수 있는 것이 무엇인지를 말해주면서, 그 안에 독자적인 내용을 필요로 하고, 그 들어 있는 내용이 *어떤 것*인지를 언표한다. 그때 의식되는 것은 사건들의 관계, 폭넓은 상황들이 전개되는 가운데 있는 대상으로서의 대상, 즉 온전하게 존재하는 대상이다.

이와 관련해서 우리는

첫째, 서사적인 것의 일반적인 특성을 설명하고자 하며,

둘째, 본래의 서사시에서 중요한 특수한 점들을 제시하고,

셋째, 이 서사시 장르의 역사적인 발전 속에서 *개별적인 서사시 작품*들을 만들어낸 특수한 방식을 열거하고자 한다.

1. 서사적인 것의 일반적인 특성

a. 경구, 금언, 교훈시

서사적인 표현양식 가운데 가장 단순하면서도 추상적으로 압축되어 있어서 아직은 일방적이고 불완전한 표현양식은 서로 다른 구체적인 현상들이 풍부한 세계 안에서 스스로 근거하는 필연적인 것들을 끌어내 이를 강조하여 서사시적인 언어로 집약시켜 언표해야 한다.

α) 이런 방식 가운데 먼저 고찰될 수 있는 것은 경구(警句, Epigramm)이다. 이는 실제로 원주나 도구, 기념비, 선물 등 위에 쓰인 경구, 즉 글로서 곧 뭔가 정신적인 것을 암시한다. 왜냐하면 그러한 대상물 위에 쓰인 그 말은 그 밖에 뭔가 조형적인 것, 장소 또는 거기에 언급된 것 외에 현재하는 무엇인가를 설명하기 때문이다. 여기에서 비문(碑文)은 단순히 그 사안이 무엇인지를 말해 준다. 인간은 아직 구체적인 자기 자신에 대해 표현하지 않고 주위를 돌아보며, 그가 감각적으로 눈

앞에 두고 있고 그의 관심을 끄는 대상과 장소에 그 사안의 핵심과 관련되는 간결한 해명을 덧붙인다.

β) 더 나아가 어떤 대상의 이중성이 그 외적인 실재성과 비문 속에서 제거되는 것을 볼 수 있다. 왜냐하면 이때 시는 감각적으로 현재 어떤 대상이 있지 않은 데도 그 사물에 대한 표상을 언표하기 때문이다. 예를 들어 고대의 금언(金言, Gnomen)이나 도덕적인 격언이 여기에 속한다. 이것들에 함축적으로 요약된 말은 감각적으로 사물을 드러내는 것보다 더 강력하고, 어떤 특정한 행위에 대해 기술한 기념비보다 더 지속적이고 보편적이며, 봉헌된 물건이나 원주, 사원들보다도 더 오래 간다. 그것들은 인간 존재 속에 있는 의미들이자 삶의 지혜이며, 정신의 확고한 기반이 되거나 행동이나 지식에서 인간을 지탱하는 끈이 되는 직관이다. 이런 식으로 포착하는 가운데 서사적인 특징은 그러한 잠언들이 단순히 주관적인 느낌이거나 개별적인 반성만을 알리고자 하는 것이 아니며, 또한 감동을 주거나 마음에 관심을 일으켜 감정에 호소하려는 것이 아니라 함축적인 것을 당위적이고 영예로운 것, 예의에 맞는 것으로 인간의 의식에 불러일으키려는 데 있다. 고대 그리스의 비가(悲歌) 중 일부는 이런 서사적인 음조를 띠고 있다. 예를 들어 솔론(Solon)의 전해진 시들 가운데 몇 개는 이런 식으로 가볍게 충고적인 음조와 스타일을 띠고 있는 것들이 있다. 그것들은 국가 안에서 법과 윤리 속에서의 공동생활과 관련된 충고나 경고들이다. 또 피타고라스가 지은 것으로 알려진 황금의 명언들도 여기에 속한다. 그러나 이런 것들은 모두가 비록 일반적으로 어떤 특정한 장르의 음조를 띠기는 해도 그 대상이 불완전해서 완전히 발전되지는 못하고, 다른 장르의 음조, 여기서는 예를 들면 서정시의 음조를

함께 수용하여 생겨난 어중간한 형태들이다.

　γ) *셋째로*, 내가 방금 언급했듯이 그러한 표현들은 단편적인 특수성과 독자적인 개별성에서 나와 좀 더 큰 전체에 연결되어 *서사적인 특징을 띤 총체성*으로 완성될 수 있다. 왜냐하면 단순히 서정적인 분위기나 극적인 행위가 아닌 본질상 일반적으로 특수한 방향, 측면, 완전함, 의무 따위와 관련해 의식되어야 하는 특정한 사실적인 삶의 영역이 통일성으로 결합되고 본래의 중심점이 되기 때문이다. 거기에서 산출되는 표현들은 대개 윤리적인 경고나 교훈, 요구의 목적을 띤 것과 더불어 지속적이고 보편적인 것을 가지며, 견실한 생명성을 지닌 온전한 서사적인 특성에 맞게 *교훈적인 음조*를 띤다. 그러나 그 새로운 지혜의 문장들, 삶에 대한 신선한 직관, 무구한 고찰은 후세에 나타나는 교훈시(敎訓詩, das Lehrgedicht)들이 지닌 근엄함과는 거리가 멀다. 그것은 또 서술할 수 있는 여지도 남겨두고 있어서, 교훈 전체는 물론 그 묘사 면에서도 직접 실체에 맞게 전적으로 체험을 거쳐 포착한 현실 자체에서 창조해냈다는 것이 완전히 입증된다. 이에 대한 좀 더 상세한 예로 나는 다만 헤시오도스(Hesiodos)의 《일과 나날(Erga kai hēmerai)》(기원전 8세기작—역자주)이라는 작품을 들고자 한다. 그 작품에서 원래 교훈적이고 서술적인 방식은 시적인 측면을 지니고 있어서, 베르길리우스의 농업에 관한 시에서 보이는 차갑고 우아하고 현학적인 체계와는 매우 다르게 즐거움을 제공해 준다.

b. 철학적인 교훈시, 우주진화론, 신통기

　지금까지 설명한 경구, 금언, 교훈시들은 자연이나 인간존재의 특수한 영역을 소재로 취하여 이런저런 대상, 상태 혹은 영역 속에 있는 초시간적 함축적으로 진정하게 존재하는 것을 개별적이거나 포괄적으로 표상하여 간결한 말로 시와 현실을 더 밀접하게 얽히게 하여 현실적으로 시예술이라는 도구를 통해 효력을 발휘한다. 반면에 다른 두 *번째* 영역은 일부는 더 깊이 파고들지만, 일부는 교훈이나 교화의 목적을 덜 띠고 있다. 이러한 위상을 지닌 것으로는 우주진화론과 《신통기(神統記, Theogonien)》(역시 헤시오도스의 작품 — 역자주) 같은 가장 오래된 철학적인 산물들을 들 수 있는데, 이런 작품들은 아직은 시적인 형태로부터 완전히 벗어나지 못하고 있다.

 α) 그래서 예를 들면 크세노파네스(Xenophanes)와 파르메니데스(Parmenides)가 지은 시들 속에는 엘레아(Elea) 학파(고대 그리스의 철학학파—역자주)가 사상이 담겨 있으며 특히 파르메니데스의 철학저서는 서두에 여전히 시적(詩的)인 특색을 띠고 있다.[20]

여기에서는 변화하고 변화된 것, 특수하거나 개별적인 현상들과는 대조적으로 불변하는 영원한 일자(一者)가 그 내용이 된다. 특수한 것은 진리를 추구하고 추상적인 통일성과 견실함 속에서 사유하고 의식하는 정신에게 더 이상 만족을 줄 수 없는 것이다. 이와 같은 대상의 거창함에 의해 확대되고 그 위력과 싸우면서도 활기를 띠는 영혼은 곧 서정적인 것으로 방향을 전환한다. 물론 사유 속에 파고드는 진리를 전부 표현하는 일은 순수하게 사실적이어서 서사적인 특성을 지니고 있다.

 β) 둘째로, 우주진화론에서는 사물들, 특히 자연의 *변화*, 그리고 그

---

[20] 그는 그의 철학저서를 전부 6운각의 형태로 남긴 것으로 알려져 있다.

안에서 지배적인 활동들이 서로 밀치고 싸우는 모습이 내용이 되며, 시적인 상상력으로 하여금 서로 구분되어야 할 영역들과 형상들을 만들어내는 자연위력들을 좀 더 무규정적으로 놓아두거나 확고한 의인화로 상징화하여 인간적인 사건이나 행위들의 형태로 꾸미는 가운데 일어난 사건들을 더 구체적이고 풍부하게 형태화하고 행위와 사건으로 표현해 이끌어간다. 이런 종류의 서사적 내용과 표현은 주로 동양의 자연종교에 속하며, 특히 인도의 시문학에서는 세상과 그 속에서 지속적으로 작용하는 위력들의 생성에 대해 그처럼 종종 거칠고 정상 궤도를 벗어난 방식으로 표상하고 꾸민 것들이 매우 풍부하였다.

 γ) *셋째로*, 이와 비슷한 것은 신들의 기원설에서도 나타난다. 이는 특히 많은 개별적인 신들이 전적으로 자연적인 삶을 그들의 위력이 산출해 내는 상세한 내용으로 갖지 않을 때, 그리고 또 한편 거꾸로 유일신의 생각과 정신에서 이 세상이 창조되어 열정적인 유일신교 안에서 그 신 외에 다른 신을 용인하지 않는 경우가 아닐 때 적절하게 드러난다. 이러한 미적인 중간 위상을 지키는 것은 오직 고대 그리스의 종교적인 직관으로서, 신들의 발생에 대한 영원한 소재는 제우스 신이 최초의 자연 위력들에게 매이지 않고 자연적인 조상들과의 투쟁에서 이겨 드디어 신들의 종족이 발생한다는 이야기 속에서 보존되고 있다. 이 계속적인 투쟁은 사실 시문학에 등장하는 영원한 신들의 실제 발생사(發生史)가 된다. 그러한 서사적인 표상을 묘사한 것으로 잘 알려진 예는 《신통기》이다. 이는 헤시오도스의 작품으로 우리에게 전해져 오고 있다. 이 이야기의 전체는 일반적으로 인간적 사건의 형태를 띠고 있으며, 따라서 정신적인 지배권을 지닌 신들은 그들의 본질에 맞는 정신적 개체성의 형상으로 떨어져 나와 인간처럼 행동하고

표현될 권리를 지니면 지닐수록 덜 상징성을 띤다.

그러나 이런 종류의 서사적인 것에는 아직 진정으로 시적인 *마무리*는 부족하다. 왜냐하면 그와 같은 시들이 묘사할 수 있는 행위나 사건들은 그 자체 필연적인 사건들의 연속이지 어떤 중심점에서 생겨나 그 속에서 통일성과 완결성을 추구하는 개인적인 행위가 아니기 때문이다. 다른 한편으로 여기서 내용은 본질상 스스로 완전한 *총체성*으로 직관되지는 않는다. 왜냐하면 그 내용은 본질적으로 신적인 위력의 지배에 대한 참되고 구체적인 소재를 제공할 원래의 인간적인 현실성이 빠져 있기 때문이다. 그러므로 서사시는 이러한 결점들에서 벗어나 이들을 완전하게 형상화하는 데 도달해야 한다.

c. 원래의 서사시

이러한 도달은 우리가 원래의 *서사시*라고 부를 수 있는 영역에서 가능하게 된다. 사람들이 일반적으로 무시하는 지금까지의 시(詩) 양식들에는 물론 서사적인 음조가 주어지기는 하지만, 그 내용은 아직 구체적인 시가 되지 못한다. 왜냐하면 특히 교훈적인 격언과 철학적인 명제들은 그 소재(素材)면에서 보편성을 띠지만, 진정으로 시적인 것은 개별적인 형상을 띤 구체적인 정신이기 때문이다. 그리고 서사시는 실제로 있는 일을 대상으로 삼으므로, 그 행위 상황이나 폭넓은 정황은 풍부한 사건으로서 어떤 민족이나 시대의 총체적인 세계와 관련되어 직관되어야 한다. 어떤 민족정신이 지닌 전체적인 세계관과 객관성은 스스로 객관화되는 형상 안에서 실제의 사건으로 스쳐 지나감으로써 원래적인 서사시의 내용과 형태를 이룬다. 한편으로 인간정신의 모든 심오한 것에 대한 종교적인 의식과, 다른 한편으로 구체적인 존재로서, 즉 정치적인 가정적인 삶에서 지혜와 욕구, 외적인 삶을 만족시키는 수단에까지 이르기까지 모든 것이 이러한 총체성에 속한다. 그리고 이 모든 것은 개인들과 밀접하게 뒤얽혀 서사시에 활력을 준다. 왜냐하면 시문학에서 보편적인 것과 실체적인 것은 오로지 정신이 생생하게 현재(現在)할 때만 주어지기 때문이다. 그때 그처럼 총체적이면서도 매우 개별적으로 집약된 세계는 실제적으로나 극적으로 목표나 목적의 결과에 맞서지 않고 조용히 실현되어 나아가야 한다. 그럼으로써 우리는 일어나는 사건에 머물면서 그 진행되는 개별적인 영상에 침잠할 수 있으며, 그것이 실현되는 것을 향유할 수 있다. 그리할 때 그것이 실제 객관성 속에서 표현되는 전체과정은 일련의 외적인 형상으로 된다. 그러나 그 기반과 한계는 특정한 서사적인 소재의 내적인 본질 속에 내포되어 있으되, 다만 분명하게 강조되지 않아야 한다. 그렇다고 해서 서사시도 역시 장황해지고 부분들은 상대적으로 더 독자성을 띠고 있어서 관계가 느슨해지더라도 계속 그런 식으로 읊어질 수 있다고 믿어서는 안 된다. 그것은 다른 모든 예술작품처럼 자체 안에 유기적이고 전체성을 띤 시로 마무리되어야 하되, 우리에게 개별적인 것과 생생한 현실의 이미지들이 흥미를 주도록 객관적인 고요함 속에서 계속 진행되어야 한다.

α) 이처럼 원래 총체성을 띤 서사시 작품은 한 민족의 설화나 기록, 경전(經典)이 되며 모든 크고 작은 민족은 그처럼 절대적인 최초의 기록들을 지니고 있다. 그 속에는 그들의 원초적인 정신이 인지되고 표현되어 있다. 그렇기 때문에 이런 기념비들은 바로 어떤 민족의식의 근본이 된다. 그러므로 그런 서사적인 경전들을 모아두는 것도 흥미로운 일이 될 것이다. 왜냐하면 일련의 서사시들은 그것들이 만약 후

세에 나온 시작품들이 아니라면, 우리에게 여러 민족들의 정신을 보여주는 전시장이 될 테니까 말이다. 그러나 모든 경전들이 서사적인 형태를 지니는 것은 아니며, 종교나 세속적인 삶과 관련해 자기들에게 가장 신성한 것을 포괄적인 서사적인 작품으로 장식해 놓은 민족들이 모두 다 기본적인 종교경전을 갖고 있던 것도 아니다. 예를 들어 《구약성서》는 물론 많은 설화적인 이야기들과 실제 일어난 이야기들 그리고 삽입된 시작품들을 내포하고 있기는 하지만 그 전체가 다 예술작품은 아니다. 마찬가지로 《신약성서》와 《코란》도 주로 종교적인 측면에 국한하고 있으며, 또 그 밖에 여러 민족들의 세계에 관한 것은 나중에 첨가된 것이다. 반대로 고대 그리스인들은 호메로스의 서사시를 시문학의 경전으로 간직하고 있지만, 그들에게는 인도인들이나 파르세교도들에게서 볼 수 있는 종교적인 기본서들은 없다. 그러나 우리는 원래의 서사시를 만나는 곳에서는 시적인 기본서들을 후세에 나온 다른 민족의 고전적인 예술작품들과는 구별해야 한다. 이런 후세의 예술작품들은 더 이상 한 민족정신의 총체적인 직관이 되지는 못하고, 다만 이를 더 추상적으로 특정한 방향에 따라 반영할 뿐이다. 그래서 예를 들어 인도인들의 극시나 소포클레스의 비극은 서사시 《라마야나(Ramajana)》나 《마하바라타(Mahabharata)》 또는 《일리아스》나 《오디세이아》가 주었던 전체적인 이미지를 주지는 못한다.

β) 원래의 서사시에는 한 민족의 순진무구했던 의식이 최초로 시적인 방식으로 표현되었으므로, 참된 서사시는 그 본질상 서사시의 중간시기에 속한다. 이 시기에는 한 민족이 몽롱한 의식에서 깨어나 정신이 자기의 고유한 세계를 산출하고 그 속에서 익숙하게 강해졌지만, 거꾸로 후에 확고한 종교적인 교리나 시민적인 도덕적인 법칙이

된 모든 것은 아직도 생동성을 띠고 개인에게서 분리되지 않은 신념으로 머물며, 의지나 감정도 역시 아직은 상호 분리되지 않은 상태로 머문다.

αα) 그 이유는 개개인이 한 민족이나 그 민족의 상태, 감정의 방식, 활동, 운명 같은 실체적인 전체에서 분리되고 인간이 감정과 의지(意志)에서 구별될 때 한편으로 서사시 대신에 서정시가, 다른 한편으로 서사시 대신에 극시가 완숙하게 발전되어 등장하기 때문이다. 이는 한 민족의 후대의 삶에서 전적으로 발생한다. 그 시기에 인간을 그의 행위와 관련해 이끌어가는 일반적인 규정들 자체는 더 이상 총체적인 심정이나 신념에 속하지 않으며, 이미 독자적으로 확고해진 권리나 법률 상태, 사물들의 범속한 질서, 정치적인 헌법, 도덕적이거나 또는 그 밖의 규정들로 나타난다. 그러므로 여기에서 실체적인 의무들은 인간에게는 외적으로 머물고 인간이 그 가치를 인정해야 할 비내재적(非內在的)인 필연성으로 들어선다. 이때 심정은 그처럼 이미 기존의 현실과는 대조적으로 한편으로 스스로 존재하는 주관적인 직관, 반성, 감정의 세계가 되는 바, 이는 행위로 이행되지 않고 자신 속에 머물며 자신의 개별적인 내면에 열중하는 것을 서정적으로 표현한다. 다른 한편으로 실제적인 열정이 중요한 사안으로 고양(高揚)되며 스스로 행동하면서 독자적으로 되려고 분투한다. 왜냐하면 그것은 외적인 상황이나 사건들로부터 서사적인 독자성을 배제해 버리기 때문이다. 이처럼 자체 안에서 강화(强化)되는 특성이나 목적들이 행위와 관련해서 개성을 띠고 강해지면 그 다음에는 거꾸로 극시(劇詩)로 나아가게 된다. 그러나 서사시는 여전히 감정과 행위, 내적으로 스스로 이행되는 목적들과 외적인 우연성, 사건들이 직접 통일을 이루기를 요구한다. 이는 분리될 수 없는 근원성을 지니고 있어서 민족적인 삶이

나 시문학의 처음 시기에만 주어지는 통일성이다.

 ββ) 그러나 우리는 거기에서 마치 한 민족이 그 영웅시대에, 즉 그들의 서사시의 고향이 되었던 시대에 이미 직접 예술적인 시로 묘사할 수 있었으리라고 상상해서는 안 된다. 왜냐하면 실제로 존재하는 가운데 있는 시적인 민족성과 시적인 소재들을 상상하고 의식하면서 그 세계를 예술적으로 다루는 시는 서로 뭔가 다르기 때문이다. 그 안에서 표상하는 데 열중하는 욕구, 즉 예술적인 교양은 필연적으로 후에 삶이자 정신 자체로 등장하면서 아무런 예속을 받지 않고 직접 시적인 존재에 친숙해진다. 호메로스의 이름으로 쓰인 시들은 트로이 전쟁보다 수백 년 뒤에 나온 것들이다. 호메로스가 역사적으로 실존한 인물이었듯이, 그 전쟁 역시 실제로 일어났던 사건이다. 그와 비슷한 식으로 오시안(Ossian)도 그의 이름으로 알려진 시들이 정말 그에게서 나온 것이라면, 영웅들의 사라져 버린 찬란한 과거를 노래함으로써 이를 시적으로 형상화하여 기억하고자 하는 욕구를 불러일으키고 있다.

 γγ) 그러나 시인과 그의 소재는 이처럼 서로 구분되더라도 그 사이에는 밀접한 관계가 남아 있어야 한다. 시인은 여전히 전적으로 이 관계 속에서 직관하고 믿음을 지녀야 하며, 그가 다만 필요로 하는 것은 표현기술을 대상으로 첨가시키는 시적인 의식이다. 이런 대상은 여전히 그의 시에서 실체적인 현실이 된다. 반면에 현실적인 믿음, 삶 그리고 친숙한 표상들은 시인에게 고유한 현재성을 부여하는 바, 만약에 그런 것들과 그가 서사적으로 묘사하는 사건들 간의 유사성이 결핍되면 시는 필연적으로 자체 안에서 분열되며 괴리되고 말 것이다. 왜냐하면 양 측면, 즉 표현되어야 할 내용과 서사적인 세계, 그리고 그와는 무관한 그 밖의 시적인 의식과 표상의 세계는 정신적인 성질을 띠고 있어서 그들에게 특수한 특성들을 부여하는 특정한 원리를

자체 안에 담고 있기 때문이다. 만약에 예술정신과 묘사된 민족의 현실과 활동에 현존성을 부여하는 바로 그것이 본질적으로 서로 다르면, 이는 곧 우리에게 부적합한 것으로 맞서 다가와 방해하고 분열을 조장한다. 왜냐하면 그때 우리는 한편으로 과거에 있었던 세계상태의 장면들을 보게 되며, 다른 한편으로 그와는 다른 현재의 형태들, 신념, 고찰방식들을 보게 되기 때문이다. 그럼으로써 예전에 믿음의 대상이 되었던 형상들은 발전된 반성 속에서 고유한 생동성의 영혼이 근원적으로 모두 사라진 차가운 사실이나 미신 또는 단순히 시적인 도구를 위한 공허한 장식이 될 뿐이다.

γ) 이로써 우리는 더 나아가 대체로 원래의 서사적인 시에서 시를 짓는 주체가 차지하는 위상에 가까이 다가갈 수 있다.

αα) 물론 서사시는 비록 실제적인 특성을 띠고 그 안에 스스로 근거하는 필연성으로 인해 실현된 세계를 객관적으로 묘사할 줄 알아야 하며, 시인은 물론 자기의 표상방식에 의해 그 세계에 가까이 다가가 있어야 하지만 그래도 그런 세계를 묘사하는 예술작품은 개인의 *자유로운 산물*이며 그것으로 머문다. 이런 점에서 호메로스와 헤시오도스는 고대 그리스인들에게 그들의 신들을 만들어 주었다고 말한 역사가 헤로도토스의 위대한 말을 다시 상기할 수 있다. 헤로도토스는 위에 언급한 서사시인들에게 자유롭고 대담한 창의성을 부여하고 있는데, 이는 서사시는 한 민족 속에 오랫동안 간직되어야 하지만, 그렇다고 해서 가장 오래된 상태를 묘사해야 할 필요는 없음을 우리에게 예로 보여준다. 다시 말해서 거의 모든 민족들은 그들 역사의 초기에 어떤 낯선 문화나 외부에서 온 신을 받아들여 숭배하고 있었고 그것에 의해 감동을 받았는데, 그 이유는 바로 그 안에 정신을 얽매는 미신이나

야만성이 들어 있었기 때문이다. 다시 말해서 그 안에서 친숙함을 느끼기보다는, 기껏해야 그것을 자기 민족의 고유하고 개별적인 의식에서 산출되지 않은 낯선 것으로 알고 있었던 것이다. 그래서 예를 들면 인도인들은 그들이 위대한 서사시를 만들어 내기 이전에 그들의 종교인 표상과 그 밖의 상황에서 위대한 변혁을 체험했다. 또 우리가 이미 앞서 보았듯이 고대 그리스인들도 이집트적인 것, 프리기아적인 것, 소아시아적인 것을 받아들여 변형시키는 체험을 했고, 로마인들은 고대 그리스적인 요소들을 찾아냈으며 민족이동을 한 미개인인 게르만인들은 로마와 그리스적인 것을 발견하였다. 시인이 자유로운 정신으로 그런 구시대의 속박을 내던지고 자신의 손을 들여다보고 자기의 고유한 정신을 가치 있는 것으로 존중함으로써 흐릿한 의식이 사라질 때, 비로소 본래의 서사시가 시작되는 시대가 될 수 있다. 왜냐하면 의식(儀式)과 완성된 교리, 확고한 정치적인 도덕적인 원칙들이 추상적으로 확정된 시대는 구체적이고 토착적인 것을 이미 벗어났기 때문이다. 반면에 참된 서사시인은 창조적인 독자성과는 상관없이 개인의 내면에 효력을 드러내는 보편적인 위력(die allgemeinen Mächte), 열정, 목적은 물론, 모든 외적인 것들과 매우 친숙해진다. 그래서 예를 들어 호메로스도 자기의 세계에 대해서 친숙하게 이야기했다. 다른 사람들에게 친숙한 곳은 우리에게도 친숙하다. 왜냐하면 거기에서 우리는 진리를, 즉 자기의 세계 안에서 살고 있고 그 안에서 *자신*을 지니고 있는 정신을 바라보기 때문이다. 그리고 우리는 시인의 감각과 정신이 온통 거기에 매여 있는 것을 보기 때문에 기분이 편안하고 쾌활해진다. 그런 세계는 발전하고 완성되는 데 있어 더 낮은 수준에 서 있을 수는 있지만, 그러나 그것은 시문학의 기반 위에 있으므로 따라서 직접적인 미(美)의 단계에 머물러 있다. 그러므로 우리는 더 고상한 욕구, 즉 원래 인간적인 것이 요구하는 모든 것—명예, 신념, 감정, 충고 그리고 모든 영웅적인 행위들—을 내용에 따라 인정하고 이해하며, 이를 묘사하고 완성하는 가운데 그 형상들을 매우 생동적이고 숭고한 것으로 향유할 수 있다.

ββ) 그러나 전체적으로 객관성을 띠게 하기 위해서 *주체*인 시인은 자기가 묘사하는 *대상*의 뒤로 물러서고 그 안에서 자취를 감추어야 한다. 현상하는 것은 시인이 아니라 작품이어야 하지만, 시 안에 표현된 것은 시인 자신이 갖고 있는 것이다. 그는 그것을 자기의 직관 속에서 완성하고 자기의 영혼과 충만한 정신을 그 안에 주입한다. 그러나 그가 이런 일을 한 것은 시 속에 분명하게 드러나지 않는다. 그래서 예를 들어《일리아스》에서도 때로는 칼카스(Calchas)가 때로는 넵튠(Nestor)이 사건들을 해명하는 것으로 보이지만, 이는 바로 시인 자신이 해명하고 있는 것이다. 사실 시인은 영웅들의 내면에서 일어나는 일들조차도 마치 신들이 개입한 것처럼 객관적으로 묘사한다. 분노에 찬 아킬레우스에게 아테네 여신이 나타나서 자제하라고 경고하는 장면 등이 그러하다. 이것은 바로 시인 자신이 꾸며낸 것이다. 그러나 서사시는 시를 짓는 주체의 내면적인 세계가 아닌 사실을 보여주는 것이므로, 작품을 산출하는 주체인 시인 자신도 우리의 눈앞에 펼치는 세계 속에 완전히 침잠하듯이 배후로 물러나 있어야 한다. 이런 측면에서 위대한 서사시 작품은 마치 그 위에 작가가 군림하지 않고 사건들이 스스로 계속 읊으면서 독자적으로 등장하는 양식을 띤다.

γγ) 그럼에도 불구하고 실제의 예술작품인 서사시는 오직 한 명의 개인에 의해서만 창작되어 나올 수 있다. 다시 말해서 서사시는 아무리 한 민족 전체의 사실을 표현하더라도 그 시를 짓는 것은 한 민족 전체가 아니라 오직 개인일 뿐이다. 물론 한 시대나 한 민족의 정신은

주체로서 효력을 발휘하는 원인이 되지만 이는 한 시인의 개성적인 천재성으로 집약되고, 그때 그는 그 보편적인 정신과 내용을 자기 자신의 직관이자 자기 자신의 작품으로 의식하고 완성할 때 비로소 예술작품으로 현실에 등장한다. 왜냐하면 시작(詩作)이란 오직 개별적인 실제적인 의식이자 자기의식으로서 존재하는 정신의 산물이기 때문이다. 우리가 지금도 마치 괴테의 음조를 띤 수백 개의 시들이 낭송되는 것을 듣듯이, 만약에 어떤 특정한 음조를 띤 작품이 이미 존재한다면 이는 물론 이미 존재하고 있는 것으로, 그 다음에 다른 사람들도 이와 비슷하거나 같은 음조를 내는 일은 가능하다. 그러나 수많은 작품들이 같은 음조를 띠고 계속 노래된다고 해도 그것들은 오직 *하나의 정신*에서 솟아나올 수 있는 통일성으로 가득 찬 작품을 만들지는 않는다. 이 점은 특히 호메로스의 시나 영웅 서사시인 《니벨룽겐의 노래》와 관련해 볼 때 중요하다. 왜냐하면 후자의 경우 아직도 그 저자가 누구인지 역사적으로 확실히 증명되지 않았고, 또 알려졌듯이 《일리아스》나 《오디세이아》의 경우에도 그 작품 전체를 쓴 이 한 명의 시인으로서의 호메로스라는 사람은 전혀 존재한 적이 없고 여러 개인들이 개별적인 작품들을 산출한 다음에 위의 두 개의 대형 작품으로 나뉘어졌다는 견해도 있기 때문이다. 이런 주장에서 제기되는 의문은 그 시들이 각자 유기적인 서사시 전체인지, 아니면 지금 퍼져 있는 의견처럼 그 서사시가 꼭 그런 식으로 시작해서 끝날 필요가 있는 것은 아니고 아직도 무한히 계속될 수 있는가 하는 점이다. 물론 호메로스의 서사시들은 극예술작품처럼 그 관계가 간단하지 않고 본질상 그 통일성이 느슨하기 때문에, 시의 각 부분은 독자적으로 등장할 수도 있고 많은 부분이 삽입되거나 변경될 수도 있다. 그러나 그 서사시는 내적으로 유기적인 하나의 참된 서사적인 총체성을 이루고 있는데,

그런 전체성은 오직 한 *사람*만이 만들어 낼 수 있다. 서로 다르면서 비슷한 음조를 띤 음유서사시처럼 단순히 합쳐졌을 뿐 통일성이 없는 것을 표상하는 일은 예술에 어긋나는 야만적인 표상이다. 그러나 이런 견해가 다만 시인은 주체로서 자기 작품 속에서 모습을 감춰야 한다는 것을 의미한다면, 이야말로 바로 그 시인에 대한 최대의 찬사가 된다. 이는 다름 아니라 주관적으로 만들어진 표상과 느낌을 사람들이 깨닫지 못한다는 뜻이 된다. 이는 호메로스의 서사시에도 해당된다. 사실 거기에는 그 민족의 객관적인 직관방식만이 표현되고 있다. 그러나 한 민족의 서사시조차도 그것을 민족감정으로 채워진 내면으로부터 끌어내 노래할 수 있는 입이 필요하며, 더욱이 스스로 통일성을 띤 예술작품에서는 그 안에서 통일을 이룬 한 개인의 정신이 꼭 필요하다.

2. 원래의 서사시가 지닌 특수한 규정들

우리는 지금까지 서사시의 일반적인 특성과 관련해서 먼저 불완전한 양식들을 간단히 언급했다. 이들은 물론 서사적인 음조를 띠고 있어도, 한 민족의 상태나 그 전체 세계 안에 있는 구체적인 사건을 표현하지 않으므로 완전한 서사시는 못되었다. 그러나 후자의 것은 완전한 서사시가 되기에 적합한 내용을 제공해 주었으며, 그 기본특성들과 조건들은 내가 방금 위에서 설명하였다.

우리는 이런 것을 상기했으므로, 이제는 서사적인 예술작품에서 나오는 특수한 요구조건들에 대해 살펴보고자 한다. 그러나 여기에서 우리는 보통 특수한 것에 대해서는 별로 할 말이 없으므로, 곧 역사적인 것으로 파고들어가 민족들이 지닌 개별적인 서사작품들을 고찰해야 하는 어려움에 부딪힌다. 여기에서는 시대나 민족들이 서로 아주 다르므로 그것들을 조화시켜 보더라도 그 결과는 별로 희망적이지 못하다. 그러나 이 어려움은 많은 서사시 경전들 가운데서도 원래의 서사시의 진정한 기본적인 특성이 되는 단 하나의 서사시만을 강조함으로써 역시 해결할 수 있다. 그 서사시는 바로 호메로스의 서사시이다. 그러므로 나는 이 서사시에서 내가 보기에 서사시의 중요한 규정이 되는 특징들을 끌어내고자 한다. 이는 다음과 같은 관점들로 요약될 수 있다.

첫째, 서사적인 사건을 적합하게 묘사하는 기반이 되는 일반적인 세계상태는 어떤 성질을 띠어야 하는가라는 물음이 나온다.

둘째, 우리는 이런 개별적인 사건들의 특성에 대해 연구해야 한다.

마지막 *셋째로*, 우리는 이 양 측면이 통일되어 하나의 예술작품으로 얽혀 서사시로 마무리되는 형태에 대해 주목해야 한다.

a. 서사시의 일반적인 세계상태

우리는 처음에 참된 서사적인 사건 속에서는 어떤 개별적이고 자의적인 행위가 이루어지거나 단순히 우연적으로 일어난 사건이 서술되는 것이 아니라, 그 시대와 민족적인 상황의 총체성으로 갈라져 나간 행위가 서술되며, 따라서 이는 오직 확대된 세계 안에서만 직관될 수 있으므로 그 전체적인 현실에 대한 묘사가 요구됨을 보았다. 이 일반적인 기반을 참으로 시적으로 형상화하는 일과 관련해서 나는 이미 제1부에서 이상적인 행위를 위한 일반적인 세계상태를 다룬 부분에서 중요한 점들은 말했으므로, 여기서는 단지 서사시에 중요한 것이 무엇인지만을 언급하겠다.

α) 전체적인 삶의 상태는 개인들에게는 기존의 현실성의 형태를 지니면서도 개인들과 매우 밀접한 관계에 놓여 본래의 생동성을 띠게 될 때 서사시에 적합한 배경이 된다. 왜냐하면 만약에 서사시에서 앞장서서 행동하는 영웅들이 먼저 전체적인 상태를 이룬다면, 거기에서 실제로 드러나게 되는 것은 서사시보다는 주관적인 성격에 더 적합한 것으로 규정되어 객관적인 실재성으로 드러나지 못하기 때문이다.

αα) 여기서는 도덕적인 삶과 가족이 서로 보존되고 민족과 민족 전체가 전쟁과 평화 속에서 관계하는 것들이 창의적으로 꾸며져 전개되어야 한다. 그러나 이는 거꾸로 아직 개인들이 생생하게 주관적으로 특수화되지 못하고, 스스로 가치 있는 원칙이나 의무, 법의 형태로 되지 못하여 개별적인 의지에 대립하여 스스로 존재하는 힘을 지닌 보편적인 것이어서는 안 된다. 반면에 법이나 공평성, 권리, 윤리, 심정, 성격은 그 자체에 근거하여 드러나야 한다. 그럼으로써 어떤 오성도 이들을 마음이나 개별적인 신념과 열정에 대조되는 범속한 현실성의 형태로 내세울 수 없게 된다. 이미 확대된 법, 일반적인 정의, 잘 설립된 행정, 국가의 부서와 관공서, 경찰 따위를 갖추고 헌법을 조직하여 발전된 국가의 상태는 진정한 서사적인 행위의 기반이 될 수 없다. 물론 객관적인 도덕성을 띤 관계들은 사람들이 원하는 바이자 또 실현되어야 하는 것이지만, 서사적인 것은 오직 행동하는 개인들과 그들의 성격에 의해서만 실현될 수 있지, 그런 보편적인 가치를 지니고 정당한 형태를 띠고 존재하는 것에 의해 실현되지는 않는다. 그래서 서사시에서는 물론 객관적인 삶과 행위의 본질적인 공통성이 발견되기도 하지만, 그런 행위와 삶 속에서도 또한 개인들의 주관적인 의지에서 나온 것으로 보이는 자유도 발견된다.

ββ) 이는 인간과 그를 둘러싼 *자연*과의 관계에서도 마찬가지다. 그

자연으로부터 인간은 자신의 욕구를 충족시키기 위한 수단을 얻고 또 만족하게 된다. 이와 관련해서 나는 또 이미 전에 이상(理想)의 외적인 규정에 대해 서술할 기회가 있을 때 상세히 언급했던 것을 다시 인용하겠다. 인간이 외적인 삶을 위해 필요로 하는 것, 집, 마당, 천막, 의자, 침대, 칼, 창, 바다를 건너는 배, 싸움터로 타고 가는 마차, 음식을 끓이고 볶는 일, 살육, 먹고 마시는 일 등, 이 모든 것 중 어느 것도 인간에게 죽은 수단이 되어서는 안 된다. 인간은 온 감각을 동원해 생동성을 느낌으로써 인간 개인이 외적인 것에 밀접하게 관계하여 거기에 인간적으로 영활된 개별적인 각인을 찍어야 한다. 오늘날 우리들의 공장에서 기계적으로 산출되어 나오는 물건들과 또 대체로 우리의 외적인 삶의 욕구를 충족시키는 방식은 이런 면에서 볼 때, 근대의 국가조직과 마찬가지로 본래의 서사시가 필요로 하는 삶의 배경에는 적합하지 못하다. 왜냐하면 원래의 서사적인 세계상태 속에서는 보편성과 개별적인 신념에 의존하지 않은 채 자신을 관철하는 데 우세한 오성이 아직은 효력을 지니지 못했듯이, 그 세계 안에서 인간도 역시 아직은 자연과 밀접한 관계를 맺고 있어서, 강력하고 참신하고 때로는 친근하면서도 때로는 전투에 매달리는 공통체로부터 떨어져 나가지 못하고 있었기 때문이다.

γγ) 이러한 상태를 나는 이미 목가적인 상태와는 다른 영웅적인 상태라고 불렀다. 우리는 바로 호메로스의 서사시에서 그런 상태가 참으로 인간적인 성격을 띠고 아주 미적이고 풍요로운 시로 서술되고 있음을 발견한다. 내가 이미 위에서 설명했듯이 여기에서는 우리 눈앞에 가정적이고 공공적인 삶 속에서, 정돈된 가정과 국가적이고 범속한 삶의 단순한 오성이나 그렇다고 야만적인 현실도 아닌 반대로 근원적이고 시적인 중심이 펼쳐진다. 그러나 여기에서 모든 형상들의 자유로운 개별성과 관련되는 한 가지 중요한 점이 있다. 예를 들어《일리아스》에서 아가

멤논은 물론 모든 왕들의 왕이고 그 밖의 영주들은 그의 휘하에 있으나, 그의 지배권은 단순히 명령하고 복종하는 주인과 신하라는 무미건조한 관계로 머물지는 않는다. 반대로 아가멤논은 사려 깊고 지혜로우며 양보할 줄도 안다. 왜냐하면 그에게 봉사하는 영주들 각자는 함께 소명을 받은 총독이나 장군들이 아니라 아가멤논 자신처럼 독자성을 띤 인물들이기 때문이다. 그들은 자유롭게 그의 주변에 모여들었거나 여러 방법을 통해 그 무리에 합류한 사람들로서, 서로 상의하는 일이 마음에 들지 않으면 영웅 아킬레우스처럼 혼자 떨어져 싸움에 참가하지 않기도 한다. 자유로이 참여하거나 고집스레 고립될 때 영웅들의 독립적인 개성은 손상되지 않고 보존되므로 그 전체적인 관계는 시적으로 형상화된다. 그와 비슷한 것은 오시안의 서사시와 《엘 시드》에서 이 국민적인 영웅이 된 낭만적인 기사도(騎士道, Rittertum)를 지닌 영웅이 받드는 영주들과의 관계에서도 나타난다. 또 아리오스토(Ariosto)와 타소(Tasso)의 시에서도 이런 자유로운 관계는 손상되지 않고 있다. 특히 아리오스토에서 개별적인 영웅들은 서로 거의 관계하지 않고 독자적으로 모험을 찾아 나선다. 아가멤논과 그를 받드는 영주들의 관계처럼 그 영주들을 받드는 백성들도 마찬가지의 관계를 지니고 있다. 즉 백성들은 자유의지에서 영주들을 따른다. 거기에는 아직 그 백성들을 예속시키는 강제적인 법은 없다. 영예, 존경, 위력을 지닌 강한 자 앞에서 갖는 수치심, 영웅적인 성격에 대한 감탄 등이 그들을 복종시키는 이유이다. 가정의 내부에도 질서가 유지되지만, 이는 어떤 확고한 고용법에 의해서가 아니라 신념과 윤리 때문이다. 모든 것은 마치 직접 그렇게 된 것처럼 드러난다. 예를 들면 호메로스는 트로이인들과의 싸움을 서술하는 곳에서 그리스인들에 대해서 묘사하기를 그들은 많은 건장한 무사들을 잃었지만 트로이인들보다는 적게 잃었는데, 그 이유는 그들은 늘 서로 가혹한 어려움을 막아 주려 하기 때문이라고 설명하고 있다. 그들은 그렇게 서로 도왔다. 만약에 우리가 오늘날 잘 훈련된 군대와 그렇지 못한 군대를 구별한다면, 더 잘 훈련된 군대의 본질을 이처럼 오직 다른 사람들과 일치하는 가운데서만 가치를 띠는 단결의식에서 찾아야 할 것이다. 미개인들은 누구도 타인에게 의존하지 않는 오합지졸들일 뿐이다. 그러나 우리에게는 엄격하고 힘든 군대원칙의 결과 훈련과 명령, 확고한 질서가 지배할지 모르지만, 호메로스의 서사시에서는 개인들이 스스로 만들어낸 것이 그들 안에 생생하게 내재하는 윤리로서 가치를 지닌다.

   호메로스에서 외적인 사물들과 상태들이 다양하게 묘사되는 것도 같은 이유에서이다. 그의 시에서는 우리들의 소설에서 즐겨 묘사되는 자연의 장면들은 많이 묘사되지 않는 대신에, 가는 지팡이나 왕홀, 침대, 무기, 옷, 문기둥 따위의 묘사는 아주 장황하게 이루어진다. 호메로스는 또 문을 열리게 하는 문돌쩌귀를 언급하는 일까지도 잊지 않고 있다. 우리에게는 그런 것들은 매우 외적(外的)이고 사건들과는 아무 상관도 없는 것으로 보일지 모른다. 우리는 심지어 우리의 교양에 맞게 유연성 없고 매우 우아한 척 많은 대상과 사실들을 표현하며, 옷이나 가구들도 아주 상세하게 그 단계를 정해 묘사한다. 그뿐만 아니라 오늘날 우리들의 욕구를 만족시키는 수단을 산출하거나 마련하는 것들도 공장에서나 손작업으로 만들어진 다양한 도구들이므로, 이처럼 광범하게 갈라져 나간 특수한 측면들은 모두 우리에게는 존중할 가치가 없는 뭔가 하찮은 것이 되고 만다. 반면에 영웅적인 존재들에게는 대상들이나 그들이 창안해내는 것들이 아주 근원적으로 단순하기 때문에, 그런 것들을 고수하면서 묘사할 수 있다. 왜냐하면 그런 사물들은 모두 인간과 같은 위치에 서 있어서 그의 삶 전체가 그런 것에서 벗어나 지적인 영역으로 이끌려 들어가지 않는 한, 그런 사물들은 아직도 능숙하고 풍요롭고 긍정적인 관심을 끄는 영예를 지니기 때문이다. 물론 짐승을 죽여 음식으로 마련하고 술을 따르는 일 따위는 영웅들에게는 목적이나 향유대상이 되지만, 반대로 우리에게는 점심식사가 일상적인 것이 안 되려면 뭔가 보기 드물게 맛좋은 음식이 날라져 와야 하며, 또 그 외에도 멋진 담화가 곁들여져야 한다. 따라서 호메로스의 시에서 영웅들이 지닌 대상들을 장황하게 묘사하는 것은 무미건조한 일에 시적인 양념을 가하려는 것으로 간주되어서는 안 된다. 오히려 이처럼 상세하게 고찰하는 것은 그 시 안에 묘사된 인간들의 정신이자 상태 자체가 된다. 마찬가지 예로 물론 더 우아한 지적인 삶과 비교하면 무미건조하게 보일지 모르지만, 우리나라에서 농부들이 외적인 사물들에 대해 아주 상세하게 말하거나 우리의 기사들이 자기들의 마구간, 말, 장화, 박차, 바지 따위에 대해서 장황하게 설명하는 것을 들 수 있다.

 이러한 세계는 이미 그처럼 전제된 기반 위에서 일어나는 특수한 사건들의 *한정된* 보편성만을 포함해서는 안 되고, 민족적인 직관에서 생겨나는 *총체*성으로 확대되어야 한다. 이에 대한 가장 좋은 예는 《오디세이아》에서 발견된다. 이 서사시는 우리를 단지 고대 그리스의 영주들과 하인들, 신하들이 살던 삶 속으로 이끌어갈 뿐만 아니라, 낯선 민족들의 다양한 생각, 바다에서의 위험, 죽은 자들의 거처 따위를 풍부하게 우리 눈앞에 펼쳐 보인다. 그러나 대상들의 본질상 활동무대가 더 국한되고 전투만이 묘사되느라 평화의 여지는 별로 없어 보이는 서사시 《일리아스》에서조차도, 호메로스는 기교 있게 지상의 인간적인 삶, 결혼, 법적인 행위, 농사, 가축들, 도시들 간에 개별적으로 벌어지는 전쟁에 대해 감탄할 만한 직관을 하면서 이를 아킬레우스의 방패를 서술하는 부분에 첨가하고 있다. 그런 면에서 볼 때 이런 묘사는 단순한 외적인 첨가물로 간주해서는 안 된다. 반면에 오시안의 이름으로

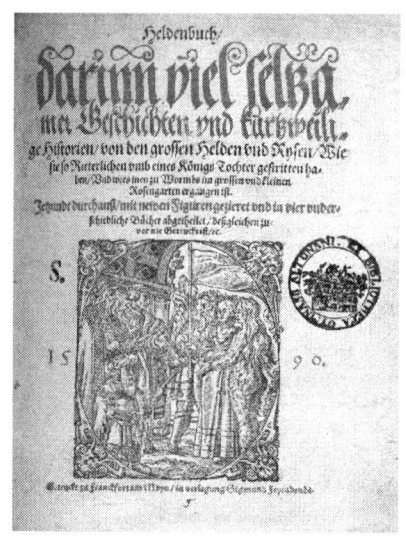

그림 《영웅의 서》의 표지(1590년판)

쓰인 시들에서 세계는 대체로 너무나 제한되어 있으며 무규정적이어서 서정적인 특성을 지니고 있다. 한편 단테의 시에 나오는 천사들과 악마들은 우리와 가까운 관계가 있는 세계가 아니라, 다만 인간을 축복하거나 벌하기 위해 봉사하는 세계일뿐이다. 특히 《니벨룽겐의 노래》에서는 특정한 현실성 있는 구체적인 이유나 근거가 결핍되어 있으므로 그 서사시는 마치 거리의 떠돌이 가수가 부르는 노래와 같은 음조를 띤다. 왜냐하면 거기서의 묘사는 비록 상세하기는 하지만, 마치 손재주꾼들이 멀리서 그 이야기를 듣고 나서 사실을 자기들의 방식으로 설명하려는 듯이 구성되어 있기 때문이다. 즉 우리는 사실을 보지 못하고 단지 시인의 무능력과 힘든 노고를 눈치 챌 수 있을 뿐이다. 이처럼 지루하고 취약한 요소는 《영웅의 서(Heldenbuch)》[21]에서는 더 조

---

21) 《영웅의 서》는 독일 지역에 전해 내려오는 영웅설화들을 중세 후기에 모아서 엮은 책이다.

잡하게 드러났으니, 결국 그러한 서사시들의 단점은 진짜 시를 짓는 손재주꾼들이었던 마이스터징거(Meistersänger)들에 의해서 극복되었다.

β) 그러나 서사시는 예술이 되기 위해서 모든 특수한 측면들에 따라 특수하게 규정된 세계를 형상화해야 하고 따라서 그 자체로 개성을 띠어야 하므로, 그것은 그 안에는 특정한 민족의 세계가 반영된다.

αα) 이런 점에서 진정한 원래의 서사시들은 모두 우리에게 윤리적인 가족의 삶, 전쟁, 평화 같은 공적인 상태 안에서 살던 한 민족의 정신을 그들의 욕구, 예술, 관습, 관심, 대체로 온갖 단계의 의식과 방식 속에서 형상화한다. 그러므로 우리가 이미 위에서 보았듯이, 서사시를 존중하고 이를 상세히 고찰하고 해석하는 일은 다름 아니라 민족들의 개별적인 정신을 우리 정신의 눈앞에 스쳐가게 함을 뜻한다. 그것들은 미적(美的)으로 자유로이 규정하고 생동적으로 산출하는 행위 속에서 함께 세계사를 표현한다. 예를 들면, 고대 그리스 정신과 그들의 역사 그리고 그 민족의 초기에 있었고 그들이 원래 역사적인 투쟁을 이겨내기 위해 지녔던 원칙을 호메로스의 서사시 아닌 다른 어떤 문헌에서도 그처럼 생생하고 간단하게 배우지는 못한다.

ββ) 그러나 민족의 현실에는 두 *가지* 양태가 있다. 그 하나는 개별적인 민족의 특수한 관습들로 이루어진 *긍정적인* 세계로서 특정한 시기에 그 지역의 기후 상황, 강, 산, 숲 등 대체로 자연으로 둘러싸인 것이며, 둘째로는 종교, 가족, 공동체 따위와 관련해서 정신적인 의식에 들어 있는 민족의 *실체*이다. 우리가 요구했듯이 본래의 서사시가 한 민족에서 지속적으로 가치를 지니는 경전(經典)이자 민족의 기록으로 남아야 한다면, 과거 현실에서 긍정적인 특성이 지속적으로 생생하게 관심을 끌기 위해서 긍정적인 특성들이 민족의 원래 실체적인

측면이나 방향과 내면적인 관계를 이루고 있어야만 할 것이다. 만약에 그렇지 않을 경우, 긍정적인 것은 단지 우연적이고 아무 상관없는 것이 될 것이다. 그래서 예를 들면 친숙한 토속적인 지리도 민족성에 속하는데, 만약에 그것이 어느 민족에게 특수한 성격을 부여하지 못하면 이는 그들에게 낯선 자연환경으로서 그 민족의 특성에 대립되지만 않으면 별로 방해가 안 되며, 때로는 뭔가 상상력을 끌어당기는 것이 되기도 한다. 아직도 직접 존재하는 친숙한 산이나 강들에는 유년 시절의 체험에 대한 감각적인 회상이 연결되기도 한다. 그러나 더 심오한 직관과 사고방식의 끈이 없으면 그러한 관계는 뭔가 다소 외적인 것으로 가치가 하락되고 만다. 뿐만 아니라 예를 들면 《일리아스》에서 보듯이 전쟁을 치를 때에는 그 전쟁이 자기 조국의 땅에 국한해서만 일어나는 일은 불가능하다. 사실 여기에 등장하는 외국의 낯선 자연환경은 심지어 매혹적이고 유혹적인 것이 되기도 한다. 그러나 수백 년이 지나는 동안 정신적인 의식과 삶이 너무 변해서 이처럼 그 초기와 이후의 시대 사이의 끈이 완전히 떨어져 나간 경우에는, 한 편의 서사시를 지속적으로 생생하게 묘사하는 일은 더 어려워진다. 예를 들면 클롭슈토크가 다른 시의 영역에서 민족의 신들에 대한 신관(神觀)을 확립하는 데 헤르만(Hermann)과 투스넬다(Thusnelda)를 끌어들이는 일이 그렇다.22) 영웅서사시 《니벨룽겐의 노래》에서도 마찬가지이다. 부르군트 왕국의 사람들, 크림힐트의 복수, 지크프리트의 활약, 전체적인 삶의 상태, 몰락하는 부족 전체의 운명, 북유럽적인 상황, 아틸라 왕 등등, 그 모든 것들은 우리의 가정적이고 시민적이며

---

22) 이는 서기 9년에 독일의 토이토부르크 숲(Teutoburger Wald)에서 게르만인들을 이끌고 로마 군대와 치른 전투에서 승리한 독일의 영웅 아르미니우스(독일 명칭으로는 '헤르만'이라고 한다)와 그의 아내 투스넬다에 대해서 노래한 시이다.

합법적인 삶, 우리의 제도나 헌법과는 그 어디에서도 더 이상 생생한 관계를 갖지 못한다. 그리스도의 역사, 예루살렘, 로마법, 심지어 트로이 전쟁조차도 오히려 우리의 민족의식에게는 마치 빗자루로 깨끗이 쓸어버린 듯이 이미 지나가버린 니벨룽겐의 이야기보다도 더 많은 현재성을 부여한다. 그런 이야기를 뭔가 민족성을 띤 민족의 기록으로 만들고자 한 것은 매우 통속적이고 무미건조한 착상이었다. 그것은 언뜻 보기에 새로 끓어오르는 듯한 젊음의 열광에 찬 시기에 마치 이미 죽음에 가까운 노년에서 다시 아이가 되고, 죽어버린 것에서 원기를 얻어 다른 사람들의 느낌도 마치 그런 식으로 변하도록 분위기를 바꾸려는 하나의 징후였다.

γγ) 그러나 한 민족의 서사시가 *이방의* 민족들이나 다른 시대에도 지속적인 관심을 끌게 되면, 거기에 묘사된 세계는 단지 특수한 민족에게만 속하지 않고, 그 특수한 민족과 그들의 영웅들 그리고 그들의 행위 속에는 *보편적이고 인간적인 것*이 동시에 호소력 있게 표현되는 특성을 지닌다. 그래서 예를 들면 호메로스의 서사시에서는 신성하면서도 윤리적인 소재, 성격들이나 존재하는 모든 것들의 탁월함, 뚜렷한 현실이 직접 드러나는데, 그 안에서 시인은 우리에게 가장 숭고한 것은 물론 가장 하찮은 것도 보여준다. 이런 점에서 민족들 사이에도 커다란 차이가 있다. 예를 들면 인도의 《라마야나》에는 인도의 민족정신이 특히 종교적인 측면에서 아주 생생하게 담겨져 있음을 부인할 수는 없다. 그러나 전체 인도인들의 삶은 아주 특수하므로, 원래 참된 인간적인 것도 이 특수성의 한계를 무너뜨리지는 못한다. 그와는 전혀 달리 기독교 전체의 세계는 특히 《구약성서》가 교부들의 상태에 대해 묘사하듯이 처음부터 서사적으로 표현하는 데 익숙하였으며, 이를 늘 구체적으로 명확하게 드러낼 강력한 위력이 있는 사건들로 새

로이 꾸며냈다. 그래서 예를 들면 괴테는 그의 유년시절에 "그의 삶은 흩어지고 배움은 산산조각이 났음에도 불구하고, 자기의 정신과 느낌을 고요한 효과를 드러내는 그 한 점에 집중하였으며",23) 후에 나이가 들어서 동양세계를 방랑할 때에도 늘 다시금 이《구약성서》의 글들을 펼쳐 보았다. 그 이유는 "비록 여기저기 흐려지고 땅 속으로 감춰지기는 해도 곧 순수하고 참신하게 다시 솟아오르는 샘물처럼 아주 상쾌한 것"24)이었기 때문이었다고 한다.

γ) 셋째, 끝으로 어느 특정한 민족이 처한 일반적인 상태는 그 민족의 개별성이 고요하게 보편성을 띠고 있을 때는 본래의 서사시적인 대상이 되어 서술될 수는 없고, 다만 그 민족이 처한 현실의 모든 측면과 관계되고 이 측면들을 자체 안에 끌어들이면서 계속 전개되는 사건의 근간으로서만 나타날 수 있다. 그런 사건은 단순히 외적인 사건이어서는 안 되며, 실체적인 정신적인 의지에 따라 실행되는 목적이어야 한다. 그러나 일반적인 민족 상태와 개인들의 활동 양쪽이 서로 떨어져 나가지 않으려면, 특정한 사건은 그것이 일어나는 기반 위에서 동기를 찾아야 한다. 따라서 우리 눈앞에 펼쳐지는 서사시의 세계는 아주 구체적이고 개별적인 상황 속에서 포착되고 거기에서 필연적으로 특정한 목적들이 나와야 하며, 그것이 실현되는 것을 서사시는 서술하는 소명을 띠어야 한다. 우리는 이미 제1부에서 이상적인 행위를 다룬 기회에 이에 전제가 되는 것은 갈등, 침해행위, 그로 인해 필연적인 반응을 낳는 상황이나 정황들이라는 것을 살펴보았다.

---

23) 괴테의《시와 진실》제1부 4권 참조.
24) 이는 괴테가 그의 작품《서동시집》에 "구약성서적인 것"이라는 제목으로 첨가한 소고(小考) 가운데 들어 있다.

그러므로 한 민족의 서사적인 세계상태를 우리 앞에 펼치는 특정한 상황은 그 안에 충돌하는 성질을 띠어야 한다. 그리하여 서사시와 극시는 바로 같은 영역에 들어서게 되는데, 우리는 여기에서 원래의 서사적인 충돌과 극적인 충돌의 차이를 확인해야 한다.

αα) 일반적으로 서사시에 적합한 상황으로 언급되는 것은 *전쟁 상태*에서 드러나는 갈등이다. 왜냐하면 전쟁에서는 민족 전체가 움직이며, 그러는 가운데 그 민족 전체는 생생한 자극과 활동을 겪기 때문이다. 여기서는 총체성이 스스로 책임져야 할 동기를 지닌다. 물론 대부분의 위대한 서사시들이 이 원칙을 증명하기는 해도, 이는 호메로스의 《오디세이아》뿐만 아니라 많은 정신적인 서사시의 소재들과도 어긋나는 듯이 보인다. 그러나 《오디세이아》에서 우리에게 보고되는 충돌은 그 근거를 트로이 원정에서도 발견할 수 있으며, 이타카 섬의 가정적인 상황은 물론 귀향을 위해 애쓰는 오디세우스에게서도 엿보이는데, 이는 물론 그리스인들과 트로이인들 사이의 전쟁을 실제로 묘사하는 것은 아닐지라도 전쟁의 직접적인 결과로 묘사되고 있다. 사실 그 자체가 일종의 전쟁이다. 왜냐하면 여러 중요한 영웅들은 그들이 십 년이나 부재(不在)했던 기간 동안에 변한 것을 다시 발견하자 이것들을 곧 다시 정복하기 때문이다. 종교적인 서사시로는 특히 단테의 《신곡(Divina Comedia)》이 있다. 그러나 여기에서도 근본적인 충돌은 원래 악마가 신적인 것으로부터 추락하는 데서 나오며, 이는 인간의 현실 속에서 신에 대항하는 행위와 신의 마음에 들려는 행위 사이에 야기되는 끊임없는 외적인 내면적인 전쟁이며 지옥, 연옥, 천국에서 저주, 정화, 축복을 받는 것으로 영원해진다. 클롭슈토크의 《메시아》에서도 이야기의 중심이 되는 것은 신의 아들과 직접 전쟁을 하는 일이다. 그러나 《라마야나》와 가장 풍부하게는 《일리아스》에서,

또 오시안의 서사시와 타소와 아리오스토, 카몽이스(Camoenss)[25]의 시에서 발견되듯이 언제나 실제 있었던 전쟁을 묘사하는 일이야말로 가장 생생하고 적합하다. 즉 전쟁에서는 *용기*가 주요관심사로 머물며, 용기는 영혼의 상태이자 활동으로서 서정적인 표현이나 극적인 표현이 아닌 특히 서사시의 묘사에 적합하다. 왜냐하면 극에서는 내면적인 *정신의* 강인함이나 나약함, 도덕적인 정당성이나 타락한 열정이 주요 사안이 되지만, 그에 반해 서사시에서는 등장인물의 *자연적인 측면*이 중요하기 때문이다. 그러므로 민족적인 전쟁이야말로 거기에 용기가 적절하게 필요한 것이다. 왜냐하면 용기는 의지가 스스로 정신적인 의식이자 의지가 되어 규정하는 도덕성이 아니라, 자연에 근거하면서 정신과 직접 용해되고 균형을 이루면서 실제의 목적을 이행하기 때문이다. 이는 서정적인 감정이나 반성으로 포착하는 것보다 더 적합하게 묘사할 수 있다. 전쟁에서는 용기가 중요하듯이 행위와 그 성과(成果)도 중요하다. 의지에 의해 일어난 사건과 우연히 일어난 외적인 사건 사이에 균형이 이루어지는 것이다. 반면에 극(劇)에서는 외적으로 우연히 장애를 받아 일어난 사건은 제외된다. 왜냐하면 여기서는 외적인 것은 아무런 독자적인 권리를 유지하지 못하며, 사건은 개인들의 목적과 내면적인 의도에서만 나오기 때문이다. 그래서 우연적인 것은 비록 그것이 일어나서 일의 성과를 규정하는 듯이 보이더라도, 그 진짜 원인과 정당성은 등장인물들과 그들이 지닌 목적

---

[25] 카몽이스(Luís Vaz de Camões, 영어발음은 Camoens, 1524년경~1580). 포르투갈의 유명한 시인. 그는 한쪽 눈을 잃는 등 파란만장한 삶을 살았지만, 〈우스 루지아다스(Os Lusíadas)〉라는 제목의 영웅 서사시를 남겨 후세에 이름을 떨쳤다. 그것은 근세에 들어와 인도 항로를 발견하고 바스쿠 다 가마의 첫 원정을 중심으로 포르투갈의 역사와 신화를 서술한 대서사시이다.

들의 내적인 특성, 그 충돌과 필연적인 해결 속에서만 찾아야 한다.

ββ) 서사시는 그 근거가 되는 전쟁 행위를 다룸으로써 폭넓고 다양한 소재를 여는 것처럼 보인다. 왜냐하면 많은 흥미로운 행위와 사건들이 소개되고 그 안에서 용기가 중요한 역할을 하며, 상황들이나 일어난 사건들의 외적인 위력도 역시 적잖은 권리를 지니기 때문이다. 그럼에도 불구하고 여기서도 서사시가 본질적으로 제한됨은 간과할 수 없다. 다시 말해 참된 서사시에 속하는 소재는 *이방* 민족들 사이에서 일어나는 전쟁뿐이기 때문이다. 반면에 왕조(王朝) 간에 벌어지는 전쟁이나 토착적인 전쟁, 내란 같은 소요는 오히려 극적인 표현에 더 적합하다. 예를 들면 이미 아리스토텔레스도 그의 《시학》(c 14)에서 비극작가들에게는 형제간의 싸움내용을 소재를 택하라고 권하고 있다. 이런 것으로는 아이스킬로스가 쓴 《테베인에 대항하는 칠인(七人)》을 들 수 있다. 즉 한 테베인(주인공 폴리니케스 — 역자주)이 그 도시를 공략하는데, 그 도시를 방어하는 그의 적은 다름 아닌 그의 형제이다. 여기에서 적대감은 절대적인 것이 아니라, 서로 싸우는 형제들 간의 특수한 개별성에 근거한다. 오직 평화와 화합만이 본질적인 것이 되겠지만, 스스로 정당하다고 생각하는 개별적인 심정들 때문에 그들의 결합은 방해를 받고 있다. 비슷한 예로 셰익스피어가 쓴 여러 역사비극들을 들 수 있다. 거기서는 언제나 개인들 간의 화합이 원래 정당한 것이겠지만, 그러나 등장인물들은 오직 *자신*들만을 고려하는 열정과 내적인 동기들을 지니고 있어서 그것들이 충돌과 전쟁을 야기한다. 그와 비슷하게 서사적인 행위가 결핍된 시로 예를 들면 루카누스(Lucanus)의 《파르살리아(Pharsalia)》가 있다. 이 시에서는 상호투쟁하는 목적들이 비록 매우 위대해 보이기는 하지만 상호 대적하는 자들은 서로 가까운 사이이며 같은 조국을 가진 친족관계이므로, 민족적인

총체성들이 맞서 싸우는 전쟁과는 달리 그들의 투쟁은 단지 파벌 싸움이 되고 만다. 이는 매번 민족의 실체적인 통일을 막고 주관적이고 비극적인 죄와 파멸로 이끌어갈 뿐 아니라, 객관적인 사건들을 단순하고 명료하게 두지 않고 서로 뒤얽히게 만든다. 볼테르의《앙리아드(Henriade)》도 그와 상황이 비슷하다. 그에 반해 *이방* 민족들간의 적대감은 뭔가 본질적인 것이 된다. 모든 민족은 자신을 위해 다른 민족과 다르고 대립되는 총체성을 형성한다. 이것들이 서로 적대하게 되면 윤리의 끈은 결코 끊을 수 없게 되고, 절대적인 가치를 띤 것은 손상되지 않으며 필연적인 전체성은 절대 파괴되지 않는다. 오히려 그것은 그런 총체성을 손상하지 않고 권리를 보존하게 하려는 투쟁이 된다. 그러므로 그런 적대감은 서사시의 본질적인 특성에 전적으로 적합하다.

γγ) 그러나 서로 적대감을 지닌 민족들 사이에 일어나는 모든 통상적인 전쟁이 곧 서사적인 것으로 간주되어서는 안 된다. 거기에는 또 *세 번째* 측면이 첨가되어야 하는데, 이는 말하자면 한 민족으로 하여금 다른 민족에 대항하도록 추진하는 *보편적 — 역사적인* 권리이다. 그때 비로소 하나의 새롭고 더 숭고한 행위가 우리 앞에 펼쳐지게 된다. 그것은 물론 한편으로 우선 외적으로 드러나는 동기가 한 개인적인 침해의 특성을 띠거나, 복수의 특성을 띠더라도 주관적이거나 자의적인 것에 매이지 않고 더 숭고한 필연성에 근거하는 절대적인 것으로 나타난다. 이와 유사한 관계는 이미《라마야나》에서도 발견된다. 그러나 특히《일리아스》에서는 그리스인들이 아시아인들에 대해 원정을 떠남으로써 설화적인 거대한 전투가 일어나는 이야기가 등장한다. 그 전쟁은 그리스 역사에서 세계사적인 전환을 이룬다. 비슷한 방식으로 기사 엘 시드(El Cid)는 무어인들에 대항해서 싸운다. 타소(Tasso)와 아리오스토(Ariosto)의 서사시에서는 기독교인들이 사라센

인들에 대항해 싸우며, 카몽이스의 시에서는 포르투갈인들이 인도인들에 대항해서 싸운다. 그처럼 우리는 거의 모든 위대한 서사시들 안에서 윤리, 종교, 언어 등 대체로 내적인 외적으로 서로 다른 민족들이 등장하면서 서로 용기로 대항하고 싸워 얻는 것, 즉 승리한 자는 패배한 자를 지배하고 예속된 자에게는 아무것도 남는 것이 없다는 숭고한 원칙에 따른 세계사적인 승리를 통해서 안정감을 얻는다. 이런 의미에서 만약에 동양에 대한 서양의 승리, 유럽적인 기준의 승리, 개별적인 미의 승리, 스스로 한계 짓는 이성이 아시아적인 광휘와 완전히 구별되지 않은 가부장적인 통일, 떨어져 나가기 마련인 화려한 추상적인 결합에 대해 승리함을 서술하는 과거의 서사시에 비해 혹시 앞으로 미래에 쓰일지 모를 서사시들에 대해 생각한다면, 여기서 표현할 수 있는 것은 아마도 무한 속으로 계속 진행해가는 종교 미사와 개별화 속에 감금되는 것에 맞서서 일찍이 미국의 생동적인 합리주의뿐일 것이다. 왜냐하면 이제 유럽에서는 어떤 민족이든 다른 민족에 의해 제약을 받고 있으므로 스스로 다른 유럽민족들과 전쟁을 할 수 없게 되었기 때문이다. 유럽을 넘어서서 바라본다면 서사시의 배경이 되는 곳으로 눈을 돌릴 수 있는 곳은 미국대륙[26] 밖에 없다.

b. 개성적인 서사적 행위

둘째로, 이제 우리는 모든 민족들 간의 갈등이 열려 있는 기반 위에서 서사적인 사건이 일어나게 되는 것과 관련된 일반적인 규정을 찾아

---

[26] 미국에 대한 헤겔의 생각은 당시 그가 살았던 시대에 남미와 북미 사이에 일어났던 전쟁을 염두에 두고 있는 듯하다. 그는 당시에 북미를 합리성과 질서의 상징으로, 남미를 무질서와 혼란의 상징으로 보고 있었다.

야 하는데, 다음과 같은 관점들에서 이를 고찰하고 분류하고자 한다.

첫째, 일어나는 사건은 서사적인 행위의 목적이 아무리 보편적인 것에 근거하더라도 *개성적으로* 생동적이며 규정된 것이어야 한다.

그러나 둘째, 행위는 오직 개인들로부터만 나올 수 있으므로, *서사적인 배역들이* 지닌 일반적인 성격에 대해서 물음이 생긴다.

셋째, 서사적인 사건에서 객관성은 오직 외적으로 현상할 뿐만 아니라, 또 그 자체로 필연적이고 실체적인 것이라는 의미에서 표현된다. 그러므로 우리는 이 사건의 실체가 내적으로 감춰진 보편성이자 또 한편으로 영원한 위력들과 섭리가 내린 분명한 지시가 효력을 발휘하는 것으로 보아야 한다.

α) 우리는 위에서 서사적인 세계의 근거로 한 민족정신의 총체성이 그 초기의 신선한 영웅적인 상태에서 국가적인 특징을 띠고 실행될 것을 요구했다. 그러나 이런 근간으로부터 *특수한 목적*이 부각되어야 한다. 그것이 실현될 때 그 실현은 전체의 실현과도 아주 밀접하게 얽혀 있으므로 모든 측면에서 민족의 특성, 신앙, 활동이 드러나야 한다.

αα) 우리가 보았듯이 전체는 개성적인 생동성을 띠는 특수한 목적으로 계속 나아가므로 그 목적은 서사시에서는 하나의 사건의 형태를 취해야 한다. 따라서 우리는 이 자리에서 먼저 의지와 행위가 *사건*으로 되어가는 좀 더 상세한 형태에 대해 상기해야 한다. 행위와 사건은 둘 다 정신의 내면에서 나오며, 정신에서 나오는 내용을 행위와 사건들은 감정, 반성, 사유처럼 이론적으로 외화시켜서 알릴뿐더러 실제로도 실행한다. 이는 두 가지 측면에서 실현된다. *첫째*는 전제되고 의도된 목적의 내면적인 측면으로서 개인은 그 일반적인 특성과 결과를 알고 의도하고 감안하여 수용해야 한다. 둘째는 주위에 둘러싸고 있

는 정신적이고 자연적인 세계의 외적인 실재성이다. 그 안에서는 인간 혼자서만 행동할 수 있고 그 우연성들은 인간에게 때로는 방해가 되기도 하고 때로는 도움이 되면서 인간에게 부딪혀 오므로, 인간은 그 혜택을 받아 다행히 목적에 이르거나, 아니면 만약에 그 우연적인 것들에 직접 굴복하고 싶지 않으면 자기 개성의 힘을 빌려서 그것들을 이겨내야 한다. 이제 이 양쪽 측면이 구분되지 않고 결합되고 양쪽이 같은 권리를 갖게 되면서 의지의 세계(die Welt des Willens)로 이해되면 열정과 원칙, 의도적인 목적과 주관적인 동기를 지닌 내적 의지가 주요 사안이 될 수는 없으므로 내면 자체는 곧 *사건*들의 형태를 띠고 드러난다. *행위*에서는 모든 것이 내적인 성격으로, 의무와 신념, 원칙 따위로 소급된다. 반면에 *사건*들에서는 외적인 측면도 역시 그 온전한 권리를 얻는다. 왜냐하면 그것은 한편으로 전체적인 형태를 이루고 다른 한편으로 내용의 주요한 부분을 이루는 객관적인 실재성이기 때문이다. 이런 의미에서 나는 이미 앞서 서사시의 사명은 어떤 행위가 일어나는 것을 묘사하는 것이므로 목적들을 수행하는 외적인 측면만을 묘사하는 것이 아니라 외적인 상황, 자연적 사건들과 그 밖에 우연적인 것들에도 행위 안에서 내면이 전적으로 요구하는 것과 같은 정도의 권한을 부여하는 데 있음을 언급했다.

ββ) 서사시에서 사건의 형태로 완수되는 특수한 목적의 성질에 대해서 더 자세히 보면, 이는 앞서 우리가 전제한 것을 모두 따를 때 *추상적*이지 않고 반대로 매우 *구체적*으로 규정되어야 하지만, 그렇다 해도 이는 실체적인 민족 전체 안에서 전개되므로 단순히 자의적(恣意的)인 것이어서는 안 된다. 예를 들면 거기에 등장하는 국가 자체는 조국이거나 한 나라의 역사는 뭔가 보편적인 것으로서, 이 보편성 때문에 주관적인 개인적인 존재가 아니다. 다시 말해서 어느 특정한 살아 있는

개인과 뗄 수 없는 연관을 지닌 것으로 현상하지는 않는다. 그래서 한 나라의 역사와 정치적인 삶, 헌법, 운명의 전개는 물론 사건으로서 서술할 수는 있으나, 만약에 일어난 사건이 영웅들의 구체적인 활동, 내적인 목적, 열정이자 고뇌, 실행으로서 그들의 개별성이 그 전체 현실의 형태와 내용을 이루는 것이 아니라면, 그 사건은 단지 한 민족이나 왕국 따위의 역사로서 경직되게 지속되는 내용이 될 뿐이다. 이때 물론 정신의 최고 행위는 세계사(世界史) 자체가 될 것이고, 또 사람들은 이 보편적인 활동을 보편적인 정신의 전투장에서 절대적인 서사시로 각색하려 들 것이다. 그때 그 서사시의 주인공은 몽롱한 의식에서 세계사의 의식으로 깨어나는 인간정신이 될 것이다. 그러나 바로 그 보편성 때문에 그 소재는 예술이 되기에는 그 개성이 너무 약하다. 왜냐하면 이런 소재에는 한편으로 외적인 장소나 윤리, 관습 따위와 관련해 확고히 규정된 배경이나 세계상태가 빠져 있기 때문이다. 다시 말해서 여기서 유일하게 전제되는 근거는 특수한 상황으로 직관되지 못하고 사건의 장소가 지상 전체가 되는 보편적인 세계정신일 뿐이다. 또 이 서사시 안에서 달성하는 목적은 오직 사유되고 참된 의미 속에서만 규정되어 표현되는 세계정신의 목적이 될 것이다. 그러나 어쨌든 그것은 시의 형상으로 드러나 전체에게 의미와 연관성을 주려면 독자적으로 스스로 나와서 행동하는 것으로 강조되어야 한다. 이는 역사를 만들어가는 것, 즉 인간 속에서 실현되는 영원한 절대적인 이념(die absolute Idee)이 이끌어가고 행동하고 수행하는 개인이 되어 현상하거나 아니면 스스로를 감춘 채 지속적인 영향을 미치는 필연성으로만 타당성을 지닐 때 시적으로 표현될 수 있다. 그러나 첫 번째의 경우에 무한성을 띤 내용은 언제나 특정한 개별성이 지닌 한정된 기교의 그릇을 분쇄해 버리거나, 아니면 이런 단점에 맞서기 위해 인간의 교육, 인간성과 도덕적인 완전성을 위한 보편적이고 차가운 반성을 띤 알레고리(Allegory)적인 것이나 그 밖에 세계사를 위한 목적으로 변해서 그 가치가 떨어지고 말 것이다. 또 두 번째 경우에는 다시 다양한 민족정신(民族精神, Volksgeist)이 특별한 영웅들의 모습으로 표현되어야 할 것이며, 역사는 그들의 투쟁적인 존재에 의해 전개 확대되고 지속되어야 할 것이다. 그러나 민족들의 정신이 그들의 현실 속에서 시적으로 드러나는 일은 오직 실제 세계사적인 인물들의 모습이 활동하는 가운데 우리 눈앞에 스쳐 지남으로써만 가능하다. 하지만 그때 우리는 단지 외적으로 연속적으로 나타났다가 다시 사라지는 특수한 모습들만을 보게 될 뿐이어서 그들에게는 개성의 통일성을 연결시키는 일이 불가능할 것이다. 왜냐하면 그때 내적인 즉자(卽自)이자 운명으로서 지배하는 세계정신(Weltgeist ist das innere Ansich und Schicksal)은 스스로 행동하는 개인이 되어서 앞에 나서면 안 되기 때문이다. 그러나 만약에 사람들이 민족정신을 보편성 안에서 포착하고 그 실체성 안에서 움직이게 하고자 하면, 이때 등장하는 개인들은 마치 인도(India)에서 신이 인간의 모습을 하고 나타나는 것과 비슷한 일련의 가상적인 현존성만을 띠게 될 것이다. 이를 시화(詩化)하는 일은 실제로 역사 속에서 실현된 세계정신의 진리 앞에서 퇴색하고 말 것이다.

γγ) 여기서 특수한 서사적인 사건은 오직 그것이 한 개인과 아주 밀접하게 융합될 때만 시적인 생동성에 이른다는 일반적인 규칙을 이끌어 낼 수 있다. 한 시인이 전체를 생각해내서 시로 만들어 가듯이, 한 개인도 역시 그에게 연루되는 사건의 맨 앞에 서서 바로 그 *하나의* 형상으로 자신을 계속 이끌어나가면서 완결시켜야 한다. 그러나 이와 관련해서도 역시 본질적으로 더 상세한 요구들이 따른다. 왜냐하면 예전에는 세계사가 그랬다면, 이제는 거꾸로 어떤 특정한 인생사를

*전기적(傳記的)*이고 시적으로 다루는 일이 가장 완벽하고 원래 서사시의 소재로 나타날 수 있을지도 모르기 때문이다. 그러나 그런 일은 불가능하다. 다시 말해 전기(傳記)에서 개인은 동일한 인물로 머물 수 있겠지만, 그가 얽혀 들어가는 사건들은 완전히 독립적으로 전개되며, 그때 주체는 다만 그것들에게 외적으로 우연하게 연결될 뿐이기 때문이다. 그러나 서사시는 스스로 통일성을 이루려면 서사시가 내용으로 포착하여 표현하는 사건 자체가 통일성을 지녀야 한다. 즉 주체와 객관적인 사건 양쪽이 통일되고 결합되어야 한다. 영웅 엘 시드의 생애와 활동을 보면, 물론 그가 조국이라는 근거지에서 도처에 스스로 충실히 머무는 한 위대한 개인으로서 그가 발전하고 영웅적인 행위를 보여주고 몰락하는 것은 관심대상이 된다. 그의 활동은 마치 어느 신(神)의 조각상을 스쳐 가듯이 그의 곁을 스쳐 가며 결국에는 우리들 곁을 스쳐 지나가게 된다. 그러나 엘 시드에 관해 읊은 시도 역시 운율을 지닌 연대기로서 원래의 서사시가 아니라 후기의 로망스(Romanzen, 민요조의 설화시―역자주)이다. 그 장르가 요구하듯이 *하나의* 특별한 사건에 일치되어 연결될 필요가 없는 이 국민적인 영웅은 특별한 사건들의 통일성에 연결될 필요 없는 개별적인 상황들 속으로 말려 들어갈 뿐이다. 그에 반해서 우리가 방금 내세운 요구가 서사시《일리아스》와《오디세이아》에서는 가장 미적으로 충족되는 것을 발견할 수 있다. 거기에서 영웅 아킬레우스와 오디세우스는 매우 중요한 인물들이다. 또《라마야나》에서도 비슷하다. 그러나 이와 관련해 특별히 주목되는 작품은 단테의《신곡》이다. 즉 여기에서는 서사시인(敍事詩人)인 스스로가 개인적으로 지옥과 연옥, 천국을 배회하면서 일어나는 모든 사건들과 연루되고, 그는 자신의 환상을 스스로 체험한 것으로 서술할 수 있으므로 그에게는 자신의 느낌과 반성을 객관적인 작품 속에 짜 넣을

권리가 다른 서사시인들보다 더 많이 주어진다.

 β) 따라서 대체로 서사시는 실제로 존재하고 일어나는 일을 아무리 서술하고 그로써 객관적인 것을 그 형태이자 내용으로 삼지만, 그럼에도 불구하고 다른 한편으로 그것은 우리 곁을 스쳐 움직여가는 하나의 *행위*의 사건이므로 바로 *개인들*과 그들의 활동 및 고통이 부각되어 나온다. 왜냐하면 인간이든 신이든 오직 개인들만이 실제로 행동할 수 있으며, 일어나는 사건과 그들이 생생하게 뒤얽히면 뒤얽힐수록 그들은 더욱 더 풍부한 내용으로 그들 자신에 대한 관심을 끌 권리를 가질 것이기 때문이다. 이런 측면에서 보면 서사시는 서정시나 극시와 동일한 기반 위에 서 있다. 그러므로 개인들을 묘사하는 데 있어서 특수하게 *서사적인 것*이 어디에 있는지 더 분명하게 부각시키는 일이 중요해질 수밖에 없다.

 αα) 한 서사적인 인물이 객관성을 띠려면 중요한 것은 먼저 그들 안에는 *총체성*의 특징, 즉 그들은 온전한 인간이며, 따라서 그들에게는 모든 측면의 심정, 좀 더 자세히는 모든 측면의 민족적인 신념과 행위가 전개되어 드러나야 한다는 점이다. 이와 관련해 나는 이미 제1부에서 호메로스의 서사시에 나오는 영웅적인 인물들과, 특히 순수하게 인간적이고 민족적인 다양한 성격들에 대해서 주목하게 하였다. 영웅 아킬레우스 안에는 그런 요소들이 통합되고 있으며, 그와 아주 대조적인 이미지를 주는 것은 《오디세이아》의 주인공이다. 《엘 시드》에서도 비슷하게 다양한 성격들과 상황들이 묘사되고 있다. 즉 주인공은 영웅이자 애인이요, 남편이자 가장, 아버지며, 자기가 섬기는 왕, 자기에게 충실한 자, 자기 적들과 관계를 맺고 있는 인물이다. 그에 반해 중세의 다른 서사시들은 다양한 성격 묘사에 있어서 훨씬 추상적이다. 특히 그 주인공들은 기사도(騎士道) 자체에 대해서만 관심을 갖고

이를 옹호할 뿐, 원래 실질적인 민족의 내용과는 멀리 떨어져 있다.

 서사시의 인물성격들을 묘사하는 데 주요한 측면은 그들이 총체성을 띠면서도 여러 다른 경우와 상황 속에 전개되는 것을 서술하는 일이다. 극시에서도 물론 비극적이거나 희극적인 인물들은 역시 같은 식으로 내적으로 충만되어 있을 수는 있으나, 그들에게 중요한 것은 늘 어느 특정한 분야에서 목적을 지닌 편협한 파토스가 그와 대립되는 열정과 예리한 갈등에 빠지는 것이다. 그러므로 거기(=서사시에서의 인물들)에서 보이는 다양성은 한편으로 풍요로운 것으로서, 불필요하지는 않더라도 부차적인 것이며, 다른 한편으로 이것들은 대체로 인물들의 열정과 그 원인, 윤리적인 관점 등에 압도되어 위축되어 묘사될 뿐이다. 그러나 서사적인 총체성에서는 모든 측면들이 독자적인 폭을 갖고 전개될 권한을 지닌다. 왜냐하면 한편으로 이는 일반적으로 서사시 형태의 원리 속에 들어 있으며, 다른 한편으로 서사시에 등장하는 개인은 바로 직접적인 개별성의 존재가 속하는 시대에 살고 있어서 전체 세계상황에 따라 자기 개인의 모습대로 가치를 띠고 *존재*할 권리를 지니고 있기 때문이다. 물론 예를 들면 영웅 아킬레우스의 분노와 관련해 이 분노가 어떤 재앙을 가져오고 해를 끼치는지 도덕적으로 지혜롭게 고찰할 수 있고, 거기에서 아킬레우스 자신의 탁월함과 위대함에 반대되는 결론, 즉 그는 자신의 분노조차 다스리고 자신을 억제할 능력도 충분히 지니지 못하므로 완전한 영웅이나 인간이 될 수 없다는 결론을 이끌어낼 수는 있다. 그렇다고 그를 비난할 수는 없으며, 또 그가 그 외에 다른 위대한 특성들을 지니고 있다 해서 그의 분노를 관대히 보아줄 필요도 없다. 아킬레우스는 있는 모습 그대로 아킬레우스이며, 그 사실은 서사적인 관점에서 다루어진다. 또 그의 명예욕이나 명성에 대한 욕망도 마찬가지이다. 왜냐하면 이 위대한 성격들이 지닌 주요한 권리는 바로 자신들을 관철시키는 에너지에 있기 때문이다. 즉 그것들은 그 특수함 속에도 보편성을 띠고 있다. 반면에 평범한 도덕성은 자기 인격을 존중하지 않으며, 이 존중하지 않는 곳에 모든 힘을 주입시킨다. 알렉산더 대왕을 그의 동료들이나 다른 수천 명의 사람들보다 드높여 준 것은 바로 그의 대단한 자신감이 아니었던가? 사실, 복수심과 같은 잔인한 특성도 영웅시대에는 그런 힘이 되며, 바로 이런 점에서 아킬레우스는 서사시에 맞는 성격이지 도덕적으로 훈계할 수 있는 학생과 같은 인물은 아닌 것이다.

ββ) 이 주요 인물들은, 보통 때는 민족적인 성격 속에 흩어져 있지만, 자신 속에 찬란하게 집약되어 위대하고 자유롭고 인간적이며 미적인 성격을 띤 총체적인 개인들로 머물기 때문에 서사시의 첨두에 세워져 그들의 개별성은 주요한 사건들과 연관될 권리를 갖는다. 그들 안에서 민족은 생생하고 개별적인 주체로 집중되므로 그들은 싸움으로써 그들이 감행한 중요한 일을 해결하며, 사건들이 주는 운명을 참아낸다. 이런 점에서 예를 들면 타소(Tasso)27)의 《해방된 예루살렘》에 나오는 모든 십자군 가운데 가장 사려깊고 용감하고 정의로운 인물인 고드프루아 드 부용(Godefroy de Bouillon)은 십자군의 지도자로 뽑히지만, 그는 그리스 정신의 젊음의 꽃인 아킬레우스나 오디세우스처럼 뛰어난 인물은 아니다. 만약에 아킬레우스가 싸움에 참가하지 않으면 그리스인들은 승리할 수가 없다. 오직 그 혼자만이 헥토르에 대항해서 그를 이기고 트로이와 싸워 승리할 수 있다. 그리고 오디세우스 개인의 귀향에도 모든 그리스인들이 트로이에서 그리스로 귀향하는 것이 반영되고 있다. 다만 차이가 있다면 그가 참아내도록 그에게 부과된

---

27) 이 《미학강의》 제1부 역주에서 자세히 언급된 타소(Torquato Tasso, 1544~1595)는 이탈리아의 서사시인으로, 《해방된 예루살렘(Gerusalemme liberata)》은 1581년에 발표된 그의 주요 작품이다.

모든 운명, 즉 그 서사시의 소재 속에 있는 고뇌와 인생관, 상황들의 총체성으로 남김없이 표현된다는 점이다. 그와는 반대로 극적인 성격들은 전체적인 것이 총체적으로 첨예화되어 개관적으로 나타난 인물로 등장하지 않고, 반대로 그들은 자신들의 성격이나 자신들의 특정하고 고립된 개성과 뒤얽힌 원칙에서 나오는 목적에 사로잡혀 있다.

γ) 서사적인 개인들과 관련된 *세 번째* 측면을 보면, 서사시는 행위 자체로서의 행위가 아닌 하나의 사건을 묘사해야 한다. 극(劇)에서는 개인이 자기의 목적을 위해 활동하므로 이 활동과 그 결과에 따라 개인을 묘사하는 것이 중요하다. 그러나 서사시에는 이처럼 확고부동하게 하나의 목적만을 실현하고자 하는 배려는 없다. 거기에서 물론 영웅들은 소망과 목적을 가질 수는 있으나, 그들과 충돌하는 모든 것은 그들이 자신들의 목적을 달성하기 위해서 효력을 발휘하는 것만은 아니라는 점이 중요하다. 상황들도 역시 때로는 주인공들 자신보다도 더 활동적으로 전개된다. 예를 들면 이타카로 귀향하는 것이 오디세우스의 진짜 의도인데 《오디세이아》에서는 이 특정한 목적을 이루기 위해서 활약하는 그의 성격을 보여줄 뿐 아니라, 더 나아가 그가 잘못 항해하여 만나는 모든 것들, 도중에 그를 방해하는 것들을 이겨내고 자기에게 주어진 위험을 극복하는 것도 모두 서술하고 있다. 이 모든 체험들은 극(劇)에서 필요하듯이 그의 행위에서 나오는 것이 아니라, 그가 항해하는 도중에 발생하는 것으로서 대개는 영웅들이 아무런 영향을 미치지 않아도 일어나는 일들이다. 예를 들면 그는 연꽃무늬의 열매를 먹고 모든 시름을 잊은 사람이나 폴리페무스, 레스트리곤들과 모험을 겪고 난 후에 마녀에게 잡혀 일 년을 보내며, 그 다음에는 지하세계를 방문하고 난파를 당하고 칼립소에 머물다가 마침내 요정한테도 싫증이 나 고향생각에 빠져 눈물 젖은 시선을 바다 멀리 공허하게 던진다. 그러자 마침내 칼립소는 그에게 뗏목을 엮을 재료를 주어 만들게 하고, 그

에게 음식과 술과 자기와 그의 사이에서 낳은 아이들을 건네주면서 그와 진정 슬프고도 애절한 이별을 한다. 그는 파에키아인들이 사는 곳에 머물다가 마침내 자기도 모르는 사이에 잠이 들어 자기 고향 섬의 해안에 다다른다. 이런 식으로 목적이 달성되는 것은 극적(劇的)인 사건이 될 수 없다. 또 《일리아스》에서도 아킬레우스의 분노가 특수한 이야기 대상이 된다. 그것은 원래 목적이 아닌 하나의 상황일 뿐이다. 아킬레우스는 자존심이 상하자 불끈 화를 내는데 여기에 극적인 것은 전혀 들어있지 않다. 반대로 그는 아무런 행동을 하지 않고 뒤로 물러서 파트로클로스(Patroklos)와 함께 해안의 배 곁에 머물면서 그 민족의 왕이 자기에게 가한 모욕에 대한 분노를 씹고 있다. 그러자 그가 철수한 결과가 나타난다. 즉 아킬레우스는 자기 친구가 헥토르에 의해 살해당하자 비로소 행동을 취하면서 활약한다. 또 베르길리우스(Vergilius)[28]의 《아이네이스(Aeneis)》를 보더라도

---

[28] 베르길리우스(Publius Vergilius Maro)는 헤겔이 그의 《미학강의》에서 이미 여러 차례 언급하고 있는 바, 고대 로마의 가장 위대한 시인이었던 그는 국민서사시 《아이네이스》(또는 '아네이드Aeneid' 라고도 한다. 이는 기원전 30년경 집필을 시작했으나 미완성 작품이다)의 저자이다. 이것은 로마의 전설적인 창시자인 아이네이스가 신의 인도 하에 트로이를 떠나 로마를 건설한다는 이야기다. 이 작품에서 그는 수사학과 철학을 공부하여 닦은 뛰어난 어법과 운문 솜씨를 보여주고 있으며 영웅의 행위들이 보여주는 의의를 잘 나타내고 있다. 특히 베르길리우스는 젊었을 때 당시 로마의 장군이자 영웅이던 카이사르가 갈리아를 정복하고 로마를 통치하면서 벌어진 내란 때문에 로마의 혼란 상황을 충분히 겪으면서 공포를 느꼈었다. 기원전 31년, 베르길리우스가 38세 되던 해에 카이사르의 조카인 아우구스투스의 통치 시대가 시작되자, 그는 비로소 안도하면서 그가 평생 쓰려고 준비해 온 서사시 《아이네이스》를 쓰기 시작했다. 기원전 12세기에 트로이가 그리스인들에 의해 멸망당하자 조국을 떠난 트로이의 왕자 아이네이스는 신의 도움으로 이탈리아 땅에 도착해 최초의 정착지를 건설했고 거기에서 로마가 나오게 되었다는 이 이야기 속에서 작가 베르길리우스는 자신이 꿈꿔온 그리스와 로마에 대한 이상을 담고 있다.

로마시대 최고의 시인으로 꼽히는 베르길리우스(Vergilius)의 모자이크(AD 2~3세기 作). 오른편에 비극의 여신 뮤즈, 왼편에는 서사시의 뮤즈가 서 있다

주인공에게는 역시 그가 이행해야 할 목적이 주어지며, 시인은 이 목적의 실행을 늦추게 하는 모든 다양한 사건들을 서술한다.

γ) 셋째로, 우리는 서사시에서 사건의 형태와 관련된 중요한 측면에 대해서만 더 언급하고자 한다. 나는 이미 앞서 극(劇)에서 내적인 의지는 발생하는 모든 일의 지속적인 근거가 되면서 그것이 요구하는 것을 본질적으로 규정한다고 말했다. 즉 일어나는 행위들은 전적으로 등장인물과 그가 지닌 목적에 의해 설정되어 나오므로, 따라서 전체적인 상황과 드러난 갈등 사이에서 이루어지는 행위가 정당한지 정당하지 않은지에 주요한 관심이 쏠리게 된다. 그러므로 만약에 극에서 외적인 상황들도 효력을 미치면 이는 그것들에 대해 심정과 의도, 성격이 반응을 보이는 방식을 통해서만 가치를 지닌다. 그러나 서사시에서는 상황과 외적으로 우연히 발생하는 일들은 주체의 의지와 마찬가지로 가치를 띠며, 인간이 이행하는 것은 마치 외부에서 일어나는 것처럼 우리 앞에 스쳐 지나간다. 그러므로 인간의 행위도 사실 상황

속에 뒤얽혀서 조건지어지고 이행되는 것으로 드러나야 한다. 왜냐하면 개별적인 인간은 자신을 위해 자유로이 서사적으로 행동하는 것이 아니라, 그의 목적과 그의 존재는 내적 외적인 세계의 총체적인 폭넓은 관계 속에서 모든 특수한 개인들에게 확고부동한 실제의 목적을 부여하는 전체성의 한가운데 서 있기 때문이다. 서사시에서는 이러한 유형이 어떤 열정이나 결심, 실행에서도 보존되어야 한다. 물론 개인에게 의존하지 않는 외적인 사건들의 상황에도 똑같은 가치가 부여된다면 우연적인 기분에도 더 말할 나위 없이 여지가 주어지는 것처럼 보이겠지만, 반대로 서사시는 바로 참된 객관성, 즉 실체적인 존재를 표현해야 한다. 이러한 모순은 사건들과 우연한 일들의 중심에 *필연성*이 들어 있어야 한다는 점에서 드러나게 된다.

αα) 이런 의미에서 사람들은 일반적인 추측과는 반대로 극시가 아닌 서사시에서 운명(Schicksal)이 지배한다고 주장할 수 있다. 극에서는 배역이 그에게 주어져 의식하는 상황 속에서 충돌하고 자기가 관철해야 할 목적에 따라 자신의 운명을 스스로 만든다. 그에 반해 서사시에서는 그 운명이 만들어*진다*. 그리고 행위도 개성적인 모습을 띠도록 강요하고, 인간에게 그의 운명을 부여하고, 그가 하는 행위들의 결과를 결정하는 상황들이 지닌 이 위력이 원래 운명을 지배하는 것이다. 즉 일어나는 일은 의당 일어나며 그것은 그렇게 일어나고 필연적으로 일어난다. 서정시에서는 감정, 반성, 개인적인 관심, 동경에 대해서 언급하고 극은 행위 속에 들어 있는 내면의 권리를 객관적으로 드러낸다. 그러나 서사시는 스스로 필연적이고 총체적인 존재가 지닌 요소 안에서 표현하고, 개인은 오로지 이 실체적인 상태, 즉 존재하는 것들을 따르고 거기에 적절하게 맞춰야 하거나 아니면 그가 할 수 있는 한 고통을 겪을 수밖에 없다. 운명은 일어나야 할 일과 일어나는 일

을 결정하며, 개인들 자신은 그 운명의 손에 의해 주물러지고 그들의 성과와 성공, 실패, 삶, 죽음도 마찬가지다. 왜냐하면 원래 우리 앞에 펼쳐지는 것은 위대하고 보편적인 상황으로, 그 안에서 인간의 행위와 운명은 뭔가 개별적으로 스쳐 가는 것으로 현상하기 때문이다. 운명이야말로 위대한 정의(正義, die Gerechtigkeit)이며 개인이 *인간*으로서 심판 받는다는 극적인 의미에서 비극적인 것이 아니라, 인간이 그에게 벌어지는 일속에서 심판을 받은 것으로 나타나고 그 사안의 크기가 개인들에게는 너무나 크다는 데에 비극적인 응보의 정의(正義, Nemesis)가 들어 있는 서사적인 의미에서 비극적이다. 그래서 전체적인 것 위에는 비극적인 음조가 서려있다. 우리는 뛰어난 것은 일찍 사라져간다는 것을 느낀다. 영웅 아킬레우스는 살아 있는 동안에도 이미 자기가 죽을 것에 대해서 슬퍼하며,《오디세이아》의 끝 장면에 가서는 아가멤논이 이미 자신들이 죽어서 망령이 되었음을 의식하면서 사라지는 것이 보인다. 또 트로이는 멸망하고 프리아모스왕은 자기 궁성의 제단에서 살해당하며, 아내들과 여자들은 노예가 되고 만다. 영웅 아이네이아스(Aeneas)는 라티움(Latium)에 새로운 왕국을 세우라는 신의 명령을 받고 고향을 떠나며, 승리한 영웅들은 많은 고뇌를 겪은 다음에야 고향에 돌아가서 행복하거나 비참한 최후를 맞는다.

ββ) 그러나 일어나는 사건들의 필연성은 아주 여러 가지 방식으로 묘사될 수 있다.

먼저 가장 미숙하게 전개되는 서사시로는 단순히 사건들만 나열될 뿐 시인이 이를 유도하는 신들의 세계를 덧붙임으로써, 개별적인 사건들이나 일반적인 결과 속에서 나타나는 필연적인 것을 영원한 위력들이 결정하고 개입해서 함께 행동하면서 나타나는 것으로 서술하지 않는 것을 들 수 있다. 이런 경우에 전체적으로 서술된 사건들과 개인 또는 모든 종족들이 겪는 삶의 거창한 운명들은 인간존재 안에서 무상하고 우연하게 일어나는 데 그치지 않고, 스스로 근거하는 운명과 관련이 있되 그 필연성은 부득이 어두운 위력으로서만 작용하는 데 그친다는 느낌이 든다. 그런 위력은 더 특수하게 신적(神的)인 위력으로 규정되거나 시적(詩的)인 활동으로 드러나지는 못한다. 이런 음조를 지닌 것으로 예를 들면 서사시《니벨룽겐의 노래》가 있다. 거기에서 결국 모든 행위들을 피비린내 나는 종말로 이끌어가는 것은 기독교의 섭리나 이교도적인 신의 세계도 아니다. 왜냐하면 거기서도 기독교적인 것은 등장인물들이 단지 교회에 나가 미사 보는 일을 언급하고 주인공들이 아틸라 왕의 왕국으로 가려고 할 때 추기경 스파이어가 아름다운 우테에게 "신이 그들을 보호하시기를"이라고 말하는 정도로 그치기 때문이다. 그 외에도 경고하는 꿈을 꾸게 되고 다뉴브 강의 요정들이 하겐과 그의 일행에게 나타나 미리 경고를 해줄 뿐, 그 서사시에서 실제로 신들이 개입하면서 주도해가는 일은 없다. 이 때문에 그 서사시의 표현은 어딘가 경직되고 제대로 전개되지 않은 채 객관적으로 머물면서 매우 서사적인 비극이 되고 있어서 오시안의 서사시와는 분위기가 정반대이다. 이 시에서도 역시 신들은 등장하지 않지만, 또 한편으로 모든 영웅들의 몰락은 늙은 음유시인의 주관적인 고통이자 고통스런 기억에 대한 환희로 나타난다.

　이런 식으로 다루는 것은 예를 들면 위대한 인도의 서사시들, 호메로스의 서사시, 베르길리우스의 서사시 등에서 보이듯이, 모든 인간들의 운명과 자연적인 사건들이 다양한 신들 세계의 신탁이나 의지 및 행위와 뒤얽히는 것과는 다르다. 나는 예를 들면《일리아스》와《오디세이아》에서 겉보기에 우연한 사건들을 마치 신들이 함께 영향을 미치면서 현시하는 것처럼 시인이 다양하게 해석한다는 점을 구체적으로 주지시켰다. 여기서는 특히 신들과 인간들의 행위 속에서 상호 독자성의 관계가 시적으로 보존됨으로써, 신들이 비생동적으로 추상성에 빠지지 않고 인간 개인들도 역시 단지 복종하는 것으로 가치가 하락되지 않도록 할 필요가 있다. 그러한 위험을 어떻게 피할 수 있는지는 이미 제1부에서 상세하게 언급했다. 이런 점에서 보면, 인도의 서사시는 신들과 인간들 사이의 본래 이상적인 관계를 성립시키지 못한다. 왜냐하면 그 서사시에서 보이는 것처럼 상징적인 상상의 단계에서는 인간적인 면은 뒤처져서 자유롭고 미적인 현실이 되지 못하며, 인간 개인의 활동 가운데 일부는 신들이 현현한 것으로 나타나고, 일부는 대개 부차적이고 일시적이거나 아니면 금욕을 통해서 신과 같은 상태나 위력으로 고양(高揚)되는 것으로 묘사되기 때문이다. 거꾸로 기독교에서는 특수하게 의인화된 위력들이나 열정, 인간의 천재성, 천사 따위에는 대체로 개성적인 독자성이 너무 적게 곁들여져 있어서 어딘지 차갑고 추상적인 것이 되기 쉽다. 마호메트교의 경우도 그와 비슷하다. 그러한 세계관내에서는 자연과 인간세계를 신격화(神格化)하던 것에서 벗어나고 사물들은 범속한 질서를 띤 것으로 의식되므로, 만약 그것이 동화(童話)적인 방향으로 나아가면 외적인 상황들 속에서 일어나는 절대로 우연적이며 아무래도 상관없는 일들은 개성적인 배역이 인간적으로 행동하고 자신을 보존하고 발전시키기 위한 기회로서만 주어질 뿐이다. 여기에서는 내면적으로 지탱할 아무런 근거도 없어지므로 단지 경이로운 해석만 주어지게 될 위험을 피하기가 더 어려워진다. 그럼으로써 무한한 것(Unendliches)을 향해 나아가는 인과관계는 단절되며, 모든 것은 명확하지 못한 범속한 상황들의 끈 안에서 많은 부분들이 갑자기 하나 속에 포괄된다. 그러나 만약에 이런 것이 필연성이나 내적인 합리성이 없이 일어난다면, 예를 들

《천일야화》의 한 장면. 구스타브 불랑제(Gustave Boulanger) 作(1873년)

어 《천일야화(Tausendundeine Nacht)》[29]에 나오는 이야기들처럼 단순히 환상적인 유희가 되어 흘러나오는 것을 서술하는 식이 될 뿐이다. 여기에서는 사실 믿기 어려운 것이 마치 가능하고 실제 일어날 수 있는 일처럼 동기를 띠고 허구적으로 꾸며진다.

이런 점에서 가장 미적인 중도(中道)를 지키는 것은 바로 고대 그리스의 서사시다. 왜냐하면 거기서는 신들뿐만 아니라 영웅적인 인간들에게도 기본적이고 전체적인 직관에 따라 상호 독자적인 힘과 자유가 부여되기 때문이다.

---

29) 헤겔이 본문에서 《Tausendundeine Nacht》라는 독일어 제목으로 소개하고 있는 《천일야화》는 원 제목이 《1001일 밤의 책》이다. 이는 중동지역에서 구전으로 전해온 이야기들을 모은 것이다. 우리에게는 '아라비안나이트'로 잘 알려져 있다.

γγ) 그러나 특히 서사시에서는 전체 신들의 세계와 관련해서 이미 내가 위의 다른 것과 관련된 대목에서 시사한 면이 드러난다. 즉 그것은 근원적인 서사시와 후세에 *인위적*으로 만들어진 서사시 사이에 존재하는 극단적인 차이이다. 이 차이는 호메로스와 베르길리우스에서 가장 현저하게 드러난다. 호메로스의 시가 나올 수 있었던 문화의 단계는 그 시의 소재(素材)와 매우 미적(美的)인 조화를 이루는 반면에, 베르길리우스의 시에서 쓰인 모든 6운각의 시는 시인이 직관하고 묘사해서 우리에게 드러내려고 하는 세계와는 다르며, 특히 신들은 참신한 생동성을 띠고 있지 못하고 있는 것이 기억된다. 그 신들은 스스로 살면서 자기들의 존재에 대한 믿음을 산출해내지 못하고, 그 대신 *단지 인위적*으로 꾸며낸 외적인 수단으로서만 드러난다. 그러한 신들은 겉으로는 매우 진지하게 보일지 몰라도 시인에게나 독자에게나 진지함은 주지 못한다. 물론 베르길리우스의 시 전체에서는 대체로 일상의 나날과 예로부터 전해내려 온 것, 설화와 시에서 가공된 것이 산문으로서 특정한 오성의 범주 안에 분명하게 파고 들어오기는 한다. 그의 시 《아이네이스》에서 일어나는 일들은 리비우스가 쓴 《로마사》에서 일어나는 일들과 비슷하다. 거기에서 고대의 왕들과 집정관들이 연설하는 모습은 리비우스 시대의 웅변가가 로마의 시장(市場)이나 수사(修辭) 학교에서 연설하는 것과 비슷하다. 반면에 메네니우스 아그리파(Menenius Agrippa)[30]에 대한 우화(寓話, Fabel, 리비우스의 《로마사》 제2권)에서처럼 전통적으로 내려온 고대의 웅변은 그것과 심한 대조를 이룬다. 그러나 호메로스의 서사시에서 신들은 시(詩)와 현실

---

[30] 아그리파(Agrippa Menenius Lanatus, Menenius Agrippa라고도 불림)는 로마 공화정 초기의 정치가로, 기원전 503년에 집정관에 임명된 이후로 정치적으로 큰 역할을 하였다.

사이를 마법처럼 조명하고 있는 빛 안에서 움직인다. 그들은 비록 일상적으로 완전한 모습을 띠고 우리 앞에 나타나서 다가오리라고는 상상할 수 없음에도 불구하고, 불분명하게 방치된 채 생생하지 못한 존재로 우리에게 직관되는 일은 없다. 거기에서 신들이 하는 일은 곧 행동하는 인간들의 내면을 통해서 해명되므로, 그 신들은 우리에게 그들에 대한 믿음을 갖게 한다. 그것이 바로 그 신들의 근간인 본질적인 것, 즉 내용이 된다. 이런 측면에서 시인도 역시 그 신들을 진지하게 대하면서도 그들의 형상과 그들의 실재성은 아이러니컬하게 다룬다. 그런 식으로 고대 그리스인들은 외적인 형태란 마치 오로지 시인에 의해서만 보존되고 의미를 얻는 예술작품인 것처럼 믿었다. 이러한 인간적이고 신선하며 쾌활한 구체성을 통해서 신들은 인간성을 띤 자연스런 모습으로 나타나는데, 그것이 바로 호메로스 서사시가 이룩한 중요한 업적이다. 반면에 베르길리우스의 시에 나타나는 신성(神性)은 실제 사물의 운행 속에서 인위적으로 꾸며낸 차가운 기적으로서 움직인다. 베르길리우스는 진지했지만, 바로 그 진지함 때문에 그의 시는 희화화(戱畵化, Travestie)[31]되는 것을 피할 수 없었다. 그래서 블루마우어가 헤르메스 신을 장화를 신고 박차와 채찍을 든 모습으로 묘사한 것도 나름대로 정당한 것이었다.[32] 호메로스의 서사시에 나오는 신들을 우스꽝스럽게 만드는 데는 다른 시인이 필요 없었다. 호메로스 자신이 묘사한 것만으로도 그 신들은 충분히 우스꽝스러운 모습을 띠고 있었다. 즉 그의 서사시에 나오는 신들은 다리를 저는 헤파이

---

31) 이는 타인의 문학작품을 내용은 그대로 유지하되 형식을 바꾸어 대개는 우스꽝스럽게 개작하는 것을 말한다.
32) 블루마우어(Aloys Blumauer, 1760~1835)는 고어문학자로서 베르길리우스의 《아이네이스》를 희화화(戱畵化)하였다.

스토스 신을 보고 웃거나, (불륜을 저지르던 전쟁의 신) 아레스(Ares) 신이 비너스 여신과 함께 그물망에 잡힌 채 누워 있다가 비너스 여신은 뺨을 얻어맞고 아레스 신은 다리를 잘못 디뎌서 넘어지는 모양을 보고 웃는다. 이처럼 자연스럽고 즐겁고 쾌활하게 묘사함으로써 그 시인은 자기가 내세운 외적인 형상으로부터 우리를 해방시키고 또 그가 보여준 이 인간적인 현존성을 지양하는 반면에, 또 신들이 지닌 필연적이고 본질적인 위력과 그에 대한 믿음도 세워준다. 더 자세한 예를 들자면, 디도(Dido)에 관한 비극적인 에피소드[33]는 너무 현대적으로 채색되어 있어서, 타소(Tasso)로 하여금 그것을 모방하고 부분적으로는 글자 그대로 번역하게 부채질했으며 지금도 거의 프랑스인들의 마음을 사로잡고 있다. 그러나 키르케와 칼립소의 이야기[34]에서는 모든 것이 아주 다르며 인간적이고 순수하고 자연스럽게 사실적으로 다루어져 있다. 호메로스의 서사시에서 오디세우스가 지하세계로 내려가는 장면도 그와 비슷하다. 망령들이 칠흑 같은 어둠 속에 머무는 모습으로 희미한 안개 속에 나타나는 것은 환상과 실제가 뒤얽힌 것으로서 놀라운 마력으로 우리를 사로잡는다. 호메로스는 그의 주인공 오디세우스를 완전히 지하세계로 내려가게 하지 않고 그가 어느 구덩이를 파내어 그 안에 자기가 때려잡은 숫양의 피를 부어 망령들을 자기 주위에 몰려들게 하고, 그들이 살아 있는 피를 마시고는 그에게 말을 걸고 소식을 전해 주도록 꾸미고 있다. 그리고 그는 주위를 돌면서 살려고 목마르게 갈구하는 다른 망령들을 칼을 휘두르며 쫓아버린다. 이 모든 일들은 아이네이아스나 단테처럼 겸허한 태도만 취하고 있지 않은 주인

---

33) 《아이네이스》에 나오는 이 에피소드는 타소(Tasso)의 《해방된 예루살렘》에서 다시 나온다.

34) 《오디세이아》 참조.

공 자신에 의해 일어난다. 반면에 베르길리우스의 시에서는 아이네이아스가 정식으로 지하세계로 내려가고, 그때 지하세계로 통하는 계단과 케르베로스(지옥을 지키는 개—역자주), 탄탈로스(그리스 신화에서 제우스 신의 아들로서 프리기아의 왕의 비밀을 누설한 벌로 지옥에서 영원히 기갈에 허덕이는 형벌을 받은 인물—역자주)와 그 밖의 것들은 모두 마치 잘 정돈된 집안에 있는 모습으로 나타나므로 마치 신화에 관한 현학적이고 경직된 개요 속에 담겨 있는 것처럼 느껴진다.

　게다가 서술되는 이야기가 본래의 싱싱한 형태나 역사적인 사실로 우리에게 이미 알려져 있어서 친숙하면, 시인이 꾸며낸 것은 사실 자체에서 창조되어 나오지 못하고 그저 인위적으로 만들어진 졸작으로서 우리 눈앞에 나타난다. 이런 작품으로 예를 들면 밀턴(Milton)의 《실락원(Paradise Lost)》, 보드머(Bodmer)의 《노아키드(Noachide)》, 클롭슈토크의 《메시아》, 볼테르의 《앙리아드》, 그리고 그 밖에 다른 많은 작품들이 있다. 이 모든 시문학들 속에는 내용이 분열되어 있고 시인이 반성(反省)을 통해서 사건과 인물, 상황들을 묘사하고 있음을 간과할 수 없다. 예를 들면 밀턴의 시에서는 전적으로 그가 살던 시대에 통용되던 근대적인 상상과 도덕적으로 표상하고 느끼고 고찰한 것이 발견된다. 마찬가지로 클롭슈토크의 시에서도 성부, 그리스도의 이야기, 교부들, 천사들 따위가 등장하며 또 한편으로 18세기 독일적인 교양과 볼프의 형이상학적인 의미도 등장한다. 이러한 이중성은 시의 모든 행(行)에서 느껴진다. 물론 여기서는 내용 자체도 대단히 어렵다. 왜냐하면 성부, 천국, 천사의 무리들은 호메로스의 시에 나오는 신들처럼 자유로운 상상으로 개별화되기에는 부적합하기 때문이다. 이런 신들은 아리오스토가 일부 상상으로 꾸며낸 신들처럼, 만약에 인간행위의 동기로서가 아니라 스스로 개별적인 신들로서 상호 대립하면서 등장할 때만 재미가 있다. 클롭슈토크는 종교적인 직관과 관련해서 아무 근거도 없는 세계로 빠져들어 가고 있다. 그는 그 세계를 휘황찬란하지만 장황하고 쓸데없는 환상으로 치장하고 있으며, 게다가 그가 진지하게 생각하는 모든 것들을 우리도 역시 진지하게 받아들여주기를 요구한다. 이는 특히 천사들이나 악마들에 관한 이야기에서는 조잡하게 꾸며져 있다. 그처럼 꾸민 이야기들에 나오는 신적인 존재들도 만약에 호메로스의 서사시에 나오는 신들처럼 등장한다면, 즉 예를 들어 특정한 인간들의 수호신이거나 수호천사, 어느 도시의 후원자 등으로서 가치를 띠고 등장하고 또 그들의 행위 내용이 인간의 심정이나 그 밖의 현실에 근거하고 있으면 이는 어딘가 함축적이고 개별성을 띤 고유함을 지닌다. 그러나 만약에 그들이 그러한 구체적인 의미에서 벗어나 있는 데도 그들에게 진지한 존재성을 부여하면 할수록, 그들은 더욱 공상적이고 공허해지고 만다. 예를 들면 참회하는 악마 아바도나(Abbadona, 《메시아》의 제2송, 627~850행)는 적절하게 알레고리(Allegory)적인 의미를 띠지 못하고 있다. 왜냐하면 이처럼 확정된 추상성인 악마에게는 그의 죄악이 미덕으로 전환되는 모순은 발생할 수 없기 때문이다. 또 그런 악마와 같은 형상은 스스로 구체성도 띠고 있지 못하다. 만약에 아바도나가 인간이라면 그가 신에게로 향하는 것은 정당할 것이다. 그러나 인간 개인이 아닌 악마 자신이 그처럼 개심한다는 것은 다만 감정에 들뜬 표현일 뿐, 도덕적으로는 진부한 것으로밖에 드러나지 않는다. 클롭슈토크 자신은 그처럼 현실 세계와 그 내용에서 이끌어내지 않은 인물이나 상황, 사건들을 비현실적으로 꾸며내는 데 특히 만족하고 있다. 그런 경우는 마치 법정에서 허가를 받아 도덕적인 판결을 내리는 것에 지나지 않으며, 이는 《신곡》에서 자기와 동시대의 인물들을 저주하여 지옥으로 빠뜨리는 단테와는 아주 대조를 이룬다. 또 클롭슈토크의 《메시아》의 제11송에서 천사 가브리엘의 명으로 아담, 노아, 셈, 야벳과 같은 영혼들이 자기들의 무덤을 다시 찾아와 부활의 기쁨을 누리고 신의 면전에 모여서 느끼는 기쁨도 역시 시적으로 비현실성을 띤다. 그것은 이성적이지도 못하며 그 안에는 어떤 확고함도 깃들어 있지 않다. 신(神)을 관조하며 살았던 그 영혼들은 지상을 내려다보지만, 그렇다고 해서 그 지상과 어떤 새로운 관계도 맺지 못한다. 만약에 그들이 어느 인간 앞에 모습을 드러낸다면 그야말로 최상의 일이 되겠지만, 그런 일조차 일어나지 않는다. 여기에는 물론 아름다운 감정과 우호적인 상황들이 빠지지는 않으며 특히 영혼이 다시 육신(肉身)이 되는 순간은 매력적으로 묘사되고 있지만, 그러한 *내용*은 우리가 믿을 수 없는 것으로 머물 뿐이다. 그런 추상적인 상상과는 반대로, 호메로스의 시에서 망령들이 피를 마시고 다시 기억을 되찾아서 말하는 모습은 오히려 무한하게 내면적이며 시적인 진실과 현실성을 지닌다. 상상적인 측면에서 볼 때 클롭슈토크의 시에서는 물론 그러한 영상들이 풍부하게 장식되고 있다. 그러나 정작 본질적인 것은 늘 단순한 수단으로 머물거나 신에 봉사하기 위해 등장하는 천사들을 서사적으로 수식하는 데 그칠 뿐이며, 교부들이나 그 밖에 성서에 나오는 인물들이 말하고 심정을 토로하는 모습도 우리가 이미 알고 있는 역사적인 인물들의 모습과는 제대로 일치하지 못한다. 하지만 호메로스의 시에 나오는 전쟁신 아레스나 아폴로 신, 전쟁, 지식 따위의 위력들은 그 내용상 천사들처럼 단지 꾸며낸 것이거나 교부들처럼 단순히 역사적인 기반을 지닌 인물들이 아니라, 그들의 형상과 현상은 오직 *시적*으로 만들어진 지속적인 위력들이다. 그러나 《메시아》는 비록 그 안에 순수한 심정이나 번득이는 상상력 같은 탁월한 면을 띠고 있기는 해도, 바로 그런 상상력 때문에 오히려 매우 공허하고 추상적이며 의도적으로 만들어낸 것임을 알 수 있다. 그 시의 내용과 표상방식이 진부하기 때문에 시 전체는 어딘가 하찮고 일시적인 것이 되고 만다. 시는 자체 안에 근원적인 삶과 그 가치를 근원적인 방식으로 진부하지 않게 묘사할 때만 생명력을 띠고 유지된다. 그러므로 사람들은 만약에 여러 민족의 근원적인 세계관과 위대하고 정신적인 자연사를 향유하고 연구하려면, 근원적인 서사시를 고수하고 실제로 자기 시대의 대립되는 관점들이나 특히 잘못된 미학이론이나 요구로부터 자신들을 멀리해야 한다. 우리는 우리가 사는 시대와 우리 독일국민이 이 같은 목적에 도달하기 위해서, 낡고 진부한 오성을 깨고 제한된 시야에서 벗어나기를 바란다. 그리하여 우리는 고대 서사시의 인물들 개개인이 정당한 민족정신의 의미이자 행위가 되어 그들이 등장하는 서사시 안에서 우리 앞에서 활약하는 모습대로 그들의 존재를 직관할 수 있는 정신을 수용하기를 바라는 바이다.

c. 통일성이 넘치는 총체성으로서의 서사시

우리는 지금까지 원래의 서사시에 필요한 특별한 조건들과 관련해 일반적인 세계의 배경에 대해 이야기했고, 또 한편으로 이 기반 위에서 일어나는 *개인적인* 사건들 그리고 신들과 운명에 이끌려 행동하는 개인들에 대해서 이야기했다. 이제 *셋째로*, 이런 양쪽의 주요 계기들은 하나의 동일한 전체적인 서사시로 결합되어야 한다. 이와 관련해 나는 다만 다음과 같은 점들만 상술하고 넘어가려 한다.

첫째, 실체적인 기반 위에서 일어나는 특수한 행위 때문에 표현될 수 있는 *객체*들의 총체성.

둘째, 서정시 및 극시와 다른 서사적인 *전개방식*의 특성.

셋째, 서사시 작품이 광범위하게 전개되어 나가는 것과는 상관없이 그 자체 안에서 완성해야 하는 구체적인 통일성.

α) 우리가 보았듯이 서사시(das Epos)의 내용은 개별적인 행위가 일어나는 전체 세계이다. 그러므로 여기에는 한 세계의 여러 직관, 행위, 상태들에 속하는 다양한 대상들이 등장한다.

αα) 서정적인 시예술은 물론 특정한 상황 속으로 들어가므로, 그 안에서 서정적인 주체는 아주 다양한 내용을 느끼고 반성하면서 머문다. 그러나 이 장르는 늘 내면의 형식이 기본유형이 되므로 외적 실재성의 폭넓은 구체성은 거기에서 배제된다. 반대로 극예술작품은 우리에게 성격들과 행위들이 생생하게 일어나는 것을 보여주므로, 여기서는 원래 장소와 행동하는 인물들의 외형, 사건 따위에 대한 서술은 없고 오히려 내적인 동기나 목적이 개인들이 처하는 폭넓은 세계 상황이자 현상태로서 표현된다. 그러나 서사시에서는 행위의 근거가 되는 포괄적인 민족적인 현실 외에도 내면이 외적으로 드러나며, 여기서는 인간 존재를 시화(詩化)할 수 있는 모든 것이 총체적으로 전개되어 나타난다. 여기에는 자연환경도 감안되는데, 그것도 행위가 일어나는 늘 규정된 장소로서 뿐만이 아니라 자연 전체의 모습으로 나타나기도 한다. 예를 들면 나는 《오디세이아》에서 호메로스가 살던 시대에 그리스인들이 땅의 형태와 그 주위를 흐르는 바다 등의 형태에 대해 어떤 식으로 표상했는지 알 수 있다고 설명했다. 그러나 이런 자연요소들은 서사시에서 중요한 대상이 아니라 단순히 근간으로만 머문다. 왜냐하면 다른 한편으로 더 본질적인 전체 신들의 세계와 그들이 존재하고 영향을 미치며 행동하는 모습이 표상되고, 그 사이에 인간적인 것이 가정적인

모습을 띠거나 공적이거나 평화적인 또는 전쟁 상황에 처한 모습으로 등장하며 윤리와 관습, 성격, 사건들도 등장하기 때문이다. 그것도 개별적인 사건으로서나 민족적인 또는 그 밖의 현실에서 어떤 보편성을 띤 상태에서 일어나는 식으로 늘 두 방향에서 일어난다. 끝으로 이런 정신적인 내용과 관련해서 외적인 사건만 묘사되지는 않고, 마찬가지로 느낌, 목적, 의도, 정당하거나 정당하지 못한 개별적인 행위들에 대해서도 서술해야 한다는 것도 우리는 의식해야 한다. 그러므로 원래의 서정적인 것과 극적인 소재도 제외되지는 않는다. 물론 서사시에서 이 측면들은 전체적인 표현에서 기본형태가 되지는 못하고 단지 계기로서의 가치만 지니며 서사시의 고유한 특성을 빼앗지는 못한다. 그러므로 예를 들면 오시안의 경우처럼 만약에 서정적인 표현이 주요한 음조가 되고 결정적인 색조를 띠거나, 일부 타소의 경우처럼 그리고 특히 밀턴과 클롭슈토크의 경우처럼 서정적인 것이 시인이 전달하고자 하는 최고의 것으로 부각된다면 이는 참된 서사시가 되지 못한다. 반대로 감정이나 반성으로 인해 외적으로 동시에 일어나고 말해지고 생각되는 것으로 서술되면서 고요히 진행되어 나가는 서사적인 음조가 중단되어서는 안 된다. 그러므로 서사시 속에는 마음을 찢는 감정의 외침, 즉 대체로 내면의 영혼이 밖으로 드러나 노래하고 *자신*을 표현해 나갈 여지가 주어지지 않는다. 또 서사시에서는 개인들이 직접 현존하면서 대화하고, 늘 서로 확신을 시키거나 명령하거나 또는 감동을 주거나 열정에 사로잡혀 서로를 무너뜨리려고 하는 인물들이 맞대고 말하는 극적인 생생한 대화도 역시 배제된다.

ββ) 그러나 둘째로, 서사시는 방금 언급한 다양한 측면의 내용을 오직 스스로 존재하는 객관성을 띤 모습으로만 우리 눈앞에 보여주어서는 안 된다. 오히려 내가 이미 여러 차례 말했듯이 바로 *개인적으로*

일어나는 사건이 원래의 서사시가 되는 형태이다. 이처럼 스스로 한정된 행위가 그 밖에 또 첨가되어 들어서는 소재들과 연관되어 머물려면, 이 더 광범위한 분야는 개인적으로 벌어지는 사건과 끊임없이 관련지어져야지, 그것들로부터 눈에 띠게 독자적으로 떨어져 나오면 안 된다. 이처럼 사건들이 내적으로 서로 뒤얽히는 좋은 예를 보여주는 작품은 《오디세이아》이다. 예를 들면 그리스인들이 가정적으로 평화롭게 살고 있는 상태, 낯선 야만민족들과 여러 나라들에 대한 생각, 망령들이 사는 나라에 대한 관념 따위는 귀향하던 오디세우스가 개인적으로 잘못 항해하게 되는 것, 그리고 아버지를 찾아 나서는 그의 아들 텔레마코스의 항해와 밀접하게 뒤얽혀 있어서 이들 중 어느 것도 본래의 사건에서 분리되어 추상적으로 혼자 머물지 않으며, 또 비극에서 행동을 보이지 않고 다만 보편성으로서 서있는 합창단처럼 뒤로 물러서 있지 않고 진행되는 사건들 속에 함께 얽혀 들어가 작용한다. 이와 비슷하게 자연과 신들의 세계도 그 자체로 머물러 있지 않고 특수한 행위들과 관계함으로써—물론 그 행위를 야기하는 것은 신들의 지배력이지만—비로소 개별성을 띠고 생생하게 표현된다. 이런 경우에 서술되는 것들은 어디서도 독립적인 대상들의 서술로서만 드러나지는 않는다. 왜냐하면 시인이 전체적으로 통일되도록 소재로 선택한 사건들이 도처에 지속적으로 일어나고 있음이 서술되기 때문이다. 그러나 거꾸로 특별한 사건들의 경우에 그 근거가 되는 본질적인 민족성이나 총체성만을 너무 수용함으로써, 그런 사건들이 독자적으로 존재하지 못하고 다만 그 본질성에 봉사하는 것으로 드러나게 해서는 안 된다. 이런 점에서 볼 때 예를 들면 알렉산더 대왕의 동방 원정(遠征)은 참된 서사시의 좋은 소재는 못된다. 왜냐하면 이런 영웅행위는 그것이 결정되고 실행되는 면에서 보면 너무나 알렉산더라는 이 한 명의 개인에

게만 의존해 있으며, 그의 개인적인 정신과 성격도 너무나 그 행위 하나만을 유지하는 데 집중되어 있어서 민족적인 기반이나 그의 군대나 지도자들에게는 우리가 위에서 꼭 필요하다고 지적한 독자적인 존재와 위상이 빠져 있기 때문이다. 알렉산더의 군대는 그의 백성으로서 전적으로 그와 그의 명령에 의존하고 있으며 그에게 오직 복종할 뿐, 자유의지로 그를 따르지는 않는다. 그러나 원래의 서사시에서는 양 측면 모두 중요하며, 개인들의 특수한 행위와 일반적인 세계상태는 끊임없이 서로 매개되는 관계에 있으면서도 서로 필요한 독자성을 보존하고 스스로를 위해 존재하며 가치를 띠어야만 생동성을 띤다.

γγ) 우리는 대체로 서사시의 본질적인 기반에 대해 언급하면서 그 기반에서 개별적인 행위가 나오도록 그 기반 자체가 충분히 충돌을 간직한 것이 되어야 한다고 요구했다. 둘째로, 이 보편적인 기반은 스스로를 위해 있어서는 안 되고 오직 특정한 사건의 형태로 그리고 그것과 관련해서만 드러나야 한다고 본다면, 이 개인적인 사건 속에서 역시 전체 서사시를 위한 *출발점*을 찾아야 한다. 이것은 특히 출발상황을 위해서는 중요하다. 여기서도 역시 우리는 《일리아스》와 《오디세이아》를 좋은 예로 들 수 있다. 《일리아스》에서는 트로이 전쟁이 생생하게 함께 등장하는 사건들의 일반적인 배경이 되지만, 이는 아킬레우스의 분노와 연관된 특정한 사건 안에서만 우리 눈앞에 나타나므로 그 서사시는 그 주인공을 아가멤논에게 저항하도록 열정으로 자극하는 상황들과 아주 미적(美的)으로 분명하게 일치된다. 《오디세이아》에서는 처음에 두 가지 서로 다른 상황이 소재로 제공되는데, 그것들은 오디세우스가 잘못 항해하는 것과 그의 고향 이타카에서 일어나는 사건들이다. 호메로스는 이 두 가지 사건들을 서로 밀접하게 배열해서 우선 귀향하는 주인공이 칼립소에 의해 붙들리는 것을 서술하

고, 이어서 그의 아내 페넬로페가 겪는 고통과 그의 아들 텔레마코스에 대한 서술로 넘어간다. 즉 주인공의 귀향을 방해하는 것과 고향집에 남아있는 자들을 고려할 때 어떤 일이 꼭 일어날 수밖에 없는지를 우리는 한눈으로 통찰할 수 있게 된다.

β) 그런 식으로 시작한 다음에 둘째로, 서사작품은 서정시나 극시와는 전혀 다른 방식으로 계속 진행되어 나아가야 한다.

αα) 이와 관련해 다음으로 고찰해야 할 것은 서사시가 전개되는 나가가는 *범위*이다. 그 근거는 서사시의 내용뿐만 아니라 형태에서도 찾을 수 있다. 우리는 방금 서사시의 세계에 속하는 다양한 대상들이 그 정신의 내적인 힘, 충동, 요구에 따라 그리고 또 외적인 상황과 환경에 따라 완벽하게 전개되는 것을 보았다. 이 모든 측면들은 객관성을 띠고 실제 현상하면서 각자 스스로 독자적인 내적 외적인 형상으로 발전되며, 서사시인은 거기에 머물러 이를 서술하거나 표현하면서 그 형상들이 외적으로 전개되도록 허용한다. 반면에 서정시는 그것이 포착하는 모든 것들을 내밀한 감정 속에 집중시키거나 모든 것을 압축하는 보편적인 반성 속에 주입시킨다. 객관성이 주어짐에 따라 사물들은 직접 분리되고 또 다양한 특징들이 현란하고 풍부하게 주어진다. 이런 점에서 독자적으로 자유로이 전개되는 듯이 보이는 에피소드는 서사시 외에 다른 어떤 장르에게도 주어지지 않는다. 그러나 내가 이미 말했듯이 실제 일어나고 존재하는 형태에 대한 재미가 너무 지나쳐서 시 속에 특별한 행위의 근거와 아무 상관없는 상황이나 현상들이 수용되어서는 안 되며, 에피소드적인 것조차도 어떤 사건에 방해가 되거나 지체시키는 것이 될지라도 그 사건의 진행에서는 효과를 보여 줘야 한다. 그것과는 상관없이 서사시에서는 객관성의 형태를 띠도록

하기 위해서 개별적인 부분들의 결합은 느슨하게 할 수도 있다. 왜냐하면 객관적인 것 속에서 매개는 내적인 자체(즉자, Ansich)로 머물러 있기 때문이다. 그에 반해 특수한 측면들은 바깥으로 드러나면서 독자적으로 존재한다. 이처럼 본래 형태상 이른 시기에 일어난 사건들로서 서사시의 개별적인 부분을 이루는 것들의 엄격한 통일성과 뚜렷한 관계가 결핍되면, 이는 한편으로 서사시가 나중에 서정시나 극시보다 더 쉽게 내용을 첨가하거나 삭제할 수 있는 근거가 된다. 그러나 다른 한편으로는 이미 예전에 어느 정도 높이의 예술로 형상화된 개별적인 설화들을 특수한 면들로 새로 통합하는 전체 속에 배치한다.

ββ) 둘째로, 우리는 서사시가 사건들의 진행과 흐름에 동기를 부여할 권한을 가진 방식을 주목할 수 있는데, 이때 서사시는 일어나는 사건의 근거를 단순히 주관적인 기분이나 개성적인 성격에서 취함으로써 서정시나 극시의 영역으로 들어서는 결과가 되어서는 안 되고, 이때에도 서사시의 원형이 되는 객관성의 형태를 고수해야 한다. 즉 한편으로 우리는 외적인 상황들이 배역의 내면의 규정들 못지않게 서술적으로 표현하는 데 있어 중요하다는 것을 이미 누차 보았다. 왜냐하면 서사시에서는 배역과 외적인 것의 필연성은 서로 똑같이 중요하기 때문이다. 그러므로 서사적인 개인은 그의 시적인 개성을 손상하지 않고 외적인 상황들에 굴복하는 것처럼 보일 수 있고, 그의 행위 속에서 생기는 상태의 결과일 수 있어서 그 때문에 이런 상태는 극(劇)에서는 전적으로 효력을 발휘하는 배역 대신에 가장 위력적인 것으로서 등장한다. 특히 《오디세이아》에서는 사건들의 진행이 거의 전적으로 이런 식으로 동기를 띠고 있다. 중세의 소재를 읊고 있는 아리오스토의 모험들과, 그 밖에 다른 서사시들에서도 마찬가지이다. 아이네이아스로 하여금 로마를 건설하도록 결정하는 신들의 명령과 이 신탁을

이행하는 일을 오래도록 지연시키는 다양한 사건들은 전혀 극적이지 않은 동기들일 수 있다. 타소의 《해방된 예루살렘》의 경우도 비슷해서, 거기에서는 기독교 군대가 갖고 있는 목적에 맞서 싸우는 사라센인들의 용감한 저항 외에도 많은 자연적인 사건들이 일어난다. 또 그런 예들 가운데 많은 것들은 거의 모든 유명한 서사시들에서 인용되고 있다. 왜냐하면 서사시인은 이런 표현방식을 가능하게 하고 필요하게 하는 바로 그런 소재들을 선정해야 하기 때문이다.

이는 개인들이 실제 결단한 결과 생기는 사건에서 나타난다. 즉 여기서도 서사시인은 극적인 의미에서 배역이 자신의 목적을 일방적으로 생생하게 만드는 개인의 열정에 따라 외적인 것은 물론 다른 개인들에 대항해 자기 성격을 주장하려고 하는 상황이나 관계에서 사건을 끌어내서 표현하면 안 된다. 즉 서사시에서 개인은 순전히 자기의 주관인 성격이나 단순히 주관적인 기분, 우연한 느낌에서 행위를 하는 것에서 벗어나 거꾸로 상황과 그 실재성을 고수하고 또 한편으로 이를 절대 보편타당하고 윤리적인 동기가 되게 해야 한다. 이런 동기를 계속 부여하고 있는 시인은 호메로스이다. 예를 들면 헤쿠바(Hecuba)[35]가 헥토르에 대해서 탄식하고 아킬레우스가 파트로클로스의 죽음에 대해 탄식하는 것은 내용상 서정적으로 다루어질 수도 있지만, 그럼에도 불구하고 서사적인 음조에서 벗어나지는 않으며 또 호메로스는 극적인 표현에 맞는 상황으로 빠져들어 가지도 않는다. 영주들이 의논하는 자리에서 아가멤논과 아킬레우스가 언쟁을 벌이

---

[35] 헤카베(Hekabe)라고도 하며 그리스 전설에서 트로이의 프리아모스 왕의 첫째 부인으로, 영웅 헥토르의 어머니이다. 트로이의 멸망을 예언한 공주 카산드라의 어머니기도 하며, 그녀는 트로이가 그리스 군대에게 함락되었을 때 포로가 되었다.

거나 헥토르가 안드로마케와 작별하는 일이 그렇다. 예를 들면 후자는 서사시가 표현할 수 있는 가장 아름다운 장면에 속한다. 실러의 희곡 《군도(群盜, Die Räuber)》(1787년 作)에서 아말리와 칼 모어가 서로 교대해서 노래하는 장면도 마치 서사시 《일리아스》와 같은 음조를 띤다. 그러나 호메로스의 《일리아스》 6권에서 헥토르가 안드로마케를 집안에서 헛되이 찾다가 그녀를 스케아의 성문으로 가는 길에서 발견하고 그녀는 그를 향해 달려와 그의 곁에 선다. 그녀는 남편이 조용한 미소로 유모의 팔에 안겨 있는 자기 아이를 바라보자 그에게 다음과 같이 말하는 부분이 아주 서사적인 효과를 주며 묘사된다.

> 놀랍군요. 그대의 용기가 그대를 파멸케 할 텐데도, 그대는 이 철없는 아이에 대해서도, 나에 대해서도 동정하지 않는군요. 곧 그대의 과부가 될 이 불행한 여자를. 곧 아케아인들이 모두 쳐들어와 그대를 죽일 테니까요. 만약에 그대를 잃는다면 저는 차라리 죽는 편이 더 나을 겁니다. 당신이 당신의 운명을 만난다면 나에게는 고통 외에 어떤 위안도 남지 않을 거예요! 나에게는 아버지도 왕비인 나의 어머니도 없을 것입니다.

그러면서 그녀는 그녀의 아버지와 일곱 명의 남자형제들이 어찌 되었는지를 설명한다. 그들은 모두 아킬레우스에 의해 살해당했고 그녀의 어머니 또한 어떻게 포로가 되었다가 풀려나 죽었는지를 설명한다. 그런 다음에 그녀는 자신의 아버지이자 어머니 형제와 다름없게 된 훌륭한 남편 헥토르를 향해 성탑에 남아 자기의 아이를 고아로 만들지 말고 그의 아내인 자기를 과부로 만들지 말아달라고 간절히 호소한다. 그러자 헥토르도 역시 그녀에게 대답한다.

나 역시 이 모든 것을 걱정하고 있소, 나의 아내여. 그러나 나는 여기 겁쟁이처럼 남아 있으면서 싸움을 피하다가 트로이 사람들의 비난을 받는 것이 두렵소. 나를 충동질하는 것은 순간의 흥분이 아니오. 왜냐하면 나는 언제나 용감하고 트로이 사람들과 함께 전장에서 싸우도록 배웠기 때문이오. 내 위대한 아버지의 명예와 나 자신의 명예를 위해서 말이오. 나는 언젠가 우리 일리온(Ilion, 트로이의 다른 이름—역자주)이 무너지고 프리아모스와 창을 잘 쓰는 그 왕의 백성도 역시 멸망할 것을 알고 있소. 그러나 내가 걱정하는 것은 트로이나 헤쿠바, 프리아모스왕, 적의 먼지 속에 쓰러질 나의 고귀한 형제들이 아니라 바로 당신이오. 울고 있는 당신을 어느 갑옷을 입은 한 그리스인이 탈취해 끌고가 아르고스에서 다른 사람의 물레에서 실을 짜게 하고 당신이 원하지 않는 데도 힘들게 물을 긷고 있을 당신의 모습이오. 그러나 필연적인 위력은 그대의 위에 군림하며, 누군가가 울고 있는 당신을 바라보며 이것이 바로 일리온이 정복될 때 트로이인들 중 가장 용감했던 전사 헥토르의 아내이다, 라고 말하고 있소. 어느 누군가가 그렇게 말할 때 당신은 그대의 노예가 되기를 거부했던 한 남자를 잃게 된 것을 한탄할 것이오. 그러나 당신의 외침과 당신의 끌려가는 소리를 듣기 전에 흙이 내 몸을 덮을 것이오.

여기에서 헥토르의 말은 매우 깊은 감정에서 나오는 감동적인 것이지만 그의 태도는 서정적이거나 극적이 아니고 서사적이다. 왜냐하면 그의 고통을 겪고 있는 모습과 그에게 고통을 주는 것에 대한 묘사는 한편으로 순수하게 객관적인 상황을 표현하고 있으나, 또 한편으로 그를 충동하고 움직이는 것은 주관적인 결단처럼 보이는 개인의 의도나 그 자신의 목적 또는 의도가 아니라 하나의 필연성이기 때문이다. 이와 비슷하게 패배한 자들이 그 정황을 설명하고 이유를 대면서 승리한 영웅들에게 자기들의 목숨을 구걸하는 대목도 *서사적인* 감동을 준다. 왜냐하면 어떤 상황에서 심정을 움직이거나 객관적인 사태나 정황의 동기에 의해서만 감동을 주는 것은 극적인 것이 아니기 때문이다. 물론 근대의 비극작가들은 종종 이런 효과를 이용하는데, 예를 들면 실러의 희곡《오를레앙의 처녀(Jungfrau von Orleans)》[36]에서 영국 기사 몽고메리와 요한나(Johanna) 사이에 벌어지는 전투장면(제2막 6장)은 이미 다른 사람들도 주목했겠지만 극적이기보다는 오히려 서사적이다. 아주 위험한 순간에 처하자 그 기사에게서는 용기가 떠나가지만, 그럼에도 불구하고 그는 비겁함을 죽음으로 벌하겠다고 격노하는 탈보트와 모두 용감한 자들에 대해 승리를 거둔 성처녀에게 눌려 감히 도망칠 생각을 못한다. 그는 이렇게 외친다.

> 만약에 내가 바다 건너 여기까지 항해해 오지 않았던들,
> 나 불행한 자여! 허영심의 광기가 나를 속였다.
> 프랑스에서 값싼 명성을 찾으려 했던 것이.
> 그러나 나를 이끄는 것은 죽음의 운명

---

36)《오를레앙의 처녀(Jungfrau von Orleans)》는 독일의 고전주의 극작가인 프리드리히 실러가 지은 희곡으로, 프랑스의 민족적인 여자 영웅인 잔 다르크(Jeanne d'Arc)의 행적과 죽음에 대해서 쓴 작품이다. 5막으로 구성되어 있으며, 1803년 독일 바이마르 극장에서 초연되었다. 당시 주인공의 내적인 심리와 외적인 사건들 간의 갈등들을 극적으로 잘 표현하여 관객들의 큰 호응을 얻었다. 실러의 작품의 여주인공 요한나(Johanna)는 잔(Jeanne)의 독일식 이름이다.

이 피비린내 나는 살육의 전투에서—여기서 멀리 떨어질 수
만 있다면
고향의 시버른(Severn) 강둑의 꽃이 만발한 곳
안전한 고향집에서 어머니는
비탄에 젖으시겠지, 부드럽고 감미로운 신부(新婦)가 있는 그
곳에

이런 것은 남성적이지 못한 표현이며, 그 기사의 전체적인 모습 또한 원래의 서사시나 비극에도 적합하지 못하고 오히려 희극적이 되고 만다.

그대는 죽은 목숨, 영국인 어머니가 그대를 낳았다니

라고 외치며 그에게 다가가자 그는 칼과 방패를 버리고 그녀의 발 아래 무릎을 꿇으면서 살려달라고 빈다. 그러면서 그는 그녀의 마음을 움직이려고 장황하게 이유를 늘어놓는다. 그는 방어력도 없다. 그는 자기 아버지는 부유하니 황금으로 그의 몸값을 지불할 것이며 요한나는 부드러운 여성이라는 등, 또 고향에서 울며 자기의 기다리는 다정한 자기 신부의 사랑, 그가 고향에 남겨 놓은 부모의 비탄에 젖은 모습, 낯선 곳에서 울어주는 사람 하나 없이 죽어야 하는 가혹한 운명에 대해서 말한다. 그가 나열하는 이런 모든 이유들은 이미 객관적인 사태와 관계되면서 타당성을 지니는데 이는 그런 종류의 서사시에 특유한 조용한 표현이다. 같은 방식으로 시인은 외적으로 그 애걸하는 자의 무방비력을 통해서 요한나가 그의 말에 귀를 기울일 수밖에 없는 상황을 만든다. 그러나 만약에 그 장면을 극적으로 다루려 했다면

요한나는 그를 첫눈에 보자마자 주저하지 말고 죽였어야 할 것이다. 왜냐하면 그녀는 어떤 영국인에 의해서도 감동 받을 수 없는 영국인의 적으로 등장하며 또 이런 자신의 증오를 다음과 같이 수사(修辭)적으로 표명하는데, 이는 그녀가 복종할 수밖에 없는 계약을 통해서 그녀의 정신에 정당한 의무가 되고 있기 때문이다.

> 칼로서 모든 자를 죽여야 한다. 나에게
> 전쟁의 신은 이 운명을 지워주고서 심판하도록 보냈으니

만약에 적인 몽고메리가 아무 무기도 없이 죽는 것이 그녀의 마음에 걸렸다면, 그는 그녀가 이미 오랫동안 자기의 말에 귀를 기울였으므로 살 수 있는 가장 좋은 수단을 자기 손 안에 갖고 있었을 것이다. 다시 말해 그는 다시 무기에 손을 댈 필요가 없었던 것이다. 그러나 역시 죽을 운명을 타고난 그녀가 그에게 자기와 싸우자고 요구하자, 그는 다시 칼을 집어 들고 싸우다가 그녀의 팔 안에 쓰러지고 만다. 이 같은 장면의 *진행*은 방대한 서사적인 설명이 없다면 오히려 극(劇)에 더 적합할 것이다.

γγ) 셋째로, 서사적인 사건들은 일반적으로 좀 더 외적으로 좀 더 폭넓고 상세하게 구체화되고 또한 행위가 마지막으로 초래하는 결과와 관련해 볼 때에도 특히 극시와는 대조적으로 다음과 같은 특징을 지닌 방식으로 진행된다. 즉 서사적인 묘사는 대체로 객관적인 현실과 내적인 상태를 묘사하는 데만 그치지 않고, 그 외에도 마지막 대단원 부분에 *장애물들*을 내세운다. 그 때문에 서사시에서는 주요한 목적을 실행하기에 앞서 많은 우회를 거치게 되며, 그럼으로써 다른 때는 언급되지 않는 세계상태를 전적으로 우리 눈앞에 보여준다. 그러나 극작

가의 경우에는 중요한 목적에서 결코 눈을 떼어서는 안 된다. 예를 들면 그런 식으로 방해하는 장면들로부터 이야기가 시작되는 서사시가 바로 《일리아스》이다. 즉 호메로스는 아폴로 신이 그리스인들의 진영에 퍼뜨린 죽음의 병에 대해 설명하고, 이어서 아킬레우스와 아가멤논 사이의 언쟁을 서술하고 있는데 아킬레우스의 분노가 두 번째 장애가 된다. 그보다 더 장애가 되는 것은 《오디세이아》에서 오디세우스가 겪어야 하는 온갖 모험들로서 그 때문에 그의 귀향은 지연된다. 그러나 에피소드들은 대부분 사건이 진행되는 것을 중단시키기 위해 사용되며 대다수는 장애적인 성질을 띠고 있다. 그래서 예를 들면 베르길리우스와 타소의 시에서 아이네이아스의 난파, 디도에 대한 그의 사랑, 아르미다의 등장, 그리고 또 대개의 극적인 서사시들에서 개별적인 주인공들이 겪는 많은 독자적인 사랑의 모험들은 아리오스토의 시에서는 아주 현란하고 다양한 모험으로서 서로 뒤얽히며, 그 때문에 그리스도인들과 사라센인들 간의 전쟁조차도 완전히 가려지고 만다. 단테의 《신곡》에서는 물론 사건진행에 뚜렷이 장애가 되는 사건은 등장하지 않지만, 여기에서 시인은 때로는 서사적으로 정지하듯 묘사하거나 사건을 천천히 진행되게 하며, 때로는 저주받은 개개인들이 에피소드적으로 말하는 이야기나 대화를 상세하게 서술하고 있다.

그러나 이런 점에 있어서 무엇보다도 필요한 것은, 목적을 띠고 일어나는 사건들의 진행을 막는 그런 장애들은 단순히 외적인 목적을 위해 이용되는 것으로 인식되게 해서는 안 된다는 점이다. 왜냐하면 서사시의 세계를 움직이는 기반이 되는 일반적인 상태는 자연적으로 일어난 것처럼 보일 때만 참된 시가 되듯이, 상황과 본래의 운명에 따라 전체적으로 진행되는 것도 거기에 시인의 주관적인 의도를 눈치 채지 못하게 해야 하기 때문이다. 또 객관적으로 드러나는 형태도 외적으로는 물론 본질적인 내용과 관련해서도 전체적으로나 부분적으로 마치 스스로 존재하게 할수록 더욱 더 자연스럽게 일어나는 것처럼 보이기 때문이다. 그러나 서사시의 첨두에는 무엇보다도 지배하는 신들의 세계가 놓여 있으며, 그들의 손에 의해 사건들이 이끌려 갈 경우에는 다시금 그것을 묘사하는 시인 자신에게는 참신하고 생동적인 신들에 대한 믿음이 필요하다. 왜냐하면 그런 장애들은 대개 신들에 의해서 등장하므로, 만약에 이 위력들이 생동적이지 못하고 기계적인 것으로만 다뤄진다면 신들에게서 나오는 것도 역시 시인이 단지 의도적으로 조작해 낸 것이 되어 가치가 떨어지기 때문이다.

γ) 우리는 서사시가 특별한 사건을 일반적으로 민족이 처한 세계상태와 얽히게 해서 전개할 수 있는 대상들의 총체성을 간략히 다루었고, 그 다음에 사건들이 진행되고 전개되는 방식으로 넘어가서 고찰했다. *세 번째*로 남은 것은 서사적인 작품의 통일성과 *마무리*에 관한 물음 한 가지뿐이다.

αα) 이 사항은 내가 이미 전에 시사했듯이, 사람들이 근래에 와서 서사시를 마음대로 끝나게 하거나 원하는 바대로 더 계속해서 읊어나갈 수 있다는 생각에 여지를 주려고 하는 만큼 더욱 중요해졌다. 물론 이런 견해는 풍부한 지식과 학식을 갖춘 사람들, 예를 들면 볼프[37] 등에 의해 반박되기도 했지만 그럼에도 불구하고 그런 견해는 계속 남아있다. 이는 사실 가장 미적인 서사시에서 그 예술작품에 원래 적합한 특성을 거부한다는 뜻이므로 거칠고 야만적인 견해이다. 왜냐하면

---

[37] 볼프(F.A.Wolf, 1759~1824). 독일의 고대 어문학자이자 고고학자. 그는 호메로스의 서사시를 비판적으로 연구하고, 특히 《일리아스》에 대한 논평을 출간했다.

서사시는 때로는 산만하게 때로는 원인이나 효력, 결과 따위에 끊임없이 의존하면서 진행되는 현실과는 달리, 자체 안에 완결되어 비로소 독자적으로 되는 세계를 묘사함으로써만 자유로운 예술작품이 되기 때문이다. 물론 원래의 근원적인 서사시에서는 부분적인 대목이나 에피소드들의 위치, 풍부한 비유, 구상, 조직 따위를 순수하게 미적으로 평가하는 일이 중요한 사안은 아니라는 것을 인정한다. 왜냐하면 여기에서는 후세에 만들어진 서정시나 세계관, 신들에 대한 믿음을 기교적인 극적으로 전개시킨 것보다는, 대체로 그 서사시를 간직한 민족의 경전 속에 들어 있는 함축적인 것이 더 우세하게 강조되어야 하기 때문이다. 그러나 또 《라마야나》, 《일리아스》, 심지어 《니벨룽겐의 노래》와 같은 민족적인 기본 서사시들도 미적, 예술적인 면에서 예술작품으로서의 가치와 자유를 지녀야 한다는 점, 다시 말해 우리에게 그 서사시들의 완성된 전체 행위에 대해 직관하게 하는 일을 상실해서는 안 된다. 그러므로 이러한 완결성의 개념에 맞는 방식을 찾아내는 일이 중요하다.

ββ) 일반적으로 '통일성'이라는 말도 비극에게는 많이 오용될 수 있는 진부한 것이 되고 말았다. 왜냐하면 모든 사건은 그 동기나 결과에 있어 무한히 뻗어나갈 수 있으며, 과거는 물론 미래의 측면에서 볼 때도 역시 예측할 수 없는 특별한 상황들이나 행동에 매여 계속 이어지며, 또 그 상황들이나 그 밖에 개별적인 것들에 의해 모든 것들이 서로 관계하면서 등장하는지 확실히 알 수 없기 때문이다. 만약에 그것들이 일어나는 순서만을 고려한다면 물론 서사시는 앞뒤로 얼마든지 계속해서 읊어나갈 수 있을 것이며, 또 중간 중간에도 얼마든지 내용을 삽입할 수 있겠지만 그처럼 순서대로만 읊어가게 되면 범속한 것이 되고 만다. 예를 들면 고대 그리스인들 가운데 트로이 전쟁에 대

해서 읊은 시인들은 일어난 일들을 연속해서 모두 읊었기 때문에, 그 서사시들은 호메로스가 멈춘 데서 계속되어 나가고 있으며 '레다(Leda)의 알'38)에 대한 것에서부터 이야기를 다시 시작하고 있다. 그러나 그들의 시는 바로 그런 식으로 읊었기 때문에 호메로스의 시와는 대조적으로 더욱 산문적으로 되고 말았다. 또 내가 이미 위에서 말했듯이 한 개인이 그 시(詩)의 중심이 될 수 있다. 왜냐하면 그로부터 다양한 사건들이 발생하며, 서로 아무 관계가 없는 사건들이 그에게 다가올 수 있기 때문이다. 그러므로 우리는 다른 종류의 통일성을 살펴보아야 한다. 이와 관련해서 우리는 단순히 *일어나는* 일과 서사적으로 서술될 때 *사건*의 형태를 취하는 특정한 행위 사이의 차이를 간단히 확인해야 한다. 단순히 *일어나는* 일은 모든 인간적인 활동의 외적인 측면이자 현실이라고 부를 수 있되 그 안에서는 꼭 어떤 특정한 목적이 이행될 필요는 없으며, 대체로 존재하는 것의 형상과 현상 속에서 일어나는 모든 외적인 변화라고 부를 수 있다. 한 인간이 번개에 맞아 죽으면 이는 단순한 사건이자 외적으로 우연히 발생한 사건이다. 그러나 적국의 어느 도시를 정복하는 일에는 더 많은 것이 담겨 있다. 즉 그것은 의도했던 어떤 목적이 달성되는 것을 뜻한다. 이처럼 스스로 규정된 목적은 예를 들면 성스러운 왕국을 사라센인들이나 이교도들로부터 해방시키는 일이나 아킬레우스의 분노처럼, 어떤 특별한 욕구의 충족으로서 서사적인 사건의 형태를 띠고 서사시와 관련되

---

38) 레다(Leda)는 그리스 신화에 나오는 인물로, 그녀의 미모에 반한 제우스 신이 백조의 모습으로 변장해서 그녀에게 접근하여 관계를 맺었다. 그 결과 그녀는 임신하여 2개의 알을 낳게 되었는데, 거기서 하늘의 쌍둥이 중 1명인 폴리데우케스와 트로이의 헬레나가 나왔다고 한다. 헬레나는 트로이 전쟁을 일으키는 원인을 제공한 절세의 미녀이다.

〈헬레나의 약탈〉. 귀도 레니(Guido Reni) 作(1631년)

는 통일성을 이루어야 한다. 왜냐하면 이처럼 자의식적인 목적도 역시 특정한 충동에서 나온 결과이므로, 시인은 그것과 함께 자체 안에 완결된 통일성을 이루는 것만을 서술하기 때문이다. 그러나 행동하고 자신을 관철시키는 일은 오직 인간만이 할 수 있으므로, 이런 점에서 목적과 충동으로 결합된 *개인*이 서사시의 첨두(尖頭)에 서게 된다. 더 나아가 목적과 충동을 드러내는 등장인물 성격의 행동과 이를 만족시키는 일이 만약에 특정한 상황이나 뒤로 더 폭넓은 관계를 지니는 동기에서 나오거나 그 목적을 이행하는 일 또한 앞으로 많은 결과를 초래하게 되면, 여기에서도 특정한 행동이 실행되기 위해서는 전제가 있어야 한다. 또 한편으로 거기에서는 많은 여파가 발생하지만, 그러나 이런 여파들은 표현된 목적의 피규정성과는 더 이상 어떤 시적인 관계도 맺지 못한다. 이런 의미에서 예를 들면 아킬레우스의 분노도 실제로 트로이를 정복하는 일과는 별로 무관하며, 헬레나(Helena)의 약탈이나 파리스(Paris)의 판결—물론 이 사건 중 하나는 다른 사건의 전제가 되지만—과도 무관하다.

따라서 만약에 《일리아스》에는 필연적인 시작이나 끝이 없다고 말한 다면, 그 이유는 여기에서 아킬레우스의 분노가 《일리아스》에서 읊어지는 통일성을 전해 주는 사건이라는 것을 통찰하지 못하고 있기 때문이다. 반면에 만약에 아킬레우스라는 인물을 확고하게 눈여겨보고 아가멤논 때문에 분노에 빠진 그를 모든 사건의 기점으로 삼는다면, 그 서사시의 시작과 끝은 더할 나위 없이 훌륭하게 꾸며진 것이 된다. 왜냐하면 내가 이미 말했듯이 이 분노의 직접적인 동기가 그 서사시의 시작이 되며, 반면에 그 분노의 결과들은 사건들이 더 진행되어 가는 동안에 포함되어 드러나기 때문이다. 물론 끝에 가서 나오는 노래들은 불필요하므로 제거해도 괜찮았으리라는 의견이 타당하게 보일지 모르지만, 이런 견해는 그 서사시를 전적으로 지탱해주지는 못한다. 그 까닭은 아킬레우스가 선박들이 있는 곳에 머물면서 전투에 참가하지 않는 것은 다만 그의 마음을 내키게 하지 않는 분노의 결과이며, 그가 바로 이처럼 행동하지 않은 것 때문에 트로이 군대가 그리스군과 싸워 승리하는 유리함을 얻게 되고 이 또한 파트로클로스의 싸움과 죽음으로 연결되듯이, 아킬레우스의 용감한 친구에게 일어나는 사건도 역시 고귀한 그 영웅의 탄식 및 분노와 관계가 있으며 또 그가 헥토르와 싸워 승리하는 일과도 연관되기 때문이다. 그러나 영웅의 죽음과 더불어 모든 것은 끝났으니, 이제는 그 서사시에서 떠날 수 있다고 믿는다면 이러한 관념 또한 조악한 것에 지나지 않는다. 죽음과 더불어 끝나는 것은 다만 *자연적인* 것일 뿐 인간, 즉 쓰러진 영웅들에게 영예로운 장례를 치러주도록 요구하는 *윤리와 도덕성*은 끝나지 않기 때문이다. 그래서 지금까지 일어난 모든 일들과 더불어 파트로클로스의 무덤에서 일어나는 일, 프리아모스의 마음을 흔드는 탄원, 아킬레우스가 화해하고 아버지에게 그 아들의 시체를 돌려주는 것 등으로 인해 죽은 자들에게는 영예가 남게 되며 이것 또한 서사시의 가장 만족스럽고 멋진 귀결이 된다.

γ) 그러나 우리는 상술한 방식대로 어떤 특정하고 의식적인 목적이나 영웅적인 충동에서 나온 개인적인 행동을 서사시 전체가 관계되고 마무리되는 지지점(支持點)으로 삼게 될 때, 그로 인해 *서사적인 통일성*이 너무 극적인 통일성에 가까이 근접하는 듯이 보일 수도 있다. 왜냐하면 극에서도 자의식적인 목적과 성격에서 나오는 특별한 행동 및 갈등이 중심을 이루기 때문이다. 그러므로 서사시와 극시 양쪽을 언뜻 혼동하지 않기 위해서 나는 이미 전에 행위와 사건의 차이에 대해 말한 것을 다시 한 번 분명히 언급하고 싶다. 게다가 서사적인 관심은 서사시가 진행을 서술하는 특별한 행위의 근거가 되는 인물의 성격이나 목적, 상황들에만 국한되지 않으며, 이 행위에는 더 나아가 그 충돌이나 해결의 동기가 되고 전체의 사건이 오직 한 민족적인 전체성과 그 본질적인 총체성 안에서만 일어나는 것이 발견된다. 이 총체성 역시 그 다양한 성격, 상황, 사건들을 함께 묘사할 충분한 권리를 지닌다. 이런 점에서 볼 때 서사시를 마무리하고 형상화해내는 일은 특정한 행위의 특별한 내용에만 들어있지 않고, 객관적인 현실을 묘사하고자 하는 총체적인 세계관 속에도 들어 있다. 사실 서사적인 통일성은 한편으로 특별한 행위가 그 자체로 완결되면서도, 다른 한편으로 그것이 진행되는 가운데 스스로 총체적인 세계—그 전체 영역 안에 통일성이 움직이고 있는 바—가 완전한 총체성 안에서 직관되면서도 양쪽의 중요한 영역이 생생하게 매개되면서 지장 없이 통일을 이룰 때 비로소 완성된다.

이것이 바로 원래의 서사시와 관련해서 간단하게 열거되는 가장 본질적인 규정들이다. 그러나 이와 같은 객관성의 형태는 내용에 참된 객관성의 진실한 의미가 담고 있지 않은 다른 대상들에게 응용되었다. 그런 식으로 부차적인 시 양식이 나옴에 따라, 만약에 어떤 이론가에게 모든 시들—그 부차적인 시(詩) 양식에 속하는 시들도 모두 감안해서—을 분류하여 그것들이 아무 차이 없이 모두 적합성을 띠게 하도록 요구한다면 그는 당황할 것이다. 그러나 참되게 시로 분류될 수 있는 것은 오직 시(詩) 개념의 규정에 맞는 것뿐이다. 반면에 내용이나 형태가 불완전하거나 양쪽 다 불완전하다면, 그런 시는 본래 취할 것이 못되므로 시의 개념 속에 넣을 수 없다. 다시 말해서 시의 진리상 어찌어찌해야 한다는 규정 속에 넣기 어려운 것이다. 따라서 나는 원래의 서사시에 못 미치는 그런 열악하고 하찮은 아류적인 시에 대해서는 끝에 가서 몇 가지만 언급하고자 한다.

이러한 부차적인 아류에 속하는 것으로는 특히 근대적인 의미의 목가시(牧歌詩, *die Idylle*)가 있다. 그 안에는 정신적이고 윤리적인 삶의 심오하고 보편적인 관심사는 모두 결핍된 채 인간을 단지 순진무구한 상태에서만 묘사한다. 그러나 순진무구하게 산다는 것은 여기서는 단지 먹고 마시는 것, 그것도 아주 간단한 음식과 마실 것을 취하는 것 외에는 아무것도 모른다는 뜻이다. 예를 들면 염소젖이나 양젖, 궁할 때는 기껏 소젖이나 풀, 뿌리, 도토리, 과일, 우유로 만든 치즈, 빵 정도로 채우는데, 이런 것들은 내가 알기로 목가적인 것에 지나지 않으며 사실은 고기를 먹는 일도 허용되어야 할 것이다. 왜냐하면 목양들의 고기도 신들에게만 바치려는 것은 아닐 테니까 말이다. 목가시에서 몰두하는 일은 이 사랑스러운 가축을 충실한 개와 함께 온종일 지키고, 먹고 마실 것을 염려하고 또 가능하면 한껏 감상적이 되어 이런 고요한 상태에 만족스럽게 빠져 있는 일을 방해하지 않도록 느낌을 일으키고 가꾸는 일이다. 다시 말하면 자기들 방식대로 경건하게 길들여져 있어서, 갈대피리를 불거나 소리 내어 노래하면서 아주 유순하고 순진무구한 상태에서 서로 사랑하는 일이다. 그와는 반대로 고대 그리스인들이 묘사한 목가적인 세계는 더 재미있고 조형적이었다. 거기에 등장하는 디오니소스 신, 목양신, 반신(半神)들을 모시는 무리들은 신이 되려고 애쓰는 무해한 존재들로서, 그것들이 지닌 동물적인 본성은 저 외람되고 공허하게 목가적으로 순진무구하거나 경건한 체 하는 것들과는 아주 달리 생동적인 진실을 띠고 인간적인 기쁨의 감각으로 상승한다. 그처럼 전형적으로 신선한 민족의 상태에서 보이는 생동적인 직관은 예를 들면 고대 그리스의 전원시, 특히 테오크리투스(Theocritus)의 시에서 보이는데, 거기에서는 양치기나 어부들의 삶의 그 당시 상태에 머물거나, 또는 그와 비슷한 영역의 이런저런 대상들로 옮겨가면서 그 삶에서 보이는 영상들을 서사적으로 묘사하거나 서정적이고 극적인 형태로 다루기도 한다. 그러나 베르길리우스의 목가적인 *선시(選詩, Ekloge)*들은 더 차갑게 느껴지며 *게스너(Geßner)*의 시들은 아주 지루해서 오늘날에는 아무도 그의 시를 읽지 않는데, 프랑스인들이 도대체 그에게서 대단한 취향을 발견하고 그를 독일 최고의 시인으로 간주한 것은 그저 놀라울 뿐이다. 그러나 프랑스인들은 삶의 혼란과 분규를 피하면서도 뭔가 감동적인 것을 요구하는 개성을 띠고 있었고, 또 한편으로 모든 참된 관심사에서 완전히 벗어나 있음으로 해서 우리의 문화로부터 (그들에게) 방해가 되는 관계가 들어서지 못하게 막으려 했기 때문에 아마 목가적인 것을 선호하게 된 듯하다.

다른 한편으로, 이처럼 중간의 잡종 형태에 속하는 시들 중 절반은 서술적인 시들이고 절반은 목가적인 시들이다. 특히 영국인들이 애호한 그런 시들은 자연이나 계절을 대상으로 삼았다. 또 다양한 *교훈시*들, 물리학, 천문학, 의학, 장기, 어업, 사냥에 관한 지침서, 예술 애호, 시적인 장식을 붙인 산문, 그리고 후기 그리스인들의 시와 그 다음에 로마인들, 그리고 근대에 와서는 주로 프랑스인들이 종종 기교적으로 지은 시들이 이 분야에 속한다. 그런 것들은 서사적이든 일반적인 음조를 띠고 있든 상관없이 서정시처럼 다뤄지기 쉽다.

물론 시적인 특성을 띠기는 하나 확실히 장르를 구별할 수 없는 것으로는 중세와 근세의 로망스(Romanzen)와 발라드(Balladen)[39]가 있다. 그것들은 내용 면에서는 서사시이나 그 다룬 방식은 거의가 서정적이어서, 때로는 서사시의 장르에 때로는 서정시의 장르에 들어간다.

그러나 근대에 와서 시민적인 서사시가 된 소설(小說 Roman)은 전혀 다르다. 여기에는 한편으로 다양한 관심, 상태, 성격, 삶의 상황, 전체적인 세계의 폭넓은 배경과 사건들을 서사시적으로 다루는 방식이 다시 완전하게 드러난다. 그러나 거기에는 원래의 서사시에 나오는 근원적으로 시적인 세계상태가 빠져 있다. 근대적인 의미에서의 소설은 이미 범속하게 정돈된 현실을 전제로 하며, 그런 기반을 지닌 영역 안에서 사건의 생동성은 물론 개인들의 운명과 관련해서도 가능한 한 서사시 문학이 잃은 권리를 되찾게 해준다. 따라서 소설에 가장 일반적이고 합당한 충돌은 마음속에 깃든 시적인 것과 그에 대립되는 범속한 상황들 및 외적으로 우연히 일어나는 상황들이다. 이런 분열은 비극적이거나 희극적으로 해결되기도 하고, 아니면 일상적인 세계질서에 일단 대립하는 성격들이 그 안에서 참되고 본질적인 것을 인정하게 됨으로써 그 상황들과 화해하고 그 속에서 효력을 발휘하며 등장하거나, 아니면 또 한편으로 그들이 효력을 발휘하고 이행하는 것에서 범속한 형태를 제거하여 기존의 범속함을 대신하는 미와 예술적인 현실을 설정하는 데서 해결된다. 표현 면에서 보면 원래의 소설은 서사시

---

[39] 발라드(Balladen, 영어는 'ballad')는 중세 말기에 유럽에서 사실성과 투박한 투로 간결하게 이야기하는 식으로 읊어가는 민요로 독자적인 양식이 되었다.

처럼 총체적인 세계관과 인생관을 요구하므로 그런 다양한 측면의 소재와 내용은 개별적인 사건들 안에서 드러나면서 전체를 위한 중심이 된다. 그러나 더 자세히 포착해서 묘사하는 일에서도 실제적인 범속한 삶을 함께 묘사해 넣는 일을 피할 수 없으면 없을수록, 시인에게는 표현의 여지가 더 많이 허용되어야 한다. 그래야만 그는 스스로 범속하고 일상적인 것에만 머물면서 묘사하는 일이 없게 될 것이다.

3. 서사시의 발전사

우리가 그 밖의 예술들을 고찰한 방식을 다시 주목해 보면, 건축 정신의 여러 단계를 상징적, 고전적, 낭만적인 건축의 역사적인 발전 속에서 이해하였다. 반면에 조각에 대해서 우리는 원래 고전적인 예술의 개념에 전적으로 일치하는 고대 그리스 조각을 중심으로 내세웠고 거기에서 특수한 규정들을 발전시켰으므로, 더 이상 특수하게 역사적으로 고찰하기 위해 확대하는 일은 별로 필요하지 않았다. 회화가 지니고 있는 낭만적인 예술의 특성과 관련해서도 비슷한 경우가 해당되었으나, 회화는 그 내용과 표현형태의 개념에 따라 여러 다른 민족들과 화파(畵派)들이 똑같이 중요한 발전을 해나가는 것으로 갈라져 나갔다. 그러므로 여기서는 역사적인 발전에 대해 풍부하게 언급을 하는 일이 꼭 필요하였다. 이런 요구는 음악에서도 역시 타당했겠지만, 그러나 이 음악예술의 역사를 다루기 위해서 앞서 필요한 낯선 작업을 하기에는 물론 나한테는 더 정확한 지식이 부족했다. 그래서 나는 기회가 되는 대로 개별적으로 역사적인 사항을 시사하는 수밖에 없었다. 우리의 현재의 고찰대상인 서사시에 관해서 보면 이것도 역시 대체로 조각과 비슷하다. 이 예술의 표현방식은 물론 갖가지 양식이나 부차적인 것들로 갈라져 나가고 수많은 시대와 민족들을 거쳐서 확산되어 나가지만, 우리는 원래의 서사시에서 서사시의 완전한 형태를 인식하였고, 또 이 시의 장르가 고대 그리스인들에게 예술적으로 적합하게 실현되었었다는 것을 발견하였다. 서사시는 대체로 본질적인 내용의 의미면에서나 실제현상을 형식적으로 표현하는 면에서도 조각의 조형성 및 그 객관성과 가장 내적인 유사성을 띠고 있으므로, 고대 그리스인들에게 서사시 역시 고대의 조각처럼 바로 이런 근원적인 방식으로 완성되어 등장한 것은 우연이 아니었다. 그러나 이처럼 최고의 정점을 이루는 것의 좌우에 놓여 있으면서 단계적으로 전개되는 것들은, 그에 종속되거나 하찮은 사건들이 아니라 서사시에 필요불가결한 요소들이다. 왜냐하면 서사시 영역에는 모든 민족들이 포함되며 한 민족이 담고 있는 내용 가운데 본질적인 핵심을 직관하게 하는 것은 바로 서사시이므로, 조각에서보다 서사시에서 세계사적인 발전이 훨씬 더 중요성을 띠기 때문이다.

그러므로 우리는 전체적인 서사시의 예술에서 대체로 본질적이고 중요한 세 가지 단계를 구별할 수 있다. 그것은,

첫째, 상징적인 전형을 중심으로 삼는 동양의 서사시(das orientalische Epos)이며,

둘째, 고대 그리스인들과 로마인들이 그리스를 모방한 서사시,

셋째, 기독교 민족들 사이에서 서사적인 낭만적인 시가 다양한 측면으로 풍부하게 발전되어 가는 단계이다. 이는 먼저 게르만족이 띠고 있는 이교도적인 요소에서 등장하지만, 반면에 다른 측면에서 원래 중세 기사도 시(詩)의 영역 밖인 고대(古代)가 무대로 등장한다. 여기에서 고대를 배경으로 삼은 것은 한편으로는 취향과 표현의 순화를

위한 일반적인 교양수단으로 삼기 위해서였고, 다른 한편으로는 고대의 시를 직접 모델 시로 사용하기 위해서였다. 그러다가 마침내 원래의 서사시 대신에 소설이 들어서게 된다.

우리는 더 나아가 개별적인 서사 예술작품들을 언급하게 되면, 여기서도 나는 가장 중요한 것들만 강조하고 전체적인 고찰은 대개 간단히 스케치하며 통찰하고 지나가는 데 역점을 두지 않을 수 없다.

a. 동양의 서사시

이미 보았듯이 동양인들에게는 한편으로 시예술은 대체로 좀 더 근원적으로 머무는데, 그 이유는 그들은 본질적인 방식으로 직관하는 것과 개별적인 의식이 *하나의* 전체 속으로 들어가 열리는 것에 더 근접해 있기 때문이다. 따라서 다른 한편으로 시문학의 여러 장르와 관련해서 보면 시를 짓는 주체는 스스로를 참된 극시를 완성하는 데 전적으로 요구되는 개성적인 성격, 목적, 충돌의 독자성으로 강조해서 창조해낼 수가 없다. 그러므로 우리가 여기 동양의 서사시에서 만나는 가장 본질적인 것은 사랑스러운 향기로 가득 차고 치장되어 있거나 *하나의* 신에게 고양되는 형언할 수 없는 느낌을 담은 서정시 외에 *서사시*의 장르에 속하는 시에 국한된다. 그럼에도 불구하고 원래의 서사시는 오직 인도인들과 페르시아인들에게서만 만날 수 있는데 그것도 다만 거대한 규모의 서사시일 뿐이다.

α) 반면에 중국인들은 아무런 민족적인 서사시를 갖고 있지 않다. 왜냐하면 그들의 직관은 심지어 아주 역사의 초기에도 좀 더 오성적이고 산문적으로 규정된 역사적 사실성을 부여하지만, 그 직관 속에 들어 있

는 기본적인 특성이 범속하기 때문에 종교적으로 표상하거나 원래 예술적으로 형상화하기에도 부족하여 최고의 서사시 장르를 만들어내기에는 극복할 수 없는 장애가 되기 때문이다. 그러나 그에 대한 보충으로 나중에 지어낸 이야기들과 폭넓게 꾸며낸 소설들은 풍부하게 발견된다. 이것들은 모든 상황을 명확하게 직관하고 개인적이거나 공적인 상황들을 다양하고 섬세하고 자세히 묘사하고 있다. 그리고 사실 종종 여성인물들의 성격을 매력적이고 부드럽게 묘사한 것이나 작품들이 마무리되어 풍기는 전체적인 예술성은 놀라움을 금하지 못하게 한다.

β) 인도의 서사시(das indische Epos)에서는 그와는 정반대되는 세계가 펼쳐진다. 지금까지 고대 인도의 베다(Veda) 문학 가운데 알려진 몇 개 안 되는 시를 보면, 가장 초기의 종교적인 직관들은 서사적으로 표현될 수 있는 신화적인 맹아를 풍부히 간직하고 있다. 그런데 연대기적인 진술은 아직도 확실하지 않으므로 그 신화도 이미 기원전 수백 년 전부터 인간인 영웅들의 활동과 함께 실제 서사시로 발전되었으나, 이 가운데 절반은 아직도 순수하게 종교적으로 머물러 있고 나머지 절반은 비로소 자유로운 시문학과 예술의 위치에 서게 되었다. 이 시들 가운데 특히 유명한 두 편의 서사시인《라마야나》와《마하바르타》는 우리에게 인도인들의 세계관에 대해 아주 화려하고도 훌륭하며 환상적인 비현실과 뒤얽힌 모습을, 그러면서도 또한 정신성을 띤 자연물들의 사랑에 탐닉한 모습과 개별적으로 섬세한 감정과 심정의 특징을 표현해 보여주고 있다. 설화적인 인간들의 행위는 인간으로 현신한 신들의 행위로 확대되며, 그들의 행위는 신적인 본성과 인간적인 본성 사이에서 무규정적으로 흐느적거리고 형상들과 활동들의 개별적인 한계도 절제되지 않은 채 나열되고 전개된다. 그 모

든 것의 본질이 되는 근간은 서구적인 세계관에서 볼 때는, 만약에 그것이 더 고차적인 자유와 도덕성의 요구를 포기하기로 결심하지 않는다면 그 기반 위에서 정당화되거나 그와 공감대를 형성할 수도 없는 그런 특성을 띠고 있다. 특수한 부분들은 아주 느슨하게 통일성을 띠고 있으며, 신들에 대한 이야기, 금욕적인 참회의 수련, 그로 인해 얻어진 위력, 철학적인 교훈과 체계에 대한 서술, 그 밖에 다양한 내용들과 더불어 아주 광범한 에피소드들이 전체의 맥락에서 벗어나 서술되고 있어서, 그것들은 후세에 들어와 여기저기에 가미된 것으로 간주하지 않을 수 없다. 그러나 이처럼 대단한 시를 솟아나오게 한 정신은 환상적인 것이어서 산문적으로 발전되기 이전에 생겼으며, 또 사실 대체로 산문적이고 오성적이 되기에는 불가능한 이야기들로서 인도인들의 의식의 근본방향을 총체적인 세계로 요약한 근원적인 서사시로 형상화되고 있다.

  그 반면에 좁은 의미에서 *푸라나스(Puranas)*,[40] 즉 초기의 시라고 불리는, 나중에 나온 서사시들은 오히려 우리가 호메로스 이후에 나온 트로이 전쟁을 읊은 시인들에게서 다시 발견하는 것과 비슷하다. 그것은 어느 특정한 신의 신화에 속하는 모든 것을 더 범속하고 무미건조하게 열거하고 있으며, 세계의 생성과 신들의 생성으로부터 아주 광범위한 과정을 거쳐서 인간 영웅들이나 영주들의 계보로까지 내려오는 것을 볼 수 있다. 그리고 마지막에 가서는 한편으로 고대 신화들의 서사적인 핵심은 외적인 시의 형태와 향기로운 어법, 예술적으로

---

40) 푸라나스(Puranas)는 고대 인도의 산스크리트(Sanskrit)어로 "옛 이야기들"이라는 뜻이며, 주로 힌두교 관련 이야기들이 쓰인 것으로 서기 400년에서 1,000년 사이에 쓰인 것으로 추측된다. 이 이야기들의 목적은 사람들에게 종교적인 마음을 불러 일으켜 신들에게 헌신하게 하려는 것이었다.

장식하는 쪽으로 도피하며, 다른 한편으로 환상은 기적 따위에 몽상하듯이 몰두함으로써 도덕과 인생의 지혜의 가르침을 우선적인 과제로 삼는 알레고리(Allegory)적인 지혜로 빠지게 된다.

γ) 셋째로, 동양의 서사적인 영역 가운데 *헤브라이인들, 아랍인들 그리고 페르시아인들*의 서사시를 열거할 수 있다.

αα) 유대인들이 지닌 고상한 상상력은 물론 그들의 창조에 대한 표상 속에서 그들의 조상들이 사막을 방랑하던 이야기, 가나안을 정복한 이야기, 그리고 더 나아가 그 민족에게 일어난 사건들을 아주 명료하고 자연스럽게 포착함으로써 근원적으로 서사적인 요소를 많이 디고 있다. 그러나 여기에서는 *종교적인* 관심사가 너무나 지배적이기 때문에 그것은 원래의 서사시가 되지 못하고, 일부는 다만 종교성을 띤 시적인 설화나 역사가 되고 일부는 종교교육을 위한 이야기가 되었을 뿐이다.

ββ) 그러나 원래 시적인 기질을 띠고 있어서 일찍부터 진정으로 시인이었던 사람들은 바로 *아랍인들*이다. 서정적으로 영웅에 대해 읊은 《물라카트(Muallakat)》[41]는 그 일부가 예언자들이 나오기 1세기 전에 만들어진 시들로서, 때로는 매우 솟구치듯이 대담하고 화려하며 맹렬하게 묘사되어 있는가 하면, 때로는 아직 원래 이교도의 상태에 있었던 아랍인들―즉 그들의 조상들의 명예, 불타는 복수, 손님에 대한 친근함, 사랑, 모험을 즐기는 일, 자선, 슬픔, 동경―을 마치 에스파냐 기사도의 낭만적인 성격을 상기시키는 특징으로 고요하고 감미롭고 부드럽고 힘차게 묘사하고 있다. 이는 일단 동양에서는 사실적인 시

---

41) 이는 초기 이슬람 시들을 모은 것으로 서기 8세기에 하마드 알 라위야(Hamad al Rawiya)에 의해 편찬되었다.

로서 여기에는 환상이나 산문적인 것, 신화적인 것, 신이나 악령, 수호신, 요정 또는 그 밖에 동양적인 존재들이 등장하지 않고 견실하고 독자적인 형상들이 다루어지고 있다. 그리고 어쩌다 드물게 비유적인 이미지로 놀라운 유희를 하지만 인간적이고 사실적으로 확고하게 완결되어 있다. 또 후에 수집된 하마사(Hamasa)의 시들이나 아직 편집되지 않은 후달리트(Hudhaylites)의 시집도 우리에게 비슷한 영웅세계관을 보여준다.[42] 그러나 마호메트교를 신봉한 아랍인들의 광대한 정복사업이 성공함에 따라 점차로 근원적인 영웅들의 성격은 퇴색되어가고, 수백 년이 지나는 동안 서사시의 영역에서는 우리가 저 《천일야화》이야기에서 보듯이 때로는 교훈적인 우화와 경쾌한 인생의 지혜가, 때로는 동화 같은 이야기들이나 모험담들이 자리를 차지한다. 뤼케르트는 그 시들 가운데 말에 울림과 압운이 있고 의미심장하고 재치 있으면서도 기교적인 유희를 하는 하리리(Hariri, 1054~1121년—역자주)의 마카메(Makame, 아랍의 산문시—역자주)를 번역함으로써, 고맙게도 우리에게 그 세계에 대해서서 관조할 수 있게 해주었다.

γγ) 거꾸로 *페르시아의* 시문학이 꽃을 피운 것은 마호메트교에 의해 언어와 민족성이 이미 변하여 새로운 발전을 보인 시기에 해당된다. 우리는 여기에서 이 훌륭한 전성기의 초기에 적어도 소재 면에서 아주 오래된 고대 페르시아의 설화와 신화를 소급해 만날 수 있으며, 또 영웅시대를 거쳐 사산왕조의 최후시기에 이를 때까지에 대해 엮은 서사시와 만나게 된다. 이 광대한 작품은 투스 출신 정원사의 아들이었던 피루두시(Firdausi)가 지은 《샤마나(Shahnama)》로서,[43] 이는 《바

---

42) 헤겔은 여기에서 뤼케르트(F.Rückert)가 번역한 하마사(Hamasa)의 시나 그에게서 얻은 'Hudhalylites'라고 음역된 시에 대한 정보에 의거한다.

스타나마(Bastanama)》에서 유래한다. 그러나 이 시도 역시 어떤 개별적인 행위를 중심으로 삼고 있지 않으므로 원래의 서사시라고 부를 수는 없다. 그것은 몇 세기가 바뀌는 동안에 확실한 시간적 공간적인 장식은 떨어져 나갔으며, 특히 환상의 세계 속에서 아주 오래된 신화의 형상들이나 흐릿하게 뒤얽힌 전통들이 부침하고 있다. 그래서 그 무규정적으로 표현된 모습을 보면 우리는 거기에서 우리가 개인들과 관계하는지 아니면 전체 종족과 관계하는지 알 수 없다. 반대로 또 다시 역사적인 인물들이 등장하기도 한다. 물론 그 시인은 마호메트교도로서 자신의 소재를 다루는 데서는 자유로웠지만, 바로 그 자유로움 속에는 아랍인들이 지녔던 원래의 영웅 시가(詩歌)들의 특징이 될 수 있는 확고한 개별적인 형상들은 빠져있다. 그리고 그는 이미 오래 전에 사라진 설화세계로부터 너무 멀리 떨어져 있어서 민족서사시에 전적으로 필요한 직접적인 생동성을 띤 참신한 숨결도 부여하지 못하고 있다. 더 고찰해보면 페르시아인들의 서사시는 부분적으로는 아주 부드럽고 매우 달콤한 *애정서사시*로까지 확대되는데, 특히 유명한 시인은 *니사미(Nisami, 1141~1202년)*였다. 또 페르시아 서사시는 부분적으로 풍요로운 삶을 체험함으로써 교훈적인 것을 목표로 삼고 있는데, 그런 시를 쓴 대가로는 많은 여행을 했던 *사디(Saadi, 1184~1291년)*를 들 수 있다. 또 마침내 저 범신론적인 신비주의(神秘主義, Mystik)로 심화되는 서사시가 있는데, 이를 전설적인 이야기로 꾸며내서 교화하는 데 사용하고 권장한 시인은 *잘랄 앗 딘 루미(*독일어 *'Dscheldal ed-*

---

43) 녹스(Knox) 교수는 헤겔의 이 출처 언급이 분명하지 않은 것 같다고 말한다. 즉 피루두시(Firdausi)의 아버지는 정원사가 아니라 지주였으며, 또 피루두시가 그 시의 주요 근거로 삼은 것은 아부 만수르(Abu Mansur)의 산문시인 〈샤마나(Shahmana)〉였으므로 'Bastanama'라는 음역은 의심스럽다는 것이다.

Din Rumi', 영어 'Mawlānā Jalāl-ad-Dīn Muḥammad Balkhī, 1207~1273년)였다.

나는 여기서 이렇게 간략하게 서술한 것으로 만족하고자 한다.

b. 고대 그리스인들과 로마인들의 고전적인 서사시

이어서 둘째로, 고대 그리스인들과 로마인들의 서사시에 와서 우리를 비로소 참된 서사 예술작품의 세계로 인도된다.

α) 그런 서사시들 중에는 내가 무엇보다도 최고의 것으로 꼽았던 호메로스의 서사시가 있다.

αα) 이 시들 하나하나는—사람들이 뭐라고 말하든 간에—그 자체로 아주 완벽하고 아주 분명하고 섬세한 전체성을 이루고 있다. 그래서 만약 그 시들이 개개의 서로 다른 음유시인들이 연이어 읊은 것을 합쳐 놓은 것이라는 견해가 있다면, 이는 내가 보기에는 오히려 이 시 작품에 찬사를 부여하는 의미가 된다. 동양에서는 실체적이고 보편적인 직관 때문에 개별적인 성격들과 그들의 목적, 사건들이 상징적이거나 교훈적으로 쇠약해짐으로써 전체의 구성과 통일성이 무규정적이고 느슨한 것으로 되어 버린다. 그에 반해서 고대 그리스와 로마의 서사시에 와서 우리는 비로소 이 시들의 세계가 가족과 국가, 종교적인 신념 같은 보편적인 윤리적인 삶의 기반과 개별적인 성격들 사이에서 움직이며 정신과 자연이 균형을 이루는 가운데, 목적을 띤 행위와 외적인 사건, 민족적인 모험과 개별적인 의도, 활동 사이에서 움직이는 것을 발견한다. 또 개별적인 영웅들도 자유롭고 생생하게 행동하고 있는 것처럼 보일지라도 이는 다시금 목적과 운명 속에 깃들어

있는 진지함에 의해 절제되어 있으므로, 시의 전체적인 표현 역시 우리가 서사시의 영역에서 향유하고 애호할 수 있는 최고의 것으로 가치를 띠게 된다. 왜냐하면 거기에서 우리는 원래 인간적이고 용감하고 정의롭고 고귀한 영웅들에 맞서 싸우거나 그들을 돕는 신들조차도 그들 각자가 지닌 의미에 따라 인정할 수 있으며, 또 그 신들이 특유한 인격신으로서의 순수한 형상을 하고 있는 모습을 보면서 또 다시 쾌활한 미소를 보이는 예술 속에서 만족할 수 있기 때문이다.

ββ) 그러나 그 뒤에 연이어 등장한 그리스의 음유시인들은 참된 서사적인 묘사로부터 점점 더 멀어져 갔다. 왜냐하면 그들은 한편으로는 민족적인 세계관의 총체성을 그것의 특수한 영역들과 방향들로 갈라져 나가게 했고, 다른 한편으로는 개별적인 행위 속에 시적인 통일성과 완결성을 부여하는 대신에 오히려 사건의 시작에서부터 끝날 때까지 오직 일어난 일들의 완전성이나 인물의 통일성만을 고집했으며, 또 서사시를 이미 고대 그리스 역사가들이 지닌 역사서술의 경향으로 이끌어갔기 때문이다.

γγ) 그러다가 마침내 알렉산더 대왕 이후에 나온 서사시들은 일부는 목가적인 시 쪽으로 방향을 바꿔 그 범위가 좁아졌고, 일부는 원래의 서사시라기보다는 오히려 현학적인 기교가 깃든 교훈시로 바뀌게 되어 원래 아무 제약을 받지 않았던 서사시의 신선함과 생명력은 점점 더 소멸되어 갔다.

β) 이러한 특징은 고대 그리스의 서사시에서 끝나게 되자 이제는 그 다음에 로마인들에게서 우세하게 나타난다. 그러므로 근대에 와서 가장 오래된 로마의 역사를 민족 서사시로 융합시키려고 아무리 사람들이 노력해도, 호메로스의 시와 같은 서사적인 경전(經典)을 발견하려는

일은 허사이다. 반면에 로마인들에게서는 일찍부터 원래의 예술 서사시—그 최고의 것으로 《아이네이스》를 꼽을 수 있는데—외에도 역사적인 서사시와 교훈시가 나온 것을 볼 때, 그들에게는 이미 범속한 서사시를 발전시키는 일이 더 중요했음을 증명해 준다. 물론 그들에게 있어서는 특히 풍자시가 가장 친숙한 장르로 발전하기에 이르렀다.

c. 낭만적인 서사시

이렇게 *새로운* 민족들의 세계관과 종교적인 믿음, 활동, 운명에 의해 새로운 호흡을 지닌 정신이 서사시 속으로 들어올 수 있게 되었다. 이는 원래 이교도적인 근원성을 지키면서도 기독교로 전환한 이후의 *게르만인들(Germanen)*에게 해당할 뿐만 아니라, *로만(Roman)* 민족들에게도 해당되는데, 이는 그 민족들이 여러 부족으로 갈라져 나가면 나갈수록 그리고 기독교적인 세계관과 현실이 더 다양한 단계로 전개될수록 더욱 그러했다. 그러나 이처럼 다양하게 확대되고 뒤얽힌 것을 간단히 통찰하기는 어려우므로, 나는 여기에서 주요한 방향에 따라 다음과 같은 점들만을 언급하고자 한다.

α) *첫째* 분야로, 우리는 새로운 민족들이 기독교화하기 이전의 시대서부터 대부분 구어(口語)로 전해 내려와 어느 정도 손상된 채 보존된 모든 시들을 들 수 있다. 여기에 속하는 시로는 특히 *오시안*[44]이

---

44) 이미 《미학강의》 제1부에서 소개된 오시안은 고대 스코틀랜드 설화에 등장하는 서기 3세기의 전쟁 영웅이자 유랑시인으로, 그에 대한 설화는 스코틀랜드의 작가 제임스 맥퍼슨(James Macpherson)이 1765년에 고대 켈트어에서 스코트와 켈트어로 번역한 《오시안의 작품들(The Works of Ossian)》에 담겨있

다. 오시안이 지었다고 알려진 시의 일부를 여기에 소개한다. 고대 영국의 우울하고 무거운 자연환경과 심경이 잘 담겨져 있다.

오시안의 노래

어두워져가는 밤의 별이여, 너는 서녘에서 아름답게 빛나고 있구나!
너를 가린 구름 속에서 찬란한 머리를 드러내고 언덕 위를 당당하게 넘어 가는구나.
너는 저 황량한 벌판 어디를 바라보느냐? 푹풍은 가라앉고
멀리 계곡물의 웅성거리는 소리 들려온다. 파도소리가 쏴아쏴아
멀리 바위 위에서 희롱하고 들판 위로 파리들이 윙윙 날아다닌다.
너는 어디를 바라보느냐, 아름다운 별빛이여?
너는 미소를 지으며 스쳐 지나가버리고, 네 주위를 구름이
감미롭게 감싸며 너의 사랑스러운 머리를 쓰다듬는다.
잘 가거라. 고요한 별빛이여, 너 오시안의 영혼이 깃든 찬란한 별빛이여!
스스로 힘차게 빛나고 있는 빛이여.
세상을 떠난 벗들의 모습이 지난날의 여명이 서린 들판으로 모여든다.
영웅 중의 영웅이던 핑갈은 축축한 안개에 싸인 기둥처럼 다가온다.
그의 주위에 부하들이 둘러 서있다. 보라!
그 영웅들을 노래하던 시인들도 함께 다가오는 것을.
백발이 성성한 울린! 위풍당당한 리뇨! 사랑스러운 악사 알핀!
그리고 그대 부드럽게 탄식하는 미노나여! 나의 벗들이여!
셀마위 언덕에서 보낸 그 축제의 날들 이후로 그대들은 너무도 변했구나.
그때 우리는 언덕을 부드럽게 스치며 넘어가는 봄바람에
소슬대는 풀들이 번갈이 흩날리듯 서로 다투어 노래했었다.
촉촉이 젖은 눈을 아래로 살짝 내리뜨던 모습의 아름다운 미노나!
언덕 위로 휘몰아쳐 오는 불안한 바람 속에서 선
그녀의 머리카락은 세차게 휘날렸다.

사랑스러운 노래 소리가 들려온다.

영웅들은 이따금 영웅 살가르의 무덤을 바라보다가

지은 것으로 보이는 시들을 꼽을 수 있다. 물론 예를 들면 존슨(Johnson)이나 쇼(Shaw) 같은 영국의 유명한 비평가들은 그 시들이 맥퍼슨(Macpherson)[45]이 지었다고 말할 정도로 눈이 어둡기는 했지만, 어쨌든 오늘날에는 그와 같은 오래된 민족상황과 사건들을 자기 머릿속에서 창조해 낼 수 있는 시인은 없다. 그러므로 초기의 시들은 물론 그 속에 들어 있는 음조와 구상, 표현된 느낌은 수세기를 거치는 동안 변하여 근대적인 특징을 띠기는 했지만, 오시안에 근거해서 나온 것들임에는 틀림없다. 물론 오시안의 시들이 지어진 시기는 확실하지는 않지만, 그것들은 천 년 또는 수백 년에 걸쳐 민족의 입을 통

그의 백옥 같던 연인 콜마가 누워 잠들어 있는 어두운 안식처를 바라보며 가슴이 우울해진다.
아름다운 목소리로 노래하던 아름다운 처녀 콜마는 그 언덕 위에 홀로 남겨졌었다.
살가르는 전쟁에서 살아 돌아오겠노라고 약속했으나 돌아오지 않았고 주위에는 밤이 내려앉았다.
언덕 위에 홀로 앉아 있는 콜마의 목소리가 바람을 타고 들려온다.
들어보라. 토르만의 딸, 부드럽게 얼굴을 붉히던 콜마의 노래를 들어보라. 우리의 눈물은 콜마를 위해 흐르고 있다.
그녀의 노래를 들으며 우리의 마음은 어두워진다.

밤이 되었다!
나는 혼자이다, 폭풍의 언덕 위에 홀로 남겨진 채.
바람이 산 위에서 소슬거리고
강물은 울부짖으며 바위를 치고 나아간다.
폭풍우에 나를 막아줄 오두막은 없으니, 바람 세찬 언덕 위에 나 홀로 버려져 있다.

[45] 존슨(Samuel Johnson, 1709~1784)은 영국의 작가, 쇼(William Shaw, 1749~1831)는 영국의 학자, 맥퍼슨(James Macpherson, 1736~1796)은 스코틀랜드의 시인이다.

〈오시안의 꿈(Ossian's Dream)〉. 영국 고대 설화에 등장하는 켈트족의 맹인 시인 오시안(Ossian)이 꿈속에서 전쟁에서 죽어간 영웅들의 모습을 보고 있다. 앵그르(Jean A. D. Ingres)의 작품(1813년)이다

해 생생히 전해져 왔을 것이다. 그 시들은 전체적으로 서정적인 분위기를 띠고 있다. 늙고 눈이 먼 영웅이자 음유시인인 오시안은 지난날 화려했던 시절을 눈앞에 떠올리고 있다. 그러나 그가 노래하는 시들은 고통과 슬픔 속에서 나오기는 했어도 그 내용은 다시금 서사적이다. 왜냐하면 바로 이 탄식조차도 과거에 일어난 일에 관한 것이기 때문이다. 그리고 그 시는 또 최근에 지나간 과거의 세계를 노래하고 있는데 그 영웅들, 사랑의 모험, 활동, 바다와 육지를 항해하던 일, 사랑, 전쟁에서의 행운, 운명, 몰락들은 서정시에 의해 중단되곤 해도, 마치 호메로스의 시에서 아킬레우스, 오디세우스, 디오메드 같은 영웅들이 그들의 활동과 사건, 운명에 대해 이야기하듯이 너무도 서사적이고 사실적이다. 그러나 거기에서 비록 심정은 매우 심오한 역할을 하고 있지만, 민족 전체가 느끼는 감정과 현실을 정신적으로 전개하는 일은 호메로스의 서사시에서처럼 폭넓게 전개되지는 못하고 있

다. 특히 등장인물들의 확고한 조형성이나 그들에 대한 명확하고 구체적인 묘사는 빠져 있다. 왜냐하면 우리는 폭풍이 불고 안개가 끼고 흐린 하늘과 무거운 구름이 깔려 있는 북구의 땅으로 옮겨와 있기 때문이다. 그곳에서 영혼들은 말을 타고 달리거나 고독한 초원 위에서 구름의 옷을 걸친 채 영웅들에게 나타난다.

그 외에도 근래에 와서 처음으로 또 다른 고대 켈트족의 서정시(bard song — 역자주)들이 발견되었는데, 이는 스코틀랜드나 아일랜드뿐만 아니라 웨일즈에서도 서정시가 중단되지 않고 계속 읊어져 왔으며, 그 대부분은 일찍이 글로 씌어 보존되었음을 시사하고 있다. 이런 시들에서는 특히 아메리카로의 이주(移住)가 서술되고 있다. 또 거기에는 카이사르(Julius Caesar, 로마의 장군으로 서유럽과 영국의 정복자 — 역자주)의 영국 침입에 대한 이야기도 들어 있는데, 그가 원정을 온 이유는 그가 갈리아에서 보았던 공주가 영국으로 돌아가자 그녀에 대한 연정을 끊을 수 없었기 때문이었다고 서술되고 있다. 나는 이 시에서 주목할 만한 것으로 다만 트리아드(triad)를 언급하고자 하는데, 이는 일어난 시대는 다르지만 비슷한 세 개의 사건들을 세 부분으로 합쳐서 묘사하는 시형식이다.[46]

끝으로 이 시들보다 더 유명한 것으로 고대 북구의 영웅시 《에다(Edda)》와 또 한편으로 신화들이 있는데, 이 영역에서는 처음으로 인

---

46) 1801년에 《The Myvyrian Archaiology of Wales》라는 초기 웨일즈의 시들과 산문들을 모은 광범한 시집이 발간되었다. 이것을 수집한 사람은 웨일즈의 골동품 수집가인 오웬 존즈(Owen Jones, 1741~1814)라는 사람이었다. 소년 시절부터 웨일즈 문학을 공부한 그는 훗날 시간과 돈을 웨일즈의 고대 문학을 수집하는 데 바쳤다. 그리하여 서기 6세기에서 14세기에 이르는 문학작품들을 수집하여 위의 시집을 출간했다(1801~1807년).

〈늑대인간(Werewolf)〉, 독일화가 루카스 크라나흐(Lucas Cranach der Altere) 作(1512년)

간의 운명에 대한 이야기 외에도 신들의 생성, 활동, 다양한 멸망에 대한 이야기를 만나게 된다. 그러나 특수한 인간형상을 띤 것으로 묘사되어 공허하게 으쓱해하는 존재들, 자연의 상징적인 근간이 되는 것들, 망치를 들고 서 있는 뇌신(雷神), 술을 들이키는 끔찍한 늑대인간(Werewolf)⁴⁷⁾처럼 대체로 이 신화 속에 깃든 거칠고 혼탁한 뒤얽힘은 나에게 아무런 취향을 불어넣지 못한다.⁴⁸⁾ 물론 이런 북구적인 존재들은 그 민족성의 측면에서 예를 들면 페르시아나 마호메트교들의 시문학보다 대체로 우리에게 더 가까워서, 오늘날의 문화수준에 있는 우리에게 깊고 친숙한 동감을 주면서 우리에게 뭔가 민족성을 띤 것

---

47) Werewolf는 그리스 신화에 나오는 존재로서 때로는 늑대로, 때로는 인간으로 변신을 한다.
48) 고대 영국의 에다 신화에 대해 참고가 되는 문헌으로는 벨로스(H.A.Bellows)에 의해 1923년에 뉴욕에서 출간된 《The Poetic Edda》를 들 수 있다.

으로 억지로 다가오려는 것처럼 보인다. 이런 시도는 수차 이루어졌으나 이는 부분적으로는 잘못 형상화된 야만적인 표상들을 너무 과대평가한 것이었고, 또 우리가 현재 지니고 있는 감정과 정신을 완전히 잘못 인식한 것이었다.

β) 둘째로, 우리는 *기독교*가 지배하던 중세의 서사시에 눈을 돌리게 되면, 우선 특히 고대의 문학이나 문화로부터 직접적인 영향을 받지 않고 중세의 참신한 정신과 확고한 가톨릭주의에서 생겨난 시작품에 주목해야 한다. 이에 관해서 우리는 서사시의 내용과 동기가 되는 다양한 요소들을 발견하게 된다.

αα) 첫째로 간단히 다룰 수 있는 것은 내용상 여전히 전적으로 민족적인 중세의 관심사, 행위들 그리고 특성들을 자체 안에 포착하고 있는 저 참된 서사적인 소재들이다. 여기서는 특히 《엘 시드(El Cid)》를 언급할 수 있다. 중세 민족적인 영웅주의의 꽃이 에스파냐사람들에게 갖는 가치를 《엘 시드》라는 시와 후에 애정 어린 일련의 탁월한 로만스 이야기에서 보이고 있는데, 이는 헤르더(Herder)에 의해 독일에 소개되었다. 그것은 마치 진주를 실에 꿰어놓은 듯이 각각의 영상들은 확실하게 마무리되어 있으면서도 모든 것들은 서로 잘 어울리면서 전체적으로 합쳐져 전개되고 있는데, 그것들은 아주 기사도적인 감각과 정신 속에 머물러 있으면서도 동시에 에스파냐적인 민족성을 띠고 있다. 그것들은 내용이 풍부하며 사랑, 결혼, 가족의 자부심, 명예, 그리고 기독교인들이 무어인들에 대항해 싸운 전투에서 왕들이 보이는 지도력과 관련된 다양한 관심사들로 가득 차 있다. 이 모든 것들은 너무도 서사적이고 조형적이어서, 그 순수하고 숭고한 내용을 띤 사실 역시 고귀한 인간들이 탁월한 행위들을 보여주고 아주 아름답고 매력적

인 화환을 쓴 모습으로 우리 앞에 등장하므로, 그런 장면들을 우리 근대인들은 고대의 참된 미에 대등한 것으로 내세울 수 있을 것이다.

그러나 독일의 영웅 서사시 《니벨룽겐의노래》는 《일리아스》와 《오디세이아》와 대등한 위치에 놓일 수 없을뿐더러, 또 비록 산만하기는 해도 그 기본유형이 로망스적인 서사시의 세계와도 역시 감히 대등하게 놓을 수 없다. 왜냐하면 순수하게 게르만적이면서 독일적인 작품인 그 《니벨룽겐의 노래》에는 가족, 부부의 사랑, 봉건주의, 신하의 충성, 영웅과 관련된 민족의 본질적인 내용이나 내면적으로 힘차고 간결한 것이 빠져 있지는 않아서 비록 그 가치를 평가할 만하지만, 거기에서 일어나는 모든 충돌들은 서사적인 범위를 지니고 있을지언정 그 특징이 완전하게 서사적이라기보다는 오히려 극적, 그것도 비극적이기 때문이다. 다른 한편으로 그 서사시에는 자세한 내용과는 상관없이 개별적인 것들도 참되고 생생한 구체성을 띠고 풍요롭게 묘사되어 있지 못하고, 종종 경직되고 거칠고 잔인한 것으로 빠지고 말기 때문이다. 또 등장하는 성격들은 무뚝뚝하며 그들의 행동은 비록 화려하게 드러나기는 해도 추상적이고 거칠어서, 호메로스의 서사시에 나오는 인간적이고 풍부한 정신력을 지닌 영웅들이나 여인들과는 비교할 수 없이 오히려 거친 나무토막처럼 보인다.

ββ) 서사시의 두 번째 주요 요소를 이루는 것은 그리스도, 마리아, 사도, 성자, 순교자들의 역사와 세계의 심판 따위를 내용으로 삼는 중세의 종교적인 시들이다. 그러나 견실하고 풍요로움을 띠고 있으면서 기독교의 가톨릭주의가 지배하던 중세에 원래 예술서사시의 영역 속에서 가장 위대한 소재를 다룬 가장 위대한 시는 단테의 《신곡(神曲, Divina Comedia)》이다. 물론 이 엄격하고 체계적으로 확고하게 규정된 시를 일반적인 의미에서 우리는 더 이상 서사시라고 부르지는 않는

다. 왜냐하면 여기에는 전체적으로 폭넓은 기반에서 움직이면서 개별적으로 완결되는 행위는 빠져 있기 때문이다. 그럼에도 불구하고 바로 이 서사시에는 그래도 확고한 구성과 마무리가 가장 잘 이루어지고 있다. 이 작품은 어떤 특별한 사건을 다루기보다는 영원한 신의 행적, 절대적이고 궁극적인 목표, 신이 영원한 사건과 변하지 않는 영역 속에서 보이는 사랑을 대상으로 하고, 지옥, 연옥, 천국을 그런 것들이 일어나는 장소로 삼으면서 인간의 행위와 고통, 더 상세히는 인간적인 활동과 운명이 생생하게 보이는 세계를 이 불변의 시 속에서 보여주고 있다. 여기에서 모든 특수한 개별적인 인간의 관심사나 목적은 모든 사물들의 궁극목적이자 절대적으로 위대한 목표 앞에서는 무상(無常)한 것이 되고 만다. 그러나 또 그 밖에 살아 있는 세계의 무상하고 일시적인 것은 동시에 그의 관심사 속에서 객관적인 근거를 지니며, 그것이 가치가 있든 없든 최고의 개념을 통해 신의 심판을 받는 것으로서 완벽하게 서사적으로 드러난다. 여기에서 충동과 고뇌, 의도, 자신들이 실행하는 것 안에 머물러 있는 개인들은 마치 영원히 쇠로 주조된 형상들처럼 경직된 모습으로 등장한다. 그 시는 이런 식으로 아주 객관적인 삶의 총체성, 즉 지옥과 연옥, 천국의 영원한 상황을 포괄하고 있다. 이 파괴할 수 없는 근거 위에서 실제 세계의 인물들은 그들 특유의 성격대로 움직이거나, 영원한 정의 속에서 고정된 채 존재하면서 행동하거나, 또는 스스로 영원한 상태 속에 머물러 있다. 호메로스의 서사시에 나오는 주인공들이 예술의 여신을 통해 *우리의* 기억 속에 남아 있듯이, 《신곡》의 배역들이 처한 상태도 역시 그들이 *자신들을 위해서*, 그들의 개성을 위해 만들어낸 것이며 우리의 표상 속에서가 아니라 그들 *스스로에게 있어서*(an sich selber) 영원하다. 시인이 기억의 여신(Mnemosyne, 그리스 신화에 나오는 뮤즈 여신들의 어머니—

역자주)에게서 부여받아 영원한 것으로 변화시킨 것이, 여기서는 개관적으로 신의 고유한 심판으로서의 가치를 지니며 그 신의 이름 속에서 그 시대의 가장 대담한 정신은 현재와 과거 전체를 저주하거나 축복하고 있다. 스스로 이미 완결되어 있는 대상이 지니고 있는 이런 특성에 대해서도 역시 묘사가 뒤따라야 한다. 그것은 이미 영원히 확정된 영역들을 통과하는 방랑이 될 수밖에 없으며, 그 영역들은 비록 헤시오도스나 호메로스가 자기들의 신을 만들어 낼 때 지니고 있던 것 같은 자유로운 상상력으로 꾸며내서 치장하고 주민들로 채워지지만, 그럼에도 불구하고 스스로 본 것에 대한 이미지를 서술하고 전달해야 한다. 즉 그것은 지옥 속에서 역동적으로 움직이면서 겪는 고통 속에서 조형적이고, 경직된 끔찍한 모습으로 조명되어 있지만 단테 자신의 연민에 의해서 탄식조로 완화되고 있다. 그러나 여전히 연옥 속에서 일어나는 모습으로 완벽하게 묘사되고 있으며, 마침내 천국에 이르러서는 빛처럼 명백하고 형체가 없어지면서 생각은 더 영원성을 띠게 된다. 가톨릭교도인 시인이 펼치는 이러한 세계 속으로 비록 고대(古代)도 들어와 포함되기는 하지만, 그러나 그 시대는 다만 인간적인 지혜와 교양을 지니고 인도하는 별이나 동반자의 역할만 할 뿐이다. 왜냐하면 종교적인 교훈과 교리(敎理)가 중요한 곳에서는 오직 기독교 신학인 스콜라 철학과 사랑만이 주도권을 쥐기 때문이다. 중세의 서사시가 쓰인 *세 번째*의 주요 영역으로는, 세속적이고 낭만적인 사랑의 모험, 명예의 싸움은 물론 기독교적인 기사도의 신비주의로서 종교적인 목적을 내용으로 삼아 가지처럼 뻗어나가는 기사도(騎士道)를 언급할 수 있다. 내가 이미 위에서 낭만적인 기사도에 대해 설명했듯이, 여기에서 이행되는 행위나 사건들은 민족적인 관심사와는 아무런 관계가 없으며 단지 개인의 활동만이 주체적인 내용이 된다. 그래서 물론 개인들은 완전히 독자적이고 자유로우며 아직 범속한 질서가 확립되지 않은 세계 안에서 새로운 영웅주의를 형성한다. 그러나 이는 부분적으로는 종교적이고 환상적이며, 또 세속적인 측면에서 보면 고대 그리스 영웅들이 함께 또는 혼자 싸워 승리하거나 멸망하던 저 순수한 주관적인 생각에서 꾸며낸 실체적인 현실에 대한 관심사는 결여되어 있다. 따라서 이런 내용은 아무리 다양한 서사적인 표현의 동기가 되더라도, 그런 소재들에서 나오는 모험적인 상황, 갈등, 분규는 오히려 로망스 양식으로 다루어지므로 많은 각각의 모험들은 더 엄격하게 통일성을 띠지 못하고 또 한편으로는 허구적인 것으로 이끌어간다. 그러면서도 여기에서는 아직 확고히 설립된 시민적인 질서나 범속한 세계 안에서 움직이지 못한다. 그럼에도 불구하고 상상력은 현실성 밖에서 기사적인 영웅들의 모험을 꾸며내는 데만 만족하지는 못하고, 그들의 활동을 훌륭하고 중심적인 설화, 뛰어난 역사적인 인물들, 어느 시대에 결정적이었던 전투들과 연결시킴으로써 최소한 서사시에 필요불가결한 기반이 된다. 그러나 이런 기반도 대개의 경우는 다시 환상적인 것이 되어, 어떤 다른 시보다도 뛰어났던 호메로스의 시가 지녔던 명확하고 객관적인 명료성을 띠지는 못한다. 게다가 여기에서는 프랑스인, 영국인, 독일인 그리고 때로는 에스파냐인들이 그런 소재를 다루던 것과 비슷한 방식으로 다루고 있어서, 인도인, 페르시아인, 그리스인, 켈트인들에게는 내용과 표현 면에서 확고한 서사시의 중심이 되었던 본래의 민족적인 특성마저 상대적으로 떨어져 나가고 있다. 그러나 나는 여기서는 더 상세히 들어가 개별 작품들의 특성을 밝히고 평가할 생각은 없으므로, 다만 소재에 따라 기사도의 서사시에서 핵심적으로 진행되는 영역들만을 언급하고자 한다.

여기에서 *첫 번째*로 중요한 형상을 제공하는 인물은 동료들과 더불어 사라센인들 및 이교도들과 싸우던 샤를 대제(Charles Magne)⁴⁹⁾이다. 이 프랑크족의 설화에서 주요한 근거가 되는 것은 봉건적인 기사도로서, 이는 다양한 시로 갈라져 나가는데 그 중 가장 뛰어난 소재는 열두 기사들의 활동을 다룬 것으로 롤랑드(Roland)나 마인츠의 둘린(Doolin) 또는 다른 영웅들에 관한 이야기가 있다. 특히 필립 오귀스트(Philipp Auguste)⁵⁰⁾가 통치하던 시대에 프랑스에서는 이런 서사시들이 많이 지어졌다. 중세 서사시의 두 *번째* 영역에 속하는 설화는 영국에 기원을 둔 것으로 아서(Arthur)왕과 원탁의 기사들의 행적이 이야기 대상이 된다. 여기서는 모든 기사들의 행적의 주목적은 성배(聖杯, Gral), 즉 그리스도의 피를 담은 그릇을 찾는 데 있기 때문에 설화, 영국과 노르만족의 기사도, 여성에 대한 봉사, 봉건신하들의 충성이 알레고리(Allegory)적인 기독교의 신비주의와 환상적으로 혼탁하게 뒤섞여 있다. 그 때문에 아주 다채로운 모험들이 뒤얽혀서 일어나며 결국 모든 무리들은 아비시니아에 있는 사제인 요한에게 도피하게 된다. 이 두 개의 소재는 특히 북프랑스와 영국, 독일에서 가장 풍성하게 완성되었다. 끝으로 기사도(騎士道)를 읊은 시의 *세 번째* 영역에 속하는 것으로는 좀 더 자의적이고 내용은 하찮지만 기사적인 영웅심을 더 과장하고 동양의 요정의 세계와 알레고리(Allegory)인 환상으로까지 빠져드는 시로, 처음에 포르투갈이나 에스파냐에서 생겨난 시로 아마디스(Amadis)와 그의 많은 친척들을 주인공으로 삼는 서사시를

---

49) 샤를 대제(Charles Magne, 742~814)는 서기 800년에 프랑크 왕국을 세운 왕으로 프랑스인들은 그를 "샤를마뉴"라고 부르고 독일인들은 "카를 대제(Karl der Grosse)"라고 부른다.
50) 필립 오귀스트(Philipp Auguste)는 프랑스 왕 필립(Philip) 2세(1165~1223)를 가리킨다. 프랑스 카페(Capet) 왕가의 일원으로 1180년부터 통치하였다.

《로즈의 이야기》의 한 장면. 사랑의 수호신 앞에서 청춘남녀들이 윤무(輪舞)를 추고 있다. 1400년경에 그려진 책의 삽화이다

들 수 있다.51)

둘째로, 더 산문적이고 추상적인 것으로는 특히 13세기 북프랑스에서 애호되었던 매우 알레고리(Allegory)적인 시들이 있는데, 그 중에서 나는 예로 유명한 《로즈의 이야기(Roman de la Rose)》52)만을 언급하고자 한다. 그런 시들에 대조되는 것으로 우리는 많은 일화들과 더 훌륭한 이야기들, 이른바 우화와 콩트들을 옆에 내세울 수 있다.

---

51) 이 서사시의 제목은 에스파냐어로 《골의 아마디스(Amadís De Gaula)》로 1508년에 에스파냐의 몬탈보(Garci Ordóñez [or Rodríguez] de Montalvo)에 의해 씌어졌다. 이 이야기에서 아마디스는 매우 잘 생기고 정의로우며 용감한 기사로 전투에서 한 번도 패한 적이 없으나, 영국의 왕인 리서트(Lisuarte)의 딸과 사랑에 빠지며, 그녀의 사랑과 영감에 의해 어려움을 극복하고 나중에 마침내 그녀와 결혼한다. 이 이야기에 등장하는 여러 인물들은 이미 켈트족의 이야기에 등장하는 인물들에 기초를 두고 있다.

52) 《로즈의 이야기(Roman de la Rose)》는 중세 프랑스의 시문학으로, 알레고리적으로 꿈의 영상을 노래한 것이다. 이 시에서 자주 등장하는 '장미(Rose)'라는 이름은 당시 여성의 성적인 아름다움을 일반적으로 상징하는 말이었다.

그것들의 소재는 대개 일상의 현실에서 취한 것으로 기사(騎士), 사제, 도시의 시민들이나 사랑 이야기 또는 불륜에 관한 이야기들이 희극적이거나 비극적인 음조를 띠고 때로는 산문으로, 때로는 운문으로 낭송되었다. 이를 가장 순수한 방식으로 교양 있게 완성시킨 사람은 보카치오(Boccaccio)다.[53]

끝으로 중세 서사시의 *마지막* 영역에서는 다시금 고대 호메로스와 베르길리우스의 서사시에 대한 어렴풋한 지식을 갖고 고대 설화와 이야기들에 다시 눈을 돌려서, 불변하는 기사(騎士)들에 관한 서사시의 방식으로 트로이의 영웅들의 행적, 아이네이아스에 의한 로마의 건국, 알렉산더의 모험 따위를 다시 노래하고 있다.

중세의 서사시에 대해서는 이 정도로 충분할 것이다.

γ) 또 이야기할 수 있는 *세 번째의* 주요 서사시 그룹에서는 *고대* 문학에 대한 풍부하고 후대에까지 영향을 미친 연구가 새로운 교양 면에서 좀 더 순수한 예술취향의 출발점이 된다. 그러나 그런 것을 배우고 습득하고 융합시키는 가운데 우리가 인도인들이나 아랍인들, 호메로스와 중세의 서사시에서 경탄해마지 않던 더 근원적인 시의 창조는 아쉽게도 종종 자취를 감추게 된다. 이처럼 학문이 되살아나고 그것이 민족문학에 영향을 끼치던 이 시대에는 종교, 정치, 도덕, 사회와 관련된 실제 생활에서 다양한 측면으로 진보적인 발전이 시작되었다. 그리하여 서사시도 역시 다양한 종류의 주제들을 채택하고 있는데, 그 역사적인 발전에 대해서 나는 단지 가장 본질적인 특징들만을 소급해 다루고자

---

53) 여기에서 헤겔이 암시하는 작품은 보카치오의 유명한 작품 《데카메론(Decameron)》으로, 이는 1349~1358년 사이에 출간되었다.

하는 바, 이와 관련해서 다음과 같은 주요한 차이를 강조할 수 있다.

 $αα$) 첫째, 지금까지처럼 서사시를 위한 소재를 제공해 온 것은 여전히 중세였다. 물론 이 소재들은 새롭고 고대 문화 이후에 주입된 새로운 정신 속에서 포착되고 표현된 것이기는 했지만, 여기서는 특히 두 *가지* 방향에서 서사시 예술의 활동이 드러나고 있다.

 즉 한편으로 앞으로 전진하는 시대의식은 필연적으로 중세의 모험, 환상적인 것, 이미 풍부하게 민족적인 관심사가 된 현실 안에서의 과장된 기사도, 영웅들의 독자성과 주관적인 개별화의 형식적인 것 안에 있는 자의적인 것을 우스꽝스러운 것으로까지 이끌어간다. 그럼으로써 이 전체적인 세계는 비록 그 안에 아무리 진지함이 강조되어 반향되더라도 *희극(喜劇)적인* 관점에서 고찰하게 한다. 이처럼 전체적으로 기사도적인 존재를 기지(機智) 있게 포착한 시로는 이미 제2부에서 *아리오스토와 세르반테스*(아리오스토의 《광포한 오르랑도》와 세르반테스의 《돈 키호테》 참조—역자주)의 작품을 들었다. 그러므로 여기서는 다만 아리오스토가 보여주는 번쩍이는 재치, 매력적인 기지, 다정함과 핵심이 되는 순진성을 주목시키고자 한다. 이런 것을 갖춘 그의 시는 아직도 중세의 서사적인 목적을 띠고 전개되고 있으며, 다만 은밀하고 환상적인 것들은 어리석고 믿을 수 없는 일들에 의해 우스꽝스럽게도 스스로 해소된다. 반면에 세르반테스의 좀 더 심각한 소설에서는 기사도가 이미 과거지사가 되고 있기 때문에, 그것은 단지 고립된 공상과 환상에 찬 미치광이 같은 것이 되어 현재의 범속한 삶 속에 들어서지만 역시 부분적으로는 이 범속한 현실의 어색하고 부조리하고 무분별하고 종속된 것들을 초월해 있는 점에서 위대하고 고귀한 측면을 보여주며, 또 그러한 현실의 빈곤함을 생생하게 우리 눈앞에 드러내 보이고 있다.

 두 번째의 서사시 방향에서 유명하게 된 대표작으로는 *타소(Tasso)*

《돈 키호테》의 저자 세르반테스

의 작품만을 들겠다. 그의《해방된 예루살렘》에서는 아리오스토의 작품에서와는 달리 기독교의 기사도가 지닌 위대한 공동의 목적, 성배의 해방, 희극적인 기분이 곁들여지지 않은 승리에 찬 십자군 원정의 순례가 중심이 되며, 고대의 시인 호메로스와 베르길리우스를 모범으로 삼아 영감을 얻으려고 노력하고 연구한 결과, 그가 모범으로 삼은 고대 작품들을 능가할 만한 훌륭한 예술 서사시를 만들어냈다. 물론 여기에서 우리는 실제적이면서도 부분적으로는 신성한 민족적인 관심사 외에도, 우리가 위에서 요구했듯이 전체가 통일성을 띠면서 전개되고 마무리되는 것을 본다. 또한 압운을 띤 8행의 시구도 다감하게 울리는데, 이러한 선율을 띤 낭송은 지금도 민중들의 애호를 받고 있다. 그럼에도 불구하고 이 시에는 한 민족 전체의 중요한 서사시가 될 만한 근원성은 전적으로 결핍되어 있다. 그 대신에 호메로스의 경우처럼 그 작품은 원래의 *서사시*로서 그 민족이 행한 모든 활동들을 서술할 말을 찾아내고 있으며, 이 말을 직접적인 단순성 속에서 단호하게 표현하고 있다. 그래서 이 서사시는 시로서, 즉 *시적(詩的)*으로

만들어진 사건으로 드러나며, 특히 때로는 서정적으로 때로는 서사적으로 묘사하는 아름다운 언어와 형식을 예술적으로 형상화하는 데 대체로 만족하고 있다. 그래서 타소는 서사시의 소재를 다루는 데 있어서 비록 고대의 호메로스를 거울로 삼았더라도, 그의 구상이나 표현 면에서는 전체적으로 주로 베르길리우스의 정신에서 영향을 받았다. 바로 그것이 그의 시에서는 장점으로 다시 인식되지는 못한다.

셋째로, 방금 언급했듯이 고전적인 문화를 근간으로 삼은 위대한 서사시들 가운데 *카몽이스*의 《우스 루지아다스》(1572년 作―역자주)를 들 수 있다. 그 소재는 포르투갈인들이 바다에서 보인 용감한 행적들을 노래한 것으로, 민족성을 띤 이 작품에서 우리는 본래의 중세적인 것에서 벗어나 새로운 시대를 예고하는 관심사로 넘어가게 된다. 그러나 여기서도 열정적인 애국주의나 고유한 직관, 삶의 체험에서 창조되어 나온 생생한 묘사와 서사적으로 완결된 통일성과는 별도로 민족의 관심이 되는 대상은 분열되고 있다. 또 그 시는 일부는 고대인들의 것을 일부는 이탈리아인들의 것을 모방해서 발전되었다는 것을 느낄 수 있으므로, 이 때문에 그 서사시는 근원성을 띠고 있다는 인상을 주지 못한다.

ββ) 그러나 종교적인 신앙과 근대적인 삶의 현실 속에서 본질적으로 새로운 현상들은 그 근원을 *종교개혁*의 원리에 두고 있다. 물론 이 변화된 인생관에서 나오는 전체적인 방향은 원래의 서사시보다는 오히려 서정시나 극시에 더 알맞기는 하다. 그러나 이 영역에서도 종교적인 예술서사시는 뒤늦게 꽃이 피었는데, 특히 *밀턴*(Milton)의 《실락원》과 *클롭슈토크*(Klopstock)의 《메시아》가 그러하다. 밀턴에 관해서 보면 그도 역시 고대를 연구함으로써 자기 시대에 대한 교양을 얻었으며 구체적이고 우아하며 가치 있는 표현을 자신의 모범으로 삼아

전개하고 있으나, 그의 시가 지닌 내용과 힘, 독창적인 창의성 및 완성도, 그리고 특히 서사적인 객관성은 단테보다 못하다. 왜냐하면 한편으로 실락원의 갈등과 파국(破局, Katastrophe)은 극적으로 전환되는 특성을 띠고 있으며, 다른 한편으로 내가 이미 위에서 부차적으로 언급했듯이 서정시적인 비약과 도덕적이고 교육적인 경향이 그 작품의 기본특성이 되고 있어서 그 본래의 형상성을 띤 대상으로부터는 멀리 떨어져 있기 때문이다.

그와 비슷한 소재를 서사적으로 다루면서도 그 소재와 그것이 반영하는 당시의 문화 사이의 분열을 보이는 작품으로 나는 이미 클롭슈토크의 작품을 언급했었다. 뿐만 아니라 그는 고상한 수사법을 써서 허세를 부리고 있으며, 자기의 대상을 마치 시인인 자신의 영감에서 얻어 고귀하고 성스럽게 고양시킨 듯이 독자에게 보이려고 줄곧 분투하는 모습이 엿보인다. 그와는 전혀 다른 작품이지만 볼테르의 《앙리아드》도 역시 어떤 점에서는 그와 별로 다르지 않다. 여기서도 역시 내가 이미 말했듯이, 소재가 원래의 서사시에 적합하지 않게 드러날수록 뭔가 일부러 꾸민 것처럼 되고 있을 뿐이다.

γγ) 근래에 들어와서 참된 서사적인 표현을 찾아보려면 우리는 원래의 서사시가 아닌 다른 영역을 살펴보아야 한다. 왜냐하면 오늘날의 전체적인 세계상태는 범속한 질서를 띠고 있어서 참된 서사시에 필수적인 것으로 보이는 요구들과는 정반대의 형태를 취하고 있으며, 상황에 따라 국가나 민족들에게 전환되는 것은 너무나 현실적인 체험으로 기억 속에 고정되므로 서사적인 예술형식으로서는 감당할 수 없기 때문이다. 그러므로 서사시는 거대한 민족적인 사건을 떠나 시골이나 작은 도시에서 일어나는 개인의 가정적인 좁은 상황으로 도피하여 거기에서 서사적인 표현에 맞는 소재를 찾지 않을 수 없게 된다. 그리하여

특히 우리 독일에서는 원래 목가적(牧歌的)이었던 것이 그 달콤한 감상주의 때문에 희석되어 몰락하고 만 후에 서사시는 목가적인 것으로 변하고 말았다. 그 자세한 예로 나는 다만 보스(Voss)의 《루이제》와 괴테의 걸작인 《헤르만과 도로테아(Hermann und Dorothea)》를 상기하고자 한다. 여기에서는 물론 우리 시대에 일어난 거대한 세계적인 사건의 배경에 대해 시선이 돌려지고는 있지만, 이는 곧 다시 어느 가정과 그 가정의 가장(家長), 목사와 약국주인의 상황과도 직접 연결되고 있다. 그러나 그 지방도시들이 정치적으로 어떤 관계 속에 있는지는 나타나지 않기 때문에, 우리는 그 근원이 합당하지 못하다는 점을 발견하게 되며 그 관계를 매개시키는 것이 없음을 아쉬워하게 된다. 그러나 그 시(詩) 전체는 바로 이런 중간 구조를 빼놓은 채 그 특성을 유지하고 있다. 왜냐하면 괴테는 대가답게 프랑스 혁명을—물론 그는 자신의 시를 전개하는 데 그 사건을 아주 성공적으로 이용할 줄 알았지만—아주 먼 배경으로 밀어놓고, 단지 그 혁명의 상황만을 인물들의 행위 속에 짜 넣고 있기 때문이다. 여기에서 인간들은 단순한 모습을 띠고 있어서 저 가정적이거나 도시적인 상황들에 아무런 제약 없이 합류되고 있다. 그러나 여기에서 중요한 것은 괴테가 이 작품을 위해서 근대의 현실 한가운데서 다시금 근원적이고 인간적인 《오디세이아》나 《구약성서》의 가부장적인 이미지와 관계있는 것을 생생하게 드러내도록 특징, 묘사, 상태, 분규들을 찾아내어 묘사하고 있다는 점이다.

끝으로 그 밖에 현재의 민족적인 또는 사회적인 삶의 영역을 묘사하기 위해 서사시 영역에서도 소설(Roman), 이야기(Erzählung), 단편소설(Novelle) 등에 아무 제약이 없이 문호가 개방되었다. 그러나 나는 그 시작에서부터 오늘날에 이르는 광범위한 발전사에 대해 계속 추적할 수는 없고, 다만 그 일반적인 윤곽만 살피고자 한다.

Ⅱ. 서정시

시인의 활동인 *시적(詩的)* 상상력은 어떤 *사상(事象)*을 조형예술처럼 예술에 의해 산출되는 외적인 실재성의 모습으로 우리 눈앞에 보여주지 못하고, 반대로 우리로 하여금 그것을 단지 *내적*으로 직관하고 느끼게 해줄 뿐이다. 그것이 산출되는 일반적인 방식을 보면 그 묘사하여 산출하는 과정에서는 조형예술과는 달리 정신적으로 창조하고 형성해내는 시인의 *주관성*과 그 형상화 작업이 뚜렷한 우세를 보인다. 서사시가 그 대상을 실체적인 보편성이나 또는 마치 조형적이거나 회화적인 방식으로 우리 눈앞에 생생하게 드러내므로, 이 영역에서는 표상하고 느끼면서 시작(詩作) 활동을 하는 주체는 거기에서 나오는 객관성 뒤로 모습을 감춘다. 하지만 주관성이 자신을 외화(外化)시키는 일에서 완전히 벗어나게 하려면, 이는 한편으로 주체가 대상들이 상호 관계하는 전체 세계를 *자기* 안에 받아들여 개별적인 의식의 내면에 스며들게 하고, 다른 한편으로 자기 자신에게 집중된 심정과 눈, 귀를 열고, 둔탁하기만 한 감정을 직관과 표상으로 고양시켜 자신을 내면성으로서 표현하기 위해서 이 충만된 내면에 말과 언어를 부여함으로써만 가능하다. 이런 식으로 전달하는 방식이 서사시의 사실성에서 점점 제외되면 바로 그 때문에 주관적인 시의 형태는 더욱 서사시에서 독립되어 자기 고유의 영역에서 형성된다. 정신은 대상의 객관성으로부터 자신 속으로 침잠하여 자신의 의식을 들여다보며, 외적인 사실성 대신 현재의 현실성을 *주관적인* 심정과 마음의 체험, 내적인 삶의 내용과 활동을 표상하고 반성하여 표현하려는 자신의 욕구를 만족시킨다. 그러나 이런 표현은 주체가 직접적으로 느끼고 표상하는 데 따라 주체 자신이 우연히 표현한 것처럼 되지 않기 위해서 *시*

적인 내면의 언어가 되므로, 직관과 느낌은 그것이 아무리 시인 개인의 독특한 것이고 시인은 이것을 자신의 것으로 묘사하더라도 보편타당성을 띠고 있어야 한다. 다시 말해서 그것은 스스로 참된 느낌의 고찰이 되어야 하고, 시는 이에 적합한 표현을 생생하게 만들거나 찾아내야 한다. 따라서 시는 그 외에 고통이나 기쁨을 말로 포착하여 묘사함으로써 마음이 가벼워지게 하는 데 봉사할 수도 있겠으나, 시는 그런 식의 가정상비약 역할을 하는 데 국한되지 않고 사실은 그보다 더 숭고한 사명을 띠고 있다. 즉 그것은 정신을 느낌으로부터 해방시키는 일이 아니라 바로 그 느낌 *속에서* 해방시키는 일이다. 맹목적으로 지배하는 열정은 스스로에게서 나와 표상하고 표현하지 못하는 심정과 무의식적으로 둔중하게 하나로 혼합되어 있다. 물론 시는 마음을 자신의 대상으로 삼아 그 예속성에서 벗어나게 하지만, 단순히 내용이 그 주체와 직접 일치되는 것에서 떨어져 나가게 하지 않고 거기에서 심정의 우연성을 벗어난 대상을 만들어낸다. 그 속에서 해방된 내면은 만족된 자의식 속에서 자유로이 자신에게로 되돌아와 머문다. 그러나 거꾸로 이처럼 처음에 객관화하는 작업은 지나치게 나아가 마치 심정과 열정적인 주관성이 실제로 활동하고 행동하는 것처럼, 즉 주체가 실제 활동을 하는 가운데 자기 자신으로 되돌아간 것처럼 표현해서는 안 된다. 왜냐하면 내면성 자체는 여전히 내면에 가장 가까운 실재성이어서 자신으로부터 벗어난다는 것은 직접적이고 둔탁하며 표상하지 않는 집중된 마음으로부터 벗어나 자신을 열어 언표하고자 하므로 전에는 느끼기만 했던 것을 자의식적인 직관과 표상의 형태로 포착하여 표현하는 것을 뜻하기 때문이다. 이로써 서정시의 영역과 임무는 본질적으로 서사시 및 극시와는 다르다는 것이 확인되었다.

이 새로운 서정시 분야는 내가 서사시에서 보여준 것과 같은 과정을 따라 *분류*하면 좀 더 상세하게 고찰할 수 있다. 그것은

첫째, 서정시의 일반적인 특성에 관한 물음이며,

둘째, 우리는 서정시인, 서정적인 예술작품 그리고 그것의 종류들과 관련해서 고찰할 수 있는 특수한 규정들을 살펴보아야 하고, 또

셋째, 이 서정시 장르의 역사적인 발전에 관해서 몇 가지 언급하는 것으로 그쳐야 한다.

그러나 일반적으로 나는 여기서 두 가지 이유에서 간략히 요약하고자 한다. 그 이유는 한편으로 우리는 아직 극시에 대해서 언급할 여지를 남겨 두어야 하기 때문이고, 다른 한편으로 나는 아주 일반적인 관점들을 언급하는 데 국한해야 하기 때문이다. 왜냐하면 서정시에서는 서사시에서보다 예측하기 더 어려운 다양하고 세부적인 것들이 효력을 지니므로, 그 광범한 것을 완전히 고찰하려면 역사적인 길을 따라가는 것도 가능하겠지만 이는 여기에서 우리가 할 일이 아니기 때문이다.

1. 서정시의 일반적인 특성

객관적으로 완결되어 스스로 총체성을 띠고 있는 것이 주체에 맞서서 전개되어 가는 것을 듣고 싶은 욕구에 의해 서사시를 나오게 되었다면, 서정시에서는 그와 반대되는 욕구, 즉 *자신*을 표현하고 자기 자신을 외화(外化)시키는 가운데 심정에 귀를 기울이려는 욕구를 만족시킨다. 이와 같은 감정의 분출과 관련해서 가장 중요한 점들은 다음과 같다.

첫째, 내면이 스스로를 느끼고 표상하게 하는 *내용*.

둘째, 이 내용의 표현이 서정시로 형태화되는 것.
셋째, 서정적인 주체가 자기의 느낌과 표상을 드러내는 의식과 교양의 단계.

a. 서정적인 예술작품의 내용

서정시에서는 풍요로운 세계로 확대되는 관계 속에 있는 객관적인 행위의 발전이 아니라 개별적인 주체 및 그와 더불어 개별화되는 상황이나 대상들이 *내용*이 되며, 그러한 내용 속에서 심정은 주관적인 판단, 즐거움, 경탄, 고통, 느낌을 가지고 의식한다. 이처럼 서정시 안에 들어 있는 특수한 것들이 개별화되는 원리에 의해 내용은 아주 다양해질 수 있으며, 민족적인 삶의 모든 측면과도 관계할 수 있다. 그러나 서사시에서는 하나의 동일한 작품 속에 민족정신이 실제로 활동하거나 정지하고 있는 상태에서 총체적으로 전개되는 반면에, 서정시에서는 내용이 좀 더 규정되어 어떤 특수한 측면에만 국한되거나, 서사적인 임무를 수행하는 데 필요한 것처럼 명확하고 완전하게 전개하는 일은 하지 못한다. 그러므로 한 민족 전체의 서정시는 민족의 관심사나 표상, 목적 전체를 관통할 수 있으나 개별적인 서정시는 그러지 못한다. 우리가 이미 보았듯이 서사시는 시적인 경전이 될 수 있으나 서정시는 그러지 못한다. 반면에 서정시는 한 민족이 발전해 가는 거의 모든 시대에 생겨날 수 있다는 장점이 있다. 반면에 서사시는 원래의 특정한 시기에만 매여 있으며, 후에 산문이 발전하자 서사시는 더 빈약해졌다.

α) 이처럼 서정시로 개별화되어 가는 가운데 *보편적인 것*, 즉 인간의 믿음, 표상, 최고의 인식, 가장 심오한 것이 들어선다. 즉 종교, 예

술, 심지어 학문적인 사상조차도 본질적인 내용이 된다. 왜냐하면 이것들은 아직도 표상과 직관에 합당한 것으로 느껴지기 때문이다. 그러므로 서정시에서는 보편적 견해들, 본질적인 세계관, 좀 더 심오하게 일반적인 삶의 관계들을 포착하는 일이 배제되지는 않는다. 그래서 내가 불완전한 서사시 양식들을 다루던 기회에 언급한 내용들은 대부분 이 새로운 장르에 들어가게 된다.

β) 그 다음 둘째로, 보편적인 영역에 특수한 측면들이 들어서면서 이것들은 일부 본질적인 것과 뒤섞일 수 있으므로 어떤 개별적인 상황, 느낌, 표상 따위는 좀 더 심오한 본질 속에서 포착되면서 그 자체 본질적인 방식으로 표현된다. 예를 들어 원래의 서정시와 발라드에 전적으로 해당되는 경우로는 시인 실러의 작품들을 들 수 있는데, 그와 관련해서 나는 《이비쿠스의 두루미(Kranichen des Ibykus)》에 나오는 복수의 여신들의 합창을 대단하게 묘사한 것만 상기시키고자 한다. 그것은 극시도 서사시도 아닌 서정시다. 다른 한편으로 그 결합은 다양한 특징들, 상황, 분위기, 사건들 따위가 포괄적인 견해들을 언표하기 위한 사실적인 증거로 나열됨으로써 보편적인 것을 통해 개별적인 것들이 생생하게 서로 뒤얽히는 식으로 연결될 수도 있다. 예를 들면 비가(悲歌)와 서간경(書簡經)에서는 대체로 세계를 반성적으로 고찰하는 데 이런 방식이 자주 연결된다.

γ) 끝으로 서정시에서는 주체가 자신을 표현하므로 이를 위해 우선 주체는 하찮은 내용으로도 충분히 만족할 수 있다. 다시 말해 그때는 심정, 즉 주관성 자체가 원래 내용이 되므로, 더 가까이 있는 대상보다는 오직 느끼는 영혼이 중요하게 된다. 순간적으로 스쳐지나가는

느낌, 심정의 흐느낌, 무상하게 지나가는 근심 없는 쾌활함이나 기지 번뜩이는 농담, 우울함, 한탄, 즉 모든 단계의 감정이 여기서는 순간적인 움직임이나 여러 다른 대상들에 대해 개별적으로 착상하는 가운데 고정되어 표현되고 지속적인 것으로 만들어진다. 이 시의 영역에도 내가 전에 장르회화에 관해서 언급한 것과 비슷한 것이 들어서는데(제2부), 그것은 아주 우연적인 대상들이 내용이 되며, 오직 주관적으로 파악하여 표현하는 일만이 중요하게 된다는 점이다. 서정시에서는 한편으로 부드러운 호흡을 지닌 심정 속에, 다른 한편으로 새롭고 기발한 직관방식과 놀라운 반전을 보이는 예리한 기지(機智) 속에 그러한 매력이 들어 있을 수 있다.

b. 서정적인 예술작품의 형태

둘째로, 일반적으로 그런 내용을 서정적인 예술작품으로 만드는 형태에 관해서 보면, 여기에서 중심이 되는 것은 내면적으로 표상하고 느끼는 개인이다. 그러므로 전체적인 것은 시인의 마음과 심정, 좀 더 자세히 보면 그의 특수한 기분과 상황에서 시작되므로, 내용이 특수한 측면으로 발전해 가는 관계는 객관적이고 본질적인 내용이거나 외적으로 완결되어 드러나는 개별적인 사건이 아니라 주체에 의해 산출되는 것들이다. 하지만 그 때문에 시인은 자기 안에서 스스로 시적이며 환상으로 가득 차 있고 느낌이 풍부하거나, 관찰하고 생각하는 데 있어서도 대단히 심오하게 자기 안에서 스스로 완결된 내적인 세계로서 드러난다. 거기에서 산문적인 의존성과 단순한 자의(恣意)는 배제된다. 그로써 서정시는 서사시와는 아주 다른 통일성을 얻게 되니, 즉 그것은 자기 자신에 열중하고 외면세계(die äußerliche Welt)에 자신을 반영하고, 자신을 설명하고 묘사하거나 또는 그밖에 어떤 대상에 몰두하고, 이 주관적인 관심 속에서 거의 어디든 원하는 데서 마음대로 시작하고 중단할 권리를 유지하는 내적인 기분이나 반성이다. 예를 들어 호라티우스의 시를 보면, 그 일반적인 표상방식이나 표현 면에서 사실 겨우 시작되어야 할 듯이 보이는 데서 종종 벌써 끝나곤 한다. 다시 말해 그 시인은 예를 들면 자기의 느낌, 명령, 축제 행사만을 묘사하며, 그것이 어떻게 더 진행되다 끝날지에 대해서는 우리는 더 이상 아무것도 들을 수 없다. 게다가 시 전체의 내적인 진행이나 연결은 다양한 종류의 기분, 개별적인 심정, 열정, 격렬함, 끓어오름, 이런저런 비약 또는 뒤바뀌어 영혼의 평화와 고요한 묵상이 천천히 진행되는 것에 의해 이루어진다. 따라서 일반적으로 주체의 내면은 누차 이리저리 특정하게 변하므로, 이 모든 것들 가운데 확고히 내세워지는 것은 거의 없다. 좀 더 자세한 차이를 보기 위해 나는 다만 다음과 같은 측면들을 강조하고자 한다.

a) 우리는 서사시에서 서정적인 음조를 띤 표현과는 대조적인 경향을 띤 여러 양식을 발견했듯이, 서정시도 역시 내용과 그 외적인 현상 면에서 서사적인 *사건*을 그 대상과 형태로 취함으로써 서사적인 것에 근접할 수 있다. 예를 들면 영웅들에 관한 시, 로망스 그리고 발라드가 거기에 속한다. 이런 종류의 시들에서 전체적인 형태를 보면 한편으로 하나의 상황과 사건, 민족의 운명 속에서 일어나는 전환 따위의 경과와 흐름이 서술되기 때문에 *이야기하*는 식이 된다. 그러나 다른 한편으로 기본적인 어조는 매우 서정적으로 머문다. 왜냐하면 거기서 중요한 것은 실제 일어난 사건을 주관성을 넣지 않고 서술하는 일이 아니라, 거꾸로 시 전체를 통해서 주체가 포착하는 방식과 느낌, 즐거움 한탄조,

용감하거나 억압된 기분이 흘러나와야 하기 때문이다. 그리고 그런 작품을 써서 얻고자 하는 효과도 역시 전적으로 서정시의 영역에 속한다. 다시 말해 시인은 청중으로 하여금 그 서술된 사건 속으로 옮겨가게 하여 같은 기분을 느끼게 하려는 의도를 전적으로 주입해 넣어 표현한다. 시인은 자신의 우울함, 슬픔, 명랑함, 불타는 조국애 따위를 비슷한 사건 속에 반영함으로써 그 사건 자체가 아닌 그 안에 반영된 심정이 중심이 되게 하는 그런 방식으로 표현한다. 따라서 그는 주로 자신의 내면의 움직임과 화합하여 울리는 바로 그런 특징들만을 강조하면서 풍부한 감정으로 표현하여 청중에게도 같은 느낌을 자극할 수 있게 한다. 그래서 그 내용은 비록 서사적이지만 다루는 방식은 서정적이다.

그에 대해 더 자세한 것을 보면 여기에는 다음과 같은 것이 있다.

αα) 첫째, 실제 있었던 일을 간략하게 객관적으로 서술하는 데 그치지 않고 그것을 표현하면서 거기에 뭔가 느낌을 연결시켜 내용을 사실적인 실재성에서 내면으로 옮겨지게 하는 *경구*(警句, Epigramm)가 있다. 그때 주체는 대상에 대해 자신을 감추지 않고, 오히려 바로 그 속에서 *자신*과 자신의 소망, 자기의 주관적인 농담 또는 예측하지 못한 예리한 착상들을 드러낸다. 이미 고대 그리스의 선시(選詩, Anthologie)들은 그런 기지 넘치는 경구들을 많이 포함하고 있는데, 그것들은 더 이상 서사적인 음조를 고수하지 않는다. 그리고 우리 시대에 와서도 프랑스의 신랄한 풍자시, 예를 들면 보드빌(vaudevilles, 통속적인 가요를 중간에 곁들인 연극)에서 자주 등장하며, 우리 독일인들 사이에서는 경구나 격언적인 풍자시에서 비슷한 것이 발견된다. 또한 비문(碑文)에도 이러한 느낌이 지배적이면서 서정적인 특징을 띨 수 있다.

ββ) 둘째, 그런 식의 서정시는 또 서술조의 이야기로 확대되는데, 그 가장 비근하고 단순한 형태로 나는 로망스만을 언급하고자 한다.

왜냐하면 그것은 하나의 사건 속에 담긴 여러 장면들을 개별화한 다음에, 그 각 장면들을 아주 연민에 가득 찬 느낌으로 주요 특징들을 신속하고 다부지게 계속 진행해가면서 묘사하기 때문이다. 이와 같이 어떤 상황에 특징적인 것을 충분한 주관성을 띠고 참고하여 규정하고 포착하여 예리하게 강조하는 일은 특히 에스파냐 사람들에게서 고상하게 드러나면서 그런 이야기식의 로망스에 상당한 효과를 부여하고 있다. 이 서정적인 영상들에는 뭔가 밝은 것이 확산되어 있는데, 이는 내밀한 심정보다는 명확하고 특수하며 정확한 직관에 속하는 것이다.

γγ) 그에 반해 *발라드*는 원래의 서사시보다 규모가 더 작기는 해도 대개는 이미 완결된 사건의 총체성을 포괄한다. 물론 발라드는 사건의 순간적인 영상만을 강조하여 투사하지만, 동시에 그것과 완전히 혼합되는 심오한 심정, 한탄, 우울함, 슬픔, 기쁨 같은 음조를 띤 심정도 역시 집중시켜서 내면적으로 풍부하게 드러나게 한다. 특히 영국인들은 그들의 초기의 시문학 시대에 나온 그런 시들을 많이 소유하고 있다. 대체로 민중시(Volkspoesie)는 그처럼 불행한 충돌의 역사를 끔찍하고도 두려움에 가슴 조이게 하고 질식시킬 듯한 느낌을 주는 음조로 즐겨 사용하면서 서술한다.

그러나 근대에 와서 우리 독일에서도 *뷔르거(Bürger)*[54]와 그 다음에는 특히 *괴테*, *실러*에 이르러서 이 분야에서 대작들이 나왔다. 뷔르거는 그의 애절하고 순진무구한 음조로, 괴테는 구체적인 명확성을 띤 내면적인 영혼의 힘으로, 실러는 사건의 형태를 띤 것을 전적으로 서정적으로 표현함으로써 독자들의 마음도 역시 서정적인 심정을 지니고 관

---

54) 뷔르거(Bürger, 1747~1794)의 발라드 중 가장 잘 알려진 것으로는 〈레오노(Leonore)〉가 있다.

찰하게 바꾸려는 기본 생각에서 감정을 아주 고양시켜 표현하고 있다.

β) 둘째로, 어떤 사건이 실제의 상황이 되어 시인으로 하여금 그 안에서 *자신*을 표현하거나 그 일에 대해 표현하게 하는 단순한 동기가 될 때, 곧 서정시의 주관적인 요소는 더 명확하게 드러난다. 이른바 즉흥시의 경우에 그러하다. 그래서 예를 들면 칼리노스(Callinos)와 티르타이오스(Tyrtaeus)(둘 다 기원전 7세기에 살았던 시인들임—역자주)도 실제 상황으로 있었던 전쟁에 대한 비가를 읊었는데, 그들은 그 상황들을 출발점으로 삼고 그에 대한 영감을 보여주려 하고 있으나 그들의 주관적인 개성, 그들 자신의 마음과 심정은 별로 드러나지 않고 있다. 핀다르의 송시(訟詩, Ode)들도 역시 특정한 전투나 승리자들이 겪은 특별한 상황들 안에서 더 상세한 동기를 찾았다. 그리고 호라티우스의 시들 가운데는 특수한 동기, 사실 거기에 "나는 교양 있고 유명한 사람으로서 그에 대해 시를 하나 쓰고 싶다"라는 의도와 생각이 드러나 있음을 엿볼 수 있는 것들이 많다. 그러나 근대에 와서 이 즉흥시를 가장 애호하여 쓴 사람은 괴테였다. 왜냐하면 사실 그가 겪은 연애담은 모두 곧바로 시가 되었기 때문이다.

αα) 그러나 서정적인 예술작품이 외적인 기회와 그 속에 들어 있는 목적에 *의존*하지 않고 스스로를 위해 독자적인 전체로서 존재하려면, 거기에서는 본질적으로 시인도 어떤 동기를 대체로 자기 자신, 자기의 기분, 기쁨, 슬픔 또는 사고방식이나 인생관을 표현하기 위한 기회로서만 이용해야 한다. 따라서 실제의 내용을 시인이 온전히 *자신* 속에 받아들여 자기의 것으로 만들 때만 서정적인 주관성이 가장 탁월하게 드러난다. 왜냐하면 서정시인은 원래 자신 속에 몰입해 살며, 상황들을 자기의 시적인 개성에 따라 포착하고 그가 아무리 자기 내면을 주

서정시인 핀다르(Pindar)의 흉상. 기원전 5세기 작품의 로마시대 모조품이다. 나폴리 고고학 박물관 소장

어진 다양한 세계, 상황, 분규, 운명과 뒤섞이게 하더라도, 이 소재를 표현할 때는 오직 자기의 고유하고 독자적인 느낌과 생생한 관찰만을 알리기 때문이다. 그래서 예를 들면 핀다르(Pindar)는 싸움경기에서 이긴 승자를 위해 시를 지으라는 청탁을 받고 초대되거나 자신이 스스로 시를 짓고 싶을 때면, 자기의 작품이 그 승자를 위한 시가 되게 하지 않고 자신의 마음 깊은 곳으로부터 노래하여 만들어낸 그 시를 자신의 작품이 되게 하는 식으로 자기의 대상을 대가적으로 다루었다.

ββ) 그러한 즉흥시의 표현양식에 대해 좀 더 자세히 보면 물론 여기서는 한편으로 내용으로 포착된 사건이나 주체의 실제 현실성에서 특정한 소재나 특성, 작품의 내적인 구조가 채택되어 다루어진다. 왜냐하면 바로 이 내용이야말로 시인이 자신의 심정을 동요시킨 것으로 나타내고 싶어 하는 것이기 때문이다. 극단적이기는 하지만 가장 확실한 예로 실러의 《종(鐘)의 노래(Lied von der Glocke)》를 상기할 수

있다. 이는 외적으로 종을 주조해 만드는 단계를 시 전체의 전개를 위한 기점으로 삼고 있으며, 거기에다 그에 일치하는 느낌과 인생에 대한 다른 여러 관찰 그리고 그 밖에 인간 상태에 대한 묘사를 곁들이고 있다. 방식이 다르기는 해도 핀다르 역시 더 자세한 사건이나 대상들을 기회로 삼아 승자의 탄생지, 그 영웅의 종족이 거쳐 간 행적이나 삶의 다른 상황에서 신들을 찬양하고 있으며, 그들의 행적과 운명을 언급하고 특정한 관찰을 내세우고 특정한 삶의 지혜를 엮어 넣고 있다. 그러나 다른 한편으로 서정시인은 그 안에서도 또다시 완전히 자유롭다. 왜냐하면 그는 외적인 기회 자체가 아니라 내면성을 띤 자기 *자신*을 대상으로 삼으며, 따라서 대상의 어떤 측면을 어떤 순서로 엮어 표현할지에 대해 자신의 특수한 주관적인 견해와 기본적인 시의 분위기에만 의존하기 때문이다. 이제, 사실적인 내용을 지닌 객관적인 어떤 기회가 어느 정도 우세하고 시인 자신의 주관성이 어느 정도 우세한지 또는 양 측면이 어느 정도로 상호 관통하는지는 선험적으로 확실히 정해서 내세울 수는 없다.

γγ) 그러나 원래 서정적인 통일성을 부여하는 것은 동기나 그 실재성이 아니라 주관적인 내면의 움직임과 이해방식이다. 왜냐하면 거기에서는 기회에 따라 시가 되는 개개의 기분이나 일반적인 관찰이 중심이 되며, 그것으로부터 전체적으로 조화로운 색채를 이루는 것, 특별한 측면들이 전개되는 범위, 완성되어 연결되는 방식, 그리고 또 시적 예술작품의 기점을 이루는 관계가 정해지기 때문이다. 그래서 예를 들면 핀다르는 그가 시로 짓는 승자들의 객관적인 삶의 상태를 실제 핵심으로 삼아 칭송하면서 시를 구성하고 전개한다. 그러나 사실 각각의 시에서 늘 우세하게 드러나는 것은 늘 다른 관점, 다른 기분, 경고나 위안, 고양된 기분 따위다. 이것들은 물론 시의 주체인 시인에

게만 속하는 것이지만 그가 접촉하면서 다루고 완성하거나 지나치는 것들의 범위와, 그가 의도한 서정적인 효과를 산출하려 할 때 사용할 방식을 그 시인에게 드러내 주고 연결해 준다.

γ) 그러나 *셋째로*, 참된 서정시인은 그의 느낌이 풍부하게 이야기하는 외적인 사건들 또는 그 밖에 그가 시를 주조하는 데 자극이 되는 실제의 상황과 동기들에서 꼭 출발할 필요는 없다. 오히려 그 자신은 주관적으로 완결된 하나의 세계이므로 *자기 안에서* 자극되어 나오는 내용을 찾음으로써 자기의 마음과 정신의 내적인 상황, 상태, 사건, 열정을 고수할 수 있다. 서사 시인에게는 낯선 영웅들과 그들의 행적, 사건들이 내용으로 이용된다면 여기서는 주체인 인간이 자기의 주관적인 내면성 안에서 스스로 예술작품이 된다.

αα) 그러나 이 영역에서도 서술하는 방식이 기술적인 요소로 등장할 수 있다. 예를 들어 이른바 아나크레온(Anacreon)식의 많은 노래들이 그러한데, 이것들은 연애사건들 따위를 쾌활하고 매력적인 영상으로 마무리하고 있다. 그러나 그때 그런 사건들은 오히려 심정의 내면적인 상태만을 설명하는 데 그쳐야 한다. 그래서 호라티우스도 그의 시 《*순수한 삶*(Integer vitae)》[55]에서 그가 늑대를 만난 사건을 전체를 즉흥시라고 부르는 방식을 이용해 묘사하지 않고, 다른 방식으로 자기의 시문장에서 시작하는 부분과 끝에 가서 범접할 수 없는 사랑의 느낌을 증명해 드러내는 것으로서 묘사하고 있다.

ββ) 시인이 자신을 표현하는 상황은 대체로 단순히 *내면*에서만 국한

---

55) 이는 그의 송가로서, 그 내용의 일부는 다음과 같다.
"성실한 사나이는 무기가 필요 없다. 어떤 위험이 닥치더라도, 늑대, 아니면 다른 무엇을 만나더라도 라일레이지에 대한 사랑을 해치지는 못하리라."

될 필요는 없으며, 오히려 그것은 구체적이면서도 외적인 총체성으로 명시될 수 있다. 왜냐하면 시인은 자신을 주관적이면서도 물론 실제적인 존재로 드러내기 때문이다. 방금 예를 든 아나크레온의 시에서 보더라도 이 시인은 장미와 사랑스러운 여자들과 젊은이들 사이에 있으면서 술과 춤 속에서 즐거워하는 모습, 어떤 요구나 동경도 없고 그렇다고 의무나 고상한 목적을 어기는 일도 없는 자신을 묘사하고 있다. 그의 시 속에는 그런 것들이 전혀 들어 있지 않다. 간단히 말해서 그는 자기 자신을 순진무구하고 자유로우며 아무것에도 제약되지 않고 어떤 부족함도 없이 다만 자기의 모습대로 머무는 한 사람인 주인공으로서, 즉 주관적인 예술작품으로서의 자신을 자기 방식대로 묘사하고 있다.

하피스(Hafis)의 연가(戀歌)들에서도 우리는 시인의 전체적인 삶이 띠고 있는 개성을 엿보게 된다. 그것은 그 내용이나 상황, 표현이 변하면서 거의 해학적으로 나아가고 있다. 그러나 그의 시에는 어떤 특별한 주제도, 객관적인 이미지도, 신이나 신화도 깃들어 있지 않다. 사실, 이렇게 자유로이 산출된 시를 읽노라면 도대체 동양인들은 어떤 영상이나 조형예술도 만들어낼 수 없다는 것을 느끼게 된다. 그는 하나의 대상에서 다른 대상으로 넘어가고 여러 곳을 돌아다니지만 술, 술집, 여자, 궁정 따위가 멋지게 펼쳐지더라도 이를 아무런 욕심이나 동경이 없이 순수하게 보이는 그대로, 보이는 영혼의 모습 그대로 우리 앞에 하나의 장면으로 드러내는 것 밖에는 없다. 이런 식으로 내면적인 상황뿐만 아니라 외적인 상황을 표현하는 예는 아주 다양하게 주어지고 있다. 그러나 시인이 그처럼 자기가 빠져 있는 주관적인 상태에서 상세하게 묘사하게 되면, 우리는 그의 특수한 착상이나 그의 연애담, 가정사 또는 그의 삼촌이나 숙모가 들려준 이야기 따위를 알고 싶은 흥미를 느끼지 않는다. 클롭슈토크의 작품에 나오는 '시들리'와 '파니'[56]의 경우도 그렇다. 반대로 우리는 뭔가 보편적이고 인간적인 것을 시적(詩的)으로 공감하면서 눈앞에 보기를 바란다. 그러므로 이런 측면에서 서정시는 절대로 주관적이고 특수한 것이 곧 흥미 있는 것이라고 쉽게 자부하는 것은 그릇된 일이다. 반대로 괴테가 지은 많은 시가(詩歌)들은 *친화적인* 특성을 지닌 시가들이라고 부를 수 있는데, 물론 그 자신이 그런 이름을 붙인 것은 아니다. 다시 말해서 사람들이 모인 사회 안에서는 자신의 의사를 소통시키는 일이 중요하지 않고, 반대로 사람들은 특수한 것은 뒤로 젖히고 제3의 이야기나 일화 또는 사람들이 다른 사람들의 특징을 특수한 느낌에서 포착하여 자신들의 음조에 맞게 담소하는 것으로 즐긴다. 이런 경우에 시인은 자기 자신으로 머물지만 또 그렇지 않기도 하다. 그는 자기 자신을 제시하는 것이 아니라, 무엇인가를 드러내기 위해 최선을 다하면서 그때 아주 다양한 역할을 하는 배우가 된다. 그는 여기저기 머물면서 여기서는 한 장면을, 저기서는 한 순간에 여러 가지 것을 포착하지만, 그가 무엇을 표현하든지 간에 늘 자기 자신의 예술적인 내면성, 즉 스스로 느끼고 체험한 것을 그 안에 생생하게 주입해 넣는다.

$\gamma\gamma$) 그러나 내적인 주관성이 서정시의 원천이 된다면, 거기에는 역시 어떤 구체적인 외면성을 띠는 상황으로 전개되어 표현되지 않고도 순수하게 내적인 기분, 반성 따위를 표현하는 일에만 국한될 권리도 주어져야 한다. 이런 점에서 아주 공허하게 "트랄라라…"라고 읊은 것이나 다만 노래 자체를 위해 노래하는 것이 심정을 진정 서정적으로 만족시키는 것이 되므로, 여기서 말은 단순히 다소 유쾌하거나 고통스러운 것을 표현하기 위한 수단일 뿐 아무래도 상관없는 것이 된

---

[56] 클롭슈토크의 송가 〈시들리에게(An Cidli)〉와 〈파니에게(An Fanny)〉를 참조.

다. 그러나 그것은 또 대용품으로 음악의 도움을 빌 수 있는데, 특히 민요는 종종 이 같은 표현방식을 넘어서지 못한다. 더 특정하고 풍부하게 표현되는 괴테의 시에서도 종종 어떤 순간에 일어나는 개별적인 농담, 일시적인 기분의 음조에서 시인이 벗어나지 못하고, 거기에 붙들려 시를 짓거나 다만 한순간 휘파람을 부는 것 따위로 나타나는 것을 볼 수 있다. 그러나 그는 다른 시들에서는 비슷한 분위기일지라도 훨씬 더 길게 또 방법론적으로 다루고 있다. 예를 들면 〈나는 어떤 일에도 무관심하네(Ich hab mein Sach auf nichts gestellt)〉라는 시에서는 돈이나 부, 여자, 여행, 명성, 명예(名譽, Ehre) 그리고 끝으로 싸움이나 전쟁 같은 것도 무상한 것으로 나타나며 자유롭고 근심 없는 쾌활함만이 계속 반복되는 후렴으로 남는다. 그러나 이러한 관점 위에서 거꾸로 주관적인 내면은 곧 대단한 직관을 지니고 모든 것을 통찰하는 이념적인 심정의 상황으로 확대되고 심화될 수 있다. 예를 들면 실러의 대부분 시들은 이런 식으로 되어 있다. 그의 마음을 사로잡는 관건은 이성적이고 위대한 것이다. 그러나 그는 송가처럼 종교적이거나 실체적인 대상을 노래하지도 않으며, 낯선 외적인 기회에 자극되어 표현하는 시인으로 등장하지도 않는다. 그의 자기의 심정에서 출발하는 데 최고의 관심사는 삶의 이상과 이상적인 미(美), 인간의 영원한 권리와 사상(思想)들인 것이다.

c. 작품을 산출시키는 문화의 상태

끝으로 우리는 서정시의 일반적인 특성과 관련해서 또 말해야 할 *세 번째* 사항이 있다. 이는 개개의 시들을 산출시키는 의식(意識)과 문화의 일반적인 단계에 관한 것이다.

여기서도 서정시는 서사시와는 대립되는 입장을 취한다. 다시 말해서 원래의 서사시가 번성하던 시대에는 아직 발전되지 못하고 범속한 현실로서도 아직 성숙되지 않은 민족상태가 전적으로 요구되었다면, 그와 반대로 서정시에는 이미 얼마간 완성된 삶의 질서를 띠고 있는 시대가 더 유리하다. 그러한 시대에 비로소 인간은 개인으로서 이 외부세계에 맞서 자신 속에 자아를 반영하며, 다시 거기에서 나와 자기 내면에서 느끼고 표상하는 것을 독자적인 총체성으로 완성시킨다. 왜냐하면 서정시에서 형식과 내용을 제공하는 것은 객관적인 전체성이나 개개인의 행위가 아니라 바로 주체로서의 인간이기 때문이다. 그러나 이는 개인이 오직 자신을 서정적으로 표현하기 위해서 민족적인 관심사와 직관 같은 모든 관계에서 벗어나 형식적으로 오로지 자신에만 근거하는 것으로 이해되어서는 안 된다. 반대로 이처럼 추상적인 독자성을 띠게 된다면, 그 속에는 전혀 우연적이고 특수한 열정이나 욕구와 애착의 자의성만이 내용으로 남게 될 것이며, 조악하고 괴팍한 착상이나 기이하고 독창적인 느낌에 무제한한 여지가 주어질 것이다. 다른 참된 모든 시들이 그렇듯이 참된 서정시도 인간의 가슴속에 들어 있는 참된 내용을 표현해야 한다. 그러나 서정적인 내용으로는 아주 사실적이고 본질적인 것도 주관적인 것으로 느끼고 직관되고 표상되거나 생각된 것으로서 드러나야 한다.

둘째로, 더 나아가 여기에서 중요한 것은 개성적인 내면을 단순히 외화(外化)시키는 것, 즉 사실이 어떻다라고 서사적으로 직접 첫마디를 이야기하는 것이 아니다. 오히려 중요한 것은 *시적인 심정*이 우연적이거나 일상적인 표현과는 다르게 *예술적으로 정교하게* 표현하는 일이다. 그러므로 서정시는 마음이 다양한 측면으로 느끼거나 포괄적으로 고찰하도록 문을 열고 주체가 이미 범속한 특성을 띠고 있는 세계 안에서 자기의 시적인 내면을 의식하면 할수록 예술에 맞는 문화 수준을 요구한다. 이는 완벽한 작업으로 이루어져서 완성된 것으로, 주관적이고 자연적인 재능이 보여주는 장점이자 동시에 독자적인 작품으로서 드러나야 한다. 이 때문에 바로 서정시는 한 민족이 정신적으로 발전하는 어느 특정한 시대에만 국한되지 않고 다른 여러 시대에도 풍요롭게 산출될 수 있으며, 특히 개개인들 스스로가 자신들의 고유한 견해와 방식대로 느낄 권리를 가지게 된 근세에 와서 유리해졌다.

그러나 서정시를 구별할 수 있는 결정적인 요소는 다음과 같은 좀 더 일반적인 입장들이라고 할 수 있다.

*α) 첫째는, 민중시(Volkspoesie)*가 지니고 있는 서정적인 표현방식이다.

αα) 거기에서는 특히 한 민족이 지니고 있는 다양한 특수성이 드러난다. 그래서 우리 시대에 사람들은 모든 민족들의 특성을 알고 함께 느끼고 체험하기 위해서 모든 종류의 민요들을 수집하려는 일반적인 관심을 지칠 줄을 모르고 갖고 있다. 이미 헤르더(Herder)는 이를 위해서 많은 일을 했으며, 괴테도 역시 이런 장르에 속하는 아주 다양한 종류의 시들을 독자적으로 모방함으로써 우리의 감정에 접근할 줄 알았다. 그러나 완전히 똑같이 공감하는 일은 오직 자기 고유의 민족이 갖고 있는 노래에서만 가능하다. 그래서 우리 독일인들은 아무리 외국의 시에 파고들어 가더라도, 궁극적으로 한 민족의 내면에서 솟아나오는 음조를 우리 자신에게 친숙한 무엇인가로 느끼기에는 낯설기 때문에 먼저 그것을 개작하는 일이 따라야 한다. 지금까지 가장 지혜롭고 미적인 방식으로 이런 도움을 줄 수 있었던 사람은 오직 괴테뿐이었다. 그는 우리에게 외국의 민요들을 소개하는 데 있어서 그 시들

이 지닌 특수성을 전혀 손상시키지 않고 온전하게 보존해서 전해주고 있다. 예를 들면 모를라키아(Morlackia) 방언으로 신분 높은 여인들이 불렀던 아산 아가(Asan Aga)에 대한 탄식의 노래가 그것이다.57)

ββ) 서정적인 민중시의 일반적인 특징은, 시인이 자신을 주체로 강조해 드러내지 않고 자기의 대상 속으로 들어가 사라진다는 그런 측면에서 볼 때 원래의 서사시와 비교될 수 있다. 그러므로 민요에서는 내적으로 집중된 심정을 표현할 수는 있으나, 그 안에서 자기의 주관적인 특성을 예술적으로 표현하여 알리는 것은 개인이 아닌 민족적인 감정이며, 개인은 이를 온전하고 충만하게 자기 안에 간직한다. 왜냐하면 개인은 아직은 민족과 그들의 존재, 그들의 관심사에서 떨어져 나온 내적인 표상이나 느낌을 지니고 있지는 않기 때문이다. 그처럼 분리되지 않은 통일성의 전제가 되기 위해서는 독자적인 반성과 문화가 아직 깨어나지 않은 상태에 있어야 하므로, 이제 시인도 역시 단순히 주체로서 뒤로 물러서 있게 되며 이를 매개로 민족의 삶은 시적인 느낌으로 직관되고 표현된다. 이러한 직접적인 근원성은 물론 긴밀한 중심을 이루고 적절한 진리를 담은 무반성적인 신선함을 민요에 부여하면서 종종 대단한 효력을 발휘한다. 그러나 그로 인해서 민요는 곧 또 뭔가 단편적이고 지리멸렬한 특성을 띨 수도 있고, 그 표현은 부족하고 불분명하게 될 여지도 있다. 즉 감정은 깊이 숨겨져 있어서 완전하게 표현되지 못하며 또 그러려고 하지도 않는다. 더구나 그 형태는 물론 전체적인 위상에 맞게 대체로 온전하고 서정적인 특성, 다시 말해 주관적인 특성을 띠고는 있지만, 그래도 이미 말했듯이 그 형태와

---

57) 모를라키아어는 세르비아와 크로아티아인들의 방언이며, 아산 아가(Asan Aga)는 세르비아 영웅의 이름이다.

내용을 *자기의* 마음과 정신의 소유물이자 *자기의* 예술적인 교양에서 나온 창작물로 표현하는 주체는 빠져 있다.

γγ) 따라서 단지 그런 식의 시들을 만들어낼 수 있을 뿐 좀 더 발전된 서정시나 서사시, 극작품은 만들어 내지 못하는 민족들은 대개 문화가 발전하지 못한 현실에 살면서 일시적으로 불화상태의 운명에 처해 있는 반쯤은 거칠고 야만적인 민족이다. 왜냐하면 만약에 그들이 이러한 영웅시대에 특수한 측면들로 하여금 독자적인 실재성을 띠고 조화를 이루도록 완성시키고 이를 구체적이고 개별적인 행적의 기반이 되게 하여 풍요로운 전체적인 것이 되게 할 수 있다면, 그들에게도 역시 근원적인 서사시를 쓰는 서사시인들이 등장할 것이기 때문이다. 따라서 민요가 나오는 상황은 가정적인 삶과 그 종족이 서로 뭉칠 뿐 영웅들이 등장하는 국가로 발전되어 조직화되는 조짐은 보이지 않는 삶에만 국한된다. 그것만이 그처럼 덜 발전된 민족정신을 표현하는 유일하고도 궁극적인 방식이 된다. 설혹 민족의 행적에 대한 기억을 되살린다 해도 이는 대개가 외세에 대한 항쟁이나 약탈, 난폭함에 대해 난폭하게 대응하거나 같은 민족 안에서 개인들끼리 서로 대항하여 보이는 행적들로서, 그런 것을 이야기할 때면 한탄이나 슬픔 또는 일시적인 승리에 대한 기쁨의 환호성 같은 것이 제멋대로 발산된다. 독자성을 띠고 발전되지 못한 그 민족의 현실적인 삶은 내적인 감정의 세계 속으로 되돌아가 그에 의존하지만, 이 역시 대개는 발전되지 않은 상태에 머물 뿐이므로 비록 집중되더라도 그 내용은 종종 거칠고 야만적이다. 그러므로 민요가 우리에게 시적(詩的)인 관심을 갖게 하든가 아니면 거꾸로 뭔가 섬뜩함을 띠든가 하는 것은 그 시가 표현하는 상황과 느낌에 달려 있다. 왜냐하면 한 민족의 상상력에 주로 나타나는 것이 다른 민족에게는 몰취미하고 잔인하고 역겨운 것이 될 수

도 있기 때문이다. 그래서 예를 들면 자기 남편의 명령에 의해 벽 속에 갇혀 있으면서 애원한 끝에 겨우 자기의 젖가슴을 드러낼 만한 구멍을 벽에 뚫게 해서 아이에게 젖을 주도록 허락을 받은 어느 여인의 이야기를 노래한 민요를 보면, 그녀는 그 아기에게 엄마의 젖이 필요 없을 때까지만 살 수 있는데 이렇게 설정된 상황은 야만적이고 잔인한 것이다. 마찬가지로 개인들이 약탈하거나 용감하게 행동하면서 보이는 거칠음은 교양이 있는 다른 민족들에게는 공감을 줄 만한 아무 것도 지니지 못한다. 따라서 민요(民謠)는 종종 보편적인 인간성으로부터 너무 동떨어진 아주 특수한 것으로 머물 수도 있으므로 어떤 민요가 훌륭한가에 대한 확실한 기준은 없다. 그래서 우리는 근세에 와서 비록 북미 인디언이나 에스키모 또는 다른 야만 민족들의 민요를 알게 되기는 했지만, 그로 인해서 곧바로 시적인 향유의 영역이 늘 확대되는 것은 아니다.

β) 그러나 서정시는 내면의 정신을 총체적으로 표현하는 것이므로 그것은 표현방식에서나 내용 면에서 민요로만 머물 수는 없으며, 그렇다고 해서 비슷한 음조로 모방되어 불린 후대에 나온 시로만 머물 수도 없다.

αα) 다시 말해서 한편으로는 우리가 방금 보았듯이, 자신 속에 집중된 심정이 그처럼 단순하게 집중되고 이를 직접 직관하는 일에서 벗어나 자신의 자유로운 표상으로 파고들어 가는 일이 중요한데, 이는 방금 설명한 저 민요시에서는 단지 불완전한 방식으로만 드러난다. 다른 한편으로 서정시는 더 풍요로운 표상, 열정, 상태, 갈등의 세계로 확대되어서 인간의 가슴속에 포착될 수 있는 모든 것을 내면적으로 다시 변화시켜 고유한 정신의 산물로 만들어 전달해야 한다. 왜냐하면 서정시는 전체적으로 시 안에 들어올 수 있는 내적인 삶의 총

체성을 표현해야 하며, 따라서 정신이 거치는 모든 문화적인 단계에 공통적으로 속하기 때문이다.

ββ) 둘째로, 스스로 의식적인 *예술의* 자유는 자유로운 자의식과도 관련이 있다. 민요는 마치 마음에서 나오는 자연적인 소리처럼 직접 노래가 되어 나오지만 자유로운 예술은 자신을 의식하고 있어서 자기가 산출하는 것을 원하고 알고자 요구하므로, 이러한 것을 알 수 있는 문화적인 수준이 필요할 뿐만 아니라 이를 완전하고 숙련되게 대담하게 산출할 수 있어야 한다. 그러므로 원래의 서사시에서는 시인 스스로가 그 시를 고안해내고 형성한다는 사실을 그것이 산출된 시대의 전체적인 특성에 가려서 드러나지 않게 해야 하는데, 이는 서사시는 그 시를 짓는 주체가 아닌 객관적인 민족의 존재와 관련되기 때문이다. 그래서 서사시는 주관적인 것이 아니라 스스로 독자적으로 발전된 산물로서 드러나야 한다. 반대로 서정시에서 창조하는 일은 주체와 마찬가지로 주관적인 것이므로 있는 그대로의 모습을 전달해주어야 한다.

γγ) 이러한 점에서 후세의 서정적인 *예술시(藝術詩, Kunstpoesie)*는 분명히 민요와는 구별된다. 물론 원래 서정적인 예술작품들과 함께 동시에 생겨난 민요들도 있기는 하다. 그러나 그런 민요들은 그 전체적인 직관방식이 더 발전된 예술에 동참하기보다는 아직 직접적인 민중의 감각에서 떨어져 나오지 못한 영역이나 개인들에게 매여 있다. 서정시와 민중시, 예술시 사이의 이러한 차이를 서정시는 마치 반성과 예술적인 오성이 자의식적인 능란함과 합쳐져서 현란하고 우아하게 그에 아주 본질적인 요소로 드러날 때에 비로소 정점에 도달한다는 식으로 받아들이면 안 된다. 만약에 그렇게 한다면, 이는 예를 들어 대체로 호라티우스와 로마의 다른 서정시인들을 이 장르에서 가장 뛰어난 시인들로 간주하거나 또는 지난 시대의 미네장(Minnesang)의

대가들인 마이스터징거(Meistersänger)들[58]을 우선적으로 그런 시인들로 간주한다는 뜻이 될 것이다. 그러나 이 말은 그렇게 극단적으로만 이해해서는 안 되며 거꾸로 주관적인 환상에서 나오는 예술은 바로 독자적인 주관성이 그 원리가 되므로, 참된 시로 완성되기 위해서는 역시 자유로이 완성된 자의식적인 표상과 예술행위를 전제로 하고 이에 근거해야 한다는 의미에서만 옳은 것이 된다.

γ) 끝으로 우리는 *마지막* 단계를 지금까지 시사한 것과는 다음과 같은 방식으로 구분할 수 있다. 즉 민요는 원래 범속한 현실과 의식이 완성되기 이전 단계에서 나온 것이지만, 반면에 참된 서정적인 예술시는 이러한 기존의 범속한 상태에서 벗어나 주관적이고 독자적인 상상에서 내적으로 관찰하고 느낀 새로운 시의 세계를 창조해 낸다. 그것을 통해 서정시는 비로소 인간의 내면에 깃들어 있는 참된 내용과 참된 표현방식을 생생하게 산출해낸다. 그러나 셋째로 다른 측면에서 보면, 그런 내용은 대체로 예술이 할 수 있는 한도에서보다 더 결정적인 보편성과 필연적인 관계 속에서 자유로이 의식될 수 있으므로, 심정의 직관에서 나오는 상상력보다 더 차원이 높은 정신적인 형태도 있다. 내가 말하는 것은 *철학적인 사유(思惟)*이다. 그러나 또 한편 거꾸로 이 형식은 추상성과 결부되어 단지 이념적인 보편성으로 사유되는 요소 안에서만 발전할 수 있다. 그리하여 여기서는 구체적인 인간도 자신이 철학적으로 의식한 결과 나오는 내용을 심정과 직관, 환상과 감정에 의해 관통된 것보다 더 구체적인 방식으로 표현함으로써만 내면 전체를 총체적으로

---

[58] 이러한 시들은 중세에 특히 독일에서 발달했고, 그 중 가장 알려진 미네징거는 13세기의 포겔바이데(Walter von der Vogelweide)였다.

표현할 수 있게 된다.

　이런 관점에서는 특히 두 가지 서로 다른 이해방식이 효력을 띨 수 있다. 말하자면 한편으로는 상상을 꼽을 수 있는데, 이는 자아를 넘어서 사유하는 쪽으로 나아가려고 노력하지만 철학적인 표현처럼 명확하고 절제된 것으로 관통해 들어가지는 못한다. 그때 서정시는 대개 자신 속에서 싸우고 분투하는 영혼이 주조해 낸 것으로서, 그 끓어오르는 듯한 열정은 예술은 물론 사유조차도 무력하게 만들 것이다. 왜냐하면 비록 한 영역을 넘어서서 다른 영역에 이르더라도 그 영역에 친숙해지지 못하기 때문이다. 그러나 또 한편으로 스스로 사유로서 안주하는 철학도 분명하게 이해하고 체계적으로 완성된 사상을 감정으로 영활시키고 직관적으로 감각화하거나, 아니면 예를 들어 실러가 지은 여러 시에서 볼 수 있듯이 스스로 필연성 속에서 학문적으로 드러나는 관계 대신에 자유로이 유희하는 특수한 측면으로 표현할 수 있다. 만약에 그런 것들이 아무런 제약 없이 온갖 가상(假象)으로 드러난다면, 예술은 범속한 여운을 지닌 교훈적인 것으로 빠져 들어가지 않기 위해서 그 속에 들어 있는 내적인 통일성을 감추려고 더욱 애써야 한다.

2. 서정시의 특수한 측면들

　우리는 지금까지 서정시에 주어지는 내용의 일반적인 특성과, 서정시의 원리에 어느 정도 적합한 것으로 나타나는 여러 다른 문화적인 관점들을 고찰하였다. 그 다음에 우리가 할 일은 이 일반적인 사항들을 그 특수하고 중요한 측면에 따라 상술하는 것이다.
　이와 관련해 나는 또 먼저 서사시와 서정시의 차이를 시사하고자 한다. 우리는 서사시를 고찰할 때 특히 근원적인 민족적 서사시에 주목했고, 반면에 불완전한 *첨가물*이나 시를 짓는 *주체*인 시인은 옆으로 제쳐놓았다. 그러나 서정시의 영역에서는 그렇게 할 수 없다. 거꾸로 여기에서 표현되는 가장 중요한 대상은 바로 시를 짓는 주관성이며, 또 한편으로 서정시는 여러 다른 양식으로 갈라져 나가므로 대체로 내용과 그 형태들이 특수화하고 개별화되는 것을 원리로 삼는다. 이를 더 자세하게 언급하기 위해서는 다음과 같은 과정을 고찰해야 한다.

*첫째*로 우리는 서정시인에 대해 주목해야 하고,

*둘째*로 서정적인 예술작품을 주관적인 상상력의 산물로 고찰해야 하며,

*셋째*로 서정적 표현의 일반적인 개념에서 나온 여러 양식들을 언급해야 한다.

a. 서정시인

α) 우리가 이미 보았듯이 서정시의 내용이 되는 것은 한편으로는 현존재와 그것이 처한 상태의 일반적인 것을 개괄하여 고찰하는 것과, 다른 한편으로는 특수한 것이 지닌 다양성이다. 그러나 양쪽 요소들은 모두 그저 보편적이거나 특수한 직관과 느낌으로서 단순히 추상적인 것이므로, 이것들이 서정적으로 참신한 개성에 이르려면 내적이면서 주관적인 성질을 띠어야 한다. 그러므로 *시인*은 자신을 서정시의 중심이자 원래의 내용이 되는 구체적인 주체로서 그 안에 주입시켜야 한다. 그러나 물론 그는 실제로 행위로 보이면서 활동하거나 극적인 갈등의 움직임 속에 뒤얽혀 들어가서는 안 된다. 반대로 그의 유일한 표현활동은 자신의 내면에 언어를 부여하는 것에 국한된다. 그 언어는

그 대상이 무엇이든 간에 주체인 시인은 자신의 정신적인 의미를 표현해 드러내고, 청중으로 하여금 그와 동일한 느낌과 정신, 그런 상태의 심정, 그와 비슷한 반성을 갖도록 자극하고 일깨우려고 노력한다.

β) 여기서 표현되는 것은 물론 다른 사람들을 위한 것이지만, 이는 쾌활함이나 노래 속에 스스로를 용해시키고 고통으로 넘쳐나는 것을 노래 속에서 자신과 화해시키는 것이거나, 아니면 심정이 지닌 가장 중요한 느낌들과 폭넓은 관찰을 자신만을 위해 간직할 수 없는 더욱 심오한 충동일 수도 있다. 왜냐하면 노래를 하고 시를 지을 수 있는 사람은 그렇게 할 사명을 가지고서 시를 *지어야* 하기 때문이다. 그러나 이때 외적인 동기들, 즉 분명하게 무엇인가에 이끌려가는 것도 결코 배제해서는 안 된다. 그러나 위대한 서정시인이라면 그런 경우에 원래의 대상에서 벗어나 자기 자신만을 표현한다. 그래서 이미 누차 예를 들어보였듯이, 시인 핀다르는 이런저런 경기에서 승리하여 월계관을 쓴 사람들을 축하하는 시를 지으라는 요구를 종종 받았으며 사실 그는 그 대가로 여기저기서 돈을 받았다. 그럼에도 불구하고 그는 자기의 시에 나오는 주인공들을 대신하여 스스로 가인(歌人)으로 등장하여, 자신의 독자적인 상상력을 빌려서 과거 선조들의 행적을 칭송하고 옛 신화를 상기시키거나 인생, 부, 지배, 위대하고 영예로운 것, 고귀하고 사랑스러운 예술의 여신들을 읊기도 하였지만, 특히 가인(歌人)의 존엄함에 대한 자신의 깊은 견해를 표현하였다. 그래서 그는 자신이 지는 시들 속에서 영웅을 노래할 때, 그 영웅에 대한 명성을 칭송하는 것이 아니라 듣는 사람으로 하여금 시인 자신, 즉 자기의 말에 귀를 기울이게 한 것이다. 핀다르는 그 승리자들을 찬양하는 시를 써서 유명해진 것이 아니라 그 승자들이 핀다르의 시의 주인

공이 되는 영예를 얻은 것이다. 이처럼 위대한 내면성이 바로 고귀한 서정시인을 만든다. 호메로스는 그의 서사시에서 개인으로서의 자신을 너무나 희생했기 때문에 그가 실제로 존재했던 인물인지조차 사람들은 믿기 어렵게 되었지만, 그의 시 속에 등장하는 영웅들은 계속해서 불멸의 존재로 남아 있다. 반면에 핀다르 시에 등장하는 주인공들은 그 이름들이 공허할 뿐이다. 그러나 자기 *자신*을 노래했고 자신에게 영예를 부여한 핀다르는 시인으로서 불멸의 존재로 남게 되었다. 거기에서 영웅들이 요구할 수 있는 명성은 서정시인이 누리는 영예의 부수물에 불과할 뿐이다. 로마인들에게도 서정시인은 부분적으로는 독자적인 위치를 지니고 있었다. 그래서 예를 들면 수에토니우스는 아우구스투스 황제가 호라티우스에게 다음과 같은 말을 써 보냈다고 설명하고 있다.[59]

> 그대는 만약에 사람들이 그대가 나의 친구라는 인상을 갖는다면, 그대의 사후에 명예가 더럽혀질 것을 두려워하는가?
> An vereris, ne apud posteros tibi infame sit, quod videaris familiaris nobis esse

그러나 쉽게 느낄 수 있듯이, 호라티우스는 아우구스투스에 대해 *직무상의 자격으로(ex officio)* 말한 것을 제외하고는 곧바로 자기 자신에게로 되돌아오고 있다. 예를 들면 그의 작품 가운데 14번째 송시(訟詩)는 아우구스투스가 에스파냐에서 칸타브리아인들과 싸워서 승리한 후

---

[59] 이는 그의 저서 《오페라(Opera)》 속에 있는 구절로서 이는 1802년에 프리드리히 볼프(Friedrich A. Wolf)에 의해 독일의 라이프치히에서 출판되었다. 이 인용문은 헤겔이 라틴어로 썼다.

에 귀향하는 데서부터 시작하고 있다. 그러나 호라티우스는 아우구스투스가 세상에 다시 평화를 가져다준 덕분에 자기 자신이 시인으로써 근심 없이 여유 있는 생활을 누리게 되었다는 정도로만 그를 칭송한 다음에, 화관과 향료와 술을 가져와 축하하고 조속히 네아에라를 초대하라고만 명령한다. 다시 말해서 그의 시적(詩的)인 관심은 오직 자신이 축제를 준비하고 있는 쪽으로만 쏠리고 있는 것이다. 그러나 그에게서 사랑싸움은 그가 젊은 시절이었을 때, 즉 플란쿠스가 집정관이었던 때보다는 덜 중요한 것이 되었다. 왜냐하면 그는 연애 문제 때문에 자기가 심부름 보내는 사람에게 다음과 같이 분명히 말하고 있기 때문이다.

> 만약에 거기서 퉁명스런 문지기가 안 들여보내려고 하거든
> 그냥 놔두어라.
> Si per invisum mora ianitorem/ Fiet, abito.

이제 클롭슈토크에 이르러서는 서정시인에게 더 많은 영예가 돌아가게 된다. 그는 자기 시대에 다시 가인(歌人)으로서 독자적인 위엄을 느꼈다. 그는 그 위엄을 표현하고 스스로 그에 맞게 행동함으로써 시인의 위상을 궁정의 시인이자 곧 모든 사람들의 시인의 위치로까지 높였으며, 사람을 황폐하게 만드는 한가하고 하찮게 소일하는 데서 벗어나게 하였다. 그러나 서정시인을 누구보다도 먼저 자기가 필요로 하는 시인으로 제대로 본 사람들은 서적상인들이었다. 클롭슈토크의 시들을 출판한 할레(Halle)의 출판업자는 그에게 《메시아》를 시집으로 출판한 대가로 1탈러나 2탈러(Taler, 중세 독일 지역에서 쓰이던 주화의 단위—역자주) 정도 지불했을 거라고 믿어진다. 그러나 그는 클롭슈토크에게 그 외에도 조끼와 바지 한 벌을 맞춰 주었고, 멋지게 치장

한 그를 사교계에 데리고 다니면서 자기가 그에게 그 옷들을 맞춰 줬다는 것을 사람들이 주목하게 만들었다. 반면에 핀다르에게는 (물론 적어도 후세에 와서 전적으로 신뢰할 만한 보고에 의한 것은 아니지만 파우사니아스의 저서 1권에 따르면) 아테네인들이 조각상을 세워 주었는데, 이유는 그가 송시에서 아테네인들을 칭송했기 때문이었다. 그러나 (에스키네스의 서한집에 따르면) 그들은 또 그에게 갑절이나 되는 비난을 퍼붓기도 했다. 그 이유는 그가 낯선 도시인 테베인들에게 지나친 찬사를 보낸 것을 그들은 묵과하려하지 않았기 때문이었다. 사실 아폴로 신조차도 델피의 무녀의 입을 통해서 핀다르는 피티아의 제사 때 보여준 유희에서 헬라스(즉 그리스—역자주) 전체가 가져와 보여줄 수 있는 재능의 절반을 지니고 있다고 말했을 정도라고 한다.

γ) 셋째로, 모든 서정시의 분야에서는 한 개인의 총체성이 그의 시적인 내면의 움직임에 따라서 역시 표현된다. 왜냐하면 서정시인은 자기의 심정으로 의식하면서 시적으로 형상화되는 모든 것을 노래로 표현하려는 충동을 받기 때문이다. 이러한 점에서 특히 언급할 수 있는 시인은 괴테인데, 그는 자신의 풍부하고 다양한 삶 속에서 늘 시를 짓는 태도를 보였다. 여기서도 그는 역시 가장 뛰어난 시인들 가운데 한 명에 속한다. 그처럼 모든 방면에 걸쳐 다양한 관심을 갖고 있는 개인은 좀처럼 발견하기 어렵다. 그는 이처럼 자신을 무한히 확장시켰음에도 불구하고 전적으로 *자기 자신* 속에서 살았으며 자기에게 감동을 준 것을 시적인 직관으로 바꾸곤 하였다. 즉 밖으로 향한 그의 삶, 일상에서 열려 있다기보다는 오히려 닫혀 있는 그의 독특한 심정은 학문을 향한 열성을 보이면서 지속적인 연구를 하였다. 그 결과 교양으로 쌓은 현실감각에서 체험한 원칙들, 윤리적인 격언들, 그 시대

에 서로 교차하는 현상들이 그에게 준 다양한 인상들, 그가 거기에서 끌어낸 결과들, 솟구쳐 오르는 젊음의 기쁨과 용기, 그의 장년기에 드러나는 교양의 힘과 내면적인 아름다움, 그의 노년기에 갖춘 포괄적이고 쾌활한 지혜, 이 모든 것들은 그에게서 서정적으로 읊어져 나왔다. 그 안에서 그는 아주 가벼운 느낌의 유희뿐만 아니라 아주 가혹하고 고통스러운 정신적인 갈등도 표현해내었으며, 이 표현을 통해 바로 그런 것들로부터 자신을 해방시킬 수 있었다.

b. 서정적인 예술작품

 둘째로, 시예술작품인 서정시에 관해서 보면, 이것을 이해하는 방식과 또 예측할 수 없이 다양한 내용의 형태들 때문에 일반적으로 그것에 대해서 별로 말할 것이 없다. 서정시 영역에서도 물론 보편적인 미와 예술의 법칙에서 벗어나고자 하는 것은 아니지만, 사실 이 영역 전체가 지닌 주관적인 특성은 본질상 표현하는 어법이나 음조에서 어떤 제한도 받아서는 안 된다는 사항이 첨가된다. 그러므로 여기에서 우리의 목적은 다만 서정적인 전형을 띤 예술작품이 어떤 방식으로 서사시와 구별되는가 하는 데 대해서 묻는 것이다.
 이와 관련해서 나는 다음과 같은 측면들만 간단히 주목하고자 한다.
 첫째, 서정적인 예술작품의 통일성
 둘째, 그것이 전개되는 방식
 셋째, 그것이 띠고 있는 운율과 외적으로 낭송되는 측면

 α) 이미 말했듯이 예술에서 서사시가 갖는 중요성은, 특히 원래의 서사시에서 완전한 예술적인 형태가 총체적으로 완성되어 나타나기

보다는 그 작품이 풍요롭게 펼쳐 보이는 민족정신의 총체성에 있다.

αα) 그러나 원래의 서정적인 예술작품은 그런 전체성을 현재 우리 눈앞에 드러내려고 시도할 필요는 없다. 왜냐하면 주관성은 비록 보편적으로 요약될 수는 있어도, 그것이 자체 안에 완결된 참된 주체로서의 가치를 띠려고 하면 곧 그 안에는 특수화와 개별화의 원리가 들어서기 때문이다. 그러나 역시 여기에서도 자연환경에서 얻는 다양한 직관, 자신과 낯선 체험에 대한 기억, 신화나 역사적인 사건들이나 그와 유사한 것들이 처음부터 배제되는 것은 아니다. 그러나 이 광범한 내용은 특정한 현실의 총체성에 속하므로 서사시에서와는 달리 서정시에서는 그런 것들이 근원으로부터 나온 것처럼 등장해서는 안 되고, 다만 주관적인 회상과 감동으로서 시인의 재능에 의해 결합되어 생생하게 드러날 권리만을 찾아야 한다.

ββ) 그러므로 우리는 주관적인 내면을 원래 서정시의 통일점으로 간주해야 한다. 그러나 내면성 자체는 때로는 전적으로 주체가 자신과 형식적으로 통일을 이루는 것이며, 때로는 그것이 갈래갈래 찢겨 흐트러지고 아주 현란하게 특수화되는 다양한 표상, 느낌, 인상, 직관 따위가 되므로, 그것들은 다만 동일한 자아가 단순한 그릇으로서 곧 자신 속에 간직할 때에만 서로 연결될 수 있다. 그러므로 서정적인 예술작품에서 그런 다양한 것들을 서로 결합시키는 중심점이 되기 위해서는 주체는 한편으로 기분이나 상황의 구체적인 *피규정성*으로 발전해 나아가야 하고, 다른 한편으로 자기 내면에서 이렇게 특수화되어 나온 것을 자신과 결합시켜 그 안에서 자신을 느끼고 표상해야 한다.

γγ) 이런 점에서 볼 때 심정의 기분이 구체적인 상태 속에 집중되어 있을 때가 가장 완벽하게 서정적이다. 왜냐하면 느끼는 마음은 주관성이 지닌 가장 내적이고 고유한 것이지만, 보편적인 것을 지 향하는 반성적

이고 고찰은 쉽게 교훈적인 것으로 빠지기 쉽거나 아니면 내용이 지닌 실체적인 것과 사실적인 것을 서사적인 방식으로 강조하기 때문이다.

β) 둘째로, 서정시가 어떻게 전개되는지에 대해서는 역시 일반적으로 확실히 규정된 것은 없으므로, 나는 여기에서도 몇 가지 더 중요한 것에 대해서만 언급하고자 한다.

αα) 서사시는 대체로 지체하면서 광범하게 갈라져 나간 현실로 확대되고 전개되어 표현된다. 왜냐하면 서사시에서는 주체가 독자적인 실재성에 따라 스스로 형상화되어 나아가는 *객관적인 것* 안으로 들어가기 때문이다. 그에 반해 거꾸로 서정시에서는 주어진 세계를 *자신* 속에 끌어들이는 느낌과 반성에 의해 내면에서 체험되어, 이것이 스스로 뭔가 내면적인 것으로 된 다음에야 비로소 언어로 포착되어 표현된다. 그러므로 서사적인 발전과는 반대로 서정시의 원리는 *압축된 것(Zusammengezogenheit)*이며, 대체로 묘사나 표현을 확대시키기보다는 내적으로 심오한 표현을 통해 효과를 드러내고자 하는 것이다. 그러나 서정시인은 의식이 거의 침묵을 지킬 수도 있고 명확하고 완전하게 표상할 수도 있는 등, 그 사이에는 아주 풍부한 단계의 뉘앙스들이 열려 있다. 외부의 대상들을 구체적으로 묘사하는 일 또한 배제되지 않는다. 그러나 참으로 구체적인 서정시 작품은 주체도 외적인 상황 속에 표현하면서 동시에 자연환경이나 지역성 따위도 그 안에 받아들인다. 실제로 전적으로 그런 식의 묘사에만 국한되는 시들도 있다. 그러나 그런 경우에 객관적인 사실을 구체적으로 묘사한 것이 아니라 외적인 것이 마음속에서 울리고 그에 의해 야기된 분위기와 그런 환경 속에서 심정이 느끼는 것이 실제로 서정적인 것이다. 그때 우리는 우리 눈앞에 놓인 특징들 속에서 외적으로 이런저런 대상을

명상할 것이 아니라, 내면적으로 파고드는 심정으로 하여금 내면적으로 의식하고 감동되게 해야 한다. 이러한 종류에 속하는 것으로 가장 분명한 것은 예를 들면 로망스와 발라드가 있다. 이것들은 내가 이미 위에서 시사했듯이 보고된 사실 속에서 다만 시인이 서술하는 내면적인 마음의 상태와 일치되는 것만을 강조함으로써 더욱 서정적으로 되며, 그 전체적인 전개과정의 분위기가 우리에게 생생하게 되울리도록 제시해 준다. 그러므로 서정시에서는 아무리 외적인 대상을 풍부한 느낌이나 감상적으로 자세하게 묘사하거나 내면적인 상태를 아주 상세하게 특징지어 묘사하더라도 이는 더욱 강하게 압축되어 집중적으로 풍부하게 표현되는 것보다는 언제나 효과가 덜하다.

ββ) 둘째로, 서정시인에게는 *에피소드(일화)*도 역시 배제되지 않지만 그는 서사시인과는 전혀 다른 이유에서 그것을 사용해야 한다. 서사시의 경우에 에피소드는 대개 전체의 개념 속에 들어 있으면서 객관적인 독립성을 지니며 동시에 서사시에서 사건서술의 진행을 머뭇거리게 하거나 방해가 되기도 하는 의미를 띤다. 반대로 서정시에서 에피소드는 주관적인 것으로서 정당화된다. 다시 말해서 생동적인 개인은 자신의 내면세계를 신속히 관통해가면서 다양한 기회에 기존의 다양한 사물들을 상기하고 이것들을 서로 연결시키는 가운데, 자신이 원래 기본적으로 가진 느낌이나 자기가 반성하는 대상으로부터 떨어져 나오지 않고도 이리저리 이끌리면서 표상하고 직관한다. 그러한 생동성은 *시적인* 내면에도 들어 있다. 물론 서정시 안에서는 이런저런 것을 에피소드로 간주해야 할지 아닌지는 대부분의 경우에 말하기 어렵다. 그러나 대체로 시의 통일성을 파괴하지 않는 한에서 옆길로 나아가는 일, 특히 놀라운 어법이나 대상을 재치 있게 결합하거나 갑자기 힘차게 다른 대상들로 넘어가는 일들은 서정시에 고유한 것이다.

$\gamma\gamma$) 그러므로 서정시 분야의 예술에서는 대상들을 서로 관련시키고, 그것들 사이에서 이리저리 옮겨가는 양상은 때로는 서로 다르고 때로는 서로 아주 대립될 수도 있다. 일반적으로 서정시는 서사시와 마찬가지로 일상적인 의식 속에 깃든 자의적인 것이나 수미일관하게 오성적인 것이 띠고 있는 필연성에서 표현된 학문적인 사상의 전개 따위를 견디지 못하며, 개별적인 부분들의 자유와 독자성을 요구한다. 그러나 서사시에서는 그것이 구체적으로 묘사하는 실제 현상들의 전형적인 형태가 이처럼 상대적인 독자성을 지닌다면, 서정시인은 자신이 느끼고 표상하여 표현하는 것을 자유로이 개별화하여 특성을 부여한다. 왜냐하면 그것들은 모두 같은 분위기나 같은 방식에 의해 관찰된 것이기는 해도, 각자 그 특수성에 따라 시인의 심정을 충만하게 하고 그것이 다른 것으로 넘어가 직관하고 느낄 때까지는 이 한 점에 집중시키기 때문이다. 여기에서 잠시 중단되기도 하고 고요히 진행하면서 앞으로 나아갈 수 있기도 하지만, 또 서정적으로 비약하면서 아무런 매개 없이 어떤 것을 표상하다가 멀리 떨어진 다른 것으로 넘어가 표상할 수도 있다. 그래서 겉으로 보기에 시인은 아무런 제약을 받지 않고 이리저리 날뛰거나 오성적으로 사려 있고 앞뒤가 맞게 행동하기보다는, 오히려 취한 듯 비약하는 영감 속에서 자신이 어떤 힘에 사로잡혀 그 힘의 파토스에 의해 자신의 의지에 반해 움직이도록 낚아채어 가는 듯이 보이게 된다. 그런 비약적인 격렬한 열정은 어떤 종류의 서정시에는 아주 두드러지게 드러나는데, 예를 들면 호라티우스는 그런 시를 많이 썼으며 그 안에서 언뜻 보기에 관계들을 무산시키는 듯이 보이는 비약들을 심사숙고하여 예술적으로 형상화하려고 고심하였다. 끝으로 우리가 다루는 것 가운데 이처럼 아주 명확한 관계를 띠고 고요히 진행되는 것과 또 한편 얽매이지 않은 격렬한 영감 사이의 중

단 단계에 있는 다양한 것들에 대한 언급은 그냥 지나치고자 한다.

γ) 끝으로 이 서정시 영역에서 언급할 것으로는 서정시 작품의 외적인 형태와 실재성에 대한 것이 남아 있다. 여기에 해당되는 것은 특히 *시운율과 음악의 반주*다.

αα) 6운각은 일정하고 확고하면서도 생생하게 지속적으로 진행되므로 서사시 음절의 운을 맞추는 데 가장 탁월한 운율이라는 것은 쉽게 알 수 있다. 그러나 서정시에 있어서 우리는 곧 여러 다른 운율이 대단히 *다양성*을 지니고서 더욱 다방면으로 내적인 구조를 지니도록 요구해야만 한다. 즉 서정시의 소재(素材)는 실제로 전개되면서 그 시에 속하는 대상이 아니라 시인의 주관적이고 내면적인 움직임으로서 *규칙적으로 흐르거나 변화하는 것*, 불안하거나 고요하게 흐르거나 솟구쳐 오르면서 비약하는 것이 시간적으로 움직이는 음향에서 나온다. 그리고 그 안에서 내면이 드러나게 표현되어야 하므로 이미 그 운율 속에 마음의 느낌과 전체적인 이해 방식이 드러나야 한다. 왜냐하면 서정적으로 분출되는 표현은 서사적으로 서술하는 것보다 외적인 전달요소인 *시간*과 훨씬 더 가까운 관계에 있기 때문이다. 서사시가 실제현상들을 과거 속에 옮겨 공간 속에서 나열하여 서로 뒤얽히게 한다면, 서정시는 순간적으로 떠오르는 감정과 표상을 시간적으로 연이어 일어나 완성되도록 표현해야 하므로 여러 다른 시간적인 움직임들을 예술적으로 형상화해야 한다. 이러한 차이 때문에 서정시에서는 *첫째* 리듬을 동일하지 않게 하는 가운데 장단을 배열하며, *둘째* 중간 휴지의 방식도 아주 서로 다르고, *셋째* 각각의 시구와 장단뿐만 아니라 그 리듬의 대위법 자체나 그것들 간의 연결에서도 풍성한 변화를 보이면서 시연(詩聯)으로 마무리될 수 있다.

ββ) 둘째로, 시간적인 지속성과 그것의 리듬에 따른 움직임을 이처

럼 예술적으로 다루는 일보다 더 서정성을 띠는 것은 낱말이나 음절들의 울림 자체이다. 여기에 속하는 것으로는 특히 두운법, 압운, 반해음이 있다. 즉 이러한 운문의 체계에서는 내가 이미 전에 상술했듯이, 한편으로 음절에 깃들어 있는 정신적인 함축성, 단순한 자연스러운 장단의 요소에서 벗어나 정신에 의해 길이와 강약이 정해지는 의미의 강세가 우세하게 되며, 다른 한편으로 특정한 문자, 음절, 낱말에 분명하게 집중하는 음향이 단독적으로 강조되어 들리게 된다. 이처럼 내적인 의미에 의해서 정신화되고 음향이 강조되는 것은 전적으로 서정시에 적합하다. 왜냐하면 그것은 한편으로는 실제로 있고 현상하는 것이 다만 내면에서 갖는 의미만을 받아들여서 표현하기 때문이고, 또 한편으로는 특히 음향과 음색을 그것을 고유하게 전달하는 질료(質料)로 포착하기 때문이다. 물론 이 영역에서도 리듬적인 요소가 운(韻)과 유사해질 수 있으나, 그때 이것은 다시 음악의 박자와 비슷한 방식으로 일어난다. 그러므로 엄격히 보아서 반해음, 두운법, 압운을 시적으로 사용하는 일은 서정시의 영역에 국한된다고 할 수 있다. 물론 중세의 서사시에서도 새로운 언어의 형태나 특성을 멀리 하지는 않지만, 그것이 허용되는 이유는 그때의 서사시 자체 안에는 원래 서정적인 요소가 상당한 효력을 발휘했고 영웅시, 로망스, 발라드류의 이야기 등에서 새로운 면을 개척하고 있었기 때문이다. 극시에서도 이와 비슷한 것이 일어난다. 그러나 운각이 갈라져 전개되어 나가면서 대위법을 이루면서 같거나 서로 다른 문자, 음절, 낱말의 음향이 반복되어 다양하게 구성되고 한정된 운을 띠는 시연(詩聯)이 완성되는 일은 서정시에 독특한 것이다. 이런 식으로 구별하는 일은 물론 서사시와 극시에서도 동시에 사용되는데, 그 이유는 그런 시들이 다만 운(韻)을 배제하지 않기 때문이다. 그래서 예를 들면 에스파냐 사람들은 그들의 극예술이 발전하여 전성을 누리던 시대에 극적으로 표현하는 데 별로 적합하지 않은 모호한 열정에도 역시 아주 자유롭게 유희를 하도록 여지를 주거나 아니면 8운각, 소나타 등을 다른 운문으로 된 극시에 도입하였다. 또는 계속 반해음과 압운을 사용함으로써 그들이 언어의 표현에서 음악적인 요소를 편애하고 있음을 보여주었다.

γγ) 마지막 *셋째*로, 서정시는 또 말이 실제로 선율이 되어 낭송될 때 단순히 운을 띠는 것보다 더 강하게 음악적으로 들린다. 이와 같은 편향을 보이는 것도 전적으로 옳다. 다시 말해서 서정적인 소재와 내용은 덜 독자적이고 객관적인 대신에 주로 내면적인 특성을 띠면서 주체에게만 근거한다. 그럼에도 불구하고 그 소재와 내용이 전달되기 위해서는 외적인 기점이 필요하며 낭송되기 위해서는 더 결정적으로 외면성이 요구된다. 그러나 심정을 감각적으로 자극하는 일은 오직 음악만이 할 수 있다.

어쨌거나 서정시는 외적으로 드러날 때는 거의 언제나 음악의 반주(伴奏)를 받는다. 그러나 이처럼 시와 음악이 일치되는 데는 일련의 외적인 단계가 있음을 간과해서는 안 된다. 왜냐하면 엄격한 의미에서 단지 낭만적인 시, 그것도 특히 근대적인 서정시가 음악과 잘 혼합될 수 있으며, 이는 주로 분위기나 심정이 우세하고 그 영혼의 내면적인 음향을 음악적인 선율로 강화시켜 마무리해내야 하는 노래들에서 그러하기 때문이다. 예를 들면 민요는 음악의 반주가 따르는 것을 좋아하며 반주하도록 자극한다. 반면에 칸초네, 비가, 서간체의 시, 그리고 근래에 와서는 소나타 시조차도 그 시를 곡으로 작곡하는 사람을 만나기가 쉽지 않다. 다시 말해서 시에서도 표상과 반성 또는 느낌 자체가 완전하게 표현됨으로써 한편으로 단순히 심정에 집중되는 일에서 점점 더 멀어지고, 또 한편으로 예술의 감각적인 요소에서 점점 더 떨어져 나갈 때 서정시는 말을 전달하는 시로서 이미 더 큰 독자성을 얻으며 더 이상

음악에 적합하게 연결되지 않는다. 그에 반해서 표현되고자 하는 심정이 명확하지 않을수록 그것은 선율의 도움이 더욱 필요하게 된다. 그러나 고대인들은 그들의 어법이 투명하고 명확했음에도 불구하고, 왜 시를 낭송할 때도 음악의 보조가 필요했으며 또 어느 정도 그것을 요구했는지에 대해서는 우리는 나중에 다룰 기회가 있을 것이다.

c. 원래의 서정시의 종류

셋째로, 서정시가 갈라져 나가서 이루는 특수한 종류들에 관해서 보기로 하자. 나는 서사시의 서술적인 형태로부터 주관적인 표현방식으로 옮겨가게 하는 몇 가지 사항에 대해서 이미 상세하게 언급했다. 그 반대되는 것으로 극시의 등장을 꼽으려는 사람들도 있을 것이다. 그러나 서정시도 역시 이처럼 극적이고 생생한 것이 되려면, 본질적으로 외적인 대화의 형식을 수용하되 이것이 갈등을 담은 행동으로 더 진행해 가지 않도록 국한시킬 때 가능하다. 그러나 우리는 이런 식으로 나아가 결국 별종(別種)이 된 서정시는 옆으로 제쳐놓고, 다만 원래의 서정시의 원리가 다른 것과 뒤섞이지 않고 그 가치를 고수하고 있는 형태들만 간략하게 고찰하고자 한다. 서정시가 그런 차이를 보이는 것은 시를 짓는 의식(意識)이 자기의 대상에 대해 갖고 있는 입장에 근거한다.

α) 다시 말해서 주체는 한편으로 자기의 느낌이나 표상이 지닌 특수성을 지양하고, 내면 전체를 관통하면서 개인으로서의 시인의 모습을 감추게 하는 위대한 위력을 지닌 신들을 보편적으로 관조하는 데 침잠한다. 송가(頌歌), 주신(酒神)을 위한 찬미가, 아폴로 신에 대한 찬가, 시편 등이 이러한 부류에 속하는데, 이것들은 다시 민족에 따라 다른 방식으로 완

성된다. 나는 일반적으로 다음과 같은 차이들만을 주목시키고자 한다.

αα) 자신의 내적 외적인 상태, 상황, 그와 연결된 제한된 표상을 뛰어넘어 그 대신 자신과 자신의 민족에게 절대적으로 신성한 것으로 현상하는 것을 시의 대상으로 삼는 시인은 먼저 이를 객관적으로 형상화하여 완성하고, 내면적으로 직관함으로써 구상하고 완성된 형상을 다른 사람들 앞에 내놓아 찬미된 신의 위력과 위대함을 읊을 수 있다. 예를 들면 호메로스가 쓴 것으로 알려진 송시들도 이런 식으로 되어 있다. 그것들은 단순히 상징적으로만 포착되지 않고 그가 찬양하고자 한 신에 대해 서사적으로 견실하고 구체적으로 형상화한 상황과 이야기로서 드러난다.

ββ) 둘째, 거꾸로 주신(酒神)에 대한 찬미가처럼 비약하는 것은 *주관적으로* 신에게 봉사하는 일로 고양되므로 더 서정적이다. 이것은 내면에서 흔들리고 도취되어 그 대상의 힘에서 벗어나지 못하므로, 보편적인 분위기 안에서 이를 객관적으로 형상화해내지 못하고 그 대신 영혼의 느낌으로만 머문다. 주체는 자신에서 벗어나 직접 절대적인 것으로 고양되고 자신의 존재와 위력에 충만해져 환호하면서 자신이 빠져드는 무한함과 심오한 신성을 화려하게 알리는 현상에 대해서 찬사의 음을 토해낸다.

고대 그리스인들은 그들의 신을 제사 지내는 축제 때, 단지 위와 같은 식으로 외치면서 부르는 일을 오래 지속하지는 않았으며, 그런 식의 서정적인 시를 만들어내는 가운데 이를 특정한 신화적인 상황과 행위를 서술함으로써 중단시키곤 했다. 이처럼 서정적으로 분출되는 것 사이사이에 삽입된 표현들이 점점 중요해져 가자 생생하게 꾸며진 행위의 형태가 강조되면서 극(劇)으로 변했다. 그런 극에는 다시금 합창단이 부르는 서정시가 첨가되어서 극과 통합되었다.

그와는 달리 《구약성서》의 '시편(詩篇)' 가운데 있는 많은 숭고한 시들 속에서는 신에 대한 비약적인 찬미, 유일신을 바라보며 흐느끼고 외치는 것을 발견할 수 있는데, 그 안에서 주체는 자기 의식의 궁극목표이자 원래 찬미의 대상이 되는 모든 위력과 진실을 추구한다. 예를 들면 '시편'의 제33편에는 다음과 같이 씌어 있다.

> 너희 의인(義人)들아, 여호와를 즐거워하라. 찬송은 정직한 자의 마땅히 할 바로다. 수금(堅琴)으로 여호와께 감사하고 열 줄 비파로 찬송할지어다. 새 노래로 그를 노래하며 즐거운 소리로 공고히 연주할지어다. 여호와의 말씀은 정직하며 그 행사는 다 진실하시도다. 저는 정의와 공의(公義)를 사랑하심이여. 세상에 여호와의 인자하심이 충만하도다. 여호와의 말씀으로 하늘이 지음이 되었으며 그 만상(萬象)이 그 입의 기운으로 이루어졌도다. …

또 시편 29편에는,

> 너희 권능 있는 자들아, 영광과 능력을 여호와께 돌리고 돌릴지어다. 여호와의 이름에 합당한 영광을 돌리며 거룩한 옷을 입고 여호와께 경배할지어다. 여호와의 소리가 물 위에 있도다. 영광의 하나님이 뇌성을 발하시니 여호와는 많은 물 위에 계시도다. 여호와의 소리가 힘있음이여, 여호와의 소리가 위엄차도다. 여호와의 소리가 백향목을 꺾으심이여, 여호와께서 레바논 백향목을 꺾어 부수시도다. 그 나무를 송아지 같이 뛰게 하심이여. 레바논과 시룐으로 들송아지 같이 뛰게 하시도다. 여호와의 소리가 광야를 진동하심이여.

라고 씌어 있다.[60]

이처럼 서정적인 숭고함 속에 고양되면 자기 자신에게서 벗어나게 되면서, 어떤 구체적인 내용에 주체 자신이 침잠하는 일은 적어진다. 그리하여 환상은 고요히 오히려 불분명한 열광으로 상승해가고 있다는 것을 느낄 수 있다. 이 같은 열광은 말로 표현할 수 없는 것을 의식하고 직관하려고 분투한다. 이와 같은 무규정성 속에서 주관적인 내면은 자기가 도달할 수 없는 대상을 고요한 미(美)로 표상하거나 예술작품으로 표현하여 향유하지는 않는다. 반대로 주체는 고요한 형상 대신에 자신의 환상으로 포착한 외적인 현상들을 무질서하고 단편적으로 나열하며, 그의 내적인 삶은 이런 특수한 표상이 지닌 어떤 확고한 부분에도 이르지 못하고 단지 자의적으로 내뱉은 리듬을 표현하는 일에만 전념한다.

공동체와 맞서는 *예언자*들은 그들의 민중이 처한 상황에 대해서 대개는 탄식하고 한탄하는 기본음조로 토로(吐露)한다. 그들은 그들의 민중이 신으로부터 멀어지고 타락해가고 있다고 느끼지만, 자신들은 숭고한 믿음을 간직하고 있으며 정치적인 분노의 영감을 받아서 교훈적인 서정시를 짓는다.

그러나 후세의 모방 시대에 가서는 그런 시들도 과장된 열정만을 지니는 일에서 벗어나 더 인위적인 온화함을 띰으로써 쉽게 차갑고 추상적인 시로 변한다. 예를 들면 클롭슈토크가 지은 많은 송시(頌詩, Ode)와 시편에 들어 있는 시들은 깊은 사상이나 종교적인 내용을 고요하게 전개하기보다는 주로 무한한 것으로 고양되기를 시도하면서 표현하고 있다. 이는 근대의 계몽적인 표상에 걸맞게 공허하고 헤아

---

60) 이 구절의 우리말 번역본은 대한성서공회에서 발행한 관주 《성경전서》에서 인용하였다.

리기 어려운 신성(神性)과 이해할 수 없는 위력과 위대하고 훌륭한 것에 대해서 유한한 시인(詩人) 자신이 전적으로 무력하게 굴복할 수밖에 없는 상황으로 전개시켜 나간다.

β) 두 *번째* 위상을 지닌 것으로는 일반적으로 근대적인 의미에서 *송시(訟詩, Ode)*라고 불리는 서정시들을 들 수 있다. 여기서는 앞서의 서정시에서와는 달리 스스로 강조된 시인의 *주관성*이 중요한 사안으로 떠오르면서 동시에 다음과 같은 두 가지 사항에서 타당성을 띤다.

αα) 즉 한편으로 시인은 이 새로운 형식과 표현방식을 지닌 서정시 내에서도 지금까지처럼 신들이나 영웅, 영주, 사랑, 미, 예술, 우정 따위를 찬양과 칭송대상이 되는 중요한 내용으로 선정하며, 이러한 내용과 그 구체적인 현실성이 자신의 내면으로 *아주* 스며들어 그것에 의해 충만해지고 사로잡힘으로써, 마치 온 영혼이 비약적으로 영감을 얻는 가운데 그 대상을 완전히 소유하여 이를 유일한 특정한 위력으로서 우세하게 드러나 보이게 한다. 오직 이런 경우에만 그 사안 자체는 서사적인 조각형상으로 객관성을 띠고 조형적으로 형상화되어 움직이고 완결될 수 있을 것이다. 그러나 그와 반대로 시인이 스스로 표현하여 객관성을 띠게 해야 하는 것은 바로 시인 자신의 주관성과 그 속에 깃든 위대함이므로, 그는 그 대상을 지배하여 내면적으로 바꾸어 그 안에 자신을 표현함으로써, 자유로운 독자성 안에서 자신의 감정과 반성을 통해 객관적인 전개과정을 중단시켜 주관적으로 조명하고 변경시킨다. 그리하여 사상(事象) 자체가 아니라 그것에 의해 충만해진 *주관적인 영감(靈感)*이 주요한 것이 되게 한다. 이로써 우리는 사실상 상반되는 두 가지 서로 다른 측면을 갖게 된다. 그것들은 즉 내용이 지닌 매혹적인 힘과 그 반대로 주관적이고 시적인 자유로서, 이는 그

것이 지배할 대상과의 싸움에서 분출되어 나온다. 특히 이러한 격렬한 대립에서는 필연적으로 언어와 형상들의 대담한 비약, 겉보기에 무질서하게 진행되는 내적인 구조, 옆길로 새어나가면서 틈새를 보이는 일, 갑자기 다른 대상으로 넘어가는 일 따위가 일어나며, 시인의 내면에 들어 있는 고귀한 시성(詩性)은 그에 의해 예술적으로 완성되는 가운데 그 분열을 해결하고 그 안에 통일된 전체를 산출하는 대가의 솜씨에 의해서 보존된다. 이 전체성이야말로 시인의 작품이 되면서 그를 위대한 대상성을 초월하여 더욱 숭고하게 들어올린다.

핀다르의 송가들은 이러한 서정적인 영감에서 나온 것으로서, 그 내면에 깃든 탁월함은 승리를 구가하고 있으며 또 다양하게 움직이면서도 확고하게 절제된 리듬으로 나타난다. 반면에 호라티우스는 그가 가장 고양시키고자 하는 곳에서 바로 매우 냉정하고 절도 있게 모방적인 예술성을 띠고 있는데, 그럼으로써 오히려 구성 면에서 오성적인 세심함을 감추려고 하지만 이는 헛수고일 뿐이다. 클롭슈토크의 송시들 가운데 많은 것들은 진실하고 사실적인 느낌으로 충만되어 있으며 매력적이고 남성적인 품위와 표현력을 띠고 있기는 하지만, 그런 영감도 역시 늘 참된 것으로 머물지는 않고 종종 어딘지 인위적인 특성을 띠고 있다.

$\beta\beta$) 그러나 다른 한편으로 내용은 전적으로 함축성을 띤 중요한 것이어야만 할 필요는 없다. 둘째로, 오히려 시인은 자기의 개별성 안에서 스스로 중요성을 띠게 되므로 중요성이 덜한 대상들이라 해도 시인은 자신이 시작(詩作)의 내용으로 삼는 대상들에게 품위와 고상함이나 아니면 최소한 좀 더 고차적인 관심을 부여한다. 호라티우스의 송시에는 이러한 종류의 시들이 많으며, 클롭슈토크와 다른 시인들도 역시 이러한 입장을 취했다. 이때 시인은 내용의 중요성을 위해서 노

력하는 것이 아니라, 반대로 외적인 동기나 작은 사건들 따위에서 얻어지는 하찮은 것이라도 자신의 느낌과 표상의 수준으로 고양시킨다.

γ) 끝으로, 서정적인 분위기와 반성이 지닌 무한한 다양성은 노래의 단계 위에서 펼쳐져 나가므로, 그 안에서 민족성과 시작(詩作)의 독특성이 가장 완벽하게 드러난다. 아주 다양한 것들도 이 안에 포괄될 수 있으므로 이들을 아주 자세하게 분류하는 일은 매우 어렵다. 일반적으로 다음과 같은 차이들이 있다.

αα) 첫째, 스스로 그리고 사람들의 사회 속에서 *원래* 노래로 정해지는 시가 있다. 이것은 많은 내용을 담고 있거나 내적인 위대함이나 숭고함을 지닐 필요는 없다. 반대로 품위 있는 고상함이나 어려운 사상은 직접 표현하는 재미에 방해만 될 것이다. 거창한 반성, 심오한 사상, 숭고한 감정은 직접 개별성을 띠어야 하며, 그에 대해 관심을 갖고 영적인 분위기 속에 드러나는 주체가 필요하다. 그러나 이와 같은 직접적인 기쁨과 고통, 방해받지 않는 진심 속에 깃든 특수성은 바로 노래 안에서 표현되어야 하므로, 한 민족이 지닌 노래 안에서 친숙한 기쁨을 가장 많이 느낄 수 있다.

이 영역이 내용상 또는 그 다양한 음조의 영역에서 아무리 무한하게 확대되더라도 모든 노래는 그 소재, 진행, 운각, 언어, 형상 등이 단순하므로 지금까지의 다른 노래 양식들과는 구별된다. 그것은 심정 안에서 저절로 시작되며, 한 대상에서 다른 대상으로 비약해 나아가면서 어떤 영감을 주는 것이 아니라, 그것이 개별적인 상황이든 특정하게 쾌감이나 슬픔을 표현한 것이든 대체로 우리의 가슴에 파고드는 동일한 내용 속에 머물면서 그 분위기에 대해 더 확고하게 직관된다. 이러한 감정이나 상황 속에서 노래는 균일하지 않게 비약하거나 흥분시키지도 않으며 대담하게 반전하거나 이행(移行)해 가지 않고 단순하고 고요한 것으로 머문다. 그리고 단지 때때로 중지되거나 집중되고 때때로 순서에 맞게 펼쳐져 노래의 리듬과 하나가 되어 다양하게 뒤얽혀 반복되는 것이 아니라, 가벼운 운율로 포착되어 흐르는 가운데 이 통일된 것을 하나의 전체로 완성시킨다. 그러나 그런 노래는 대개 일시적인 것을 내용으로 삼으므로, 사람들은 한 민족이 수백 수천 년에 걸쳐서 늘 같은 노래만을 부르리라고 생각해서는 안 된다. 문화적으로 계속 발전해가는 민족은 단 한 차례만 민요시인들을 가질 정도로 가난하거나 빈약하지는 않다. 즉 가요시(歌謠詩)들은 서사시와는 달리 소멸되지 않고 언제라도 새롭게 깨어난다. 이런 서정시의 꽃밭은 계절마다 다시 새롭게 피어나므로, 아주 오래된 노래들은 진보되지 않아 늘 새로운 생명력을 지닌 즐거운 시작(詩作)이 되풀이하지 못하는 민족들에게서만 보존된다. 개별적인 노래와 개별적인 분위기는 솟아났다가 사라지며, 자극과 기쁨을 주고 나서는 잊혀진다. 예를 들면 오십 년 전에 일반적으로 알려지고 즐겨 불리던 노래들을 지금도 기억해서 부르는 사람이 누가 있는가. 매 시대마다 새로운 음조를 띤 노래로 바뀌며, 그 전에 불리던 노래는 점차 소리가 사라져가다 완전히 그치고 만다. 그럼에도 불구하고 모든 노래들은 누차 호소력을 갖고 사람들의 마음을 사로잡고 동일한 느낌을 일으키면서, 사람들 입에서 입으로 전해져 일반적으로 통용되는 것으로서 가인(歌人)의 인격 자체를 표현한다. 어느 시대에 일반적으로 즐겨 불리지 못한 노래들이 참된 노래인 경우는 드물다.

 나는 노래의 표현방식에 들어 있는 중요한 차이로 이미 앞서 다룬 두 가지 측면만 강조하고자 한다. 즉 한편으로 시인은 자기의 내면과 그 움직임, 특히 기쁜 감정이나 상태를 아주 솔직하고 자유분방하게 표현할 수 있으므로 자기 안에 일어나는 모든 것을 충분히 전달한다. 그러나 다른 한편으로 그는 극단적으로 자신과 대립되는 것 안에서는 곧 침묵을 지킴으로써 그의 닫힌 심정 안에 무엇이 응축되어 있는지 단지 예감만 할 수 있게 한다. 특히 동양의 시, 그것도 욕구에서 벗어나 근심 없이 쾌활하게 전개되는 마호메트교의 시는 첫 번째의 표현방식을 취하고 있는데, 거기에서의 탁월한 관조는 감각적인 기지를 띠고 이리저리 즐겨 폭넓게 방향을 바꾼다. 반면에 두 번째의 표현방식은 오히려 스스로 집중된 심정의 내면성에 더 맞는 것으로서 북구(北歐)적인 특성을 띤다. 그것은 억눌린 고요함 속에서 단지 가끔 외적인 대상들을 붙들며, 그 안에서 억눌린 마음은 스스로 표현되어 숨을 트지 못한 채, 그 대신 《마왕(Erlkönig)》[61]에서 밤의 바람 속을 뚫고 아버지와 함께 말을 타고 달리는 아이처럼 자신 속에서 서서히 숨이 꺼져 죽어가는 것을 암시해 준다. 그 밖에도 이러한 차이는 서정시 안에서 일반적으로 민요와 예술시, 심정과 포괄적인 반성의 차이로 드러나는데, 이는 그런 노래 안에서도 여러 뉘앙스와 중간단계를 띠고 반복되어 드러난다.

끝으로 여기에 속하는 개별적인 서정시의 종류에 관해서 다음과 같은 것들만 언급하겠다.

첫째, 민요(民謠, Volkslieder)를 들 수 있다. 민요는 그 직접성 때문에 특히 노래로 머물며, 대부분 노래로 부를 수 있고 사실 그에 수반되는 성악을 필요로 한다. 그 노래들에는 때로는 한 민족의 행적과 사건들이 포함되어 있어서 그 안에서 그 민족은 그들에게 고유한 삶을 느끼고 또 이를 새로이 기억하도록 일깨워진다. 또 때로는 그런 노래들은 여러 다른 상황

---

[61] 이는 괴테가 지은 유명한 시로 작곡가 슈베르트(Schubert)에 의해서 가곡으로 작곡되었다.

들, 자연과의 공동체험, 친한 사람들과의 관계를 직접적으로 표현하는 가운데 다양한 음조를 띤 유쾌하거나 슬프고 한탄적인 노래로 흘러나온다.

 둘째, 그와 반대되는 시들은 더 풍부한 문화 속에서 나온 것들로서 아주 다양한 익살과 우아하게 반전되는 구절들, 자그마한 사건들이나 그 밖의 매혹적인 표현법을 쾌활하게 향유하는 시들이다. 또는 더 감상적으로 국한된 인간적인 삶의 본질과 상황에 눈을 돌려서 그 대상이나 거기에서 느낀 것, 또는 그것에 대한 느낌을 묘사한다. 그때 시인은 자신 속으로 되돌아가 자기 자신의 주관성과 그 마음에 자극되는 것을 향유한다. 만약에 그런 노래들이 주로 자연대상을 단순히 묘사하는 데만 그치면 통속적이 되기 쉽고 아무런 창조적인 상상력을 산출해내지도 못한다. 또 무엇인가에 대한 느낌을 묘사하는 일도 때때로 더 이상 진전을 보이지는 않는다. 무엇보다도 시인은 그처럼 대상이나 느낌을 묘사하는 데 있어서 더 이상 어떤 직접적인 소망이나 욕구에 사로잡혀 있을 필요는 없고, 역시 사색으로 자유로이 그것을 넘어설 수 있으므로 그에게는 오직 상상력이 주는 만족만이 중요해진다. 예를 들면 아나크레온이 지은 많은 시들이나 하피스의 시들, 그리고 괴테의《서동시집》[62]에 나오는 시들은 이처럼 어떤 것에도 개의치 않는 자유와 마음이 표상하면서 만족하는 것으로 드러나는 정신적으로 자유로운 시들로서 대단한 매력을 지니고 있다.

---

[62] 《미학강의》 제1부에서 이미 소개된 《서동시집(西東詩集, West-östlicher Diwan[Divan])》(1819년)에서 보면, 괴테가 말년에 특히 동양에 대해 관심을 가지면서 아라비아, 페르시아, 인도, 중국 등지의 문화와 예술을 동경하게 되고 14세기 페르시아의 서정시인 하피스(Hafis)의 시집 《디반(Divan)》을 접했음을 알 수 있다. 그는 거기에서 이국적인 정서와 시대, 지역을 초월한 인간미에 대해 매력과 공감을 느껴 자신이 쓴 시집에 그와 비슷한 제목을 붙였다.

그러나 *셋째로*, 이 단계에서도 더 숭고하고 보편적인 내용이 배제되는 것은 아니다. 예를 들면 교회에서 신앙심을 일으키고자 하는 프로테스탄트의 찬송가들도 이런 종류의 노래에 속한다. 그것들은 프로테스탄트 신자의 마음에 일어나는 신에 대한 동경, 그의 은총에 대한 호소, 참회, 희망, 신뢰, 회의, 신앙 따위를 개별적으로 일어나는 심정이자 상황으로서 표현하기는 하나 이러한 느낌과 상황은 곧 모든 사람들의 경우가 될 수 있는 보편적인 방식으로 표현된다.

ββ) 이 두 번째의 그룹은 좀 더 포괄적인 것으로 여기에는 *소나타(Sonette)*, *세스티나(Sestina)*63), *비가(悲歌, Elegien)*, *서간체(書柬體, Episteln)*의 시 따위가 속한다. 이러한 종류의 시들은 이미 지금까지 고찰한 시들의 영역에서 나오는 것들이다. 다시 말해 직접 느끼고 표현하던 방식이 여기서는 반성과 여러 측면을 돌아보고 개별적으로 직관하고 마음에서 체험한 것을 보편적인 관점으로 총괄하는 것으로 지양되어 관찰된다. 즉 여기서는 대체로 지식과 현학, 교양이 가치를 지니므로, 이 모든 관계에서 특수자와 보편자(das Besondere und Allgemeine)를 자기 안에 연결하여 매개하는 주관성이 우세하게 부각되기는 하지만, 그것들은 원래의 노래들보다 더 보편적이고 폭넓은 위상을 지닌다. 예를 들면 이탈리아인들은 그들의 소나타와 세스티나에서 아주 섬세한 감각으로 반성적인 느낌을 묘사하는 아주 탁월한 예를 보여주고 있다. 그것들은 어느 상황에서 단순한 동경, 고통, 소망 따위의 분위기나 외적인 대상들에 대해 관조한 것을 내밀하게 집중해서 직접 표현할뿐더러, 다양하게 이리저리 우회하

---

63) 중세에 프로방스인들과 이탈리아인들이 주로 사용한 운문 형식으로, 각각 6행으로 된 6연(聯)의 무운시(無韻詩)로 이루어졌다. 이 형식은 이탈리아에서는 단테와 페트라르카 등이 자주 사용했다.

여 신화와 역사, 과거와 현재를 사려 깊게 널리 돌아보다가 늘 자신에게로 되돌아가 자신을 제한하고 응집시킨다. 이러한 교양 속에서는 노래를 단순하게 지어서 부르거나 송시를 고양시키는 일은 허용되지 않는다. 거기에서는 한편으로 노래가 될 가능성은 떨어져 나가지만, 다른 한편으로 반주(伴奏) 형태의 노래와는 달리 말 자체가 음향을 띠고 기교적인 운을 살려 선율로 울려나온다. 반면에 비가(悲歌)는 그 음절이 운을 띠고 반성적이고 서술적으로 표현되어 묘사되므로 더 서사적으로 될 수 있다.

γγ) 이 영역의 세 번째 단계인 서정시에 와서 다루는 방식은 그 특징이 근래에 와서 우리 독일인들 가운데 특히 실러에게서 가장 뚜렷하게 드러나고 있다. 그의 서정시들 가운데 〈체념〉, 〈이상(理想)〉, 〈망령의 왕국〉, 〈예술가〉, 〈이상(理想)과 삶〉 같은 시들은 대부분 고대적인 의미에서 원래의 송시나 송가, 서간체의 시, 소나타 또는 비가인 경우는 드물고 오히려 이러한 모든 시들의 양식과는 구별된다. 이 단계의 시들에서 특히 두드러지는 것은 그 내용에 담겨 있는 대단한 기본사상이다. 그러나 실러는 그것에 열광적으로 취해 있는 듯이 보이지는 않으며, 그렇다고 해서 영감에 빠져서 자신의 위대한 대상과 싸우는 것처럼 보이지도 않는다. 반대로 그는 그것들을 완전히 자기의 것으로 소화시켜 자신의 시적인 반성과 비약적인 느낌을 가지고 포괄적으로 고찰하고 있다. 그리하여 매혹적인 힘으로 화려하고 풍부하게 울리는 음향과 이미지에 의해 대개는 단순 정확한 리듬과 운을 띠도록 모든 측면에서 완전하게 표현하고 있다. 그러므로 그 시인이 자신의 전 생애를 바친 이 위대한 사상과 근원적인 관심사들은 그의 정신이 내밀하게 소유하고 있는 것으로 나타난다. 그러나 실러는 괴테처럼 고요하게 노래하거나 사교계에서 노래하듯이 읊지 않고, 스스로에

독일의 이상주의(理想主義) 시인 프리드리히 실러의 모습을 표현한 것 중 가장 뛰어난 걸작으로 알려진 이 작품은 당시 주로 역사적인 인물들의 초상화를 그렸던 독일 화가 게르하르트 폰 퀴겔겐(Gerhard von Kügelgen, 1772~1820년)의 작품이다

게 가치 있는 내용을 최고로 뛰어난 사람들 앞에서 낭송하는 가인처럼 읊고 있다. 그의 시들은 그런 식으로 울리고 있는데 그가 종(鐘)에 대해서 읊은 시를 보면 다음과 같다.

낮은 지상의 삶 위로 드높이
푸른 창공 속에서
천둥 가까이 그것은 흔들리며
또한 별들의 세계와도 이웃하여
위로부터 울려오는 소리가 될 것이다.
움직이면서 그들의 창조주를 찬양하고
화환으로 장식된 계절을 이끌어가는
밝은 별들의 무리처럼,
오직 영원하고 진지한 사물들에게만
그 쇠로 된 입은 바쳐진 것,

또한 매시간 빨리 흔들리고

날면서 그것은 시간을 움직일지어다.[64]

3. 서정시의 역사적인 발전

나는 시인과 서정시, 서정적인 예술작품 그리고 서정시의 종류와 관련해 한편으로 일반적인 특성과 다른 한편으로 더 상세한 규정을 시사했는데, 이로써 특히 이 시문학(Poesie)의 영역에서 구체적으로 다루는 일은 역사적인 방식으로만 가능하다는 것이 충분히 해명되었다. 왜냐하면 일반적으로 확립된 것은 그 범위가 한정되어 있고 그 가치도 추상적인데, 그 이유는 시문학에서처럼 특수한 시간과 민족성, 주관적인 천재성이 지닌 개별성이 예술작품의 내용과 형태에 결정적

---

[64] 제목이 《종(鐘)의 노래(Lied von der Glocke)》인 이 시의 독일어 원문은 다음과 같다.

Hoch überm niedern Erdenleben
Soll sie in blauem Himmelszelt,
Die Nachbarin des Donners, schweben
Und grenzen an die Sternenwelt,
Soll eine Stimme sein von oben
Wie der Gestirne helle Schar,
Die ihren Schöpfer wandelnd loben
Und führen das bekränzte Jahr.
Nur ewigen und ernsten Dingen
Sei ihr metallner Mund geweiht,
Und stündlich mit den schnellen
Schwingen Berühr im Fluge sie die Zeit.

인 경우는 다른 어떤 예술에도 없기 때문이다. 그러나 여기에서 그런 역사적인 서술을 더 이상 피할 수 없다는 요구가 커지면 커질수록, 나는 바로 서정시가 이처럼 다양성을 띠고 갈라져 나가기 때문에 내가 이 영역에서 알고 있고 좀 더 활발한 관심을 갖게 된 것만을 간략하게 고찰하는 데 국한하지 않을 수 없다.

서사시에서 그렇듯이 다양한 민족적인 서정시나 개인적인 서정시 같은 창작물들을 일반적으로 분류하는 근거는 일반적으로 예술적으로 창조되어 전개되어 나오는 것으로서, 우리가 상징적, 고전적, 낭만적인 시라고 알고 있는 중요한 형태들에서 추론해야 한다.

그러므로 이 영역에서 우리는 또 동양의 서정시(die orientalische Lyrik)로부터 고대 그리스와 로마의 서정시로 이어지고 여기에서 슬라브 민족, 라틴 민족 그리고 게르만 민족으로 넘어가는 서정시의 단계를 추적해야 한다.

a. 동양의 서정시

첫째, 동양의 서정시에 관해서 보면 본질적으로 동양에서는 그 일반적인 원칙에 따라 주체의 개별적인 독자성이나 자유도 허용되지 않으며, 그렇다고 해서 그 무한성에 의해 내용이 내면화되어 그 안에서 심오한 낭만적인 심정을 형성하지도 못하므로 서양의 시와는 구별된다. 반대로 주관적인 의식(意識)은 그 *내용*에 따라 한편으로 외적인 것과 개별적인 것에 직접적으로 침잠하여 이처럼 분리되지 않은 통일성의 상태에서 자신을 알린다. 그러나 다른 한편으로 그것은 그 자체 안에 확고하게 머물지도 못하며, 인간 존재의 본질과 그것이 처한 상황 속에서 위력적이고 실제적인 가치를 띤 것 앞에서는 표상과 느낌에 있어서 때로는 더 부정적이기도 하고, 때로는 더 자유로운 관계를 유지하면서 그 가치 있는 것을 지향해가려고 애쓰지만 거기에 이르지 못한 채 해체되고 만다.

그러므로 여기서 우리는 그 *형태*상 대상이나 상황들에 대해 독자적으로 표상된 것이 시적으로 표현되기보다는 오히려 그것과 반성 없이 친숙해진 것이 직접적으로 묘사되는 것을 발견할 수 있다. 그럼으로써 주체는 자신에게 회귀(回歸)한 내면성 속에서 인식되지 않고 대상들과 상황들에 맞서 해체된 것으로 인식된다. 이런 점에서 종종 동양의 서정시는 낭만적인 시와는 달리 더 객관적인 음조를 띤다.

왜냐하면 주체는 종종 사물이나 상황들을 *자신* 속에 들어 있는 그대로 표현하지 않고, 주체에 의해 독자적인 생명력을 얻는 사물들 속에 주체가 어떻게 머물고 있는가 하는 것을 표현하기 때문이다. 예를 들면 시인 하피스(Hafis)는 다음과 같이 읊은 적이 있다.

> 오라! 하피스의 심정에서 나온 밤꾀꼬리는
> 향락의 장미의 향기 위로 되돌아온다.

다른 한편으로 이 서정시는 주체가 자기로부터 그리고 모든 개별성으로부터 벗어나는 가운데 대체로 원래 내면이 확장되는 데로 나아간다. 하지만 그것은 한계가 없는 것 속으로 빠져들기 쉬우며, 그것이 대상으로 삼는 것을 긍정적으로 표현하는 데까지 나아가지는 못한다. 왜냐하면 그 내용 자체는 형상화할 수 없는 실체이기 때문이다. 그러므로 일반적으로 이 후자의 것을 고려할 때 동양의 서정시는 특히 헤브라이인들과 아랍인들, 페르시아인들에 있어서 찬가(讚歌)와 같은 고양된 특성을 지닌다. 비록 주관적인 상상력은 피조물이 지닌 모든 위대함과 위력 그리고 탁월함을 축적하지만, 그러나 그렇게 하는 이유는 이러한 피조물들의 찬란함도 더 높은 신의 위력 앞에서는 덧없이 사라지는 것으로 만들기 위해서이다. 또 시인의 상상력은 술탄(Sultan)이든 애인이든, 술집이나 사랑스럽고 아름다운 것이면 무엇이든 그가 보기에 가치를 띠고 있는 대상들을 희생양으로 삼기 위해서 지치지 않고 그것들의 호사스런 장식들을 끊임없이 일렬로 나열해서 묘사한다.

끝으로, 이 시의 영역에서는 특히 은유, 이미지, 비유(比喩, Gleichnis)와 같은 표현형태에 더 익숙하다. 왜냐하면 한편으로 자기의 고유한 내면에서 대자적으로(für sich) 자유롭지 못한 주체는 오직 타자(他者)이자 외적인 것 안에 비유적으로 친숙해짐으로써만 자신을 드러낼 수 있으며, 다른 한편으로 여기에서 보편적이고 실체적인 것은 어떤 특정한 형상과 융합해서 자유로운 개성으로 변하지 않은 채 추상적으로 머물면서 세계의 특수한 현상들과 비유함으로써만 역시 직관될 수 있기 때문이다. 반면에 이것은 결국 유일하게 의미를 지니고 있고 영광스럽게 예찬될 가치가 있는 일자(一者)에 유사하게 비유되기 위해서만 이용될 가치를 띤다. 그러나 이러한 은유, 이미지, 비유(比喩, Gleichnis)는 내면이 그것들에게 전적으로 자신을 열 때 직관되어 드러나는 것으로, 실제의 느낌이나 사상(事象, die Sache)이 아니라 시인이 그것을 주관적이고 인위적으로 만들어낸 표현일 뿐이다. 그러므로 여기에서 서정적인 내면의 심정에 결핍되는 내적이고 구체적인 자유가 표현의 자유로움으로 대체되는 것을 알 수 있다. 이는 순진하고 솔직한 이미지와 비유(比喩)적인 언어에서 시작해서 중간단계에 있는 다양한 측면을 거쳐 믿기지 않을 정도의 대담함과 총명한 기지로 새롭고 놀랍게 결합되는 데까지 계속 발전해간다.

끝으로 동양의 서정시에서 나타날 수 있는 개별 민족들에 관해서 보면, 여기서는 첫째로 중국인들(Chinesen), 둘째로 인도인들(Inder), 셋째로 특히 헤브라이인들(Hebräer)과 아랍인들(Araber) 그리고 페르시아인들(Perser)을 들 수 있으나 그들의 상세한 특성에 대해서는 나는 더 이상 다루지 않겠다.

b. 고대 그리스인들과 로마인들의 서정시

서정시의 두 번째 주요 단계인 고대 그리스인들과 로마인들의 서정시에서는 *고전적인 개성이* 결정적인 특징이 된다. 이 원칙에 맞게 자신을 서정적으로 전달하는 개별적인 의식은 외적으로 객관적인 것에 드러나거나 자신을 초월하여 "숨 쉬는 모든 것들로 하여금 여호와를 찬양하게 하라!"[65]는 식으로 모든 창조물에게 숭고하게 외치는 식으로 고양되지도 않는다. 그렇다고 해서 그것은 모든 유한성의 끈으로부터 기꺼이 떨어져 나와 모든 것을 관통하여 이를 영활시키는 유일자 안으로 침잠하지도 않는다. 반대로 주체는 자기 자신의 정신적인 실체가 되는 보편자(普遍者, das Allgemeine)와 자유로이 결합하며 이 개성적인 합일(合一)을 내면에서 시적(詩的)으로 의식한다.

다른 한편으로, 고대 그리스와 로마의 서정시는 동양의 서정시와 구별되듯이 *낭만적인* 서정시와도 역시 구별된다. 왜냐하면 그것은 개별적인 기분과 상황들의 깊은 감정 속으로 침잠하는 대신에, 반대로 내면 작업을 거쳐서 그 개성적인 열정과 직관을 명확하게 표출해내기 때문이다. 그럼으로써 그것은 내적인 정신의 외화로 드러나면서도 서정시에 허용되는 한에서 고전적 예술형식의 조형적인 형태를 보존한

---

65) 이는 《구약성서》 시편 150장 6절에 나오는 말이다.

다. 즉 그것이 삶에 대한 견해나 지혜로운 격언 따위에서 표현해내는 것은 통찰력 있고 보편성을 띠면서도, 독자적인 신념과 자유롭고 개성적으로 이해되는 방식에서 벗어나지 않으며, 비유나 은유적이기보다는 직접적이고 본래적으로 표현된다. 또 주관적인 감정도 한편으로는 보편적인 방식으로, 또 한편으로는 직관적으로 형상화되면서 스스로 객관성을 띤다. 개성은 같으면서도 구상이나 표현, 방언, 운율에 따라 서로 달라지면서 독자적으로 완결되는 가운데 완성의 정점에 도달한다. 그리고 내면이나 내면의 표상과 마찬가지로 외적으로 낭독(朗讀, Vortrag)하는 것도 조형적인 특성을 띤다. 그때의 움직임은 리듬을 지니면서 감정의 내면에 있는 영적인 선율보다는, 감각적인 음향을 강조하고 거기에 마지막에 가서 춤과 섞여서 표현된다.

α) 이와 같은 예술적인 특성을 원래의 서정시에 맞게 풍요롭게 발전시킨 것은 고대 *그리스의* 서정시이다. 이는 내가 이미 위에서 언급했듯이, 먼저 서사시의 시운율 속에서 내적인 영감을 표현하기보다는 확고한 객관적인 특징을 지닌 신들의 조형적인 이미지를 영혼에 드러내면서도 아직은 서사적인 특징을 띠는 *찬가(讚歌, Hymnen)*들에서 이루어졌다. 그런 다음에 그것은 시운율에서 비가(悲歌)식으로 음절이 운각을 띠는 방향으로 나아갔는데, 여기에 5운각이 첨가되면서 이것이 6운각에 규칙적으로 반복되어 결합되고 또 규칙적인 중간 휴지를 둠으로써 처음으로 시연(詩聯)으로 완성되고 있다. 비가도 역시 정치적인 것이든 연애에 관한 것이든 전체적으로는 서정적인 음조를 띤다. 물론 특히 잠언적인 비가는 본질적인 것을 서사적으로 강조하고 표현하는 일에 더 가까우므로, 역시 객관적으로 관조하기를 즐겨 했던 이오니아인들에 의해 거의 단독으로 지어졌다. 그 밖에 *셋째로*, 새

고대 그리스의 여류시인 사포의 흉상. 기원전 5세기의 작품을 로마시대에 모조한 것이다

여류시인 사포가 악기를 연주하며 노래하는 시인 알카이오스의 노래에 귀를 기울이고 있는 모습의 상상도이다. 고대 그리스인들의 예술 취향을 보여주고 있다. 로렌스 알마-타데마(Lawrence Alma-Tadema) 作(1881년)

로운 시운율로 전개되는 시도 있는데 이는 약강격(jambisch)을 띠고 있으며 날카롭고 독선적이어서 이미 주관적인 방향으로 흐른다.

그러나 원래 서정적인 반성과 열정은 이른바 가곡풍(歌曲風)의 서정시(melische Lyrik)에 와서 비로소 발달한다. 여기에서 시운율은 변

화하면서 더 다양해지고 시연(詩聯)은 더욱 풍요로워지며 음악은 변조(變調)를 띠고 반주로 곁들여짐으로써 더욱 완벽해진다. 모든 시인은 자기의 서정적인 특성에 알맞게 음절에 운율을 부여한다. 고대 그리스의 여류시인 사포[66]는 그녀의 부드러우면서도 불타는 듯한 열정으로 고조된 표현을 함으로써 강한 효과를 보여주었고, 시인 알카이오스의 힘차고 남성적인 송시와 특히 고대 그리스의 연회석에서 불리던 노래들은 내용과 음조가 다양하여 역시 그 어법과 시운율도 다양성을 띠고 있었다.

끝으로 합창조(調)의 서정시는 풍부한 표상과 반성으로 대담하게 이행되고 연결되며 또 외적으로도 아주 풍부하게 전개되면서 낭송된다. 즉 합창곡은 개별적인 목소리들로 바뀔 수 있으며, 그 내적인 움직임은 단순한 언어의 리듬과 음악적인 변조로만 그치지 않고 역시 조형적인 요소인 춤동작의 보조를 받으므로, 여기서 서정시의 주관적인 측면은 연주를 통해 그것이 구체적으로 묘사되는 데 있어서 완벽한 균형을 이룬다. 이러한 식으로 신들이나 전투경기에서 이긴 영웅들에 대한 찬미는 영감의 대상으로서 본질적이고 중요해지는데, 종종 정치적인 면과는 거리가 먼 그리스인들은 그런 시들 속에서 자신들이 민족적인 통일에 대해서 객관적으로 관조하였다. 그러므로 내적으로 이해하는 방식에서도 서사적이고 객관적인 요소는 빠지지 않는다. 그래서 예를 들면 내가 이미 언급했듯이, 이 서정시 분야에서 완성의 정상에 도달한 시인 핀다르(Pindar)는 외적으로 주어진 동기(動機)들에서 쉽게 도덕적이고 신성한 것으로 넘어갔으며, 그런 다음에는 영웅

---

[66] 사포(Sappho, 고대 그리스어로는 $\Sigma\alpha\pi\varphi\dot{\omega}$)는 기원전 630~612년 사이에 태어나 기원전 570년경에 사망한 것으로 추정되는 그리스의 여류 서정시인이다.

과 영웅의 행적, 국가의 건립 같은 일반적인 특성에 대해 심오하게 표현하였다. 그리고 그 속에 조형적인 구체성뿐만 아니라 주관적이고 비약적인 상상력도 담았다. 그래서 여기서는 사실 그 자체가 아니라 그 대상에 꽉 붙잡힌 주관적인 영감이 서사적으로 계속 진행되면서 심정에 의해 이해되고 산출되어 나타난다.

그 후에 등장한 알렉산드리아 시인들이 지은 서정시는 독자적으로 계속해서 발전했다기보다는, 오히려 현학적으로 모방하면서 우아하고 세심하게 표현하고자 애쓴 것들이어서 결국은 하찮은 우아함이나 해학(諧謔, der Humor)을 띤 시로 갈라져 나갔으며, 그 밖에 이미 경구로 주어진 예술과 삶의 꽃에 느낌과 착상을 다시 연결해서 재치 있는 찬사나 풍자(諷刺, Satire)를 통해 신선하게 만들려고 애를 썼다.

β) 둘째로, 로마인들에게 있어 서정시는 비록 수차 그 기반을 닦기는 했지만 원래 별다른 수확을 거두지 못한 것을 알 수 있다. 따라서 서정시가 번성하던 시기는 주로 아우구스투스(Augustus, 황제)가 다스리던 시대로 국한된다. 그때의 서정시는 정신을 이론적으로 외화시켜 교양 있게 향유하기 위해서 씌어졌으며, 다른 한편으로는 신선한 느낌을 예술적으로 독창적으로 구상하기보다는 외국의 것을 능숙하게 번역하거나 모방하는 식이었거나 아니면 취미(趣味, der Geschmack)를 갖고 열심히 노력해 써서 열매를 맺는 데 그쳤다. 그러나 로마의 서정시는 현학적이거나 낯선 외국의 신화를 모방했고 특히 알렉산드라아식의 차가운 운율을 그대로 모방했음에도 불구하고, 대체로 로마적인 특성과 개성적인 독특함, 그리고 각기 시인들의 정신을 다시금 독자적인 것으로 표현해냈다. 따라서 로마의 서정시와 예술에서는 내면

적인 영혼성이 부족한 것만 제외하면, 송시는 물론 서간체의 시나 풍자, 비가의 분야에서도 어느 정도 스스로 완성된 것임이 드러났다. 반면에 로마의 후기 서정시 분야에 속하는 풍자는 그 시대의 부패를 신랄하게 꼬집으면서 격분을 날카롭게 열변적으로 표현하는 가운데 도덕성을 드러내 보이고 있어서 순수한 시적인 관조에서는 좀 더 멀어지고 있다. 이는 부패한 현재의 이미지에 그처럼 도덕적인 격분과 추상적인 어법을 대립시키는 일 외에 다른 것은 보여주지 못하면 못할수록 시적인 관조로부터 더욱 더 멀어지고 있다.

c. 낭만적인 서정시

그러므로 서사시에서처럼 서정시에도 새로운 민족들의 등장으로 인해 비로소 근원적인 내용과 정신이 들어서게 된다. 이는 특히 게르만 민족과 로만 민족, 슬라브 민족에게서 볼 수 있는데, 이는 그들이 이교도로 지냈던 초기에도 보이지만, 특히 기독교로 개종한 후의 중세와 지난 수세기 동안 서정시의 *세 번째 주요 방향*을 이룬 낭만적인 예술 형식의 일반적인 특성 속에서 더욱 다양하고 풍요롭게 완성되었다.

이 세 번째의 영역에서 서정시는 매우 중요해지면서, 그 원리는 앞서 고대 그리스나 로마인들의 서사시나 그 후에 극시에서 가능했던 것보다 훨씬 더 심오한 방식으로 발전했다. 사실 몇몇 민족에게서 보이는 원래 서사적인 요소들을 띠고 있던 시들조차 전적으로 이야기조의 서정시로 다루어지고 있으므로, 실제로 그런 시들이 서정시 양식에 속하는지 아니면 다른 양식에 속하는지 의심스러울 정도이다. 이처럼 서정적으로 이해하는 경향을 보인 중요한 근거는 이 민족들의 삶 전체가 실체적이고 객관적인 것을 자신들의 소유로서 스스로 산출해내고 형상화하지 않을 수 없게 된 데다, 이처럼 스스로 주관적으로 침잠하면서 자신을 더 의식하는 주관성의 원리에서 나와 발전한 데서 찾을 수 있다. 이 원칙은 게르만 민족에게서 가장 흐트러지지 않고 완벽하게 효력을 보였다(Am ungetrübtesten und vollständigsten bleibt dies Prinzip bei den germanischen Stämmen wirksam). 반면에 슬라브 민족들은 동양식으로 먼저 실체적이고 보편적인 것으로 침잠하는 데서 벗어나려는 노력부터 하지 않으면 안 되었다. 그 중간에 위치하는 민족은 로만 민족들이었는데, 그들은 그들이 정복한 로마제국의 영토 안에서 대체로 고대 로마의 지식과 문화뿐만 아니라 모든 측면에서 기존의 완성된 것들을 눈앞에 두고 있었으므로, 그것들과 융합되는 가운데 원래 그들이 지녔던 본성을 일부 상실하였다. 내용 면에서 보면 민족이나 개인의 존재는 이처럼 점점 더 풍요롭게 개방되고 커지는 시대나 민족들의 종교 및 세속적인 삶 속에서 내면에서 주관적인 상태이자 상황으로서 반사되어 표출된다. 형식면에서는 기본 유형이 되는 것은 내밀하게 집중된 심정을 표현하고—그것이 자연과 외적인 주위환경 속에 놓였거나 민족적 또는 그 밖의 다른 사건과 관여해서든 아니면 순수하게 자기 자신에만 몰두하든 간에—또 한편으로 자신과 확대된 문화를 반성하는 가운데 그 안에 스스로 주관적으로 침잠하는 일이다. 외적으로 리듬과 운율을 띠는 형태는 두운법, 반해음 또는 다양한 운각과 뒤섞이면서 변하고, 이 새로운 요소들은 단순하게 아무 요구 없이 그리고 또 한편으로 많은 기교와 창의성을 특징으로 하는 형태로 변한다. 또 그 시들이 외적으로 낭송될 때에도 음악의 선율적인 노래와 악기들의 반주가 점차 더 완벽하게 뒤따른다.

끝으로 이 포괄적인 서정시 분야를 분류하는 데 우리는 본질적으로 내가 이미 서정시에 대해 제시한 과정을 따라가기로 한다.

그에 따르면 한편으로 새로운 민족들의 서정시는 여전히 그것들의 *이교도적인* 근원성을 지니고 있다.

둘째로, 중세 *기독교*의 서정시는 내용이 더 풍부하게 확대되고 있다.

마지막 *셋째로*, 부분적으로는 *고대* 예술에 대한 연구가 다시 부흥하고, 부분적으로는 *프로테스탄티즘*의 근대적인 원칙이 본질적으로 영향을 미치고 있다.

그러나 여기서 나는 이러한 주요한 단계들의 특성을 좀 더 자세히 파고들어 살펴볼 수는 없으므로 다만 근래에 와서 우리의 조국 독일의 서정시를 다시 위대하게 비약시켰으면서도 현재로서는 별로 가치를 인정받고 있지 못하고 있는 한 사람의 독일 시인을 부각시키는 데 그치고자 한다. 내가 말하는 사람은 다름 아닌 《메시아》를 지은 *클롭슈토크(Klopstock)*다. 그는 자기 민족에게 새로운 예술의 시대를 시작하도록 도와준 위대한 독일인들 가운데 한 사람이었다.

즉 그는 완전히 경직되고 천박함으로 인해 시의 불모지가 되었던 아무 의미 없는 고트쉐트(Gottsched, 당시 프랑스문학에서 유행하던 고전주의적인 규범을 받아들인 독일시인 — 역자주) 시대로부터 시문학을 끌어내 거기에다 더 대담한 영감과 내면적인 자신감을 불어넣었다. 또한 시에 대한 성스러운 소명으로 가득 차서 신랄하면서도 견실한 형태의 시를 전해 준 사람으로서 그가 지은 시들 가운데 대다수는 고전으로 남게 되었다. 그(클롭슈토크)가 젊은 시절에 지은 송시들 가운데 일부는 그에게는 어딘지 숭고하고 확고하고 명예로운 것이었으며, 그의 영혼의 자부심이자 정신의 신전(神殿)이었던 고귀한 우정에게 바쳐진 것이었고, 일부는 아주 깊은 *사랑*의 감정에게 바쳐진 것이었다. 물론 이 분야에는 전적으로 산문적으로 간주되는 많은 창작물이 있다. 예를 들면 〈셀마르와 셀마(Selmar und Selma)〉를 들 수

프리드리히 G. 클롭슈토크(Friedrich Gottlieb Klopstock)의 초상화로 화가 요한 C. 퓌슬리(Johann Caspar Füßli)의 1750년 作

있는데, 이는 연인들 사이의 우울하고 지루한 경쟁심을 다룬 것으로 눈물, 한탄, 공허한 향수, 그리고 셀마르가 먼저 죽을지 아니면 셀마가 먼저 죽을지에 대한 멜랑콜리한 감성에 가득 차서 불필요하게 활기를 잃은 채 생각에 빠져 있다. 그러나 클롭슈토크에게 있어서 다양한 관계들 속에서 주로 *조국에 대한 감정*이 강조되어 나타나고 있다. 그는 프로테스탄트 교도였으므로 예술의 도덕적인 진지함이나 살아가는 힘을 믿고 스스로 적극적으로 느끼면서 경건하게 머무는 정신적인 힘을 지닌 그에게는, 기독교의 신화, 성자들의 전설 따위(물론 시 속에서 생생한 현실성에서 벗어나 죽은 존재로 머무는 천사들에 대해 그가 시적으로 대단한 숭배를 보였던 것을 제외하고는)처럼 단순히 한탄조의 겸허한 시들은 만족스러운 것이 못 되었다. 그러나 시인인 그에게는 신화, 그것도 이름과 형상만으로도 이미 상상력에게 확고한 기반이 되어주는 고향의 신화에 대한 욕구가 충동질했다. 이러한 조국애적인 것은 고대 그리스 신들에게서는 결여되어 있었다. 그래서 클롭슈토크는 물론 조국에 대한 자긍심에서였다고 말할 수 있겠지만, 보단(Wodan)과 헤르타(Hertha) 같은 신들이 등장하는 고대 북구신화에 다시 신선한 활력을 주려고 시도했다. 그러나 그는 물론 과거에는 게르만적인 이름이었으나 지금은 더 이상 아닌 이 신들의 이름을 가지고는 과거 레겐스부르크에서 열린 제국의회가 오늘날 우리들의 정치적인 이상이 될 수 없는 거나 마찬가지로 별로 객관적인 효과나 타당성을 불러올 수 없었다. 그러므로 그는 비록 보편적인 민족신화(民族神話, Volksmythologie)를, 즉 자연과 정신의 진리를 민족적인 형상으로 만들어 시적인 효과를 지니도록 눈앞에 표현해내려는 욕구가 아무리 컸다 해도, 이미 사라져버린 그 신들은 참되지 못한 공허한 존재로 머물 뿐이었다. 그러므로 그런 것들을 마치 이성적이고 민족적인 신앙인 양 진지하게 꾸미려는 데는 일종의 어리석은 위선과 속임수가 들어 있었다. 그러나 고대 그리스의 신화에 나오는 형상들은 단순하게 상상할 때면 한없이 사랑스럽고 쾌활하게 드러나면서 자유롭고 다양하게 인간적인 형상을 띠게 되었다. 그러나 서정시에서 자신을 표현해내는 사람은 바로 가인(歌人)이다. 우리는 클롭슈토크가 조국애를 갖고 시도했고 나중에 가서 충분한 결실을 맺었으며, 또 시에서 그와 비슷한 대상들에 대해 지식을 갖도록 하는데 충분한 효과를 보인 시도를 했다는 점에서 그를 존중하지 않을 수 없다. 클롭슈토크의 조국애적인 감정은 그가 독일어와 고대 독일의 역사적인 인물들의 영예와 위엄에 대해 열광한 데서 매우 순수하고 풍부한 미적(美的) 효과를 드러내고 있다. 예를 들면 특히 그의 시로 인해서 더욱 영예를 얻은 독일의 영웅 헤르만(아르미니우스, 고대 로마의 군대에 맞서 게르만인들을 이끌고 독일의 토이토부르크 숲에서 싸워 승리한 인물—역자주)과 몇몇 독일의 황제들을 꼽을 수 있다. 그래서 그의 내면에는 독일적인 뮤즈(Muse)가 점점 더 당연하게 활기를 띠었으며, 그는 만족하는 자의식 속에서 고대 그리스인, 로마인, 영국인들과 겨룰 힘이 점점 더 커져갔다. 또 그가 독일의 영주들을 바라보는 시선과 일반적인 명예, 예술, 학문, 공적인 사안, 그리고 위대한 정신적인 목적과 관련해서 그들이 지닌 특성을 일깨울 희망으로 바라보는 시선도 현재적이며 조국애를 띠고 있었다. 그는 한편으로는 '푹신한 의자에 앉아 궁정 신하들에게 둘러싸여 지금 아무런 명성도 없으며 예전에는 더더욱 아무런 명성없이' 세월만 보낸 영주들에 대해 경멸을 표시했으며, 다른 한편으로는 프리드리히 2세(Friedrich Ⅱ)[67]에 대해서 자신이 느끼는 안타까움을 다음과 같이 표현하기도 했다.

>(그는) 보지 못했다, 독일의 시예술이 급속히 일어나
>확고한 뿌리 위에서 지속되어온 종족이, 널리
>가지를 치고 그늘을 드리우게 되리라는 것을!
>Nicht sah, daß Deutschlands Dichtkunst sich schnell erhob,
>Aus fester Wurzel daurendem Stamm, und weit
>Der Äste Schatten warf!

---

[67] 프리드리히 2세(Friedrich Ⅱ, 1712~1786)는 프로이센의 국왕(재위 1740~1786)이다. 스스로 계몽군주라고 칭하면서 강력한 대외정책을 추진하여 프로이센을 부강한 나라로 만들기 위해 전력을 기울였으며, 오스트리아의 제위상속(帝位相續)을 둘러싸고 전쟁을 일으켜 슐레지엔을 일부 차지하는 등 당시 강국이던 오스트리아와 맞섰으며 대 러시아 정책도 교묘하게 잘 써서 프로이센의 위상을 높였으므로 독일인들에게서 '프리드리히 대왕'이라고도 불린다.

또 그는 요제프 황제(Kaiser Joseph)[68]에게서 새로운 정신과 시예술의 세계가 열리는 것을 볼 수 있을 거라는 희망을 가졌으나 허사로 돌아가자 고통스러워했다. 마침내 이 노(老)시인의 마음에는 한 민족이 온갖 사슬들을 부숴버리고 또 과거 천 년 동안 지속되었던 불의를 짓밟아 버리고, 처음으로 이성과 법(法)에 입각해서 정치적인 삶을 건설하려는 일에 참여하는 것이 영예로운 것이 되었다. 그는 새로이 다음과 같이 환영하는 시를 읊고 있다.

> 원기를 회복시켜 주는, 꿈조차 꾸지 못했던 태양.
> 축복 받을지어다, 그대, 내 머리를 뒤덮고 있는
> 나의 백발이여, 육십 년이 지난 후에도 지속되는 이 힘이여.
> 왜냐하면 그것이야말로 그토록 멀리까지
> 나를 이끌어와 내가 이를 체험하게 해주었으니!
> Labende, selbst nicht geträumte Sonne.
> Gesegnet sei mir du, das mein Haupt bedeckt,
> Mein graues Haar, die Kraft, die nach sechzigen
> Fortdauert; denn sie wars, so weit hin

---

[68] 요제프 황제(Kaiser Joseph, 1741~1790)는 프로이센의 프리드리히 2세와 강력한 라이벌 관계였고 그와 전쟁까지 치렀던 오스트리아의 여왕 마리아 테레지아(Maria Theresia)의 둘째 아들이다. 그는 1764년에 독일 왕으로 선출되었으며, 1765년에 신성로마제국 황제였던 그의 부친이 급작스레 서거하자 프랑크푸르트에서 열린 제국회의에서 신성로마제국 황제로 선출되었다. 매우 지적(知的)이었던 그는 일찍부터 개혁을 추구했으므로 그는 국민으로부터 '백성들의 황제(Volkskaiser)'라는 칭호를 듣기도 했으나, 때로는 그 개혁이 너무나 과격했기 때문에 많은 사람들이 그것을 이해하지 못하고 저항이 커졌으며, 그가 죽기 직전에는 모든 개혁시도가 원점으로 되돌아갔다.

Brachte sie mich, daß ich dies erlebte!

그렇다. 그는 심지어 프랑스인들에게까지 다음과 같이 말을 걸고 있다.

> 용서하라, 오, 프랑크인들이여 (그 형제들의 이름은
> 고귀하다), 내가 한 때 독일인들에게
> 그대들을 피하라고 외쳤던 것을, 그 때문에
> 나는 그들에게 간청한다, 그대들을 모방하라고.
> Verzeiht, o Franken (Name der Brüder ist
> Der edle Name), daß ich den Deutschen einst
> Zurufte, das zu fliehn, warum ich
> Ihnen itzt flehe, euch nachzuahmen.[69]

그러나 이 아름다운 자유의 아침이 잔악한 피로 범벅이 되고 자유를 죽이는 나날로 변하자 더욱 예리한 회한(悔恨)이 그 시인을 엄습했다.[70] 그러나 클롭슈토크는 이러한 고통을 시적으로 형상화할 수 없

---

69) 이는 클롭슈토크의 시 〈프랑스 공화국(Die États Géenéraux)〉 가운데 일부 구절이다. 이 시에서 그가 프랑스인들에게 찬사를 보낸 것은 아마도 독일인들은 제대로 시도해보지도 못했던 민중혁명을 프랑스인들은 '프랑스혁명(1789년)'을 통해서 성공한 것에 대한 부러움과 인정의 표시일 것이다. 프랑스어인 'États généraux(영어 'states-general', 독일어 'Generalstände')'는 프랑스 혁명 이전에는 '프랑스 의회'를 뜻했으나, 혁명 이후에는 3개의 서로 다른 신분(승려, 귀족, 제3신분)이 모여서 의회를 구성한 '프랑스 삼부회(三部會)'를 가리켰다.

70) 이는 프랑스 혁명이 한때 성공했으나, 그 직후에 '공포정치'가 자행되면서 무수한 귀족과 시민들이 죽어나간 것에 대한 회한(悔恨)일 것이다.

고 자신이 기만당한 희망에 더 이상 다른 숭고한 무엇으로 대체해야 할지 알지 못하자, 더욱 자제하지 못하고 냉정을 잃은 채 그의 표현은 산문적으로 변해 갔다. 왜냐하면 현실 속에서 그의 심정에는 어떤 풍요로운 이성적(理性的)인 요구도 더 이상 나타날 수 없었기 때문이다.

이런 식으로 클롭슈토크는 민족, 자유, 우정, 사랑 그리고 프로테스탄트적인 확고함을 의미심장한 것으로 간주했으며, 그의 고귀한 영혼은 시를 쓰려는 노력하고 이를 이행하는 가운데 영예롭게 머물러 있었다. 그는 또 여러 면에서 그가 살았던 시대에 국한되어 있었으므로 단순히 비판적이고 문법이나 운율만을 고수한 차가운 송시를 많이 짓기는 했지만, 그래도 그 이후로 실러를 제외하고는 진지한 남성적인 신념을 지닌 그처럼 독자적이고 고귀한 시인이 다시 등장한 일은 없었다.

그와는 반대로 실러와 괴테는 단지 자기들의 시대에만 속하는 가인으로서가 아니라 더욱 포괄적으로 시를 쓰는 시인으로서 살았다. 특히 괴테의 시들은 우리 독일인들이 근대에 들어와 소유하게 된 가장 심오하고 영향력이 뛰어난 시들이다. 왜냐하면 그것들은 전적으로 그와 그의 민족에게 속하는 시들이며, 그의 고향에서 성장하여 나온 시들로서 우리 독일정신의 기본음조와도 완벽하게 일치하기 때문이다.

Ⅲ. 극시

극시(劇詩, das Drama)는 내용 면에서나 형태면에서 가장 완전한 총체성을 형성하므로, 일반적으로 시와 예술의 최고의 단계로 간주되어야 한다. 왜냐하면 다른 감각적인 소재인 돌, 나무, 색채, 음과는 대조적으로 여기에서는 오직 말이 정신적으로 표출되는 가치 있는 요소가 되며, 수사예술의 특수한 장르들 가운데서도 특히 극시야말로 자체 안에 서사시의 객관성과 서정시의 주관성을 결합하여 지니기 때문이다. 즉 극시는 완결된 행위를 스스로 이행하는 배역들의 내면에서 솟아나는 것으로서 실제로 드러나도록 표현하며, 그들이 지닌 목적이나 연인들 간의 충돌이라는 실체적인 것들의 결과에서 나오는 행위를 직접 현재적인 것으로 표현한다. 그러나 극시에서는 현재 행동하는 인물인 주체의 내면성을 통해서 서사적으로 매개하는 일은 허용되지 않는다. 즉 극시는 지역, 환경, 행위, 사건 같은 외적인 측면을 서사적인 방식으로 묘사할 수 없으므로 극작품 전체가 진정으로 생동성을 띠려면 완벽하게 장면들로 연출되어야 한다. 끝으로 내적 현실과 외적 현실이 총체적으로 나타나는 극시에서는 행위 자체도 비극적이거나 희극적인 것으로 포착하여 표현할 수 있는데, 이를 결정하는 원리는 서로 다른 종류의 극시인 비극과 희극으로 나뉜다.

이러한 일반적인 관점에서 다음과 같은 과정을 해명할 수 있다.

첫째, 우리는 극예술작품을 서사적인 예술작품 및 서정적인 예술작품과는 달리, 그 일반적인 특성과 또 특수한 특성에 따라 고찰해야 한다.

둘째, 우리는 장면의 표현과 그것의 필연성에 관심을 기울여야 하고, 또

셋째, 여러 종류의 극시를 그 구체적인 역사적 현실 속에서 검토해 보아야 한다.

1. *시예술작품으로서의 극시*

우리는 극작품이 지닌 *시적인* 측면 자체를 더 분명하게 강조할 수

있다. 이는 그것이 직접 보여지기 위해서 무대 위에서 공연되는 것과는 상관없다. 여기에서 우리는 다음과 같은 것을 더 상세히 고찰할 수 있다.

첫째, 극시의 일반적인 원리
둘째, 극예술작품의 특수한 규정들
셋째, 극시와 관객과의 관계

a. 극시의 원리

대체로 극에서 요구하는 것은 현재 표상하는 의식에 나타나는 인간의 행위와 상황을 행동하는 인물들의 대사(臺詞)를 통해서 표현해내는 일이다. 그러나 극에서 다루는 것은 아무런 방해 없이 어떤 특정한 목적을 이행하는 데만 국한되지 않고, 충돌하는 상황, 열정, 배역들의 성격에 전적으로 의존하여 전개되므로 그것은 다시금 싸움과 뒤얽힌 분열의 위력을 필연적으로 유발하는 행위와 반응으로 이끌어간다. 그러므로 우리 눈앞에 펼쳐지는 것은 생생한 배역들의 성격과 충돌로 가득 찬 상황으로 개별화되어 드러나는 목적들이다. 그것들은 서로 표현되어 드러나는 순간에 서로 주장하고 영향을 미치고 규정하며, 또 이 모든 것들은 동요하고 서로 엇갈리는 가운데서도 그 의도들이 실행되어 조용히 해결되도록 결과적으로 추진되어 가는 양상을 보인다. 이 새로운 내용을 시적으로 포착하는 방식은 이미 내가 언급했듯이, 서사적인 예술원리와 서정적인 예술원리를 매개해서 일치시키는 것이어야 한다.

α) 이런 점에서 가장 우선적으로 확정되는 것은 *시간*에 관한 것으

로, 시간 속에서 극시는 탁월한 장르로서의 가치를 지닌다. 극(劇)이란 스스로 발달한 민족적인 삶의 산물이다. 왜냐하면 극시는 원래의 서사시를 지녔던 시대나 서정적으로 시를 짓는 독자적인 주관성 양쪽 중 한 쪽으로만 떨어져 나가서 머무는 데 만족하지 않고, 양쪽을 본질적으로 과거의 것으로 전제하고서 이를 포괄하기 때문이다. 즉 극에서는 인간적인 목적, 분규, 운명에 대한 자유로운 자의식이 이처럼 완벽하게 일깨워져 시적으로 결합되어 한 민족이 그 민족 역사의 중기나 후기에 와서 발전하던 시기에만 가능했던 상황을 현재의 모습으로 드러내도록 형성되어야 한다. 따라서 민족들이 초기에 겪었던 위대한 행적이나 사건들은 극적이라기보다는 오히려 서사적인 특성을 띠었고 트로이 전쟁, 민족이동의 물결, 십자군원정, 이민족(異民族, Fremde)에 대한 민족 공동의 방어, 페르시아 전쟁에서처럼 대체로 모두 외적으로 공통된 특징을 지니고 있다. 그래서 후세에 가서야 비로소 독자적인 목적을 지니고 계획한 바를 이행하는 좀 더 독자적이고 고독한 영웅들이 출현한다.

β) 둘째로, *서사적인 원리와 서정적인 원리를 서로 매개하는 일*에 관해서 우리는 다음과 같이 상상해보아야 한다.

이미 서사시는 우리 눈앞에 어떤 행위를 보여주지만, 그러나 여기에서 한 민족정신의 실체적인 총체성을 객관적으로 규정된 사건들과 행적들의 형태로 보여준다. 그 속에서 주관적인 의도, 개인의 목적, 외적인 상황들은 그것들의 실현에 방해가 되는 것들과 균형을 이룬다. 반면에 서정시에서는 주체가 자신의 독자적인 내면성 안에서 대자적으로(für sich) 등장하고 표현한다.

극시가 이 양 측면을 그 안에 결합시키려면 그것은,

$\alpha\alpha$) 첫째로, 서사시처럼 사건, 활동, 행위를 직관할 수 있게 해야 한다. 그러나 여기서 일어나는 사건은 무엇보다도 외면성을 제거하고, 그 대신 자의식(自意識)을 갖고 행동하는 개인을 근거이자 효력을 띠고 있는 존재로 내세워야 한다. 왜냐하면 극(劇)은 외면성에 맞서 서정적인 내면으로 무너지지 않고, 그 *내면이* 외적으로 실현되는 것을 표현하기 때문이다. 그럼으로써 그때 사건은 외적인 상황에서 생겨나는 것으로 나타나지 않고 오히려 내적인 의지와 성격으로부터 생겨나며, 오직 주관적인 목적과 열정들에 관계함으로써만 극적인 의미를 획득한다. 그러나 개인도 마찬가지로 자신의 완결된 독자성 안에만 머물지 않고, 자기의 성격과 목적을 자기 의지의 내용으로 삼는 일종의 상황을 통해서 자신을 발견하며 또 이런 개인적인 목적이 지닌 특성 때문에 타인들과 대립하고 투쟁하게 된다. 그럼으로써 극의 행위는 분규와 충돌에 내맡겨지는데, 이러한 분규나 충돌들 자체도 행동하는 배역(配役)의 의지나 의도에 대립함으로써 인간의 목적, 성격, 충돌 자체의 내면적인 본질을 드러내는 출구가 된다. 스스로 행동하는 개인들에게 독자적인 가치를 띠는 이러한 실체적인 것은 서사시의 다른 측면인 극시의 원리 속에서 효력을 발휘하면서 생생하게 드러난다.

$\beta\beta$) 그러므로 개인은 자신의 내면에 아무리 중심이 되더라도 이를 극으로 표현할 때에는 단순히 심정의 서정적인 상황에 만족하여 주체를 하릴없이 이미 완결된 행적에 참여하게 하거나, 별 행동 없이 만족하고 관조하고 느끼는 모습으로 묘사할 수는 없다. 그와는 반대로 극시는 어떤 것을 결단하여 목적으로 삼고 이를 자아의 의도의 실제 내용으로 삼는 개인의 성격을 통해서 규정되도록 상황과 분위기를 보여주어야 한다. 그러므로 극 속에서 특정한 심정은 충동으로, 즉 의지를 통해 내면을 실현하는 행동으로 나아가며, 스스로 외화되고 객관화됨

으로써 서사적인 실재성의 측면으로 나아가게 된다. 그러나 외적인 현상은 단순한 사건으로 존재하지 않고, 개인 자신을 위해서 그 개인의 의도와 목적을 내포한다. 행위는 의지가 실행된 것이며, 동시에 내면에 들어 있는 근원과 출발점 그리고 그 결과에 관련해서도 알고 있었던 것이 된다. 다시 말해 그 행위에서 나오는 것은 바로 개인 자신을 위해 나온 결과로서, 이는 주관적인 성격과 그가 처해 있는 상황에 다시 영향을 미친다. 이처럼 현실 전체가 스스로 규정하는 개인의 내면과 부단히 관계하는 것은, 그 개인이 현실을 자기 안에 다시 받아들이는 것과 마찬가지로 그 현실의 근거가 되는 것으로서, 원래의 서정적인 원리가 극시 안에 들어 있는 셈이 된다.

γγ) 오직 이러한 방식으로만 행위는 내적인 의도와 목적들이 실제로 실행되는 *행위*로서 등장하는 바, 주체는 그것을 직접 실현하면서 그 안에서 스스로 의도하고 향유하며, 또한 자신으로부터 외적인 존재로 넘어가는 것에 대해 스스로 책임을 져야 한다. 극시에서 개인은 자신의 행위에서 나온 결과를 스스로 깨뜨린다.

그러나 극시에서는 행동하는 개인인 주인공이 지닌 내면적인 목적에만 관심이 국한되어야 하고, 또 외부로부터는 자의식에서 나오는 목적과 본질적으로 관련된 것만이 극예술작품 속에 수용되어야 하므로 극은 일단 서사시보다는 더 추상적이다(so ist das Drama erstens abstrakter als das Epos). 왜냐하면 한편으로 행위는 배역이 스스로 결정하는 것에 근거하고 또 그의 내면적인 근원에서 유래하기 때문에, 총체적인 것이 모든 측면과 지류로 객관적으로 확대되는 서사적인 세계관에 기반을 두는 것을 전제로 하지 않고 특정하고 단순한 상황들로 축소되기 때문이다. 그 속에서 주체는 자신의 목적을 결정하고 이를 실행한다. 다른 한편으로 우리 눈앞에 민족적 서사시의 특성을 이루는 *전체*적이고 복합적인 것에서 전개되어야 할 것은 개성이 아니라 보편적인 영혼이 되려고 특정한 목적을 갖는 배역과 그의 *행위*이다. 이러한 목적은 중요한 사안으로서 단지 생생한 기관으로서 영활성을 띤 특수한 개인의 영역보다도 더 숭고하다. 개인의 성격이 한 점으로 집중되는 그의 행위와 아무 관계없이 표현되거나 관계가 있더라도 동떨어진 여러 측면들로 광범하게 전개되는 것은 불필요한 일일 것이다. 그러므로 극시(劇詩)는 행동하는 개성과 관련해서도 서사시보다 더 간단하게 압축되어야 한다. 이는 등장인물들의 수와 그 다양성에도 해당된다. 왜냐하면 이미 말했듯이 극시는 우리에게 *하나의 목적과 그것이 이행되는 쪽으로* 부단히 우리의 관심을 돌리지 서로 다른 신분, 나이, 성별, 행위 같은 아주 다양한 형태들의 전체를 보여주는 총체적인 민족의 현실이라는 기반 위에서 진행되는 것이 아니므로, 극이 이처럼 객관성 쪽으로만 전개되어 나간다면 진부하기도 하고 지장을 초래할 수도 있기 때문이다.

그러나 둘째로, 어떤 행위의 목적과 내용은 특수하게 규정되어 있어서, 그것이 특수하게 드러날 때만 개인의 성격은 이를 포착할 수 있고 이것이 다른 개인들에게 대립되는 목적과 열정을 불러일으킬 때만 비로소 극적인 것이 된다. 물론 이처럼 충동을 일으키는 파토스(Pathos, 열정)는 행동하는 모든 인물 속에서 정신적이고 도덕적인 신성한 위력이 될 수 있을 것이며, 권리, 조국, 부모 형제, 아내에 대한 사랑이 될 수도 있을 것이다. 그러나 이 같은 감정과 행위 속에 깃든 본질적인 내용이 극적으로 드러나려면 그것은 특수화된 가운데서 서로 다른 목적들로서 *대립*되어야 하므로, 대체로 행위는 행동하는 다른 개인들 쪽에서 야기하는 방해들에 대해서 알고 있어야 한다. 그리고 그런 행위들은 성공하고 관철되기 위해서 서로 번갈아 싸우면서 분규와 대립에 빠진다. 그러므로 극에서 참된 내용으로 관철되고 효력을 일으키는 것은 영원한 위력이나 절대적으로(즉자대자적으로, an und für sich) 도덕적인 것, 현실 속에 생생하게 존재하는 신들, 신성하고 진실하되 활동하는 대신 고요한 조각상의 모습으로 자기 안에 침잠한 지복한 상태로 부동하는 그런 신들이 아니라 자신의 공동체 안에 인간적 개성을 내용으로 갖고 목적을 띤 신성하면서도 구체적으로 존재하고 행동하도록 자극되어 움직이는 존재이다.

그러나 *셋째로*, 신성한 것이 이런 식으로 외적으로 행동하면서 객관성을 보이고 객관적인 진리를 형성하게 되면 사건을 뒤얽히도록 진행시키고, 그 결과 갈등이 생기도록 결정하는 일은 상호대립하는 각각의 등장인물들이 아닌 총체성을 띤 신성한 존재의 소관이 된다. 그래서 극시는 어떤 방식을 사용하든지간에 우리에게 그 속에 근거하는 모든 투쟁과 대립을 해결해 주는 필연성이 생생하게 효력을 나타냄을 보여주어야 한다.

γ) 그러므로 창조하는 주체인 극시인(劇詩人, dramatischer *Dichter*)은 특히 인간적인 목적, 투쟁, 운명의 근간을 이루는 내면적이고 보편적인 것에 대해 완전히 통찰하고 있을 필요가 있다. 그는 어떤 대립과 분규가 일어났을 때, 그 사안의 본질에 맞게 극의 인물이 그의 주관적인 열정과 개성에 따라 그리고 또 그가 인간적으로 계획하고 결단한 내용과 구체적으로 외적인 관계와 상황에 따라 어떻게 행동으로 나올 수 있을지 의식하고 있어야 한다. 동시에 그는 인간이 이행하는 것에 대해 정당한 운명을 분배하는 위력이 무엇인지를 인식할 능력도 있어야 하고, 인간의 가슴 속에 폭풍우 치면서 행동을 자극하는 권리와 방황하는 열정이 무엇인지도 역시 분명하게 염두에 두고 있어서 일반적

으로 바라볼 때는 어둠과 우연, 혼란만이 지배하는 곳에서도 그 시인에게는 절대적으로 이성적이고 현실적인 것이 실제로 이행되고 있음이 계시되어야 한다. 그러므로 극시인은 단순히 깊은 심정 속에 있는 무규정적인 움직임만을 고수하거나, 특정한 감각방식이나 세계관 속에 들어 있는 배타적인 분위기와 한정된 특수성에만 편협하게 머물러서는 안 된다. 반대로 그의 정신은 아주 확대되어 열려 있고 포괄적이어야 한다. 왜냐하면 신화적인 서사시에서는 *실제로* 서로 다르게 여러 측면으로 개별화됨으로써 그 *의미*가 더 불분명해지는 정신적인 위력들이 극 속에서는 단순하고 실체적인 내용에 따라 개인들의 파토스로서 서로 *대립하면서* 등장하기 때문이다. 그래서 극시는 개인들 속에서 독자성을 띠게 되는 이 위력들—그것들이 비극에서처럼 서로 대적하든 아니면 희극에서처럼 서로 직접 해소하는 것으로 드러나든 간에—이 지닌 일면성을 해소시킨다.

b. 극예술작품

둘째로 구체적인 예술작품인 극시(das Drama)에 관해서 보면 내가 중점적으로 강조하고자 하는 것은 대략 다음과 같다.

첫째, 서사시 및 서정시와는 다른 극시의 통일성.
둘째, 극시를 분류하고 전개하는 방식.
셋째, 극시의 어법과 대화 그리고 운율의 외적인 측면.

α) 극시의 통일성에 관해서 가장 우선적이고 가장 일반적으로 확인할 수 있는 것은 내가 이미 위에서 시사했듯이, 극시는 서사시와는 대조적으로 더 엄격하게 자체 안에서 압축되어야 한다는 점이다. 물

론 서사시에서도 개별적인 사건이 통일점이 되기는 하지만 이는 하나의 민족현실이 여러 가지로 확대된 기반 위에서 일어나며, 여러 측면에서 에피소드가 되어 객관적인 독자성을 띠고 갈라져 나갈 수 있다. 그와는 반대되는 이유에서 느슨하게만 관련되어 있는 듯 보이는 비슷한 현상은 몇몇 종류의 서정시에도 허용된다. 그러나 이미 보았듯이 극시에서는 한편으로 서사적인 기반은 떨어져 나가며, 다른 한편으로 개인들은 단순히 서정시에서처럼 개별적으로 자신을 표출하지 않고 그들 상호간의 대립되는 성격과 목적은 서로 긴밀한 관계를 띠고 나타난다. 그러므로 바로 이런 개별적인 관계들이 개인들을 극적으로 존재하게 만드는 근간이 되어 작품 전체는 좀 더 긴밀하게 짜여야 될 필요성이 생긴다. 이와 같은 긴밀한 관계는 객관적이면서도 주관적인 성질을 띤다. 즉 개인들이 투쟁하면서 실행하는 목적에 깃들인 내용이 사실적이라는 측면에서는 객관적이며, 이 실체적인 내용이 극 속에서 배역들의 특수한 성격들의 열정으로서 나타난다는 점에서는 주관적이다. 그래서 실패하거나 관철되는 것, 행복과 불행, 승리나 몰락은 본질적으로 그것을 목적으로 삼는 개인들 자신과 관련된다.

극의 더 상세한 원리로는 잘 알고 있듯이 장소, 시간, 행위의 일치(이는 그리스의 철학자 아리스토텔레스가 《시학에 관해서》에서 주장한 것이다—역자주)라는 규정을 들 수 있다.

$\alpha\alpha$) 특정한 행동을 하는 데 있어 하나의 폐쇄되고 불변하는 공간을 전제하는 것은 특히 프랑스인들이 고대의 비극과 아리스토텔레스가 언급한 경직된 원리에서 따온 것이다. 그러나 아리스토텔레스는 (그의 《시학에 관해서》에서) 비극에 관해 언급하면서, 그 행동이 이루어지는 시간은 다만 하루라는 기간을 넘어서지 말아야 한다고만 말하고 있다. 반면에 그는 장소의 일치에 대해서는 다루지 않고 있다. 또 고대

시인들은 프랑스인들처럼 엄격하게 그런 규칙을 따르지도 않았다. 예를 들면 아이스킬로스(Aeschylus)의 《복수의 여신들(Eumenides)》과 소포클레스(Sophocles)의 《아이아스(Ajax)》에서도 장면들은 바뀐다. 또한 근대의 극시들은 다양한 충돌, 성격, 에피소드적으로 등장하는 인물들과 중간 중간에 일어나는 사건들, 또는 대체로 내적으로 충적되어서 이것이 외적으로 확대되어 드러날 필요가 있는 행동을 표현할 때는 장소가 같아야 한다는 추상적인 구속에 매일 수 없다. 근대에 와서 낭만적인 유형으로 극시를 지을 때는 대체로 외적으로 더 현란하고 자의적으로 될 수 있으므로 위와 같은 요구에서도 벗어난다. 그러나 만약 행위가 진정 몇 안 되는 큰 동기들에 집중됨으로써 그것들 역시 외적으로 단순하게 나타날 수 있으면 그것들이 연출되는 장소를 다양하게 바꿀 필요가 없다. 사실 그렇게 하는 것이 극의 진행에 무리가 없다. 다시 말해서 극에 대한 인습적인 규정이 아무리 틀린 것처럼 보이더라도 아무 근거 없이 이리저리 장소를 옮기는 것은 적합하지 못하다는 견해만은 최소한 옳다. 그러므로 광범위한 공간성을 갖고 그 안에서 다양한 측면으로 변화하는 데 몰두할 수 있는 서사시와는 대조적으로, 극시에서는 이런 외적인 면을 고려할 때 행위에 집중하는 것이 역시 타당한 것으로 간주된다. 다른 한편으로 극시는 서사시에서처럼 내면적인 표상만을 위해서만 아니라 직접 보이기 위해서도 지어진다. 우리는 우리들의 상상 속에서는 한 장소에서 다른 장소로 쉽게 옮겨갈 수 있다. 그러나 실제로 보일 때는 너무 많은 상상력을 요구함으로써 극을 관람하는 일을 어긋나게 해서는 안 된다. 예를 들면 셰익스피어의 비극과 희극들에서는 장소가 자주 바뀌다 보니, 무대 앞에 말뚝을 세워서 거기에 장면들이 어느 장소에서 일어나고 있는지 알려주는 쪽지를 붙이곤 하였다. 이런 도움은 빈약한 것일 뿐이고 늘 산만함을 유

영국의 극작가 셰익스피어

발한다. 그러므로 장소의 통일성은 최소한 모든 불분명함을 피할 수 있으므로 편리하고 합리적이므로 권장할 만하다. 그러나 물론 단순히 경험적으로 바라볼 수 있거나 개연적인 것과는 반대되는 많은 것들은 상상으로 관조할 수 있으므로, 이러한 점에서 볼 때 중간을 유지하는 것, 말하자면 현실의 권리를 침해하지 않되 그렇다고 그것을 집요하게 고집하지도 않는 것이 가장 적합한 태도이다.

$\beta\beta$) 시간의 통일성에 대해서도 전적으로 같은 방식이 유효하다. 왜냐하면 표상 속에서는 물론 아무 거리낌 없이 거대한 시간도 압축될 수 있으나, 감각적으로 직관할 때는 몇 년이라는 시간을 그렇게 빨리 뛰어넘을 수는 없기 때문이다. 그러므로 행위는 그 전체 내용과 거기에서 나오는 갈등에 따라 그것이 싸우고자 결단하는 데까지 시간을 단순하게 압축하여 표현하는 것이 가장 낫다. 반면에 풍부한 배역들로 인해 만약에 어떤 행위가 전개되는 과정이 시간이 다른 많은 상황들을 필요로 할 때, 상대적이고 인습적인 시간의 길이를 형식적으로 통일하는 일은 절대로 불가능하다. 그러므로 만약에 극시의 분야에서 그런 식의 표현이 확고한 시간의 통일성에 저촉된다 해서 제거

하려 든다면, 이는 곧 감각적인 현실에서 진실한 시의 궁극적인 심판관으로 산문을 내세우는 것과 같은 의미가 되고 말 것이다. 그렇다고 해서 우리가 관객으로서, 겨우 짧은 몇 시간 동안에 우리 앞에 현실로 스쳐 가는 것을 감각적으로 보는 이 단순한 경험적인 개연성에 대단한 찬사를 보낼 일도 결코 아니다. 왜냐하면 모든 측면에서 볼 때, 시인이 가장 잘 짜 맞추려고 노력하는 바로 그 자리에 거의 불가피하게 아주 조악한 것이 생겨나기 때문이다.

γγ) 그에 반해 결코 침해할 수 없는 법칙이 있으니 그것은 바로 *행위*의 통일성이다. 그러나 이 통일성이 사실 어디에 있는지에 대해서는 많은 논란이 있을 수 있으므로, 나는 그 의미에 대해서 좀 더 자세히 해명하고자 한다. 대체로 모든 행위는 그것이 실행되기 위한 특정한 목적을 지녀야 한다. 왜냐하면 행동과 더불어 인간은 구체적인 현실 속에 활동하면서 등장하기 때문이고, 또 그 속에서는 가장 보편적이 것이 특수한 현상으로 압축되고 한정 지어지기 때문이다. 이런 면에서 볼 때 특정한 상황과 특수한 관계 속에서 구체적으로 달성되는 목적의 통일성도 찾아야 할 것이다. 그러나 우리가 보았듯이 극의 행동에서 상황이라는 것은 개인의 목적이 그 상황을 통해 다른 개인들에 의해 방해받는다는 특징을 지닌다. 왜냐하면 현재 드러나고자 애쓰는 대립되는 목적이 그에게는 역시 방해가 되어 이러한 대립과 상호갈등과 분규를 일으키기 때문이다. 그러므로 극에서의 행위는 본질적으로 충돌하는 행위에 근거하며 특수한 상황, 배역들의 성격 그리고 정해진 목적들에 따라서 역시 충돌도 일어나고, 그것들과 모순되면서 지양되는 총체적인 움직임 속에서 오직 진정한 통일성이 이루어진다. 그때 이러한 해결은 행위 자체와 마찬가지로 주관적이면서도 동시에 객관성을 띠어야 한다. 다시 말해서 한편으로 서로 대립되는

목적들간의 투쟁은 조정되고, 다른 한편으로 *개인들의* 의도나 그들의 존재 전체가 그들이 실행하는 계획 속에 옮겨지므로 그것들의 성공이나 실패, 완전하게 이행되든지 제한적으로만 이행되는 것, 필연적인 몰락, 겉보기에 대립되는 의도들과 평화롭게 결합되는 것 등도 역시 개인이 그 작품 속에 주입된 것과 뒤얽히면서 개인의 운명을 결정하게 된다. 그러므로 어떤 행위의 목적과 관심을 중심으로 하여 극 전체가 움직일 때, 그런 것들이 이 개인들과 일치하면서 전적으로 그들에게 매여 있을 때 극은 비로소 참된 극으로 종결된다. 극적으로 행동하는 배역들의 차이와 대립이 단순하게 유지되는가 아니면 다양하고 에피소드적인 부차적인 행위나 인물들로 갈라져 나가는가에 따라서, 그 통일성은 더 엄격해지거나 더 느슨해질 수 있다. 예를 들면 희극(喜劇, Komödie)에서는 여러 측면으로 뒤얽힌 음모를 다룰 때에도 대부분 매우 단순한 동기에서 이루어지는 비극에서처럼 그렇게 확고하게 긴밀한 통일성을 이룰 필요는 없다. 그러나 이 점에서도 낭만적인 비극(das romantische Trauerspiel)은 고대 그리스 비극보다 더 현란하며, 그 단순성도 덜하다. 그러나 여기에서도 에피소드적인 것이나 부수적인 인물들의 관계는 알 수 있게 진행되어야 하고, 극의 종결에 가서는 전체적인 것이 사실에 맞게 마무리되어야 한다. 예를 들면《로미오와 줄리엣》에서는 연인들과 그들의 목적이나 운명 밖에 있는 가족 간의 불화는 비록 극행위의 근간이 되지만 원래 중요한 사안은 못된다. 그러나 그처럼 중요성이 덜한 사안에 대해서도 셰익스피어는 극의 끝에 가서 필요한 관심을 기울인다. 마찬가지로《햄릿》에서도 덴마크 왕국의 운명은 부차적인 관심사로 머물지만, 포틴브라스(Fortinbras)라는 인물이 등장함으로써 그 왕국의 운명에 대한 관심이 다시 일어나고 극은 만족스럽게 종결된다.

물론 충돌이 해결되면서 특정하게 종결되는 부분에서는 다시 새로운 관심사와 갈등이 생길 가능성도 있다. 그러나 원래 문제가 되는 *하나의* 충돌은 작품 자체가 완결되면서 해결될 수 있다. 이러한 종류의 것으로 예를 들면 소포클레스가 지은 고대 그리스 테베(Thebe)시의 설화 가운데서 채택해서 쓴 3부작의 비극이 있다. 그 첫 번째는 오이디푸스가 자기의 친아버지인 라이오스 왕을 살해했음이 밝혀지는 비극이며, 두 번째는 그가 복수의 여신들의 신전 안에서 평화롭게 죽는 이야기를 담은 비극, 세 번째는 안티고네의 운명을 다루는 비극이다. 그러나 이 세 개의 비극은 각각 독립해서 그 자체 하나의 극이 되고 있다.

β) *둘째로*, 극예술작품의 구체적인 *전개방식*과 관련해서 볼 때, 우리는 극이 세 가지 점에서 서사시나 시가(詩歌)와는 다르다는 것을 특히 강조해야 한다. 그것은 극의 범위, 극이 진행되는 양식, 그리고 막(幕)과 장면들로 나뉘는 것이다.

αα) 극은 원래의 서사시에 필요한 정도의 범위까지 확대되어서는 안 된다는 것을 우리는 이미 보았다. 그러므로 이미 언급했듯이, 극시에서는 서사시에서 그 총체성에 따라 서술되는 세계상태가 빠져 있으며 또한 본질적으로 극의 내용이 되는 더 단순한 충돌들을 강조한다. 그 밖에 서사시인은 머뭇거리면서 여유 있게 직관하고 서술해가는 것의 대부분을 극시(劇詩)에서는 한편으로 실제로 무대 위에 올려서 공연하도록 내맡긴다. 다른 한편으로는 극에서는 실제의 활동이 아니라 내적인 열정을 표출하는 일이 더 중요한 측면이 되는 또 다른 이유에 대해서만 나는 상술하고자 한다. 서사시에서는 사건이 전개되면서 시간상 과거적으로 되지만, 그와는 달리 극시에서는 내면이 실제로 폭넓게 나타나지 않고 단순히 느낌이나 진술, 결단 등으로 압축되므로

이런 점에서도 서정시에서처럼 자아에게 집중되고 열정이나 관념이 현재 드러나 표출되는 원리가 타당성을 띤다. 그러나 극시는 서정시처럼 *하나의* 상황만을 명시하는 데 만족하지 않고, 동시에 심정과 정신 속에 깃든 비감각적인 것도 동시에 행동하면서 서로 다른 배역들이 처한 상황들과 목적들의 총체성으로서 표현한다. 이러한 배역들은 그들의 행위와 관련해 그들의 내면에서 일어나는 것을 함께 드러내므로, 극시는 서정시와 비교해서 다시금 훨씬 더 광범하게 펼쳐져 나가면서 마무리된다. 그런 점에서 일반적으로 극시는 확대되는 서사시와 압축되는 서정시의 중간에 위치한다고 규정할 수 있다.

ββ) 둘째로, 극시에는 이러한 외적인 기준보다 더 중요한 것이 있는데 그것은 서사시의 전개방식과는 다른 *극의 진행* 방식이다. 우리가 보았듯이 서사시의 객관성은 대체로 시간을 지체하면서 묘사해 나가도록 요구되는데 이는 실제로 방해가 되는 요소로 극단화되어도 괜찮다. 물론 언뜻 보기에 극시가 표현될 때도 어떤 목적을 갖는 인물에 대립되는 다른 인물들과 그들의 다른 목적이 등장하므로, 서사시에서처럼 지체하고 방해하는 것을 원리로 삼아야 하는 것처럼 보일 수도 있다. 그러나 사실은 그와는 정반대로 원래 극시에서는 최후의 파국(破局, Endkatastrophe)을 향해서 *계속 진행되어 나가는 것*이다. 이는 극에서 가장 중요한 것은 충돌이라는 사실로도 간단히 해명된다. 그러므로 극에서는 한편으로 모든 것은 이러한 갈등을 발생시키는 쪽으로 열심히 나아가며, 다른 한편으로 상호 대립되는 신념, 목적, 행위들의 불화와 대립이 결국 완전히 해결되도록 진행된다. 그렇다고 해서 서둘러 앞으로 나아가는 것만이 절대적으로 극적인 미(美)가 된다는 말은 아니다. 반대로 극시인도 역시 모든 상황들을 그 속에 놓인 동기들과 더불어 형상화해내기 위해서 시간을 지체할 수 있도록 허용

되어야 한다. 그러나 행위가 되지도 못하면서 극의 진행에 방해만 되는 에피소드적인 장면들은 극의 특성에 어긋난다.

 γγ) 끝으로, 극작품의 진행을 어떻게 분류하는가는 극의 움직임의 개념 속에 근거하는 주요한 계기들을 통해서 가장 자연스럽게 이루어진다. 이와 관련해서 이미 아리스토텔레스는 (그의 《시학》에서) 말하기를 시작과, 중간, 종결이 있는 극이 완전한 극이라고 했다. 즉 시작은 그 자체로 필연적이지 다른 것을 통해 있거나 거기에서 다른 것이 나올 수 있는 것이 아니어야 하며, 반대로 종결은 다른 것을 통해서 필연적으로 발생하지만 그 결과 또 다른 것이 생겨나지 않는 것이어야 한다. 그러나 중간은 다른 것에 의해서 생겨나고 또 거기서 다른 것이 발생하는 것이어야 한다. 사실 경험적인 현실에서는 모든 행동이 다양한 전제를 지니고 있어서 어디가 원래의 시작이 되는지 규정하기는 어렵다. 그러나 극시는 본질적으로 하나의 충돌에 근거하여 드러나므로 적합한 출발점이 주어지며 아직은 충돌이 발생하지 않았더라도 계속 진행되어 감에 따라 발생되고 전개되는 상황이 된다. 반면에 분열이나 분규가 모든 면에서 해소되었을 때 비로소 종결에 다다르게 된다. 이러한 시작과 종결의 중간에 해당하는 것은 충돌하는 배역들이 지닌 목적들 간의 투쟁과 불화다. 극시에서는 이처럼 여러 가지로 갈라지는 상황들이 행위의 동기이자 행위 자체가 된다. 그러므로 이것들을 극에서는 막(幕 독일어로는 '*Akt*'라고 하는데 이는 '행위'라는 뜻도 된다—역자주)이라고 부르는 것은 전적으로 합당하다. 그 막들은 종종 막간에 휴식을 갖는다. 그래서 언젠가 몹시 바빠서 극장에서 극을 중단하지 않고 계속 보고 싶어 했던 한 영주는 또다시 막간 휴식시간이 오자 그 극장지배인과 다투기까지 했다. 모든 극에는 일반적으로 그러한 막의 수가 *세 개* 정도 있다. 그 중 *1막*은 충돌의 발생을 표현하

며, 2막에서는 관심사들의 상호 대립과 차이 및 투쟁과 분규가 생생하게 나타나고, 마침내 3막에서는 대립의 극단으로까지 나아가서 필연적으로 해결된다. 극에서 막의 구별이 일반적으로 명확하지 않았던 고대 그리스인들 가운데 그래도 위와 비슷하게 막을 넣어 자연스럽게 구별한 극으로는 아이스킬로스의 3부작 비극을 들 수 있는데, 그것들 중 각 부분은 그 자체가 하나의 전체로 마무리되어 있었다. 근대의 극시 가운데서는 특히 에스파냐인들이 3막으로 나누는 방식을 따랐으며, 반면에 영국인과 프랑스인 그리고 독일인들은 전체를 대개 5막으로 나누었다. 그 중 1막은 도입부분이며, 중간의 세 개의 막은 상호대립되는 것들이 다양하게 공격하고 반응하면서 분규와 투쟁을 보이는 장면들이고, 마지막 5막에 가서는 충돌이 비로소 완전히 종결된다.

γ) 이제 끝으로 우리가 또 이야기해야 할 것은 극시가 이용하는 *외적인 수단*에 관한 것으로, 이는 실제로 공연될 때를 제외하고는 원래 극시가 마음대로 다룰 수 있는 분야이다. 극시가 이를 다루는 방식은 대개 효과적인 특수한 어법, 독백과 대화에서 보이는 상세한 차이와 운율에 국한된다. 이미 여러 차례 상술했듯이 극에서는 실제 행위만이 중요한 것이 아니라, 행위의 내적인 정신 그리고 행동하는 배역 및 그들의 열정, 파토스, 결단, 상호영향 및 매개, 그리고 또 투쟁과 운명 속에 있는 행위의 일반적인 특성과 관련된 발단이 중요하다. 그러므로 이 내면적인 정신이 극시에 의해 형상화될 때 특히 느낌과 표상을 정신적으로 외화시키는 시적인 언어 속에서 적절하게 표현된다.

αα) 그러나 극시 안에는 서사시와 서정시의 원리가 축약되어 들어 있듯이 극의 어법 속에도 역시 서정적 요소와 서사적 요소가 간직되어 드러나야 한다. *서정적인 측면*은 특히 근대극에서 대체로 주관성

이 자신에 몰두하면서 결단하고 행동할 때 늘 자기 내면의 신념에 따르려고 하는 곳에서 나타난다. 그러나 자기의 심정으로부터 토로(吐露)되는 것이 극이 되게 하려면 단순히 이리저리 날뛰는 감정이나 기억, 관찰에만 몰두해서는 안 되고 부단히 행동과 결부되어야 하며 거기에서 결과적으로 여러 다른 계기들이 수반되어 나오게 해야 한다. 이 같은 주관적인 파토스와 대조되는 서사적인 요소를 띤 객관적인 파토스는 주로 중요한 상황, 목적, 배역들의 성격을 독자들을 향해 전개시켜 나간다. 물론 이 측면도 부분적으로 서정적인 음조를 띠며, 행위가 이행될 때 그와의 관계에서 떨어져 스스로 독자적으로 등장하지 않는 한 극적으로 머문다. 그때 그 외에도 서사시의 잔재를 띠고 이야기식으로 서술하거나 투쟁 따위의 묘사를 더 짜 넣을 수 있다. 그러나 극에서 그런 것들은 또 대체로 더 집약되어서 역동성을 띠어야 하고, 또 한편으로 그런 측면에서도 필수적으로 행위로 나아가는 것으로 드러나야 한다. 끝으로 개인들이 갖는 관심사에 대해 서로 투쟁하고 그들의 성격이나 열정들이 분열되는 것을 표현할 때 원래 극적인 것(Das eigentlich Dramatische)인 것이 된다. 여기에서는 처음의 두 요소가 참되게 극적으로 매개될 수 있으며 거기에 또 외적인 사건이 첨가되는데, 이 사건은 곧 언어로 수용되어 표현된다. 예를 들면 인물들의 등장과 퇴장은 대개 사전에 알려지며, 그렇지 않더라도 그들이 외적으로 꾸며내는 일들은 종종 다른 인물들의 입을 통해서 암시된다. 이런 모든 점에서 인습적인 극언어와 그와는 반대되게 이른바 자연적으로 표현하는 방식은 서로 주요한 차이를 이룬다. 근세에 들어와 디드로, 레싱, 괴테, 실러 같은 극시인들도 젊은 시절에는 주로 실제의 자연스러운 쪽으로 기울어졌다. 즉 레싱은 충분한 교양과 섬세한 관찰력을 가지고 있었고, 실러와 괴테는 아무 꾸밈없이 거칠면서도 힘차고 직접적인 생동성을 선호했다. 그래서 고대 그리스극에 등장하는 인물들이나 특히 근세 프랑스의 희극이나 비극에 등장하는 인물들처럼 서로 대화하는 것은 부자연스러운 일로 간주되었다. 이는 프랑스극의 경우에는 맞는 말이다. 그러나 이런 종류의 자연스러움은 단지 사실적인 특징들이 너무 과다할 때는 또 다른 면에서 무미건조하고 범속한 데로 빠질 수 있다. 왜냐하면 극의 배역들은 자기들의 심정과 행동의 실체를 전개하지 않고, 다만 그들의 생생한 개별성 속에서 자기 자신이나 자신들의 상태에 대해 더 높이 의식함이 없이 느끼는 것을 그대로 밖으로 드러내기 때문이다. 이런 점에서 개인들이 자연스럽게 머물수록 그들은 더 범속해진다. 왜냐하면 자연스러운 인물들은 담화하거나 싸울 때 주로 *개별적인* 인물로만 머물므로, 만약에 그들에게서 직접 드러나는 특수성에 따라서 묘사되어야 한다면 그들은 그 본질적인 형상대로 등장할 수 없기 때문이다. 그리고 여기서는 사실 중요한 문제가 되는 거칠음이나 예의바름도 결국에는 한 방향으로 나아가게 된다. 다시 말해 만약에 거칠음이 교양 없이 제멋대로 느끼는 특수한 인물에게서 나오게 되면, 거꾸로 예의바름은 인격, 사랑, 명예 따위만 존중하고 추상적이며 보편적인 형식적인 것에만 몰두할 뿐 객관적이고 충실한 내용을 표출하지는 못한다. 이처럼 단순히 형식적인 보편성과 다듬지 않아 자연적으로 표출하는 것의 중간에 있는 것이야말로 참으로 보편적인 것으로, 이것은 형식적이거나 비개성적으로 머물지 않고 성격의 특수성과 신념, 그리고 목적의 객관성이라는 양쪽을 통해서 충족된다.

    그러므로 성격을 띠고 개별화되어 직접적으로 실재하는 것을 보편적인 요소로 고양시켜 정화시키고 양쪽 측면을 서로 매개시킬 때 진정한 극시가 된다. 그때 시는 어법상 현실이 지닌 참된 특수한 기반을 떠나지 않고도 다른 영역 속에, 즉 예술의 이념적인 영역 속에 있음을 느끼게 된다. 바로 고대 그리스의 극시에 쓰였던 언어와, 후세에 와서 괴테나 때로는 실러가 쓰던 언어, 또 셰익스피어가 나름대로 쓰던 언어가 이러한 종류에 속한다. 물론 셰익스피어는 당시의 무대의 상황에 맞게 이따금 대사의 일부를 연극배우의 창의성에 내맡기지 않을 수 없었다.

ββ) 둘째로, 더 자세히 보면 극의 표현방식은 합창(Chorgesänge), 독백(Monologen) 그리고 대화(Dialogen)로 나뉜다. 알다시피 고대 그리스극은 특히 합창과 대화를 나눠서 완성시켰으나 반면에 근대극에서는 이런 차이가 사라진다. 왜냐하면 고대 그리스인들의 극에서 합창단이 낭송하던 것이 근대극에 와서는 행동하는 인물들의 입을 통해서 전달되기 때문이다. 즉 합창(合唱)은 개인의 성격이나 그들의 내적 외적인 투쟁과는 대조적으로 보편적인 신념과 느낌을 때로는 서사적인 표현방식으로, 때로는 서정적인 방식으로 비약해서 표현한다. 거꾸로 독백에서는 어느 특정한 행위를 하는 상황에서 개인의 내면이 독자적으로 객관적인 것이 된다. 그러므로 특히 그런 계기에서는 독백은 참으로 극적인 것이 되는데, 그때 심정은 그 이전의 사건들에서 나와 단순히 자기 속에 집중되며, 자기와 다른 사람들과의 차이점이나 자신의 분열에 대해 변명을 하거나 서서히 그것에 성숙하게 다가가거나 갑자기 최후의 결심을 하는 따위의 결정을 내린다. 그러나 완전하게 극적인 형태를 띠는 것은 *세 번째* 요소인 *대화(Dialog)*이다. 왜냐하면 행동하는 개인들은 오직 대화 속에서만 자신들의 성격과 목적의 특수한 면들을 표현할 뿐만 아니라 그들의 파토스도 본질적으로 서로 대립되어 투쟁에 빠지고 실제 행동으로 이끌어가면서 표현하기 때문이다. 또한 대화에서는 *주관적인 파토스*의 표현과 *객관적인 파토스*의 표현을 구별할 수 있다. 첫 번째 파토스는 우연적이고 특수한 열정에 속하는 것

으로, 자체에 집중되어 머물면서 잠언적으로만 표현되거나 아니면 스스로에게서 튀쳐나와 완전히 표출할 수 있거나 한다. 감동적인 장면들을 통해 주관적인 느낌을 움직이려 하는 시인들은 특히 이러한 종류의 파토스를 이용한다. 하지만 그때의 파토스는 아무리 개인의 고뇌와 거친 열정, 화해하지 않은 영혼의 내적인 불화를 그려내더라도, 이에 의해서 참된 인간의 심정은 객관적인 내용이 전개될 때 드러나는 파토스에 의해서보다 덜 감동받는다. 그러므로 예를 들면 괴테의 작품들 중 더 오래된 것들은 소재 자체가 매우 심오하고 장면들도 자연스러운 대화로 구성되어 있어도, 전체적으로는 별다른 인상을 주지 못한다. 화해되지 않는 분열과 건전한 감각이 절제 없는 분노로 발산되는 것도 역시 별로 감동을 못 준다. 특히 잔혹한 것은 따스한 느낌보다는 차가운 느낌을 준다. 그때 시인이 아무리 열정을 감동적으로 묘사하더라도 이는 아무런 도움이 안 된다. 그때 우리의 마음은 갈기갈기 찢어지면서 거기에서 멀어지는데, 왜냐하면 거기에는 예술에 꼭 필요한 긍정적인 것, 즉 화해가 빠져 있기 때문이다. 반면에 고대 그리스인들의 비극에서는 특히 파토스가 객관적인 측면으로 표출됨으로써 효력을 발휘했으며, 그리스인들의 요구에 따라 그 파토스에는 인간적인 개성도 결여되지 않았다. 실러의 작품들에 등장하는 위대한 심정들도 이러한 파토스를 지니고 있다. 그것은 도처에 스며들어 행동의 근거로서 표출되는 파토스이다. 특히 실러의 비극들이 무대를 떠나 오늘날에도 읽혀지면서 지속적으로 영향을 미치는 것은 이러한 상황을 띠고 있기 때문이다. 즉 보편적이고 지속적이며 심오한 극적인 효과를 주는 것은 오직 행위에만 들어 있는 실체적인 것, 즉 특정한 도덕적인 내용을 띤 것이자 정신과 성격의 위대함을 보여주는 형식적인 것이다. 그런 점에서 극시인이었던 셰익스피어가 다시 부각된다.

γ) 끝으로 운율에 대해서 나는 조금만 더 언급하자면, 극에서 운율은 조용하고 같은 형태로 흐르는 6운각과 중간 중간에 휴지를 두는 서정적인 운각의 중간형태의 율격을 이루는 것이 가장 좋다. 이런 점에서 무엇보다도 약강격의 율격이 가장 권할 만하다. 왜냐하면 약강격의 운율은 단단장격에서는 성급함과 서두름을 표현하고 양양격에서는 더 장중함을 표현하면서 리듬을 띠고 나아가므로 지속적으로 진행되는 행동에 가장 적합하며, 특히 강약격(Senarius)은 고귀함과 열정을 띤 품위 있는 음조를 보여준다. 근대의 극시인들 가운데서 특히 에스파냐인들이 조용한 4운각의 강약격을 사용하는데, 이는 한편으로 뒤섞인 압운과 반해음을 띠고, 다른 한편으로 압운없이 영상에만 몰두하는 환상과 행동을 권장하기보다는 오히려 오성적인 예리함으로 장면들의 진행을 지체시키고 분쟁을 야기하는 형태에 아주 적합하다. 거기에서는 그 밖에도 서정적인 민감함이 같이 드러나도록 소나타와 옥타브 따위도 섞인다. 비슷한 방식으로 프랑스에서 유행한 알렉산더격 시행(6각 단장격)도 때로는 적절하고 때로는 열정적이고 고상한 낭독식의 수사법과 화음을 이루고 있다. 프랑스 극에서는 그런 인습적인 표현을 기교적으로 완성하려 애쓰고 있다. 반면에 영국인들은—우리 독일인들도 근래에 와서는 그들의 방식을 따르고 있는데—더 현실적이어서 아리스토텔레스가 그의 《시학》에서 모든 운율 가운데 말에 가장 적합하다고 지적한 약강격의 운격을 다시 고수하면서도, 이를 3각율시로 다루지 않고 덜 열정적인 성격을 표현하는 데서 더 자유롭게 사용하고 있다.

c. 극예술작품과 관객과의 관계

물론 서사시와 서정시에서도 어법과 운격의 장단점은 중요성을 띠지만, 그것들은 극예술작품에서는 이를 생생하게 현실화하여 우리에게 등장하는 신념, 배역들의 성격, 그들의 행동과 관계하면서 더 중요한 효력을 발휘한다고 할 수 있다. 예를 들면 칼데론(Calderon)의 희극(Lustspiel)은 부분적으로는 예리하고 오성적이며 부분적으로는 지나치게 꾸민 어법에 의해 재치 있는 이미지들이 유희하면서 서정적인 운율을 다양하게 바꿔가기 때문에, 바로 그런 표현방식이 우리로 하여금 오히려 보편성에 접근하기 어렵게 만들 수 있다. 이처럼 감각적으로 현재화하여 가까이 드러낼 때, 그 밖에 극의 내용과 형식적인 면도 관객과 더 직접적으로 관계하면서 제시된다. 이 관계에 대해서도 우리는 간단히 고찰하고자 한다.

학술저서나 서정시 또는 서사시는 그 전문 분야의 독자를 갖고 있거나 아니면 그런 저술이나 시들이 누구에게 다가가든 그것은 아무 상관없고 우연적인 것일 수 있다. 어떤 책이 어떤 사람 마음에 안들 때 그는 그 책을 옆으로 치워버리면 된다. 이는 그가 자기 마음에 안 드는 그림이나 조각상 앞을 그냥 지나치는 것과 같다. 그때 그 작품을 쓴 작가는 그 작품이 그런 사람들을 위해 쓰인 것은 아니라고 늘 변명한다. 그러나 극작품은 상황이 다르다. 여기서는 어떤 극이 어떤 특정한 관객을 위해 쓰인 것이라면, 그 관객들은 현재 자리를 잡고 앉아 있으므로 작가는 그 관객들에 대한 의무를 지고 있다. 왜냐하면 그 관객들은 그 극에 갈채를 보낼 뿐만 아니라 마음에 들어하지 않을 권리도 있는데, 그 까닭은 현재 자리를 잡고 앉아 있는 그 관객들 모두 앞에서 그 작품이 공연되고 있으며 그때의 관객들은 바로 그 장소, 그 시간에 생생하게 참여하면서 그 극을 향유(享有)해야 하기 때문이다. 그곳에 모인 관객들은 극에 대한 판결을 내리기 위한 집합체로서 아주 다양한 사람들이 섞여있다. 그들은 교양이나 관심사, 취미, 기호 등 습관이 다양하므로 완벽하게 그들의 마음에 들려면 재능과 참된 예술의 순수한 형태면에서, 심지어 조악한 것조차도 일종의 대담성을 가지고 표현할 필요가 있다. 물론 극시인에게는 관객을 무시해 버리는 탈출구가 주어져 있기는 하다. 그러나 그런 방식을 써서 거두는 효과는 그 시인으로 하여금 늘 그의 목적에서 빗나가게 한다. 특히 우리 독일인들은 루드비히 티크(Ludwig Tieck, 1773~1853, 독일의 소설가—역자주)의 시대 이후로 이처럼 관객에게 저항하는 것이 유행이 되었다. 독일의 작가는 자기의 특수한 개성에 따라 표현하고 싶어 하지 관객의 마음에 들기 위해 작품을 만들려고 하지 않는다. 반대로 그들은 독일적인 고집을 갖고 자기가 마치 독창성을 띤 것처럼 보이기 위해서 남과는 뭔가 다른 것을 가지려고 한다. 그래서 예를 들면 티크나 슐레겔 같은 사람들도 이러한 아이러니컬한 심정과 정신을 지녔기에 자기 민족과 자기 시대를 마음대로 휘어잡을 수 없게 되자 특히 실러를 공격하고 비난하고 나섰다. 그 이유는 실러가 우리 독일인들을 위해서 올바른 소리를 했고 가장 인기도 있었기 때문이다. 우리의 이웃인 프랑스인들은 그 반대였다. 프랑스 작가들은 현재에 영향을 미치도록 극시를 쓰는데, 그들은 관객이 예리하고 관대하지 않은 비판자가 될 수 있음을 늘 염두에 두었다. 그 까닭은 프랑스에는 특정한 예술취향이 확립되어 있는 반면에, 우리 독일에서는 난맥 상태가 계속되고 있어서 그 속에서는 누가 어떤 상태에 있고 어찌되든 간에 자기의 개인적인 견해, 느낌, 기분 같은 우연성에 따라 판단하고 찬사나 저주를 보내기 때문이다.

그러나 극작품은 그 안에 생동성을 띠고 있어서 본질적으로 한 민족이 이 생동성을 임시로 수용할 수 있어야 한다는 규정을 갖고 있으므로, 특히 극시인은 그 밖의 우연한 방향이나 시대상황과는 관계없이 그의 예술 속에서 이와 같은 필요한 성과를 얻어야 한다. 이와 관련해서 나는 가장 일반적인 사항만을 주지시키고자 한다.

α) 첫째, 극 속에서 행위를 일으키고 논쟁과 투쟁을 야기하는 목적들은 아주 보편적인 관심사나, 아니면 그 작가가 그 작품을 보여줄 대상인 민중에게 가치 있는 본질적인 파토스가 되는 그러한 파토스를 근간으로 삼아야 한다. 그러나 여기에서 보편적인 인간성을 띤 것과 특수한 민족성을 띤 것은 충돌이라는 실체적인 것과 관련해 볼 때 서로 거리가 먼 것들일 수 있다. 따라서 한 민족에게서 발전한 극예술의 정상에 서 있는 작품들은 다른 시대나 다른 민족에게는 전혀 향유할 수 없는 것이 될 수도 있다. 예를 들어 인도의 서정시 가운데 많은 시들은 오늘날 우리들에게 아주 기품 있고 부드럽고 매력적이고 달콤하게 보일 수 있고 우리에게 어떤 역겨운 이질감을 주지 않는다. 반면에 서사시 《샤쿤탈라(Sakuntala)》[71)]에서는 행위의 중심이 되는 브라만(Brahman)의 분노에 찬 저주와, 샤쿤탈라가 그를 보지 못하고 그에게 경외심을 보이는 일을 소홀히 하는 장면이 우리에게는 부조리하게 보인다. 그래서 이 다정다감하고 경이로운 서사시가 그 밖에 온갖 장점을 지니고 있음에도 불구하고, 우리는 그 행위의 본질적인 중심에 대해서는 아무런 관심도 갖지 못한다. 에스파냐인들이 개인의 영예라는 예리하고 철저한 동기를 때때로 추상적인 방식으로 다루는 점도 이와 마찬가지이다. 그 잔인성은 우리의 표상과 느낌에 깊은 손상을 준다. 그래서 예를 들면 우리에게는 덜 알려진 칼데론의 작품인 《비밀스러

---

71) 《샤쿤탈라(Sakuntala)》는 고대 인도의 산스크리트어로 쓰인 7막극으로 5세기 경에 활동한 시인이자 극작가인 칼리다사(Kalidasa)의 작품이다. 내용은 천신의 딸 샤쿤탈라와 두샨타 왕이 서로 사랑하지만 브라만 신의 저주로 방해를 받다가 다시 이루어진다는 이야기다.

운 욕설에 대한 비밀스러운 보복》을 무대에 올리려는 시도는 바로 이러한 이유에서만으로도 전적으로 실패하고 말 것이라고 나는 생각한다. 또 비슷한 분야에서 더 깊은 인간적인 갈등을 표현한 비극인 《의사와 그의 명예》는 거기에서 보이는 몇 가지의 변화만으로도 경직되고 추상적인 가톨릭 원칙이 방해가 되었던 작품 《의연한 왕자》보다도 더 성공적이었다. 거꾸로 그와는 반대되는 측면에서 셰익스피어의 비극과 희극들은 점점 더 많은 관객을 끌어들였는데, 그 이유는 그런 작품들 속에는 어떤 민족성과는 상관없이 보편적-인간적인 것이 훨씬 더 우세하게 드러나기 때문이다. 그래서 셰익스피어는 어떤 민족의 예술적 관습이 아주 특수한 성격을 띠고 있어서 그의 작품을 향유하는 일이 전혀 불가능하거나 위축되는 곳만을 제외하고는 어느 곳으로나 파고들어갈 수 있었다. 고대의 비극시인들의 작품들도 장면의 연출, 몇 가지 민족적인 관념과 관련해 관습이 다른 점 외에는 셰익스피어의 극들과 비슷한 장점을 지니고 있는데, 다만 좀 더 심오한 내면성이나 폭넓고 특수한 성격이 셰익스피어 극들보다 조금 더 부족할 뿐이다. 반면에 *고대의 소재(素材)*들은 어느 시대에도 영향을 끼치지 않은 적이 없었다. 그러므로 일반적으로 주장할 수 있는 것은, 하나의 극작품은 다른 모든 점에서는 뛰어나더라도 그것이 본질적인 인간적인 관심사들을 다루지 않고 배역들의 특수한 성격과 열정들을 특정한 민족적인 시대의 방향에 따라 조건지어진 내용으로 선정해서 표현한다면 한 시대에만 국한된 작품이 되고 만다는 점이다.

β) 그러나 둘째로, 그런 보편적-인간적인 목적들과 행위들은 시적으로 개별화되어 생생한 현실로 드러나야 한다. 왜냐하면 극작품은 물론 관중에게도 빠져서는 안 되는 생생한 의미에 호소해야 할 뿐 아

니라 그 자체가 상황, 상태, 배역들 그리고 행위들의 생생한 현실로서 존재해야 하기 때문이다.

αα) 이와 관련해 연출되는 극의 행위 안에 드러나는 지역의 주변 환경, 윤리, 관습, 그 밖에 외적인 것들에 대해서 나는 이미 다른 곳(제1부)에서 더 상세하게 언급했다. 여기 극에서 개별화되어 표현되는 것은 아주 풍부하게 시적이고 생생한 재미를 담고 있다. 그래서 우리는 그 생동성 때문에 그 극이 지닌 낯설음을 극복하고 거기에 흥미를 느끼게 되거나, 아니면 그 외적인 형태에서만 가치를 찾으려고 애써도 그 안에 들어 있는 정신적이고 보편적인 것이 더 우세하게 드러나 버릴 수도 있다.

ββ) 이러한 외적인 측면보다 더 중요한 것은 *배역들의 생생한 성격*으로 이는 단순히 의인화된 것이어서는 안 된다. 예를 들면 지금 우리 독일의 극시인들에게서는 그런 경우가 너무나 잦다. 특정한 열정과 목적들을 그렇게 추상화하는 일은 전혀 아무런 효과가 없다. 또 단순히 표면적으로만 개성화하는 것도 결코 충분하지 못하다. 왜냐하면 그때 알레고리(Allegory)적인 면을 지닌 인물들의 종류에 따라서 내용과 형태는 서로 떨어져 나가기 때문이다. 이러한 결함은 심오한 느낌과 사상, 위대한 신념과 말로도 결코 메울 수 없다. 반대로 극에서 개인의 신념과 성격은 그 목적이나 행동과 아주 생생하게 일치하여 총체성으로 완성되어야 한다. 여기서는 단순히 특수한 특징들이 광범하게 주어지는 것이 중요한 것이 아니라 모든 것을 관통하는 개별성이 중요한 것으로서, 말할 때나 행동할 때나 통일성을 이루어야 한다. 이 통일성은 스스로 머물면서 모든 것을 집약하고 개인이 말할 때나 행동할 때나 모든 특정한 말, 신념, 행동, 태도의 방식이 솟아 나오는 동일한 원천으로 드러나야 한다. 물론 성격이나 행동이 전체적으로는 결합되어 있더라도 사실 서로 다른 것들을 단순히 결합시킨 것만으로

는 생생한 성격이 부여되지 않는다. 비록 하나의 전체로 이어져 있더라도 서로 다른 특성들과 행동들을 단순히 결합시킨다고 해서 생생한 배역의 성격이 주어지지는 않으며, 오히려 그것은 시인 자신 쪽에서 생생하고 상상력이 풍부하게 창조해낼 것을 전제한다. 이러한 종류의 배역들로는 예를 들면 소포클레스의 비극에 나오는 인물들을 들 수 있다. 물론 그들은 호메로스의 서사시의 주인공들이 우리 눈앞에 나타날 때처럼 풍부하고 특수한 성격들을 지니고 있지는 못하다. 근대의 극시인들 가운데서는 특히 셰익스피어와 괴테가 생동성이 풍부한 인물들을 만들어 내었으며, 반면에 프랑스인들의 초기의 극시에서는 참되고 생생한 개인들보다는 오히려 일반적인 부류나 열정을 대표하는 형식적이고 추상적인 인물들을 보여주는 데 그쳤다.

γγ) 셋째로, 그러나 배역들의 성격이 보여주는 이러한 생생함만으로 모든 것이 다 된 것은 아니다. 예를 들면 괴테의 《이피게니아》와 《타소》에 나오는 이 두 사람은 이러한 측면에서는 탁월하지만, 그럼에도 불구하고 본래의 의미에서 보면 극적으로 생동적이거나 역동적이지 못하다. 그래서 이미 실러도 위의 *이피게니아*에 대해서 말하기를, 그녀는 마음속에서 일어나는 도덕적인 것, 즉 그 안에 들어 있는 신념이 행동으로 만들어져서 우리 눈앞에 펼쳐진 것이라고 했다. 그리고 실제로 특정한 상황 속에 있는 서로 다른 배역들에 대한 묘사와 표현은 아직 충분하지 못하며, 그들이 가진 목적들 간의 상호 충돌을 강조하면서 앞으로 몰아가야 한다. 그래서 실러는 《이피게니아》에서는 행위가 너무 조용히 진행되면서 극의 진행이 더디게 이루어지고 있다고 보고는, 엄격한 의미에서의 비극과 대조할 때 그 극은 명백히 서사시의 영역으로 넘어가고 있다는 말까지 했다. 다시 말해서 극적인 효과를 주는 것은 행위 자체로 나타나는 행위이지 어떤 특정한 목

적의 이행과는 동떨어지게 배역들만을 강조해서 드러내는 일은 아닌 것이다. 서사시에서는 폭넓고 다양한 배역과 상황, 사건들이 주어질 여지가 있으나, 반대로 극시에서는 특정한 충돌과 그 투쟁으로 집약될 때 가장 완벽한 효과를 거둔다. 이런 의미에서 아리스토텔레스가 그의 《시학》에서 다음과 같이 주장하는 것은 옳다. 즉 비극의 행위를 위한 두 가지 근원이 되는 것은 배역의 신념과 성격이지만, 그보다 주요한 것은 목적이며, 개인들이 행동하는 것은 그들의 성격을 표현하기 위해서가 아니라 그들이 목적에 따라 이행하는 행위 속에 그들의 성격이 같이 감안될 뿐이라는 것이다.

γ) 여기에서 끝으로 고찰할 수 있는 것은 극시인(dramatischer Dichter)과 관객의 관계이다. 원래 참된 서사시에서는 시인이 자기가 객관적으로 내세운 작품 속에서 스스로 주체로 드러나지 않으며, 단지 우리에게 사실만을 제공하도록 요구된다. 반대로 서정시인은 자기 자신의 심정과 자신의 주관적인 세계관을 토로한다. 반면에 서정시인은 자기 자신의 심정과 자신의 주관적인 세계관을 표현한다.

αα) 극시는 행동을 감각적으로 현재화해서 우리의 눈앞에 펼쳐지도록 연출하고 개인들은 그들에게 부여된 이름으로 말하고 행동하므로, 이 영역에서 시인은 적어도 사건에 대한 서술자로 등장하는 서사시에서보다 오히려 더 완전히 뒤로 물러나 있어야 하는 것처럼 보일 수도 있다. 그러나 이렇게 보이는 것은 상대적으로만 옳다. 왜냐하면 내가 이미 처음에 말했듯이, 극은 주관적인 자의식의 세계관 그리고 거기에서 예술적으로 완성되어 드러나는 것과 관련해서 이미 한 단계 더 높이 발전한 시대에 근거를 두기 때문이다. 그래서 극작품은 마치 서사시에서처럼 민중의 의식 자체에서 나오고 시인은 주관성이 없이 단지 그것

을 드러내는 도구이기만 한 것처럼 보여서는 안 된다. 그와는 달리 우리는 완성된 극작품 안에서 자의식적(自意識的)이고 독창적인 창의성과 시인의 개성에 넘치는 기교와 대담성을 인식하고 싶어 한다. 이를 통해서 비로소 극작품들은 직접 실제로 일어나는 행위나 사건들과는 달리 그에 고유한 예술적 생동성과 궁극적인 피규정성을 얻는다. 그러므로 서사시의 원작자들에 대해서 그렇게 많은 논란이 일고 있는 것과는 달리 극작품을 쓴 작가들에 대해서는 결코 큰 논란이 벌어진 적이 없다.

ββ) 그러나 다른 측면에서 만약에 관객들 스스로가 아직도 참된 예술 감각과 정신을 간직하고 있다면 그들은 어떤 극을 보면서 이런저런 주체가 지닌 우연적인 기분이나 분위기, 개별적인 성향이나 편협한 세계관 — 그런 것을 표현하는 일이 서정시인에게는 다소 허용되겠지만 — 을 눈앞에 보기보다는, 극적인 행위가 진행되고 끝날 때 비극적이거나 희극적인 면에서 절대적으로 이성적이고 참된 것이 실현됨을 증명하도록 요구할 권리를 지닌다. 이런 점에서 나는 이미 전에 특히 극시인에게 인간행위와 세계를 지배하는 신의 본질에 대해 깊이 통찰하고 또 모든 인간적인 성격, 열정, 운명의 영원한 실체를 명확하고 생생하게 표현하도록 통찰을 얻을 것을 요구하였다. 물론 시인은 사실 이러한 통찰과 개별적이고 생생한 예술의 위력을 얻음으로써 어떤 상황에서 이따금 자기 시대와 민족이 지닌 한정되고 비예술적인 관념과 갈등에 빠질 수도 있다. 그러나 이러한 경우에 그 분열의 책임은 시인 자신이 질 것이 아니라 관객에게 전가해야 한다. 시인 자신은 자기를 추동시키는 진실과 천재성만을 쫓으면 된다. 그리고 만약 그것이 올바른 특성을 띠고 있다면 어디서나 그렇듯 마지막 심판에서는 진실이 승리를 거두게 될 것이다.

γγ) 극시인이 개인의 자격으로 자기의 관객 앞에 등장할 수 있는 기준에 대해서는 확실하게 규정할 수 있는 것이 별로 없다. 그러므로 나

고대 그리스의 희극작가 아리스토파네스

는 일반적으로 여러 시대에 극시도 역시 정치, 윤리, 시, 종교 등에 관한 새로운 시대관을 생생히 표상할 가능성을 제공할 수 있다는 점만 상기시키고자 한다. 아리스토파네스도 그가 초기에 쓴 희극작품들 속에서 아테네의 내부 상태와 펠로폰네소스 전쟁에 대해서 공격하고 있다. 또 볼테르도 종종 극작품들을 통해서 자신의 계몽주의 원리(啓蒙主義原理, Aufklärungsprinzipien)를 퍼뜨리려고 애썼다. 그러나 누구보다도 레싱은 그의 희곡 《현자 나탄》에서 지리멸렬한 종교적인 정통주의에 반대하여 자신의 도덕적인 신앙을 정당화하려고 했으며, 또 우리 시대에 와서 괴테도 그의 초기 작품들에서 독일의 생활관과 예술관이 지닌 비속함에 맞서서 싸웠다. 그 후 티크도 수차 괴테의 방식을 따랐다. 그러한 시인의 세계관이 좀 더 숭고한 입장으로 증명되고 그 의도가 행위의 표현에서 독자적으로 드러남으로써 그것이 수단으로 격하되지만 않는다면 그때 예술에는 어떤 부당한 손상도 가해지지 않는다. 그러나 만약 그러한 의도가 작품 속에 깃들인 시적 자유보다 우위를 차지하게 되면 작가는 비록 그의 예술작품과는 무관하더라도 자신의 참된 의도 쪽을 강조함으로써 관중에게 큰 인상을 줄 수 있을지 모른다. 그러나 그때 그가 불러일으키는 관심은 소재(素材)적인 것이 될 뿐 예술 자체와는 별 관계가 없을 것이다. 그와 비슷하면서도 가장 나쁜 경우는 작가가 오직 관객 마음에 들려는 의도로 그 관객 속에 깃들인 지배적인 그릇된 경향에 아첨하면서 진실과 예술에 양쪽에 대해 이중으로 죄를 지을 때이다. 끝으로 좀 더 자세히 언급하자면 여러 종류의 극시들 가운데 대체로 원래부터 주체의 우연성과 자의가 원칙이 되어 있는 희극보다는 비극에서 시인의 주관성이 자유로이 등장할 여지가 덜 허용된다. 예를 들어 희극작가 아리스토파네스(Aristophanes)가 그의 극 속에서 파라바제(parabase)[72]를 통해, 작가 자신이 때로는 그 시대의 사건들과 상황들에 대해 그가 자기의 정치적 견해를 감추지 않고 동료시민들에게 조언을 주거나 때로는 극 속에서 자기의 적이나 경쟁자들을 꼼짝 못하게 해치우는가 하면, 때로는 심지어 자기라는 인물과 자신이 지닌 우연성들까지도 공공연히 희생하면서 누차 자신을 아테네의 관객과 연관시키고 있다.

2. 극예술작품의 외적인 연출

모든 예술들 가운데 외적으로 현상하거나 외부에 감각적으로 실재하지 않고서도 표현해낼 수 있는 것은 오직 시문학뿐이다. 극시는 지나간 행위들을 정신적으로 직관하도록 서술하거나 내면의 주관적인 세계를 표상하거나 심정에 표출되도록 하지 않고, 행위를 현재에서 현실적으로 표현하고자 하는 것이므로 만약에 그것이 *시문학* 자체로서만 제시되는

---

[72] 파라바제(parabase)는 고대 그리스극에서 합창 지휘자가 작가를 대신해서 청중에게 직접 말을 거는 것을 말한다.

수단에 국한된다면 극 자체의 목적에 모순된다. 왜냐하면 현재의 행위로 드러나는 것은 물론 전적으로 내면에서 나오는 것으로서 말을 통해 표현되기는 하지만, 거꾸로 행위는 또 외적인 실재성으로 드러나려고 움직이므로 한 인간 전체의 구체적인 존재, 활동, 태도, 신체적 움직임, 그의 얼굴 표정에 나타난 느낌과 열정은 그 자체로서는 물론 인간이 인간에게 미치는 영향과 거기에서 나타나는 반응으로서 표현되기를 요구하기 때문이다. 그때 실제 현실 속에서 표현하는 개인에게는 더 나아가 그가 움직이고 활동하는 외적인 주변상황이나 특정한 장소가 꼭 필요하다. 그래서 극시에서는 이러한 측면들 가운데 어느 것도 직접 우연성에만 내맡길 수는 없고 예술적인 계기가 되어 예술적으로 형상화되어야 하므로 거의 모든 다른 예술들의 도움이 필요하다. 무대장면의 주위에 때로는 마치 사원 건축물 같은 주변 환경이 세워지기도 하고 때로는 외적인 자연이 배경으로 주어지기도 하는데, 양쪽 다 그림으로 그려져서 무대 위에 설치된다. 그 다음에 그 장소에는 마치 조각상 같은 인물들이 생생하게 등장하며, 예술적으로 완성하려는 그들의 의지와 느낌을 낭독으로 풍부하게 표현함으로써 그리고 또 회화적인 얼굴 표정을 보이면서 신체의 내면에서 형성되어 나오는 자세나 동작을 객관화시킨다. 이와 관련해 좀 더 자세히 보면 내가 전에 이미 음악 분야에서 낭송과 선율의 대립에 대해 설명한 것을 상기시키는 차이가 드러난다. 다시 말해서 낭송조의 음악에서는 정신적 의미를 지닌 말이 중요하므로 음악은 이를 특징 있게 표현하는 일에 전적으로 의존하게 되며, 반면에 선율은 그 안에 말의 내용을 수용할 수는 있으되 선율 자체의 고유한 요소에 몰입하여 자유로이 전개된다. 마찬가지로 극시도 한편으로 그와 비슷한 예술을 다만 감각적 근간이 되는 주변 환경으로서만 이용하며, 거기에서 원래 중심이 되는 시언어는 자유로이 우세하게 강조되어 나온다. 그러나 또 한편으로는 일단 보조적인 반주로서의 가치만을 띠고 있는 것이 목적이 되어 그 고유 영역에서 독자적인 미로 형상화되어 나온다. 즉 낭송은 노래로, 행동은 춤을 추는 몸짓으로 이행되어 가며, 무대장면은 화려하고 그림 같은 매력을 띠면서 그 자체 예술적으로 완벽한 것이 되고자 요구한다. 만약 극시 자체와 이를 위에서와 같은 방식으로 외화시켜 극으로 상연하는 일을 대조시킨다면—이런 일은 특히 근대에 와서 수차 일어났는데—이 분야에서는 다음과 같은 입장들이 나온다.

첫째, 극시는 그 자체 시로 국한되고자 하므로 극으로 상연되는 것을 배제한다.

둘째, 원래의 극예술, 즉 여기에서는 시적(詩的)인 대사만이 규정적이고 우세하게 드러나도록 하는 그런 방식으로 낭독과 표정연기, 행동을 제한한다.

끝으로 *셋째*, 무대장면, 음악, 춤 같은 모든 수단을 이용하면서 이러한 요소들이 시언어와는 다르게 스스로 독자적이 되어서 드러나도록 극으로 연출한다.

a. 극작품의 읽기와 낭독

이미 보았듯이 원래 극시의 감각적 질료가 되는 것에는 단지 인간의 목소리와 말하는 언어뿐 아니라 느낌, 표상, 생각의 표현은 물론 구체적인 행동 속에 뒤얽혀 자기의 전체 존재에 따라 타인들의 표상, 의도, 행위, 태도에 영향을 미치는 것이 있으며, 또 반대로 거기에서 나오는 영향을 비슷하게 체험하거나 그에 항거해 자신을 주장하는 한 인간 전체도 극시의 감각적인 질료가 된다.

α) 이처럼 극시의 본질에 따른 규정과는 대조되는 것으로서, 오늘날에 와서 사실 모든 극작가들은 위와 같은 규정을 개의치 않든 어떻든 간에 솔직히 자기들 작품을 무대 위에 올리려는 소망과 희망을 간직하고 있으나, 특히 우리 독일인들에게는 어느 극을 무대 위에서 상연하는 일을 마치 비본질적인 부수물 정도로 간주하려는 견해가 일반화되어 있다. 그래서 독일의 극작품들 가운데 상당수는 극이 될 만한 가치가 없다는 이유 때문에 한 번도 무대 위에 서지 못하고 만다. 물론 어떤 극작품을 그 내적인 가치만 보고 시적으로 불충분하다고 주장할 수는 없다. 그러나 본질적으로는 어떤 극이 특히 상연을 목적으로 씌어질 때 그것에 극으로서의 *내적인* 가치가 비로소 부여된다. 이에 대한 가장 좋은 증거는 고대 그리스의 비극들이다. 이것들을 오늘날 우리는 더 이상 극장에서 볼 수 없지만 그 극들은 부분적으로는 당시에 전적으로 무대공연을 위해 쓰였다는 사실 때문에 우리에게 비로소 완전한 만족을 주는 것이다. 그 고대의 극들이 오늘날의 극장에서 추방되는 이유는 그 작품들에서는 주로 합창이 이용되거나 일반적으로 오늘날 우리의 극과는 다르게 구성되어 있다는 사실보다는 오히려 종종 그 극들의 구성내용에 등장하는 그 당시의 민족적인 상태를 오늘날 우리의 의식으로는 더 이상 친숙하게 느낄 수 없기 때문이다. 예를 들어 필록테트가 발에 상처를 입어 악취가 나고 이것이 병이 되어 그가 고통의 외침을 지르는 것은 사실 중요한 헤라클레스의 화살이 우리의 관심을 끌지 못하는 것과 마찬가지로 우리에게는 그다지 보거나 듣기 좋은 것이 못된다. 비슷하게 아우리스와 타우리스 섬에서 이피게니아를 인간 제물로 희생시키는 야만성이 오페라에서는 우리의 마음에 들지 모르지만 반대로 그 장면이 비극에서 다루어질 때는 괴테가 했듯이 우리에게 전적으로 다른 모습으로 바뀌어 나타날 것이 틀림없다.

β) 그러나 우리의 습관은 한 작품을 어떤 때는 읽고 어떤 때는 그것이 생생하게 공연되는 것을 보는 식으로 다양하게 갈라져 나갔으므로, 작가 자신도 자기 작품을 때로는 단지 독서를 목적으로 하여 쓰더라도 그것이 그 극시의 구성의 본질에는 아무런 영향을 미치지 않는다는 잘못된 의견을 갖기도 하였다. 예를 들어 어떤 장면을 준비할 때 그 뒤에 이어 곧 무대에 굉장한 설치를 요구하는 다른 장면이 뒤따라 설치될 수 있게 하거나 또는 극배우가 필요한 의상을 갈아입거나 쉴 수 있도록 충분히 시간을 주는 것을 감안하는 일 따위가 그런 외적인 지식에 속한다. 하지만 그러한 무대지식이나 능숙함을 갖추고 있다 해서 그것이 어떤 시에 장점이나 단점을 제공하지는 않으며, 그러한 것들은 극장마다 관습이 다르고 시설이 다른 데 따라 바뀔 수 있다. 그러나 시인이 자기의 작품이 진정 생생하게 극으로 공연되도록 염두에 두고 자기 작품 속의 인물들의 성격이 현실성을 띠고 현재 말하고 행동하도록 의미를 부여하는 일은 그런 외적인 요소들하고는 다르다. 실제로 이러한 측면에 따라 극장에서 공연할 때 그것이 그 극의 가치를 판단하는 시금석이 된다. 왜냐하면 단지 아름다운 어조로 말하거나 장황한 대사를 말하는 것은 만약 그 때문에 극의 진실됨이 결여된다면 건전하고 예술적으로 성숙한 최고의 심판관인 관객 앞에서는 오래 버티지 못하기 때문이다. 물론 시대에 따라 관객들도 마치 대단한 교양을 지니고 있는 듯이 찬사를 받는 현학자들과 비평가들의 비뚤어진 의견들이나 변덕스런 말을 믿다가 자신들의 판단을 망칠 수는 있다. 그러나 만약에 관객이 아직도 어떤 참된 의미를 알고 있다면, 극 속의 인물들이 생생한 현실에서처럼 자연스럽고도 예술이 요구하는 대로 따라 표현하고 행동할 때만 만족할 수 있을 것이다. 반대로 만약에 시인이 고독한 독자를 위해서만 극시를 쓰고자 한다면, 그는 자기 작품 속의 인물들로 하여금 마치 서한(書翰) 속에서

말하는 듯한 태도를 취하게 만들기 쉽다. 어떤 사람이 우리에게 자기의 결심과 행위의 이유를 글로 쓰거나 우리를 신뢰하여 자기의 마음을 열어 보이면, 우리는 그에 대해 무슨 말을 하려 하거나 아니면 그 서한을 받고 실제로 회답을 쓰는 사이에 누차 숙고하고 생각하게 된다. 왜냐하면 표상은 폭넓은 가능성의 영역을 포괄하고 있기 때문이다.

그러나 오늘날 대화하고 답변하는 데, 인간 속에는 직접적으로 그의 의지와 마음, 동요, 결심이 들어서 있음으로도 대개 상세히 숙고하는 우회를 하지 않고도 심정에서 곧바로 눈과 눈, 입과 입, 귀와 귀를 서로 맞대고 말을 하고 이를 받아들여 대꾸한다고 전제하는 것이 옳다. 다시 말해 그때 행동과 말은 온갖 상황 속에 있는 많은 종류의 가능성들 안에서 더 이상 선택할 시간이 없는 인물 자신으로부터 생생하게 솟아 나온다. 이런 측면에서 시인은 그의 작품을 구성할 때 그런 극적인 생생함을 필요로 하는 무대에 주목하는 것도 중요하다. 사실 내 의견으로는 원래 극시는 글로 인쇄될 것이 아니라 고대 그리스인들에게서처럼 대강 원고로만 작성되어 무대 위에서 공연하는 데 레퍼토리만 쓰일 뿐 그 원고가 돌아가면서 읽히는 일은 거의 없어야 한다고 본다. 그때 우리는 그 극시가 물론 교양 있는 언어, 미적인 감정, 탁월한 반성이나 심오한 사상을 지니고는 있어도 최소한 그것이 무대 위에서 정말 극답게 만들어진다는 점에서, 다시 말해 행동이 생생하게 감동적으로 무대 위에서 연출된다는 점에서 나약한 극들에서 많이 나타나는 그러한 단점들은 보지 않게 될 것이다.

γ) 극작품들을 *읽고 낭독하는* 것에 관해서 보자면, 작품이 무대에서 공연되지 않고 무대에서 내려와 읽힘으로써 효과를 발휘할 수 있을지 어떨지 판단하기는 쉽지 않다. 후에 가서 많은 극장경험을 쌓았

던 괴테조차도 이 점에 대해서는 특히 이질적인 것을 싫어하는 우리 관객들의 극히 혼란스런 취향 때문에 별로 자신이 없었다. 행동하는 배역들의 성격과 목적 자체가 위대하고 본질적일 때는 이러한 성격을 포착하기는 쉽다. 그러나 배역들 상호 간에 영향을 주는 관심사의 움직임, 단계적으로 진행되는 행위, 뒤얽힌 긴장 상황, 인물들이 상호 영향을 미치는 기준, 그들의 태도와 말에서 보이는 품위와 진실, 이러한 것들은 극장에서 공연되지 않고 단순히 읽히기만 해서는 확실하게 판단을 내릴 수 없다. 극을 공연하지 않고 낭독하는 것 역시 상대적으로만 도움이 될 뿐이다. 그 이유는 무대 위에서 연출되는 극의 대사는 여러 다른 배역들을 요구하지 오직 한 사람만이 낭독하는 음조를—설령 그 음조가 아무리 기교를 보이면서 변화하더라도—요구하지는 않기 때문이다. 뿐만 아니라 극을 낭독하게 되면 어떤 대사를 말하는 인물의 이름을 매번 언급해야 될지 아닐지 당황하게 되며, 그 양쪽을 다 하더라도 폐단이 있다. 만약에 낭독이 단조로우면 이름들을 언급해서 그 배역을 이해하는 데 곧 도움은 되겠지만 극의 파토스를 표현하는 데는 지장이 있을 것이다. 반대로 낭독이 극적인 생생함을 띠면 이는 우리를 실제의 상황으로 끌어들여 또 다시 새로운 모순을 불러일으키기 쉽다. 다시 말해서 귀를 만족시키게 되면 눈도 역시 만족을 얻고 싶어한다. 만약에 우리가 어떤 행위에 귀를 기울이면 그때 우리는 행동하는 인물들과 그들의 행위, 그리고 그 행위가 일어나는 상황도 함께 보고 싶어진다. 그러나 눈은 완전한 것을 원하고 있음에도 불구하고 어느 사교계 모임 속에 앉아서 그 앞에 조용히 앉아 있거나 선 채 그 극을 낭독하는 사람밖에는 볼 수가 없는 것이다. 그러므로 극을 낭독하는 일은 극시를 아무런 요구도 없고 현실적인 측면하고는 완전히 떨어진 채 오직 상상만 하면서 독서하는 일과, 그것을 완전히 현실성을 띠도록 공연하는 일 사이에 만족스럽지 못한 중간존재로 머물 뿐이다.

b. 연기술

실제로 극을 공연하는 데는 음악 외에도 다른 연출예술인 *연기술* (演技術, *Schauspielerkunst*)이 주어진다. 이는 근대에 와서야 완전하게 발전되었다. 거기에서는 물론 태도, 행위, 낭독, 음악, 춤 그리고 무대장치 같은 것이 요구되지만 거기에서도 우세한 것은 *대화*와 이를 시적으로 표현하는 일로서, 시로서의 극시 자체를 위해서는 유일하게 올바른 것이다. 왜냐하면 표정이나 노래, 춤 자체가 독자적으로 완성되어 드러나면 곧 시예술로서의 시는 한갓 수단으로 격하되고, 그 외의 다른 부차적인 예술들에 대한 지배력을 상실하기 때문이다. 이를 고려할 때 다음과 같은 서로 다른 입장들을 구분할 수 있다.

α) 첫 단계로 고대 그리스인들의 연기술을 고찰하면, 여기에서는 한편으로 언어예술이 조각과 관련되며, 행동하는 개인은 그 육체 전체가 객관적인 형상을 띠고 등장한다. 그러나 생명을 지닌 그 조각상이 시의 내용을 자신 속에 받아들여 표현하고 온갖 내적인 열정을 말소리로 드러나게 하므로 이 표현은 어떤 조각상이나 그림보다도 더 영활성을 띠고 있으며 정신적으로 더 명확하다. 이와 같은 영활성(靈活性, Beseelung)과 관련해서 우리는 두 가지 측면을 구별할 수 있다.

αα) 첫째는 예술적으로 말하는 낭송(朗誦, Deklamation)이다. 이는 고대 그리스인들에게서는 별로 발전되지 못했다. 그들에게는 내용을 이해하는 일만이 중요했다. 반면에 우리는 심정과 배역의 성격의 독

특성에 깃들인 모든 객관성이 섬세한 뉘앙스를 띠고 이행되며, 예리한 대립과 대조를 보이고 이것이 목소리의 울림과 표현, 낭송되는 방식에서 다시 드러나는 것을 인식하고 싶어 한다. 그에 반해 고대 그리스인들은 때로는 리듬을 강조하기 위해서, 때로는 대사가 비록 우세한 것으로 머물더라도 이를 더 변조가 풍부하도록 표현하기 위해서 낭송에다 음악의 반주를 가미했다. 그러나 대화는 말로 하거나 간단히 음악으로 수반되었겠지만 반대로 합창은 서정적인 음악으로 낭송되었다. 노래는 합창곡으로 흘러나오는 말에 좀 더 강하게 악센트를 줌으로써 이를 더 잘 이해할 수 있게 만든다. 만약에 그렇지 않았다면 고대 그리스인들이 어떻게 아이스킬로스와 소포클레스 극에 나오는 합창들을 이해할 수 있었을지 나는 도무지 알 수 없다. 왜냐하면 고대 그리스인들은 우리들처럼 말 때문에 걱정을 할 필요는 없었을지 몰라도, 다음과 같이 말하지 않을 수 없기 때문이다. 즉 나는 독일어를 이해하고 그 속에서 뭔가를 포착할 수는 있지만, 비슷한 스타일로 쓰인 독일어 서정시를 극장무대 위에서 말로 표현하거나 전적으로 노래로 부른다면 나한테는 언제나 분명치 않게 들릴 것이라고 말이다.

ββ) 연기술 가운데 두 번째 요소가 되는 것은 몸의 자세와 동작이다. 이 점에서 곧 주목할 만한 것은 고대 그리스인들에게는 그들의 연극배우들이 가면을 쓰고 연기했기 때문에 표정연기라는 것이 전혀 없었다는 점이다. 그들의 얼굴표정은 변하지 않는 조각상과 같은 모습이었고, 그 조형성 속에는 특수한 영혼이 띠고 있는 다양한 분위기의 움직임을 표현하는 것이 수용되지 않았다. 또 행위를 표현하는 배역들도 마찬가지여서 그들은 극 속에서 그들이 지닌 확고하고 보편적인 파토스를 투쟁하면서 끝까지 밀고 나갔지만, 이러한 파토스의 실체는 근대적인 심정에서 나타나는 진심으로 심화되거나 오늘날의 극 배역들이 지니고 있는 특수성으

로까지 확대되지도 못했다. 그들이 보여주는 행위도 역시 단순했는데, 그 때문에 고대 그리스인들의 표정에 대해서 우리는 아무것도 아는 게 없다. 예를 들면 소포클레스나 아리스토파네스 같은 극시인들도 때로는 그들 자신이 나서서 연기를 했고, 때로는 예술을 전혀 직업으로 하지 않는 시민들이 비극 속에 등장해서 연기를 하였다. 그에 반해 합창단의 노래에는 춤이 수반되었는데, 이는 오늘날과 같은 방식으로 춤을 추는 우리 독일인들이 보기에는 경박스러울지 몰라도, 고대 그리스인들에게는 그들의 극을 공연하는 감각적인 총체성에 전적으로 속하는 것이었다.

γγ) 그래서 고대 그리스인들에게는 음악과 춤의 반주로 인해 극의 외적인 실재성이 완벽하게 완성되었듯이, 대사와 실체적인 열정을 정신적으로 표출하는 일에 충분히 시적인 권리가 주어졌다. 이러한 구체적인 통일성은 극 전체의 표현에 조형적인 특성을 부여한다. 왜냐하면 정신적인 것은 스스로 내면화되고 이 개별화된 주관성 안에서 표현되는 것이 아니라, 같은 정도의 권한을 지닌 외면성으로 감각적으로 현상하는 것과 밀접한 관계를 갖고 화해하면서 드러나기 때문이다.

β) 그러나 음악과 춤이 수반되더라도 대사(臺詞)는 정신이 정신적으로 외화(外化)하는 것으로 머물러야 하므로 *근대의* 연기술은 그러한 감각적 요소들로부터 벗어날 줄 알았다. 그러므로 여기에서 극시인은 낭독, 표정연기, 동작을 통해서 자기의 극작품을 감각적으로 표현하는 연기자(演技者)하고만 관계하게 된다. 이처럼 다른 예술들과는 반대로 극작가와 외적인 질료와의 관계는 아주 독특한 성질을 지닌다. 회화와 조각에서는 자기의 구상을 색채, 동 또는 대리석이라는 질료를 사용해 실행하는 일은 예술가 자신에게 달려 있으며, 음악에서 낯선 사람의 손이나 목청을 빌어서 연주를 할 때—물론 여기에서도 낭송에 영활성

이 결여되어서는 안 되지만—다소 기계적인 기교와 능란함이 지배적인 것이 된다. 그와는 반대로 극의 연기자는 자기의 형상, 인상, 목소리 따위를 가진 전체적인 인간으로 예술작품 속에 등장하여 그가 표현하는 배역과 전적으로 일치하면서 움직여야 할 사명을 지니게 된다.

αα) 이런 점에서 극시인은 배우에게 주어진 역할에 전적으로 몰입하고 배우 자신의 것을 덧붙임이 없이 시인이 구상하여 시적으로 형상화한 대로 따라서 연기하도록 요구할 권리가 있다. 배우는 곧 작가가 유희(遊戲)를 하는 데 사용하는 도구와 같은 존재가 되어야 하며, 모든 색채를 수용하여 이를 바꿔 새로이 재생하는 스펀지 같은 존재가 되어야 한다. 이러한 일은 고대 그리스인들에게는 더 쉬웠는데, 그 이유는 이미 말했듯이 극의 낭송은 주로 내용을 명확하게 전달하는 일에 국한되어 있었고 리듬 같은 측면은 음악이 신경 써야 할 일이었으며, 또 배우들의 얼굴표정은 가면에 의해 감추어졌고 또 그들의 행위도 별다른 동작이 필요하지 않았기 때문이었다. 그리하여 배우는 일반적으로 비극적인 파토스를 별 어려움이 없이 적절하게 연기해 낼 수 있었다. 그는 희극에서는 물론 살아있는 사람들, 예를 들면 소크라테스, 니키아스, 클레온 같은 얼굴들을 표현해야 할 때도 어떤 때는 가면을 쓰고 그런 개별적인 얼굴특징들을 적절하게 모방해 냈으며, 어떤 때는 그들의 얼굴을 자세하게 구별하는 일이 별로 필요하지 않았다. 왜냐하면 희극시인 아리스토파네스의 경우를 보면, 단지 그런 배역들의 성격을 통해서 당시 시대의 일반적인 성향을 대표적으로 보여주기 위해서 그들을 이용했기 때문이다.

ββ) 그러나 근대의 연극에서는 상황이 다르다. 다시 말해 여기서는 가면들과 음악의 반주는 떨어져 나가고 그 대신 표정연기, 다양한 동작과 풍부한 뉘앙스를 띤 낭독이 들어선다. 왜냐하면 한편으로 시인

은 비록 열정을 더 일반적으로 장르에 맞게 특성화해서 표현하더라도 시인 자신을 주관적인 내면적으로 생생하게 알려야 하며, 다른 한편으로 대다수의 배역들은 특수한 성격을 갖는데, 이것이 독특하게 표현되는 것이 곧 우리 눈앞에 생생한 현실성을 띠고 드러나야 하기 때문이다. 특히 셰익스피어의 극에 나오는 인물들은 완성된 온전한 인간들이므로 우리는 배우들이 자신이 그런 인물들의 모습을 전체적으로 충분히 우리에게 보여줄 것을 요구한다. 따라서 목소리에 깃든 있는 음조, 낭독 방식, 몸짓, 인상 등 대체로 내적인 외적으로 드러나는 모든 현상들은 특정한 역할에 맞는 특성을 갖도록 요구한다. 그래서 대사 외에도 다양한 뉘앙스를 띤 동작의 연기도 중요하다. 사실 여기에서 극시인은 고대 그리스인들이 말로 표현했을 많은 것을 배우의 동작에 맡긴다. 예를 들면 실러의 《발렌슈타인》[73]의 마지막 장면이

---

73) 이미 《미학강의》 제1부의 역주에서 설명되고 있는 실러의 1799년에 출판된 희곡 《발렌슈타인(Wallenstein)》은 헤겔이 제1부와 여기 제3부에서 누차 언급하는 것으로 보아, 그가 독일의 극작품들 가운데 가히 최고로 꼽고 있다는 것을 어렵지 않게 알 수 있다. 제목과 동명의 주인공인 발렌슈타인은 역사적으로 비극적인 실존인물(1583~1643)이다. 구보헤미아의 귀족가문 출신인 그는 오스트리아 황제의 군대에 들어가 터키 오스만족에 대한 원정에 참여하는 등 활발한 전적을 올려서 군대에서 지위가 올라갔다. 1617년에 베네치아와의 전쟁에서 페르디난트 황태자를 도운 덕택에 후에 황태자가 오스트리아 황제인 페르디난트 2세가 되자 그의 계속적인 비호 아래 군 최고의 지위에까지 오른다. 그러나 한때 그를 시기한 정적들의 음모로 그는 지위를 잃고 그의 군대는 축소되었다. 그러나 바로 그즈음 스웨덴 왕 구스타프 2세가 13,000명의 병력을 이끌고 쳐들어오자 황제는 급히 다시 발렌슈타인을 소환하여 그에게 이에 대항하도록 간원한다. 발렌슈타인은 이에 응해 싸워서 구스타프 2세를 전사시키고 다시 세력을 얻는다. 그러나 그의 정적들의 반발도 그치지 않아, 그들은 발렌슈타인이 에스파냐의 독일 내정에 대한 간섭을 반대하는 것을 구실로 삼아 그를 황제의 권력에 위협적인 존재로 보고 음모를 꾸며 그를 암살하고 만다.

그러하다. 늙은 옥타비오(Octavio)는 발렌슈타인이 몰락하는 데 본질적으로 함께 영향을 미친 사람이다. 그는 버틀러의 음험한 음모에 의해 발렌슈타인이 암살된 것을 알게 되며, 또 테르츠키 공작부인이 스스로 독을 마셨음을 알게 된 순간에 황제의 칙서가 그의 앞에 도착한다. 고르돈은 그 서한을 읽고 난 다음 비난의 눈초리로 그것을 옥타비오에게 주면서 "피콜로미니 공작에게"(Dem *Fürsten* Piccolomini)[74]라고 말한다. 옥타비오는 깜짝 놀라면서 고통스럽게 하늘을 쳐다본다. 그는 자기가 저지른 일과 그것이 가져온 피비린내 나는 결과를 대해 스스로 엄청난 책임을 져야만 한다. 그러나 그 일에 대해 그가 느끼는 것은 여기에서 대사로 언급되지는 않고 오직 배우의 표정연기에만 맡겨진다. 근대의 연기술은 이러한 연기를 요구하므로, 극시는 그것이 표현하는 질료에 대해 고대 그리스인들이 알지 못했던 압박감에 종종 빠질 수 있다. 다시 말하면 배우는 살아있는 인간으로서 그의 신체의 기관, 목의 형태, 인상적인 표정 및 그가 갖고 태어난 특징 등 온갖 개별적인 특성들을 지니고 있는데, 그는 이러한 것들을 때로는 보편적인 파토스와 극의 특성에 맞게 포기하거나 때로는 풍부한 개성을 띤 극시를 더 풍부하게 형상화하기 위해서 이와 조화를 이루면서 강조할 필요가 있다.

γγ) 사람들은 배우들을 예술가라고 부르며(Man heißt jetzt die Schauspieler Künstler), 그들에게 예술가의 직업이라는 대단한 영예를 부여한다. 오늘날 우리들의 사고방식에 의하면 배우가 된다는 것

---

[74] 실러의 희곡 《발렌슈타인》에서 옥타비오 피콜로미니는 발렌슈타인을 암살하는 데 가담한 공적으로 공작의 지위에 오르는 인물이며, 테르츠키 공작부인은 발렌슈타인의 동서로 피콜로미니가 죄가 있다는 것을 알자 스스로 불명예스러운 삶보다는 명예로운 죽음을 택한다.

은 도덕적으로나 사회적으로 아무런 치욕이 되지 않는 정당한 일이다. 왜냐하면 이 예술은 많은 재능, 이해, 인내, 노력, 연습, 지식, 심지어 정상에 서 있을 때조차도 풍부한 재능을 요구하기 때문이다. 그 이유는 배우는 시인의 정신과 자기가 맡은 역할 속으로 깊이 파고들어가 여기에 자신의 개성을 내적으로나 외적으로 적절하게 맞춰야 하기 때문이다. 뿐만 아니라 그는 이를 연기해내는 데 있어서도 시인이 갖고 있는 모든 비밀스런 의도와 심오한 대가적인 특성들을 현재의 생생한 모습으로 드러내서 이해시키는 가운데, 많은 점들을 보충하고 공백을 메워 나가면서 배우 자신의 연기를 통해 시인이라는 존재에 대해 우리에게 해명해줘야 하기 때문이다.

c. 시문학으로부터 더 독립된 극예술

끝으로 연출예술인 극이 차지하는 *세 번째* 위상을 들자면, 여기에서 그것은 지금까지와는 달리 시(詩)에서 그간 다소 반주이자 수단으로만 사용하던 것이 시 자체의 지배에서 벗어나 독자적인 목적으로 삼아 완성되었다. 그래서 극예술이 발전해 가는 동안에 음악과 춤뿐만이 아니라 원래의 연기술도 자유로워지게 되었다.

α) 이와 관계되는 것으로는 우선 기술면에서 두 가지 체계를 들 수 있다. 첫 번째는 우리가 방금 다루었듯이 표현하는 연기자는 극시인에게는 다만 정신적 육체적으로 살아 있는 연기도구가 되어야 한다는 점이다. 극의 표현에서 역할의 종류와 이의 습득을 중시하면서도 대체로 더 전형적인 것을 고수하는 프랑스인들은 특히 그들의 비극과 *희극(haute comédie)*에서 이러한 체계에 충실함을 입증해 보였다. 이제

연기술에서 시인이 제공하는 모든 것은 오히려 다만 부수적인 것일 뿐이며, 극의 틀은 배우의 자연스러움과 능숙한 기교를 위해 있다는 입장은 위와는 반대된다. 극시인은 배우들을 위해서 극을 써야 한다고 배우들이 종종 요구하는 것을 들을 수 있다. 그때의 시문학은 예술가에게는 단지 그가 자기의 영혼과 예술, 자기의 주관성이 지닌 이 궁극적인 것을 보여주고 그것이 찬란하게 펼쳐지도록 기회만 제공하면 되는 것이다. 이러한 종류의 것으로는 이탈리아인들의 희극인 코메디아 델라르테(Commedia dell'arte)[75)]가 있다. 거기에서는 물론 *어릿광대(arlecchino)*, *의사(dottore)* 같은 배역들의 성격은 고정되어 있으며 상황이나 장면들이 연속적으로 주어지기는 하지만, 그 밖에 공연을 지속하는 일은 전적으로 배우들에게 맡겨진다. 우리 독일에서는 시적인 측면에서 고찰할 때 이플란트와 코체부의 작품들, 그리고 그 외에도 대체로 많은 작품들은 별로 중요하지 않거나 매우 졸렬하지만 대충 스케치식으로 간략하게 쓰인 것들로서, 이 극들을 제대로 형상화해내는 일은 배우들의 자유로운 연기에 맡겨진다. 이처럼 연기자가 생생하고 독자적인 연기를 하게 되면 사람들은 바로 그 연기자로 인해서 그 극에 대해서 관심을 갖게 된다. 특히 우리 독일에서는 자연스러운 연기를 대단히 애호하고 있다. 그러다보니 현재는 그런 것이 너무 지나치다 못해 배역이 아무도 이해하지 못하는 말투로 투덜거리거나 중얼거리는 것까지도 마치 탁월한 연기인 양 가치가 올라가게 되었다. 그와는 정반대로 괴테는 볼테르가 지은 《탕크레드(Tancred)》과 《마호메트(Mahomet)》를 바이마르 극장 무대에 올리기 위해서 번역했는데, 자기

---

75) 코메디아 델라르테(Commedia dell'arte)는 이탈리아에서 16세기에서 18세기 사이에 유행했던 즉흥적인 민속희극을 말한다.

배우들에게 비속한 자연스러운 연기에서 벗어나 좀 더 고상한 어조로 말하는 것에 익숙해지라고 지시했다. 프랑스인들은 익살극을 생생하게 연기하는 가운데서도 대개 언제나 관객을 주목하면서 그 쪽을 향해서 움직인다. 사실 단지 배역을 이해할 수 있도록 능숙하게 연기하는 것만이 능사가 아니듯이, 단순히 자연스럽게 연기하거나 생생한 것을 지루하게 반복하는 것만으로 일이 다 되는 것도 아니다. 오히려 배우가 이 분야에서 진정으로 예술적인 효과를 보이려면, 내가 이미 전에 음악연주에 대해 언급하던 기회에(제3부에서) 말한 것과 비슷하게 더 독창적인 대담성을 띠어야 한다.

 β) 이 영역에 속하는 두 *번째* 분야는 점차 특정한 방향으로 나아가기 시작한 근대 오페라(die moderne Oper)이다. 다시 말해 오페라에서는 음악이 중요하며, 그 내용은 비록 시나 대사에서 부여받지만 이를 자유로이 음악적인 목적에 따라 부르고 연주하는데, 근래에 와서 특히 우리 독일에서는 사치스럽게 변해서 액세서리, 화려한 장식, 호사로운 의상, 풍성한 합창 등을 함께 곁들여서 공연하는 것이 주를 이루었다. 그런 사치는 종종 비난의 소리를 들어도 충분한데, 이미 고대 로마의 비극에서 보이던 사치스러움에 대해서 철학자 키케로(Cicero)도 한탄한 적이 있었다. 비극에서는 늘 시적(詩的)인 것이 본질이 되어야 하므로 그처럼 외적이고 감각적인 것에 사치를 가하는 것은 정상이 아니다. 물론 실러도 그의 희곡《오를레앙의 처녀》에서 그런 식으로 옆길로 새기는 했다. 그러나 오페라에서는 노래가 아주 감각적으로 울려나오고 목소리와 악기가 어울려 합창을 이루고, 외적인 무대장치도 매력적이고 사치스럽게 꾸며져서 공연되는 것이 허용된다. 왜냐하면 일단 무대 장식이 화려하면 이를 더 극대화하기 위해서는

의상도 그보다 덜 화려해서는 안 되고, 그 밖에 다른 것들도 그와 함께 조화를 이루어서 화려해져야 하기 때문이다. 이러한 감각적인 화려함은 물론 앞서 등장한 참된 예술이 타락하는 하나의 징조이기는 하지만, 어쨌거나 특히 이해불가능하고 경이롭거나 환상적이고 동화적인 것과 어울려 나오는 것들이 오페라에게는 가장 알맞은 내용이 된다. 그런 예는 모차르트의 《마술피리》에서 예술적으로 아주 적합하게 완성되어 나타나고 있다. 그러나 무대장치, 의상, 악기 따위에 온갖 기교와 전력을 투입하더라도, 만약에 원래의 극 내용에 맞게 진지하지 못하거나 우리에게 용기를 주는 것이 못 된다면 우리는 차라리 《천일야화》를 읽는 편이 더 나을 것이다.

γ) 이와 비슷한 가치를 띤 것으로 오늘날의 발레(Ballett)가 있는데, 여기에도 역시 동화적이고 경이로운 것이 잘 어울린다. 여기에서도 대상들이 그림처럼 아름답게 무리지어 무대 위에 등장하는 것 외에도 사치스럽고 매력적인 장식들의 변화, 의상, 조명이 중요하므로 우리는 최소한 일상의 범속한 오성의 궁핍성을 우리 뒤로 멀리하고 잠시 다른 영역 속으로 빠져들어 갈 수 있다. 다른 한편으로 예술 견식가들은 춤추는 배우들의 아주 잘 발달되고 능란하게 움직이는 다리를 보기를 즐겨하는데, 이는 오늘날의 춤에서 가장 중요한 역할을 한다. 그러나 이처럼 극단적으로 감각적인 것에 빠짐으로써 정신은 결핍되고 마는 단순하고 기교적인 예술에서도 조금이나마 정신적인 것이 나타나 보일 수 있다면, 이는 기술적인 어려움들을 이기고 영혼의 절제와 조화로운 움직임, 그리고 적게나마 자유로움과 우아함이 드러나기 때문이다. 다음에 춤의 두 번째 요소로 합창과 오페라의 솔로(Solo) 배역들 대신에 등장하는 팬터마임(Pantomime)이 있다. 이것은 원래 행

위를 표현하기 위해 사용되었으나 근대의 춤이 기술적으로 능란해질수록 그 가치가 하락되고 쓸모 없는 것이 되기까지 했다. 그래서 오늘날의 발레에서 팬터마임은 발레를 자유로운 예술의 영역으로 넘어가게 하는 데 유일하게 가능성을 제공할 수 있는 것임에도 불구하고 점점 더 사라져갈 위협을 받고 있다.

3. 극시의 종류와 그 역사적인 주요 계기들

우리가 지금까지 쫓아 고찰한 과정을 간략하게 돌아보면, 우리는 *첫째*로 극시의 *원리*를 그 보편적이고 특수한 규정들에 따라서, 그리고 다음에 그것과 관객과의 관계 속에서 확립하였다. 둘째로, 우리는 극이 완결된 행위를 현재 우리 앞에 전개하여 공연함으로써 이를 본질적으로 완벽하게 감각적으로 표현할 필요가 있음을 보았다. 이는 실제로 극으로 공연될 때 비로소 예술에 적합하게 완성된다. 그러나 극의 행위가 외적으로 실재화되어 드러나기 위해서는 절대적으로 시적으로 규정되고 완성되어 실행될 필요가 있다. *셋째*로, 이는 극시가 특수한 종류들로 나뉘어 한편으로 거기에서 서로 대립되거나 대립을 중재하는 유형의 차이를 취함으로써 그 속에 목적과 배역의 성격, 그리고 또한 투쟁과 행동의 결과도 드러나도록 함으로써만 실행할 수 있다. 극시의 종류에는 비극적인 것과 희극적인 것, 그리고 그 사이의 균형을 맞춘 일반적인 극이 있으며, 이들은 다양한 역사적인 발전을 보여 왔는데, 이는 특히 극시에서 아주 중요성을 띤다.

이 점들을 좀 더 자세히 상술하자면

첫째, 비극과 희극 그리고 소위 일반극의 일반적인 원리를 고찰해

야 하며,

둘째, 고대 그리스와 근대 극시들의 배역들에 대해서 설명해야 한다. 이러한 극시들에서 갈라져 나와 발전되어 이들과 대조를 이룬 것으로 위에 언급한 종류의 극시들이 있다. 그리고

셋째, 우리는 끝으로 특히 이러한 대조 속에서 어떤 구체적인 극시의 형태가 비극과 희극으로 가정될 수 있는지 고찰하고자 한다.

a. 비극, 희극 그리고 일반극의 원리

서사시의 종류를 구분하는 본질적인 근거는 서사적으로 표현되는 실체적인 것이 보편성 속에서 언표되는지 아니면 배역의 객관적인 성격, 행위, 사건들의 형태로 서술되는지의 차이에 있다. 거꾸로 서정시는 내적인 주관성을 띠고 드러나는 내용이 그 주관성과 밀접하게 뒤얽혀 있는가 아니면 느슨한 관계에 있는가에 따라 서로 다른 표현방식으로 구분되어 단계적으로 진행된다. 끝으로 목적과 배역들의 충돌 그리고 그러한 투쟁의 필연적인 해소가 중심이 되는 극시에서는 이러한 서로 다른 양태들의 원리는 오직 *개인들과 그들의 목적의 내용* 사이에 있는 관계로부터 유출해낼 수 있다. 다시 말해 이와 같은 특정한 관계는 극에서 분열되고 종결을 이루는 특수한 방식에 결정적인 것이 될 수 있으므로 따라서 극 전체의 진행에서 이를 생생하고 예술적으로 표현하는 데 중요한 유형이 된다. 이런 점을 볼 때 일반적으로 모든 참된 행위에서 중재를 통해 가장 본질적인 것이 되는 다음과 같은 계기들을 중요한 것으로 강조할 수 있다. 즉 그것은 본질상 용감하고 위대하며 세속적인 현실에서 신성함의 근간이자 개인의 성격과 목적에 절대적이고 참된 영원한 내용이 되는 것이며, 또 한편으로 얽매임

이 없이 자유로이 자아를 규정하는 *주관성* 자체이다. 그러나 극시가 행위를 어떤 형태로 연출해 내더라도 그 안에서 원래 절대적이고 진실된 것은 그 극의 결정적인 요소가 된다. 그러나 이와 같은 효과를 드러내는 특정한 방식은 개인, 행위, 갈등들 속에서 실제적인 측면을 띠거나, 거꾸로 주관적인 자의(恣意), 어리석음, 불합리성에 따라 특정한 형태를 취함으로써 서로 다르고 대립되는 형상을 취한다.

이런 점에서 우리는 다음과 같은 종류들에 대한 전반적인 원리를 고찰해야 한다.

첫째, 본질적이고 근원적인 유형에 따른 비극(悲劇, Tragödie)의 원리

둘째, 희극(喜劇, Komödie)에서 의도와 행위 속에 들어 있는 주관성은 물론 외적인 우연성이 모든 상황이나 목적을 마음대로 지배하는 희극의 원리

셋째, 좁은 의미에서 위 양자의 중간 단계에 있는 일반극의 원리

α) 먼저 *비극*에 관해서는 이 자리에서 나는 역사적으로 서로 다른 발전단계들을 통해 비로소 더 구체적으로 특수화되어 드러날 수 있는 가장 일반적인 기본규정들만 간단히 언급하고자 한다.

αα) 비극에서 개인의 마음을 사로잡는 목적을 실행하는 비극적인 행위의 참된 내용이 되는 것은 인간의 의지 안에 있는 본질적이고 정당한 위력들이다. 이는 즉 남편, 부모, 자녀, 형제 같은 가족에 대한 사랑, 국가적인 삶, 시민들의 애국심, 지배자의 의지, 또 더 나아가 교회에 나가면서도 신앙행위는 거부한 채 경건함만 지니고 있거나, 행동하더라도 선악을 인간의 가슴속에 있는 신앙에 따라 구별하지 않고 반대로 실제적인 관심사나 상황에 따라서 행동함으로써 진행된다. 참된 비극적인 *배역*들도 역시 그와 비슷한 도덕성을 지닌다. 그들은 전

적으로 그 배역의 개념에 적합하며, 또 그래야 된다. 즉 그들은 다양하고 서사적으로 전개되는 총체성을 띤 배역들이 아니라 그들 스스로 생생하고 개별적이면서 그들의 특정한 성격 속에 깃들어 있는 어떤 위력으로서, 그 배역은 자기 개성에 따라 견실한 삶에 깃든 내용의 특수한 측면과 뗄 수 없이 결합되어 있으며 그에 대해 책임을 지려고 한다. 직접적인 개성이 지닌 단순한 우연성들이 사라지는 이 같은 높은 단계에서 극예술의 비극적인 주인공들은, 그들이 실체적인 삶의 영역을 생생하게 대변하는 사람들이든 아니면 평소 자유롭게 자신 속에 안주하는 확고한 개인들이든 조각작품들처럼 숭고하게 강조된다. 그러므로 이런 측면에서 볼 때 고대 그리스의 숭고한 비극적인 배역들을 어떤 설명이나 주해보다도 더 잘 설명해 주는 것은 바로 추상적인 조각상들과 신상(神像)들이다.

그러므로 일반적으로 우리는 원래 비극의 주제는 신성한 것이다(das eigentliche Thema der ursprünglichen Tragödie sei das Göttliche)라고 말할 수 있다. 이는 종교적인 의식의 내용이 되는 그런 신성함이 아니라, 세상에 존재하는 개개인들의 행위 속에 들어서지만 그 현실 속에서도 그 본질적인 특성을 희생하거나 자신에 대립되는 것으로 바뀌지 않는 신성함이다. 이러한 형태 속에서 *윤리적인 것*은 의도하고 실행하는 것의 정신적인 실체가 된다. 왜냐하면 윤리적인 것은 비록 그 자체 건실하고 또 우리가 주관적으로 반성하면서 형식적이고 도덕적인 것으로 이해하지만 또 한편으로 그 윤리성이 *세속적으로* 실재할 때도 역시 신성하고 실체성을 띠고 있으며, 그것이 특수하면서도 본질적으로 드러나는 측면들은 참된 인간행위의 감동적인 내용이 되고 또 행위 속에서도 그 본질을 드러내고 실현시키기 때문이다.

ββ) 이제 실제 객관성 속으로 추동해 나아가는 모든 것들을 개별화

하는 원리 속에서는 윤리적인 위력들과 행동하는 배역들은 그들이 지닌 내용이나 그들이 개별적으로 현상하는 모습에서도 *서로 다르다.* 만약 이 특수한 위력들이 극시가 요구하는 대로 행동으로 드러나고 어떤 행위를 추진하는 인간적 파토스의 특정한 목적이 되어 실현되면 그 조화는 깨지고 그것들은 서로 폐쇄적으로 *상호대립하면서* 등장한다. 그때 개성적인 행동은 특정한 상황 하에서 어떤 목적이나 성격을 실행하려고 하는데, 이는 그런 조건하에서는 그 목적이나 성격 자체는 완성된 특성과 일면성을 띠고 고립되므로 자신에 대립되는 파토스를 필연적으로 자극함으로써 피할 수 없는 갈등을 초래한다. 원래 비극에서는 그처럼 충돌하고 대립되는 양쪽 모두가 권리를 지니지만, 그럼에도 불구하고 그것들은 같은 권리를 지닌 다른 위력을 부정하고 *침해함*으로써만 자체의 목적과 성격이 지닌 참되고 긍정적인 내용을 수행할 수 있다. 그러므로 비록 그것이 윤리성을 띠고 있더라도 이 대립 때문에 결국은 *죄악*에 빠지게 된다.

  이런 갈등들이 필연적일 수밖에 없는 일반적인 이유를 나는 방금 다루었다. 즉 윤리적인 실체는 구체적인 통일성이자 *서로 다른 상황들과 위력들의 총체성*이지만, 무행위 속에 머무는 지복한 신성으로서 방해받지 않는 삶을 향유하는 정신적인 작품으로 완성된다. 그러나 그와는 반대로 그 추상적인 이상성(理想性)으로부터 나와 실제 현실에서 세속적으로 현상하는 일도 역시 그 총체성의 개념 속에 들어 있다. 이와 같은 본질적인 요소 때문에 특정한 상황들에서 개별적인 배역들 간에 단순히 차이지는 것들이 상호대립하고 충돌하는 것으로 바뀐다. 따라서 올림포스와 환상적인 천국 속에 평화스럽게 안주하며 통일성을 고수하는 것으로 종교적으로 표상되는 저 신들이 만약 실제로 인간적인 개성이 지닌 특정한 파토스로서 규정된 특수성과 생명력을 띠고 나타나, 모든 권리를 지니고 있음에도 불구하고 서로 다른 신성한 위력들에 대립함으로써 죄와 불의를 저지르게 되면 비로소 그 신들은 참으로 심각해진다.

γγ) 이로써 직접적인 대립이 일어나는데 이는 비록 실제로 드러나기는 하지만 그 자체로 실체적이거나 참으로 현실성을 띨 수는 없으며, 다만 그것이 모순이 되어 다시 *지양되*는 데서만 본래의 권리를 찾는다. 그러므로 *셋째*로, 그러한 분열은 그 비극의 목적이자 성격이 되는 권리를 띠면서 비극적인 충돌이 되었다가 필연적으로 다시 해소된다. 즉 그러한 것들을 통해 영원한 정의는 목적들과 개인들에 대해 윤리적인 실체와 통일성의 안거를 방해하는 개별성을 몰락하게 만드는 방식으로서 완수된다. 왜냐하면 물론 배역들의 성격 자체는 타당성을 띤 것으로 전제되어야 하지만 그 성격들은 다만 그 실체적인 것을 침해하는 일면성을 띠어야만 서로 대립하면서 그것을 비극적으로 수행할 수 있기 때문이다. 그러나 참되고 실체적인 것은 아무리 세속적인 실재성과 인간 행위의 개념 속에 근거하여 현실성을 띠더라도 특수성들끼리 투쟁하지 않고 특정한 목적들과 개인들이 상호 침해하거나 대립하지 않도록 조화롭게 화해시키는 활동이 된다. 그러므로 비극의 종결에서는 이러한 참된 윤리성의 조화에 적응할 수 없었던 *일방적이고 특수한 행위*만이 지양되는데, 만약 그때 그 특수성은 자신의 의도를 버리지 않는다면 그 전체성에 따라 몰락하지 않을 수 없거나 최소한 그 목적을 이행하는 일이 필연적으로 거부당하고 만다. 이러한 점에서 볼 때 알다시피 아리스토텔레스는 비극의 참된 효과는 두려움과 *연민*을 일으키고 감정을 순화시키는 데 있다고 말했다. 이러한 주장 속에서 아리스토텔레스가 이해한 것은 단순히 나의 주관성에 일치하거나 일치하지 않는 감정, 쾌적하거나 불쾌한 것, 공감을 주거나 역겨

운 것, 즉 사람들이 근대에 와서야 비로소 찬사와 혐오의 원리로 삼고자 했던 이런 온갖 피상적인 규정들이 아니었다. 왜냐하면 예술작품에서는 정신의 이성(理性)과 진리에 일치하는 것을 표현하는 일만이 중요해서는 안 되며, 이에 대한 원리를 탐구하려면 전혀 다른 관점들로 주의를 돌리는 일이 꼭 필요하기 때문이다. 그러므로 우리는 아리스토텔레스가 말한 대로 단순히 공포감과 연민의 감정에만 매달릴 것이 아니라 예술에 맞게 현상될 때 우리의 감정을 순화시키는 *내용의* 원리도 고수하도록 해야 한다. 인간은 한편으로 외적이고 유한한 것의 위력에 대해, 다른 한편으로 절대적인 것의 위력에 대해 공포심을 가질 수 있다. 인간은 한편으로는 외적이고 유한한 것의 위력을 두려워할 수 있지만, 다른 한편으로는 절대적인 것의(즉자대자적인 것의, des Anundfürsichseienden) 위력에 대해서도 공포심을 가질 수 있다. 그러나 인간이 진정으로 두려워해야 할 것은 외적인 위력과 억압이 아니라 자신의 자유로운 이성의 규정이자 영원하고 침해될 수 없는 윤리적인 힘으로서, 만약에 이것에 등을 돌린다면 자기 자신에 대항하는 것이 된다. 공포와 마찬가지로 연민에게도 두 가지 대상이 있다. 그 하나는 일반적인 감동, 즉 뭔가 유한하고 부정적인 것으로 느껴지는 다른 사람들의 불행이나 고통에 공감하는 것이다. 특히 소도시의 부인들은 그런 연민을 느낄 준비가 되어 있다. 그러나 고귀하고 위대한 인간은 이런 식으로 동정을 받거나 연민을 사고 싶어 하지 않는다. 왜냐하면 불행에서는 부질없는 측면, 즉 부정적(否定的)인 것이 강조될 때만 그 불행을 억누를 수 있기 때문이다. 반면에 진정한 동정은 고통 받는 자가 윤리적으로 정당한 것 속에 틀림없이 주어져 있을 긍정적이고 실체적인 것에 공감하는 일이다. 비참하고 비열한 인간들은 이러한 식의 연민을 우리에게 불어넣지 못한다. 그러므로 비극적인 인물은 그가 우리에게 손상된 도덕성의 위력에 대한 두려움을 불어넣 듯이, 그가 불행에 빠져 있을 때에도 우리에게 비극적인 공감을 불러 일으키려면 그 자체의 내용이 알차고 용감해야 한다. 왜냐하면 오직 참된 내용만이 고귀한 인간의 가슴속으로 파고 들어가서 그 심오함이 그를 뒤흔들기 때문이다. 그러므로 비극적인 결말에 대한 우리의 관심도 역시 어떤 비극적인 이야기, 어떤 불행이 불행으로서 우리에게 참여를 요구하는 식의 단순한 만족과 혼동해서는 안 된다. 그런 가엾은 일들은 사람들이 그 일에 동조해서 같이 잘못을 저지르지 않아도 단순히 외적인 우연성과 상대적인 상황의 국면, 질병, 재산상실, 죽음 따위에 의해서 그들에게 일어날 수 있으므로, 거기에서 원래 우리를 붙드는 관심은 단지 서둘러서 그를 도와야 한다는 열의일 뿐이다. 사람들은 만약 이것을 할 수 없으면 한탄과 비탄의 모습은 오직 마치 가슴을 찢는 듯한 것이 된다. 그에 반해서 진정한 비극적인 고통은 행동하는 개인들 자신에게는 정당한 것들이 서로 충돌함으로써 야기된 행위에 대해 그들에게 주어진 결과이므로, 그들 스스로 전적으로 그 행위에 대해 책임을 져야만 한다.

그러므로 단순한 공포나 비극적인 공감보다는 *화해*의 느낌이 더 중요한 것으로서, 이는 비극에서 일방적인 목적들과 열정들이 지닌 상대적인 정의 속을 뚫고 들어가 절대적으로 지배하는 영원한 정의(正義)를 보여줄 때 보장된다. 왜냐하면 진정한 정의는 갈등과 대립이 현실 속에서 참된 개념에 일치하는 윤리적인 위력들과 대항하여 승리를 거두고 지속되는 것을 참고 보지 못하기 때문이다.

이 원리에 따르면 비극적인 것은 특히 그런 갈등과 그것이 해결되는 것을 관조할 때 생겨난다. 그러므로 그처럼 비극적으로 표현하는 방식을 극의 총체적인 영역 속에서 진행시켜 예술작품의 원리로 삼아 완전하게 형상화할 수 있는 것은 오로지 극시(劇詩, die dramatische Poesie)뿐이다. 이런 이유에서 나는 이제 비로소 비극을 바라보는 방식에 관해 언급할 기회를 갖게 되었다. 물론, 이 방식의 효과는 좀 미약하기는 하지만 다른 예술들에도 누차 확산되었다.

β) 비극에서는 영원히 실체적인 것이 투쟁하는 개별성으로부터 그릇된 일면성을 제거하고 긍정적인 것은 더 이상 분열되지 않고 보존되도록 중재하는 가운데 화해의 방식으로 승리를 거두는 것으로 표현된다. 그러나 반대로 희극에서는 주관성이 무한한 안전성을 확보한 가운데 우세하게 드러난다. 왜냐하면 극시가 여러 다른 종류들로 갈라져나갈 때 행위의 기본이 되는 두 가지 계기, 즉 실체적인 것과 주관적인 것만이 서로 대립하기 때문이다. 비극 속에서 개인들은 그들의 굳건한 의도와 편협한 성격에 의해 스스로를 파괴하거나 또는 자신들과 대립되는 실체적인 것을 체념적으로 수용해야 한다. 그러나 희극 속에서는 모든 것을 스스로 자신 속에서 해소해 버리는 개인들의 웃음 속에서 그들이 확실히 자신들 속에 머물러 있는 주관성의 승리를 관조할 수 있다.

αα) 그러므로 일반적으로 희극의 근거가 되는 것은 주체인 인간이 자기가 알고 실행하는 것의 본질적 내용이 되는 모든 것을 완벽하게 지배하는 그러한 세계이다. 그러므로 그 세계 안에서의 목적들은 원래의 본질성을 상실당하고 파괴된다. 예를 들어 고집스러운 시민으로 구성된 민족, 논쟁을 좋아하고 경솔하고 교만하며 믿음이나 깨달음도 없이 속이 검고 사치스럽고 허영심이 있는 민족은 구제할 길이 없다. 그러한 민족은 그 어리석음 때문에 해체되고 만다. 그럼에도 불구하고 그런 모든 비실체적인 행동들이 무가치하다해서 희극적이 되는 것은

아니다. 이런 점에서 종종 *우스꽝스러운 것*은 본래 *희극적인 것*과 혼동되곤 한다. 본질적인 것과 그것이 현상되는 모습의 대조, 목적과 이를 이행하는 수단의 대조는 모두 우스꽝스러운 것이 될 수 있어 현상하는 것들은 그 모순 때문에 스스로 지양되고 목적은 실현되지 못한다. 그러나 희극적인 것에서는 좀 더 심오한 것이 요구된다. 예를 들어 인간이 지닌 악덕들은 전혀 희극적이지 않다. 그러한 악덕이 현실 세계에서 덕을 갖춘 인간이 보여주어야 할 것과 현란한 대조를 이루면 이룰수록 그러한 것들을 서슴없이 보여주는 것은 풍자(Satire)이다. 어리석음, 난센스, 부조리는 비록 우리가 그런 것을 보고 웃더라도 그 자체로는 역시 희극적일 필요는 없다. 대체로 사람들의 웃음거리가 되는 것보다 더 스스로 모순적인 것은 없다. 아주 비속하고 무취미한 것은 사람들을 웃게 만들 수 있으며, 또 아주 중요하고 심오한 것일지라도 만약 그 안에서 일상적인 관습이나 관념에 어긋나는 하찮은 면이 드러나면 사람들의 웃음거리가 될 수 있다. 그때의 웃음은 다만 사람들이 그러한 대조를 인식할 수 있을 만큼 스스로 영리하다는 것에 대해 자족하여 그것을 밖으로 드러내는 것이다. 마찬가지로 조소적인 웃음, 경멸의 웃음, 절망에서 나오는 웃음 같은 것도 있다. 반면에 자기 자신의 모순을 초월하며, 그 안에서 비참하거나 불행에 빠지지 않는 낙천성과 자신감, 즉 자기 자신에 대해 확신을 갖고 주관성이 목적한 것을 실현시키는 일이 좌절되어 버리는 것조차도 참을 수 있는 지복함과 유쾌함만이 희극적인 것이다. 그리고 경직된 오성적인 태도가 다른 사람들에게 우스꽝스럽게 비칠 때가 바로 가장 덜 희극적이 된다.

ββ) 희극적인 행동의 대상이 될 수 있는 좀 더 자세한 내용에 관해서는 다만 일반적으로 다음과 같은 점들만 다루고자 한다.

첫째, 한편으로 행위의 목적과 배역들은 절대적으로 비실체적이고

모순적이며 따라서 스스로를 관철시킬 능력이 없다. 예를 들면 탐욕은 그 목적뿐만 아니라 이를 이행하는 데 사용하는 수단도 비천한 것이라서 원래 아무런 가치가 없는 것으로 드러난다. 왜냐하면 탐욕은 부(富)라는 죽어 있는 추상성, 즉 돈 자체를 궁극적인 현실로 받아들이고 다른 구체적인 만족을 모두 자제함으로써 이 공허하고 추상적인 것을 향유하려고 애쓰지만, 반대로 그 수단과 목적은 간계나 속임수 앞에서는 무력해지고 말아 결국 그 목적을 이루지 못하기 때문이다. 그러나 만약에 개인이 그처럼 그릇된 내용을 자기 존재 기반이 되는 내용으로 *심각하게* 받아들여 자기의 주관성을 그것에 결부시키고 그것에 매달리면 매달릴수록 그의 발밑에서 그 내용이 빠져나가게 되어버리면 그런 식의 표현에서는 원래 희극의 핵심은 결여되고 도처에 귀찮은 사태와 단순히 짓궂은 조소의 대상만 주어지게 된다. 그러므로 사소하고 하찮은 목적들이 겉보기에는 매우 진지하고 대단한 것인 양 드러난다 해도 주체 자신이 의도한 것은 뭔가 하찮은 것이었고, 그 의도가 빗나갔더라도 사실 그 주체가 잃는 것은 아무것도 없어서 그가 자유로운 쾌활성으로 자신의 그러한 몰락을 초월할 수 있을 때 이것이 바로 더 희극적이다.

둘째로, 비록 개인들 자신은 *실체적인* 목적을 가진 인물들로 거들먹거리며 등장하지만 그러한 목적을 이행하는 데서는 그들 스스로가 그 목적에 전혀 상반되는 도구로 전락할 때는 그 반대의 상황이 벌어진다. 이런 경우에 실체적인 것은 단순히 착각일 뿐, 등장하는 개인들 자신과 다른 사람들에게는 마치 본질적이고 가치를 띤 것처럼 보이지만 바로 그 때문에 그들의 목적과 개인들의 행동과 성격이 모순에 빠지고 된다. 그럼으로써 그 착각된 목적과 성격을 이행하는 일은 좌절되고 만다. 예를 들어 아리스토파네스의《*성직자*》라는 희극이 이러한 종류에 속한다. 거기에서 새로운 국가헌법을 기초해 세우는 일에 조

언하는 여자들은 온통 변덕스럽고, 열정에 사로잡혀 있다.

위의 처음 두 가지 요소에 이어서 *세 번째* 요소가 되는 것은 극에서 외적인 우연성들을 이용하는 일이다. 그러한 우연성들이 다양하고 특수하게 뒤얽힘으로써 목적을 실행하는 일, 내적인 성격과 그것이 외적으로 드러나는 상태는 서로 희극적인 대조를 이루며, 또한 이러한 대조를 희극적으로 해소시키는 상황들이 발생한다.

γγ) 그러나 희극적인 것은 대체로 원래 목적들과 그 목적들의 내용이 우연한 주관성과 외적 상황들과 모순될 때 생겨나므로 희극적인 행동은 비극적인 행위보다도 더욱 절실하게 *해소*될 필요가 있다. 다시 말해 절대적으로 참된 것과 그것이 개별적으로 실재성을 띠는 것 사이의 모순은 희극적인 행동 속에서 더 심오하게 드러난다.

그러나 이처럼 해소될 때에도 *실체적인 것*이나 *주관성* 자체는 파괴될 수 없다.

왜냐하면 희극도 역시 참된 예술로서, 그 표현을 통해서 절대적으로 이성적인 것을 뭔가 왜곡되고 깨질 수 있는 것으로 드러내려는 것이 아니라, 반대로 이 참된 것이 어리석고 비이성적이고 그릇된 대립으로 하여금 현실에서 승리하거나 최후까지 지속되지 못함을 보여주려는 사명을 띠고 있기 때문이다. 예를 들면 아리스토파네스도 아테네 시민들의 삶에서 진정 윤리적인 것, 참된 철학, 진실한 신앙, 견실한 예술을 웃음거리로 삼지는 않았다. 그가 그의 희극 속에서 우리 눈앞에 보여준 것은 옛 신앙과 옛 윤리가 사라져버린 민주주의의 폐해, 궤변, 흐느끼는 듯한 한탄조의 비극, 내용이 빠져버린 수다스러움, 호전적인 것 등 참된 국가와 종교, 예술의 실현에 반대되는 것들이 스스로 어리석음에 의해 해체되는 광경이었다. 우리 시대에 와서 비로소 이른바 도덕적인 탁월함이라는 천박한 것에 희극적인 찬사를 보내고,

오직 파괴되기 위해서만 존재하는 것을 미화(美化)시키고 보존하는 데 성공한 작가는 코체부(Kotzebue)[76]였다.

그러나 희극 속에서도 주관성 자체는 파멸되어서는 안 된다. 다시 말해서 만약에 실체성의 가상과 착각만이 비뚤어지고 하찮은 것으로 드러나게 되면 더 숭고한 원리는 확고한 주관성, 즉 자유로움을 지니고 유한성 전체의 몰락을 초월해 스스로 안전하고 지복한 주관성으로 머문다. 즉 여기에서 희극적인 주관성은 현실 속에서 현상하는 것을 지배한다. 거기에서는 실체성이 실제로 적합하게 현재성을 띠는 일은 사라지고 만다. 만약 비본질적인 것이 그 때문에 가상적 존재성을 상실하면 주체는 이처럼 해체되는 것을 다시 지배하면서 그 안에서 더할 수 없이 쾌적하게 머문다.

γ) *세 번째* 중요한 종류의 극시로는 비극과 희극의 중간에 있는 극이다. 그것은 비록 비극적인 것과 희극적인 것의 차이를 중재하려고

---

[76] 이미 《미학강의》 제1부에서도 소개된 아우구스트 프리드리히 페르디난트 폰 코체부(August von Kotzebue, 1761~1819)는 독일의 극작가로, 처음에는 법학을 공부하여 변호사 생활을 하다가 극작가로 전환한 뒤 200편이 넘는 극작품을 써서 당대에 큰 성공을 거두었다. 그러나 그의 작품들은 대부분 피상적인 것이었다. 그는 희곡 외에도 약간의 역사물과 소설을 썼지만 역시 대부분이 편견이 많이 담겨 있어서 당시에 가치를 인정받지 못했다. 특히 희극(喜劇) 작품 가운데서는 《사냥덫(Der Wildfang)》(1798년), 《소도시 독일인들(Die deutschen Kleinstädter)》 등이 유명하다. 그는 1818년에 스스로 바이마르에서 창간한 잡지 《문학주간지(Literarisches Wochenblatt)》에 1815년에 예나에서 조직된 대학생 학우회의 자유주의적인 사상을 비난하는 글을 실었다. 이것이 원인이 되어 그는 잔트(K.L.Sand)라는 대학생에 의해 "조국의 배신자(Verräter des Vaterlandes)"라는 저주를 받으면서 살해되었는데 이것이 당시 대학생 운동탄압의 계기가 되었다.

노력하며, 양쪽을 서로 전적으로 대립 또는 고립시키지 않고 함께 등장시켜서 구체적인 전체를 이루지만, 이러한 중간 종류의 극은 별로 중요성을 띠지 못한다.

αα) 여기에 속하는 것으로 예를 들면 고대 그리스인들의 사티로스극(Satyrspiel)[77]이 있다. 여기에서 주요한 행위는 그 자체 비극적이지는 않지만 그러나 진지한 특성을 지녔으며, 그에 반해서 반인반수(半人半獸)들의 합창은 희극적으로 다루어졌다. 또 희비극(Tragikomödie)도 이런 부류에 속할 수 있다. 그에 대해서는 플라우투스(Plautus)는 그가 쓴 《암피트리오(Amphitryo)》를 한 가지 예로 들 수 있는데, 그 서곡에서는 헤르메스 신이 등장하여 관객을 향해 다음과 같이 외치며 미리 알려준다.

그대들은 이마를 찡그리는가, 내가
이것은 비극이라고 말하기 때문에? 나는 신(神)이다.
만약에 그대들이 원한다면 나는 그것을 바꿀 수 있다. 나는
비극에서 곧 희극으로 넘어갈 수도 있다.
……
그러니 이 연극은 희비극이 되어야 한다.[78]

---

[77] 이는 고대 그리스에서 비극 다음에 상연되는 일종의 익살극으로, 많은 반인반수의 신들의 합창이 이어지던 극을 말한다.

[78] 《미학강의》 원문에서 이 인용문은 다음과 같이 라틴어로 씌어 있다.
Quid contraxistis frontem? quia Tragoediam
Dixi futuram hanc? Deus sum: conmutavero
Eamdem hanc, si voltis: faciam, ex Tragoedia
Comoedia ut sit: omnibus iisdem versibus…
Faciam ut conmista sit Tragicocomoedia.

그 헤르메스 신은 이처럼 비극과 희극을 섞은 이유로 신들과 왕들이 행동하는 인물들로 등장하며, 또 한편으로 노예 소시아(Sosia)라는 희극적인 인물이 등장하는 상황을 들고 있다. 또 근대 극시에서는 비극적인 것과 희극적인 것이 더 많이 뒤섞이는데, 그 이유는 근대 극시에서는 희극에서 자유로이 머무는 주관성의 원리가 비극에서 우세하게 드러나는 윤리적인 위력들의 실체적 내용보다 더 강하게 드러나면서 비극적인 요소들을 뒤로 밀어내기 때문이다.

ββ) 그러나 여기에서 비극적인 것과 희극적인 것을 중재하여 새로운 전체로 만들어내는 일은 양쪽이 서로 대립적으로 나열되거나 급변하지 않고 서로 둔화되고 조정될 때 이루어진다. 주관성은 희극적으로 왜곡되게 행동하지 않고 건실한 관계를 맺고 확고하고 진지한 성격으로 옮겨가는 반면에 비극적인 견고함과 깊은 충돌은 그것들이 갖는 관심사들을 화해시키고 목적이나 개인들 간에 조화로운 통일을 이룰 때 약화되고 조정된다. 특히 근대의 극들은 원래 그러한 구상방식에 근거하여 나온 것이다. 이 원리 속에는 관심사, 열정, 성격들 간의 차이와 갈등에도 불구하고 화해에 넘치는 현실성이 인간의 행위를 통해 드러난다는 심오한 관념이 들어 있다. 이미 고대 그리스인들에게는 위와 비슷하게 개인들이 희생되지 않고 스스로를 보존하는 식으로 결말에 이르는 비극들이 있었다. 예를 들면 아이스킬로스의 《복수의 여신들》에 대한 아레오파구스(Areopagus) 언덕[79]에서의 심판은 아폴로 신과 복수의 여신들 양쪽 모두에게 영예를 부여해 준다. 또 《필록

---

[79] 아레오파구스(Areopagus)는 아테네 시에 있는 한 언덕의 이름으로 여기에 고대 아테네인들은 최고 재판소를 두고 있었으며, 또 여기에 회의를 했다고 해서 원로원을 아레오파구스 회의라고도 불렀고 여기서 중요한 투표가 이루어지곤 하였다.

테트》에서도 헤라클레스가 신으로 나타나 충고하자 네오프톨레모스와 필록테트 사이의 싸움은 멈추고 그들은 단합하여 트로이 원정에 나선다. 그러나 여기 외부로부터 주어지는 화해는 신들의 명령 등에 따라서 생겨난 것이지 대립과 분규 자체의 결과로 이루어지는 것은 아니다. 반면에 근대극에서는 개인들 자신이 스스로 자신들의 행동을 지속하는 동안에 자신들의 목적이나 성격 상호간에 일어난 분쟁을 극복하여 화해를 찾는다. 이러한 측면에서 전형적인 작품으로는 괴테의 《이피게니아(Iphigenie)》가 있는데, 이는 그의 또 다른 작품인 《타소(Tasso)》보다 더 참된 극시의 형식을 띠고 있다. 그 속에서 한편으로 타소와 안토니오와의 화해는 다만 심정적으로 이루어지는 일로, 안토니오가 현실적인 삶에 대한 분별력을 지니고 있지만 타소의 성격에는 그러한 분별력은 결여되어 있음을 주관적으로 인정하는 일이 된다. 다른 한편으로 타소가 현실과 예절, 품위와 갈등을 일으키는 가운데 특히 관객 앞에서만 제대로 고수하는 그의 이상적인 삶에 대한 권리는 주관적인 것으로서, 외적으로는 기껏해야 시인이 관용을 베풀어 그 배역의 운명에 참여하는 것으로 드러난다.

γγ) 그러나 일반적으로 이러한 중간 장르에 속하는 극은 그 경계가 때로는 비극이나 희극의 한계보다 더 유동적이며, 때로는 참된 극시의 전형에서 벗어나 비속한 것으로 빠질 위험이 있다. 다시 말해서 갈등은 분열을 거쳐 평화적으로 화해하는 데 이르러야 하므로 처음부터 비극적으로 서로 첨예하게 대립해서는 안 된다. 그 때문에 시인은 배역들의 내적인 측면에 자기가 표현하려는 힘을 모두 기울여 상황들의 진행을 성격묘사를 위해 단순히 수단으로 삼거나, 거꾸로 시간적 상황과 윤리적 상황이라는 외적인 측면이 우세하게 드러나도록 허용하기 쉽다. 또는 만약에 양쪽 다 그에게 다루기 너무 어려워지면 그는

심지어 단순히 사건들을 긴장되게 얽히게 하는 데 관심을 끌려고 애쓰기도 한다. 따라서 시보다는 극적 효과에 호소하고 참된 시적인 감동보다는 단순히 인간적인 감동을 노리거나 관객을 즐겁게 만들기도 하고, 때로 관객의 도덕적인 개선을 목적으로 삼는 근대의 많은 무대극들도 이 분야에 속한다. 그러나 그러한 극들은 대체로 배우에게 그의 완성된 능숙함을 탁월하게 드러내도록 많은 기회를 부여한다.

b. 고대 극시와 근대 극시의 차이

우리로 하여금 극예술을 비극과 희극으로 가르도록 근거를 제시해 준 원리는 그러한 극들의 발전사를 위한 중요한 기준점이 되기도 한다. 왜냐하면 비극적이거나 희극적으로 진행하고 전개되는 것은 오직 극적 행위의 개념 속에 있는 주요 계기들이 완전하게 펼쳐질 때만 가능하므로, 한편으로 그러한 것들을 모두 포착하여 실행할 때 목적, 갈등, 성격들 속에 있는 *실체성*이 드러나게 되고, 다른 한편으로 여기에서 *주관적인* 내면성과 *개별성*이 중심을 이루기 때문이다.

α) 이런 점에서 볼 때 여기에서 중요한 것은 완벽한 예술사는 아니므로 동양의 예술과 관련해 살펴본 극예술의 초기에 대한 것들은 처음부터 옆으로 제쳐놓을 수 있다. 다시 말해 극예술의 초기에 동양의 시가 서사시와 몇 종류의 서정시로 나뉘어 어떤 발전을 보였든 간에 전체적인 동양의 세계관은 극예술이 적절하게 완성되는 데는 원래 방해가 된다. 왜냐하면 *개인적인* 자유와 독자성의 원리 또는 적어도 자신의 행위와 그 결과에 대해 스스로 자유로이 책임을 지려고 하는 자기규정이 반드시 각성되어 있어야만 참된 극적인 행위가 가능하기 때

문이다(Denn zum wahrhaft tragischen Handeln ist es notwendig, daß bereits das Prinzip der individuellen Freiheit und Selbständigkeit oder wenigstens die Selbstbestimmung, für die eigene Tat und deren Folgen frei aus sich selbst einstehen zu wollen, erwacht sei). 그리고 더 고차적인 수준의 *희극*이 등장하려면 *주관성*의 자유로운 권리와 자기 확신이 더 강하게 드러나야 한다. 그러나 양쪽 모두 동양에는 해당되지 않으며, 특히 마호메트교의 시문학(mohammedanische Poesie) ─물론 그 속에서 한편으로 개성적인 독자성이 활발하게 작용할 수는 있을지 몰라도─속에 깃들어 있는 대단한 숭고성은 스스로 극으로 표현되려는 노력과는 전혀 거리가 멀다. 왜냐하면 다른 한편으로 *하나*의 실체적인 위력은 모든 피조물을 더욱 철저하게 자신에게 종속시키며, 가차 없는 변화 속에서 그것들의 운명을 결정하기 때문이다. 따라서 여기에서는 개별적인 행위와 자신 속에 침잠하는 주관성의 특수한 내용이 지닌 권리는 극예술이 요구하는 대로 등장할 수 없다. 사실, 마호메트교에서는 모든 것을 초월해 있고, 어떤 특수성도 궁극적으로 출현하지 못하도록 지배하는 위력이 추상적이고 보편적일수록 주체가 신(神)의 의지에 굴복하는 일은 더욱 추상적으로 머문다. 그러므로 극시의 시초는 오직 *중국인*들과 *인도인*들에게서만 발견된다. 그러나 여기에서도 지금까지 알려진 얼마 안 되는 실례(實例)에 의하면, 자유롭고 개별적인 행위가 이행되는 것이 아니라 다만 현재 진행되는 특정한 상황들 속에서 일시적으로 지나가는 것으로 등장하는 사건들과 감정들이 활성화되어 드러날 뿐이다.

β) 그러므로 극시의 맨 처음 시원을 우리는 자유로운 개성의 원리에 의해 고전적인 예술형식을 완성할 수 있었던 고대 *그리스*인들에게

서 찾아야 한다. 그들에게서는 대체로 자유로운 개별성의 원리가 고전적 예술형식으로 완성되는 것이 최초로 가능했다. 그러나 이 유형의 극시에서는 행동하는 개인은 인간적인 목적을 지닌 실체적인 내용이 자유로운 생동성을 요구할 때만 등장할 수 있었다. 그러므로 고대의 비극과 희극에서 중요한 것은 바로 개인들이 수행해야 할 목적의 보편성과 본질성이었다. 즉 비극에서는 특정한 행위와 관련해 의식의 도덕적인 권리와 행위 자체의 정당성이 강조되었으며, 고대 희극에서도 최소한 일반적 공적인 관심사들, 즉 정치가들과 그들이 국가를 이끌어가는 방식, 전쟁과 평화, 민족과 그들의 윤리상태, 철학과 그것의 퇴폐 등이 강조되었다. 그 때문에 여기에서는 내적인 심정이나 독특한 성격의 다양한 서술이나 특수한 분규와 음모 따위는 뿌리를 내리지도 못했고, 그렇다고 개인들의 운명 쪽으로 극의 관심이 쏠리지도 않았다. 반대로 이와 같은 특수한 측면들 대신 주로 삶의 본질적인 위력들 간의 단순한 투쟁과 그 결말 및 인간의 가슴 속에 지배하는 신들 사이의 투쟁과 그 결말에만 참여하도록 요구된다. 그러한 것들을 개별적으로 대표하는 비극의 주인공들은 희극적인 인물들이 현재 현실의 공적인 삶의 기본 방향을 이루는 일반적인 불합리성을 공공연히 드러내는 것과 비슷한 방식으로 등장한다.

γ) 그에 반해 *근대의* 낭만적인 시에서는 개인적인 열정과 이를 만족시키는 일은 오직 주체의 목적하고만 관련될 수 있으며, 여기에서는 대체로 특수한 상황 속에 있는 어떤 특별한 개인과 성격의 운명이 주요 대상이 된다.

이러한 측면에서 그 속에 있는 위대한 배역들의 성격에 시적인 관심이 쏠린다. 그들의 상상이나 신념, 성향은 그러한 상황이나 행동을 초월하는 숭고함을 보이며, 그들의 심정 또한 충만하고 풍요로움을 띤다. 이 심정은 실제적이면서도 어쩌다 상황과 분규에 의해서만 왜곡되거나 멸망의 가능성을 띠지만, 곧 그 본성이 지닌 위대함 속에서 다시 화해를 얻는다. 그러므로 행위의 특수한 내용을 이러한 방식으로 포착할 때는 윤리적인 정당함이나 필연성이 아닌 개인들과 그들에게 해당하는 사안들이 우리의 관심 대상이 된다. 그래서 이런 관점에서 보면 사랑, 명예욕 따위도 중요한 동기가 되며, 사실 범죄조차도 배제되지 않는다. 그러나 후자의 경우는 비껴가기 어려운 암초가 되기 쉽다. 왜냐하면 범죄자는 만약에 그가 뮐르너(Adolf Müllner, 1774~1829년, 독일의 극작가)의 비극작품《죄(Schuld)》(1816년)에 나오는 주인공처럼 철두철미하게 나약하고 비열한 인간일 경우에는 오직 혐오스러운 모습만을 보여주기 때문이다. 그러므로 여기서는 최소한 성격과 모든 부정적인 것을 참고 자신의 행위를 부정하지 않으며 또 자신 속에서 무너지지 않고 운명을 받아들일 수 있는 위대한 주관성의 힘이 요구된다. 그러나 거꾸로 실체적인 목적들인 조국, 가족, 왕관, 왕국 따위에서도 만약 그 실체성이 아닌 그것들 각각의 개별적인 것만이 개인들에게 중요한 것이 되면, 그때 그것들은 그 개인들과는 결코 떼어놓을 수 없을지 몰라도 전체적으로는 의지와 행위의 궁극적인 내용은 못된 채 오히려 개인들이 그들의 주관적인 성격에 따라 상호 투쟁하는 특정한 기반이 된다.

　이와 같은 주관성 외에도 더 나아가 광범위한 개별성은 내면과 관계하거나 외적인 상황, 사태와도 관계하면서 등장하고 그 안에서 행위가 발생한다. 그리하여 여기서는 우리가 고대 그리스인들에게서 보았던 것과 같은 단순한 갈등과는 달리 행동하는 배역들의 다양성과 풍부함, 늘 다시 뒤얽히는 이상야릇한 분규들, 잘못 뒤얽힌 계략들, 우연한 사건들처럼 대체로 각자 모두 정당화되려고 하는 측면들이 드러난다. 그것들이 본질적인 내용에 깃들인 보편적인 실체성에 반해서 자유로워질 때 고전적 예술형식과는 다른 낭만적 예술형식의 특징이 된다.

그러나 여기에서도 겉보기에 느슨해진 개별성과는 상관없이 이러한 상황에서 전체적인 것이 극적이고 시적으로 머물려면, 한편으로 충돌하면서 투쟁하는 피규정성이 눈에 띠게 강조되어야 하며, 다른 한편으로 특히 비극에서는 특수한 행위의 진행과 결말을 통해 좀 더 숭고하게 세계를 지배하는 것이 섭리이든 운명이든 간에 분명히 드러나야 한다.

c. 극시와 그 종류들의 구체적인 발전

방금 고찰한 구상과 이를 시적으로 실행하는 일 사이에 들어 있는 본질적인 차이로부터 여러 다른 종류의 극예술이 나오게 되는데, 그것들은 이런 저런 단계로 발전되면서 비로소 진정으로 완성된다. 그러므로 끝으로 우리는 구체적으로 형상되는 방식도 역시 고찰하고자 한다.

α) 위에서 이미 설명한 이유 때문에 동양의 초기의 극시를 제외할 경우에, 원래의 비극과 희극의 가장 견실한 다음 단계로서 우리 눈앞에 드러나는 주요 영역은 바로 고대 *그리스인*들의 극시이다. 다시 말해서 그 안에서는 도대체 무엇이 본질상 비극적이고 무엇이 희극적인지가 처음으로 드러나며, 인간의 행위를 이처럼 대립되는 방식으로 직관하고 확고하게 엄격하게 구분하고 분리시킨 다음 이를 조직적으로 발전시킴으로써 먼저 비극이, 그 다음에는 희극이 궁극적으로 완성되었다. 그러나 고대 로마의 극예술은 단지 고대 그리스의 극예술의 휘광을 희미하게 반사해 줄 뿐 그 자체 정상에 도달하지는 못했다.

물론 후에 가서는 로마인들도 서사시와 서정시에서 비슷한 노력을 보여 찬란한 빛을 발하기는 했다. 그러나 이러한 단계들을 좀 더 고찰하는 데 나는 다만 가장 중요한 것만 간략하게 다루기 위해 아이스킬로스와 소포클레스의 비극에 대한 입장, 아리스토파네스의 희극에 대한 입장을 고찰하는 것으로 그치고자 한다.

$\alpha\alpha$) 첫째로 *비극적인 것*에 관해서 보면, 나는 이미 그 전체의 구성과 구조를 결정하는 기본형식은 목적과 내용, 개인들과 그들의 투쟁, 그리고 운명의 실체적인 측면을 강조하는 데서 찾아야 한다고 말했다.

서사시에서처럼 비극에서도 비극적인 행위의 일반적인 근거가 되는 것은 내가 앞서 이미 *영웅적인* 상태라고 설명한 바 있는 세계상태(Weltzustand)이다. 왜냐하면 오직 영웅시대에만 보편적이고 윤리적인 위력들이 국가의 법률이나 도덕적인 계율이나 의무로서가 아니라 스스로 확립된 신들로서 근원적이고 생동적이며 독자적으로 활동하는 가운데, 상호대립하거나 자유로운 인간들처럼 개별성을 띠고 등장하기 때문이다. 그러나 윤리적인 것이 원래의 실제적인 근거이자 보편적인 기반으로서 드러나고, 그 분열에서 개별적인 행동의 결과가 나오고 또 그 움직임에서 다시 통일성으로 돌아가게 될 때 우리는 행동 속에 있는 윤리성의 두 가지 서로 다른 형식들을 눈앞에 보게 된다.

즉 *첫째*는 방해받지 않고 스스로 고요히, 또 타인들에 대해 아무런 흠 없이 중립적으로 머물려고 하는 단순한 의식으로서, 이는 특수한 측면들로 분열되지 않고 동일성을 지키는 실체가 되고자 한다. 그러나 이처럼 자기에 대한 신념과 지복한 영예로움 속에 머물면서 특수화되지 않고 보편적인 의식으로만 있는 것은 어떤 특정한 행위도 실행하지 못하며, 그 행위 속에서 일어나는 분열에 대해서도 일종의 두려움을 갖는다. 물론 그 자체는 아무런 활동도 안 하면서도 스스로 목적을 정하고 이를 고수하기 위해 열정이나 행위를 보이는 저 정신적인 용기를 더 숭고한 것으로 존중하기는 해도, 스스로 열정을 갖고 행동할 능력은 없이 다만 그 기반으로 머물거나 관망할 뿐이다. 따라서 여기에서 존중되는 행동하는 개인들은 자신들의 결심과 투쟁력을 자신들이 알고 있는 윤리적인 위력들 속에 있는 이상적인 본질에 대립시킬 수밖에 없게 된다.

두 *번째* 측면은 개별적인 파토스로서, 이는 윤리적으로 정당성을 띠고 행동하는 배역들로 하여금 다른 배역들에게 대항하도록 충동함으로써 갈등에 빠지게 한다. 이 파토스를 띠는 개인들은 근대적인 의미의 성격을 띤 인물들이 아니며, 그렇다고 해서 단순한 추상성으로 머물지 않고 양쪽의 중간에서 생생하게 자기들 모습 그대로 머무는 인물들로서, 충돌에 빠지거나 나약하게 다른 파토스를 인정하지 않는 확고한 인물들로서 오늘날의 아이러니적인 것과는 반대로 숭고하고 절대적인 규정성을 갖는 성격들이다. 그 규정성은 특별한 윤리적인 위력 속에서 내용과 기반을 갖는다. 그와 같이 행동할 권리를 가진 개인들이 *서로 대립할 때* 비로소 비극적인 것이 일어나므로 이는 오직 인간의 현실이라는 기반 위에서만 드러날 수 있다. 왜냐하면 여기에는 한 개인이 온 관심을 기울여 어떤 특수한 것의 내용 속으로 파고들어가 이를 결정적인 열정이 되게 하는 *그런 방식으로* 그 개인의 실체성을 이룬다는 규정이 내포되기 때문이다. 그러나 *지복(至福)한* 신들 안에서는 차별 없는 신적인 본성이 본질이 된다. 그에 반해 내가 이미 호메로스의 서사시에 대해 상술할 때 언급했듯이 신성한 본질이 궁극적으로 별로 심각하게 여기지 않는 대립은 오히려 다시 해소되는 아이러니가 된다.

이 양쪽 — 즉 신성한 것에 대한 분열되지 않은 의식과 투쟁하지만 신성한 힘과 활동 속에 등장하고 윤리적인 목적들을 결정하고 수행하는 행동 — 은 모두 전체에 대해 마찬가지로 중요하며, 분열되지 않은 신성한 의식과 투쟁하지만 신적인 위력과 활동 속에 등장하는 행위, 윤리적인 목적들을 결정하고 수행하는 것으로서 주요한 요소가 되는데, *합창단*과 행동하는 주인공들로 이루어진 고대 그리스 비극작품 속에는 그러한 것들의 중재가 표현되고 있다.

근대에 와서는 이 고대 그리스극의 *합창단*에 대해 많은 언급이 있었고, 근대 비극에도 그러한 합창을 도입할 수 있을까라는 질문도 야기되었다. 다시 말해서 사람들은 그와 같은 실체적인 기반의 필요성을 느꼈으면서도 이를 제대로 인용하여 삽입하는 법을 몰랐다. 왜냐하면 사람들은 고대 그리스의 비극의 입장에 서서 진정으로 비극적인 것과 합창의 필연성을 충분히 깊이 이해하지 못했기 때문이었다. 즉 사람들은 극작품에서 행동하는 인물들은 그들의 특수한 목적과 상황에 붙들려 있는 반면에 합창단은 모든 것에 대해 조용히 반성(反省)할 수 있으므로, 관객은 합창을 듣고 바라봄으로써 그 속에서 등장인물들의 성격과 행위가치에 대한 기준을 얻을 수 있고 거기에서 일어나는 일에 대해 관객 자신의 판단의 대변자를 발견한다는 점에서 합창의 중요성을 인정하였다. 이러한 견해는 사실 합창단은 좀 더 본질적이고 숭고하며 잘못된 갈등에 경고를 보내고 결말을 깊이 성찰하는 의식으로서 극 안에 서 있다고 볼 때는 부분적으로 옳다. 그렇지만 합창단은 마치 관객처럼 단순히 외적이고 하릴없이 반성만 하는 도덕적인 존재로서 그 자체는 흥미를 끌지 못한 채 지루하지만 다만 반성을 위해 첨가된 것이 아니다. 합창은 윤리적이고 영웅적인 삶과 행위의 진짜 실체가 되는 것으로서, 개별적인 영웅들에 비해 풍요로운 지상의 왕국인 민족과 같은 것이다. 그 고유하고 친밀한 토양 위에서 개인 영웅들은 마치 꽃이나 나무들처럼 개화하고 솟아나며, 그 토양에 의해 규정되는 존재가 된다.

그러므로 합창단은 윤리적인 분규들에 본질적으로 확고한 국가의 법의 효력이나 확고한 종교적인 교리가 아직 대립되지 않거나 또는 윤리적인 것은 아직은 직접 생동적인 현실 속에서만 드러나되, 개인들 간의 대립행위에서 발생하는 가공(可恐)할만한 충돌에 대항하는 흔들림 없는 삶의 균형으로서 안전한 곳에 머물러 있다고 보아야 한다. 그러나 사실 합창단은 이처럼 안전한 도피처가 주어져 있음을 우리에게 의식(意識)하게 해준다. 그러므로 합창은 사실은 행위 속으로 파고들어가 이와 관계하지도 않으며, 투쟁하는 주인공들에 대항해 어떤 권한도 행사하지 않고 이론적으로만 심판을 내리고 경고하고 연민을 보이거나, 상상 속에 지배하는 신들의 영역으로 외화되는 신적인 권리와 내면적인 위력에 호소한다. 이렇게 표현될 때 이미 보았듯이 합창은 서정성을 띤다. 왜냐하면 합창은 행동을 하지 않으며, 또 어떤 사건도 서사적으로 서술하지 않기 때문이다. 그러나 그 내용은 본질적이고 보편성을 띤 서사적인 특성을 유지하고 있어서, 비록 서정적인 방식으로 노래하더라도 원래의 송가 형식과는 달리 아폴로 신을 찬양하는 노래나 주신(酒神)을 찬양하는 열광적인 송가(頌歌)에 더 가까울 수 있다. 고대 그리스 비극에서 이 같은 합창단의 위상은 본질적으로 강조되어야 한다. 극장 자체가 외적인 기반과 무대장면, 주위의 배경을 갖듯이, 합창단, 즉 민중도 정신적인 무대를 갖는다. 따라서 그것은 건축에서 행동하는 영웅인 신상(神像)을 둘러싸는 신전과 비유될 수 있다.

그에 반해 우리나라에서 조각상들은 근대 비극에서 불필요해진 배경이 없이 야외에 서 있다. 그 이유는 그들의 행위는 실체적인 기반에서 행해지지 않고 주관적인 의지와 특성, 그리고 겉보기에 외적으로 우연한 사건들과 상황들에 근거하여 행해지기 때문이다. 이러한 점에서 볼 때 만약 고대 그리스극의 합창을 그 극의 발전사에서 우연히 나중에 생겨 쓸데없이 첨가되었거나 단지 불필요한 잔재로만 간주한다면 이러한 견해는 전적으로 옳지 않다. 물론 그 외적인 기원은 예술의 측면에서 볼 때 디오니소스 신에 대한 축제 때 합창단이 부른 노래가 중요성을 띠게 되었고, 또 그 이전까지는 막간(幕間)에 해설자가 등장하여 보고를 하던 것이 마침내 극에서 행동하는 실제 인물들의 형상으로 바뀌어 차원이 더 높아졌다고 볼 수 있다. 그러나 비극이 번성하던 시기에 합창은 그처럼 신들에 대한 축제나 디오니소스 신을 숭배하던 의식에서만 사용된 것이 아니라, 그것이 본질적으로 극적인 행위에 속하고 또 그 행위에 꼭 필요한 것이 됨에 따라 더욱 미적(美的)인 절제를 띠고 형성되었다. 그래서 비극이 몰락하게 된 이유는 특히 합창이 더 이상 극 전체를 구성하는 한 요소로 머물지 못하고 그와는 아무 상관없는 장식으로 가치가 하락되고 조악해진 데서 비롯된 것이었다. 그에 반해 낭만적 비극은 합창에서 유래하지도 않았으며, 그 비극에서 합창은 부적합한 것이 되었다. 낭만적 비극의 내용은 반대로 고대 그리스적인 의미에서의 합창을 도입하는 일이 실패할 수밖에 없는 특성을 띤다. 왜냐하면 낭만적인 극 가운데 기원이 아주 오래된 이른바 신비극(神秘劇, Mysterien)이나 교훈적인 종교극, 그 밖의 익살극(Farcen)들은 원래 그리스적인 의미에서의 행위를 표현하거나 삶과 신성함이 아직 분열되지 않았을 때의 의식에서 나온 것을 표현하지 않기 때문이다. 마찬가지로 합창은 기사도나 왕의 지배를 표현하는 것 같은 극에도 적합하지 못하다. 왜냐하면 여기서 민중은 복종하거나 자신의 행운이나 불행에 대한 관심을 갖고 어느 당파나 행위 속에 말려들기 때문이다. 대체로 합창은 특정한 열정, 목적, 성격이 문제가 되거나 음모가 펼쳐지는 곳에서는 뿌리를 내리지 못한다.

두 *번째* 중요한 요소로서 합창과 대조를 이루는 것은 갈등으로 가득 찬 행동하는 *개인*들이다. 그리스 비극에서 충돌의 동기가 되는 것은 나쁜 의도, 범죄, 무가치한 것, 단순한 불행, 맹목성 따위가 아니라, 내가 이미 누차 말했듯이 어떤 특정한 행동을 하도록 유도하는 윤리적인 정당성이다. 왜냐하면 추상적으로 사악한 것 자체는 진리도 아니고 우리의 관심을 끌지도 못하기 때문이다. 그러나 또 한편으로 행동하는 인물들에게 도덕적인 성격을 부여하는 일이 단순히 의도적인 것으로 드러나서는 안 되며, 절대로 본질적인 정당성을 띠어야 한다. 근대에 들어와 일어나는 범죄들, 아무 쓸데없이 공허하게 운명에 대해 떠들어내는 이른바 도덕적으로 고상한 범죄자들은 그리스 비극에서는 거의 찾을 수 없다. 또한 개인의 결단이나 행위는 단순히 개인의 관심사와 주관적인 성격, 지배욕, 연애, 명예 혹은 그 밖에 개인의 특정한 성향이나 인격에 근거하는 다른 열정들 때문에 나오지도 않는다. 그러나 그처럼 내용이 정당성을 띠는 것을 목적으로 삼아 결단했을 때 이는 일면적인 특수성 속에서만 실행된다. 그러므로 실제로 갈등의 가능성을 내포하는 특정한 상황 하에서 그것을 실행하는 일은 역시 동등하게 윤리성을 띠고 있는 다른 사람들의 의도를 침해할 수 있다. 이때 그러한 다른 의도를 가진 사람은 이 의도를 자신의 파토스로 삼아 반응하면서 이를 관철하려고 하게 되므로 그때 동일한 권리를 띤 위력들과 개인들 간에 전적으로 충돌이 일어날 수 있다.

이와 같은 내용의 영역은 물론 다양하게 개별화될 수는 있어도 매우 풍부한 성질은 띠고 있지 않다. 국가의 대립, 정신적 보편성을 띤 윤리적인 삶의 대립, 자연적인 윤리성으로서의 *가족* 간의 대립을 특히 가장 미적(美的)으로 중요한 대립으로 다룬 작가는 아이스킬로스와 그 후에 등장한 소포클레스였다. 그러한 대립들은 비극에서 가장 순수하게 표현될 수 있는 위력들이다. 왜냐하면 이 영역들이 조화를 이루고 현실화될 때 행동은 윤리적인 존재를 완벽하게 실현하기 때문이다. 이와 관련해 나는 다만 아이스킬로스의 《테베인에 대항하는 칠인》과 소포클레스의 《안티고네》만을 상기시키고자 한다. 안티고네는 혈육의 끈을 존중하며 지하의 신들을 숭배하고 크레온은 공적인 삶과 공동체의 안위를 다스리는 위력인 제우스 신만을 숭배한다. 아이스킬로스의 《아우리스의 이피게니아》, 《아가멤논》, 《체호프》, 《복수의 여신들》과 소포클레스의 《엘렉트라》에서도 우리는 비슷한 갈등을 본다. 아가멤논은 그리스의 왕이자 군대의 지휘자로서 자기의 딸을 트로이 원정을 떠나는 그리스 군대를 위해 (신에게) 제물로 바침으로써 그 딸과 아내 클리템네스트라에 대한 사랑의 끈을 파괴하고 만다. 클리템네스트라는 어머니로서 이 원한을 마음 깊이 잊지 않고 간직했다가 귀향한 남편 아가멤논을 살해함으로써 그에게 치욕스러운 종말을 가한다. 그녀의 아들이자 아가멤논왕의 아들이기도 한 오레스테스는 어머니를 존중하지만, 아버지이자 왕인 아가멤논을 대신할 권리를 지니고 있으므로 자기를 낳아준 어머니에게 아버지에 대한 복수를 한다. 이는 어느 시대에나 타당성을 지니는 내용이므로, 이를 표현하는 일은 비록 민족이 다르더라도 상관없이 우리로 하여금 인간적인 면이나 예술적인 면에서 그 극(劇)에 적극 참여하게 만든다.

극에서 두 번째 주요한 충돌이 되는 것은 고대 그리스의 비극작가들이 특히 오이디푸스의 운명을 묘사할 때 즐겨 다룬 좀 더 형식적인 것으로서, 이에 대해 소포클레스는 우리에게 그의 《오이디푸스왕》과 《콜로노스의 오이디푸스(Oidipous Epikolonoi)》[80]에서 가장 완벽한 예를 남겨 놓았다. 여기에서는 깨어 있는 의식(意識)의 권리, 즉 인간이 자의식(自意識)적인 의지로 실행하는 것의 권리와, 반면에 그가 무의식적으로 의도하지 않고 신들의 결정에 의해 실제로 실행하는 행위가 중요한

---

80) 《콜로노스의 오이디푸스(Oidipous Epikolonoi)》(BC 401년)는 소포클레스(Sophokles)의 오이디푸스왕 삼부작(三部作) 중 마지막 작품이다. 그 중 첫 번째인 《안티고네(Antigone)》는 BC 401년, 두 번째 《오이디푸스 왕(Oidipous Tyrannos)》은 BC 428년에 쓰였다.

것이 된다. 오이디푸스는 자기 아버지를 때려죽이고 자기 어머니와 결혼하며, 이 근친상간의 결혼에서 자녀를 낳는다. 그러나 그는 전혀 자신이 알거나 의도하지 않았는데도 이처럼 가장 사악하고 파렴치한 행위에 말려들어간 것이다. 우리가 오늘날 지니고 있는 의식(意識)에 대한 권리 면에서 본다면, 이와 같은 범죄는 스스로 알거나 의도하지 않고 저지른 것이므로 이런 행위를 사실상의 범죄로 인정하지는 않을 것이다. 그러나 이 조형적인 그리스인(der plastische Grieche)은 자기 개인이 저지른 행위에 대해 책임을 졌으며, 자기의 자의식 가운데서 형식적인 주관성과 객관적인 사안(事案)을 서로 분리시키려고 하지 않았다.

우리는 끝으로 또 다른 갈등들을 볼 수 있는데 이는 좀 더 차원이 낮은 것으로서, 일부는 대체로 그리스적인 운명을 띤 개인들의 행동이 지니는 일반적인 입장과 관련되며, 일부는 좀 더 특수한 상황과 관련된다.

그러나 이런 모든 비극적인 갈등들에서 특히 *죄*나 *무죄*에 대한 그릇된 관념은 옆으로 제쳐놓아야 한다. 비극의 주인공들은 죄가 있으면서도 무죄이다. 만약에 인간에게 선택할 여지가 주어져 있고 자신이 행할 일을 오직 자의적으로 결정한 경우*에만* 죄가 있다는 관념이 맞다면, 이 고대 그리스극에 등장하는 조형적인 인물들은 죄가 없다. 그들은 그들의 성격과 파토스에 따라 행동하는데, 왜냐하면 그들은 바로 그 성격, 그 파토스 자체이기 때문이다. 그들은 결단성 없이 어떤 것들 가운데 하나만을 선택할 수는 없다. 위대한 배역들은 선택을 하는 것이 아니라 원래부터 자신들이 의도했던 것을 철저히 실행하는 그런 사람들*이다*라는 것이 바로 그들이 지닌 강인한 성격이다. 그들은 있는 그대로의 그들로서 영원히 그렇게 머물며, 바로 그 점이 그들이 지닌 위대함이다. 왜냐하면 주체 자신과 그가 지닌 내용이 분리될 때 나약한 행동이 나오면서 그 배역의 성격과 의도, 목적이 절대적으로 일치하여 완숙한 모습으로 드러나지 못하기 때문이다. 그때 개인은 그의 개성이 지닌 실체적인 목적, 즉 그가 지닌 모든 의지의 파토스이자 위력인 확고한 목적이 그의 영혼 속에 들어 있지 않으므로 결단을 못 내린 채 이리저리 갈팡질팡하다가 자의적(恣意的)으로 결정해버릴 수 있다. 이처럼 갈팡질팡하는 모습은 조형적인 형상과는 거리가 멀다. 그들은 주관성과 의지의 내용 사이를 묶고 있는 끈을 풀 수 없는 것이다. 그들을 행동으로 몰아가는 것은 바로 윤리적인 정당성을 띤 파토스(Pathos)이다. 이 파토스는 열정 속에서 대립하지만, 그래도 그들의 행위는 마음속에 있는 주관적인 수사법이나 궤변적인 열정에 좌우되지 않고 견실하고 완성된 객관성으로 타당성을 띤다. 특히 이런 식으로 대가적인 깊이와 절제를 지니고서 미적이며 조형적이고 생생한 극시를 완성한 사람은 소포클레스였다. 그러나 충돌하는 파토스는 동시에 등장인물들을 죄악이 가득 찬 행위로 이끌어가 그들에게 상처를 준다. 그러나 그때 그들에게 실제로 이행되어 드러나는 것은 그들의 명성이다. 그런 주인공에 대해 뒤에서 사람들은 그가 죄 없이 행동을 저질렀다는 것 외에 더 나쁜 것은 말할 수 없다. 죄가 있다는 것은 위대한 성격들에게 주어지는 명예이다. 그들은 동정이나 감동을 불러일으키려 하지 않는다. 왜냐하면 감동을 주는 것은 실체적인 것이 못되고, 단지 인격의 깊은 주관성, *주관적인 고통*이기 때문이다. 그러나 그들의 확고하고도 강인한 성격은 본질적인 파토스와 하나가 되며, 이 화합은 한때 에우리피데스(Euripides)의 작품이 주었던 것 같은 감동이 아닌 경탄을 불러일으킨다.

  끝으로, 비극적인 분규의 결과는 서로 대립 투쟁하는 양쪽이 모두 정당성을 보존하더라도, 그들이 주장하는 일면성은 제거되고 손상되지 않은 내적인 조화, 즉 모든 신들에게 영예를 돌리는 저 합창의 상태로 되돌아가는 대단원으로 이끌어간다. 오직 *대립하기 위한 대립*들이 해소되고 갈등 속에서 상호부정하고 투쟁하는 위력들을 서로 화해시킬 때만 극(劇)은 참되게 전개된다. 오직 그럴 때만 궁극적으로는 불행과 고통이 아닌 정신의 만족이 생겨난다. 왜냐하면 개인들에게 필연적으로 일어나는 일은 그렇게 결말지어질 때만 비로소 절대적인 합리성(合理性, absolute Vernünftigkeit)으로 드러날 수 있으며, 심정은 진정으로 도덕적으로 안정되기 때문이다. 주인공들은 운명에 의해 뒤흔들리고 일어나는 사건 속에서 화해하게 된다. 오직 이런 식으로 통찰했을 때만 고대 그리스의 비극은 이해된다. 그러므로 우리는 그런 식의 결말을 악은 벌을 받고 덕은 보상을 받는다는, 즉 "악덕이 패배할 때 미덕(美德)이 등장한다"는 식의 도덕적인 결말로만 이해해서는 안 된다. 여기서 스스로 반성하는 인격의 주관적인 측면이나 그가 선한지 악한지의 여부는 전혀 중요하지 않으며, 충돌이 완성될 때 거기에서 긍정적인 화해가 나오고 서로 투쟁하던 양쪽의 위력은 동등한 가치를 지닌다는 것을 직관하는 일이 중요하다. 또 많은 사람들이 고전적이라고 부르는 맹목적인 운명, 즉 단순히 비(非) 이성적이고 이해할 수 없는 운명은 필연적인 결말이 되지 못한다. 반대로 이성(理性)적인 운명은 개별적인 신들과 인간들 위에 군림하는 최고의 위력으로서, 일방적으로 독자성을 띠고 주어진 운명의 한계를 넘어서려는 특수한 위력들과 그 결과 야기되는 갈등이 지속되도록 내버려 두지 않는다. 물론 이 위력은 여기서는 아직 세계와 인간에 대한 신성한 목적이 스스로와 타자를 위해서 등장하는 자의식(自意識)적인 섭리로 드러나지는 않는다.

운명(運命, das Fatum)은 개인들에게 다시 한계를 가하며, 만약 그들이 그 영역을 넘어서면 그들을 파멸시키고 만다. 그러나 만약에 죄없이 겪는 고통이 관객의 마음속에 윤리적인 안정을 주는 대신에 오직 짜증만 불러일으킨다면, 이는 무분별한 강요밖에 되지 않을 것이다. 따라서 *비극적인 화해*는 다른 측면에서 보면 또 *서사적인 화해*와는 다르다. 이런 점에서 영웅 아킬레우스와 오디세우스를 보면 두 사람 다 그들의 목적을 결국 달성하며, 그 역시 당연하지만 그들이 받는 혜택이 그들의 지속적인 행복은 되지 못하며, 그들은 자신들의 유한성을 쓰라리게 느끼고 힘들게 어려움과 상실을 겪고 희생을 극복하면서 싸워나가지 않으면 안 된다. 왜냐하면 진리 자체는 대체로 삶이 진행되고 객관적으로 사건들이 폭넓게 일어나는 동안에 하찮은 유한성도 같이 드러나도록 요구하기 때문이다. 그래서 비록 아킬레우스의 분노는 화해되지만 그는 자신의 감정이 침해를 당한 데 대한 보상을 아가멤논에게서 요구하고, 헥토르에게 복수를 하고 친구 파트로클레스를 위해 장례식을 치러줌으로써 가장 뛰어난 영웅으로 인정받는다. 그러나 그의 분노와 화해는 그로 하여금 가장 친한 친구인 고귀한 파트로클레스의 생명을 대가로 치르게 한다. 그는 이를 헥토르에게 복수하기 위해서 자신의 분노에서 스스로 벗어나 다시 트로이 군대 공격하는 전투에 참여하도록 강요된다. 그는 가장 뛰어난 용사로 알려져 있으므로 자기가 일찍 죽게 되리라는 것도 느끼고 있다. 그와 비슷한 방식으로 오디세우스도 몇 년 동안이나 인내심으로 힘들여 싸운 끝에, 자기의 모든 동료들과 일리온(트로이의 또 다른 이름—역자주)에서 얻은 모든 전리품을 잃고 혼자 떨어져 잠이 들었을 때 비로소 이타카에서 자기가 소망했던 목적을 달성한다. 이렇게 두 영웅이 지은 죄는 모두 그들의 유한성에서 되갚아지며, 복수의 여신들은 트로이의 몰락과 그리스 영웅들의 운명 속에서 자신들의 정의를 되찾는다. 그러나 복수의 여신들은 대체로 지나치게 숭고한 것의 가치를 떨어뜨리고 불행을 통해 행복과 추상적으로 균형을 맞추려할 뿐, 윤리적인 규정은 없이 단지 유한한 존재에게만 영향을 미치는 낡은 정의(正義)일 뿐이다. 이는 전개되는 사건들 속에서 드러나는 서사시적인 정의, 즉 단순히 갈등을 해소시키는 보편적인 화해이다. 그에 반해 좀 더 차원 높은 비극적인 화해는 특정한 윤리적인 실체성들이 참된 조화와 대립될 때

나온다. 그러나 이러한 화해를 내세우는 방식은 아주 다른 성질을 띨 수 있으므로 나는 이와 관련해 중요한 계기들만 주지시키고자 한다.

첫째로, 만약 파토스의 일면성이 충돌의 근거가 되면 다름 아니라 그 파토스는 생생하게 행위로 드러남으로써 어느 특정한 개인만이 파토스가 되었다는 것이 특히 강조되어야 한다. 만약에 그 일면성이 해소되어야 한다면, 그 파토스는 오직 *하나의* 파토스로서만 행동해야 하므로 결국 제거되고 희생되어야 하는 것은 바로 이 개인이다. 왜냐하면 개인이란 오직 이 *하나의* 삶일 뿐이기 때문이다. 만약에 이것이 스스로를 위해 이 *하나의* 삶으로서 효력을 갖지 못하면 그 개인은 파멸되고 만다.

이런 식으로 완전하게 전개되는 것은 투쟁하는 개인들이 그들의 구체적인 존재성에 따라 각자 총체성으로 등장할 때만 비로소 가능하므로 개인들은 그들이 저항해 싸우는 것의 위력에 눌리며, 따라서 그들의 존재에 맞게 존중되었던 것은 침해된다. 그런 식으로 예를 들어 안티고네는 크레온 왕국의 지배 하에서 살게 된다. 그녀 자신이 왕의 딸이고 하이몬의 약혼자이므로 그녀는 영주의 명령에 복종해야 한다. 그러나 크레온 자신도 아버지이자 남편이므로 혈연의 신성함을 존중해야 하며, 이 경건성에 대립되는 어떤 명령도 내려서는 안 된다. 이처럼 그들 두 사람 속에는 서로 대립되는 양면성이 내재하면서 서로 대항하고 뒤바뀌며 강조되며, 그 개인들은 바로 자신들의 영역에 속하는 것들에 얽매어 있기 때문에 파멸한다. 안티고네는 신부로서 결혼축하연의 윤무를 즐기기도 전에 죽임을 당하며, 크레온도 역시 아들과 아내를 죽게 한 벌을 받는다. 이 두 사람은 자살을 하는데, 한 사람은 안티고네 때문에 다른 사람은 하이몬의 죽음 때문에 그렇게 된다. 이러한 점에서 고대와 근대 세계의 모든 뛰어난 예술작품들—나는 그것을 거의 모두 알고 있으며 사람들은 그것을 알아야 하고 또 알 수 있다—가운데 《안티고네(Antigone)》야말로 가장 뛰어나고 만족스러운 작품으로 보인다.

그러나 양쪽의 일면성을 제거하고 그들의 명예를 동등하게 하기 위해서 거기에 관련된 개인들을 매번 몰락시키는 식으로 비극적인 결말을 지을 필요는 없다. 그래서 알다시피 아이스킬로스의 《복수의 여신들》에서는 죄를 지은 오레스테스가 죽거나 또는 어머니를 죽이고 효성을 어긴 것에 대해 복수하는 여신들이, 가장(家長)이자 왕의 존엄성과 명예를 지키려고 어머니 클리템네스트라를 죽이도록 오레스테스를 선동한 아폴로 신에 맞서다가 파멸하는 것으로 끝나지는 않는다. 오레스테스에게는 신들이 내리는 형벌이 면제되고 그 대신 양쪽의 신들에게는 영예가 돌아간다.[81] 그러나 우리는 이런 식의 결말에서는 동시에 그리스인들이 섬기던 신들이 특수성을 띠고 등장하면서 서로 대립하는

---

[81] 독자들의 이해를 돕기 위해서 아이스킬로스가 쓴 이 비극의 줄거리를 간략하게 정리하면 다음과 같다. 오레스테스는 아폴로 신의 명령에 따라 자기 아버지를 죽인 어머니 클리템네스트라에게 복수를 하여 그녀를 죽이지만 이어 미쳐버리고 말며, 복수의 여신들은 어머니를 죽인 그를 처벌하려고 그의 뒤를 쫓는다. 그러자 오레스테스는 델피에 있는 아폴로 신전으로 몸을 피하지만, 정작 그를 사주했던 아폴로 신은 그를 도와주지 못한다. 결국 아테네 여신이 등장해서 이 일을 해결하기 위해 형식적으로 오레스테스에 대한 재판을 연다. 분노의 여신들은 오레스테스를 자기들한테 처벌하도록 내놓으라고 요구하지만, 오레스테스는 자기는 아폴로 신의 명령을 이행한 것이라면서 선처를 호소한다. 결국 그 재판의 배심원들의 판결은 똑같이 둘로 갈라지고, 아테네 여신은 오레스테스를 무죄방면한다. 그 대신 복수의 여신들에게는 그들을 달래기 위한 화해의 표시로 새로운 숭배의식을 약속하며, 오레스테스는 아테네 여신에게 감사의 표시로 제단을 세워준다. 한편 영국의 시인이자 그리스 신화 번역 및 해석가인 그레이브스(Robert Graves, 1895~1985) 같은 인물은 오레스테스 가문에서 일어나는 이러한 복잡한 친족살해 사건들을 더 고대로 거슬러 올라가 문화사적인 측면에서 오래된 모계사회와 새로 일어나는 부계사회의 갈등의 일환으로 해석하려고 시도하고 있다.

것으로 관조될 때 그들이 어떤 가치를 띠는지 명확히 볼 수 있게 된다. 실제로 아테네인들 앞에서는 그 신들은 오로지 윤리성을 완전히 조화롭게 결합시키는 계기로서만 나타난다. 아레오파구스(Areopagus) 언덕에서 실시된 투표에서 양쪽이 얻은 결과는 똑같다. 아테네 시가 그 도시의 본질에 맞게 내세운 여신은 그 도시의 수호신인 아테네(Athene)인데, 그 여신은 투표용으로 던져진 돌들 사이에 흰 돌을 끼워 넣음으로써 오레스테스를 무죄 방면하지만, 그러나 복수의 여신들과 아폴로 신에게도 그 대가로 역시 숭배의 제단을 세워줄 것을 약속한다.

둘째로, 객관적인 화해와는 반대로 이러한 조정은 행동하는 개인이 궁극적으로 그의 일방성을 포기하는 가운데 주관적인 것으로 될 수 있다. 그러나 만약 그들이 자기들의 본질이 되는 파토스를 포기하면 아무런 성격도 없는 인물이 될 것이므로 이는 조형적인 인물의 건실한 특성에 어긋난다. 그러므로 개인은 더 숭고한 위력과 그것의 충고, 명령에 따라서만 자신을 포기할 수 있으므로 이때 비록 자신의 파토스를 고집하더라도 그의 완고한 의지는 신에 의해 꺾이고 만다. 이러한 경우에 엉킨 매듭은 스스로 풀리지 않고, 예를 들면 《필록테트》에서처럼 '급할 때의 해결책(Deux ex machina)'에 의해서만 억지로 풀릴 수 있다.

끝으로, 이처럼 외적인 힘에 의해 결말을 이루는 방식보다 주관적인 특성을 띠고 있어 근대극에 더 가까운 내적인 화해가 이루어질 때 극은 더 미적(美的)이 된다. 이에 대한 가장 완전한 고전적인 예가 되는 작품으로 우리는 영원한 경탄대상이 되는 《콜로노스의 오이디푸스(Oedipus Coloneus, Oidipous Epikolonoi)》를 들 수 있다. 오이디푸스는 자기도 모르는 사이에 자기 친아버지를 살해하고 테베의 왕관을 빼앗았으며 자기 친어머니의 잠자리를 범한다. 이처럼 모르는 사이에 저지른 범죄 자체가 그를 불행하게 만들지는 않지만, 예로부터 전해

〈콜로노스의 오이디푸스〉. 스스로를 저주하여 형벌을 받은 오이디푸스가 장님이 되어 방랑길에 올라 있는 모습으로 피곤한 몸을 기대고 앉아 있다. 플크랑-장 아리에(Fulchran-Jean Harriet) 作 (1798년)

온 수수께끼(der Rätsel)를 푸는 동안에 그는 자신의 어두운 운명에 대해 어쩔 수없이 알게 되고 그때 자신이 이미 범죄를 저질렀다는 무서운 사실을 의식한다. 이처럼 그는 자신에 대한 수수께끼를 풀게 됨으로써 마치 선악을 알게 된 아담처럼 행복을 잃고 만다. 그는 그것을 알게 되자 스스로 눈을 멀게 하고 왕좌에서 내려와, 마치 아담과 이브가 낙원에서 추방되듯이 테베시를 떠나 아무 도움도 받지 않은 채 백발노인이 되어 방랑을 한다. 무거운 죄를 짊어지고 콜로노스로 가서 머물게 된 그를 찾아와 다시 돌아오라는 아들의 요구를 들어주는 대신에 그를 저주하고 자기의 내면에 있는 모든 분열을 해소하면서 스스로 정화된다. 그러한 그를 신이 부른다. 그의 멀었던 눈은 치유되어 다시 뜨이고, 그의 사후에 그의 유골은 그를 기꺼이 받아주었던 도시에게 귀중한 재보가 된다. 이처럼 한번 죽음으로써 그 죽음은 그의 개별성과 인격 안에서 그와 우리들 간의 화해로 변용되어 나타난다. 사

〈테베의 재앙〉. 오이디푸스가 저지른 죄악으로 그가 다스리는 테베 시 전체가 신의 저주를 받아 역병이 돈다. 스스로 눈을 찔러 장님이 된 그를 딸 안티고네가 데리고 그 도시를 떠난다. C. F. 잘라베(Jalabeat) 作

람들은 그 속에서 기독교적인 색채를 찾으려고 했다.

즉 죄지은 자를 신의 은총이 다시 받아주고, 그가 유한한 삶 속에서 견뎌야 했던 운명이 그의 죽음에 의해서 축복되고 보상받는 것으로 보려했다. 그러나 기독교적인 화해는 영혼이 영원한 구원의 샘 속에서 죄를 씻고 현실과 그 속에서의 활동을 초월하여 변하는 것이다. 왜냐하면 그것은 마음 자체를—이렇게 할 수 있는 것은 정신이므로—마음의 무덤으로 만들고, 지상에서 지은 죄를 자신이 지상에서 갖고 있던 개성으로 보상하며, 영원하고 순수한 정신적인 지복함에 대한 확신을 갖고 저 탄식에 맞서서 자신을 지키기 때문이다. 반면에 오이디푸스의 변화는 여전히 고대 그리스인들의 의식에서 산출되어 나온 것으로, 거기에서는 윤리적인 위력들이 서로 침해하고 투쟁하는 것으로부터 그 윤리적인 내용이 통일되고 조화를 이루는 것으로 바뀐다.

그러나 또 이 화해 속에는 만족하는 *주관성*이 들어 있다. 이제 우리는 비극에서 그 반대인 *희극*의 영역으로 넘어가기로 한다.

ββ) 즉 우리가 보았듯이 만약에 주체의 행위가 모순에 빠졌다가 다시 그것이 취소된다 해도 주관성이 거기에서 여전히 자신에 대한 확신에 차있으면서 고요히 머문다면 이는 희극적이다. 그러므로 희극은 비극이 종결되는 데 근거하여 이를 출발점으로 삼을 수 있다. 즉 그것은 스스로와 더불어 절대적으로 화해하는 쾌활한 심정으로서, 비록 스스로 자기 목적에 대립되는 것을 불러와 그 대립되는 의지를 자기 자신의 수단으로 파괴하다가 실패로 돌아가더라도 자신의 쾌활성을 잃지 않는다. 그러나 다른 한편으로 주체가 이처럼 안전하게 되는 것은 그러한 목적이나 성격들에 실체적인 것이 결코 포함되어 있지 않거나 혹은 절대적인 본질성을 띠고 있더라도 그 진리에 어긋나게 대립되고 비본질적인 형상을 목적으로 삼아 이를 실행할 때만 가능하다. 이런 점에서 아무래도 상관없는 절대로 무가치한 것은 언제나 몰락하게 되며, 그 때문에 주체는 아무 지장도 받지 않고 굳건히 머물러야 한다.

이 역시 일반적으로 살펴본 고대 그리스 희극의 개념으로서 아리스토파네스의 몇 작품 안에서 보존되어 왔다. 여기에서는 물론 행동하는 개인들 스스로가 희극적인가 아니면 오직 관객에게만 희극적으로 보이는가를 구분해야 한다. 전자만이 참된 희극으로 간주되는데, 바로 아리스토파네스는 그런 희극을 만들어내는 데 대가였다. 이런 관점에서 볼 때 한 개인의 목적과 의지 자체는 진지한데도 그 개인 자신에게는 진지하지 않아 이 진지함이 늘 주체를 파멸로 이끌어가는 경우에만 그 개인은 우스꽝스러운 존재로 표현된다. 왜냐하면 그 주체는 원래부터 본질적으로 분열을 조장하는 더 숭고하고 보편타당한 관심에는 관여할 수 없을 뿐만 아니라 그가 실제 그것에 열중하더라도 그 직접적인 현재성 때문에 자기가 착수하는 일을 파멸시킬 듯한 성격만 드러날 뿐이어서 원래 자신의 본질적인 관심사 속에 전혀 파고들지 못했음을 사람들은 보게 되기 때문이다. 그러므로 희극적인 것은 오히려 우리의 현재와 현실적인 상황 속에서 다름 아닌 있는 모습 그대로만 머물 뿐 달리 되고자 하지도 않으며, 어떤 참된 파토스를 띨 능력도 없음에도 불구하고 자신들의 현재 모습과 자신들이 추진하는 것에 대해 아무런 의심도 하지 않는 사람들 속에서 벌어진다. 그러나 곧 그들은 자기들의 유한성에 심각하게 매이지 않고 이를 초월하며, 설사 실패하고 상심하더라도 그에 맞서 자신 속에 확고하고 안전하게 머물기 때문에 좀 더 고상한 인물들로 드러난다. 인간이 시작하는 모든 것 안에서 이처럼 처음부터 절대적으로 위안을 받는 정신의 절대적인 자유, 이러한 주관적인 쾌활성의 세계로 아리스토파네스는 우리를 이끌어간다. 그의 작품을 직접 읽지 않고는 인간이 어쩌면 그리도 유쾌할 수 있는지 거의 알 수 없다. 이러한 종류의 희극을 일으키는 관심사를 뭔가 윤리성이나 종교, 예술과 대립되는 분야에서 찾을 필요는 없다. 반대로 고대 그리스의 희극은 바로 이러한 객관적이면서도 실체적인 영역 안에서 보존되고 있다.

그러나 개인들이 좀 더 숭고하게 행동하고자 하는 것을 파괴하는 것은 바로 주관적인 자의, 비천한 어리석음과 왜곡이다. 이와 관련해 아리스토파네스에게는 다행스럽게도 일부 고대 그리스의 신들과 일부 아테네 민중에 대한 풍부한 소재가 주어졌다. 왜냐하면 신성한 것을 이처럼 특수화하여 인간적인 개별성으로 형상화하는 것은 더 나아가 그 신성함이 특수한 것과 인간적인 것에 대항할 때 그 안에 고귀한 인간성의 의미에 대립되는 것을 띠고 그 의미에 부적합한 주관성이 공허하게 전개되는 것으로 표현되기 때문이다. 그러나 특히 아리스토파네스는 민중의 어리석음, 그들의 연설가와 정치가들의 어리석음, 전쟁의 왜곡됨, 그리고 특히 에우리피데스가 비극에서 보여준 새로운 방향을 무자비하게 조소적이면서도 심오한 방식으로 자기 동료시민들에게 웃음거리로 만들어 주었다. 그의 대단한 희극 내용에서 구체화된 인물들은 처음부터 아주 괴팍스럽게도 바보들로 만들어지고 있어서 그보다 더 기지 발랄한 것을 사람들은 발견하지 못한다. 다시 말해서 철학자들을 찾아가 자기의 죄를 벗어보려고 애쓰는 스트렙시아데스가 그런 바보스러운 인물이고, 자진해서 그와 그의 아들의 스승이 되는 소크라테스도 그런 인물이며, 또 진정한 비극시인을 다시 데려 오려고 지하 세계로 내려가는 디오니소스 신이 그런 바보스런 모습을 띤다. 또 평화의 여신을 우물에서 길어 올리려고 하는 클레엔이나 여인네들, 그리스인들 따위가 그렇다. 이런 식으로 표현되는 인물들은 그들이 계획한 것을 실행할 능력이 없으면 없을수록 더욱 자신들에 대한 신뢰를 결코 저버리지 않는다는 것이 중요한 희극적인 음조를 띠고 우리에게 들려온다. 그 바보들은 솔직한 바보들이며, 좀 더 분별력이 있는 자들이 열중하는 일도 역시 어느 정도 모순을 띠고 있지만 그들은 그 일이 제멋대로 일어나든 말든 간에 자신들의 자유롭고 안전한 주관성을 결코 잃지는 않는다. 올림포스 신들이 지닌 미소 어린 지복함, 근심 없는 태연함이 인간들 속에 되돌아와 모든 일을 처리해 주는 것이다. 아리스토파네스는 그의 희극에서 결코 빈약하고 나쁜 조소가가 아니라 기지가 풍부하고 교양을 지녔으며 아테네의 안위를 진지하게 생각하고 진정 참된 애국자인 탁월한 시민으로 드러난다. 그러므로 내가 이미 전에 말했듯이 그의 희극들에서 충분히 해소되면서 표현되는 것은 신성한 윤리가 아니라 이와 같은 실체적인 위력들이 일반적으로 왜곡되어 가상적으로 펼쳐지는 것, 즉 처음부터 중요한 사안은 빠진 채 주관성의 분방한 유희에 내맡겨질 수밖에 없는 인물들이나 개별적인 현상들이다. 아리스토파네스는 이러한 내용을 실현시킬 신들의 참된 본질, 정치적 윤리적인 존재와 시민들과 개인들의 주관성 속에 들어 있는 절대적인 모순을 우리 눈앞에 스쳐 가게 하는데, 그 모든 것을 통찰하더라도 이와 같은 주관성의 승리 자체 속에는 그리스가 몰락하는 큰 징후가 들어 있다. 그래서 이처럼 기본적으로 얽매이지 않은 쾌활한 희극적인 구성은 사실 기지와 교양이 풍부하던 고대 그리스 민족의 시문학 최후의 시기에 위대한 결과로서 나타난 것이었다.

β) 우리는 이제 근대 세계의 극예술 쪽으로 방향을 돌려서 여기서도 일반적으로 비극 그리고 희극과 관련해서 중요한 몇 가지 차이들만 언급하고자 한다.

αα) 고대 그리스의 조형적인 위대성을 띤 비극도 윤리적인 실체와 필연성만을 본질적인 근거로 삼아 가치를 부여하는 반면에, 행동하는 성격들의 개인적이고 주관적인 심오함은 완성되지 않은 것으로 보려는 일방성을 여전히 띠고 있다. 그러나 희극에서는 그와 반대되는 조형성 속에서 주관성으로 하여금 자유로이 자신의 왜곡됨에 몰두하도록 하고 이를 다시 해소시키는 것으로 완성하여 표현한다.

이제 근대 비극의 분야에서는 처음부터 주관성의 원리를 받아들인다 (Die *moderne Tragödie* nun nimmt in ihrem eigenen Gebiete das Prinzip der Subjektivität von Anfang an auf). 그리하여 그것이 원래의 대상이자 내용으로 삼는 것은 단순히 고전적으로 개별화되어 생동성을 띤 윤리적인 위력들이 아니라 주관적인 성격의 내면성이며, 그와 비슷한 유형 속에서 행동과 외적인 우연한 상황을 서로 충돌하게 하고, 또한 비슷한 우연성이 성과를 결정하거나 그렇게 하는 것처럼 보이게 한다. 이와 관련해서 우리는 다음과 같은 중요한 점들을 이야기해야 한다.

첫째, 배역들이 지닌 내용으로서 실행되어야 할 다양한 목적들의 특성.

둘째, 비극적인 *배역들* 자신과 그들을 지배하는 충돌들.

셋째, 고대 비극과는 다른 결말과 비극적인 화해의 종류.

낭만적인 비극에서는 고통과 열정에 싸인 주관성이 아무리 원래 중심이 되더라도 인간의 행위 가운데 가족, 국가, 교회 같은 구체적인 영역에서 나와 특정한 목적의 근간이 되는 것도 역시 배제되지는 않는다. 왜냐하면 행위와 더불어 인간은 대체로 실제 특수한 영역으로 발을 들여놓기 때문이다. 그러나 이런 영역에서 실체적인 것 자체는 개인들의 관심사가 되지 못하므로, 목적들은 한편으로 광범하고 다양해지거나 참으로 본질적인 것은 종종 왜곡되고 스며들어 드러나는 특수성으로 갈라진다. 뿐만 아니라 이러한 목적들은 전혀 달라진 형태를 띤다. 예를 들면 종교영역에서는 인간의 상상에 의해 특수한 윤리적인 위력들이 개별적인 신이나 인간영웅들의 파토스로 내세워지는 것이 더 이상 주요내용이 못되고 그 대신 그리스도나 성자의 이야기 따위가 표현된다. 국가에서는 특히 왕국, 봉건신하들의 세력, 여러 왕조들이나 같은 왕조 안에 있는 개별적인 구성원들 간의 분쟁이 다양한 모습으로 나타난다. 실제로 더 나아가 개인의 시민적인 권리와 관련된 것이나 그 밖의 상황들도 중요해지며, 고대극에서는 다루지 않던 가족 간의 삶에서 일어나는 분쟁도 비슷한 식으로 나타난다. 왜냐하면 위에 언급한 영역들에서 주관성의 원칙은 스스로 권한을 띠게 되고, 바로 그 때문에 모든 영역에서 근대적인 인간이 자기 행위의 목적이자 지침으로 삼을 권리가 있는 새로운 요소들이 등장하기 때문이다.

다른 한편으로 주관성의 권리가 근대극의 유일한 내용으로 확정되

독일 문호 괴테의 최고 걸작이라 불리는 희곡 《파우스트》의 삽화 중 신앙과 지식 사이에서 방황하는 파우스트 박사

파우스트 박사와 악마 메피스토펠레스(Mephistopheles) 간의 계약. 인간이 자기 행위에 대해서 어디까지 책임을 져야 할지를 핵심 주제로 다루고 있는 괴테의 작품 《파우스트》의 한 장면으로 율리우스 니슬레(Julius Nisle)의 삽화(1840년경)

고 사랑, 개인적인 영예 따위가 전적으로 목적이 되므로, 그 밖의 상황들은 때로는 근대적인 관심을 끄는 외적인 기반으로서만 드러나며 때로는 주관적인 심정의 요구와 갈등을 일으키고 대립하게 된다. 주

관적인 성격이 부당함이나 범죄 자체를 목적으로 삼지는 않더라도 자기가 내세운 목적을 달성하기 위해서 부당함과 범죄를 이용하기를 꺼리지 않을 때 갈등은 더욱 깊어진다.

셋째로, 이러한 개별성과 주관성에 대립되는 목적들도 역시 때로는 다시 보편적이고 포괄적인 내용으로 확대되거나 때로는 그 자체 실체적인 것으로 포착되어 실행될 수 있다. 전자와 관련해서 나는 전적으로 철학적 비극작품인 괴테의 《파우스트(Faust)》[82]만을 상기시키고자 한다. 거

---

[82] 《파우스트》는 독일 최고의 문호로 꼽히는 괴테(Johann Wolfgang von Goethe, 1749~1832)가 25세에 쓰기 시작해서 죽기 직전인 1832년에 완성한 괴테의 걸작이다. 1749년에 독일의 프랑크푸르트 자유시에서 태어나 1832년에 동부 바이마르 공국에서 일생을 마쳤다. 25세 때 《젊은 베르테르의 슬픔》을 발표하여 일약 명성을 떨친 그는, 그후 소위 독일문학의 '질풍노도(슈투름 운트 드랑, Strum und Drang)' 운동을 이끌어 갔다. 그후 바이마르에 정착하여 독일 문화를 주도해나가면서 고전주의 풍의 수많은 걸작을 썼다. 헤겔이 이 미학강의 본문의 도처에서 언급하는 《빌헤름 마이스터(Wilhelm Meister)》, 《서동시집(Der West Meister)》 외에도 그가 거의 평생을 두고 자신의 온갖 경험과 사상을 쏟아넣어 고심하면서 쓴 비극 《파우스트》는 걸작이면서도 문제작이다. 평생 학문을 연구하면서 살아온 늙은 파우스트 박사는 자신이 별로 이룩한 것도 없이 세상을 헛되이 살았다며 사라져가는 자신의 청춘을 되돌아보면서 한탄한다. 자살까지도 결심하던 그의 앞에 악마 메피스토펠레스가 나타난다. 이 악마는 천상에서 이미 신과 더불어 파우스트를 유혹하는 데 성공할지의 여부에 대해서 내기를 걸고 지상에 내려온 존재이다. 메피스토펠레스는 지상에서는 파우스트에게 그가 지상에서 이루지 못한 모든 것, 젊음, 사랑, 명예, 부를 이루게 해주겠다고 약속한다. 그 대신에 마지막에 가서 악마 자신이 파우스트의 영혼을 거두어가겠다는 것을 조건으로 내세운다. 파우스트는 이에 동의하고, 소위 자신의 영혼을 악마에게 팔아버린다. 그리하여 이 지상에서 할 수 있는 모든 '행위'는 다 저지르고 지상의 향락을 마음껏 추구하기 시작한다. 파우스트라는 이 전설적인 인물은 괴테의 희곡 속에서 그 구체성을 띠게 되었고, 그 후 유럽에서는 어떤 희생을 치르더라도 현세에서 욕망을 충족시켜 보

기에서 폭넓은 내용이 되는 것은 한편으로 주인공 파우스트의 학문에 대해 불만족이고, 다른 한편으로 속세의 삶과 지상적인 향락이 지닌 생동성, 즉 주관적인 지식과 노력이 비극적으로 절대자(絶對者)와 화해하게 되는 본질과 그 현상이다. 이러한 것을 하나의 동일한 작품 속에 포괄하는 일은 전에 어느 다른 극작가도 감행하지 못했던 것이다. 비슷한 방식으로 실러의 극작품인 《군도(群盜, Die Räuber)》(1787년 작—역자주)에서 주인공 칼 모어도 보편적인 의미에서 전체 시민의 질서와 세속적인 상황, 그리고 자기 시대의 인간성에 맞서 싸운다. 또 《발렌슈타인》에 등장하는 주인공 발렌슈타인도 위대하고 보편적인 목적, 즉 독일의 통일과 평화라는 목적에 집착한다. 그러나 이 목적을 이루려 하는 그는 외적으로 교활한 수단을 펼치며, 그 자신이 그것에 진지해지면서 황제의 권위에 맞서자 그의 의도는 빗나가며 황제의 권위에 대항하던 그는 자신의 계획과 더불어 산산히 무너지고 만다. 칼 모어와 발렌슈타인이 추구하는 것처럼 일반적으로 세속적인 목적은 대체로 다른 사람들을 복종의 도구로 *삼는 방식*이다. 이는 한 개인에 의해 실행될 수는 없고 오히려 그런 목적은 한편으로 많은 사람들의 의지에 따라 스스로, 다른 한편으로 많은 사람들의 의지에 반해서 또는 그들이 의식하지도 못하는 사이에 실행된다. 실체적인 목적들을 다루는 예로 칼데론의 비극

겠다는 충동에 사로잡힌 인간을 "파우스트적인 인간"이라고 부르게 되었다. 그러나 그는 결국 지상의 모든 것을 자기 혼자의 의지와 행위만으로는 이루지 못하고 악마의 도움을 받은 결과 마침내 파멸한다. 이 "파우스트적인 인간"은 실제로 괴테 이후에도 독일문학에서 다른 작가들에 의해 다시 소재로 수용되어 작품화되었으며, 독일인들의 정체성을 규명하는 중요한 모티브로 계속해서 관심대상이 되어왔다. 그리고 생각하고 행동하는 "파우스트적인 인간"의 정체성은 인간의 윤리성과 독자성, 행위, 그리고 자유의 문제와 관련해서 볼 때 아직도 완결되지 않고 논란의 여지를 주고 있다.

괴테의 희곡 파우스트에 등장하는 발푸르기스의 밤 중 한 장면. 중앙에 악마 메피스토펠레스가 앉아 있다

몇 편만 든다면, 거기에서 사랑과 명예 등은 그에 대한 권리와 의무를 갖고 행동하는 개인들에 의해 마치 법으로 확정된 듯이 조종된다. 이와 비슷한 것이 물론 전혀 다른 입장이기는 해도 실러의 극에 나오는 비극적인 인물들에게서도 종종 나타난다. 그 이유는 이 개인들이 자신들의 목적을 보편적이고 절대적인 인간의 권리라는 의미로 이해하고 옹호하기 때문이다. 예를 들면 실러의 《간계와 사랑(Kabale und Liebe)》(1784년 作)에서 페르디난트 대령도 인습적인 유행에 맞서서 자연적인 권리를 옹호하며, 특히 포자 후작은 사상의 자유를 인간의 양도할 수 없는 자산으로 보고 이를 요구한다.

그러나 일반적으로 근대 비극에서는 개인들이 지닌 목적의 실체성이 아닌 그들의 주관적인 마음이나 심정 또는 그들의 특수한 성격이 끝까지 충족되고자 고집하는 것이 그들을 행동하게 하고 열정적으로 충동시킨다. 방금 설명한 예들을 보더라도, 한편으로 영예와 사랑을 존중하는 저 에스파냐의 주인공들에게는 그들의 목적이 지닌 내용은 절대적으로 주관적인 특성을 띠고 있어서, 그 내용의 권리와 의무가 그들 마음속의 소망과 직접적으로 일치한다. 다른 한편으로 실러가 젊은 시절에 쓴 극작품들 속에서 자연, 인간의 권리, 세상을 개조하려는 고집은 오히려 어느 주관적인 열광주의자의 심취로서만 나타난다. 그리고 실러는 그의 후기 작품에 들어가서는 더 성숙한 파토스에 가치를 두려고 노력하는데, 이런 일을 시도한 것은 바로 그가 그리스 비극의 원리를 근대 극예술에서 다시 재현시키려고 마음먹은 때문이었다. 이 점과 관련해 고대 그리스 비극과 근대 비극 사이의 차이를 더 상세히 설명하기 위해서, 나는 셰익스피어의 희곡 《햄릿(Hamlet)》만 언급하고자 한다. 거기서도 충돌이 근거가 되는 것은 아이스킬로스가 《코에포렌》에서, 소포클레스가 《엘렉트라》에서 다룬 것과 비슷한 것이다. 왜냐하면 햄릿에게도 역시 그의 부왕이 살해되었고 어머니는 아버지를 살해한 자(숙부—역자주)와 결혼했기 때문이다. 그러나 고대 그리스의 작가들에게 윤리적이고 정당한 것으로 보였던 아가멤논의 죽음 같은 것은, 거꾸로 셰익스피어 극 속에서는 흉악한 범죄 형태만을 띤다. 그 범죄에 대해 햄릿의 어머니는 죄가 없으므로, 아들의 복수는 단지 형을 죽인 범인인 지금의 왕에게만 향한다. 그래서 주인공 햄릿의 내면에는 진정으로 존중할 만한 어떤 요소도 엿보이지 않는다. 그러므로 여기서 원래의 충돌은 아들이 윤리적인 복수를 함으로써 윤리를 침해하게 되는 것을 둘러싸고 벌어지는 것이 아니라, 오히려 햄릿의 주관적인 성격 때문에 일어난다. 그의 고귀한 정신은 이처럼 왕성한 활동을 하기 위해서 주어진 것이 아니라 세상과 삶에 대한 혐오로 가득 차 있으며, 복수를 결단하고 시험해보고 준비하는 가운데 이리저리 충동질당하고 자신의 우유부단함과 외적으로 뒤얽힌 상황들에 의해 결국 몰락하고 만다.

그러므로 둘째로, 우리는 근대 비극에서 강조되는 중요한 측면인 *배역들*과 그들에게 일어나는 충돌을 고찰해보면, 가장 먼저 우리가 출발점으로 삼을 수 있는 것을 요약하면 다음과 같다.

고대 그리스의 고전 비극의 주인공들에게 주어지는 상황들은 그들이 그 속에서 스스로 *하나의* 윤리적인 파토스를 향해 확고하게 결단을 내릴 때 그들 자신의 본성에 일치하므로, 그것들은 같은 권리를 띠고 필연적으로 대립하는 윤리적인 위력들과 충돌에 빠지지 않을 수 없게 된다. 그에 반해 낭만적인 극의 배역들은 처음부터 이리저리 행동할 수 있는 수많은 우연적인 상황들과 조건들 아래에 있다. 그러므로 외적인 동기(動機)에 의해 일어나는 충돌은 본질적으로 그 개인들의 열정 속에 있는 실체적인 정당성 때문에 일어나는 것이 아니라 그 개인들이 갖고 있는 그대로의 *성격* 때문에 일어난다. 물론 고대 그리스극의 주인공들도 그들의 개성에 따라 행동하기는 하지만, 이 개성은 이미 말했듯이 그리스 비극의 숭고함 속에서 필연적으로 윤리성을 띤 파토스이다. 반면에 근대극에서는 특정한 배역이 자신 속에 정당하게 머물거나 불의나 범죄로 이끌리는 것은 우연적인 일로서 자신의 주관적인 소망과 욕구, 외적인 영향에 따라 결정된다. 그러므로 여기에서 목적이 지닌 윤리성과 성격은 어쩌면 일치할 수 *있겠지만*, 그러나 이러한 일치는 개별적인 목적과 열정 그리고 주관적인 내면성 때문에 비극적인 심오함과 미(美)의 *본질적인* 근거나 객관적인 조건은 되지 못한다.

더 나아가 배역들의 성격의 *차이*에 관해서 보자면, 이 분야에서는 모든 문이 아주 다양하게 개방되어 있어서 별로 보편적인 것을 말할 것은 없으므로 나는 단지 다음과 같은 중요한 측면만 다루겠다. 즉 추상적이고 형식적인 성격이 우리에게 구체적인 인간으로 생생하게 등장하는 개인들과 맞서 일어나는 대립이 우선적으로 눈에 가장 띄는 대립이다. 예를 들면 첫 번째 종류의 것으로는 주로 프랑스와 이탈리아 극에서 등장하는 비극적인 배역들 간의 대립을 들 수 있다. 그들은 고대 그리스인들을 모방한 데서 따온 배역들로서, 다소 특정한 열정들인 사랑, 명예, 명성, 지배욕, 독재 따위를 단순히 의인화한 인물들로 평가할 수 있다. 또한 그들의 행위의 동기나 그들이 보이는 감정의 정도는 비록 매우 사치스럽고 수사적인 기교를 꾸며 낭송 표현할 수 있을지 모르지만 이런 식으로 표현하게 될 때 연상되는 것은 고대 그리스인들의 대작보다는 오히려 세네카의 실패작이다. 에스파냐 비극도 역시 추상적인 성격묘사에 가깝다. 그러나 여기에서 사랑의 파토스는 영예, 우정, 왕권 따위와 지나치게 추상적이고 주관적인 방식으로 갈등을 보이며, 그 권리나 의무도 지나치게 예리하게 부각되어 그것이 주관적 실체성을 띠고 본래적인 관심사로 강조되므로 성격들이 개별화되는 것은 거의 허용되지 않는다. 그럼에도 불구하고 에스파냐 극의 배역들은 종종 제대로 완성되지 못한 채 이른바 점잖 빼는 인격을 지닌 모습으로만 표현되는데, 이러한 인격은 프랑스 극에서는 볼 수 없다. 그러나 프랑스 비극이 진행될 때 보이는 공허한 단순성과는 달리 에스파냐 비극에서는 내적인 다양성의 부족함을 예리한 창의성으로 재미있는 상황들과 풍부하게 뒤얽히게 하고 있다. 반면에 풍부한 인간성을 띤 개인들의 성격을 표현하는 데서는 특히 영국인들이 뛰어나며, 그들 중 셰익스피어를 따를 수 있는 작가는 아무도 없다. 왜냐하면 예를 들어 《맥베스(Macbeth)》에서 보이는 지배욕, 《오셀로(Othello)》에서 보이는 질투 같은 단순히 형식적인 열정은 그 비극적인 주인공들의 파토스 전체를 요구해도, 그런 추상성은 광범위하게 뻗어 있는 그들의 개성을 해치지는 못하고 개인들은 그것에 규정되어 있으면서도 여전히 온전한 인간으로 머물러 있기 때문이다.

내가 이미 앞서 언급했듯이 사실 셰익스피어는 그의 한없이 넓은 세상의 무대 속에서 극악(極惡)과 부조리까지도 다루고 있지만, 그럴수록 그 자신은 자기의 극중 인물들을 시적으로 풍부하게 치장하지 않고 그들로 하여금 주어진 한계성 속에 빠져들게 하지 않으며 그들에게 정신과 상상력을 부여하고 있다. 그는 그 인물들로 하여금 이론적으로 관조(觀照)하는 가운데 스스로를 마치 예술작품처럼 바라보게 함으로써 스스로 자유로운 자기 자신들의 예술가가 되게 하며, 자신들의 힘찬 성격에 충실하게 함으로써 비열하고 천박하고 인색한 인간들이나 바보들뿐만 아니라 범죄자에 대해서도 우리가 관객으로서 흥미를 느낄 수 있게 한다. 그의 비극에 나오는 인물들의 성격들도 이와 비슷한 식으로 표현된다. 즉 그들은 개성적이고 실제적이고 생생하고 다양하며, 필요에 따라서는 숭고하고도 결정적인 표현할 능력도 지니고 있고, 순간적으로 산출되는 이미지와 비유들에는 창의적인 재능이 숨어 있으며 수사학(修辭學)적인 면도 띠고 있다. 그가 직접적인 생생함과 내적인 영혼의 위대성을 이처럼 결합시킬 수 있는 것은 배워서 익힌 것이 아니라 배역들의 일반적인 성격에 대해서 실제로 느낀 데서 나온 것이다. 그래서 근대 작가들 가운데 셰익스피어와 비교할 만한 다른 극작가를 꼽기는 쉽지 않다. 왜냐하면 사실 괴테도 젊은 시절에는 비슷하게 자연스러움에 충실한 특수성을 추구했지만 내적인 위력이나 숭고한 열정은 없었으며, 실러도 폭력에 관심을 가졌지만 그 폭력을 폭풍처럼 확대시킬 뿐 거기에는 본래의 핵심이 빠져 있기 때문이다.

근대극의 배역들에게서 보이는 두 *번째* 다른 점은 그들은 확고한 성격을 띠고 있거나 아니면 내적으로 흔들리고 불화한다는 점이다.

결단을 못 내리는 나약함, 이리저리 흔들리는 반성, 결단할 일에 대해 깊이 생각하는 일 등은 고대 그리스인들의 극 중 에우리피데스의 비극에서도 종종 나타나며, 그도 이미 성격과 행위를 조형적으로 완결시키지 않고 주관적인 감동을 주는 쪽으로 넘어가고 있다. 근대 비극에서는 그런 식으로 흔들리는 인물들은 특히 스스로 이중적인 열정을 지니고 있는데, 한쪽의 열정에 의해 결정된 행동이 또 다른 열정에 의해 다른 식으로 행동하는 것처럼 종종 그런 식으로 등장한다. 나는 이처럼 우유부단한 성격에 대해서는 앞서 다른 곳(즉 제1부에서) 언급한 적이 있으므로 여기서는 다음과 같은 점만 덧붙이고자 한다.

즉 비극적인 행위는 물론 충돌에 근거해서 나와야 하지만, 그럼에도 불구하고 동일한 개인에게 분열을 조장하는 일에는 늘 많은 곤란이 따른다. 왜냐하면 대립되는 관심사들로 분열되는 것은 부분적으로 명쾌하지 못한 둔탁한 정신에서 나오고, 부분적으로는 나약함과 미숙함에서 나오기 때문이다. 이런 성격을 지닌 몇몇 인물들은 괴테의 젊은 시절의 작품들 속에서도 발견된다. 예를 들면《스텔라, 사랑하는 이들을 위한 비극(Stella. Ein Schauspiel für Liebende)》(1776년 作)에 나오는 바이슬링겐과 페르디난트 그리고 특히 클라비고가 그러하다. 이들은 확고하고 완벽한 개성에 이르지 못하는 이중(二重的)인 인물들이다. 그러나 만약에 확고한 성격의 배역에게 두 가지 대립되는 삶의 영역, 즉 의무 따위가 곧 성스러운 것이 되는데도 불구하고 이 한 쪽을 제치고 다른 쪽에 서야만 할 필요가 생긴다면 이는 또 다른 경우이다. 다시 말해 그때 흔들린다는 것은 하나의 이행(移行) 과정일 뿐, 배역의 성격 자체의 핵심은 아니다. 또 그와 다른 특성을 지닌 것으로는 심정이 자신의 더 나은 의도(意圖)와 대립되는 열정적인 목적에 잘못 이끌려가는 비극적인 경우가 있다. 예를 들면 실러의 《오를레앙의 처녀

(Jungfrau von Orleans)》는 여주인공이 내면의 분열을 겪다가 다시 자신으로 되돌아가서 자신을 대외적으로 내세우다가 몰락한다. 그러나 이처럼 내적으로 분열이 일어나는 주관적인 비극은 만약 그것이 비극적인 지렛대로 삼아진다면 때로는 종종 단순히 비극적이고 고통스러운 것, 때로는 불쾌한 것을 띠게 된다. 작가는 그런 것을 찾아 탁월하게 완성하기보다는 그런 일을 피하는 것이 낫다. 그러나 가장 나쁜 것은 그처럼 온전한 인간과 성격이 흔들리고 왜곡되는 일이 곧 기교적이고 빗나간 변증법으로서 극 전체를 표현하는 원칙으로 삼아짐으로써 스스로 확고하고 안전한 성격은 없다는 것을 보여주는 데 진실이 들어 있을 경우이다. 특수한 열정들과 성격들이 지닌 일방적인 목적들은 논쟁의 여지없이 실현되어서도 안 되며, 또 일상 현실 속에서도 여러 상황들과 거기에 맞서 반응하는 개인들 간의 세력 때문에 그런 목적들은 부득이 유한성을 띠며 유지하기 불가능하다는 것을 체험하게 된다. 그러나 사안에 맞게 끝나는 이러한 결말은 변증법적인 톱니바퀴가 되어 개인 자신 속에 주입될 필요는 없다. 그렇지 않을 경우 이러한 주관성으로서의 주체(主體)는 어떤 목적과 성격으로 규정되더라도 생생하게 유착되지 못하고 공허하고 불분명한 형태를 띨 뿐이다. 만약 온전한 인간의 내면상태에서 일어나는 변화가 바로 이러한 고유한 특수성의 결과로 나타나게 되어, 그때 원래 성격 속에 절대적으로 들어 있던 것만이 전개되고 드러나면 이는 또 뭔가 다르다. 예를 들어 셰익스피어의 《리어왕(King Lear)》에서 그 늙은 왕이 원래 지녔던 어리석음이 광기로 고조되는 방식은, 글로스터(Gloucester, 리어왕의 신하—역자주)의 맹목적인 정신이 실제로 그의 눈을 멀게 하고 그때서야 그가 자기 아들들이 그에게 보여준 사랑이 서로 다른 것을 진정으로 구별하도록 내면의 눈이 떠지는 방식과 비슷하다. 셰익스피어는 그처럼

흔들리고 분열된 성격들을 표현하지만 그와 대조로 확고하고 수미일관한 성격을 지닌 인물들의 멋진 예들도 보여주는데, 이러한 인물들은 자신들의 목적을 엄격하게 고수하다 파멸하고 만다. 그들은 도덕적으로 권리를 갖고 있어서가 아니라, 단지 자신들의 개성이 지닌 형식적인 필연성에 이끌려 그런 외적인 상황에서 행동하도록 유혹받거나 강인한 의지를 지닌 채 맹목적으로 돌진하고 그 안에서 버티며, 심지어 오직 다른 사람들에 대항해 자신을 주장하려는 궁핍함에서 그런 일을 하거나 아니면 현재 거기까지 이르렀기 때문에 어쩔 수 없는 상황이라서 그렇게 한다. 지금까지는 그 성격에 맞게 밖으로 분출되지 않았던 열정이 이제는 펼쳐진다. 이처럼 위대한 영혼이 진행되어 나아가고 그들이 처한 상황이나 사태, 결과에 대항해서 파괴적으로 투쟁하는 모습은 셰익스피어의 여러 흥미로운 비극들 속에서 주요한 내용을 이룬다.

끝으로, 우리가 또 언급해야 할 중요한 사항은 근대극에서 배역들이 자신들을 몰아가는 *비극적인 결말*, 그리고 이러한 상황에 따라 나올 수 있는 비극적인 *화해*의 특성에 관한 것이다. 그리스 비극에서는 영원한 정의(正義)가 절대적인 운명의 위력이 되어 독자적이면서 충돌하는 특수한 위력들에 대항한다. 그리하여 윤리적인 실체로 하여금 그 조화를 되찾도록 돕고 보존해주며 개인들의 몰락을 통해 그 위력의 내적인 이성(理性)이 여전히 지배하고 있다는 것을 보여줌으로써 우리를 만족시킨다. 근대 비극에서 비슷한 정의가 등장할 때면 이는 개인들의 특수한 목적과 성격에게는 더 추상적이 되며, 다른 한편으로 개인들이 자신을 관철하기 위해 부득이 저지를 수밖에 없는 것으로 보이는 심한 부당함이나 범죄에서는 더욱 냉정하고 커다란 형벌의 성질을 띤다. 예를 들면 맥베스와 리어왕의 큰 딸들과 그들의 남편들,《간계와 사랑》에 등장하는 의장(議長)과 리처드 3세(Richard Ⅲ) 등은 그들의 잔인한 성격 때문에 그들이 당하는 그런 결과 외에 다른 어떤 것도 기대할 수 없다. 그것은 보통 개인들이 기존의 권력에 맞서서 자신들의 특수한 목적을 실행하려 할 때 그 권력 때문에 무너지고 마는 식으로 결말이 난다. 그래서 예를 들면 발렌슈타인도 황제의 견고한 세력에 눌려서 몰락한다. 그러나 법질서를 고집함으로써 친구를 배반하고 우정을 잘못 이용한 늙은 피콜로미니도 자기 아들이 죽음의 희생을 당하는 것으로 형벌을 받는다. 괴테가 쓴 극《괴츠 폰 베를리힝겐》의 주인공인 괴츠 폰 베를리힝겐도 이미 확고한 기반을 지닌 정치 상황을 공격하다 몰락하고 만다. 바이슬링겐과 아델하이트도 마찬가지다. 그들은 물론 이러한 질서를 지키는 세력의 편을 들기는 하지만, 불의를 저지르고 신의를 깸으로써 스스로 불행한 종말을 맞는다. 성격의 주관성 면에서도 개인들은 또 스스로 자기들의 개별적인 운명과 화해하는 것으로 결말이 나도록 요구된다. 이처럼 만족스럽게 결말이 나는 것은 때로는 개인 자신이 세속적으로는 몰락하는 데 반해 그의 심정은 더 숭고하고 파괴할 수 없는 지복함을 확보하게 됨으로써 종교성을 띨 수 있다. 또 때로는 강인한 성격이 자신이 몰락할 때까지 자기 균형을 깨지 않고 유지함으로써 어떤 사태나 불행한 경우에도 자기의 주관적인 자유만은 위협당하지 않는 힘으로 보존함으로써 더 형식적이면서 세속성을 띨 수 있다. 그리고 때로는 비록 개인이 마침내 비참한 운명을 받아들여야 하더라도 그것이 자기의 행위에 맞는 것임을 인정함으로써 더 함축성을 띤 만족스러운 결말에 이를 수 있다.

그러나 비극적인 결말은 또 한편으로 달리 일어났더라면 행복한 결과를 가져올 수도 있었을 불행한 상황과 외적인 우연성들이 미치는 영향만을 표현한다. 이런 경우 근대극에서의 개인은 그의 특수한 성격, 상황, 분규에서 대체로 지상적인 취약함에 내맡겨져 있으며, 유한성의 운명을 떠맡아야 하는 상황만이 우리에게 보인다. 그러나 이러한 단순한 비극은 공허하며, 특히 만일 고귀하고 미적인 심정들이 그와 같은 투쟁에서 단순히 외적으로 우연히 발생하는 불행 때문에 몰락하게 되면 그러한 결과는 끔찍한 외적 필연성이 될 뿐이다. 그러한 과정은 비록 우리에게 가혹한 공격을 할 수는 있겠으나 그래도 끔찍한 것으로만 보일 뿐이므로 따라서 외적인 우연성들은 저 미적인 배역들의 내적 본성과 원래 일치해야 된다는 요구가 나오지 않을 수 없게 된다. 이런 점을 고려할 때만 예를 들면 햄릿과 줄리엣의 몰락에서도 어떤 화해가 이루어지는 것을 느낄 수 있다. 외적으로 볼 때 햄릿의 죽음은 레스터와 결투할 때 우연히 검을 바꿔친 데서 기인하는 듯이 보일 수도 있으나, 햄릿의 심정의 배후에는 처음부터 죽음이 들어 서 있었다. 유한성이라는 여울만으로는 그 죽음은 충분히 해명되지 못한다. 햄릿에게는 그러한 슬픔과 유약함, 비통함, 삶의 모든 정황에 대한 혐오가 숨겨 있었음을 볼 때 우리는 원래부터 그가 그러한 끔찍한 주위환경 속에서 상실된 인간이 되었으며, 그의 내면의 권태가 외부에서 죽음이 그에게 다가오기 이전에 이미 그를 거의 소모시켜 버렸음을 느끼게 된다. 그것은 《로미오와 줄리엣》의 경우에도 마찬가지다. 그들의 감미로운 사랑을 심어준 땅은 그것이 꽃 피우도록 돕지 않으며, 결국 우리에게는 그토록 아름다운 사랑이 슬프게 결말지어진 데 대한 한탄만 남는다. 그 사랑은 우연한 세계의 골짜기 안에서 마치 부드러운 장미꽃이 고귀하고 선한 의지를 지녔지만 나약한 지혜와 거친 폭풍우에 의해 꺾이고 말듯이 사라진다. 우리를 엄습하는 이 같은 슬픔은 오직 고통스러운 화해, 즉 불행 속에서 느껴지는 불행한 지복(至福)이다(Dies Weh aber, das uns befällt, ist eine nur schmerzliche Versöhnung, eine *unglückselige Seligkeit* im Unglück.).

ββ) 극작가들은 개인들이 단순히 몰락하는 것을 우리에게 유보해 주듯이, 또 뒤얽힌 우연성을 전환시켜 거기에서 우리의 관심을 끈 상황이나 배역들에게 다른 상황들에서는 허용될 수 없을 듯한 행복한 결말이 나오도록 할 수 있다. 그와 같은 운명의 혜택은 최소한 운명의 가혹함과 같은 정도의 권리를 띠며, 만약 더 나아가 바로 양쪽의 차이가 중요한 것이 된다면 나는 행복한 결말을 이끌어내는 것이 더 좋다고 고백하지 않을 수 없다. 그래서는 안될 이유라도 있는가? 만약 단순히 불행을 행복한 결말보다 더 우선으로 꼽는다면, 이는 고통과 고뇌에서 양분을 얻으며 고통 없는 진부한 일상적인 상황보다는 불행을 더 흥미로운 것으로 간주하는 고상한 체하는 감수성에서 나오는 것이 확실하다. 그러므로 만약 어떤 관심사들 자체가 개인들이 스스로를 희생할 필요없이 그들의 목적에서 벗어나거나 서로 그 점에 대해 합의를 볼 수 있어서 그 때문에 개인들이 희생하는 수고를 할 가치가 없는 것이라면 그 결말도 비극적으로 끝나야 할 필요는 없다. 왜냐하면 갈등과 그 해결에서 나오는 비극은 대체로 이것이 반드시 좀 더 숭고하게 관조될 필요가 있는 데서만 타당성을 띠어야 하기 때문이다. 만약 이와 같은 필연성이 결여되면 단순한 고통과 불행은 어떤 것으로도 정당화할 수 없다. 바로 여기에 근거하는 것이 비극과 희극의 중간에 있는 *일반극들(Schauspiele und Dramen)*이다. 이러한 종류의 극이 원래 시문학으로서 갖는 위상을 나는 이미 앞에서 언급했다. 그러나 우리 독일에서 그런 극들은 일부는 시민적이고 가정적인 삶의 영역에서 감동적인 것을, 일부는 기사도의 본질을 다루었다. 이는 괴테의 극 《괴츠 폰 베를리힝겐》이래 활기를 띠었는데, 특히 이 분야에서는 *도덕적인 것*이 승리의 개가를 올렸다. 일반적으로 여기서는 돈과 재산, 신분의

차이, 불행한 연애, 한정된 영역과 상황에서 일어나는 내면의 비열함, 그 밖에도 대체로 매일 우리 눈에 띄는 것들이 중요한 대상이 된다. 다만 차이가 있다면 그러한 도덕적인 극작품들 속에는 미덕과 의무가 승리를 거두며, 악덕은 수치 당하고 벌을 받거나 후회하게 되어 모든 것이 도덕적으로 잘 해결되고 화해되어 결말이 이루어진다는 점이다. 그래서 신념과 주관성의 옳고 그름 쪽으로 주요 관심이 쏠리게 된다. 그러나 추상적이고 도덕적인 신념이 중심을 이룰수록 이것이 개인과 연관된 본질적인 목적을 위한 파토스가 되는 일은 더 적어지고, 또 결국 특정한 성격도 자신을 지탱하고 관철할 수 없게 된다. 왜냐하면 일단 모든 것이 단순히 도덕적인 신념과 마음에 반영되면 도덕적으로 반성하는 강인한 주관성 때문에 그 밖에 성격이나 최소한 특수한 목적들의 규정성은 더 이상 지탱되지 못하기 때문이다. 마음은 부서질 수 있고 그 속에 든 신념도 달라질 수 있다. 그러므로 그러한 감동적인 극들, 예를 들면 코체부의 《인간혐오와 참회(Menschenhaß und Reue)》(1790년 作)와 이플란트(Iffland)의 극에 나오는 여러 도덕적인 범죄들은 자세히 말하면 원래 나쁘게도 끝나지도 좋게 끝나지도 않는다. 즉 거기서 중요한 것은 보통 용서하고 개선할 것을 약속하며 끝나는 것이며, 바로 거기에서 내적으로 변화하거나 그냥 머물거나 할 모든 가능성이 나온다. 이는 물론 정신의 숭고함과 위대함이 된다. 그러나 만약에 코체부의 극에 나오는 주인공들이나 이플란트의 극 주인공들처럼 때로는 불량배, 악당이던 자가 이제 개과하겠다고 약속한다면, 원래 아무 쓸모없던 그런 사내에게 개과천선이란 단지 속임수이거나 피상적인 것일 수 있어서 깊이 지속되지 못하며, 그 일에는 단지 외적으로 일순간 결말이 내려질 뿐 만약 그 일이 새로 급전되기 시작하면 근본적으로 더 나쁜 결과로 이끌어 갈 수 있다.

프랑스의 희극작가 몰리에르(Molière). 그가 쓴 작품들 앞에 실렸던 초상화이다

γγ) 끝으로 근대 희극(Komödie)에 관해서 보면, 거기에서는 내가 이미 고대 그리스의 희극에서 다룬 차이가 특히 매우 중요성을 띤다. 즉 그것은 행동하는 인물들의 어리석음과 편협성이 다른 사람들에게만 우스꽝스럽게 보이는가 아니면 그들 자신에게도 우스꽝스럽게 보이는가, 즉 희극적 인물들에 대해 단지 관객만이 웃을 수 있는가 아니면 그들 스스로 웃을 수 있는가의 차이이다. 진짜 희극작가였던 아리스토파네스는 이 후자를 자기표현의 원칙으로 삼았다. 그러나 이미 후기 그리스 희극과 그 후에 플라우투스와 테렌티우스의 희극에 와서는 방향이 반대로 바뀌어 이는 다음에 오는 근대의 희극에서 결정적인 가치를 띠게 되며, 그 때문에 많은 희극 작품들이 어느 정도 단순히 비속하고 우스꽝스러운 것, 신랄하고 역겨운 것으로까지 변하게 되었다. 특히 예를 들어 몰리에르(Molière)의 극들 가운데 좀 더 섬세한 희극들은 익살극이 아니어야 할 텐데도 그렇게 되고 만다. 여기에 등장하는 개인들은 그들의 목적에 대해 너무 진지하기 때문에 비속하게 보인다. 그들은 이처럼 대단히 진지하게 그 목적을 추구하므로 만약 끝에 가서 그것에 속임을 당하거나 그 목적 자체가 깨어지면 그에

대해 자유로워지거나 만족스럽게 함께 웃지 못하고 대개 낯설고 심술 궂은 웃음의 대상이 된다. 그래서 예를 들면 몰리에르[83]의《위선자 타르튀프(Tartuffe ou l'Imposteur)》(1664년 作)는 사실은 악당을 폭로 하는 작품으로, 우스운 것이 아니라 어딘가 진지하며 속임수를 당한 오르곤도 마침내는 괴로운 불행을 맞게 된다. 결국 이 극은 '급할 때 의 해결책'에 의해 종결되므로 마지막에 가서 심판관은 오르곤에게 이렇게 말할 뿐이다.

> 당신은 당신의 근심에서 벗어나시오.
> 왜냐하면 우리를 다스리는 분은 사기꾼을 증오하는 영주(領主)인데
> 그 영주는 사람들의 마음에 자신을 열어 보이고
> 그 날카로운 눈길로 사기꾼들의 교활함을 녹여버리시니까 말이오.

---

[83] 위의 본문에서 헤겔이 비판하는 몰리에르는 프랑스의 극작가이자 배우로 본명은 장 바티스트 포클랭(Jean-Baptiste Poquelin)이었다. 파리에서 출생한 그는 연극에 몰두하면서 10년 넘게 외롭게 프랑스 남부로 순회공연을 다니면서 떠돌아 다녔다. 그러다가 당시 국왕 루이 14세의 동생인 필립 공의 눈에 들어 파리로 돌아와 루이 14세에게 인정받아 왕실 소유의 극장에서 자신이 쓴 희극들을 공연하여 이름을 떨쳤다. 그는 특히 당시까지만 해도 비극의 위치를 월등히 높게 여겼던 관례를 깨고 그보다 낮은 장르로 취급되었던 희극의 지위를 높이는 데 크게 기여했다. 그는 위선자에 대한 작품을 즐겨 썼으며,《위선자 타르튀프(Tartuffe ou l'Imposteur)》(1664년)를 썼고,《돈 주앙(Dom Juan ou le Festin de pierre)》(1665년)이나《인간혐오자(Le Misanthrope ou l'Atrabilaire amoureux)》(1666년)에서도 그런 성향이 강하게 표출되었다. 작가, 배우, 흥행가 역을 모두 혼자서 감당했던 그는 건강악화로 1673년 2월 17일 무대 위에서 연기 도중 기침 발작을 일으켜 쓰러져 곧이어 숨을 거두었다.

Remettez—vous, monsieur, d'une alarme si chaude.
Nous vivons sous un prince, ennemi de la fraude,
Un prince dont les yeux se fönt jour dans les coeurs,
Et que ne peut tromper tout l'art des imposteurs.[84]

몰리에르 극에 나오는 인색한 자들처럼 확고한 성격을 가진 인물들 속에 깃든 추악한 추상성은 진부한 열정에 너무 진지하게 매어 있어서, 그들의 마음은 이 구속에서 절대 해방되지 않으므로 원래 전혀 희극적이지 못하다. 그 대신 이 분야에서 특히 배역들의 성격을 능숙하게 자세히 표현하거나 음모를 잘 꾸며 전개시킴으로써 극작가의 기지 높은 실력을 보여주는 좋은 기회가 될 수 있다. 음모는 대개 한 개인이 다른 사람들을 속임으로써 자신의 목적을 달성하려고 할 때 생겨난다. 그는 마치 자신이 그들의 일에 관심을 갖고 그들을 독려(督勵)하는 듯이 보이지만, 사실은 이러한 거짓을 통해 거꾸로 그들을 파괴시키는 쪽으로 끌고 간다. 그때 이에 대항해 상대방 쪽에서도 역시 자신을 변장시켜 이쪽을 같은 곤경으로 이끌어가려고 보통 반대수단을 사용한다. 즉 배역들은 이리저리 휩쓸리고 수많은 상황들은 감각적으로 이리저리 반전하면서 서로 뒤섞인다. 특히 에스파냐 사람들은 그런 음모와 분규를 극으로 만들어내는 데 섬세한 능력을 갖춘 대가들이어서 그 분야에서 기품있는 탁월한 극을 많이 남겼는데, 거기서 내용이 되는 것은 사랑, 명예에 대한 관심사 따위였다. 이러한 것들은 비극에서는 아주 깊은 갈등으로까지 이끌어가지만, 희극에서는 예를 들면 오랫동안 간직한 사랑을 고백하지 않다가 결국에는 스스로 그것을 알리게 됨으

---

84) 이 구절은 헤겔이 본문에 직접 프랑스어로 실은 것이다.

로써 자신을 줏대없는 인물로 드러내고 그의 자존심이 희극적으로 지양되고 마는 것 따위가 내용이 된다. 결국 그와 같은 음모를 꾸미고 실행해가는 인물들은 고대 로마의 희극에서는 일반적으로 노예들이었고 근대극에서는 시종들이나 시녀들이다. 이들은 자기 주인들이 지닌 목적을 전혀 존중하지 않고 자기들에게 유리한 대로 일을 신속히 처리하거나 망치기도 하면서, 원래의 주인이 하인이 되고 하인이 주인이 되는 우스꽝스런 광경만 보여주거나 아니면 적어도 겉으로는 아주 분명히 뭔가 일을 꾸미고 있는 듯한 희극적인 상황을 보여준다. 우리들 자신은 관객으로 숨어 있으면서 종종 대단히 존경할 만한 훌륭한 가장들과 백부들에 대해 온갖 간계와 속임수들이 심각하게 꾸며지는 것을 바라보면서도, 관객이라는 안전을 확보하고서 그런 사기 속에 숨겨지거나 공공연히 드러나는 온갖 모순들을 보면서 웃음을 터뜨린다.

이런 식으로 근대 희극은 대체로 그 영역에서 우연히 왜곡되어 발생하는 일, 우스꽝스러운 일, 부조리한 이상한 습관과 어리석은 개인적인 관심사나 성격을 관객에게 드러내기 위해서 때로는 성격묘사로, 때로는 상황과 사태들의 우스꽝스런 분규를 보이는 모습으로 표현한다. 그러나 아리스토파네스의 모든 희극 작품들 속에서 부단히 조정되어 해결되는 것 같은 솔직한 희극성은 이런 식의 근대극에는 활력을 주지 못한다. 사실 만약에 사악한 것 자체, 하인들의 간계, 아들이나 피후견인이나 품위 있는 주인, 아버지, 후견인들에 대항해 승리를 거두고, 이 노인들 자신은 나쁜 편견이나 기이한 성격을 지니고 있지 않음에도 불구하고 무력하게 어리석음에 빠져 웃음거리가 되고 다른 사람들의 목적에 희생되도록 속임수가 꾸며진다면 그런 희극은 역겨움을 주기까지 한다.

그러나, 거꾸로 근대 세계 역시 이와 같이 아주 비속하게 희극을 다루는 방식에 대항해서 진정으로 시적인 희극을 발전시켜 왔다. 즉 여기에서는 좁은 분야에서든 넓은 분야에서든 대체로 선한 의도를 지닌 심정, 온갖 실패와 실수를 저지르면서도 안전하고 자유분방하게 머무는 것, 근본적으로 행복한 어리석음에 깃들인 자만과 불손함, 어리석음과 주관성이 다시 기조(基調)를 이룸으로써 좀 더 심오하고 은밀한 해학(諧謔, der Humor) 속에서 다소 중요하거나 덜 중요한 내용이 되어 고대 그리스인들 가운데 아리스토파네스가 희극 분야에서 가장 완벽하게 보여주었던 것을 다시 표현하고 있다. 끝으로 이 희극 분야에서 가장 탁월한 작품을 쓴 작가로 또 다시 셰익스피어를 언급하겠지만 그 희극적인 특성을 좀 더 자세히 살펴볼 생각은 없다.

우리는 희극의 종류가 발전되어 온 것을 살펴봄으로써 이제 이 미학 강의를 정말로 마칠 수 있게 되었다. 우리는 주관성이 내용이자 형식으로 발견되고 객관적으로 되려고 노력하는 상징적 예술에서 시작하여, 스스로 명확해진 실체적인 것을 생생한 개별성의 모습으로 표현해내는 고전적인 조형성으로 넘어가 고찰했으며, 끝으로 스스로 정신적으로 자유로이 활동하는 절대적인 주관적인 심정과 내면성을 다룬 낭만적인 예술을 고찰하였다. 이 주관성은 자기 안에서 만족한 채 더 이상 객관적으로 특수한 것과 결합하지 않고 그것이 해체되는 부정성(否定性)을 희극적인 해학 속에서 보여주었다. 그러나 이 정점에 다다른 희극은 동시에 대체로 예술을 해체시키는 데로(zur Auflösung der Kunst) 나아간다.

모든 예술의 목적은 정신에 의해 산출된 동일성으로, 그 안에서 영원한 것, 신적인 것, 절대적으로 진실한 것은 우리가 외적으로 직관할 수 있도록 심정과 표상에 실제의 형상으로 나타난다. 그러나 이제 만약 희극에서 실재성으로 드러나고자 하는 절대적인 것이 이러한 현실적 요소 안에서 스스로 자유로워지면서 우연적이고 주관적인 관심사 때문에 파괴되는 가운데 그 통일성도 스스로 파괴되도록 표현된다면, 절대적인 것은 더 이상 성격과 실재 존재의 목적이 긍정적으로 일치하여 현재로 드러나는 것이 되지 못하고 오직 부정적인 형태 속에서만 타당성을 띠고 효력을 발휘하므로, 그와 불일치하는 모든 것은 지양되고 오직 그 속에서 주관성만이 자신에 대해 확실히 알고 안전하게 머무는 것으로 드러난다.

이런 식으로 우리는 마지막에 이르기까지 예술의 미와 형태의 모든 본질적인 규정을 철학적으로 고찰함으로써 하나의 화환을 이루었다. 이를 엮는 일이야말로 이 학문을 완성할 수 있는 가장 고귀한 업적이 된다. 왜냐하면 예술에서 우리는 단순히 쾌적하고 실용적인 유희도구에 대해서가 아니라 정신을 유한성의 내용과 형식으로부터 해방시키고, 절대적인 것이 감각적 현상 속에서 현재하면서 화해하고 진리로 전개되는 것에 관해 고찰하였기 때문이다. 그 진리는 자연사 안에서 완결되어 끝나지 않고 세계사 안에서 개시(啓示)된다. 그 안에서 진리는 현실에서의 힘겨운 작업과 인정받고자 하는 힘겨운 노력에 대한 가장 좋은 보상으로서 가장 미적인 측면을 이룬다. 그러므로 우리는 단순히 예술작품이나 이를 산출하는 방식만을 고찰하고 비판한 것이 아니라, 다름 아닌 미와 예술의 기본개념이 실현되는 가운데 거치는 모든 단계들을 추적하고 이를 사유를 통해 이해 가능하게 하고 확증하고자 했다. 이러한 중요한 관심사와 관련해 내가 지금까지 서술하고 묘사한 것이 독자 여러분에게 충분히 전달되었기를 바란다.

그리고 우리들 사이에 대체로 이 공동의 목적을 위해 연결되었던 끈이 이제 끊어져야 한다면, 내가 마지막으로 바라는 것은 미(美)와 진리의 이념에 대한 보다 더 숭고하고 파괴될 수 없는 끈이 이제부터 우리들을 영원히 결합시켰으면 하는 것이다(so möge dafür, dies ist mein letzter Wunsch, ein höheres, unzerstörliches Band der Idee des Schönen und Wahren geknüpft sein und uns von nun an für immer fest vereinigt halten).

- 제3부 끝 -

찾아보기

【ㄱ】

가상(假象, der Schein) 11, 44, 48, 49, 335, 344, 355, 477, 478, 499

가상화(假象化, Scheinenmachen) 65, 344, 350, 357, 360, 361, 425

가시성(可視性, die Sichtbarkeit) 48, 49, 186, 479, 577

각운(脚韻, Reim) 549, 645, 650, 656~660, 662~668, 671, 672, 819

감각(感覺), 감성(感性)(der Sinn) 32, 42~45, 245, 479, 576, 586, 644, 663, 892

감각성(感覺性, die Sinnlichkeit) 233, 245, 321, 335, 573, 579, 584, 589, 623, 663

감상주의(感傷主義, die Empfindsamkeit) 388, 668

감성(感性, die Empfindung) 336, 657, 676, 846

감수성(感受性, die Empfindlichkeit) 955

감정(感情), 느낌(das Gefühl) 43, 201, 307, 342, 426, 491, 497, 785, 830, 872

개념(槪念, der Begriff) 31, 52, 57, 58, 114, 199, 331, 588, 675, 755

개별성(個別性, die Einzelheit) 97, 154, 202, 327, 333, 439, 573, 712, 916, 961

개별화(個別化, Partikularisation) 37, 68, 196, 334, 358, 477, 596, 787, 808, 940

개성(個性, die Individualität) 97, 182, 204, 225, 241, 257, 322, 367, 709, 838

개인(個人, das Individuum) 600, 611, 695, 713, 715, 718, 855, 918, 932, 953

객관성(客觀性, die Objektivität) 51, 186, 195, 478, 481, 489, 531, 737, 784, 825

건축(建築, die Architektur) 47, 59~62, 70, 88, 107, 284, 351, 484, 583

건축술(die Baukunst) 57, 60, 62, 103, 115, 152, 174, 181, 484, 585

게르만인(die Germanen) 702, 765, 847

경구(警句, Epigramm) 275, 679, 681, 791, 842

계몽주의 원리(啓蒙主義原理, Aufklärungsprinzipien) 882

계시(啓示, Offenbarung) 84, 88, 200, 376, 381, 859

고딕식(gotisch) 39, 152, 156, 159, 160, 163, 167, 170, 172, 174

고전적 예술형식(die klassische Kunstform) 257, 258, 838, 920

고전적인 이상(klassisches Ideal) 191, 192, 204, 212, 283, 308, 326

고전적인 예술작품(das klassische Kunstwerk) 291, 686

괴츠 본 베를리힝겐(Götz von Berlichingen) 953, 955

괴테(Goethe) 70, 132, 274, 416, 429, 642, 704, 830, 851, 943

교양(敎養, die Bildung) 34, 567, 658, 688, 729, 778, 793, 832, 888, 940
교훈시(敎訓詩, das Lehrgedicht) 640, 679, 681, 753, 764, 765
구성(構成, Komposition) 128, 371, 423, 438, 521, 763, 826, 887, 921, 940
구약성서(Altes Testament) 387, 431, 453, 601, 686, 703, 704, 783, 822, 838
구체성(具體性, die Gegenständlichkeit) 182, 186, 332, 335, 339, 582, 657, 727, 772, 842
국가(國家, der Staat) 70, 432, 504, 596, 600, 695, 711, 803, 918, 926
군도(群盜, Die Räuber) 740, 944
규칙성(規則性, Regelmäßigkeit) 35, 105, 110, 113, 131, 238, 513, 515, 648, 653
그리스 예술(die griechische Kunst) 13, 212, 213, 218, 273, 286, 309, 318, 322
그리스 종교(die griechische Religion) 281
그리스(Griechenland) 147, 148, 163, 190, 206, 212, 218, 291, 298, 323
그리스도(Christus) 325, 371~381, 418, 434, 440, 452, 462, 540, 772
그리스의 신들(griechische Götter) 371
그리스인(die Griechen) 77, 136, 150, 224, 245, 274, 452, 600, 756, 890
그리스인들의 창의성(schöpferische Witz der griechischen Erfindsamkeit) 263
극시(劇詩, die dramatische Poesie) 568, 674, 678, 687, 819, 851~862, 866, 868, 900
극예술(die dramatische Kunst) 51, 733, 852, 856, 859, 865, 873, 883, 886, 916
근대 희극(die moderne Komödie) 960

급할 때의 해결책(deus ex machina) 934
기독교 건축(die christliche Architektur) 141, 146, 154, 173
기독교 예술(die christliche Kunst) 210, 316, 380, 466
기독교 조각(die christliche Skulptur) 309, 323, 327
기독교 회화(die christliche Malerei) 235, 343, 345, 352, 362, 385
기본색(基本色, die Kardinalfarben) 403, 406, 408
기사도(騎士道, Rittertum) 697, 715, 756, 760, 774~776, 779, 780, 925, 955
기지(機智, Witz) 112, 263, 465, 572, 631, 641, 779, 789, 837, 939

【ㄴ】

낭독(朗讀, Vortrag) 674, 676, 839, 873, 884, 885, 888~890, 893, 894
낭만적인 시문학(die romantische Poesie) 63, 636
낭만적 예술형식(die romantische Kunstform) 13, 205, 271, 308, 328, 920
낭만적인 조각(die romantische Skulptur) 325
낭만적(romantisch) 33, 62, 205, 323, 362, 483, 573, 583, 631, 925
낭만적인 건축(die romantische Architektur) 62, 123, 152, 154, 157, 172, 583, 755
낭만적인 예술(die romantische Kunst) 12, 328, 329, 335, 341, 344, 657, 658
낭송(朗誦, Deklamation) 518, 550~553, 569, 644, 676, 678, 820, 833, 891
내면(內面, das Innere) 49, 181, 187, 227,

323, 336, 478, 495, 577, 816
내면성(Innerlichkeit) 227, 336, 343, 476, 495, 505, 540, 574, 663, 947
내면적인 주관성(innere Subjektivität) 197
내면화의 원리(Prinzip des Innerlichwerdens) 348
내밀성(內密性, Innigkeit) 184, 364, 548
내용(內容, der Inhalt, das Gehalt) 47, 67, 194, 327, 345, 347, 362, 382, 481, 539
네덜란드 회화(die niederländische Malerei) 468~470
니벨룽겐의 노래(Das Nibelungenlied) 692, 700, 702, 723, 747, 772
니오베(Niobe) 290, 367, 382

【ㄷ】
다리우스(Darius) 왕 98
다빈치, 레오나르도(Leonardo da Vinci) 415, 441, 465
다양성(多樣性, die Mannigfaltigkeit) 105, 137, 153, 190, 235, 296, 514, 527, 671, 948
다이아나(Diana) 여신 248, 265, 270, 279, 439
단순성(單純性, die Einfachheit) 37, 136, 137, 142, 153, 294, 557, 780, 864, 948
단테(Dante) 455, 456, 600, 700, 714, 728, 745, 772, 774, 782
대기(大氣)의 원근법(Luftperspektive) 410, 411
대립(對立, das Gegenteil) 195, 403, 487, 497, 508, 530~532, 858, 904, 926
대상(對象, der Gegenstand) 43, 44, 185, 210, 323, 338~350, 354, 480, 679

대상성(對象性, Gegenständlichkeit) 354, 414, 480, 580, 826
대자성(Fürsichsein) 97, 154, 181, 185, 194, 196, 199, 344, 368, 511
대자적(對自的), 자각적(自覺的), 독자적(獨自的)(für sich) 61, 153, 181, 284, 344, 480, 498, 512, 837, 854
대칭(對稱, die Symmetrie) 89, 105, 177, 235, 285, 316, 437, 438, 484, 645
도덕성(道德性, die Sittlichkeit) 677, 695, 706, 717, 750, 759, 902, 907
도리아식(dorisch) 127, 129, 140~146
독일 가곡(歌曲)(deutsche Lieder) 518
독일 회화(die deutsche Malerei) 386, 468, 470
독일식 건축(die deutsche Baukunst) 39, 174
독일어(deutsche Sprache) 493, 654, 655, 666, 668, 847, 891
독일인(Deutsche) 42, 468, 493, 519, 791, 801, 832, 845, 850, 851
독자성(獨自性, die Selbständigkeit) 45, 62, 113, 284, 334, 350, 397, 492, 724, 817
독창성(獨創性, die Originalität) 572, 619, 622, 634, 875
동경(憧憬, die Sehnsucht) 366, 388, 429, 455, 547, 554, 721, 760, 797, 831
동물형상(動物形象, Tiergestalten) 68, 88, 172, 199, 272, 274, 314, 315
동양(東洋, der Orient) 66, 77, 93, 116, 597, 625, 631, 709, 760, 916
동양 건축(die orientalische Architektur) 152

동양 회화(orientalische Malerei) 345
동양, 동방(東洋, der Orient, das Morgenland) 432, 436, 735
동양의 서사시(das orientalische Epos) 756, 757, 838
동양의 서정시(die orientalische Lyrik) 835~837
동양인(Orientalen) 597, 610, 757, 797
동일성(同一性, die Identität) 46, 188, 322, 354, 356, 502, 513, 532, 533, 671
두상(頭像, menschlicher Haupt) 116, 229, 231, 235, 264, 268, 311, 372, 373, 378
뒤러, 알브레히트(Albrecht Dürer) 401, 402, 444, 445, 471
뒤셀도르프 화파(Düsseldorfer Schule) 427~429
디드로(Diderot) 409, 413
디오니소스(Dionysius) 신 77, 248, 260, 278, 308, 343, 546, 753, 925, 939

【ㄹ】

라마야나(Ramajana) 686, 703, 705, 708, 714, 747, 758
라오콘 군상(die Gruppe des Laokoon) 267, 268, 291, 292, 378
라틴어(die lateinische Sprache) 556, 639, 646, 653, 654, 658
라파엘(Raphael, Raffael) 112, 359, 362, 374, 376, 377, 384, 434, 435, 466
레싱(Lessing) 267, 285, 291, 642, 869, 882
레치타티보(recitativo) 550~552, 565, 649, 676
로마 건축(römische Architektur) 149~151, 172

로마(Rom) 95, 102, 107, 117, 149, 322, 658, 763~765, 838
로마제국(römisches Reich) 95, 102, 107, 173, 231, 300, 402, 844, 849
로망스(Romanzen) 714, 754, 772, 775, 790~792, 816, 819
로미오와 줄리엣(Romeo und Juliet) 427, 864, 954
로시니(Rossini) 560, 570
루모르(Rumohr) 451, 458, 459, 461~463, 465, 466
루벤스(Rubens) 362
리비우스(Livius) 726
리어왕(King Lear) 951, 952
리처드 3세(Richard III) 953

【ㅁ】

마돈나(Madonna) 상 342, 376, 377, 385, 437, 446, 451, 462, 475
마리아 막달레나(Maria Magdalena) 446, 447
마리아(Maria) 210, 301, 316, 325, 380, 383, 436, 437, 772
마르몽텔(Marmontel, Jean François) 41, 557
마이스터징거(Meistersänger) 701, 806
마이어(Meyer) 189, 298, 306
마하바라타(Mahabharata) 686
마호메트(Mahomet) 78, 96, 625, 641, 660, 724, 761, 762, 897, 917
마호메트교의 시문학(die mohammedanische Poesie) 770, 829, 917
만신전(萬神殿, Pantheon) 149
만족(滿足, die Befriedigung, befriedigen)

41, 90, 130, 365, 381, 387, 455, 473, 513, 830
매개(媒介, die Vermittlung) 32, 157, 333, 339, 402, 408, 530, 738, 831, 854
매너리즘(die Manier) 292, 361, 388
맥베스(Macbeth) 948, 952
메루(Meru)산 78
메시아(Messia) 518, 688, 705, 729~731, 781, 811, 845
멜람푸스(Melampos) 77
멤논상(Memnon) 68, 82, 83, 87, 88, 94, 104, 105, 107
명시(明示, das Manifestieren) 354, 364, 487, 604~606, 618, 797, 866
명예(名譽, die Ehre) 258, 557, 741, 771, 799, 848, 870, 877, 933, 959
모방(模倣, die Nachahmung) 78, 151, 296, 319, 320, 459, 598, 668, 756, 842
모사(模寫, die Abbildung) 64, 210, 245, 272, 347, 449, 458
모순(矛盾, der Widerspruch) 252, 368, 497, 530, 532, 619, 672, 909~911, 940
모차르트(Mozart) 493, 524, 546, 556, 560, 899
모티브, 동기(das Motiv) 36, 418, 423, 434, 704, 738, 739, 793, 944, 948
목적(目的, der Zweck) 38, 59~63, 103, 153, 490, 604, 617, 857, 944
몰리에르(Moliere) 957~959
몽골(Mongol) 177
무규정성(無規定性, die Unbestimmtheit) 31, 241, 511, 512, 824
무어인(die Mauren) 62, 708, 771
무용(舞踊, der Tanz) 51, 59, 501, 620

무한성(無限性, die Unendlichkeit) 47, 153, 327, 360, 597, 712, 835
무한한 것(Unendliches) 155, 158, 177, 724
무해성(無害性, die Harmlosigkeit) 288
무행위(無行爲)의(tatlos) 449, 904
미(美 die Schönheit, das Schöne) 32, 34, 105, 130, 175, 257, 453, 585, 799, 962
미(美)의 이념(die Idee des Schönen) 32, 54
미개인(Barbaren) 235, 243, 419, 690
미궁(迷宮, Labyrinth) 90~92, 262
미덕(美德, die Tugend) 258, 464, 468, 730, 930, 956
미켈란젤로(Michelangelo) 40, 273, 325, 326, 440, 441, 466
미트라스(Mithras) 82, 95
미학(美學, die Ästhetik) 31, 32, 42, 45, 157, 333, 493, 732, 830, 961
민요(民謠, die Volkslieder) 517, 754, 799, 801~806, 820, 828, 829
민족(民族, das Volk) 67, 341, 504, 598, 686, 701~713, 803, 844, 854
민족신화(民族神話, die Volksmythologie) 847
민족정신(民族精神, der Volksgeist) 684, 686, 710, 713, 732, 787, 803, 814, 854
민중시(die Volkspoesie) 792, 801, 802, 805
밀턴(Milton) 729, 734, 781

【ㅂ】

바벨탑(der babylonische Turmbau) 66, 70~72, 80
바빌론(Babylon) 66, 72

바질리카(basilica) 173
박자(拍子, der Takt) 501, 509, 512~517, 533, 649, 650, 663, 671, 819
반다이크(van Dyck) 420, 422
반성(反省, Reflexion) 53, 105, 222, 425, 638, 784, 802, 827, 832, 923
반아이크(Van Eyck) 370~372, 376, 385, 407, 436, 469, 471
반주음악(伴奏音樂, die begleitende Musik) 482, 516, 539, 541, 542, 552, 560, 564, 566, 568
발렌슈타인(Wallenstein) 894, 895, 944, 953
배어법(配語法, Wortstellung) 636, 661
범속한(凡俗, prosaisch) 429, 593, 612, 638, 724, 775, 779, 800, 806, 899
법(法, das Gesetz, das Recht) 185, 307, 340, 527, 610, 615, 695, 703, 849, 951
법칙성(法則性, die Gesetzmäßigkeit) 114, 224, 530
베르길리우스(Vergilius) 39, 291, 639, 681, 719, 720, 726, 727, 729, 753
벨로스(Belus)의 탑 72
벨베데레의 아폴로(Apoll von Belvedere) 39, 285, 286
변용(變容, Verklärung) 365, 375, 383, 384, 388, 434, 435, 468, 625, 935
보카치오(Boccaccio) 459, 460, 778
보편성(普遍性, die Allgemeinheit) 40, 44, 187, 215, 327, 441, 578, 600, 604, 806
보편자(das Allgemeine) 606, 831, 838
보편적인 예술(die allgemeine Kunst) 337, 583
보편적인 위력(die allgemeinen Mächte) 690
보편적인 이념(die allgemeine Idee) 209, 595
보편적인 영혼(die allgemeine Seele) 857
복수(復讐, die Rache) 588, 702, 788, 861, 865, 914, 927, 931, 933, 946
본질(本質, das Wesen) 32, 54, 191, 257, 323, 416, 535, 607, 756, 886
볼테르(Voltaire) 708, 729, 782, 882, 897
뵈티거(Böttiger) 43
부정(否定, die Negation) 197, 327, 348, 365~368, 479, 502, 607, 906, 929
부정성(否定性, die Negativität) 388, 479, 961
부정적인 통일성(negative Einheit) 502
브라만(Brahman) 876
브란덴부르크 문(Brandenburger Tor zu Berlin) 293
비가(悲歌, die Elegie) 503, 649, 653, 680, 788, 793, 831, 832, 839, 843
비극(悲劇, das Trauerspiel, die Tragödie) 190, 439, 722, 860, 865, 886, 901, 905~908, 925
비너스(Venus) 여신 102, 234, 246, 260, 263, 279~281, 285, 430, 728
비유(比喩, Gleichnis) 234, 564, 630, 631~634, 641, 645, 747, 837, 949
비잔틴제국(Byzantinisches Reich) 174
비잔틴 회화(die byzantinische Malerei) 450, 451, 459
비트루비우스(Vitruvius) 59, 121, 131, 137, 138, 141, 142, 144
빙켈만(Winkelmann) 212, 213, 229, 231, 248, 264~296, 306, 312, 321

빛(Licht) 49, 162, 353~356, 404, 415, 438, 601, 727, 927

【ㅅ】

사랑(die Liebe) 279, 366~370, 379~386, 556, 669, 774, 945, 954
사상(思想, der Gedanke) 35, 65, 201, 248, 390, 498, 555, 799, 832, 945
사상(事象, die Sache) 36~41, 54, 57, 186, 588, 615, 630, 675, 784
사유(思惟, Denken) 52, 185, 200, 497, 581, 595, 633, 682, 806, 807
산문(散文, die Prosa) 563, 589, 595, 601, 610, 632, 642, 759, 777, 863
산스크리트어(Sanskrit) 68, 646, 876
상상력(想像力, die Einbildungskraft) 44, 58, 184, 323, 581, 586, 623, 731, 830, 949
상수시(Sanssouci) 궁전 175, 177
상징(象徵, das Symbol) 46, 60~69, 95, 119, 209, 406, 583, 607, 724
상징적인 건축(die symbolische Architektur) 68, 69, 90, 92, 105, 123
상징적 예술형식(die symbolische Kunstform) 13, 192, 308
상징적인 예술(die symbolische Kunst) 12, 209, 607
상황(狀況, die Situation) 228, 241, 423, 551, 793, 822, 863, 904, 952, 960
상황부재성(die Situationslosigkeit) 313
색채(色彩, die Farbe) 39, 49, 188, 356, 407, 415, 477, 579, 643, 893
생동성(die Lebendigkeit) 37, 184, 214, 311

샤도(Wilhelm von Schadow) 294, 302, 428~430
서동시집(西東詩集, West-östlicher Diwan) 704, 830, 943
서사시(敍事詩, die epische Poesie) 674~679, 684, 686, 694, 714, 738, 756, 778, 865
서정시(抒情詩, die Lyrik) 51, 667, 784~791, 800, 808, 821, 834~839, 843
선(線)의 원근법(遠近法)(Linearperspektive) 299, 400, 411, 416
선(善, das Gute) 386, 474, 930, 954, 961
선율(旋律, 멜로디, Melodie) 454, 500, 509, 517, 533~539, 549~554, 559, 884
설화(說話, die Sage) 215, 308, 363, 678, 708, 760, 762, 768, 776, 778
성격(性格, der Charakter) 202, 364, 369, 439~449, 456, 474, 695, 751, 855
성격화(性格化, Charaktersierung) 449
세계관(世界觀, die Weltanschauung) 31, 32, 269, 595, 597, 625, 765, 788, 880, 916
세계상태(der Weltzustand) 689, 694, 696, 712, 754, 782, 865, 921
세르반테스(Cervantes) 779, 780
세소스트리스(Sesostris) 78, 79, 82, 89
셰익스피어(Shakespeare) 707, 861, 862, 864, 871, 877, 894, 946, 948, 949
셸링(Schelling) 7~11, 14, 15, 53, 319
소재(素材, der Stoff) 292, 360, 430~433, 621, 688, 707, 726, 782, 877
소크라테스(Sokrates) 207, 208, 440
소포클레스(Sophokles) 206, 207, 439, 554, 861, 865, 879, 926, 927, 929
솔론(Solon) 680

송시(訟詩, Ode) 793, 810, 812, 822, 824~826, 832, 841, 843, 845
수사법(修辭法, Redekunst) 619, 641, 782, 873, 929
수수께끼(der Rätsel) 90, 314, 567, 935
순교자(殉敎者, Märtyrer) 388, 389, 432, 437, 453, 470, 475, 772
순수성(純粹性, die Reinheit) 463
순수예술(純粹藝術, schöne Kunst) 34, 36, 57~59
숭고한 예술(die erhabene Kunst) 270
숭고함(Erhabenheit) 171, 278, 322, 367, 376, 434, 458, 607, 824, 947
슐레겔(Schlegel) 119, 396, 875
스칸디나비아 시문학(skandinavische Poesie) 664
스핑크스(Sphinx) 68, 84~88, 94, 104, 105
시리아(Syrien) 75, 77, 79
시문학(詩文學, die Poesie) 35, 45, 50, 184, 432, 573~598, 602, 620, 649
시예술(詩藝術, die Dichtkunst) 426, 492, 574, 584~588, 618, 635, 672, 675, 852
시적인 표상(die poetische Vorstellung) 627~630, 634, 661
시편(詩扁, die Psalmen) 387, 494, 556, 821~824, 838
신(神, der Gott) 45, 48, 73, 260, 276, 316, 327, 573, 600, 924
신들의 이상(理想)(das Ideal der Götter) 368
신비주의(神秘主義, Mystik) 9, 762, 774, 776
신상(神像) 39, 59, 207, 219, 280, 285, 293, 300, 316, 924
신적(神的)인, 신성한(göttlich) 46, 182, 187, 223, 332, 586, 705, 723, 858, 924
신약성서(Neues Testament) 434, 453, 686
신인동형(神人同形, Anthromorphismus) 327, 370
실러(Schiller) 9, 233, 493, 642, 742, 792, 832, 851, 894, 945
실체(實體, die Substanz) 41, 196, 202~207, 241, 332, 580, 701, 903, 908
심정(心情, das Gemüt) 154, 186, 347, 473, 491, 617, 785, 792, 829, 919

【ㅇ】

언어(言語, die Sprache) 45, 50, 337, 490, 587, 634~641, 666, 871, 885
아가멤논(Agamemnon) 439, 630, 697, 722, 736, 739, 927, 931, 946
아라베스크(Arabesque) 111, 112, 324
아랍인(Araber) 99, 641, 660, 760~762, 778, 836, 838
아레스(Ares) 신 728, 731
아리스토텔레스(Aristoteles) 707, 860, 867, 880, 905
아리스토파네스(Aristophanes) 882, 883, 893, 910, 911, 921, 938, 940, 960, 961
아리오스토(Ariosto) 431, 697, 706, 708, 729, 738, 745, 779, 780
아서(Arthur) 왕 776
아이네이스(Aeneis) 719, 726~729, 745, 765, 778
아이러니(die Ironie) 10, 148, 563, 727, 875, 922
아이스킬로스(Aeschylos) 439, 555, 707, 861, 868, 914, 926, 927, 933, 946

아이아스(Aias) 630, 861

아킬레우스(Achilleus) 272, 435, 600, 716, 717, 719, 739, 745, 748~750

아테네(Athene) 여신 138, 213, 248, 263, 265, 277, 279, 299, 300, 933

아폴로(Apollo) 신 39, 263, 267, 269, 274, 285, 286, 439, 745, 933

안거(安居, Beruhen, die Ruhe) 46~48, 194, 196, 234, 331, 364, 546, 548, 905

안티고네(Antigone) 865, 926, 927, 932, 936

알레고리(Allegorie, 풍유) 103, 197, 433, 456, 730, 760, 776, 777, 878, 974

알렉산더(Alexander) 대왕 255, 256, 304, 613, 629, 642, 735, 736, 764, 778

알카이오스(Alkaios) 645, 649, 650, 658, 672, 840

양식(樣式, der Stil) 33, 36~42, 127, 145, 173, 213, 622, 679, 843

언어예술(言語藝術, redende Kunst) 45, 50, 578, 581, 609, 890

언표(言表, aussprechen) 164, 491, 496, 544, 637, 678, 680, 785, 788, 901

얼굴(Gesicht) 203, 220, 224, 230~232, 310, 386, 444, 463, 893

에다(Edda) 660, 769, 770

에우리피데스(Euripides) 929, 939, 950

엘 시드(El Cid) 697, 714

역사서술가(Geschichtsschreiber) 443, 612, 618

열락(悅樂, die Seligkeit) 206, 269, 546

열정(熱情, die Leidenschaft) 201, 426, 546, 563, 625, 716, 858, 873, 922, 950

영감(靈感, die Begeisterung) 359, 473, 504, 780, 817, 825, 826, 832, 841, 845

영웅(英雄, Held) 225, 272, 364, 697, 700, 714, 750, 772, 803, 923

영웅서사시(das Epos) 678, 702, 733, 756, 758, 856

영웅시대(die Zeit des Heroentums) 610, 688, 717, 761, 803, 921

영원성(永遠性, die Ewigkeit) 241, 332, 455, 774

영혼(靈魂, die Seele) 97, 188, 199, 200, 366, 389, 454, 544, 571, 731

영활성(靈活性, Beseelung) 318, 320, 342~344, 414, 521, 569, 674, 857, 890

예술감각(藝術感覺, der Kunstsinn) 289, 291

예술가(藝術家, der Künstler) 40~42, 215, 297, 312, 398, 488, 569, 623, 895

예술미(藝術美, das Schöne der Kunst, die Kunstschönheit) 10, 11, 31, 253, 589

예술시(藝術詩, Kunstpoesie) 805, 806

예술작품(藝術作品, das Kunstwerk) 43, 208, 318, 350, 449, 568, 599, 605, 789, 813

예술형상(藝術形象, die Kunstgestalt) 42, 45, 210, 582, 624

예술형식(die Kunstform) 31, 33, 191, 205, 362, 583~585, 607, 782, 920

오디세우스(Odysseus) 306, 705, 714, 717, 718, 728, 736, 745, 768, 930

오디세이아(Odysseia) 686, 692, 705, 714, 718, 722, 733, 735, 745, 783

오레스테스(Orestes) 927, 933, 934

오르페우스(Orpheus) 298, 503

오벨리스크(Obelisk) 68, 69, 81, 82, 87,

88, 105, 313
오비디우스(Ovidius) 659
오성(悟性, der Verstand) 42, 218, 394, 500, 507, 594, 602, 628, 696, 817
오셀로(Othello) 948
오시리스(Osiris) 103
오시안(Ossian) 688, 697, 699, 706, 723, 734~768
오이디푸스(Oedipus) 927, 928, 935, 936
오페라(Opera) 492, 493, 556, 557, 563, 565, 570, 886, 898, 899
외면 세계(die äußerliche Welt) 789
외화(外化, die Entäußerung, die Äußerung) 181, 426, 478, 481, 522, 538, 678, 784, 800, 892
욕구(慾求, das Bedürfnis) 59, 103, 104, 175, 233, 315, 455, 688, 696, 786
우미(優美, die Anmut), 우아함의 미(美) 36~38, 280, 292, 420
우연성(die Zufälligkeit) 40, 195, 220, 346, 444, 594, 613, 711, 883, 911
우화(寓話, Fabel) 306, 308, 363, 376, 421, 475, 726, 761, 777
운명(運命, das Fatum) 184, 378, 429, 677, 721, 723, 744, 864, 930, 953
운문화(韻文化, Versifikation) 641, 642, 645, 653, 657~662, 664, 668, 672, 674
웃음(das Lachen) 269, 360, 386, 496, 563, 908, 909, 911, 958, 960
원근법(遠近法, Linearperspektive) 295, 399, 400, 411, 415, 416, 458
원주(圓柱, die Säule) 77~79, 81, 106~108, 124~134, 140~149, 159
유대인(der Jude) 93, 760

유형(類型, Typus) 119, 121, 126, 198, 278, 351, 451, 721, 862, 902
은유(隱喩, die Metapher) 630~632, 634, 837, 839
음(音, der Ton) 50, 336, 454, 479, 480, 489, 519, 586, 667, 674
음악(die Musik) 45, 49~51, 119, 336, 476, 478~501, 534, 566
의미(意味, die Bedeutung) 32, 58, 115, 321, 433, 577, 655, 669, 722, 819
의식(意識, das Bewußtsein) 44, 48, 199, 337, 491, 593, 688, 805, 880, 921
의지(意志, der Wille) 43, 385, 687, 695, 706, 720, 855, 902, 929, 944
이념(理念, die Idee) 32, 44, 54, 200, 333, 479, 480, 531, 631, 962
이미지(Bild) 275, 443, 576, 628, 630, 632, 774, 837, 839, 949
이민족(異民族, Fremde) 854
이상(理想, das Ideal) 31~34, 191, 209, 212, 218, 253, 308, 441, 573
이상미(理想美, die Schönheit des Ideals) 257, 387
이상성(理想性, die Idealität) 217, 258, 277, 354, 415, 439, 440, 583, 586, 904
이상적인 조각(die ideale Skulptur) 209, 212, 218, 226, 229, 234, 235, 257, 258, 309
이성(理性, die Vernunft) 228, 317, 387, 591, 594, 596, 618, 799, 851, 906
이시스(Isis) 244, 315, 316, 342
이오니아(Ionia) 식 127, 140, 141, 144~146
이집트의 신전건축물(Ägyptische Tempelbauten) 68, 85

이탈리아 오페라(italienische Oper) 542, 560, 565
이탈리아 회화(die italienische Malerei) 359, 386, 453, 454, 457, 459, 464, 468, 469, 471
이탈리아어(die italienische Sprache) 518, 658, 666
이피게니아(Iphigenie) 642, 879, 886, 915
인간(人間, der Mensch) 61, 121, 198, 270, 374, 475, 590, 696, 724, 877
인간정신(人間精神, Menschengeist) 64, 206, 475, 596~598, 712, 977
인간형상(人間形象, Menschengestalt) 48, 107, 126, 172, 191, 245, 308, 436, 506, 770
인도의 서사시(das indische Epos) 723, 758
인도인(Inder) 96, 341, 610, 686, 690, 703, 757, 758, 838, 917
일리아스(Ilias) 600, 691, 696, 699, 702, 708, 719, 736, 740, 750

【ㅈ】

자기규정(die Selbstbestimmung) 916, 917
자신감(自信感, das Selbstgefühl) 317, 473, 845, 909
자아(自我, das Ich) 194, 195, 347, 354, 480, 501~503, 511~514, 676
자연미(自然美, die Naturschönheit) 11, 31, 198, 245
자연성(自然性, die Natürlichkeit) 183, 212, 224, 248, 327, 393, 451, 463, 545, 642
자연의 모방(Nachahmung der Natur) 393

자연의 최초의 자아(das erste Selbst der Natur) 354
자연형태(die Naturformen) 113, 123, 217, 488
자유(自由, die Freiheit) 34, 119, 250, 470, 508, 604, 611, 805, 837, 917
자유로운 미(die freie Schönheit) 34, 61, 467
자유로운 선율(die freie Melodie) 517, 560, 570
자의(恣意, die Willkür) 36, 118, 164, 185, 327, 348, 488, 513, 789, 902
자의식(自意識, das Selbstbewußtsein) 90, 199, 356, 498, 624, 749, 785, 805, 855, 928
자족(自足, das Sichselbstgenügen) 40, 194, 281, 473, 535, 546, 547, 554, 555, 664
자체적인 것(An sich, 즉자[卽自]) 199, 606, 713, 738
장르회화(die Genremalerei) 448, 789
재능(才能, das Talent) 312, 473, 524, 567, 570, 622, 623, 640, 643, 896
재산출(再産出, reproduzieren) 51, 416, 568~570, 609
절대자(絕對者, das Absolute) 45~48, 53, 327, 332, 384, 597, 944
절대적(an und für sich) 70, 205, 389, 405, 580, 618, 858, 859, 866, 881
절대적인 이념(die absolute Idee) 11, 712
정신(精神, der Geist) 43, 45~50, 97, 181~188, 200, 332, 476, 578
정신성(精神性, die Geistigkeit) 181, 182, 196, 202, 224, 276, 332, 503, 575, 758

정신적인 내면성(die geistige Innerlichkeit) 324
정신적인 생동성(die geistige Lebendigkeit) 674
정신적인 일자(一者)(geistiges Eins) 187
정원건축술(Gartenbaukunst) 175
정의(正義, Gerechtigkeit) 600, 695, 717, 722, 764, 823, 905, 907, 931, 952
정치가(政治家, Politiker) 147, 206, 465, 639, 726, 918, 938
정화(淨化, die Reinigung) 96, 383, 705, 870, 935
제우스(Jeus) 신, 주피터(Jupiter) 신 149, 190, 263, 264, 278, 279, 300, 370, 439, 683
조각(彫刻, die Skulptur) 47, 83, 181, 183, 189, 284, 288, 309, 324, 351
조르조네(Giorgione) 431, 466
조토(Giotto) 458~461
조형성(造形性, die Bildlichkeit) 192, 206, 304, 358, 402, 438, 477, 581, 584, 756
조형예술(造形藝術, die bildende Kunst) 35, 45, 65, 184, 186, 322, 440, 486, 582, 784
조화(調和, die Harmonie) 36, 112, 204, 266, 407~410, 508, 607, 899, 905
종교(宗敎, die Religion) 53, 78, 89, 152, 281, 358, 450, 686, 781, 882
종교적인 표상(表象)(religiöse Vorstellung) 76, 585, 624, 635
주관성(主觀性, die Subjektivität) 186~188, 194, 197, 346, 531, 784, 814, 901, 912
주각(柱脚, die Basis) 107, 125, 126, 130, 140~142, 144, 145, 160, 183

주두(柱頭, das Kapitell) 110, 125, 126, 140, 141, 144~146, 160
주체(主體)(das Subjekt) 46, 195, 203, 333, 499, 501, 784, 814, 856, 937
중국(中國, China) 17, 177, 433, 830
중국식 사원(寺院, chinesische Tempelchen) 176
중국인(中國人, Chinesen) 17, 176, 224, 341, 610, 757, 838, 917
즉자대자적으로, 절대적으로(an und für sich) 70, 205, 405, 507, 618, 630, 858, 928, 937, 951
지복, 열락(至福, die Seligkeit) 48, 206, 364~368, 383, 390, 455, 548, 922, 954
지성(知性, die Intelligenz) 560
직관(直觀, die Anschauung) 43~45, 215, 344, 491, 576, 633, 757, 814, 837
직주, 기둥(直柱, der Pfosten) 113, 125, 127, 131, 132, 155, 159, 160
직접성, 무매개성(die Unmittelbarkeit) 332, 390, 531, 586, 829
진리(眞理, die Wahrheit) 45, 181, 332, 443, 585, 595, 682, 713, 906, 962
질료(質料, das Material) 43, 47, 50, 59, 182, 353, 479, 583, 663, 885
질료성(die Materialität) 42, 44, 49, 171, 182, 194, 214, 479, 484, 664

【ㅊ】

차이(差異, die Differenz) 45, 129, 216, 259, 403, 509, 606, 726, 868, 957
찬가(讚歌, Hymnen) 503, 821, 836, 839
참된 것(das Wahrhafte) 45, 361, 487,

595, 643, 826, 881, 911
창조적인 표상(das dichterische Vorstellen) 628
천일야화(Tausendundeine Nacht) 725, 899
천재, 천재성(天才, das Genie) 40, 211, 302, 318, 504, 569, 570, 636, 692, 834
철학(哲學, die Philosophie) 43, 51~54, 185, 584, 606, 682, 774, 806, 807
철학자(哲學者, Philosophen) 83, 206, 311, 374, 860, 898, 938
체계(體系, das System) 33, 47, 51, 154, 200, 530, 645, 662, 672, 896
초상화(肖像畵, das Porträt) 210, 254~256, 372, 385, 393, 420, 442~445, 465
총체성(總體性, die Totalität) 31~33, 42, 114, 186, 258, 357, 486, 585, 708
최초의 이상성(理想性)(die erste Idealität) 354
추상성(抽象性, 추상, die Abstraktion) 36, 206, 217, 286, 335, 349, 355, 596, 910, 922
추상적(抽象的, abstrakt) 33, 65, 190, 238, 480, 512, 600, 628, 629, 917
충돌(衝突, die Kollision) 241, 705, 707, 853, 855, 863, 867, 904, 946, 947
충성(忠誠, die Treue) 258, 772, 776
취미(趣味, der Geschmack) 43, 176, 257, 571, 803, 842, 874, 909

【ㅋ】
카를 대제(Karl der Große), 샤를마뉴 (Charlesmagne) 776
칼데론(Caldereon) 874, 876, 944

칼데아인들(Chaldäer) 73
코레조(Correggio) 362, 415, 446, 447, 466, 497
코린트(korinth, corinth) 127, 140~142, 145, 146, 282, 301
코체부(Kotzebue) 897, 912, 956
쾌감(快感, die Lust) 272, 455, 522, 827
쾌활성(快活性, die Heiterkeit) 286, 288, 365, 391, 430, 474, 644, 910, 937, 938
퀴겔겐(Kügelgen) 420, 421, 447
크로이처(Creuzer) 76, 82, 310
크세노파네스(Xenophanes) 682
크세노폰(Xenophon) 207, 609
클롭슈토크(Klopstock) 668, 702, 729, 730, 811, 826, 846, 847, 850, 851
키케로(Cicero) 639, 640, 898

【ㅌ】
타소(Tasso) 427, 428, 642, 708, 717, 728, 739, 779, 781, 915
타자(他者, das Andere) 182, 186, 197, 337, 354, 366, 499, 502, 837, 930
타키투스(Tacitus) 609
터키식 회교사원(türkische Moschee) 176
통일성(統一性, die Einheit) 31, 157, 331, 487, 512, 531, 601~608, 714, 863
투키디데스(Thukydides) 609
트라야누스(Marcus Ulpius Trajanus) 107~109
트로이(Troja) 272, 600, 697, 705, 717, 736, 741, 750, 854, 931
특수성(特殊性, die Beonderheit) 57, 257, 327, 360, 364, 439, 548, 703, 870, 905

특수자(das Besondere) 831
티크(Tieck) 294, 875, 882

【ㅍ】
파국(破局, Katastrophe) 782, 866
파르메니데스(Parmenides) 682
파우스트(Faust) 395, 942~945
파우사니아스(Pausanias) 83, 298, 300
파토스, 열정, 격정, 비애(das Pathos) 642, 869, 871, 872, 876, 891, 922, 929, 934, 947
파트로클로스(Patroklos) 719, 750
페르시아(Persia) 74, 82, 95, 610, 613, 629, 761, 762, 770, 854
페르시아인(Perser) 82, 177, 641, 757, 760, 762, 775, 836
페리클레스(Perikles) 116, 147, 148, 207
페트라르카(Petrarca) 455, 831
평방(平枋, der Architrav) 128, 129, 143
표상(表象, die Vorstellung) 36, 64~68, 210, 315, 491, 540, 587, 626, 673
풍자(諷刺, Satire) 53, 640, 765, 791, 842, 843, 909
프랑스 비극(die französische Tragödie) 948
프랑스인들(die franzosen) 41, 85, 151, 363, 640, 850, 860, 875, 896, 898
프랑스혁명(Französische Revolution) 9, 504, 783, 850
프로이센, 프러시아(Preussen) 175, 256, 294, 302, 303, 372, 518, 848, 849, 981
프로테스탄트(Protestant) 561, 562
프리기아(Phrygien) 77, 690, 729

플라톤(Platon) 5, 11, 207, 311, 312
플리니우스(Plinius) 58, 82, 91
피규정성(被規定性, die Bestimmtheit) 31, 196, 362, 424, 514, 529, 552, 610, 814, 920
피디아스(Phidias) 189, 190, 213, 214, 276~278, 289, 297, 299, 300, 305
피라미드(Pyramid) 84, 90, 96, 98, 99, 101, 103, 130, 437
피타고라스(Pythagoras) 374, 601, 680
핀다르(Pindar) 649, 793~795, 809, 810, 812, 826, 841
필연성(必然性, Notwendigkeit) 132, 181, 206, 334, 535, 537, 708, 807, 940, 954

【ㅎ】
하이든(Haydn) 493, 546
하피스(Hafis) 797, 830, 836
합리성(合理性, Vernünftigkeit) 123, 254, 594, 595, 612, 709, 724, 902, 918, 930
합목적성(合目的性, die Zweckmäßigkeit) 103~106, 153, 158, 167, 182, 394, 540, 604, 622
합창(合唱, Chor, Chorgesang) 165, 173, 518, 841, 871, 891, 898, 913, 923~925
해체(解體, die Auflösung) 44, 322, 353, 408, 483, 531, 532, 650, 836, 961
해학(諧謔, der Humor) 797, 842, 961, 982
햄릿(Hamlet) 864, 946, 954
행위(行爲, die Handlung) 48, 184, 196, 424, 434, 565, 616, 677, 710, 857
헤라(Hera) 여신 248, 260, 263, 271,

279, 280, 288
헤라클레스(Heracles) 225, 231, 269, 272, 306, 307, 364, 431, 886, 915
헤로도토스(Herodotos) 72~74, 77~79, 88~92, 97~99, 592, 689
헤르더(Herder) 254, 255, 640, 771, 801
헤르만과 도로테아(Hermann und Dorothea) 783
헤르메스(Hermes) 신 269, 278, 727, 914
헤브라이인(Hebräer) 438, 760, 838
헤시오도스(Hesiodos) 681~683, 689
헥토르(Hektor) 630, 717, 719, 739~741
헨델(Georg Friedrich Händel) 493, 518, 519, 556, 559
현상(現象, die Erscheinung) 32, 38, 46, 202, 344, 480, 573, 633, 712, 909
현존성(現存性, das Dasein) 32, 115, 198, 296, 317, 344, 375, 473, 579, 689
형상(形象, die Gestalt) 35, 48, 107, 126, 198, 266, 344, 631, 762, 822
형상화(形象化, die Gestaltung) 48, 61, 105, 204, 336, 577, 627, 701, 822, 938
형식(形式, die Form) 31, 46, 47, 228, 327, 437, 607, 800, 921, 948
형태(形態, die Form) 35~37, 47, 112, 224, 407, 583, 695, 737, 821
호라티우스(Horatius) 425, 639, 658, 790, 796, 805, 810, 811, 817, 826
호메로스, 호머(Homer) 39, 439, 630, 688, 692, 699, 726, 768, 778, 780
화음(和音, Harmonie) 50, 114, 500, 519, 525~540, 552, 558, 566, 579
화해(和解, die Versöhnung) 45, 157, 286, 327, 333, 389, 546, 595, 872, 915

환상(幻想, die Phantasie) 78, 123, 323, 470, 547, 610, 775, 776, 779, 806
활력(活力, Belebung) 215~217, 226, 297, 321, 412, 491, 593, 650, 685
회귀(回歸, in sich zurückgehen, die Rückkehr) 181, 187, 222, 258, 333, 478, 511, 558, 607, 836
회화(繪畫, die Malerei) 48, 335, 338~364, 370, 391, 418, 426, 448, 545
희극(喜劇, Komödie) 474, 864, 897, 901, 902, 908~918, 937, 957, 960
희생(犧牲, Opfer) 48, 241, 368, 600, 837, 886, 903, 914, 932, 953
히르트(Hirt) 59, 83, 91, 100, 121, 132, 140, 143, 145, 147

게오르그 빌헬름 프리드리히 헤겔(Georg Wilhelm Friedrich Hegel) 독일의 철학자이자 독일 '이상주의(理想主義, Idealismus)' 철학의 이론을 완성한 거장. 1770년 독일 남부 슈투트가르트에서 궁정관리의 장남으로 태어났으며, 튀빙겐대학교에서 철학과 신학을 공부했다. 졸업 후 1793년에 스위스로 가서 당시 베른의 영향력 있는 정치가인 폰 슈타이거(von Steiger) 집안의 가정교사로 일하며 이 가문이 소장한 방대한 양의 서적을 읽는 기회를 가졌다. 여기서 얻은 폭넓고 심오한 지식을 체계적으로 활용하여 훗날 그는 자신의 철학체계를 세울 수 있었다. 1801년 독일 동부 예나(Jena)대학교의 강사직에 임명된 후 불후의 명저 《정신현상학(Phänomenologie des Geistes)》(1807년)을 썼고, 이어서 두 번째 저서인 《논리학(Wissenschaft der Logik)》(1812년)을 출간하였다. 1816년에 하이델베르크대학교 교수로, 1818년에는 당대의 유명한 철학자 피히테의 뒤를 이어 베를린대학교 교수로 임명되었고, 세 번째 명저인 《법철학 강요(Grundlinien der Philosophie des Rechts)》(1821년)를 출간하였다. 대학 강사 시절인 1802년에 당시 독일문화의 중심지였던 드레스덴을 비롯해, 1822년 브뤼셀, 1824년 빈, 1827년 파리와 프라하, 카를로비바리로 여행하면서 수많은 전시, 공연, 오페라 등을 관람하였고, 특유의 독창적이고 진지한 예술 감각을 익혔다.

《미학강의(Vorlesungen über die Ästhetik)》는 헤겔이 하이델베르크대학교과 베를린대학교에서 강의한 '미학 또는 예술철학(Ästhetik oder Philosophie der Kunst)'의 내용을 제자인 하인리히 구스타프 호토(Heinrich Gustav Hotho)가 정리하여 그의 사후 출간한 책이다. 헤겔은 이 책에서 고대로부터 19세기에 이르기까지 서양과 근동, 페르시아, 인도의 예술을 총망라하여 고찰하면서 이를 크게 상징적 예술, 고전적 예술, 낭만적 예술로 나누어 설명하고 있다. 또한 자연 속의 아름다움이 아니라 예술 속의 아름다움에 대해서, 즉 인간정신에 의해 창조된 미(美)에 대해 논하며, 진정한 미(美)란 감성이 아닌 이념의 영역에서 이해되는 것으로 '절대정신', '절대이념'으로부터 나온다고 보았다. 그것이 바로 헤겔이 말하는 절대진리, 즉 '이상(Ideal)'이다.

일찍이 스피노자와 칸트, 루소 그리고 괴테의 영향을 받았으며, 열아홉 살에 직접 겪은 프랑스 혁명은 그가 이성과 자유에 바탕을 둔 철학을 과제로 삼는 데 하나의 단초가 되었다. 또한 루소의 사상, 고대 그리스의 철학과 예술 나아가 칸트, 피히테 등 당대의 주요 철학들을 깊이 탐구하면서 근대의 온갖 분열된 상황에 맞서 삶의 근원적인 총체성을 되살리려는 이상을 세웠다.

근대철학과 문화, 사회 안에서 주체와 지식의 대상인 객체, 정신과 자연, 자아와 타자, 권위와 자유, 지식과 신념, 계몽주의와 낭만주의 사이의 긴장과 모순으로 가득 차 있는 현상을 헤겔은 '절대정신'을 중심으로 하는 자신의 철학체계 안에서 합리적으로 규명하고 극복하기 위해 노력하였다. 당대 최고의 철학자로 인정받던 헤겔은 1831년 병으로 사망했지만, 1820년부터 형성되기 시작한 '헤겔학파'를 통해 독일은 물론 세계적으로 그의 철학이 널리 전파되면서 후세에 큰 영향을 끼쳤다.

옮긴이 두행숙 전북 군산 출신으로, 서강대학교 독어독문학과를 졸업한 후 독일 뒤셀도르프대학교에서 독일문학으로 박사 학위를 받았다. 그 후 서강대와 한국교원대, 충북대, 중앙대 등에서 독일문학과 철학을 강의했다. 현재는 서강대에서 독일문학과 독일문화, 독일어를 강의하면서 번역 분야에서 활발한 활동을 하고 있다.

창작소설로 《길들여진 고독》이 있으며, 주요 번역서로는 헤르만 헤세 수필집 《정원 일의 즐거움》과 《인생을 보는 지혜》《헤세, 내 영혼의 작은 새》를 비롯해 《시간이란 무엇인가》《젊은 베르테르의 슬픔》《꿈꾸는 책들의 도시》《멸종-사라진 것들, 종과 민족 그리고 언어》《하얀 마사이》《디지털 보헤미안》《레아》《은하수를 여행했던 천재들의 역사》 등 다수가 있다. 이메일 dhs2kr@yahoo.co.kr

헤겔의 미학강의 3

1판 1쇄 발행 2010년 6월 25일
1판 7쇄 발행 2023년 6월 9일

지은이 · 게오르그 빌헬름 프리드리히 헤겔
옮긴이 · 두행숙
펴낸이 · 주연선

(주)은행나무
04035 서울특별시 마포구 양화로11길 54
전화 · 02)3143-0651~3 | 팩스 · 02)3143-0654
신고번호 · 제 1997-000168호(1997. 12. 12)
www.ehbook.co.kr
ehbook@ehbook.co.kr

ISBN 978-89-5660-352-0 93100
ISBN 978-89-5660-349-0 (세트)

• 이 책의 판권은 지은이와 은행나무에 있습니다. 이 책 내용의 일부 또는 전부를
재사용하려면 반드시 양측의 서면 동의를 받아야 합니다.

• 잘못된 책은 구입처에서 바꿔드립니다.